图书在版编目（CIP）数据

中国社会科学院文学哲学学部集刊. 2017：全2卷／
中国社会科学院文学哲学学部集刊编辑委员会编. -- 北
京：社会科学文献出版社，2018.5
ISBN 978 - 7 - 5201 - 2592 - 5

Ⅰ.①中… Ⅱ.①中… Ⅲ.①文史哲 - 中国 - 文集
Ⅳ.①C53

中国版本图书馆 CIP 数据核字（2018）第 079054 号

中国社会科学院文学哲学学部集刊（2017）（全2卷）

编　　者／中国社会科学院文学哲学学部集刊编辑委员会

出 版 人／谢寿光
项目统筹／宋月华　范　迎
责任编辑／袁卫华　范　迎

出　　版／社会科学文献出版社·人文分社（010）59367215
　　　　　地址：北京市北三环中路甲 29 号院华龙大厦　邮编：100029
　　　　　网址：www. ssap. com. cn
发　　行／市场营销中心（010）59367081　59367018
印　　装／三河市龙林印务有限公司

规　　格／开　本：787mm×1092mm　1/16
　　　　　印　张：54　字　数：857 千字
版　　次／2018 年 5 月第 1 版　2018 年 5 月第 1 次印刷
书　　号／ISBN 978 - 7 - 5201 - 2592 - 5
定　　价／268.00 元（全 2 卷）

本书如有印装质量问题，请与读者服务中心（010 - 59367028）联系

中国社会科学院文学哲学学部集刊编辑委员会　编

中国社会科学院
文学哲学学部集刊 (2017)

文学卷

CASS

社会科学文献出版社
SOCIAL SCIENCES ACADEMIC PRESS (CHINA)

前 言

江蓝生

为了促进学科交叉、更好地整合相关学术力量，推动我国哲学社会科学事业的繁荣与发展，中国社会科学院于 2006 年 8 月成立了学部，下设文史哲学部、经济学部、社会政法学部、国际研究学部和马克思主义研究学部等五个学部。文史哲学部涵盖了我院文学、史学、哲学三大学科，其中文学学科包括中国文学、中国少数民族文学、外国文学及汉语语言学等学科；史学学科包括中国古代史、中国近代史、中国边疆历史地理、中国考古、世界历史等学科；哲学学科包括哲学与宗教两大学科。学部成立后积极履行学术指导、学术咨询和学术协调的职能，开展了一系列学术活动，活跃了院内外的学术空气。

2007 年，文史哲学部决定每三年编辑一次本学部的集刊。2008 年，文史哲学部编辑出版了《中国社会科学院文史哲学部集刊》，选收我院相关学科学者发表的优秀论文，以集中展现我院文史哲学科最新、最有代表性的学术成果。

2011 年，中国社会科学院对学部进行了机构调整，设立历史学部，原文史哲学部更名为文学哲学学部。机构调整后，文学哲学学部决定继续编辑出版学部集刊，定名为《中国社会科学院文学哲学学部集刊》（以下简称《集刊》）。《集刊》分为 2 卷，第一卷为文学卷，第二卷为哲学、宗教与语言学卷。

　　《集刊》每三年编辑一次，选收论文发表时间范围为编辑年份以前的三年，本次《中国社会科学院文学哲学学部集刊》选收时限为 2014～2016 年期间发表的论文。为了保证《集刊》的质量，成立了本《集刊》编辑委员会，由文学哲学学部的学部委员和相关研究所所长担任编委；确定了严格的编选程序，由研究所推荐，编委会审定篇目。在初选论文的取舍过程中，编委们根据本《集刊》所收论文应该有创新见解，理论深度，学术新意，最好应具有学术示范意义的标准，发表了自己的意见，他们的工作对保证《集刊》应有的水平起了很重要的作用，谨在此对编辑部诸同志严谨的学术态度和认真负责的精神表示敬佩与感谢。

2017 年 11 月 23 日

目　录

牢记文学艺术的真谛

——学习习近平总书记在文艺座谈会上的重要讲话

张　炯*

习近平总书记在文艺座谈会上的讲话，高瞻远瞩，内容丰富，进一步阐明了文学艺术的多方面的本质规律，是马克思主义文艺理论的新发展，也是新世纪指导我国文艺走向繁荣昌盛的重要指南。这篇讲话，密切联系当今我国面临社会转型和民族复兴的实际，重申了文艺为人民、为社会主义服务的方向和"百花齐放，百家争鸣"与"古为今用，洋为中用"的方针，既充分肯定文艺的成绩，又实事求是地指出存在的问题。讲话尤其对文艺与真善美、文艺与时代、文艺与人民的关系，做了深刻的论述，有许多新思想、新观点、新见解，从审美性、时代性、人民性等方面，揭示了文学艺术的真谛。本文拟从这些方面谈点个人学习的体会。

一

文学艺术是审美意识形态，是为满足人们的审美需要而创作的。习近平总书记指出："追求真善美是文艺的永恒价值。艺术的最高境界就是让人

　张炯，中国社会科学院荣誉学部委员，文学研究所研究员。

动心，让人们的灵魂经受洗礼，让人们发现自然的美、生活的美、心灵的美。我们要通过文艺作品传递真善美，传递向上向善的价值观，引导人们增强道德判断力和道德荣誉感，向往和追求讲道德、尊道德、守道德的生活。"① 这段话对文艺与真善美的必然联系，对文艺传递真善美的重要作用，做出全面的阐述，深刻地揭示了文艺的特性、文艺的核心本质与功能。

艺术美的创造，是文学与音乐、绘画、戏剧、雕塑、舞蹈、书法、影视、杂技等艺术种类共同具有的特征。何者谓美？这是美学一直探讨的复杂问题。无论现实世界的美，还是文学艺术创造的美，美的事物一般都能通过人们的感官而引起美感愉悦，即审美的快感。这是古今学者都体认的。在文学艺术作品中，真善美三者既有区别又相统一，也为许多美学家所共识。古希腊苏格拉底认为："美和善是一个东西，就是有用和有益。""任何一件东西如果它能很好地实现它在功用方面的目的，它就同时是善的又是美的，否则它就同时是恶的又是丑的。"② 这是最早把美与有用的价值相联系的观点。法国启蒙思想家狄德罗认为真、善、美是些十分相近的品质。在前面的两种品质之上加以一些难得而出色的情状，真就显得美，善也显得美。美与人们对艺术的形象性感受分不开。狄德罗所谓的"难得而出色的情状"，指的就是作家、艺术家所创造的形象。黑格尔也说："感性观照的形式是艺术的特征，因为艺术是用感性形象化的方式把真实呈现于意识。"③ 他指出美的艺术形象又与真紧密联系。艺术真实与历史真实既相联系又有区别。人们要求艺术真实，却不要求艺术等同于现实。艺术作为人的创造，是主观与客观的统一，必然体现人作为创造主体的烙印，体现人的能动性，体现马克思所说的"人的本质的对象化"。马克思指出："为了创造同人的本质和自然界的本质的全部丰富性相适应的人的感觉，无论从理论方面还是从实践方面来说，人的本质的对象化都是必要的。"④ 说的就是人类在历史的实践过程中，因与客观的对象发生关系，包括因自己生命的能动性、创造性，不同程度地改造了对象，从而使对象成为人的对象，

---

① 《习近平在文艺工作座谈会上讲话（全文）》，新华网，2014 年 10 月 15 日。
② 北京大学哲学系美学教研室编《西方美学家论美和美感》，商务印书馆，1982，第 19 页。
③ 黑格尔：《美学》第 1 卷，朱光潜译，商务印书馆，1979，第 129 ~ 130 页。
④ 《马克思恩格斯全集》第 42 卷，人民出版社，1998，第 126 页。

并丰富了人对自己和对事物的感觉与认知。从美的领域来说，无论是自然美，还是艺术美，它们的美质都是客观存在的。由于存在客观的美质，才培养和丰富了人对于美的感觉。而艺术美对自然美的反映，由于体现了人的能动性和创造性，就区别于自然美，显得更充分、更集中、更典型、更理想也更完美，从而也更增添了观赏的价值，更加动人。艺术的真，总在某种程度上反映现实的真，从而具有一定的现实认知价值。善的东西总体现对人的有益、对人的改善、对人的更加和谐与美好，它体现人类的一种良知，一种自我规范和自我修养，一种对人际关系的理想追求，从而具备道德伦理的行为指导价值。

艺术的美作为人的创造，细加分析，我们就会看到它实际上是由作品的情、意、象所蕴含和传达的真、善、美而显示自身的价值。文学艺术形象总寄托和表现一定的思想和情感。列夫·托尔斯泰在《艺术论》中认为艺术的本质在于通过形象"把自己的情感体验传达给别人"。普列汉诺夫曾补充说，"艺术既表现人们的感情，也表现人们的思想"[①]。我国《尚书·尧典》所说的"诗言志"，"志"在古代也包含思想与情感的意思。艺术中表现的思想情感，一般地说，主流都是向善的，是有益于使人类变得更善良、更美好、更崇高、更进步的思想情感。思想和情感不但是文学艺术形象的构成要素，也是文学艺术的审美愉悦性得以产生的要素。如果说，艺术形象是文学艺术作品美的形式，那么，思想和情感便是文学艺术作品美的内容。文艺的审美判断不仅有形式美，还必然包含有真伪的认识价值判断和善恶的精神价值判断。虽然，真和善的东西并不都表现为美，但美是以真、善为前提的。而假的和恶的东西则很难被人认为美。假和恶的东西只有被作家、艺术家审美的观照所揭露和鞭挞，才能在艺术作品中转化为美。而真与善，只有通过美的艺术形象的表现才能格外感人，格外使人动心，使人受到春雨润物般的熏陶和感染。这是文艺胜于、区别于哲学或伦理著作的所在。正是情真、意善、象美的统一，形成文学艺术形象的特点及其审美心理机制，使读者和观众产生美的愉悦感。

---

① 普列汉诺夫：《论艺术》，载《普列汉诺夫美学论文集》，曹葆华译，人民出版社，1983，第308页。

对于文学艺术在道德伦理方面的熏陶和教育作用，前人也有过许多的论述。我国古代的《毛诗序》论到诗歌的作用时就说："先王以是经夫妇，成孝敬，厚人伦，美教化，移风俗。"萧统的《陶渊明集序》认为，读陶渊明的文章可以收到"驰竞之情遣，鄙吝之意怯，贪夫可以廉，懦夫可以立。"说的就不止道德伦理情操的陶冶作用，甚至可以陶情养性、塑造人的品格了。很多外国作家也都认识到这一点。古希腊时期，喜剧家阿里斯托芬在其剧本《蛙》中，就借埃斯库罗斯之口提出："教训孩子的是老师，教训成人的是诗人。"① 到了启蒙运动时期，法国作家伏尔泰就认为："悲剧是一所道德学校。纯戏剧与道德课本的唯一区别，即在于悲剧的教训完全化作了情节。"② 雨果也说："为艺术而艺术固然美，但为进步而艺术则更加美。"③ 他们讲的都是作为文化重要部分的文学在人类文明进步中所起的"化人"的功能，也即道德熏陶和教育的功能。

在讲到文艺的真善美时，习近平总书记十分重视文艺向上向善的道德熏陶和教育的功用，指出："中华优秀传统文化是中华民族的精神命脉，是涵养社会主义核心价值观的重要源泉，也是我们在世界文化激荡中站稳脚跟的坚实根基。"他号召我国文艺工作者"要结合新的时代条件传承和发扬中华优秀传统文化，传承和弘扬中华美学精神"。他认为，"只要中华民族一代接着一代追求真善美的道德境界，我们的民族就永远健康向上、永远充满希望"。他以充满诗意的语言说："文艺是铸造灵魂的工程，文艺工作者是灵魂工程师。好的文艺作品就应该像蓝天上的阳光、春季里的清风一样，能够启迪思想、温润心灵、陶冶人生，能够扫除颓废萎靡之风。"④ 这些论述，不仅更全面更深刻地揭示了文艺通过情意象蕴涵和表达真善美的规律，也是针对我国文艺当前存在真善美不够平衡，不少作品耽于娱乐，存在思想道德滑坡的现象，出现了迎合市场低俗趣味和崇尚票房价值，乃至粗制滥造，以欲望代替希望，创作数量虽多却缺乏高峰作品的状况所提

---

① 阿里斯托芬：《地母节妇女·蛙》，罗念生译，上海人民出版社，2006，第195页。
② 伏尔泰：《论悲剧》，载《伏尔泰论文艺》，丁世中译，人民文学出版社，1993，第395页。
③ 雨果：《莎士比亚论》，载《雨果文集》第17卷，柳鸣九译，河北教育出版社，1998，第196页。
④ 《习近平在文艺工作座谈会上讲话（全文）》，新华网，2014年10月15日。

出的语重心长的批评。因此，他激励我国文艺工作者要在"思想精深、艺术精湛、制作精良"上下功夫。

二

文艺与时代的关系，实质上是文艺与现实生活的关系。它是构成文艺本质的另一重要方面。习近平总书记要求文艺要反映时代的风貌，要担当时代前进的号角。我体会重点就是要求文艺家要认清我们今天的时代，不仅要把握特定时代真实的历史细节，还要从宏观上把握时代的特征，把握时代的脉动，把握时代的精神，把握时代人际关系的变化，把握时代前进的历史方向，从而也把握时代赋予文艺作品真善美的历史特色。

习近平总书记指出"文艺是时代前进的号角，最能代表一个时代的风貌，最能引领一个时代的风气。实现'两个一百年'奋斗目标、实现中华民族伟大复兴的中国梦，文艺的作用不可替代，文艺工作者大有可为。广大文艺工作者要从这样的高度认识文艺的地位和作用，认识自己所担负的历史使命和责任，坚持以人民为中心的创作导向，努力创作更多无愧于时代的优秀作品，弘扬中国精神、凝聚中国力量，鼓舞全国各族人民朝气蓬勃迈向未来。"① 把反映时代和引领时代作为文艺的崇高任务，这不仅深刻地阐明文艺的历史功用，提高了我们对于文艺地位与作用的认识，而且也是基于历史事实对文艺本质规律的进一步的论述。

历史上伟大的杰出的文艺作品总是时代的镜子，并不同程度地推动和指引时代前进。施耐庵的《水浒传》淋漓尽致地反映了当时封建社会尖锐的阶级矛盾和城乡各种人情风俗，揭示了农民起义的必然性及其悲剧性的结局。而曹雪芹的《红楼梦》则通过贵族贾府的鼎盛与衰败，反映了封建时代的鼎盛与衰败，以众多典型人物的刻画，描写了贾府内部和社会斑驳陆离的众生相，特别通过宝黛的爱情悲剧和他们所代表的反封建的思想，昭示了未来的光明。列宁曾把列夫·托尔斯泰称作"俄国革命的一面镜子"。他指出，这位作家"不仅创作了无与伦比的俄国生活的图画，而且创

---

① 《习近平在文艺工作座谈会上讲话（全文）》，新华网，2014 年 10 月 15 日。

作了世界文学中第一流的作品"，"还以卓越的力量表达被现代制度所压迫的广大群众的情绪，描绘他们的反抗和愤怒的情感"，"他作为艺术家，同时也作为思想家和说教者，在自己的作品里惊人地、突出地体现了整个第一次俄国革命的历史特点，它的力量和它的弱点"。① 恩格斯也称赞巴尔扎克的作品"汇集了法国社会的全部历史，我从这里，甚至在经济细节方面（如革命以后动产和不动产的重新分配）所学到的东西，也要比从当时所有职业的历史学家、经济学家和统计学家那里学到的全部东西还要多"。他说："巴尔扎克政治上是个正统派，他的伟大的作品是对上流社会必然崩溃的一曲无尽的挽歌。"他认为现实主义使巴尔扎克"不得不违反自己的阶级同情和政治偏见"而赞赏了代表人民群众的"圣玛丽修道院的共和党英雄们"。②

伟大的杰出的文艺作品不但深刻反映时代，而且也导引时代前进。《马赛曲》《国际歌》的历史功用已为大家所公认。匈牙利诗人裴多菲的诗句："生命诚可贵，爱情价更高，若为自由故，二者皆可抛"，曾经激励千千万万的人们去夺取民主革命的胜利。奥斯特洛夫斯基的长篇小说《钢铁是怎样炼成的》，曾鼓舞无数的革命者去为社会主义、共产主义的壮丽事业而英勇奋斗。这都是人所共见的。鲁迅曾经说，文学是"引导国民精神前途的灯火"。鲁迅本人由于从进化论走向阶级论，走向马克思主义，走向人民大众的革命，毛泽东在《新民主主义论》称赞他"不但是伟大的文学家，而且是伟大的思想家和伟大的革命家"，"是在文化战线上，代表全民族的大多数，向着敌人冲锋陷阵的最正确、最勇敢、最坚决、最忠实、最热忱的空前的民族英雄。鲁迅的方向，就是中华民族新文化的方向"。③ 在文学领域，许多科学幻想小说激励科学幻想，起到促进科学研究、引领科技发展的作用。

文学艺术之所以能够成为时代的镜子，成为召唤时代前进的号角，除了作家艺术家个人的才华禀赋，还与作家艺术家自身的努力，与作家艺术家拥抱时代的深度和广度分不开，也与作家艺术家思想的高度分不开。只

① 《列宁论文学与艺术》一，人民文学出版社，1960，第281~289页。
② 《马克思恩格斯选集》第4卷，人民出版社，1972，第463页。
③ 《毛泽东选集》第2卷，人民出版社，1991，第698页。

有站在时代思想的高度，不但努力从微观的生活细部去把握时代，而且努力从宏观的广角去把握时代，了解社会的结构变动，了解人际关系的变化，了解城乡历史的变迁，了解时代精神主潮的涌动，了解具有典型意义的人物和事件，了解历史脉动必然的走向，在这样的基础上创作的优秀作品，才可能既深刻反映时代又导引时代前进。

马克思指出："动物也生产。它也为自己营造巢穴或住所，如蜜蜂、海狸、蚂蚁等。但是，动物只生产它自己或它的幼仔所直接需要的东西；动物的生产是片面的，而人的生产是全面的；动物只是在直接的肉体需要的支配下生产，而人甚至不受肉体需要的影响也进行生产，并且只有不受这种需要的影响才进行真正的生产；动物只生产自身，而人再生产整个自然界；动物的产品直接属于它的肉体，而人则自由地面对自己的产品。动物只是按照它所属的那个种的尺度和需要来建造，而人懂得按照任何一个种的尺度来进行生产，并且懂得处处都把内在的尺度运用于对象；因此，人也按照美的规律来构造。"① 马克思在这里把人与动物的生产区别开来，并指出人的生产特点是全面性并摆脱自身需要而自由，能够"按照任何一个种的尺度来进行生产，并且懂得处处都把内在的尺度运用于对象"。马克思把这两点都视为"按照美的规律来构造"。"任何一个种的尺度"自是指世界万物的各具客观性的尺度。而"内在的尺度"则更多体现人作为主体的能动性和创造性。这就是说，上述两种情况都符合美的创造的规律。前一种情况是对客观现实的"再现"，后一种情况则可归入自我理想的"表现"。应该说，这两者都属于人的对象化的范围。人能够按照外在事物的任何尺度在文艺作品中去再现事物，也能够按照自己内在的尺度、内在的理想追求去创造艺术的形象，正是这种主体的能动性和创造性，如果自我理想符合历史发展的趋势，那就赋予我们的作家艺术家以深刻反映时代和引领时代前进的可能。马克思曾说："环境正是由人来改变的……环境的改变和人的活动的一致，只能被看作是并合理地理解为革命的实践。"② 实际上，人

① 《马克思恩格斯选集》第1卷，人民出版社，1995，第46~47页。
② 《马克思恩格斯选集》第1卷，人民出版社，1995，第17页。

对世界的任何改变或改造，都需要有预想，也即需要有一定的理想。理想总是人的主体能动性的表现，是人寻求比现实更美更好的愿望的体现。人总是先有了比现实更美更好的理想，从而引导自己去进行改造世界的实践。列宁曾经区分两种幻想，一种是"可能赶过自然的事变进程"，另一种是"可能完全跑到任何自然的事变进程始终达不到的地方"。他充分肯定前一种幻想。他说：如果一个人完全没有这样来幻想的能力，如果他不能间或跑到前面去，用自己的想象力来给刚刚开始在他手里形成的作品勾画出完美的图景，——那我就真是不能设想，有什么刺激力量会驱使人们在艺术、科学和实际生活方面从事广泛而艰苦的工作，并把它坚持到底……只要幻想的人真正相信自己的幻想，仔细地观察生活，把自己观察的结果与自己的空中楼阁相比较，并且总是认真地努力实现自己的幻想，那么幻想和现实的差别就丝毫没有害处。只要幻想和生活有联系，那幻想决没有什么不好的地方。"① 这里，列宁既区别可以做到的理想与不能做到的幻想，又说明幻想对于理想的重要性，以及理想、幻想与现实和实践之间的辩证关系。"再现现实"和"表现理想"以及两者不同程度的结合，可以说概括了所有文学艺术作品的创作，包括现实主义、浪漫主义、现代主义、后现代主义的创作。因而不同风格、流派的作家艺术家都有可能以自己的作品为反映时代的风貌、为导引时代的前进做出贡献。由于不同时代的国内外情势和人际关系都有变化，人们的思想认识、审美旨趣、艺术追求和爱恨情仇的对象也有差异，人们对文学艺术的真善美的反映和认知也必然会同中有别。这自是文艺家反映时代、表现时代前进方向时不能不注意的。

要深刻地反映我们今天时代真实的风貌，使自己的作品成为引领时代前进的嘹亮号角，我们的作家艺术家就要深入生活，从细节上去把握时代的特色，更要从宏观上去认识时代，去认识典型环境中的典型人物，因为正是在这样的人物形象身上，往往最能体现时代的特征、时代的走向。不能只看到"小时代"而不见大时代，不能只拘于"杯水风波"而不见大河奔流。普通人固然要描写，普通人中富于历史正能量的典型人物更要描写。当今世界风云变幻，情势复杂，既充满矛盾与冲突，也存在发展与机遇，

① 《列宁全集》第5卷，人民出版社，1984，第482页。

我们正为和平发展、建设中国特色社会主义、实现全面小康社会而奋斗。我们的社会主义经济、政治、文化、社会建设都已取得举世瞩目的成绩，成为全球第二大经济体。唯有开拓创新、锐意改革，才能把我们的事业推向前进。在这中华民族为实现伟大复兴、实现壮丽中国梦而奋斗的新时代，全国各族人民、各阶层群众、各民主党派成员团结一心，在中国共产党领导下，共同努力，推进社会的转型，推进各方面改革的深入，推进生产力提高和共同富裕，推进社会主义物质文明和精神文明均衡发展，这既是历史的必然，也是情势之所趋。文学艺术是以人的性格、行为、思想、情感，以人与人的关系、人与自然的关系为主要的表现对象，因此对于特定时代典型环境中的典型人物的把握，对于时代主体精神的把握，对于人们为建设社会主义而焕发的热情和理想愿望的把握，对文艺创作就不能不十分重要。社会主义市场经济体制的建立，有着促进社会主义建设的合理性和积极意义，也有利于文艺作品的传播。但市场总要追求利润，因而又存在拜金主义乃至唯利是图的倾向。文艺作品作为艺术是无价的，而作为商品却是有价的。文艺的这种二重性使市场的供求规律必然适用于文艺。因此，文艺家作为人类灵魂的工程师就要警惕成为市场的奴隶，而必须站在时代的高度，看清历史的归趋，从大局出发，自觉地创作优秀作品，为推进历史、为鼓舞人们争取社会主义光辉未来而努力。

三

　　文艺的主体应当是人民。人民不但创造历史，人民也有权利享用历史的果实，包括文学艺术作品。人民创造历史，集中体现在三个方面：第一，人民是社会物质财富的创造者。人类历史首先是物质资料生产发展的历史，人民是社会物质生产的承担者。只有物质产品的积累，才使人类精神创造的分工成为可能，才为文学艺术的生产和传播提供必要的前提条件。第二，在漫长的人类历史中，人民也常常是精神财富包括许多文学艺术的直接创造者。虽然在阶级压迫的社会中，他们在这方面的创造机会往往被剥夺，创造的才能没有能够得到充分的发挥，但人民口头创作的民间文学一直存在着发展着。第三，历史上杰出的思想家、科学家和艺术家对人类精神财富的创造做出十分重要的贡献，但他们的贡献也往往从人民中汲取精神力量，并得益于民间文学所创造的艺术形式。人的一切实践都是社会实践，都必须从社会实践中汲取前人的成果和经验。物质财富和精神财富得以产生的最终源泉，都植根于广大人民群众的实践。

古代文艺作品，包括原始绘画、神话、歌谣、舞蹈、音乐等本来自人民的创造，也为满足人民的审美需求而创造。随着生产力和社会分工的发展，出现了剥削和压迫阶级，大多的人民群众便不同程度被剥夺了创造文艺和享用文艺的机遇，但民间的文艺创作仍未曾泯灭，历代伟大的杰出的作家艺术家与人民的联系也不可能被完全割断。而社会主义时代的到来，由于人民成为社会的主人，广大人民群众获得教育的权利并逐步提高了自己的文化水平，他们获得参与文艺创作与欣赏的广泛机会，从而也迎来人民文艺的新时代。

历史表明，在文学艺术的创造中，人民群众曾直接创造出无数优秀的精神产品。远古的神话、传说和歌谣固然是人民的创造；古代印度和欧洲的许多史诗以及我国《诗经》中的"国风"、蒙古族的《江格尔》、藏族的《格萨尔王传》、柯依克孜族的《玛纳斯》、维吾尔族的《十二木卡姆》等大量的文学瑰宝，也都属民间创作。人民群众的创作还成为许多伟大的艺术作品的基础和依据，如我国著名的古典小说《水浒》、《三国演义》、《西游记》，德国文豪歌德的《浮士德》等，都是在民间文学的基础上发展、加工创作而成的。而历史上杰出的思想家、科学家和艺术家也多来自人民之中，他们从人民中汲取精神的营养和艺术表现的素材、技巧、方法，也是为文学艺术史的无数事实所证明了的。同时，历代的文学艺术作品，即使最初并不普及，接受者不一定是人民，其最终的接受者却必然是广大的人民群众。

许多伟大的作家艺术家的作品所以获得崇高的历史评价，跟他们热爱人民、同情人民的疾苦，从而使自己的作品具有深刻的人民性分不开。我国第一个伟大的诗人屈原写道"长太息以掩涕兮，哀民生之多艰。"唐代伟大诗人杜甫"穷年忧黎元"，吟唱"安得广厦千万间，大庇天下寒士俱欢颜"。白居易"唯歌生民病"，写出《卖炭翁》那样同情劳动人民的诗作。这些都为大家所熟知。范仲淹在《岳阳楼记》中提出"先天下之忧而忧，后天下之乐而乐"，更成为激励士人与人民共忧患与欢乐的千古的名句。巴尔扎克认为："活在民族之中的大诗人，就应该总括这些民族的思想，一言以蔽之，就应该成为他们的时代化身才是。"① 别林斯基则把文学看作"人民的意识"，他要求文学"像镜子一般反映出人民的精神和生活"。② 列夫·托尔斯泰更期待未来文学艺术为人民服务。他说"生活于人民中间或者像人民一样的人们，不宣告任何权利，却给予人民以自己科学与艺术上的种种贡献，而这些贡献之采用与否，又取决于人民的意志；到那时候，科学与艺术才能为人民服务。"③ 罗曼·罗兰也曾呼吁作家做社会公众的喉舌。他大声疾呼："做他们的喉舌吧。当他们听到你们说话时，他们就会意识到自己。你们在表达自己的性灵时，就会创造你们民族的性灵。"④

习近平总书记指出："社会主义文艺，从本质上讲，就是人民的文艺。文艺要反映好人民心声，就要坚持为人民服务、为社会主义服务这一根本方向。这是党对文艺战线提出的一项基本要求，也是决定我国文艺事业前途命运的关键。要把满足人民精神文化需求作为文艺和文艺工作的出发点和落脚点，把人民作为文艺表现的主体，把人民作为文艺审美的鉴赏家和评判者，把为人民服务作为文艺工作者的天职。"这是完全符合文艺发展的历史规律的阐释，也是以辩证唯物史观对文艺与人民关系做出的符合历史事实的阐释，更是中国共产党作为人民利益、人民解放的代表者对文艺工作者提出的科学要求和正气凛然的号召。他还进一步指出："人民是文艺创作的源头活水，一旦离开人民，文艺就会变成无根的浮萍、无病的呻吟、无魂的躯壳。能不能搞出优秀作品，最根本的决定于是否能为人民抒写、为人民抒情、为人民抒怀。要虚心向人民学习、向生活学习，从人民的伟大实践和丰富多彩的生活中汲取营养，不断进行生活和艺术的积累，不断

---

① 巴尔扎克：《论历史小说兼及"费拉戈莱塔"》，载《巴尔扎克论文选》，新文艺出版社，1958，第 104~105 页。

② 别林斯基：《1840 年的俄国文学》，载《别林斯基论文学》，新文艺出版社，1958，第 74 页。

③ 托尔斯泰：《那么我们怎么办》，载《文学研究集刊》第 4 册，中国社会科学出版社，1982。

④ 罗曼·罗兰：《致美国作家》，载《罗曼·罗兰文钞》，孙梁译，广西师范大学出版社，2004，第 86 页。

进行美的发现和美的创造。要始终把人民的冷暖、人民的幸福放在心中，把人民的喜怒哀乐倾注在自己的笔端，讴歌奋斗人生，刻画最美人物，坚定人们对美好生活的憧憬和信心。"这段话不但更深入地阐明文艺与人民的关系，而且向文艺工作者提出端正与人民关系的具体要求。联系他下面这段话："文艺工作者要想有成就，就必须自觉地与人民同呼吸、共命运、心连心，欢乐着人民的欢乐，忧患着人民的忧患，做人民的孺子牛。对人民，要爱得真挚、爱得彻底、爱得持久，就要深深懂得人民是历史的创造者的道理，深入群众、深入生活，诚心诚意做人民的小学生。艺术可以放飞想象的翅膀，但一定要脚踩坚实的大地。文艺创作方法有一万条、一千条，但最根本、最关键、最牢靠的办法是扎根人民、扎根生活。应用现实主义和浪漫主义情怀观照现实生活，用光明驱散黑暗，用美善战胜丑恶，让人们看到美好、看到希望、看到梦想就在前方。"① 毫无疑问，这是一篇新时代人民文艺的完整纲领，是深谙文艺规律、对人民爱得深沉的党的领导人对文艺工作者的谆谆嘱咐，也是继承中外优秀文化传统，铺展人民文艺走向繁荣昌盛道路的深刻指南。

我们知道，在马克思主义经典作家中，列宁曾说过"艺术是属于人民的。它必须在广大劳动群众的底层有其最深厚的根基。它必须为这些群众所了解和爱好。它必须结合这些群众的感情，思想和意志，并提高他们。它必须在群众中间唤起艺术家，并使他们得到发展。"② 深刻阐明文艺的人民主体性，曾是毛泽东文艺思想极其重要的组成部分。他的《在延安文艺座谈会上的讲话》不仅认为文艺"为什么人的问题"是"最根本的问题"，指出无论高级的或初级的，我们的文学艺术都是为人民大众的，还具体解释当时人民的内涵。新中国建立后，他对人民所涵盖的对象又做了新的论述，指出，在社会主义建设时期一切赞成、拥护和参加社会主义建设事业的阶级、阶层和社会集团，都属于人民的范围。为了实现文艺为最广大的人民群众服务，他还辩证地阐明了文艺的普及与提高的关系，指明了作家、艺术家与人民群众相结合，从人民中汲取精神营养，表现人民的思想感情，

---

① 《习近平在文艺工作座谈会上讲话（全文）》，新华网，2014年10月15日。
② 《列宁论文学与艺术》二，人民文学出版社，1960，第912页。

反映人民的生活斗争，站在人民的立场去对现实进行歌颂或针砭，去创造为人民大众所喜闻乐见的具有中国作风中国气派的文艺作品。邓小平也指出："人民是文艺工作者的母亲。一切进步文艺工作者的艺术生命，就在于他们同人民之间的血肉联系。忘记、忽略或是割断这种联系，艺术生命就会枯竭。人民需要艺术，艺术更需要人民。自觉地在人民的生活中汲取题材、主题、情节、语言、诗情和画意，用人民创造历史的奋发精神来哺育自己，这就是我们社会主义文艺事业兴旺发达的根本道路。"[①] 可以看出，习近平总书记关于文艺与人民关系的思想是对马克思主义经典作家有关思想的继承与发展，是在新世纪结合我国文艺的现状对这一带有根本性的问题做出的新阐述、提出的新要求。

文艺与人民的关系、文艺与时代的关系都跟文艺的真善美密切相联系。在当今的时代，在我国各族人民团结在党的领导下建设特色社会主义的时代，理所当然，文艺必须反映这个时代的真、体现这个时代的善、创造这个时代为人民所喜闻乐见的具有中国作风中国气派的美。我们的文艺家必须看到现实生活中主导的光明面，表现光明必将战胜黑暗，必须看到社会中善的精神的主导作用，表现善必将战胜恶，必须帮助人们去发现生活中的美、自然中的美、人们心灵中的美，并通过典型的集中、概括，创造出比现实生活更高更理想的美，表现美必将战胜丑。

在这样的时代，文艺倡导社会主义核心价值观尤为重要。中国共产党第十八次全国代表大会的报告分国家、社会和个人三个层面提出"倡导富强、民主、文明、和谐，倡导自由、平等、公正、法治，倡导爱国、敬业、诚信、友善，积极培育和践行社会主义核心价值观"[②]。这些内容概括了中华文化的优秀传统和人类文明的进步结晶，完全适合中国特色社会主义精神文明建设的要求。习近平总书记号召我国文艺工作者"要高扬社会主义核心价值观的旗帜，把社会主义核心价值观生动活泼、活灵活现地体现在文艺创作之中，用栩栩如生的作品形象告诉人们什么是应该肯定和赞扬的，什么是必须反对和否定的，做到春风化雨，润物无声。要把爱国主义作为

---

① 《邓小平文选》第 2 卷，人民出版社，1994，第 211 页。
② 中国共产党第十八次全国代表大会报告。

文艺创作的主旋律，引导人民树立和坚持正确的历史观、民族观、国家观、文化观，增强做中国人的骨气和底气"①。这就是要求我们在坚持以人民为中心的创作导向的同时，加强文艺的高度思想性和正确的思想导向，并坚决反对违背社会主义核心价值观的现象，从而使文艺在社会主义精神文明建设中发挥更重要的作用。

习近平总书记说"文艺事业是党和人民的重要事业，文艺战线是党和人民的重要战线。长期以来，广大文艺工作者致力于文艺创作、表演、研究、传播，在各自领域辛勤耕耘、服务人民，取得了显著成绩，作出了重要贡献。在大家共同努力下，我国文艺园地百花竞放、硕果累累，呈现出繁荣发展的生动景象"②。我相信，我国文艺工作者一定会在深入学习习近平总书记重要讲话的基础上，发扬成绩，克服缺点，创造出更多无愧于时代和人民的真善美的优秀作品，为民族复兴、为社会主义精神文明建设、为伟大中国梦的实现做出自己应当做出的贡献，担负起自己应当担负的历史责任。

本文原刊于《文艺研究》2014 年第 11 期

---

① 《习近平在文艺工作座谈会上讲话（全文）》，新华网，2014 年 10 月 15 日。
② 《习近平在文艺工作座谈会上讲话（全文）》，新华网，2014 年 10 月 15 日。

文艺创作如何在市场经济大潮中坚持正确方向

——学习习总书记在文艺工作座谈会上的讲话

陈筠泉[*]

一

　　在改革开放实践向纵深发展的今天，我国的文化事业无疑也面临着进一步深化文化体制改革的问题。但是，因为经济改革走市场化的道路，并大力发展文化产业，提出建立和完善现代文化市场体系，有人就断定文化事业也要市场化"要引导文化艺术生产单位逐步走向市场"、"通过商品交换来实现文化产品的价值"。这究竟有没有理论根据、在实践上是否切实可行，能否带来社会主义文化事业的繁荣，是一件需要认真地研究和讨论的、事关国家民族的前途、子孙后代命运的大事。

　　我们知道，高雅的文艺作品，人文社会科学研究的成果之作为文化产品，只能是凝结、体现并发展着真、善、美价值的东西。否则，就不成其为文化产品。文化产品中体现着的真、善、美不是互不相关的，而是有机统一在一起的。艺术美的创造和欣赏在社会生活中的特殊作用，更是与真

---

　　* 陈筠泉，中国社会科学院荣誉学部委员，哲学研究所研究员。

和善不可分割地联系着的。在文艺工作座谈会上，习近平总书记从理论的高度精辟地指出"追求真善美是文艺的永恒价值"，"我们要通过文艺作品传递真善美，传递向上向善价值观"，"只要中华民族一代接着一代追求真善美的道德境界，我们的民族就永远健康向上、永远充满希望"。①

但是，在市场经济的条件下，精神文化产品的价值就变得复杂起来了。因为市场经济按其本性来说，有一种不可遏止的趋势，力图把自己的原则扩展到社会生活的一切领域，使各种东西都带上商品的性质，以致各种精神文化产品也不能幸免。在市场经济的条件下，文艺作品、学术成果完全可能并且实际已在成为买和卖的对象。但这是否意味着，各种事物自身的价值只能通过商品价值来实现呢？

实际上，在市场经济条件下，各种文化产品不得不带上商品的属性，只是意味着：文化产品被赋予了多重复杂的特性。在这里，根本的问题在于，当这些文化产品在市场上被作为商品而交换时，实现的究竟是哪一种价值——是它们作为商品的交换价值，抑或是某种特定的使用价值，还是它们真正的文化价值？对这种复杂情况不作科学分析，简单地宣称"通过商品交换来实现文化产品的价值"，势必会导致思想混乱。难道真、善、美也是可以用金钱来购买的东西？难道谁有足够的钱，谁就可以占有和享用真、善、美的价值？

马克思十分明确地说过：在商品交换关系本身中，商品的交换价值表现为同它们的使用价值（即满足什么样的需要）完全无关的东西。因此，精神文化产品一旦作为商品出现在市场上时，它们的交换价值（表现为"票房价值"或是否畅销）也未必真实地反映它们满足人民大众的内在精神文化需要的程度。这种精神文化价值，即真、善、美的价值，既不能用交换价值来衡量，更无法用金钱的尺度来度量。

二

毛泽东文艺思想中的一个重要原则，就是以人民群众的审美标准作为

---

① 习近平：《在文艺工作座谈会上的讲话》，2014 年 10 月 15 日。

文艺创作的价值取向。他认为"人类的社会生活虽是文学艺术的唯一源泉，虽是较之后者有不可比拟的生动丰富的内容，但是人民还是不满足于前者而要求后者'。"因为虽然两者都是美，但是文艺作品中反映出来的生活却可以而且应该比普通的实际生活更高，更强烈，更有集中性，更典型，更理想。"① 因此，他向文艺工作者提出要"深入生活"并希望他们能够真正了解老百姓"喜闻"什么"乐见"什么，懂得和熟悉人民大众基本的和变化着的审美要求。

　　但是，现在有人却提出文化管理部门"要按照市场需求来安排文化艺术产品生产"，其理由是："对文艺作品的市场需求本身就是人民群众对精神文化食粮的实际需要。"这一类见解似是而非，容易引起思想混乱，不利于文艺工作者深入生活，真正了解人民大众的实际文化需要，因此有必要对它作些理论分析。

　　我们知道，在精神生产引入市场机制的场合，不但精神生产的要素会转化为商品，而且精神劳动者（演员、歌手、画师、作家等）都能成为经营者牟取暴利的手段。在这样的条件下，精神生产和人民大众的精神文化消费之间会插进越来越多的中介环节，如出版商、广告商、"包装"商、形形色色的经纪人、大众传媒的"股东"，等等。这样，所谓的"市场需求"不过是交易市场上代表着不同利益的不同角色进行竞争而产生的综合效应。从而"市场需求"对于人民大众的实际文化需要的反映，由于多重中介的折射而变得扭曲、模糊不清，甚至是完全被颠倒了。这种情况下，平庸的、低俗的、毫无审美价值的文艺作品充斥于市场，也就不奇怪了。

　　在文艺工作座谈会上，习近平总书记阐明了新时代文艺工作的地位和作用。他全面而又深刻地指出，"文艺不能在市场经济大潮中迷失方向，不能在为什么人的问题上发生偏差，否则文艺就没有生命力"。文艺工作者要"认识自己所担负的历史使命和责任"，"坚持以人民为中心的创作导向"。

　　随着人民生活水平的提高，人民对文艺作品的要求也更高了。因此，习近平总书记强调，文学、戏剧、电影、电视、音乐、舞蹈、美术以及民

---

① 《毛泽东选集》第1卷，人民出版社，1966，第863页。

间文艺等各个领域都"要跟上时代发展、把握人民需求"，"创作生产出人民喜闻乐见的优秀作品，让人民精神文化生活不断迈上新台阶"。①

三

什么是文艺作品的文化价值？我们知道，文化是标志着作为目的本身的人的发展过程及其成果的范畴，是从人作为历史过程主体的自我实现这个角度，对人类所创造的一切物质、精神财富及其创造过程的一种科学抽象。所谓文化价值，用马克思的话来说，就是谋求"超出对人的自然存在直接需要的发展"，就是"发展不追求任何直接实践目的的人的能力和社会潜力（艺术等等，科学）"②。显然，文化价值的范畴已经远远超出了一般使用价值的意义。

文化的基本功能在于塑造全面发展的个人。文化价值的实现意味着具有高度主体性的、完美健全的个性的自我实现，意味着人民大众生活品质的提高和生命内涵的充实。正如马克思所说："艺术对象创造出懂得艺术和具有审美能力的大众"。而这种艺术对象只能是不受金钱、物欲诱惑，不为任何外在目的所驱使的真正自由创造活动的成果。

马克思把创造文化艺术价值的劳动同追求交换价值、生产和再生产资本的劳动区别开来。他还举例说明，受资本家雇佣的钢琴生产者的劳动是经济意义上的劳动，因为他"再生产了资本"，而为观众演奏音乐的钢琴演奏者，尽管他"用自己的劳动同收入相交换"，却不是经济意义上的劳动。"钢琴演奏者生产了音乐，满足了我们的音乐感，不是也在某种意义上生产了音乐感吗？""他使我们个性更加精力充沛，更加生气勃勃"，"但他的劳动并不因此就是经济意义上的生产劳动"。③

这里，所谓"经济意义上的生产劳动"，也就是以追求利润最大化、追求商品价值的增值为目标的劳动。而恰恰是那种非经济意义上的"一般劳

---

① 习近平：《在文艺工作座谈会上的讲话》，2014 年 10 月 15 日。
② 《马克思恩格斯全集》第 47 卷，人民出版社，1979，第 215～216 页。
③ 《马克思恩格斯全集》第 46 卷上，人民出版社，1979，第 264 页。

动"，才是文化价值的实体。马克思认为，创造文化价值的一般劳动是扬弃外在强制的自由劳动。他曾以作曲这种艺术创作活动为例，来说明文化创造不是"外在的强制劳动"而是"真正的自由劳动"，这种劳动才能"成为个人的自我实现"。

迄今为止，在市场经济居主导地位的社会里，都存在着不受交换价值支配的活动领域，存在着非市场因素。例如，在资本主义市场经济条件下，马克思所说的那种非经济意义上的劳动，密尔顿如春蚕吐丝般地写作《失乐园》这样的自由的文化创造，正说明这种自由的活动领域和非市场因素的客观存在。在当代发达的市场经济国家里，这种非市场因素还有不断扩大的趋势。

在文艺工作座谈会上，习近平总书记指出，文艺"最能代表一个时代的风貌，最能引领一个时代的风气"。我们的文艺工作者"要志存高远，随着时代生活创新，以自己的艺术个性创新"。他们"应该成为时代风气的先觉者、先行者、先倡者"，通过创作出更多的优秀的文艺作品来"书写和记录人民的伟大实践、时代的进步要求，彰显信仰之美、崇高之美"。①

四

在市场经济的条件下，文化产品虽然具有商品属性，但这决不意味着可以把文化和经济的不同本质等同起来，把商品的价值规律当成文化繁荣的推动力。同时还应认识到，经济的发展、科技的进步，并不会自动地推动人的素质、思想道德水平的提高，带来人的无限丰富的精神文化需求的满足以及促进社会进步和人的全面发展。

市场经济在满足物质需求方面的贡献是惊人的，但它却容易把人们引向追求物质享乐，使社会陷入极度物欲膨胀之中，使人失去价值理想和对生存意义的反思。这就要创造各种条件，使文化生产摆脱拜金主义的诱惑，使文化按照自己的本性和规律健康发展，借以限制和扬弃市场经济的负面效应。只有这样，才能对市场经济的发展发挥真正的促进作用。

---

① 习近平：《在文艺工作座谈会上的讲话》，2014 年 10 月 15 日。

在文艺工作座谈会上，习近平总书记强调，"社会主义文艺，从本质上讲，就是人民的文艺"。文艺"要坚持为人民服务，为社会主义服务这个根本方向"，"一部好的作品，应该是把社会效益放在首位，同时也应该是社会效益和经济效益相统一的作品。文艺不能当市场的奴隶，不要沾满了铜臭气"。文艺不仅"是铸造灵魂的工程"，也"是时代前进的号角"。优秀的文艺作品，最为集中地反映着时代的风貌和人民的心声，"为历史存正气，为世人弘美德"。①

从总的历史发展来看，市场经济的发展乃是人类文化发展的不可缺少的环节。它打破了以血缘为纽带的人身依附关系的自然局限性，并为人们克服文化发展的社会局限性（即物化的社会关系）创造了物质前提。与此同时，文化发展本身也是对市场经济的某种制衡，构成市场经济不断发展所不可缺少的条件。我们必须正视市场经济的内在矛盾，不仅要承认市场经济具有的负面效应，而且还要看到这种负面效应不可能由其自身来克服，从而更加深刻地认识到文化的健康发展、人们的道德水平和精神境界的提高对我国社会主义市场经济发展的巨大意义。

本文原刊于《文艺理论与批评》2015 年第 2 期

---

① 习近平：《在文艺工作座谈会上的讲话》，2014 年 10 月 15 日。

文艺的作用不可替代*

——习近平治国理政视域中的文艺观研究

丁国旗**

十八大以来，围绕建设中国特色社会主义这一主线，习近平发表了一系列重要讲话，提出了许多新思想、新观点、新论断、新理念，形成了以"五位一体"的总体布局、社会主义现代化和中华民族伟大复兴的总任务、"四个全面"的战略布局，以及"五大发展理念"为主要内容的治国理政思想新体系。2016年7月1日《在庆祝中国共产党成立95周年纪念大会上的讲话》中，习近平更是用八个"不忘初心、继续前进"对这一思想体系的理论指导、奋斗纲领、具体落实等作了进一步明确，阐述了中国特色社会主义道路、理论体系、制度建设的重要内涵，着眼未来，为实现中华民族伟大复兴提供了科学的理论指导，指明了前进的方向。

在习近平系列讲话中，有关文化的论述占有重要的分量，居于重要的位置，建设社会主义文化强国已成为其治国理政思想体系中的重要组成部分。作为文化建设的重要表现形式之一，文艺与文化有着直接联系，在文化建设中具有独特的优势、发挥着重要的作用。本文将着力对习近平的文

* 本文为国家社科基金重点项目"习近平总书记文艺工作座谈会讲话的理论突破研究"（项目编号：15AZW002）的阶段性成果。

** 丁国旗，中国社会科学院文学研究所副所长，研究员。

艺思想进行研究，阐释其与治国理政的理论联系，以及文艺作为强国战略的重要价值与意义。

一　重视优秀传统文艺经典，是习近平文艺治国思想的重要表现之一

十八大以来，习近平进行了多次传统文化考察活动，走访了许多文化古迹名胜，发表了很多有关传统文化的重要讲话。2013 年 11 月 26 日，习近平来到山东曲阜孔府和孔子研究院参观考察，在听取了有关专家学者关于中华优秀传统文化的研究情况后指出："一个国家、一个民族的强盛，总是以文化兴盛为支撑的，中华民族伟大复兴需要以中华文化发展繁荣为条件。"[①] 无数历史事实证明，经济和军事的强大可以让一个国家保持独立和稳定，但要真正赢得别国的尊重和爱戴，还要依赖这个国家文化上的繁荣和文明的进程，习近平对历史发展、国家兴衰规律的认识是深刻的。概括来说，习近平对中华优秀传统文艺经典的重视主要表现为以下几个方面。

首先，善于从传统文化中汲取治国理政营养，从对"文艺经典"的引用中传递文艺与国家治理的内在关联。习近平善于用典，善于从古代典籍、经典名句中汲取治国的经验，总结从政的心得，古为今用，推陈出新，使其为我所用，为今所用。例如：他多次在讲话中引用郑板桥的诗句"衙斋卧听萧萧竹，疑是民间疾苦声；些小吾曹州县吏，一枝一叶总关情"[②]，以此强调群众利益无小事，强调基层干部的作用，要求各级领导干部切身体察人民的疾苦，干在实处、走在前列。在谈论以德修身、从政以德等问题时，他引用《论语·为政》中的话"为政以德，譬如北辰，居其所而众星拱之"，强调从中央领导干部到基层百姓都要读书修德，以自己高尚的品德感染身边的人，营造良好的社会氛围。这样的例子还有很多，2015 年 2 月由人民日报出版社出版的《习近平用典》一书，收集、整理了习近平在各

---

① 《习近平在山东考察时强调　认真贯彻党的十八届三中全会精神　汇聚起全面深化改革的强大正能量》，《人民日报》2013 年 11 月 29 日。

② 《习近平用典》，人民日报出版社，2015，第 7 页。

种场合用过的 135 处传统文化经典《史记》、《诗经》、《礼记》、《尚书》等书中的故事、名句，以及诸子百家文史笔记等，尽在其引用之列；2007 年由浙江人民出版社出版的《之江新语》辑录了习近平任浙江省委书记期间撰写的短评文章共 232 篇，有人统计共用典 84 条；而 2006 年 1 月 24 日习近平在浙江省办公厅系统总结表彰大会上的讲话《从政体会漫谈》中就有 17 处引用了传统文化经典。习近平用这些文化经典言敬民之心、为政之道、立德之途、修身之径、任贤之准则、信念之养成，从这些经典文献中探索与寻找历史和前人留给我们的思想启示与精神基因。他在传统文艺经典引用上的范围之广、理解之深，既显示出他对传统文艺经典文献的熟悉和掌握，也显示出他借助传统文艺经典治理国家、教育干部和民众的文化信心。

其次，将中华优秀传统文化视为中华民族的精神命脉，把优秀的古典文艺作品作为涵养社会主义核心价值观的重要源泉。习近平指出："培育和弘扬社会主义核心价值观必须立足中华优秀传统文化。"① 他把优秀传统文化概括为"讲仁爱、重民本、守诚信、崇正义、尚和合、求大同"六个方面，强调要用优秀传统文化助推中国梦。《在纪念孔子诞辰 2565 周年国际学术研讨会暨国际儒学联合会第五届会员大会开幕会上的讲话》中，他更是直接地提出中国优秀传统文化可以为治国理政提供有益启示，他说："中国优秀传统文化的丰富哲学思想、人文精神、教化思想、道德理念等，可以为人们认识和改造世界提供有益启迪，可以为治国理政提供有益启示，也可以为道德建设提供有益启发。"② 在这些讲话中，习近平清醒地认识到社会主义核心价值观与中华传统文化之间内在、紧密的联系。可以说，社会主义核心价值观是对中华优秀传统文化在新时代的新表述、新发展，中华优秀传统文化则是社会主义核心价值观的源头活水和灵魂所在。

让优秀的古典文艺作品真正成为人们生活中的一部分，成为大到治国理政、小到做人做事的行动指南，是习近平重视传统文艺经典的第三个表现。他重视学习古代诗词的重要意义，2014 年教师节前一天在北京师范大

---

① 《习近平重要讲话文章选编》，中央文献出版社、党建读物出版社，2016，第 119 页。
② 《在纪念孔子诞辰 2565 周年国际学术研讨会暨国际儒学联合会第五届会员大会开幕会上的讲话》，人民出版社，2014，第 7 页。

学考察时，他谈道："我很不赞成把古代经典诗词和散文从课本中去掉，'去中国化'是很悲哀的。应该把这些经典嵌在学生脑子里，成为中华民族文化的基因。"① 他不仅强调经典教育要从学生抓起，在日常的各种讲话中也时时提醒大家多阅读经典，多用优秀作品提高自己。例如，他用"腹有诗书气自华"教育人们多研读经典，并认为，"读优秀传统文化书籍，是一种以一当十、含金量高的文化阅读"②；用王国维《人间词话》中的人生三境界教导领导干部，读书、学习、工作也要有这三种境界；用司马光的《资治通鉴》阐述治国理政用人上的重要性，等等。新时期以来，西方文化越来越成为一种时尚，被国人学习接受乃至追捧，而此时习近平却重视从中华优秀传统文化中寻求民族复兴的精神支撑，这既是一种魄力，更是一种远见。"众里寻他千百度，蓦然回首，那人却在灯火阑珊处"，对中华优秀传统文化，曾几何时，我们弃之如敝履，视之如草芥，这其中的原因值得我们认真思考。

二 重视中西文艺文化的交流互鉴，是习近平重视文艺治国的又一重要表现

"博大精深的中华优秀传统文化是我们在世界文化激荡中站稳脚跟的根基。"③ 习近平在处理国际事务、构建以合作共赢为核心的新型国际关系方面，十分重视文艺文化的桥梁与纽带作用。2014年3月习近平的欧洲之行，在各地的演讲和发表的署名文章中，对此作了非常明确的阐述。

习近平阅读过大量世界名著，对许多国家的文艺作品都非常熟悉，这为他以文学拉近与出访国的外交距离，促进彼此的信任、理解与合作，起到了非常重要的作用。2014年3月27日，在巴黎出席中法建交50周年纪念大会上，习近平讲道："读法国近现代史特别是法国大革命史的书籍，让

---

① 《习近平：我很不赞成把古代经典诗词和散文从课本中去掉》，人民网，http://politics.people.com cn/n/2014/0909. c1024 - 25628978. html.
② 《领导干部要爱读书读好书善读书——在中央党校2009年春季学期第二批进修班暨专题研讨班开学典礼上的讲话》，《学习时报》2009年5月18日。
③ 《习近平重要讲话文章选编》，中央文献出版社、党建读物出版社，2016，第120页。

我丰富了对人类社会政治演进规律的思考。读孟德斯鸠、伏尔泰、卢梭、狄德罗、圣西门、傅立叶、萨特等人的著作，让我加深了对思想进步对人类社会进步作用的认识。读蒙田、拉封丹、莫里哀、司汤达、巴尔扎克、雨果、大仲马、乔治·桑、福楼拜、小仲马、莫泊桑、罗曼·罗兰等人的著作，让我增加了对人类生活中悲欢离合的感触。"① 习近平的发言让在场的国外友人感受到他对法国文化的了解和尊重，加强了彼此的情感联系与文化沟通。

在德国《法兰克福汇报》上发表的署名文章《中德携手合作造福中欧和世界》中，习近平同样以文化拉近距离，以文化情感的共鸣和共识促进彼此思想上的沟通与理解。习近平认为"两国数不尽的先贤哲人、深邃的思想哲理、丰富的文学艺术，是双方互学互鉴、交流合作取之不尽、用之不竭的智慧源泉"②。《在德国科尔伯基金会的演讲》则提到了不少德国作家和思想家的名字，习近平说："德国不仅以其发达的科学技术和现代制造业闻名世界，而且在哲学、文学、音乐等领域诞生许多享誉全球的巨擘，他们的许多作品早已为中国民众所熟知。这些作品中，有歌德、席勒、海涅等人的文学巨著和不朽诗篇，有莱布尼茨、康德、黑格尔、费尔巴哈、马克思、海德格尔、马尔库塞等人的哲学辩论，有巴赫、贝多芬、舒曼、勃拉姆斯等人的优美旋律。"③ 在这篇文章的最后，他还引用德国文学家莱辛的话——"历史不应该是记忆的负担，而应该是理智的启迪"，以提醒世界各国不忘历史，携手共进，共同建设持久和平、共同繁荣的和谐世界。

习近平通过文艺加强与出访国的沟通与理解的例子还有很多。2014年2月7日，习近平在索契接受俄罗斯电视台专访时，曾深情列举了11位俄罗斯作家的名字："我读过很多俄罗斯作家的作品，如克雷洛夫、普希金、果戈里、莱蒙托夫、屠格涅夫、陀思妥耶夫斯基、涅克拉索夫、车尔尼雪夫斯基、托尔斯泰、契诃夫、肖洛霍夫，他们书中许多精彩章节和情节我都

---

① 习近平：《在中法建交50周年纪念大会上的讲话》，新华网，http://news. xinhuanet. com/world/2014 – 03/28/c_119982956_3. htm.

② 习近平：《中德携手合作造福中欧和世界》，《人民日报》2014年3月29日。

③ 习近平：《在德国科尔伯基金会的演讲》，人民网，http://politics. people. com. cn/n/2014/0329/c1024 – 24772018. html.

记得很清楚。"① 据媒体报道，2015 年习近平出访美国，9 月 22 日晚在西雅图下榻饭店的欢迎宴会上发表演讲时，提到了他读过的梭罗、惠特曼、马克·吐温、杰克·伦敦等美国作家的作品，并特别提到了海明威。他说："海明威《老人与海》对狂风和暴雨、巨浪和小船、老人和鲨鱼的描写给我留下了深刻印象。"他还提到了自己与这部作品两次有趣"邂逅"的细节："我第一次去古巴，专程去了海明威当年写《老人与海》的栈桥边。第二次去古巴，我去了海明威经常去的酒吧，点了海明威爱喝的朗姆酒配薄荷叶加冰块。我想体验一下当年海明威写下那些故事时的精神世界和实地氛围。"② 他这番话入耳入心，赢得现场一片掌声。

正是因为深刻认识到文艺作品在不同国家之间思想交流上的重要作用，习近平对国内的文艺工作也寄予了深厚的期望，《在文艺工作座谈会上的讲话》中谈到，他希望"文艺工作者要讲好中国故事、传播好中国声音、阐发中国精神、展现中国风貌，让外国民众通过欣赏中国作家艺术家的作品来深化对中国的认识、增进对中国的了解"③（以下凡引此文，不再一一注明）"智者求同，愚者求异"，由以上例子可以看出，在国际事务中，习近平善于从文化传统与文艺交流中寻求利益最大的公约数，与各国人民一道共享机遇，共迎挑战，不仅彰显了大国风范，更展示了文化自信与文化宽容，表现出了在国际交流中的远见卓识。

三 召开文艺工作座谈会是习近平文艺治国思想
最为直接的表现

2014 年 10 月 15 日，习近平主持召开了"文艺工作座谈会"并发表了重要讲话，这次文艺讲话的重要意义，恰如中共中央宣传部组织编写的《习近平总书记在文艺工作座谈会上的重要讲话学习读本》"前言"中所说：

---

① 《习近平接受俄罗斯电视台专访》，新华网，http://news.xinhuanet.com/world/2014-02/09/c
_119248735.htm.
② 《习近平透露"书单"与海明威作品两次"邂逅"》，中新网，http://www.chinanews.com/
gn/2015/09-23/7540359.shtml.
③ 习近平：《在文艺工作座谈会上的讲话》，人民出版社，2015。

"讲话科学分析了文艺领域面临的新形势、新情况、新问题，创造性地回答了事关文艺繁荣发展的一系列带有根本性、方向性的重大问题，定方向、立纲领，点问题、提神气，体现了党对文艺工作的新思想、新判断、新要求，对在新的历史条件下开创文艺工作新局面作出了全面部署。讲话……是当代中国文艺实践的理论总结和思想升华，具有鲜明的时代特征和思想光芒，是指导文艺工作和文化建设的纲领性文献，对推进社会主义文艺大发展大繁荣具有重要意义。"① "讲话"共阐述了五个问题，五个问题环环相扣，层层递进，涉及文艺工作的方方面面，而这些方面又无一例外同文艺的繁荣发展相关，同实现中华民族伟大复兴的中国梦相关。

在讲话中，习近平指出："实现中华民族伟大复兴，是近代以来中国人民最伟大的梦想。今天，我们比历史上任何时期都更接近中华民族伟大复兴的目标，比历史上任何时期都更有信心、有能力实现这个目标。而实现这个目标，必须高度重视和充分发挥文艺和文艺工作者的重要作用。"今天我们正处在一个关键的时期，一个民族的复兴需要强大的物质力量，也需要强大的精神力量，"举精神之旗、立精神支柱、建精神家园，都离不开文艺"。习近平正是站在这样的高度要求广大文艺工作者"认识文艺的地位和作用，认识自己所担负的历史使命和责任"。党的十八大以来，我们党形成并积极推进经济建设、政治建设、文化建设、社会建设、生态文明建设"五位一体"的总体布局，文艺工作既作为文化建设的重要内容发挥作用，同时也将作为一支独立的力量发挥作用。习近平专门召开文艺工作座谈会，正是因为文艺与实现中华民族伟大复兴"中国梦"、与两个"一百年"奋斗目标的密切联系。

文艺在社会主义建设道路上所扮演的角色非常重要。首先，文艺最能引领一个时代的风气。正如习近平在讲话中所说的"伟大事业需要伟大精神"，在实现中华民族复兴的中国梦的伟大事业征程中"文艺的作用不可替代，文艺工作者大有可为"。回顾世界历史，不论是欧洲的文艺复兴运动，还是我国先秦时期的百家争鸣，或是近代的新文化运动，这些激动人心的时代，都与文艺息息相关，都是因为接受了文艺的启迪与影响。其次，文

---

① 《习近平总书记在文艺工作座谈会上的重要讲话学习读本》，学习出版社，2015。

艺最能凝聚人心。"如果没有共同的核心价值观，一个民族、一个国家就会魂无定所、行无依归"。习近平认为，改革开放以来，社会上出现种种问题，其病根就在于一些人价值观的缺失，因此，他希望通过文艺铸造灵魂，"使社会主义核心价值观内化为人们的精神追求、外化为人们的自觉行动"。爱国主义精神的弘扬，中华美学精神的传承，真善美的追求，这些都需要在文艺的春风化雨、润物无声中实现。再次，人民需要文艺，"社会主义文艺，从本质上讲，就是人民的文艺"，坚持"以人民为中心的创作导向"，就是要时刻关注人民的需求和利益。因此，习近平要求一定"把最好的精神食粮奉献给人民"，"把满足人民精神文化需求作为文艺和文艺工作的出发点和落脚点"。此外，为了使文艺能够顺利地在社会主义建设道路上发挥作用，在"讲话"中，习近平还谈到了加强和改进党对文艺工作的领导、重视和切实加强文艺评论工作等其他方面的问题。

《在纪念邓小平同志诞辰110周年座谈会上的讲话》中，习近平曾经指出："战略问题是一个政党、一个国家的根本性问题。战略上判断得准确，战略上谋划得科学，战略上赢得主动，党和人民事业就大有希望。"[1] 在文艺工作座谈会上的讲话，就是习近平的文艺战略与谋划，在"讲话"精神指引下，我国的文艺事业必将不辜负时代召唤、不辜负人民期待，必将创作出更好更多的文艺精品，为推动文化大发展大繁荣、建设社会主义文化强国作出更大的贡献。

四 习近平文艺治国思想的理论贡献与价值意义

习近平的文艺治国思想有着清晰的理论来源，这一来源既立足于中华民族以文治国的历史传统，也是对马克思主义经典作家关于文艺与社会思想的理论吸收和创新性发展，体现出鲜明的中国特色与马克思主义文艺理论的思想光辉。同时，习近平的文艺治国思想还有其清晰的现实映照，它既以改革开放以来我国社会主义建设已经取得的所有成就为物质基础，同

---

① 习近平：《在纪念邓小平同志诞辰110周年座谈会上的讲话》，人民出版社，2014，第19页。

时也放眼世界，是在全球化条件下对我国发展道路作出科学判断的必然选择。文艺问题从来都不是文艺自己的问题，文艺的作用也从来都不是单一的作用，它关联着治国、治家、治事、治人，也关联着精神、价值、认同、实力。习近平有关文艺与文艺工作的论述，在中华民族伟大复兴、实现"两个一百年"奋斗目标的伟大征程中具有重要的价值和意义。

（一）习近平的文艺思想是中国古代传统文艺治国理念的延续

我国古代有关文艺与治国的论述很多，并形成了丰富的"文治"思想。虽然不能狭隘地将"文治"理解为用文学艺术治理国家，但以诗书礼乐为代表的文学艺术在国家治理方面所发挥的作用却很早就得到了重视。《论语》记载"子曰：诵诗三百，授之以政，不达；使于四方，不能专对。虽多，亦奚以为?"这里所谈的正是《诗经》在从政和外交活动方面的应用，可见文学作为治国理政的重要工具之一，这一观念是被古代知识分子所普遍接受的。也正是由于这一原因，对宋初宰相赵普用半部《论语》'辅太祖（赵匡胤）定天下，今欲以其半辅陛下（赵匡义）致太平"的说法，我们不会觉得有丝毫的诧异，反而认为这是十分自然的事情。"采诗观风"是西周以来"补察时政"的具体举措，孔子关于诗歌作用的"兴、观、群、怨"说，不管是哪一点，所反映的都是以诗歌为代表的文学在国家政治系统中直接运用的情况。这一核心理念，在此后两千多年时间里被无数的文人知识分子重复言说，成为我国文治体系中的基本要义，也成为文学的安身立命之本。无论是"辞之所以能鼓天下者，乃道之文也"（刘勰《文心雕龙·原道》）以强调文的明道功能，还是"人之于文学也，犹玉之于琢磨也'（《荀子·大略》）以强调文的化育作用，抑或是"彰君子之志，劝美惩恶，王化本焉"（裴子野〈雕虫论〉）以强调文的美刺讽谏之力，从中都可以看出我国古代文人为文艺所争取到的明德治乱、经纬天地、谏政治国的话语权利和话语地位。当一代帝王曹丕说出"盖文章，经国之大业，不朽之盛事"时，文艺在国家治理、政治生活中的地位已经是不可摇撼、无可替代的了。

由此可见，习近平的文艺思想根脉联结着深厚的中国"文治"传统，有着鲜明的中国特色与中国智慧。它深植于中华文化传统之中，汲取其中的思想精髓，并将其与时代有机结合起来，是科学的论断，对我国的文艺建设及文化强国方略有着重要的价值和意义。

（二）习近平的文艺思想是马克思主义文艺理论的继承和发展

马克思在《〈政治经济学批判〉序言》中揭示了社会结构，即生产力和生产关系、经济基础和上层建筑、社会存在和社会意识的相互关系，同时也为艺术确定了位置。"人们在自己生活的社会生产中发生一定的、必然的、不以他们的意志为转移的关系，即同他们的物质生产力的一定发展阶段相适合的生产关系。这些生产关系的总和构成社会的经济结构，既有法律的和政治的上层建筑竖立其上并有一定的社会意识形式与之相适应的现实基础。物质生活的生产方式制约着整个社会生活、政治生活和精神生活的过程。不是人们的意识决定人们的存在，相反，是人们的社会存在决定人们的意识。……随着经济基础的变更，全部庞大的上层建筑也或慢或快地发生变革。在考察这些变革时，必须时刻把下面两者区别开来：一种是生产的经济条件方面所发生的物质的、可以用自然科学的精确性指明的变革，一种是人们借以意识到这个冲突并力求把它克服的那些法律的、政治的、宗教的、艺术的或哲学的，简言之，意识形态的形式"①。也就是说，文艺作为一种属于社会上层建筑的特殊的"意识形态的形式"，是由一定的经济基础和社会存在所决定的，它既是一定的历史条件的产物，又是作家艺术家对他们所属时代生活的反映的结晶。当然这种反映既是审美的反映，又是能动的反映。马克思早在《1844年经济学哲学手稿》中就已经提到了"人也按照美的规律来构造"②的审美创造原则，而能动的反映论则在列宁那里得到了很好的阐述和论证。虽然依据普列汉诺夫的社会结构"五层次论"的理论表述，文艺是飘浮于空中的社会意识形态，离社会经济基础比较远，要通过哲学、宗教、道德和政治等中介，才能曲折地反映经济基础的要求，但无论多远，文艺属于社会意识形态的一种形式，最终要接受经济基础的制约，这是无可置疑的。正因为如此，列宁在《党的组织与党的出版物》中明确提出"写作事业应当成为整个无产阶级事业的一部分，成

---

① 《马克思恩格斯选集》第2卷，人民出版社，1995，第32~33页。
② 马克思：《1844年经济学哲学手稿》，人民出版社，2000，第58页。

为由整个工人阶级的整个觉悟的先锋队所开动的一部巨大的社会民主主义机器的'齿轮和螺丝钉'"①，写作"不是为饱食终日的贵妇人服务，不是为百无聊赖、胖得发愁的'一万个上层分子'服务，而是为千千万万劳动人民，为这些国家的精华、国家的力量、国家的未来服务"②。继承列宁的理论遗产，毛泽东《在延安文艺座谈会上的讲话》则结合我国新民主主义革命的基本现实和完成民族解放任务的基本要求，提出了文艺为工农兵服务、"文艺是从属于政治的"，以及文艺批评标准的"以政治标准放在第一位，以艺术标准放在第二位"的主张。"延安讲话"具有鲜明的时代特色，符合当时中国国情与形势，为我国民族解放事业的顺利完成发挥了巨大的作用，也为新中国成立后我国社会主义文艺事业建设提供了基本的依照。

马克思主义经典作家十分重视文艺在社会发展中的能动作用与服务功能，在马克思主义基本原理和基本方法的指导下，根据形势的变化和工作重心的转移，我们都会及时调整文艺方针，以期更好地推动文艺的发展，更好地发挥文艺的功用。1978年党的第十一届三中全会提出了"文艺为社会主义服务，为人民服务"的文艺方针，取代了以往"文艺为政治服务""文艺从属于政治"的口号，为中国特色社会主义文艺的发展繁荣提供了新的理论指南。改革开放近40年后，习近平同志主持召开文艺工作座谈会并发表重要讲话，既是解决我国文艺工作出现的新情况、新问题、新任务、新发展的需要，同时也是对马克思主义文艺理论基本思想的继承和创新发展，是当代中国马克思主义文艺理论的最新成果，是当代我国文艺工作的最新指南。

（三）习近平的文艺思想是中华民族伟大复兴的时代要求

今天我们正处在实现民族伟大复兴中国梦和"两个一百年"的奋斗目标的关键时期，我们比以往任何时候都更需要新理念、新思想、新阐释、新战略、新实践，比任何时候都更需要有一个完整全面的复兴计划与落实规划。在中国经济发展起来之后，民族形象的塑造、核心价值观的引领、

---

① 《列宁全集》第12卷，人民出版社，1987，第93页。
② 《列宁全集》第12卷，人民出版社，1987，第97页。

民族精神的凝聚、中华文化新辉煌的创造等显得尤为重要。加之 2008 年世界性的经济危机以来，西方各国的经济发展徘徊不前，持续低迷，而中国特色社会主义制度所表现出的各种优越性，引起了世界各国的关注。在这样的情形下，把中国经验推介出去，"为人类对更好社会制度的探索提供中国方案"①，已成为作为世界大国的中国的诉求之一。有学者指出："'蛋糕相对做大'以后，中国式现代化发展进入新的历史发展阶段。这一阶段，邓小平称为'发展起来以后'。中共十八大以后，我国真正进入了'发展起来以后'的历史阶段，中国式现代化发展也进入了表达诉求期，民众的各种诉求在增强。"② 因此"高度重视和充分发挥文艺和文艺工作者的重要作用"显得尤其必要，"讲好中国故事、传播好中国声音、阐发中国精神、展现中国风貌"，也比以往任何时候都更显得时不我待。"全球化"时代，在民族核心竞争力的综合考量中，文艺既是文化的软实力，同时又是文化的硬实力。

文艺本应该"感国运之变化、立时代之潮头、发时代之先声"，然而现在我国文艺的状况并不能完全遂人所愿，"存在着有数量缺质量、有'高原'缺'高峰'的现象，存在着抄袭模仿、千篇一律的问题，存在着机械化生产、快餐式消费的问题"，文艺没有了生命力，"在市场经济大潮中迷失方向"，"在为什么人的问题上发生偏差"。习近平说，当前文艺最突出的问题是"浮躁"，而文艺上的浮躁所表现出的正是社会的浮躁、思想的混乱、价值观的缺失与人们精神上的魂无定所。习近平曾指出："我们前所未有地靠近世界舞台中心，前所未有地接近实现中华民族伟大复兴的目标，前所未有地具有实现这个目标的能力和信心。"③ 显然，在这样的历史条件下，文艺不能失声，不能无语，不能无所适从。正是从这一角度看，习近平的"文艺工作座谈会讲话"适逢其时，必能纠偏归正，使我国文艺回到健康发展的轨道上来。

---

① 《习近平在庆祝中国共产党成立 95 周年大会上的讲话》，人民出版社，2016，第 14 页。

② 韩庆祥：《论习近平治国理政思想》，《中共福建省委党校学报》2016 年第 1 期。

③ 《习近平在古田赋予我军政治工作新使命》，中国青年网，http://pinglun. youth. cn/wywy/shsz/201411/t20141106_5999118. htm。

"祸患常积于忽微",而只有"居安而念危,则终不危,操治而虑乱,则终不乱",由以上论述可见,习近平的文艺治国思想是根据现有国情、民情、文情,依据国史、党史与时俱进提出的新思想、新战略、新理念。

结语:永远不要忽视文艺的价值与作用

雨果曾说过这样一段话:"试将莎士比亚从英国取走,请看这个国家的光辉一下子就会削弱多少!莎士比亚使英国变美,他减少了英国与野蛮国家的相似点。"① 确实如此,正如莎士比亚之于英国,但丁之于意大利,歌德之于德国,或者说《荷马史诗》之于古希腊,《堂吉诃德》之于西班牙,《红楼梦》之于中国,优秀的艺术家和艺术作品所代表的不仅仅是个人的艺术成就,而且是整个国家的文化骄傲。透过一个个生动曲折的故事、一个个栩栩如生的艺术形象,我们看到了一种文化的思想深度,一个民族的文明程度,一个国家的文化实力和一国人民的精神高度。文艺是一座桥梁,让不同国家更好地实现了文化的交流,让不同国家的人民之间更好地实现了思想的沟通。文艺的价值与作用,永远不要忽视!

习近平是有文学情结而又懂得文学的人,在他的文章或讲话中提到的作家有几百人,所引用过的诗词文章不计其数。他热爱文学,在陕北插队的时候,走30里路只为去另一知青那里借歌德的《浮士德》来读;他善于与作家交朋友,在河北正定工作时结识了作家贾大山,后来在贾大山过世后,还专门写了悼念他的文章。习近平还是懂得文学并以此治国理政的人,在他这里文艺与治国的关系从来都是紧密联系、难以分割的。难怪有文章指出:"作为一名作家,贾大山有着洞察社会人生的深邃目光和独特视角。在将贾大山引为知己的同时,习近平也把他作为及时了解社情民意的窗口和渠道,作为行政与为人的参谋和榜样。"② 习近平曾以自己的切身体会劝勉干部,关心文学,提高审美修养。他说:"领导干部还应该了解一些文学

---

① 维克多·雨果:《威廉·莎士比亚》,丁世忠译,团结出版社,2001,第252页。
② 余亦青:《习近平的读书生活》,《生命时报》2016年3月8日。

知识，通过提高文学鉴赏能力和审美能力，陶冶情操，培养高尚的生活情趣。"① 懂得文学，学会审美，虽然不能直接用于治国理政，但无疑将有助于官员加深对治国安邦平天下的认识和理解。文学无他，但能在长期的陶冶下，让人心正、身修、德明，如《大学》所言："心正而后身修，身修而后家齐，家齐而后国治，国治而后天下平。"习近平的文艺治国思想可谓内涵丰富，意味深远，博大精深，善于谋断，既连结着我国古代传统的"文治"精神，又是对马克思主义经典作家国家观念与我国社会现实有机结合后的创新性发展，是在全球化语境中对中国如何发展、怎样发展的科学研判下的新理念、新战略、新实践，对中国特色社会主义强国建设，对实现民族伟大复兴"中国梦"、实现"两个一百年"的奋斗目标，必将发挥重要的作用与影响。

本文原刊于《文学评论》2016 年第 5 期

---

① 习近平：《在中央党校建校 80 周年庆祝大会暨 2013 年春季学期开学典礼上的讲话》，人民网，http://politics. people. com. cn/n/2013/0303/c1024 – 20655810. html。

重温马克思主义的"世界文学"理念

——马克思主义文艺观与"世界文学"理念再领悟

吴晓都[*]

"世界文学"是一个充满宏大气势和无限想象力的近代审美文化理念。自从歌德依据赫尔德尔的文化理论在世界文化史上明确提出"世界文学"这个著名理念后,它就先在欧洲,而后在世界的文化界广为传播,受到文学创作界和学界广泛与高度的重视,近两百年来各国学者从不同的视角去理解它,解读多样,林林总总,而唯有马克思和恩格斯在《共产党宣言》中第一次从历史唯物主义的角度科学地阐释了"世界文学"形成的社会历史条件,揭示了它产生的经济基础和发展趋势,"世界文学"这个著名理念才获得了真正坚实的科学基础和充沛的生命力。

一 "世界文学"理念的历史唯物主义阐释

站在今天经济全球化的时代语境下回溯"世界文学"理念的产生和演化过程,我们不能不由衷地钦佩,还是马克思主义经典作家最早从经济基础决定上层建筑的社会历史中深刻地洞察了世界文学发展进程的必然趋势。

---

* 吴晓都,中国社会科学院外国文学研究所副所长,研究员。

一般认为，马克思和恩格斯是在《共产党宣言》中论及"世界文学"的。不过，也应该注意到，在《共产党宣言》系统阐明"世界文学"之前，马克思主义经典作家就已经在《费尔巴哈》的"德意志意识形态"一章里涉及这个未来的与世界精神文化现象相关的重要问题了，他们在这一章节中详细探讨了世界市场逐渐形成后"意识的生产"的特点和经济成因。马克思和恩格斯指出："单独的个人随着他们的活动扩大为世界历史性的活动，愈来愈受到异己力量的支配（他们把这种压迫想象为所谓宇宙精神等等的圈套），受到日益扩大的、归根到底表现为世界市场的力量的支配。"① 在这里马克思主义经典作家强调了"世界市场"的基础决定作用。过去单独个人的精神文化活动、单个的意识生产由于世界市场的出现也相应出现了根本性的变化，这个变化就是："仅仅因为这个缘故，各个单独的个人才能摆脱各种不同民族局限和地域的局限，而同整个世界的生产（包括精神的生产）发生实际联系，并且可能有力量利用全球的这种全面生产（人们创造的一切）。"② 这里值得我们当代学者特别注意的是，马克思和恩格斯实际上是最早从经济全球化的视野和语境来论述世界的物质生产和精神生产的，充分展现了无产阶级革命导师天才的历史预见性和高瞻远瞩的洞察力。世界市场不仅导致全球化的物质生产，而且必然导致了全球化的世界精神生产，马克思和恩格斯正是从这里自然而然地推导出了相应的即将产生的"世界文学"，并为这一文学理念注入了历史唯物主义和辩证唯物主义的新内涵。

当然，马克思主义的"世界文学"理念在1848年的《共产党宣言》中得到了更加明确、更加完整和更加系统的阐释："由于开拓了世界市场，使得一切国家的生产和消费都成为世界性的了。……物质的生产是如此，精神生产也是如此，各民族的精神产品成了公共的财产。民族的片面性和局限性日益成为不可能，于是由许多种民族的和地方的文学形成了一种世界的文学。"③ 马克思主义经典作家揭示了"世界文学"必然形成的经济基础，

① 《马克思恩格斯选集》第 1 卷，人民出版社，1975，第 42 页。
② 《马克思恩格斯选集》第 1 卷，第 42 页。
③ 《马克思恩格斯选集》第 2 卷，人民出版社，1995，第 35 页。

是经过对大量现实经济活动和当代文化考察所得出的科学的论断。例如，无产阶级革命导师不仅在历史学著作、经济学著作和新闻报刊上了解到世界生产的发展态势，也从狄更斯、乔治·桑、巴尔扎克、欧仁·苏、雨果、普希金、车尔尼雪夫斯基、易卜生和哈根纳斯等欧洲大作家的作品中了解到了资本主义生产方式的世界性扩张及其在文学上的反映，从而把握了具有世界性意义的文学思潮，如浪漫主义和批判现实主义的形成。恰如恩格斯自己所说，"正像《总汇报》这个德国人的《泰晤士报》……所说的，德国人开始发现，近十年来，在小说的性质方面发生了一个彻底的革命，先前在这类著作中充当主人公的是国王和王子，现在却是穷人和受轻视的阶级了，而构成小说内容的，则是这些人的生活和命运、欢乐和痛苦。最后，他们发现，作家当中的这个新流派——乔治·桑、欧仁·苏和查·狄更斯就属于这个流派——无疑是时代的旗帜"①。马恩所考察的现实主义文学在欧洲不同的国度先后兴起，并具有为世界市场所规约的相同的时代特征，资本主义的压迫导致无产阶级的贫困，有良知的作家开始关注与描绘他们的生活和命运。批判现实主义流派在当时欧洲的兴起，正是一种具有世界文学语境的新型文学。

英国著名文学批评家柏拉威尔联系马克思和恩格斯的文学阅读和文学考察，在其著名的《马克思和世界文学》一书中对马克思主义的"世界文学"理念作了较为详细的分析，他对出现在《共产党宣言》不同版本里的核心关键词"literature"（literatur，literarisch）的内涵作了非常细致的解读，他认为，虽然这些词汇在《共产党宣言》里有不同用法②，但总体上这些意义相近的词汇与"文学"相关。"在这里 Literatur 一词指的是'论述某一学科的一批专门的书籍和小册子等等和写作这些作品的作家'。"③ 柏拉威尔如此理解与马克思主义的文学观是相一致的，正如德国大诗人梅林在《马克思传》中描述的那样，马克思"绝不是那种常常和政治上的漠不关心或甚

---

① 《马克思恩格斯论艺术》，曹葆华译，人民文学出版社，1963，第 336 页。
② 柏拉威尔：《马克思和世界文学》，梅绍武等译，生活·读书·新知三联书店，1982，第 187 页。
③ 柏拉威尔：《马克思和世界文学》，梅绍武等译，第 187 页。

至奴颜婢膝相联的'纯美学'的信徒"①，所以，柏拉威尔写道："在马克思看来，文学不是一个单独的，闭关自守的部门。诗歌（像海涅的诗歌和西里西亚织工之歌）、小说（像古斯塔夫·波蒙、埃蒂耶纳·卡贝和乔治·桑的作品）、剧本（像古斯塔夫·弗莱塔格的《新闻记者》，马克思很久之后才看到这个剧本），显然是和另一些更具有浓厚功利色彩的体裁的作品有关，并且可以有益地同这些作品联系起来加以讨论。"② 由此可见，马克思主义经典作家所理解的"世界文学"既是具体流派意义上的文学范畴（如批判现实主义），也是超越"纯文学"意义的广义的文学范畴（文化文本）。它超越所谓"纯文学的"狭隘理解，是对在世界市场时代中审美文化文本的广义指称。柏拉威尔的这些解读，对于我们理解马克思主义的"世界文学"的深刻内涵有一定的参考价值。

诚然，在重温马克思主义"世界文学"理念的时候，需要我们正确理解的是，马克思和恩格斯所阐释和预言的"世界文学"的形成并不是说，将来世界各国作家都会用统一的"世界语"去写作一种缺失民族文化特色的超民族特点的文学文本。马克思主义经典作家在这里所强调的是，在未来的"世界文学"整体语境中，各民族文学中的"片面性"和地方的"局限性"会被逐渐形成的世界性的生产态势所化解，这些"片面性"和"局限性"被逐渐克服，换言之，在未来的"世界文学"中所克服的、会消失的只是民族文学的"片面性"和地方的"局限性"，而各民族文化传承久远的传统精华和优秀特征仍然会被保留，并在"世界文学"新形态的整体语境中更加便利地呈现出来，而且必定会借助"世界文学"的广阔平台大放异彩。因此，我们应该这样理解，马克思主义的"世界文学"指的是依然保留各民族文化精华的跨民族、跨文化、跨地域和跨语言的具有整体观的一种文学语境和文学形态。

马克思主义经典作家历来关注世界文学的发展问题，同时也高度关注在世界资本市场形成以后的各个民族文学的成就与特点，对19世纪最有前途的两大民族文学——俄罗斯文学和挪威文学——尤其关注。这种对欧洲

---

① 《马克思恩格斯论文学与艺术》，陆梅林辑注，人民文学出版社，1983，第336页。
② 柏拉威尔：《马克思和世界文学》，梅绍武等译，第189页。

发展中民族文学的特别关注恰恰证明，马克思恩格斯虽然预言"世界文学"的未来形成，但他们从来没有忽视世界各个民族文学的自身发展。今天，多媒体技术的发展及其在全世界的推广应用，使得"世界文学"的理念已经被广泛接受，同时，各国各民族的优秀文化成果也依然被世界更多和更广泛地了解与熟悉。所以，在"世界文学"和民族文学的相互关系上，不能机械地理解别林斯基的"越是民族的越是世界的"的理念，而应该按照马克思主义"世界文学"的科学理念来看待民族文化与世界文化的辩证关系，那就是，越是克服了片面性和局限性的文学越是世界的，也可以说越是民族优秀的成份，才越是世界的。文艺复兴以降的世界文学发展史已经证明了这个规律。发端于西欧的浪漫主义和批判现实主义思潮，被以普希金和易卜生为代表的俄罗斯文学界和挪威文学界接受以后，这些主流的艺术方法结合着俄罗斯民族文化和挪威民族文化的特色而呈现出新的面貌。它们既保留了西欧进步文艺的共性，又彰显出俄罗斯民族和挪威民族的文化个性，从而赢得了包括马克思主义经典作家在内的欧洲文化界的高度赞扬，被认为是 19 世纪欧洲最有发展前途的发展中的民族文学。

二 马克思主义现实主义文论与世界文学

马克思和恩格斯的现实主义文论（其核心概念是艺术真实观和艺术典型观）也是在世界文学的整体语境中被阐释的。欧洲现实主义文学，特别是 19 世纪的批判现实主义文学创作是马克思主义经典作家关注的主要对象，是其文艺思想阐发的重要文献依据。正是在对莎士比亚、塞万提斯、乔治·桑、狄更斯、欧仁·苏、普希金、巴尔扎克、敏·考茨基、哈根纳斯等现实主义经典作家的系统评论中，马克思主义的现实主义文论思想体系得以形成。应该注意的是，马克思主义文论的一个特点就是其理论的前瞻性。在对同时代文学的研究中，马克思和恩格斯不仅仅停留在对个别作品的评价上，而总是在分析作家作品的优缺点和总结文学规律的同时，提出了未来理想文学的创作远景。而这种规律的总结和远景的预见没有局限在单个民族的评价和分析的局部范围，而总是放眼世界文学的长远语境。例如，马克思和恩格斯在评价友人拉萨尔的剧作时就引入莎士比亚现实主义戏剧观念作为参照，同时也没有忘记德国席勒所代表的德国"观念戏剧"的评价标准。正如苏联马克思主义文评家弗里德连杰尔所指出的那样：恩格斯"在谈到未来的戏剧时指出，未来的社会主义戏剧的任务是，把'思想深度'、'意识的历史内容'同'莎士比亚剧作的情节的生动性和丰富性'有机结合在一起，把'现实主义的'和'理想的'因素结合起来"。① 马克思主义的未来文学理念，正是融合各个民族和地方文学优点的世界文学整体语境的崭新的文学观念。

同样，马克思和恩格斯在谈到现实主义文学的真实性和典型性时，也是从多民族文学的比较视野，亦即从"世界文学"语境来看待这些文艺创作的重要问题的。他们在阅读各国文学名著的过程中，特别注意那些经典大师描写的细节方面，同时认为细节真实只是塑造经典人物的必要前提。恩格斯在致英国作家哈根纳斯的著名文艺通信中提出了他对现实主义文艺典型的精辟理解，即"除了细节的真实外还要再现典型环境的典型人物"。熟悉马克思主义经典作家的学者都充分注意到，法国文学和俄罗斯文学，特别是其19世纪文学是马克思主义文艺批评观念建构的主要文学资源。在19世纪有两种主要的文学潮流——浪漫主义和现实主义，法国文学和俄罗斯文学在这两种文学思潮中都有杰出的文学家和经典作品涌现。它们成为马克思主义经典作家观察法国社会现状和俄罗斯社会发展的重要窗口以及建构文学理论的审美文献资源。

马克思在《资本论》这部政治经济学著作中，也把巴尔扎克的文本看作是值得信赖的资料："例如巴尔扎克曾对各色各样的贪婪做了透彻的研究。那个开始用积累商品的办法来贮藏货币的老高利贷者高布赛克，在他笔下已经是一个老糊涂虫了。"② 可见马克思对巴尔扎克小说细节关注之细微。令马克思和恩格斯记忆深刻的不仅有巴尔扎克笔下那些比社会学家和统计学家还要精确的细节，同时也还有普希金在《叶甫盖尼·奥涅金》中关于政治经济学的那些细节描绘。普希金的《叶甫盖尼·奥涅金》中的老农奴主，那个垂死的伯父的愚昧无知和惊人的懒惰，都是通过细节真实的

---

① 弗里德连杰尔：《马克思恩格斯与文学问题》，程代熙译，上海译文出版社，1984，第224页。
② 《马克思恩格斯论文学与艺术》，陆梅林辑注，第130页。

描写来表现的。弗里德连杰尔特别提到了马克思和恩格斯赞赏《叶甫盖尼·奥涅金》的第一章第七节诗。① 在《政治经济学批判》中,马克思还专门提到:"在普希金的长诗中,主人公的父亲简直不懂得商品就是货币。然而货币就是商品,这俄罗斯人早就懂得了。"② 像巴尔扎克一样,普希金在现实主义文学创作中同样高度重视并充分展示了当时社会的"经济细节"。马克思主义经典作家如此看重俄罗斯文学大家的经典名著,不仅是关注俄罗斯社会的经济生活,而且也是把普希金当作懂得细节真实重要性的同时代的欧洲现实主义文学大师看待,认定他是同时代当之无愧的具有世界文学意义的大作家,也是俄罗斯社会与时代的"书记员"。普希金以毫无保留的批判激情与犀利笔触再现了俄罗斯 19 世纪典型环境,同时塑造出了具有世界文学意义的典型人物。马克思主义现实主义文艺理论之艺术真实观和典型观,正是在"世界文学"的语境中,在马克思和恩格斯细读巴尔扎克和普希金等现实主义大师的文本并总结概括其创作特点的基础上建立起来的。

三 列宁的社会主义文艺观与世界文学

列宁的文艺思想是对马克思主义文艺思想的直接继承和发展。列宁所处的时代是无产阶级革命成功实践和开辟社会主义建设的时代,他和布尔什维克党所面临的文化语境与马克思恩格斯的时代不同,他们要建设社会主义文化,实践马克思主义的"世界文学"的理念。列宁在《共青团的任务》一文中指出了包括文艺思想在内的马克思主义理论意义的全人类性质:"即马克思主义学说,已经不再是 19 世纪一位天才的社会主义者的著作,而成了全世界千百万无产者的学说。"③ 列宁虽然没有直接阐释马克思的"世界文学"的理念,但是他在关于世界上第一个社会主义国家文化建设的指导方针的论述中实际上遵循了马克思主义的文艺思想原则,运用了马克

---

① 详见弗里德连杰尔《马克思恩格斯与文学问题》,程代熙译,第 528 页。
② 《马克思恩格斯论文学与艺术》,陆梅林辑注,第 413 页。
③ 中国社会科学院文学研究所文艺理论研究室编《列宁论文学与艺术》,人民文学出版社,1983,第 105 页。

思主义的文艺阐释方法论。列宁特别看重马克思对全人类过去一切思想文化成果的辩证唯物论的取舍态度。"凡是人类社会所创造的一切，他都用批判的态度加以审查，任何一点都没有忽略过去。凡是人类思想所建树的一切，他都重新探讨过，批判过，在工人运动中检验过，于是就得出了那些被资产阶级狭隘性所限制或被资产阶级偏见所束缚的人所不能得出的结论。"① 列宁在这里虽然是在批判世界文化接受中右倾观点的狭隘性和局限性，但他的观点同时也是针对苏联社会主义文化建设初期所表现出来的"左派"幼稚病的。他尖锐地指出："例如，当我们谈到无产阶级文化的时候就必须注意到这一点。应当明确认识到，只有确切地了解人类全部发展过程所创造的文化，只有对这种文化加以改造，才能建设社会主义的文化，没有这样的认识，我们就不能完成这项任务。无产阶级的文化并不是从天上掉下来的，也不是那些自命为无产阶级文化专家的人杜撰出来的，如果是这样，那完全是胡说。无产阶级的文化应当是人类在资本主义社会和地主社会和官僚社会压迫下创造出来的全部知识合乎规律的发展。所有这些大大小小的途径，无论过去、现在或将来，都通向无产阶级的文化，正如马克思改造过的政治经济学向我们指明了人类社会的必然归宿。"② 苏维埃俄国建国初期，俄国的庸俗文艺学一度影响了文艺创作界和理论界对世界文化遗产的接受，一些无知或患有"左派"幼稚病的教条主义者，也违背文化发展规律来奢谈苏俄新文化的构建，企图否定以前时代的文化遗产。列宁的社会主义文化建设观，包括他对世界文学理念的接受，纠正了这些错误的文艺思潮。所以列宁强调，"不是臆造新的无产阶级的文化，而是根据马克思主义世界观和无产阶级专政时代的生活与斗争条件的观点，发扬现有文化的优秀典范、传统和成果"。③ 列宁要求苏俄文学家和批评家，按照马克思主义的文艺思想原则，继承人类文明的一切优秀成果来建设社会主义新文学。

列宁本人就十分注重在"世界文学"的语境中来分析、研究和评价

① 中国社会科学院文学研究所文艺理论研究室编《列宁论文学与艺术》，第 105 ~ 106 页。
② 中国社会科学院文学研究所文艺理论研究室编《列宁论文学与艺术》，第 106 页。
③ 中国社会科学院文学研究所文艺理论研究室编《列宁论文学与艺术》，第 121 页。

俄国的文学泰斗。例如他对列夫·托尔斯泰的著名评述中多次使用"世界文学"的概念。他指出:"托尔斯泰的作品、观点、学派中的矛盾的确是显著的。一方面,是一个天才的艺术家,不仅创作了无与伦比的俄国生活的图画,而且创作了世界文学中的第一流的作品。"① 列宁进一步注意到托尔斯泰"天才描述"的世界文学意义:"由于托尔斯泰的天才描述,一个被农奴主压迫的国家的准备时期,竟成为全人类艺术向前跨进的一步了。"② 显然,列宁在评价自己民族的文豪时注意到文学大家作品价值的双重品质,作品的民族性和作品的"世界文学"语境,尽管列宁没有对"世界文学"的内涵展开阐释,但是他十分清楚托尔斯泰作品的文化构成不仅仅是单一的俄罗斯一个民族的。把托尔斯泰作品的"俄国生活图画"与"世界文学"评价标准两相对照与紧密联系,列宁的文学评论视野和方法完全是马克思主义的"世界文学"理念在俄罗斯文学评介中的有力再现。因为,列宁洞察到列夫·托尔斯泰作品揭露的不仅是俄国农奴制社会的本质,也是世界资本对近代俄国宗法社会侵蚀的本质,托翁的作品是在世界市场语境下写成的,当然也就是"世界文学"语境下的天才成果,从而体现了作为世界文学大师托尔斯泰"对资本主义的批判"。③ 列宁蕴含马克思主义"世界文学"理念的社会主义文艺建设构想的思想,对苏联社会主义文学的创立与繁荣具有深远的影响,由于列宁领导的布尔什维克文艺方针的正确指引与政策保障,苏联文学没有游离于世界文学的发展进程之外,并且还在新经济政策时期出现了一个"新史诗"的文学繁荣期,有的文学史家甚至把这个时期誉为俄罗斯文学的"文艺复兴"。享誉世界的苏联文学大师肖洛霍夫正是在这个时期崛起,而20年代苏俄社会主义文学的许多经典,不仅注重吸取世界文学的精华,而且更具有面向世界的宏大气度与豪气。1918年,刚刚取得十月革命胜利的苏俄国家立刻创办了"世界文学出版社",苏联科学院后来也创办了"高尔基世界文学研究所",在世界文学的语境下出版俄罗斯和外国优秀的古典作品,广泛

① 中国社会科学院文学研究所文艺理论研究室编《列宁论文学与艺术》,第202页。
② 中国社会科学院文学研究所文艺理论研究室编《列宁论文学与艺术》,第210页。
③ 中国社会科学院文学研究所文艺理论研究室编《列宁论文学与艺术》,第215页。

深入研究世界文学语境下的各国文学，这些与世界文学理念相关的重大文化举措无疑是在列宁文艺思想指导下对马克思主义文艺观念，尤其是对马克思恩格斯的"世界文学"理念的积极响应。

　　一百六十余年来，包含"世界文学"理念在内的马克思主义文艺思想，对世界社会主义文学和各民族的进步文学发展产生了积极和深远的影响，是马克思恩格斯留给世界文艺理论的宝贵精神遗产。经济全球化条件下世界各民族文学创作观念相互影响、互文互通、日益融合的当代文化现状，业已证明了马克思恩格斯当年的科学预见。马克思主义文艺理论的精辟概括世界文学发展规律的真知灼见，透视世界市场在文化建构中复杂作用的洞察力，尤其是深厚的历史唯物主义的内涵和辩证思维，对于正处在经济全球化语境下的我国外国文学研究依然具有高屋建瓴的方法论的指导意义。

　　　　　　　本文原刊于《外国文学动态研究》2016 年第 5 期

重建当代文艺思想史的历史唯物主义叙事

——兼论"启蒙—现代主义"叙事的不足

刘方喜[*]

中华文艺思想通史，是中国社会科学院近年启动的中华思想通史研究这一重大工程的一个组成部分，其中的"当代卷"涉及中国当代文艺思想史，包括文艺思想在内的思想史的"叙事（叙述方式）"，关乎观念发展的历史结构及生成渊源。实际上，马克思《〈政治经济学批判〉导言》就已涉及了这一问题："历来的观念的历史叙述同现实的历史叙述的关系"，"顺便也可以说一下历来的历史叙述的各种不同方式"——文艺思想史可谓"观念的历史叙述"，而社会史、经济史则关乎"现实的历史叙述"，如何处理和把握好与现实的社会史、经济史的关系，乃是文艺思想史研究的首要问题。思想史的历史唯物主义叙事的最主要特点，是强调观念发展史不具有绝对独立性，其历史结构、生成渊源应结合社会经济结构的历史变动来分析。当代中国文艺思想史研究，最直接的立足点是当代中国文艺实践，最根本的立足点是当代中国社会实践尤其经济实践即"中国道路"。由此来看，当代中国文艺思想史，与"中国道路"相应，首先应分为"前30年"

---

* 刘方喜，中国社会科学院文学研究所研究员。

与"后30年"的两大阶段——而这种分期的基本的历史唯物主义依据是计划经济与市场经济。

从研究现状来看，有关当代文艺思想史的著述已有不少，大多也有分期，但主要是按时序罗列文献材料，其中也会提到社会经济问题，但往往缺乏深入的理论分析，总体来说还停留在马克思、恩格斯所说的"独立性的外观"的层面。而在有关包括文艺思想在内的当代思想史叙事中，具有"范式"意义的，是所谓"启蒙—现代主义"叙事，这一思想史叙事范式，在1980年代被重新提出来，形成所谓著名的"启蒙—救亡"说，中国现代史被描述为：五四时期是启蒙时代，抗日战争则是"救亡压倒启蒙"，并且，总体来说，近代以来的主线也是"救亡压倒启蒙"，现代中国的启蒙存在严重的发育不足。20世纪80年代以来的改革开放及与思想解放运动，被描述为"启蒙"之重启。细究起来，中国道路的前30年，其实就被描述为"启蒙"或所谓"现代性"的中断期。至今还有学者提出要发动再启蒙。"启蒙""现代性"叙事话语，颇多西化色彩，延续这一路数，90年代以来，随着西方相关理论再次大规模的移植，中国学界又形成了所谓"后现代性"或"后现代主义"叙事话语，90年代以来的中国社会转型就被描述为向"后现代社会"转型——对于这种当代历史叙事，学术界争议更多（中国整体上还远远没有进入后现代、后工业社会）。总之，与启蒙话语相关所形成的完整的历史叙事结构，就成为"前现代—现代—后现代"。这种历史叙事结构，确实具有"范式"意义，理论价值不低，但其不足也是非常明显的。

一　中华当代文艺思想通史历史唯物主义叙事结构的初步构想

我们将从历史唯物主义和辩证法的角度，来勾勒新中国成立以来中华文艺思想的当代发展轨迹，一方面从文艺、文化实践及其理论的发展来看中国特色社会主义道路及其理论的探索，另一方面也从中国特色社会主义道路及其理论的探索来看文艺、文化实践及其理论的发展，探究其发展规律，总结其经验和教训。

第一，在当代中华文艺思想史发展主线、历时构架或分期上，我们将不采用目前学术界常用的"前现代—现代—后现代"这种叙事结构，而运用历史唯物主义"经济基础—上层建筑"基本原理，充分结合社会经济的发展阶段来审视作为观念上层建筑（意识形态）的当代中华文艺思想史的发展进程：作为观念上层建筑（意识形态）的文艺思想的发展与社会经济发展，在某些特定的较短时段中可能并不完全同步，但从长时段来看，两者是基本同步的。

第二，中华人民共和国的成立，标志着现代社会主义运动在中国由革命阶段转入建设阶段，如何建设好社会主义，成为中华民族发展新的时代课题——在已有的60多年的当代史中，计划经济和市场经济是先后采用的建设社会主义的两种基本方式，而这两种方式与经济基础密切相关：计划经济体制与单一的公有制是结合在一起的，而市场经济体制则要求多种所有制与之相配套。根据经济基础的这种变动，或者说以此为分期标准，我们把当代文艺思想史发展的历时构架，总体上分为"社会主义计划经济时代的文艺思想（前30年）"与"社会主义市场经济时代的文艺思想（后30年）"两大阶段，并重视这两个时期关于社会状况的基本判断"无产阶级专政下的继续革命"与"和平与发展"、党和国家的中心任务设定为"以阶级斗争为纲"与"以经济建设为中心"等对文艺思想所形成的重大影响。

第三，我们关于当代文艺思想史主线与分期的初步设想是：紧紧围绕中国特色社会主义文艺与文化的发展历史，以中国特色社会主义文艺思想的探索与发展为主线，以中国特色社会主义理论体系的初步成型——以1981年党的十一届六中全会通过《关于建国以来党的若干历史问题的决议》）为界，分成"中国特色社会主义文艺思想的探索—调整期"（前30年）和"中国特色社会主义文艺思想的成型—发展期"两大阶段；再细分，前30年又分为"探索—摇摆期"与"曲折—调整期"，以1976年（"文化大革命"结束）为时间结点；后30年又分为"成型期"与"发展期"，以1992年（邓小平南方谈话）为时间结点。

第四，基于社会经济变动的分析，有利于厘清当代文艺基础理论的范式转型和整体风貌的演变：按照社会生活三分法，1990年代以来，文艺、文化与经济关系的论题日益凸显，而这与坚定走社会主义市场经济发展道路及生产力发展到一定程度等是密切相关的；与之相对，前30年，文艺与经济关系的论题几乎不被关注，与文艺相关的经济问题往往只是作为"经济基础"被一般性地论及，文艺与政治的关系几乎是唯一相关问题，而这又与单一的计划经济体制密切相关。经济体制的转型促发社会转型，社会转型又促发理论转型，文艺理论基本论题的变动，就昭示着这些转型。在理论整体风貌的历史演变来看，后30年文艺思想的多样性风貌，显然与社会主义市场经济条件下生产资料所有制的多样性相关，而前30年理论风貌的单一性，也与当时单一的计划经济体制相关。①

第五，除了充分运用历史唯物主义基本原理外，我们还将充分重视运用辩证法来总结和概括与当代文艺思想发展相关的基本历史经验和教训，60多年的发展并非直线性的，有曲折和偏失。总体来说，当遵从历史唯物主义基本规律、从具体的社会经济现实出发、按辩证法办事时，社会发展就走在正确的轨道上，文艺思想的发展也就处在正常状态；当脱离社会经济现实、违反历史唯物主义基本规律、不按辩证法办事时，社会发展就会偏离正常状态，文艺思想发展也随之陷入反常状态。在文艺发展方式上：首先，强调重视政治对文艺的影响与尊重文艺自身规律的辩证统一，一方面，如果片面强调政治对文艺的影响而不尊重文艺自身规律会走向僵化；另一方面，要重视文艺创作和理论研究的自由，但要反对自由主义化（90年代以前的重要主题）。其次，在市场经济条件下，强调重视经济（规律）对文艺的影响与尊重文艺自身规律的统一（90年代以后的重要主题）。在文艺思想发展格局上重视主导与多样的辩证统一，只有主导而无多样会走向僵化，无主导的多样化会走向多元主义，因此要重视多样性，反对多元主义化，重视现代化但反对现代主义化，重视主体性但反对主观主义化，重视西方理论但反对西化等。

二　恩格斯"独立外观"论对文艺思想史研究的启示

包括文艺思想在内的思想史的历史唯物主义叙事的基本框架，当然就

---

① 这方面的详细分析，参见刘方喜《批判的文化经济学：马克思理论的当代重构》，第二章第一节"中国现代文论发展史中文艺与政治、经济关系的结构重组"，河北大学出版社，2013。

是"经济基础—上层建筑（意识形态）"。与思想史研究相关，马克思主义经典作家尤其恩格斯，对于非历史唯物主义的"独立的外观"的论述对文艺思想史研究有重要启示。

新的事实迫使人们对以往的全部历史作一番新的研究，结果发现：以往的全部历史，都是阶级斗争的历史；这些互相斗争的社会阶级在任何时候都是生产关系和交换关系的产物，一句话，都是自己时代的经济关系的产物；因而每一时代的社会经济结构形成现实基础，每一个历史时期由法的设施和政治设施以及宗教的、哲学的和其他的观念形式所构成的全部上层建筑，归根到底都应由这个基础来说明。这样一来，唯心主义从它的最后的避难所中即从历史观中被驱逐出来了，唯物主义历史观被提出来了，用人们的存在说明他们的意识，而不是像以往那样用人们的意识说明他们的存在这样一条道路已经找到了。①

"历史方面的意识形态家（历史在这里应当是政治、法律、哲学、神学，总之，一切属于社会而不是单纯属于自然界的领域的简单概括）在每一科学领域中都有一定的材料，这些材料是从以前的各代人的思维中独立形成的，并且在这些世代相继的人们的头脑中经过了自己的独立的发展道路。当然，属于本领域或其他领域的外部事实对这种发展可能共同起决定性的作用，但是这种事实本身又被默认为只是思维过程的果实，于是我们便始终停留在纯粹思维的范围之中，这种思维仿佛顺利地消化甚至最顽强的事实。

正是国家制度、法的体系、各个不同领域的意识形态观念的独立历史的这种外观，首先蒙蔽了大多数人。如果说，路德和加尔文"克服了"官方的天主教，黑格尔"克服了"费希特和康德，卢梭以其共和主义的《社会契约论》间接地"克服了"立宪主义者孟德斯鸠，那么，这仍然是神学、哲学、政治学内部的一个过程，它表现为这些思维领域历史中的一个阶段，完全不越出思维领域。而自从出现了关于

---

① 刘方喜、陈定家、丁国旗主编《马克思恩格斯列宁斯大林论文艺与文化》，中国社会科学出版社，2012，第79页。

资本主义生产永恒不变和绝对完善的资产阶级幻想以后，甚至重农主义者和亚当·斯密克服重商主义者，也被看做纯粹的思想胜利；不是被看做改变了的经济事实在思想上的反映，而是被看做对始终普遍存在的实际条件最终达到的真正理解。①

我觉得，把以上这些论述，用来分析我们的当代文艺思想史的研究现状，也是非常切合的。比如在启蒙—现代主义的叙事话语中，中国近现代思想史就被描述为"启蒙"与"救亡"的双重变奏，而20世纪80年代前后的包括文艺在内的思想解放运动，就被解读为是对五四时期所形成的现代性启蒙观念的一种继承，这种解读似乎并没有否认经济领域（改革）"可能共同起决定性作用"，但却实际上默认包括经济在内的社会事实"只是思维过程的果实"——可以说包括文艺领域在内的"意识形态观念的独立历史的这种外观"，实际上也蒙蔽了我们的多数人。我们的一些文艺思想史著述，往往也呈现出像恩格斯描述的那样，是一个理论家或一个时期的文艺观念，被后来的另一个理论家或新的时期的文艺观念所"克服"，呈现出的是文艺观念独立演变的外观。

恩格斯还对当时很流行——其实今天依然很流行——的经济"单向"决定论作了辩驳：

与此有关的还有意识形态家们的一个愚蠢观念，这就是：因为我们否认在历史中起作用的各种意识形态领域有独立的历史发展，所以我们也否认它们对历史有任何影响。这是由于通常把原因和结果非辩证地看做僵硬对立的两极，完全忘记了相互作用。这些先生常常几乎是故意忘记，一种历史因素一旦被其他的、归根到底是经济的原因造成了，它也就起作用，就能够对它的环境，甚至对产生它的原因发生反作用。②

---

① 刘方喜、陈定家、丁国旗主编《马克思恩格斯列宁斯大林论文艺与文化》，第96~97页。
② 刘方喜、陈定家、丁国旗主编《马克思恩格斯列宁斯大林论文艺与文化》，第97页。

  经典作家从未强调经济的"单向"决定，从未忽视包括文艺、文化在内的非经济因素对经济的反作用。意识形态最终是经济活动的结果，但是，尤其在社会重大转型的节点上，意识形态、思想观念有时又会产生先导作用，推动某种经济活动方式的产生和发展。结合当代中国文艺及其思想史发展的实际情况来看，在社会主义市场经济改革启动之初乃至启动之前，所谓"伤痕文学"，"反思文学"，"改革文学"等文艺思潮，加入了思想解放运动的大合唱，对后来日益加深和扩大的经济上的改革开放等，显然有积极的推动作用。再如在思想解放运动中，文艺与美学界所推崇的"文学是人学"、主体性哲学等，也成为后来"以人为本"的科学发展观建构的重要的本土思想资源。

  《德意志意识形态》对"独立外观"论也有深刻分析：

  我们的出发点是从事实际活动的人，而且从他们的现实生活过程中我们还可以揭示出这一生活过程在意识形态上的反射和回声的发展。甚至人们头脑中模糊的东西也是他们的可以通过经验来确定的、与物质前提相联系的物质生活过程的必然升华物。因此，道德、宗教、形而上学和其他意识形态，以及与它们相适应的意识形式便失去独立性外观。

  思辨终止的地方，即在现实生活面前，正是描述人们的实践活动和实际发展过程的真正实证的科学开始的地方。关于意识的空话将销声匿迹，它们一定为真正的知识所代替。对现实的描述会使独立的哲学失去生存环境，能够取而代之的充其量不过是从对人类历史发展的观察中抽象出来的最一般的结果的综合。这些抽象本身离开了现实的历史就没有任何价值。它们只能对整理历史资料提供某些方便，指出历史资料的各个层次间的连贯性。但是这些抽象与哲学不同，它们绝不提供适用于各个历史时代的药方或公式。相反，只是在人们着手考察和整理资料（不管是有关过去的还是有关现代的）时候，在实际阐述资料的时候，困难才开始出现。这些困难的克服受到种种前提的制约，这些前提在这里根本是不可能提供出来的，而只是从对每个时代的个人的实际生活过程和活动的研究中得出的。①

　　我个人认为，我们已有的一些当代文艺思想史著述，充其量不过是从对当代文艺及其理论历史发展观察中抽象出来的"最一般的结果的综合"。颇为流行的"前现代—现代—后现代"的历史叙事结构，对于我们整理文艺发展历史资料确实提供了某些方便，并且"指出历史资料的各个层次间的连贯性"。但是，这些关于当代文艺发展的抽象研究"绝不提供适用于各个历史时代的药方或公式"，我们还要加上一句，主要来自西方的启蒙—现代主义历史叙事，也无法提供适用于中国实际的"药方和公式"。所以，我们强调，关于当代中国文艺思想史的历史唯物主义叙事，最直接的立足点是当代中国文艺发展的实践，最根本的立足点是当代中国社会经济发展的实践。而我们也感觉到，对已有文艺思想史文献材料进行历史唯物主义的阐述，也确实是我们研究的最大困难所在；但是，不管怎么说，首先要突破文艺观念史"独立的外观"，然后才有可能进行真正的历史唯物主义的阐述。

三　马克思"文化史"论述对文艺思想史研究的启示

　　"经济基础—上层建筑（意识形态）"，可以说首先是一种哲学框架，把它运用于分析文艺活动，首先要具体化，否则就会犯"场外征用"的"强制阐释"的错误——这也确实是把历史唯物主义哲学教条化中常出现的错误："哲学指导文学，也就是用文学以外的理论和方法认识文学，不能脱离文学的实践和经验"，"盲目移植，生搬硬套，不仅伤害了文学，也伤害作为理论指导的哲学"。②值得强调的是，如果说后人常犯教条化错误的话，那么，马克思主义创始人对自身理论的教条化，则始终保持警醒，为人所颇为熟知的例子是马克思不承认自己是"马克思主义者"，再看恩格斯的一

---

① 刘方喜、陈定家、丁国旗主编《马克思恩格斯列宁斯大林论文艺与文化》，第220页。
② 张江：《关于场外征用的概念解释——致王宁、周宪、朱立元先生》，《清华大学学报》（哲学社会科学版）2015年第2期。

段说明：

> 此外，只有一点还没有谈到，这一点在马克思和我的著作中通常也强调得不够，在这方面我们大家都有同样的过错。这就是说，我们大家首先是把重点放在从基本经济事实中引出政治的、法的和其他意识形态的观念以及以这些观念为中介的行动，而且必须这样做。但是我们这样做的时候为了内容而忽略了形式方面，即这些观念等等是由什么样的方式和方法产生的。这就给了敌人以称心的理由来进行曲解和歪曲，保尔·巴尔特就是个明显的例子。[1]

经典作家绝不回避自己的"过错"，这种自我反省、自我批评的精神，今天依然值得我们认真学习。"从基本经济事实中引出政治的、法的和其他意识形态的观念以及以这些观念为中介的行动"，这是历史唯物主义一般的哲学原则，而考察"这些观念等等是由什么样的方式和方法产生的"则是将一般哲学原则"具体化"。如果说经典作家偶尔也会犯不具体化的错误的话，今天的我们更应该对此始终保持警醒。结合当代文艺思想史的研究来看，由中国道路前30年单一的计划经济体制这一"基本经济事实"，可以"引出"此期相对而言主要只重视文艺与政治关系这一文艺观念，而当我们具体考察这种观念"是由什么样的方式和方法产生的"时，就会发现西方传统、苏联传统、中国传统、理论家已有的知识结构尤其具体的方针政策等都会对文艺政治观念产生影响。事实上，在前30年之内，不同阶段这种文艺政治观念也有所不同——停留在抽象的一般性的哲学层面的研究，会抹杀文艺思想史的具体性和丰富性。

从学科的角度来看，除了关注经典作家关于历史唯物主义一般性的哲学表述外，不同学科的研究，还应关注经典作家对于相关学科课题的一些具体论述。我个人觉得，马克思对文化史的一些论述，对于我们今天研究文艺及其理论的发展史，有更具体的指导作用。恩格斯指出："任何对政治经济学、工业、工人状况、文化史和社会立法感兴趣的人，无论他抱什么

---

[1] 刘方喜、陈定家、丁国旗主编《马克思恩格斯列宁斯大林论文艺与文化》，第96页。

观点，都不能不读这本书（《资本论》）。"① 在《反杜林论》中，恩格斯还具体分析了经济因素与文化史的关系："旧的、还没有被排除掉的唯心主义历史观不知道任何基于物质利益的阶级斗争，而且根本不知道任何物质利益；生产和一切经济关系，在它那里只是被当做'文化史'的从属因素顺便提到过。"② 马克思之前西方各种"文化史"著述并非不提"生产和一切经济关系"，但往往作为"从属因素顺便提到"。其实，问题还不在于是否提到经济因素，关键在于如何看待文化与经济的关系。事实上，马克思以后直到今天，西方各种文化史著述，只把经济因素当作从属因素的历史叙事依然非常普遍。受西方影响，我们今天的一些包括文艺在内的文化史研究，也较为普遍存在这种倾向。当然，今天中外都更流行的，是在反对所谓马克思、恩格斯的"经济决定论"基础上而形成的所谓"多元决定论"，即认为在决定社会状况的因素中，经济并非唯一因素，文化等也是重要因素。我想马克思、恩格斯不会一般性地反对这种说法，事实上，他们也不乏相近的表述。尽管影响社会状况的因素确实是多元的，但各元影响社会状况的力量绝对不是均衡的，与马克思所处的时代相比，在当今社会中，文化影响社会的力量确实得到了大幅度的提升，但是，即使一定程度上承认"多元决定论"的某种合理性，也要强调"多元决定力量"的不均衡性，经济依然是影响当今社会的最大、最根本性的力量，这是在当今新的时代条件下坚持历史唯物主义所应特别注意的。

就学科而论，马克思的《资本论》及其相关手稿，直接涉及的是经济史和经济思想史，但恩格斯强调研究文化史的人也要读读《资本论》。我们今天研究包括文艺在内的文化史的人，恐怕很少读《资本论》。事实上，马克思在研究政治经济学时，也非常关注当时的文化史研究，他在《〈资本论〉第二版跋》中，引用了一位"把他称为我的实际方法的东西描述得这样恰当"的先生的话：

> 既然意识要素在文化史上只起这种从属作用，那么不言而喻，以

① 刘方喜、陈定家、丁国旗主编《马克思恩格斯列宁斯大林论文艺与文化》，第80页。
② 刘方喜、陈定家、丁国旗主编《马克思恩格斯列宁斯大林论文艺与文化》，第228～229页。

文化本身为对象的批判，比任何事情更不能以意识的某种形式或某种结果为依据。这就是说，作为这种批判的出发点的不能是观念，而只能是外部的现象。批判将不是把事实和观念比较对照，而是把一种事实同另一种事实比较对照。对这种批判唯一重要的是，对两种事实进行尽量准确的研究，使之真正形成相互不同的发展阶段，但尤其重要的是，对各种秩序的序列、对这些发展阶段所表现出来的顺序和联系进行同样准确的研究。①

以上这些被马克思所认可的论述，对于文艺思想史的历史分期等有直接启发意义。前 30 年文艺观念有波动和摇摆，而经济活动方式实际上也有波动和摇摆。前 30 年，尽管总体来说是在计划体制下发展经济的，但当遵循基本经济规律时，发展得就会比较好，而发展上出现问题之际，往往就是违反经济规律之时。因此首先要对这其中的经济事实及其序列、阶段、顺序、联系等进行准确的研究和分析，但是不能就把文艺观念的变动与经济事实的变动只作简单的比较对照，而是充分考虑到问题的复杂性，对两者关系作全面、辩证的分析。

马克思再一对文艺思想史研究有重要理论启示的经典文献，是《〈政治经济学批判〉导言》，其中也提到了文化史："历来的观念的历史叙述同现实的历史叙述的关系。特别是所谓的文化史，这所谓的文化史全部是宗教史和政治史。（顺便也可以说一下历来的历史叙述的各种不同方式。所谓客观的、主观的（伦理的等等）。哲学的。② 在这里，马克思实际上强调了思想史的"观念的历史叙述"同"现实的历史叙述"的关系，可以说直接提到了思想史的历史唯物主义与非历史唯物主义叙事（叙述方式）问题。马克思在《伦敦笔记》中做了摘录的至少有三部文化史著作，可见其研读量之大，而我们今天的经济史、经济理论史的研究者，大概是很少研读文化史这些方面的非专业的著述的。文艺思想史作为一种"观念的历史叙述"或历史的"主观的"叙述，就是一般意义上的文化史，而其历史唯物主义

---

① 刘方喜、陈定家、丁国旗主编《马克思恩格斯列宁斯大林论文艺与文化》，第 86～87 页。
② 刘方喜、陈定家、丁国旗主编《马克思恩格斯列宁斯大林论文艺与文化》，第 28 页。

叙事的基本特点，就是强调应充分结合"现实的历史叙述"或历史的"客观的"叙述即现实的社会史、经济史来进行文艺思想史研究。我们今天包括文艺在内的文化及其理论史的研究，却往往很少关注经济史、经济思想史等。

要特别强调的是，从上下文语境来看，马克思是在"导言"的最后一部分提到"文化史"的，并且接着还有著名的艺术生产与物质生产发展不平衡关系的讨论："导言"前此的内容可以说是分析了经济活动的一般规律，在此基础上，"从基本经济事实中引出政治的、法的和其他意识形态的观念以及以这些观念为中介的行动"，也可从经济活动的一般规律"引出"文化、艺术发展的一般规律，这样做是"必须的"。但是，马克思并未仅仅停留在这种抽象的一般层面，而是进一步具体考察了"这些观念等等是由什么样的方式和方法产生的"，正是这种具体化的研究思路，使马克思发现了艺术发展相对特殊的具体规律：

> 物质生产的发展例如同艺术发展的不平衡关系。进步这个概念决不能在通常的抽象意义上去理解。就艺术等等而言，理解这种不平衡还不像理解实际社会关系本身内部的不平衡那样重要和那样困难。
>
> 关于艺术，大家知道，它的一定的繁盛时期决不是同社会的一般发展成比例的，因而也决不是同仿佛是社会组织的骨骼的物质基础的一般发展成比例的。①

"决不能在通常的抽象意义上去理解"，乃是对研究"具体化"的特别强调，这是我们今天人文社会各学科研究，在以历史唯物主义为基本理论指导中所应特别注意的，不能以历史唯物主义的一般的哲学研究来取代各学科的具体研究。但是，另一方面，我们的文艺美学学科研究也犯着另一极端的错误，比如艺术与物质生产发展不平衡论，一直是文艺美学研究中的一个热点，研究成果很多，但总体倾向上却只强调艺术发展的具体性、特殊性，而不够重视再次回到"基本经济事实"中进行深入分析，并且越

---

① 刘方喜、陈定家、丁国旗主编《马克思恩格斯列宁斯大林论文艺与文化》，第28～29页。

来越脱离马克思讨论艺术、文化问题基本的政治经济学语境。西方马克思主义在总体上也存在这种倾向，兹不多论。马克思关于艺术与物质生产发展不平衡、不成比例的理论，对于我们在探讨当代文艺及其思想发展史与社会史、经济史关系中，不将两者关系简单化、教条化有重要指导意义。马克思对古希腊艺术和史诗依然具有"魅力"，"仍然能够给我们以艺术享受，而且就某方面说还是一种规范和高不可及的范本"的论述，可以说典型地体现了他自己"决不能在通常的抽象意义上去理解""进步"概念的做法。从中华文艺比如诗歌的发展历史来看，我们恐怕就不能绝对化、简单化地说后起的白话新诗的艺术价值和"魅力"就一定高于或大于传统的文言古诗，总体上也不能绝对地说中华现代文艺就一定比古代文艺"进步"，这是我们在思考包括文艺在内的传统文化的价值及其当代意义时，所应特别注意的。简单化、绝对化的研究和判断，往往既有违历史唯物主义基本原则，也有违辩证法。

《〈政治经济学批判导言〉》开头的一段论述，对于我们研究文艺及其发展史与社会经济史的关系也有重要启发：

> 在社会中进行生产的个人，——因而，这些个人的一定社会性质的生产，当然是出发点。被斯密和李嘉图当做出发点的单个的孤立的猎人和渔夫，属于 18 世纪的缺乏想象力的虚构。这是鲁滨逊一类的故事，这类故事决不像文化史家想象的那样，仅仅表示对过度文明的反动和要回到被误解了的自然生活中去。同样，卢梭的通过契约来建立天生独立的主体之间的关系和联系的"社会契约"，也不是以这种自然主义为基础的。这是假象，只是大大小小的鲁滨逊一类故事所造成的美学上的假象。其实，这是对于 16 世纪以来就作了准备、而在 18 世纪大踏步走向成熟的"市民社会"的预感。①

马克思其实并未一般性地否定文化史家的想象的价值，尤其没有一般性地否定小说家所塑造"鲁滨逊"这一作为"美学上的假象"的人物形象

---

① 刘方喜、陈定家、丁国旗主编《马克思恩格斯列宁斯大林论文艺与文化》，第 8 页。

的价值，这一小说形象及其故事怡怡具有"预感"或一定程度上的"预测"作用。从当代中国文艺思想史研究来看，除了重视各种理论观念的研究外，还要重视对各种文艺创作思潮中各种人物故事、艺术形象等所蕴含的观念的分析，比如，所谓"改革文学"思潮，就蕴含着对后来逐渐深化的经济改革中所遭遇的种种问题的某种"预感"或"预测"；"寻根文学"思潮则预示着后来在全球化越来越迅猛发展进程中如何坚持本土立场等问题；如此等等。

总之，一方面，既要重视"从基本经济事实中引出政治的、法的和其他意识形态的观念以及以这些观念为中介的行动"；另一方面，又要重视具体考察"这些观念等等是由什么样的方式和方法产生的"。这是恩格斯对历史唯物主义方法论的一种较为全面的基本概括，而马克思关于文化史、艺术发展等方面的论述，可以说是践行这种方法论的典范，对于我们研究包括文艺在内的思想史有重要指导意义。重建历史唯物主义叙事，有利于更准确地把握当代文艺思想的发展规律，推动中国特色社会主义文艺思想体系的良性建构。

本文原刊于《毛泽东邓小平理论研究》2015年第12期

移花接木：从柳湘莲上坟说起

——《红楼梦》创作过程研究一例

刘世德*

细读《红楼梦》，发现书中存在着几个疑窦。

这几个疑窦的存在，是孤立的现象，还是互有牵连？

这几个疑窦的存在，有助于说明曹雪芹创作过程中的什么问题？

——这就是我的发现、思考和解释。写在下面，向同道和广大读者求教。

一　柳湘莲上坟

柳湘莲上坟之事，见于《红楼梦》第 47 回"呆霸王调情遭苦打，冷郎君惧祸走他乡"。他上的是秦钟之坟。引庚辰本于下：

> 宝玉便拉了柳湘莲到厅侧小书房中坐下，问他："这几日可到秦钟的坟上去了？"湘莲道："怎么不去？前日我们几个人放鹰去，离他坟上还有二里，我想今年夏天的雨水勤，恐怕他的坟站不住，我背着众

---

*　刘世德，中国社会科学院荣誉学部委员，文学研究所研究员。

人走去，瞧了一瞧，果然又动了一点子。回家来，就便弄了几百钱，第三日一早出去，雇了两个人收拾好了。"

宝玉道："怪道呢，上月我们大观园的池子里头结了莲蓬，我摘了十个，叫茗烟出去到坟上供他去。回来我也问他，可被雨冲坏了没有？他说，不但不冲，且比上回又新了些。我想着，不过是这几个朋友新筑了。我只恨我天天圈在家里，一点儿做不得主，行动就有人知道，不是这个拦，就是那个劝的，能说不能行。虽然有钱，又不由我使。"

湘莲道："这个事也用不着你操心，外头有我，你只心里有了就是。眼前十月一，我已经打点下上坟的花消。你知道我一贫如洗，家里是没的积聚，总有几个钱文，随手就光的。不如趁空儿留下这一分，省得到了跟前扎手。"

这几段文字，现存的脂本（彼本、蒙本、戚本、梦本）均基本上同于庚辰本。

这番对话令读者感到诧异。

我们记得，在书中，关于秦钟逝世的叙述见于第 16 回"贾元春才选凤藻宫，秦鲸卿夭逝黄泉路"的末尾和第 17 回"大观园试才题对额，荣国府归省庆元宵"的开首，柳湘莲的登场则见于这一回（即第 47 回）。除上述引文之外，书中再无其他片言只字涉及秦钟和柳湘莲二人事迹的交集。从现存的《红楼梦》本文看，可以说，在秦钟生前，他并没有和柳湘莲见面和结交的机会。那么，他们二人的友谊从何而来呢？

曹雪芹的《红楼梦》以细针密缕见长，书中甚少闲文赘笔，何以此处突然出现这样一段娓娓而谈的对话？着实令人不解。

这是第一个疑窦。

难道这竟是曹雪芹大师的败笔？

我宁肯不相信。

一定另有原因。这需要我们去寻找。

二 贾政为什么会出现在第 64 回？

在《红楼梦》中，贾政有过一段出差在外的经历。

此次出差初见于第 37 回"秋爽斋偶结海棠社，蘅芜苑夜拟菊花题"开首。引庚辰本于下：

> 这年贾政又点了学差，择于八月二十日起身。是日，拜过宗词（祠）及贾母起身诸事，宝玉诸子弟等送至洒泪亭。
>
> 却说贾政出门去后，外面诸事不能多记。单表宝玉……

这一段文字，同于或基本上同于庚辰本的，有己卯本、蒙本、戚本、梦本。

没有这一段文字的，是彼本、杨本。它们根本没有提及贾政"出门"之事，径以"却说宝玉……"作为本回的开端。

舒本则记事比较简略，既不同于己卯本、庚辰本、蒙本、戚本、梦本，也不同于彼本、杨本，而是介于二者之间，但却明确地点出了"出差"和"去外边"：

> 却说贾政出差去外边，诸事不能多记。单表宝玉……

那么，贾政此次出差又是何时返回京城和贾府的呢？

第 70 回"林黛玉重建桃花社，史湘云偶填柳絮词"有三处文字写到了贾政。引庚辰本于下：

> 这日，众姊妹皆在房中侍早膳毕，便有贾政书信到了。宝玉请安，将请贾母的安禀拆开，念与贾母听。上面不过是请安的话，说六月中准进京等语。其余家信事务之帖，自有贾琏和王夫人开读。众人听说六七月回京，都喜之不尽。……
>
> 原来林黛玉闻得贾政回家，必问宝玉的功课，宝玉肯分心，恐临期吃了亏，因此自己只装作不耐烦，把诗社便不起，也不以外事去勾引他。……
>
> 可巧近海一带海啸，又遭遇了几处生民，地方官题本奏闻，奉旨就着贾政顺路查看赈济回来。如此算去，至冬底方回。……

以上三处文字，其他脂本基本上同于庚辰本。

可知贾政于该年年底（"冬底"①）方能返京。

让我们接着再看第 71 回 "嫌隙人有心生嫌隙，鸳鸯女无意遇鸳鸯" 的开首。引庚辰本于下：

> 话说贾政回京之后，诸事完毕，赐假一月，在家歇息。因年景渐老，事重身衰，又近因在外几年，骨肉离易，今得晏然复聚于庭室，自觉喜幸不尽，一应大小事务，一概亦发付于度外，只是看书闷了，便与清客们下棋吃酒，或日间在里面，母子、夫妻共叙天伦庭闱之乐。

以上文字，除杨本②外，其他脂本基本上同于庚辰本。

从第 70 回、第 71 回这几段文字，可以知道：从第 37 回起，至第 70 回止，贾政一直不在京，不在贾府。

为什么要强调这个结论呢？

因为在现存的《红楼梦》中，在第 64 回的贾敬丧事活动中，居然出现了贾政的身影！

贾政的身影四次出现于第 64 回中。庚辰本缺此回。己卯本第 64 回不见贾政的身影，但在其他脂本（彼本、蒙本、杨本、梦本）的第 64 回中，贾政却赫然亮相。现先引己卯本有关文字于下：

> 至次日饭时前后，果见贾母、王夫人等到来，众人接见已毕，略坐了一坐，吃了一杯茶，便领了王夫人等人，过宁府中来，只听见里面哭声震天，却是贾赦、贾琏a送贾母到家，即过这边来了。
>
> 当下贾母进入里面，早有贾赦、贾琏b率领族中人哭着迎了出来，他父子一边一个挽了贾母走至灵前，又有贾珍、贾蓉跪着扑入怀内痛哭。
>
> 贾母暮年人，见此光景，亦搂了珍、蓉等痛哭不已。贾赦、贾琏c

---

① 此二字，蒙本原作 "冬底"，"冬" 字后被点去，旁改 "七月"。

② 杨本第 70 回开首残缺。

在傍苦劝，方略略止住。

……

又过了数日，乃贾敬送殡之期。贾母犹未大愈，遂留宝玉在家侍奉。凤姐因未曾甚好，亦未去。其余贾赦、贾琏 d、邢夫人、王夫人等率领家人仆妇，都送至铁槛寺，至晚方回。

引文中的四个"贾琏"，分别以 a、b、c、d 标示。

"贾琏 a"，彼本、蒙本、杨本、梦本作"贾政"，戚本作"贾瑞、贾珖"。

"贾琏 b"，戚本无，蒙本、杨本、梦本作"贾政"。①

"贾琏 c"，彼本、蒙本、杨本、梦本作"贾政"，戚本作"合（和）众人"。

"贾琏 d"，彼本、蒙本、戚本、杨本、梦本作"贾政"。

看到了现存各脂本之间关于贾琏、贾政两个人名的歧异与纠缠，使我们明白，在这一回，己卯本压根儿没有让贾政露面；彼本、蒙本、杨本、梦本则在三处都安排了贾政出场；戚本只在一处保留了"贾政"之名，而在另外三处，或删去此名，或将此名分别改易为"贾瑞、贾珖"、"合（和）众人"。

试问，己卯本、戚本为什么要改掉贾政的名字？

答曰：因为这与第 37 回和第 70 回的情节叙述抵牾。

贾政出差在外未归，却让他突兀现身于贾府，这难道又是曹雪序大师的败笔？

我依然不相信。一定另有原因。

这需要我们继续去寻找。

三　尤二姐、尤三姐初次登场是在哪一回？

在大多数读者的印象中，尤二姐、尤三姐的初次登场应该是在第 63 回

---

① 自"贾母进人里面"至"他父子一边一个挽了"，彼本无；但在"又有贾珍、贾蓉跪着"与"扑入怀内痛哭"之间，彼本作"迎了出来，赦、政一边一个挽定了贾母，走至灵前，又有贾珍、贾蓉跪着"。这表明，彼本此处仍提到贾政。

"寿怡红群芳开夜宴，死金丹独艳理亲丧"。那是在贾敬的葬礼之后。引庚辰本于下：

> 贾珍父子星夜驰回，半路中又见贾琏、贾珖二人领家子（丁）飞骑而来，看见贾珍，一齐滚鞍下马请安。
>
> 贾珍忙问作什么。贾琏回说：嫂子恐哥哥和侄儿来了，老太太路上无人，叫我们两个来护送老太太的。"
>
> 贾珍听了，赞称不绝。又问家中如何料理，贾琏等便将如何拿了道士，如何挪至家庙，怕家内无人，接了亲家母和两个姨娘，在上房住着。
>
> 贾蓉当下也下了马，听见两个姨娘来了，便和贾珍一笑。
>
> 贾珍忙说了几声"妥当"，加鞭便走，店也不投，连夜换马飞驰。
>
> ……
>
> （贾珍）一面先打发贾蓉家中料理停灵之事。
>
> 贾蓉得（巴）不得一声儿，先骑马飞来。至家，忙命前厅收桌椅，下槅扇，挂孝幔子，门前起鼓手篷、牌楼等事，又忙着进来看外祖母、两个姨娘。
>
> 原来尤老安人年高喜睡，常歪着了。他二姨娘、三姨娘都和丫头们作活计。他来了，都道烦恼。
>
> 贾蓉且嘻嘻的望他二姨娘笑说："二姨娘，你又来了。我们父亲正想你呢。"
>
> 尤二姐便红了脸，骂道："蓉小子，我过两日不骂你几句，你就过不得了，越发连个体统都没了。还亏你是大家公子哥儿，每日念书学礼的，越发连那小家子瓢坎的也跟不上。"说着，顺手拿起一个熨斗来楼（搂）头就打。吓的贾蓉抱着头滚到怀里告饶。

这给了大家错误的印象，以为这方是尤氏姐妹在书中的初次露面。

实际上，远在前面的第 13 回，书中就已经说到，在秦可卿丧礼的场合，出现了尤二姐和尤三姐的身影。但那只是一笔带过，可能并没有引起大多数读者的注意。引庚辰本于下：

贾珍哭的泪人一般，正和贾代儒等说道："合家大小、远近亲友，谁不知我这媳妇比儿子还强十倍。如今伸腿去了，可见这长房内绝灭无人了。"说着，又哭起来。众人忙劝："人已辞世，哭也无益。且商议如何料理要紧。"贾珍拍手道："如何料理？不过尽我所有罢了。"

正说着，只见秦叶、秦钟并尤氏的几个眷属、尤氏姊妹也都来了。

"尤氏姊妹"，这明确地指的是尤二姐和尤三姐。

但在脂本中，此处有两个比较重要异文——

（1）"秦叶"，甲戌本、己卯本、蒙本、戚本同于庚辰本，而舒本、彼本、杨本、梦本以及程甲本、程乙本作"秦业"。

"秦叶"和"秦业"的两歧，和我们目前要讨论的问题关系不大，且不去说它。

（2）"尤氏的几个眷属"，舒本作"秦氏的几个眷属"，其他脂本以及程甲本、程乙本同于庚辰本。"尤氏"和"秦氏"的两歧，则需要多说几句。

依照庚辰本等脂本的描述，在关于秦可卿丧事的文字叙述中，可以见到秦可卿的父亲和弟弟，也可以见到秦可卿婆母尤氏的几个眷属，以及尤氏的两个异父异母的姊妹，却没有见到秦家的其他眷属。

按：在"尤氏（或"秦氏"）的几个眷属"七字之下，甲戌本、己卯本、庚辰本、蒙本、戚本、梦本有脂批云："伏后文。"①

这条批语是什么意思？我认为，可以有两种解释。

第一种解释——正文若作"尤氏的几个眷属"，则"后文"应理解为第63回及其以后数回的尤二姐、尤三姐故事。

但，从第13回到第63回，长达五十回篇幅的距离，相隔未免久远。等一般读者读到第63回的时候，恐怕他们早已忘记了其前的第13回中的那"尤氏姊妹"四个字了。

第二种解释——正文若作"秦氏的几个眷属"，则"后文"可以理解为第16回秦钟逝世时提到的"秦钟的两个远房婶母并几个弟兄"：

---

① 此三字，甲戌本为行侧朱笔批语，己卯本、庚辰本、蒙本、戚本、梦本为双行小字批语。

（宝玉）忙上了车，李景①、茗烟等跟随，来至秦钟门首，悄无一人，遂蜂拥至门内室，唬的秦钟的两个远房婶母并几个弟兄都藏之不迭。此时秦钟已发过两三次昏了，移床易簀多时矣。（庚辰本第16回）

从第13回到第16回，中间相隔仅两回，与第13回和第63回相隔五十回比较，似更为合理，更符合"后文"一词的内涵。

为什么尤二姐、尤三姐飘然而来，又飘然而去？为什么在第13回昙花一现后，久无她们的下落，直到第63回才再度于贾府现身？

此乃第三个疑窦。

上述批语中的"后文"二字，不禁又让我联想到另一条遥相呼应的批语。

四 "上回"究竟是哪一回？

另一条批语见于第64回"幽淑女悲题五美吟，浪荡子情遗九龙佩"。

事情也真凑巧。第13回的批语说"伏下文"，第64回批语则说"上回"如何如何。一"下"一"上"，其间相隔着整整五十回的篇幅。但它们之间却有一个微妙的连接点，那就是尤二姐、尤三姐的名字（其实用的是"尤氏姊妹"这一代称）和故事（在京剧中，叫做"红楼二尤"）。

虽然尤二姐、尤三姐的名字出现在第13回秦可卿的丧事之中，而尤二姐、尤三姐的故事在第63回、第64回正式展开之时，也正好是在贾敬的丧事之后。她们两次现身，都和丧事有关。

在彼本第64回有一首回前诗：

> 深闺有奇女，绝世空珠翠。情痴哭泪多，未惜颜憔悴。
> 哀我千秋魂，薄命无二致。嗟彼桑间人，好丑非其类。

此诗为其他脂本所无。

在彼本此回还有回末诗联：

---

① "李景"，有的脂本作"李贵"。

只为同枝贪色欲，致教连理起戈矛。

此诗联又见于蒙本、戚本、梦本。但在蒙本、梦本，"教"作"叫"；在戚本，"戈矛"作"干戈"。

我们知道，每回有回前诗和回末诗联，乃是曹雪芹当初拟定的一种体裁。由于在他生前《红楼梦》全书惜未完成，以致每回的回前诗、回末诗联未能一一补齐。因此，可以断言，在现存的《红楼梦》前八十回中，有回前诗的、有回末诗联的，无一不是初始的原貌。

在彼本第 64 回的回前诗之后，有一段批语说：

> 此一回紧接贾敬灵柩进城，原当铺叙宁府丧仪之盛，但上回秦氏病故，凤姐理丧，已描写殆尽，若仍极力写去，不过加倍热闹而已。故书中于迎灵、送殡极忙乱处，却只闲闲数笔带过，忽插入钗、玉评诗，琏、尤赠珮一段闲雅风流文字来，正所谓"急脉缓受"也。

此批语又见于戚本，但"凤姐"作"熙凤"，"插"误作"挥"，"珮"作"佩"。

请注意"上回"二字。

"上回"何意？

"回"是个量词，在这里可以有两种解释。

（1）指事情的次数。

（2）指章回小说中"第几回"的"回"。

在这一段批语中，"上回"与"此一回"对举，可知应作第二种解释看。

这有旁证。《红楼梦》第 18 回云：

> 已而入一石港，港上一面匾灯，明现着"蓼汀花溆"四字。
> 按此四字并"有凤来仪"等处皆系上回贾政偶然一试宝玉之课艺才情耳，何今日认真用此匾联？况贾政世代诗书，来往诸客屏侍座陪者悉皆才技之流，岂无一名手题撰，竟用小儿一戏之辞苟且搪塞？……

它所说的"上回"即第 17 回。而"蓼汀花溆"四字乃宝玉所题，正见于第 17 回。①

从这里得到的启发是，书中正文、批语中所说的"上回"应该是指紧挨着"此回"之前的那一回。所谓"那一回"，是有上限的，根据我们的理解，自应在这之前的四五回之内。

上引有"上回"二字的批语，指出"上回"内容情节包括"秦氏病故"和"凤姐理丧"。但在今日我们所见到的《红楼梦》书中，"秦氏病故"、"凤姐理丧"的情节却不见于第 64 回之前的四五回（即近距离的第 59 回至第 63 回），却见于远距离的第 13 回、第 14 回。

从第 13 回到第 63 回，相隔五十回之遥，安得谓之"上回"？

此乃第四个疑窦。

五　四个疑窦的破解

以上列举了四个疑窦。

给这四个疑窦以合情合理的破解，这就是我们努力寻找的途径。

首先，必须确定一个前提：我不相信，这四个疑窦的存在，是天才的文学巨匠曹雪芹属稿之初就已存在的疏忽；我认为，这一定另有原因。

试对这四个疑窦依次进行梳理。

（1）柳湘莲上坟见于第 47 回，而秦钟之死见于第 16 回的结尾和第 17 回的开首。因此，柳湘莲和秦钟缔交的时间段必然在第 16 回之前。

（2）贾政赴外地出差见于第 37 回，而贾政回京见于第 70 回和第 71 回。因此，贾政在贾敬丧事场合出现，只有两种可能性。可能性之一：此事必须发生于第 37 回之前。可能性之二：此事必须发生在第 71 回之后。两相衡量，我们认为可能性之二的概率极小极小。

（3）尤二姐、尤三姐初次现身，见于第 13 回，而尤二姐和贾琏的嫁娶之事始于第 63 回，尤三姐属意柳湘莲之事则见于这之后的第 65 回的"尤三

---

① 按：此段引文见于己卯本、庚辰本、舒本、彼本、杨本、蒙本、戚本。但己卯本、庚辰本第 17 回、第 18 回不分回，其他五本分回。而在其他五本中，此段引文位于第 18 回之内。

姐思嫁柳二郎"。①　在现存的《红楼梦》中，从第 13 回到第 63 回，是个"空白"的时段，其间的种种故事情节均与尤氏姐妹无涉，悬隔何其久远？而柳湘莲初次登场于第 47 回，在现存的《红楼梦》中，从第 13 回到第 47回，再到第 65 回，尤三姐既没有机会直接地看到柳湘莲本人，也没有机会间接地听到有关柳湘莲事迹。其次，尤三姐和柳湘莲的故事的起始，从时间上说，也不应晚于第 47 回。

（4）第 64 回批语所说的"上回"不应是指第 63 回，因为第 63 回和第64 回写的都是贾敬的丧事。而该批语所说的"上回"的内容却是"秦氏病故"和"凤姐理丧"，前者见于第 13 回，后者主要见于第 14 回。因此，应该反过来说，第 64 回尤氏姐妹故事的设置应该是在"秦氏病故"（第 13回）、"凤姐理丧"（第 14 回）之后的不久。

这样一来，就可以发现，四个疑窦之间其实存在着一个共同的交叉点：即第 14 回（凤姐理丧）至第 16 回（秦钟逝世）。

换言之，若将尤二姐、尤三姐、柳湘莲的故事情节安排在第 14 回与第16 回之间，则我所指出的四个疑窦均可涣然冰释。

这样说，并不是我们想要打乱或改变现有的《红楼梦》的结构（就像王国华所谓的"太极红楼梦"那样），而是说，在曹雪芹的最早的初稿里，尤二姐、尤三姐、柳湘莲的故事情节是被放置在现有的第 14 回至第 16 回之间的。

因此，我认为，在曹雪芹的初稿里，描写尤二姐、尤三姐、柳湘莲故事的篇幅应位于现今我们所看到的第 14 回至第 16 回之间。它们被往后挪移了五十回，则是在曹雪芹"披阅十载，增删五次"②的创作过程中完成的。

我曾说过：

> 甲戌本第一回的一条朱笔眉批曾说："雪芹旧有《风月宝鉴》之书。"这就向我们透露了一条重要的消息。曹雪芹《红楼梦》的创作过程，原来有两个不可混淆的阶段，一个是《风月宝鉴》写作的阶段，另一个是《红楼梦》写作和修改的阶段。

---

① 这是第 65 回回目的下联，见于己卯本、庚辰本、彼本、杨本、梦本、眉本。
② 《红楼梦》第 1 回。

　　所谓《风月宝鉴》其实就是《红楼梦》的一部分初稿。我们今天所见到的曹雪芹的《红楼梦》则是在他的旧有的《风月宝鉴》一书的基础上增饰、改写而成的。因此，二者的人物和故事都有着若干的重复和交叉。但在重复和交叉中，人物的思想境界和性格特点都会有所发展和有所改变，故事的细节也会有所丰富和有所歧异。①

我还说过：

　　从艺术表现上说，在初稿写出后，曹雪芹同样需要芟除枝叶，以突出主干。贾宝玉、林黛玉和薛宝钗的恋爱、婚姻故事，是全书的精华，也是全书的中心线索。他必须采取一切艺术手段，使这条线索起贯串全书的作用。尤其不能使它停滞、中断，甚至退避一侧，造成喧宾夺主的局面。②

这就是我对曹雪芹从《风月宝鉴》到《红楼梦》的创作过程的认识。

　　也就是说，尤二姐、尤三姐故事，和其他的故事（例如闹学堂故事、"秦可卿淫丧天香楼"故事、贾瑞与王熙凤故事、秦钟与智能儿故事、贾琏与多姑娘故事等等）一样，无疑都是"风月宝鉴"的内容。只不过其他的故事都还保留在原先的开卷二十回左右的位置上，惟有"二尤"故事往后挪移了五十回左右的篇幅。

　　我的结论是：尤二姐、尤三姐、柳湘莲故事，在《红楼梦》初稿中，原先被安排在现今的第 14 回之后和现今的第 16 回之前。

　　移花接木，这是曹雪芹在在创作过程（起草、撰写、修改、再修改）中，构思有所变化的一个实例。

本文原刊于《文学遗产》2014 年第 4 期

---

① 刘世德：《红楼梦版本探微》，华东师范大学出版社，2003，第 13～14 页。
② 《红楼梦版本探微》，第 56 页。

中国传统文学批评中的"体认"功夫论

党圣元*

"体认"是中国传统思想固有的一个重要范畴。"体认"范畴之形成与演变，是一个较为复杂而叠错的思想演化过程和观念史进程，其涵盖范围也比较广泛，联结着包括中国古代文学思想在内的传统思想之各个门类，当然又以理学、佛道、文学为主要体现方面。中国传统文学批评中的"体认"功夫论，是在历代文学批评的话语实践过程中逐步萌蘖、形成的，具有非常深厚的哲学底蕴，精义叠出，思想内涵丰富，为传统诗文评增添了思理辉光。本文拟从"体认"、"功夫论"之历史语义分析、传统文学创作论中的"体认"功夫论、传统文学接受与鉴赏中的"体认"功夫论三个方面进行论析，以使其义理得到彰显，并且使传统文学批评中的"体认"功夫论这一重要文论范畴之当代价值得以释放，引起关注。不足之处，祈请方家同行批评指正。

一 "体认"、"功夫论"之历史语义分析

就一般的认识论哲学层面上来讲，以及从较为宽泛的意义上言之，"体

---

* 党圣元，中国社会科学院外国文学研究所副所长，研究员。

认"可以视为是认知主体为达到某种认识或实践目标而采取的程序、方法或手段。在认识的层面上，"体认"规定了达到真理的路径与方法。而在实践层面上，"体认"则更多地与价值理想、心性工夫的实现过程相联系。在传统的"功夫"论中，所谓的"体认"，源自认知主体的意义需求与目标感，是认知主体存在与自我实现的重要甚或是唯一方式。我们知道，在中国传统思想关于天、地、人整体关联的意义世界建构中，在万物一体、体用不二、知行合一的理论预设中，经由"体认"之功夫路径，在宇宙万物的知识体系和主体实践的价值体系之间，搭建起了主客、心物之间的互动相生、同步共振关系，从而把宇宙世界、人伦世界精神化、价值化。因此，"体认"的"功夫"，不仅仅是一种知识搭建的途径与过程，更是价值与信仰的确证途径与过程，是目标与过程之合一，因而具有复杂多面的意义脉络与诠释维度。

在体认的过程中，认知者之认识能力、道德品格以及审美情趣呈现出相互融合的关系。在传统认知学说中，精神本体并不是以分离、分析的方式呈现，而是具有统一的特质，以整体的形式而存在，并构成统一的精神之域。因此，在中国传统认识论中，精神本体是客体与主体或个体的同生共在，并完全融化为主体的存在方式，与主体合二为一。就此意义而言，由方法而本体，由功夫而境界，"体认"因此而具有了本体论的色彩，进入了形上学的论域。

概而言之，体认是功夫之学，具有返身性的特点。《淮南子·氾论训》云："故圣人之道，宽而栗，严而温，柔而直，猛而仁。太刚则折，太柔则卷，圣人正在刚柔之间，乃得道之本。积阴则沉，积阳则飞，阴阳相接，乃能成和。夫绳之为度也，可卷而伸也，引而伸之，可直而晞，故圣人以身体之。"① 此处所言之"体"，即是体验、体认。在"以身体之"的形式下，体认带有返身性特征。朱子说："不可只把做面前物事看了，须是向自身上体认教分明。"② "如何是礼？如何是智？须是着身己体认得。"③ 朱子

---

① 刘安著，何宁集释《淮南子集释》，中华书局，1998，第1368页。
② 朱熹著，黎靖德编，王星贤点校《朱子语类》，中华书局，1986，第142页。
③ 朱熹著，黎靖德编，王星贤点校《朱子语类》，第182页。

认为,在认知过程之中,越是要把握具体的内涵,就越离不开反求诸己的体验。而且,朱子还认为,这种体认的功夫,必须是向内的,虽然可以借助于"学"的途径方式,但又与"学"不同。就主体的价值实现而言,体认包含了"学"的功夫。"学"的功夫是向外的,而体认的功夫则是向内的。《论语·学而篇》所谓"学而时习之","学"是一种实践活动,也是一种知性积累。体认则是一种状态,也是一个过程。因此,朱子又说:"体认省察,一毫不可放过。理明学至,件件是自家事。"① 这种体认省察,不仅是一个由微到著的自我领悟过程,而且还涉及到对体认成果的审视,是成人成圣、优入圣域的必修功夫。

作为一种自我领悟的途径和过程,体认是自然、人生经验的自我升华,有一个动态的养成过程,此过程与逻辑、语言、概念分析构成的知识过程并非完全无涉,而是既有连接又有超越,连接中有超越,超越中有连接,两者处于知识的不同层面,然而又互相交错、浑然一体而难以剖分。因此,熊十力认为:"中国哲学有一种特别精神,即其为学也,根本注重体认的方法。体认者,能觉入所觉,浑然一体而不可分;所谓内外、物我、一异种种差别都不可得。唯其如此,故在中国哲学中无有象西洋形而上学,以宇宙实体当作外界存在的物事而推穷之者。"② 熊十力强调体认在中国思想阐释中的重要性,他认为天道的本体必须通过体认实践而得来,并且还从根本上反对用西方体系哲学的概念方式来建构中国思想。故而熊十力又指出:"然儒者在其形而上学方面,仍是用体认工夫。孔子所谓'默识'即体认之谓。孟子所谓'思诚',所谓'反身而诚',所谓'深造自得'亦皆体认也(思诚者,诚谓绝对的真理;思者,体认之谓,非通途所谓思想之'思'。思诚,谓真理唯可体认而得也。反身而诚者,谓真理不远于人,若以知解推求,必不能实见真理。唯反躬体认,即灼然自识,深造自得者。所谓真理,必由实践之功,而后实有诸己)。自儒家之见地,则真理唯可以体认而实证,非可用知识推求。"③

---

① 朱熹著,黎靖德编,王星贤点校《朱子语类》,第 140 页。
② 熊十力:《十力语录·答马格里尼》,辽宁教育出版社,1997,第 126 页。
③ 熊十力:《十力语录·答马格里尼》,第 127~128 页。

人类对于世界的认知，无非是采用两种方式进行。一种通过思辨的、逻辑推衍的方式，这通常是理性的认知；一种是采用体悟的方式，这通常是感应、体验、非严格逻辑化和思辨程序的认知。中国式的体认功夫属于后者。张岱年曾在《中国哲学大纲》绪论中认为，知行合一、一天人、同真善，重人生而不重知论，重了悟而不重论证，既非依附科学亦不依附宗教，是中国式体认的主要特点，其中"一天人，重了悟"也是中国艺术及艺术思维的重要特点，这是与中国传统文化直觉方法、"模糊性"的思维特点相联系的。张岱年还对传统格物致知的方法作了研讨，将中国哲人求得其知的方法分为六种，分别是：验行。即以实际活动或实际应用为依据的方法，这是墨子的方法；体道。即直接地体会宇宙根本之道，是一种直觉法，这是老子、庄子的方法；析物。即对于外物加以观察辨析，这是惠子、公孙龙及后期墨家的方法；体物或穷理。即由对物的考察以获得对于宇宙根本原理之直觉，兼重直觉与思辨，可以说是体道与析物两法之会综；尽心。即以发明此心为方法，亦是直觉法；体道与尽心。均为直觉的方法，只是一个向外一个向内。① 中华民族有着悠久而独具特色的文化传统，从其特有的文化背景和思维方式出发，中国古代形成了有别于西方世界的思维认知方式，而传统的思维认知方式，除了形成中国传统哲学之体性与体貌而外，对于中国传统文艺创作、批评鉴赏理论和方法所产生的塑型作用，无论如何估量也是不会过分的。总体而言，建立在"体认"哲学基础上的中国传统文学创作与鉴赏批评，将诗文书画等艺事及其鉴赏视为是一个对宇宙人生的感悟体验过程，从而形成了传统文论中的"体认"功夫论，并且不以建立完整系统的理论为目的，而重视灵感的闪现，注重直觉和身体力行的体验。以下分而析之。

二　传统文学创作中的"体认"论

先说传统文学创作中的"体认"论。对于作文，清代唐彪在《读书作文谱·临文体认功夫》中引用杜静台的话说："文无他诀，惟贵体认。体认

---

① 张岱年：《中国哲学大纲》，中国社会科学出版社，1982，第5～9页。

者，谓设以身处其地，处其时，而体认其理也。理之体认既真，则经书非先圣、先贤之言，乃吾身真实固有之理。由是发为文章，句句皆真诠实谛，格自然佳，词自然畅，气自然顺矣。"① 这里的意思是说，文章写作没有别的诀窍，贵在作者体察万物之理，设身处地，对表现对象进行体察，只有体察入微方能描绘准确，表达情意才能生动活泼、自然流畅，说理才会更透辟，这样写作的文章才能入情入理，气充体圆，真气饱满。钱钟书在论述中国古代历史写作的时候也说："史家追叙真人实事，每须遥体人情，悬想事势，设身局中，潜心腔内，忖之度之，以揣以摩，庶几入情合理。盖与小说、院本之臆造人物，虚构境地，不尽同而可相通；记言特其一端。"② 在这里应特别关注钱钟书关于历史写作和小说创作必须设身处地的论述，亦即"设身局中，潜心腔内，忖之度之，以揣以摩"才能入情合理地写好历史人物和历史事件的写作规律，其中"遥体人情，悬想事势"的论述更与前文所述的"体贴人情物理"的意思相通，精神相近。

文学写作，不仅要体贴人情，更要体贴物理。比如山水诗就是体贴物理、"体悟得神"的艺术创造。清代朱庭珍《筱园诗话》中对山水诗创作的论述，最为典型。朱庭珍首先将山水和"道"联系起来进行论说："山水秉五行之精，合两仪之撰以成形。其山情水意，天所以结构之理，与山水所得于天，以独成其胜者，则绝无相同重复之处。"这与刘勰《文心雕龙·原道》中的论述有异曲同工之妙，尽管论说不尽相同，但其间蕴含的道理无非是如六朝画论家宗炳所言之"山水以形媚道"，以及如刘勰所言之天地山川"皆道之文也"，与传统哲学中的"道"论理一分殊。以人而论，其游山水所感，每每不相同，会因人因时因地而异，或心旷神怡而志为之超，或心静神肃而气为之敛，或探奇选胜而神契物外，或目击道存而心与天游。关于山水欣赏的主体，朱庭珍用了"志"、"气"、"神"和"目击道存"等与"体道"相关的语汇，可见在朱庭珍看来，对山水的观照就是对"道"的体悟。在论述了主体和客体各自的情况之后，朱庭珍又说："作山水诗者，以人所心得，与山水所得于天者互证，而潜会默悟，凝神于无朕之宇，

① 王水照主编《历代文话》第 4 册，复旦大学出版社，2007，第 3468 页。
② 钱钟书：《管锥编》第 1 册，中华书局，1979，第 166 页。

研虑于非想之天，以心体天地之心，以变穷造化之变。扬其异而表其奇，略其同而取其独，造其奥以泄其秘，披其根以证其理，深入显出以尽其神，肖阴相阳以全其天。必使山情水性，因绘声绘色而曲得其真，务期天巧地灵，借人工人籁而毕传其妙，则以人之性情通山水之性情，以人之精神合山水之精神，并与天地之性情、精神相通相合矣。以其灵思，结为纯意，撰为名理，发为精词，自然异香缤纷，奇彩光艳，虽写景而情生于文，理溢成趣也。使读者因吾诗而如接山水之精神，恍得山水之情性，不惟胜画真形之图，直可移情卧游，若目睹焉。造诣至此，是为人与天合，技也进于道矣。此之谓诗有内心也。"① 对于朱庭珍的这段话，我们比较关心作者所阐述的主体对山水体悟的理论，以及由此所产生的由技进乎道的艺术表达、人与山水产生的互动关系，尤其是"以人之性情通山水之性情，以人之精神合山水之精神，并与天地之性情、精神相同相合矣"的物我交融、合一的境界。审视这一说法，我们分明看到的是庄子所言的"体道"境界。中国美学中"相看两不厌，只有敬亭山"（李白）、"我见青山多妩媚，料青山见我应如是"（辛弃疾）的审美境界是西方移情说所解释不了的，必须在"体道"的意义上去审视，才能得到正解，才能得到妙解，因为其间有"以心体天地之心"的"体"这一思维方式的介入。为此，笔者认为，中国传统文论中的"体物得神"之说中的"体物"，除了对事物进行详尽的描绘、体现的意思之外，更应该注意诗人在营构意象时对外物进行的"以物观物"的心"体"，这是一种类似于庄子"齐物"的体悟。庄子把这种思维概括为"以天合天"，是指在虚静状态中以主体的合目的性去契合客体的合规律性，从而进入深刻把握对象境地的体悟过程。唐时日僧遍照金刚在《文镜秘府论·南卷·论文意》中云："夫置意作诗，即须凝心，目击其物，便以心击之，深穿其境。"王昌龄也在《诗格》中认为诗歌创作要"搜求于象，心入于境，神会于物，因心而得"。这就是说，审美主体在取用外物时，必须在"目睹其物"的同时"以心击之"，让"心入于境"，才能"深穿其境"、"神会于物"，也就是只有用心"体"之，才能达到客观物象与主观情思的契合、交融。这种契合、交融是心与物在创作过程中建立新的联系的结果，

---

① 郭绍虞、富寿荪编《清诗话续编》下，上海古籍出版社，1983，第2345页。

而这种所谓新联系就使得物象变成了意象。深刻认识文学意象形成过程中心"体"的作用，对认识文学创作是有重要意义的。

陆机在《文赋》中指出，文学创作是一个"课虚无以责有，叩寂寞而求音"的过程，对于这句话中的"虚无"、"寂寞"的解释，历来有分歧，其中一种观点认为，这里的"虚无"、"寂寞"应该指的是宇宙的本体——道。如汤用彤指出："万物万形皆有本源（本体），而本源不可言，文乃此本源之表现，而文且各有所偏。文人如何用语言表现其本源？陆机《文赋》谓当'伫中区以玄览'。盖文非易事，须把握生命、自然、造化而与之接，'笼天地（形外）于形内，挫万物于笔端'。文当能'课虚无以责有，叩寂寞以求音'。盖文并为虚无、寂寞（宇宙本体）之表现，而人善为文（善用此媒介），则方可成就笼天地之至文。至文不能限于'有'（万有），不可囿于音，即'有'而超出'有''于'音'而超出'音'方可得'弦外之音''言外之意'。文之最上乘，乃'虚无之有'、'寂寞之声'，非能此则无以为至文。"① 因此文章具有体道的性质，写作具有达道的功能。文章是"道"之文，是宇宙本体的表现；文学创作是一个"体物得神"的过程，其思维是一个"神与物游"的过程。众所周知，文学创造的核心之一是创构意象。作家在创构意象的过程中，先要通过与对象的神合，实现对象的内在生命与主体精神的贯通。也就是说，艺术家在感悟对象时，通过调动人生经验去体悟对象，透过物象而把握到对象的内在精神，乃至达到物我神合的境界。由神合而更深入地体悟对象的精神，才能在表达中得心应手，传神地表达对象。优秀作家的创作经验证明，创作过程中体物的过程往往是与物合一的过程，是庄周梦蝶、不知物我的过程。"神与物游"向来被视为中国传统文学创造和审美欣赏的方式，从审美方式上来讲，这显然不是用感官去感知，不是用逻辑去分析，而是用心灵去体验，是用己心去会物之神，而"物之神"也就是物之"道"，由此文学创作也成了显现"道之文"的过程。关于文和"道"的这种关系，刘熙载《艺概·诗概》中有这样的说法："《诗纬·含神雾》曰：'诗者，天地之心。'文中子曰：'诗者，民之

---

① 汤用彤：《魏晋玄学与文学理论》，载《理学·佛学·玄学》，北京大学出版社，1991，第325页。

性情也。' 此可见诗为天人之合。""天人之合"，这不仅是对诗的概括，也可以说是对中国古代各门艺术乃至整个美学思想的概括。中国自古强调艺与道通，文也与道通。既然如此，文学创作也是与"道"相通的，也是需要"体认"的思维方式介入的。

三 传统文学接受与鉴赏中的"体认"功夫论

古人认为，文学创作过程是"体认"、"体道"的过程。古人也认为，文学鉴赏的过程同样是一个以心合心的过程。如果我们承认文学创作是一个"体认"、"体道"过程，那么对于阅读鉴赏而言，更应该是如此。因为"文者，天地真粹之气也，所以君五常，母万象也。纵出横飞，疑无涯隅，表乾里坤，深入隐奥。非夫腹五常精，心万象灵，神合冥会，则未始得之矣。"① 又，刘昼《刘子·正赏》曰："赏者，所以辨情也。"② 这是把鉴赏视为体察作者内在情感的过程。关于文学鉴赏中的"体认"功夫，古人之说法甚多。如苏轼《东坡诗话》云：'两边山木合，终日子规啼' 此老杜云安县诗也。非身到其处，不知此诗之工。"③ 又《题渊明诗》云："陶靖节云：'平畴交远风，良苗亦怀新' 非古之耦耕植杖者，不能道此语；非余之世农，亦不能识此语之妙也。"④ 南宋陈善《扪虱新话·读书须知出入法》则云："读书须知出入法。始当求所以入，终当求所以出。见得亲切，此是入书法；用得透脱，此是出书法。盖不能入得书，则不知古人用心处；不能出得书，则又死在言下。惟知出知入，乃尽读书之法。"⑤ 也就是说，读书如要体察作者之情，就需感同身受，引起共鸣，此乃是入乎其内，即透过作品的文字，借助意象体悟作品的意蕴与内在精神。为此，读者首先须沉潜其中，设身处地地体悟作者当时的境遇及其文化背景，从而达到与作品中的人物和意象同情同感的境地。姜夔《白石道人诗说》说："三百篇美

---

① 仇兆鳌：《杜诗详注》第 5 册，中华书局，1979，第 2238 页。

② 杨明照校注，陈应鸾增订《增订刘子校注》，巴蜀书社，2008，第 718 页。

③ 苏轼著，王文龙编纂《东坡诗话全编笺评》，西南师范大学出版社，1996，第 138 页。

④ 苏轼著，王文龙编纂《东坡诗话全编笺评》，第 123 ~ 124 页。

⑤ 陈善：《扪虱新话》第 2 册，中华书局，1985，第 39 页。

刺箴怨皆无迹，当以心会心"①，强调的就是读者与作者的心合，就是读者将自己置身于作者所创制的情境之中，以己心体合作者之心。

宋代杨时在《龟山先生语录》卷三中论《关雎》如何解读时，谈了下面看法："仲素问诗如何看？曰：诗极难卒说。大抵须要人体会，不在推寻文义。在心为志，发言为诗，情动于中而形于言，言者情之所发也。今观是诗之言，则必先观是诗之情如何；不知其情，则虽精穷文义，谓之不知诗可也。子夏问：'巧笑倩兮，美目盼兮'，何谓也？子曰：'绘事后素。'曰：'礼后乎？'孔子以谓可与言诗。如此全要体会。何谓'体会'？且如《关雎》之诗，诗人以兴后妃之德，盖如此也。须当想象雎鸠为何物，知雎鸠为挚而有别之禽；则又想象'关关'为何声，知'关关'之声为和而通，则又想象'在河之洲'是何所在，知'河之洲'为幽闲远人之地，则知如是之禽，其鸣声如是，而又居幽闲远人之地，则后妃之德可以意晓矣——是之谓'体会'。惟体会得，故看诗有味，至于有诗，则诗之用在我矣。"②在杨时看来，"诗极难卒说，大抵须要人体会，不在推寻之义"，"惟体会得，故看诗有味"。杨时同时还将这种思维方式延及一切阅读。他在《与陈传道序》里就学习"六经"提出："士之去圣远矣，舍六经亦何以求圣人哉？要当精思之、力行之，超然默会于言意之表，则庶乎有得矣。""精思力行"、"超然默会"，这是作为思维方式的"体"的精要，是整体直觉思维，此说很有深意。明人顾宪成在《东林会约》中言："学者试能读一字，便体一字；读一句，便体一句。"从中可以见出，文学阅读中的"体"、"体会"或者"体认"等说法，明显的与"体道"有关系。

以上所引诸人之言，系从学理上探讨欣赏中的"体认"功夫，传统诗文评中更有以实际的阐释事例来说明"体认"功夫的。如叶燮《原诗·内篇下》在阐述杜甫《玄元皇帝庙作》中"碧瓦初寒外"一句诗时说："然设身而处当时之境会，觉此五字之情景，恍如天造地设，呈于象、感于目、会于心。意中之言，而口不能言；口能言之，而意又不可解。划然示我以

---

① 姜夔著，郑文点校《白石诗说》，人民文学出版社，1962，第30页。
② 王大鹏、张宝坤、田树生等编选《中国历代诗话选》（一），岳麓书社，1985，第239~240页。

默会想象之表，竟若有内、有外，有寒、有初寒。特借'碧瓦'一实相发之，有中间，有边际，虚实相成，有无互立，取之当前而自得，其理昭然，其事的然也。"① 通过对作者境遇的揣摸、体悟，通过想象中的设身于境，应目而会心，才能体认到作品中所描述情景真切自然，从而自得诗意。

中国文学常常以象造境、因情造境，读者要"披文入情"，体契文境，感悟文意，就需"设身而处当时之境会"，这一过程可以用"呈于象、感于目、会于心"来概括之，其核心在于把握"当时之境会"，在于心会、意会。这种方法确实把握住了诗之"机心"，确如叶燮《原诗·内篇下》所云："诗之至处，妙在含蓄无垠，思致微渺，其寄托在可言不可言之间，其指归在可解不可解之会，言在此而意在彼，泯端倪而离形象，绝议论而穷思维，引人于冥漠恍惚之境，所以为至也。"② 意境是直觉、体验式的艺术至境，中国诗歌的这种特点决定了对中国诗歌的任何西方形式主义文论的解释，均有可能是徒劳而无功的，而通过"体认"、"体会"得其心会才是正途。也就是说，在人们的审美实践中，只有在会心、会意中才能达到与文本、与作者情投意合、心心相印的"物我两忘"境界。诗有不可言不可解之处，读者只有将自己身心融入其中，返身求诸内心，才可以自得其妙，而所得的结果也是如陶渊明在《饮酒》诗之五中所说的那样，"此中有真意，欲辨已忘言"。因为诗之"真意"，往往是"恍兮惚兮"而"不知其名"的，是"视之不见，听之不闻"的；往往不能从外界查究而得，而只能向内体悟。这些看法是中国诗学中比较常见的，甚至是老生常谈，然而其对文学欣赏具有重要的意义，尤其对如今深受西学知识论解读方法影响下的文学批评和文学欣赏具有重要的矫枉意义。③

对此，中国古代文论、诗论多有申说。姜夔《白石道人诗说》云："三百篇美刺箴怨皆无迹，当以心会心。"况周颐《蕙风词话》倦三）说："善读者约略身入境中，便知其妙。"清代黄子云《野鸿诗的》说："学古人诗，不在乎字句，而在乎臭味。字句魄也，可记诵而得；臭味魂也，不可以言

---

① 叶燮著，霍松林校注《原诗》，人民文学出版社，1979，第30页。
② 叶燮著，霍松林校注《原诗》，第30页。
③ 有关的论述请详参叶维廉《中国诗学》中《中国古典诗中的传释活动》一文（人民文学出版社，2006，第14～35页）。

宜。当于吟咏之时，先揣知作者当日所处之境遇，然后求我之心，求无象于窅冥惚恍之间，或得或丧，若存若亡。始也茫焉无所遇，终焉元珠垂曜，灼然毕现我目中矣。"① 刘开《读诗说中》说："然则读诗之法奈何？曰：从容讽诵以习其辞，优游浸润以绎其旨，涵泳默会以得其归，往复低徊以尽其致，抑扬曲折以循其节，温厚深婉以合诗人之性情，和平庄敬以味先王之德意。不惟熟之于古，而必通之于今，不惟得之于心，而必验之于身，是乃所为善读诗也。"② 朱庭珍《筱园诗话》卷一说："设身处地，以会其隐微言外之情，则心心与古人印证，有不得其精意者乎？而又随时随地，无不留心，身所阅历之世故人情，物理事变，莫不洞鉴所当然之故，与所读之书义，冰释乳合，交契会悟，约万殊而豁然贯通，则耳目所及，一游一玩，皆理境也。"③ 近人马其昶在《古文辞类纂标注序》中说："若夫古人之精神意趣，寓于文字中者，固未可猝遇。读之久，而吾之心与古人之心冥契焉，则往往有神解独到，非世所云云也。"在这些论述中，值得注意的有"心体身验"、"交契会悟"、"冥契"等与前述"体"的思维特征相近的表述。

可见，中国古代文论家大多主张在读诗等接受活动中，消泯主客体之间的对立，以使主体进入艺术作品所提供的艺术情境之中，尤其强调主体需要"设身处地"、"验之于身"、"以心换心"，即以全身心、全人格、全灵魂进入作品之中，以获得感同身受的身心体验，而最终与作品或者审美对象所传达的生命精神乃至形而上的"道"相契合、相贯通，甚至融为一体。《庄子》中的那些体道者、真人、至人、大宗师所追求的，无非也是如此这般的境。需要说明的是，在中国思维、尤其是文学艺术思维中，这种"体"、"体知"、"体认"的方法是普遍存在的。因此，钱穆概括说："中国文学，必求读者反之己身，反之己心，一闻雎鸠之关关，即可心领神会。"④ 关于读者如何通过以心换心、设身处地地体认功夫而进入艺术作品的境况，古人所论甚多。张彦远在《论画体工用榻写》中说："遍观众画，

① 王夫之等：《清诗话》下，上海古籍出版社，1978，第847~848页。
② 刘开：《刘孟涂集》卷一《读诗说中》，载胡经之主编《中国古典文艺学丛编》三，北京大学出版社，2001，第132页。
③ 郭绍虞、富寿荪编《清诗话续编》下，第2331页。
④ 钱穆：《中国现代学术论衡》，岳麓书社，1986，第229页。

唯顾生画古贤，得其妙理。对之令人终日不倦，凝神遐想，妙悟自然，物我两忘，离形去智。身固可使如槁木，心固可使如死灰，不宜臻于妙理哉？所谓画之道也。"① 这段话中的"身固可使如槁木，心固可使如死灰"一句，典出《庄子·齐物论》，讲的是体道者如何达到"道"之境，而张彦远则意味读画时也可达到这一"道"之境。又，胡应麟在《诗薮》中记录了他读王维诗时的状况，说读王维诗可使"身世两忘，万念俱寂"。金圣叹则在《第六才子书》中记述了他读《西厢记》时的情形，更是形象逼真，其曰如："记得圣叹幼年初读《西厢》时，见'他不瞅人待怎生'之七字，悄然废书而卧者三四日。此真活人于此可死，死人于此可活，悟人于此又迷，迷人于此又悟者也！不知此日圣叹是死、是活，是迷、是悟，总之悄然一卧，至三四日，不茶不饭，不言不语，如石沉海，如火灭尽者，皆此七字勾魂摄魄之气力也。"② 上述诸家所描述的进入作品之后身世两忘的境界，与庄子所描绘的"佝偻丈人承蜩"的忘我境界，情形颇为一致。

除了以心会心、设身处地的意思之外，"体"还有亲临其地或者亲临其境的意思，对此中国古代诗论或者诗话中也多有言说，主要意思是说读者如果没有亲身体验，许多诗句及其所传达的诗境便不能得到理解或者解释，但是等到处在某种机缘之下，读者身临其地或者亲临其境，才觉得诗中所写的妙处是不可言传的。我们可以将这种"体"分为身之"体"和心之"体"两种体认功夫类型。就身之"体"而言，是指身体力行，亲身到达某种情境之中获得切实的感受。如周紫芝《竹坡诗话》中记载："余顷年游蒋山，夜上宝公塔，时天已昏黑，而月犹未出，前临大江，下视佛屋峥嵘，时闻风铃，铿然有声。忽记杜少陵诗：'夜深殿突兀，风动金琅珰。'恍然如己语也。又尝独行山谷间，古木夹道交阴，惟闻子规相应木间，乃知'两边山木合，终日子规啼'之为佳句也。又暑中濒溪，与客纳凉，时夕阳在山，蝉声满树，观二人洗马于溪中。曰：此少陵所谓'晚凉看洗马，森木乱鸣蝉'者也。此诗平日诵之，不见其工，惟当所见处，乃始知其为

---

① 张彦远著，俞剑华注释《历代名画记》，上海人民美术出版社，1964，第40~41页。
② 金圣叹评，傅开沛、袁玉琪点校《第六才子书西厢记》，中州古籍出版社，1987，第74页。

妙。"① 这里的"当所见处"说法，类似于王夫之在《姜斋诗话》中所言的"身之所历，目之所见，是铁门限"，说的正是作者创作和读者欣赏都必须以身心体验为基础。周紫芝总结的诗歌鉴赏中的体认功夫具有普遍意义，更有诗论家的见解为佐证。如洪亮吉《北江诗话》说："大抵读古人之诗，又必身亲其地，身历其险，而后知心惊魄动者，实由于耳闻目见得之，非妄语也。"袁枚《随园诗话补遗》也说："诗中境界，非亲历者不知。"所有这些，都在强调亲身经历对于读者与作者产生共鸣的重要性。宋代罗大经《鹤林玉露》中记载："唐子西诗云：'山静似太古，日长如小年。'余家深山中，每春夏之交，苍藓盈阶，落花满径，门无剥啄，松影参差，禽声上下。午睡初足，旋汲山泉，拾松枝，煮苦茗啜之。随意读《周易》、《国风》、《左氏传》、《离骚》、《太史公书》及陶杜诗、韩苏文数篇。从容步山径，抚松竹，与麛犊共偃息于长林丰草间。坐弄流泉，漱齿濯足。……归而倚仗柴门之下，则夕阳在山，紫绿万状，变幻顷刻，恍可人目。牛背笛声，两两来归，而月印前溪矣。味子西此句，可谓妙绝。然此句妙矣，识其妙者盖少。彼牵黄臂苍，驰猎于声利之场者，但见衮衮马头尘，匆匆驹隙影耳，乌知此句之妙哉！"② 意谓置身于美妙之境，得身心之余闲，方能体贴诗歌的妙境，冥会诗境与诗意。明代胡震亨《唐音癸签》卷十一记载："余友姚叔祥尝语余云：余行黄河，始知'孤村几岁临伊岸，一雁初晴下朔风'之为真景也。余家海上，每客过，闻海唑声必怪问，进海味有疑而不下箸者，益知'朝声偏惧初来客，海味惟甘久住人'二语之确切。"③ 清代王士禛《渔洋诗话》卷中有记载说："陈户部子文诗云：'斜日一川汧水北，秋山万点益门西。'未入蜀，不知其写景之妙。"可见身"体"之于创作和欣赏都是重要的。然而，即如元好问在《论诗绝句三十首》中所说的那样，"画图临出秦川景，亲到长安有几人"，人生也有涯，不可能事事亲身体验，所以在文学创作和欣赏中，更多的则是心之"体认"功夫。

王国维在《人间词话》中说："诗人对于宇宙人生，需入乎其内，又出

---

① 何文焕辑《历代诗话》上，中华书局，1981，第 343 页。
② 罗大经著，王瑞来点校《鹤林玉露》，中华书局，1983，第 304 页。
③ 胡震亨：《唐音癸签》，上海古籍出版社，1981，第 111 页。

乎其外。入乎其内，故能写之；出乎其外，故能观之。入乎其内，故有生气；出乎其外，故有高致。"这里的"入乎其内"是不是一种心之"体认"的功夫呢？笔者以为是的，其包括心灵的体验、体会物情（"与道同体"）和身体力行的众多意思，实际上已经概括了"体认"这一概念的所有动词性意义。关于心之"体认"，古人常常强调设身处地，"处当时之境会"，这种设身处地不是指亲身经历，而是通过调适自己，在作者所设置的氛围中将自己置身其间，以己心来体会、体认作者所传达的情感，以获得感同身受、情同此理的共鸣。关于这种认识，可以追溯到《诗经》时代。《诗经·小雅·巧言》就有"他人有心，予忖度之"的说法，意思是说，别人有了心事，自己设身处地用情理去推测。《孟子·梁惠王上》曰："诗云：'他人有心，予忖度之。'夫子之谓也。夫我乃行之，反而求之，不得吾心。夫子言之，于我心有戚戚焉。"《诗经》中也有以诗的语言来说明不被理解之苦恼的，比如《诗经·王风·黍离》："知我者谓我心忧，不知我者谓我何求？"以上例证从正反两方面说明"体"、"体认"的重要性。设身处地是艺术审美中的重要要求，如黄生在《杜诗说》中认为杜诗"读杜律如读一篇长古文，其用意之深、取境之远、制格之奇、出语之厚，非设身处地，若与公周旋于花溪草阁之间，亲陪其杖履，熟闻其謦咳，则作者之精神不出，阅者之心孔亦不开"。这是比孟子的"知人论世"更进一层次的要求，所强调的正是设身处地的重要性。如前文所述，清代黄子云《野鸿诗的》、朱庭珍《筱园诗话》都强调这种独到的、带有体温的深度体验与体认，显然也是"知人论世"的解读方法所不能达到的。从这个意义上讲，文学欣赏和批评可以看作是作者的体认在读者内心的回溯与反照，是作者内心体验在不同主体心中的"游履"①，是创作主体与欣赏主体在文学文本所提供的氛围与情境中的一次心灵契合，一次精神交融。

四　作为体认功夫的"涵泳"

在中国古人看来，不仅对于文学作品要设身处地地进行体验、体认，

①　在佛学理论中，则以"心识之所游履攀缘"为"境"。

所有的读书也应该如此。比如刘宗周在《明儒学案》卷十三《会录》中说："人须用功读书，将圣贤说话反复参究，反复印证一番，疑一番。得力须是实，实将身体验，才见圣人说话是真实不诳语。"其实，这种心体的读书方法在宋代已经上升到了方法论的地位，由宋明理学和阳明心学生发出来的"涵泳体味"读书方法，对中国艺术鉴赏理论和方法不能不说是一大贡献。何为"涵泳"？"涵"者，沉入也；"泳"者，游水也。从字面意义上讲，"涵泳"就是沉浸其中的意思。"涵泳"概念，最早是由二程使用的，后经朱熹熔炼，最终成为一种体认方式的。据宋代理学家谢良佐（显道）记述，"明道先生善言诗，未尝章解句释，但优游玩味，吟哦上下，便使人有得处"。（吕祖谦：《吕氏家塾读诗记》卷一《纲领》。按：《二程外书》卷十二引《上蔡语录》中"未尝章解句释"一句为"他又浑不曾章解句释"。）吕祖谦也曾记述说："明道之言《诗》也，未尝章解而句释也，优游吟讽，抑扬舒疾之间，而听者涣然心得矣。"（吕乔年编：《丽泽论说集录》卷三《门人所记诗说拾遗》）《二程外书》卷十二云："伯淳尝谈《诗》，并不下一字训诂，只转却一两字，点掇地念过，便教人省悟。又曰：古人所以贵亲炙也。"朱熹论读《诗》，说"看诗不要死杀看了"、"看诗且看他大意"，又说："诗可以兴，须是反复熟读，使书与心相乳入，自然有感发处。"（朱鉴：《诗传遗说》卷一）这里所强调的是读书时经过涵咏，书和人心就会达到水乳交融的境界。从涵泳的本质意义上讲，朱熹所讲"涵泳"就是"虚心涵泳"（朱熹语），其间糅合了老庄的"虚静"观和禅宗体验法修身之道，也接受了老庄、禅学追求"言外之意"的认知方法。可见，涵泳作为读书方法和审美方式，表示的是一种排除外因、直入本体、虚静沉潜、反复讽咏、细加咀嚼、获取真谛的过程。"涵泳"不仅是作为获得"理"之真谛的心理条件，还是读诗的鉴赏方法和论诗的标准，这种方法在宋代文献之中出现的很多。比如朱熹在《答何叔京》中解析《大雅·域朴》一章时说："此等语言自有个血脉流通处，但涵泳久之，自然只见得条畅浃洽，不必多引外来道理言语。"又比如魏庆之在《诗人玉屑》卷十三就曾经引用朱熹的话说："看诗不须着意去里面分解，但是平平地涵泳自好。"涵泳的方法具有整体性、体味性，带有很浓郁的体验与体认色彩，因此也具有审美性，是一种适合于文艺的鉴赏方法。王世贞在《艺苑卮言》卷一中说："日取

《六经》、《周礼》、《孟子》、《老》、《庄》、《列》、《荀》、《国语》、《左传》、《战国策》、《韩非子》、《离骚》、《吕氏春秋》、《淮南子》、《史记》、班氏《汉书》，西京以还至六朝及韩柳，便须铨择佳者，熟读涵泳之，令其渐渍汪洋。"① 可见，"涵泳"的方法是一种历代比较公认的文艺鉴赏方法。那么，何为"涵泳"读书法呢？朱熹将之生动地表述为"通身下水"，他说："解诗，如抱桥柱浴水一般。"② 又说："须是踏翻了船，通身都在那水中，方看得出。"③ 曾国藩曾这样形象地描绘"涵泳"读书法："涵泳二字，最不易识，余尝以意测之。曰：涵者，如春雨之润花，如清渠之溉稻。雨之润花，过小则难透，过大则离披，适中则涵濡而滋液；清渠之溉稻，过小则枯槁，过多则伤涝，适中则涵养淳兴。泳者，如鱼之游水，如人之濯足。程子谓鱼跃于渊，活泼泼地；庄子言濠梁观鱼，安知非乐？此鱼水之快也。左太冲有'濯足万里流'之句，苏子瞻有夜卧濯足诗，有浴罢诗，亦人性乐水者之一快也。善读书者，须视书如水，而视此心如花如稻如鱼如濯足，则涵泳二字，庶可得之于言意之表。"④ 禅宗言"如鱼饮水，冷暖自知"，涵泳之法，讲究的就是沉潜于物中或者境中，追求物我合一、心与心交会的"体认"功夫。对此，刘永济曾说："朱子谓：'读《诗》者，当涵咏自得'，即舍人'深入''熟玩'之义，亦即余性灵领受之说，合而参之，鉴赏之事，不中不远矣。"⑤ 可见"涵咏"之说，并不是像有的专家所说的那样具有神秘性，而是与刘勰等人的说法相通。"涵泳"作为一种"体认"功夫，被广泛运用于文学欣赏实践之中的。

况周颐论读词之法时说："读词之法，取前人名句意境绝佳者，将此意境缔构于吾想望中。然后澄思渺虑，以吾身入乎其中而涵泳玩索之。吾性灵与相浃而俱化，乃真实为吾有而外物不能夺。"⑥ 意思是说，读者要在想象中再现和重塑作者所创构的意境，并通过虚静自己而入乎其内，使读者

① 王世贞著，罗仲鼎校注《艺苑卮言校注》，齐鲁书社，1992，第 39～40 页。
② 朱熹著，黎靖德编，王星贤点校《朱子语类》，第 2096 页。
③ 朱熹著，黎靖德编，王星贤点校《朱子语类》，第 2756 页。
④ 曾国藩：《曾国藩全集》第 20 册，岳麓书社，1994，第 364 页。
⑤ 刘永济：《文心雕龙校释》，中华书局，1962，第 188 页。
⑥ 况周颐著，王幼安校订《蕙风词话》，人民文学出版社，1960，第 9 页。

的内在情感与作品的境界相互交通而浑然为一，把作者心中的境象变成读者心中的境象，最终达到自己的性灵与作者所创构的意境相互渗透最后达到化合为一，见道不见物，见神韵而不见形迹，亦即达到"相浃而俱化"的境界。况周颐还生动形象地描写了这种物我合一的心灵境界说："人静帘垂。灯昏香直。窗外芙蓉残叶飒飒作秋声，与砌虫相和答。据梧瞑坐，湛怀息机。每一念起，辄设理想排遣之。乃至万缘俱寂，吾心忽莹然开朗如满月，肌骨清凉，不知斯世何世也。斯时若有万端哀怨枨触于万不得已；即而察之，一切境象全失，唯有小窗虚幌、笔床砚匣，一一在吾目前。此词境也。三十年前，或月一至焉。今不可复得矣。"① 王夫之在《姜斋诗话·夕堂永日绪论·外编》二九中有"熟绎上下文，涵泳以求其立言之指，则差别毕见矣"之说；又在《姜斋诗话·诗译》三中指出：'采采芣苢'，意在言先，亦在言后，从容涵咏，自然生其气象。"在王夫之看来，"意在言先"意味着作者的审美体验是作品文本不能直接传达的，读者可以通过对文学作品语言的"从容涵泳"引发自己的审美想象和心理体验，从而在心中"自然生其气象"。这一过程不是从语言中生发的，语言及文学文本只是一个引发读者体验的诱发因素，主要的在于读者设身处地进入文学所创造的情景或者意境，体会出作者的用意。中国文学尤其是诗歌"状难写之景如在目前，含不尽之意见于言外"的审美特征，更是需要读者"从容涵咏"的。方玉润在《诗经原始》中谈到上述那首《芣苢》时这样写道："读者试平心静气，涵泳此诗，恍听田家妇女，三三五五，于平原绣野、风和日丽中群歌互答，余音袅袅，若远若近，忽断忽续，不知其情之何以移而神之何以旷。"② 所谓于文字中产生身临其境之感，也就是这样的了，而这种身临其境之感，是在"涵泳"中实现的，而并非诗歌语言的呈现。沈德潜则在《唐诗别裁·凡例》中直截了当地提出读诗的方法，他说："读诗者心平气和，涵泳浸渍，则意味自出。"这种方法实际上就是"体认"功夫。王士禛谈诗之鉴赏时说："宋景文云：左太冲'振衣千仞冈、濯足万里流'，不减嵇叔夜'手挥五弦，目送飞鸿'。愚按：左语豪矣，然他人可到；

---

① 况周颐著，王幼安校订《蕙风词话》，第9页。
② 方玉润著，李先耕点校《诗经原始》，中华书局，1986，第85页。

稽语妙在象外。六朝人诗，如'池塘生春草'、'清晖能娱人'及谢朓、何逊佳句，多此类。读者当以神会，庶几遇之。"① 这可以看作深得鉴赏之妙的中的之论。"涵泳"和"神遇"（"神会"）的理论对后世审美理论影响甚大，其意义正如有的论者所言："'涵泳'是艺术的道体论和美的体道论之间的桥梁，是体道感性学之所以可能的前提，它奠定了宋以后的审美理论的基础。"②

宋儒所强调的内视冥思、涵泳之法，注重的是将人的主观意志代入文本，是一种主体融入性思维，亦即体验性思维。王国维在《人间词话》第三则中如是说："有我之境，有无我之境。'泪眼问花花不语，乱红飞过秋千去'，'可堪孤馆闭春寒，杜鹃声里斜阳暮'有我之境也。'采菊东篱下，悠然见南山''寒波澹澹起，白鸟悠悠下'无我之境也。有我之境，以我观物，故物皆著我之色彩。无我之境，以物观物，故不知何者为我，何者为物。"③ 王国维的"以物观物"、"无我之境"表达了与庄子几乎相同的思想：自然浑全之美，宇宙的本体和生命（道、气），通过"以物观物"的感应万物方式而获得，体现了传统中国思维中物我一体的观念，抑或说是由"丧我"而达到体道的"物化"妙境。蔡小石《拜石山房词序》中关于读词感受的一段话，可以作为这种妙境的最好注解："始读之，则万萼春深，百色妖露，积雪缟地，余霞绮天，一境也。再读之，则烟涛倾洞，霜飘飞摇；骏马下坡，泳鳞出水，又一境也。卒读之而皎皎明月，仙仙白云，鸿雁高翔，坠叶如雨，不知何以冲然而澹，脩然而远也。"④ 其中"皎皎明月，仙仙白云，鸿雁高翔，坠叶如雨，不知何以冲然而澹，脩然而远也"的境界，亦即宗白华所说的"灵境"，也就是主体最终达到物我两忘、体验到与天地同流的自由和游心于物的境界。

传统文学批评中的"体认"功夫论之迁延变化，影响遍及诗文、小说、

① 王士禛著，张宗柟纂集，夏闳点校《带经堂诗话》卷三"入神类"，人民文学出版社，1963，第69页。

② 刘旭光：《格物与涵泳——朱熹思想对中国国美学的意义》，《兰州大学学报》（社会科学版）2002年第3期。

③ 王国维著，徐调孚、周振甫点校《人间词话》，人民文学出版社，1960，第191页。

④ 孙克强、杨传庆、裴哲编著《清人词话》中，南开大学出版社，2012，第1205页。

戏曲、绘画、书法，所论涉及主体的审美心胸，又涉及客体的特征；既指示了文学创作与文学批评鉴赏之终极目的，又标示了主客一体的审美境界，确实值得重视。笔者以为，"体认"功夫确实关涉到中国艺术思维的一些奥秘，然而因笔者学力所限，目前尚不能对其做出理想的梳理和阐释，更为细致而深入的研究，则只能待之来日或俟诸同道了。

本文原刊于《学术研究》2016 年第 10 期

《论语》早期三次编纂之秘密的发明

杨 义*

　　《论语》编纂过程和成书过程是一个问题的两个方面，但编纂过程更强调编纂者的主动性，及其在《论语》篇章结构和语言方式上留下的生命痕迹。两千年来，对于《论语》编纂成书存在着诸多异说，汉人倾于"孔子既卒"即众弟子庐墓守心孝的鲁哀公十六年（公元前479年）就启动《论语》编纂。柳宗元以后，尤其是宋儒主张有子、曾子弟子编纂，那已经在鲁悼公三十五年（公元前432年）曾子卒以后，前后相差近50年。自从清人崔述《洙泗考信录》怀疑《论语》有战国游说家言杂入以后，近代疑古学者甚至有人认为《论语》存在着汉人假托，甚至刘歆伪造。说法纷纭，各有所据，或各有说辞，其弊在于未能将《论语》编纂与流传作为一个过程，各执己说，标准互异，只论真伪，疏略于对出现这些现象之原委的考究和追问。更没有采取新的眼光和方法，将《论语》视为古人的生命痕迹，实行以史解经、以礼解经、以生命解经，从而发现一部"活的《论语》"。

　　应该认识到，《论语》是孔门传道的无二要典，在儒学经籍中具有直接展示孔子论学风采和论道言论的特殊品性。因而它的编纂过程，就不能视为随便处置的行为。孔子卒后，七十子后学总有些人，为及时认定孔子之

───────────────

　　* 杨义，中国社会科学院学部委员，文学研究所研究员。

道的真实本质和内容形式，滋生了紧迫感。孔子曰："父在，观其志。父没，观其行。三年无改于父之道，可谓孝矣。"事师如父的七十子在为孔子三年守心孝的时日，必须思索如何"可谓孝矣"。因此，及时启动对先师言行的追忆，及时启动对《论语》的编纂，兹事体大，关系到众弟子对待孔子传道遗训的态度和责任。那种认为儒门后学几十年、一二百年后才搜集散简编成《论语》的说法，低估了七十子急切认定和传承孔子之道的孝心和负责任的态度。子思作的《坊记》（收入《礼记》）最早提到《论语》，特别提到："《论语》曰：'三年无改父之道，可谓孝矣。'"实际上是提醒人们，以孝传道是《论语》编纂的原动力。既然《论语》是孔门传道书，自认为最知"真孔子"、最能传孔子之道的弟子后学，都会在重新编纂中加入自己的回忆和理解。子思引《论语》首先提孝，应是在参与曾门重编《论语》和编成《孝经》的前后。"夫孝，德之本也"，以礼解释《论语》编纂的过程，这是一个重要的切入口。

一　以礼解经：发现《论语》启动编纂的契机

《论语》字数逾万，篇幅远超过春秋战国之际的私家著作《老子》和《孙子兵法》。编纂如此一部大书，存在着它必然会编纂的历史契机和心理契机，这是我们以史解经、以礼解经、以生命解经的极好典型。既然《汉书·艺文志》称"夫子既卒"，弟子编纂《论语》，这个时间段只能标定于众弟子于庐墓守心孝三年期间启动编纂。因而必须从孔子丧礼入手，考究启动《论语》编纂的契机。

《礼记·檀弓上》记下孔子的临终交待，夫子曰："赐，尔来何迟也？夏后氏殡于东阶之上，则犹在阼也。殷人殡于两楹之间，则与宾主夹之也。周人殡于西阶之上，则犹宾之也。而丘也殷人也。予畴昔之夜，梦坐奠于两楹之间。夫明王不兴，而天下其孰能宗予，予殆将死也。"[①] 既然孔子有此明确的交待，那么众弟子必须按照殷礼处理其丧事，方能达到孔子所云

---

① 阮元：《十三经注疏》，中华书局，1980，第1283页。

"生，事之以礼；死，葬之以礼，祭之以礼"① 的为孝标准，而且孔子生前就向弟子演示过殷人的丧礼。《孔子家语·曲礼子贡问》记载："孔子在卫，司徒敬子卒，夫子吊焉。主人不哀，夫子哭不尽声而退。璩伯玉请曰：'卫鄙俗，不习丧礼。烦吾子辱相焉。'孔子许之。掘中霤而浴，毁灶而缀足，袭于床。及葬，毁宗而躐行，出于大门。及墓，男子西面，妇人东面，既封而归。殷道也，孔子行之。"② 孔子对殷人丧礼的示范，还被弟子作为通则予以记述，后录入《礼记·檀弓上》："幼名，冠字，五十以伯仲，死谥，周道也。绖也者，实也。掘中霤而浴，毁灶以缀足，及葬，毁宗躐行，出于大门，殷道也。学者行之（郑玄注：学于孔子者行之，做殷礼）。""孔子之丧，二三子皆绖而出。群居则绖，出则否。"③ 所遵行的，就是殷人治丧礼仪。"孔子善殷"，《孟子》引古《志》有云"丧祭从先祖"④，在其丧礼上众弟子必须遵循殷人先祖之礼制。

就历史契机而言，孔子初丧，众弟子庐墓守心孝三年，如此大规模聚首可能是最后一次，时间不短，机会难逢。他们的庐墓守心孝，就是遵循孔子为殷人的古制。顾炎武《日知录》卷十五云："太甲之书曰：'王祖桐宫居忧'，此古人庐墓之始。他国庶子无爵而居者，可以祭乎？孔子曰：'祭哉！'请问其祭如之何，孔子曰：'向墓而为坛，以时祭。若宗子死，告于墓而后祭于家。'此古人祭墓之始。"⑤

其次，是浓得几乎化不开的心理契机。不难推想，大批弟子在孔子墓前筑庐守心孝三年，在这不是三月、或三日的不算短的时间里，会形成一种群体守孝，情绪互相感染凝聚的肃穆而悲痛的心理场域。弟子中不乏礼仪高手，安排众人于丧葬、斋戒、祭祀等礼仪的程序，也许有"先撞钟，是金声之也。乐终击磬，是玉振之也"⑥ 之类的仪式，营造着一种何等庄严肃穆的场面。

① 阮元：《十三经注疏》，第 2462 页。
② 《孔子家语·曲礼子贡问》，中华书局，2011，第 504 页。
③ 阮元：《十三经注疏》，第 1285 ~ 1286 页。
④ 《四书章句集注》，中华书局，1983，第 252 ~ 253 页。
⑤ （明）顾炎武：《日知录校释》卷十五，岳麓书社，1994。
⑥ 《朱子语类》卷五十八，中华书局，1986。

既是《礼记·祭统》云"凡治人之道，莫急于礼；礼有五经，莫重于祭"，将祭祀置于首重的地位；又要使祭祀"自中出生于心"，出自诚敬的内心深处。《礼记·祭义》又述及祭祀之前的斋戒及祭祀中的心理情态，认为："斋之日，思其居处，思其笑语，思其志意，思其所乐，思其所嗜。斋三日，乃见其所为斋者。祭之日，人室，僾然必有见乎其位。周旋出户，肃然必有闻乎其容声。出户而听，忾然必有闻乎其叹息之声。"①《礼记·玉藻》又说："凡祭，容貌颜色，如见所祭者。"② 这就是说，通过礼仪程序，不断地追思亡人的音容笑貌、志趣言行，达到了《论语·八佾》篇所说的"祭如在，祭神如神在"的精神效应。这是孔门独具的超越生死阻隔的精神对话方式。这正是形成了众弟子如闻其声、如睹其人地回忆孔子生前言行的极好心理契机，也就是《论语》大量忆述材料涌现的心理契机。从心理发生学的意义上说，《论语》编纂的启动，是七十子庐墓守心孝而祭祀的精神结晶。

那种认为众弟子似一盘散沙，庐墓守心孝时只是随意记录回忆片段，并无汇总编集，以至在不知多少年后由某门某派几位后学搜集编撰的说法，很难说对于众弟子视师如父，"三年无改于父之道，可谓孝矣"③ 的心理状态，具有"同情的理解"。

二　第一次编纂由仲弓牵头：公元前 479 年

既然子贡是葬礼的组织者，那么主持《论语》编纂，是同一个人，还是另有其人？在庐墓守心孝期间最初启动编纂中，仲弓的角色非常值得注意。后汉郑玄在《论语序》中说："（《论语》乃）仲弓、子游、子夏等撰。"④ 晋代傅玄承袭郑玄的说法而突出仲弓，在《傅子》中说："昔仲尼既殁，仲弓之徒，追论夫子之言，谓之《论语》。其后邹之君子孟子舆，拟

---

① 阮元：《十三经注疏》，第 1592 页。
② 阮元：《十三经注疏》，第 1485 页。
③ 《四书章句集注》，第 51、73 页。
④ 阮元：《十三经注疏》，第 2454 页。

其体著七篇，谓之《孟子》。"① 也属汉代材料的，还有《论语崇爵谶》，这部两汉之际的谶纬书透露："子夏等六十四人，共撰仲尼微言。"② 所谓弟子六十四人共撰，只能发生于众弟子在孔子墓前结庐守心孝的三年间，其后弟子分散，不再有如此大规模的聚集。由于后来子夏系统在战国秦汉传经有成，其后学将其作用加以夸大也未可知。

在篇章结构上，仲弓是六位上篇题的弟子之一，尤其在《古论语》中，《雍也》篇位于三鼎甲。皇侃《论语义疏叙》描述："又此书遭焚烬，至汉时合壁所得，及口以传授，遂有三本，一曰《古论》，二曰《齐论》，三曰《鲁论》。既有三本，而篇章亦异，古论分《尧曰》下章'子张问'更为一篇，合二十一篇，篇次以《乡党》为第二篇，《雍也》为第三篇，内倒错不可具说。《齐论》题目，与《鲁论》大体不殊，而长有《问王》、《知道》二篇，合二十二篇，篇内亦微有异。"皇侃比较了《论语》在汉代流传的三种版本的异同，其中透露了《古论语》的篇章顺序是《学而第一》《乡党第二》《雍也第三》。在回忆了孔子言行之后，接着就是冉雍（仲弓）的篇章，意味着仲弓在《论语》的最初编纂中，拥有举足轻重的话语权，而将自己回忆记录的材料置于第三篇首章。《雍也》篇由第三移到第六，居于《公冶长》篇之后，如果是仲弓主持《论语》编纂时所为，那就显得他相当老到，将孔子的女婿公冶长放在自己的前面，冲淡了他编纂时篇章政治学的主观色彩，能够获得同门之间更广泛的认同。不过，这应是后来的编纂者所作的调整。可见《论语》最初编纂形成的篇章结构，在后来两次编纂中，存在着适应新的价值取向的调整和变动。

编纂是一种潜藏着价值观的行为，这是编辑学的常识。仲弓编纂《论语》，自然认为自己最知"真孔子"，最能继承孔子的真精神。他编纂时，在《雍也》篇安置了这样的头条："子曰：'雍也可使南面。'"《卫灵公》篇以"南面"形容舜帝政治："子曰：无为而治者，其舜也与？夫何为哉，恭己正南面而已矣。"③ 因而"南面"一词联系着儒家治理天下的政治理想。

---

① （唐）李善注《文选》，中华书局，1977，第611页。
② （唐）李善注《文选》，第748页。
③ 阮元：《十三经注疏》，第2517页。

这就是朱熹为何注《雍也》篇首章曰："南面者，人君听治之位。言仲弓宽洪简重，有人君之度也。"① 早期儒家使用"南面"，多与圣王治世相关，孔、孟、荀皆如此。

仲弓编纂的生命痕迹，也及于其他篇。《颜渊》篇第一章是："颜渊问仁。子曰：'克己复礼为仁。一日克己复礼，天下归仁焉。为仁由己，而由人乎哉？'颜渊曰：'请问其目。'子曰：'非礼勿视，非礼勿听，非礼勿言，非礼勿动。'颜渊曰：'回虽不敏，请事斯语矣。'"第二章却是："仲弓问仁。子曰：'出门如见大宾，使民如承大祭；己所不欲，勿施于人；在邦无怨，在家无怨。'仲弓曰：'雍虽不敏，请事斯语矣。'"② 结尾处"仲弓曰"与第一章结尾处"颜渊曰"，除了切换名字之外，其余八个字"虽不敏，请事斯语矣"一字不爽。这可以看做编纂者仲弓把阅了第一章之后，衔接以第二章时，精心而为的明证。这多少可以窥见其"颜回第二"情结，其宗旨，都在于表达颜回、仲弓同样在推拥孔子的"仁"的核心思想。朱熹称此为孔子告"颜渊、仲弓问仁规模"③，高出其他同门问仁很大的档次。

尤其是《先进》篇"四科十哲"的名单，十哲均称字，显然不是孔子之言。十哲无有子、曾子，也非有子、曾子的弟子所为，而最为要紧的第一科德行科，前面的三位在孔子之前就去世了，德行科唯一存世而能传道统者，唯有仲弓。子路、仲弓、冉有，是依次当过季氏宰的，但冉有、子路，名列政事科，唯独仲弓列入德行科。德行科的第三人冉伯牛，就令人颇生疑窦。《论语》中对他的具体记载，只有《雍也》篇所说："伯牛有疾，子问之，自牖执其手，曰：'亡之，命矣乎！斯人也而有斯疾也，斯人也而有斯疾也！'"只要参阅《史记·仲尼弟子列传》"索隐"引《家语》，称仲弓乃"伯牛之宗族，少孔子二十九岁"④，就会明白，冉伯牛是仲弓（冉雍）同族父辈。东汉王充《论衡·自纪》篇云："鲧恶禹圣，叟顽舜神。伯牛寝疾，仲弓洁全。颜路庸固，回杰超伦。孔、墨祖愚，丘、翟圣贤。"⑤

① 《四书章句集注》，第 83 页。
② 阮元：《十三经注疏》，第 2502 页。
③ 《朱子语类》卷四十二"论语二十四"，中华书局，1986，第 1070 页。
④ （汉）司马迁：《史记》，中华书局，1959，第 2190 页。
⑤ （汉）王充：《论衡·自纪篇》，载《诸子集成》（七），中华书局，1954，第 288 页。

寻绎其上下文，似乎将冉伯牛当成仲弓之父。四科十哲，冉氏占三人，虽然这个家族显然甚多，但也须有人关注，加以列入。

冉有主持编纂的时间，是庐墓守心孝的三年间。《礼记·三年问》曰："三年之丧，二十五月而毕。"也就是从孔子卒的鲁哀公十六年（公元前479年）夏四月己丑，二十五个月就到了鲁哀公十八年夏五月。只要采取以生命解经的法则，从《论语》采用众多章节，生动鲜活地记录子路性格化的言论来看，其原始材料只能是在众弟子为孔子庐墓守心孝的三年间回忆记录的结果。颜回、子路先孔子一二年而死，斯人虽逝，音容宛然，此时将这两位大师兄与夫子一同追思和祭奠，能说的话尤多，能叙的情尤切，用语措词也无所顾忌。就《左传》记述子路的二处，也是源自七十子的忆述，折射了七十子对子路刚直信义人格的钦佩。这就使得《论语》文字，于子路、颜回处，别具情感和辞彩，或者别具生命气息。由于颜回、子路先孔子而死，并无多少私家弟子，若在五十年后曾子逝世时，采用别人弟子隔代回忆，时过境迁，人事邈远，难免音影隔膜，情感褪色。那时再由别人的弟子编录，也难以保证收录如此多的条目，进行如此栩栩如生的渲染。篇章也是有体温和色彩的，这些篇章的体温和色彩，见证了《论语》原初的编纂现场离颜回、子路之死不会太远，也只能是"夫子既卒"之时。

仲弓其人，在孔门二三子中，具有举足轻重的位置。清人汪中《荀卿子通论》说："《史记》载孟子受业于子思之门人，于荀卿则未详焉。今考其书始于《劝学》，终于《尧问》，篇次实仿《论语》。《六艺论》云：《论语》，子夏、仲弓合撰。《风俗通》云：谷梁为子夏门人。而《非相》、《非十二子》、《儒效》三篇，每以仲尼、子弓并称。子弓之为仲弓，犹子路之为季路。知荀卿之学，实出于子夏、仲弓也。"①钱穆《先秦诸子系年》在汪中之外，又提供了一些考辨："荀子书屡称仲尼、子弓，杨惊注（见《非相》）子弓盖仲弓也。元吴莱亦主其说。俞樾曰：'仲弓称子弓，犹季路称子路。子路、子弓，其字也。曰季曰仲，至五十而加以伯仲也。'今按，后世常兼称孔、颜，荀卿独举仲尼、子弓，盖子弓之于颜回，其德业在伯仲之间，其年辈亦略相当，孔门前辈有颜回、子弓，犹后辈之有游、夏。子

①《诸子集成》（二），中华书局，1954，第15页。

曰：'雍也可使南面。'则孔子之称许仲弓，故其至也。"①

汪中、俞樾、钱穆指认《荀子》称仲弓为"子弓"，其三篇之文字如下：

> 一，《非相篇》：帝尧长，帝舜短；文王长，周公短；仲尼长，子弓短。
>
> 二，《非十二子篇》：圣人之不得势者也，仲尼、子弓是也。……上则法禹、舜之制，下则法仲尼、子弓之义。
>
> 三，《儒效篇》：通则一天下，穷则独立贵名，天不能死，地不能埋，桀、跖之世不能污，非大儒莫之能立，仲尼、子弓是也。②

以上所述，是《论语》第一次编纂，由仲弓牵头，子游、子夏协助。此时仲弓43岁，比子游、子夏年长十五六岁，而且在儒门已有威望，由他牵头是顺理成章的。《论语》作为孔门的传道书，不是一次编成的，接下来第二次编纂，是在有若短期主事儒门的时候。《礼记·杂记》孔子曰："三年之丧，祥而从政。"祥即大祥，守孝二十五月后的祭礼，大祥祭后，即可以从政了。推举有若主事儒门，是在三年庐墓守心孝期满之后，即鲁哀公十八年（公元前477年）五月之后。

三　第二次编纂在有若主事时期：公元前477年

《孟子·滕文公上》如此记载对有若的推举：

> 昔者，孔子没，三年之外，门人治任将归，入揖于子贡，相向而哭，皆失声，然后归。子贡反，筑室于场，独居三年，然后归。他日，子夏、子张、子游以有若似圣人，欲以所事孔子事之，强曾子。曾子

---

① 钱穆：《先秦诸子系年》，九州出版社，2011，第71页。
② 《诸子集成》（二），第46、61、88页。

曰："不可。江、汉以濯之，秋阳以暴之，皓皓乎不可尚已！"①

只要坚持以礼解经，就会发现，三年丧后推举有若的行为，是七十子遵循殷礼，重启儒门的举措。首倡者应是子张，这是他遵循夫子教诲的结果。《礼记·檀弓下》记载："子张问曰：'《书》云：高宗三年不言，言乃讙。有诸？'仲尼曰：'胡为其不然也？古者天子崩，王世子听于冢宰三年。'"②《论语·宪问篇》也记载此言，略有变动："子张曰：'《书》云：高宗谅阴，三年不言。何谓也？'子曰：'何必高宗？古之人皆然。君薨，百官总己以听于冢宰，三年。'"③《檀弓下》的材料比较原始，《论语》同一条记载出现的差异，大约是编纂时讨论修订的结果。

重启儒家门庭主张，既然是曾向孔子请教过此项制度的子张；而推举有若其人作为人选，出来主事，则是子游的动议。《礼记·檀弓上》记载："有子问于曾子曰：'问丧于夫子乎？'曰：'闻之矣，丧欲速贫，死欲速朽。'……子游曰：'甚哉，有子之言似夫子也！昔者夫子居于宋，见桓司马自为石椁，三年而不成。夫子曰：若是其靡也，死不如速朽之愈也。死之欲速朽，为桓司马言之也。南宫敬叔反，必载宝而朝。夫子曰：若是其货也，丧不如速贫之愈也。丧之欲速贫，为敬叔言之也。'"④ 此处子游曰："甚哉，有子之言似夫子也"，与《孟子·滕文公上》之"子夏、子张、子游以有若似圣人，欲以所事孔子事之"，用语相似，而且更具体，并非相貌相似，而是言论相似。

子游推举有若，遭到曾子反对。从曾子采用"江汉""秋阳"的比喻来看，他是反对有若出来主持儒门无疑。曾子当时不到30岁，门庭初开，尚未做大，他的反对不足以左右整个儒门的选择。切不可与数十年后曾门崛起于鲁混同言之。子游推举有若，还在于他与有若关系密切，了解甚深。《礼记·檀弓下》的记载："有若之丧，悼公吊焉；子游摈，由左。"又载

① 《四书章句集注》，第 260～261 页。
② 阮元：《十三经注疏》，第 1305 页。
③ 阮元：《十三经注疏》，第 2513 页。
④ 阮元：《十三经注疏》，第 1290 页。

"有子与子游立，见孺子慕者，有子谓子游曰"云云。① 可见子游与有若交往频繁，而且七十子同门中唯有子游为有若的丧礼当傧相，而且鲁悼公也来吊丧，反证出有若曾经主持儒门，才有如此哀荣。子游和子张后来是儿女亲家，此时关系已是非同一般，他们的联手，力量之大可想而知。

　　这里还有必要考察一下有若的资格。有若在众弟子中虽然未必是杰出，但也并非等闲之辈，是有一定的思想能力和智勇品质，而能刻苦自励的人。《荀子·解蔽》篇说："有子恶卧而焠掌，可谓能自忍矣"，杨惊注："有子，盖有若也。焠，灼也。恶其寝卧而焠其掌，若刺股然也。"② 可见有若有一种悬梁刺股、刻苦向学的"行忍性情，然后能修"的狠劲头。有若见于《左传》，在哀公八年（公元前487年）三月，吴国入侵鲁国，次于泗上，"微虎欲宵攻（吴）王舍，私属徒七百人，三踊于幕庭，卒三百人，有若与焉。……或谓季孙曰：'不足以害吴，而多杀国士，不如已也。'乃止之。吴子闻之，一夕三迁"③。可见有若是忠义勇武的敢死队成员，人以"国士"称之。有若见于《孟子》，则有孟子称"宰我、子贡、有若智足以知圣人。……有若曰：岂惟民哉。麒麟之于走兽，凤凰之于飞鸟，太山之于丘垤，河海之于行潦，类也。圣人之于民，亦类也。出于其类，拔乎其萃，自生民以来，未有盛于孔子也。"④ 可见有若又以智慧、知识驰名。

　　有若主事所带来的人事变迁，使在仲弓时期已编出初稿的《论语》，存在着重启第二次编纂的必要。这次编纂也留下了生命的痕迹。首先自然要突出有若，将他的位置放在孔子与七十子之间，发明了一个称谓"有子"。《论语》首篇《学而》篇共十六章，"有子"占了三章，尤其是继第一章"子曰：学而时习之"之后，第二章就是"有子曰：其为人也孝弟，而好犯上者，鲜矣。不好犯上，而好作乱者，未之有也。君子务本，本立而道生。孝弟也者，其为仁之本与？"第二章处在全篇十六章之"眼"的位置，以一个弟子而有此荣耀，格外引人注目。其余第十章为："有子曰：礼之用，和为贵。先王之道斯为美，小大由之。有所不行，知

　　① 阮元：《十三经注疏》，第1300～1304页。
　　② 《诸子集成》（二），第268页。
　　③ 杨伯峻：《春秋左传注》，中华书局，1981，第1648～1649页。
　　④ 《四书章句集注》，第234～235页。

和而和，不以礼节之，亦不可行也。"第十一章为："有子曰：信近于义，言可复也；恭近于礼，远耻辱也；因不失其亲，亦可宗也。"提出"和"与"信"，影响深远。至于《颜渊》篇记述"哀公问于有若曰：'年饥，用不足，如之何？'有若对曰：'盍彻乎？'曰：'二，吾犹不足，如之何其彻也！'对曰：'百姓足，君孰与不足？百姓不足，君孰与足？'"这是国君之问，答语不凡，大概是孔子周游列国初归，鲁哀公向孔子频繁问政，顺便问及有若。或者有若初主事，鲁哀公关切儒门前来问政的遗痕。但此章的称谓是"有若"，透露了一个消息，有若主事后的第二次修改，对于仲弓时期的初稿，并不想全盘推翻。同时由于子游、子夏作为第一次编纂的旧人，他们参与第二次编纂，使《论语》初稿的宗旨、面貌、体例得以延续。总之，"有子曰"在要害处出现，意味着有若在《论语》编纂过程中，曾一度具有举足轻重的话语权。

不妨对比一下对《古论语》颇有取材的《史记·仲尼弟子列传》，其中如此述及："有若少孔子四十三岁。有若曰：'礼之用，和为贵，先王之道斯为美。小大由之，有所不行。知和而和，不以礼节之，亦不可行也。''信近于义，言可复也。恭近于礼，远耻辱也。因不失其亲，亦可宗也。'"这里没有采用今本《论语·学而》篇居于文眼第二章的"有子曰"，而采用同篇第十、十一章的文字，使用的称谓是"有若曰"。可见《史记》取材的《古论语》介于仲弓牵头和有若主事的两个版本之间。《史记》称："有若少孔子四十三岁"，此若可信，有若与子游、子夏、子张的年龄相差无几，主事时的年龄是三十一岁，未免略嫌年轻。《史记索隐》引《孔子家语》云：有若，"鲁人，字子有，少孔子三十三岁。"古代是"四"字四横，"三"字三横，易误写。若此可信，有若主事的年龄是41岁。参以《左传》记载有若为敢死队员的行文，有若少孔子33岁是可信的，他比子游、子夏、子张年长11至15岁，正当盛年。

在第二次编纂中，子张留下的生命痕迹极其明显。《论语》编纂传播史上有一个常识，汉代有《论语》三家：鲁人所传为《鲁论》，齐人所传为《齐论》，孔壁所出为《古论》。何晏《论语集解叙》曰：《古论语》"分'尧曰'下章'子张问'以为一篇，有两《子张》，凡二十一篇，篇次不与齐、鲁《论》同。"① 南朝梁人皇侃为何晏《论语集解叙》作"义疏"云："《古论》虽无《问王》《知道》二篇，而分《尧曰》后'子张问于孔子曰，如何斯可以从政矣'，又别题为一篇也。一是'子张曰士见危致命'为一篇，又一是'子张问孔子从政'为一篇，故凡《论》中有两《子张》篇也。《古论》既分长一《子张》，故凡成二十一篇也。"② 这一《子张》篇应是有若主事，子张参与编纂时所增。本来只有一个《子张》篇，由于《尧曰》篇过短，就分出《子张》篇的后半，附于《尧曰》篇之后，编绳不牢，散出另一个《子张问》篇。

于此有必要考察一下，何以子张的能量如此巨大，而且处处敢于出头。子张即颛孙师，少孔子48岁。《史记》说他是陈人，是指祖籍国。《左传》庄公二十二年（公元前672年）记载："陈公子完与颛孙奔齐。颛孙自齐来奔（鲁）。"③ 陈完于齐桓公时奔齐，后裔于十世以后取姜氏齐而代之；与他一道出奔的颛孙，复奔鲁，为颛孙氏之祖。这一年离子张出生（公元前503年）已经170年，按理应该有6代人了。这就难免家境衰落，因而《吕氏春秋·尊师》篇说："子张，鲁之鄙家也。颜涿聚，梁父之大盗也。学于孔子。"④ 鄙家鄙到何种程度？战国《尸子》卷上说："子路，卞之野人；子贡，卫之贾人；颜涿聚，盗也。颛孙师，狙也，孔子教之，皆为显士。"⑤ 何者为狙？清人赵翼《陔余丛考》卷三十八如此考释："《辍耕录》云：今人谓'驵侩'曰'牙郎'，其实乃互郎，主互市者也。按此说本刘贡父《诗话》：驵侩为牙，世不晓所谓，道原云：本谓之'互'，即互市耳。唐人书'互'作'牙'，牙、互相似，故讹也。"⑥ 即是说，子张出身贫贱，未入孔门时，也许跟随上辈当过牛马市场经纪人，难免沾染豪爽放达的江湖习气。因此《孔子家语》对之有如此评语："为人有容貌资质，宽冲博接，从容自

① 阮元：《十三经注疏》，第2455页。
② （南朝梁）皇侃：《论语集解叙义疏》，四库全书本。
③ 杨伯峻：《春秋左传注》，第220页。
④ 《吕氏春秋·尊师篇》，载《诸子集成》（六），中华书局，1954，第38页。
⑤ （战国）尸佼：《尸子》卷上，汪继培辑本。
⑥ （清）赵翼：《陔余丛考》卷三十八，清乾隆五十五年初刊本。

务，居不务立于仁义之行，孔子门人友之而弗敬。"①

《论语·子张》篇也透露了子张豪爽放达的气质，在七十子中甚是突出。该篇首章云："子张曰：士见危致命，见得思义，祭思敬，丧思哀，其可已矣。"马建忠《马氏文通》卷九云："此'已矣'……决其不仅可为士也，且已足可为士矣。或谓'已矣'者，皆所以决言其事之已定而无或少疑也。"②《论语》一般强调"君子"人格类型，此章却特别于"士"人格类型。春秋战国之际的"士"，有著书习礼的儒士，有为知己者死的勇士，有懂阴阳历算的方士，有为人出谋划策的策士。子张倡言"士见危致命，见得思义"，强调"义"而不及于"仁"，强调"见危授命"而未及以道节制勇，在过犹不及的极端，就可能导向"侠"。

《论语·先进》篇中孔子批评"师（子张）也过，商（子夏）也不及"，是可以于此相应合的。《论语》二十篇中，有多达十余处记载"子张问"，问及"仁"、"明"、"达"，又问"常行之行"、"善人之道"、"为政之道"、"为政之理"，尤其是"问求禄之法"，与同门讨论"士之德行"、"与人交接"及"人之轻重"。他所问多是荦荦大端，似乎对雕虫小技没有太多兴趣，却又喜欢进行豁达痛快的交往和辩论。程颐已经看出子张、子夏的不同思想倾向，认为："大抵儒者潜心正道，不容有差，其始甚微，其终则不可救。如'师也过，商也不及'，于圣人中道，师只是过于厚些，商只是不及些。然而厚则渐至于'兼爱'，不及则便至于'为我'，其过不及同出于儒者，其末遂至杨、墨。"③ 程颐之言看似委婉，却多少涉及儒门之子张，似乎出现了某些趋向墨家"兼爱"的苗头。《大戴礼记·千乘》篇向被视为子张氏之儒留下的文献，其中有云："下无用，则国家富；上有义，则国家治；长有礼，则民不争；立有神，则国家敬；兼而爱之，则民无怨心；以为无命，则民不偷。昔者先王本此六者，而树之德，此国家之所以茂也。"④ 如此概述"先王六本"之德，突出义、礼、神（鬼）、兼爱之类，就游离了孔子崇仁重德的本义，似乎在儒家的清醇中，勾兑上一点类似于

① 《孔子家语·七十二弟子解》，第429页。
② 马建忠：《马氏文通》卷九，商务印书馆，1983。
③ （宋）程颢、程颐：《二程遗书》卷十七"伊川先生语三"，清康熙刻本。
④ 《大戴礼记解诂》卷九，第153~157页。

后来墨家的浊酿。

通览《子张》篇，除了子张三章、子夏九章、子游三章之外，尚有曾子四章，子贡六章，共计组成五个单元。此外更无七十子其余人的材料。这事关《论语》第二次编纂的阵容，前三子为主力，兼顾后二子。在为夫子庐墓守心孝三年届满，弟子向子贡泣别，子贡再庐墓守心孝三年，此时子夏、子张、子游推举有若主持儒门事务，因而在有若主事的短时间中，留在鲁国的主要孔门弟子，加上曾子本是鲁人，共计就是以上五子及有若。这足以证验《论语》第二次编纂就发生在此期间，才会出现如此篇章单元现象。

《论语》二十篇中，只有《乡党》篇和《子张》篇没有"子曰"或"孔子曰"。《乡党》篇记孔子日常礼仪行为，无"子曰"与"孔子曰"，孔子的话，只用"曰"字标示。而《子张》篇也无"子曰"、"孔子曰"，就只能解释为它只收录有子主事时期居留鲁国的五大弟子的材料，而没有顾及其他了。《论语》称呼孔子，有"子"、"夫子"、"孔子"三种称谓，为何出现这种情形？略为统计，今本《论语》全书计有"子曰"398个，"孔子曰"只有32个，其中《季氏》篇占了14个。"孔子曰"多用于历史事件的叙述中，或孔门以外人士与孔子的对话，孔子弟子唯有"南宫适问于孔子曰"、"子张问于孔子曰"、"冉有、季路见于孔子曰"。其间奥妙何在？这些说明《论语》最初启动编纂时就定下一条体例，孔子与弟子接谈之言，皆用"子曰"。以后两次编纂也大体遵从。在师弟之间是"问于"、"见于"孔子曰，孔子是宾语，"曰"的是弟子，这属于语法上的需要。至于面对历史事件或社会人士，孔子算是局外人，以"孔子曰"、而不用"子曰"，以便推出一定的心理距离，潜入某种间离效应。而子张参与编纂时，离孔子初丧已有一些时日，就是这种时间距离使他数用"孔子曰"。至于直称"夫子曰"，则是战国时人的用语习惯，它在《论语》中出现，应在曾子弟子第三次编纂《论语》的时候，其时已是战国初年。

四　第三次编纂乃曾门弟子所为：公元前 432 年后

对于后世影响极著者，是唐人柳宗元以称谓变异，揭示《论语》在曾子卒（鲁悼公三十五年，公元前 432 年）后，由曾门开展的第三次编纂。柳宗元在《论语辩》中首先发现："或问曰：'儒者称《论语》孔子弟子所记，信乎？'曰：未然也。孔子弟子，曾参最少，少孔子 46 岁。曾子老而死。是书记曾子之死，则去孔子也远矣。曾子之死，孔子弟子略无存者矣。吾意曾子弟子之为之也。何哉？且是书载弟子必以字，独曾子、有子不然。由是言之，弟子之号之也。然则，有子何以称子？曰：孔子之殁也，诸弟子以有子为似夫子，立而师之。其后不能对诸子之问，乃叱避而退，则固尝有师之号矣。今所记独曾子最后死，余是以知之，盖乐正子春、子思之徒，与为之尔。或曰：孔子弟子尝杂记其言，然而卒成其书者，曾氏之徒也。"① 柳宗元的判断得到二程、朱熹的赞同，比如程伊川认为："《论语》之书，成于有子、曾子之门人，故其书独二子以'子'称。"② 只不过如《孟子》所说，曾子是坚决反对由有若来主持儒门事务的，按诸情理，二子之门人编纂《论语》，只能是发生在不同时段的行为，不可能在同一次编纂中联合完成。

柳宗元的发现，是具有篇章学的文本依据的，对于拓展有关《论语》原始编纂情形的考察，具有重要价值。显而易见，《论语》所记史事，时间最晚的两条是曾子临终遗言。两章均见于《泰伯》篇，今本列为第三章、第四章：

> 曾子有疾，召门弟子曰："启予足！启予手！《诗》云：战战兢兢，如临深渊，如履薄冰。而今而后，吾知免夫！小子！"
>
> 曾子有疾，孟敬子问之。曾子言曰："鸟之将死，其鸣也哀；人之将死，其言也善。君子所贵乎道者三：动容貌，斯远暴慢矣；正颜色，斯近信矣；出辞气，斯远鄙倍矣。笾豆之事，则有司存。"③

这两条材料对于《论语》文本编成的历史编年学定位，是很关键的。

---

① 《柳河东集》卷四《论语辩》，上海人民出版社，1974，第 68~69 页。
② 《四书章句集注》，第 43 页。
③ 阮元：《十三经注疏》，第 2486 页。

曾子的临终遗言，只能是曾子死后由他最亲近的弟子如乐正子春之辈忆述。《礼记·檀弓上》记载："曾子寝疾，病。乐正子春坐于床下，曾元、曾申坐于足。"① 曾子弥留之际，身边除了曾子之子曾元、曾申外，侍疾的唯有忠诚的弟子乐正子春，因此是可以记录《论语》中曾子临终遗言的不二人选，被柳宗元列入《论语》编纂者名单，实在是事出有因。至于文中的孟敬子乃鲁国大夫仲孙捷，用了他的谥号，当是《论语》成书流布过程中，后学所改订。

　　然而《论语·先进篇》"四科十哲"的名单"德行：颜渊、闵子骞、冉伯牛、仲弓。言语：宰我、子贡。政事：冉有、季路。文学：子游、子夏"，弟子皆称字，显然不合孔子的口吻。更要紧地是"十哲无曾"，也无有子，显然不是《论语》第二、第三次编纂时存留的生命痕迹，而是仲弓牵头的第一次编纂留下的生命痕迹。因而抹煞仲弓，把《论语》说成曾门一次性编纂而成，是难以过关的。

　　宋儒面对这个关卡，焦虑莫名。朱熹《论语集注》卷六在注释"四科十哲"名单时，引程子曰："四科乃从夫子于陈、蔡者尔，门人之贤者固不止此。曾子传道而不与焉，故知十哲世俗论也。"② 这里从"曾子传道而不与焉"，指责"四科十哲"名单是"世俗论也"，只作出价值判断，却未对材料来源进行发生学的清理。一个捉襟见肘的方法，就是把《先进》篇第二章"子曰：从我于陈、蔡者，皆不及门也"，与第三章"四科十哲"的名单混为一谈，以"四科乃从夫子于陈、蔡者尔"来回避难题。但是朱熹已经看出，如此处理不妥，他在一封答疑的书信中说："四科乃述《论语》者记孔氏门人之盛如此，非孔子之言，故皆字而不名，与上文不当相属。或曰：《论语》之书出于曾子、有子之门人。然则二子不在品题之列者，岂非门人尊师之意欤？四科皆从于陈蔡者，故记者因夫子不及门之叹而列之。"③ 朱熹已经发现，四科十哲"非孔子之言，故皆字而不名，与上文不当相属"，这就从篇章学的断句分章，将名单从"孔子之言"中剥离开来；又提

①　阮元：《十三经注疏》，第1277页。
②　《四书章句集注》，第123页。
③　（宋）朱熹：《答程允夫》，《朱熹文集》卷四十一，明嘉靖十一年福州府学本。

到"四科"的出现，"乃述《论语》者记孔氏门人之盛如此"，向问题的症结走近了一步。但仅此为止，并没有透过篇章学而揭示《论语》多次编纂过程的政治性行为，并没有追问编纂《论语》而胪列四科十哲者是谁。《论语》存在过一次不属于有子、曾子门人的原始编纂，这是无法回避的。

曾门在鲁国的崛起，有其特殊的历史机缘。在孔子丧期满后这五十年间，孔门弟子纷纷离开鲁国，风流云散。如《史记·儒林列传》所云："自孔子卒后，七十子之徒散游诸侯，大者为师傅卿相，小者友教士大夫，或隐而不见。故子路居卫（按：此处误，子路死在孔子前），子张居陈，澹台子羽居楚，子夏居西河，子贡终于齐。如田子方、段干木、吴起、禽滑釐之属，皆受业于子夏之伦，为王者师。是时独魏文侯好学。……及高皇帝诛项籍，举兵围鲁，鲁中诸儒尚讲诵习礼乐，弦歌之音不绝，岂非圣人之遗化，好礼乐之国哉？"① 鲁地本是儒学沃土，七十子的流散，为籍系于鲁的曾门发展腾出了宝贵的空间。

当然曾门的崛起，以曾子之学比较纯正作为内因。曾门不像子张那么张扬，并没有在《论语》篇题上做功夫，在篇章结构上沿袭第一、第二次编纂，没有另起炉灶。曾门弟子只在关键处插人他们回忆记录的一些"曾子曰"，以此强调，最能传道统者为曾子。比如开宗明义的《学而》篇第四章："曾子曰：'吾日三省吾身。为人谋而不忠乎？与朋友交而不信乎？传不习乎？'"这乃是儒门的"反省内求"、内外兼修的"正心"之学，是把《论语》的路线在颜回路线之旁，添加一条曾子路线的关键。比较一下《史记·仲尼弟子列传》对曾子的记载，也许相当有趣味，这则记载只有34个字："曾参，南武城人，字子舆。少孔子四十六岁。孔子以为能通孝道，故授之业。作《孝经》。死于鲁。"如此篇幅，实在有点不称。《史记》记述七十子，多引录他们的嘉言，如子游录有弦歌治武城一则；子夏录有二则半，所谓半则是比较子夏、子张的"师也过，商也不及"；子张则录有三则半。唯独如此多的"曾子曰"，一句也没有采录，连同居于今本《论语》全书第四章的"吾日三省吾身"都不采录，这是大可奇怪的事。难道太史公所见《古论语》是前两次编纂的稿本？这也可知曾门第三次编纂，作了不少的

---

① （汉）司马迁：《史记》，中华书局，1959，第3216~3217页。

增补。

　　曾门弟子重修《论语》宗旨，归根结底在于证明孔门弟子中最能够传道统者为曾子。他们所增补，不及全书的百分之三，但此宗旨实现得相当完满。《里仁》篇记述："子曰'参乎，吾道一以贯之。'曾子曰：'唯。'子出，门人问曰：'何谓也？'曾子曰：'夫子之道，忠恕而已矣。'"《卫灵公》篇又讨论同一命题者："子曰：'赐也，女（汝）以予多学而识之者与？'对曰：'然，非与？'曰：'非也，予一以贯之。'"二者比较，可以发现，如此聪明的子贡对于孔子之道"一以贯之"懵然莫测高深，只看到表象上的"多学而识"。而曾子则明显胜出一筹，一经孔子提起，就默然有悟于心，当然他是最能理解和继承孔学的道统了。

　　曾门弟子编纂时还做了一项得意的事，就是文采光鲜地褒扬了曾子家族渊源，在彰显曾子家族文化基因之优越的同时，也蕴含着慎终追远之义。这主要指载有"四科十哲"名单的《先进》篇之末章"子路、曾皙、冉有、公西华侍坐"。曾点曰："莫春者，春服既成，冠者五六人，童子六七人，浴乎沂，风乎舞雩，咏而归。"夫子喟然叹曰："吾与点也！"这是《论语》近500章中最富有诗意的文字，渲染着孔子、曾点（皙）所思慕的诗意栖居而与春交融的人生境界。行文中三次当面直称孔子为"夫子"，透露战国时期的称谓习惯，与春秋晚期最初编纂《论语》，当面只称"子"，背后方称"夫子"的惯例不合。因而是曾门弟子在战国初年所加无疑。

　　对于上述四子侍坐时曾点宣称一次郊游沐浴，竟然"冠者五六人，童子六七人"，两千年来人们并没有注意到，曾老爷子的春游虽然称不上冠盖如云，却也颇有派头，非殷实家族子弟不办。这就有必要追踪一下曾氏家世。《左传》昭公元年（公元前541年）："叔孙（豹）归，曾夭御季孙以劳之。且及日中不出。曾夭谓曾阜曰：'且及日中，吾知罪矣。鲁以相忍为国也。忍其外不忍其内，焉用之？'阜曰：'数月于外，一旦于是，庸何伤？贾而欲赢，而恶嚣乎？'阜谓叔孙曰：'可以出矣。'叔孙指楹曰：'虽恶是，其可去乎？'乃出见之。"① 据明初宋濂《查林曾氏家牒序》，曾夭、曾阜是

　　① 杨伯峻：《春秋左传注》，第1211页。

曾子的曾祖和祖父，分别是季氏宰及叔孙氏家臣。① 此事发生在曾子出生前36年。鲁国曾氏始祖曾巫，本是夏少康分封在鄫国的后裔，身为世子。《左传》鲁襄公六年（公元前567年）记载："莒人灭鄫。"② 曾巫就流落鲁国为大夫，生子曾夭、孙曾阜。由此可知，曾氏是在鲁国经营数代的相当殷实的家族，亲朋故旧定然不少，具有一定实力，因而曾点一次游春，就可以"冠者五六人，童子六七人"。曾子在鲁地开宗立派，得到一批相当殷实的亲朋故友子弟的支持和加入，设帐开坛都左右逢源，最终发展成为一个实力深厚的学派，即在情理中矣。

《论语·泰伯》篇记述："曾子曰：'可以托六尺之孤，可以寄百里之命，临大节而不可夺也。君子人与？君子人也。'"在孔门提及托孤，不言而喻就是孔子之孙孔伋（子思）的托孤抚育。因为孔鲤死后，孔子垂垂老矣，自然会想到不满十岁的孔伋托孤问题。邢昺疏引郑玄注："此云六尺之孤，年十五已下"，就暗含着托子思之孤。应该说，七十子可托之人不少，比如子贡，衣食无忧，但可能带着子思到处经商从政，此非孔子所愿；子游、子夏、子张也可托付，但他们在鲁地缺乏家族根基，很可能将子思带到南国、魏（当时尚属晋）、陈，难免飘泊不定；唯有曾子对孔学理解纯正，家族久居于鲁，曾祖、祖父曾是三桓臣宰，根基殷实，是托孤的最佳选择。可见曾子云"可以托六尺之孤，可以寄百里之命"，并非空泛之论，是有所指，有所担当的。这则"曾子曰"，可能是子思参与第三次编纂时，为感恩曾府，特意主张编人的。

子思参与第三次编纂留下的生命痕迹，还可以从《论语·宪问》篇求得。该篇首章云："宪问耻。子曰：'邦有道，谷；邦无道，谷，耻也。''克、伐、怨、欲不行焉，可以为仁矣？'子曰：'可以为难矣，仁则吾不知也。'"此章在《史记·仲尼弟子列传》作如此记述："子思问耻。孔子曰：'国有道，谷；国无道，谷，耻也。'子思曰：'克、伐、怨、欲不行焉，可以为仁乎？'孔子曰：'可以为难矣，仁则吾弗知也。'"可见太史公所见《古论语》使用了原宪的字作"子思曰"，应是孔伋（子思）参与曾门编纂

① （明）宋濂：《查林曾氏家牒序》，《翰苑别集》卷十，四部丛刊影张缙刻本。
② 杨伯峻：《春秋左传注》，第947页。

《论语》时，为了避免与自己的字相混淆，改"子思问"为"宪问"。《雍也》篇又载："原思为之宰，与之粟九百，辞。子曰：'毋！以与尔邻里乡党乎！'"将原宪的姓与字，搭配为"原思"，异于《论语》通常称字的体例，大概原本也写作子思为孔氏宰，在孔伋（子思）参与第三次编纂时，搭配以姓，免得造成二"子思"的混淆。

经过详细的文献学和篇章学的多维度参证考究，启动了以史解经、以礼解经、以生命解经的综合方法论，推求原始，钩沉索隐，缀碎为整，已可以对《论语》的编纂年代和主要编纂者，得出如下返本还原性的结论：

（1）《论语》编纂时间是：从孔子死（公元前479年）至曾子死（公元前432年）后数年。即是公元前5世纪前期到公元前5世纪后期春秋战国之际，历时半个世纪。孔门在半个世纪间，先后三次对此书进行有组织的实质性编纂，说明此书是儒门的"公器"和"重器"，七十子及其后学的中坚分子都想在孔学承传中，占据和承担正宗重任。即所谓"仁以为己任"，"任重而道远"，"士不可以不弘毅"，"临大节而不可夺也"。由此，孔门传道，以《论语》为衣钵。

（2）孔门参与回忆记录材料的弟子和再传弟子，虽然有六七十人以上，但直接参与论辩取舍的编纂决定者，有生命迹象可考的，依次有仲弓、子游、子夏；有子（或委托其门人）、子张（子游、子夏也继续参与）；曾门弟子乐正子春、子思，可知姓名者共有七人。如此形成的《论语》思想，是孔子及其弟子、再传弟子集体创造的思想。如此形成的《论语》传本，是经过多次编纂的叠加型传本。七十子及其后学的杰出之士，在历次编纂中从各自不同的立场和角度寻找"真孔子"，注入真知灼见，形成精彩纷呈而又互动互补、互相博弈的学脉复合。它并非单线式，而是三线或多线纠缠，分中有合、合中有分，你中有我、我中有你，多元分驰又交融共构的思想文化共同体。这就是《论语》篇章学的"多棱镜效应"。《论语》思想具有丰富的张力，既以孔子为中心，又具有思想多维性，还由于篇章学上形式多样的设置、排列、组合、衔接、中断、呼应等等所产生的联想、互释、叠加、曲变诸效应，遂使《论语》以儒家元典的身份，成为中国智慧的渊薮和源泉之一。

如果将此传经源流与《论语》三次大编纂相对接，那么第一次编纂便由仲弓、子夏，中经荀子一干人等，通向汉儒；第三次编纂却由曾门及子思，中经孟子，通向宋儒。从某种意义上说，汉、宋之争，是放大了的《论语》篇章政治学的博弈。中国儒学千古传承的两大学派——汉学与宋学，都在儒家核心经典《论语》编纂成书的早期行程中，留下了最初的种子和根脉，这实在是中国思想史上值得深入探究的千古因缘。

本文原刊于《文学评论》2016 年第 2 期

有关唐前文献研究的几个理论问题*

刘跃进**

近年来，"钞本文献""刻本典籍""文本演变"等问题备受海内外古典学界的关注。按照后现代理论，钞本时代的经典程度不同地存在着不断叠加的情况。流传至今的先唐文本文献可以有单一的资料来源，也可以具有多重早期资料来源，出现异文，很不稳定。今天所看到的众多版本，很难说哪些是定本，哪些内容是后人叠加进来的。不同文本的不同性质本身已经成为文学史叙事的重要组成部分。照此推论，先唐文本文献具有极大的不确定性。阅读这些文献，很可能就会出现言人人殊的情况。据此可以得出这样的结论：先唐经典的稳定性不复存在。

这里就涉及对中国早期历史文献如何理解问题。如果以纸张印刷作为中国文献分期的话，大约可以分为两个历史阶段，一是周秦汉唐的钞本时代，二是宋代以后的雕版印刷时代。

先唐经典，主要是指中国的周秦汉唐经典文献，是中国文化之源，也是历代文献整理的重点领域。对于这些经典文献的整理，三个重要的学术转折点无法绕过，一是两汉之际。刘向、刘歆父子整理先秦典籍，编纂《别录》与《七略》，班固在此基础上编修而成《汉书·艺文志》。这是大

---

* 本文是作者在北京大学中国古文献研究中心第 67 讲的演讲稿基础上修订而成，特此说明。

** 刘跃进，中国社会科学院文学研究所所长，研究员。

一统中华文化的第一次系统整理。这一历史时期的文字载体主要是金文、石刻与竹简。与此同时，类似于纸张的文字载体已经出现，正在酝酿着巨大的文化变革。二是唐宋之际。此前，是两汉到隋唐，是中国钞本时代。在这一历史时期，学术界一直在努力推进学术经典化的进程，包括编纂"五经正义"、校刻"开成石经"，整理历史资料。但是，这种传播的能力终究有限。唐代咸通九年印制的《金刚经》，是一个具有划时代意义的标志性事件。此后，随着宋代刻书事业的发达，文化经典走进千家万户，经典化工作也相应进入新的历史时期。三是19世纪末到20世纪初。如果说中国文献学史上的重要文献资料，大都定型于前两个历史节点的话，那么第三个历史节点的突出特色就是思想方法上的飞跃。当代中国学术界的所有成就与问题，都与这个历史节点密切相关。

这里集中讨论的是钞本时代的文献问题，又与上述三个历史节点息息相关。

一　从口传文献到写本文献

（一）早期文献传播的复杂背景

如果从殷商文字开始算起，传统文献流传至今已经三千多年。汉代以来，佞古思潮长期居于主导地位，认为现存早期文献都是老祖宗说的，老祖宗写的，老祖宗传下来的。《庄子·天运篇》提到的"六经"就是今天看到的五经。宋元以后，怀疑思潮泛起，直至清初，很多资料得到系统的整理。以阎若璩为代表的一批重要学者发现，像《尚书》这样的早期文献，其中有很多记载相互矛盾，有必要进行清理，甚至提出质疑。19世纪末，疑古思潮甚嚣尘上，与此前的疑古之风遥相呼应。俄国汉学家王西里（V. P. Vasiliev, 1818－1900）《中国文学史纲要》①认为，除《诗经》、《春秋》外，现存先秦典籍多数是汉代产物，甚至更晚。梁启超《中国历史研究法》提出十二种辨伪的方法，也将很多先秦以来流传的典籍列入伪托之

---

① 《中国文学史纲要》，俄罗斯圣彼得堡大学1880年出版。圣彼得堡大学国立孔子学院2013年重新排印出版，中俄文对照出版。

作。类似这样的观点，左右学术界将近一个世纪。

最近三十多年，地不藏宝。随着出土文献的不断增多，越来越多的材料证明，中国早期文本文献的传承相当复杂，梁启超提出的辨伪方法，大多数站不住脚。而且，更重要的是，现在所有出土文献，并没有从根本上改变中国学术史的面貌。即便是甲骨文，也只是证明司马迁所见史料比较确切。这充分说明，中国早期文献确有其稳定性品质。

当然，这只是中国早期文献的一种形态，其不确定性、可质疑的因素依然大量存在。譬如司马迁《史记》的记载就常常自相矛盾，有些场面的描述更像小说，甚至可以这样说，早期的历史文献，很多像小说。这也容易理解。中国古代早期文献，始于口头传播，经过漫长的流传，最后被写定。在流传过程中，口传文献信息不断累积，不断演变，最终形成文本文献。《汉书·哀帝纪》、《天文志》、《五行志》都曾记载汉代流传的"讹言行诏筹"，就具有一定的代表性。《五行志》说："哀帝建平四年正月，民惊走，持槁或橡一枚，传相付与，曰行诏筹。道中相过逢多至千数，或被发徒践，或夜折关，或逾墙入，或乘车骑奔驰，以置释传行，经历郡国二十六，至京师"。其载体、文字、解读、影响不断变化，说明一个文本文献，从口传传播，到最后定型，在这个过程中，制造者、接受者、传播者、阐释者各不相同，所产生的文本内容也就颇多差异。出现这种情形，至少有主客观两重因素。

从客观上说，早期的历史，口耳相传。历史的主干为经，比较粗略；后人的阐释为传，注重细节。经与传，逐渐合流，便形成历史。司马迁就是根据这些经与传，勾画出中国三千年发展的历史。

从主观上说，任何历史都是人来书写的。有了人，便有不同的思想。对于同一历史材料，不同的人，便有不同的理解，不同的处理。平民历史学家写历史是一种写法，官方历史学家又是另外一种写法。不论是谁，站在不同的立场，对于史料就有不同的取舍，甚至是有意的遮蔽。这种现象，无处不在。文化不高的刘邦、相貌一般的朱元璋，都被历史学家描绘成"隆准而龙颜"、"姿貌雄杰，奇骨贯顶"。至于他们的劣迹，则略而不记。秦汉对于历史著述、诸子百家的控制非常严密，像《史记》这样还算比较公允的史书，东汉初年的汉明帝诏问班固，却批评司马迁"微文刺讥"，东汉末年的王允也视《史记》为"谤书"，禁止其流传。所以蔡邕在江南看到王充《论衡》记载很多六国以来的历史故事，叹为异书。

站在今天的立场推想，从战国末年列国的分分合合，到楚汉八年的血腥纷争，这里该有多少惊天地泣鬼神的历史故事！可惜，只有一部被刘邦认可的陆贾的《楚汉春秋》残存于世，它的精华部分已被《史记》收录，其他不计其数的历史文献已经烟消云散，以致后世没有产生一部类似于《三国演义》那样的历史小说，描绘楚汉纷争，这真是一段历史的遗憾。显然，这是统治集团有意控制的结果。魏晋以后，当权者对于民间的掌控已力不从心，所以才会有三国故事逐渐流传开来，箭垛式的人物越来越丰满，多以三国故事为背景的讲唱文学逐渐成熟，最终酝酿出《三国演义》这样的历史小说登上文坛，历史与小说从此分道扬镳。历史似乎从此脱离小说，俨然以公正、真实相标榜，但在实际的历史叙述中，如前所述，由于史家的立场的不同，对于材料的取舍便大不同，结论可能大相径庭。甚至在同一叙述者的著作中，也常常会有前后矛盾的记载。历史著述中的这些有意无意的错误，可以说随处可见。无意的错误可以理解，由于闻见有限，根据一些主观臆测充实历史文本，可能与史实相违背。而有意的错误更是不在少数。

（二）早期文献传播的理论问题

德国学者扬·阿斯曼《文化记忆》从古埃及历史研究中发现了这样有趣的问题，即一种文化形态的建立，通常经过"回忆文化""记忆文化""文化认同和政治想象"这三个过程。①

第一个形态是"回忆文化"形态。记忆不断经历着重构。从一定意义上讲，社会思想无一例外都同时是社会的回忆，包含两个方向：向后和向前。记忆不仅重构着过去，而且组织着当下和未来的经验。两者互为条件，相互依存。一般来说，传统终止、社会记忆消失后，历史才开始。

个人回忆包括交往记忆和文化记忆两种：

交往记忆所包含的，是对刚刚逝去的过去的回忆。这是人们与同时代

---

① 〔德〕扬·阿斯曼：《文化记忆——早期高级文化中的文字、回忆和政治身份》，金寿福、黄晓晨译，北京大学出版社，2015。

的人共同拥有的回忆。当那些将它实体化的承载者死亡之后，它便让位给一种新的记忆。这种单纯依靠个体的保障和交往体验建立起来的回忆空间，按照《圣经》的观点，可以在比如承担某种罪责的三到四代人中延续。罗马历史学家塔西佗曾在其关于公元22年的《编年史》中提到了最后一批罗马共和国亲历者的故去。八十年是一个边界值。它的一半，即四十年，似乎意味着一个重要门槛。个人记忆之后，便进入文化记忆。也就是那些掌握了文化话语权的人开始介入历史。

秦汉帝国体制的建立，统治者则强化"文化认同和政治想象"，这便进入了"文化记忆"的第三种形态。

所有关于口述历史的研究都证实，即使在使用文字的社会中，活生生的回忆至多也只能回溯到80年之前。然后是那些由教科书、纪念碑等所记载的资料，即通过官方传承下来的资料，它们取代了起源神话的位置。文化记忆始终拥有专职承载者负责其传承。这些人都掌握了（关于文化记忆的）知识。他们往往受命于当时的最高首领，为当时的政治服务。

秦汉帝国统治者不光篡改过去，还试图修正未来。他们希望被后世忆起，于是将自己的功绩镌刻在纪念碑上，并保证这些功绩被讲述、歌颂、在纪念碑上称为不朽或者至少被归档记录。柯马丁《秦始皇石刻——早期中国的文本与仪式》，以李斯所撰七篇石刻文字为研究对象，比较此前的青铜文字，分析这些文字所体现出来的仪式感与庄重感，用以彰显帝国的威权。① 这个结论很有意义，很自然地会让我们想到汉初唐山夫人《安世房中歌》十七章、武帝时期司马相如《郊祀歌》十九章等创作背景。武帝时期设立乐府，组织七十人团队演唱这些诗篇，声势浩大。梁代陆倕《石阙铭》、《新漏刻铭》等作品，甫一问世，就得到当时最高统治者的好评。这不是没有缘由的。统治者就是想以回溯的方式和文人学者的歌颂方式，不断地论证自己的合法性，并以前瞻的方式让自己变得不朽。

（三）早期文献传播的想象问题

综上所述，从口传到写本的转换过程中，那些吟游诗人、祭司、教师、

---

① 〔美〕柯马丁：《秦始皇石刻——早期中国的文本与仪式》，刘倩译，上海古籍出版社，2015。

艺术家、官员、学者等充当着重要的角色。他们传述历史，有真实的依据，也有合乎情理的想象。这就与文学发生关系。可以说，历史与文学，在早期的历史中，就像一对孪生姐妹一样，很难分开。

先说文学的想象。

当代西方马克思主义文艺理论家伊格尔顿在《批评家的任务》一书中指出，通过阅读某些小说，你可以了解到成为阿根廷人是什么感觉，因为你可能没有足够的钱或闲暇亲自去那里感受一下。可见，想象的财富倒是可以掩饰某种不足或贫乏的。这往往是心理补偿的一种方式。对于浪漫主义思想来说亦是如此，想象是一种从内心设身处地理解他人的力量。它本身没有立场，只有无止境地投入或挪用他人立场的能力，并在掌握住这些立场的当下予以超越，这就是济慈所称的"负面才能"。虽然它的价值不容置疑，我却认为这个概念与殖民主义的出现这一史实有关。殖民者本身没有立场或身份认同，他的立场和身份简单地存在于参与所有其他人的身份认同的时候，甚至比了解自己更了解他人。因此美学中的这个最无私、最慷慨的概念也可能带有某种被淹没的暴力历史的痕迹。[①]

同样是悲剧，文学的想象与历史的想象更有不同。伊格尔顿将悲剧的想象归结为五个方面：

一是悲剧给人想象的空间，是因为感到优越感和罪恶感。

二是悲剧给人想象的空间，是因为感到恐惧。

三是悲剧给人想象的空间，是因为满足正义感和对秩序的愤怒。

四是悲剧给人想象的空间，是因为有施虐倾向和道德良心。我们想看人受难，这样，通过伴随他们一起受难，我们可以尽情享受受虐，但维持这种受虐意味着要让他们继续受难。这是一种施虐行为。

五是悲剧给人想象空间，是因为有愉悦功能。艺术本身有愉悦人的功能，不管怎样，这也是快感的一个隐晦的来源。

再说历史的想象。

---

① 《批评家的任务——与特里·伊格尔顿的对话》，〔英〕特里·伊格尔顿回答，马修·博蒙特提问，王杰、贾洁译，北京大学出版社，2014。

　　康德《人类历史起源臆测》："在历史叙述的过程中，为了弥补文献的
不足而插入各种臆测，这是完全可以允许的；因为作为远因的前奏与作为
影响的后果，对我们之发掘中间的环节可以提供一条相当可靠的线索，使
历史的过渡得以为人理解。"① 这也许正是陈寅恪先生所说的，对于古人应
抱有"同情的理解"。

　　文学想象与历史想象的异同。

　　科林伍德《历史的观念》说，作为想象的作品，历史学家的作品和小
说家的作品并没有不同。他们的不同之处是，历史学家的画面要力求真实。
小说家只有单纯的一项任务：要构造一幅一贯的画面、一幅有意义的画面。
历史学家则有双重的任务：他不仅必须做到这一点，而且还必须构造一幅
事物的画面（像是它们实际存在的那样）和事件的画面（像是它们实际发
生的那样）。这就要求历史研究与叙述有自己的方法与规则，而小说家或艺
术家一般说来却不受它们的约束②。

　　用更通俗的话说，文学的想象隐含在各种场面、各个事件的来龙去脉
的描写中。文学家的想象更多地倾向于个人化。而历史的描绘不仅仅限于
具体事件、宏大场景，还要挖掘事件背后的原因。有他的政治背景和文化
背景，政治权力介入其中，带有集体记忆的色彩。诚如《文化记忆》一书
所论，记忆文化转向了书写文化。早期的文化书写，受到文字载体的制约，
通常以青铜、石刻、竹简等为主要书写形式。另外，就是组织形式的仪式
和节日用诗的仪式的展演和集体成员的共同参与，巩固成为一种集体的记
忆。所以礼乐中国，更多地与政治相关。这是众所周知的事实。

（四）早期文献传播的各种可能

　　2014 年 9 月，北京大学举办一次中美学者的双边研讨会，普林斯顿大
学柯马丁教授提交了一篇《我怎样研习先秦文本》，其他学者也提出了很有
启发性的见解，拓宽了我们对早期文献传播种种可能性的理解。综合各位

---

① 〔德〕康德：《历史理性批判文集》，何兆武译，商务印书馆，1991，第 59 页。
② 〔英〕R. C. 柯林武德：《历史的观点》，何兆武、张文杰译，中国社会科学出版社，1986，
　　第 279 页。

的论述，我想以下几个方面值得我们思考：

一是早期文献的来源非常复杂，所谓原始文献的概念并不可靠。因为，新发现的早期文本，未必就一定更真实、更原始，更好于传世文本。更不能简单地用新发现的文本强制阐释现存文本，乃至否定现存文本。

二是早期文献的传播途径不一，就出现了文本互文性（intertextuality）问题。所谓互文性，即同一个事件、同一个故事，在不同时期、不同文体之间，详略不同。这种情形在秦汉以来的文献中司空见惯。《吕氏春秋》《淮南子》《列女传》《新序》《说苑》，乃至《西京杂记》等几部文献所载同一事件，其表述不同，譬如同样是王昭君、毛延寿的故事，笔记和诗文的记载就各不相同。

三是即便同一本书，里面的记载也可能前后矛盾。先秦诸子，如《商君书》《管子》《晏子春秋》《荀子》《韩非子》等，集部文献如《诗经》、《楚辞》等，虽多有作者冠名，很难说是一个作者完成的。它们很可能是很多作者集合完成的作品。因此，对于早期文献，我们不能简单地说某种思想就是作者的思想，只能是一个时代，或者某一地区的思想。

四是要特别注意在政治、文化权力介入之后，托古改制，各种文献有可能被遮蔽乃至被篡改的可能性。譬如早期的家学、私学，还有后来愈演愈烈的经今、古文学等，为了争夺话语权而人为地制造各种所谓历史文献。两汉之际的谶纬文献，多是这个时期制造出来的。

五是因为早期文献通常是口耳相传，人们接触这些文本的渠道通常不是通过阅读，而是通过聆听、观望来实现。因此，我们对早期文献的口头传播、表演性质就应格外重视。譬如早期的诗（尤其是乐府）、赋，还有所谓街谈巷议、道听途说的小说等，多具有表演性质。中国文学源自口头，在后来的发展过程中，又与图像发生重要关联。周秦汉唐时期的所谓"图书"，就包括"图像"与"文字"两部分；如果只有文字而没有图像，则单称为"书"。其中，有关山川神怪崇拜为内容的文献，大多是"图"与"书"相结合，如《山海经》。《山海经》本来配有"山海图"，《山海经》是对"山海图"的文字说明，陶渊明诗中就有"流观山海图"这样的句子，郭璞注中亦指出了《山海经》与《山海图》图文并茂的特质。

王逸《楚辞章句》指出，屈原的《天问》原是因壁画启发而创作出来的。联系当时楚国高度发展的建筑和绘画艺术，我们有理由相信，王逸的解释并非空穴来风。战国时期类似屈原《天问》中的问天、升天图像，是以各种形式广泛出现的，比如1949年在长沙陈家大山楚墓中出土的龙凤人物帛画，1973年在长沙子弹库楚墓中出土的人物御龙帛画。前一幅表现龙凤引导人的灵魂升天，后一幅则是人的灵魂乘龙升天。相当奇特地是，后图中乘龙的男子，也是峨冠博带，颇似后人描摹中的屈原本身形象。此画为战国中期所作，相当于屈原所处时期甚或更早。

这便是中国早期文献在抄撰与流传过程中变得异常复杂的深层次原因。惟其如此，其稳定性与可信度的矛盾无处可在。显然，对于历史的理解，不能根据局部细节否定整体，也不能相信整体而忽视细节问题，凡事都要具体分析。这应当成为我们理性地对待中国早期文献所应持守的基本原则。

二 从钞本文献到定本文献

（一）从竹简到纸张

早期文献进入文字记载以来，也经历着不同时期的变化，从青铜时代到简帛的书写，从殷商到秦汉之交，这个过程持续了一千多年。战国到西汉时期的学术文化，主要是经"杀青"后的竹简和丝帛记录下来。1959年甘肃武威出土汉简《仪礼》，每枚简宽1厘米，长54厘米，可以书写60～80字。一部《史记》50余万字，得用10万枚竹简才能容纳来下。《庄子》曰：惠施，"其书五车，其道舛驳"。古人说学富五车，读书广博的意思。《史记·滑稽列传》载东方朔初入长安，至公车上书，"凡用三千奏牍。公车令两人共持举其书，仅然能胜之。人主从上方读之，止，辄乙其处，读之二月乃尽。"可见那个时候纸张似乎还未广泛使用。尽管如此，在长安，书店似乎已经出现，至少，书籍作为流通之物已经出现。《汉书》记载，张安世曾随同汉武帝巡视河东，亡书三箧，诏问莫能知，唯张安世识之，具作其事。后复购得书以相校，无所遗失。说明当时已经有书籍流通，但也仅限于少数精英之间。

西汉后期，纸张出现，这种文化垄断逐渐被打破。西汉时期已经有了纸张的实物①，但显然还非常稀少。宣帝时期著名文人路温舒曾用蒲为纸作为书写工具。《初学记》卷二十一"文部·纸"载："古者以缣帛，依书长短，随事截之，名曰幡纸，故其字从丝。贫者无之，或用蒲写书，则路温舒截蒲是也。"② 可见当时尚无纸张的使用，至少普通读书人还接触不到。

东汉章帝（76～88）时，纸张逐渐流行开来，且与简帛并用。清水茂先生曾引《后汉书·郑范陈贾张传》中的一条材料说明东汉中期纸简并用的情形："肃宗立，降意儒术，特好《古文尚书》、《左氏传》。建初元年，诏逵入讲北宫白虎观、南宫云台。帝善逵说，使发出《左氏传》大义长于二传者。逵于是具条奏之曰：'臣谨摘出《左氏》三十事尤著明者，斯皆君臣之正义，父子之纪纲。其余同《公羊》者什有七八，或文简小异，无害大体。……'书奏，帝嘉之，赐布五百匹，衣一袭，令逵自选《公羊》严、颜诸生高才者二十人，教以《左氏》，与简纸经传各一通。"李注："竹简及纸也。"③《初学记》卷二十一引《先贤行状》曰："延笃从唐溪季受《左传》，欲写本无纸。季以残笺纸与之。笃以笺记纸不可写，乃借本诵之。"④这是东汉后期的情形，纸张还没有普及到民间，但是，如上引这条材料，官府已经常用。至于东汉和帝元兴元年（105 年）蔡伦发明的"蔡侯纸"，因见载于《后汉书·宦者传》而广为人知。当时已经出现了主管纸墨的官员。如《后汉书·百官志》："守宫令一人，六百石。本注曰：主御纸笔墨及尚书财用诸物及封泥。"⑤ 从时间上看，与蔡伦奏上"蔡侯纸"大体相近。

汉魏之交，纸张逐渐流行。《初学记》又引"魏武令曰：自今诸掾属侍中别驾，常以月朔各进得失，纸书函封。主者朝常给纸函各一。"⑥《三国

---

① 〔日〕清水茂：《纸的发明与后汉的学风》，载《清水茂汉学论集》，中华书局，2003，第24 页。

② 见《初学记》卷二十一"文部·纸"，中华书局，1962，第516 页。

③ 《后汉书》卷三十六，中华书局，1965，第1236～1239 页。

④ 见《初学记》卷二十一"文部·纸"，第517 页。

⑤ 《后汉书·百官志》："守宫令一人，六百石。本注曰：主御纸笔墨及尚书财用诸物及封泥。"（中华书局，1965，第3592 页）。

⑥ 见《初学记》卷二十一"文部·纸"，第517 页。

志·魏书·文帝纪》注引胡冲《吴历》曰："帝以素书所著《典论》及诗赋饷孙权，又以纸写一通与张昭。"①《典论》是曹丕特别看重的独立撰写的著作，故用纸张抄写，作为礼品赠送。

西晋时期，纸张还多用于"豪贵之家"，因为左思《三都赋》问世后，主要是他们"竞相抄写，洛阳为之纸贵"②。唐修《晋书》载，陈寿死后，朝廷"诏下河南尹、洛阳令，就家写其书"③。今天所能看到的《三国志》最早写本就有东晋时期用黄纸抄写的，显然是官方本子。④ 东汉中后期，随着纸张的广泛使用，文人阅读、私人藏书、著书、佣书、卖书也就不再是少数人的专利。

文人学者的阅读范围日益拓宽。他们有机会接触到各类典籍，既包括前代流传下来的典籍，也包括同时代的创作。我们看《汉书》《东观汉记》《后汉书》的传记，那些传主自幼好学的记载比比皆是，哪怕是出身寒微的人，也可以通过各种途径阅读书籍，譬如王充到书肆阅读，匡衡穿壁引光读书，就已成为熟典。

（二）著述藏书之风

东汉以后的著述之风也甚嚣尘上。亳州曹氏父子，著述颇多。曹丕《典论·论文》说："盖文章经国之大业，不朽之盛事。年寿有时而尽，荣乐止乎其身。二者必至之常期，未若文章之无穷。"徐幹著《中论》，曹丕以为成一家之言，可为不朽。他自己亲自组织编写大型类书《皇览》"凡千余篇"。⑤ 兰陵萧氏父子，亦潜心著书。如萧衍组织当时一流学者编写《通

① 《三国志》卷二，中华书局，1982，第 89 页。
② 当时纸张在民间应该还没有广泛使用，《后汉书·列女传》记载蔡琰应曹操之召而著书，自称"乞给纸笔"，也可以说明这个问题。
③ 《晋书·陈寿传》，中华书局，1974，第 2138 页。
④ 《太平御览》卷六〇五引桓玄："古无纸，故用简，非主于敬也。今诸用简者，皆以黄纸代之"（中华书局，1960，第 2724 页）。按《旧唐书·高宗下》："戊午，敕制比用白纸，多为虫蠹，今后尚书省下诸司、州、县，宜并用黄纸'"（中华书局，1975，第 101 页）。《云仙散录》卷九"黄纸写敕"条载："贞观中，太宗诏用麻纸写敕诏。高宗以白纸多虫蛀，尚书省颁下州县，并用黄纸"（中华书局，1998，第 119 页）。这说明黄纸不易为虫蠹。
⑤ 《三国志》卷二，第 89 页。

史》。① 萧纲组织三十多人编纂《法宝联璧》三百卷。② 萧统的著述，历来认为"皆出己裁，不过百卷"③，萧绎著有《金楼子》、《研神记》、《晋仙传》、《繁华传》、《玉子诀》、《奇字》、《辩林》、《碑集》、《食要》、《谱》、《补阙子》、《诗英》等二十三帙共一百九十五卷。这些汉魏六朝的著书情况，《隋书·经籍志》有详尽的记载。

与著述之风相关联的就是藏书之盛。秦汉以来，长安、洛阳成立了很多藏书机构。东汉后期，董卓叛乱时，迁都长安，"自辟雍、东观、兰台、石室、宣明、鸿都诸藏典策文章，竞共剖散，其缣帛图书，大则连为帷盖，小乃制为縢囊。及王允所收而西者，裁七十余乘，道路艰远，复弃其半矣。从长安之乱，一时焚荡，莫不泯尽焉"④。官方藏书，多有记载，自不必多说。私人藏书，也多有记载。如蔡邕的万卷藏书，见载于《后汉书·列女·蔡琰传》、《三国志·王卫二刘傅传》等文献，其中蔡邕送给女儿蔡文姬的就有"四千许卷"，还有《博物志》卷六所记载的，"蔡邕有书万卷，

---

① （唐）姚思廉：《梁书武帝纪》载："又造《通史》，躬制赞序，凡六百卷"（卷三，第一册，中华书局，1973，第96页）。（唐）魏徵等《隋书·经籍志》亦著录："《通史》四百八十卷，梁武帝撰。起三皇，迄梁"（卷三十三，第四册，中华书局，1973，第956页）。又（唐）姚思廉《梁书·萧子显传》载梁武帝语："我造《通史》，此书若成，众史可废"（卷三十五，第二册，第511页）。而据（唐）姚思廉《梁书·吴均传》："寻有敕召见，使撰《通史》，起三皇，迄齐代，均草本纪、世家，功已毕，唯列传未就"（卷四十九，第三册，第699页）。说明吴均是主要撰者。又（唐）姚思廉《梁书·简文帝纪》载："所著《昭明太子传》五卷，《诸王传》三十卷，《礼大义》二十卷，《老子义》二十卷，《庄子义》二十卷，《长春义记》一百卷，《法宝联璧》三百卷，并行于世焉。"（卷四，第一册，第109页）。而据（唐）李延寿《南史·陆罩传》："初，简文在雍州，撰《法宝联璧》，罩与群贤，并抄掇区分者数岁。中大通六年而书成，命湘东王为序。其作者有侍中国子祭酒南兰陵萧子显等三十人，以比王象、刘邵之《皇览》焉"（卷四十八，第四册，中华书局，1975，第1205页）。湘东王之序仍见载于《广弘明集》中，文后明确列出了编者的全部姓名。又据（唐）李延寿《南史·许懋传》载："皇太子召与诸儒隶《长春义记》"（卷五十，第四册，第1487页）。说明《长春义记》亦非萧纲所撰。又据萧绎《金楼子·著述篇》载，萧绎的许多著作也出自门下之手。

② 梁萧纲：《法宝联璧序》，载唐释道宣撰《广弘明集》卷二十，上海古籍出版社，1991，第250~251页。

③ （明）胡应麟：《诗薮》（外编，卷二），上海古籍出版社，1979，第159页。

④ 《汉书·儒林传序》。

汉末年载数车与王粲。"① 张华藏书三十乘之多，也见于《晋书·张华传》记载。任昉于 "坟籍无所不见，家虽贫，聚书至万余卷，率多异本。昉卒后，高祖使学士贺纵共沈约勘其书目，官所无者，就昉家取之"②。沈约 "好坟籍，聚书至二万卷，京师莫比" 间。阮孝绪隐居锺山，著书二百五十余卷，其中《七录》最为著名。

六朝以来，寺院藏书亦丰。如刘勰居定林寺撰著 "弥纶古今" 的《文心雕龙》。僧佑也主要根据定林寺的藏书著《出三藏记集》及《弘明集》，这是现存最早的佛教目录及论文集。又惠皎编著的《高僧传》为现存最早的高僧传记。至于道观的藏书亦复不少。陆修静整理众经，制定新论，多得益于寺院道观藏书，成为道教史中划时代的历史人物。翻检《高僧传》及《续高僧传》，几乎所有著名的高僧都有论著流传。许多寺院远离京城，那些高僧撰写论著，倘若寺院里没有丰富的藏书是很难想象的。

随着著述、藏书的普及，图书出版业也出现了萌芽。这就是职业抄手和书肆的出现。如班超随母至洛阳，"家贫，常为官佣书以供养。"③ 江南人王充 "家贫无书，常游洛阳市肆，阅所卖书。"④ 阚泽 "家世农夫，至泽好学，居贫无资，常为人佣书，以供纸笔，所写既毕，诵读亦遍。"⑤ 说明汉魏时期，都城已经有卖书的专门场所，也有职业抄手。文人求学读书，较之匡衡时代，似乎更加便利。

纸张的推广应用，对社会文化带来的另一重要影响，就是催生了一批以纸张为材料擅长写 "帖" 的书法家。汉灵帝光和元年，擅长书法者被任为鸿都门生，高第者升至郡守，从而在全社会形成了重视书法的风气。从东汉末年至两晋，中国古代书法出现了它的第一个黄金时期。⑥

---

① 参见刘跃进《蔡邕行年考》、《蔡邕生平创作与汉末文风的变迁》等文，载《秦汉文学论丛》，凤凰出版社，2008。
② （唐）姚思廉、任昉传：《梁书》卷十四第一册，中华书局，1973，第 254 页。
③ 《后汉书·班超传》，中华书局，1965，第 1571 页。
④ 《后汉书》卷四十九，中华书局，1965，第 1629 页。
⑤ 《三国志·吴书·阚泽传》，中华书局，1982，第 1249 页。
⑥ 劳榦：《中国文字之特质及其发展》，载《古代中国的历史与文化》，中华书局，2006，第 552 页。

（三）学术的转型

更重要的是，纸张的发明与流行，直接促使了当时学术文化的转型。对此，我在《纸张的广泛应用与汉魏经学的兴衰》一文中有比较充分的论述，认为秦火之后，汉初学术主要是通过师徒间口传心授的方式加以传承。这在《汉书·儒林传》有明确的记载。从现存的资料看，经学家们所依据的五经文本，似乎差别不是很大，关键在一字差别之间如何解说。西汉时期，今文经学占据着官方统治的地位，但是他们各执一端，解说往往差异很大。在没有大量简帛书籍传播知识的情况下，弟子们对老师的师法、家法只能全盘照搬而别无选择。谨守师法，努力保持原样，就成为当时经生们所追求的目标。因此，师法与家法对于汉代学术而言，与其说是限制，不如说是经生们的自觉追求。各派之间要想维护自己的正统地位，就以家法与师法的传承作为依据来证明自己渊源有自。显然，这不仅仅是学术问题，更是政治话语权的问题。这当然已经远远超出学术范围。①

随着社会的稳定，民间藏书也陆续出现。这样就形成了不同的文本，今文经学、古文经学由此分野。如果仅仅限于学术层面，经学的纷争也许不会有后来那样的影响。问题是，武帝以后，儒家学说被确定为主流意识形态，而今文经学则被立于学官，为官方所认可。为了维护这种学术霸主地位，今文经学自然通过各种方式打压古文经学的发展空间。西汉末叶，古文经学逐渐壮大，今、古文经学之间开始形成对垒态势，但此时的古文经学毕竟还处下风。

随着纸张的广泛使用，对于学术文化的直接影响，就是促使今、古文经学的地位逆转。由于有众多文献可作比勘，今文经学支离其文、断章取义的做法，也就逐渐失去其神圣的光环。在比较中，学者们逐渐感觉到今文经学中那种天人感应之说的虚妄，逐渐把他们的视野从朝廷转向民间，倾向于实事求是的古文经学。于是，不同于以往的学术思潮浮现出来，在思想文化界出现一股离经叛道的潮流，或者说是异端思潮。从两汉之际的桓谭《新论》，到东汉中后期的王充《论衡》、王符《潜夫论》以及仲长统

---

① 刘跃进：《纸张的广泛应用与汉魏经学的兴衰》，《学术论坛》2008 年第 9 期。

《昌言》等，无不如此。如果我们细心梳理这些著作的资料来源，就会发现，有很多资料不见于今天存世的五经或者正史，或采自其他史籍。据此，他们还可以对神圣经典及其传说提出质疑，匡惑正谬。这正说明当时的知识分子有了更多的阅读选择。而在先秦，这种情形是很难见到的。

正是在这样的背景下，马融、郑玄才有可能汇集众籍、修旧起废，完成汉代今古文经学的集大成工作。当所谓蔡伦纸发明的时候，一代文豪马融已经二十五六岁。《艺文类聚》卷三十一记载他的《与窦伯向书》，详细地记载了当时书信往来时用纸写字的情况："孟陵奴来，赐书，见手迹，欢喜何量，次于面也。书虽两纸，纸八行，行七字，七八五十六字，百一十二言耳。"① 尽管这封书信的确切年代尚待考订，但是马融的时代，纸张已经在一定范围内使用且有所推广。马融注释群经，我们有理由相信，他所使用的应当是纸张。马融出身于外戚家族，有钱有势又有学问。可以肯定的是，这个时候的马融所看到的儒学经典就已经不限于今文经学了。郑玄自幼就博览群书，遂成通人，与老师马融一样遍注群经。他们注释群经有一个共同的特点，就是以古文经学为核心，又融入多家经说。特别是郑玄的经注，不仅包含今古文经，还广泛涉及东汉以来盛行的谶纬之学以及当时新兴的道家学说等，统铸镕汇，不拘一格，成为当时一大文化景观。

马、郑的经学注释工作极大地加速了今古文经学的融合进程，今文经学的权威地位得以动摇，逐渐走向衰微，逐渐退出历史舞台，而古文经学悄然从民间兴起，逐渐走向学术文化的中心位置。晋代所立博士，与汉代十四博士已无传承关系，似乎标志着今文经学所引以为自豪的师法传统走向终结。

三　从定本文献到经典文献

东汉后期到唐代雕版印刷出现之前这个历史时期，也就是所谓钞本的时代，集注前代著作，成为非常时髦的学问。《三国志》裴松之注、《世说新语》刘孝标注、《水经》郦道元注、《汉书》颜师古注、《后汉书》李贤

---

① 《艺文类聚》卷三十一，上海古籍出版社，1982，第560页。

注、《文选》李善注、《史记》三家注等。可见这个时期，文献尚未定型，各家之说纷呈。

雕版印刷发明之后，书籍成倍增长，取阅容易。尤其是北宋庆历年间毕昇发明了活字印刷，同时代的沈括《梦溪笔谈》及时记录下来，说这种印刷如果仅仅印三两份文字，未必占有优势；如果印上千份，就非常神速了。一般用两块版，用一块印刷时，在另外一块上排字，一版印完，另一版已经排好字，就这样轮番进行，真是革命性的发明。书多了，人们反而不再愿意精读，或者说没有心思精读了。读书方式发生变化，作学问的方式也随之发生了变化。就像纸张发明之后，过去为少数人垄断的学术文化迅速为大众所熟知，信口雌黄、大讲天人合一的今文经学由此败落。而雕版印刷术，尤其是活字印刷术的发明，也具有这种颠覆性的能量。朱熹说："汉时诸儒以经相授者，只是暗诵，所以记得牢。"但随着书籍的普及，过去那些靠卖弄学问而发迹的人逐渐失去读者，也就失去了影响力。"文字印本多，人不著心读"。人们也不再迷信权威，而更多地强调自己的感受和理解。宋人逐渐崇尚心解，强调性理之学。如何达到心解，途径不同。朱熹认为人需要通过读书治经，从圣人言论中发掘天理深意，而陆九渊则主张天理自在人心，无须外求，故曰"古圣相传只此心"。淳熙二年（1175），吕祖谦约请朱熹和陆九渊、陆九龄兄弟会于鹅湖寺。陆九渊作诗："简易工夫终久大，支离事业竟浮沉。"三年后朱熹《鹅湖寺和陆子寿》："旧学商量加邃密，新知培养转深沉。只愁说到无言处，不信人间有古今。"就是针对陆九渊而言。当然参加这次聚会的朱亨道总结说："鹅湖之会，论及教人，元晦之意欲令人泛观博览而后归之约，二陆之意欲先发明人之本心而后使之博览。"总的说来，陆氏兄弟处于主动一方，论辩有力，而朱熹则被动防御，辩解无力。这种学风的变化固然有着深刻的思想文化背景，同时也与这种文字载体的变化密切相关。

朱熹的最大愿望，就是对前代重要作品重新阐释，强化其经典地位。他的《诗集传》《楚辞集注》《周易本义》等，就是这种尝试。不仅如此，他还到处讲学，弘扬经典。一部二百多万字的《朱子语录》，就是他这种殚精竭虑的著作。

今天，我们又面临着这种学术文化的转型。

随着信息革命的到来，不管你愿意与否，我们都要经历一个从纸质文本向电子文件逐渐转化的历史阶段。在纸质文化时代，文化话语权还主要掌握在少数所谓文化精英手中。而今，随着网络的普及，这种文化特权被迅速瓦解，大众也可以通过网络分享部分话语权力。因此，他们不再愿意听从那些所谓精英们的"启蒙"与教诲，而是要充分表达自己的意愿。

网络文化强烈地冲击着传统的纸质文化。美国哈罗德·布鲁姆著，江宁康译《西方正典》中文版序介绍说，2002 年，美国曾举办一场"电子书籍"研讨会，有学者幽默地把这次研讨会界定为"下载或死亡"（Download or Die!）。这个论断是否符合实际姑且不论，一个基本事实是，以信息技术为核心的文化转型已经势不可挡。①

朱熹面临的问题再次摆在我们面前：当今时代，如何看待经典，如何阅读经典，这是一个历久弥新的老话题、新问题。②

四　研究钞本时代经典文献的基本途径

（一）文献整理是基础

这句话任何人都会说，只要下苦功夫，也不难做到。到目前为止，文献整理，尤其是大规模的集成性的文献整理，依然有着广阔的发展空间。我在《续修四库全书补编》一文中，从八个方面论证了编纂《续修四库全书补编》的设想。③另外，结合自己从事的《文选旧注辑存》谈到这个问题的甘苦。我们从事文献整理工作，最引以为自豪的，就是原始整理文献的客观性。④后现代主义极力否认客观性这种主张，并且指出，尽管历史研究有其方法的合理性，而在历史研究之外的政治利益、语言假定和文化意义标准等，历史的解释却对它们有一种根本的依赖。

---

① 〔美〕哈罗德·布鲁姆：《西方正典》，江宁康译，译林出版社，2004。
② 我在《人民政协报》2012 年 2 月 20 日发表《走近经典的途径》对此有所论述（《新华文摘》2012 年第 9 期全文转载），可以参看。
③ 参见拙文《〈续修四库全书补编〉刍议》，《古籍整理出版情况简报》2003 年 4 期。
④ 参见拙文《关于〈文选〉旧注的整理问题》，《中国典籍与文化》2012 年第 1 期。

（二）理论探索是目标

梁启超说，广义的历史学，就是文献学。不论是历史学，还是文献学，都与历史文献有关，有没有理论问题？回答当然是肯定的。我曾在《段玉裁卷入的两次学术论争及其他》（《文史知识》2010 年第 7 期）一文指出，段玉裁与顾千里之争的背后，就是学术理念问题，或者更根本一点说，是学术研究的最终目的问题。

科林伍德《历史的观念》认为，史料不是史学，史学是要建筑一座大厦，而史料则是建筑这座大厦的砖瓦；建筑材料无论有多么多，都是为了建筑物本身。史实的堆积和史料的考证，充其量也只是一部流水帐。要了解这部流水账的意义，则有赖于思想。只有通过思想，历史才能从一堆枯燥无生命的原材料中形成一个有血有肉的生命。只有透过物质的遗迹步入精神生活的堂奥，才能产生珍贵的史学。①

通常来说，大多数历史学家、文学史家都赞同研究的目的不仅仅是材料的整理，还要关注材料背后所折射出来的思想意识、历史规律。

这便又分为两派：

一是重点关注思想意识。柯林武德认为，历史科学和自然科学同属科学，因而都基于事实；但作为两者对象的事实，其性质却大不相同。他说："一切科学都基于事实。自然科学是基于由观察与实验所肯定的自然事实；心灵科学则是基于反思所肯定的心灵事实。"两者的不同就在于，"对科学来说，自然永远仅仅是现象"，"但历史事件却并非仅仅是现象、仅仅是观察的对象，而是要求史学必须看透它并且辨析出其中的思想来。"② 自然现象仅仅是现象，它的背后并没有思想，历史现象则不仅仅是现象，它的背后还有思想。而思想者，是更重要的。每一桩历史事件都是人的产物，是人的思想的产物。所以，不通过人的思想就无由加以理解或说明。要了解前人，最重要的就是要了解前人的想法，只有了解了历史事实背后的思想，才能算是真正了解了历史。

二是核心探索历史规律。马克思历史唯物主义观点认为，人类的历史

---

① 〔英〕R. C. 柯林武德：《历史的观点》，何兆武、张文杰译，第 23 页。

② 〔英〕R. C. 柯林武德：《历史的观点》，何兆武、张文杰译，第 279 页。

经历着由低级到高级的转变，推动这种变革是背后的经济因素。从这样的观点出发，历史的发展有其不可否定的历史规律性。美国著名历史学家詹姆斯·哈威·鲁滨孙《新史学》也认为，历史的范围非常之大，历史的功效，主要是为了了解我们自己以及人类的问题和前景。"历史可以满足我们的幻想，可以满足我们急切的或闲散的好奇心，也可以检验我们的记忆力。……但是历史还有一件应做而尚未做到的事情，那就是它可以帮助我们了解我们自己、我们的同类，以及人类的种种问题和前景。这是历史最主要的功用，但一般人们所最忽略的恰恰就是历史所产生的这种最大效用。"① 而英国学者波普尔则反对这种经典看法。他认为：知识的增长不能预测，人类历史的未来也无法预测。举凡历史的确定性、社会发展规律，都是子虚乌有的东西。

（三）中西方学者学术方法的异同

强调文献积累研究，注重思想文化阐释，两大派别。不仅如此，其实还有一种更大的差异，即中西方学者在学术方法、学术理念方面，也存在着比较明显的不同。

第一，演绎推理与归纳整理：西方学者通过演绎推理的方式，用细节去重构历史；中国学者通过归纳整理的方式，从整体去印证历史。更重要的是，中国学术界对于秦汉以来的学术传承非常重视，但是又受到制约，将他们的记载当作不容置疑的"凭证"，在他们记载的基础上研究历史。

第二，批评态度与尊崇心理：西方学者首先是批评，从否定开始；中国学者首先是尊崇，从理解开始。理解是因为相信，所以才有同情的理解。

第三，问题意识与专业意识：西方学者没有狭隘的专业意识，遇到什么问题就研究什么；中国学者有着强烈的专业情怀。

第四，探索精神与实用主义：西方学者重在探索的乐趣；而中国学者则更重在实用主义，如学位体、项目体等。主流意识则强调现实关怀，对于那些琐碎的问题不屑一顾，视之为裹脚布式的研究。

我想在各种差异上最大限度地寻求某种共识，而文本细读则是一个有

---

① 〔美〕詹姆斯·哈威·鲁滨孙：《新史学》，商务印书馆，1989，第 15 页。

效的途径。

（四）文本细读是途径

中西方都强调文本细读的重要性。20世纪英美新批评派把文本细读（close readings）作为一种理论主张提出来，强调以语义分析作为诗歌批评的最基本方法，意在摒弃空洞的文学外部研究，要求回归文本并立足文本，影响颇大。中国文学研究界向来重视文本的细读，强调细读的前提是要校订异同、匡正文字，获取较为可靠的文本。王鸣盛《十七史商榷序》说："欲读书必先精校书。校之未精而遽读，恐读亦多误矣。"① 对于细读的理解，中西方确实还有不少差异。但求同存异，我们欣喜地看到，当代研究确已突破了长期以来围绕着理论探讨和文献考订孰轻孰重的无谓争执，都强调了文本细读的重要性。文本细读需要有文献的强大支撑。而细读的目的，还是为了解读文本背后的深邃思想。在这里，文本细读、文献考订、理论思索，三者找到了最佳的结合点，这，或许也可以成为当代唐前文献研究界的基本共识。

本文原刊于《深圳大学学报》（人文社会科学版）2016年第6期

---

① 王鸣盛：《十七史商榷》，中国书店，1987，第2页。

中唐古文与子学传统

——"子书""文章"之关系与中古文学观演变

刘 宁*

中唐的古文作者，广泛学习前代著述，其中当然包括子书。韩愈《进学解》提到自己"沉浸浓郁"时所罗列的著作中就包括《庄子》,① 此外《读墨子》《读鹖冠子》《读荀》等杂文的写作也透露出他对诸子的关注，他所创作的《后汉三贤赞》特别称扬了王充、王符、仲长统和他们创作的子学论著《论衡》《潜夫论》《昌言》②。柳宗元谈到自己为文"参之孟、荀以畅其支，参之庄、老以肆其端"（《答韦中立论师道书》)③。他本人还注释过扬雄《法言》，后人更屡屡谈及其文章对先秦诸子的胎息之迹。

但是，古文作者主要是以"篇什"的形式进行创作，虽涵咏前代子书，却很少独立创作体系化、理论化的子学论著。汉魏以来，议论性的子学论著具有"成一家之言"的重要意义，一直是士人集中表达其社会人生思考的撰述形式。有着深刻文化思想追求的中唐古文家，为什么弃这一思想表达手段而不用，而专力于文章？古文作者为表达文章写作的精神文化追求

* 刘宁，中国社会科学院文学研究所研究员。

① （唐）韩愈著，刘真伦、岳珍校注《韩愈文集汇校笺注》卷 2，中华书局，2010，第 147 页。

② （唐）韩愈著，刘真伦、岳珍校注《韩愈文集汇校笺注》卷 2，第 234 页。

③ 《柳宗元集》卷 34，中华书局，1979，第 873 页。

而提出的"文以明道"，如果放在他们自觉回避子学著述而专力于文章的选择下来观察，又会呈现怎样独特的内涵？对于前代子学传统，他们又是如何接受？这些问题与中古学术和文章学在中唐的显著变化有直接的联系，值得做深入的分析。

一

钱穆先生曾将"古文"的兴起视为"家言复起"，即"成一家之言"的子学传统的重振。他在《读姚铉〈唐文粹〉》中说："韩柳以下之古文，大体可谓是上承儒道名法诸子著书之意，此当是古者百家言之遗说。清儒章实斋《文史通义》，尝谓家言衰而集部与之代兴，以此论建安以下之集部，实更不如以此论韩柳以下之集部为尤贴切。"其又云："韩柳古文运动乃古者家言之复起。"①

钱氏之说，承章学诚"子史衰而文集之体盛；著作衰而辞章之学兴"②之义而来，但若从韩愈本人古文创作的精神追求来看，他的意见并不十分准确。韩愈写作古文，有深刻的思想寄托，也广泛学习"三代两汉之书"，其中当然包括先秦和汉代的子书，但是，若从韩愈古文写作的思想抱负来看，他的立意又不在"成一家之言"的子书格局。他对于中古时期的子学著述传统，有着十分自觉的回避，要理解这一点，还要回到对先唐子学的全面观察。

子学有着悠久的传统，和十分复杂的内涵，在不同的历史阶段呈现出不同的面貌。古代目录对"子部"的划分经历了由狭到广的变化，刘歆《七略》、班固《汉志》有"诸子略"一类，所著录的是反映一家一派思想学说的著作；待至《隋书·经籍志》，"子部"内容扩展得甚为丰富，《汉志》"兵书"、"数术"、"方技"三类皆囊括其中，"子部"在四部分类中，成为内容和形式相对明确的"经"、"史"、"集"之外的、内容比较驳杂的类目。

① 见所著《中国学术思想史论丛》第四册，台北，东大图书公司，1976，第82～90页。
② （清）章学诚：《文史通义·文集》，中华书局，1985，第296页。

　　虽然子部的内容在中古时期变化很大，但《汉志》"诸子略"所收录的反映一家一派之思想的著作，始终是子部的核心。先秦时期诸子之书非由一人创制，由学派中人集体完成；汉代以下，由个人独立完成的思想著作成为子书的重要形式。近人江瑔云："古人著书，必持之有故，言之成理，卓然成一家言而后可以名曰子书。"① 这反映了人们对子书核心体制的理解。

　　从写作形式上看，先秦诸子展现出极为丰富的面貌，如《庄子》之荟萃寓言与杂说的"荒唐谬悠"之辞，《墨子》之论议，《孟子》之滔滔论辩，《韩非子》之快捷犀利和杂用论难、议论多种形式，《荀子》之创为严整的说理论文，千姿百态，各擅风神。而从《吕氏春秋》、《淮南子》等秦汉之际出现的子学著作开始，汉代以下个人创作的子学论著则形成体系化、理性化、议论化的主导风格。张之洞《书目答问》在"周秦诸子"之后分类著录汉代以下的子学著作，其第一类儒家，就首标"议论经济之属"，著录有《法言》《新语》《新书》《盐铁论》《论衡》《潜夫论》《新论》《申鉴》《典论》《中论》《人物志》《傅子》《物理论》《中说》《因论》《续孟子》《伸蒙子》《公是先生弟子记》《郁离子》《明夷待访录》《潜书》《法书》《群书治要》和古格言十二论等 24 种著作。张氏曰："此类兼综事理，亦尚修辞，后世古文家，即出于此类，此类多唐以前书，故列前。"② 这些著作中的《新语》《新书》《论衡》《潜夫论》《新论》《申鉴》《典论》《中论》《人物志》《傅子》《物理论》《明夷待访录》《潜书》等 13 种都是典型的连缀专论而成的"论著"形态，正如张氏所言，这些著作构成了唐前儒家子书的主体。汉代以来，九流十家多归式微，而杂家独大，张氏于唐前杂家子书所著录的《淮南子》《抱朴子》《金楼子》《刘子》《颜氏家训》《长短经》《两同书》等也是典型的理论论著形态。由此可见，理论论著形态的子书，成为汉唐之间子学创作的重要形式。

　　这些理论子书，在写作形式上具有体系化、理性化的特点，在内容上，囊括形上之思、社会批判、立身为政之术等多方面内容，道术兼重，天人

---

① 江瑔：《读子卮言》卷二，《国学集要》二编，文海出版社，1968。
② （清）张之洞著，范希曾补正《书目答问补正》，广陵书社，2007，第 127 ~ 128 页。

并举。《文心雕龙·诸子》云"诸子者，入道见志之书"①，又云"博明万事为子"②。在写作形式上，与先秦诸子的奇伟飞动、变态百出不同的是，汉魏诸子皆以理性化之议论体式来表达，以述理为基本格局，论辩锋芒被收敛，很少使用形象化的手法，注重逻辑论证。这种体式的写作渊源，可以直接追溯于战国晚期的荀子。

荀子之文章在先秦诸子中最缺少生动的面貌，但对秦汉以后的子学论著则产生了十分显著的影响。先秦诸子散文的研究者已经指出，荀子和韩非子开创了专题论文的形式，在说理文的发展中扮演了重要的角色，但这样的认识，还可以更进一步深化。荀子以其复杂的正名逻辑、名辩思想以及以礼法为核心的政治伦理思考，创造了逻辑化、理性化的说理文形态，开辟了中国的理论化说理传统，这个传统和先秦"策"所代表的功利化现实议论逐渐形成明确的区分。同样处在战国晚期的《韩非子》虽然也受到荀子的影响，但主要接续的是"策"的传统，因此其议论说理，现实和功利的色彩较强。对于汉代以后理论化子学论著之写作方式的形成来讲，《荀子》的影响远在《韩非子》之上。

荀子之文的理性化色彩表现在诸多方面，从行文的结构上看，荀子之文表现为以陈述规范为核心的述理结构。《荀子》的论文大部分是在"述"的基本格局下展开，以"说明"和"解说"为基本的特征，文章往往围绕篇题所规定的核心论点述说众多的分论点，但分论点之间并无递进纵深的推衍关系，而是表现为一种平行、综合的结构。后世读者多期待于议论文的纵横起伏与层层深入，往往在《荀子》中觅之无踪，阅读也因之而缺少跌宕，对《荀子》文气散缓的批评，自古以来，不乏其人。

以"正名"为核心的逻辑论证，奠定了《荀子》论证方式的核心内容。荀子的逻辑论证，是以"正名"为基础而综合运用分辨与推类的方法。

荀子之文的又一特色，在于礼义之辩的理性化色彩。荀子生当百家争鸣的时代，对论辩高度重视，他提出"君子必辩"，但他所主张的，是高度理性化的论辩，要以理服人，而不主张争胜于意气。他说："谈说之术，矜

---

① （梁）刘勰著，范文澜注《文心雕龙注》卷4，人民文学出版社，1962，第307页。

② （梁）刘勰著，范文澜注《文心雕龙注》卷4，第310页。

庄以莅之，端诚以处之，坚强以持之，分别以喻之，譬称以明之，欣欢、芬芗以送之，宝之珍之，贵之神之，如是则说常无不受。虽不说人，人莫不贵，夫是之谓为能贵其所贵。传曰：唯君子为能贵其所贵。此之谓也。"①这种矜庄端诚的谈说态度，正是礼义在心、以理服人的体现。荀子认为，论辩时一定要发而合理，言得其当，其曰："君子必辩，凡人莫不好言其所善，而君子为甚焉。是以小人辩言险，君子辩言仁也。言而非仁之中也，则其言不若其默也，其辩不若其呐也。"（《非相》）②

《荀子》书中有论辩的内容，但与《墨子》《孟子》《韩非子》等书中的论辩内容相比，则文辞之犀利、意气之腾涌都十分逊色。墨子十分重视"辩"的作用，认为通过"辩"可以明是非、辨利害，其中对辨利害的强调，表达了墨子对论辩之现实作用的高度重视。因此，墨子在论辩中，时时体现出关切现实利害的紧迫感，为追求强烈的效果，有时也不免武断，例如其著名的三表法就有经验论证的局限，这些都使墨子不如荀子中正平和。《孟子》之论辩，更有强烈的感情色彩。孟子之"知言"，是与"养气"联系在一起，"浩然之气"为论辩带来了强大的气势，这与荀子的平和形成了鲜明的对比。《韩非子》之论辩，则善于揣度人心，感染情绪，时有危言耸听之笔墨，快捷犀利。《庄子》的论辩则不寻理性思辨之常路，以启发联想感悟的方式来进行。在先秦言辩风气中，荀子的论辩最为理性中正。

两汉以下理论化的子学著作，基本是在荀子之写作格局的影响下展开。

首先，《荀子》那种陈述罗列式的"述理"格局成为流行的体式。汉代以下之子书，极大地收敛了先秦诸子论辩的锋芒，其中已经很难看到墨子式的痛陈利害、论辞急迫的议论和孟子式的滔滔雄辩，更多的则是辞气十分节制的议论与辨析。例如王充之《论衡》，其讥刺时弊，有很深的现实关怀，也多有论辩内容，但在表达上比较理性节制，如《非韩》《刺孟》等篇，其辞气远未如先秦诸子那样透达无遗。至于《荀子》所运用的以"正名"为核心的逻辑论证，在汉代以下也成为子书最为常用的论证方式。当然，相较于《荀子》，汉代以后的子书增多了历史论证的内容，但对"正

---

① 王先谦集解《荀子集解》，《诸子集成》，中华书局，1988，第 54 ~ 55 页。

② 王先谦集解《荀子集解》，《荀子集解》，第 56 页。

名"的逻辑论证的运用仍然是主要的。

《荀子》中有四篇以"论"为名的篇章，创造了"述经叙理"、"辨析群言"的写作格局，这成为汉代以后理论性"论"体文的先导①。可以这样讲，《荀子》深刻影响了汉代以后文章著述中的理论说理传统，这既包括理论化的子学论著，也包括汉魏六朝时期十分兴盛的"论"体文写作。当佛教进入中国之后，佛教的思辨和荀子所开辟的理论说理传统发生了最密切的联系。

在汉代以下的士人著述中，理论化的子学著述和"论"的写作一直享有崇高的地位，《论衡》就认为"造论著说之文，尤宜劳焉"②。王充高下"文"之等第，认为"文人宜遵五经六艺为文，诸子传书为文，上书奏记为文，文德之操为文"③。显然，最上者是五经六艺之文，其次便是"造论著说"之诸子，再下则是奏记赋颂之类。汉末曹植《与杨德祖书》认为："辞赋小道，固未足以谕扬大义，彰示来世也……吾虽薄德，位为藩侯，犹庶几戮力上国，流惠下民，建永世之业，流金石之功，岂徒以翰墨为勋绩，辞颂为君子哉？若吾志不果，吾道不行，亦将采史官之实录，辨时俗之得失，定仁义之衷，成一家之言，虽未能藏之名山，将以传之同好，此要之白首，岂可以今日论乎！"④晋之葛洪亦云："正经为道义之渊海，子书为增深之川流。"（《抱朴子外篇·尚博》)⑤子书无疑作为立言的最高载体，成为立功之外人生价值实现的最重要手段。

二

从总体上看，中唐古文作者对汉代以来理论化子学论著的写作表现出明显的疏离，张之洞认为后世古文多出于"议论经济体"子书的看法是不

---

① 参见拙文《"论"体文与中国思想的阐述形式》，《北京大学学报》2010年第1期。
② （东汉）王充著、黄晖校释《论衡校释》，中华书局，1990，第867页。
③ （东汉）王充著、黄晖校释《论衡校释》，第867页。
④ （梁）萧统编、（唐）李善、吕延济等注《六臣注文选》卷42，中华书局，1987，第790～791页。
⑤ （晋）葛洪著、杨明照校笺《抱朴子外篇校笺下》，中华书局，1996，第98页。

正确的。

中唐古文运动的先驱李华、萧颖士、独孤及、元结等人，唯有元结的作品中出现了子书形态的著作《元子》《浪说》《漫说》，然而遗憾的是，这些著作今天都已散失，难以得知其具体的写作形式。

作为中唐古文运动的代表人物，韩愈曾注释《论语》，但没有撰写任何理论化的子学论著。韩愈的同道皇甫湜、李翱也未曾留下子书作品。与此稍有不同的是，柳宗元所著《非国语》汇集对《国语》的疑辩之论，其形态类似子书；刘禹锡《因论》汇集杂论之文也有子书的形态，但其杂论更类似寓言杂说，与汉人《新论》《论衡》《中论》一类子书的丰沛议论远不能相比，而且就其在柳、刘二人整体创作中的地位来看，其重要性也远不及子书之于汉人。《新论》《论衡》《中论》《典论》都是包罗作者人生社会思考且内涵丰富的长篇大帙，是作者创作的重心，而《非国语》与《因论》之于柳、刘，不过是其创作内容很小的一部分。

降及晚唐，古文运动继承者的撰作中出现了子书的身影。例如罗隐的《两同书》，其从撰写方式到体制格局都是非常典型的理论化子学论著；尤其值得注意的，是罗隐的《谗书》和皮日休的《隐书》，从内容上看，这两部书表达了作者反思社会的"一家之言"，编排形式也类似子书，与汇集作者文章作品的《罗昭谏集》和《皮子文薮》都有明显的区别。但与汉代以来理论化的子书相比，其撰写方式又十分不同，《谗书》以形象化的寓言表达辛辣的讽刺，《隐书》则以格言警句讥刺时弊，两者在今人的散文史上都被称为小品文；从创作渊源上，其与韩愈"杂说"一类的讥刺之文有直接的继承关系。这种以小品文章集结而成的"子书"，已经完全改变了汉魏以来理论化子学论著的形态。

汉魏以来与理论化子书有着密切关系的"论"体文的创作，在中唐古文作者中，也表现出复杂的接受状况。在古文先驱者中，对子书撰述最有兴趣的元结也留下多篇"论"体之文，如《漫论》《丐论》等；柳宗元、刘禹锡对"论"体文的写作也倾注了很鲜明的热情，柳宗元之《封建论》、刘禹锡之《天论》都是脍炙人口的篇章。而与之相反，韩愈则对"论"体文的写作全无兴趣。晚唐时期，"论"体文的写作在古文运动的后学中日渐稀少。总的来看，从古文运动的先驱到晚唐的后继者，对汉魏理论化子书和"论"体文有所继承，但在古文创作的整体格局中显然不占主流。

韩愈对"论"体文的写作表现出鲜明的回避。韩愈之弘扬儒道，不是以儒道自身的反思为主，而是以根本性的发明建树为特点，他使儒道复明于天下的方式，是直接呈现儒家伦理，而不愿过多关注对群言是非的讨论。在《送穷文》中，他自称"傲数与名，摘抉杳微，高挹群言，执神之机"①，而所谓"高挹群言"，就是对群言的傲视与超迈的姿态。

人们论及韩愈之论辩，多认为其艺术渊源于孟子，但韩愈和孟子之间还是有很明显的不同。孟子以"知言"、"养气"相标举，"养气"使孟子的议论具有充沛的气势，而"知言"则体现了对群言的关注，所谓"诐辞知其所蔽，淫辞知其所陷，邪辞知其所离，遁辞知其所穷"（《公孙丑》）。孟子注重辨证群言，因此他运用的逻辑手段也比较丰富，这与荀子对言辩进行辩证的态度有许多接近之处。与孟子相比，韩愈的论辩更侧重"养气"，而在"知言"的一面较少措意，其议论侧重树立自己之观点，而缺少折中群言细致辨析的兴趣，在论证方式上并不以论证手法的丰富见长。

韩文对间接论证有大量的运用，形成"不辩之辩"的特殊效果。所谓"间接论证"是一种特殊的论证方式，即间接反驳法，在《庄子》一书中有不少运用。庄子的学生称庄子之说是"谬悠之说，荒唐之言，无端涯之辞，时恣纵而不傥"②（《庄子·天下》）。庄子的论证常常超然谬悠，使人难以把握，其原因在于庄子所倡"齐物"之论是以"齐是非"为核心，因此在论辩中常常超脱论敌之"是非"而别有树立，再以此来反驳"是非"之论。庄子往往使读者先接受其"齐是非"之论，接受其超越"是非"之上的别有所寄，然后再明了"是非"之论的局限，这无疑就是一种间接反驳之法③。

那么庄子是如何使人接受和理解其别有所寄的怀抱呢？一个很重要的方式，是使用生动比喻和寓言。例如，惠子批评庄子之论在人世大而无用，而庄子则以上蹿下跳、自以为有用却踏中机关而死的狸狌以及树之无何有

---

① 《韩愈文集汇校笺注》卷 26，中华书局，2010，第 2742 页。
② 郭庆藩集释《庄子集释》，中华书局，2004，第 1098 页。
③ 张晓芒：《中国古代论辩艺术》，山西人民出版社，2001，第 152 页。

之乡，虽不能为世人所用但可以全身远害的大树做比喻，说明"无用"即"大用"的道理。《庄子》著名的逍遥境界的展示，就是间接论证的最好体现。《庄子》并非对逍遥之境做条分缕析的说明，而是直接以大鹏鸟的比喻展示其高绝的境界，对于那些怀疑这一境界的人并不直接辩论，而是以"小知不及大知，小年不及大年"来驳斥。

韩愈在《原道》中对儒道的弘扬也运用了这样的方式，此文的特点在于先树立一个绝高的"儒道"，然后使佛老不攻自破。全文的主要精力在于正面阐述儒道之内涵，这一高绝的儒道，正如"之九万里而南为"的大鹏一样，是小知如尺鷃的佛老二家所不能了解的。佛老之于儒，正是"小年不及大年"、"小知不及大知"。这种"不辩之辩"的方法，和"论"体文所强调的条分缕析与辨证群言多有不同。

韩愈的社会人生思考散见于他的各类文体之中，而五原、杂说这些集中表达社会反思的篇章，也表现出创作的随机性，手法上也明显不同于理论性著作的逻辑严整、条理明畅，其行文富于形象性的启发、暗示，思路跳脱。晚唐罗隐、皮日休、陆龟蒙等人讥刺时弊的小品文正是接续了韩愈杂文的体式，将对理性化、逻辑化表达方式的疏离发展到极致。

中唐时期，柳宗元和刘禹锡对"论"的写作表现出兴趣，但柳、刘之论与六朝之论相比，也体现出一些新的特点。六朝之论偏重玄理辨析，而柳、刘之论则着眼现实的政治、伦理等问题，不做过于苛细的理论辨析，着眼于社会现实和历史经验，改变了魏晋以来"论"体文在理论思辨上日见繁密的写作趋势。如果将柳宗元之"论"与嵇康、僧肇等人的"论"做一对比，这种变化就可以看得很清楚。

在这些"论"体文之外，柳宗元和刘禹锡对形象化和灵活的思辨之文也有浓厚的兴趣，例如柳宗元之"三戒"即以寓言传达讥世之义，《非国语》中的疑辩也写得跳脱轻灵；刘禹锡《因论》中的篇章也是以杂说的笔墨来书写。因此，从总体上看，柳、刘虽然作"论"，但六朝以来议论文字高度理论化的趋势，在他们手中还是有明显削弱。

中唐古文作者之学习子书，在文章写作上，是主要接受先秦子书之有别于汉魏子书之理性化、体系化的那些生动多样的表现手法，例如韩愈取法《孟子》，重"养气"而不重"知言"。《孟子》在逻辑上有很深的造诣，但韩愈之取法《孟子》主要着眼于气势。又如《庄子》，其变化不测的行文也融会在韩愈出人意表的构思之中。此外，先秦诸子中的寓言也引起中唐古文作者的极大兴趣。汉魏以来在荀学影响下形成的理论化论著和论文的传统，与佛教发生了最为深刻的联系，而中唐古文从先秦诸子中接受丰富的思想表达方式，改变汉魏以来的理性化格局，以先秦诸子变汉魏子学，由此形成对中古思想表达传统的重要转型。

三

中唐古文作者对汉魏子学理论化传统的疏离与变化，其原因何在？韩愈给张籍的两封信，似乎是对这个问题最直接的回答。

> 然吾子所论：排释老不若著书，嚣嚣多言，徒相为訾。若仆之见，则有异乎此也。夫所谓著书者，义止于辞耳。宣之于口，书之于简，何择焉？孟轲之书，非轲自著，轲既殁，其徒万章、公孙丑相与记轲所言焉耳。仆自得圣人之道而诵之，排前二家有年矣。不知者以仆为好辩也，然从而化者亦有矣，闻而疑者又有倍焉。顽然不入者，亲以言谕之不入，则其观吾书也，固将无得矣。为此而止，吾岂有爱于力乎哉？然有一说：化当世莫若口，传来世莫若书。又惧吾力之未至也。三十而立，四十而不惑，吾于圣人，既过之犹惧不及，矧今未至，固有所未至耳。请待五六十然后为之，冀其少过也。(《答张籍书》)①

在《重答张籍书》中，韩愈又云："然观古人，得其时行其道，则无所为书，书者，皆所为不行乎今而行乎后世者也。今吾之得吾志，失吾志未可知，俟五、六十为之未失也。"②

张籍劝韩愈"著书"，信中虽未明言是著何种之书，但从上下文推测，创作"子书"一类著述的可能性是很大的。从信中看出，韩愈是出于强烈

---

① 《韩愈文集汇校笺注》卷4，中华书局，2010，第554页。
② 《韩愈文集汇校笺注》卷4，第562页。

的"化当世"的愿望而放弃收效甚慢的"著书",这体现了韩愈弘扬儒道的宣传家气质,他希望自己攘斥异端之言,迅速变成匕首与投枪,但单纯从这一方面来理解韩愈之不"著书"并不全面。

事实上,汉魏以来的理论化子学论著,其作者无不怀有强烈的现实关怀,著作本身也并非都湮没于当世。韩愈在《后汉三贤赞》中就高度赞扬三位东汉的子书作者王充、王符、仲长统,称赞其不阿附时俗的品行与卓越的著述成就。从写作特点上看,理论子书往往用语平易,说理翔实,完全没有韩愈在抗俗自立中所形成的好为艰深与怪怪奇奇。王充《论衡》用语不尚艰深,所谓"形露易观",人或讥之;而王充则云:"《论衡》者,论之平也,口则务在明言,笔则务在露文,高士之文雅,言无不可晓,指无不可睹,观读之者,晓然若盲之开目,聆然若聋之通耳。"① 其又云:"口言以明志,言恐灭遗,故著之文字,文字与言同趋,何为犹当闭隐指意?"② 他认为,经传之文与贤圣之语之所以读来艰深,是由于"古今言殊,四方谈异"③,并非有意追求难晓。"夫笔著者,欲其易晓而难为,不贵难知而易造,口论务解分而可听,不务深迂而难睹。"④ 这样平易易晓的语言风格,显然比韩文艰深奇怪的风格更容易在社会流行,所以子书未必只能是"行乎后世"的著作。

韩愈对子书写作的回避,还要从其"文道观"之"拟圣"精神来理解。韩愈自称为文是"约六经之旨而成文",而其所发明之道,是自周公、孔子一脉相承而来。他在《重答张籍书》中说:"虽诚有之,抑非好己胜也,好己之道胜也;非好己之道胜也,己之道乃夫子、孟轲、扬雄所传之道也,若不胜,则无以为道。"⑤ 文章写作,是"六经"所承载之"道"的直接体现。韩愈之"文道观"的核心是发明圣道,是拟议圣人,这一追求体现在两个方面:第一是"约六经之旨而成文",第二是为《论语》做注,这样注释先圣的作品。

---

① 《论衡校释》,中华书局,1996,第 1196 页。
② 《论衡校释》,第 1196 页。
③ 《论衡校释》,第 1196 页。
④ 《论衡校释》,第 1197 页。
⑤ 《韩愈文集汇校笺注》卷 4,第 562 页。

子学论著立足于诸子之学，其核心精神是"成一家之言"，表达作者个人对社会人生的反思，与圣人制作判然有别。《文心雕龙·诸子》所谓"入道见志"，即指出诸子对于"道"的讨论，与抒发个体社会人生反思的"见志"紧密相联。汉唐间"成一家之言"的子书，在内容上往往不能醇守儒家，议论所及，常常博涉兼综，许多作品在古代目录中的著录，多难统一，或见于儒家，或见于杂家，如王充的《论衡》《颜氏家训》《两同书》都是很有代表性的例子。杂家中的《长短经》有不少儒家的因素，近人江瑔云："自汉以后，凡以论说名书而涉于政治者，如陆贾《新语》、贾谊《新书》、桓宽《盐铁论》、刘向《新序》《说苑》《世说》、王充《论衡》、王符《潜夫论》、应劭《风俗通义》、桓谭《新论》、荀悦《申鉴》、徐干《中论》、刘劭《人物志》、仲长统《昌言》、王通《中说》、黄宗羲《明夷待访录》之类，均当入杂家。"① 这就是着眼于上述子书博涉兼综之特点的极端性概括。汉代以下学术流派交融互涉的特点，往往集中体现在这些理论性的子学论著里。就是在中唐，对子学的论著传统并未像韩愈一样地排斥柳宗元、刘禹锡，其思想也更多地体现出相容三教的特点。可见，理论性子书的体式品格与韩愈攘斥异端的醇儒追求显然是格格不入的。

韩愈"文道观"的拟圣精神，置于汉唐时期的文化背景来看，体现出高自树立、迥脱流俗的姿态，而这样的追求，只有隋唐之际王通模仿《论语》创作《中说》，以及汉代扬雄模仿经传创作《太玄》《法言》可以相比。自汉代以来，如此的拟圣之举，饱受非议，《汉书·扬雄传》："诸儒或讥以为雄非圣人而作经，犹春秋吴越之君僭号称王，盖诛绝之罪也。"② 《四库全书提要》之作者亦颇以此为非，林慎思《续孟子》之提要云："昔扬雄作《太玄》以拟《易》，王通作《中说》以拟《论语》，儒者皆有僭经之讥，蔡沈作《洪范九畴数》，《御纂性理精义》亦以其僭经，斥之不录，慎思此书，颇蹈此弊。"③

扬雄之拟圣，建立在对诸子的自觉排斥之上，《汉书》本传言其著《法

① 江瑔：《读子卮言》卷二，《国学集要》二编。

② 《汉书》，中华书局，1962，第 3858 页。

③ 影印文渊阁《四库全书》第 696 册，商务印书馆，1983，第 619～620 页。

言》之义云："雄见诸子各以其知舛驰，大氐詆圣人，即为怪迂，析辩诡辞，以挠世事，虽小辩，终破大道而惑众，使溺于所闻而不自知其非也。"①因此，扬雄之创作，除辞赋文章，就是拟议圣制的《太玄》与《法言》，绝无子书制作。

扬雄如此著述格局，在汉代罕有其匹。提倡罢黜百家，独尊儒术之汉代儒宗董仲舒，其著述格局也绝无拟圣之心。《汉书·董仲舒传》曰："仲舒所著，皆明经术之意，及上疏条教，凡百二十三篇，而说《春秋》事得失，《闻举》《玉杯》《蕃露》《清明》《竹林》之属，复数十篇，十余万言，皆传于后世，掇其切当世，施朝廷者著于篇。"②董仲舒最著名的著作《春秋繁露》从体制上来讲属于"传记"体，而其所著"百二十三篇"上疏条教之作，《汉志》著录于"诸子略"之"儒家类"，大概与贾谊《新书》、陆贾《新语》等类似，今已不可确知其篇目内容。可见，董仲舒作为汉代儒宗，但其写作是定位在传述圣人之学的贤人著述上，其"百二十三篇"更已入于子学，所以在西汉末年，对扬雄给予高度评价的刘歆，对董仲舒的评价并不甚高。他认为董仲舒不过位在贤人，远未优入圣域。

扬雄之拟圣，是其与韩愈千载相关之所在。唐代贞元、元和之际，儒学复兴，士人屡屡标举董仲舒、刘向等人为汉代儒宗。裴度《寄李翱书》曰："董仲舒、刘向之文，通儒之文也，发明经术，究极天人，其实擅美一时，流誉千载者多矣。"③又柳宗元《寄许京兆孟容书》云："董仲舒、刘向……为汉儒宗。"④柳冕《与徐给事论文书》（文章本于教化）云："行之者，惟荀、孟、贾生、董仲舒而已。"⑤《答徐州张尚书论文书》云："文而知道，二者兼难，兼之者，大君子之事，上之尧舜周孔也，次之游夏荀孟也，下之贾生董仲舒也。"⑥《旧唐书·儒林》又云："大历、贞元间，文字多尚古学，效扬雄、董仲舒之述作，而独孤及、梁肃最称渊奥，儒林推重。

---

① 《汉书》，第 3580 页。

② 《汉书》，第 2525 页。

③ （清）董诰等编《全唐文》，中华书局，1983，第 5461 页。

④ 《柳宗元集》卷 34，第 783 页。

⑤ 《全唐文》，中华书局，1983，第 5357 页。

⑥ 《全唐文》，第 5358 页。

愈从其徒游，锐意钻仰，欲自振于一代。"①

　　然而，不难看到，在一片推重董仲舒的声音里，韩愈似从未留意于这位大儒，在其流传至今的作品中，一处也未曾提及，这与他对扬雄心追口摹的态度形成了鲜明的对比。在韩愈之前，扬雄也是屡受唐人称扬的人物，但主要是以之为文士楷模，将其置于文统之内，有人甚至对其文胜于道表达了不满。例如柳冕《与徐给事论文书》云："（文章本于教化）此文之病也，雄虽知之，不能行之。"② 韩愈对扬雄既赞其文，又高度评价其为道统之承继者，认为"己之道"，即是"夫子、孟轲、扬雄"所传之道。扬雄成为"文"与"道"的双重典范。二人千载知心的基础，正是拟圣的高绝姿态。

　　对于韩愈来讲，拟圣是以对儒学思孟传统的深入传承为基础的，思孟一派追求主体对"儒道"的内在体认，对此有关的思想史研究已多有讨论，此处不赘。值得注意的是，随着思孟心性之学在宋代的兴起，汉唐之间所流行的"成一家之言"的理论化子学论著的写作，趋于全面的式微，宋代以后的子部著作多是语录体、讲义体，以发明儒家经典之义为主，很难再见到"成一家之言"的纵横博议之制作，以至于引发后人"唐宋以后，诸子道衰"的感叹。以接续道统为旨归的韩愈，对理论体子书的排斥，似乎正是宋代以后理论体子书全面式微的端绪与滥觞。

四

　　中唐古文作者的"文以明道"观，如果放在对理论性子书自觉排斥的背景下来观察，会有耐人寻味的发现，中古文学观演变的独特风景也会从中呈现。

　　如前所述，"成一家之言"的理论性子书，在汉唐之间，一直在士人个人著述中备受尊重。在这样一个尊崇子书的创作格局里，人们对文学的认识必然要受到子书的多方面影响。汉人"篇什"文章的创作日见丰富，在

---

① 《旧唐书》，中华书局，2002，第4195页。
② 《全唐文》，第5357页。

创作方法上，子学论著的理论化、体系化也与文章写作手法之丰富多样形成对比，但在观念上，汉人是依托"成一家之言"的子书的价值体系来评价文章之价值。曹丕《典论·论文》曰："盖文章，经国之大业，不朽之盛事，年寿有时而尽，荣乐止乎其身，二者必至之常期，未若文章之无穷。"①一般认为，曹丕对文章不朽的崇高评价体现了魏晋时期强烈的生命意识，但也应该看到，在汉代以来所形成的观念中，"成一家之言"的子书正是作者实现生命不朽的最重要的载体，因此，曹丕对"文章"价值如此崇高的评价，显然可以看到"子书"影响的影子。

　　西晋以下的文论家对"文章"独立的意义有了显著的关注，萧统《文选》不取经、子、史就是集中体现。但是，在这一时期，子书的创作，其重要意义仍未消退，刘勰《文心雕龙》就是典型的理论化子书体制的作品。这一文论巨帙体系化、理论化的特点，与理论化子书的写作传统一脉相承，因此，在南朝文论家对文章的认识中，仍然可以看到子书的影响。这一问题有丰富的内涵，本文只讨论其中一个问题，即南朝文论家对"文质彬彬"中和之美的强调，与理论化子书的写作传统以及写作追求，是有密切联系的。

　　儒家崇尚为文的"中和"之美，南朝文论家多以之为文章写作之鹄的。萧统《答湘东王求文集及〈诗苑英华〉书》云："夫文典则累野，丽亦伤浮，能丽而不浮，典而不野，文质彬彬，有君子之致，吾尝欲为之"②。又《文心雕龙》标举"征圣""宗经"，原因亦在于经典之文"一则情深而不诡，二则风清而不杂，三则事信而不诞，四则义直而不回，五则体约而不芜，六则文丽而不淫"③。这种对文章"中和"之美的追求，成因是多方面的，但其中子书写作的影响也颇可注意。如前所述，汉魏以来的子书在《荀子》影响下形成理性化写作格局，其理性化的风格与儒家所倡"中和"之道颇多联系，例如《荀子》的美学思想即着眼于以礼义的"中和"之美教化人心。其《劝学》云"乐之中和也"；④《乐论》云："乐中平则民和而

---

① 《六臣注文选》卷52，中华书局，1987，第967页。
② （清）严可均辑《全上古三代秦汉三国六朝文·全梁文》卷20，中华书局，1985，第3064页。
③ （梁）刘勰著，范文澜注《文心雕龙注》卷1，人民文学出版社，1962，第23页。
④ 《荀子集解》卷1，第7页。

不流"①，"故乐也者，天下之大齐也，中和之纪也，人情之所必不免也"②。《荀子》一书所形成的理性化表述方式，在很大程度上，就是"礼义"之"中和"精神的传达。在《荀子》影响下形成的汉魏理论化子书其为文的典正质实，逐渐远离文学的抒情与形象化，但理性化表达中所蕴含的持正守中，则会影响时人的文学观念，特别是当子书的写作仍然受到高度肯定，这种影响的发生就更容易理解。

中唐古文家对子书传统表现明显排斥的韩愈，其"文道观"在很大程度上对文质彬彬之中和之美的追求，略不措意，而是强调文章对内在主体精神的传达，因此为文可以"感激怨怼"而"不悖于道"；而对子书态度比较宽和的柳宗元，其文论还是多有对为文之"中道"的肯定。柳宗元认为，古文的写作，要出之于相容众长，归本大中的心灵，为文要相容百家，对百家之个性协调与统一。他提出作者的最高境界应当是兼擅，而偏至则为逊色，所谓"文有二道：辞令褒贬，本乎著述者也；导扬讽谕，本乎比兴者也……兹二者，考其旨义，乖离不合，故秉笔之士，恒偏胜独得，而罕有兼者焉。厥有能而专美，命之曰艺成。虽古文雅之世，不能并肩而生也"（《杨评事文集后序》）③。在《柳宗直〈西汉文类〉序》中，柳宗元谈到历代文章之优劣时说："殷、周之前，其文简而野；魏、晋以降，则荡而靡，得其中者汉氏，汉氏之东，则既衰矣。"④ 这里，他认为汉代的文章以其文质兼备而代表了文章完美的中道；他反对专尚骈俪的风气，认为"专务辞藻"，使文章陷于一偏，背离中道，因此就不能实现"明道"的目的；他批评魏晋之后的文章"荡而靡"，就是不得文章之"中"。

柳宗元的态度受子学的影响，往往会强化对"中和"之美和为文之"中道"的肯定，而韩愈对"中和"之美的疏离，则是子学与中和美学趣味之联系的反面体现。

中唐古文的"文道观"不再像子书作者那样高度强调文章与个体生命价值的联系，而着眼于"文以明道"的使命感，文章与圣人之道相连，有

① 《荀子集解》，卷14，第253页。
② 《荀子集解》，卷14，第253页。
③ 《柳宗元集》卷21，中华书局，1979，第579页。
④ 《柳宗元集》卷21，第577页。

时这种使命感表现为受命于天的姿态。例如韩愈的《送孟东野序》就强调，孟郊是受命于天，以其才华鸣于当世之人，"其在上也奚以喜，其在下也奚以悲"，"东野之仕于江南也，有若不释然者，吾道其命于天者以解之"①。

宋代以后，理论化子学论著完全式微，语录体、讲义体成为子学思想著作的核心形态。唐代以前，集部创作虽日益兴盛，但"成一家言"的神圣使命还是由"子"来承担；宋代以后，子部集中于对经典，对圣人之义的分析发明缺少独立创制的体式，个人的"成一家言"更多地改由文集撰作来完成，因此"集"的意义显著上升。中唐古文正处在这个"子"、"集"消长的重要变化环节中。

本文原刊于《中国文学：经典传承与多元选择》（社会科学文献出版社，2016）

---

① 《韩愈文集汇校笺注》卷9，中华书局，2010，第983页。

抗日战争时期陆游爱国诗词的影响与接受

郑永晓*

陆游诗词在近现代以来的传播、影响与接受研究，近年来持续受到关注。然而，像陆游这样一位具有深广影响力的伟大作家，其作品的传播、接受涉及很多方面，在不同的时代、不同的学术背景下有可能显示出不同的特点。笔者以为，民国时期由于白话文的兴盛和新文学的繁荣，古代作家如陆游等并非处于可以发挥最大影响力的时代，但是由于日本军国主义的入侵，中华大地为救亡图存，掀起了持续十余年的抗日热潮。而陆游作为一名南宋时期著名的倡导北伐、抵御外侮的爱国作家，其爱国事迹和相关作品在抗日烽火中广为传播，具有一定的必然性。适逢抗战胜利七十周年，总结陆游的爱国作品在那个特定时代对民心的鼓舞激发作用仍具有一定的意义，故笔者不揣谫陋，对于这个时期报刊所载有关陆游的作品稍作梳理，以就正于方家。鉴于1931年"九一八"事变后，中国的局部抗日已经开始，报刊上张扬陆游爱国精神的文章亦逐渐增加，故拙文所论，时间范围限定于1931年"九一八"事变至1945年8月抗战胜利期间。

---

* 郑永晓，中国社会科学院文学研究所研究员。

一　报刊文章中有关陆游爱国诗词的评论

"九一八"事变后，东北全境迅速沦陷为日本军国主义占领区。东北军的不抵抗和殖民统治的现实激起广大民众的强烈反抗。抵御外侮、救亡图存成为所有爱国民众的共同选择。以抗日为主要内容的各类报刊纷纷问世，老牌的报刊更及时调整版面，大量刊登以抗日为主题的作品，文学在这个特定的时期被赋予一种保持民族血脉的历史使命。除了以新文学形式鼓吹抗日的旋律以外，历史上的爱国作家当然也受到了前所未有的重视。陆游就是其中之一。

万启煜《爱国诗人陆放翁》是"九一八"事变后较早发表的以弘扬陆游的爱国精神为主旨的文章。该文分析了陆游所处的社会环境、交游、家庭、性格等因素对陆游成为一名卓越的爱国诗人所产生的影响；对陆游诗风的渊源也有较为详细的分析，以为"放翁为诗，虽步趋江西派，而高瞻远瞩，取法乎上，于杜子美备极崇仰"。关于陆游的爱国作品，作者以为"放翁痛金人之蹂躏中原，慷慨激昂心血喷薄之文字，尤使读者于心灵深处，得一深刻印象。千载而下，生气盎然"[1]。其鼓舞民众学习陆游、奋起抗日的意图不言自明。上海《星期评论》在1932年第1卷第四、五、六期中连载署名愚川的长文《亘古男儿一放翁》。文章对南宋偏安朝廷苟且度日的社会环境和陆游忧心如捣、愤慨填膺的心境作了详细阐述。颇为值得注意的是，此文配发的图片，居然是题为"抗日大刀队"的照片，笔者相信这并非误置，而是有意为之。文章的结尾说："放翁是一个侠骨义肠的爱国男儿，是一个精诚贯斗牛的大丈夫。"而"在这个年头的中国，帝国主义者的铁蹄，无时无刻不向我们踏下来。最近更有日本强占东三省的奇耻大辱。然而国内的军阀却依旧在钩心斗角，争权夺利；官僚却依旧是因循坐误，不思振作"。"在这个时代，陆放翁便是我们的好模型……他大胆地暴露了当时一班武人政客和布尔乔亚的丑态，他成功了一个革命的爱国的诗人！"[2]

---

① 万启煜：《爱国诗人陆放翁》，《津逮》1932年第2期。

② 愚川：《亘古男儿一放翁》，《星期评论》1932年第1卷第4期、第5期、第6期。

虽然使用"布尔乔亚""革命的爱国的诗人"这样的词汇是否合适还可商榷，但是文章作者那种希望借陆游以批判现实、鼓舞民众的热切情怀还是值得赞叹的。与此文类似，金易《介绍另一个爱国诗人——陆放翁》对当时文坛上充斥着靡靡之音的现象深感忧虑："在只有一线希望的青年身上，犹不竭施行颓废思想的注射，结果只日促其亡。"而陆游"虽然是一个文人，但他念念不忘国难""他对于往事如两主蒙尘偏安江左，时露嗟叹之感"。此文的特点主要不在于对陆游的赞颂，而是以陆游的作为反衬在民族危亡时刻仍然沉浸于吟风弄月者，认为陆游的"安能空山里，冻研哦清诗""真骂尽了中国几许诗人词人！"①

振甫《爱国诗人陆放翁》也是一方面批评政府的软弱无能，一方面借陆游的爱国诗篇鼓舞民众尤其是青年人的士气。此文《引言》即称"外族的铁蹄向我们中华民族作极度的蹂躏，在历史上已是指不胜屈了。每逢懦弱无能的政府，往往用和亲割地等等来求苟且的偷安，在中华民族的历史上留着极大的污点"。而"现在外族的铁蹄又在向我们作竭力的蹂躏了，我们民族已到了生死的关头"。文章对当时文坛上流行的所谓为艺术而艺术的风气极为不满，纪念陆游就是要"反对一班躲在象牙之塔里，唤出为艺术而艺术的懦弱者'，"反对空谈"、鼓励青年们像陆游那样去参军，以实际行动拯救民族的危亡。②陈丹崖《民族诗人陆放翁》认为，在南宋士大夫啸傲湖山、玩偈岁月的悠悠环境中，仍有一位"富于民族意识、怀抱满腔爱国热诚的诗翁陆放翁氏"，其"流风余韵遂产出宋末文天祥、谢翱、许月卿、谢枋得、郑所南、汪元量一班爱国诗人……故放翁虽未达其北伐中原之目的，然民族精神方面，确受着他的感化力不小"。文章最后指出："自唐以来，诗人善写征人之苦、战事之惨，如杜工部一派所作的《石壕吏》、《新婚别》、《新丰折臂翁》等是。这一派诗风虽也出于民胞物与、忧民至仁的诚衷，然较之放翁的悲民族的沦亡，其高下固自有别。此又为放翁的伟大处。"③从思想视角看，陆游与杜甫相较是否有高下之分，未必如作者所论。

---

① 金易：《介绍另一个爱国诗人——陆放翁》，《十日》1932年第3卷第46期。

② 振甫：《爱国诗人陆放翁》，《读书中学》1933年第1卷第3期。

③ 陈丹崖：《民族诗人陆放翁》，《中央时事周报》1934年第3卷第23期。

但是，如果说陆游悲慨民族沦亡、疾呼抵御异族侵略的思想境界与老杜民胞物与的思想同样伟大，则应大体不误。文章述及陆游对南宋末年爱国志士的深刻影响也颇有见地。韩敏《读陆游〈书愤〉书后》指出："现在东北四省版图异色，华北亦岌岌不保。关塞长城之险，敌我共之，与北宋相较，正复相似。今读其诗，安能已于感慨乎！"① 均属以陆游的爱国诗词作为激发民族抗争之心的精神食粮，倡导广大民众积极投身于抗日救亡的行动中。

这些文章在分析陆游的爱国诗篇时，非常注重强调时代的影响，以为陆游与时代的脉搏息息相通。同时也会强调风雨飘摇的南宋与抗战时期遭受外侮的中国多有类似之处，并号召处于民族危亡的广大民众以陆游的诗篇为号角，发起反对侵略的冲锋。如蛰复《爱国诗人陆放翁》在《引言》中指出："伟大的文学作品，往往可以成为一个时代的思想史；同时，从伟大的文学作品里，也有发现那作者的时代和生活的背景之可能。""而在南宋时代，才能产生爱国诗人陆放翁沉雄悲壮的诗。"在对陆游的各类爱国诗词予以梳理后认为"他的生命代表的伟大文学作品，直到现在，或许永久不死啊！"② 将经典文学作品对后世的影响上升到思想史的高度，无疑是很有见地的。陆游对后世的影响绝对不仅仅限于文学领域，而可能对一个时代的思想文化潮流起到导夫先路的作用。与此相类似，孙仰周《爱国诗人陆放翁》强调作为时代歌者的陆游同样是当下这个时代的战鼓，指出"陆放翁和我们一样地生在一个'国破山河在'的时代"。而"诗人是时代的歌者，他与时代的动脉息息相通，所以他是时代的反映镜"。这样一位爱国诗人的光芒是永不褪色的，因此"他爱国的热诚变成历史的辉煌，他的躯体已结成民族的金光。他的诗歌是我们新时代的战鼓，是我们复兴民族的急先锋，是我们民族生命的火光"。③

在这一时期介绍陆游的文章中，以"爱国诗人"冠诸标题者即有十余篇之多。这些文章通过陆游的爱国情怀试图激起民众奋起反抗之心的意图也十分鲜明。如陈松英《爱国诗人陆放翁》开篇即云："今日正国势飘摇之

---

① 韩敏：《读陆游〈书愤〉书后》，《慕贞半月刊》1937 年第 3 期。
② 蛰复：《爱国诗人陆放翁》，《行健月刊》1935 年第 6 卷第 6 期。
③ 孙仰周：《爱国诗人陆放翁》，《青年文化》1935 年第 2 卷第 3 期。

际，民流板荡之时，士气消沉，无蓬勃之象，国家多故，多亡灭之征。"以为诗人睹物伤情，发为吟咏，或沉痛悲郁，或雄壮激励，而能使人生爱国之情。而"放翁诗佳处，全在国家思想浓厚。其爱国诗乃放翁第一等好诗"。文章结合当时的形势分析说："吾国处今日之厄，岂可自颓其志，甘自暴弃？况人心尚未全死，正当提倡多读爱国诗文，以激发民气，鼓励民心。""爱国诗放翁诗集甚多，此吾人不可忽略者也。"① 孙明梅《爱国诗人陆放翁》对陆游作了极高的评价，以为"陆游不但是南宋唯一的伟大诗人，即以全宋来论，也没有像他写作的清丽可喜，激烈雄壮的。这完全由于他天才的具备，境遇的背景吧!？真所谓千古诗人一放翁。"读陆游诗，"更使我们知道遗民盼望年复一年的悲哀了。东北在关内的同胞们，还能想起你们的家属亲邻？关内的人士，还能想象到我们亡省的同胞今日的苦难，悲哀，可怜!"② 文章实际上是以陆游的诗歌作为启迪民众投身抗战、恢复东北的号角，因此虽然对陆游地位的评价不免稍欠妥当，也是可以理解的。另有王荣棠的同名文章从"放翁遭逢的时代""学诗经验谈""爱国诗""学养生""放翁与韩侂［佗］胄之关系"五个方面对陆游作了比较全面的阐述。认为陆游"那种忠义豪迈的气概，烈火般的爱国热情，发为灏漫热烈的呼声，已非仅仅描写田园景色所得限住。'爱国诗人'这个称号对于他，是很恰当的"。"放翁对于驱逐胡虏，不仅是徒怀有热烈的爱国心，而实抱有灭胡必成功的信念。"③ 发表这篇文章的刊物名为《经世战时特刊》，虽说刊物名称、性质与其中的内容不能完全等同，但我们仍可从该刊名称看出刊物的性质、宗旨以及这篇文章的大致倾向。给陆游冠以"民族诗人"称号的情况也时有所见。如徐北辰、胡才父有同名文章《民族诗人陆放翁》，徐文在"结语"中指出："陆放翁是当得起一个'伟大的民族诗人'的尊称的。南宋时代外寇的深入，和我们目前的局面正复大同小异，陆放翁的悲愤也便是我们今日的悲愤，陆放翁的呼喊也便是我们今日的呼喊！我们应该读陆放翁的诗而鼓舞，而振奋，而努力!"④ 胡文以为，"游生当乱

---

① 陈松英：《爱国诗人陆放翁》，《学术世界》1936 年第 1 卷第 10 期。
② 孙明梅：《爱国诗人陆放翁》，《现代青年》1937 年第 7 卷第 3 期。
③ 王荣棠：《爱国诗人陆放翁》，《经世战时特刊》1938 年第 29 期。
④ 徐北辰：《民族诗人陆放翁》，《逸经》1937 年第 31 期。

世，强敌侵陵"，"弥留之顷，犹拳拳于国土之未恢复，此老真可谓爱国情殷，忧时心切者矣"。① 皆系以陆游为号召，以鼓励民众奋起抗日为宗旨的文章。

　　将陆游所处的南宋与时局进行比较并提醒民众抗战时局之危更甚于南宋，是很多文章的共同特点。叔东《从陆放翁底诗中说到他的爱国思想》在分析了陆游多篇爱国诗作后指出："现在的中国较放翁时的南宋，更要危于累卵，日本压迫我们，较之金人更胜几千万百倍。""自九一八到现在，中国又不知发生好多的风波，国人个个都像'噤若寒蝉'不问不闻，再也没有放翁第二提起他的破嘶的嗓子狂呼大叫！给一般醉生梦死的一服兴奋剂！"② 作者期待着在关乎民族生死存亡的危机时刻，能够出现陆游那样的爱国诗人，大声疾呼，唤醒民众麻痹的意识，投入到保家卫国的行动中去。又如陈福熙《忧国诗人陆放翁》在对陆游诗的渊源、诗歌风格、词作、婚姻等作了比较详细阐述的基础上，也于文章末尾将陆游所处的南宋和当日抗战的局势作了类比，指出："环顾国内，正是烽火连天，贼寇暴行，所谓昔日的中原，到今日又是谁家天下？倭骑驰骋，满目疮痍。想今日国事之危，更有甚于南宋者。""如果我们今天来读放翁的诗，灭倭的热诚便油然而生，他那激昂的词句，使我们勇敢起来，坚强了我们抗战的心理。"③ 此文刊发于《战时中学生》上，则作者是把陆游的爱国精神向中学生传布。陈氏还撰有《南宋爱国诗人——陆放翁评传》（载《民族正气》1944 年第 2卷第 1 期），可见他在宣传陆游的爱国气节方面不遗余力。

　　值得注意的是，由于当时的特定环境，多数介绍陆游的文章存在着简单、粗疏、欠缺学术性等弊端。但是并非所有文章都如此，相当数量的文章还是认真撰写且具有一定学术水准的。例如国内首创综合性大学学报模式的上海圣约翰大学主办《约翰声》杂志刊发的府丙麟《陆放翁诗之研究》，即是一篇较有学术水准的论文。该文在引言中首先阐述了唐宋诗之嬗变，以为明七子"诗必盛唐"之说不符合诗歌发展规律，"盖诗至唐而极

---

① 胡才父：《民族诗人陆放翁》，《浙江青年》1936 第 2 卷第 12 期。
② 叔东：《从陆放翁底诗中说到他的爱国思想》，《安乡旅省同学会会刊》1936 年创刊号。
③ 陈福熙：《忧国诗人陆放翁》，《战时中学生》1939 年第 1 卷第 4 期。

盛，极盛则不能不变……南渡而后，放翁卓然大家。其诗清新刻露，出以圆润，弃宋诗生涩之途，自辟一宗；而其感激豪宕，忧时爱国之见，充溢篇章。其汗漫热烈之情绪，郁塞磊落之风概，可以激我民气，振斯叔季，又岂得仅以诗人目之哉！"可谓言简意赅，在唐宋诗之争的背景下，拈出陆游诗的独特个性及价值。正文则分"放翁之时代及事迹""放翁之诗"两部分详加阐述。论其渊源，则以为"放翁之诗，虽宗工部，而旁采杂收，其源渊博"。论其诗风递嬗，则以为"放翁诗凡三变"："其前期诗，以才气超然，颇能自出机杼，尽其才而后止。虽摹仿前人，而不落窠臼。""入南郑军中，而境界遂变。盖遭时势之逼迫，兼以意气豪迈，志存戎轩……是以多感激豪宕之作。""及乎晚年，致仕里居，啸咏河山，流连景物……浸馈陶诗，故诗境又变。看似平淡，而意指深湛。"论陆游诗长处，则从"慷慨沉郁""清真温润""浑成典雅""作诗繁富"等四个方面分而论之。皆能熔铸群言、委曲详尽。文章反复强调，不能仅以诗人看待陆游，最后感叹："吾人目睹今日之中国，山河破碎，外辱纷至。一展剑南诗稿，读此沉痛文字，有心人岂止纵声一哭已耶！"① 显示作者既从学术上深入研讨陆游的时代与作品，又能归结到抗日背景下，陆游的爱国诗篇对人的感发激励作用。所言深切入理，非泛泛之论可比。与此文相类似者为汪统《陆放翁诗之研究》，作者对陆游评价极高，以为自唐李杜之后，后世学者不出乎此二宗："或得李形，或得杜貌。而欲求其兼得者，鲜矣！而欲求其兼得其全者，益鲜矣。无已，其放翁乎！"论文分"放翁之身世""放翁诗之渊源'"放翁诗之三变""放翁诗品"四部分论之。于渊源，以为"放翁学于曾几，曾几学于山谷。山谷学杜，几亦学杜，放翁亦学杜……独放翁得少陵正气而发之于诗"。此外，李白、陶潜、岑参等亦曾影响于陆游。而陆"虽受各家影响，而绝不拘泥因袭"。于诗风变化，以为"初喜藻绘，中务宏肆，晚归恬澹"。于陆游诗品，则从格调、用意、遣词、数量四个方面论之。于遣词，则拈出平易、悲壮、俊逸三个特点。在阐述陆游诗之"用意"时，第一即为"爱国精神之暴露"，以为"放翁怀才不遇，而其爱国之心，未尝一日泯也。故壮岁多为壮烈之诗"，"既晚岁老退后，犹频频回首"。又引《诗筏》

① 府丙麟：《陆放翁诗之研究》，《约翰声》1936年第48卷。

语评论《示儿》等诗"孤忠至性，可泣鬼神"。① 足见作者对陆游爱国作品评价之高。

施仲言《南宋民族诗人陆放翁辛幼安之诗歌分析》是一篇颇具特色的长篇论文。作者对南宋两位著名爱国作家陆游与辛弃疾进行了细致的比较，分析其诗词中所代表的民族意识及其人生和艺术境界的异同。以为陆游"以国家之生命为生命，一生充满恢复之热忱，而不为时代所知。晚年为爱国热情所驱，出佐平原。而当时道学中人，目之为堕节。至死时犹以不见九州同为恨以示子孙。由此可见其爱国热情，实为古今罕见之惟一之民族诗人"。文章对陆游与韩侂胄的关系有详细的考辨，认为陆游出佐韩氏，实冀以"成恢复之大业。此乃为国家而出，非为利禄所摇，威武所屈，更非平原之党徒也"。② 所论深透明白，有理有据，兼具淹博与精审之优点。戚二《陆放翁诗的分析》也是一篇较长的分析陆游诗歌的论文。作者分析陆游作品不易学的原因时认为"他的诗词是对着世纪末叶的恶景象发出的强烈的悲壮感慨的浩歌；它不是白兔的哀吟，或羔羊的低泣，他是天马被世俗人羁绊着时的壮烈的长啸。这不是普通人所容易描摹到的性情，这才是他不易学不可学的地方。"另一方面，因为时局没什么希望，他"不得不压抑着激昂的情绪，转成了恬淡的人"。"无论一草一木，或山或水"，"以及不干己事的野老、山僧、渔夫、樵子，都一一收入了他底诗囊词箧"。"虽然所言各殊，但总有一种语真情挚，描写入微，闲适飘逸的境界蕴蓄着。读之如嚼冰梨，入口毫无渣滓，但有余芳"。"这也是常人不能故意描摹得到的境界。"而这些特质不关乎遣词古拙，穷年雕琢。作者以为，"放翁虽源溯江西，但遣词浑成，毫无许丁卯气息"。③ 文章对陆游诗的渊源及两种类型的分析均深切独到，简洁精审。此文作者自十七八岁时即醉心于放翁诗，故所论出自个人深切体验，且具有一定的学术水准。

当然，也并非所有学者都对陆游有如此高的评价，唐宋诗之争延续了近千年，历代不喜宋诗者颇不乏人。但尽管如此，陆游的成就还是难以贬

① 汪统：《陆放翁诗之研究》，《约翰声》1937 年第 47 卷。
② 施仲言：《南宋民族诗人陆放翁辛幼安之诗歌分析》，《文艺月刊》1937 年第 11 卷第 1 期。
③ 戚二：《陆放翁诗的分析》，《春秋》1944 年第 1 卷第 8 期。

抑的。著名学者李长之《"陆放翁之思想及其艺术"序》是为郭银田氏著书所作的序言。李氏本人对宋诗评价不高，但认为"陆游总算是豪杰之士。以人论，他时刻有一种家国之感，而且是出于至诚"。"以诗论，我的感觉是勤快和亲切。""读到他的诗，就让我们宛然过一种淳朴、平静，却又偶而激起壮志凌云的梦的老儒似的生活。"① 这个评价多少有一些矛盾，既然陆游"时刻有一种家国之感，而且是出于至诚"，又怎会只是"偶而"才激起读者的壮志凌云之感呢！

以赞美陆游爱国精神、民族气节为主要内容的文章，笔者所见尚有陈为纲《民族诗人陆放翁述评》、叶郁鎏《爱国诗人陆游》、邹珍璞《陆放翁诗中所表现的民族思想：民族诗人研究之一》、蝶兮《爱国诗人：陆放翁》等②，篇幅所限，只得从略。

二 旧体诗词中陆游爱国诗词的接受与评价

近代以来，新文学借由白话文的兴起而蓬勃发展，成就巨大，逐步占领了文坛主流地位。然而另一方面，以传统诗词为代表的旧体文学也并没有退出历史舞台，仍有数量不菲的作家、民间诗词爱好者喜好这种传统文学体式，创作了大量旧体诗词作品。近年来，学界逐步注意到这种旧体文学的价值并予以研究。具体到陆游在这一时期的影响与接受而言，不仅如前述有很多文章方面的阐述，旧体诗词创作中表现出的对陆游的热情也不遑多让，而且这些诗词作品并非完全出于学者、专家之手，很多作品表现了普通读者对陆游的感怀和景仰，因而值得予以特别关注。

该时期旧体诗词中有关陆游的作品大致可分为读后感、依韵、用韵、次韵、拟作等几大类。

以陆游事迹为题材，或者读陆游诗词后有所感慨且以诗词形式表达出来的例子最为多见。如豁然《闻子明咏放翁诗》云："书生亦有英雄气，浩

---

① 李长之：《"陆放翁之思想及其艺术"序》，《东方杂志》1943 年第 39 卷第 1 期。
② 分别载于《协大艺文》1937 年第 6 期《丽泽》1937 年第 6 期《新认识》1943 年第 7 卷第 1 期《胜利》1945 年第 5 期。

浩黄河万斛愁。北望中原今跃马，一声边雁一声秋。"① 不仅视陆游为英雄，又以黄河之水形容他的愁，则其力图恢复中原而实际上无可奈何的忧伤与怨恨可谓大矣。邝和欢《读剑南诗》"我读剑南集，如病霍然起。放翁非诗人，乾坤怀燮理。壮志寄游览，慷慨词托旨。故曰窥宏大，学诗诗外始。乌呼时贤语，雕虫犹不似。"② 大意谓作者读陆游《剑南集》，如大病中霍然惊起。因为他感觉到陆游不仅仅是一名诗人，而且是怀抱治国理政之壮志的贤才。他所言"汝果欲学诗，工夫在诗外"才是学诗的真正法门，对陆游的诗学思想和凌云壮志都表示出由衷的钦佩。骏丞《读放翁诗感赋四绝》其第四首云："南渡君臣春梦婆，休言铁马横金戈。凭谁细说沧桑恨，留待衰翁一钓舸。"③ 对南渡君臣偏安一隅，苟且偷生给予抨击；对陆游壮志难酬、空留遗恨深表同情。佚名《读放翁集》"平生未遂澄清志，痛写商声寄叹吁。万里秋风天地肃，一声鹤泪海云孤。老希李广心逾壮，冢傍要离死有徒。最是沈园花落后，春波倩影两模糊。"④ 以要离、李广等历史上有血性的人物为衬托，凸显陆游一生壮志未遂，赍志以没的悲凉。佚名《读陆剑南诗集》"步骚梦雅补何曾，老泪犹闻哭杜陵。自古诗人非始愿，可怜南渡望中兴。"⑤ 同样寄寓着作者对陆游未能看到河山恢复的悲哀之同情。

在喜爱陆游、以陆游的爱国诗词激发民众抵御外侮的诗词作者群体中，也不乏诗词名家或名流。如陈家庆《碧湘阁词稿：读放翁剑门诗》云："细雨骑驴客，秋风入剑门。百年伤远役，万里滞□魂。短鬓余霜影，征衫半酒痕。词源三峡水，佳咏满乾坤。"⑥ 此诗虽未对陆游爱国壮志有突出的描写，但全诗迭用陆游在剑南的诗句为典故，仍会令人联想到陆游为抵御外敌，远赴四川，从军南郑等事迹。张昭麟《题渊明太白少陵昌黎东坡放翁诸家诗后二十二首》中有三首为陆游而作，其中前二首诗云："少日从军向

① 豁然：《闻子明咏放翁诗》，《枕戈》1932 年第 1 卷第 2 期。
② 邝和欢：《读剑南诗》，《文史汇刊》1935 年第 1 卷第 1 期。
③ 骏丞：《读放翁诗感赋四绝》，载《民生》1936 年第 37 期。
④ 佚名：《读放翁集》，《红蓼》1938 年第 1 卷第 1 期。
⑤ 佚名：《读陆剑南诗集》，《南社湘集》1936 年第 6 期。
⑥ 陈家庆：《碧湘阁词稿：读放翁剑门诗》，《国闻周报》1936 年第 13 卷第 48 期。按：陈家庆（1903～1970），女，字秀元，号碧湘，湖南宁乡人，诗词兼善，著有《碧湘阁集》。

剑南，中原未复客情酣。读书岂是先生志，无奈晚归老学庵。""六十年中万首诗，诗中每恨出师迟。分明此事死无望，犹望他年家祭时。"① 此三首诗以陆游从军南郑、一生万首诗、晚年读书老学庵等情事为题材，对陆游一生忠心报国，却又一次次地失望，直至临终犹嘱托其子孙以恢复中原相告等深表赞叹与哀伤。朱右白《读放翁集》有"少年常具伊吕志，艰难不见胡运终""只手未能扶日月，坐惜陆沉伤鼎欹"等句②，对陆游空有凌云壮志，未能看到净扫胡尘的悲哀寄寓着深深的同情和哀叹。此篇虽未直接表达陆游抗金与当时抗日的关联，但陆游的情怀和遭遇仍会令人联想到当日国家的危难和救亡的紧迫。

诗词创作中有所谓依韵（又称原韵、同韵）、用韵、次韵等。依照陆游的诗而依韵、用韵、次韵者颇不鲜见，同样反映了抗日背景下，广大民众以各自的武器积极参与救亡图存的情况。

如《光华大学半月刊》曾经刊载署名朱时隽的七绝六首，其中四首"次剑南韵"，分别为《悲秋》《倚阑》《读书》《海棠》。《悲秋》云："梧桐落叶已知秋，海上孤羁类楚囚。国破山河谁爱惜，最难驱遣病中愁"（末注："九一八二周纪念卧病沪同仁医院"）。作为一名卧病在床而相当无助的病人，时当日军侵入东北两周年之际，发出"国破山河谁爱惜，最难驱遣病中愁"之慨叹。其他三首的关注点则在陆游诗的写景或陆游喜读书等方面，刻画景物优美，风格缠绵婉媚、韵味十足，如《海棠》云："一枝红艳称南国，近日还应恋旧荫。金屋有人能贮汝，无香谁会此幽深。"③ 芳馨悱恻，婉约娴雅，显示出作者在学习陆游时并不拘于一格。励平《海上义战行·因南宋爱国诗人陆游楼上醉书及长歌行原韵各一首》以陆游诗的韵脚写当日抗战之情事，兹抄录其第一首："丈夫不虚生世间，决意讨倭收江山。坦克达姆尔何物，铜筋铁骨壮士颜。坚甲利兵亦何有，万夫莫当此雄关。三军将士共生死，赤心报国血和潜。杀贼何须更渡海，倭奴头颅倾国

---

① 张昭麟：《题渊明太白少陵昌黎东坡放翁诸家诗后二十二首》，《民族诗坛》1939 年第 2 卷第 3 期。按：张昭麟，字圣之，白族，云南剑川人，近代著名教育家、诗人。

② 朱右白：《读放翁集》，《说文月刊》1940 年第 1 期。按：朱右白有《中国诗的新途径》等著述。

③ 朱时隽：《次剑南韵》，《光华大学半月刊》1933 年第 2 卷第 2 期。

买。铁脚夜眼神仙肚，捷书飞来齐喝彩。十九路军民族光，挞汝倭国军阀狂。国仇重重何日忘，炎黄英灵在我旁。"① 热情歌颂了十九路军赤心报国、英勇杀敌的事迹。此诗所刊发的栏目名称为《国难文学》，则栏目倾向及其作品的宗旨不难想见。

每逢陆游生日时雅集赋诗，在民国时期的报刊上也屡见不鲜。如《铁路协会月刊》1933 年第 5 卷第 12 期中即载有张仁父《陆放翁诞日青溪诗社雅集以放翁生日诗分韵代拈得浪字》、弗怡《放翁生日燕集分韵得时字集剑南诗句成七律一首》、刘筠友《陆放翁生日分韵得犹字》、惕三《癸酉夏历十月十七日为放翁生辰青溪同人称觞致祝用放翁生日诗分韵拈得事字》、弗怡《寿楼春·放翁生日燕集分韵得时字》、忏盦《声声慢·放翁生日颍人召集青溪社分韵赋诗未赴鹤亭为拈得帅字因成此词》等。其中张仁父诗有"太息问何年，道与天宝况。国耻追靖康，辽东不可望"之语。惕三之作则首先感慨陆游爱国之志："放翁素具忠爱志，才气纵横见文字。""胡骑踏遍河南北，国势日蹙江山异。公以歌咏鸣不平，秋风团扇感身世。"继云："我生公后八百载，遭际尤甚宋时势。廿年纷乱不曾休，内争且召外寇至。""吾侪空有报国心，亦欲效公托讽刺。"学习陆游以文学为武器，劝谏统治者，抵御外侮的旨趣十分鲜明。颍人《十月十七日青溪诗社同人为陆放翁先生作生日分韵得入字》是一篇古体长诗，详细描述了陆游自出生至终老八十余年的生活历程，其中有"童时我爱放翁诗，手自精抄珍什袭""翁生宣和太平时，九庙有知神已泣。积薪厝火曾几年，橐驼满都豺在邑""坐看中原落人手，我似霁山同感恫""与翁旧有香火缘，式瞻遗像高风挹"等句②。足见作者自幼喜读陆游作品，对陆游"坐看中原落人手"的悲伤感同身受。

拟作则是一种代言体，即诗人假装他人的身份而写作。此处具体说来即现代诗人把自己作为陆游的替身而写诗。如三好《拟放翁体》"揽镜颓然一老翁，自疑难见九州同；苦心画策浑无当，舒意为诗岂便工？从骑当年

---

① 励平：《海上义战行·因南宋爱国诗人陆游楼上醉书及长歌行原韵各一首》，《励志》1936年第 4 卷第 30 期。

② 颍人：《十月十七日青溪诗社同人为陆放翁先生作生日分韵得入字》，《国闻周报》1934 年第 11 卷第 7 期。

惊射虎，儒牛终竟落雕虫！生平不屑新亭哭，南渡衣冠晚并空。"① 以简约的语句回忆陆游一生苦心孤诣谋划恢复中原之策、南郑射虎等事迹，以及老来衰颓不堪，难见收复中原、必将赍志以没等种种情事。全诗既含有对陆游一生壮志难酬的同情、哀叹，又因为是以陆游的身份拟作，故语调反讽，含有替陆游自嘲的意味。愈发显出陆游的无奈、哀伤。

集句虽然难以称得上是一种文学创作，不过凡集句者都必须对前人的作品极为熟悉，故于研究前人作品的传播及接受仍具有一定的参考价值。抗日战争时期，集陆游诗句以表达爱国情怀的作品颇多，例繁不备举，仅录黎晋伟《悼张自忠将军：集陆放翁句》作为示例：

（一）

山郡新添画角雄，酒酣看剑憬生风。
天地何由容丑虏？死去犹能作鬼雄。

（二）

可怜万里平戎策，要挽天河洗洛嵩。
战场横尸胜床第，但悲不见九州同！②

此处系辑录陆游《八月二十二日嘉州大阅》《病起书怀》《九月二十八日五鼓起坐抽架上书得九域志泣然》《书愤五首·其二》《夏日杂题》《前有樽酒行》《示儿》等七首作品的诗句而成。虽非自我创作，但以陆游的诗句悼念为国捐躯的张自忠将军，无论对陆游或对张将军来说，不也是很贴切的吗！

陆游在抗战时期的热度是特殊时期陆游影响力的一次集中爆发，上述有关抗战时期涉及陆游的论文、评介、传记、读后感、唱和诗词等还有很多，本文所述及者，不足这一时期有关陆游作品的三分之一。但仅就这一小部分内容来看，我们仍可强烈感受到陆游作品在那个时代传播之广泛、影响之巨大，是那个特定时代传播优秀文化、弘扬民族正气、解救民族危

---

① 三好：《拟放翁体》，《海王》1935 年第 7 卷第 20 期。
② 黎晋伟：《悼张自忠将军：集陆放翁句》，《明灯》1940 年第 1 卷第 11 期。

难的一股重要文化力量。陆游的爱国作品和他矢志不渝、为抵抗异族侵略而不懈奋斗的事迹，激励着难以计数的中华儿女为抵抗侵略者的入侵而冲锋陷阵。笔者在阅读这些文章和诗词时，再一次深切地感受到陆游的伟大，也为这些喜爱、阐释、传播陆游作品而不遗余力的作者们在那个特殊时期为抵御外敌入侵所抱持的情怀所感动。

经典是一个民族和国家的文学传统与文化传统的核心。陆游在抗战时期的广泛传播和巨大影响再一次证明文学经典在延续民族历史方面的重要价值。对于这种民族生死存亡时期广大学者和普通民众对陆游的认同及相关言论，似不宜完全按照学术水准的高低去衡量。这些文章并非全部出自学者之手，其中有很多普通民众，其撰写的目的也并非探讨学术。但不论其学术价值高低如何，其在普及陆游及其作品的相关知识、激发民众的抗战热情、批判苟且偷安的社会风气等方面显然是颇有贡献的。这也证明，优秀的文学经典作品，其影响往往不局限于文学领域，而是具有引领文化思想潮流的价值，具有思想史方面的意义。中国人民取得抗日战争胜利已七十一年，总结像陆游这样优秀作家的伟大贡献，研究陆游在后世传播与接受过程中的积极意义，具有特殊的重要价值。

本文原刊于《华南师范大学学报》（社会科学版）2016年第1期

论桐城派的现代转型

王达敏[*]

清代道咸之后，中国与西方相遇，被迫卷入肇端于西欧的全球现代化运动，成为这场运动的东方回响和重要组成部分。经历现代化的百年激荡，中国的政治制度、物质生活和精神世界，或先后，或同时，发生了由表及里的嬗变。由于中国原有文明的渊茂，这一嬗变无法一蹴而就，迄今仍在途中。紧随整个国家现代化的步伐，桐城派或被动、或主动地开始了现代转型。由于桐城派思想、艺术的繁复和精微，其转型不免一波三折。尽管如此，转型毕竟开始，并在各个层面跌宕起伏地展开了。

一 导乎先路

从清代咸同开始到新中国建政初期，在乾旋坤转的现代化运动中，桐城派从学问领域跨入实际政治运作，参与引领并推动中国走向现代世界。这期间，两位重量级政治家曾国藩、徐世昌的主持风会，对于桐城派的现代转型和国家的进步具有里程碑意义。

曾国藩私淑并终生服膺姚鼐，又与梅曾亮长期切磋学问。他的出现，

---

[*] 王达敏，中国社会科学院文学研究所研究员。

把桐城派推向峰巅，以至于胡适说："姚鼐、曾国藩的古文差不多统一了十九世纪晚期的中国散文。"① 首先，曾国藩以其在军政学界的崇高地位，把桐城派带向政治和文坛中心。在与太平天国战争中，曾国藩以捍卫礼教相号召，吸引大量抱道君子来归。当时曾幕人才几半天下，曾氏又待"堂属略同师弟"②，因此，幕中从事学术文事者多以其学问祈向为转移。曾氏俯首桐城，幕宾也多心向桐城。后来，曾幕移动到哪里，曾门弟子游走到哪里，就把桐城派的种子播向哪里。当曾氏晚年总督直隶时，经过他和弟子张裕钊、吴汝纶的拓荒，朴野少文的冀南之地形成了一个规模巨大、绵延百年、文风雄奇、志在经世的莲池学者群体。其次，曾国藩作为洋务新政的领袖，在朝野懵昧之时，倡导学习西方科学技术，发展军工产业，选派幼童留学；在中外冲突之时，他以其对国内外大势的深刻洞见，一反桐城派前辈邓廷桢、姚莹曾经的主战姿态，而力持和局。曾氏的洋务理论和实践推动中国从农业社会向工业社会转变，也为桐城派带来了宽阔的国际视野，为桐城派向现代的转型提供了契机。③

在曾国藩洋务理论和实践的陶铸下，其身旁走出了一群富有远见卓识、尊奉桐城之学的中国第一代外交家兼政治家。最著名者有郭嵩焘、黎庶昌和薛福成。他们突破了数千年历史中形成的华夏中心观，走向盘古开天地以来华族闻见所不及的高度文明世界。郭嵩焘意识到西洋立国自有本末，其末在工商，其本则在政教修明、以法治国。薛福成意识到中国与强大的西方相遇，已经无法闭关独治，必须变古就今。他推崇西洋器物技艺，更推崇君民共主的君主立宪制度。黎庶昌为西欧的议会民主、政党政治和军事力量所震撼，深感忧患。郭、黎、薛是优秀的外交家，也是一流的桐城派古文家。他们描写异域的大量作品为桐城派，也为中国文学史，带来了新的思想情感、新的风情、新的词汇和新的艺术魅力。

清民之际，莲池群贤传承祖师曾国藩倡导的经世致用精神，投身实际政治。他们多半留学日本，熟悉东洋、西洋的现代政治，渴望中国从专制

---

① 胡适：《建设理论集导言》，载《中国新文学大系导言集》，天津人民出版社，2009，第2页。

② 曾国藩：《题金陵督署官厅》，载《曾国藩全集·诗文》，岳麓书社，2011，第100页。

③ 王达敏：《曾国藩总督直隶与莲池新风的开启》，《安徽大学学报》2014年第6期。

向民主过渡，实行宪政。清廷在退出历史舞台前夜，为预备立宪，成立资政院。莲池学子籍忠寅、刘春霖当选资政院议员。他们在资政院常会上张扬立宪精神，支持速开国会，反对封疆大吏越权，弹劾军机大臣，抵制皇权胡为。1911年6月4日，他们又积极组织宪友会，为国家从官僚政治向政党政治转型尽力。[①] 进入民国，籍忠寅、常堉璋、王振尧、谷钟秀、李景濂、张继、李广濂、邓毓怡、王树枏等当选国会议员。他们中，籍忠寅、常堉璋等是改良派，张继、谷钟秀是革命党。无论改良或革命，他们在国会内外都忠于职守，为中国实现真正宪政而勤奋工作。1914年1月，谷钟秀在上海主办《正谊》杂志，锤击袁世凯欲帝制自为，撰《中华民国宪法草案释义》，捍卫宪政理想。[②] 邓毓怡热心参与制订宪法，1922年发起宪法学会，手译欧战后各国宪法，终因生逢乱世，壮志不酬，忧愤而亡。[③] 此外，张继曾任参议院议长和国民政府委员，刘若曾任直隶省长，王瑚任江苏省长，傅增湘任教育总长，谷钟秀任农商总长，吴笈孙任总统府秘书长，何其巩任北平市长。他们悉皆民国政局中的要角，曾为中国的现代化事业付出过大量心血。

徐世昌是继曾国藩之后把桐城派推向另一座峰巅的政治家。他曾任军机大臣、东三省总督、体仁阁大学士；袁氏当国时，任国务卿；1918~1922年出任中华民国总统。他与盟兄弟袁世凯一文一武，左右清季民初政局近20年。他与桐城派渊源甚深。其外祖刘敦元籍贯桐城，为刘开族父行，与姚氏为亲故。刘氏俪体文经过河南巡抚桂良揄扬，为道光帝所知；其诗文全稿藏于桐城姚氏。徐世昌数次刊布外祖诗文集，曾请吴汝纶赐序。吴序揭示了徐氏与桐城文脉的关联。[④] 贺涛、柯劭忞为吴汝纶弟子，徐世昌的同年。徐氏1917年初曾说："丙戌同年多文人。贺松坡，余从之学文；柯凤

---

① 参见侯宜杰《逝去的风流——清末立宪精英传稿》"刘春霖"、"籍忠寅"条（北京师范大学出版社，第333~341、350~354页）。

② 《正谊》第1卷第1号，1914年1月15日。

③ 籍忠寅：《邓君家传》，载《困斋文集》卷四，壬申（1932）冬日籍氏家藏，第10~14页。

④ 徐世昌：《先太宜人行述》，载《退耕堂文存》，天津徐氏开雕，第9页；《敬跋先外祖悦云山房集》，见《退耕堂题跋》卷一，第12~13页。吴汝纶：《刘笠生诗序》，载吴汝纶著、施培毅和徐寿凯校点《吴汝纶全集》（一），黄山书社，2002，第200页。

苏，余从之学诗。"① 徐世昌与曾国藩一样，对国内外大势有卓越洞察，很早就觉悟到，中国只有改革才能挺立于世界。他是中国早期现代化的著名推手，在主政东三省时建树尤多。他凭着对新旧文化的湛深造诣和对共和政治的深刻理解，宽容而文明地面对新文化运动的兴起和五四运动的展开。他的宏通之识和在中国现代化中所起的先导作用使他誉满海内外，1921 年巴黎大学授予他博士学位。徐世昌为桐城派做了大量工作。他重建桐城文统，以明清八家归有光、方苞、姚鼐、梅曾亮、曾国藩、张裕钊、吴汝纶、贺涛上绍唐宋八家之绪。他再造桐城道统，把弘扬实学的颜李学派引入桐城派中，以分程朱理学之席。他主纂《大清畿辅先哲传》，将北方的区域意识植入莲池学者群体之中。而他所具有的比曾国藩更为深广的现代视野，尤其把桐城派带向新的境界。必须道及的是，徐世昌于 1920 年 1 月颁令，命国民学校一、二年级的教材改用语体。这一决策是对时代新潮的顺应，是新文化运动的重大成果，也是对包括桐城派在内的古典学术的釜底抽薪。

二　文学蜕变

与西方相遇之后，桐城派的文学观念和文学创作发生蜕变。桐城诸老的原创在文论，经过桐城后学从西学视角所做的创造性阐释，这些文论成为现代美学的组成部分。桐城诸老忌古文中掺入小说，其后学则不惟引小说因素入古文，而且开手翻译小说、创作小说。桐城诸老忌古文沾染语录中语言的鄙俚俗白，其后学则自觉破此清规，甚至在前贤古文中寻觅引车卖浆者语，以与新文学对接。桐城望族在桐城派兴起后多守程朱之道、韩欧之文，在西潮汹涌时代，这些望族开新而不忘守本，但鲁锖方氏激进的后辈则积极投身新文学运动，一去而决绝地不再回返。

在桐城派文论的现代转型中，朱光潜贡献最大。朱氏籍贯桐城，在桐城中学受到桐城派的严格训练；留学欧洲时，对西方美学有精深研究，后来成为新文学阵营中杰出的理论家。他对桐城派文论的现代阐释，是从中

---

① 贺葆真《贺葆真日记》（三）1917 年 2 月 1 日，载李德龙、俞冰主编《历代日记丛钞》第133 册，学苑出版社，2006，第 17 页。

西汇通角度转化传统精神资源的范例。桐城派首重的文以载道，受到周作人等新文学家垢病。朱光潜则以为，中国文学与西洋文学的大不同处，是其骨子里重实用、道德，文以载道之说"把文学和现实人生的关系结得非常紧密""在中国文学中道德的严肃和艺术的严肃并不截分为二事"，这是中国文学的特点，不容一笔抹倒。① 桐城派重视声音节奏在欣赏和创作中的价值，提出了因声求气说。朱光潜对此说作了新的发挥。他以为，声音与意义本不能强分，古文对声音节奏很讲究，白话文同样离不开声音节奏，只是比起古文来，白话文的声音节奏较为"不拘形式，纯任自然"罢了。② 姚鼐论述文章风格时，提出阳刚阴柔说。朱光潜以为，姚鼐之说在西方美学中同样存在。姚鼐所说的阳刚之美、阴柔之美，在西方分别被称为雄伟、秀美。他引申西哲之论曰：'秀美'所生的情感始终是愉快"，"外物的'雄伟'适足激起自己焕发振作"。③ 姚鼐论述文章最高境界时，提出了神妙说。他推尊一种不可言说的与天道合一的超越、神秘、疏淡、含蓄的艺境。朱光潜继承包括姚鼐在内的前贤之说，提出"艺术的作用不在陈述而在暗示"，"含蓄不尽，意味才显得闳深婉约，读者才可以自由驰骋想象，举一反三"。④ 朱光潜在中西美学比较中，对桐城派的文学思想进行了融会贯通的解说。他的解说彰显了桐城派文论的普适性和现代价值，也使其不露痕迹地渗入新文学的理论系统之中。

在创作中，桐城派最忌小说因素掺入古文中。方苞在论述义法的雅洁原则时，对吴越间遗老的用笔放恣"或杂小说"，极表不满。⑤ 此一见解后来成为桐城派家法。与西方相遇后，桐城派一部分学者自觉扬弃这项禁忌，不仅在古文中引入小说因素，而且大量翻译西方小说，直至亲自动手写起小说来。在翻译方面，林纾是"介绍西洋近世文学的第一人"⑥。他用古文

---

① 朱光潜：《文艺心理学》，安徽教育出版社，1996，第100页。
② 朱光潜：《谈文学·散文的声音节奏》，载《朱光潜美学文集》（二），上海文艺出版社，1982，第301～307页。
③ 朱光潜：《文艺心理学》，第225页。
④ 朱光潜：《谈文学·情与辞》，载《朱光潜美学文集》（二），第355页。
⑤ 沈廷芳：《书方望溪先生传后》，载《隐拙斋文钞》卷四，乾隆庚午年（1750）刻本，第7页。
⑥ 胡适：《五十年来中国之文学》，《胡适文存》（二），黄山书社，1996，第193页。

翻译的 180 余部作品是中国文学史上的丰碑，给文坛打开了通往西洋文学之门，向读者展示，西方不仅有别样的器物和制度，也有可以与《史记》并驾齐驱的深邃精美之作。他以辉煌的业绩改变了包括桐城派在内的中国学者千百年来视小说为小道的观念。在小说创作方面，吴闿生的弟子潘伯鹰成就最为卓著，其作品在民国时代甚获好评。关于小说，潘氏以为："摹画世情，抒心意，为体深博，奇而法，庄而肆，造极幽远，感人尤至者，莫善于小说。"① 小说在他眼中已非闲书，而是高雅艺术。这就难怪他在撰作时那么苦心经营、一丝不苟。潘伯鹰的代表作《人海微澜》1927 年起在《大公报》连载，两年始毕；1929 年出版单行本，翌年即告再版。这部风靡京津之作写尽新旧交替、礼坏乐崩时代北京城的社会乱象和众生百态，得到吴宓等名家激赏。吴氏推潘伯鹰为"今日中国作小说者第一人"②，且向陈寅恪等力荐，并将《人海微澜》列入清华大学和西南联合大学学生的必读书目。③ 潘伯鹰的小说创作得到同门诸子支持。《凫公小说集》出版时，其中《隐刑》剪辑之册残缺甚多，谢国桢在北平图书馆从报刊上为之抄补，齐燕铭为封面作画，贺培新为封面题字。④《人海微澜》付梓时，吴兆璜以文、贺培新以诗序之。此外，1902 年至 1903 年，吴汝纶的弟子邓毓怡、籍忠寅成立了小说改良会，拟对小说进行改良。⑤ 上述事实表明，突破桐城先正设置的忌小说的界限，已成为新时期桐城派部分学者的共识。桐城诸老忌小说，与小说同样不登大雅之堂的戏曲自然也在禁忌之列。但民国时代，吴闿生的弟子周明泰、张江裁、王芷章和齐燕铭均以戏曲研究名家，齐氏

① 潘伯鹰：《著者赘言》，末署"民国十八年三月慧因室记，凫公"见《人海微澜》卷首，大公报馆，1929 年。按：凫公是潘伯鹰笔名。
② 吴宓：《吴宓诗话》，商务印书馆，2005，第 218 页。
③ 刘淑玲：《〈人海微澜〉与新人文主义》，《中国现代文学研究丛刊》2012 年第 7 期。
④ 潘伯鹰：《著者赘言》，末署"民国十九年五月慧因室记，凫公"见《人海微澜》卷首，北平世界日报，1930 年 7 月北平印刷。按《人海微澜》1927～1928 年连载于《大公报》。1929 年 8 月由天津大公报馆出版。1930 年 7 月，该书作为《凫公小说集》第一种，由北平世界日报代印，发行 2000 册。北平版增加序文两篇，分别是吕碧城撰《高阳台·为凫公先生题人海微澜》，徐英撰《题凫公人海微澜》；同时，潘伯鹰撰《著者赘言》也比大公报馆版增写了《凫公小说集》印行经过的说明文字。本文所引内容即为作者新增。
⑤ 周兴陆：《"小说改良会"考探》，见《第二届清代文学国际学术讨论会论文集》，安徽大学文学院，2015，第 756～767 页。

还主创了饮誉红区的京剧《逼上梁山》和《三打祝家庄》。

　　方苞在论述义法的雅洁原则时说："古文中不可入语录中语。"① 语录语的特点就是鄙俚俗白，与雅洁有碍，因而被桐城诸老悬为厉禁。清季民初，这一戒律也被桐城派诸家突破。光绪三十年（1904）陈独秀在安庆创办《安徽俗话报》，负责纂辑小说、诗词稿件的吴汝澄和李光炯均为吴汝纶的弟子，负责纂辑教育稿件的房秩五是吴汝纶创办的桐城学堂五乡学长之一。该报以开启民智为旨归；在思想上提倡科学、男女平等、实业救国、现代教育；在文学上提倡白话写作、戏曲变革；在语言上使用鄙俚俗白。在新文化运动前后，就连桐城派的嫡传姚永朴也开始试写白话文了。为教育家中小儿，姚氏撰写过一部简明中国通史《白话史》。此书用新史学的章节体写成，语言是较为纯正的白话。② 姚氏在理论上并不反对使用鄙俚俗白。1935 年春，他对弟子吴孟复说："'奋臂拨眦'几何不为引车卖浆者语耶？昔在京中，林琴南与陈独秀争，吾固不直琴南也。若吾子言，桐城固白话文学之先驱矣。"③ 姚氏以方苞的《左忠毅公逸事》为证，说明桐城派本来就不排斥引车卖浆者之语。其说自然并非事实，但也具体而微地显示，桐城派面对新文学的紧逼，如何调整自己以适应新的时代。

　　进入清季民国，在桐城派诸世家中，鲁𬭁方氏从桐城之学转向新文学最为彻底，也最有成就。鲁𬭁方氏自方泽始，人文蔚起。方泽以姚范、刘大櫆为友，以姚鼐为弟子。方泽孙方绩、曾孙方东树皆从姚鼐问学。方宗诚师事族兄方东树，又入曾国藩幕府。方宗诚之子方守彝、方守敦视曾国藩为神圣，身际西潮横决之世，谨守中体西用之旨。在方守彝、方守敦培养下，其子孙辈二十余人龙腾虎跃，皆成新时代的弄潮儿。其中，方守敦子方孝岳、女方令孺、孙方玮德和舒芜，方守彝外孙宗白华，从桐城派起步，朝新文学迈进，最终成为新文学中的名家。方孝岳在上海圣约翰大学毕业后，任教于北京大学预科，后留学日本。对于新文化运动中的文白之

① 沈廷芳：《书方望溪先生传后》，见《隐拙斋文钞》卷四，乾隆庚午年（1750）刻本，第7页。
② 姚永朴：《白话史》，钞本，安徽省图书馆藏。
③ 吴孟复：《书姚仲实先生〈文学研究法〉后》，载《吴孟复安徽文献研究丛稿》，黄山书社，2006，第51页。

辨，他1917年4月在《新青年》发表《我之改良文学观》，以为"白话文学为将来文学正宗"，但今日应"姑缓其行"只做"极通俗易解之文字"即可。① 此后，方孝岳用西洋方法整理国故，对自己所从出的桐城派作了独到研究。方令孺、方玮德姑侄是闻一多、徐志摩为首的新月派中人物，其学养虽以桐城派为根底，其诗文面貌则焕然一新。宗白华生于方家大院，与桐城之学的关系千丝万缕，五四后则以《流云》小诗和兼通中西美学而著称于世。舒芜童年、少年时代浸润于桐城派氛围之中，受鲁迅、周作人影响后，对家学反戈痛击，死而后已。其文之骨有桐城之影，其文之表则与桐城若不相干了。②

三　传播方式的更新

桐城派早先主要通过政治、书院、家门之内互为师友和刊刻自家著作等渠道进行传播。与西方相遇后，桐城派除了旧有流布渠道外，更通过出报纸、办刊物、建立出版机构、结社等现代方式进行传播。传播手段的改变是桐城诸家趋新的表现，也加速着桐城派向现代转型。

桐城诸家对报纸等新媒体非常敏感。他们在阅报中睁眼看世界和中国，在报端发表见解以经世济民，并播扬自家的文学观念和审美趣味。吴汝纶是桐城派中办报的先行者。在庚子乱局中，他对朝野因茫昧而祸国的惨剧有切肤之痛，起意办报以启愚蒙。在避难深州、兵火仓皇中，他即致信弟子常堉璋，对诸如集股、购置印刷机、组织机构、安排人事等办报事宜作切实指导。由于总理朝政的庆亲王奕劻唯恐私报讥刺时政，而谕批从缓，使吴汝纶的办报计划胎死腹中。③ 时隔四十余载，桐城派学者再次与报纸结缘。抗战结束后，国民党中宣部派时任华北宣传专员的卜青茂恢复《天津

①　方孝岳：《我之改良文学观》，《新青年》第三卷第二号，1917年4月。

②　方宁胜：《桐城文学世家的现代转型》，载胡睿主编《桐城派研究论文集》，中国文联出版社，2006，第83~105页。

③　舒芜：《先行者》，《文汇报》2004年2月5日第12版《笔会》，见《大公报》2004年2月17日第4版。按：此文是舒芜先生为李经国先生纂《观雪斋所藏清代名人书简》所作序，由李先生见示，谨致谢忱。

民国日报》。卜氏是贺涛之孙贺翊新、贺培新好友，但他和部下毫无办报经验，贺培新当仁不让地将自己那些受过现代教育的友朋、门生三十余人推荐到报社工作，隐主该报笔政。贺氏弟子俞大酉任总主笔，主持撰写数百篇社论，倡导民主、宪政、法治、女权、新闻自由和学术自由等。贺氏弟子刘叶秋任副刊主编，编发数百版文艺作品。就形式而论，这些作品有旧文学，也有新文学。就内容而论，这些作品所表现的思想悉与战后时代风尚合拍，同时又引领着新的时代风尚。据初步统计，有不下45位桐城派的学者为《天津民国日报》撰稿，成就显著者有：吴闿生、阎志廉、谷钟秀、尚秉和、傅增湘、邢赞亭、冒广生、贺葆真、张继、贺翊新、贺培新、贺又新、陈汝翼、傅筑夫、陈保之、陈诵洛、陈病树、吴君琇、吴防、潘伯鹰、曾克耑、俞大酉、刘叶秋、张厚载、齐纪图、高準、孙贯文、朱光潜、刘国正等。王树枏、柯劭忞彼时已经下世，其遗作经整理也在副刊刊出。《天津民国日报》非常畅销，在最好的时候，每日发行达七万份之多。其读者网络遍布全国，尤其是覆盖东北、华北地区。这是桐城派退出文坛前的最后辉煌。经过新文化派持久的批判，在新文学逐渐占领文坛高地的情势下，桐城派尚能组织起这样一支整齐的队伍，爆发出如此巨大的能量，显示出经过新学洗礼后的古典传统仍会焕发出惊人活力。

　　清民易代之际，桐城派学者主持过《经济丛编》和《青鹤》等刊物。《经济丛编》半月刊以吴汝纶为精神导师，由廉泉、常堉璋董其事，邓毓怡负责编纂，光绪二十八年（1902）二月十五日在京创刊，自三十年（1904）三月二十九日出版的第42期、第43期合刊起，取名《北京杂志》，不久停办。该刊宗旨为经世济物，以牖民智。"经济"取《中庸》"经纶天下"、《论语》"博施济众"之义。陈灨一主编的《青鹤》半月刊创办于1932年十一月十五日，1937年七月三十日停刊，共出版114期。该刊意在新旧相参，发挥中国灿若光华之古学，以与世界思想潮流相融贯。江西新城陈氏自陈用光师事姚鼐后，一门数代浸润于桐城之学。陈灨一继起于清民易代之际，虽不为桐城所囿，却也不悖家学。在《青鹤》特约作者中，桐城派名家有王树枏、冒广生、柯劭忞、袁思亮、傅增湘和叶玉麟等。①

---

① 魏泉：《1930年代桐城派的存在与转型》，《安徽大学学报》2013年第6期。

清民易代之际，桐城派学者主持的出版社主要有华北译书局、京师国群铸一社。光绪二十八年（1902），吴汝纶办报受挫，命弟子常堉璋、邓毓怡等苦心经办华北译书局。清季开办译书局成风，华北译书局的成就与湖北译书局（1894）、京师大学堂译书局（1902）等相比虽有不逮，但因其主办者为学坛重镇，该局也颇受关注。除发行《经济丛编》外，书局将吴汝纶到日本考察教育时数十家当地报刊有关载文汇为一编，取名《东游日报译编》出版。这部作品集中反映了吴汝纶为中国之崛起而不辞劳苦考察日本现代教育的热诚，塑造了桐城派大师笃信新学、挺立时代潮头的苍劲形象，既为桐城派赢得盛誉，也推动了当时正在进行中的教育变革。京师国群铸一社由吴汝纶弟子高步瀛主持，其业务主要有两项：一是设立通俗演讲社向公众发表演说；二是出版书籍。通俗演讲社以"扶共和宪政稳健进行"为宗旨，其成员贾恩绂、梁建章、韩德铭、步其诰等均为高步瀛就读莲池书院时的学侣。高步瀛撰《共和浅说》、韩德铭撰《民政心说》即为当时的演讲词。京师国群铸一社所出书籍的作者也多属莲池群体成员。① 此外，由吴汝纶侄婿兼弟子廉泉参与创办的上海文明书局（1902）和北京分局不仅出版桐城先正的著作，也印刷了吴汝纶纂《吴京卿节本天演论》、严复译《群学肄言》、吴闿生译《万国通史》、《改正世界地理学》等。这些作品既传播了新学，也彰显着桐城派学者思想的新锐和为重塑中华文明所做的努力。

民国建立后，吴闿生主盟的大型社团"文学社"在京师文坛影响颇大。在内忧外患、新文化运动方兴未艾之时，文学社成员竭力融新知于旧学，以再造文明。文学社由吴闿生及其弟子组成。吴氏最早的弟子是辛亥革命元老张继。张氏父亲张以南是张裕钊、吴汝纶的得意门生。年十六，他遵父命拜吴闿生为师，时吴氏年才十九。② 但吴氏真正抗颜为师，则在新文化运动兴起之后。至1920年年底，吴氏门人贾应璞、张庆开等集同学62人，次其名字、年岁、乡里，为《文学社题名录》，以张继冠首。"文学社"之名由吴氏所赐。1924年夏、1936年年底，在贺培新主持下《文学社题名

---

① 许曾会：《清季民国桐城派史学研究》，北京师范大学博士学位论文，2014。

② 吴闿生：《记张溥泉》，《天津民国日报》1948年3月11日第6版。

录》又经二刻、三刻，分别增入吴门弟子62人、140人。数十年间，《文学社题名录》共录吴门弟子264人，知名当时与后世者有：张继、李葆光、周明泰、李濂堂、柯昌泗、于省吾、贺翊新、贺培新、齐燕铭、吴兆璜、潘伯鹰、谢国桢、徐鸿玑、李鸿翱、曾克耑、何其巩、陆宗达、贺又新、王芷章、张江裁、李钜、陈汝翼、王汝棠、王维庭、吴君琇、吴防等。① 这些吴门弟子或为革命家，或为抗日志士，或为学者，或为小说家、戏曲家，等等，多非传统意义上的桐城文士。他们在大转折时代，以其所学，散发出光芒和热力。

四　从闺阁到社会

清代安徽女性文学昌盛，桐城才媛的成绩尤为斐然可观。② 这些才媛多生于诗礼之家，嫁于簪缨之族，有父兄陶铸，有姐妹共笔砚，有夫君伴吟，才情因得施展。综而观之，她们虽各有精彩，也间有不让须眉之作，但因受礼教闺范限制，心灵难得自由；诗词常撰于绣余织余灶余，视野难得开阔，因此其作品往往题材狭窄，风格单调，也缺乏现实关照。③ 进入清季民国，属于桐城一脉的才媛，除了籍贯桐城者外，也有隶籍外省者出入其间。杰出者有桐城姚倚云（1864～1944）、吴芝瑛（1867～1934）、方令孺（1897～1976）、吴君琇（1911～1997），天津俞大酉（1908～1966）等。这些女性作家生活于大转折时代，栉欧风，沐美雨，产生了较强的女权意识。她们离开闺阁，服务社会，甚至劳心国事。这一切殊非桐城前代才媛所能

① 《文学社题名录》，1920年12月第1版，1924年夏第2版，1936年12月第3版。
② 单士厘撰《清闺秀艺文略》收录女性作家2310人，安徽达119人之多，紧随江苏、浙江之后，位居第三。光铁夫撰《安徽名媛诗词征略》收录安徽清代女作家近400人，桐城达93人之多，位居各县之冠。见胡适《三百年中的女作家——〈清闺秀艺文略〉序》，《胡适文存》（一），黄山书社，1996，第530～536页；光铁夫：《安徽名媛诗词征略》，黄山书社，1986。
③ 祖晓敏：《清代桐城女性文学创作的文化内涵》，安徽大学硕士学位论文，2006；吕菲：《清代桐城女性诗词初探》，《安庆师范学院学报》2008年第11期；温世亮：《清代桐城麻溪姚氏闺阁诗歌繁兴的文化因素》，《地方文化研究》2013年第6期；聂倩：《桐城方氏家族女性诗歌研究》，曲阜师范大学硕士学位论文，2014。

梦见。

这些桐城派女性作家皆生活于衣被新学的旧家。姚倚云为桐城麻溪姚氏嫡脉，其父姚濬昌为姚莹之子，颇得曾国藩赏识。兄弟姚永朴、姚永概曾在北京大学内外经受新文化运动考验。夫君南通范当世习闻吴汝纶绪论"颇主用泰西新学"①。侄儿姚煥、姚昂，继子范罕、范况曾负笈东洋。② 吴芝瑛为吴汝纶侄女，夫君无锡廉泉倾心维新，支持革命；清末在上海参与开办文明书局，编印新式学堂教科书、西学译著等；民初东渡日本。③ 方令孺之父方守敦曾随吴汝纶考察日本学制，喜读《大公报》社评。其兄弟诸侄多是新文化运动后成长起来的新人。④ 吴君琇之父吴闿生为吴汝纶独子，曾游学日本。夫君金孔章留学法国，获巴黎大学法学博士学位。⑤ 俞大西世父俞明震为晚清显宦、诗人，父亲俞明谦曾负笈东瀛。⑥ 五位女性作家的家风兼容新旧。家风之旧，使她们如清代桐城才媛一样，古典学养深厚；家风之新，使她们能够超越清代桐城才媛，开辟新的人生道路。这种融汇新旧的家庭是过渡时代的产物。家庭与时代把她们造就成为具有古典风韵的新女性。

这些桐城派女性作家走出家庭后，很热心教育事业，为国造就人才甚众。姚倚云光绪三十一年（1905）三月发表公开演说，为办学筹募经费；同年十二月起受张謇之聘，担任通州公立女子学校校长。1919 年后担任安徽女子职业学校校长达六年之久。1925 年回任通州女校讲席。吴芝瑛捐出父亲遗产，光绪三十二年（1906）在家乡创办鞠隐小学堂。方令孺留美归国后，长期任青岛大学、复旦大学教授。吴君琇、俞大西也转徙于各地中

---

① 马其昶：《范伯子文集序》，载《抱润轩文集》卷五，癸亥（1923）刊于京师，第 9 页。
② 徐丽丽：《姚倚云年谱》，载《清末民初才媛姚倚云研究·附录》，苏州大学硕士学位论文，2014。
③ 王宏：《廉泉年谱初稿》，载《近代中国》第二十辑，上海社会科学院出版社，2010，第 382 ~ 427 页。
④ 子仪：《新月才女方令孺》，青岛出版社，2014。
⑤ 金之庆：《金孔章吴君琇大事年表》，载金孔章、吴君琇《琴瑟集》，香港天马图书有限公司，2002，第 339 页。
⑥ 俞大西：《花朝雨后放歌呈孔师用舰庵世父均》、《先考行述》，见《涵苍室诗文》稿本，国家图书馆藏。

学、大学任教。

这些桐城派女性作家或关心国事，时发惊心之鸣；或在民族存亡关头，奋起救亡御侮，并以柔翰抒发国仇家恨。袁世凯当国后醉心帝制，吴芝瑛不避斧钺，上书力阻。她说："帝制至于今日，已为我国四万万同胞之公敌。公竟冒不韪，甘为众矢之的，是公自遭其毙也。以满清二百余年之基，其潜势不为不厚，当武昌义旗一起，而天下如洛钟响应，清室卒为之墟。此无他，民气固也。公今以新创之业，遽欲抗五千年来蓬勃将起之民气，是犹以鸡卵而敌泰山，其成败利钝，不待龟卜而知其必败也。"①　其胆识深得并世名流汪精卫、章太炎、吴稚晖称誉。抗战军兴后，俞大西时任北平中国大学讲师，秘密加入国民党，与日伪周旋，被捕入狱。方令孺在安庆访问伤兵，支持子侄辈汇入抗日洪流。年近八旬的姚倚云避地马塘、潮桥，吴君琇流离四川，均有大量诗作抒写家国飘零、九州锋镝引起的孤愤。姚倚云以诗激励后生："齐家治国男儿志，还我河山属少年。"②

在桐城派女性作家中，吴芝瑛具有强烈的女权意识，俞大西则把经济独立视为妇女解放的保证。吴芝瑛随夫定居北京不久，就组织妇人谈话会，讨论男女平权等问题。光绪三十二年（1906），她筹款赞助秋瑾创办以倡导妇女解放为宗旨的《中国女报》。1912 年，民国肇造，她作为女界代表之一，致书南京临时政府，要求在宪法正文中写明男女一律平等，均有选举权和被选举权。时隔数日，她又与神州女界共和协济社同仁一起上书孙中山，请其支持创立女子法政学校和《女子共和时报》，并在国会设立女界旁听席位。③　俞大西在做《天津民国日报》总主笔时，曾在 1946 年和 1947 年三八节领衔写过两篇主旨相近的社评。她以为："真的妇女解放，决不仅在妇女参政、谋与男子同权，而在争取经济独立"惟有经济独立的人，才有自由平等之可言"。同时，新的女性应以献身精神，负起建国责任"参与国

---

① 《吴芝瑛》，载《兴华周刊》第 31 卷，第 28 期，第 22 页。
② 姚倚云：《己卯潮桥商校暑假三年级学生倩曾孙临乞诗赋此贻之》，载《沧海归来集·消愁吟上》，范当世著、马亚中和陈国安校点《范伯子诗文集》附录，上海古籍出版社，2003，第 802 页。
③ 周爱武：《近代女子参政的呐喊者——吴芝瑛》，《安徽史学》1992 年第 2 期。

家各部门工作，然后才能开拓自己的自由之路"①。俞大酉强调经济独立对于女性解放的意义，比吴芝瑛的争取男女平权更进了一层。

在桐城派女性作家中，吴芝瑛支持民主革命，俞大酉则对民主和宪政作过深入论述。辛亥革命前，吴芝瑛是民主革命的支持者。她与秋瑾相结金兰后，毅然筹款帮助秋瑾东渡留学。秋瑾成为革命家后，她始终支持其事业。秋瑾就义后，她撰写大量诗文，颂扬其功绩，并与好友徐自华一起，冒死义葬烈士，挑战清廷威权。辛亥革命后，吴芝瑛走到上海街头，发表演讲，呼吁年轻人为国从军，撰《从军乐》六章鼓动之，且斥巨资以助军饷。②俞大酉在抗战胜利后主持发表的社评以为：民主政治的"第一个最明显的象征，就是人民的言论自由"③。1946年年底，制宪国民大会召开前后，她以为，"国家者乃全体国民的国家，非任何党派任何阶级的国家，所以全民的意志和利益高于一切，先于一切。因此，这次所制订的新宪法必须建筑在全民的意志和利益上面，以全体国民的要求为根据为依归，不能为了迁就某一党派和阶级的偏见而置全体人民的意志于不顾，以致留下未来国家的大患"④。又说："现在只有实施宪政，才能使中国富强康乐。"⑤

五　终结与不灭

桐城派为什么会发生现代转型？

桐城派的现代转型当然由发端于西欧的全球现代化运动所催发。没有这一不可遏阻的惊涛骇浪的冲击，中国将依然是过去的中国，桐城派也将依然是过去的桐城派。未与西方发生实质性接触前，中国也常处变易之中。但这变易在中国内部发生，如珠走玉盘而不飞离玉盘一样。但与西方发生实质性接触后，数千年华夏中心的大梦顿时惊破，中国带着精神巨创展开

① 俞大酉等：《纪念国际妇女节》，《天津民国日报》1946年3月8日第1版社论。
② 周婧程：《吴芝瑛对民主革命的贡献——以相助秋瑾为例》，《齐齐哈尔大学学报》2012年第3期。
③ 俞大酉等：《民主政治与言论自由》，《天津民国日报》1946年9月21日第1版社论。
④ 俞大酉等：《中国人民所希望的新宪法》，《天津民国日报》1946年11月15日第1版社论。
⑤ 俞大酉等：《对于宪法应有的认识》，《天津民国日报》1947年1月31日第1版社论。

了惊心动魄的现代化运动。桐城派的现代转型也由此启动。

桐城派的现代转型是桐城诸家持守"变"的观念的结果。姚鼐在开宗立派时就提出："天地之运，久则必变"①；"为文章者，有所法而后能，有所变而后大"②。在姚鼐之前，其师刘大櫆就已提出："天地之气化，万变不穷"③；"世异则事变，时去则道殊"④。在姚鼐之后，其弟子梅曾亮明确提出：为文者应"通时合变，不随俗为陈言"⑤；"文章之事，莫大乎因时"⑥。稍后曾门弟子薛福成更提出："通变方能持久，因时所以制宜"⑦；"今古之事百变，应之者无有穷时。"⑧ 有关"变"的观念虽为《易经》等经典所固有，但它并非传统思想的主流。传统思想的主流是天不变，道亦不变。桐城诸家从古典资源中提炼出一个"变"字，将其转化为一种思想，转化为一种信念，转化为派内家法，而一代代传承下来。当桐城诸家将"变"的观念与其持守的经世致用精神结合起来迎接西方挑战时，其现代转型便已不可避免。后来，桐城诸家又将"变"的观念与进化观念对接，形成了更富理据的、线性的、向前发展的世界观。当这一世界观成为思想和行动的指南时，桐城派便朝着现代化的纵深方向挺进了。

桐城派的现代转型造成了怎样的结果呢？

桐城派发生现代转型的直接结果，就是导致了它自身的终结。桐城诸家热情拥抱西方。西方的民主宪政、法治制度、人权、自由、平等的价值理念，西方完备的教育制度、精好的器物、博大的学术和文学艺术，以及优异的风土人情，桐城诸家惊叹之，赞美之，介绍之，学习之，并用以改

---

① 姚鼐：《赠钱献之序》，载姚鼐著、刘季高校点《惜抱轩诗文集》，上海古籍出版社，1992，第110页。

② 姚鼐：《刘海峰先生八十寿序》，载姚鼐著、刘季高校点《惜抱轩诗文集》，第114页。

③ 刘大櫆：《息争》，载刘大櫆著、吴孟复校点《刘大櫆集》，上海古籍出版社，1990，第16页。

④ 刘大櫆：《答周君书》，载刘大櫆著、吴孟复校点《刘大櫆集》，第122页。

⑤ 梅曾亮：《复上汪尚书书》，载梅曾亮著、胡晓明和彭国忠校点《柏枧山房诗文集》，上海古籍出版社，2005，第30页。

⑥ 梅曾亮：《答朱丹木书》，载梅曾亮著、胡晓明和彭国忠校点《柏枧山房诗文集》，第38页。

⑦ 薛福成：《强邻环伺谨陈愚计疏》，载《出使奏疏》卷下，无锡薛氏传经楼重刻本，光绪二十年（1894），第26页。

⑧ 薛福成：《出使四国日记自序》，《出使四国日记》，社会科学文献出版社，2007，第9页。

造自己，也改造着中国。为了救亡和启蒙，当桐城诸家分别成为洋务派、立宪派、革命派的时候，以西学为圭臬的时候，甚至用白话文创作的时候，桐城先正所尊奉的孔孟程朱之道、秦汉唐宋之文已经无处安放。可以说，当西潮涌来那一日起，当中国踏上现代化之路那一日起，当桐城派开始转型那一日起，桐城派式微的命运就已经注定。桐城诸家在吸收西方文化之时，有的不忘民族本位，有的起而卫道，但均改变不了其最终命运。学界普遍以为，桐城派受五四新文化运动打击而陷入绝境。其实，新文化派在相当长一个时段中力量极为有限。鲁迅在《呐喊自序》中曾说：新文化派当时"不特没有人来赞同，并且也还没有人来反对"①。而钱玄同、刘半农演出的双簧更道尽了新文化派的寂寞。几声"桐城谬种"十八妖魔"的诅咒，绝难打倒桐城派。最终打倒桐城派的，是桐城派自己，是桐城派在面对西方时所进行的现代转型。1949年后，当仍处在转型中的桐城派遭遇"要同传统的观念实行最彻底的决裂"的政治氛围时，其彻底走入历史的结局已经无可挽回。

桐城派虽因现代转型而走向终结，但它为新文学开启端绪的历史功勋不可磨灭。对于桐城派作为新文学开端的地位，一些新文学家有着清醒认识。例如，周作人批判桐城派比胡适、陈独秀、钱玄同、傅斯年还要持久与深刻，但他在三十年代初反思桐城派与新文学的关系时就认为："到吴汝纶、严复、林纾诸人起来，一方面介绍西洋文学，一方面介绍科学思想。于是，经曾国藩放大范围后的桐城派，慢慢便与新要兴起的文学接近起来了。后来参加新文学运动的，如胡适之、陈独秀、梁任公诸人都受过他们的影响很大。所以我们可以说，今次文学运动的开端，实际还是被桐城派中的人物引起来的。"② 按周作人的说法，桐城派所介绍的西洋文学、科学思想对新文学的领袖们具有决定性影响。这一结论正与历史实际相符。陈独秀、胡适、鲁迅等以新旧划分时代和文学，崇新而贬旧，并且相信新会战胜旧。这一思路是他们倡导、推动新文化运动的理论基础。背后支配这一思路的，就是进化史观。而进化论的译介、传播，恰是严复和吴汝纶的

---

① 鲁迅：《呐喊自序》，《鲁迅全集》（一），人民文学出版社，1981，第419页。

② 周作人：《中国新文学的源流》，华东师范大学出版社，1995，第48页。

功绩。因此，说桐城派为新文学开启了端绪，并非无根之谈。

桐城派虽因现代转型而走向终结，但在走向终结过程中，桐城诸家对于桐城派，对于桐城派所从出的古典传统仍然怀有敬意和深情。他们以为，在现代化进程中，虽说古典传统中一部分内容已不周于用，或在舍弃之列，但古圣先贤的精神则是民族之根，不可毁弃。而古圣先贤的精神就隐藏在精美的文学中。因此，欲得古圣先贤的微言奥义，必以文学为津筏。吴汝纶说："因思《古文辞类纂》一书，二千年高文略具于此，以为六经后之第一书。此后必应改习西学。中国浩如烟海之书行当废去，独留此书，可令周孔遗文绵延不绝。"① 又说："欲求研究国故，必须从文学入手。因中国数千年之陈籍，都是文言。古今多少英豪俊杰，他们著作书籍，莫不极意讲求文章之精美，所有精心结撰的微言奥义，大抵埋藏于隐奥之间，隐约于言辞之表。苟非精通文学，何能了其奥义。所以欲通国故，非先了解文学不可。"② 贺涛"以文章为诸学之机械"，"诏学者必以文词为入学之门，亦以此要其归"。他"虽极推服西国大儒学说，而以吾国文词为学术之本源"③。相信古圣先贤的精神有绵延的价值，相信通过文学能进入古圣先贤的精神堂奥，因此文学不可不研读。这是桐城诸家在桐城派终结前对古典传统所做的最后守望。中国的现代化还在进行中，桐城诸家对于古典传统的敬意和深情，对于民族之根的固守，对于达此根本的学问门径的亲切指引，迄今仍闪耀着智慧之光。

中国与西方相遇之初，面对神州三千年未有之奇变，桐城诸家属于中国最先觉醒的一群。他们秉承数代一脉相承的"变"的观念和经世致用的观念，与时俱进，勇敢地踏上从古典向现代转型之路，也参与引领并推动中国告别中世纪、走向现代世界。他们发起洋务运动，提倡宪政，译介包括进化论在内的西方科技和文艺；他们突破老辈藩篱，在文学创作和文学

---

① 吴汝纶：《答严几道》，载吴汝纶著、施培毅和徐寿凯校点《吴汝纶全集》（三），黄山书社，2002，第231页。

② 吴闿生：《莲池讲学院开学演词》，载《莲池讲学院讲义》，保定协生印书局印。

③ 贺葆真：《先刑部公行述》，载贺培新纂《贺氏文献录》，国家图书馆地方志家谱文献中心编《清代民国名人家谱选刊续编》第十四册《吴强贺氏家谱》附，北京燕山出版社，2009，第248～251页。

传播方式上进行全新探索；他们中的女性作家也以出身旧家的新人姿态登上文坛。这一切，与桐城派原有的精微理论和深邃艺术相浑融，构成一个浩大而富有魅力的存在。这一存在，是中国现代化历史进程的重要组成部分，是桐城派对中华民族的卓越贡献，也是其不朽之所在。

本文原刊于《安徽大学学报》（哲学社会科学版）2015年第 6 期

浮世绘之于鲁迅

董炳月[*]

在鲁迅的文艺生涯中，美术活动所占比重甚大，而鲁迅的美术活动一直与"美术日本"关系密切。这里所谓的"美术日本"包含着多方面的内容。鲁迅1906年在仙台"弃医从文"，是因为从日本的"战争美术"作品（取材于日俄战争的幻灯片）中受到刺激。鲁迅1913年发表的文章《拟播布美术意见书》，使用的"美术"概念来自日语。鲁迅晚年在上海倡导的木刻运动，则包含着更为丰富的"美术日本"元素。1931年8月他组织"木刻讲习会"，是请内山完造的弟弟、来自东京的成城学园小学部美术教师内山嘉吉为中国的青年木刻家讲授木刻技法，亲自担任翻译。这一时期，日本是鲁迅了解西方美术的窗口。他翻译的《近代美术史潮论》（1927~1928年翻译）是介绍欧洲近代美术的著作，而著者板垣鹰穗为日本学者。他编选的《新俄画选》（1930年5月出版）收木刻作品13幅，其中5幅是取自日本俄国文艺研究者昇曙梦（1878~1958）所编《新俄美术大观》（见鲁迅《〈新俄画选〉小引》）。不仅如此"美术日本"甚至成为鲁迅认识欧洲版画的视角。例如，鲁迅在《〈近代木刻选集〉（2）附记》中介绍德国画家奥力克的时候，说"奥力克（Emil Orlik）是最早将日本的木刻方法传到德国

* 董炳月，中国社会科学院文学研究所研究员。

去的人"①，指出日本木刻技法对德国木刻的影响。《〈比亚兹莱画选〉小引》（1929 年 4 月 20 日作）也论及英国画家比亚兹莱所受日本的影响，曰："日本的艺术，尤其是英泉的作品，助成他脱离在《The Rape of the Lock》底 Eisen 和 Saint-Aubin 所显示给他的影响。""日本底凝冻的实在性变为西方的热情底焦灼的影像表现在黑白底锐利而清楚的影和曲线中，暗示即在彩虹的东方也未曾梦想到的色调。"②

可见，如果没有诸种"美术日本"元素的参与，鲁迅的美术活动几乎无法进行。既然如此，鲁迅与浮世绘是怎样的关系？探讨这一问题，对于认识鲁迅的美术活动是重要的，对于认识浮世绘同样是重要的。浮世绘是日本古典化、经典化的美术品，鲁迅晚年曾大量搜购。而且，鲁迅谈比亚兹莱所受日本艺术影响时提及的英泉（溪斋英泉，1790～1848），即为江户后期的浮世绘大师。

一 鲁迅的浮世绘收藏与相关言论

关于鲁迅购买、收藏浮世绘的情况，江小蕙 1988 年在长文《从鲁迅藏书看鲁迅——鲁迅与日本浮世绘》③ 中即进行了详细论述。这篇开拓性的论文为后人研究鲁迅与浮世绘的关系打下了良好基础。据此文统计，1926～1936 年间，鲁迅购买浮世绘书籍 17 种 33 册、单页浮世绘 30 幅，囊括了日本浮世绘大师的代表作品，另藏有日本友人所赠浮世绘 12 幅。

1934～1935 年间，鲁迅在私人通信中两次谈论浮世绘。第一次是在 1934 年 1 月 27 日给日本歌人山本初枝（1898～1966）的信中，曰：

> 关于日本的浮世绘师，我年轻时喜欢北斋，现在则是广重，其次是歌麿的人物。写乐曾备受德国人赞赏，我试图理解他、读了两三本

① 鲁迅《〈近代木刻选集〉（2）附记》《鲁迅全集》第 7 卷，人民文学出版社，2005，第 354 页。
② 鲁迅：《〈比亚兹莱画选〉小引》，《鲁迅全集》第 7 卷，第 357 页。
③ 江小蕙：《从鲁迅藏书看鲁迅——鲁迅与日本浮世绘》，载《鲁迅研究动态》1988 年第 3、4 期。

书，但最终还是未能理解。不过，适合中国一般人眼光的，我认为还是北斋，很久以前就想多用些插图予以介绍，但目前读书界的这种状况首先就不行。贵友所藏浮世绘请勿寄下。我也有数十张复制品，但随着年龄的增加越来越忙，现在连拿出来看看的机会也几乎没有。况且，中国还没有欣赏浮世绘的人，我自己的这些浮世绘将来交给谁，现在正在担心。

鲁迅此信是用日语书写，人民文学出版社《鲁迅全集》旧版（1981）、新版（2005）的中文译文均有偏差。旧版的问题一是谈及北斋的那几句话不应该用句号断句，二是最后的"担心"（原文为"心配"）不应译为"不知"。新版译文未修正旧版译文的断句问题、修正了"不知"，但又把旧版译文中的"其次是歌麿的人物"错改为"其次是歌麿"。鲁迅原信明明是"其次には歌麿の人物です"（其次是歌麿的人物）。"歌麿"与"歌麿（浮世绘中）的人物"并不是一回事。所以，这里根据鲁迅日文原信调整了译文。

写此信一年之后，鲁迅在1935年2月4日写给青年木刻家李桦的信中又说："一个艺术家，只要表现他所经验的就好了，当然，书斋外面是应该走出去的，倘不在什么旋涡中，那么，只表现些所见的平常的社会状态也好。日本的浮世绘，何尝有什么大题目，但它的艺术价值却在的。"[1]

鲁迅为何在给山本初枝的信中谈论浮世绘？这与鲁迅请山本在东京代购版画杂志有关。鲁迅在1934年1月11日写给山本的信（早于上面引用的信16天）中说："有一件颇麻烦的事相托。我自前年开始订阅版画杂志《白与黑》，因是限定版，又订迟了，缺一至十一期，又二十期、三十二期，共十三册。倘贵友中有常到旧书店走动的，烦他代为留意购买。"[2] 鲁迅在信中还将"白与黑社"的地址写给山本。未见山本给鲁迅的回信，但事实显然是：山本请书店的朋友搜购《白与黑》杂志，朋友知道鲁迅对版画感

---

① 鲁迅：《书信·350204 致李桦》《鲁迅全集》第 13 卷，人民文学出版社，2005，第 372 页。
② 鲁迅：《书信·340111 致山本初枝》，《鲁迅全集》第 14 卷，人民文学出版社，2005，第279～280 页。

兴趣，要把自己收藏的浮世绘寄赠给鲁迅，所以鲁迅在 27 日的回信中谈论浮世绘。在随后与山本的通信中，鲁迅还曾谈论有关版画的问题。3 月 17日的信谈到《北平笺谱》，7 月 30 日的信又请山本去东京的"科学社"代购"俄国版画及明信片"。

据江小蕙考察，鲁迅购买的第一本浮世绘作品是仲田胜之助所撰《写乐》，购买时间为 1926 年。该书为"阿尔斯美术丛书"第八册，东京阿尔斯出版社 1925 年出版。鲁迅大量购买浮世绘书籍是在 1930 年之后。江小蕙在文中说："1930 年至 1933 年是他购买这批书的高潮期，这时正是鲁迅集中精力大量搜集各国版画和积极倡导新兴版画运动的时刻。"确实如此。以鲁迅 1932 年日记中的"书帐"为例，从中能看到《喜多川歌麿》《东洲斋写乐》《鸟居清长》《葛饰北斋》《铃木春信》等日本浮世绘名家作品集，也能看到《版艺术》杂志，能看到《绵州造象》《鄱阳王刻石拓片》《书道全集》之类的古代美术典籍，还能看到《世界裸体美术全集》《世界美术全集》这类世界美术书籍。

二 浮世绘非"木刻"

鲁迅大量购买浮世绘书籍的时间，与其广泛搜集各国版画、倡导新兴版画运动的时间相重叠，即 1930 年前后的数年间，这意味着鲁迅是将浮世绘作为其版画运动的一种资源。但是，这种资源基本上没有被鲁迅应用于版画运动，鲁迅公开发表的谈论美术的文章甚至从未提及浮世绘。何以如此？原因无疑在于浮世绘与新兴版画的差异。

1930 年 2 月，鲁迅在《〈新俄画选〉小引》中阐述革命时代与版画的关系、解释在中国推广版画的原因，说："又因为革命所需要，有宣传，教化，装饰和普及，所以在这时代，版画——木刻，石版，插画，装画，蚀铜版——就非常发达了""多取版画，也另有一些原因：中国制版之术，至今未精，与其变相，不如且缓，一也；当革命时，版画之用最广，虽极匆忙，顷刻能办，二也。"[①] 这里尽管是讨论"版画"，但鲁迅实际推广的并非

---

① 鲁迅：《〈新俄画选〉小引》，《鲁迅全集》第 7 卷，第 362、363 页。

一般意义上的"版画"，而是版画中的木刻——更具体地说是"现代木刻"或"新木刻"。鲁迅的"木刻"是"Wood-engraving"的译词，一般认为鲁迅最早使用"木刻"一词是在1929年1月撰写的《〈近代木刻选集〉（1）小引》中。1931年夏天在上海举办的培训班名之曰"木刻讲习会"，1933年7月6日写给木刻家罗清桢的信中使用了"现代木刻"概念，1934年的《〈木刻纪程〉小引》等文章则明确使用了"新木刻"概念。可见，鲁迅晚年的"版画"观念是以木刻为核心建立起来的。

总体上看，鲁迅倡导的"新木刻"有三种基本的规定性。其一，创作的，即原创性。1929年1月鲁迅在《〈近代木刻选集〉（1）小引》中即一再强调木刻的"创作"性质，说："所谓创作底木刻者，不模仿，不复刻，作者捏刀向木，直刻下去。""因为是创作底，所以风韵技巧，因人不同，已和复制木刻离开，成了纯正的艺术，现今的画家，几乎是大半要试作的了。"① 其二，反应现实生活。这一点集中体现在前引《〈新俄画选〉小引》对于版画与革命的关系、版画的实用性的论述。其三，"力之美"的美学风格。这种美学风格不仅是通过木刻作品上刀痕的力度、并且是通过木刻作品黑白两色的反差与对比造成的，所以又称"黑白之美"。1929年3月鲁迅在《〈近代木刻选集〉（2）小引》中提出了"有力之美"（亦曰"力之美"）的概念，同书"附记"则是阐述这种美学风格的代表性文本。"附记"在介绍格斯金、杰平、左拉舒、永濑义郎等外国木刻家的时候，反复阐述了这种美学风格。"他早懂得立体的黑色之浓淡关系。［中略］雪景可以这样比其他种种方法更有力地表现，这是木刻艺术的新发现。""《红的智慧》插画在光耀的黑白相对中有东方的艳丽和精巧的白线底律动。他的令人快乐的《闲坐》，显示他在有意味的形式里黑白对照的气质。""他注意于有趣的在黑底子上的白块，不斤斤于用意的深奥。""现在又经复制，但还可推见黑白配列的妙处。"（按：着重号均为引用者所加）等等。一篇不足九百字的"附记"，六次以上强调"黑白对照"。关于鲁迅追求的"黑白之

---

① 鲁迅：《〈近代木刻选集〉（1）小引》，《鲁迅全集》第7卷，第336页。

美"，拙文《"文章为美术之一"——鲁迅早年的美术观与相关问题》① 曾经详论。因为执着地追求"黑白之美"，所以鲁迅明确否定木刻与色彩的结合。他在 1933 年 8 月 1 日写给何家骏、陈企霞的信中讨论连环画的"画法"，就主张："不可用现在流行之印象画法之类，专重明暗之木版画亦不可用，以素描（线画）为宜。"② 连环画实为木刻之一种，"素描"即单色线画。鲁迅 1935 年 4 月 2 日写给李桦的信讨论木刻，径言："彩色木刻也是好的，但在中国，大约难以发达，因为没有鉴赏者。"在同年 6 月 16 日写给李桦的信中又说："《现代版画》中时有利用彩色纸的作品，我以为这是可暂而［而］不可常的，一常，要流于纤巧，因为木刻究以黑白为正宗。"③上述木刻观的背后，是鲁迅长期坚持的功利性、大众化文艺观。

　　对鲁迅的木刻观进行了上述分析之后，即可发现，浮世绘与木刻相去甚远——虽然二者同属于"版画"的范畴。就内容而言，浮世绘之所以为"浮世绘"，正在于它以描绘"浮世"（尘世、俗世）生活为主，并不承担改造社会的大使命或意识形态功能。就创作方式而言，浮世绘作为古典化、经典化的传统美术作品，是江户时代的浮世绘师创作的，只是被今人复制（在此意义上近于鲁迅所谓"复制木刻"），与今人的创作无关。就色彩运用和美学面貌而言，浮世绘作为彩色版画，有悖于鲁迅追求的"黑白对照""力之美"。思想内容、创作方式、美学风格方面的巨大差异，决定着浮世绘无法参与鲁迅倡导的新兴木刻运动。鲁迅说"中国还没有欣赏浮世绘的人"，应当是因为他看到了浮世绘艺术与当时中国残酷现实之间的距离。与此形成对比的是，鲁迅晚年编印的十三本美术作品多为欧洲（主要是苏联、北欧）现代木刻，其中唯一一本日本作品《蕗谷虹儿画选》（朝花社 1929年 1 月）也是木刻风格的黑白画，《近代木刻选集（2）》选录的唯一一幅日本画家的作品（永濑义郎《沉钟》）同样是木刻。当然，也应当看到，这些木刻作品中隐约存在着浮世绘的印记。关于比亚兹莱作品所受溪斋英泉浮

---

① 董炳月：《"文章为美术之一"——鲁迅早年的美术观与相关问题》，《文学评论》双月刊 2015 年第 4 期。
② 鲁迅：《书信·330801 致何家骏、陈企霞》，《鲁迅全集》第 12 卷，人民文学出版社，2005，第 426 页。
③ 鲁迅：《书信·350616 致李桦》，《鲁迅全集》第 13 卷，第 483 页。

世绘的影响，鲁迅本人已经指出。《蕗谷虹儿画选》所选 12 幅作品中的第六幅《幻影船》，主题、构图与北斋的浮世绘名作《神奈川冲浪里》基本一致。

三　鲁迅的浮世绘鉴赏

如前所引，鲁迅给山本初枝的信中谈及北斋、广重、歌麿、写乐等四位日本浮世绘大师——"年轻时喜欢北斋，现在则是广重，其次是歌麿的人物。写乐曾备受德国人赞赏，我试图理解他、读了两三本书，但最终还是未能理解。不过，适合中国一般人眼光的，我认为还是北斋。"鲁迅在写下这段话的 1934 年初，已经收藏了大量浮世绘、拥有长期的鉴赏经验，因此这段话不是随意而言，而是表达了对各位浮世绘师的理性认识与评价。其所谓"喜欢"并非一般意义上的"喜欢"（或者"不喜欢"）。在一般意义上，鲁迅收藏的各家浮世绘都是他喜欢的。重要的是鲁迅这段话涉及的不同浮世绘师的差异与特殊性——鲁迅看到了这种差异与特殊性。

由于鲁迅本人对"喜欢"与否的原因未做具体说明，因此我们只有依据诸位浮世绘大师的作品——并且必须是鲁迅确实看过的作品——来理解这段话。这里，笔者依据的主要是野口米次郎编著的六卷《六大浮世绘师决定版》（东京诚文堂，1932～1933 年出版）。这套书印制精美、豪华精装，书的三个切面都扫了金水（防尘防污染），封面有蜡纸保护，每卷装在硬纸封套里，六卷有专用的黑色烤漆木箱。江小蕙已经指出，鲁迅 1932 年 6 月至 1933 年 4 月购齐这套书，并将购书情况记入日记，每一卷都是在出版一个月之内购得。鲁迅 1932 年 10 月 25 日日记记有："午后往内山书店，得《文学的遗产》（一至三）三本，《文艺家漫画像》一本，《葛饰北斋》一本，共泉二十九元。又得出版书肆所赠决定版《浮世画［绘］六大家》书箱一只，有野口米次郎自署。"① 八十多年过去之后，这套浮世绘精品集依然完好地保存在北京鲁迅博物馆的书库里。烤漆木箱上的编号为"508"，野口印章依然是鲜艳的枣红色。

---

① 鲁迅：《日记二十一》，《鲁迅全集》第 16 卷，人民文学出版社，2005，第 331 页。

先看葛饰北斋（1760～1849）。鲁迅所谓"年轻时喜欢北斋"的"年轻时"至少是指 40 岁（1921 年）之前，而他接触浮世绘只能是在 1902 年留学日本之后。换言之，鲁迅喜欢北斋是在留学日本至参加"五四"新文化运动那十多年间。日本的浮世绘大师中，北斋以画风景、市井生活著称。风景画中以富士山为题材的系列作品《富岳三十六景》尤为著名，其中的《凯风快晴》《神奈川冲浪里》《山下白雨》三幅杰作在日本广为人知，且享誉世界。甚至欧洲的印象派绘画，亦曾受到北斋风景画的影响。描绘市井生活的作品中最有名的是《隅田川两岸一览》系列，作品描绘的是隅田川两岸江户（东京旧称）百姓一年四季的生活图景。不言而喻，北斋浮世绘中的"风景"与"市井"常常融合在一起。日本研究者已经指出，《隅田川两岸一览》的魅力正在于风景画与风俗画的融合。这样看来，鲁迅"年轻时喜欢北斋"是喜欢北斋描绘的风景与平民生活。鲁迅对于浮世绘平民性、日常性的认知，可以以他给李桦信中的那句"倘不在什么旋涡中，那么，只表现些所见的平常的社会状态也好"作为旁证。鲁迅在信中赞同木刻表现"旋涡"（革命），但不主张刻意地去表现，故有此说，且以日本浮世绘的"何尝有什么大题目"为例。鲁迅写下这句话的时候，想到的应当是北斋浮世绘中的日常生活。

在理解鲁迅"年轻时喜欢北斋"这一表述的时候，周作人的因素不可忽视。鲁迅 1926 年才开始搜购浮世绘，而周作人早在留学日本的 1910 年前后就喜爱、搜集浮世绘。喜爱浮世绘的周作人，对于浮世绘的庶民情调情有独钟。他 1917 年 3 月发表的文章《日本之浮世绘》[①]，即指出浮世绘在日本的"俚俗"性质——"日本昔慕汉风，以浮世绘为俚俗，不为士夫所重"。1935 年，他在介绍文章《隅田川两岸一览》（收入《苦竹杂记》）中，引用了永井荷风（1879～1959）《江户艺术论》描述北斋《隅田川两岸一览》的一段话"开卷第一出现的光景乃是高轮的天亮。孤寂地将斗篷裹身的马上旅人的后边，跟着戴了同样的笠的几个行人，互相前后地走过站着斟茶女郎的茶店门口。茶店的芦帘不知有多少家地沿着海岸接连下去，成

---

① 周作人：《日本之浮世绘》，发表于《若社丛干刊》第四期，载钟叔河编《周作人文类编》第七册《日本管窥》，湖南文艺出版社，1998。

为半圆形，一望不断，远远地在港口的波上有一只带着正月的松枝装饰的大渔船，巍然地与晴空中的富士一同竖着他的帆樯。第二图里有戴头巾穿礼服的武士、市民、工头、带着小孩的妇女、穿花衫的姑娘、挑担的仆夫，都乘在一只渡船里，两个舟子腰间挂着大烟管袋，立在船的头尾用竹篙刺船，这就是佃之渡。"从这段话中，能看到《隅田川两岸一览》描绘的市民生活图景，也能看到永井荷风、周作人对这图景的喜爱之情。1944 年，周作人在《浮世绘》（收入《苦口甘口》）一文中明言"浮世绘的重要特色不在风景，乃是在于市井风俗"，并再次借用永井荷风《江户艺术论》）中的话，阐述浮世绘包含的"东洋人的悲哀"。相关问题笔者在《异乡的浮世绘》[①] 一文中已经论述。《隅田川两岸一览》之外，北斋的《两国夕凉》（画夏日黄昏人们在河边乘凉的情景）、《元禄歌仙贝合/砧贝》（画渔民在海边加工紫菜的情景）都是表现市井生活的名作。鲁迅从 1906 年初秋带周作人去日本留学到 1923 年"兄弟失和"，期间与周作人关系密切，肯定了解周作人对浮世绘的爱好，他对北斋的喜好也正与周作人一致。在 1934 年初这个时间点上，鲁迅对山本初枝说"适合中国一般人眼光的，我认为还是北斋"，不仅是基于北斋浮世绘的基本内容，而且有可能意识到了周作人对北斋的喜爱。

再看歌川广重（1797～1858）。鲁迅年轻时喜欢北斋而"现在"（1934 年初）喜欢广重，为何变了？造成鲁迅这种变化的原因，无疑在于广重与北斋的差异，即在于广重浮世绘的特征。江小蕙认为：在鲁迅看来"广重比北斋在艺术上所反映的意境更高，视野更加宽广，天地更加开阔"。"而鲁迅后来的更加重视广重，也是他的革命现实主义美学思想进一步发展的体现"。这种观点在理论上能够成立，但缺乏具体作品的支持。所以，理解广重与北斋的差异，还是应当从两位浮世绘大师的具体作品出发。

广重本名安藤广重，15 岁时投到歌川丰广门下，改名歌川广重，号一立斋。广重与北斋一样以画风景著称，其《东海道五十三次》系列、《东京名所》系列、《江户近江八景》系列均为浮世绘风景名作。在风景画的层面上，鲁迅喜爱广重与喜爱北斋是一致的。不过，与北斋的风景画相比，广

---

① 董炳月：《异乡的浮世绘》，载《茫然草》，生活·读书·新知三联书店，2009。

重风景画题材方面有两个显者特征：一是多画"旅"（旅途、旅人、旅舍）；二是多画月亮。广重被称作"旅行与抒情的画师"，其作品抒情性强，即与这两个特征直接相关。1998 年朝日新闻社出版了六卷本"阅读浮世绘"丛书，第 5 卷《广重》封面上的广告词就是"'旅行与抒情的画师'广重的实像是怎样的？"所谓"东海道五十三次"，即江户时代设置、从东京（当时叫"江户"）的日本桥至京都的三条大桥之间的 53 处驿站，所以，广重浮世绘《东海道五十三次》系列的主题就是"旅行"。《木曾海道六拾九次》系列亦然。在《东海道五十三次》系列中的《庄野》《木曾海道六拾九次》系列中的《洗马》《轻井泽》《宫之越》乃至《江户近江八景》系列中的《玉川秋月》《飞鸟山暮雪》等作品中，旅人均为重要元素——有乘船的，有骑马的，有步行的，有行于月夜的，有行于雨中的。广重浮世绘中以月亮为主题者甚多。《月·雁》《月·兔》等作品，《东京名所》系列中的《高轮之明月》《两国之宵月》等作品，如画题所示，都是画月亮。月亮题材的作品中尤其耐人寻味的是《月二拾八景》系列。从总题看这是二十八幅月亮风景画，可惜现存的只有《弓张月》、《叶隙之月》两幅。这两幅实为"唐诗画意"，因为画上题的是唐诗。《弓张月》题的是韩翃七绝《宿石邑山中》的后两句——"晓月暂飞千树里，秋河隔在数峰西"，《叶隙之月》题的是白居易七绝《秋雨中赠元九》的前两句——"不堪红叶青苔地，又是凉风暮满天"。题诗表明，广重这两幅浮世绘的创作灵感是来自唐诗。《名所江户百景》系列中的《上野山内月之松》（《一立斋广重》收录的第 93 幅图）一幅，画的并非月亮，而是松枝弯曲、环绕而成的月亮形状。由此可见广重的"月亮情结"之重。总体上看，广重浮世绘中的月亮有鲜明特征：一是大、夸张；二是处于画面的重要位置；三是多与近处的景物（如木桥、樱花或飞雁）相重叠。这些月亮不仅在构图、制造画面层次感方面发挥功能，而且营造了辽阔、浪漫的情调。由于月亮这个中日共有的文化符号往往与旅途、乡愁有关，所以广重浮世绘作品（如《洗马》、《宫之越》）中"旅"与"月"的主题往往是并存的。

　　鲁迅所藏浮世绘作品中，日本学者编著的广重作品即有三部——分别是木村庄八的《广重》（"阿尔斯美术丛书"，1927），内田实的《广重》（岩波书店，1930），野口米次郎《六大浮世绘师决定版》中的《一立斋广重》（东京诚文堂，1933）。这三本书鲁迅分别于 1927 年、1930 年、1933 年购入，可见他曾持续关注广重、熟悉广重作品。将鲁迅作品与广重浮世绘作比较，能够看到"旅""月"主题（蕴涵）的惊人一致。鲁迅作品中，杂文《生命的路》（1919）对"路"的信念，《呐喊·自序》（1922）中的那句"走异路，逃异地，去寻求别样的人们"，小说《故乡》（1921）结尾处对"路"的思索，散文诗《过客》（1925）中疲惫而又坚韧的过客，均与"旅"（人生之旅）密切相关。月亮在鲁迅的小说叙事中承担着重要功能。《狂人日记》（1918）中的狂人对月亮一直很敏感，小说第一节第一句写月光——"今天晚上，很好的月光"，第二节第一句依然写月光——"今天全没月光，我知道不妙"，第八节也写到月光——"天气是好，月色也很亮了。可是我要问你'对么?'"。《药》（1919）的开头同样写及月亮——"秋天的后半夜，月亮下去了，太阳还没有出，只剩下一片乌蓝的天。"在《故乡》中，"深蓝的天空中挂着一轮金黄的圆月"一语不仅承担着时空转换的功能，而且赋予时间和空间以象征性。"旅"与"月"是广重风景画与北斋风景画的差异，又是广重浮世绘与鲁迅作品的相通之处。这应当是晚年鲁迅由喜欢北斋而转向喜欢（更喜欢）广重的主要原因。

野口米次郎编著的《一立斋广重》，在作品排列上突出的正是"旅"与"月"的主题。该书图片部分收广重浮世绘 97 幅，前 6 幅为彩印，其余 91 幅为黑白印刷。6 幅彩图中，第 1、第 2 幅分别是《高轮之明月》和《弓张月》，第 4、第 5 幅分别是《庄野》和《宫之越》。不仅如此，最后一幅（第 97 幅）黑白图片《东都本乡月之光景》同样是画月亮，而且，这幅画的构图纳入了《月·雁》、《高轮之明月》使用的"雁"元素，画面具有"动"（飞雁）"静"（圆月）结合的效果。《弓张月》的构图甚为别致。月亮是弯弯的上弦月，被置于画面中下部的两山之间，部分隐于山后，似乎正在湛蓝的夜空中下沉。画面上部是连接两山的索桥，高于弯月，衬得弯月越发低矮。索桥上方也是湛蓝色，写着"晓月暂飞千树里，秋河隔在数峰西"两句诗。鲁迅面对这幅《弓张月》的时候，也许会想起《药》开头的那句"秋天的后半夜，月亮下去了"，也许会想起散文诗《秋夜》中"奇怪而高的天空"与"窘得发白"的月亮。

此外还应注意的，是广重浮世绘名作《松上木菟》（松にみみずく）。

日语汉字词"木菟"即猫头鹰，《松上木菟》画的就是月夜伫立于松树上的猫头鹰。这幅画构图简洁，猫头鹰、稀疏的松树枝叶之外，远方是隐现于松叶的半个上弦月。《一立斋广重》中的第30幅图，就是《松上木菟》。鲁迅喜爱猫头鹰，创作了精致猫头鹰图案，所以，面对这幅《松上木菟》的时候，他应当视广重为知音。

　　总体看来，晚年鲁迅对广重浮世绘的喜爱，是一种包含着特殊人生体验、审美趣味等多种内涵的态度。

　　关于歌麿浮世绘，鲁迅说他喜爱歌麿画的人物。歌麿即喜多川歌麿（1753？~1806），其浮世绘以画美女（多为青楼女子）著称，线条精致，人物表情传神，生活气息浓郁，具有鲜明的世俗性，甚至有几分忧郁、颓废的情调。鲁迅所藏《喜多川歌麿》收录歌麿浮世绘作品95幅，前6幅彩图皆为"美人画"，包括《妇女人相十品》系列中的《读文女》、《青楼十二时》系列中的《戌时》《北国五色墨》系列中的《川岸》。由此可见鲁迅审美情趣的另一面。

　　关于写乐的浮世绘，鲁迅的表述不甚明了——"写乐曾备受德国人赞赏，我试图理解他、读了两三本书，但最终还是未能理解"。此语可以理解为对写乐作品的评论，也可以理解为对德国人评价的评论。写乐即东洲斋写乐，生卒年不详，1794年突然出现于画坛，以"役者绘"（演员像）引起广泛注意。其作品中的人物大都表情夸张、神情诡异，眼睛、嘴唇多有变形。鲁迅所藏野口米次郎所著《东洲斋写乐》的封套上，印的就是写乐名作《三代目大谷鬼次之奴江户兵卫》。鲁迅喜爱歌麿笔下的人物，也应喜爱写乐笔下这些个性鲜明的人物。实际上，写乐作品表现人物特征的方法与鲁迅的文学主张有一致处。1933年，鲁迅在《我怎么做起小说来》一文中说："忘记是谁说的了，总之是，要极省俭的画出一个人的特点，最好是画他的眼睛。我以为这话是极对的，倘若画了全副的头发，即使细得逼真，也毫无意思。"[1] 据《鲁迅全集》注释，画眼睛的主张是出自东晋画家顾恺之的画论。写乐的"役者绘"，正是在画眼睛方面独具匠心。人物的眼睛白多黑少，有时甚至被画成圆点。也许他那种印象派式的夸张不符合鲁迅的

---

[1]　鲁迅：《我怎么做起小说来》，《鲁迅全集》第4卷，人民文学出版社，2005，第527页。

审美趣味。与歌麿浮世绘画人物的写实手法相比，写乐浮的画法确实太夸张。不过，无论是否喜欢、是否能理解，鲁迅关注写乐浮世绘都是事实。他1926年购买的第一部浮世绘著作就是仲田胜之助的《写乐》，1932年又购买了的野口米次郎的《东洲斋写乐》可见"试图理解他、读了两三本书"并非虚言。

结　语

鲁迅晚年倡导的新木刻运动具有多方面的意义。对于他本人来说，意义之一就是促使他在为木刻运动寻找域外资源的过程中关注日本浮世绘。因此，十年间他持续、大量地搜购浮世绘作品，对浮世绘的了解、理解更加深入，从喜欢葛饰北斋转向更喜欢安藤广重。可以说，晚年鲁迅通过浮世绘深化了自己对日本传统文化的理解。对于从青年时代开始即与日本建立起多重关系的鲁迅来说，这值得庆幸。搜购、珍藏浮世绘但浮世绘几乎没有参与其木刻运动，这一事实则再次呈现了鲁迅文艺观、审美观的复杂性。鲁迅追求文艺（无论是文学还是美术）的社会功能，因此其审美观具有丰富的社会属性，但尽管如此，他也并不否定纯粹的艺术价值与审美价值。

本文原刊于《鲁迅研究月刊》2016年第6期

此人皆意有所郁结

——论钱锺书与新时期文学的精神重建

李建军[*]

一

在交通闭塞的前现代社会里，地缘即境遇，地缘即命运。由于地理因素所造成的封闭格局和保守心态，中国文学研究长期处于自说自话的孤绝状态。到了现代，随着海上和航空运输业的发达，随着人类各种交往活动的展开，中国的学人才走向世界，一大批学贯中西的现代学者，才随之出现。自此后，一元自足的文学研究旧格局，就被彻底打破了，世界视野的文学意识，遂得以形成。钱锺书便是这类具有世界意识的现代学者中的杰出代表。

在很多方面，钱锺书完全配得上"国学大师"的称号，但他却不再是传统意义上的寻章摘句、皓首穷经的旧式学者，而是现代意义上的博学多识、心胸开阔的新型学者。在"同光派"诗人陈衍看来，中国文学就是最好的，他对钱锺书说："文学又何必向外国去学呢？咱们中国文学不就很好

吗?"① 然而，钱锺书生活在"世界文学"业已形成的时代。在这样的时代，一个中国学者如若不懂"西学义谛"，就既不能完整地了解"世界文学"之"大"，也不可能深刻地理解"中国文学"之"好"。钱锺书的学术理想，就是打通东西方文化和文学之间的界壁，以中国古典文学为基点，在新的更加开阔的比较视野里，来整合性地研究人类文学的共同经验。他的多语种、多维度的比较文学研究，乃是独辟蹊径、前无古人的学术成就。

世界文学是一个同中有异、异中有同的复杂构成。如果囿于一隅，孤芳自赏，我们就有可能夸大自己民族文学的自足性，就有可能过分强调自己民族文学的个性和特殊性的价值，就有可能忽视世界文学的共同性法则和普遍性意义。所以，在钱锺书看来，一个地域的文学固然有其特点，但也有着与别国的文学相通甚至相同之处，而这后一点甚至更为重要，所谓"东海西海，心理悠同；南学北学，道术未裂"。② 于是，他从法国神甫白瑞蒙的《诗醇》里，看到了中国神韵派诗学的影子："白瑞蒙谓诗之音节可以释躁平矜，尤与吾国诗教'持情志'而使'无邪'相通。其讲诗乐相合，或有意过于通，第去厥偏激，则又俨然严仪卿以来神韵派之议论也。"③ 他在中西方的宗教著作和诗歌作品的比喻中，看到了东西方人"心境的无乎不同"："盖人共此心，心均此理，用心之处万殊，而用心之途则一。名法道德，致知造艺，以至于天人感会，无不须施此心，即无不能同此理，无不得证此境。或乃曰：此东方人说也，此西方人说也，此阳儒阴释也，此援墨归儒也，是不解各宗各派同用此心，而反以此心为待某宗某派而后可用也，若尔人者，亦苦不自知其有心矣。心之用，或待某宗而明，必不待某宗而后起也。"④ 同样，一些修辞技巧，在不知者，乃中国所独有，在知之者，则为中西所共有，例如，"把男女恋爱来象征君臣间的纲常"，被一些人当作中国的"杀风景的文艺观"，但钱锺书却指出"在西洋宗教诗里，

---

① 孔庆茂：《钱锺书传》，江苏文艺出版社，1992，第41页。
② 钱锺书：《谈艺录》，中华书局，1984，序。
③ 钱锺书：《谈艺录》，第274页。
④ 钱锺书：《谈艺录》，第286页。

我们偏找得到同样的体制"①，——所谓"心理攸同"，此其例也。总之，在"比较文学"的开阔视野里，求人类文学的异中之同，求人类审美心理的多样性中的共同性和一致性，乃是钱锺书文学研究的一大特点。

事实上，钱锺书的文学研究，不只有一个横向的空间性的维度，而且，还有一个纵向的时间性的向度。也就是说，在古代与现代、古人与今人的文学经验之间，同样存在着高度契合的内在一致性，所以，我们不仅可以将"东海西海，心理攸同"改为"古人今人，心理攸同"，而且，大可以在"南学北学，道术未裂"之后，再加上一句"古学今学，其揆一也"。所以，现代人之所以对古人的生活感兴趣，之所以要研究他们的文化和文学，很大程度上，就是为了替自己今天的生活和文化，寻找有价值的经验资源，就是为了从古人那里，获得能够照见自己的"镜"和照亮自己的"灯"。正因为这样，在钱锺书的文学研究里，始终存在着一个指向现在和未来的维度，换句话说，他试图从中国文学和西方文学的古典经验里，寻求能对当代文学和未来的文学提供支持的经验资源。如此说来，他的古典文学研究，也就具有了丰富的当代意义。

虽然钱锺书研究的兴趣不在当代文学，但是，他关注当代文学的发展，也了解当代文学创作的基本状况，了解当代文学批评最新的变化和突破。不仅如此，他还通过参与学术活动、接受访谈和撰写论文等方式，参与了"新时期"文学精神重建的进程，推动了新时期的文学创作和文学批评的变革和进步。

钱锺书对当代文学精神重建的关注，首先体现在他对文学批评精神的重新阐发。在文学批评方面，经过长期的思想禁锢，人们习惯于"定于一尊"的思维习惯，倾向于认同权威的观点，习惯于按照一种声音、一种尺度、一个立场来思考、分析和判断，这就形成一种因循守旧、人云亦云、缺乏首创精神的学术风气和批评姿态。为了活跃新时期的学术氛围，为了改变新时期萎靡不振的批评风气，钱锺书提倡多元的、对话的学术精神，鼓励敢于立异、创新的批评勇气。1983 年，在《在中美双边比较文学讨论会上的发言》中，钱锺书提出了"文化多样"和"结构相对"两个概念，

---

① 钱锺书：《钱锺书集》（写在人生边上·人生边上的边上·石语），三联书店，2002，第116 页。

鼓励学者们在比较文学领域，探索"多种多样"的方法："无论如何，学者们开会讨论文学问题不同于外交家们开会谈判，订立条约。在我们这种讨论里，全体同意不很要紧，而且似乎也不该那样要求。讨论者大可以和而不同，不必同声一致。'同声'很容易变为'单调'的同义词和婉曲话的。"① 不要有意识趋同，而要有勇气立异——各发异声，互相碰撞，彼此激发，唯有这样，才能形成一种良性的文学批评生态，才能产生有活力的文学批评和有价值的学术思想。

1986 年 10 月，在"鲁迅与中外文化国际学术讨论会"上，钱锺书在开幕词里这样说道："鲁迅是个伟人，人物愈伟大，可供观察的方面就愈多，'中外文化'是个大题目，题目愈大，可发生的问题的范围就愈广。中外一堂，各个角度、各种观点的意见都可以畅言无忌，不必曲意求同，学术讨论不像外交或贸易谈判，无须订立什么条约，不必获得各方同意。假如我咬文嚼字，'会'字的训诂是'和也'、'合也'，着重在大家的一致；但'讨'字的训诂是'伐也'，'论'字的训诂是'评也'，就有争鸣而且交锋的涵义。讨论会具有正反相成的辩证性质，也许可以用英语来概括：'no conference without differences'。"② 在这里，钱锺书继续广征博引，宣达"畅言无忌""不必曲意求同"的自由精神和首创精神，循循然引导人们：要学会且习惯"争鸣"和"交锋"的批判精神和认真态度，要善于多方面、多角度地发现问题和研究问题。

总之，钱锺书通过对中西古今的经验资源的阐发，不仅含蓄地否定了当代业已僵化的批评模式和学术模式，而且为"新时期"的文学批评精神和学术研究规范的建构，提供了很可宝贵的支援意识，值得我们认真体会和充分吸纳。

二

关于钱锺书与新时期文学的关系，尤其是他对新时期文学的精神重建

---

① 钱锺书：《在中美双边比较文学讨论会上的发言》，《文艺理论研究》1983 年第 4 期。
② 钱锺书：《"鲁迅与中外文化"学术研讨会开幕词》（摘要），《文学报》1986 年 10 月 23 日。

和文学观念的更新方面所做的贡献，似乎较少有人关注和研究。在《新时期以来文学理论和文学批评发展概况的调查报告》① 一书中，无论在"文艺学的批判与反思时期（1978～1984）"部分，还是在"文艺学回归自身时期（1985～1990）"部分，还是在"文艺学的综合创新时期（1990～　）"部分，钱锺书的贡献，都无一字提及。尤其是《诗可以怨》一文，古调独弹，金声玉振，在文学价值论和文学批评方法论等诸多方面，都显示出巨大的意义和丰富的价值，但是，在此书中，却未受到应有的重视和充分的肯定。

现实主义的责任意识和担当精神，是钱锺书评价作家和作品的重要尺度。他喜欢那些很有社会责任感的作家，喜欢那些敢于思考和探索的文学批评家。他认同并肯定敢于介入现实和直面问题的文学精神。他对一位敢说真话、深孚众望、卓有成就的报告文学作家颇为欣赏，1987 年，曾主动给这位作家写了"铁肩担道义，辣手著文章"的条幅，以肯定他"敢说敢言"② 的精神。他怀疑并否定那种回避现实、遮蔽苦难的文学，不喜欢那些随波逐流、投其所好的作家。在他看来，一个作家，经历了"文革"炼狱般的磨难，却依然缺乏直面苦难的勇气，目睹了"个人崇拜"的荒诞，却依然执迷不悟，大唱"颂圣"的赞歌，那就是极为不智的，实在是要不得的。他在谈话中，明确表达了自己对这类作家的批评性的看法："他批评丁玲是'毛泽东主义者'被打成右派，吃了那么多苦之后还依然故我。说完哈哈大笑。他又表扬魏明伦嘲讽姚雪垠的文言杂文（发表于《人民日报》）写得好，说当代作家能写出这样的文言文不容易。"③

钱锺书为什么要批评丁玲呢？

早在延安时期，丁玲就因为《三八节有感》等文章，而触犯时忌，只是由于高层碍于形势，保护了她，才使她有惊无险，躲过一劫。然而，正像俗话所说的那样：躲得过初一，躲不过十五。自 1955 年开始，丁玲就开始大倒其霉。她的《三八节有感》等作品，作为"毒草"，受到猛烈批判。1958 年 1 月 26 日，在毛泽东亲自修改的《再批判》特辑的"编者按"中，

① 朱立元主编《新时期以来文学理论和文学批评发展概况的调查报告》，春风文艺出版社，2006。
② 刘再复：《师友纪事》，三联书店，2011，第 21 页。
③ 刘再复：《师友纪事》，第 10 页。

丁玲受到了严重的指责，说她在自首书中，"向蒋介石出卖了无产阶级和共产党"，还说，她的文章"帮助了日本帝国主义和蒋介石反对派"。此后，丁玲就被戴上了"右派"分子和"反党分子"的帽子，受到了无情的批判和残酷的迫害，受尽了人格上的侮辱和精神上的折磨。然而，毛泽东逝世的消息传来，丁玲却大放悲声，语无伦次地对陈明说："自从我被划成右派那天，我就相信会有一天能澄清事实。我的案子，当然是文艺界的一些人捏造出来的，汇报上去的，但不经上边、也就是毛主席的'御笔'，他们打不倒我。我尊敬毛主席，但我知道，他老人家这件事是错了。我总相信，他老人家会有一天觉察到这错误，还有中央那么多老同志，还有周恩来。"① 她的执著和自信，固然显示着过人的意志品质，但是，也使人看见了一种独立人格的残缺与理性意识的不足。

　　1979 年 5 月 1 日，在为人民文学出版社即将再版的《太阳照在桑干河上》所写的《重印前言》里，丁玲对历史灾难却毫无反思，仍然用不合时宜的话语，用"夸过其理"的修辞，表达着"个人崇拜"的感情"因为那时我总是想着毛主席，想着这本书是为他写的，我不愿辜负他对我的希望和鼓励。我总想着有一天我要把这本书呈献给毛主席看的。当他老人家在世的时候，我不愿把这种思想、感情和这些藏在心里的话说出来。现在是不会有人认为我说这些是想表现自己，抬高自己的时候了，我倒觉得要说出那时我的这种真实的感情。我那时每每腰痛得支持不住，而还伏在桌上一个字一个字地写下去，像火线上的战士，喊着他的名字冲锋前进那样，就是为着报答他老人家，为着书中所写的那些人而坚持下去的。"② 这篇文章所抒发的，也许的确是丁玲真实的情感，但是，她的过于热烈的表达，不仅缺乏修辞上的节制与内敛，而且，也缺乏反思精神和启蒙意识。

　　由于缺乏基于独立人格的反思精神和批判精神，所以，丁玲就与新的时代精神脱节了，与"新时期文学"的启蒙精神脱节了。这样，丁玲复出之后，不仅没有写过一篇有深度的反思性的作品——《牛棚小品》虽然事涉苦难，但叙事视界，颇显狭窄，仅止于叙写一些个人的日常琐事——而

---

① 宗诚：《风雨人生——丁玲传》，中国文联出版公司，1988，第 264 页。
② 丁玲：《〈太阳照在桑干河上〉重印前言》，《人民日报》1979 年 7 月 18 日。

且对那些真实地反映人们在混乱岁月的悲惨生活的作品，多有错误的理解和否定性的评价。王蒙在一篇回忆丁玲的文章中说："丁玲屡屡批评那些暴露'文革'批判极左的作品，说过谁的作品反党是小学水平，谁的是中学，谁的是大学云云。类似的传言不少，难以一一查对。"丁玲的这种滞后性的态度，曾经引发了人们的不满和质疑："于是传出来丁玲不支持伤痕文学的说法。在思想解放进程中，成为突破江青为代表的教条主义与文化专制主义的闯将的中青年作家，似是得不到丁玲的支持，乃至觉得丁玲当时站到了'左'的方面。"① 丁玲的问题就在于她没有从过去的个人化的情感纠缠中摆脱出来，没有敏锐地感受到时代的变化，没有承担一个作家应该承担的责任和使命。如此说来，钱锺书对丁玲的批评实可谓一针见血。钱锺书之所以批评丁玲，最主要的原因，就是因为她没有与时俱进地摆脱精神上的束缚和桎梏。

钱锺书之所以支持魏明伦对姚雪垠的批评，也是基于相同的原因。

姚雪垠也是一个缺乏独立人格和批判精神的小说家。他无节制地赞美权力，无节制地神化历史上的权力人物。在多卷本小说《李自成》中，他根据抽象化的理念和简单化的立场，将存在明显时代局限和文化局限的历史人物，无限拔高，塑造成"高大全"式的英雄人物。虽然《李自成》第一卷，也达到了较高的艺术水准，显示出作者良好的史学修养和叙事能力，但是，因为作家主体精神上的种种局限，整体来看，它缺乏对历史的反思勇气和批判精神，未能深刻而真实地写出人物的性格特点和人格残缺，未能揭示出农民造反本身难以避免的局限性和悲剧性。针对这些问题，魏明伦在《仿姚雪垠法，致姚雪垠书》一文中，坦率地批评道："据我愚见《李自成》仍不失为当代文学史上较有价值的佳作。凡写崇祯、洪承畴、张献忠等篇章不愧精彩笔墨，但主角李自成确有'高大全'之弊，老八队亦近似'老八路'矣！姚著若能让人臧否，总结得失，于完成续篇，更上层楼不无裨益。"② 事实上，钱锺书之所以表扬魏明伦的"杂文"写得好，不仅因为他"文言文"写得好，更重要的，而是因为他与"新时期"前进的时

---

① 王蒙：《我心目中的丁玲》，《读书》1997 年第 2 期。
② 魏明伦：《仿姚雪垠法，致姚雪垠书》，《文汇月刊》1988 年第 8 期。

代精神，是步调一致的，是因为他准确地指出了《李自成》的症结所在。

钱锺书对丁、姚的批评，显示着这样一种精神姿态和理性认知："新时期"的文学要有所作为，要想写出有高度和深度的作品，作家就必须与时俱进，要有启蒙和反思的内在自觉，深刻地表达自己时代的情绪和诉求，同时，还要在人格上完成自我超越——不仅要摆脱依附的、奴性的旧人格，还有建构独立而健全的新人格。

三

文学是人类的良心。人类的苦难和不幸，沉重地压在文学的心上。一个时代的文学要想成为有价值的文学，就必须有直面苦难和罪恶的勇气，就必须关注自己时代的最为迫切的问题；一个作家要想写出自己时代所需要的有生命力的作品，就要有勇于忏悔和自审的反省精神，要敢于将自己内心的复杂状况真实地写出来。"文革"之后，文学写作变得特别艰难，因为，它所要面对的，是空前沉重的叙事考验和道德考验：揭示在可怕的灾难中人们的苦难体验与道德困境。在关于杨绛等人的作品的评论中，钱锺书就深刻地表达了自己对"文革"之后文学的道德精神的思考。

1976 年 10 月，随着"四人帮"的垮台，中国结束了将国家拖入"全面动乱"状态、将国民经济推向"崩溃边缘"的"文革"，从而进入了"拨乱反正""百废待兴"的"新时期"。随着政治环境的改善，文学也逐渐摆脱了为"阶级斗争"和"政治斗争"服务的狭隘思维，突破了"高大全"和"三突出"的教条模式，走出了限制写"人性"和"真实"的理论禁区。获得解放的老一代作家，在渐趋正常的时代氛围里，也迸发出了旺盛的创作热情，创作出了一大批感人至深、发人深省的好作品。巴金的《随想录》、韦君宜的《思痛录》以及萧乾、金克木、柯灵、张中行等人的散文创作，都斐然成章，光彩夺目。杨绛的《干校六记》便是其中的沉郁高华的杰作。

《干校六记》出版后，引起了巨大的反响和普遍的好评。自 1981 年问世以来，它被译为日、英、法、俄等多种文字，并受到国外评论界的赞扬。它被认为是"现实主义的"，"作者'具有革命的中国的一个公民的洞察力和同情心''对中国历史上这一段首次作了清楚有力的报道','语言委婉自然','作品真挚、亲切而有幽默，绝无耸人听闻的手法的痕迹'，因而堪称时下'罕见的杰作'"。① 敏泽在《〈干校六记〉读后》一文中这样评价道："她善于在冷酷的现实中发现诗意，并且写得那样淡雅优美，绘声绘彩，有时又很富有哲理气味，给人以积极的启示和鼓舞。"② 杨绛的文字雅洁而蕴藉，文风端正而谨严，于晴就准确地揭示了《干校六记》"质朴无华，深沉委婉"的文体风格："读者可以从中得到陶冶，对于文学上的矫情者，则是有益的借鉴。于今有些文章，仍不脱八股气和浮夸风，有的刻意雕饰，专尚浮华，有的故作多情，呻吟婉转，对于此类病症，当以《干校六记》一类文字药之。"③ 吴方则从杨绛的笔下看到了"达观"，看到了"平静从容"："记人述事，散散淡淡，没有极端的冲突或者说'戏剧化'的倾向，不是没有矛盾，没有戏剧性，但不到危急的严重程度。……平静里有着抗议，讽刺里有着同情，自慰中有着自嘲……"④

那么，作为《干校六记》最早的读者，作为杨绛所写生活事象的身历目见的"在场者"，钱锺书又是怎样评价这部散文杰作的呢？在他的评价中，又体现着什么样的具有时代性的文学观念呢？

在《〈干校六记〉小引》中，钱锺书别具只眼地揭示了杨绛在叙事上的一个突出特点，那就是"小"："记劳'，'记闲'记这，记那，都不过是这个大背景的小点缀，大故事的小穿插。""小"并不妨碍"好"，刘熙载就在《艺概》中说过"虽小却好"的话。但钱锺书却不去说"好"，而是凭着"昏镜重磨"的认真态度，从《干校六记》这块美玉上看出了瑕疵。在文章的开首，他就表达了自己所看到的缺憾："我觉得她漏写了一篇，篇名不妨暂定为《运动记愧》。"⑤ 钱锺书所提出的问题，其实并不只对杨绛《干校六记》有效。对整个新时期文学来讲，当代文学能否达到理想高度和思想深度，首先就决定于我们是否有勇气、有能力面对和解决这样一个问题：

① 潘瑞如：《杨绛和她的〈干校六记〉》，《语文月刊》1985 年第 9 期。
② 敏泽：《〈干校六记〉读后》，《读书》1981 年第 9 期。
③ 于晴：《读杨绛〈干校六记〉》，《文艺报》1982 年第 3 期。
④ 吴方：《小窗一夜听秋雨——重读杨绛〈干校六记〉》，《当代作家评论》1991 年第 2 期。
⑤ 杨绛：《杨绛文集·散文卷》（上），人民文学出版社，2009，第 3 页。

对自我的精神解剖和人格批判。

中国人不乏耻感，很爱面子，但是，也很健忘，缺乏罪感，缺乏清算罪恶的严肃态度。无论多么巨大的灾难，无论多么沉重的苦难，无需太长时间，就会被我们忘得干干净净；无论犯过多大的罪错，到最后，我们都能像没事人一样，毫无愧悔、若无其事地照旧生活。道德上的随便，精神上的麻木，正是"文革"之后中国文学需要克服的严重问题。所以，针对那种文过饰非的障眼法，钱锺书严肃地强调了"记愧"的必要性："现在事过境迁，也可以说水落石出。在这次运动里，如同在历次运动里，少不了有三类人。假如要写回忆的话，当时在运动里受冤枉、挨批斗的同志们也许会来一篇《记屈》或《记愤》。至于一般群众呢，回忆时大约都得写《记愧》：或者惭愧自己是糊涂虫，没看清'假案'、'错案'，一味随着大伙儿去糟蹋一些好人；或者（就像我本人）惭愧自已是懦怯鬼，觉得这里面有冤屈，却没有胆气出头抗议，至多只敢对运动不很积极参加。也有一种人，他们明知道这是一团乱蓬蓬的葛藤账，但依然充当旗手、鼓手、打手，去大判'葫芦案'。按道理说，这类人最应当'记愧'。不过，他们很可能既不记忆在心，也无愧怍于心。他们的忘记也许正由于他们感到惭愧，也许更由于他们不觉惭愧。惭愧常使人健忘，亏心和丢脸的事总是不愿记起的事，因此也很容易在记忆的筛眼里走漏得一干二净。惭愧也使人畏缩、迟疑，耽误了急剧的生存竞争；内疚抱愧的人会一时上退却以至于一辈子落伍。所以，惭愧是该被淘汰而不是该被培养的感情；古来经典上相传的'七情'里就没有列上它。在日益紧张的近代社会生活里，这种心理状态看来不但无用，而且是很不利的，不感觉到它也罢，落得个身心轻松愉快。"

在这里，钱锺书没有唱那种"全民共忏悔"的不着调的高调。在他看来，那些"在运动里受冤枉、挨批斗的"无辜者，自然可以"来一篇《记屈》或《记愤》"，但是，那些"糊涂虫"、"怯懦鬼"和"旗手、鼓手、打手"，却都应该来写"记愧"的文章。"记愧"当然并不容易。它会使人沉重和恐惧，使人患得患失，所以，常常使人"畏缩、迟疑"。而且，对"惭愧"的遮蔽和逃避，也容易使人健忘，忘记自己曾经吃过的苦头、做过的坏事。然而，不知愧悔的人，是不会获得良心的安宁的，也难免再次陷入苦难的深渊。

钱锺书的这篇"小引",写得很精彩,所提出的问题,也非常迫切和重要。它极大地影响了一些当代作家的写作意识。史铁生就受它影响,写了一篇《文革记愧》的文章。他怀着真诚的忏悔态度,记述了自己在"文革"期间,因为一本"手抄本"小说,而在公安部门的强逼下,"背叛"了自己的朋友。他表达了自己的愧悔和不安,也揭示了"文革"的恐怖和荒谬。可以肯定的是,钱锺书的这篇"小引"不仅业已对"新时期"的文学精神产生了影响,而且,还将对未来的涉及历史灾难的当代文学写作,提供观念和精神上的支持。

四

钱锺书对"新时期"文学精神重建最大的贡献,就是写了《诗可以怨》[①] 这篇博学多闻、词采华赡、见解卓异的绝妙好文。此文是 1980 年 11 月 20 日在日本早稻田大学的演讲,后来发表在中国社科院文学所主办的《文学评论》杂志上。

孔子在《论语·阳货》里说:"诗,可以兴,可以群,可以观,可以怨。"在这段谈论"小子何莫学夫诗"的文字里,孔子从美学、社会学、政治学、知识学等方面,阐释了《诗经》的价值和功能。其中,"可以怨"一语,尤其重要,——中国诗歌写作的精神气质,中国文学写作的伦理基础,文学对政治和权力的"贬天子,退诸侯、讨大夫"的批判态度,皆赖此得以形成和确立。

关于"怨",孔安国注曰:"怨刺上政。"可见,所谓"怨"首先是政治性的,意味着对统治者甚至最高统治者表达不满的抒情态度;中国文学的以《史记》为代表的强大的"上层反讽"[②] 传统,追本溯源,其最原初的遗传密码,就埋藏在孔子的"可以怨"这三字真经里。一个"怨"字里,包含着中国文学最伟大抒情态度和叙事伦理,也潜含着可以古为今用的丰富的价值理念和经验资源。然而,在很长的时间里,我们却像钱锺书在

① 钱锺书:《诗可以怨》,《文学评论》1981 年第 1 期。下引此文,不再注明。
② 李建军:《大文学与中国格调》,作家出版社,2015,第 274 页。

《诗可以怨》中所讲的那样，因为"惯见熟闻"和"习而相忘"，把它和"穷愁"一起，等闲视之，弃置一旁，"没有把它当作中国文评里的一个重要概念而提示出来"。

怨是痛苦情绪的凝聚，诗是怨苦体验的表达。要说明怨的产生和性质，就得先说明痛苦对于诗歌写作的意义。在文章的开头部分，钱锺书就提领出了"中国文艺传统里一个流行的意见"："痛苦比快乐更能产生诗歌，好诗主要是不愉快、苦恼或'穷愁'的表现和发泄。"接下来，他就援引《诗·大序》《史记》《汉书·艺文志》《文心雕龙》《诗品》韩愈《荆潭唱和诗序》苏轼《答李端叔书》王微《与从弟僧绰书》和释文莹《湘山野录》等中国古代经典和文章里的、过去我们"一向没有好好留心"的资料，还"牵上了西洋近代"，来例证这个"流行的意见"。

虽然，钱锺书也详细地介绍了韩愈的"不平则鸣"的"两面兼顾"的说法，并且指出韩愈"欢愉之辞"的"补笔"，使人们对"诗可以怨"的认识更完整，臻于"题无剩义"，但是，在对"穷愁"和"怨"的看法上，钱锺书像司马迁、钟嵘和刘勰一样，属于"不兼顾两面的人"，也就是说，他完全认同这样的观点：诗文的写作就仿佛"蚌病成珠"，"都是遭贫困、疾病以及刑罚磨折的倒霉人的产物"。诗文虽然是穷愁结出的苦果，但这苦果里面，却蕴着能祛除人痛苦的奇特蜜汁——"一个人潦倒愁闷，全靠'诗可以怨'获得了排遣、慰藉或补偿"。当然，不能因为"穷苦之言易好"，就通过"无病呻吟"来投机，所以，钱锺书特别强调诗人要忠实于自己的感受，要根据自然而真实的穷愁体验来写作，不能像刘勰在《文心雕龙·情采》里所批评的那样"为文而造情"，否则，结果就会受到《齐东野语》所记叙的南宋"蜀妓"的嘲笑："说盟说誓，说情说意，动便春愁满纸。多应念得《脱空经》，哪个先生教底？"

如果说，《谈艺录》和《管锥篇》等著作，早就完美地体现着钱锺书世界视野里的比较文学观念，那么，在《诗可以怨》里，他再次强调了自己对文学研究的基本理解："我们讲西洋，讲近代，也会不知不觉地远及中国，上溯古代。人文科学的各个对象彼此系连，交互渗透，不但跨越国界，衔接时代，而且贯穿着不同的学科。"其实，他写作此文的一个主要目的，就是"衔接"当代，要对当代文学的写作提供一些有用的思想。

在这篇文章里，关于当代文学作品，钱锺书只有一次顺带谈及。在论及钟嵘《诗品·序》中"楚臣去境，汉妾辞宫"一段话的时候，钱锺书倾向于认为"扬蛾入宠"其实并不绝对属于"愉快或欢乐的范围"，倒很有可能"有苦恼和'怨'的一面"。他用《全晋文》中左九嫔《离思赋》"骨肉至亲，永长辞兮"因而"唏嘘流涕"的例子，用〈红楼梦〉第一八回里贾妃"今虽富贵，骨肉分离，终无意趣"的感叹，来说明"扬蛾入宠"其实并不那么快乐和幸福。作为对照，钱锺书提到了曹禺的《王昭君》。此剧于1962 年 8 月开始创作，直到 1978 年 8 月才完成，发表于《人民文学》1978年第十一期；按照领导的指示，它所要表现的主题，就是歌颂"各民族的团结和民族之间的文化交流"，于是，曹禺就赋予了它以昂扬而"欢愉"的情调。然而，在钱锺书看来，这样的主题设置和情节组织，无论如何，都是与"诗可以怨"的规律背道而驰的："按照当代名剧《王昭君》的主题思想，'汉妾辞宫'绝不是'怨'，少说也算得是'群'，简直就是良缘'嘉会'，欢欢喜喜到胡人那里去'扬蛾入宠'了。"两相对照，否定的讽意，昭昭明甚。

其实，如果将整个当代文学，置放到此文的语境中，那么，就可以形成一种极为明显的对比效果。我们会发现，从整体上看，在很长时段里，中国当代文学的写作，其实全都与《诗可以怨》所彰显的经验相背反，全都与那些伟大的写作规律拧着来。

文学是失败者和失意者的事业。文学写作表达的是一种不满甚至怨怒的诉求，表达的是对生活的否定性的反应——即便肯定的态度，也须通过否定形式的中介来体现。文学所面对和处理的，主要是人与人、人与生活的不和谐关系。它甚至含着抗议和控诉的性质。有分量的写作，不仅大都源于穷愁、苦恼、不满和愤怒等深刻的人生经验和情感体验，而且，大都具有"怨"的性质。所谓"家父作诵，以究王汹"（诗经·小雅·节南山），所谓"信而见疑，忠而被谤，能无怨乎"（《史记·屈原贾生列传》），无不含着一股郁郁不平之气，都有那么一种怨愤和亢直的性质。换个角度，从文学感染力和文学价值论的角度看，只有否定性的"怨"的写作，只有表达苦恼和悲伤情绪的写作，才是创造出打动人心的长效文学和强效文学。唐代宗广德元年（763 年）正月，唐军在洛阳附近的横水打了胜仗，收复洛阳及郑、汴等地，杜甫闻讯，欣喜万分，写了脍炙人口的《闻官军收复河南河北》。浦起龙在《读杜心解》中，盛赞此诗，称它为杜甫"生平第一首快诗"。其实，反过来说它是一首"悲诗"，似乎更加合理。唉！"却看妻子愁何在，漫卷诗书喜欲狂"，那"喜"的内里，分明浸透了杜甫漂泊流离的辛酸泪，所以，所谓"初闻涕泪满衣裳"，才是这首诗的诗眼和主脑——若无那股荡气回肠的"悲"感作诗魂，此诗"快"则快矣，但也会像"时间开始了"一样，直白外露，了无余味。

然而，几十年来，中国当代文学作家似乎都写得太得意，太激越，太张扬。"歌唱，歌唱"，他们恣情纵意，为成功和欢乐而歌唱。他们陷入了文学认知上的"意盲"状态，完全不知道诗的本质是与痛苦、哀伤、眼泪联系在一起的，完全不知道那种洋洋得意的欢乐和睥睨一切的傲慢，本质上是反文学的，是没有多少诗性可言的。李贽批评自己时代的文学说："今人唯不敢怨，故不成事。"① 是的，谁若想单单把欢乐、幸福、感恩和赞美当作自己写作的主题，谁的写作就必然要沦为矫饰的虚伪的写作，就难免要陷入"为文造情"的窠臼。然而，在我们这个时代，几乎所有的抒情文学和叙事文学，大都选择夸张的叙事方式，大都充满飞扬的激情，大都具有无比"欢愉"的色彩，因而，这样的文学，大都可以归入"颂"文学的范畴。实可谓：兴观群怨无一字，四海但闻颂歌声。

进入"新时期"，中国当代文学竭力摆脱欢愉的"颂"文学的"脱空经"，努力吸纳古今中外的文学经验，以便重新接续中国文学和世界文学的伟大传统，以便建构自己时代的文学精神和经验模式。钱锺书的《诗可以怨》应时而生，来得正是时候。它扫花径而启蓬门，充满开渠布道的热情，客观上起到了对当代文学指示周行、补偏救弊的作用。它提醒我们，对于文学来讲，司马迁在《史记》中所表达的"此人皆意有所郁结"的"发愤之所为作"的经验，正是可以引导我们抵达伟大写作的可靠路径；它提醒我们，"诗可以怨"是现实主义文学本质特点，是一切试图真实地揭示人生世相的文学都必须遵循的"黄金定律"。

总之，在20世纪80年代初期，钱锺书的《诗可以怨》犹如空谷足音，

---

① 李贽：《焚书·续焚书》，岳麓书社，1990，第210页。

犹如黄钟大吕——它带给文坛和学术界的惊喜，绝不下于那些哀哀哭诉的"伤痕文学"。是的，某种程度上，它就是理论形态的"伤痕文学"。"痛苦比快乐更能产生诗歌，好诗主要是不愉快、苦恼或'穷愁'的表现和发泄"——这固然可以看作为"伤痕文学"所作的辩护，但是，视之为作者自己历尽劫波之后的"能无怨乎"的人生感喟，不也是很合适的吗？

本文原刊于《当代作家评论》2015年第6期

"多长算是长":论史诗的长度问题[*]

朝戈金[**]

一

当被告知成立"伦敦史诗讲习班"[①] 的消息时,阿瑟·威利 (Arthur Waley) 说"每当想到史诗,我就想它们都是多么的各不相同"。[②] 这是有感而发的话。从事史诗研究的学者大都同意,史诗是个内部差异巨大的文类,给它下定义颇为不易。

发行量可观、影响很大的《牛津简明文学术语词典》中"史诗"词条是这样表述的:

---

[*] "多长算是长",原文 "how long is long",引自 Lauri Honko:*Textualising the Siri Epic*,Academia Scientiarum Fennica,FFC264,Helsinki,1980,p. 35.

[**] 朝戈金,中国社会科学院学部委员,民族文学研究所所长、研究员

① 伦敦史诗讲习班 (London Seminar on Epic)。1963 年 10 月底,在伦敦大学玛丽皇后学院 (Queen Mary College) 举行的一次关于历史与史诗的学术会后举行的招待会上,提议成立一个讲习班 (seminar) 定期讨论史诗的动议得到大家支持。于是"伦敦史诗讲习班"正式创立。该讲习班从 1964 年 6 月 22 日揭幕,到 1972 年 3 月 21 日举行最后一次活动,前后历时 8 年。其间 23 名成员 (8 人为创始成员),加上邀请的嘉宾,一共宣读了 31 篇论文。这些成果后结集为两大卷的论文集出版 (*Traditions of Heroic and Epic Poetry*),The Modern Humanities Research Association,1980,1989)。

② *Traditions of Heroic and Epic Poetry*,Vol. 1,ed. A. T. Hatto,The Modern Humanities Research Association,1980,p. 2.

史诗是长篇叙事诗，以崇高庄严的风格歌颂一个或多个传奇英雄的伟大功业。史诗英雄往往受到神的庇护，甚或是神的传人。他们总是在艰苦的旅程和卓绝的战争中表现出超人的能力，常常拯救或者缔造一个民族——例如在维吉尔的《埃涅阿斯纪》（公元前 30 ~ 20），乃至拯救整个人类，如弥尔顿的《失乐园》。维吉尔和弥尔顿所创作的诗歌被叫做"次生的"（secondary）或者文学的史诗，它们是对更早的"原生的"（primary）的或者叫传统的荷马史诗的模仿。荷马的《伊利亚特》和《奥德赛》（公元前 8 世纪）则来自口头吟唱的史诗传统。这些次生之作吸收了荷马史诗的诸多技巧，包括对诗神缪斯的吁请，"特性修饰语"（epithet）的使用，对众英雄和对手的"详表"（listing）式形容，以及"从中间开始"的结构（至于史诗传统的其他手法，见"史诗明喻"，"程式化"和"史诗手法"等）。盎格鲁—撒克逊史诗《贝奥武甫》（公元 8 世纪）是一篇原生的史诗，就如今天所知历史上最为古老的巴比伦史诗《吉尔伽美什》（公元前 3000年）一样。在文艺复兴时期，史诗（也称"英雄诗歌"）被看做是文学的最高形式，因而成为创作的范本，如意大利塔索的《被解放的耶路撒冷》（1575）和葡萄牙卡蒙斯的《卢济塔尼亚人之歌》（1572）。其他重要的民族史诗还有印度的《摩诃婆罗多》（公元 3 或 4 世纪）以及日耳曼人的《尼贝龙根之歌》（公元 1200 年）。史诗的场面宏大，因此该术语也被引申用来指长篇小说或气势恢宏的历史小说，例如托尔斯泰的《战争与和平》（1863 ~ 1869）。某些场景宏大的英雄题材或历史题材的电影也被叫做史诗。①

再看看更为专业的工具书。《普林斯顿诗歌与诗学百科全书》中，"史诗"词条占据了这部大开本百科全书的 13 页之多。该词条分两部分，第一部分是历史，回顾了从古至今的史诗现象，第二部分是理论，主要介绍了"古典和亚历山大时期的希腊"，"古典拉丁和中世纪"，以及"文艺复兴到现代"三个阶段的主要理论建树。该词条给出的核心定义是："一部史诗是一首长篇叙事诗，描述一个或多个史诗英雄，并关注某个历史事件，如战争或征服，或展示作为某文化中传统和信仰核心的英勇探险或其他神奇功

---

① Chris Baldick, *The Concise Oxford Dictionary of Literary Terms*, Oxford University Press, 2004, pp. 81 – 82. 笔者汉译。

业。"① 在 2012 年面世的该百科全书第四版中，核心定义被修改为："一部史诗是关于英雄行为的长篇叙事诗歌：叙事意味着它讲述一个故事，诗歌表明它以韵文体而非散文体写就，英雄行为则被各个传统的诗人们一般解读为对英雄所归属社区而言有重大意义的英勇行为。"②

上引史诗定义中，都点明史诗是长篇诗体叙事，只不过没有明确多长算是长篇。在《普林斯顿诗歌与诗学百科全书》不同版本之间文字表述上的变化就或显或隐地表明，学界越来越不认为史诗是一个边界清晰、内涵稳定、有明确篇幅限定的文类。这种认识上的变化与下述事实不无关联：近年来不断有新史诗被发现、记录和展开相应研究——越南近年辑录出版的卷帙浩繁的"西原史诗系列"就是一个突出的例子。③ 涌入史诗领地的各类鲜活样例，以其形式、内容、功能和作用的各不相同，不断挑战和冲击陈旧的以欧洲史诗为圭臬和参照的史诗观念体系。今天，在关于史诗的几乎每一个重要问题上，学界都有歧见和争议。④ 不过"长篇诗体叙事"倒是被多数人坚守的尺度之一，只是在长度问题上多语焉不详。本文是朝向讨论史诗界定问题的系列思考之一，史诗长度问题当然是需要优先讨论的。为了便于在更大范围内进行样例比较，也为了层次上更清晰，本文的事例主要来自"原生的"或口头的史诗传统。

二

在民间文艺学领域，史诗是一个文类，就如神话、传说、故事、歌谣等也都是叙事文类一样。只不过史诗是特意强调篇幅的文类，这一点与散文体的神话、传说和故事等都不同。短者如《精卫填海》《后羿射日》《嫦娥奔月》等汉族上古神话，寥寥数语；长者如希腊神话，滔滔不绝，皆可

① *The New Princeton Encyclopedia of Poetry and Poetics*, ed. Alex Preminger and T. V. F. Brogan, Princeton University Press, 1993. p. 361.
② The Princeton Encyclopedia of Poetry and Poetics, Fourth Edition, Editor in Chief Roland Greene, Princeton University Press, 2012, p. 9. 笔者汉译。
③ 参见 http://www.juminkeko.fi/vietnam/index.php?site=vastaanotto&lang=en。
④ 参见自 Oral Tradition 学刊创立 30 年来所发表关于史诗的各类争论文章，就会形成这个看法。

入神话殿堂，无论短长。传说亦然，世界各地传说无算，或长或短，彼此极为参差，大抵不影响其传说定位。民间故事虽以短制居多，但篇幅上一向没有特别要求。韵文体诸文类，如叙事诗、民谣、谚语、挽歌、祝词等，界定尺度多聚焦内容及功能，于篇幅上素无要求。

不过，诚然史诗作为一个文类可以与故事等文类并列，但与其他文类相比较，史诗又是一个特殊的文类——它既是一个独立的文类，又是一个往往含纳和吞噬其他文类的文类。所以，在美国史诗学者理查德·马丁（Richard P. Martin）看来，作为一种"超级文类"（"super-genre"）史诗与绝大多数有较为固定风格的语词艺术样式不同，它具有一种可以被称为"普泛性"（"pervasiveness"）的属性。① 约翰·迈尔斯·弗里则直呼史诗为"重大文类"（master-genre）。他说："史诗是古代世界的重大文类。无论聚焦哪个时代或哪个地方，史诗在古代社会都扮演重要角色，发挥着从历史和政治的到文化和教诲的及其他诸多功能。作为认同的标识，古代史诗看来总是居于事物的中心。"② 笔者十分赞同马丁和弗里的上述见解。史诗文类不是一个静止的和高度自洽的现象，口传史诗尤其不是。史诗的篇幅问题是外在形式问题，但从辩证法角度看，量积累到一定程度就会引起质的转化。从哲学上看，一般而言事物的内容决定形式。史诗在内容上多涉及关乎国家民族生死存亡的重大事件，其主人公往往非同一般（神祇或半神），史诗世界往往景象宏阔。包容上述内涵的叙事，在形式上就不可能太过短小，这很容易理解。

既然是超级文类，就会拥有亚类。在史诗内部都有哪些亚类型呢？以笔者所见，工具书中收罗宏富、分类较细的代表，是吉达·杰克逊的《传统史诗：文学读本》（Guida M. Jackson：*Traditional Epics：A Literary Companion*）。这是一部值得认真关注的世界史诗导读，收入大约 1500 种"史诗"作品，地理上涵盖了非洲、亚洲、大洋洲、加勒比、中美洲及墨西哥、欧洲、印度及中东、北美洲、南美洲以及东南亚（这是作者的地理区划）。下

---

① Richard P. Martin "Epic as Genre"，*A Companion to Ancient Epic*，ed. John Mile Foley，Blackwell Publishing，2005，p. 17.

② John Miles Foley："Introduction"，*A Companion to Ancient Epic*，ed. John Mile Foley，Blackwell Publishing，2005，p. 1.

面就是杰克逊所划分出来的诸多"亚类"（subgenre）："民谣组诗"（ballad cycle）①，"法国叙事歌"（chantefable），②"合集"（collection，中国的"楚辞"包括在这个亚类中），"创世、迁徙、仪式、预言组诗，或史诗"（creation，migration，ritual，prophecy cycle，or epic），"史诗－萨迦"（epic-saga），③"生殖史诗或神话"（fertility epic or myth），"民间组诗"（folk cycle），"民间史诗"（folk epic），"英雄组诗"（heroic cycle），"英雄史诗"（heroic epic），"英雄歌或谣曲"（heroic poem or ballad），"英雄故事或史诗叙事"（heroic tale of epic narrative），"传说"（legend），"神话"（myth），"叙事诗"（narrative poem），"散体传奇故事"（prose romanct），"韵体传奇故事"（verse romance），"萨迦"，"妇女史诗"（woman's epic）等。④ 这些亚类型的归纳，从一个方面说明，史诗是一个聚合概念，其内部充满差异性。也说明史诗与其他相邻文类之间，有彼此重合、叠加、互渗、合并等现象。杰克逊的问题主要是两点：一则她的史诗定义边界太过宽泛，从神话到传说，从文人拟作到宗教典籍，从历史文献到民族迁徙历程的记事，不一而足，这就消解了史诗的核心属性和特征；再则，她所运用的"亚类型"概念和体系，缺乏必要的划分标准和逻辑层次——以地域性划分（如法国叙事歌），以性别为导向划分（妇女史诗），或以内容划分（生殖史诗或神话）的亚类，交错出现，平行并列，令人无所措手足。

身为 20 世纪最有影响的史诗研究大家，劳里·杭柯（Lauri Honko）关于史诗的见解很有参考价值。他认为，史诗是关于范例（exemplar）的宏大叙事，起初由专门歌手作为超级故事来演述，比起其他叙事，史诗篇幅巨大，表达充满力量，内容严肃重要，并在传统社区或受众中成为认同表达

---

① Cycle "组诗"，也有汉译为"诗系"的，指内容围绕某一时代或某一传奇（人物）展开的一组诗歌作品。在系列史诗中使用时，也有翻译作"史诗集群"的。

② Chante fable 是法国中世纪的一个叙事类型，以韵文和散文交替叙述故事，前者可唱，后者可诵。流传至今的唯一作品就是《奥卡森和尼克莱特》（*Aucassin et Nicolette*），讲述一对恋人经过诸多磨难，终成眷属的故事 "法国叙事歌"是《简明不列颠百科全书》（中国大百科全书出版社，1986）的译法。

③ Saga，是指中世纪冰岛各种散文形式的故事和历史作品，有广义和狭义两种用法。

④ Guida M. Jackson, *Traditional Epics*：*A Literary Companion*，Oxford University Press，1994，pp. 651 – 654.

的资源。① 他进而指出，口传史诗不仅是一个复合的文类（oral epics are a complex genre），而且还是一个多属杂糅的传统（multigeneric traditions）。② 无论是马丁的"超级文类"、弗里的"重大文类"，还是杭柯的"超级故事"乃至"复合文类"，其基本点都在于，不能简单把史诗当作一般的文类来加以理解和阐释。

三

在文学的诸多文类中，散文体的叙事艺术，如小说，在篇幅方面最为斤斤计较。小说分为长篇小说（novel）、中篇小说（novelette）和短篇小说（short story）。篇幅和体量对于分类而言是决定性的。史诗一般被认为是长篇的，但所谓长篇的下限应该是多少呢？劳里·杭柯是少数几个谈论这个问题的学者。他斟酌并转述了在口传史诗长度方面最为宽容的学者爱德华·海默斯（Edward R. Haymes）的说法——海默斯认为口头史诗是一种广义的叙事诗歌，其长度普遍应超过 200 到 300 诗行。③ 不过，杭柯并不太赞成海默斯的看法，认为这个标准是太低了，为单一情景的叙事诗以及民谣类的叙事样式堂而皇之地进入史诗领地大开方便之门。杭柯有些犹豫地说，他愿意提出 1000 诗行作为史诗这个重大文类的"入门标准"，但他随后也说口头诗人可能会压低这个标准。④ 海默斯的最低限度，也就是 200 到 300 诗行，这个篇幅，比起有 355 句的"古今第一长诗"《孔雀东南飞》还要短小一点，也难怪杭柯不大认可。

---

① 这一段话相当重要，故而原文摘引于此 "Epics are great narratives about exemplars，originally performed by specialized singers as superstories which excel in length，power of expression and significance of content over other narratives and function as a source of identity representations in the traditional community or group receiving the epic."见于 Lauri Honko, *Textualising the Siri Epic*, Academia Scientiarum Fennica, FFC264, Helsinki, 1998, p. 28.

② Lauri Honko：*Textualising the Siri Epic*, Academia Scientiarum Fennica, FFC264, Helsinki 1998, p. 29.

③ Lauri Honko：*Textualising the Siri Epic*, Academia Scientiarum Fennica, FFC264, Helsinki 1998, pp. 35 – 36.

④ Lauri Honko：*Textualising the Siri Epic*, Academia Scientiarum Fennica, FFC264, Helsinki 1998, p. 36.

作为超级文类的史诗，其篇幅的幅度该如何把握呢？这显然是一个棘手问题。先从最长的史诗说起。今天我们所知世界上最长的史诗，是蒙藏等民族中广泛传唱的口头史诗《格萨（斯）尔》。据说除去异文，约有50万诗行。[①] 以往西方世界认为，印度大史诗《摩诃婆罗多》是世界上最长的史诗，其精校本有大约10万颂，也就是20万诗行。类似这样大型的史诗，还有柯尔克孜族的《玛纳斯》，以及蒙古族的《江格尔》等等。更具有故事"整一性"和全球声望的，是希腊史诗《伊利亚特》和《奥德赛》，分别有大约16000诗行和12000诗行，它们堪称中型史诗的翘楚。欧洲的不少史诗，如古日耳曼《尼贝龙根之歌》，盎格鲁—撒克逊《贝奥武甫》和《亚瑟王》系列，法兰西《罗兰之歌》，西班牙《熙德之歌》，冰岛《埃达》等，都可归入中型史诗之列。在世界各地，比较短小的史诗也经常能见到。根据《蒙古英雄史诗大系》和其他蒙古史诗资料的情况看，不足3000行的史诗，在整个蒙古史诗群落中占据大多数。数百诗行的故事，数量也不算少。这些都可以算作小型史诗。今天所见较短的知名史诗中，古代突厥人中流传的《乌古斯可汗传》具有代表性，它有不同抄本传世，但篇幅都不足400诗行。可是，无论从哪个角度看，其内容严肃重要，其主人公能力非凡，其英雄事迹也完全合于史诗的规制。

如此看来，把大型和中型史诗纳入史诗范畴，完全合于史诗文类对篇幅的要求，不构成问题。产生歧见的，是对小型史诗篇幅的讨论。换句话说，也就是如何对史诗的入门限度做出规定的问题。以笔者所见，劳里·杭柯对史诗长短的讨论，用力最大，但收效却仍值得商量。原因在哪里呢？在笔者看来，口头史诗的长度问题，从来就不容易搞清楚，因为长短是相对的。有事例为证：

杭柯在著作中转述了一件事情：1995年1月，印度一家电台"All India Radio"邀请知名的史诗歌手古帕拉·奈卡（Gupala Naika）在电台上演唱史诗"Kooti Cennaya"。这个播出版本是"20分钟"。史诗"Kooti Cennaya"是土鲁（Tulu）传统中最为著名的长篇史诗之一，也

①　据《中国大百科全书》第二版（大百科全书出版社，2009）"格萨尔"词条。

是歌手奈卡自己的曲目库中在长度上仅次于"斯里史诗"（Siri）的第二长史诗。恰巧在此事发生的三年前，杭柯和他的史诗工作团队曾经采录过该歌手演述的这部"Kooti Cennaya"史诗。当时史诗工作团队一共用了三天时间，录制了史诗故事的 19 个单元，每个单元的长度从 28 分钟到 120 分钟不等，总计用去了 15 个小时，按诗行统计有大约 7000 行！杭柯闻此广播事件极为惊讶，就再次请求歌手像在电台里那样用 20 分钟演述这个故事。这位传奇歌手毫不犹豫就同意并用 27 分钟完成任务。① 歌手奈卡简直就是史诗研究学术史上最为出色的"压缩大师"。

这样的事情并不是特例。根据杭柯的转述，1985 年在芬兰土尔库召开的"《卡勒瓦拉》与世界史诗"研讨会上，希尔克·赫尔曼（Silke Herrmann）报告说，大约在 1970 年，拉达克的广播电台曾经邀请歌手在冬季整月地演述史诗《格萨尔》。播放时长为每次 30 分钟。歌手们为了适应节目时间要求，需要将每个部分（诗章，或者称作 ling）都压缩到 30 分钟的长度。其中有一位很会压缩的歌手，曾经给赫尔曼在 3 个小时之内演述了"整个'《格萨尔》史诗，而大体同样内容的故事，另外一位歌手则用了大约 16 个小时之久。②

关于史诗太长，不能一次讲完的说法，在世界上许多地区都能够见到。在卫拉特蒙古人中还有这样的说法，称《江格尔》一共有 70 个诗章，但是任何人都不该全部学会，也不能全部演唱，否则会对他本人大为不利。③ 俄国历史学家弗拉基米尔佐夫（B. Ya. Vladimirtsov）曾经对西部蒙古的史诗传统作过调查，他也指出史诗演述的长度是会根据演唱者和场合而做出调整的：

　　　　歌手现在正如以线串珠，他可以将各类诗段伸展或拉长，他的叙

---

① Lauri Honko：*Textualising the Siri Epic*，Academia Scientiarum Fennica，FFC264，Helsinki，1998，p. 30.

② Lauri Honko：*Textualising the Siri Epic*，Academia Scientiarum Fennica，FFC264，Helsinki，1998，pp. 30 – 31.

③ 中国民间文艺家协会新疆维吾尔自治区分会编《〈江格尔〉论文集》，新疆人民出版社，1988。其中多篇田野报告言及歌手不能全部演唱《江格尔》的禁忌。

事手段或直白或隐晦。同样一部史诗，在一位经验丰富的歌手那里，可以用一夜唱完，也可以用三四夜，而且同样能保留题材的细节。卫拉特史诗歌手从不允许自己缩短和改动史诗题材，或删掉某一段落，这么做会被认为十分不光彩，甚至是罪过。题材内容是不能改动的，然而一切都依歌手而定，他的灵感力量，他对诗法的运用能力。[①]

可见，歌手根据不同场合和环境，任意处理故事长度的事情，随时都会发生。歌手奈卡20分钟和15个小时分别演述同一则故事的例子，非常充分地说明了口头诗歌变动不居的属性。显然，7000诗行的篇幅，按照杭柯的标准，是可以堂而皇之进入史诗领地的，但它的压缩版本远不足1000行，则应拒于史诗之门外。这样做是有道理的吗？

四

前面讲同一位歌手在不同情境下处理故事长度的例子。若是一则故事在不同歌手之间传播并发生变化，会有什么样的情况呢？这里引述弗里著作中讲述的一则著名的史诗田野作业范例：

帕里让远近闻名的歌手阿夫多（Avdo）出席另一位歌手的演唱，其间所唱的歌是阿夫多从未听到过的。"当演唱完毕，帕里转向阿夫多，问他是否能立即唱出这同一首歌，或许甚至比刚才演唱的歌手姆敏（Mumin）唱得还要好。姆敏友好地接受了这个比试，这样便轮到他坐下来听唱了。阿夫多当真就对着他的同行姆敏演唱起刚学来的歌了。最后，这个故事的学唱版本，也就是阿夫多的首次演唱版本，达到了6313诗行，竟然几近'原作'长度的3倍"。[②]

---

① 朝戈金：《口传史诗诗学：冉皮勒〈江格尔〉程式句法研究》，广西人民出版社，2000，第39页。

② 〔美〕约翰·弗里：《口头诗学：帕里－洛德理论》，朝戈金译，社会科学文献出版社，2000，第94页。关于这两次表演的比车父分析，见A. B. Lord: *The Singer of Tales*, Harvard University Press, 1960, pp. 102–105.

　　在洛德看来，学唱版本是原唱版本的接近三倍，道理在于阿夫多是比姆敏厉害得多的口头诗人。他所掌握的语词程式和典型场景程式等现成的表达单元，要远比姆敏的丰富。所以，在姆敏可能是一带而过的场景，在阿夫多这里，或许就变成了细节充盈的画面。因为，把一首只有2294诗行的故事扩展为6313诗行，毕竟要增添许多成分才成。而且根据洛德的观察，学唱版本并不会亦步亦趋地追随原唱版本，而是会根据自己熟悉的程式，对新学故事进行诸多改造，乃至是"修正"。洛德列举了诸多有趣事例，例如在呈现"传令官"场景时，两个歌手的演述版本之间，差别甚为明显。由此可见，同一则故事在不同歌手之间传播和接受的过程中，也会发生很大的变化。既然口头诗歌在不同歌手间传承和在不同代际间传承是民间叙事艺术传承的基本样态，那么我们在某次田野调查中碰巧遇到并记录下来的一则故事的某一次演述，就极有可能是该故事的一个"压缩版"或"抻长版"。这样说来，以一则口头诗歌的篇幅长短来论定其诗歌属性和归类，十分靠不住。

　　洛德关于口头诗歌的变动性与稳定性关系的讨论，饶有兴味。他认为，需要用三种田野实验从三个方面讨论变动问题：第一，一首歌从一个歌手到另一个歌手传承过程中发生变化的实验；第二，同一歌手的同一则故事在不太长时间间隔前后的差异；第三，同一歌手的同一则故事在间隔很久（例如十几年）前后发生变化的情况。这几种情况在前面已有论及。下面用一个我自己研究过程中使用过的例子，说明即便是在一次演述中，在某些看上去比较固定的表达单元上，歌手灵活处置的空间也是惊人的。

　　我在蒙古史诗的句法研究中，也指出有类似现象：例如，诗行"Asarulagan Honggor"（阿萨尔乌兰洪古尔）是一个核心的特性修饰语，在《江格尔·铁臂萨布尔》（演述记录本）诗中一共出现了33次，其中多次在核心特性修饰语前面添加了附加修饰语，"aguu yehe hüchütei"（有着伟大力气的），变成"Aguu yehe hüchütei/Asarulagan Honggor"。另外一个例子是诗行Hündügartai Sabar（铁臂萨布尔），在这个诗章中一共出现了23次，其中16次添加了附加修饰语Hümünnu nachin（人群中的鹰隼），从而形成一个双行对句的特性修饰语："Hümün nu nachin/Hündügartai Sabar"（人群中的鹰隼/铁臂的萨布尔）。这不算完，在这个对句的前面，有4次添加了4行修饰性

成分 "Ama tai hümün/Amalaju bolosi ügei/Hele tei yaguma/Helejü bolosi ügei"，从而变成一个 6 行的人物特性修饰语（有嘴巴的人们/都不敢谈论的/有舌头的生灵/都不敢嚼舌的/人群中的鹰隼/铁臂的萨布尔）。我在这篇英文文章中做了如下图示，总结蒙古史诗中仅是人物的特性修饰语就会有多种伸缩格式的情况：①

> Semi-dependent multi-line ornament（半独立多诗行修饰成分）

> Ornamental affiliation（附加修饰成分）

> Core epithet（核心特性修饰语）

在蒙古史诗中，这种创编技巧是随处可见的，如装扮、备马、出征、宴饮、传令、搏杀、战阵等场景，都有类似的处理策略——或极尽繁复的形容，或有骨没肉的一带而过，简直可以说是收放自如，使用范围之广，技巧之复杂多样，达到惊人程度。由此可以推想，一则故事经过大幅度增加修饰成分或大幅度删减这些成分，结果会是多么的不同。

总之，在一首口头史诗中，修饰策略或繁或简，就可以给篇幅带来巨大的差异。这是大量田野报告已经证明的。那么，无论设定的门槛是多少诗行，都会出现过了门槛则升格为史诗，不及则降格为叙事诗的后果。这会带来很大的困扰。

五

根据主要从德国发端的"歌的理论"②长篇叙事诗大都是由较为短小的歌逐渐汇聚形成的。这个说法得到一些材料的支持。例如，根据黄宝生先生转述奥利地梵文学者温特尼茨（M. Winternitz）的观点，印度大史诗《摩诃婆

---

① Chao Gejir: "Mongolian Epic Identity: Formulaic Approach to Janggar Epic Singing", *Reflections on Asian-European Epics*, ed. Ghulam-Sarwar Yousof, Asia-Europe Foundation, Singapore, 2004, p. 156.

② "歌的理论"德文作 Liedertheorie。这是一个由 19 世纪德国语言学家们发展起来的理论。此术语的字面意思是"歌的理论"。他们认为长篇史诗是由较短的起源于民间的歌汇编而成的，这一创见导致了所谓"分辨派"的出现，他们试图证明《伊利亚特》和《奥德赛》就是由较小的部件和零散的歌汇编而成的。

罗多》的成书时代"在公元前 4 世纪到公元 4 世纪之间"。"至于《摩诃婆罗多》在这漫长的 800 年间的具体形成过程，学者们经过多年探讨，现在一般倾向于分成三个阶段：（1）8800 颂的《胜利之歌》（Jaya）；（2）24000 颂的《婆罗多》（Bhārata）；（3）10 万颂的《摩诃婆罗多》。"[①] 根据梵文专家的研究，这部大史诗是由一些相对比较短小的部分，在几百年间逐渐汇聚为大型史诗的。蒙古史诗专家仁钦道尔吉认为，蒙古史诗也经历了从单篇史诗（普遍比较短小），逐渐发展为串联复合史诗（普遍中等篇幅）和并列复合史诗（《江格尔》、《格斯尔》等大型史诗）的。蒙古史诗的发展演变史也印证了口传史诗这一明显的生长过程，也就是篇幅逐渐增大的过程。[②] 在当代仍然处于传承活跃阶段的不少口头史诗传统，可以看做是仍处于"生长期"的史诗，如藏族《格萨尔》，持续有新的诗章涌现出来。基本可以这样说，对于仍处于流传中的史诗而言，由于其篇幅远未固定下来，以篇幅衡量它的努力就是徒劳的。

　　对于大型史诗集群而言，情况还要复杂。以《江格尔》史诗为例，它属于仁钦道尔吉所总结的"并列复合史诗"类型。它由几十个诗章组成，其中每一个诗章（像《洪古尔娶亲》和《铁臂萨布尔》等）都是独立的"一首诗"，同时又是整个史诗的一个有机组成部分。这一个诗章可能还含纳若干更小的文类和表达单元。这种层层套叠的现象，在许多大型史诗传统中都十分常见，如《摩诃婆罗多》便是由众多的文类（如传说、神话、故事、王族世系等等）和亚文类构成的。

　　再者，在许多文化传统中，史诗不是孤立的存在，而是与仪式等活动密切关联着的。就此而言，它与神话有共通之处。晚近在贵州麻山地区发现的苗族史诗《亚鲁王》，就是一个典型的例子。《亚鲁王》在内容上是创始史诗、迁徙史诗和英雄史诗的某种融合，在形式上是东郎一人或几人在夜间守灵时唱诵，在功能上具有"指路经"的作用，是当地苗族群众死后必有的仪式。吟唱《亚鲁王》就是为了引导亡灵去当去之地。于是，史诗的语词叙事文本，是嵌入仪式中的。其长度，就会受到仪式长度的规制。

---

① 黄宝生：《摩诃婆罗多》卷一，中国社会科学出版社，2005，前言第 9 页。
② 仁钦道尔吉：《蒙古英雄史诗发展史》，中国社会科学出版社，2013，第 1~3 章。

类似的情况，在中国南方少数民族史诗传统中极为常见。彝族的"克智论辩"，是要吟唱《勒俄》史诗的，但这个史诗分公母本和黑白本，分别对应于婚礼和葬礼等不同仪式场合。每次唱诵，都不可能是"全本"，而是隐然存在于民族叙事传统背景中的所谓"全本"的局部演述。①

根据口头诗学原则，在口头文类中，特别是大型叙事中，并不存在所谓的"标准本"或"权威本"。每一次的演述文本，都是"这一个"。用洛德的话说，是 the song。它与一则叙事，也就是 a song，是一般与特别的关系。② 举例来说《格萨尔》史诗的《赛马称王》，是 a song，艺人扎巴某年某月某日的一次《赛马称王》演述，是"这一个"文本，是 the song。"这一个"文本假如被研究者记录下来，则形成了他们对这则叙事的初步认识。但是，在同一个演述人的不同场次的同一故事的演述文本之间，在不同演述人的同一故事的不同演述文本之间，充满了各种各样的变化，给研究带来很大挑战。好在无论它们如何变化，都大体遵循着口头创编的规律，是在限度和规则之内的变异。对于研究而言，只要这些彼此不同的"这一个"叙事之间是同构的、类型化的，则从哪个个案入手，都是可以的。这些规律，能够很好地解释无文字社会的口头创编和传承现象。但是对于文字使用较多的社会而言，情况就有所不同。中国江南的苏州评弹或扬州评话等演述艺术，已经深受书面文化影响和规制，其演述中即兴的成分，就有所降低。

演述现场的即兴成分，既与演述人的造诣和能力有关，也与听众的反应有关。我们有无数事例说明听众是如何反过来影响演述人的，这里限于篇幅就不展示了。但有一点需要明确，听众反馈会作用于演述者，为"这一个"故事带来新的变化。

一首口头诗歌的形成和发展，必然经过无数代歌手的打磨和锤炼，加工和丰富，才成为后来的样子。历史上不少伟大的口头叙事，今已不传，少数幸运者，被用文字记录下来，成为今天案头读物。因为是用文字固定下来了，也就有了固定篇幅，这多少误导了人们，以为在民间的吟诵，也是有固定的套路和大致不变的篇幅。在有经验的田野工作者看来，无论演

① 廖明君、巴莫曲布嫫：《田野研究的"五个在场"》，《民族艺术》2004年第3期。
② 〔美〕阿尔伯特·洛德：《故事的歌手》，尹虎彬译，商务印书馆，2004，第5章。

述人如何宣称其演述是遵从祖制，一词不易，那都是不可能的。

总之，我们接受史诗是"超级文类"的概括，同时认为其篇幅往往伸缩幅度巨大，不同文本之间有时变异剧烈，且篇幅的长短只具有极为相对的意义，何况有些今天所见的抄本，或许只是历史上形成的"提词本"（a prompt）①，就如今天在印度和中国南方民族中所见用图案作故事讲述的提词本一样，并不是口述记录本（dictated text）。所以，以题词本的篇幅来衡量演述情景，一定会差之千里。

口头诗学的法则告诉我们，口头叙事艺术的精髓和规律，在于其"演述中的创编"性质。用书写文化的规则，如"定稿"或"标准本"的观念去衡量口头文本，乃至设定一定的篇幅标准作为某个文类的入门起点，这样的做法，在理论上不能得到确证，在实践中也是不可行的。那么，该如何认定一则诗歌体故事是否该算作史诗呢？学界惯常的做法，是按照这几个尺度来衡量：（1）长篇叙事诗（虽然杰克逊自己在搜罗史诗时没有遵守这个尺度，在实践中这一条并不是不可变通的）；（2）场景宏大；（3）风格崇高；（4）超凡的主人公（一位或多位神或半神）；（5）业绩非凡（或历经磨难）；（6）分为"原生"的和"次生"的（或者叫做民间口传史诗和文人书面史诗）。符合所有这些尺度的，当然是史诗。只符合其中几项核心特质的，可以认定为不够典型的史诗。在我看来，史诗这个超级文类，也是以谱系的形态出现的，从最典型的一端，到最不典型的另一端，中间会有大量居间的形态，它们大体上可以认作是史诗，但又不完全严丝合缝地符合学界中构成最大公约数的关于史诗的定义。蒙古史诗群落中的科尔沁史诗被称作"变异史诗"，就是这种有益的尝试——它是非典型形态的史诗。②

本文原刊于《中央民族大学学报》（哲学社会科学版）
2015 年第 5 期

---

① 〔匈〕格雷戈里·纳吉：《荷马诸问题》，巴莫曲布嫫译，广西师范大学出版社，2008，第 42 页。

② 关于"非典型性"的表述，借用吴晓东的概念，见吴晓东《史诗范畴与南方史诗的非典型性》，《民间文化论坛》2014 年第 6 期。

突厥语民族英雄史诗结构模式分析[*]

阿地里·居玛吐尔地^{**}

突厥语族民族英雄史诗情节结构类型的研究在我国是一个薄弱环节。在探讨突厥语民族英雄史诗结构类型时，郎樱对于《玛纳斯》史诗和突厥语民族英雄结构类型的总结①以及仁钦道尔吉对于蒙古—突厥语民族英雄史诗情节结构之共性的研究值得借鉴。根据他们的研究，不仅突厥语民族英雄史诗在结构上遵循基本相同的叙事模式，蒙古英雄史诗和突厥语民族英雄史诗在题材、情节、结构、母题、人物、表现手法和口头程式句法方面都有一定的共性，具有共同的形成与发展规律。②

仁钦道尔吉指出，蒙古－突厥语民族的英雄史诗根据母题或母题系列不同的组合形式和其所反映的内容可以分成单篇型史诗、串联复合型史诗和并列复合型史诗等三个基本类型。

对于《玛纳斯》那样大型或超大型史诗的结构特征而言，用"多重复合型史诗"似乎更为准确一些。因为，"串连复合型"和"并列复合型"这

---

* 本文系国家社科基金 2013 年度重大招标项目"柯尔克孜族百科全书《玛纳斯》综合研究"（项目批准号：13&ZD144）的阶段性成果。

** 阿地里·居玛吐尔地，中国社会科学院民族文学研究所研究员。

① 郎樱：《〈玛纳斯〉论》，内蒙古大学出版社，1999，第 21 ~ 23 页。

② 仁钦道尔吉：《蒙古－突厥英雄史诗情节结构类型的形成与发展》，《民族文学研究》2000年第 1 期。

两个概念在内涵和外延上似乎并没有特别明确的差别。而《玛纳斯》这类超大型史诗篇幅宏大，结构复杂，不仅囊括所有上述三种类型，而且本身就是一个十分复杂的结构体系。它既有纵向的串联式的情节安排，也有横向并列铺展的情节，甚至还有一些插人式或叠加式的很多节外生枝的情节和内容。这是真正史诗式的、缓慢的、徘徊式的情节发展进程以及其特有的演唱规律和故事内容所决定的。

　　突厥语民族英雄史诗的结构模式有自己的规律和特点。郎樱将我国北方民族的英雄史诗同西方史诗进行比较之后指出，西方史诗大多撷取英雄人物一生中的一段重要经历、或者一个著名战役，采用倒叙的方法进行描述，而我国北方民族的史诗基本上采取顺势连贯的叙事方式，按照人物的生命节奏、事件发生的时序进行叙述。我国北方民族英雄史诗基本的叙事模式为：英雄特异诞生——苦难童年——少年立功——娶妻成家——外出征战——进人地下（或死而复生）——家乡遭劫（或被篡权）——敌人被杀（或篡权者受惩处）——英雄凯旋（或牺牲）。① 郎樱比较准确地总结出了突厥语民族英雄史诗最基本的叙事模式。她的这种叙事模式共包含 9 个母题（或母题系列），而且这些母题也基本上涵盖了我们在上面提到的"单篇型史诗"、"串连复合型"以及"多重复合型"等所有类型的英雄史诗的大致轮廓。前苏联学者 A. C. 奥尔洛夫（A. C. Orlov）也指出突厥语民族英雄史诗的内容由 9 个传统的情节母题单元所构成。② 他所总结的突厥语民族英雄史诗的 9 个母题分别为：1. 无子的父母通过祈子仪式而促使英雄诞生；2. 英雄为争夺美女而参加竞争；3. 英雄为寻找被敌人抢去的姑娘而踏上征途；4. 英雄在一个陌生姑娘的帮助下逃出监牢；5. 英雄的骏马察觉到主人在附近便冲出篱笆；6. 英雄营救胆小的哥哥；7. 英雄父亲的养子阴谋陷害英雄；8. 父亲的养子趁英雄外出企图篡权并霸占英雄的妻子；9. 英雄假扮成乞丐出现在婚礼场合。显而易见，这 9 个情节母题在一定程度上反映了突厥语民族单篇型英雄史诗的基本情节内容，与郎樱所总结的突厥语民族英

---

　　① 参见郎樱《〈玛纳斯〉论》，第 20～21 页。

　　② 〔哈〕巴图尔·艾尔希迪诺夫：《漫游"达斯坦"世界》，阿拉木图，科学出版社，2003，第 77 页。

雄史诗的情节母题大同小异。我们从以上两位学者所分析的情节模式中能够清楚地看到，前者所总结的结构模式更多地是基于征战型与婚姻型相结合的"复合型英雄史诗"的情节和内容，主要反映英雄主人公的征战主题，后者的结构模式则更倾向于爱情叙事诗的结构主题。这两种模式也基本反映了突厥语民族中游牧民族和农耕民族之间史诗传统的大致区别。

俄罗斯学者普罗普的《故事形态学》，英国学者洛德·拉格伦，德国史诗学家海希西，美国民俗学家阿兰·邓迪斯以及其他一些西方学者对于相关问题的探讨也给我们提供了很多有益的启发。

拉格伦将一个最初由俄狄浦斯故事中引申出来的结构模式应用于诸如忒修斯①、摩西、亚瑟王等英雄故事的结构模式研究分析之中，取得了十分有趣的研究结果。他将传统英雄的经历划分为22个情节单元，得出传统英雄的一生都具有模式化趋势，而且他们的身世都具有惊人的相似性的结论。② 他的划分足以证明一个传统英雄生平的程式化结构模式，英雄的身世也就构成了一个模式化的故事。

我们根据突厥语中的主要民族英雄史诗作品本身的情节母题特点，对其进行适当的扩展和改造，可以使其更加符合突厥语民族英雄史诗的传统特征。

按照这个思路，可以把突厥语民族传统的英雄史诗情节大致分成如下结构单元或母题（母题系列）：

（1）出身高贵，父亲是一位国王或有贵族血统

（2）父母年老无子而痛苦

（3）举行祈子仪式

（4）母亲神奇受孕

（5）出生前有人试图杀害他

（6）神奇诞生，被称为是神的（或神赐予的）孩子

（7）其坐骑与英雄同时诞生

（8）举行命名仪式，通常是圣人为他起名

---

① 希腊神话中的人物。

② 洛德·拉格伦：《传统的英雄》，载〔美〕阿兰·邓迪斯主编《世界民俗学》，陈建宪、彭海斌译，上海文艺出版社，1990，第199页。

（9）少年时成为孤儿遭受磨难

（10）表现出超凡的特性

（11）父子间的恩怨

（12）得到战马、盔甲及武器

（13）得到未来妻子的消息

（14）前去寻找未来妻子

（15）经过未来岳父家人的考验（同未婚妻或其他征婚者进行比武竞技）

（16）婚姻

（17）路途上的艰辛

（18）梦兆

（19）被拥戴为汗王

（20）结义

（21）听到敌人入侵（或家乡遭劫）的消息

（22）出征（或多次出征）并取得胜利

（23）被捕

（24）进入地下（或关入地牢）

（25）遭内奸出卖或暗算（叛逆者篡夺王位）

（26）得到国王女儿（或神鸟、精灵）以及坐骑的救助

（27）死而复生（或返回到地面或逃出地牢）

（28）惩治入侵者或篡权者

（29）英雄受伤牺牲（或殉情）

（30）留下一个神圣的陵墓

这30个情节单元，即母题（母题系列），① 基本上按照突厥语各民族史诗的情节脉络的模式化趋势而设定的。这些情节单元（或母题）总是按照特定序列或多或少地贯穿于突厥语民族传统英雄史诗当中。需要说明的是，这个情节单元序列中的每一项还能够划分成更为精细的母题。另外，这个情节

---

① 参见 Chadwick，Nora，K；VictorZhirmunsky；1969；*Oral Epic of Central Asia*. Cambridge University Press；London；〔德〕卡尔·赖希尔：《突厥语民族口头史诗：传统、形式和诗歌结构》，阿地里·居玛吐尔地译，中国社会科学出版社，2011；郎樱《〈玛纳斯〉论》等。

单元序列只能说明突厥语民族英雄史诗最基本的叙事方式以及这些情节单元出现在传统史诗中的频率和大致趋势，每一部传统史诗的情节并不都是完全遵照这样的顺序。不同的史诗在这个母题序列基础上总是有其独特性。

换句话说，这个情节母题序列不可能完全对应任何一部史诗的情节，比如说序列中的第（1）（5）（7）（24）（27）等不可能在每一部史诗中都出现；而（18）（20）可能会在不同的史诗传统中出现在许多不同的地方，或重复出现；有一些史诗可能在上述序列的第（28）个情节（母题）之后就以一场大型庆典活动结尾，而另外一些史诗的结尾则遵循（29）（30）的顺序。也就是说，我们在这里考虑更多的是上述序列中的史诗母题出现在传统史诗之中的顺序和频率，而不是要证明突厥语族所有民族传统的口头史诗都遵循这一序列。一个固定不变的模式绝不可能完全涵盖丰富多彩、各具特色的活形态史诗传统。我们在此所做的只是列举出突厥语民族史诗传统中那些以母题（或母题系列）为单元的相对固定的因素，提供一个研究参考视角和途径。

上面的30个情节母题的划分让我们看到突厥语民族英雄史诗的共同特征和这些史诗中所塑造的传统英雄的模式化趋势。当然，也能够看到不同民族英雄史诗传统的特质。

我们必须明确，上面所列出的30个情节单元所展示的模式只适合于突厥语民族传统史诗中的那些情节发展比较单一、结构比较简单的"单篇型史诗"，而对于像《玛纳斯》《先祖阔尔库特书》那样的结构宏伟的大型"多重复合型"和"串联复合型"史诗而言，这种模式就不怎么适合了。因为，《玛纳斯》史诗八部的内容相互融为一体又各自具有一定的独立性，其结构是一个庞大而复杂的整体，各部分之间的独立性是基于整体结构的完整性而存在，而《先祖阔尔库特书》则是由12个相对孤立的不同故事组合而成的系列史诗。

另外需要说明的是，我们这里所排列的情节单元（或母题系列）只针对某一部特定口头史诗的某一个具体唱本。如果我们面对的是一部口头作品的多个异体基础上综合整理而成的文本，或者是经过文人加工和改造过的综合编辑文本，那么上面的情节单元列表就失去其合理性，将变得毫无意义。上面的情节母题序列基本上反映了突厥语民族传统的口头史诗，尤其是哈萨克、柯尔克孜等草原游牧民族英雄史诗口头文本的叙事规律性，同时也体现着口头传统史诗叙事结构的稳定性。

下面，我们将根据这些情节单元的标号，选取突厥语民族英雄史诗传统中有代表性的 12 部英雄史诗，看看这些母题在不同史诗中的出现频率，排列秩序，并以此来检验这些史诗英雄主人公的身世模式在多大程度上具有共同性和差异性。

1. 乌古斯汗

（6）神奇诞生，具有神一般的容貌；（10）骑马狩猎，杀死独角兽；（13）狩猎途中偶遇光明姑娘和树洞中的姑娘；（16）娶妻返乡；（19）被拥戴为汗王；（21）听到敌人逞凶的消息；（22）出征并取胜。

总共有 7 个清节单元（母题）出现在上述列表中，但由于手抄文本开头部分残缺，神奇受孕、祈子等母题在目前的文本中缺失。

2. 拜波热之子巴木斯·巴依热克（《先祖阔尔库特书》之第三篇故事的主人公）

（1）父亲是汗王；（2）因无子而痛苦；（3）祈子仪式；（4）神奇怀孕；（6）天神赐子；（8）圣人起名；（10）消灭劫匪；（12）得到弓箭等武器；（13）得知未婚妻消息；（14）寻找未婚妻；（15）与未婚妻比武竞技；（16）迎娶新娘；（21）遭敌人突袭；（23）被捕；（24）关入地牢；（25）叛徒霸占妻子篡夺王位；（26）得到异国公主帮助；（27）逃离城堡；（28）返回故乡惩治叛逆。

总共有 19 个情节单元（母题）出现在上述列表中。

3. 玛纳斯（《玛纳斯》史诗系列之第一部主人公）

（1）先祖都是显赫的汗王；（2）年老无子的痛苦；（3）祈子仪式；（4）神奇受孕；（5）遭到敌人的追杀；（6）神奇诞生；（7）坐骑同时诞生；（8）圣人取名；（9）少年时代的磨难；（10）少年英雄的超凡特性；（11）父子矛盾；（12）得到武器装备；（19）被拥戴为汗王；（13）遇见未来的妻子；（14）迎娶新娘；（15）岳父的考验；（16）婚礼；（21）敌人入侵的消息；（22）出征获胜；（25）叛徒暗害；（27）死而复生；（20）结义；（29）牺牲；（30）建造陵墓。

在史诗的上述情节中间还穿插有英雄玛纳斯征服周边各部落的多次征战，阔阔托依的祭典等传统诗章，英雄率众远征等更多情节，但就上述比较粗略的情节结构而言，《玛纳斯》的第一部内容中已经有 24 个情节单元（母题）出现在上述列表中。

4. 阿勒普·玛纳什（阿尔泰同名史诗主人公）

（1）英雄身世；（10）非凡少年；（16）娶妻；（13）听到未婚妻消息；（14）前去寻找；（23）被捕；（24）关入地牢；（25）朋友叛变陷害；（26）骏马的帮助；（27）逃出地牢；（28）回乡惩治叛逆。

总共有 11 个清节单元（母题）出现在上述列表中。

5. 阿勒帕米西（史诗乌兹别克文本）

（1）父亲是国王；（2）年老无子的痛苦；（3）求子；（4）神奇受孕；（6）神奇降生；（8）圣人起名；（10）非凡少年；（13）得到未婚妻的消息；（11）父子矛盾；（12）得到骏马；（14）前去寻找未婚妻；（18）梦兆；（20）结义；（15）岳父的考验；（16）婚姻；（21）敌人的消息；（22）出征；（17）途中的艰辛；（23）被捕；（24）关入地牢；（25）内奸篡夺王位；（26）得到坐骑及公主的救助；（27）逃出地牢；（28）返乡惩治篡权者。

总共有 24 个情节单元（母题）出现在上述列表中。

6. 艾尔托什图克（柯尔克孜族史诗）

（1）父亲是富翁；（2）希望得到男孩；（3）求子仪式；（4）神奇怀孕；（5）父亲想杀死婴儿；（6）神奇降生；（8）圣人取名；（10）少年非凡；（11）父子矛盾；（13）听到未婚妻消息；（14）寻找心上人；（16）婚礼；（12）获得骏马；（17）途中遇险；（22）出征与恶魔搏斗；（24）进入地下；（20）与精灵结义；（25）家乡遭劫；（26）神鹰的帮助；（27）返回地面；（28）惩治篡权者。

总共有 21 个情节单元（母题）出现在上述列表中。

7. 郭尔奥格里（维吾尔族文本）

（4）神奇受孕；（6）坟墓中诞生；（8）圣人起名；（7）骏马同时出生；（10）少年时代不凡气质；（12）得到武器装备；（22）出征；（17）路途艰辛；（18）梦兆；（16）结婚；（19）被拥戴为国王；（2）无子的痛苦；（20）结义；（28）返乡惩治叛逆。

总共有 14 个情节单元（母题）出现在上述列表中。

8. 阔交加什（柯尔克孜族史诗）

（1）父亲是汗王；（2）无子的痛苦；（3）求子；（4）神奇受孕；（6）取名；（21）外敌入侵；（10）少年非凡；（13）得到未来妻的消息；（14）参加征婚竞赛；（15）通过考验；（16）成婚；（22）出猎；（29）遭到诅咒而死。

总共有 13 个情节单元（母题）出现在上述列表中。

9. 阔布兰德（哈萨克文本）

（1）父亲是富翁；（2）无子的痛苦；（3）求子仪式；（4）神奇受孕；（6）取名；（10）少年出猎；（13）听到未来妻子消息；（14）参加比武招亲；（15）通过考验；（16）完婚；（12）得到神奇坐骑；（21）得到敌人消息；（22）出征；（23）熟睡而被俘；（24）被关入地牢；（26）得到公主帮助逃脱；（18）梦兆；（28）回乡惩治敌人。

总共有 18 个情节单元（母题）出现在上述列表中。

10. 库尔曼别克（柯尔克孜族史诗）

（1）父亲是部落首领；（2）无后嗣的苦恼；（4）神奇受孕；（6）降生；（8）命名仪式；（10）少年时代超人智慧和胆识；（21）听到敌人入侵的消息；（22）出征获胜；（20）结义；（13）得到美女的消息；（14）前去寻找心上人；（15）经过考验；（16）婚典；（11）父亲结怨；（29 顺牲，妻子殉情；（30）建造陵墓。

总共有 16 个情节单元（母题）出现在上述列表中。

11. 康巴尔（哈萨克史诗）

（14）未婚妻爱上他；（15）考验英雄；（21）得到敌人入侵的消息；（22）出征；（17）婚庆。

共有 5 个情节单元（母题）出现在上述列表中。

12. 轻·铁木尔（维吾尔族史诗）

（1）父亲是国王；（2）无子的痛苦；（4）神奇受孕；（6）诞生；（9）少年苦难；（8）起名；（10）外出狩猎；（21）得知敌人入侵的消息；（22）出征胜敌；（17）途中磨难；（27）治愈哭瞎的眼睛（象征死而复生）。

共有 11 个情节单元（母题）出现在上述列表中。

我们不妨把上述 12 个史诗的母题序列做一个列表统计，并通过这样个表格（见表一）来展开讨论。列表中的空缺项目表明了不同民族史诗传统所

表 1

	1	2	3	4	5	6	7	8	9	10	11	12	13	14	15	16	17	18	19	20	21	22	23	24	25	26	27	28	29	30
Oguz Qagan 乌古斯汗	√	√	√	√		√				√						√			√			√								
Bamsï Beyrek 巴木斯·巴依热克			√	√		√		√		√			√	√	√	√							√	√	√	√	√	√		
Manas 玛纳斯				√	√		√	√	√	√		√	√	√	√	√			√	√									√	√
Aplïp Manaš 阿勒普·玛纳什	√									√																				
Alpamis 阿勒帕米西		√	√	√		√		√		√		√	√		√		√	√				√	√	√	√		√	√		
Er Toshtuk 艾尔托什图克	√				√		√	√		√		√	√		√			√		√		√			√			√		
Göroglï 郭尔奥格里		√					√	√			√	√				√		√	√	√		√						√		
Kojojash 阔交加什	√	√	√	√		√							√		√						√	√	√						√	
Kobland 阔布兰德	√	√	√									√		√	√		√	√						√		√		√		
Kurmanbek 库尔曼别克	√	√	√			√		√					√			√					√	√	√						√	√
Kambar 康巴尔	√													√							√	√								
Qïntumur 轻·铁木尔	√	√		√		√		√									√				√	√					√			

具有的不同特色。各民族的史诗根据其历史文化背景和生活环境的不同而具有独特的情节发展规律和内容特点。不同传统的史诗歌手在演唱时都会根据受众群体的文化背景和需求以及演唱作品本身情节发展的需要而从各自的民间史诗文化传统中选取和使用最有效的，最受听众认同和喜爱的情节单元和母题，尽力展示出自己所属传统的文化特点。我们从上面情节单元（母题系列）列表所看到的不同作品的共性则从一个侧面表明了这些史诗作品背后叙事传统的关联性和这些传统彼此交融的特点。我们可以根据以上列表中的母题排列的顺序，从纵横两个方面对突厥语民族英雄史诗作一些初步的分析。

从表1纵向的排列中我们清楚地看到上文所列出的30个母题在不同的史诗作品中出现的比例都有所不同。首先，这30个母题在英雄史诗《玛纳斯》第一部中的英雄玛纳斯身上总共出现24个，涵盖了我们所列母题的绝大部分。其次是阿勒帕米斯、艾尔托什图克、巴木斯·巴依热克、阔布兰德、库尔曼别克、郭尔奥格里、阔交加什、阿勒普·玛纳什等。《玛纳斯》是突厥语民族英雄史诗当中结构最完整、篇幅最长、规模最宏大的一部史诗，堪称是突厥语民族英雄史诗传统的巅峰之作。柯尔克孜族民间史诗歌手玛纳斯奇们，在传承和演唱这部雄伟的史诗时，都尽量发挥自己的诗歌才能，从民间文化传统中吸收各种叙事材料和营养，竭尽全力在一个传统的史诗框架之内把英雄人物刻画的更加全面，更加生动，与英雄玛纳斯的身世相关的母题中既有神话色彩浓郁的最古老的文化母题，也有晚近历史中出现在突厥语民族民间文学中的母题，这也从另一方面论证了《玛纳斯》史诗从古老的神话史诗逐渐发展成为现在这样规模宏伟的英雄史诗的轨迹。《阿勒帕米斯》是中亚地区流传最广泛、史诗异文数量和传播语种最多的一部史诗，同时它也是突厥语族民族口头传统当中最具传统特色的古老英雄史诗之一。① 从表1我们清楚地看到与英雄史诗《阿勒帕米西》的主人公阿勒帕米西的身世相关的母题数也达到24个，这说明史诗《阿勒帕米西》无疑也蕴含了突厥语民族史诗传统的大量文化因素。《艾尔托西图克》的主人公艾尔托西图克，《先祖阔尔库特书》系列当中第三个故事的主人公巴木

---

① 有关《阿勒帕米斯》参见〔德〕卡尔·赖希尔《突厥语民族口头史诗：传统、形式和诗歌结构》，阿地里·居玛吐尔地译，第167～179页、第372～395页。

斯·巴依热克以及《阔布兰德》、《库尔曼别克》、《郭尔奥格里》、《阔交加什》、《阿勒普·玛纳什》等史诗的主人公的身世母题系列与表 1 所列母题的对应程度都不少于 10 个。这一点也再一次证明了突厥语民族英雄史诗叙事模式之间的相似性，即突厥语民族英雄史诗所遵循的叙事模式具有明显的趋同性。这种模式并非随意的排列和堆积，正像拉格伦所指出的，这种模式起源于神话学上的叙述，是建立在英雄诞生、结婚、取得王位、死亡等情节上。一位英雄模式化的人生是人们所熟悉的，它来自于赞美或者是真实的信仰，即相信英雄的一生必须符合一种类型，在故事中，加进了神话式的情节。其实，这种对于英雄身世模式化的探讨，在泰勒的《原始文化》、普罗普的《故事形态学》以及奥地利学者约翰·格奥尔格·冯·哈恩（Johan Georg von Hahn）关于"雅利安"英雄传说的研究以及海希西关于蒙古英雄史诗的亚研究中都或多或少有所涉及。[①]

有意思的是，从我们列举母题单元上可以看出，《先祖阔尔库特书》之第三篇故事《拜波热之子巴木斯·巴依热克》、阿尔泰史诗《阿勒普·玛纳什》以及史诗《阿勒帕米西》（乌兹别克）/《阿勒帕米斯》（哈萨克、卡拉卡勒帕克）这三部史诗不仅在情节结构、母题顺序，而且在叙事风格和叙事技巧上彼此都十分相似。有鉴于此，很多史诗专家认为这三部史诗具有十分密切的渊源关系，是同一部史诗在不同的民族中逐渐变异发展而成的。[②] 也就是说，这些文本都是同一部史诗在不同地区逐渐发展成的若干个

---

① 参见〔美〕阿兰·邓迪斯编《世界民俗学》，陈建宪、彭海斌译，第 199～222 页；〔俄〕弗拉基米尔·雅克列维奇·普罗普：《故事形态学》，贾放译，中华书局，2006，第 20～22 页；〔英〕罗伯特·A. 西格尔：《神话理论》，刘象愚译，外语教学与研究出版社，2008，第 255 页；〔德〕W. 海希西：《关于蒙古史诗中母题结构类型的一些看法》，《民族文学论丛》第一集，1983。

② 对于这一点可参见苏联文艺理论家日尔蒙斯基的相关著作：Žirmunskij, V. M. (1960), *Skazanie ob Alpamyše i bogatyrskaja skazka*〔The tale of 'A.' and the heroic tale〕. Moscow; (1967), "The Epic of 'Alpamysh' and the Return of Odysseus," *Proceedings of the British Academy*, 52, 1966. London, 267–286; (1974 [1962]), "Oguzskij geroičeskij èpos i 'Kniga Korkuta'"〔The Oghuz heroic epic and 'The Book of Qorqut'〕, in Žirmunskij 1974: Tjurskij geroičeskij èpos〔The Turkic heroic epic〕. Leningrad. pp. 517–631; Žirmunskij, V. M., X. T. Zarifov (1947), *Uzbekskij narodnyj geroičekij èpos*〔The Uzbek heroic folk epic〕. Moscow. 〔德〕卡尔·赖希尔《突厥语民族口头史诗：传统、形式和诗歌结构》，阿地里·居玛吐尔地译等。

不同异文。当然，也不乏学者将上述几部史诗与《玛纳斯》相关联。① 无需赘言，还是先让我们按照上文所划分的母题系列，看看这三部史诗在母题与结构方面的共性和差异性。

表 2

	1	2	3	4	5	6	7	8	9	10	11	12	13	14	15	16	17	18	19	20	21	22	23	24	25	26	27	28	29	30
巴木斯·巴依热克	√	√	√	√		√		√		√		√	√	√	√	√					√		√	√	√	√	√	√		
阿勒普·玛纳什	√									√			√	√		√	√						√	√	√	√	√			
阿勒帕米西	√	√	√	√						√			√			√					√		√	√	√	√		√		

从表 2 所显示的情况看，这三部史诗在母题与结构上的一致性主要表现在它们都共享以下几个核心母题，而且这些母题的排列顺序也具有很大的一致性。这些母题分别是，三位主人公的父亲都是贵族或汗王（母题 1），少年时代表现出超凡特性（母题 10），得到未来妻子的消息（母题 13），前去寻找未来妻子（母题 14），英雄的婚姻（母题 16），在途中被俘（母题 23），被关入地牢（母题 24），叛逆者篡夺王位（母题 25），得到国王女儿的救助（母题 26），逃出地牢（母题 27），惩治篡权者（母题 28）。很明显，这三个文本与我们序列中的母题对照，出现了 11 个相同的母题。这种情节结构和母题排列顺序，基本上类似于西方英雄回归歌（return song）的叙事模式。② 正像上面所述，这一模式的关键因素在于这些史诗的结尾部分无一例外地是由 23 到 28 这 5 个基本的母题所构成。而这些母题却都是世界范围内流传极为广泛的世界性母题。它们不仅出现在荷马史诗《奥德赛》之中，而且还出现在塞尔维亚－克罗地亚的史诗传统以及其他许多地区的史诗当中。③ 不难看出，这是一

---

① 〔吉〕图尔杜拜·阿布都热库诺夫：《祖先留下的故事》，载郎樱《〈玛纳斯〉论》，第 342 ~ 350 页。

② 有关回归歌的模式参见 John Miles Foley. *Traditional Oral Epic*：*The Odyssey*，*Beowulf*，*and the Serbo-Croatian Return Song*，University of California Press，1990.

③ 洛德在其影响深远的著作《故事的歌手》中对这种回归歌的结构进行了归纳。他认为回归歌通常包括两个方面。一个是回归之前的一些事件，第二个是回归时发生的事件。回归包括：a）伪装；b）谎故事；c）相认三个阶段。而归来之前的事件包括：a）英雄被囚禁多年之后的呐喊；b）释放。参见〔美〕阿尔伯特·贝茨·洛德《故事的歌手》，尹虎彬译，中华书局，2004，第 176 页。

个程式化的、传统的、古老的故事模式。而这种故事模式正好被上述三个文本所采纳。这三部史诗情节内容的惊人相似性以及它们在历史发展过程中的许多因素，的确会使我们产生这样的想法，那就是认为它们一定是由同一部史诗发展而成的异文。对此，卡尔·赖希尔给出了自己的总结。① 很显然，他认同日尔蒙斯基关于《阿勒普·玛纳什》、《先祖阔尔库特书》之《拜波热之子巴木斯·巴依热克》以及《阿勒帕米西/阿勒帕米斯》同出一源的观点，但他对日氏关于阿尔泰史诗《阿勒普·玛纳什》是这一史诗古老起源的观点持否定的态度。② 从表2中我们清楚地看到，《阿勒普·玛纳什》在情节内容以及结构方面，尤其是在开头部分，比其他两个文本显得简洁，缺失了（2）父母年老无子而痛苦、（3）举行祈子仪、（4）母亲神奇受孕、（6）神奇诞生、（8）命名仪式、圣人起名、（10）表现出超凡的特性、（12）得到战马、盔甲及武器等母题。但是，却用典型的婚姻型史诗的结构呈现了回归歌的模式。国内外众多学者的研究已经表明，英雄出门求婚，为婚姻而战斗是史诗最古老的题材之一。③ 阿尔泰史诗《阿勒普·玛纳什》不仅拥有英雄为赢得美女而不惜生命的古老题材和内容，而且其中还不乏突厥语民族英雄史诗当中最为典型的其他一些古老母题。④ 无论如何，《阿勒普·玛纳什》史诗的很多母题，尤其是其中诸多的萨满文化因素，表明了其古老的性质。这表明，《阿勒普·玛纳什》在突厥语民族史诗的比较研究中占据着特殊的位置。

从表1横向的排列中看到我们所列出的30个母题在不同的史诗中出现的比例也有所不同。有一些母题在上面介绍的13部史诗当中出现的频率很多，而有些母题出现的频率则相对少一些。其中，出现频率较多的母题包括：母题（1）出现12次；母题（2）出现10次；母题（3）出现7次；母题（4）出现9次；母题（6）出现11次；母题（8）出现7次；母题（13）

① Karl Reichl, *Forms*, *Turkic Oral Epic Poetry*：*Traditions*, *Poetic Structure*, Garland Publishing, New York & London, 1992, pp. 350 – 351.

② 关于日尔蒙斯基的这一观点，参见〔俄〕E. M. 梅列金斯基《英雄史诗的起源》，王亚民等译，商务印书馆，2007，第328页。

③ 参见〔俄〕E. M. 梅列金斯基《英雄史诗的起源》，王亚民等译，第77页。

④ 参见郎樱《〈玛纳斯〉论》，第342～350页。

出现 10 次；母题（14）出现 10 次；母题（16）出现 12 次；母题（21）出现 9 次；母题（22）出现 9 次。这些母题在不同的史诗作品中反复出现具有一定的意义。也就是说，母题（1）出身高贵，父亲是一位国王或有贵族血统；母题（2）父母年老无子而痛苦；母题（3）祈子仪式；母题（4）母亲神奇受孕；母题（6）神奇诞生；母题（8）举行命名仪式，通常是圣人为他起名；母题（13）得到未来妻子的消息；母题（14）前去寻找未来妻子；母题（16）婚姻；母题（21）听到敌人入侵（或家乡遭劫）的消息；母题（22）出征等。很显然，这些母题都是突厥语民族史诗当中最基本的核心母题。这些母题或情节单元所构成的内容毫无疑问是突厥语民族征战型英雄史诗必不可少的特质。尤其是在一些规模较大的婚姻加征战型结构的"串连复合型"或"多重复合型"史诗中，上述这些母题基本上构成了一部史诗上半部分的内容。而在这类大型的史诗中往往紧接着出现的内容便是我们在上面提到的回归歌的情节模式。也就是说，这里面必定少不了母题 23 至母题 28 所蕴含的内容和情节。这两组母题系列基本上可以构成突厥语民族的征战型和婚姻型史诗两类单篇史诗的基本结构模式。值得注意的是，这种情节比较简单的单篇型史诗，无论是征战型史诗还是婚姻型史诗，大多都遵循比较圆满的结尾，这与蒙古族的英雄史诗传统一致（当然，这里要排除突厥语族不同民族中分别广为流传的诸如《少年阔孜和巴彦美人》《吉别克姑娘》《塔伊尔和祖赫拉》《莱丽与麦杰侬》《库勒木尔札与阿克萨特肯》《奥勒加拜和凯西姆江》等以殉情方式结尾的典型的爱情叙事诗）。从母题列表中所显示的母题（29）和母题（30）来看，这两个母题在突厥语诸民族的英雄史诗当中可以说是柯尔克孜族英雄史诗传统最突出的一个特点。在柯尔克孜族的英雄史诗传统中，无论是《玛纳斯》史诗系列中的《赛麦台》《赛依铁克》《凯乃尼木》《赛依特》《阿斯勒巴恰－别克巴恰》《索木碧莱克》《奇格台》八部史诗以及与这个系列相关联的《巴格西》《托勒托依》《女英雄萨依卡勒》，还是《库尔曼别克》《阔交加什》《江额勒木尔札》等篇幅相对较小的经典英雄史诗无一不是以英雄的死亡来结尾，显示出非常突出的悲剧色彩。

　　另外有一些母题，如母题（5）英雄出生前有人试图杀害他；母题（7）其坐骑与英雄同时诞生；母题（9）少年时成为孤儿遭受磨难；母题（11）

父子间的恩怨；母题（12）得到战马和武器以及母题（20）结义等也都是突厥语民族英雄史诗当中十分常见的母题。虽然这些母题在我们所列举的英雄史诗当中出现的频率不如其他母题那么多，但这并不代表这些母题不属于突厥语民族英雄传统。相反，它们在很多我们没有列举的英雄史诗中反复出现，也是突厥语民族英雄史诗传统非常典型，而且是不可分割的组成部分。

无论是纵的方面还是横的方面比较和审视，我们把以上表格中的母题序列按照史诗英雄主人公的人生时序的不同阶段归纳为四个组成部分：即与英雄的出生相对应的母题系列，与英雄的成长（包括征战和婚姻）相对应的母题系列，与英雄的死而复生（或被俘、进入冥界）相对应的母题系列以及与英雄的死亡相对应的母题系列等。第一组基本上由与英雄父母、出身、诞生、出生以及取得一个名号相关联的母题系列，即由母题1至母题8构成。第二组由与英雄的神速成长、少年时代、获得骏马及武器、婚姻、征战以及被拥戴为汗王的过程相关联的母题系列，即由第9到第19个母题所组成。第三组由英雄的出征、被俘（进入地下）、被出卖、获救（死而复生）等母题，即由系列母题20至母题27所组成。第四组由英雄再次出征、惩治入侵者或篡权者、死亡等母题，即由母题28至30以及其他附加的母题所构成。

总而言之，这种划分只能反映突厥语民族传统英雄史诗的一个大致的叙事模式板块。在具体的作品中，各个母题或母题系列的排列顺序都有所不同，呈现出各自的独特性和多样性。每一个民族的史诗歌手在演唱具体传统史诗时，虽然遵循一定的程式化叙事模式，但却都要根据自己所属传统的特点精心编排情节，突出特定民族口头传统的叙事范式和人文特色，尽量保持各民族传统的个性。这一点从表2中已经有所反映，此话题更多的情况可以在今后的个案研究和分析中会得出更加准确的答案。

本文原刊于《民族文学研究》2014年第4期

论口头史诗中的多级程式意象

——以《格斯尔》文本为例

乌·纳钦[*]

意象通常被认为是书面诗人的"专利",其实史诗歌手也会使用意象,即程式意象。程式意象是程式诗句或词语中聚合传统性美学表象和意义的字或词。在书面诗歌那里,创作与阅读之间也许有一条鸿沟,即不一定在同一个现场进行互动。而在史诗歌手那里,演述的那一刻就是创编,也是与观众面对面的互动。彼时,程式意象会有另一番情景。本文就从史诗歌手的程式储备与再创编谈起。

一 程式储备与再创编

史诗歌手都要有一定的程式储备,而且要娴熟地运用程式诗句,顺利地完成一次又一次的口头史诗演述。那么,这"娴熟地运用程式"的具体表征又是什么呢?那便是洛德所说的"表演中的创作"(或曰演述中的创编)。洛德根据帕里的意见,在为"程式"作出定义时指出:"程式,是相

---

* 乌·纳钦,中国社会科学院民族文学研究所研究员。

同的格律条件下为表达一种特定的基本观念而经常使用的一组词。"① 洛德
强调的是"经常使用"，而不是"重复使用"，且一再提到程式的可变性特
征。他指出："我们应该看到程式并非是僵化的陈词滥调，而是能够变化
的，而且的确具有很高的能产性，常常能产生出其他新程式。"② 在《故事
的歌手》一书不同的段落里，洛德将类似观点反复强调了不下十次。洛德
之所以反复强调这些，是因为自由多变的"演述中的创编"乃是程式存在
的语境。真正的歌手运用程式时，不会机械地拼贴堆积，更不会让它们以
僵化的集体面貌反复登场，而是给它们以富有变化的生命形态，不断让它
们改头换面，有时还从中分解出新的程式，给听众以新的审美体验。歌手
的所谓"运用程式"，其实就是对程式的再创编。以史诗中的宫殿场景为
例，"在某些诗章中，这个宫殿场景可能极为简洁；在另外的一些诗章中，
歌手可能会竭尽所能描绘宫殿大厅的巨大和华丽。"③ 因此，我们在研究中
不能停留于对程式的分门归类等工作，而应进一步观察和捕捉它更为多变
的生命细节。

　　在观察歌手的演述时，我发现，熟练的歌手既不会无节制地重复使用
程式，也不会无节制地变化使用程式。这缘于歌手在完成程式再创编时需
要坚守的一些传统内部法则。史诗歌手在音乐伴奏下演唱时，速度往往会
逐渐加快，直至变得异常迅疾。语速加快的这个阶段，又是在整个演唱过
程中大量运用程式的关键环节。演唱达到高潮时，更没有任何推敲思考或
彷徨犹豫的余地，只能任由语速逐步加强，进而变得飞快。那速度是常人
无法企及的。这时，歌手在几秒钟之内要完成整句或更多诗行的演唱，且
须把唱出来的诗句套入既定韵律框架。彼时，死记硬背的吟诵或字斟句酌
的拼贴都将彻底失效。歌手也不可能创编出完全脱离于既定韵律框架的诗
句。语速已超出思维，瞻前顾后的构思推敲变得不现实。由于听众等着要
把故事听下去，歌手只有将记忆中的程式模式改编或重新创编一些新的程
式诗句，以足够的词汇去填满不断逼近嘴边的无数个下一行诗句的音节空

---

① 阿尔伯特·贝茨·洛德：《故事的歌手》，尹虎彬译，中华书局，2004，第5页。

② 阿尔伯特·贝茨·洛德：《故事的歌手》，尹虎彬译，第5页。

③ 朝戈金、约翰·迈尔斯·弗里：《口头诗学五题：四大传统的比较研究》，载《东方文学研
　究集刊》（一），湖南文艺出版社，2003，第48页。

间，以最终实现完整的史诗段落或诗章的演唱。正如洛德所说："他能依靠以基本程式为基础而建立的模式，为即兴的表达去创作或再创作一些词语。"① 只要用好那个基本程式模式，歌手就能将诗句源源不断地铺排下去；如果用不好，则只能选择中断演唱。此时，程式的既定模式是歌手惟一的依靠和归宿，是他情急之中唯一能抓住的救命稻草，也是逼迫他发挥才能的万能工具。只有在这种高难度的口头演唱中，我们才会发现，歌手对程式的再创编能力，其实就是歌手对既定程式诗句模式的熟练驾驭能力。同时，可以感悟到，程式并非是在组合诗行的意义上，而是在满足歌手具体演述中急切创编需要的特殊功能上，对口头史诗演唱更为重要。可以说，对一部口头史诗来讲，程式不仅是工具，更是它再生的肌体。

可以说，史诗歌手的程式储备并不仅仅是指歌手对语词、片语的记忆，抑或是歌手增加程式语库的储量，而是指歌手不断培养对传统诗句模式或词语模式的驾驭能力。程式的表达还有一种"俭省"的特点，而这"俭省"表明了歌手对史诗诗句既定模式有一种本能的依赖性。"俭省"的含义是"只要有一个固定的词语范式，它能够被用来表达某个给定的意思，那他（歌手）就会坚持使用该范式，同时拒绝使用其他一切'可能的'表达方式。"② 对歌手来讲，只有掌握了这样一种驾驭既定模式的能力，程式才变成实际演唱中鲜活的动机。程式再创编过程中，歌手实质上是在传统诗句模式中熟练地铺排语词和诗行，有时创编出新的程式。但传统诗句模式之外蹦出的语词和诗行还不能算作程式，它是全新的创作。别具新意的创造性词汇更是另一个层面的问题，它是创新，而不是传统的再创造，它浸入到传统还需时日。说到底，程式是善变的传统模式，也是多产的传统模式。它既有固定形式，又有很大的灵活性。程式固然有助于记忆，但它更有助于再创编。程式应当是更易于演述的言语模具或动机。只有理解到这一层面，我们才能彻底领会洛德那句话的真谛："故事歌手既属于传统，也是个体的创造者"，"每一次表演都是单独的歌，每一次表演都是独一无二的，

---

① 阿尔伯特·贝茨·洛德：《故事的歌手》，尹虎彬译，第5页。
② 朝戈金：《口传史诗诗学：冉皮勒〈江格尔〉程式句法研究》，广西人民出版社，2000，第234页。

每一次表演都带有歌手的标记。"①

　　下面，我对一位史诗歌手两次演唱的《格斯尔》史诗文本进行个案分析，以考察口头史诗程式多变的生命运动。这位歌手叫敖干巴特尔（uugan-bagatur），男，蒙古族，1971年4月13日生于内蒙古巴林右旗查干沐沦苏木毛敦敦达（modon dumda）嘎查。他8岁进村小学读书，小学毕业后回家放牧。他天生有一副好嗓子，从长辈和民间歌手那里学到不少民歌，还学会四胡演奏，开始在四胡伴奏下演唱民歌。后来，他拜老一代《格斯尔》史诗歌手金巴扎木苏为师，学习《格斯尔》史诗演唱。《格斯尔》史诗素以歌手口耳相传、言传身教来传承，因此，敖干巴特尔拜师学艺过程符合传承《格斯尔》史诗演述技艺的传统。敖干巴特尔于2013年3月22日至3月28日，为我演唱了七章《阿齐图·莫日根·格斯尔可汗》史诗。其诗章分别为《阿齐图·莫日根·格斯尔可汗降生人间之部》《阿齐图·莫日根·格斯尔可汗少年之部》《阿齐图·莫日根·格斯尔可汗镇压黑斑虎之部》《阿齐图·莫日根·格斯尔可汗镇压嘎拉旦蟒古思之部》《阿齐图·莫日根·格斯尔可汗镇压劳布斯嘎蟒古思之部》《阿齐图·莫日根·格斯尔可汗地狱救母之部》《阿齐图·莫日根·格斯尔可汗镇压红毛疯牛之部》。这些文本证明了敖干巴特尔已成长为一个合格的青年格斯尔奇。本文分析的两个文本便来源于此。

二　一组"羽翼丰满"的程式

　　从听众的角度讲，史诗演唱韵律齐整、语词优美，有很强的审美感染力。但从歌手角度讲，史诗演唱总有一种急迫性。洛德敏锐地观察到这种急迫性。他说："歌手的任务是要一行一行地快速构筑诗行。即使他说出了诗行的最后一个音节，但构筑'下一行诗'的需要仍然逼迫着他。"② 这种急迫的演述需求引出一连串程式。越是急促的演唱越会使歌手创编出洛德

---

① 阿尔伯特·贝茨·洛德：《故事的歌手》，尹虎彬译，第5页。
② 阿尔伯特·贝茨·洛德：《故事的歌手》，尹虎彬译，第74页。

所说的那种"羽翼丰满的程式"①。

　　下面，就以敖干巴特尔所演唱的文本为例，看看在具体史诗演述中程式是如何被再创编的？我们选择了一个"英雄披甲戴盔"典型场景（或母题）。这个典型场景以 194 个诗行组成，是《阿齐图·莫日根·格斯尔可汗镇压黑斑虎之部》（732 个诗行）诗章中的一个组成单元，约占整个诗章诗行的 26.5% 的比例。②

　　弗里和朝戈金曾认为："洛德将'题旨'或'典型场景'（theme or typical scene）界定为具有多种形态的叙事单元，亦即'经常以传统歌的程式风格讲述一个故事时所运用的观念组'。以口头程式理论的观点来看，这些是建构故事的构件，可伸缩变形，可重新塑造以适应具体的叙事环境的要求。"③ 典型场景由诸多程式诗句组成，它为史诗旅程提供了某种地图。④ 一定意义上说，典型场景是程式赖以生成和扩展的平台。那里会不断出现歌手在演述的急迫性需求下再创编的一组组"羽翼丰满"的程式。这样的典型场景样例，才会让我们更清晰地观察到一组组程式多变的生命细节。对歌手敖干巴特尔演唱的"英雄披甲戴盔"典型场景进行解剖之后，我们感受到了典型场景伸缩变形和适应具体叙事环境的能力，也看到了在那里生成的程式自由不羁的表现形态。

　　在"英雄披甲戴盔"典型场景的诗句平行式第一层面上，歌手描述了英雄披甲戴盔动作的完整过程。大致顺序汉译如下（蒙古文音标转写将在下段列出）：

　　（把）紧贴肉身的柔软蟒缎内甲披在身上→（把）玛瑙珍珠纽扣有

①　阿尔伯特·贝茨·洛德：《故事的歌手》，尹虎彬译，第 44 页。

②　笔者采录此文本时间为 2013 年 3 月 28 日下午，采录地点为内蒙古赤峰市巴林右旗巴林宾馆。该录音文本现藏于中国社会科学院民族文学研究所资料库。史诗诗章誊写文本已收入到乌·纳钦《"格斯尔之乡"新格斯尔奇艺人》（蒙古文），民族出版社，2014，第 228～250 页。

③　朝戈金、约翰·迈尔斯·弗里：《口头诗学五题：四大传统的比较研究》，载《东方文学研究集刊》（一），第 47 页。

④　朝戈金、约翰·迈尔斯·弗里：《口头诗学五题：四大传统的比较研究》，载《东方文学研究集刊》（一），第 50～51 页。

序地扣上→（把）绵缎宝饰铠甲套于上面→满洲白丝腰带皮肉中勒进了→（把）万凤之力的腰带系在腰间→圆圆的金制扣环环环相扣而变了形→（把）虎头靴子蹬于双足→（把）银甲披在健壮的身体上→黄金甲遮盖了全身→日光明镜闪耀于胸前→钢铁扣子鳄鱼嘴般环环相扣→月光宝镜在肩甲下闪光→（把）绸缎锦旗叠为七层→（把）黄金头盔晃了一晃戴在头上→缓缓拾起宽大红色蟒袍披在身上→（把）青玉彩虹般蚕丝腰带系于腰间→（把）绸缎锦旗插在头盔后面→（把）金饰箭筒佩戴于身后→（把）十三支神箭满满地插入前筒里→（把）五虎强弓挂在跨边→（把）钢铁神剑擦得锃亮放入剑鞘→周身披甲戴盔只待出征。①

这里表现了英雄披甲戴盔动作的全过程，也架起了典型场景全部诗行的基本格局。这里所描述的从内甲到外甲、从外甲到腰带、从靴子到金银战甲、从胸镜到头盔、从蟒袍到锦旗、从箭筒到神剑的动作顺序同史诗英雄——格斯尔可汗披甲戴盔整装待发的一系列行为程序完全一致。并且，英雄的每一个行为步骤构成了相应的一个程式。这也让我们想起了南斯拉夫穆斯林史诗传统中的典型场景："南斯拉夫穆斯林史诗传统中（'备马'的）动作往往要从英雄到马厩里把马牵至庭院里开始，然后是一番彻底的清洁和梳理打扮。……无论这个典型场景在这位或者那位歌手手上，在这个或者那个场合中被演唱成什么样子，它的结构和内容都是合乎南斯拉夫史诗的一贯模式的。"② 本文例举的"英雄披甲戴盔"典型场景也符合蒙古族史诗中的一贯模式。而且，它的结构和内容来自于传统的史诗英雄的行为程序，由此铺排出了与英雄行为顺向递增的诸多程式诗句，构成这一典型场景第一层面程式诗句平行式。假设歌手为英雄再增加几个行为动作，比如，为他多设计几件兵器，那么，相应程式诗句便会一直顺向递增下去。这是常见的程式顺向（或平面横向）递进平行式。在实际演唱中，如果程

---

① 乌·纳钦：《"格斯尔之乡"新格斯尔奇艺人》（蒙古文），第 233～239 页。
② 朝戈金、约翰·迈尔斯·弗里：《口头诗学五题：四大传统的比较研究》，载《东方文学研究集刊》（一），第 53 页。

式的这种顺向（或横向）递增出现过多，难免会使故事情节变得冗长，以致于可能让听众失去兴致。本文例举的"英雄披甲戴盔"典型场景的建构却没有停留于此，而是在第一层面平行程式下，歌手又纵向分解了每一个程式，使之纵深递增并转化成一组组另外的意象群，由此为我们展现了程式再创编的别样精彩图景。下面，就让我们逐一举例阐释。

在"英雄披甲戴盔"典型场景中，开始时的 7 行程式诗句并没有实现纵深分解。这可能由于歌手一开始尚未真正进入构建"英雄披甲戴盔"典型场景的演述状态，诗句里充溢着粗线条的意象铺排：

> Mihan-nu xastir jögelen ged mangnog huyag-i yen hetürel-e
>
> （把）紧贴肉身的柔软蟒缎内甲披在身上
>
> Manuu subud-un tobqi-gi mayig darag-a-bar tobqilajai
>
> （把）玛瑙珍珠纽扣有序地扣上
>
> Mindasun erdeni-yin huyag-i-ban tegün-nu degegür dabhurlagad
>
> （把）绵缎宝饰铠甲套于上面
>
> Manju qagan yonghor-i-ban miha-gi xigidütel-e qinggalagad
>
> 满洲白丝腰带皮肉中勒进了
>
> Tümen garudi-yin hüqütü böse-gi töb dumdagur-iyen qinggalajai
>
> （把）万凤之力的腰带系在腰间
>
> Tögörig altan gogqog-a nugud togorig mataragad höbhil-e
>
> 圆圆的金制扣环环环相扣而变了形①

接下来，随着演唱速度的加快，歌手从第 8 个诗行开始对程式意象进行纵向分解和转化（或递增）。也就是说，歌手从唱出"虎头靴子"这个程式开始，将描述的重点转移到"虎头靴子"意象，完成描述对象的转化，进而以一组排比诗句细腻地描述了"虎头靴子"意象，实现程式的内部分解，使之纵深递增并转化成另一组意象群。表面上看，这似乎偏离了"英雄披甲戴盔"典型场景这一总体描述对象，实则却通过逐一细腻地描述该典型

---

① 乌·纳钦：《"格斯尔之乡"新格斯尔奇艺人》（蒙古文），第 233 页。

场景一个个组成部分即"虎头靴子"等，从而更加饱满地建构了"英雄披甲戴盔"典型场景，达成更深层次上的一致性。就这样，从第 8 行开始，照此模式，歌手对接下来的几乎所有程式进行一番纵向分解和逐层转化，从而构筑了整体典型场景下程式诗句多级程式意象板块。"虎头靴子"程式分解转化情形如下：

Bars-un tologaitu gutul-i	（把）虎头靴子
Ölemei höl-degen dugtural-a	（往）双足套上
Batu qagan jujagan ula	厚实的白靴底
Gajar debsen badaral-a	地上踩一踩扬起尘土
Badaragan bars-un hoyar nidü	（靴筒上绣的）老虎那双眼
Ebüdüg ögede-ni göleilqeged	（把英雄的）膝盖气势汹汹地盯着
Baldag dörben soyog-a gejü	（老虎那）巨大的四颗獠牙
Hongxiyar habqin döröilejü	（把）靴筒口的两边咬住了
Bahadum-a jüirei türei gejü	漂亮的一双靴筒
Bolqing teberin teniiged	（把英雄）双腿肌肉紧紧抱住了
Egülen he-tei tuuhuu-ni	（绣着）云纹的裤套
Ebüdüg darun höbheljeged	（在英雄）膝盖上飘动
Erdeni-yin saihan luu gejü	（护套上绣的）宝龙
Enggeljegür degegür-ni oriyaldogad	（英雄的）胸前攀附着①

这里，在描述"虎头靴子"时，细腻地描述了靴底、靴筒上绣的老虎那双眼睛、老虎的四颗獠牙、护套上绣的宝龙等，使这双靴子神奇无比。这也意味着"虎头靴子"程式纵向分解转化为"老虎双眼""老虎獠牙""宝龙"等意象，构成程式意象的转化。"钢铁扣子"的程式分解转化情形如下：

| Gang tebege matar-un ama nugud | 钢铁扣子鳄鱼嘴般 |

---

① 乌·纳钦：《"格斯尔之乡"新格斯尔奇艺人》（蒙古文），第 233 页。

Garh-a bolgan-eqe emhüged abul-a	环环相扣
Gajar gajar-un tebegen-eqe	(在)多处的扣环上钩挂着
Gorgilaju tatagad qinggalal-a da	(英雄)牢牢地将它们扣紧时
Mörgöge hoyar matar-un tologai	对峙的两只鳄鱼头状的钢箝
Mörön degegür-ni önggeljeged irel-e	(从英雄的)肩头爬了上来
Möliger dörben soyog-a nugud-ni	(那鳄鱼)光滑的四颗獠牙
Mön-qü gohan-eqe elgüged abul-a	又从它的环扣咬住了
Möliijü harahu hoyar nidü-ni	(那鳄鱼)冰冷的一双眼睛
Möröbqi-gi-ni dagagad göliljeged irel-e	(英雄)肩头上怒睡着①

这里,“钢铁扣子”的程式转化为“鳄鱼嘴”“鳄鱼头”意象“鳄鱼头”意象又转化为“四颗獠牙”与“冰冷的眼睛”意象。“月光宝镜”的程式分解转化情形如下:

Saqurag erdeni-yin saran toli	月光宝镜
Dalun door-a-ni gereltüjü irel-e	(在)肩甲下闪光
Samadi erdeni-yin gal-un dülü	(发出)萨玛迪②宝石火焰
Hüriy-e tatan jörildöged irel-e	(火焰变成了)交错的火圈
Qagan hoos arslan gedeg-ni	白色的一对狮子
Qagarig dumda-ni jörildöged irel-e	火圈中交错飞舞
Qahilgan hoyar nidü le gedeg-ni	(那狮子)闪电般的双眼
Nara-gi haragad gilaljagad irel-e	(向着)太阳射出了光芒
Xijir altan üsü del-eqe-ni	(那狮子)金色的鬃毛里
Gal badaran düreljejü	火焰燃烧着
Xitam-a ulagan nara-gi-ni	(那狮子的爪子把)滚烫的太阳
Xigürüged abhu-du bologad la	险些扑到了
Xiremel yonghor böse-gi-ni	(当把宝镜的)蚕丝带

---

① 乌·纳钦:《“格斯尔之乡”新格斯尔奇艺人》(蒙古文),第234页。

② 萨玛迪:意为沉思、默思。

Xilgeged batu gorgilatal-a	（刚刚）扣紧之际
Has-un seilbüri hoyar luu-ni	（蚕丝带上雕着的那）一对玉龙
Hamar-ni düileged jörildöged irel-e	鼻子对着鼻子交错飞来
Huluiju harahu hoyar nidü-ni	（玉龙）一双双冷眼
Haqar ögede-ni melemeljeged irel-e	（把英雄的）脸颊紧盯着
Hanghar saihan eber-uud gedeg-ni	（玉龙）奇异的犄角
Hair-iyen dagagad gulbiljagad irel-e	鳞片上贴着向后仰起
Habtagai qagan soyog-a gejü	（玉龙）扁平的白色獠牙
Hadamal bolon gohaqaldugad irel-e	钩挂一起定在了那里①

这里，"月光宝镜"的程式也完成了多级分解转化，起初是"一对白色狮子"及其相关意象，而后转化为"一对玉龙"及其相关意象。"黄金头盔"的程式分解转化情形如下：

Xijir altan dugulag-a-gi	（把）黄金头盔
Xilgegejü baigad emüsqü	晃了一晃戴在头上
Qindamuni erdeni-yin serege nügüd	（头盔上的）如意宝石三支叉
Qailjaju haragdagad	闪出白色光芒
Nogogan subud-un sonobqi gedeg-ni	（头盔上的）绿珠盔缨
Nölö badaragad serbeijei	火焰般竖起
Norbo erdeni-yin seilbüri gedeg-ni	（头盔上）宝石雕纹
Nomin öngge-ber miraljaju	（发出）碧绿色光芒
Nundag xirü-yin xigidhege gedeg-ni	碎珊瑚的镶纹
Badm-a-yin palang-du ulaljagad	（在）莲花底纹上发出红光
Noqom-a ulagan jilag-a	燃烧的火焰般缨穗
Oroi deger-e-ni badaragad	（在）头盔之顶飘扬
Nögqögejü hoixi-ban daruju	（那缨穗）向后飘落
Otog-a bolon sajilagad	（像一条）花翎般摇曳

① 乌·纳钦：《"格斯尔之乡"新格斯尔奇艺人》（蒙古文），第234～235页。

Ebhemel solonggan ereübqi-gi	（头盛）彩虹般的系带
Ereü-yin doogor-ni qinggalagad	（英雄的）下巴颏下系牢
Elegejü holiyahu ügei-ber	（为了）不让头盔晃动
Erqimteihen qinggalaju	（英雄再次）紧了紧系带
Eregeljü garugsan üjügür gedeg-ni	（那）多余的系带头儿
Ebqigün urugu-ni unjiigad la	飘在（英雄的）胸前
Eb jüitei haragdaman	看着非常得体
Böqe bolon duvalagad la	领带一样闪耀①

　　这里，"黄金头盔"的程式也分解转化成多级意象。"宽大红色蟒袍"的程式分解转化情形如下：

Agujim ulagan mangnug debel-i	（把）宽大红色蟒袍
Alagur abugad hetürtel-e	缓缓拾起披在身上
Altan hadamal jirug-un luu	（蟒袍上）缝着的金丝龙
Amidu metü magxildugad	活灵活现地飞翔
Aru-gi-ni dagagad la arban luu	（蟒袍）后背上的十条龙
Agar-un egüle-gi hölöglejei	（正在）腾云驾雾
Amadagad iregsen basa hoyar luu-ni	迎面飞来的两条龙
Amur eriged inagxijai	彼此特别亲昵
Engger degerehi yisün luu-ni	（蟒袍）前胸的九条龙
Egülen-eqe degegxi degdejü	（正在）冲上云霄
Ebhejü iregsen hoyar luu-ni	回过头来的两条龙
Erdeni bömböge-ber toglagad la	（把那）宝石龙珠嬉耍着
Hormoi dagagad horgoi luu-ni	袍襟上的锦缎龙
Hurmusta ögede-ni magxiju	（向那）霍尔穆斯塔天攀附着
Homigad iregsen basa nige luu	迂回而来的另一条龙
Hoirgolaju abugad egürlejei	懒惰地筑巢歇息

---

① 乌·纳钦：《"格斯尔之乡"新格斯尔奇艺人》（蒙古文），第235～236页。

Taxiyan deger-e-ni taji luu-ni	胯上的一条闪缎龙
Tanggis-eqe degegxi degdejü	（从）海面扶摇而上
Tanug abugsan sorgog luu	力大无比的灵敏龙
Taxigulaju höbegelejü gürbeiged	（把）蟒袍的边嵌儿抱着
Sugu ögede-ni subud-un luu	腋窝下的珍珠龙
Solongg-a barigad degdejei	（握着）彩虹上升
Sunugad iregsen basa nige luu	伸展而来的另一条龙
Soliju jöriged ebherejü	蜷缩着错开
Onogo degerehi ogotor luu-ni	袍衩上的小短龙
Odon-nu dumda-ni ergildüged	星宇间盘绕
Oriyaju iregsen basa nige luu-ni	卷曲而来的另一条龙
Ugalja bolon emjiyerileged	（变成了蟒袍的）云纹镶边
Mörön degerehi mönggön luu-ni	肩膀上的银色龙
Mehüijü hebteged iqegelejei	俯身躺下进入了冬眠
Mörgöged abugsan basa nige luu-ni	顶到（蟒袍）镶边的另一条龙
Mushiju sagugad ebhereged le	扭曲着身体蜷缩在那里
Jagam-a oriyagad jasar luu	领口上的雕纹龙
Jagalmai oriyagad gürbeljeged le	（呈）十字状盘着隆起
Jöriged süljigsen basa nige luu	交叉错开的另一条龙
Jöb-iyer ergiged mushildugad la	（正在）顺时针旋转
Tajir mönggön xilbi tobqi-ni	（小腿上的）珍珠银扣
Tamag-a xilbi-eqe elgügdeged	（从）小腿肚上挂起
Taji mangnug agujim debel-ni	珍珠蟒缎宽袍
Tab bagutal-a sugsuigad	显得那么合体威武①

　　整个"英雄披甲戴盔"典型场景中，就数"宽大红色蟒袍"的程式分解转化最多，它的一个显著特征便是在程式转化之后又集中于"龙"的意象上。"青玉彩虹般蚕丝腰带"的程式分解转化情形如下：

---

① 乌·纳钦：《"格斯尔之乡"新格斯尔奇艺人》（蒙古文），第 236～237 页。

Bidüryen solongg-a yonghor böse	（把）青玉彩虹般蚕丝腰带
Belhegüsü darun oriyagad	（在）腰间系上
Belgetü öljei-gi janggiyalagad	吉祥结系成
Bahin emün-e-ben janggidugad	牢牢地在前方系上
Urtu garugsan üjügür-i	多出来的腰带头儿
Ugaljalaju janggidugad bagulgajai	系成祥云结奔拉着
Öndör garugsan üjügür-iyer-ni	长出来的腰带角儿
Öljei janggiy-a unjihiqagulugad	（系成）幸运结奔拉着
Örgen xir-a torgan saqug	宽大的黄色缨穗
Ölemei tulugad seterleged	（在英雄的）脚面上奔拉着
Tabun öngge-yin jalm-a gejü	五彩的飘带
Taxiyan degegür dabhurlagad	（在英雄的）胯上层层飘落
Tan-a has-un garah-a gedeg-ni	珍珠玉石圆环
Helhiy-e tatan gereltüged	环环相扣闪耀光芒①

　　"青玉彩虹般蚕丝腰带"的程式分解转化为各种"吉祥结"意象。有些程式分解后形成的诗行较少，转化的意象也较少。如"黄金甲"的程式分解为 5 个诗行：

Xijir altan huyag	黄金甲
Bey-e halahalan emüsqü	（把）全身遮盖了
Xigidhegeri altan hairsu	金色镶物如鱼鳞般
Ar tatagad la gilbaljaju	（发出）粼粼波纹
Xigeji altan tebege nügüd	小拇指般的金挂钩
Matar-un himusun-du gohatalqagad	鳄鱼爪般的扣环上勾住了②

　　"绸缎锦旗"的程式分解为 6 个诗行：

---

① 乌·纳钦：《"格斯尔之乡"新格斯尔奇艺人》（蒙古文），第 237 页。
② 乌·纳钦：《"格斯尔之乡"新格斯尔奇艺人》（蒙古文），第 234 页。

Durdung hemerlig dalabag-a-gi	（把）绸缎锦旗
Dugulag-a-yin aru-du hadhumanjin	（在）头盔后面插上
Alag garudi altan luu	（锦旗上的）凤凰与金龙
Abulqagad abugad magxildugad	相互厮打腾跃
Alhug-a gishige hödelgen-ni	（它们）步伐和舞姿
As astagan gürbeljeged	各有各的风采①

"十三支神箭"的程式分解为8个诗行：

Arban gurban hobilgan sumu-gi	（把）十三支神箭
Arhailgaju dotor-a-ni hurlagad	满满地（往）箭筒里插入
Almas gang-un gilubar-uud	金刚箭簇
Ama-tai yumxig taqiginagad	长了嘴一样噼啪作响
Anggir tas-un ödö gedeg-ni	黄雕毛的箭羽
Ayas tatan sürqigineged	（发出）有韵律的响声
Altan uni-yin tonog	金色的箭槽
Alus hola-eqe gilbaljagad	从远处闪光②

"五虎强弓"的程式分解为4个诗行：

Tabun bars-un hüqütü numu-gi	（把）五虎强弓
Taxiyan deger-e-ben jegül-e xiü	（在）胯边挂上
Tas börgöd-un seilbüri xiri	（弓筒上雕刻着）鹰隼雕画
Tangsug öngge-ber alaglaju	色彩华丽而斑斓③

"钢铁神剑"的程式分解为12个诗行：

---

① 乌·纳钦：《"格斯尔之乡"新格斯尔奇艺人》（蒙古文），第237~238页。
② 乌·纳钦：《"格斯尔之乡"新格斯尔奇艺人》（蒙古文），第238页。
③ 乌·纳钦：《"格斯尔之乡"新格斯尔奇艺人》（蒙古文），第238页。

Dunggar gang-un selem-e-gi	（把）钢铁神剑
Duvalatal-a-ni jülgüjü	锃亮锃亮地擦好
Dologan odon-nu xigidhege gedeg-ni	七星镶嵌物
Barigul deger-e-ni gilbaljaju	（在）刀把上闪耀
Qabqimal he-tei mönggön hui-du	镶着银色雕花的刀鞘中
Qir hitel-e huilagad	嚓地一声插入
Qagatai tal-a-yin söbegen-dü	（在）另一边的胯上
Xib hitel-e habqigulugad	噬地一声挂住
Tauhai altan elgügür	秤砣般金制挂钩
Tosqo abun gohadaju	恰好钩住
Torgan ulagan molqog-i	（以）红色丝绸缨穗
Ergigüljü abun qinggalaman	反过来包它个结结实实①

三　多级程式意象

我们把上述"英雄披甲戴盔"典型场景的程式分解与意象转化情况以表格显示如下：

典型场景	一级程式意象	二级程式意象	三级程式意象	四级程式意象
英雄披甲戴盔	柔软蟒缎内甲	×	×	×
	玛瑙珍珠纽扣	×	×	×
	绵缎宝饰铠甲	×	×	×
	满洲白丝腰带	×	×	×
	万凤之力的腰带	×	×	×
	圆圆的金制扣环	×	×	×

---

① 乌·纳钦：《"格斯尔之乡"新格斯尔奇艺人》（蒙古文），第238页。

续表

典型场景	一级程式意象	二级程式意象	三级程式意象	四级程式意象
英雄披甲戴盔	虎头靴子	厚实的白靴底	×	×
		靴筒上绣的老虎	老虎双眼	×
			老虎四颗獠牙	×
		漂亮的靴筒	×	×
		绣着云纹的裤套	裤套上绣的宝龙	×
	银甲	×	×	×
	黄金甲	鱼鳞般的金色镶物	×	×
		小拇指般的金挂钩	×	×
	日光明镜	花斑虎	启明星般的双眼	×
			老虎四颗獠牙	×
	钢铁扣子	鳄鱼嘴	×	×
		鳄鱼头状钢箍	鳄鱼的四颗獠牙	×
			鳄鱼冰冷的眼睛	×
	月光宝镜	萨玛迪宝石火焰	×	×
		白色的狮子	狮子闪电般的双眼	×
			狮子金色的鬃毛	×
			狮子的爪子	×
		宝镜的蚕丝带	一对玉龙	一双双冷眼
				奇异的犄角
				扁平的白色獠牙
	绸缎锦旗	×	×	×
	黄金头盔	如意宝石三支叉	×	×
		绿珠盔缨	×	×
		宝石雕纹	碎珊瑚的镶纹	×
		火焰般燃烧的缨穗	一条花翎	×
		头盔彩虹般的系带	系带多余的头儿	×
	宽大红色蟒袍	缝在蟒袍上的金丝龙	后背上的十条龙	×
			迎面飞来的两条龙	×
			前胸的九条龙	×
			回过头来的两条龙	×

典型场景	一级程式意象	二级程式意象	三级程式意象	四级程式意象
英雄披甲戴盔	宽大红色蟒袍	缝在蟒袍上的金丝龙	袍襟上的锦缎龙	×
			迂回而来的另一条龙	×
			胯上的一条闪缎龙	×
			力大无比的灵敏龙	×
			腋窝下的珍珠龙	×
			伸展而来的另一条龙	×
			袍衩上的小短龙	×
			卷曲而来的另一条龙	×
			肩膀上的银色龙	×
			顶到镶边的另一条龙	×
			领口上的雕纹龙	×
			交叉错开的另一条龙	×
		小腿上的珍珠银扣	×	×
	青玉彩虹般蚕丝腰带	吉祥结	×	×
		多出来的腰带头儿	祥云结	×
		长出来的腰带角儿	幸运结	×
		宽大的黄色缨穗	×	×
		五彩的飘带	×	×
		珍珠玉石圆环	×	×
	绸缎锦旗	凤凰与金龙	×	×
	金饰箭筒	×	×	×
	十三支神箭	金刚箭簇	×	×
		黄雕毛的箭羽	×	×
		金色的箭槽	×	×
	五虎强弓	弓筒上雕刻着鹰隼	×	×
	钢铁神剑	七星镶嵌物	×	×
		银色雕花的刀鞘	×	×
		金制挂钩	×	×
		红色丝绸缨穗	×	×

　　从上表，我们看到了"英雄披甲戴盔"典型场景的程式纵向分解和意象转化的整体面貌。反复浏览这程式意象分解图式，我们想起洛德那句至理名言：程式的面貌并不像坦荡如砥的大平原那样有其地平线，将所有的东西整齐划一，一览无余；而是像高山、深谷、起伏的山峦，拥有无限变化的风景；我们必须从全景的视角来探求程式的核心。"① 的确，如果我们不去解剖这组典型场景，则不可能从全景视角窥见其高山、深谷、起伏的山峦般变化多端的程式风景，也不可能触摸到程式的核心。同时，从业已分解的程式与业已转化的意象之多寡，仿佛感受到了歌手的现场演述：他在缓慢进入演述状态（开始时的几个程式并没有分解），进而逐步调动了激情，语速越来越快，终于达到了演述高潮（出现"龙"的意象群），而后又缓慢走向收尾。这里既有"目治之学"的观感魅力，也有"耳治之学"的听觉魅力。② 根据上表，我们还可以归纳出：

　　第一，"英雄披甲戴盔"典型场景分解为表格第一列 21 个"一级程式意象"时，从"柔软蟒缎内甲"到"钢铁神剑"的程式排列井然有序，与史诗故事中格斯尔可汗披甲戴盔行为动作的顺序相一致。

　　第二，"一级程式意象"往下分解至二、三、四级程式意象时，多数下一级程式意象都在各自层级内形成了独立的意象板块。程式逐级分解时出现的每一个意象，都是一种转化而来的意象。从歌手角度讲，这是描述对象的转化。转化的层级越往下，所出现的意象与同一级其他意象板块就越没有关联。二、三、四级程式意象只在各自意象板块中形成了平行关系，同时隶属于各自上一级程式意象。下一级意象群只是上一级意象本体的某些组成部分，如：四级意象"扁平的白色獠牙"是三级意象"一对玉龙"的獠牙，而这"一对玉龙"又是二级意象"蚕丝带"上的图案，"蚕丝带"

---

① 阿尔伯特·贝茨·洛德：《故事的歌手》，尹虎彬译，第 42 页。

② 朝戈金称："从 20 世纪末到 21 世纪初，中国史诗的研究格局确实发生了一些新的变化。简单概括的话，出现了这样几个学术转向：从文本走向田野，从传统走向传承，从集体性走向个人才艺，从传承人走向受众，从'他观'走向'自观'，从目治之学走向耳治之学"（参见朝戈金《从荷马到冉皮勒：反思国际史诗学术的范式转换》，载汤晓青主编《多元文化格局中的民族文学研究——中国社会科学院民族文学研究所建所 30 周年论文集》，中国社会科学出版社，2010，第 33 页）。

又是一级意象"月光宝镜"的一个部件。由此可见，多级程式意象是程式分解转化后形成的多层次意象。在多层次板块中，每个程式意象在表象和意义上都隶属于上一级程式意象。层级越往下，其与同一层级其他程式意象之间就越没有隶属关系。

第三，有的"一级程式意象"并没有分解，有的却一直分解到"四级程式意象"。其中，"黄金甲""绸缎锦旗""十三支神箭""五虎强弓""钢铁神剑"等只分解至"二级程式意象"；"虎头靴子""日光明镜""黄金头盔""宽大红色蟒袍""青玉彩虹般蚕丝腰带"等分解至"三级程式意象"；唯独"月光宝镜"分解至"四级程式意象"。程式纵向分解的不同层级与歌手瞬间把握的灵感以及描述能力有关。我在上文中也已说明，一开始的几个程式未被分解，是因为歌手尚未进入演述状态。据观察，程式的分解产生于快速演唱，歌手语速越快时，程式分解程度就越高。随着歌手进入状态，语速加快，将程式分解成诸多意象，兴奋之余语词喷涌而出，直到把每一个描述对象修饰充足，才会尽兴而收。可见，程式的分解与转化是指歌手在具体演唱中将一个特定程式意象进行表象或意义的分解，使得描述对象纵向转化，从而形成该特定程式意象范畴中的次级程式意象。程式的分解与转化也可理解为同一事件的两个步骤，即程式分解的同时实现意象的转化。当然，歌手在唱出一些程式诗句时，一旦唱错语词而瞬间迟疑或停顿，就又会刹那间放弃该程式，转而进入同级单元下一个程式。故此，一些程式也就没有再继续分解下去，导致整体上程式分解与意象转化多寡不齐。但是，即便此次演述中歌手没能唱出，却不意味着那些意象不存在。一些片语和意象是隐形的，只有在歌手快速而顺畅的演述中，在歌手充分尽兴之际才会浮出水面，否则我们将永远听不到或看不到它们。这表明，程式固然是一种传统的模式，但在歌手具体演述中，它的内部还有着分解转化的弹性，而这种分解转化的弹性程度取决于歌手现场的创编把握能力。从这样的例子中，我们才能真切地印证洛德那些反复强调的论点："对口头诗人来说，创作的那一刻就是表演"，"一部口头诗歌不是为了表演，而是表演的形式来创作的。"① 而且，越是这样的创编性演述中，作为模式的程

---

① 阿尔伯特·贝茨·洛德：《故事的歌手》，尹虎彬译，第13页。

式就越不会束缚歌手，反而会使他获得更多自由，使他变成名副其实的锻造程式意象的能工巧匠。

第四，程式的分解也造成了多级程式意象平行式。平行式（Parallelism），"在一般文学批评中，也有汉译'对应'的，指句子成分、句子、段落以及文章中较大单元的一种结构安排。平行式要求用相等的措辞、相等的结构来安排同等重要的各部分，并要求平行地陈述同一层次的诸概念。"① 上表中的"一级程式意象"相互间恰好有个平行关系，但它们之间并非是排比平行关系②，而是一种跳行平行关系。这种跳行平行式还不是帕里所说的那种"跨行平行式"。因为，"跨行"是指一句诗行的结束不是在诗行末尾，而是在第二诗行的中间。英文诗歌中类似现象普遍，但在蒙古族史诗中则较为鲜见。③ 由于上表"一级程式意象"板块中每两个相邻程式意象之间隔着几个诗行或者数十个诗行，而那两个相邻的程式意象隔着诸多诗行才能达成平行关系，所以，我们称之为"跳行平行式"。可以说，跳行平行式是指在程式分解转化基础上出现的、间隔两个以上诗行而达成平行关系的对应性程式意象组。它在同一意象层级中表达同一层次观念。这也表明，歌手对整体典型场景的建构早已成竹在胸。歌手如此"成竹在胸"，亦同时表明他具备杭柯所说的那种"大脑文本"④。换句话说，这种"跳行平行式"的基础动机便是歌手"大脑文本"。"一级程式意象"之下，在二、三、四级程式意象板块中，在同一层级又形成了其他形式的平行式，其中有排比、递进和复合意象平行式。而最有魅力的要数复合意象平行式。一个典

① 朝戈金：《从荷马到冉皮勒：反思国际史诗学术的范式转换》，载汤晓青主编《多元文化格局中的民族文学研究——中国社会科学院民族文学研究所建所 30 周年论文集》，第 10 页。
② 朝戈金认为，在蒙古史诗中，平行式的运用极为广泛和多样。他在对冉皮勒《江格尔》一章的分析基础上提出"排比平行""递进平行"复合平行"等三种类型。参见朝戈金著《口传史诗诗学：冉皮勒〈江格尔〉程式句法研究》，第 194 ~ 203 页。
③ 约翰·迈尔斯·弗里：《口头诗学：帕里—洛德理论》，朝戈金译，社会科学文献出版社，2000，第 79 页。
④ 杭柯认为，在民间文学范畴内，尤其像史诗这样的口头传承，主要来源于民间艺人和歌手，他们的脑子里有个"模式"可称为"大脑文本"（mental texts）。当他们演述之际，这些"大脑文本"便成为他们组构故事的基础。参见朝戈金《从荷马到冉皮勒：反思国际史诗学术的范式转换》，载汤晓青主编《多元文化格局中的民族文学研究——中国社会科学院民族文学研究所建所 30 周年论文集》，第 15 页。

型的例子便是"宽大红色蟒袍"下"三级程式意象"板块中一组 16 个"龙"的平行意象群。这是一种名副其实的"一个词预示着下一个词、一个词组暗示着下一个词组"①的复合意象平行式。它是在歌手的演述达到高潮时出现的。这组"龙"的意象旋风般登场，以排山倒海之势，把"宽大红色蟒袍"修饰得无比神奇，从而将"宽大红色蟒袍"的主人——英雄格斯尔可汗的形象塑造得极具雄武气概和浩浩神威。黑格尔曾说："美只能在形象中见出，因为只有形象才是外在的显现，使生命的客观唯心主义对于我们变成可观照、可用感官接受的东西"②。这里，听众以感官（主要是听觉）所接受的格斯尔可汗的形象确实令人肃然起敬。可见，这组意象平行式一个主要美学目的便是塑造格斯尔可汗形象。另外，这些平行式也是平行式之下的平行式，各层级平行式构成了一种多级程式意象平行式。这样的多级程式意象平行式在具体演述中极具声学魅力，把层出不穷的优美意象如海潮般源源不断地输送给听众，给听众以极强的听觉审美快感。

第五，程式的分解、意象的转化、多级程式意象平行式等，还与"英雄披甲戴盔"典型场景有着内在的原型和美学关联。据上表所列，程式虽然被歌手分解了，但并非是无限度地分解铺排下去的；意象虽然转化了，也并非是无节制地转化排列下去的。不难观察到，程式意象被逐级分解转化后，最后都不约而同地聚拢到一些萨满神灵意象之上。它们是龙、虎、狮子、鳄鱼、凤凰、鹰隼等飞禽猛兽，虎眼、虎牙、鳄鱼獠牙、鳄鱼眼、龙眼、龙的犄角、龙的獠牙、黄雕羽毛等飞禽猛兽和神话动物的身体部位。上表每一组程式意象末端平行意象群可证明这一点。由此，分层铺排的多级程式意象又统一至一个凝聚点。这是多级平行意象的深层美学旨趣的统一，也是内在的原型统一，是传统史诗中萨满神灵崇拜与力量崇拜观念的具体体现。斯钦巴图对史诗《江格尔》中《哈日黑那斯生擒雄狮英雄洪古尔之部》的程式诗句进行分析后认为，"用来描绘英雄的诸如太阳、月亮、大树、岩石、猛虎、雄狮、雄鹰、大雕、熊、狼、鹰隼、野猪、蛇、龙等都是萨满教崇拜的神物，是萨满教的神灵……史诗用它们比喻英雄，意在

①　阿尔伯特·贝茨·洛德：《故事的歌手》，尹虎彬译，第 44 页。
②　黑格尔：《美学》第一卷，朱光潜译，商务印书馆，1997，第 161 页。

表示英雄得到这些神灵的佑护和英雄体内渗透着那些神物的力量、生命和灵气。"① 同样，上表多级程式意象的美学原型最终统一到众多萨满神灵意象之上，这个现象表明，英雄格斯尔可汗经过一番仪式般隆重的"披甲戴盔"过程，获得了神灵的力量，进而他的形象也变得更加雄伟神奇。这样的形象非常符合蒙古族传统英雄史诗"雄威高上（神奇）风格"② 的美学旨趣。可以说，程式之所以分解，意象之所以转化，无论意象层级多少，无论平行诗行多寡，最终都是为了突出"英雄披甲戴盔"典型场景这个中心命题服务的。多级程式意象美学原型和美学旨趣的终极统一，比一些普通白描性程式排列组合更具美学冲击力，给人以极强的审美感染。如果加以概念界定，可以说，程式意象的原型统一是指在同一典型场景或母题范畴内，在多级程式意象平行式末端形成意象原型的趋同现象，使程式意象在终极表象与意义上达成一致，表达某种统一的传统性观念或美学诉求。应当认为，程式分解转化后，其原型和美学旨趣在深层次上得到统一，以此强化典型场景这一中心动机的功能，正是这些多级程式意象的核心美学功能。这应该就是洛德常说的"程式的核心"。以往研究中，程式常常被认为是歌手记忆并组装史诗的工具或部件，而较少关注它的美学潜能。经上文分析，我们看到程式意象有着惊人的美学意义。这一点无疑在提醒我们，口头程式仍有很大的阐释空间。口头程式并非只是实用性工具，它还是讲求美感的工具；口头程式是一种演述技巧，更是一种美的表现手段。

第六，通过上文分析，我们还发现，程式是带情感的语词排列，流露着歌手饱含激情的言语阵容。这激情也依赖于歌手的记忆，而歌手记忆的载体便是程式。程式诗句的音调和节奏，以及平行式，首先具备记忆提示器的功能，可在歌手脑海中长时间地保存并在具体演唱中毫不费力地显现。具体演唱中，程式会帮助歌手捕捉到一个个史诗情节与诗行，更会使歌手经过"依凭记忆的叙述"③ 而逐步走进一个忘我的创编境界。那是歌手因开启记忆闸门，在既定模式中源源不断地制造出令自己满意的诗句时才能达

---

① 斯钦巴图：《蒙古史诗：从程式到隐喻》，民族出版社，2006，第132页。

② 巴·布林贝赫：《蒙古诗歌美学论纲》（蒙古文），内蒙古人民出版社，1991，第80页。

③ 格雷戈里·纳吉：《荷马诸问题》，巴莫曲布嫫译，广西师范大学出版社，2008，第209页。

到的兴奋状态。歌手进入兴奋状态，就类似于书面诗人遇到突闪的灵感，类似于萨满神灵附体或者"神授"式点拨。歌手的兴奋又会进一步使史诗演唱达到高潮（如，上例出现"龙"的意象群），使个人激情与才艺得到充分爆发，从而使诗句变得越来越优美，使演唱行为最终变成真正动情的、有生命律动的"生产"美的艺术活动。

第七，从上表可以看到，程式是一种运动中的模式。当程式纵深分解之后，构成一组组横向平行式；横向平行式中的个体意象，又进一步向下完成纵向分解与转化。这决不是格式化魔方的拆分和拼贴，而是一种灵活的口头创编机制。这里最凸显的并不是程式的"重复性"特征，而是"善变性"特征。这证明，程式的魅力不在于没有变化和没有生命动力的堆砌，而在于富有美学活力的魔术式转化和再创编。那么，能够创编出这样程式组合的歌手，应当被认为是很有演述能力的歌手。因为，"一个成熟歌手的标志是他在传统之中游刃有余。"① 本文分析的史诗歌手敖干巴特尔正是这样一位口头诗人。

第八，早期传统蒙古史诗中，"英雄披甲戴盔"典型场景的建构常常只是一些粗线条描述，本文选取的样例中却出现了花样繁复的描述，这无疑是受到了后期东部蒙古族胡仁·乌力格尔的影响。

第九，程式分解的另一个关键缘由是歌手的类型与风格。蒙古族胡尔奇（拉着四胡演唱故事的艺人）有编创型胡尔奇（urgumal hugurqi）与循文型胡尔奇（surgamal hugurqi）两种。这两种歌手类型与卡尔·赖希尔所说的"创造型歌手"与"复述型歌手"基本上一致。卡尔·赖希尔指出"虽然歌手的类型众多，但我们却能对'创造型'（creative）和'复述型'（reproductive）两种歌手作出比较清楚的区分。对于'创造型'歌手的定义，不同的传统有不同的看法，但在大多数情况下它主要是指歌手拥有创造'新'歌的能力，比如说对史诗系列增添一个分支章节或根据听众的要求变换自己所演唱的史诗内容。'复述型'歌手更加难以定义。有些'复述型'歌手以特定形式学会一部史诗并且总是固守自己所背会的歌，没有任何变化。但与此同时，他却能够'创造'出另外一些篇幅短小的作品来。另外，'复

---

① 阿尔伯特·贝茨·洛德：《故事的歌手》，尹虎彬译，第35页。

述型'仅仅表明该歌手具有强烈的文本稳定意识。但事实上，我们在他每一次演唱的文本之间都能找出一些差别。这种差别是由于演唱技艺的特殊需要而造成的。"① 本文分析的史诗诗章中，程式分解有着收缩自如的即时性，显露出出自创造型歌手之手的应有特征。如果是一位复述型歌手，其诗章中的程式分解就不一定这么多。可以说，歌手类型与演述风格也是促成程式的分解转化与多级程式意象的关键因素。

四 程式的潜伏：一种逆向再创编

现在，再看看同一位口头诗人在另外一篇史诗诗章中如何建构了同类典型场景？歌手敖干巴特尔在演唱上文例举的 732 个诗行的《阿齐图·莫日根·格斯尔可汗镇压黑斑虎之部》史诗诗章的前两天，即于 2013 年 3 月 22 日上午，在有 1069 个诗行的《阿齐图·莫日根·格斯尔可汗镇压嘎拉旦蟒古思之部》② 史诗诗章中，同样描述了一组"英雄披甲戴盔"典型场景，主人公是同一位英雄，即格斯尔可汗。这组典型场景为 74 个诗行，这在该诗章整体长度中约占 6.8% 的比例。同一类典型场景在同一位歌手的不同史诗诗章中出现时所产生的变异还不仅仅限于它在整个诗章中所占诗行比例的不同，而在内容上也发生了较大变化。虽然它也有程式分解、意象转化和多级程式意象，但较之上文样例，却明显被简化。先看看它"一级程式意象"的铺排情形：

（把）紧贴肉身的柔软蟒缎内甲披在身上→满洲白丝腰带皮肉中勒进了→双脚套上红色蟒缎袜子→（把）万虎之力的腰带系在腰中间→（把）青铜金甲披在身上→青铜圆宝镜在胸前闪耀→（把）金银铠甲套在上面→浑圆金色双镜闪耀光芒→锤纹吉祥结迎头叠合→（把）黄金结银裆裤挂在腰间→（把）青铜金色铠甲穿在身上→（把）珍珠黄金

---

① 卡尔·赖希尔：《突厥语民族口头史诗：传统、形式和诗歌结构》，阿地里·居玛吐尔地译，中国社会科学出版社，2011，第 96 页。

② 乌·纳钦：《"格斯尔之乡"新格斯尔奇艺人》（蒙古文），第 251~283 页。录音文本现收藏于中国社会科学院民族文学研究所资料库。

甲披在身上→洁白银泡钉闪耀光芒→圆圆的银泡钉闪耀光芒→（把）宝饰钢镯套于手腕→（把）带钢环的吉祥腰带紧了一紧→（把）震慑五洲的强弓拿在手上→（把）藏有五种雷电的利镞塞入箭筒。①

同样以表格的形式显示其程式分解与意象转化：

典型场景	一级程式意象	二级程式意象	三级程式意象	四级程式意象
英雄披甲戴盔	柔软蟒缎内甲	×	×	×
	满洲白丝腰带	蟒缎珍珠链	×	×
	红色蟒缎袜子	腾跃的红金龙	×	×
	万虎之力的腰带	圆圆的金环	×	×
	青铜金甲	×	×	×
	青铜圆宝镜	×	×	×
	金银铠甲	×	×	×
	浑圆金色双镜	握着爪子的两条龙	张着嘴的龙	×
			龇牙的龙	×
			瞪着眼睛的龙	×
			露着鳞片的龙	×
	锤纹吉祥结	×	×	×
	黄金结银褡裢	×	×	×
	青铜金色铠甲	青铜金挂钩	×	×
	珍珠黄金甲	珍珠龙珠	灵敏的两条龙	龙爪
	洁白银泡钉	蜷曲的两条龙	×	×
	圆圆的银泡钉	×	×	×
	宝饰钢镯	躺着和立着的两条龙	×	×
	带钢环的吉祥腰带	×	×	×
	震慑五洲的强弓	×	×	×
	藏有五种雷电的利镞	×	×	×

---

① 乌·纳钦：《"格斯尔之乡"新格斯尔奇艺人》（蒙古文），第265～267页。录音文本现收藏于中国社会科学院民族文学研究所资料库。

从上表，可以看出这一组"英雄披甲戴盔"典型场景的程式纵向分解和意象转化情形，并可归纳出如下四点。

第一，"一级程式意象"为 18 个，在数量上与上文样例中的"一级程式意象"（21 个）比较接近，而且从"柔软蟒缎内甲"到"藏有五种雷电的利镞"之间的程式排列井然有序，与史诗故事中格斯尔可汗的披甲戴盔行为动作顺序相一致。这表明，"一级程式意象"是歌手在不同诗章中建构该典型场景时所使用的基础意象群。歌手即便简化了其他层级的意象，也不会简化这组"一级程式意象"，否则该典型场景将变得不完整。在史诗歌手那里，"完整"是个伸缩性较强的概念，有时他会认为 10 小时的文本和 20 分钟的文本同样都是"完整"的，因为对他来讲，"完整"其实是指故事的基干。而程式的"完整"则应当就是指这些"一级程式意象"。

第二，大部分"一级程式意象"并没有向下分解，只有"珍珠黄金甲"一直被分解转化到"四级程式意象"。程式的分解转化程度如此之低，可能与歌手演述时的临场把握与瞬间兴致有关，也可能因为歌手考虑到整体语境是否适合铺排大量程式意象而调整了程式创编策略。不管怎样，在演述中歌手是自由的，他既可以源源不断地铺排多级程式意象，也可以毫不犹豫地让它们集体"隐去"。这种"隐去"并不是"消失"，而是"潜伏"。程式的潜伏就是指歌手在传统诗句模式或词语模式中明显地降低程式意象的分解转化程度，从而造成多级程式意象集体隐去的现象。歌手把多级程式意象潜伏下来，也是一种程式的再创编。并且，相对于展露所有的意象而言，这种"潜伏"其实是多级程式意象的逆向再创编。这充分显示了多级程式意象可伸缩变形、可重新塑造、适应不同叙事环境的弹性能力。

第三，程式分解的减少直接导致了意象平行式的减少，从而多级程式意象平行式基本上都隐去。全部程式意象中，只有"浑圆金色双镜"被分解至三级程式意象时出现了四个"龙"的意象平行式。由于多级程式意象的缺席，该典型场景的声学魅力和美学感染力明显减弱。在多数情形下，程式的"潜伏"可能有损于口头史诗美学功能的发挥，那些"羽翼丰满"的多级程式意象毕竟是在歌手高度兴奋的状态下被创编的，而"潜伏"了的程式意象显然没有遇到那种优质的"临产"环境。

第四，从上表还可以观察到，被分解转化的多级程式意象在平行式末层又都不约而同地聚拢到"龙"的意象上，似乎有意要达成一种内在的默契。例如，"红色蟒缎袜子"末层意象"腾跃的红金龙"；"浑圆金色双镜"末层意象"张着嘴的龙""龇牙的龙""瞪着眼睛的龙""露着鳞片的龙"；"珍珠黄金甲"末层意象"灵敏的两条龙"及"龙爪"；"洁白银泡钉"末层意象"蜷曲的两条龙"；"宝饰钢镯"末层意象"躺着和立着的两条龙"等。美学原型的这种内在终极统一，说明了歌手在本次演唱中无论使程式简化到什么程度，都没有放弃给听众以审美冲击力的努力，没有偏离美学的核心追求与多级程式意象的核心美学功能，也就没有偏离"程式的核心"。另外，"龙"的意象群是该歌手个人程式储备中的常态语库之一，也是他口头史诗演述的一个美学标记。总之，歌手在不同的环境、不同的条件下建构典型场景时，无论怎样伸缩或重新塑造多级程式意象，可能都会坚持两点：一是典型场景的大框架或基础意象群，二是多级程式意象的核心美学功能或"程式的核心"。

综上所述，敖干巴特尔文本中的两个"英雄披甲戴盔"典型场景中，程式有着自由不羁的表现形态，其内部有着分解转化的弹性。程式的分解转化造成了多级程式意象及多级程式意象平行式，这在具体演述中极具声学魅力，即把层出不穷的优美意象源源不断地输送给听众，给听众以审美快感。多级程式意象在诗行末端又达成美学原型的内在统一，聚拢到一些萨满神灵意象上。这是传统蒙古史诗中萨满神灵崇拜与力量崇拜观念的体现，也是多级程式意象核心美学功能所在。同类典型场景在敖干巴特尔另一篇史诗诗章中出现时，又产生变异，程式意象明显地被简化或潜伏，而这是多级程式意象的逆向再创编。史诗是宏大叙事，但以诸多细节组成。如果只见史诗叙事的宏大躯壳，则未必能看清其诸多细节，而要是看清了其诸多细节，就一定能清晰地认识其宏大躯壳。通过在具体事例中放大细节来揭示史诗这个庞然大物的真实面目，或许正是口头程式理论一个突出的功用。

本文原刊于《民族文学研究》2016 年第 3 期

维吾尔族爱国诗人黎·穆塔里甫的诗歌创作

郎　樱[*]

一

现代维吾尔文学的奠基者和开拓者、诗人黎·穆塔里甫是一位坚贞的革命战士和崇高的爱国主义者。他给我们留下了许多洋溢着革命激情的优秀诗篇、诗剧、杂文、长篇小说和文艺随笔等。他的作品战斗性强，富于艺术感染力。

黎·穆塔里甫 1922 年 11 月出生于新疆伊犁地区的尼勒克县。在贫寒的家境中度过了他的幼年时代。1932 年，十岁的黎·穆塔里甫离开家乡到了伊犁市，在亲友们的资助下进了小学，后又考入伊犁市的一所中学。黎·穆塔里甫在中学学习期间就表现出对于文学的酷爱。他如饥似渴地研读了许多著名民族诗人的诗作和俄罗斯进步作家的作品。二十世纪三十年代，在抗日战争的烽火里，在新疆进步力量不断发展壮大的情况下，富于正义感、渴求进步的黎·穆塔里甫找到了前进的方向。他决心把自己的青春献给人类最壮丽的解放事业。

1939 年，十七岁的黎·穆塔里甫离开伊犁来到当时的迪化市（现乌鲁

---

* 　郎樱，中国社会科学院荣誉学部委员，民族文学研究所研究员。

木齐市）。他在省立师范学校学习两年后，进入《新疆日报》社工作。这两个地方当时都是进步力量的据点，领导人也都是共产党员。在党的直接关怀和教育下，诗人迅速成长。艰苦斗争的实践锻炼和培养了诗人顽强的斗争意志和坚定的革命信念。在迪化市的四年生活，是诗人政治上日趋成熟的时期，也是他的创作力最旺盛的时期。这期间，诗人写出一批具有高度思想性和艺术性的优秀诗作。

皖南事变以后，国民党反动派的反共气焰十分嚣张。在新疆，盛世才也撕掉"进步"的伪装，露出反共反人民的狰狞面目。大批共产党员、爱国志士被捕、被杀。黎·穆塔里甫也于 1943 年秋被放逐到远离迪化市的南疆小镇——阿克苏。即使在白色恐怖的日子里，诗人也没有屈服，没有停止斗争；即使敌人的魔爪已扼紧他的喉咙，他仍然挺起胸膛放声歌唱。他和人民群众紧紧地站在一起，与敌人开展了各种形式的斗争。传播革命思想，在白色恐怖下组织群众开展地下斗争。1945 年 9 月，维吾尔进步文化运动的先驱黎·穆塔里甫死于刽子手的屠刀下，他的鲜血洒在阿克苏的土地上，浇灌了中华民族解放事业的胜利之花。

正如鲁迅所说的："可以宝贵的文字，是用生命的一部分，或全部换来的东西。"① 黎·穆塔里甫的诗，是用鲜血和生命凝结而成的。

二

"如果我们看到的是一位真正伟大的艺术家，那么他就一定会在自己的作品中至少反映出革命的某些本质的方面。"② 黎·穆塔里甫正是这样一位在自己的作品中反映出时代特点的诗人。诗人是抗日战争的见证者。他从1937 年开始文学创作生涯，直到 1945 年壮烈牺牲，诗人的生活和创作，贯穿了八年抗日战争时期。在这席卷了中华民族四亿五千万同胞的血与火的厮杀中，黎·穆塔里甫一直以手中的笔为利剑和敌人进行搏斗。翻开黎·

① 鲁迅：《〈溃灭〉第二部一至三章译者附记》，《鲁迅全集》第十卷，人民文学出版社，1981，第 335 页。
② 《列宁论文学与艺术》（一），人民文学出版社，1983，第 281 页。

穆塔里甫诗集，诗人的每一首作品都跳动着时代的脉搏，闪现着斗争生活的侧影。山河虽然满目疮痍，发出的却不是呻吟，而是怒吼、咆哮。这是战士的诗篇，时代的战歌！

1937 年 7 月 7 日，日本帝国主义制造了震惊中外的卢沟桥事件。侵略者的魔爪从东北伸向华北，伸向全中国。祖国危亡，民族危机深重。在祖国存亡的紧要关头，诗人身如火焚，心如刀绞，他怀着对祖国的深挚感情和对敌人的深仇大恨，勇敢地投入到抗日斗争的行列。他 1938 年 10 月发表的《中国》这首诗，正是诗人战斗的誓言"写吧！/写那战斗的起点/——东北，芦沟桥；/写吧！/写那英勇的爱国志士/——年轻强悍的战斗员；/写吧！/写那些猛虎/——意志坚强的游击队；/写吧！/写那屹立在后方的/——钢铁般强大的新疆！"①

战斗的岁月催人早熟，黎·穆塔里甫已经把自己交给了战斗，把个人的前途和祖国的命运紧紧地联系在一起。他以犀利的笔锋、真挚的感情连续写出了《致人民》《我们是新疆的儿女》《中国》《战斗的灵感《战斗的波涛》等十八首诗，陆续发表在当时的《伊犁日报》上。他那火辣辣、热腾腾、富于鼓动性的战斗诗句，深受广大人民群众的喜爱。他的爱国热忱、刚健的诗风震动了新疆文坛，引起了各界的注意。

黎·穆塔里甫到达迪化市以后，在党的教育下逐渐认识到人民群众是这场抗日战争决定胜负的因素。诗人以饱含深情的笔触，热情地赞扬了中国人民坚韧不拔的战斗意志和百折不挠的斗争精神。他在《直到红色的花朵铺满宇宙》（1939）这首诗中，曾写下了这样的诗句："为了解放，/我们的胸膛像火焰一样燃烧，/在浴血的战场上，/我们举起臂膀挥舞战刀，/我们付出了伤亡，/为了取得胜利的捷报。/……/为了建设新中国，/我们用钢骨打下地基，/为了使它更稳固，/我们把骨头当作磐石，/把鲜血当作水泥，/我们还要奋斗，/直到红色的花朵铺满宇宙。"炽烈的感情、坚定的意志凝成了铿锵的诗句。在这首诗中，诗人把"抗日战争—新中国的诞生—人类的解放"连为一体，这样不但加深了诗的思想深度，而且还使它闪耀

---

① 《黎·穆塔里甫诗文选》，张世荣译，新疆人民出版社，1981。文中所引诗作均出自此书，不再另注。

出革命的理想主义光辉。

在抗日战争的烽火中，黎·穆塔里甫是位永不知疲倦的战士。他不分日夜，废寝忘食，写出了一批战斗力强、艺术性高的诗作。这些诗，像一颗颗出膛的子弹，射向敌人的心脏。《五月——战斗之月》、《是列宁这样教导的》、《祖国至上，人民至上》、《爱与恨》及《给岁月的答复》等都是影响很大的优秀诗作。

在光明与黑暗决战的时刻，军阀盛世才在新疆大肆逮捕共产党员和进步人士。陈潭秋、毛泽民、林基路等杰出的共产主义战士相继被杀害。到处是逮捕、屠杀，到处充斥着特务、密探。一时间，白色恐怖笼罩了新疆大地。反动派以极其恶毒的手段妄图禁锢黎·穆塔里甫的声音，抵消他的影响，迫使诗人屈服就范。黎·穆塔里甫怀着对国民党反动派的憎恨和蔑视，奋笔疾书，写下了光辉的诗篇《我决不》（1943），给猖獗的敌人以猛烈的回击："尽管黑暗的权势压得我腰背佝偻/魔鬼的爪子已掐紧了我的咽喉；但是，我决不屈服——决不！/决不用哀求的声音要求还给属于我的/一生只有一次的——生命；/决不伸出颤抖的双手向偶像求饶。/我憎恨拜跪在偶像面前哭泣的心……/我要揭发——/那独裁者龌龊的灵魂，/那鲜血淋漓的屠刀，/那绞杀真理和幸福的绳索/敌人砍去了我的头颅，/——人民会还给我，/敌人砍倒了革命的旗帜，/——人民会将它树起，/敌人把我的头悬挂高竿/——去告诫人民，/但是，我决不屈服——决不！"

黎·穆塔里甫心中的火山爆发了：对敌人的仇恨，对人民的感情，对叛徒的憎恶，对革命的虔诚，对压迫的反抗，对必胜的信心……这一切燃烧着的感情从诗中迸发出来，是那么壮怀激烈！鸟儿有了翅膀才能飞翔，诗歌有了思想才会闪光。很难想象一个目光短浅、思想平庸、匍匐在地、脱离斗争生活的人能写出如此包孕深厚、气魄宏伟的诗篇。要做一名时代的歌手，就应该像黎·穆塔里甫一样，投身到革命斗争的洪流中，用自己的诗作去激励人民参加伟大的斗争。

黎·穆塔里甫既是一位优秀的民族歌手，更是一位杰出的爱国主义诗人。他一生给我们留下了许多洋溢着爱国热情的诗篇。

"中国！/中国！/你就是我的故乡！/因为我们成千成万的人民/生长在你那温暖的/纯洁的怀抱里。"（《中国》1938）黎·穆塔里甫用淳朴的诗句倾诉了他对祖国的热爱。正是基于这种深沉的爱国主义情感，在祖国生死存亡的紧要关头，诗人才会毅然挺身而出，写出那样多感人肺腑的爱国主义诗篇。《爱与恨》是一首著名的长诗，诗人叙述了这样一个故事：一个年轻人由于想念父母，思念情人，从前线逃脱返回家乡。在他父亲和情人的教育帮助下，年轻人认识到自己的错误，把对祖国的爱置于个人爱情之上，毅然重返前线，英勇地牺牲在抗日战场上。诗中成功地塑造了两个闪耀着爱国主义光辉的人物——年轻人的父亲和他的未婚妻娥丽。诗人通过人物之口倾诉了自己对祖国深挚的爱情："祖国，就是我的命脉，/它比一切都更珍贵！/为了保卫它的安全与未来，/我愿献出我的生命"（《爱与恨》1942）。

爱国主义与狭隘的民族主义是水火不相容的。正当全国人民奋起反抗日本侵略者的时候，帝国主义的走狗与帮凶——一小撮民族主义分子从阴沟里爬出来，到处煽风点火，造谣生事，妄图把新疆各族人民从祖国分裂出去。黎·穆塔里甫则旗帜鲜明地表示："神圣的乡土决不迷失方向，他永远是中国不可分割的一部分。"他在《斥民族主义者》（1938）一诗中，对这伙败类进行了无情的揭露："'喂，你，穆塔里甫，/你是在维吾尔摇篮里长大的，/你应该热爱自己的民族，/对异族人/你要怒目相视。'/——暴势力这样挑唆我，/想叫我把人民当作仇敌。/不！不！/尽管你花言巧语，/我决不受你的欺骗。/滚开去！不准你那臭嘴/玷污了我的名字。/不然，我要用刀一样锋利的笔/戳穿你的眼睛！"

诗人一针见血地指出，这些民族主义分子就是要在祖国大家庭撒下不和的种子，让人民之间"勾心斗角、互相倾轧、互相进攻、互相残杀"，他们"像晚秋的风，搅得人民神魂不宁"。诗人又运用"离群的会被熊吃掉，散伙的会被狼吃掉""一盏闪烁的孤灯，不能使生活美好；一个人盖的房子，不能住得长久"这些形象生动的比喻告诫人民：切不要上民族分裂主义者的当。号召人民割掉民族分裂主义分子这个"毒瘤"，"让各族人民携起手来，撒播下团结的种子"。

黎·穆塔里甫的诗篇对于民族主义分子的分裂阴谋活动是个致命的打击。诗人在党的教育影响下，在亲身的革命斗争实践中认识到这样一个真理，即"民族问题，说到底，是一个阶级斗争问题"。各族受压迫的人民大众是一家，只有当各族人民团结起来，打倒共同的敌人，祖国获得了解放，各族人民才能获得幸福。在统治阶级千方百计制造民族隔阂和分裂的旧时代，黎·穆塔里甫作为一位维吾尔族诗人，能如此热爱祖国、坚决维护祖国的统一，这是十分难能可贵的。诗人这种崇高的爱国主义思想和维护祖国统一的高贵品质，值得大力倡导，永远值得我们学习。

三

黎·穆塔里甫诗歌中深刻的社会内容，是通过鲜明的民族形式和独特的艺术技巧表现出来的。黎·穆塔里甫在诗歌创作中能获得这样的成就，这与他注重向民间、民族的优秀文化学习是密不可分的。

维吾尔族是一个具有悠久文化传统的民族，它的民间文学宝库更是灿烂夺目。黎·穆塔里甫从小就是吸吮着自己民族优秀的民间文学乳汁成长起来的。优美的长诗、生动的民间故事、质朴动人的民歌像磁石一样把他吸引住，像乳汁一样把他哺育。正是这些凝聚着劳动人民的智慧、具有高度的艺术技巧和无限创造力的维吾尔民族民间文学孕育着诗人成长。

黎·穆塔里甫的诗歌创作从民间文学、尤其是从民歌中吸收了丰富的营养。他的诗中，大量运用了维吾尔民族惯用的生动、形象的比喻手法，而这种比喻往往带有鲜明的民族特色。在《学习吧，青年》一诗中，诗人把知识比作"揭开奇迹之谜的钥匙""黑夜中的明灯"。为告诫青年应该顽强、刻苦、专心致志地学习，他这样比喻："知识偏爱顽强坚毅的人，/它总是设法躲开懒汉。/在美妙的知识荒野中要作个僧人，/作个虔诚的信徒坚守奇迹的陵园。/只要朝夕守候在它下面祈祷，/它也决不会使你叹息徒然。"

在《给岁月的答复》一诗中，诗人把"疾驰的岁月"喻作"窃取寿命的小偷"。诗人力图说明光阴似箭、要珍惜青春这一道理，在诗中运用了这样的比喻："青春是人生最美妙的季节，/然而它又是何等短暂，/当你撕去日历上的一页，/便会预感到青春的花朵凋落了一瓣。"这样优美、形象、富于诗意的比喻，在穆塔里甫的诗中比比皆是。黎·穆塔里甫运用民歌体形式写了不少诗歌。维吾尔民歌一般是四行一段，音节数目整齐，押一、

二、四行韵，或是二、四行韵。《爱与恨》这首长诗就是采用民歌体形式写成的。全诗五百余行，四行一段，全部押二、四行韵，节奏异常鲜明，读起来琅琅上口，富于音韵美。

黎·穆塔里甫不仅注意从民歌中汲取养料，他也十分重视学习和运用维吾尔古典民族诗歌的形式。新疆号称诗歌之乡，维吾尔民族的诗歌具有悠久的历史，杰出的诗人辈出，优秀的诗作大量涌现。维吾尔民族诗歌已形成自己鲜明的风格和独特的诗歌形式。

玛纳纳维（二行体、多章节）的诗歌形式是古典维吾尔诗歌中广为采用的一种形式。黎·穆塔里甫的诗中有不少都是采用这种形式写成的，如："这斗争会使被压迫者的命运像花一样开放，/给压迫者、刽子手、帝国主义带来情的死亡。"（《会给你生命》1938）

此外，如《斗争的波涛》《关于春天的对句诗》《关于诗人的对句诗》等都是采用玛纳纳维二行体多音节的传统民族诗歌形式写成的。黎·穆塔里甫把崭新的革命内容灌注到古老的诗歌形式中去，使之获得了新的生命力。

除玛纳纳维二行体外，在维吾尔古典诗歌形式中还有四行体、五行体、六行体等多种形式。黎·穆塔里甫运用较多的是四行体的木拉巴和五行体的木罕玛斯押韵形式。这是一种古老的突厥民族诗歌的押韵形式。除最后一行外，前几行都押同韵，即 AAAB（木巴拉）或 AAAAB（木罕玛斯）。《我们是新疆的儿女》《我这青春的花朵就会开放》《是列宁这样教导的》《祖国至上，人民至上》等诗都是采用这种押韵形式写成的。这是非常古老的诗歌形式，在十一世纪的《突厥语大辞典》中引用的大量古老诗歌大多采用这种押韵形式。

每个民族的艺术都有自己独特的民族形式和民族风格。民族形式、民族风格的形成与该民族人民群众的生活、思想感情、民族习惯和民族语言是密不可分的。每个民族的文化都有自己的历史传统，不应该割断历史，不应该抛弃传统。黎·穆塔里甫尊重自己民族的文化传统，继承了民族文化的优秀遗产。正因为这样，他的诗才能植根于群众之中，为人民群众所喜闻乐见。

但是，诗人并不拘泥于传统。他的《中国》《中国女儿——热合娜命令三月之风》就是采用阶梯式的新诗形式写成的。黎·穆塔里甫是个富于创造精神、敢于推陈出新的诗人。他的诗歌形式和风格是丰富多彩的：有韵诗体，有新诗体，有长达几百行的长诗，也有四行一段的歌谣体。有像《我决不》那样激情澎湃的呐喊，也有像《春恋》那样充满柔情的抒怀；有的诗质朴、流畅得像一泓清泉，有的诗却富于深邃的哲理，发人深省。他赋予民族诗歌以革命内容，开拓了现代维吾尔诗歌的发展道路。

黎·穆塔里甫是祖国忠诚的儿子，是维吾尔民族的骄傲。他虽然牺牲已近七十年了，但是，正如诗人自己所预言："诗人不会死，诗人永远不会死，只要你做人民身上纯洁的血液。"（《关于诗人的对句诗》1944）黎·穆塔里甫没有死，他永远战斗在我们的行列中。他那用鲜血和生命凝成的战斗诗句，是中华民族的宝贵精神财富。

本文原刊于《民族文学研究》2016 年第 1 期

新世纪少数民族文学的叙事模式、情感结构与价值诉求*

刘大先**

　　"少数民族文学"较之于"现代文学"、"当代文学"之类已经在文学史上站稳脚跟甚至谋求变革的许多二级学科不同，直到今日它依然要面对合法性的质疑。因为在很多有着普世性文学观的人看来，这是个有着过于强烈的政治规划色彩的分类。诚然，"少数民族文学"从发生学来说，确实有着极其明确的国家意识形态推动导向①，但文学从来无法脱离它的政治性，并且作为一种自上而下推动的文学事业，经过半个多世纪的发展，它已经构成当下文学生态不容忽视的组成部分。尤其是进入新世纪以来，伴随着各类"后学"思潮和文化研究话语的兴起，少数民族文学更是逐渐从最初的文化领导权规划中超越出来，获得能够与主流文学形成互动的主体性言说。比较文学学者卡萨诺瓦（Pascale Casanova）曾经谈到文学地理、政治和经济差异所构成的首都、外省、边疆的空间差异，它会形成某个类似时间基准上"格林尼治子午线"般的中心，其文学价值观会辐射性地影

---

　　* 本文为国家社科基金重大项目"中国少数民族文学理论批评文库·研究卷"（批准号：11&ZD124 - 10）的阶段性成果。
　　** 刘大先，中国社会科学院民族文学研究所副研究员。
　　① 刘大先：《中国少数民族文学学科之检省》，《文艺理论研究》2007 年第 6 期。

响周边及更远的地区①。少数民族文学恰恰是在文学中心之外的一种边缘表述，它固然会受到来自中心地带的影响，但"中心"与"边缘"永远都是互动辩证的：如果从边缘自身站位角度来说，它就构成了返观中心的别样视角。

正是在别样的视角中，少数民族文学的问题牵涉更为广泛的符号生产、文化政治乃至现实世界里中国认同的重要维度。为了便于全面呈现新世纪以来少数民族文学现场的现象与问题，本文将谈论五个问题，包括它的发展脉络、当下现状，以及现状中体现出来的叙事模式、情感结构等问题，最后试图对其价值诉求在描述的基础上做一定的展望。

一　前史

少数民族文学是一个社会主义文学现象，伴随着民族历史调查、民族识别和族籍学理认定的当代学术实践和人民代表大会制度确定的政治与文化平权举措而产生。在新中国成立初期，最早的一批作家以主旋律所倡导的社会主义现实主义话语为指归，讴歌革命、颂赞新人与新社会，其代表性的作品结集在1960年出版的小说集《新生活的光辉》中，主要作家有蒙古族的纳·赛音朝克图、玛拉沁夫、敖德斯尔，苗族的伍略，白族的那家伦等人。当然，这个热情洋溢地书写政治题材的阶段并不很长，在"文革"的激进运动中，族别被视为需要超越的身份，民族、宗教与文化的问题被阶级话语统摄起来，"少数民族文学"自然会遭到摒弃。值得注意的是，这个阶段出现大量少数民族题材的文学、电影、绘画、雕塑等文艺产品，其中少数民族文化被整合为社会主义文化中从属性的有机组成部分，而表述少数民族的技法、形象与语法成为一笔在后来岁月中不断被回溯、摹仿和改写的遗产。

第二阶段是启蒙多元时期，也就是一般文学史所谓的"新时期"。在这个改革开放、思想解放的时代，从此前固化的政治意识形态话语中跳脱出来的各类思潮纷纷争夺自己的话语场地，尽管总体上的价值取向在于"西化"，但就少数民族文学而言却出现了多元并立的局面。比如，益希丹增、

---

① 卡萨诺瓦：《文学世界共和国》，罗国祥、陈新丽、赵妮译，北京大学出版社，2015，第25~26页。

降边嘉措这样的老一代藏族作家走在革命英雄主义和共产主义解放话语中；蓝怀昌（瑶族）、韦一凡（壮族）、乌热尔图（鄂温克族）等则有着改革小说、寻根文学的气质；色波、扎西达娃等西藏"新小说"作者寻找的却是与风靡一时的拉美魔幻现实主义相契合的路径；张承志（回族）的小说则塑造了上下求索式的"中国青年"形象。少数民族文学在20世纪80年代获得张扬和蓬勃发展，与时代文学的各种流行话语如影随行，并没有刻意强调某种"少数民族性"。此际通行着一种"世界性"与"民族性"的话语模式，但这个"民族性"是一种国族意义上的民族主义主体性，并非后来的族裔民族主义意义上的族群主体性。

从20世纪90年代开始，由于政治体制改革（其中最主要的是国企改革，以经济建设为中心，一种逐渐弥散开来的市场主义及其观念渗透到文学当中。日常生活成为文学叙事的主要着眼点，大众文学兴起，少数民族文学在这种语境中由于先天缺乏市场赢利的可能，同时又不具备所谓的"文化先进性"，必然陷入危机。这种情形直到新世纪以来，确切地说2006年前后，在叶梅（土家族）、石一宁（壮族）、吉狄马加（彝族）、白庚胜（纳西族）、赵晏彪（满族）等人的组织与推动下才获得改变。这背后的原因是多方面的，我们可以清晰地观察到20世纪80年代那种"世界性"与"民族性"模式被转化为全球化带来的地方性/本土性觉醒：人们赫然发现所谓中西分立、"走向世界"之类言说的空洞，因为中国一直就包含在全球化进程之中，从来无法自外于世界，现在的问题是如何在全球格局中确立自己的位置。因而，这种觉醒包含两方面内容：一方面是全球本土化，其典型是"（非物质）文化遗产"话语，文化多样性成为一种新的"政治正确"，少数民族文化在宏大主体的"主体性黄昏"过程中获得族群共同体这样小主体的文化自觉，因而谋求自己不可替代的自我阐释权；另一方面是本土全球化，随着全球资本的流动和深入触伸到无远弗届的空间角落，在旅游观光、创意产业的刺激下，少数民族文化成为一种地方性的符号资产和象征资源，是可以产生利润的被展示与可开发性[1]，因而对"差异性"的

---

[1] 贝拉·迪克斯：《被展示的文化：当代"可参观性"的生产》，冯悦译，北京大学出版社，2012，第1~43页。

生产开始抬头。这一切又与发生在边疆地区的民族问题纠结在一起，让主导性权力和大众传媒重新发现少数民族文学不仅仅在美学上而且在政治上都具有重要的意义。

二　现状

新世纪以来的少数民族文学呈现出"自上而下，由内而外"的整体发展形态。① "自上而下"是指它获得了来自顶层设计的再次关注，从宣传部门到作协文联组织，都开始大幅度增加扶植力度，增办专门的少数民族文学刊物、设立少数民族文学奖项、举行少数民族作家培训班等，希望以此增加各民族之间的相互了解，加强各民族文化交流，树立多元一体的中国文化形象。"由内而外"则是指越来越多的少数民族题材作品出现由他者言说到自我表述的转型。如果说新中国成立初期和启蒙多元时代虽然也有很多少数民族作家、艺术家进行少数民族题材的文艺产品创作，但基本上遵循较为统一的"族外人"话语方式，而新世纪以来越来越多的少数民族作家、艺术家则试图从本族群文化、宗教、习俗、思维传统内部锻造"族内人"的观察视角，这一点使得新世纪少数民族文学具有不可替代的丰富性。

从共通层面来说，少数民族文学有着与主流文学相似的主题，书写底层成为一种巨大的潮流，此类作品的现实主义、写实主义乃至自然主义的笔调都与各类主流文学别无二致。它们关注农耕文明、游牧文明、渔猎文明在工业化、市场化时代的撕裂性变迁，身份社会向契约社会转型过程中个体经历的阵痛，以及由此引发的怀旧与惆怅。在私人性层面，关于性别与情感的主题也深受人类共同性的需求所左右，在人性深度和情绪的幽微层面显示出同时代人不分外在社会差异的共享经验。正是这些共通性，表明少数民族不再是线性时间链条中的"原始"或"野蛮"的他者，而是具有"同时代性"的同胞人群。

少数民族文学的特殊性则突出体现在三个方面。（一）中国各少数民族

---

① 刘大先：《广阔大地上的灿烂繁花——2012年少数民族文学综述》，《文艺报》2013年3月6日。

有着不同语系和语族的差别，除了那些很早就在汉字文化共同体中采用通行语言与文字的民族，维吾尔、藏、哈萨克、蒙古、朝鲜等民族都有现行的文字书写系统，彝、纳西等民族即便绝大多数已经采用现代汉语，却也有着悠久的本民族语言与文字体系，这就涉及母语文学和不同少数民族语言文学之间的相互翻译。比如，彝族诗人阿库乌雾多年来从事彝汉双语创作与译介，在《混血时代》、《双语人生的诗化创造——中国多民族文学理论与实践》等诗作和理论作品中已经形成了自己的诗学观。文学翻译显然不仅包括文本字面的迻译，同时也是文化与美学的跨文化传播。翻译中常常会有对源语言的归化，但文学的特异之处恰在于它在核心处的不可译性，这会将源语言中的差异性文化要素带入到译入语中，这就带来语言的陌生化，无目的而合目的地产生特有的美学效果。① （二）少数民族文学携带的地域差别，不仅是边缘目光的转换，同时也重新绘制了文学地图。联系"一带一路"的宏大政策方针来看，海上丝绸之路与陆上丝绸之路分别位于南方少数民族与东南亚国家的交接区域和新疆多民族与中亚的交接区域。以维吾尔族文学为例，艾海提·吐尔地的《归途》体现出来的"世界"观念，其中心是以喀什为中心，联系起麦加、拉瓦尔品第和乌鲁木齐②，这样的作品在很大程度上能够冲击习惯于从"北上广"、"京沪宁"观察其他文化、其他地域的思维模式。内蒙古、黑龙江、吉林等地的蒙古族、"三少民族"③、朝鲜族的文学中与东北亚尤其是俄罗斯、日本、韩国文学的关联也颇具地缘文化的意义。在全球化的人口与信息双重流动中，生活在东莞的打工作家中有胡海洋（满族）、杨双奇（苗族）、阿薇木依萝（彝族）、木

---

① 刘大先：《少数族裔文学翻译的权力与政治》，《西南民族大学学报》2010年第2期；刘大先：《中国少数民族文学的失语、母语、双语及杂语诸问题》，《北方民族大学学报》2012年第1期。
② 艾海提·吐尔地：《归途》，巴赫提亚·巴吾东译，新疆青少年出版社，2013。
③ 人口较少民族是指全国总人口在30万人以下的二十八个民族，包括：珞巴族、高山族、赫哲族、塔塔尔族、独龙族、鄂伦春族、门巴族、乌孜别克族、裕固族、俄罗斯族、保安族、德昂族、基诺族、京族、怒族、鄂温克族、普米族、阿昌族、塔吉克族、布朗族、撒拉族、毛南族、景颇族、达斡尔族、柯尔克孜族、锡伯族、仫佬族、土族。根据2000年全国第五次人口普查，二十八个人口较少民族总人口为169.5万人。此处的"三少民族"特指人口相对集中于内蒙古自治区、习惯上被放在一起并称的鄂伦春族、鄂温克族和达斡尔族。

兰（侗族）、梦亦非（布依族）等少数民族作家，他们将身上背负的母族文学因子带入到后工业的语境中，这样的流散族群的书写尤其具有主流城市文学容易忽略的内容。（三）少数民族的宗教信仰书写提供了有别于工具理性或市场功利的认知范式。西北穆斯林文学中的清洁精神、归真传统、神秘主义，将伊斯兰教文化外显于文学书写中，回族作家查舜、石舒清、李进祥等人的意义不光是塑造某种鲜明的形象或意象，更在于显示了在跨国资本主义之外想象世界的可能性。而以弥散性宗教形式存在于各地的各类萨满教、道教分支、原始信仰，在摆脱了"迷信"的污名化后，也在萨娜（达斡尔族）、阿尔泰（蒙古族）等人的作品中显示了在生态、人际关系和环境污染等全球性议题中独特的参考与借鉴价值。

　　新世纪以来，作为整体的少数民族文学无论是在诗歌还是小说领域，都有三个最突出的意象，可以说它们构成了新世纪少数民族文学的基本形象和想象。（一）衰弱的老人。少数民族文学小说中经常出现病弱濒死或者软弱无力的老者，他们可能是看护留守儿童的空巢老人，也可能是固执地坚持已经被子孙所抛弃的生产与生活方式的长者。这与主流小说有着很大的区别。比如，宁肯《三个三重奏》中的老官员强壮有权；刘醒龙《蟠虺》中的老教授有着知识权威；徐皓峰的《武士会》或《师父》中的老武师精明有力，但少数民族文学中的老人往往日薄西山，有心无力。萨娜的《多布尔河》中那个鄂伦春萨满乌恰奶奶固然能够以最后的神性之舞救活青年后代，但最终也走向死亡。值得注意的是，在很多作品——例如，蒙古族作家千夫长的《阿尔斯楞的黄昏》、陈萨日娜的《哈达图山》，仡佬族作家王华的《紫色泥偶》——中，老人都并不是特定的"这一个"，而直接成为一种普遍性的指称，在抒情性的怀旧书写中构成另一种意义上的"民族寓言"，即老人往往以传统的象征或代言人面目出现，预示古老族群文化和村落、乡社共同体的败落。（二）外来者。这一类形象其实在 20 世纪 80 年代知青文学中很常见，用来表现外来文化对某个封闭文化系统的冲击。新世纪少数民族文学中也不乏此类形象，只是从 20 世纪 80 年代具有启蒙色彩的文化精英，变成表征商业化、工业化、城市化的新的外来冲击，更多具有当代社会的消费主义和腐蚀性负面意味。这最为典型地表现在杨文升（苗族）于《野猪坪轶事》中写到的大学生村官，他孱弱无能并且丝毫没有融入当地的热忱，在被狗咬伤后匆匆逃走。（三）出走者。他们是族群共同体的叛徒，以新生活的追求者姿态逃离族群文化，与衰弱的老人那类过时的人相比，这是新时代话语的追慕者。跨境民族文学中这类形象最多，比如李惠善的《礼花怒放》、许连顺的《荆棘鸟》、《跟屠宰场的肉块儿搭讪》就讲述了朝鲜族跨国劳工及其家庭与认同的变迁，体现了在资本沉浮中的逐利取向以及这种取向造成的情感流离与认同断裂。这三类意象/形象其实都是失败者：老人落伍于时代的潮流，外来者失败于改造旧有文化，出走者则落魄于资本市场中的弱势地位。因而，少数民族文学从这个意义上来说，其实是整个中国文学在新世纪的一个侧面。

三　叙事模式

与上述三种意象/形象相并生，在他者言说与自我叙述的双重表述中，新世纪少数民族文学出现了三种主导性的叙事模式。它们形成了类似于原型母题式的存在，一再出现于少数民族作家的笔下。

其一，"现代"与"传统"的冲突或和解模式，这是对"文明与野蛮"模式的置换。中西古今之争在思想史上一直被视为近现代以来中国文化传统的嬗变形态。只是在现代性的规划中，启蒙主义思维里的少数民族往往被界定为"原始"、"半开化"和"野蛮"的存在，这当然有殖民和帝国主义扩张过程中，思想与学术尤其是人类学、历史学、民俗学的进化论思维在背后支撑。这种思维内化了"文明等级论"，在欧美文化为主宰的等级秩序中将自身的文化设定为普世性价值，而后发民族如果不与这种价值秩序同化则被视为不合法。新世纪以来这种文明等级论在文化相对主义和多元主义思潮中得到反思，但思想的牢笼是如此根深蒂固，以至于尽管"文明"与"野蛮"的话语被"现代"与"传统"的话语取而代之，也并没有改变二元对立的模式。例如，万玛才旦（藏族）的《嘛呢石，静静地敲》、《塔洛》、《乌金的牙齿》等优秀作品尽管对此有所省思，但在应对文化变迁的时候，其运思方式却依然很难摆脱此种模式："现代"成为一种不言而喻的道德，而与"传统"发生了根本性的断裂。

其二"全球化"与"本土化"的模式，这是对"世界性"与"民族性"模式的置换。所谓的本土化或者地方性，其实是在反抗全球化、一体化、"世界是平的"的姿态中，暗合资本的逻辑——它将自身的文化资本变现，在颠覆他者风情化的过程中诡异地自我风情化。很大一部分少数民族文学的特质被中产阶级美学趣味收编，成为一种罗曼蒂克的生活方式的组成部分。比如，在关于藏族或者伊斯兰民族的作品中，许多作家热衷于呈现宗教的神圣、信仰的虔诚、异域风光的净化功能。班丹（藏族）的《星辰不知为谁陨灭》中对这种他者话语进行反思：厌倦了繁华都市中现代文明的艺术家到西藏寻求精神家园，在本地牧民的视角中他们却只是指手画脚的粗鲁无礼之徒，从而使得整个故事的口吻变得富有反讽意味。这种对少数民族的"香格里拉化"最初是外来者由于文化隔膜而生产出来的想象的异邦，在晚近却被许多少数民族作家内化成自己的思维方式，并且推波助澜。而当类似亚森江·斯迪克（维吾尔族）的《魔鬼夫人》对伊斯兰教中的某些迷信部分进行反思的时候，还遭到本族同胞的众多指责。因为大众传媒的肤浅与放大效应，这种地方性、本土化书写中，族群的具体历史与现实被抽空，而某些易于传播的符号则被放大，成为"诗和远方"的十字绣底版。这个"秘密花园"式的黑白绘本，迎合的是无所用心的刻板印象填色者。

　　第三，神话历史模式。20世纪60年代之后，后结构主义、后现代主义、后殖民主义、微观史学、文化研究的陆续发展在全球范围内改变了"欧洲与没有历史的人民"[①] 的书写局面"历史"与"写历史"都发生了深刻变化。新世纪以来少数民族文学的"重述历史"也成为一种热潮，这与主流文学在20世纪90年代以来的新历史主义有着合辙之处，根底里是后社会主义时期身份的迷惘和认同的分化——原先的革命史观、宏大国族主体的历史被以欲望和身体为表征的个人主义史观所取代，体现在关于家族史、民间史、私人史、欲望史等写作潮流中。少数民族文学的重写历史出现在

---

① 　语出埃里克·沃尔夫（Eric R. Wol），他发现自1400年以来，欧洲作为一种新变化趋势的核心力量迅速崛起，欧洲大陆以外的其他不同来源的社会和族群逐渐被卷入到这个全球性联结的整体中，欧洲中心主义话语成为一种压抑性的力量贬低、置换乃至遮蔽了其他地区的声音、文化、思维模式和思想观念（参见埃里克·沃尔夫《欧洲与没有历史的人民》，赵丙祥、刘玉珠、杨玉静译，上海人民出版社，2006）。

这个细碎史观的主潮中，像买买提明·吾守尔（维吾尔族）的《白大寺》、铁穆尔（裕固族）的《北方女王》、郭雪波（蒙古族）的《蒙古利亚》、阿来（藏族）的《空山》系列小说等还有着代言族群记忆的一面，但它们很多时候陷入到将某个族群历史孤立化的封闭叙事，即往往会集中于族群历史本身而忽略更广范围的各民族交流与融合。在幽微的层面，这实际上是一种族裔民族主义，即搁置中华民族近代以来的建构历史，而重新回缩到一种族群共同体的首尾连贯的叙事神话之中。

以上三种模式可以看到认同的嬗变，反映了在一个急剧变化的社会语境中，由于经济、地理、文化等诸多纠缠在一起的因素，当某个后发人群艰于应对片面发展进程时的逃避式反应。这是一柄双刃剑：从正面的意义上来说，显示出曾经被无视的亚主体在新语境中凭借各种机会的重生；从负面的意义来说，则是对国家主体的逃离和规避，从文化安全上需要警惕的是可能形成分离主义的倾向。

四　情感结构

由上述少数民族文学的生态现状、主要母题和叙事模式可以归纳出隐藏在模式内部的情感结构的变迁。[①] 它们无疑与社会主义初期的那种饱含着"翻身当家作主人"的自豪感、乐观情绪和对于乌托邦未来的美好向往形成巨大反差，与启蒙多元时代那种有着向西方先进文化学习的"态度一致性"的情感态势也有所不同。

新世纪以来的少数民族文学情感倾向主要表现为三种。其一是怨恨，这是一种现代性的怨羡。很多少数民族成员在现实生活中遭受失败与挫折，因为失败与挫折本身并非全然由于自身原因，而更多是社会的结构性因素造成的，所以它们在一些文学叙事中被转化为对城市、汉族与商业的憎恨，从而产生愤怒与仇恨。同时，在关于历史的叙事中则复活了一些原本已经

---

① 我这里使用的"情感结构"也就是威廉斯所谓的"感觉结构"即"溶解流动中的社会经验，被定义为同那些已经沉淀出来、更加明显可见的、更为直接可用的社会意义构形迥然有别的东西"（参见雷蒙德·威廉斯《马克思主义与文学》，王尔勃译，河南大学出版社，2008，第143页）。

被淡化的族群纷争的创伤记忆，比如，在藏族作家白玛娜珍的《复活的度母》、唯色的《西藏笔记》中，"汉族"和"当代"就成为历史的替罪羊或者说背负了历史的重债。这种怨恨心理属于黑格尔所分析的主奴辩证法的状态①，即它是依附性的情感，由想象中设立的对立主体而产生。用尼采的话说，这是一种奴隶式的怨恨：

> 奴隶在道德上进行反抗伊始，怨恨本身变得富有创造性并且娩出价值：这种怨恨发自一些人，他们不能通过采取行动做出直接的反应，而只能以一种想象中的报复得到补偿。所有高贵的道德都产生于一种凯旋式的自我肯定，而奴隶道德则起始于对"外界"，对"他人"，对"非我"的否定：这种否定就是奴隶道德的创造性行动。这种从反方向寻求确定价值的行动——值得注意的是，这是向外界而不是向自身方向寻求价值——这就是一种怨恨：奴隶道德的形成总是先需要一个对立的外部环境，从物理学的角度讲，它需要外界刺激才能出场，这种行动从本质上说是对外界的反应。②

怨恨是一种资本主义时代的道德产物，舍勒曾有过精彩分析：

> 怨恨是一种有明确的前因后果的心灵自我毒害。这种自我毒害有一种持久的心态。它是因强抑某种情感波动和情绪激动，使其不得发泄而产生的情态：这种"强抑"的隐忍力通过系统训练而养成。其实，情感波动、情绪激动是正常的，属于人之天性的基本成分。这种自我毒害产生出某些持久的情态，形成确定样式的价值错觉和与此错觉相应的价值判断。在此，首先要加以考虑的情感波动和激动情绪是：报复感和报复冲动、仇恨、恶意、羡慕、忌妒、阴恶。③

---

①　黑格尔：《精神现象学》上，贺麟、王玖兴译，商务印书馆，1979，第127～132页。

②　尼采：《论道德的谱系》，周红译，生活·读书·新知三联书店，1992，第21页。

③　舍勒：《道德建构中的怨恨》，罗悌伦等译，载《价值的颠覆》，生活·读书·新知三联书店，1997，第7页。另可参见刘小枫《现代性社会理论绪论——现代性与现代中国》中对"怨恨与现代性"的分析（上海三联书店，1998，第352～385页）。

这种种负面的怨毒情绪，在后殖民理论早期文本中多有揭示。比如，法农一针见血地指出在一分为二的世界上"被殖民者是个羡妒的人……没有一个被殖民者不至少每天一次地梦想处在殖民者的位置上"①。但是，中国内部的族群关系显然并非殖民关系，这种思维无疑具有狭隘与偏颇的一面。尤其当社会形式转变后，斗争与反抗也需要转变，这种主奴思维其实在当代中国是一种空间错置，在极端情况下会引发暴力的想象与行动。

其二是忧郁。按照弗洛伊德的分析，哀悼或者说悲恸是由于感到世界的空虚而产生的沮丧，而忧郁则是源自个体本身的虚无感，自我认同于一个"被抛弃的客体"——忧郁个体通过潜意识的自恋性关注与情感对象产生紧密的联系，客体的丧失就可能造成主体（自我）的丧失。② 当丧失的原因被归结为内因而非外在原因时，主体就会陷入到哀悼与忧郁当中。新世纪少数民族文学在这方面的突出表现是弥漫在各类文本中的怀旧与忧郁情绪。此处的怀旧、忧郁与 18 世纪晚期至 19 世纪初期兴起的浪漫主义式的怀旧不同，后者通过发掘民族民间的资源来弘扬个人主义与主观精神，同时与民族主义又有着难以割舍的内在联系③，而中国新世纪以来少数民族文学中的怀旧与忧郁则认同于主导性的现代性理念，比如，帕蒂古丽（维吾尔族）的《跟羊儿分享的秘密》和叶尔克西·胡尔曼别克（哈萨克族）的《永生羊》都表现出对本民族传统的认同，将其逝去视为自身的必然选择而感到伤感。有学者研究发现，愤怒或内疚是由羞耻这样的"后设情感"（meta-emotions）导致，其起源则是嫉妒这样的"原情感"（proto-emotions），最终的忧郁和感伤则是"第二阶段的情感"（second-party emotions），实际上是理性在情感与利益的冲突之间做出的选择。④ 新世纪少数民族文学在表述按照情感社会学常理应该愤怒的内容时表现出来的忧郁风格，其实已经包含了理性的折中。之所以愤怒被转化为物哀式的感受，是因为对于主流

① 法农：《全世界受苦的人》，万冰译，译林出版社，2005，第 6 页。

② Sigmund Freud, "Mourning and Melancholia", in Peter Gay (ed.), *The Freud Reader*, New York: W. W. Norton & Company, 1995, pp. 584 – 589.

③ 洛夫乔伊：《观念史论文集》，吴相译，江苏教育出版社，2005，第 180～245 页。

④ Cf. jon Elster, *Alchemies of the Mind: Rationality and the Emotions*, Cambridge: Cambridge University press, 1999, p. 410, p. 413.

价值不自觉的认同。在现实题材作品中，对风景、民俗、仪式、物品拜物教式的精雕细刻包蕴着恋慕与感伤，而历史题材作品则会折返到想象中的黄金岁月，构拟出一个未被污染的传统社群，并沉溺在对这种逝去岁月的怀想之中。

其三是欢欣，这其实是怀旧观念的反向变体。雨燕（土家族）的《盐大路》是写民国年间鄂西、川东、湖南三地交界处的挑盐之路的本土"在路上"小说，形成了完整的鄂西民间人物画廊，挑二、民间结社组织福缘坛、村镇团练、行商与座店构建出立体的底层社会结构形态，温情的浪漫主义笔法也透露出物哀般的情感投射。在更多的"主旋律"作家，如向本贵（苗族）、王树理（回族）那里，则以一种积极遗忘的态度投入到现实变革所带来的改变当中，并为"山乡巨变"欢欣鼓舞。在某种意义上，这样的作品也是一种回避，作家规避了现实处境中沉默的大多数所直面的各种龃龉，在现实光洁的表面上打个滑，顺畅地绕过痛苦和辛酸的一面。因为逃避反思与批判的维度，他们成为权贵与资本所欢迎的同谋者。

情感结构的变迁显示了多元认同已然成为当下中国的现实，但问题是在少数民族文学书写中，阶层差别往往转化为族群差异，因而将真正的政治经济问题转化成文化问题。这其实不仅是少数民族文学的问题，也是新世纪以来各类文学普遍存在的一种倾向，即微观政治、身份政治、承认政治、文化政治的倾向，而不是实践性的、行动性的、思想建设性的功能性政治。文学的边缘化于此也可以得到解释，因为固然外在环境，如科技与商业造成的传播方式、生产方式与消费方式的变化，使得文学的空间趋于狭窄，但从文学自身而言，主动退出对社会与时代重大问题的参与和介入也难辞其咎。

五　价值诉求

最终问题要回到少数民族文学的价值诉求上来，即我们这个时代少数民族文学究竟应该具有何种伦理关怀，并进而塑造何等价值立场。

在新世纪以来的少数民族文学中，可以看到一种强烈的抱残守缺的心态，即固守某种"心造"的传统。这种"心造"的传统曾经一度被芮德菲尔德（Robert Redfield）意义上的官方"大传统"占据主导地位①，但是随着新世纪以来各种"小传统"的复兴，退缩到族群小传统中已经成为一种不容忽略的现象级文学实践。那些小传统往往参照民族主义叙事结构，发明出一种本民族的"传统"及"传统"的符号，并将之固化和神圣化。然而，"传统"作为一种历史流传物，从来都是流变不息的，它总是在某个特定历史阶段被某些人物从各种历史流传物中提取出来，加以升华凝固，在语境变化时又会有新的传统被再造发明。穷通变达是"传统"的题中应有之意。"传统"的意义一定要体现在"效果历史"中，如同伽达默尔所说：

> 一种真正的历史思维必须同时想到它自己的历史性。只有这样，它才不会追求某个历史对象（历史对象乃是我们不断研究的对象）的幽灵，而将学会在对象中认识它自己的他者，并因而认识自己和他者。真正的历史对象根本就不是对象，而是自己和他者的统一体，或一种关系，在这种关系中同时存在着历史的实在以及历史理解的实在。一种名副其实的诠释学必须在理解本身中显示历史的实在性。因此我就把所需要的这样一种东西称之为"效果历史"（Wirkungsgeschichte）。理解按其本性乃是一种效果历史事件。②

也就是说，"传统"如果要发生作用必然是建立在我们对于"传统"的理解和身处其中的参与之上。那么少数民族文学所书写的各自的"小传统"在我们时代有何意义呢？

我想，少数民族文学的这些现象至少向一个负责任的批评者和研究者

---

① 芮德菲尔德认为：在某一种文明里面，总会存在着两个传统；其一是一个由为数很少的一些善于思考的人们创造出来的一种大传统，其二是一个由为数很大的、但基本上是不会思考的人们创造出来的一种小传统。大传统是在学堂或庙堂之内培育出来的，而小传统则是自发地萌发出来的，然后它就在它诞生的那些乡村社区的无知的群众的生活里摸爬滚打挣扎着延续下去"（芮德菲尔德：《农民社会与文化：人类学对文明的一种诠释》，中国社会科学出版社 2013 年版，第 95 页）。芮德菲尔德的问题在于他对于"小传统"的多元性缺少更为细致的分析。

② 伽达默尔：《真理与方法——哲学诠释学的基本特征》，洪汉鼎译，商务印书馆，2007，第 407～408 页。

提出三个问题。（一）发展是否是一种公律？当真正面对少数民族的自我言说的时候，必须暂时搁置自己既有的认识框架，尽量贴近地、同情地理解他们的世界观和认识论。那么，这种对于某种"小传统"的固守就必然要令人发问：（启蒙）现代性是否是一种普遍与必然的过渡仪式？当资本几乎以不可逆转的姿态在全球范围内流动的时候，少数民族文学所折射出来的理念有没有可能成为一种替代性的、补充性的价值？（二）另一方面我们也要反问：当我们认知一种文化、一个人的时候，它是"民族的人"还是一般意义上的"人"？特殊性和普遍性之间的辩证关系应该如何彼此对话而不是对立？"小传统"怎样才能与"大传统"构成真正有建设性的对话？（三）就文学而言，少数民族文学那些不符合现代性文学观念的内容提醒我们思考：应该如何探讨"纯文学"以及政治意义上的更广泛的"文学（生活）"是追求所谓的自然人性的文学，还是有着强烈道德目的论的文学？是按照现代以来传入的"文学"概念从本土材料中拣选，还是从历史传统与现实存在中提炼出新的文学观？

这些问题牵涉广大，并不能简单给出一个一言以蔽之的答案，但会促使我们重视一度被无视的少数民族文学在"文学"以及超乎既有"文学"观念之上的意义。唯有全面、整体地考察少数民族文学，并将其置入到中国当代文化与思想的建构与生产之中，我们才能在真正探索发明文学、再造共和、复兴传统的道路。

先贤已经提供了这样的启迪，我将引述三句话来结束这篇文章。一是孔子所说的"己所不欲勿施于人"，二是孟子所言的"老吾老以及人之老，幼吾幼以及人之幼"，三是费孝通所说的"各美其美，美人之美，美美与共，天下大同"。我想，关于少数民族文学的批评与研究，最深刻的智慧与理念已经潜藏在这些语句之中。

本文原刊于《文艺研究》2016 年第 4 期

"长坂坡赵云救主"中的赵云形象在达斡尔族、锡伯族说唱中的变化

——兼论人物形象民族化

吴　刚[*]

　　自清代以来《三国演义》里"长坂坡赵云救主"的故事传入达斡尔族和锡伯族中后,赵云就成了达斡尔族、锡伯族人民爱戴的英雄人物,民间以说唱形式赞颂这位英雄人物。而该故事如何进入达斡尔族、锡伯族说唱中?赵云的形象在说唱中有何变化?赵云形象民族化有何因素?本文主要谈谈这些问题。

一　"长坂坡赵云救主"的故事进入达斡尔族、锡伯族说唱中的过程

　　谈"长坂坡赵云救主"的故事进入达斡尔族和锡伯族说唱的过程,首先需要理清满译《三国演义》情况。清代最早的满译汉文小说是天聪年间达海翻译的《三国演义》,参与翻译者除达海之外,还有祁充格等多人,顺治七年(1650)翻译完毕。目前,现存最早的满文《三国演义》是顺治七

---

　　* 吴刚,中国社会科学院民族文学研究所副研究员。

年内府刻本，24册，国内藏于故宫博物院、大连市图书馆、北京图书馆（存16册）等地；国外藏于蒙古国国家图书馆等地；顺治七年抄本，24册，藏于故宫博物院。还有其他抄本、残本多种。还有成于雍正年间满汉合璧《三国演义》刻本、抄本。①

其次，需要辨析最初满文译本《三国演义》来源何种汉文版本。满文《三国演义》“刊刻本卷首谕旨”翻译成汉文是：“皇父摄政王旨，谕内三院。着译《三国志》，刊刻颁行。览闻此书内忠臣、义贤、孝子、节妇之所思所行，则可以为鉴；又奸臣误国、恶政乱朝，可以为戒。文虽俗陋，然甚有益处。国人其知兴衰劳逸之理。钦此。”此“刊刻本卷首谕旨”中的“《三国志》”据翻译者秀云称：“明末清初，尚无《三国演义》之称，或作《三国志演义》，或作《三国志传》，据王文奎奏疏，清初文馆藏本或有《三国志传》字样；《世祖章皇帝实录》作《三国志》，笔者随《实录》。”②翻译者说得很清楚，此“《三国志》”非陈寿所撰《三国志》，而是《三国志传》或《三国志演义》。天聪六年九月，王文奎进《条陈时宜奏》中言：“且汗尝喜阅《三国志传》”③。此《三国志传》应是罗贯中所著《三国志传》，也就是《三国志演义》。而在现存明代版本中，数量最多的是《三国志传》。因此大体可以认定，清初所译《三国演义》依据的汉文底本即罗贯中《三国志传》。据目前研究，满译本的底本为嘉靖本《三国志通俗演义》。④

清代提倡阅读《三国演义》，这些满文抄本自然也传入各民族中。清

---

① 《三国演义》满文版本情况可详见如下资料。黄润华、屈六生主编《全国满文图书资料联合目录》，书目文献出版社，1991。北京市民族古籍整理出版规划小组办公室满文编辑部编《北京地区满文图书总目》，辽宁民族出版社，2008。〔蒙古国〕米西格：《乌兰巴托市国立图书馆满文文库满文图书目录》，乌兰巴托，科学与高等教育学术出版社，1959。英国汉学家魏安《三国演义满文版本考》，上海古籍出版社，1996。〔德〕马丁·吉姆：《汉文小说和短篇故事的满文译本》，定宜庄译，载〔法〕克劳婷·苏尔梦编著《中国传统小说在亚洲》，国际文化出版公司，1989。黄润华：《满文翻译小说述略》，《文献》第16辑，1983。李士娟：《记满文抄、刻本〈三国演义〉》，《中国典籍与文化》2005年第2期。陈岗龙：《〈三国演义〉满蒙译本比较研究》，《民族文学研究》2011年第4期。
② 参见秀云《〈三国演义〉满文翻译研究》，中央民族大学博士学位论文，2013。
③ 《天聪朝臣工奏议》，辽宁大学历史系，1980，第21页。
④ 王丽娜：《三国演义在国外》，《文献》第12辑，1982年；陈岗龙：《〈三国演义〉满蒙译本比较研究》，《民族文学研究》2011年第4期。

代，满语、满文成为"国语"、"国书"，称之为"清语""清文"。并以满语文施教八旗中其他各族，蒙古、达斡尔、锡伯、索伦等民族，都受到满语满文的影响。达斡尔族产生借用满文拼写达斡尔语即民间流行的"达斡尔文"。锡伯族略微改动满文字创制锡伯文。同时，东北地区用满语说《三国》、讲《三国》之俗，一直延续到清末。这些文化因素深深地影响到达斡尔族、锡伯族说唱。

"长坂坡赵云救主"的故事传入达斡尔族中，有一民间文化背景。自清代起，达斡尔族民间产生了一种"唱书"活动，达斡尔语称为"毕特何艾拉贝"（Bitegailaabei），意为用达斡尔语口译小说。口译时，要以一定的调式即"吟诵调"咏唱出来。译者多是满文水平较高者。口译所根据的本子多为满译本汉族经典名著，如《三国演义》、《西游记》、《水浒传》、《东周列国志》等。达斡尔人就是在这种民间传统文化中，间接地接受了汉文经典。此外，达斡尔族还有一种说唱传统即"乌钦"（"乌钦"也称"乌春"，于2006年被确定为首批国家级非物质文化遗产代表性项目）。达斡尔族诗人敖拉·昌兴，就是在这样的达斡尔文化传统中创作出了"赵云乌钦"。敖拉·昌兴又名阿拉布登，字芝田，号昌芝田，呼伦贝尔索伦左翼正白旗（今内蒙古自治区鄂温克自治旗）人。生于清朝嘉庆十四年（1809），卒于光绪十一年（1885），终年76岁。他是清代达斡尔族著名诗人，其在文学与文化方面的贡献是借用满文字母拼写达斡尔语创作了"乌钦"，开创了达斡尔族书面文学。其中《赵云赞》，全诗60节，共240行。敖拉·昌兴用满文拼写达斡尔语，按照乌钦的特点和韵律对"长坂坡赵云救主"的故事进行了再创作《赵云赞》在各地达斡尔族群众中广泛流传，深受达斡尔族人民的喜爱。他们称其为"yalan gurung ni uqun"（三国乌钦），实际就是唱颂赵云的诗。敖拉·昌兴"乌钦"《赵云赞》以手抄本形式在民间流传。主要有碧力德（1925~ ）的手抄本《赵云的乌钦》；额尔很巴雅尔（1911~1997）的手抄本，无标题。其他几个版本均称"yalan gurung ni uqun"（三国乌钦）。塔娜、陈羽云在出版《敖拉·昌兴诗选》（内蒙古教育出版社1992年版）时，确定标题《赵云赞》。根据内容来看"三国乌钦"不准确，"赵云的乌钦"较为妥当，"赵云赞"略带文采。

据多种研究资料称，当年锡伯族从东北迁到新疆戍边时，就带着《三国演义》，并把它翻译成锡伯文。锡伯族有译介汉文章回小说的传统，称这种译本为"Julun"（朱伦），有《东周列国志》、《西游记》、《聊斋志异》、《七侠五义》等，其中就有《三国演义》。冬闲时节，村里左邻右舍聚集在某一家，大家围坐在温暖的火炕周围，聆听"朱伦"，诵者不是逐字念，而是按照一定的曲调，根据故事情节的变化，逐行咏唱，形成一定的音律和节奏，一会儿激昂、一会儿低吟，抑扬顿挫，回味无穷。不知何时，民间诗人将精彩的《三国演义》片段编成锡伯"乌春"《三国之歌》，并以锡伯文抄本形式流传开来。目前已发现多种版本，有《荞麦花》《过五关》《探小乔周瑜》，还有《救阿斗的故事》。锡伯族"乌春"《救阿斗的故事》全文 193 行，是锡伯族民间诗人管兴才的抄本，原文不分卷，2 册，5 页，纸质平装，锡伯文形体墨书，收藏于新疆文联忠录处。① 《救阿斗的故事》连同其他锡伯文"三国诗歌"抄本，经忠录、善吉整理，于 1993 年在新疆人民出版社出版。1985 年，新疆人民出版社还出版了一部锡伯文《三国演义》，全 4 卷，240 回。据该书前言介绍，是以顺治七年满文抄本《三国演义》为底本整理而成。可见，锡伯族人民非常喜爱《三国演义》。

《三国演义》是章回体长篇小说，进入达斡尔族"乌钦"、锡伯族"乌春"之后，变为韵体形式。其中，就有达斡尔族乌钦《赵云赞》、锡伯族乌春《救阿斗的故事》，这两篇材料经笔者等人的整理已经出版（由民族文字、拉丁转写、汉文对译、汉译文四部分组成，本文所节选的材料均出自该书）。② 首先看该两篇前 8 句形式及韵律变化（下表内序号为行数，不再另注）：

达斡尔族乌钦《赵云赞》	锡伯族乌春《救阿斗的故事》
拉丁转写、汉文对译：	拉丁转写、汉文对译：
1. Ilgaad tursen monq, 　花上　长的　穗子	1. Ilan gurun i fonde, 　三　国　之 时候
2. Iwaad garsen larq. 　花园里　长的　叶子	2. Cang Ban Po seme bihe. 　长　坂坡 称　曾

① 贺元秀、曹晓丽：《论满文译本〈三国演义〉在新疆锡伯族民间的流传及其影响》，《伊犁师范学院学报（社会科学版）》2012 年第 4 期。

② 吴刚主编《汉族题材少数民族叙事诗译注——达斡尔族、锡伯族、满族卷》，民族出版社，2014。

续表

达斡尔族乌钦《赵云赞》	锡伯族乌春《救阿斗的故事》
3. Guaraban gurunnei uqun, 　　三　国　乌钦	3. Ejen i fujin be seci, 　君主 之 福晋 把 若说
4. Guurruuj saikan sonstoo! 　明白　好好　听吧	4. Cohade kabuha bihe. 　　兵　被围困 曾有
5. Dang Yang hotonaas garuwud, 　当　阳　从成　离开	5. Joo Yun tucime jihe, 　赵 云　出 来
6. Dagsen irgen walan. 　跟随 百姓　多	6. Joo Yun unenggi baturu haha. 　赵 云　真　勇　汉子
7. Jangjun uqeek tuald, 　将军　少　因为	7. Ejen i fujin be baime, 　君主 之 福晋 把　求
8. Joo Yun seuldesen aasen. 　赵 云　断后　曾	8. Jeyengge de jailarakū yooha. 　有刃的 于 不躲避 走了
汉译文： 1. 花上的穗子，2. 花园的叶子。 3. 唱三国乌钦，4. 明白好好听！ 5. 离开当阳城，6. 跟随百姓多。 7. 因为将军少，8. 赵云来断后。	汉译文： 1. 三国纷争时，2. 有一长坂坡。 3. 汉君之福晋，4. 被曹兵围困。 5. 赵云勇站出，6. 实乃真好汉。 7. 寻君之夫人，8. 不畏刀枪险。

达斡尔族乌钦《赵云赞》韵律整齐，四句一节，每节两句押韵。如上文第一行和第二行押头韵"I"，第三行和第四行押头韵"G"；第五行和第六行押头韵"D"，第七行和第八行押头韵"J"。锡伯族"乌春"《救阿斗的故事》不分节，押韵形式虽不是特别规整，但临近几句也大体押韵。如第二行、第四行押头韵"C"，第五行、第六行、第八行押头韵"J"。

二　嘉靖本、满译本、达斡尔族乌钦、锡伯族乌春中
"长坂坡赵云救主"赵云形象细节对比

《三国演义》中"长坂坡赵云救主"以及达斡尔族乌钦《赵云赞》、锡伯族乌春《救阿斗的故事》，虽然都在褒扬赵云这一英雄人物，但是在达斡尔族、锡伯族说唱中还是有一些变化。为了能够看出赵云形象变化，本文切割成七个细节进行了对比，即"赵云与糜夫人三次对话"、"赵云怀抱阿斗'、"赵云战张郃坑中跃起'、"赵云战四将'、"曹操赞赵云'、"赵云杀

出重围'、"赵云见玄德献阿斗",下文即对"汉文本'、"满文译本"、达斡尔族乌钦《赵云赞》、锡伯族乌春《救阿斗的故事》中的这七个细节,逐一对比分析。

需要说明的是:本文"汉文本"即采用嘉靖本《三国志通俗演义》,人民文学出版社 1975 年版,嘉靖本之影印本,以下简称"嘉靖本"。"满文译本"即采用蒙古国国家图书馆藏的《ilan gurn I bithe》,顺治年间内府刻本。该刻本 3 空线装,款式 21.8×33.5cm,板框尺寸 20.3×29.2cm,半叶 9 行,行距 2cm,封皮钤有"国家图书馆"紫色印章,以下简称"满译本'。"嘉靖本"与"满译本"都是 24 卷,每卷 10 回,共 240 回,两者内容几乎一致。上述七个细节均出现在第九卷中第 2 至 3 回,即《长坂坡赵云救主》《张益德据水断桥》。① 达斡尔族乌钦《赵云赞》、锡伯族乌春《救阿斗的故事》材料出处,上文已说明,不再赘述。

1. "赵云与糜夫人三次对话"细节对比

(1)第一次对话

嘉靖本:赵云慌忙下马,入见糜夫人。夫人曰:"妾身得见将军,此子有命矣。望将军可怜他父亲飘荡半世,只有这点骨肉。将军可护持此子,教他得见父面,妾死无恨矣!"赵云曰:"夫人受难,是云之罪也。不必多言,请夫人上马。云自步行,遇敌军必当死战。"

满译本:joo yūn ebukū sabukū morin ci fekume emufi fujin de acaha manggi fujin hendume mini beye jiyanggiyūn be bahafi acahangge ere jui ergen binji- ha. Ainara erei ama babade burlame yabubure be jiyanggiyūn gisici damu ere ajige giranggi yali be jiyanggiyūn er? eme gamaii ama de acabuha de bi bucehe seme inu korsorakū. Joo yūn hendume fujin I jobolon tu? ahangge gemu joo yūn I weile kai. Ambula ume gisurere, fujin morin yalu. Joo yūn bi yafahalara babe ucaraci urunakū alifi buceme acaki.

① 本文《三国演义》满文译本拉丁转写片段由秀云博士帮助完成;《三国演义》满文译本蒙古国国家图书馆藏本有关片段,由内蒙古师范大学聚宝博士帮助提供。在此,对两位同仁表示感谢。

达斡尔族乌钦《赵云赞》	锡伯族乌春《救阿斗的故事》
拉丁转写、汉文对译：	拉丁转写、汉文对译：
33. Kequu jangjun Si long, 　　厉害的　将军　子龙	17. Fujin Joo Yun i jihebe saha, 　　福晋　赵　云　来　知道了
34. Kerhiij end kuqirsen xi ? 　　怎么样 这里 到来的 你	18. Yasa de selame tuwaha. 　　眼 于 畅快 看
35. Ejine alderiini medbei xi yee? 　　主公 消息 知道 你 吗	
36. Ergilgeej xamaiyu jarsenyee? 　　找 让你 来的吗	25. Dang yang cang ban ciyoo 　　当　阳　长　坂　桥
37. Baatur jangjun Si long, 　　勇敢的 将军 子龙	26. Be tuwakiyabuha. 　　把　使守卫
38. Bas emildee yobtej . 　　再 往前 挪一步	27. G'an fujin emu bade bimbi, 　　甘　福晋　一 在…处 在
39. Mekuij gajird kertj, 　　弯下腰 在地上 伏地拜	28. Amban bi fujin be baime jihe. 　　臣　我 福晋 把 求 来
40. Medelgeej bas sonsolgaabei. 　　知道 又 给听	汉译文：
	17. 福晋见赵云，18. 睁眼凝视看。
47. Tendees eidee morkij, 　　从那 往这边 转回	
48. Terti end kuqir laa. 　　立刻 这 到 啦	25. 当阳长坂桥，26. 全心去守卫，
49. Hordon moridaa ono, 　　快点 马 骑	27. 甘夫人同在，28. 臣来寻福晋。
50. Haolj aralqij gar yaa! 　　冲出 战 出去 吧	
汉译文：	
33. 威武赵将军，34. 何以寻这里？	
35. 知道主公否？36. 是否派你来？	
37. 骁勇赵将军，38. 向前挪一步，	
39. 弯腰伏地拜，40. 一一来禀明。	
47. 从那往这转，48. 立刻就来到。	
49. 快点骑上马，50. 冲出重围去！	

这第一次对话，达斡尔族乌钦《赵云赞》、锡伯族乌春《救阿斗的故事》与嘉靖本、满译本相比，内容没有太多变化，只是语言表述有些差异。嘉靖本中"请夫人上马"；满译本为"fujin morin yalu"；达斡尔族乌钦《赵云赞》为"快点骑上马，冲出重围去"体现了达斡尔人峻急的性格。还用"弯腰伏地拜"体现了达斡尔人的礼节。"从那往这转，立刻就来到"形容速度之快。锡伯族乌春《救阿斗的故事》"当阳长坂桥，全心去守卫，甘夫

人同在，臣来寻福晋"语言简明扼要，背景交代清晰。

（2）第二次对话

嘉靖本：糜夫人曰："不然。将军若不乘此马，此子亦失矣。妾已重伤，死何惜哉！望将军速抱此子去，勿以妾为累也。"云曰："喊声又近，兵又来到，速请夫人上马。"

满译本：Mi fujin hendume tuttu waka. jiyangjiyūn morin ci aljaha de ere jui be inu waliyambi. Mini feye manggalahabi bucere beye be ainu gos-imbi. ainara jiyangjiyūn ere jui be hefeliyefi hūdun gene mini jalin de ufararakū. Joo yūn hendume kaicara jilgan kanci oho. Cooha geli isinjiha fujin hūdun morin yalu.

达斡尔族乌钦《赵云赞》	锡伯族乌春《救阿斗的故事》
拉丁转写、汉文对译： 57. Joo Yun borooti hagaj, 　　赵云 实在是 硬咽 58. Jaabuuj ulu xadan. 　　回答 不能 59. Antkaa guaidsen huaina, 　　相当 长 过 后 60. Araan dagie kaxkiebei. 　　才 再三 相劝 61. Ejin namai itegseneini, 　　主公 对我 信任 62. Ene udurei tuuald da. 　　今 天 为了 哪 63. Ajiraal uwei yaowuj, 　　在意 没有 走 64. Aiwuo qoqiwuod kurgeesen. 　　受怕 担惊 走了 65. Guuruul uweiyees huatig, 　　懂事 没有（不）奴才 66. Gub minei weil. 　　全 是我的 罪过 67. Hualagai dao wairtsen, 　　贼 声音 近了 68. Horij irweini edeet bolsen. 　　围过 来 马上 成为 69. Yarxini hund aategaiq, 　　你的伤 重 虽 70. Yaarj morid ono! 　　快点 将马 骑	拉丁转写、汉文对译： 29. Fujin de bairengge sembi, 　　福晋于 所求 说 30. "Hūdun morin de yalunaki. 　　快 马于 骑 31. Amban bi yafagalafi, 　　臣 我 步行 32. Amala fiyanjilame yooki." 　　后 断后 走 汉译文： 29. "望求夫人您，30. 尽速骑上马。 31. 臣我步行前，32. 断后护卫走。"

续表

达斡尔族乌钦《赵云赞》	锡伯族乌春《救阿斗的故事》
71. Joo Yun bi yaogaalaaj, 　　赵 云 我　步行 72. Jabkainei ujij gar yaa! 　　隙　　见 冲出 吧 汉译文： 57. 赵云哽咽住，58. 不能来回答。 59. 过了长久后，60. 才再三相劝： 61. "主公信任我，62. 都为这一天， 63. 不想独自走，64. 让您惊又怕。 65. 非常不明理，66. 罪过都在我。 67. 贼声快临近，68. 就要围过来。 69. 夫人伤虽重，70. 快点骑上马， 71. 赵云我步行，72. 见隙冲出去。"	

这第二次对话，达斡尔族乌钦《赵云赞》、锡伯族乌春《救阿斗的故事》与嘉靖本、满译本相比，变化不大。嘉靖本中"兵又来到，速请夫人上马"；满译本为"Cooha geli isinjiha fujin hūdun morin yalu"；达斡尔族乌钦《赵云赞》为"夫人伤虽重，快点骑上马，赵云我步行，见隙冲出去"，体现了赵云的细致与勇敢；锡伯族乌春《救阿斗的故事》则为"望夫人您，尽速骑上马。臣我步前行，断后护卫走"在简洁的语言描写中，体现出赵云的忠勇，此外，达斡尔族乌钦《赵云赞》中"赵云哽咽住，不能来回答。过了长久后，才再三相劝"表现赵云细腻的情感变化。后面接着出现赵云说的12句话，表现出赵云忠勇形象。

（3）第三次对话

嘉靖本：糜氏将阿斗递与赵云，曰："此子性命在将军身上，妾身委实不去也。休得两误！"赵云三回五次请夫人上马，夫人不肯上马。四边喊声又起，云大喝曰：'如此不听吾言，后军来也！"

满译本：Mi fujin o deu be joo yūn de alibume hendume ere jui ergen beye gemu jiyangjiyūn sinde bi. Bi yargiyan I geneci ojorakū. j uwe be gemu ume sartabure. Joo yūn fujin be dahūn dahūn I morin yalu seci fujin yalurakū bisirede duin ergi ci kaicara jilgan geli degdehe. Joo yūn ambula esuliyeme hendume mini gisun be gaijarakū ofi amcame cooha geli isinjaha kai.

达斡尔族乌钦《赵云赞》	锡伯族乌春《救阿斗的故事》
拉丁转写、汉文对译：	拉丁转写、汉文对译：
81. Xinei ejineixini uruini, 　　你　主子的　种	77. Joo Yun emdubei hacihiyambi, 　　赵 云　屡屡　　逼迫
82. Xamad itegeseneini hund. 　　对你　信任的　重	78. "Fujin hūdun morilaci ombi. 　　福晋　快　骑马　可
83. Keukeimini gargaaj awuosoxini, 　　我的孩子　带出　要	79. Aika amcara cooha jici, 　　若　追　兵　来
84. Kenjee uwei juurgaan kee! 　　限　无　忠义　呀	80. Adarame ukcafi yoombi?" 　　如何　脱离　走
85. Kakiej hordon yaowuo, 　　劝　快　走	
86. Hannaa negeeldeej ukuiqie! 　　汗　攮上　给吧	87. Joo Yun facihiyašaha, 　　赵 云　　着急
87. Bayini bukie erimee, 　　富贵　不要　贪图	88. Den jilgan i sureme gisurehe. 　　高　声　用　喊叫　说
88. Baaturii bukie hotmee! 　　英雄名　不要　玷辱	89. "Emdubei gisun gairakū, 　　屡屡　言语　不取
89. Noyini bukie erimee, 　　做官　不要　争	90. Emgeri batai cooha isinjiha. 　　已经　敌人之　兵　至
90. Neree bukie darmaa! 　　名誉　不要　损坏	91. Erebe absi gisurembi, 　　将此　如何　说
91. koron neree kuiqeej, 　　威望　名声　永葆	92. Ergen beye tuksicuke oho!" 　　生命　自己　危险　了
92. Kaoqin olorii dawurie yaa! 　　向古代 人们　学习　吧	汉译文：
93. Walan gongni bailgaaj, 　　多多　功劳　立	77. 赵云屡督劝，78. "福晋快上马。
94. Wardingi jangjunnii kuiqee! 　　古代的　将军　赶上	79. 如若追军至，80. 如何能生逃？"
95. Jurgaantei jiangjun Si long. 　　忠义　将军　子龙	
汉译文：	87. 赵云心着急，88. 高声喊叫说：
81. 因主公龙种，82. 对你信任重。	89. "屡屡不听劝，90. 敌人兵已至。
83. 带出我孩儿，84. 无限之忠义。	91. 这里已经是，92. 生命危险地！"
85. 劝你快快走，86. 把汗来攮上！	
87. 不要贪富贵，88. 不要辱英名！	
89. 不要争做官，90. 不要损名誉！	
91. 永葆威望名，92. 多向古人学！	
93. 多多立功名，94. 学古代将军！	
95. 忠义赵将军。	

　　这第三次对话，与嘉靖本、满译本相比，达斡尔族乌钦《赵云赞》变化大一些，锡伯族乌春《救阿斗的故事》变化较小。在嘉靖本中"云大喝

曰：'如此不听吾言，后军来也！'"；满译本为"Jooyūn ambula es-aliyeme hendume minigisun be gai jarakū ofi amcame cooha geli isinjaha kai"；锡伯族乌春《救阿斗的故事》为"Emgeri batai cooba isinjiha"（敌人兵已至），相关内容比嘉靖本、满译本多，"赵云心着急，高声喊叫说：屡屡不听劝，敌人兵已至。这里已经是，生命危险地！"突出了赵云的急切心情；在达斡尔族乌钦《赵云赞》中，没有这样的描写，主要通过糜夫人的话语来表现赵云的忠勇"因主公龙种，对你信任重。带出我孩儿，无限之忠义"。这还不足以表达感情，接着对赵云一番勉励："不要贪富贵，不要辱英名！不要争做官，不要损名誉！永葆威望名，多向古人学！多多立功名，学古代将军！忠义赵将军。"应该说，这寄托了达斡尔人对赵云期望，也是达斡尔人对自己的期望。

2. "赵云怀抱阿斗"细节对比

嘉靖本：赵云推土墙而掩之，解开勒甲绦，放下掩心镜，将阿斗抱护在怀，而嘱曰："我呼汝名，可应。"言罢，绰枪上马。

满译本：Joo yūn uksin hūwaidaha imiyesun be sufi niyaman jaka be daliha buleku be gaifi o deu be hefeliyefi tacibume hendume bi sini gebube hulaha sehede si uthai jabu sefi, gida be gaifi morin yaluha bici.

达斡尔族乌钦《赵云赞》	锡伯族乌春《救阿斗的故事》
拉丁转写、汉文对译：	拉丁转写、汉文对译：
135. Kuairei torqie ailaaj, 　　 铠甲的　扣　解开	102. Joo Yun uksin tohon be sumbi, 　　 赵 云 披甲 纽扣 把 解开
136. Haanei kekui heuleesen. 　　 汗的　儿子　搂抱	103. O Deo na de donggome tembi. 　　 阿斗 地于　 哭泣　坐
137. Butuj uwuwuoseini xiweej, 　　 闷　死　　担心	104. Songgoro be naka hūlaci jabu sefi, 　　 哭泣 把 止 叫 回答 说
138. Bas ODood jakibei. 　　 又 阿斗 嘱咐	105. O Deo be hefeliyeme gaimbi. 　　 阿斗 把 怀抱 取
139. Xinei ner xinii ODoo! 　　 你的 名字 是 阿斗	106. Joo Yun morilaha, 　　 赵 云 骑马
140. Xiiweej ories dao garaa! 　　 操心 叫时 声音 出	107. Batai cooha isinjiha. 　　 敌 军 到来
141. Teikenei jaaj baraar, 　　 那些话 告诉 完	汉译文：
142. Tert moridaa onosen. 　　 立刻 马 骑上	102. 赵云解披甲，103. 阿斗坐地哭。 104. 劝其止哭泣，105. 把他揣怀里。 106. 赵云骑上马，107. 敌军已到来。

续表

达斡尔族乌钦《赵云赞》	锡伯族乌春《救阿斗的故事》
汉译文： 135. 解开铠甲扣，136. 搂抱汗之子。 137. 担心被闷死，138. 又嘱咐阿斗： 139. "你名是阿斗!"140. 担心叫出声! 141. 说完这些话，142. 立刻骑上马。	

对于"赵云怀抱阿斗"细节，嘉靖本中"解开勒甲绦"；满译本为："uksin hūwaitaha imiyesun be sufi"；达斡尔族乌钦《赵云赞》为"Kuairei torgie ailaaj"（解开铠甲扣）；锡伯族乌春《救阿斗的故事》为"Joo yun uksin tohon be sumbi"（赵云解披甲），达斡尔族乌钦《赵云赞》对赵云怀抱阿斗描绘更加细致："搂抱汗之子，担心被闷死"。并且有了语言描写："又嘱咐阿斗：你名是阿斗"。在锡伯族乌春《救阿斗的故事》中，赵云和阿斗有了互动交流："阿斗坐地哭"赵云"劝其止哭泣，把他揣怀里"，这样的情节描写，更加引人入胜。

3. "赵云战张郃坑中跃起"细节对比

嘉靖本：背后张郃赶来，赵云连马和人颠下土坑。忽然红光紫雾，从土坑中滚起，那匹马一踊而起。（笔者按：诗略）人马踊出土坑，张郃大惊而退。

满译本：fisai amargici jang ho amcame jiserede joo yūn morin morin suwaliyame ulan de tuhenehe. Holhon de ulan ci fulgiyan elden filahūn talman tucifi morin emgeri morin emgeri mugdere jakade uthai ulan ci tucike. Jang ho ambula golofi bederehe.

达斡尔族乌钦《赵云赞》	锡伯族乌春《救阿斗的故事》
拉丁转写、汉文对译： 163. JangHe negeeldej kuiqeewuer, 　　张郃　追　　上来时 164. Joo Yun antkaa bendbei. 　　赵云　相当　慌 165. Morin nuwud budierj, 　　马　往坑　绊倒	拉丁转写、汉文对译： 118. Joo Yun sirkedeme afarakū, 　　赵云　延续　不战斗 119. Morin be maribufi yooha. 　　马　把　策马　走了 120. Joo Yun niyalma morin suwaliyame 　　赵云　人　马　揿合

续表

达斡尔族乌钦《赵云赞》	锡伯族乌春《救阿斗的故事》
166. Mowuoj duar wansen. 　艰难地 下去　掉	121. Ulan de tuhenehe. 　壕沟于　掉
167. Edeeq uwusen eltel, 　现在可　死　说	122. Jang Ho amcame jihe, 　张 郃　追　来
168. Enqukue sugudun garsen. 　奇异　　光　升起	123. Jing gidalaki sembihe. 　正　枪刺　欲
169. Gegeen ilaan ilalbij, 　明光　亮　闪烁	124. Hūturingga taidzi sehe, 　有福的　太子 若说
170. Gordoonj kariej garsen. 　一蹿　跳　出	125. Fulgiyan elden bihe. 　红　光　有
171. JangHe gaigaj ujier, 　张郃　惊奇 看	126. Jooyun niyalma morin suwaliyame, 　赵云　人　马　搅合
172. Jarwuo tert heesen. 　撵　马上　停	127. Ulan ci tucifi yooha. 　壕沟自　出　走了
汉译文：	128. Jang Ho gūwacihiyalaha, 　张 郃　　吃惊
163. 张郃追赶上，164. 赵云心很急。	129. Enduri aisilaha be saha. 　神　帮助　把 知道了
165. 马被坑绊倒，166. 艰难往下掉。	130. Nerginde cooha be bargiyafi, 　及时　兵　把　收
167. 刚说现在死，168. 奇异光升起。	131. Amasi bederefi yooha. 　往后　　返　走了
169. 明亮光闪烁，170. 一跃跳出来。	汉译文：
171. 张郃惊奇看，172. 快马停下来。	118. 赵云不恋战，119. 策马加鞭走。
	120. 赵云人和马，121. 跌入土坑中。
	122. 张郃追来到，123. 正欲举枪刺。
	124. 太子有福气，125. 忽有红光闪。
	126. 赵云人和马，127. 跃出坑外跑。
	128. 张郃甚惊奇，129. 知是神护佑。
	130. 立即把兵收，131. 撤出阵后去。

　　对于赵云战张郃、从土坑中跃起的细节，与嘉靖本、满译本相比，达斡尔族乌钦《赵云赞》变化不大，锡伯族乌春《救阿斗的故事》变化较大。嘉靖本中"忽然红光紫雾从土坑中滚起"；满译本为"Holhon de ulanci fulgiyan elden fulahan talman tucifi"；在达斡尔族乌钦《赵云赞》中突出了对"奇光"的描绘："奇异光升起。明亮光闪烁"。锡伯族乌春《救阿斗的故事》中也有对"奇光"的描绘："太子有福气，忽有红光闪'，"张郃甚惊奇，知是神护佑"具有宗教文化色彩。

4. "赵云战四将"细节对比

嘉靖本：赵云又走，背后二将大叫："赵云休走！"前面又有二将，使两般军器来到。后面是马延、张铠，前面焦触、张南，皆是袁绍手下将。赵云力战四将，杀透重围。马步军前后齐搁赵云。赵云拔青釭剑乱砍步军，手起，衣甲平过，血如涌泉，染满袍甲；所到之处，犹如砍瓜截瓠，不损半毫。真宝剑也！

满译本：fisai amala ma yan jang kai den jilgan I hulame joo yūn ume burlara sembi. Juleri geli jiyo dzu jang nan juwe hacin I agūra jafafi tosohobi. Gemu yuwan š oo I fejergi jiyangjiyūn joo yūn hūsuduleme duin jiyangjiyūn I emgi afame jiramin babe tucire de yafaha moringga cooha gida jafafi joo yūn be gidalambi. Joo yūn cing gang loho be tucibufi yafaha cooha be sacime ugsin saca suwaliyame lasha lasha genehe. senggi š eri muke I adali eyeme ugsin gemu icebuhe. tere loho I nikenehe ba hengke be sacire hoto be hūwalara adali majige hono sendejerakū. Unenggi bobai loho.

达斡尔族乌钦《赵云赞》	锡伯族乌春《救阿斗的故事》
拉丁转写、汉文对译：	拉丁转写、汉文对译：
173. Qerlee horiej awoor, 　　兵　集中　收回	132. Ma Yan, Jang K'ai jihe, 　　马延　张凯
174. Qekee huaindaa morgisen. 　　慌忙　向后　转	133. Genere jugūn be heturehe. 　　去的　路　把　阻挡了
175. Morie morkiwu hoorond, 　　马　调转的　功夫	134. Gūlmin gida i sehe, 　　长枪
176. MaYan JangKsi irsen. 　　马延　张颌　来了	135. Ma Yan be tongkome tuhebuhe, 　　马延把　刺　倒
177. Jabdej aralqwuo ordoon, 　　没来得及　交战　前	136. Cingg'ang loho i jang kai be sacime waha. 　　青钢　腰刀用 张凯把　砍　杀了
178. JiaoChu JangNan kuqirsen. 　　焦触　张南　到了	137. Ts'ooTs'oo ci š an alin i dele tuwambi, 　　曹操　景山　之　上　看
179. Durbun jangjun aoljij, 　　四个　将军　合攻	138. Emu jiyangjiyun hetu undu afandumbi. 　　一　将军　纵横　交战
180. Duand tukurieken haasan. 　　中间　圆圈　困	139. Tanggū tumen cooha dolo 　　百　万　军　内
181. Joo Yun borooti aordujii, 　　赵云　特别　愤怒	140. Isinahala bade seci, 　　所到　地方　若说
182. Jarjij usuini baisan. 　　怒　发　直立	141. Niyalma morin ilha sihara gese tuhendumbi. 　　人　马　花　凋零　似　掉落

达斡尔族乌钦《赵云赞》	锡伯族乌春《救阿斗的故事》
183. Kundul ondol karkuuweini, 　　横　　直　　刺 184. Kurd qikeerwei adil. 　　轮子　回转　一样 185. Emildee huaindaa toloowuini, 　　往前　　向后　　顶 186. Eerel ergiwui mutu. 　　纺锤　旋转　一样 187. Durbun jangjun bender, 　　四个　　将军　慌了 188. Dutaaj huaindaa yaosen. 　　逃　　　向后　　走 汉译文： 173. 集中兵收回，174. 慌忙向后转。 175. 调转马匹时，176. 马延张颜来。 177. 尚未交战前，178. 焦触张南到。 179. 四将军合攻，180. 中间围困住。 181. 赵云很愤怒，182. 怒发直竖立。 183. 横直猛刺去，184. 犹如轮子转。 185. 前后来回挡，186. 犹如旋转锤。 187. 四将军慌神，188. 向后逃命跑。	汉译文： 132. 马延张凯至，133. 阻挡前方路。 134. 赵云挺枪刺，135. 马延被刺倒， 136. 张凯被砍杀。137. 曹操景山看， 138. 一将纵横战，139. 百万大军中 140. 此将所到处，141. 人马纷凋落。

对于赵云战四将细节，嘉靖本中"所到之处，犹如砍瓜截瓠"；满译本为 "tereloho I nikenehe ba hengke be sacire hoto be hūwalara adali"；与嘉靖本、满译本相比，达斡尔族乌钦《赵云赞》描写更加细致："赵云很愤怒，怒发直竖立。横直猛刺去，犹如轮子转。前后来回挡，犹如旋转锤。"锡伯族乌春《救阿斗的故事》中的"一将纵横战，百万大军中，此将所到处，人马纷凋落"，对赵云的勇猛描写简洁到位。

5."曹操赞赵云"细节对比

嘉靖本：却说曹操在景山顶上，望见一大将军，横在征尘中，杀气到处，乱砍军将；所到之处，威不可当。操急问左右是谁。曹洪听得，飞身上马，下山大叫曰："军中战将，愿留名姓！"赵云应声曰："吾乃常山赵子龙也！"曹洪回报曹操，操曰："世之虎将也！吾若得这员大将，何愁天下不得乎？可速传令，使数骑飞报各处，如子龙到处，不要放冷箭，要捉活的。"

满译本：Tereci tsoo tsoo jing š an alin I ninggude tafafi tuwaci emu amba jiyangjiyūn coohai dulimbade hetu undu jiyangjiyūn cooha be wame yabumbi, isi-nahala baingge terei horon be alime gaici ojorakū. tsoo tsoo ebukū sabukū ici ergi urse de funjime tere fe tsoo hūng donjifi morin be fiyeleme yalufi alinci wasifi den jilgan I hūlame fonjime coohai I dolo afara jiyangjiyūn I gebu hala be werire be buyere joo yūn jabume bi cang san I ba I joo dz lung tsoo hūng amasi bederefi tsoo tsoo de alaha. tsoo tsoo hendume ere jalan de unenggi tasha I adali gese jiyangjiyūn bi ere jiyang be baha de abkai fejergi be baharakū seme ainu jobombi sefi uthai ju-wan moringga niyalma be babede takūrafi, joo zd lung be ucaraha de balai ume gabtara weihun jafa seme fafun selgiyehe.

达斡尔族乌钦《赵云赞》	锡伯族乌春《救阿斗的故事》
拉丁转写、汉文对译：	拉丁转写、汉文对译：
189. SooSoo aolei deerees, 　　曹操　山　上从	142. Ts' ooTs' oo niyalma takūrambi, 　　曹操　　人　派
190. Sainte medej ujier. 　　刚刚　知道　看	143. Tere jiyangjiyun i gebube fonji sembi. 　　那个　将军　之把名字　问
191. Sanaadaa igeer gaigaj, 　　心中　很　奇怪	144. Takūraha niyalma amcame jimbi, 　　所派　人　追　来
192. SooHung ni jarj asooqilgaasan. 　　曹洪　把派去　问	145. "Afara jiyangjiyun gebube weri" sembi. 　　战斗　将军　把名字留下".　说
193. Barqin jagjun irsen , 　　对手的　将军　知道了	146. Joo Yun alame buhe. 　　赵云　告诉　给
194. Baatur nerei medsen. 　　英雄　名字　知道了	147. "Cang š an ba i joo dzi lung sehe. 　　常山　地方之　赵子龙
195. Qaidaa jaaj iqier, 　　往哪里　告诉　去	148. Takūraha niyalma bedereme jifi, 　　所派　人　返回　来
196. QangSang ni Si Long helbei. 　　常山的　子龙　说是	149. Ts' ooTs' oo de donjibuha. 　　曹操　于　被听
197. SooSoo buraan eyiqij, 　　曹操　多　钦佩	150. Ts' ooTs' oo joo Yun be buyeme tuwaha, 　　曹操　赵云　把　愿　看
198. Saixiej bas selgiej. 　　赞扬　又　传开	151. "Yala tashai jiyangjiyun—sehe. 　　果然　虎　将军
199. Yamar gajirei baatur, 　　什么　地方的　英雄	152. Erebe bahara oci, 　　把此　得　若
200. Yoonaasq ul aiyin. 　　什么都　不　怕	153. Gurun be toktobuci ombi" sehe. 　　国　把　定　可　说
201. Terei barij oloos , 　　把他　抓　住的话	

续表

达斡尔族乌钦《赵云赞》	锡伯族乌春《救阿斗的故事》
202. Tumun quagaas uluu. 　　万个　兵　都强 203. Amidun barij aqiraa, 　　活　抓　带来 204. Alj ulu bolon helsen. 　　杀　不　行　说 汉译文： 189. 曹操在山上，190. 看了刚知晓。 191. 心中很奇怪，192. 派去曹洪问。 193. "对面此将军，194. 是何英雄名？ 195. 告诉去哪里？" 196. 说是赵子龙。 197. 曹操甚钦佩，198. 赞扬对众曰： 199. "何地之英雄？200. 什么都不怕！ 201. 把他能擒到，202. 强过千万兵。 203. 抓来要活的，204. 杀了可不行。"	汉译文： 142. 曹操派人去，143. 来问将军名。 144. 派人追来问，145. "战将可留名？" 146. 赵云对之曰，147. "常山赵子龙。" 148. 那人返回来，149. 禀明曹丞相。 150. 曹操欲见赵，151. "真虎将军也， 152. 若得此将军，153. 则可把国定。"

　　对于"曹操赞扬赵云"细节，嘉靖本中的"操曰：'世之虎将也！吾若得这员大将，何愁天下不得乎'"；满译本为"tsootsoohendume ere jalan de unenggitasha I adaligesejiyangjiyūn bi ere jiyangjiyūn be baha de abkaifejergi be baharakū seme ainu jobombi"；在达斡尔族乌钦《赵云赞》中曹操言："何地之英雄？什么都不怕！把他能擒到，强过千万兵。"间接表现了赵云的勇猛，一将难求。锡伯族乌春《救阿斗的故事》中曹操一句："若得此将军，则可把国定"意味着赵云这个人才难得，把赵云推到至高位置。

　　6. "赵云杀出重围"细节对比

　　嘉靖本：当时赵云杀透重围，已离大阵，身上热血污满征袍。

　　满译本：tere funde joo yūn jirame kaha baci tucifi beye de senggi matufi etuku etuku gemu icebuhebi.

达斡尔族乌钦《赵云赞》	锡伯族乌春《救阿斗的故事》
拉丁转写、汉文对译： 217. QangSani batuur Si Long, 　　常山　英雄　子龙 218. QanBan huuruwud kurtelee. 　　长坂　桥　　到了	拉丁转写、汉文对译： 158. Joo Yun emhun moringga 　　赵云　独自　骑马 159. Tanggū tumen coohai dolo afahai 　　百　万　兵　内　战斗

达斡尔族乌钦《赵云赞》	锡伯族乌春《救阿斗的故事》
219. SooSoo yu jangjunni qereleini, 　　曹操　的　将军　兵 220. Suandaa mutu kerqisen. 　　蒜　一样　切碎了 221. Tooti nerti jiangjunnini, 　　少数　名　　将军 222. Tabi uluu alsen. 　　五十　多　杀 汉译文： 217. 英雄赵子龙，218. 到了长坂桥。 219. 曹操之将兵，220. 被刺如捣蒜。 221. 把有名将军，222. 杀了五十多！	160. Niyalma morin gemu 　　人　马　皆 161. Senggi de nicebuhe. 　　血　于　沾染了 汉译文： 158. 赵云独骑马，159. 百万军中战。 160. 人马全身处，161. 遍是溅血迹。

对于"赵云杀出重围"细节，嘉靖本中的"身上热血污满征袍"；满译本为"beye de sengi latufi etuku etuku gemu icebuhebi"；达斡尔族乌钦《赵云赞》变化较大，把赵云作战勇猛描写得更加具体："曹操之将兵，被刺如捣蒜。把有名将军，杀了五十多！"锡伯族乌春《救阿斗的故事》更加突出了赵云作战场面："人马全身处，遍是溅血迹。"

7. "赵云见玄德献阿斗"细节对比

嘉靖本：那子龙独行二十余里。玄德等皆少憩于树下，见子龙血染浑身，玄德泣而问曰："子龙怀抱何物？"子龙喘息未定而言曰："赵云之罪，万死犹轻！"跪在地下，泣曰："糜夫人身带重伤，不肯上马，投井而死，遂推土墙而掩之……遂解视之。阿斗方才睡着未醒。子龙双手递与玄德："幸得公子无事！"

满译本：dz lung emhun yabume orin ba funceme geneci hiowande se moo I fejile deyeme tecehebi. Hiowande dz lung ni beye de senggi jalukan be safi songkome fonjime dz lung sini hefeliyehengge ai jaka, dz lung fodome jabume joo yūn I beye tumen jergi bucecibe hono weihuken sefi na de niyakūrafi songkome hendume mifujin ujen feye bahafi morin yalurakū hūcin de fekume bucehe. Bi giran be gidame fu be aname. ……. Aikabade ufaraha ayuu seme tuwaci o deu amagahangge getere unde. dz lung juwe galai i jafafi hiowande de alibume hendume jab š an de umainahahūmbi.

达斡尔族乌钦《赵云赞》	锡伯族乌春《救阿斗的故事》
拉丁转写、汉文对译：	拉丁转写、汉文对译：
229. Usuwu daoriewu ordoon, 话　告诉　前	178. Joo Yun uksin tohon be suhe, 赵云　披甲　纽扣把　解开
230. O Doo yi alibuuj ukusen. 阿斗 把 交代　给	179. O Deo hefeli dolo amgame bihe. 阿斗　怀内　睡　在
231. Nidii niombosoo wangaj, 眼睛　泪　掉下	180. Joo Yun juwe galai tukiyefi, 赵云　双手　捧
232. Niokorj weilee kulqeebei. 跪下　罪　待	181. O Deo be alibuha. 阿斗　把　呈献
汉译文：	汉译文：
229. 上前来禀告，230. 把阿斗抱上。 231. 眼睛掉下泪，232. 跪下来认罪。	178. 赵云解披甲，179. 阿斗怀里睡。 180. 赵云双手抱，181. 来把阿斗献。

对于"赵云见玄德献阿斗"细节，嘉靖本中赵云"跪在地上，泣曰"；满译本为"na de niyakūrafisong kome hen dume"；达斡尔族乌钦《赵云赞》中赵云"把阿斗抱上，眼睛掉下泪"；锡伯族乌春《救阿斗的故事》中是"赵云献阿斗"。可见，四个民族文本对其动作、情感描写接近。而锡伯族乌春《救阿斗的故事》："赵云解披甲，阿斗怀里睡。赵云双手抱，来把阿斗献"，赵云这一连串的动作，把尽职尽责形象表现出来。

从上述对比分析可见，达斡尔族乌钦《赵云赞》、锡伯族乌春《救阿斗的故事》与嘉靖本、满译本关系紧密。达斡尔族、锡伯族说唱深受满译本《三国演义》的影响。比较而言，锡伯族乌春《救阿斗的故事》与满译本关系更加紧密，说明锡伯族乌春艺人深受满译本影响。口头传统的特色更为明显，描写简洁，语言贴切。达斡尔族乌钦《赵云赞》变化较大，这是因为文人敖拉·昌兴的个体创作，表现出作品的个性。又经过达斡尔人口耳相传，表现出达斡尔人的细致的审美需求。赵云形象在达斡尔族、锡伯族说唱中的不同变化，表达出了达斡尔、锡伯人民对赵云形象的完美想象。

三 "长坂坡赵云救主"中赵云人物形象
民族化因素

上文所述赵云形象在达斡尔族、锡伯族中说唱的变化，其实是人物形象民族化过程。人物形象民族化融进了这些民族的精神性格与思想情感。

赵云形象塑造是在汉民族文化中起步的，而对其形象再塑造与传播，是在达斡尔、锡伯等民族中得以实现，也就是说实现了人物形象民族化。而促使赵云人物形象民族化因素主要有如下三点。

1. 达斡尔族、锡伯族人民对汉族文化的认同

清朝把《三国演义》看成治国治军的方略，忠孝节义的儒家思想典范。达斡尔族乌钦《赵云赞》等三国故事，在达斡尔族中流传范围很广。锡伯族乌春《救阿斗的故事》等三国故事，在锡伯族也是广为人知。达斡尔族、锡伯族吸收汉文化，表现出一种较为复杂的文化交流关系。前文提到，清初大量满译汉文经典进入达斡尔族、锡伯族当中，由此，达斡尔族、锡伯族大量吸收了汉文化，也就是说达斡尔族、锡伯族大量吸收汉文化是通过满族文化的中介而得以实现。正因为达斡尔族、锡伯族对汉文化的吸收，赵云这个人物才有机会被这两个民族所接受。

2. 达斡尔族、锡伯族人民对忠勇精神的尊崇

《赵云赞》表现出了的忠君爱幼，智勇双全的英雄形象。他单枪匹马，冲锋陷阵，有勇有谋，性格沉稳，表现出了人格魅力，深受达斡尔族人民的尊崇。达斡尔人从黑龙江北岸迁移嫩江两岸，已经认同清朝的统治，忠君爱国思想已经进入达斡尔族社会，赵云形象给达斡尔人一种精神力量。这种精神力量同样也是锡伯人民的需求。我们通过达斡尔族乌钦《赵云赞》和锡伯族乌春《救阿斗的故事》结尾部分，也能看出人们的精神需求：

达斡尔族乌钦《赵云赞》	锡伯族乌春《救阿斗的故事》
拉丁转写、汉文对译： 237. Aiduwu gaigardwu yabdali, 　　　非常　出色的　事情 238. Altaa qolood ejisen. 　　　金　石　铭刻 239. Noyin igeini xangnaj, 　　　官　大　赏了 240. Nebted goxi j aasan . 　　　永远　仁爱 生活过 241. JooYuniei baatur nerinii 　　　赵云　勇敢　名字 242. Jaland enees ilaantuj. 　　　在世上 从此　传扬	拉丁转写、汉文对译： 192. sirame kimun gairebe, 　　　接续　仇怨　取 193. urunakū kiceki sehe. 　　　务必　勤勉　说 汉译文： 192. 牢记心中仇，193. 务必更勤勉。

续表

达斡尔族乌钦《赵云赞》	锡伯族乌春《救阿斗的故事》
243. Tond jurgaantei nereini, 　　　忠　　义　　名声 244. Tooxierdej nebted walasen. 　　尊敬　　永远　　流传 汉译文： 237. 大战很出色，238. 铭刻金石上。 239. 赏其做大官，240. 生活永仁爱。 241. 勇敢赵将军，242. 世上从此传。 243. 忠义之事迹，244. 尊敬永远传。	

达斡尔族乌钦《赵云赞》用八句表达对赵云忠勇精神赞誉，把赵云事迹镌刻在金石上，希望赵云精神永存。锡伯族乌春《救阿斗的故事》虽然只有两句，但"务必更勤勉"更是表达了锡伯族人民对尽职尽责、死而后已精神的尊崇。达斡尔族乌钦与锡伯族乌春，这两种说唱传统除了具有娱乐功能之外，还有具有教育功能，人们从赵云形象中汲取了忠勇精神。

3. 达斡尔族、锡伯族人民的口头传统"乌钦"与"乌春"

达斡尔族乌钦《赵云赞》，在莫力达瓦达斡尔族自治旗、鄂温克族自治旗等地聚居的达斡尔人几乎是家喻户晓。锡伯族乌春《救阿斗的故事》，在新疆、东北等锡伯族地区流传范围很广。上文第一部分已经提到，达斡尔族与锡伯族的"乌钦'"乌春"说唱传统，正是因为有这样的说唱传统，才让赵云这个人物形象更易于达斡尔族、锡伯族人民接受，成为实现民族化的主要载体。

赵云形象民族化过程，既是在达斡尔、锡伯等民族中传播过程，也是在达斡尔、锡伯等民族中再塑造过程。达斡尔、锡伯等民族按照本民族的精神需求，按照本民族语言、文化习俗，对赵云忠勇形象进行了深入刻画。赵云形象被达斡尔、锡伯等民族接受与再塑造的过程，也是中华民族化的过程。赵云形象民族化不能简单地理解为某一民族化，而应理解为"中华民族化"。有了达斡尔、锡伯等多民族的接受与再塑造，赵云形象就成为了中华民族的精神财富，这就实现了民族化。

本文原刊于《明清小说研究》2015 年第 4 期

在家族的边界之内：基于穆昆组织的满族说部传承

高荷红*

满族"是由其历史上先世族称肃慎、靺鞨、女真（诸申、曼殊、曼殊什利）等族称沿袭而来，一脉相承。"① 满族本身以女真的后裔为主体，吸收朝鲜族、蒙古族、锡伯族、汉族、达斡尔族，经过长期的杂居生活所形成的新的共同体，也就形成了"目前具有独特性质的民族志的复合"②，即在八旗制度内融合而成的民族。我们所知道的"满族历史的确切记载，约始于明朝初年。满族的先民被明人泛称为女真。"③

满族说部反映了满族及其先世从远古至清末、民国不同时期的生活。最早的说部体遗文，可追溯到辽金时代，且数目可观。经过研究，我们认为满族说部在穆昆组织下产生，依仗萨满教传承发展，其传承的边界有的很清晰，有的则看似模糊，但并未超越穆昆组织。

---

* 高荷红，中国社会科学院民族文学研究所副研究员。

① 富育光：《萨满教与神话》，辽宁大学出版社，1990，第 194~195 页。

② 畑中幸子：《中国北方少数民族的文化复合》，《北方民族》2003 年第 3 期。金启孮认为还应包括赫哲族，笔者也赞同这一观点。

③ 刘小萌：《满族从部落到国家的发展》，辽宁民族出版社，2001，第 1 页。本文不去探究历史学家探讨的满洲、诸申等称呼，只采用约定俗成的称呼。

一 哈拉—穆昆—乌克孙：血缘纽带

有清一代，八旗组织可称为满族的国家组织，穆昆组织为其社会组织。辛亥鼎革后，八旗制度随之瓦解，但穆昆组织依然存在。在满族社会中，穆昆与哈拉、乌克孙一起成为维系其社会的血缘纽带。哈拉，满语 hala，姓之意；穆昆，满语 mukūn，事物有某种共同属性的一大类，族之意；乌克孙，满语 uksun，家族之意，指种族、民族、宗室、皇族等。

这三者之间的关系以往学者有过论述，史禄国认为满族穆昆组织是具有氏族组织性质的社会组织形式，"他们靠父系血统组成一个联合体，承认大家有一个共同的祖先和一组为这群亲属所特有的神灵"[1]。满族的氏族组织还有哈拉，穆昆是哈拉裂变的结果。当一个哈拉的人口发展得过于庞大，以至于不能有效地发挥功能的时候，哈拉就要裂变为穆昆。乌克孙应是比穆昆更小的组织。现在的学者和民众更多使用穆昆，而非哈拉和乌克孙。苑杰通过对吉林九台莽卡满族乡石姓萨满祭祀进行分析后指出：无论是在学术界还是在满族民间，"穆昆"这一称谓一直以来都被作为"哈拉""穆昆"和"乌克孙"三种血缘连续体的统称使用。[2]

在满族民众中还会经常用到氏族、家族等概念，氏族、家族本为不同历史时期的血缘组织形式，高丙中认为："氏族是原始社会以共同血缘关系结合而成的一种血族群体。氏族组成部落组织，承担非常完整的社会功能。氏族内部经过长期的分化，形成了较小的生产和生活单元，即同吃（共灶）、同住、同劳动、共财的家户……家族是聚居的、以明确的世系组织起来祭祀共同祖先的家户团体。"[3] 比较而言，家族是最晚近形成的血缘群体，对满族的影响最为深远，其组织形式相对完善。笔者在本文中将在涉及氏族、家户、家族之称时，统一使用家族一词。家族是客观存在的现象，而

---

[1] 史禄国：《满族的社会组织——满族氏族组织研究》，高丙中译，商务印书馆，1997，第170页。

[2] 苑杰：《满族穆昆与萨满教——以满族石姓为例》，民族出版社，2012，第198页。

[3] 高丙中：《东北驻屯满族的血缘组织——从氏族到家族再到家户的演变》，《满族研究》1996年第1期。

穆昆则是家族成员主观形成的社会组织。

这些血缘组织的形成有一定的历史原因，也有重要的历史意义。史禄国的看法很具代表性，他认为满族人在统治中国期间，这些血缘组织起到一种防护的作用，保障满族人不与汉族人完全同化和融合①，而这一点看清代的"柳条边"政策即知。清亡后满汉之间的边界被打破，在满族不断汉化的同时，相当多的汉族也在满化，两族文化互相影响、互相吸收。那些被编入汉军八旗的汉族人，同满八旗、蒙八旗一样后来成为满族的重要组成部分。②

满族人与汉族人的心理差异主要体现在修谱和家族祭祀上。修谱从满族先祖就已开始，现在很多满族大姓还有龙虎年修谱的习惯。八旗入关后，在京畿驻防并征伐全国。"到康熙、乾隆年间，大量八旗官兵回防东北各地，并陆续把眷属接到驻防地。开始大多是小家小户，后来逐渐繁衍成族。到清末，东北满族在各地呈现为聚族而居的局面。有族必有谱，各种家谱、族谱、宗谱对这段历史都有记载"③。史禄国指出"分族、分谱的现象是家族向宗族的发展。"④ 在史禄国调查的年代，满族穆昆的主要功能为实行外婚制，保存和修缮家谱等。管理穆昆的人即穆昆达，由每个穆昆通过选举产生，穆昆达的职能（权利和义务）包括穆昆内部的职能和对国家的职能，其中穆昆内部的职能主要有七项。⑤ 学者们普遍认为，穆昆组织到辛亥鼎革之后就很难维持了。随着改革开放政策的实施，满族的穆昆组织有所恢复，大部分地区恢复了对祖先像和穆昆谱牒的供奉，一些地区甚至恢复了穆昆祭祀。20世纪90年代以后，个别家族恢复了穆昆达制度，但穆昆达的权力已经不包括对国家的职能，即使是穆昆内部的职能也仅起到续谱和祭祀祖先的作用。在恢复的过程中，穆昆的功能虽已被弱化，不可否认的是当代

① 史禄国：《满族的社会组织——满族氏族组织研究》，高丙中译，第170～172页。
② 佟冬主编《中国东北史》第3卷，吉林文史出版社，2006，第928页。
③ 高丙中：《东北驻屯满族的血缘组织——从氏族到家族再到家户的演变》，《满族研究》1996年第1期。
④ 史禄国：《满族的社会组织——满族氏族组织研究》，高丙中译，第68页。
⑤ 这些功能主要为：保管穆昆谱牒；召集和主持穆昆大会；在穆昆大会召开期间，监督祭祀的进行（另有"宗嘎玛法"主持祭祀）；维护穆昆成员的道德准则；批准穆昆成员的婚姻；批准穆昆成员的财产继承；向穆昆成员提供有关经营方面的建议等。

满族特有的文化元素仍与穆昆关系密切，如萨满祭祀都是在穆昆内部进行的，近年来被学者们关注较多的吉林省九台市莽卡满族乡石姓萨满祭祀和黑龙江省宁安市伊兰岗的关姓家祭就是如此。满族说部中非常重要的一类"窝车库乌勒本"就是"神龛上的故事"，神龛一般放置于满族家里的西屋墙上，"乌勒本"由萨满或传承人书写下来放于神龛内。由此可知，穆昆组织是满族文化存在和发展的重要空间之一。

二　萨满教：宗教纽带

清代，东北地区的满族与汉族及其他少数民族交往日益频繁，民族间语言文化的相互影响日益深远，满族统治者极为看重的"国语骑射"则日渐荒疏。乾隆五年（1740）始，清政府在东北地区从南至北逐步推行了封禁政策，其中一个主要目的就是防止汉族流民进入，影响满族习俗发生变化，担心汉语和汉字会取代满语满文。① 道光年间，仅聚族而居的满族仍继续使用满语，相对而言较为偏远且汉族较少的地区对满语的熟识程度较高。嘉庆年间，黑龙江卜魁等地，满语仍然是社会主要交流工具。② 总的来看，满族语言、文字的荒疏与废弃呈自南向北逐渐推进之势，这一点显然与内地汉族流民的逐渐北上，汉族文化习俗不断向边远地区的传播有关。时至今日，黑龙江地区满文与满语的使用比辽宁、吉林地区要好一些，齐齐哈尔市富裕县三家子村满语在日常会话中使用程度依然较高。

萨满教的传承最初基本依靠满语，在这种情况下，萨满神歌、乌勒本的讲述和传承都经历了从满文到满汉合璧到以汉语为主的过程。满族人不断地促使他们古老的社会组织顺应新的形势。③ 一方面，他们恢复了社会组织的一些最古老的形式；另一方面，他们削弱了一些古老的制度。④ 在 21世纪的社会环境中，萨满教祭祀还具有集体娱乐和团结乡民、增强村落认

---

① 佟冬主编《中国东北史》第 4 卷，第 1877 页。
② 佟冬主编《中国东北史》第 4 卷，第 1879 页。
③ 史禄国：《满族的社会组织——满族氏族组织研究》，高丙中译，第 170 页。
④ 史禄国：《满族的社会组织——满族氏族组织研究》，高丙中译，第 172 页。

同、增强民族凝聚力的作用。在此情况下再度兴起的石姓穆昆萨满教"已经改变了原来的性质，甚至在一定程度上变换了传统的形式"①。而且近年来穆昆达的职责发生了很大变化，最初是组织协调本穆昆内部与萨满教相关的事务，后来就逐渐成为萨满教对外表演事务的联络者，并成为他的主要职责。

在萨满教文化传统中，萨满为通晓神意、代神行事之人。历史上，很多政治首领就是通达神意、善解天象和梦境的萨满，或具有萨满本领的人。②萨满教发展过程中，在各地呈现出不均衡性，不同家族保留下来的祭祀仪式、祭祀内容亦发生很大变化，但毋庸置疑的是萨满教仍为维系穆昆组织的宗教纽带。首先，萨满教与穆昆组织的关系紧密。穆昆组织是萨满教得以产生的基础，萨满教是穆昆组织的神灵系统和精神支柱，也是该组织在清灭亡后未被最终瓦解且还能恢复的主要因素。可以说没有穆昆组织，萨满教亦无法保留到现在。其次，萨满祭祀是传承家族文化的重要环节。在每一个氏族内部，萨满祭祀是其宗教生活中非常重要的一项，在萨满祭祀的仪轨中，传讲家族的历史文化，培养教育子孙是重要内容，满族说部依托萨满教的传承而得以传承。金源时期说部在满族中有幸保存下来，如《女真谱评》、《阿骨达传奇》、《金世宗走国》等，应主要归功和得益于氏族内部萨满教的传承和保护。再次，穆昆达多由萨满担任，萨满就是该家族文化的传承人。在东北及其他地区仍能讲述一些创世神话，究其原因，恰是萨满教的存在才使之保留至今。满族说部中金源神话的传播者、传承人，就是家族里的各位萨满；神话由他们传讲、咏颂，并被写人萨满祭祀神歌中得以保留下来。可以说，萨满教是满族说部传承的宗教纽带，特别是"窝车库乌勒本"的传承，它是在祭祀中由萨满传予族众。

三　家族—社会：满族说部传承的边界

满族说部保留比较好的地区主要在黑龙江流域，以家族来说，有富察

---

① 苑杰：《满族穆昆与萨满教——以满族石姓为例》，第101页。
② 苑杰：《满族穆昆与萨满教——以满族石姓为例》，序言第12页。

氏、马富费氏、瓜尔佳氏、乌拉纳拉氏，即富育光、马亚川、关墨卿、赵东升及其家族①，傅英仁和富育光同为富察氏，其祖上与萨布素将军并非直系，而属旁支。但他们都以有这样的祖先而倍感荣耀，故两个家族都传承与萨布素将军有关之说部。满族说部的传承以家族传承为主，经过我们的调查发现，传承的程度高低主要取决于该家族的首领、萨满对此的重视程度，若是大家族，又颇为重视本家族历史、文化的传承，就会竭尽全力让儿孙受到良好的教育，在家族内部经常为儿孙讲述家族祖先英雄故事，从中发现可以传承之人。这就为满族说部的世代传承提供了良好的根基。若家族因各种原因不重视会使其历史无法承继。

吉林省九台市莽卡乡石姓保留下来的祖先故事被记录于萨满神歌中，依托于萨满教的祭祀不断延续。现在因石姓不间断的萨满祭祀活动，兼之"学乌云"，培养了一批又一批年轻的萨满和栽立（zhali，萨满的助手），他们不仅要习满文，还要熟记家族神歌。石姓萨满神本被翻译出版，受到了学术界的极大关注，因此其祖先故事也广为人知。而这一切活动都在石姓穆昆组织内部进行，现在的穆昆达也在积极推进该家族的萨满祭祀，使其受到学术界、媒体、官方、学校的多方关注。当然，在现代的情况下，穆昆达的社会交际能力更为族众所青睐，穆昆达本人即是本氏族文化传承人的现象已发生改变。在调查过程中，我们发现能讲述说部的穆昆达只有赵君伟、赵东升，不过赵君伟讲述的是渤海时期的《大祚荣传奇》。具体满族说部的传承人及其家族情况列举如下：

富育光，黑龙江爱辉县人，共掌握二十余部满族说部，现在我们比较清楚知道的是：家传的有六部，分别为《萨大人传》、《飞啸三巧传奇》、《东海沉冤录》、《苏木妈妈》、《奥克敦妈妈》、《顺康秘录》（或称《扎忽泰妈妈》）；由他人说唱，富希陆记录、整理的有四部，为《天宫大战》、《恩切布库》、《雪妃娘娘和包鲁嘎汗》、《西林安班玛发》，这些都先后传给了富

---

① 笔者曾分别将四人的传承脉络分为四个传承圈，这四个传承圈代表了黑龙江省三个不同地域的文化圈，即宁古塔文化圈、双城文化圈和爱辉文化圈（见高荷红《满族说部历史上的传承圈研究》，《社会科学战线》2008 年第 7 期）。

育光①；富育光本人搜集的有十部，《乌布西奔妈妈》、《鳌拜巴图鲁》、《两世罕王传》（又名《漠北精英传》）、《忠烈罕王遗事》、《傅恒大学士与窦尔墩》（又名《双钩记》）、《松水凤楼传》《黑水英豪传》、《雪山罕王传》、《金兀术传》和《萨哈连船王传》。因他还有几部书稿尚在整理中，具体情况不知，此处无法详述。他所讲述的说部有一半源于自己的家族；另一部分与他对满族文化的热忱及不间断地调研，加之自幼生活于有着浓郁满族文化氛围的地域有密切的关系。他为每一部说部都撰写了详尽的调查始末，为我们了解其来龙去脉提供了很好的资料。

傅英仁，1919 年出生在黑龙江宁安市的红城村。祖上辈辈都是满汉齐通的官员，祖母、母亲、父亲、三祖父还是讲故事的能手。1984 年 4 月，黑龙江省人民政府为傅英仁颁发了证书，被正式命名为满族民间故事家。傅英仁会讲述的五部说部《萨布素将军传》、《两世罕王传》（下卷《努尔哈赤罕王传》）、《红罗女》（文武两部）、《东海窝集传》及《金兀术传说》是从三祖父傅永利那里得到的。傅英仁的传承圈极为复杂，围绕其传承体系，整理出三条线索即家族传承、萨满传承和社会传承。除了继承家族的满族神话故事、长篇说部外，傅英仁还有意识地搜集、整理民间故事与神话传说，这样就扩大了他的传承范围，增加了他传承的说部数量。傅英仁积极地搜集、调查满族民间文化，在敌伪、"土改"时从群众那里搜集整理出九十多篇故事。②

关墨卿，1913 年生于黑龙江海林县三家子屯，掌握的说部有家庭传承的《红罗女比剑联姻》、《红罗女三打契丹》、《金兀术传》、《萨大人外传》、《绿罗秀演义》（残本）等。其父、叔父、义祖父、义父都擅长讲满族传说和故事，引人注意的是关姓说部讲述风格基本为"类评书"。

---

① 富育光对《萨大人传》和《雪妃娘娘和包鲁嘎汗》还进行了有意识地后续调查和搜集。富育光搜集的《七彩神火》中有赵法师讲述的关于康熙东巡时的故事，与萨布素也有一点关系，后来他将这三篇故事加入到他讲述的《萨大人传》中（见《萨大人传》，吉林人民出版社，2007，第 631~636 页）。1983 年，富育光又到爱辉镇西岗子村，听叶福昌讲萨布素传奇故事，他认为这是富察氏家族的传本，叶福昌老人讲的是雅克萨战争中萨布素的英勇表现。

② 栾文海：《野火春风——记满族故事讲述家傅英仁》，傅英仁讲述、张爱云整理《傅英仁满族故事》，黑龙江人民出版社，2007，第 787~788 页。

马亚川，1928 年生，黑龙江双城市人，接受过四年小学教育。自幼父母双亡，跟着姥爷、舅舅和舅母长大。他会讲述的说部有《女真谱评》、《瑞白传》、《阿骨打传奇》、《女真神话》、《清代帝王的传说》，这些主要来源于家族传承和社会传承。他和傅英仁同为千则故事家，讲述的说部以叙述女真人的故事为主，这与他自幼生活在金源传说盛传的地区有关。

赵东升，1936 年出生于吉林省吉林市乌拉街，为扈伦部的传人，家族中老人都是知识分子。15 辈太爷是五品官，16 辈太爷是笔帖式，17 辈太爷也是五品官，他爷爷也是笔帖式，但在清亡以后开始学中医成为中医妇科专家，他的父亲一生写了不少诗文。赵东升现在是族内的穆昆达，能讲的说部有《扈伦传奇》、《乌拉遗事》（也叫《洪匡失国》）、《白花点将》、《布占泰传》。

其他说部基本上都有其传承脉络，虽然我们曾经总结过满族说部的传承由血缘—地缘到社会传承，社会传承并未超越穆昆的范围，且最初都是在家族内部衍生的。我们以富察氏为例来分析家族在传承满族说部过程中的重要作用。

（一）修撰谱书记录家族历史，创编说部颂扬家族祖先

按富察氏家族迁往爱辉的祖先谱系，富育光为第十四代，该家族通过续谱记录了家族的历史。[1] 从该家族谱书可知，有清一代富察氏家族文武人才辈出，有大量为国捐躯的英雄[2]，还有出没于大内的显贵名流执掌权柄，不少人士曾参与机要政务，是清史的知情者和见证人。正因如此，富察氏家传之满族说部内容、价值与数量，都富有代表性和典型意义。[3]

富察氏家族讲述说部，主要以颂扬家族祖先的英雄历史为主，如萨布素将军的说部就有富育光传承的《萨大人传》和傅英仁讲述的《萨布素将

---

[1] 富察氏家族的许多史料文档资料在 1900 年庚子俄难被毁，后在 1912 年、1928 年、1938 年、1962 年、1983 年、1994 年共计有六次阖族续谱活动，历经十八代，共三百一十余年。

[2] 如萨布素、阿拉密、达其罕、乌林保、舒尔功额、德顺保（这几位都是康熙朝臣），富凌阿（咸丰年间），伯奇纳（同治与光绪年间），伊郎阿及胞妹陈氏丫丫（光绪）等。

[3] 富育光：《富察氏家族与满族传统说部》，《满族古老记忆的当代解读——满族传统说部论集》第一辑，长春出版社，2012。

军传》两部。讲唱人都是本家族、或与该事件有关的当事人或其直系亲属，将其所承受、所亲历、所熟悉的历程全盘陈述从而形成说部的基本雏形。然后再由家族中那些富有艺术天才的"荷马"们，创编出新的满族说部，在以后不间断地唱讲中丰富、提升，日积月累汇聚成鸿篇巨制。在该家族成型的许多说部中，最初的讲唱人和传承人大多数为该说部的创造者。如《雪妃娘娘和包鲁嘎汗》《飞啸三巧传奇》《东海沉冤录》等说部就是由富育光的祖母富察美容最先唱起来，后来为更多的人传唱，这些说部后来传给富希陆，又由他传给富育光。长期发展后，家族内部的传承形成了一个规矩，即说部在长期讲述过程中，自然而然地形成了每一篇说部的主人，讲唱者管理说部，说部由讲唱者妥善保存，只是说部的世代保存、修复与讲唱的伴唱器乐等，由族中统一收藏。

（二）依托萨满祭祀传承训育子孙

满族说部中的一类"窝车库乌勒本"多为与萨满有关的神话或史诗，已经出版的《天宫大战》、《西林安班玛发》、《恩切布库》、《乌布西奔妈妈》，待出版的《奥都妈妈》最初都是由家族中的萨满讲述，现由富育光讲述记录保存。《尼山萨满》应该是在东北少数民族中流传最为广泛的"窝车库乌勒本"，其文本最初都被放置于满族家中西墙上的神龛里。

我们知道，培养小萨满主要通过"学乌云"的仪式，少则三天，多则九天，基本是由家族中大萨满口传。口耳相传的方式实则在教授满语，后来以汉语为多数，其内容多为神歌、神谕，祖先的英雄业绩。通过这样的选拔，小萨满渐渐掌握了家族中的说部。

当家族中珍藏说部日多，讲唱说部就开始有了分工，特别是请族中德高望重的妈妈、玛发、萨满和被选定的讲唱师傅讲唱，极其隆重，也是阖族对祖先"乌勒本"的敬仰和崇拜。

从富察氏家族所世代传诵的满族说部可见，内容广泛，且所包容的说部历史时限跨度久远：上自远古神话，下至辽金时期契丹和完颜部金源故事、渤海时期故事、朱元璋讨元及开国故事以及清朝三百余年长城内外的风云故事。上述众多故事，全被糅入本家族世代传讲的"乌勒本"说部之中，其情节与富察氏家族世代的兴亡发轫和英雄业绩融会一起，成为富察氏望族传世的家藏传统说部，以此实例训育子孙、彰显本族的荣耀与源远流长。①

（三）重视教育，增强家族凝聚力

每一部说部都有其详尽的流传与传承情况，由此我们知道，满族说部的创始者，既有荷马史诗型人士，更有满汉齐通的大家、朝廷的学士、编修、将军。他们博古通今，甚或通达阿尔泰语系诸民族语言、风俗，本身都是才智多能者。满族诸姓望族还不惜银两，请国学和汉学名师，意在满族说部的延续和传承。这就是重视教育下的良性效果。富察氏家族不单世代沿袭满族固有习俗，而且以其家族的凝聚力，团结、引导和影响着周围众多满族姓氏，使濒危消散的满族传统说部遗产，得以部分保留下来。

经多年调查，富育光发现黑龙江爱辉、孙吴、逊克诸县，世代为满族和达斡尔族聚居之地，有清以来出现过许多满学大家。辛亥鼎革后，关内汉族大量涌入该地，相互通婚亦多了起来。原居住的满族臧、张、关姓老年人谢世，年轻人出外打工，满族特点越来越少，而且早年家藏的满族说部佚失或失传，亦再无法培训本家族的民族文化人士和说部传承人。而这一带的传承人多与富育光家族有关：在黑龙江爱辉、孙吴地区，发现近世满族说部的传承人，其中几位不仅通晓汉文而且满文亦很好，如祁世和、何荣恩、程林元、富希陆②、徐昶兴、孟晓光（女）等，都是满族诸姓中有

---

① 富育光：《富察氏家族与满族传统说部》，《满族古老记忆的当代解读——满族传统说部论集》第一辑。

② 富希陆（1910～1980），字伯严，满洲正黄旗，出身名胄，晚清授业于本乡满洲官学，民国年间毕业于齐齐哈尔省立中学堂。富希陆因自幼受家族、父母、长辈、民族文化的熏染，深感满族古老文化长期被社会遗忘，无限惋惜，从小就有一股为民族文化复兴的志向。所以，他立志有了文化之后，不到外地做官经商，而是居住本地，联合有志之士，弘扬灿烂的民族文化。从20世纪二三十年代，他在农村当小学教员时期，除教学以外，很长时间都和同族父老耕种、牧猎、生活在一起，体察民情，记录民歌、民谣、民俗和各种轶闻故事。他同瑷珲、孙吴、逊克等地区北方诸友——吴纪贤、程林元、郭荣恩、郭文昌、吴老师（绰号吴大个）等诸先生，长期结伴同行，奔走于大五家子、四季屯、下马厂、黄旗营子、瑷珲、兰旗沟、前后拉腰子屯、吴家堡、曾家堡、大桦树林子、霍尔莫津、哈达彦、车陆、奇克、逊克等地村屯。在一起草记了《富察哈喇礼序跳神录》、《瑷珲祖风拾遗》、《吴氏我射库祭谱》、《满洲神位发微》、《瑷珲十里长江俗记》等。所撰内容，不求公诸于世，只求传世备忘。此段介绍引自富育光的相关记录。

较高文化的著名人士，他们虽然姓氏不同，从家族血缘关系论，都与富察氏家族有着亲戚关系，其中不少是富氏家族的几代姑婿，有的从小就在富氏家族延请的师傅处习学满文，授传于富察氏家族的传统说部。黑龙江孙吴县四季屯村何世环老人已是耄耋之年，至今能讲流畅满语，皆因他幼年时在大五家子富察氏族塾就学满文。何世环父亲何蔼如更是满汉齐通，曾为爱珲下马场村小学校长，非常重视家族中孩子的教育。

　　体量庞大的满族说部的传承不仅依赖传承人，更依赖于传本，对于传本的重视自然是各族需要做好的必备工作。据富希陆老人回忆，富察氏家族所以能够世代传讲"乌勒本"说部，代代有传承人，关键是历代穆昆达忠实遵照祖先遗训，管理祖先传下来的各式各样的大小说部传本，不使其毁坏或遗失。故此，每届的总穆昆达，均按祖制做好每届的交接事宜，经宗族族长亲点之后，陈放于专制的神匣内，登记入册，委以专人存藏，并定期晾晒、撒药，严防虫蛀鼠咬。阖族亦格外敬重祖上说部传本，视如家珍，为防范散失，任何族人不经总穆昆达允许，都无权擅自外传全族说部存本。如富察氏家族从清朝以来就有不少戒规："传本因由'色夫'缮写讲用，允许专人保管在手，若遇疾患、病逝等情，传本统归族里；传本若有删补、歧义等纷争，依族长议决，惟恪守祖宗原貌至要；学讲'乌勒本'乃大公大德之举，阖族护爱，实有拮据者应享族银微济；弟子族内拔优公推；传本彰祖宗之迹，族人无权外传。"①满族大户望族早年都有此类大同小异的约束，对说部留存起了保护作用。

结　论

　　穆昆组织架构起满族文化传承的血缘纽带，在穆昆组织内产生的萨满教则成为其宗教纽带，"家族—社会"为其传承边界，满族说部就是多个家族世代血缘相传，由家族的萨满或其他杰出人士完成了文化传承。

　　虽然在行政规划上，满族村落零星散落在东北三省，与汉族和其他少

---

　　①　富育光于1962年夏赴爱珲大五家子和兰旗沟村，录记说部《雪把娘娘和包鲁嘎汗》，该段为传承人杨青山讲话记录。

数民族杂居，从日常行为上已很难看出与汉族人的区别。但就其自身而言，满族这一身份还是让他们在"祭祖、续谱"等家族事物的共同合作中得以强化和延续。而有着几百年讲述历史的满族说部仍在穆昆组织的框架之内顽强地传承着，如《东海窝集传》、《萨大人传》、《萨布素将军传》和《雪妃娘娘和包鲁嘎汗》等说部仅在某一穆昆中传承；而为东北多个民族共享的《尼山萨满》也是在穆昆内部传承的。现在很多传承人已离开从小生活的地方，在大城市居住和生活，不过，他们的根基或他们的精神边界仍在穆昆组织内。因此可以说满族说部讲述及传承的边界仍在穆昆制度下，其保存和发展的空间为穆昆组织。以往学者研究满族文化，就萨满教文化对满族文化的影响已有较多论述，但是对满族为何能在非聚居的情况下保留如此丰沛的民间文学却无法给予合理的解释。我们认为穆昆组织作为其文化传承的无形文化空间，看似模糊实则清晰，尤其是对各个家族的穆昆达、传承人及族众而言，边界非常清楚。

本文原刊于《民族文学研究》2016 年第 4 期

从"强制"到"虚无"

——批判的武器不能代替武器的批判

陈众议*

《伊索寓言》中有一则《驴子和小狗》的故事，说的是，驴子羡慕小狗不劳而获，于是也学着小狗的模样去乞人欢心。它摇头摆尾、又蹦又跳，结果被痛打一顿并关进了马棚。某些现当代西方文学理论于我们或亦如此。张江教授斥之为"强制"，然而它们又何尝不是"虚无"呢？譬如，所谓客观主义的"零度"说或"去意识形态"的戏说，基本上都是对作家意图的规避，进而也是对社会责任和崇高、庄严等传统价值的嘲弄。戏说作为一种狂欢形式源远流长，但在后结构主义时期达到高峰，并在所谓"后"之后继续盛行，其虚无主义倾向不言而喻。

虚无主义的更大表象是无限的多元化和相对说，其载体和目的却是消费主义。面对来自西欧的经典文化及苏联意识形态，美国所推行的正是大众消费文化。用著名法籍美国学学者马特尔的话说，"美国文化通过娱乐产业和大众文化获得了最显著而且数量最多的影响力，主要归功于好莱坞电影、流行音乐、百老汇商业戏剧和文学畅销书"；① 跨国公司在制造产品时

---

* 陈众议，中国社会科学院外国文学研究所所长，研究员。

① 弗雷德里克·马特尔：《论美国的文化：在本土与全球之间双向运行的文化体制》，周莽译，商务印书馆，2013，第447页。

充分注意到了不同民族、群体与个人的需求。而跨国资本正是美国式大众文化觊觎世界市场的"去意识形态"、"去二元论"、"去中心化"的物质基础。鉴于有关虚无主义其然已有较多讨论和针砭，本文将聚焦于其所以然：文化消费主义及其与社会主义核心价值的天然矛盾。

一

先说"强制"。张江的"强制阐释"论[①]至少有几层含义。一是规避，即脱离文学实际；二是偏激，即主观臆断或过度阐释；三是教条，即用一个模子装所有的水。并将"强制阐释"的话语特征总结为四条："一是场外征用。在文学领域以外，征用其他学科的理论，强制移植于文论场内。场外理论的征用，直接侵袭了文学理论及批评的本体性，文论由此偏离了文论。二是主观预设。批评者的主观意向在前，预定明确立场，强制裁定文本的意义和价值，背离了文本的原意。三是非逻辑证明。在具体批评过程中，一些论证和推理违背了基本的逻辑规则，有的甚至是明显的逻辑谬误。为达到想象的理论目标，无视常识，僭越规则，所得结论失去逻辑依据。四是反序认识路径。理论构建和批评不是从实践出发，从文本的具体分析出发，而是从现成理论出发，从主观结论出发，认识路径出现了颠倒与混乱。"[②] 关于批评脱离实际，又被归结为"话语转换"、"硬性镶嵌"、"词语贴附"、"溯及既往"。然而，所谓"强制"归根结底是同一性，即以某种强势话语、方法压制和淹没其他话语、方法。这对我们的话语体系有破坏作用，但我们的核心价值也是一种同一化诉求。这是一对矛盾，尽管目的不同，意义有别。

但问题是，别人并未将"强制"或"虚无"强加给我们，而是我们对自己进行"强制"，自我"虚无"了（两者存在古往今来庶几无限庞杂的各种主义和方法）。笔者这里主要说后者。

---

① 张江：《强制阐释论》，《文学评论》2014 年第 6 期。
② 毛莉：《张江：当代文论重建路径——由"强制阐释"到"本体阐释"》，《中国社会科学报》2014 年 6 月 16 日。

　　首先，"虚无"的最大表象是多元和相对。面对来自西欧文化及苏联意识形态的"强制"，美国在二战以后慢慢发展起来的大众消费文化恰恰是反其道而行之。

　　其次，马特尔所说的大公司其实就是跨国公司。它们在制造产品时充分注意到了不同民族、群体、个人的需求。而跨国资本正是美国式大众文化"去意识形态化"、"去二元论"、"去中心化"的基础。在此，我不妨举例如下。

（一）资本逻辑：有奶便是娘

　　对于"奶酪"热，我们应该记忆犹新。如果说传统文化是将简单的事情复杂化，而现今的快餐文化似乎恰好相反。我想这大抵可以从《谁动了我的奶酪》来窥见一二。首先是商业运作、商业炒作，譬如股票或者名目繁多的有价证券；又仿佛任何一种商品，比如汽车，又比如家电、服装甚至还有令人眼花缭乱的苗条霜或丰乳膏。只是未必名副其实而已。在文艺领域，好莱坞称得上是开路先锋，麾下"大片"几乎都是高投入、高产出的典范。这符合跨国公司的全球战略。其次，不能否认斯宾塞·约翰逊的"奶酪理念"有着比较突出的现实意义。我们确实处在一个史无前例的信息的时代、变化的时代，而且这种变化同时印证了一统江湖、一日千里的说法。它的一元性指向和变化速度完全是几何级的。人们不但可以一夜暴富，变成比尔·盖茨，也可能一觉醒来一贫如洗。就近而论，下海、下岗以及各色利益调整和地位变易天天都在大呼小叫中发生。莫言的《师傅越来越幽默》说的就是这个。然而，渐渐地，人们也就见怪不怪了。

　　谁也不知道明天会是怎样一种情况。这与前现代社会相对静止、稳定的状态全然不同。日出而作，日入而卧，信而有证，薪尽火传的生活方式迅速成为神话。面对变化，无论情愿与否，恐怕再没有人可以高枕无忧了。而约翰逊的"奶酪理念"正是在这样的背景下形成的。

　　当然，这种理念本身并不新鲜。在我们自己的文化传统中，就不乏类似理念。拿成语而言，我们即可随手拈来"未雨绸缪"、"与时俱进"、"随机应变"等，还有反义而用作批评的"守株待兔"、"听天由命"、"随遇而安"等。而且，其中有些成语还是由寓言演化而来的。

约翰逊的"奶酪"其实不过是个寓言故事。而且，从寓言的角度看，它又过于简单、幼稚，缺乏传统寓言的文学价值。拉封丹的《知了和蚂蚁》就比它高明。而我们老祖宗在《守株待兔》一类寓言中则仅用两三行字就超越了这个又长又臭的"奶酪故事"。不就是两只相信直觉的老鼠和两个头脑复杂的小矮人失去"奶酪"、寻找"奶酪"的故事吗？故事的内涵外延都很简单，无非是遭遇突变之后的态度。是"听天由命"、"消极等待"，还是"与时俱进"、"随机应变"？活人哪能被尿憋死？这其实是一个再简单不过的道理，对于生活、工作等都有一定的普适性。

恰恰是这么一个众所周知的普通道理，却被炒作成了"救世良方"。这未免太夸张、太过分了。这样的道理在我们的寓言故事和生活理念中并不新鲜。自古代文化至日常生活，"守株待兔"之类的批评比比皆是。但反过来说，我们同样有理由否定"奶酪逻辑"。就以我等从事的工作为例吧，人文研究或广义的科学研究的确需要与时俱进，但它们同时也需要坚忍不拔、持之以恒。假如因为现有的"奶酪"不够多、不够好而动辄随机应变，又会怎样？往远处说，孔夫子肯定会丢弃诗、书、礼、乐；就近而论，造导弹的也统统下海卖茶鸡蛋去算了。尤其是人文学科，它又当如何抵抗市场经济、消费主义的巨大压力？

这就产生矛盾了。我们可以由此推导出哲学的两个维度：理想主义和现实主义，或者相对的老庄和孔孟。两者不可或缺，且同时又都是复杂和多面的。老庄思想中饱含着辩证法，而孔孟也不是彻头彻尾的实用主义。譬如孔子，他一方面四处奔走，大有凌云之志；另一方面又念念不忘诗、书、礼、乐。因此，当楚国狂人接舆一针见血地指出他的这种矛盾时，夫子大为感慨。这种矛盾和多维是人性的基本属性，不能笼统否定。何况从最基本的层面说，人除了考虑怎么活，总还要思考为什么活之类的形而上问题。

（二）"世界主义"丹·布朗的秘诀

且说丹·布朗将西方文学的畅销要素玩弄于股掌之间。1998年的《数字城堡》解密了一起骇人听闻的数字阴谋：某秘密组织用神秘密码劫持了国家安全机关的核心所在。美女数学家、密码专家苏珊·福来切尔奉命排除魔障，却遭遇重重艰难险阻。随着调查的深入，她逐渐发现，自己是在用生命和一个看不见的数字高手展开一场前所未有的搏杀。在 2000 年的《天使与魔鬼》中，符号学家罗伯特·兰登闪亮登场。故事从瑞士某研究机构说起：该机构的一位物理学家被人谋杀，兰登教授在死者身上发现了一个神秘的符号，它与某秘密社团（光明会）有关。该隐修会长期以来一直致力于摧毁天主教圣地梵蒂冈。阴谋的实现只差最后一步了。一枚无法拆除的定时炸弹被埋入梵蒂冈中心，而兰登恰好在梵蒂冈大会前夕证实了这一事实。兰登教授在意大利女科学家维克多利亚的协助下在最后关头拯救了梵蒂冈，并使教皇和罗马教廷幸免于难。2001 年，丹·布朗又以《骗局》一书把读者带入一场骗局：一方面是安全部门通过卫星发现了稀有物质，这一发现将对世界产生重大影响；另一方面，美女分析师雷切尔及其搭档为了戳穿骗局惨遭追击，命悬一线。2003 年，丹·布朗的扛鼎之作《达·芬奇密码》问世。作品的主人公依然是兰登教授。故事从卢浮宫老馆长遇害说起，围绕一个莫名其妙的符码展开。与兰登教授合作的是死者的孙女、年轻貌美的法国密码专家索菲·奈芙女士。他们通过一系列神秘线索以及这些线索所指的达芬奇作品，发现了一个暗道和已故老馆长的隐修会会员身份。这个秘密组织与诸多名人有关，而揭开谜底的秘诀正是历史和现实的双重维度的一个交节点。

四部作品皆以神秘符号为焦点，并在《失落的秘符》中几乎悉数出现：怪异的谋杀、神奇的符号、惊悚的描写、迭出的悬念和闻所未闻的秘密社团，当然少不了美女搭档、凶险对手和剥笋式场景、递进式情节。作品不仅囊括了上述作品的几乎所有要素，而且在许多方面有过之而无不及。首先，它是一座符号迷宫，可谓美轮美奂，而谜底居然是彼得·所罗门。彼得暗喻大使徒圣彼得，此名在拉丁文又指石头，故而与"金字塔"相关联。小说险象环生。兰登教授和美女搭档与狡猾的凶手及无能的警探机智周旋最终破解了秘密修会（共济会）的核心秘密——"失落的秘符"。后者比《达·芬奇密码》中的"倒金字塔"（中世纪传奇中屡屡提及的探险目标——"圣杯"的意象）更具体，但也更高妙、更富有现实意义，盖因它是一个古老的理念："赞美上帝"。这个西方文化核心理念的"重新发现"将一切回溯到《圣经》本身，并与现代物质文明构成了反差。而故事中的凯瑟琳作为现代意念学家，其研究成果似乎恰好与这一发现不谋而合。反之，凶手殚精竭虑、无所不用其极的追寻结果，却是找死，即"怎样死去"。

作品继承西方中世纪传奇及哥特式小说传统，同时揉进了侦探推理小说元素，借大善大恶的人物彰显西方主流价值观，以大起大落的情节夺人眼球，进而对犹太—基督教文化核心内容的诠释，尤其是对其中的神秘主义传统进行了一次细致入微的梳理。同时，从古印度的奥义书到中国的易学和西方的炼金术、占星术、纹章学、塔罗牌及中世纪以降各种神秘修会、西法底文化中的某些神秘社团（如发轫于12世纪的喀巴拉犹太神秘主义）等，无所不包，却独不提伊斯兰苏菲神秘主义。而这恰似"全球化"背景下的NBA，其文化含义和商业动机不言而喻。

（三）大众消费文化先锋：好莱坞

从罗斯福到肯尼迪、约翰逊等白宫主人再到WTO中美谈判，美国政府对好莱坞的重视可谓不遗余力。而好莱坞所遵循的主要是文化消费主义。后者与现代化是二而一、一而二的关系，两者相辅相成，这是美国文化的重要体现，同时也是美国政府从20世纪50年代中后期开始奉行的国家战略（艾森豪威尔称之为"民众资本主义"），它不仅是美国战胜苏联的利器（80年代以"淡化意识形态"的表象出现），而且也是取代欧洲经典资本主义的法宝。

简言之，现代化伴随着资本主义的产生而产生、发展而发展，它见证了奈斯比特、托夫勒他们所说的"第二次浪潮"，却并没有就此歇脚，而是以新的面目走向了所谓的"后现代"或"后工业时代"（"第三次浪潮"）。好莱坞则以其文化消费主义为现代化提供了不可多得的范本：理论和实践的相对与多元。最初是20世纪30年代华纳兄弟和派拉蒙公司的走出去战略：二者相继在德国和西班牙拍摄电影并就近在这些国家及其周边地区发行；然后是起用欧洲演员，譬如派拉蒙公司在法国本土制作了一些法语电影、吸纳了一些法国演员。同时，好莱坞花了三年时间探寻和解决配音问题，从而打破了欧洲非英语国家对好莱坞的有意无意的抵制。这些尝试不仅降低了成本，而且为好莱坞的"国际化"进程展示了更为广阔的前景。

从此，境外制作和起用外籍影星、使之为美所用逐渐成为好莱坞的重要模式之一。这后来被 NBA 等各行业或领域所吸收并发扬光大。凡此种种，在将美国的价值观和审美方式输送给世界观众的同时，巧妙地借 "国际明星" 的衣食住行将美国的产品和生活方式推销到了世界各地。

法兰克福学派曾致力于研究大众消费文化，不少西方马克思主义学者甚至是大众消费文化的积极鼓吹者。盖因他们认为大众消费文化可以消解资产阶级意识形态霸权。但事实并非如此。从某种意义上说，大众消费文化逐渐演变为文化消费主义，它不仅淡化了无产阶级的阶级意识，而且加速了资本主义的发展。因此，马尔库塞在《单向度的人》中转而抨击大众消费文化，认为真正的艺术是拒绝的艺术、抗议的艺术，即对现存事物的拒绝和抗议。换言之，艺术即超越：艺术之所以成为艺术，或艺术之所以有存在的价值，是因为它提供了另一个世界，即可能的世界；另一种向度，即诗性的向度。前者在庸常中追寻或发现意义并使之成为 "陌生化" 的精神世界，后者在人文关怀和终极思考中展示反庸俗、反功利的深层次精神追求。与之相反的是文化批评家费克斯。后者在《理解大众文化》中继续支持大众消费文化，认为大众（消费）文化即日常生活文化，其消遣消费过程则是依靠文化经济自主性对意识形态霸权进行抵抗的过程。

孰是孰非姑且不论。然而，文化消费主义对文艺的伤害有目共睹。譬如村上春树、阿特伍德，甚至郭敬明，他们战胜大江健三郎、门罗或莫言，在市场的天平上毫无悬念。

二

随着互联网的普及和全球化的扩展，我国改革开放的深度和广度前所未有，文化多样性和丰富性也前所未有。这为我国的政治经济和社会文化建设提供了选择的余地、发展的契机，但同时也冲击、消解民族认同感和凝聚力。如何以我为主、为我所用、取利驱弊、进退中绳地处理多元和核心的关系，既是历史对我辈国人的考验，又事关中国特色社会主义实践的成败得失。鉴于本文所涉问题直接指向民族认同和国家利益，在此不妨取法大处着眼、小处入手的原则，就文化多元化和核心价值观的某些关系和处理这些关系的可能方法提出一得之见。

红楼梦中人探春替曹雪芹说过这样一番话："可知这样大族人家，若从外头杀来，一时是杀不死的……必须先从家里自杀自灭起来，才能一败涂地！① 在此，"外头"和"家里"并非二元对立，而是二元思维。它好比一般意义上的坐标系，是辩证法的基础，其所反对的恰恰是非白即黑的形而上学和排中律，盖因万物皆在运动和关系之中。

首先，在全球化时代，世界一村、内外融通成为事实。其次，以美国为首的西方世界并未放弃冷战思维，以致具有"威胁论"和"崩溃论"双重含义的"黄祸论"不绝于耳。联系到本话题的两大关系，即文化—多元化、核心—价值观，本文当有所规约。

（一）何谓文化？

有关定义之多，可谓汗牛充栋、不胜枚举。譬如文化有广义和狭义之分，有大、中、小之别，有"认识"与"实践"之说，有"看法"、"说法"、"活法"之论，诸如此类，不一而足。本文无意否定前人和同道的观点，却有意将可能之谓忝列其中，故视文化为价值观，即一般意义上的世道人心。这样的界定既可置文化多元化于核心价值观的矛盾统一关系之中，亦可避免随心所欲和牵强附会。

以上是概而括之的一种说法，不能涵盖文化历时性与共时性所呈现的复杂性。然而，为使话题不至于流入宽泛和空洞，我们必须约之以名。如是，倘使我们将文化视为相对狭义的一般价值观，那么其多元也就意味着国人的价值观正处于发散状态。而所谓核心，也正是相对于一般而言。倘无一般，何谓核心？这是对核心价值观的一种合理反证。

考文化一词，最早定型于《易经》，"观乎天文以察时变，观乎人文以化成天下"。② "文"和"化"的结合，也便有了"文化"。它和文学、政治、经济等众多现代词汇一样，是偏正结构。因此，其中的"文"字包含了整个人文，而人文无疑是关于世道人心，乃至世界万物的看法和说法。至于西方，文化（譬如德文 Kultur，英文或法文 Culture）来自拉丁文 Cultu-

---

① 曹雪芹：《红楼梦》，中国对外翻译出版公司，2009，第517页。
② 《易经》，傅佩荣注释，立绪文化事业有限公司，2005，第184页。

ra，其词根"Cult"指崇拜、信仰，"Culto"指栽培、养育、修养、高雅等。因此，文化在西方语言中首先指人文，即人或人类的精神层面，其次才是更为广泛的物质生产。后者不在笔者的讨论范围。

（二）何谓多元？

前面说到的发散，便是对多元程度的一种描述，这种描述也被称之为"化"。它意在表达目前我国狭义文化的繁复。

文化的多元化显而易见。比如微信微博，它们无疑是文化多元的见证，体现了不同个人、群体（性别、年龄、阶层等）的信仰与诉求。加之五花八门的新老媒体及各种表征，这世界确实充满了喧哗与骚动、自由与狂欢。这与我国几千年农耕社会相对稳定、单一的价值观（比如家国道义）形成了巨大的反差，其中的历时性冲击和共时性矛盾不言而喻。

举凡文学。近三十年，不少文学界的同行呼应域外学者，在冷却鲁郭茅巴老曹的同时，取而代之以张爱玲、徐志摩、穆时英、林语堂、周作人、废名等；此外，虚无屈原、恶搞杜甫、否定经典、将鲁迅斥之为尖酸刻薄的假洋鬼子，如此等等，皆非偶然。

再举凡中文。废黜之声沉渣泛起。如果说五四新文化运动时期，激进主义者取法偏颇情有可原，那么今天重谈老调就令人费解了。也就是说，我们可以理解钱玄同把新国家、新人心的希望寄托在废黜中文之上，却不能理解今人将方块字比作限制思维、束缚想象力的猪圈。

还有，近年来充斥文艺市场的世界主义和那些调笑、戏说、恶搞或玄幻、鬼魅、穿越，等等，又恰好与网络的虚拟文化殊途同归。它正极大地消解着传统（包括真善美与假恶丑的界限以及对于发展中、崛起中的中华民族还至为重要的民族向心力和认同感）。

反之，多元也可能对核心产生培育、辅佐的向心作用，譬如好莱坞之于美国文化。以大家耳熟能详的《拯救大兵瑞恩》和《泰坦尼克号》为例，前者的国家利益以战时司令部为一个母亲救下一个儿子而不惜牺牲整个分队的感人方式呈现出来；后者则将"高大上"的美国形象寓寄于一个穷小子的人格魅力（包括指向爱情、公德—集体主义的牺牲精神）。这其中充满悖论和艺术想象，却并未使我们的青少年"不明觉厉"！盖因艺术可以自立逻辑。惟其如此，它才更需要想象力，以便核心价值如盐入水、化于无形：让观众由衷地感喟"美国多人道，美国多美好！"

这正是文化消费主义，也即文化虚无主义顺应资本逻辑的明证。只有"淡化了意识形态"、削弱了国家认同，资本才能全球化、化全球，并且如鱼得水。

千万不要以为美国不讲政治。资本、利益本身就是其意识形态的基础和目的。更何况清教思想在美国根深蒂固。后者被认为是美国个人主义、自由主义和财富观、人生观的基础。正因为如此，美国清教徒的生活方式和价值观至今影响着美国人的心灵。但是，清教思想决不单单指向个人主义，它同时也是美国集体主义和爱国主义的思想源泉。譬如17世纪中叶的一天，清教徒温斯洛普受命抵达马萨诸塞出任总督时，有一篇脍炙人口的布道，其核心内容是他们将高筑山巅之城，为万世瞩目；如果不能实现这一目标，主就会收回庇佑，从而使他们成为世人的笑柄、天下的丑闻。他还用身体比喻个人与家庭、集体的关系，认为个人犹如五官，是身体的组成部分。个人事务具有公共意义，并对整体产生影响。换言之，如果身体的局部病了，人会难过、会痛；若不及时处置，则可能危及生命。反之，如果整个身体面临威胁，那么所有局部都必须义无反顾地维护她的安全。用我们古人的话说，是"皮之不存，毛将焉附"，或者"天下兴亡，匹夫有责"。17世纪的清教徒和我们的古人尚且明了"集体利益是个人幸福的前提"，况我辈乎！当然，以集体的名义否定个人权益的做法也是可怕的和可悲的。在这方面，中华民族有过血的教训。因此，不偏不倚、中道衡度才是正理。

由是，如何在同一和个性发散、核心和多元文化之间找到一个合理的区间、有效的平衡，文学及文学批评责无旁贷。文学及文学批评有意识形态属性，但其方法却是相对客观的。因此，我们必须借鉴一切优秀成果，尤其是美国的成功做法，即对外正面捍卫国家利益，对内强调以人为本；更要学习好莱坞春风化雨润物无声的宣传方式，潜移默化不动声色的教化功夫。

然而，后现代主义是一把火，它在焚烧一切的同时也烧掉了自己。当然，这里所谓的一切并不指宇宙万物，盖因宇宙万物依然按照自身规律运行着，并将继续运行；这世界也一如既往，并在资本的强劲驱动下愈来愈物化，是谓大众消费主义。

此外，后现代主义是一个复杂的体系，一般认为它包含了自新历史主义至后殖民主义的一系列"新理论"、"后理论"。故此，加之立场使然，学术界对它的内涵外延至今争论不休，在可以预见的将来也难有定论。"虚无"只是对它的一种大而化之的说法，盖因后现代主义的核心是解构主义。它一方面针对结构主义及其所代表及反转的古典二元论思想（这是就学理而言）；但另一方面它在批判西方主流文化，尤其是传统资本主义的同时矫枉过正、形过饰非、攻其一点不及其余，从而反过来成为并强化了跨国资本主义的意识形态一元论（这是就实际效果而论）。

于是，众说纷纭，莫衷一是，是谓"后权威时代"。这对谁有利呢？也许是跨国资本，盖因当下所谓的多元是极其可疑的，它本质上是跨国资本主义消解一切民族主义和非资本主义意识形态的意识形态一元化，其表象则为个性化、碎片化。说穿了，只有在众声喧哗、是非混淆的氛围中，资本才如鱼得水、犹龙入云。它与马克思设想的必然王国——社会主义共同体是两股道上跑的车，完全不能同日而语；一如歌德的"世界文学"概念完全不是马克思恩格斯关于资本以己之色染就的"世界的文学"的论断。

总之，后现代主义彻底否定了认识和真理的客观性，导致了文化相对主义的盛行。换言之，它用绝对的相对性取代了相对的绝对性，其所主要针对的是传统认知，如对理性主义、辩证法，乃至中庸、中道和民族主义的否定与解构，方法不可谓不彻底。但无论初衷何如，后现代主义归根结底是跨国资本主义的意识形态，滋生于跨国资本主义的土壤，并客观上为跨国资本主义的发展奠定了理论基础。于是，现实是：资本逻辑与技术理性合二为一，尽管以美国为首的西方国家从未放弃二元思维。中华民族，乃至苏联解体之后的俄罗斯，依然是需要防范，甚至扼制和消解的他者。

我国学术界对后现代主义的接受缺乏文化自觉和民族立场，以至于争先恐后地捡起其余烬来焚烧自己。究其原因，则既有前面所说的国际趋势及其影响，也有我国经济社会内动力所导致某些本可规避的负面作用，甚至不乏对民族历史、传统的简单逆反和盲目否定等。

作为结语，笔者不妨列举伊格尔顿为例。近年来，这位西方马克思主义者接连发表了试图重构文学理论的《文学事件》（2012）、《如何阅读文学》（2013）及《文化与上帝之死》（2014）等重要著述。它们是伊格尔顿回归文学本体及作家—作品—读者"神圣三位一体"的一次"寻根之旅"，也是他在虚无主义泛滥的"后信仰时代"批判大众消费文化、强调文学教化功能和社会责任的有益尝试。

本文原刊于《中国文学批评》2016年第1期

《梵汉对勘佛所行赞》导言

黄宝生[*]

一

马鸣（Aśvaghoṣa）是著名的佛教诗人和戏剧家。佛教于 12 世纪在印度本土消亡，佛教史料基本失传，有关马鸣的史料也几乎无迹可寻。现在我们所知道的马鸣出生年代和生平事迹主要是依据汉文佛经史料。^①

据后秦鸠摩罗什译《马鸣菩萨传》，马鸣是中天竺人，原本信奉婆罗门教，"世智慧辩，善通言论"。后来，他在一次辩论中败于北天竺高僧长老胁，于是皈依佛教，在中天竺弘通佛法。他"博通群经，明达内外，才辩盖世，四辈敬伏"。后来，北天竺小月氏王进犯中天竺。中天竺王被迫答应小月氏王提出的议和条件，把马鸣交给小月氏王。此后，马鸣在北天竺"广宣佛法，导利群生"。而据元魏吉迦夜共昙曜译《付法藏因缘传》，马鸣是在辩论中败于胁比丘的弟子富那奢而皈依佛教。富那奢在临涅槃时，以法付嘱马鸣。同时，还提到马鸣"于华氏城游行教化，欲度彼城诸众生故，作妙伎乐名赖吒和罗，其音清雅，哀婉调畅，宣说苦空无我之法"。马鸣还

＊　黄宝生，中国社会科学院学部委员，外国文学研究所研究员。

①　有关这方面的史料可参阅高振农《大乘起信论校释》中的前言和附录，中华书局 1992 年版。

亲自粉墨登场，与演员们一起表演。后来，他被月支国旃檀罽昵吒王索去。

关于马鸣出生年代，汉文史料中有佛灭后三百年至六百年多种说法，而以佛灭后五百年说居多，相当于公元一、二世纪。上面提到的月氏或月支即当时统治北印度的贵霜王朝。又据玄奘《大唐西域记》卷三记载：胁尊者曾促成贵霜王朝迦腻色迦王"宣会远近，召集圣哲"，举行第四次结集，"备释三藏"，其中之一是《阿毗达磨毗婆沙论》。另据陈真谛《婆薮槃豆传》记载："佛灭度后五百年中"，马鸣应罽宾国迦旃延子之请，编纂《阿毗达磨毗婆沙论》。现代史学家关于迦腻色迦王的在位年代说法不一，但集中在公元一世纪至三世纪之间，而一般倾向于公元一世纪。因此，综合各种材料，我们可以把马鸣的出生年代大致定在公元一、二世纪。

马鸣是称号，并非本名。上引《马鸣菩萨传》中讲述他在说法时，"马垂泪听法，无念食想"。于是，"以马解其音故，遂号为马鸣菩萨"。另据《卍续藏经》卷七十二，《大乘起信论马鸣菩萨略传》中讲述他前生是毗舍利国国王，"以其国有一类裸人，如马裸露，王遂运神通，分身为蚕以衣之"。后来，他转生在中印度，"马人感恋悲鸣，故号马鸣"。而《论主马鸣菩萨略录》中又讲述他"初降生时，感动诸马悲鸣不已。故号马鸣"。这些说明佛经史料中关于马鸣的生平事迹多带有传说性质，故而在一些具体细节上常常互有歧异，说法不一。这在印度古代以口耳相传为主要传承方式的文化背景中是正常现象。

关于马鸣的著作，依据汉文佛经史料，归在他名下的有八部：《佛所行赞》、《大庄严经论》、《大乘起信论》、《大宗地玄文本经》、《事师法五十颂》、《十不善业道经》、《大趣轮回经》和《尼乾子问无我义经》。而据藏文佛经史料。归在他名下的有十多部。虽然可以初步判断这些经文不可能是同一马鸣所作，但要一一考证厘定，难度很大，这里只能存而不论。

而马鸣作为佛教诗人和戏剧家，则是确定无疑的。他享有盛名的梵语叙事诗《佛所行赞》（Buddhacarita），虽然现存梵本残存前半部，但有汉文和藏文全译本，都标明"马鸣菩萨造"。唐义净《南海寄归内法传》卷四中也记载"尊者马鸣""作佛本行诗"，"意述如来始自王宫，终乎双树，一代佛法，并辑为诗，五天南海，无不讽诵"。

马鸣的另一部梵语叙事诗《美难陀传》（Saundarananda）现存梵文全本十

八章，讲述释迦牟尼出家修行，得道成佛后，回到故乡迦毗罗卫，度化异母兄弟难陀的故事。梵文抄本末尾题署作者名为 āryasuvarṇākṣiputrasya sāketasya bhikṣorācāryabhadantāśvaghoṣasya mahākavermahāvādinaḥ kṛtiriyam，即 "圣金眼之子、萨盖多比丘、导师、圣者、尊者、大诗人、大论师马鸣造"。其中的 "金眼"（suvarṇākṣi）是马鸣的母亲名。萨盖多（sāketa）是地名，即古代阿逾陀城。上引《婆薮槃豆传》中称马鸣菩萨是 "舍卫国婆枳多土人"。其中的 "婆" 可能是 "娑"。这两个字在汉文佛经中常会混淆。这样，"娑枳多" 便是 sāketa 的音译。

此外，在我国新疆吐鲁番曾出土三个梵语戏剧残卷，于 1911 年由德国学者吕德斯（H. Lüders）整理出版。其中一部是名为《舍利弗剧》（śāriputraprakaraṇa）的九幕剧，残存最后两幕，剧本末尾题署作者名为 āryasuvarṇākṣiputrasyāśvaghoṣasya，即 "圣金眼之子马鸣"。这个剧本描写舍利弗和目犍连皈依佛陀的故事。最后两幕的内容是：舍利弗尊佛陀为师，他的朋友（丑角）劝说道：刹帝利的学说对婆罗门不适宜。舍利弗驳斥道：难道低级种姓配制的药方就不能救治病人？难道低级种姓提供的清水就不能解渴提神？目犍连见舍利弗喜形于色，问明原因后，与舍利弗结伴皈依佛陀。佛陀预言他两将会成为他的大弟子。

东晋法显于 399 年赴印求法。他在《佛国记》中记述中印度 "众僧大会说法，说法已，供养舍利弗塔，种种华香，通夜燃灯，使伎乐人作舍利弗大婆罗门时，诣佛求出家，大目连、大迦叶亦如是"。这说明马鸣的《舍利弗剧》问世后，以舍利弗、大目连（即目犍连）和大迦叶出家为题材的戏剧在印度佛教僧伽久演不衰。我国唐代的两种乐曲名为 "舍利弗" 和 "摩多楼子"（即目犍连）可能与这类戏剧（尤其是马鸣的《舍利弗剧》）传入中土有关。

其他两部戏剧残卷只剩零星片断，剧情难以判断。其中一部的剧中人物都是抽象概念："菩提"（觉悟）、"持"（坚定）和 "称"（名誉），戏文中有赞颂佛陀的对话。另一种的剧中人物有舍利弗和目犍连等。这两部戏剧残卷的剧名和作者名均已失佚，但它们是与《舍利弗剧》一起发现的，而且文体一致，内容都与佛教有关，所以也被归在马鸣名下，统称为马鸣的三部戏剧残卷。

在七世纪印度佛教哲学家法称的著作《说正理》中，曾提到马鸣写有一部名为《护国》（Rāṣtrapāla）的剧本。上引《付法藏因缘传》中提到马鸣"作妙伎乐名赖吒和罗"。这里的"赖吒和罗"就是梵语"护国"（人名）一词的音译。这两条材料证明马鸣的戏剧创作中，还有一部现已失传的《护国》。

马鸣的这两部叙事诗和三种戏剧残卷都属于古典梵语文学范畴。鉴于马鸣与四、五世纪著名的古典梵语诗人和戏剧家迦梨陀娑（Kālidāsa）相隔两三百年，其间的古典梵语叙事诗和戏剧作品均已失传，因此，马鸣不仅在印度佛教史上，也在梵语文学史上享有崇高的地位，被视为古典梵语文学时代的先驱。

二

《佛所行赞》的梵文抄本是欧洲学者于十九世纪末在尼泊尔发现的。先后出版有考威尔（E. H. Cowell）的编订本（1893）和约翰斯顿（E. H. Johnston）的编订本（1936）。现存抄本只有前十四章，其中第一章有少量残缺，第十四章缺后半部分。而据现存汉译本和藏译本，全诗共有二十八章。汉译本的译者署名北凉昙无谶。①

下面依据梵本前十四章和昙译第十五品至第二十八品介绍《佛所行赞》的主要内容：

第一章《世尊诞生》（昙译《生品第一》）：释迦族净饭王的王后摩耶夫人怀孕，在蓝毗尼园从自己胁部生下王子。这位王子一生下就光辉灿烂如同太阳。他迈出七步，环视四方，宣称"这是我的最后一生，为求觉悟，造福世界"。阿私陀仙人来访，预言这位王子将来会努力修行，达到觉悟，掌握真谛，以至高妙法为世界解除束缚，拯救世人出苦海。

第二章《后宫生活》（昙译《处宫品第二》）：王子诞生后，释迦族国

---

① 昙无谶（385～433）是中印度人，来华后，曾学习汉语三年，然后从事佛经翻译，译经二十余种，如《方等大集经》、《金光明经》、《悲华经》、《菩萨地持经》和《菩萨戒本》等，尤以译出《大般涅槃经》著称。

泰民安，繁荣富强，净饭王为王子取名"悉达多"（意为"一切义成"）。王后摩耶夫人逝世升天，王子由姨母乔答弥抚养。净饭王为防王子出家，让他住在宫楼深处，宫女成群，侍奉他消遣娱乐。王子成年后，净饭王为他迎娶名门淑女耶输陀罗，婚后生子罗睺罗。

第三章《王子忧患》（昙译《厌患品第三》）：王子获得净饭王准许，出宫游园。王子第一次行进在大道上，城中男女老少争相观看王子，赞叹不已。王子也满怀喜悦，感到自己仿佛又获得再生。然而，他在途中遇见一位老人，得知人人都会衰老，便无心游园，返回宫中。后来，他第二次和第三次出宫游园，分别遇见病人和死人。这样，他亲眼目睹世人受老病死束缚折磨，引起他内心震动和忧虑。

第四章《摒弃妇女》（昙译《离欲品第四》）：在遇见死人后，王子吩咐车夫驾车回宫。而车夫遵奉净饭王的旨意，将王子载往城市花园。花园中安排有众多妇女，以种种媚态挑逗和引诱王子，而王子始终保持坚定，毫不动心。祭司之子优陀夷竭力用世俗观念劝说王子，而王子向优陀夷表达自己绝不耽迷爱欲的决心。净饭王得知王子的决心后，与大臣们商量对策，一致认为只能用爱欲束缚王子的心，别无办法。

第五章《离城出家》（昙译《出城品第五》）：王子渴望宁静，出城观赏林地。他看到农夫和耕牛艰辛劳累，而耕地的犁头割碎青草和昆虫，心生悲悯。他在一棵阎浮树下修禅入定，获得寂静产生的至高喜乐。一位比丘出现在他的身旁，向他说明自己是出家求解脱的沙门。由此，王子决定出家。而净饭王不准许他出家。一天夜晚，王子目睹宫中妇女们种种丑陋的睡相，便毅然决然让车夫牵马，离宫出家。离宫时，他发出誓言："如果不看到生死的彼岸，就不再返回迦毗罗城！"

第六章《阐铎迦返城》（昙译《车匿还品第六》）：在太阳升起时，王子到达一处净修林。他吩咐车夫阐铎迦牵马返城，请他转告净饭王和其他亲人不要挂念他，并表明他追求解脱的决心。然后，王子拔剑削去头发和顶冠，又将身上的白绸衣换取一位猎人的袈裟衣。车夫阐铎迦无法劝回王子，只得满怀忧伤，牵马返城。

第七章《入苦行林》（昙译《入苦行林品第七》）：王子进入净修林。他住在那里观察苦行者们修炼的各种苦行。他发现他们只是依靠折磨身体的方式企盼升入天国，毫不察觉生死轮回的弊端，实际是依靠痛苦追求痛苦。于是，他决定离开这个苦行林。其中有位苦行者理解王子志向高远，建议他前往阿罗蓝仙人的净修林。

第八章《后宫悲伤》（昙译《合宫忧悲品第八》）：阐铎迦牵马返城后，城中居民见王子没有返回，满怀忧伤。宫中的妇女们、乔答弥、耶输陀罗和净饭王悲痛欲绝，发出痛苦的哀诉。大臣和祭司安慰净饭王，并表示愿意前去林中，尽力劝回王子。

第九章《寻找王子》（昙译《推求太子品第九》）：大臣和祭司在前往阿罗蓝净修林的路上找到王子。祭司向王子描述净饭王、乔答弥、耶输陀罗以及罗睺罗思念他的凄苦情状，试图用亲情打动他。大臣则依据世俗经典，试图用道理说服他。但王子对他俩的劝说，都作出合理有力的回答，并表达自己的坚强决心："即使太阳会坠落大地，雪山会失去坚定，我若是不见真谛，绝不回家。"

第十章《频毗沙罗王来访》（昙译《瓶沙王诣太子品第十》）：王子越过恒河，来到王舍城，住在般度山。摩揭陀王频毗沙罗得知他是离宫出家的释迦族王子，前来拜访他。频毗沙罗王竭力劝导他遵循传统的人生目的——法、利和欲，放弃出家，接受王权。

第十一章《谴责贪欲》（昙译《答瓶沙王品第十一》）：王子婉拒频毗沙罗王的好意，并向他阐述贪欲是一切祸患的根源，说明人生的最高目的不是法、利和欲。最后，王子表明自己追求的人生最高目的是达到无生老病死、无苦和无惧的无为境界。频毗沙罗王受到感化，祝愿王子顺利达到目的。

第十二章《拜见阿罗蓝》（昙译《阿罗蓝郁头蓝品第十二》）：王子进入阿罗蓝的净修林，向他求教解脱之道。阿罗蓝为他讲解数论原理，分别自我和身体，通过出家、持戒和修禅，逐步认识真谛，达到自我摆脱身体。而王子认为这并非解脱之道，因为处在缘起生存中，自我不可能摆脱身体。王子离开阿罗蓝，又来到郁陀蓝的净修林。而郁陀蓝也执取自我。王子又离开郁陀蓝，来到伽耶净修林，在尼连禅河边，与五位比丘一起修炼苦行。他修炼了六年严酷的苦行，乃至身体消瘦，只剩下皮包骨。由此，他确认苦行也不是解脱之道。于是，他接受牧女布施的牛奶粥。恢复体力后，他前往一棵菩提树下，决心修禅获取菩提。那五位跟随他修炼苦行的比丘认为他已退转，离他而去。而他在菩提树下，结跏趺坐，寂然不动，发誓"不达目的，绝不起座"。

第十三章《降伏摩罗》（昙译《破魔品第十三》）：魔王摩罗发现这位王子发誓追求解脱，对自己统治的领域构成威胁。于是，他率领魔女和魔军前来破坏王子的苦行。而王子坚如磐石，战胜魔女的诱惑和魔军的围攻，降伏摩罗。

第十四章《成正觉》（昙译《阿惟三菩提品第十四》）：降伏摩罗后，王子进入禅定，寻求第一义。他获得宿命通和天眼通，明白众生在生死轮回中受苦，理解苦的根源在于十二因缘，而灭寂这种缘起的方法是遵行八正道。由此，王子觉悟成佛。而他顾虑众生受贪、瞋、痴蒙蔽，恐怕难以理解这种深邃的解脱法，但又想到自己原本立下的誓愿，觉得应该宣法。此时，梵天前来劝请佛陀说法。于是，佛陀动身前往迦尸城。

本章梵本至第31颂，以下部分以及第十五章至第二十八章缺失。因此，本章第31颂以下以及后面各章的内容介绍依据昙译。

昙译《转法轮品第十五》：佛陀来到迦尸国波罗奈城五比丘修行处。这五比丘原先曾陪随王子修炼苦行。现在王子得道成佛，回来首先度化他们，向他们宣讲四圣谛和八正道。这也是佛陀初转法轮。

昙译《瓶沙王诸弟子品第十六》：佛陀又度化青年耶舍。而后，他前往伽阇山度化迦叶三兄弟。当晚，他住宿在恶龙盘踞的石窟中，降伏喷火的恶龙。继而，他前往王舍城，度化瓶沙王。

昙译《大弟子出家品第十七》：佛陀应瓶沙王之请，迁往竹园。舍利弗遇见进城乞食的佛弟子，便与好友目犍连一起拜见佛陀，皈依佛陀。而后，佛陀又度化大迦叶。

昙译《化给孤独品第十八》：给孤独长者从憍萨罗国来到竹园，拜见佛陀，聆听佛陀说法，皈依佛陀。然后，给孤独长者用重金买下祇园，建造精舍，布施给佛陀。

昙译《父子相见品第十九》：佛陀重返故乡迦毗罗城，为父亲净饭王说法。净饭王和释迦族众多弟子阿难、难陀和阿那律等以及祭司之子优陀夷和理发匠之子优波离都皈依佛陀。

昙译《受祇桓精舍品第二十》：佛陀前往憍萨罗国，给孤独长者迎请佛陀入住祇园。波斯匿王前来拜见佛陀，聆听佛陀说法，皈依佛陀。然后，佛陀升入忉利天，为母亲说法，报答母恩。

昙译《守财醉象调伏品第二十一》：佛陀继续在各地宣法，度化众生。提婆达多看到佛陀功德辉煌，心生妒忌，放出醉象，企图谋害佛陀。而醉象一见佛陀，立即醒悟，跪伏佛陀足下。提婆达多则为此恶行而堕入地狱。

昙译《菴摩罗女见佛品第二十二》：佛陀继续前往各地宣法，来到维舍离城菴摩罗林。菴摩罗女前来拜见佛陀。佛陀也为她说法，并接受她提出的供养邀请。

昙译《神力住寿品第二十三》：佛陀在菴摩罗林为离车族诸长者说法。然后，前往毗纽村，度过三个月的"雨安居"后，返回维舍离。此时，魔王摩罗前来提醒佛陀曾在尼连禅河边说过完成应该做的事后，就会进入涅槃。佛陀告诉摩罗，自己在三个月后，进入涅槃。

昙译《离车辞别品第二十四》：阿难闻听佛陀即将进入涅槃，泪流满面。佛陀安慰阿难，说自己今后安住"法身"，佛身有存亡，而"法身长存"。佛陀嘱咐大家今后要以自己为岛屿，以法为岛屿。然后，佛陀辞别离车族，前往涅槃处。

昙译《涅槃品第二十五》：佛陀离开维舍离，前往蒲加城，住在坚固林，教诫众比丘今后要依法、依经和依律。然后，佛陀前往波婆城，吩咐阿难在双林间安置绳床，他头朝北方，右胁侧卧。力士族众力士前来看望，佛陀安慰他们，为他们说法。

昙译《大般涅槃品第二十六》：婆罗门跋陀罗前来求见佛陀，佛陀同意为他说法。跋陀罗闻法后，先于佛陀进入涅槃。佛陀称跋陀罗是自己的最后一位弟子。然后，佛陀为众比丘作最后一次说法。最后，佛陀通过禅定，进入涅槃。

昙译《叹涅槃品第二十七》：天神、天国仙人和阿那律先后哀叹佛陀逝世。力士族众力士前来哀悼佛陀，为佛陀举行火葬。然后，用金瓶收藏佛舍利，回城供养。

昙译《分舍利品第二十八》：周围七国国王前来请求分得佛舍利。众力士不同意。于是，七王举兵围城，战争一触即发。后经一位婆罗门从中调停，众力士同意与七王平分佛舍利。从而，佛舍利得以在各地建塔供养。然后，五百罗汉返回耆阇崛山，结集经藏。由阿难诵出佛陀生前所说，每部经都以"如是我闻"起首。

在汉译佛经中，还有一部题名为刘宋宝云①译的《佛本行经》。在历代经录中，《佛所行赞》和《佛本行经》这两个书名存在混淆不清之处。如僧祐《出三藏记集》卷第二记载宝云译经两种，其中有《佛所行赞》五卷，夹注"一名《马鸣菩萨赞》，或云《佛本行赞》"。这里的《马鸣菩萨赞》可能不是书名，而是指马鸣菩萨撰。慧皎《高僧传》卷第三中也记载宝云译《佛本行赞经》。而《大唐内典录》卷第三记载昙无谶译经二十四部，其中有《佛本行经》五卷，夹注"第二出"。卷第四记载宝云译经四部，其中有《佛所行赞》五卷，夹注"一云《佛本行》七卷，或云传，马鸣撰"。此后《开元释教录》卷第四又记载昙无谶译经十九部，其中有《佛所行赞经传》五卷，夹注"或云经，无传字，或云传，无经字，马鸣菩萨造"。卷第五记载宝云译经四部，其中有《佛本行经》七卷，夹注"或云《佛本行赞传》"。

看来，昙无谶译《佛所行赞》和宝云译《佛本行经》这样的题署基本上是由《开元释教录》定下的。但存在的疑点是：《出三藏记集》和《高僧传》均未提及昙无谶译《佛所行赞》，而只记载宝云译《佛所行赞》（或称《佛本行赞经》）。然后在《大唐内典录》中出现了昙无谶译《佛本行经》和宝云译《佛所行赞经传》。其中称昙无谶译的《佛本行经》是"第二出"。那么，"第一出"是指什么？同时，与《出三藏记集》一样，点明宝云译的《佛所行赞》是马鸣菩萨造。此后《开元释教录》将《大唐内典录》关于这两者的情况颠倒了一下，又不知依据什么？一般说来，早期的记载应该更接近历史事实，是否《佛所行赞》的真正译者应该是宝云？这些疑点恐怕一时难以澄清。我们现在只能按照既定事实，认同《开元释教

---

① 宝云（376～449）也是中国佛经翻译史上的一位重要翻译家。他是凉州人，幼年出家，曾西行求法，遍学西域各地语言和天竺梵语，回国后从事佛经翻译。除了《佛本行经》外，他还译有《付法藏经》、《新无量寿经》和《净度三昧经》。在求那跋陀罗译《胜鬘经》和《入楞伽经》时，他担任传译。他还与智严合译《普曜经》、《广博严净经》、《四天王经》和《无尽意菩萨经》。

录》的题署。

由于历代经录中存在的这种歧异，加上《佛所行赞》和《佛本行经》在叙事内容上有相似之处，故而也有认为这两部作品可能是"同本异译"者。所幸《佛所行赞》的梵本得以留存于世，这样，我们与梵本对照阅读，可以确认这是同一题材的两部作品。上面已经介绍昙无谶译《佛所行赞》的主要内容，下面扼要介绍宝云译《佛本行经》的主要内容。《佛本行经》共有三十一品：

《因缘品第一》：在佛陀涅槃两百年后，阿育王建造八万四千塔供奉佛陀，天龙鬼神欢欣鼓舞，声震天下。金刚力士闻听震动声，追忆佛陀功德。而在佛陀去世后升入天国的一些天神首次闻听佛陀的名号，向金刚力士询问佛陀的功德。于是，金刚力士为他们讲述佛陀的功德。

《称叹如来品第二》：概述佛陀的功德。

《降胎品第三》：佛陀在兜率天观察世间，决定降生为释迦族白净王（即净饭王）之子。这样，王后梦见六牙白象进入腹中，知道自己已经怀孕，便移居清净的园林。

《如来生品第四》：在一个吉祥日，这位释迦王子从王后右胁出生。他一出生，光芒普照天下，众天神顶礼膜拜。

《梵志占相品第五》：婆罗门占相师预言王子在家则成为转轮王，出家则成为佛陀。

《阿夷决疑品第六》：仙人阿夷（即阿私陀）来访，断言王子必将成佛，并哀叹自己命限已到，无缘聆听佛法。

《入誉论品第七》：王子年满十六，通晓技艺，文武兼备，与释迦族执杖之女成婚。

《众婇女游居品第八》：六万婇女围绕王子身边，而王子面对种种欲乐诱惑，毫不动心。妃子梦见王子出家。

《现忧惧品第九》：王子四次出宫游览，分别遇见病人、老人、死人和沙门。

《阎浮提树荫品第十》：王子再次出宫游览，深感尘世无常，在阎浮树下沉思入定。回宫后，请求父王同意他出家，父王不允。

《出家品第十一》：王子再次向父王表达出家的心愿。于是，父王吩咐诸臣严密守护王宫。当晚，王子看到婇女们睡眠的丑态，决意离宫出家。净居天神们施展神力，令侍卫们陷入昏睡。王子让车夫车匿（即阐铎迦）牵来犍陟马，顺利离宫出城。

《车匿品第十二》：王子拔剑削发，成为出家人。他将身上的装饰品托付车匿，打发车匿牵马返城。车匿泣别王子。

《瓶沙王问事品第十三》：王子在山林中用自己的金婇衣换取一位猎师的袈裟衣。他进入王舍城乞食。瓶沙王看到他后，亲自拜访他住宿的槃陀山，对他在少壮时出家困惑不解。

《为瓶沙王说法品第十四》：王子向瓶沙王说明尘世无常，众生受贪瞋痴驱使，陷入苦难，因此他决心出家，寻求解脱之道。

《不然阿兰品第十五》：王子拜仙人阿兰（即阿罗蓝）为师，求取摆脱"老病苦死"之道。而听完阿兰的教导，王子认为阿兰所说并非真正的解脱之道。王子转而向仙人迦兰（即郁陀蓝）问法，同样不能如愿。于是，他来到尼连禅河畔修炼严酷的苦行，历时六年，仍然不能获得解脱之道。这样，他放弃苦行，前往道树下端坐修禅。

《降魔品第十六》：魔王前来扰乱王子，而王子寂然不动，降伏魔女和魔军。然后，王子继续修禅，觉知十二缘起，终于得道成佛。

《度五比丘品第十七》：梵天劝请佛陀转动法轮。于是，佛陀前往波罗奈城向五比丘宣讲四圣谛和八正道，初转法轮。

《度宝称品第十八》：佛陀度化宝称（即耶舍）、迦叶三兄弟、瓶沙王、受训（即舍利弗）、目犍连和须达（即给孤独长者）。

《广度品第十九》：佛陀继续前往各地说法，度化众生。

《现大神变第二十》：一些梵志（婆罗门）看到佛陀扬名于世，心生妒忌，合议要与佛陀比试神变。佛陀接受挑战，展现种种大神变，并为众生说法，度化无数众生。

《升忉利天为母说法品第二十一》：佛陀升入忉利天，为母亲说法，度化母亲。

《忆先品第二十二》：佛陀应阿难之请，讲述自己在前生行善积德的故事（即佛本生故事）。

《游维耶离品第二十三》：维耶离城发生瘟疫，佛陀应邀前去消灾。然后，佛陀接受捺女（即菴摩罗女）供养，度化捺女。

《叹定光佛品第二十四》：佛陀向阿难讲述自己在过去世曾经买花献给定光佛（即燃灯佛），定光佛授记他未来成佛。

《降象品第二十五》：调达（即提婆达多）放出醉象，企图谋害佛陀。佛陀调伏醉象。调达又陷害一位虔信佛陀的青年高度。阿阇世王下令处死高度。而高度宁死不归顺调达，临刑之际，一心念佛。佛陀及时赶到，救下高度。阿阇世王也由此醒悟，皈依佛陀。

《魔劝舍寿品第二十六》：魔王提醒佛陀曾说过完成应该做的事后，便舍弃生命。佛陀告诉魔王，自己将在三个月后舍弃生命。

《调达入地狱品第二十七》：调达得了重病，堕入地狱，在地狱中受尽酷刑。目连（即目犍连）在佛弟子中为"神通第一"。他进入地狱，目睹调达的遭遇。阿阇世王闻听后，忏悔自己以往的罪过，更加虔诚供奉佛陀。

《现乳哺品第二十八》：佛陀来到力士族，讲述佛的乳哺力、福德力、智慧力、神足力和定意力，但世间一切归于无常，即使是佛，寿命也有尽头。

《大灭品第二十九》：佛陀前往双树林，右胁侧卧，面向西方，头朝北方。他为前来求见的须跋（即跋陀罗）说法。须跋顿时觉悟，先于佛陀入灭。佛陀又为众比丘说法。最后，佛陀通过禅定，进入涅槃。

《叹无为品第三十》：天国仙人和佛弟子阿那律哀叹佛陀逝世。众力士为佛陀举行火葬后，取回舍利，隆重供养。

《分舍利品第三十一》：周围七国国王要求分得舍利。众力士不同意。于是，七王发兵围城。后经调解，众力士与七王平分舍利，在各地建塔供养。

通过对照，首先可以确定昙译《佛所行赞》前十四品与梵本完全一致，由此也可以说明昙译《佛所行赞》与马鸣的原作一致。这样，再将昙译《佛所行赞》与宝云译《佛本行经》对比，可以发现《佛本行经》的前三品以及《忆先品》、《叹定光佛品》和《调达入地狱品》不见于《佛所行赞》，而《佛所行赞》的《合宫忧悲品》、《推求太子品》和《父子相见品》不见于《佛本行经》。其余部分的内容和情节大体一致，其中也有不少细节描写相似处，但无论叙事的详略或文字的表达，都存在明显差异，因此，不可能是同一部作品。

至于这两部作品的产生年代孰先孰后，因无史料佐证，难以确定。但从《佛本行经》的情节内容相对多于《佛所行赞》，或许《佛本行经》的产生年代晚于《佛所行赞》，在创作中可能对《佛所行赞》有所借鉴。如果对这两部作品的创作水平进行比较，就诗歌艺术而言，在对佛陀生平事迹的取舍剪裁、情感渲染和形象描绘等方面，《佛所行赞》都明显高于《佛本行经》。这或许也是《佛本行经》的梵本最终失传，而《佛所行赞》的梵本（尽管残存前半部分）得以流传至今的原因。当然，《佛本行经》的梵本失传仍是可惜的，否则，在梵语文学史中又可以增加一部古典梵语叙事诗。

我们还可以将《佛所行赞》放在梵语文学史中加以考察。《佛所行赞》符合自七世纪开始出现的梵语诗学著作对古典梵语叙事诗作出的艺术规范。实际上，这些艺术规范也是梵语诗学家依据自马鸣至七世纪之间出现的古典梵语叙事诗的理论总结。古典梵语叙事诗要求分章，《佛所行赞》分成二十八章。内容通常含有情爱、政治和战斗等，《佛所行赞》第四章中描写后宫妇女竭力引诱王子沉湎情爱欢乐，第九章和第十章中分别描写净饭王的大臣和频毗沙罗王劝说王子履行治国职责，第十三章中描写王子战胜魔女和魔军，降伏摩罗。还有，《佛所行赞》中使用多种诗律，语言纯朴优美，明喻、隐喻、夸张、奇想、用典和谐音等修辞手段丰富，人物形象生动，并注重传达各种情味。

但是，与其他的古典梵语叙事诗相比，《佛所行赞》的后半部分，描写佛陀在各地度化众生，从不同侧面宣说四圣谛和八正道，说教的内容多了些。他的另一部叙事诗《美难陀传》同样诗艺高超，同样也是后半部分的说教内容多了些。当然，这些说教内容并不完全是抽象的说理文字，常常含有形象生动的比喻。对于喜爱聆听佛法的信众来说，或许还会更受欢迎。马鸣本人也意识到自己创作的叙事诗有别于其他作者的叙事诗。他在《美难陀传》的结尾部分写道：

> 这部作品蕴含解脱的主题，求平静，而非求欲乐，
> 采用诗歌形式是为了吸引那些驰心旁骛的听众，

我按照诗歌规则，在诗中除了解脱，也描写其他，

是为了打动人心，犹如苦药伴有蜜汁，便于喝下。（18.63）

唐义净在《南海寄归内法传》中这样评价《佛所行赞》："意明字少而摄义能多，复令读者心悦忘倦，又复纂持圣教能生福利。"确实把握住了《佛所行赞》的思想内涵和艺术特点。

三

《佛所行赞》是叙事诗，昙无谶的汉译也采用诗体，而且通篇采用汉语五言诗体。我们可以利用这个机会，结合昙译《佛所行赞》，初步考察一下汉译佛经中的译诗问题。

印度古代文体中，诗体不仅用于文学作品，也广泛用于哲学和科学著作，这与印度古代偏重口头传承的文化形态密切相关。诗体的语言形式首先表现在诗律上。在最早的吠陀颂诗中，每个诗节一般由三行或四行（偶尔五行）组成，而每行一般由八个、十一个或十二个（偶尔五个）音节组成，这些音节按照长短音的有规则配合，形成不同的诗律。后来，在两大史诗《摩诃婆罗多》和《罗摩衍那》中，诗节一般由四行组成，每行由八个音节组成，诗律主要使用输洛迦体（śloka），或称阿奴湿图朴体（anuṣṭubh）。输洛迦体诗律本身有多种格式，但常用格式的规则是每行八个音节中，第五个音节要短，第六个音节要长，第七个音节长短交替。佛经大量使用诗体或韵散杂糅的文体。这种输洛迦体也是佛经中的常用诗体。慧皎《高僧传》卷第二中提到鸠摩罗什"年七岁，亦俱出家，从师受经，日诵千偈，偈有三十二字"。这里所说的"偈"便是这种诗体。在汉译佛经中，也称"颂"或"偈颂"，音译为"室路迦"、"输卢迦"、"首卢迦"或"首卢柯"等。偈颂也称为"伽他"（gāthā，或译"伽陀"）。伽他也是巴利语中的常用名称，指一个诗节。但要注意的是，汉译佛经中常将诗体统称为"偈颂"，而佛经中的诗体并非只是这种四八三十二个音节的输洛迦体。

《佛所行赞》中也有一部分诗节使用这种输洛迦诗体。这里举出其中一节（4.2），予以图解说明它的诗律格式：

abhigamya ca tāstasmai

vismayotphullalocanāḥ |

cekrire samudācāraṃ

padmakośanibhaiḥ karaiḥ ‖

（她们走向这个王子，

睁大着惊奇的眼睛，

双手合十似含苞莲花，

热诚向王子表达敬意。）

∪ ∪ — ∪ ∪ — — —

— ∪ — ∪ — ∪ — —

— ∪ — ∪ ∪ — — —

— ∪ — ∪ ∪ — ∪ —

    这里的符号∪表示短音节，一表示长音节。梵语的语音分成元音和辅音，相当于汉语的韵母和声母。元音能单独成为音节，而辅音必须与元音结合构成音节。用短元音构成的音节是短音节，用长元音构成的音节是长音节。而在鼻化音、送气音 ḥ 和复辅音前的短元音也算作长元音，构成长音节。这是梵语诗律中关于长短音节的一般规则。

    马鸣处在古典梵语文学时期。在这个时期，为了适应文学表达的需要，梵语诗律得到很大发展。诗节一般由四行组成，而每行的音节数量愈益增多，长短音节的有规则配合的格式也变化多端，故而诗律格式的数量难以准确统计。当然，总还是有一些常用的诗律格式。《佛所行赞》也体现这一时期的梵语诗律应用方式。《佛所行赞》现存梵本前十四章中主要使用的诗律除了输洛迦体外，还有乌波迦提体（upajāti）和凡舍斯陀体（vaṃśastha）。其中前者每行十一个音节，后者每行十三个音节。其他少量使用的诗律有 aupacchandasika、rucirā、praharṣihī、mālinī 和 śikhariṇī。这几种诗律每行的音节在十一个至十七个之间。

    了解了以上梵语诗律的构成方式，就会知道这样的诗律在汉语中是无法移植的。梵语是屈折语，使用拼音文字，而汉语是孤立语，使用表意文字。汉语的诗律格式自然不同于梵语。先秦时期的《诗经》以四言诗为主，诗律主要体现在一顿两拍的节奏和押尾韵，词语中还注意使用叠音词和双声叠韵。魏晋南北朝是五言古诗和七言古诗的兴盛时期，诗律体现在注意节奏感、声调的调谐和词语中运用对偶，押尾韵。其间，随着佛经翻译活动的展开，受梵语语言理论的启示，发明四声说和声律说，由此产生五言律诗。五言律诗至唐代达到成熟，并进而产生七言律诗。这些律诗的诗律主要体现在平仄声的有规则配合和押尾韵。

佛经翻译兴盛于魏晋南北朝时期，故而佛经中的诗体翻译普遍使用四言、五言和七言诗体。鉴于梵语诗律无法在汉语中移植，同时佛经中的诗歌大多不是艺术诗歌，所以佛经中的诗歌翻译重在传达意义，并不特别关注诗律形式。自然，在翻译中也会适当注意文字节奏和押尾韵，但并无严格要求。然而，诗歌中不属于诗律的修辞方式（除了词音修辞），在汉译中还是能得到充分体现的。

昙译《佛所行赞》通篇采用五言诗体。原文中的输洛迦体（4.1～96，6.1～55，12.1～115，14.1～31），[①] 大多译为五言四句。输洛迦体四行共有三十二个音节，五言四句共有二十个字。汉语中一个音节构成一个字。一个字可以独立成词，也可以与另一个字组成一个词。而梵语中一个音节可以构成一个词，但属于少数，多数是由两个或三个音节构成一个词。因此，一般说来，五言四句二十个字，基本上能适应输洛迦体的三十二个音节。这也符合昙译《佛所行赞》中用五言四句对应输洛迦体的情况。而且，有时不仅在文字表述上能做到完全对应，还显出译文比原文更雅致一些，如6.46、47、52和53。

然而，用五言四句对应其他梵语诗律，即每行音节在八个以上的诗律，情况就不一样。乌波迦提体是《佛所行赞》中使用最多的一种诗律（1.8～24和40～79，2.1～65，3.1～62，6.56～65，7.1～57，9.1～71，10.1～39，11.1～57，12.1～69），每行十一个音节。译为五言四句，常常会删略个别或少量词语，如2.5和46。译为五言六句，常常能完全对应，如1.70和72。译为五言八句，有时完全对应，如1.69，有时会添加少量词语，如

① 关于《佛所行赞》中的诗律统计，参阅 E. H. Johnston, Buddhacarita, Part 2, Introduction, New Delhi, 1995。

3.35 和 57。译为五言十句，常常会添加一些词语，如 1.21 和 2.55。译为五言二句或三句，则必定会简化内容。也有译为五言五句或七句，则情况与五言六句类似。

另一种每行十三个音节的凡舍斯陀体以及其余几种诗体的情况可以依据乌波迦提体类推。

但是，我们需要注意的是，综观昙译《佛所行赞》，译文中出现删略或增添，原因也不能完全归于梵汉诗律不同。因为译者本身在主观上就没有一定要依照原文逐字逐句译出的想法，而更多考虑的是怎样适应汉语的表达方式，便于读者理解和接受。所以，文字表述大多会有不同程度的变易，甚至索性按照原诗大意，加以改写。这样，昙译通篇采用五言诗体，而针对每种梵语诗律，究竟每节诗译为五言几句也就没有定规。如果不对照梵本原文，单凭汉译也就很难准确区分或还原原文的诗节。

昙译《佛所行赞》中还有明显删略原文的现象。如 2.31 和 32 描写宫中妇女以种种媚态取悦王子，完全删略；3.13~20 描写王子出宫游园途中，城中妇女争相观看王子，有些描写带有艳情色彩，完全删略；4.39~53 描写园林中妇女们挑逗和引诱王子，完全删略，而代之以五言十二句的简略描述；5.50~62 描写王子目睹宫中妇女们种种丑陋的睡相，则予以压缩，改写成五言十三句，删略了那些带有艳情色彩的词语。这些删略更是无关乎诗律，而完全是顺应汉地的伦理观念和心理习惯。

与昙译《佛所行赞》通篇采用五言诗体不同，宝云译《佛本行经》采用四言、五言和七言三种诗体，其中又以四言和五言居多。但因为《佛本行经》梵本已失传，无法考察其中梵汉诗体的对应情况。

与宝云译《佛本行经》的情况相同，地婆诃罗译《方广大庄严经》（即《神通游戏》）也采用四言、五言和七言三种诗体。[①]《方广大庄严经》梵本原文使用韵散杂糅的文体，其中的诗体以每行音节在八个以上者居多，只有少量每行八个音节的输洛迦体。地译中体现的梵汉诗体对应情况大致如下：

输洛迦体一般译为五言四句，如 26.52~74，词语基本上都能对应。每

---

① 《梵汉对勘神通游戏》，中国社会科学出版社，2012。

行音节在十一个和十三个之间的诗体：有些译为七言四句，如 1.1~5，词语基本上都能对应。有些译为五言诗体，如 3.1~20，其中，多数译为五言四句，词语或者都能对应，或者略有简化；少数译为五言二句，则词语更为简化；个别译为五言五句、六句或七句，词语也都能对应。有些译为四言诗体，如 13.69~119，其中，译为四言八句乃至九句或十句者，词语基本上都能对应；译为四言六句或五句者，词语有所简化；译为四言四句乃至三句或二句者，则词语更为简化。还有每行音节更多的诗体，如 6.23~37，每行十五个或十六个音节，译为七言四句或六句，词语基本上都能对应。又如 7.22~29，每行十七个或十八个音节，译为五言八句，词语基本上都能对应；译为五言六句，则词语略有简化。

可以说，昙译《佛所行赞》和地译《方广大庄严经》中梵汉诗体转换的情况大体上也反映汉译佛经中的译诗情况。当然，其中存在的简化倾向除外。因为《佛所行赞》是叙事诗，《方广大庄严经》中的诗体也主要属于叙事诗。汉译佛经中的说理诗的翻译情况显然不同，通常都是严格按照原文翻译的，如鸠摩罗什翻译的《中论》中的偈颂，求那跋陀罗、菩提留支和实叉难陀先后翻译的《入楞伽经》中的偈颂。而且，即使是叙事诗，是否有简化倾向或简化的程度如何，也与各位译者的翻译理念和方法密切相关，不能一概而论。

四

马鸣《佛所行赞》的梵本最早是由英国学者考威尔编订的，出版于 1893 年，继而由考威尔本人译为英语，出版于 1894 年（《东方圣书》第 49 卷）。这个编订本依据两个尼泊尔梵语抄本，共有十七章，其中后三章不是马鸣原作，而是由一个名为甘露喜（Amṛtānanda）的尼泊尔学者续写的。因此，马鸣的《佛所行赞》实际残存前十四章。

在《佛所行赞》梵本发现之前，英国学者比尔（S. Beal）曾依据《佛所行赞》汉文全译本译为英语，出版于 1883 年（《东方圣书》第 19 卷）。比尔在译本前言中谈到自己应《东方圣书》编者邀请翻译汉译佛经。他首先翻译《普曜经》。而在翻译过程中，他发现其中文字难点太多，即使已经译出全经八卷中的前六卷，最终还是放弃了。然后，他翻译《佛所行赞》，尽管在翻译过程中依然遇到不少文字难点，还是坚持译完了。因此，他谦逊地表示这个译本只能算是尝试性的。今天我们读他的这个英译本，尽管会发现译文中多有不确或错误之处，但从总体上看，不能不敬佩他能翻成这样，已经实属不易。实际上，这个英译本对于后起学者校勘和翻译梵本《佛所行赞》仍然起到了一定的参考作用，尤其是能了解已经失佚的梵本后十四章的内容。

后来，约翰斯顿又依据在尼泊尔新发现的《佛所行赞》梵语抄本（藏于加德满都图书馆）校勘出版新的编订本，并由他本人译为英语，合为一册出版（Buddhacarita, or Acts of the Buddha, Calcutta, 1935-1936）。其中的《佛所行赞》英译不单是依据梵本翻译的前十四章，还包括依据汉译和藏译转译的后十四章。他还对马鸣及其《佛所行赞》做了全面深入的研究，体现在他为这部著作撰写的长篇导言中。应该说，这是迄今为止国际上关于马鸣《佛所行赞》的最有参考价值的一部学术著作。

我这次进行《佛所行赞》梵汉对勘，梵本就是依据约翰斯顿的这个编订本（Munshiram Manoharlal Publishers Pvt Ltd, New Delhi, 1995）。昙译《佛所行赞》则采用《中华大藏经》（第五十册）提供的文本。《中华大藏经》有个明显的优点，即每部经文都附有校勘记。通过梵汉对勘，对于读通梵语原文和汉语译文，准确把握和领会其中的一些词语，都有很大帮助。因此，我在梵汉对勘中，也注意利用这个校勘记，选择其中提供的一些可取的读法，在注释中标出，供读者参考。

由于《佛所行赞》的梵本只有前半部分，为了保持经文的完整性，我也附上昙译《佛所行赞》的后半部分，而且尽我所能，也为这部分做了注释，供读者参考。对我来说，离开了梵汉对勘，从事汉文佛经注释，感觉颇有难度。故而，注释中如有不当之处，欢迎读者批评指正。

范晶晶和张冬梅读过本书前十四章梵汉对勘的打印稿，帮助改正了不少错字。最后，郑国栋为我的这部书稿的电子文本，按照出版要求的版面格式做了编排工作，在此一并表示诚挚的感谢。

本文原刊于《梵汉对勘佛所行赞》（中国社会科学出版社，2015）

反浪漫主义：盖斯凯尔夫人如何描写哈沃斯村

程 巍[*]

一

1861 年，一位名叫麦克兰兹伯里斯（John McLandsborough）的布拉德福德市工程师因崇拜夏洛蒂·勃朗特（Charlotte Brontë），也像其他"文学朝圣者"（literary pilgrim）一样对她的家乡约克郡西部山区的哈沃斯村（Hawoth Village）充满好奇，遂决定去凭吊一番。乘火车到达基斯利镇（Keighley）后，他惊讶地发现通往哈沃斯村的只有一条坑坑洼洼的乡村公路，似乎三四十年代席卷英国许多地区的"铁路狂潮"（the Railway Mania）把这片地理上并不算偏远的山区给遗忘了。话说回来，在 1847 年勃朗特姐妹的文学名声鹊起从而使来哈沃斯村"朝圣"的人络绎于途之前，这片只能胡乱生长些灰紫色帚石楠、山坡上遍布大大小小的黑石头的荒凉高沼地又有什么值得逐利的铁路投资者掏腰包呢？直到 1840 年，自己尚且未通铁路的基斯利镇的报纸谈起哈沃斯村时依然不屑地说它"直至最近才或许刚刚摆脱半野蛮状态"（Gaskell，1900：198）。如今却不同，因为勃朗特姐

---

* 程巍，中国社会科学院外国文学研究所副所长，研究员。

妹，这片默默无闻的贫瘠山区突然变得格外浪漫了，在英国文学地图上像神秘的圣山一样突然隆起，比那帮浪漫派才子佳人曾徜徉过的北部"湖区"更投合维多利亚中期中产阶级的道德和美学的想象力。

麦克兰兹伯里斯随即倡议从附近通铁路的城镇修一条支线到哈沃斯村，并获得约克郡商人和格外看重本乡声望的地方政治人物的赞同。一次次会议在距勃朗特故居不远的黑牛客栈召开，探讨这条支线将给哈沃斯村带来的利益。据会议记录，"与会者完全相信，修筑一条从基斯利通到哈沃斯的铁路，对维护本地财产的价值、促进本地福利及工业进步，不可或缺"（KWVR）。会议决定成立基斯利—沃斯河谷铁路（Keighley & Worth Valley Railway）公司，选定从 4 英里外的新兴毛纺业城镇基斯利沿西南方向的沃斯河谷修一条单线铁路。公司在获得议会授权后，开始发行股票，并任命麦克兰兹伯里斯为工程师。1864 年 2 月 9 日，开工仪式在哈沃斯村举行，约克郡几位政要送来了一柄雕有橡树的银铲以及一推车橡树枕木以志庆贺，并支付了仪式所花费的酒钱。铁路线与原先那条公路（"朝圣之路"）并行，但它隔在公路与哈沃斯村之间，为确保步行者无须横穿铁路便可安全到达哈沃斯村，在距离村口不远的地方，铁路线下面留出一个步行通道。到 1867 年 4 月 13 日，这段只有 5 个车站、全长 5 英里的铁路才告竣工，并在哈沃斯火车站举行了隆重的通车仪式。选在这里举行通车仪式，正如当初的开工仪式，理由不言自明——那是"勃朗特之乡"。

通车仅一个月，《基斯利新闻报》（Keighley News）就评论道："自沃斯河谷铁路开通以来，它已成为成千上万的人到哈沃斯这个古老村落参观的交通手段。在过去几个周末，成百上千的人在这个浪漫之地享受了纯净空气和山间微风。所有情形都表明，这里极可能成为夏季休闲场所"（KWVR）。现在反倒是作为这条"文学朝圣"之路的中转站的基斯利镇从哈沃斯村获得经济好处了——那里大大小小的客栈为依然选择步行去哈沃斯村的大量朝圣者提供着食宿。达尔比（Stuart Dalby）说："这条铁路线的名声大部分归因于哈沃斯站，因为勃朗特姐妹出生在哈沃斯村"（80）。尽管他弄错了勃朗特姐妹的出生地——其实是"山那边"的桑顿村（Thornton Village）——但他的评论是符合事实的。正如赫维特（Peggy Hewitt）所说，这条铁路"改变了哈沃斯村的形状。随着一溜溜联立房屋建造起来，哈沃斯村从半山腰向下蔓延到河谷，又从对面山坡向上蔓延"（Hewitt：117–118）。

不过，对虔诚的文学朝圣者来说，望见河谷里出现一列拖着长长的黑烟的工业怪物，还是有些不悦，这破坏了他们对哈沃斯村"原始性"的浪漫想象。而且，他们既熟悉《简·爱》，自然就熟悉17世纪清教徒作家约翰·班扬的寓言作品《天路历程》——有清教主义倾向的夏洛蒂在《简·爱》的最后部分大量挪用这部作品，以便在简·爱、传教士圣约翰（Rev. St. John Rivers）与班扬笔下历尽艰险的朝圣者之间产生一种隐喻重叠——把"文学朝圣"想象成一种与地理上的"艰难跋涉"相联系的内心之旅。即便有火车，他们还是宁愿选择将基斯利镇作为步行出发点的传统朝圣仪式。

其实勃朗特一家与"铁路狂潮"有着相当复杂的纠葛。夏洛蒂颇有才气的弟弟勃兰威尔（Branwell）1840年被任命为利兹—曼彻斯特铁路线（Leeds & Manchester Railway）上的索尔贝桥火车站（Sowerby Bridge Station）助理售票员，一年可挣75英镑，这已是相当体面的薪水，次年又升职为鲁登登山脚火车站（Luddenden Foot Station）售票员，不过他游手好闲的老毛病又犯了，还酗酒，不久被下派到一个偏远乡下火车站，那里经过的火车一天也没几趟，"他百无聊赖，孤独地坐在车站售票木棚里，时不时地在铁路账簿的空白处画些素描"（Willis：71）。此时更糟的事降临在他头上：公司查出他在担任鲁登登山脚火车站售票员时"账目违规，手下盗用公款"（*Reilway*：7），把他解雇，从此他就沦为了酒鬼和瘾君子，整天泡在黑牛客栈与一帮坏小子厮混。

他的放浪形骸给家庭经济前景造成极大不安。颇有经济头脑的姐妹们开始投资冒险。1842年，她们的姨妈伊丽莎白（Elizabeth Branwell）去世，给她们每人留下一笔300英镑的遗产，时值"铁路狂潮"，她们就用遗产的大部分买了约克—北部内陆铁路公司（the York & North Midland Railway Company）的股票，还买了一些矿山股票。可惜她们未能在股值飙升时出手，结果1845年下半年铁路股值开始一路狂跌，在持股人那里引发"铁路股票恐慌"。夏洛蒂也是忧心忡忡，不仅关注报上每天的股票走势和股评家的分析，还在致密友的信中屡向她们征求建议。到1849年10月，她在致《简·爱》当初的审稿人史密斯（George Smith）的信中还痛惜道："那笔生意的确糟，比我想象的还糟，比父亲料想的要糟。事实上，我拥有的那些铁路股票，若按最初价格，已够我一生温饱了——我并非有浪费的想法和习惯的人。现在，我肯定不能指靠它们了"（Shorter，Vol. Ⅱ：77）。在惋惜自己未能在这场投资冒险中获利后，她转而谴责"这种铁路制度夺走了许多人每日的面包"。这倒是回夺道德制高点的漂亮的反戈一击。

其实这时她已是"薄有资产"的人，她本人及已去世的艾米丽（Emily）和安妮（Anne）的著作一直卖得很好。于是，她把现在只有她和父亲及两个女仆居住的牧师住宅好好装修了一番，又添置了许多深红色的新家具，给 1853 年秋去哈沃斯村探望她的盖斯凯尔夫人（Mrs. Gaskell）留下了深刻影响：

会客室里的家具显然是近年新置换的，勃朗特小姐的文学成功使她有能力多花一些钱。房间里的一切都与作为小康之家的乡村牧师住宅的观念相配，也很和谐。房间的主色调是深红色，与关在户外的那片寒冷灰暗的景致形成一个截然不同的氛围（Shorter，Vol. Ⅱ：337）。

在 1847 年 5 月致闺蜜纽西（Ellen Nussey）的信中，夏洛蒂因约克—中部内陆铁路没通到哈沃斯村而感到遗憾："那条铁路线已开通了，但只通到了基斯利镇"（Shorter，Vol. Ⅰ：350 – 51）。她不得不依然沿着那条坑坑洼洼的乡村公路步行到基斯利镇。山区天气多变，走在这条无遮无挡的公路上往往会遭遇阵雨，就像 1847 年 9 月她在布拉德福德一个朋友家改完《简·爱》校样后乘火车到达基斯利镇，再"从基斯利步行回家，一路上，雨下得很大，又刮着大风"（Gaskell，1900：339）。可以想象，如果她能活到看见基斯利—沃斯河谷铁路的兴建，她一定会在这条因她们姐妹的文学名声才有并将成为"文学朝圣"方便之路的铁路线上投资。

文学朝圣者主要是在 40 年代之后的经济繁荣中获利的欧洲中产阶级男女，他们是感伤文学的读者群，而此时在中产阶级中兴起的"休闲"时髦也让以前难得有出门机会的中产阶级妇女成群结队前往偏远的风景名胜及文学名人家乡，去弥补一下中产阶级生活所缺少的浪漫成分。霍布斯鲍姆说（Eric Hobsbawm）：

或许，主要是通过在资产阶级家庭女性成员中兴起的白日梦，浪漫主义才得以进入中产阶级文化……资产阶级姑娘们弹着肖邦或舒曼的浪漫室内乐。毕德麦耶尔鼓励一种诸如艾辛多夫或爱德华·默里克那样的浪漫抒情风格，其中激情被转化为怀旧或消极的渴望。甚至忙碌的企业家在商务旅行时也会欣赏一下一晃而过的"我从来没有见过的最浪漫的景色"的山，在家时则以画"乌朵浮古堡"来消遣。(272~273)

连出名后或有钱后的夏洛蒂都加入了"文学朝圣"队伍。1850年初夏，她应《简·爱》出版人威廉斯（Smith Williams）之邀去伦敦——此人深谙文学市场，知道在大家正对《简·爱》的作者"柯勒·贝尔"（Currer Bell）的真实身份议论纷纷之际让她在伦敦高调露面的轰动效应——但她对工商业之城伦敦的印象一直不好，就像1846年仲夏她在首屈一指的工业城市曼彻斯特小住时感到非常压抑（正是在这座首屈一指的工业重镇，她一边陪伴做白内障手术的父亲，一边创作《简·爱》这部以"前工业时代"的乡村为题材的浪漫小说）。不久她从伦敦远赴爱丁堡，去朝觐这个她一直最为心仪的"文学圣地"（literary shrine），那是司各特（Walter Scott）的故乡，而他的小说赋予它一种哥特式的浪漫色彩。返回哈沃斯村后，她在致一位女友的信中对伦敦和爱丁堡进行了一番对比："与伦敦相比，爱丁堡就像是历史的生动一页，而伦敦则像一篇冗长乏味的政治经济学论文，至于苏格兰的麦尔罗斯和阿波茨福特，光是名字听上去就充满音乐感和魔力"（Shorter, Vol. Ⅱ：150）。在写给史密斯·威廉斯的信中，她使用了浪漫派诗人偏爱的"诗"与"散文"的隐喻：

　　以前，我热爱的苏格兰只是一个概念，现在成了一个实体，我的热爱之情更是无以复加；它带给我此生从未品尝过的欢乐时刻……只要见过爱丁堡一次，看过它龙盘虎踞似的峭壁断崖，谁不会在睡梦和白日梦中再次见到它？亲爱的先生，如果我说，您的伟大的伦敦城与"我的浪漫之城"爱丁堡城比起来，如同散文之于诗，如同一部嘈杂枝蔓的笨重史诗之于一首如闪电般明快、清晰、生动的抒情诗，您别以为我出言不逊。您的伦敦城里可没有司各特纪念碑那样的东西，即便有，再把伦敦全部得意的建筑都算上，伦敦城也没有"亚瑟王宝座"，更关键的是你们伦敦人没有苏格兰那种伟大的民族性格，正是这种性格赋予那片土地以真正的魅力和真正的伟大。（Shorter, Vol. Ⅱ：148）

夏洛蒂从爱丁堡归来的次月，作为一次赢得苏格兰人心的"爱国主义"政治象征之旅，维多利亚女王及"驸马"阿伯特亲王（Prince Albert）带着几乎满朝文武和宫廷命妇巡游苏格兰，下榻在能望得见"亚瑟王宝座"（Arthur's Seat）的行宫，但天气和身体使女王无法攀登这座陡峭山峰，于是，亲王带着一些朝臣和命妇前往，"在山脚下马，徒步攀登"（Buist：38）。次年8月，女王故地重游："一大早，她驾到后，便在阿伯特亲王与皇家孩子陪伴下，弃辇于山脚，徒步登上'亚瑟王宝座'，第一次在山巅俯瞰四周美不胜收的景色"（McBean：132）。一个月后夏洛蒂就此事写信给苏格兰人泰勒（James Taylor），言语中透露出她的强烈的爱国热情：女王和她的丈夫及皇家孩子一起登上'亚瑟王宝座'，的确非常有利。我至今不能忘怀，当登上山顶时，我们坐下，俯视山下那座城市，然后远眺大海、利斯及彭特兰山。作为苏格兰人，你无疑会感到骄傲，为这片土地、首府、它的人民及文学感到骄傲"（Shorter, Vol. Ⅱ：167）。

顺便说说，维多利亚女王也是《简·爱》迷，曾彻夜对阿伯特亲王诵读《简·爱》，并评价"此书非常有趣，十分精彩，极有表现力，写得极美"（Hibber：478）。至于从小就生活在宫禁中的年轻女王与一个打小就在穷乡僻壤生活的乡村女子之间为何发生共鸣，就不能仅从美学趣味上加以解释了。女王希望看到英国重现18世纪粗野有为的男子汉观念，而不是此前把持英国权柄的摄政王乔治四世心仪的整天在沙龙里以高雅的着装、谈吐和风度相磨砺的纨绔子作风（Dandyism）。维多利亚女王之于乔治四世，正如夏洛蒂之于简·奥斯丁。乔治四世是奥斯丁的崇拜者，甚至托人暗示奥斯丁将当时正在付印的《爱玛》题献给他。夏洛蒂对批评家刘易斯（George Henry Lewes）居然盛赞奥斯丁大吃一惊，说这位以乡绅生活为题材的作家的作品如同"精心围护起来的高度人工化的花园，有着明晰的花径和精致的鲜花，却看不到明亮、生动的事物，看不到旷野，闻不到新鲜空气，看不到蓝色的山，看不到潺潺小溪。我可不想与她笔下的那些绅士淑女一起生活在他们的高雅、封闭的宅子里"（Shorter, Vol. Ⅰ：387）；又说奥斯丁只知道"高雅地打趣"，"对激情一无所知……对人心的关注远不及她对人的眼睛、嘴、手和脚的关注"（Shorter，Vol. Ⅱ：127）。

爱丁堡之外，北部"湖区"是勃朗特心仪的另一个"文学圣地"。她在诗歌学徒期时就曾怀着一个热爱文学的乡下丫头的热情给华兹华斯、柯勒律治和骚塞写信，还在骚塞的邀请下准备去"湖区"一游（因路费问题而作罢）。在三姐妹诗集于 1846 年出版后，夏洛蒂给华兹华斯和德·昆西（Thomas De Quincey）各寄去一本，并附上请教的长信。1850 年仲夏，爱丁堡之行后，她终于得以完成"湖区"之行。但因为随行的两位旅伴急匆匆的性格，她几乎只能从马车窗子浏览一下飞速而过的风景，让她颇为失望，但这种失望或许主要源于"湖区"的风景过于明丽通透，而且那个时候的"湖区"也非安宁之地了，到处车水马龙，缺乏她所中意的那种哥特式的阴森神秘之美。她写信给史密斯·威廉斯说："湖区，作为风景，当然很美，远比我在苏格兰看到的风景要美，但却不像后者那样带给我那么多快乐"（Shorter，Vol. Ⅰ：168）。又在给伍勒小姐（Miss Margaret Wooler）的信中提到：

> "湖区"的风景美不胜收，和我睡梦中和白日梦中见到的相差无几。不过，亲爱的伍勒小姐，我只能一半地欣赏它，因为我只感到一半的自在。我发现自己根本不可能从一辆引人注目的马车中向外探寻风景，但从货车、大车乃至驿车中却可以。马车把事情弄糟了。我一直渴望避开人们的注意，独自藏身于群山和山谷。（Shorter，Vol. Ⅰ：173）

她或许没料到，在她死后，甚至死前几年，哈沃斯村作为一个后起的"文学圣地"冉冉升起，声望很快盖过司各特的爱丁堡和湖畔派的"湖区"，乃至与莎士比亚的斯特拉福德镇平分秋色了。连她本人都说，哈沃斯教堂执事只要向外地来的文学朝圣者悄悄指认一下她，就可赚到一个两先令八便士的硬币。是文学朝圣者将夏洛蒂和哈沃斯村双双浪漫化了——当然，夏洛蒂的小说就弥漫着这种浪漫情调——并将被浪漫化了的夏洛蒂永远埋在了被浪漫化了的哈沃斯村，而实际上，夏洛蒂早在写作《简·爱》前就感到哈沃斯村的生活难以忍受。这种绝望情绪在她 1845 年 3 月给埃伦·纽西的信中爆发了：

> 我难以向你描述在哈沃斯是怎样打发时间的。没有任何可算作事件的事来标示时间的进程。所有日子都一个样，一切都显出沉重、毫无生气的样子。星期日，烤面包的日子，和星期六，是仅有的稍许不同的日子。生命正在消磨掉。我很快就三十岁了，却一事无成。有时，看到周遭种种，我不由得意气消沉。但怨天尤人既不对，也很愚蠢。我的责任明确要求我现在留在家里。曾有那么一段时间，哈沃斯对我来说是个非常快乐的地方，但现在不是了。我感到我们似乎全被埋葬在这儿了。我渴望旅行，渴望去工作，渴望去过一种充满活力的生活。（Shorter，Vol. I：292－293）

似乎哈沃斯村只有作为远行归来的暂时休息地，对她才是浪漫的，这正如来自城市的文学朝圣者到哈沃斯村只是想短暂体验一下"浪漫"，他们绝不想自此作为向这片贫瘠土地讨生活的哈沃斯村人在这里生活一辈子，每天望着连绵的群山发呆。一片土地之成为风景，除某种有关"风景"的观念外（看一看勃朗特家的藏书及这些书籍的性质，就知道了），还因观赏者与之拉开了一个审美的距离，而对祖祖辈辈以这片土地为生的当地农民来说，正如伊格尔顿（Terry Eagleton）谈到爱尔兰土地之于爱尔兰农民，"土地当然只是一个经济和政治范畴，也是一个伦理范畴……大体而言，它并非一个美学化了的概念"（Eagleton：4）。这也是"刚刚摆脱半野蛮状态"的哈沃斯村因《简·爱》而突然成为"风景"的原因：它被浪漫主义地编码，进入了"无功利的"审美观照。

想必夏洛蒂平日站在荒丘顶上，目光会经常越过似乎无穷无尽的层峦叠嶂，落在那条沿着河谷向基斯利镇蜿蜒而去的道路上。她笔下的简·爱也渴望去"外面的世界"：

> 我走到窗前，打开它，朝外望去，看得见房子的两翼，还有花园，再远是洛伍德的野外及山峦起伏的地平线。我的目光越过所有这一切，停在最远处的蓝色山峰上。那正是我渴望要越过的，而围在远处那一

圈岩石和荒草之内的这片天地，整个儿就像是苦役犯服刑地和流放犯囚禁场。我的目光追随着那条沿着一座山的山脚盘绕、最后消失在两山夹谷间的白色大路，我多想顺着它望到更远的地方啊！（Brontë：33）

老勃朗特（Patrick Brontë）1849 年曾谈到自己与自己生活了近三十年的哈沃斯村的关系：“我在哈沃斯，就像一个陌生人置身于一个陌生之地”（Wilks：38）。这位剑桥圣约翰学院的毕业生最心仪的人物是巴麦尊（Lord Palmerston）——此人作为英国第一次对华鸦片战争时期的外交大臣和第二次鸦片战争时期的首相，在其中起了核心作用——而大败拿破仑舰队从而捍卫了英国国土的威灵顿是夏洛蒂最崇拜的政治人物，她出名后终于在伦敦见到了他。尽管勃朗特姐妹生性羞怯，在上流社会和时髦社会中会有一种挥之不去的社交障碍，却从小就热衷于在她们的天地里谈论政治，并在自己的文学幻想中充当领袖的角色，常常击败强大的对手，获取财富、征服殖民地和赢得爱情。

一个崇拜威灵顿公爵的人怎甘心一直“独自藏身于群山和山谷”？当老勃朗特将牧师住宅楼上楼下塞满书籍时，他就主要生活在与哈沃斯村没有多少关联的幻想中了，这就像他的那些同样生活在这些书堆里的孩子：比起哈沃斯村，他们的精神与爱丁堡和“湖区”离得更近。1853 年 9 月盖斯凯尔夫人来看望夏洛蒂时，发现这个地处荒原的“托利党人和牧师”的住宅里竟然“楼上楼下都是那种用小字密排印刷的经典之作”，而更引人注目的是来自夏洛蒂母亲一方的书，“这些书有自己的特点——热切，狂热，有时甚至是疯狂”，里面“尽是些奇迹、幽灵、超自然预感、不详之梦以及癫狂”（Gaskell，1900：127）。至于那些“用小字密排印刷的经典之作”，可从夏洛蒂 1834 年 7 月写给埃伦·纽西的信中获得一个大致印象。她向这位热爱阅读却找不到方向的女友强调“执着于经典，避开时髦之作”，并推荐一些属于自己核心阅读范围的作品：“诗歌，则密尔顿、莎士比亚、汤姆森、哥尔斯密、蒲柏、司各特、拜伦、坎贝尔、华兹华斯、骚塞”，“历史，则休漠、罗林”，“至于小说，只读司各特就够了，他之后的一切小说均不足观”，等等。这些书籍构成了夏洛蒂的文学想象世界，她是带着这些书籍的基本情调来感知哈沃斯村的地理和风俗的，就像她 1835 年谈到妹妹艾米丽时所说："她的心能把青灰色山坡上的阴沉洼地想象成伊甸园。"（142）据盖斯凯尔夫人观察，夏洛蒂画画时使用的是拉菲尔前派的精细工整的技法，却无视拉菲尔前派对"精确"的追求：她不是根据自然本身来画，而是凭想象来画"（138）。

<h2 style="text-align:center">二</h2>

当然，将哈沃斯村迅速成为"文学圣地"的原因悉数归于《简·爱》——或加上当时名气稍逊的艾米丽的《呼啸山庄》——显得有些勉强，不如说是这个清教主义复兴的时代在中产阶级文化中形成的对浪漫主义尤其是阴森恐怖的哥特式浪漫主义的情感向往在哈沃斯村找到了自己的投射目标：前往古风盎然的哈沃斯村的朝圣之旅，犹如重回圣经时代——在这里，地理的"蛮荒"意味着精神的充盈，意味着在人被"异化"的工业化时代"返璞归真"。与女社会学家马蒂诺（Harriet Martineau）一起来哈沃斯村探望夏洛蒂的一位女士所写的一封长信，典型体现了文学朝圣者对哈沃斯村的"浪漫化"：

> 尽管下着蒙蒙细雨，我们还是决意开始我们已筹划了很久的哈沃斯之行。于是，我们把自己裹进野牛毛大氅，钻进轻便两轮马车，在十一点出发。雨渐渐停了，此时的天光正与这一片蛮荒、凄冷的景致协调——大片大片的乌云阴郁地悬在山头。透过乌云，这儿那儿，一束束阳光垂下来，给山坡上的荒凉的村子抹上一层神秘的柔光，或直射进幽谷，照亮某处房顶高耸的烟囱管，或在草甸以及蜷伏在谷底的磨坊的湿屋顶上闪烁。我们越接近哈沃斯村，四周就越显得蛮荒……（Gaskell，1900：496－497）

夏洛蒂在自家深红色调的会客室高兴地接待了她们——这座荒原深处的"文学圣所"内部却了无一点荒原色彩，正如来哈沃斯村朝圣的城市中产阶级男女的讲究的住宅。这个时代的中产阶级生活似乎分裂成内外两个部分：像中产阶级那样尽可能舒适地生活，同时幻想一种非中产阶级乃至反中产阶级的生活方式。为了让这种幻想附着于可见的物象，他们就要求工业或"现代"远离"浪漫之地"，并要求那里的乡下人替他们守护好其"原始性"，以便在自己过腻了城市中产阶级生活的时刻偶尔去那里感受一下原始的浪漫——而在盖斯凯尔夫人看来，这就阻碍了这些贫瘠的乡村地区的工业化和现代化，使其永远处在贫困之中。

不时有不速之客跑来敲牧师住宅的门，如1850年的某一天，一个狂热的朝圣者带着一条狗，踏上了从基斯利镇到哈沃斯村的乡村公路：

> 大约走了半个多钟头，我看见一条孤零零的路有点突兀地从大路支出去，爬上西边陡峭的山坡，大约朝上延伸一英里，然后戛然而止，顶头耸立着教堂灰绿色的塔……我有生以来还从未见过比哈沃斯更单调、更忧郁的地方，没有生命的迹象，看不到贸易，也不见车辆行人。那些房子看上去愁苦不堪，假若石头也有一副冷酷心肠，那这里的石头就是如此。（Shorter, Vol. Ⅱ：439）

与其说他没看见生命的迹象、贸易或车辆行人，倒不如说他宁愿没看见，只有这样才会产生他所期待的"单调、忧郁"之美。然后他走到牧师住宅门前敲门："门开处站着女仆，她后面的楼梯上站着《简·爱》的作者。这是多浪漫的相遇啊，一个狂热崇拜天才的人和那个被他崇拜的偶像，他心中满是对文学、对文学的教士和女巫的炙热之火，急切踏上了来朝拜这个时代最有创造力的女作家的朝圣之旅，然后就见到了她"（Shorter, Vol. Ⅱ：441）。

夏洛蒂去世一年后，国民教育家和督学阿诺德（Mathew Arnold）到哈沃斯村巡视当地一所学校，并凭吊勃朗特姐妹的墓地——不过，《勃朗特姐妹：诸家评论集》的编者阿柯特（Miriam Farris Alcott）根据阿诺德此后写给盖斯凯尔夫人的一封谈论自己的哈沃斯村之行的信中有"如此不幸的一家，连她们死后都葬在了错误的难以辨认的地点"一句，判断阿诺德弄错了勃朗特姐妹的墓地，或未去教堂墓地（306）——写了《哈沃斯教堂墓园》（"Haworth Churchyard"）这首诗，其中描绘了他走在那条通往哈沃斯村的乡村道路上望见的景致：

　　基斯利镇已在身后，道路

　　向上通往荒原的深处

　　两边是灌木丛生、阵雨时来的山丘

　　小煤车顺着山坡颠簸而下。

　　这是一个粗野、冷酷的族群的家乡，

　　那里，在山坡上，建起了

　　一座荒丘村镇，但教堂

　　伫立在山丘的怀抱，

　　孤寂而荒凉；在它近旁

　　是牧师住宅和墓园。（306－307）

　　1857 年盖斯凯尔夫人的《夏洛蒂·勃朗特传》（*The Life of Charlotte Brontë*）出版，立即成为与当初《简·爱》的出版同等轰动的文学事件，并使哈沃斯村广为人知。但盖斯凯尔夫人似乎对作为作家的夏洛蒂显得犹豫，很少评价她的作品，而是浓墨重彩于她的生活经历和生活环境，从而将其"个人化"和"地方化"——这就像《简·爱》初版时，封面的书名在"简·爱"之下，还特别注明"自传"（其实并非"自传"）。《夏洛蒂·勃朗特传》出版后，伦敦《文学周报》（*The Literary Gazette*）发表一篇书评，以无限伤感的口吻谈到哈沃斯村：在约克郡荒原的深处，坐落着贫穷的哈沃斯山村的牧师住宅，它面对着村里的教堂，几乎被教堂墓地的密集的墓碑团团包围。在这所阴森的住宅里，夏洛蒂·勃朗特耗尽了她的生命，周围没有趣味相投和理解她的情感的人"（341）。这是典型的哥特式浪漫主义的描写手法，对习惯了水晶宫一般通透的城市街道并自感生活平庸的中产阶级男女读者来说，它所激起的神秘感就像鸦片一样有效。纽约一家杂志也随即发表一篇长篇书评，不过末尾部分谈到："夏洛蒂生命的最后几年被络绎不绝来哈沃斯村的文学旅行者所包围。她已经名闻遐迩了。约克郡荒原上长出了才智的一家。邀请、敬意和崇拜向潮水一样涌向她"（*Emerson's*：281）。斯通曼（Pasty Stoneman）在《勃朗特神话》（"The Brontë Myth"）一文中写道：

在夏洛蒂还活着时，就已有人来哈沃斯一游了。他们来这里是为了感受一下这个地方出了名的偏僻，可能的话顺便瞅一眼夏洛蒂本人、她去世后还活着的父亲或他还住着的房子。甚至在帕特里克于1861年去世前，哈沃斯就已有从美国来的访客，他们读过国际版权协定出现前美国本地印刷的勃朗特姐妹小说的廉价版本。在帕特里克去世到新牧师就职这段间隔期间曾访问过哈沃斯的美国人查尔斯·黑尔带走了一包夏洛蒂房间窗户的玻璃以及形状完好的窗框木条，好拿它们做夏洛蒂的照片的相框——那时，一些有生意头脑的村民已在村里兜售夏洛蒂的照片。当得知基斯利－沃斯河谷铁路已在筹划中时，他的反应是"将来到哈沃斯朝圣的崇拜者们在路途不必那么艰辛了"。到1868年，W. H. 库克谈起哈沃斯的一些地方"因为这几位文学天才生活于此而被圣化了"，而哈沃斯教堂的《来客登记簿》则登满了来自地球各个角落的旅游者的名字，到1890年代，哈沃斯作为一个"文学圣地"的观念已经被建立起来了。(Glen：218)

黑尔之所以能拿到夏洛蒂房间的玻璃和窗框，是因为那时新被任命来接替去世的老勃朗特先生的牧师之职的华德（Rev. John Ward）正在对老教堂和牧师住宅进行改建，拆除了老教堂的主体部分，只保留了塔——塔上有喜爱枪械并在无聊时从窗口向外面的荒原射击的老勃朗特画的一排子弹——建造了一座与英国其他地方的教堂风格相似的新教堂。牧师住宅也按更加现代、更加舒适的风格加以改造。一个在1864年的某个傍晚骑马从基斯利镇来哈沃斯村朝圣的美国人在已换了主人的牧师住宅里依次看过"夏洛蒂去世的房间"、"艾米丽写作《呼啸山庄》的房间"等之后，当地有人告诉他，他所看到的一切其实"已非从前的样子，改变如此之大，以致一年前熟悉它们的人现在都认不出了。护壁板全换掉了，书架也全不知所踪；墙面贴了纸，挂上了画；天花板刷成了白色；地板换了地毯；所有以前的家具也全都换成新的了"（Sears：44）。离开哈沃斯村前，他去荒丘采了一把帚石楠，又在自己落脚的客栈里买了三件有关勃朗特一家的纪念品。

《勃朗特之乡》（*The Brontë Country*）的作者斯图加特（J. A. Erskine

Stuart）写道："哈沃斯人怎会允许老教堂被拆除，这谁都无法弄懂，因为它吸引了世界各地的朝圣者，给这座经济滞后的小镇带来了金钱和生意"（81~82）。不过，根据这本1888年出版的书的一个注释，似乎黑尔——也可能是另一个"美国公民"——多年后又将夏洛蒂房间的窗子还了回来，安装在重建的牧师住宅的"夏洛蒂房间"的相应部位："数年前，夏洛蒂的窗子被一位美国公民'为了上帝的荣耀，愉快缅怀夏洛蒂'而安装上来。"（82）话说回来，哈沃斯人当初之所以允许拆除老教堂，是因为他们感到新教堂更"现代"，他们一时还未意识到"古旧"在不久后兴起的寻幽访古的文学朝圣中是一笔雄厚的象征资本，可以带来源源不断的财富。

　　黑尔不是唯一一个从"文学圣地"带走一点"圣物"的朝圣者兼"古物收藏家"。有一段时间，哈沃斯村民会把他们能够弄到手的与勃朗特家有些关系的东西在朝圣者那里卖个好价钱：尽管"来'文学圣地'朝圣的人络绎于途，而在粗野的村民看来，这儿没什么东西是神圣的"（*Chambers's*：124）。根据1868年《钱伯斯杂志》（*Chambers's Journal*）上刊登的文章《冬季，在哈沃斯的一天》（"A Winter Day at Haworth"），作者1867年1月来哈沃斯村凭吊时，当地已出台"满足古物收藏家兴趣"的规定，他"只在哈沃斯邮局玻璃橱窗里见到了勃朗特一家的全部作品以及老帕特里克先生和哈沃斯教堂的照片"（124）。显然当地人已意识到应保护"勃朗特遗产"了，尽管真正属于勃朗特家的东西早在1861年老勃朗特去世后，被他的女婿、已作了六年鳏夫的尼柯尔斯（A. B. Nicholls）带到他的家乡爱尔兰的一个乡村小镇，"房间里摆满了勃朗特家的书籍，墙上挂满了勃朗特姐妹的画作"，而哈沃斯村成了一个空壳，正如肖特（Clement Shorter）所说："勃朗特家的传统无疑完整保留在爱尔兰的这座小城镇里"（Vol. Ⅱ：393）。

　　1862年底，一位四五年前曾来过哈沃斯的朝圣者再次踏上朝圣之旅。他流连于村中及荒丘，却不忍走进那座"圣所"："我早就对盖斯凯尔夫人传记中有关这座房子的描写熟谙于心，我怕进去看到一切已面目全非"（*Every Saturday*：277）。他在1867年发表的回忆《徜徉在哈沃斯一带的约克郡山丘》（"On the Yorkshire Hills about Haworth"）中一开始就谈到卡莱尔鼓吹的"英雄崇拜"，表示不太认可，但随即笔调一转：

尽管如此，我还是不得不屈从于崇拜那些我情不自禁地要崇拜的
人的弱点。于是，我捧着四五年前第一次来哈沃斯时在哈沃斯教堂法
衣圣器储存室买的夏洛蒂小照——我端详着有史以来最伟大的女性之
一的这张面容，夏洛蒂·勃朗特的恬静沉思的面容，她活着是为了尽
责和承受苦难——只因为这个瘦小而勇敢的女性，我的双脚就情不自
禁地两度带着我翻越座座荒丘，来到偏僻的哈沃斯村。它如此偏僻，
尽管它的名声早已无人不知，但直到几年前，它到底在哪里，还是一
个谜。（275）

常识告诉他哈沃斯是个丑陋的村子，但"一个丑陋之地，因为一个小
妇人，而变得光辉夺目"。当他走在通往哈沃斯村的那条公路时，他在想：
"经由这条路，你就可以到达哈沃斯，就像在巴勒斯坦，你可以到达圣城耶
路撒冷"（276）。夏洛蒂曾不止一次把伦敦称为"大巴比伦"，而在维多利
亚时代的文学隐喻中，"基督教的罪恶城市意象（巴别城、索多姆、巴比伦
和罗马城）与天国之城或上帝之城的意象对立"（Perkin：18）。

1893 年底，布拉特福德市政厅举行会议，成立了勃朗特学会，启动了
保护哈沃斯村的计划；翌年，设在哈沃斯银行二楼的勃朗特纪念馆开放。
"人文地理"的设计更是致力于将哈沃斯村"勃朗特化"或"文学化"，例
如《徜徉在哈沃斯一带的约克郡山丘》的作者 1857 年在哈沃斯村漫步时，
就"观察到街两边招牌上的名字出自勃朗特姐妹的作品，例如写着'恩肖'
（Earnshaw）的一家小客栈供应味道相当不错的家常菜。你在这里所见到的
一切，都让你产生一种神圣之感"（276）。哈沃斯的"勃朗特化"或"文
学化"很快蔓延：勃兰威尔在黑牛客栈坐过的那把椅子被命名为"勃兰威
尔之椅"（Branwell's Seat），勃朗特姐妹散步时喜爱在那儿驻足的一个小瀑
布被命名为"勃朗特瀑布"（Brontë's Waterfall），瀑布前的一块岩石被命名
为"夏洛蒂石椅"（Charlotte's Stone Chair），当然，村中商家更是以勃朗特
家或勃朗特姐妹小说中的人物名字为自己的商铺取名，诸如"勃朗特织物
作坊"（Brontë Weaving Shed）、"勃朗特停车场"（Rrontë Park）等；随着哈
沃斯村向山下和两侧蔓延，这种命名行为也扩大到周围一带，出现了"谢
利街"（Shirley St.）、"希斯克利夫街"（Heathcliff St.）、"夏洛蒂街"

（Charlotte St.）、"勃兰威尔道"（Branwell Dr.）、"呼啸山庄公堂"（Wuthering Heights Public House）等，连勃朗特姐妹的著作也有了"哈沃斯版"（Haworth Edition）和"桑菲尔德版"（Thornfield Edition）。勃朗特姐妹曾变相地将哈沃斯村写入作品，如今哈沃斯村反过来模仿她们的作品，使自己"文学化"或"浪漫化"，以投合朝圣者对哈沃斯村的想象。

　　如果说在勃朗特姐妹笔下，那些显然取自哈沃斯村地理和风俗方面素材的描写通常意味着不太利于身体健康的贫穷、寒冷、大风、潮湿、瘴气、疾病以及不利于社会交往的"鲜明个性"，那么，在文学朝圣者那里，自然条件的恶劣和社会方面的劣势被"性格化"或"浪漫化"了，诸如"原始"、"野蛮"、"自然"、"忧郁"、"粗野"、"蛮荒"、"荒凉"、"墓地"等词语在他们的美学想象中均能激发浪漫的诗意，为此他们甚至不惜夸大哈沃斯村的不利的自然环境和社会环境，如强调其"偏远"（其实它离基斯利镇不到4英里）、"原始"（其实它有客栈、商铺、邮局，附近还有采石场、采煤厂、毛纺厂）等。1883年，尽管早已通火车，一个到哈沃斯村朝圣的旅游者依然采取步行的方式——当然，这是朝圣的惯例，但关键是，在他提供的哈沃斯村的画面中见不到铁路线和火车，尽管铁路与作为"朝圣之路"的那条公路平行，眼光都无法躲开（同样，勃朗特姐妹虽身处以铁路为标志的工业化时代，并多次乘坐火车，但她们的作品表现的依然是一个步行、骑马或搭乘马车的"前铁路时代"，似乎凡与现代沾上一点边的景象都缺乏诗意，是"散文"乃至"政治经济学论文"）：

　　　　我们是在八月中旬的一个柔和、灰色的早晨开始我们的朝圣之旅的。离开基斯利，我们立刻跋涉在那条通往哈沃斯的不断上升的路上。每往上走一步，我们就似乎把欢乐或愉悦之物抛在了后面；路两旁山丘上的树越来越稀疏，土的颜色越来越呈褐色；夹着路的两行矮树篱也渐渐让位于岩石垒成的护墙，上面连一点薄薄的沼泽植物都没有，完全裸露。若不是公路一侧有一溜小房子，山麓上东一处西一处分布着村落，那我们在这一片景致中所产生的孤独之感将令人痛苦地感到压抑。在距哈沃斯大约两英里的地方，就能从公路上望见哈沃斯村，它看起来像是老鹰的巢，高挂在半山腰，背后是迅速上升的高沼地，随着地势升高颜色越来越深，越来越忧郁。不过，对夏洛蒂·勃朗特这样的人的灵魂来说，她的家就应该是忧郁的哈沃斯牧师住宅；这里既没有树的遮掩，也没有树的环绕，举目四望无一处足以令人赏心悦目；从它的窗子向外望，只能看见垣墙环绕的中间有一丛低矮的丁香的凄凉花园，再就是越来越向抑郁、寂静的高沼地蔓延的杂乱的、拥挤的教堂院子，那里常常有几道忽明忽暗的阳光，或者一团团雾气。再没有比这更阴郁、凄凉的景致了。（Vincent：1-2）

很难在哪个文学朝圣者的回忆中读到有关乘火车进入哈沃斯村的经历以及对哈沃斯村火车站的描写，即便他们有些的确是坐火车来的。1904年，《坡尔·莫尔杂志》（*The Pall Mall Magazine*）上的一篇文章在介绍"文学朝圣"时说勃朗特姐妹的出生地"桑顿村对那些想追寻或想象地再经历勃朗特姐妹的经历的人，肯定值得一游。从布拉德福德乘火车很容易到达桑顿——事实上，桑顿和哈沃斯两地乘火车均可在一天内轻松来回——尽管，几乎不用说，这并非朝圣的方式"（67）。几乎每一个文学朝圣者在动身前往哈沃斯前，都对勃朗特姐妹的作品以及盖斯凯尔夫人和其他许多人所写的传记已然熟谙于心，因此，他们观察哈沃斯村的眼光以及使用的词语也早已内在于这种"朝圣传统"，而他们日后所写的朝圣文字又被叠加在这种传统上。前文提到的那位抱着狗贸然去敲夏洛蒂家的门的狂热崇拜者后来谈到：

自夏洛蒂令人悲痛地辞世后，哈沃斯村、它被风吹雨打的教堂和孤寂的牧师住宅常常被人用文字描绘下来，而且描绘得非常出色，而正是夏洛蒂凭一己之力才使得这个藏在深山不为人知的小村庄值得进入文字，也使我要在那业已堆积如山的描写之上再添上一份。不过，要完整而生动地描写夏洛蒂·勃朗特，却将其剥离出哈沃斯的地方色彩，那必定不会成功。因为哈沃斯的物质方面——深陷连绵不断、无边无际的荒草之中的那份孤寂荒凉，正是夏洛蒂的形象可被描画出来的背景，唯一的背景。哈沃斯是她的内在自我的一部分，是贯穿于她的所有作品的基调，也是她的风格的基础。设若勃朗特一家居住在英国任何其他村子，那么或许会出现一个夏洛蒂·勃朗特，但绝不会出现一个卡勒·贝尔。正是可见的、有形的哈沃斯及环绕其四周的连绵不断、杳无人迹的荒丘把年轻的勃朗特姐妹造就成了诗人——尽管她们的灵感并不服从诗的韵律，但依然是诗人——并赋予她们的精神气质以某种神奇的几乎超凡脱俗的色彩。哈沃斯将她们的天才呼唤了出来，并形成她们的成熟的创造性，最后又扼杀了她们。它是卡勒·贝尔的创造者，随后又是其谋杀者。(Shorter, Vol. Ⅱ：438 - 39)

问题是，尽管盖斯凯尔夫人在《夏洛蒂·勃朗特传》中对哈沃斯村的描写很大程度上帮助确立了这种观察和描写哈沃斯村的传统方式，但她本人决无意将哈沃斯村"文学化"或"浪漫化"，因此，她的描写之于这种"传统"又是一种危险的颠覆因素。对此，哈沃斯村人在《夏洛蒂·勃朗特传》于1857年甫一面世，就立即意识到了。

三

尽管在温暖的季节，从基斯利镇到哈沃斯村的公路上"文学朝圣者"络绎于途，但一俟冬日来临，这个位于高地沼泽的寒冷潮湿的山村就格外冷清，从半山腰的村子向上方蔓延的泥泞的荒地更是凄风苦雨，让人联想到《简·爱》中的一些类似场景：

> 那天不可能外出散步了。不错，清早我们在落光了叶子的灌木丛里逛了一个钟头。但从吃午饭的时候起（没有客人的时候，米德太太通常吃得早），凛冽的冬风就刮来了阴惨惨的乌云，下着寒意透骨的雨，不可能再有户外活动了。(3)

在1846年12月写给朋友的一封信中，夏洛蒂谈到哈沃斯村冬季的天气：这儿冷得可怕。我不记得以前是否有过这样一连串北极似的天气。英国或许真的滑进了北寒带。天空像冰，地上结冰，寒风锐利得像双面刀片。由于天气，我们全都患上了重感冒，咳个不停"（Gaskell, 1900：326 -

327）。据当时的统计，哈沃斯村近 40% 的儿童在六岁前夭折，全村人口平均寿命只有 25 岁，而经常光顾的肺炎和霍乱等传染性疾病是这种高死亡率的主要原因（Harrison：201）。不过，与哈沃斯村的"平均寿命"相比，勃朗特姐妹算是非常长寿了，尽管人们依然伤感她们那么年轻就一个个死去了。

但这种天寒地冻的季节，或许正是少数特意要赶在此时到那里寻找孤寂荒凉的文学感受的朝圣者动身的时刻。前面提到的《冬季，在哈沃斯的一天》一文的作者详细记述了自己 1867 年 1 月在哈沃斯村盘桓一天的所见所闻。他先是在寒风刺骨的荒丘之巅俯瞰着半山腰的哈沃斯村，然后沿着积雪的陡峭山坡下到哈沃斯村，在当地一位向导引导下，流连于他认为必须一看的"文学地点"——哈沃斯教堂、牧师住宅、夏洛蒂墓地、黑牛酒吧等等。并非意外的是，这位朝圣者似乎也没留意到山脚下行将竣工的作为哈沃斯村有史以来最大现代工程的火车站，竟无一句提及，仿佛提到铁路和火车，就会破坏这里的孤寂荒凉之美。向导递给他一本《来客登记簿》（Visitors' Book），他看到：

> 里面已经有数千个名字。在夏季，几乎每天都有非常渴望看一看勃朗特家的旅游者来哈沃斯，其中大部分来自美国……去年，来哈沃斯的旅游者中，有一个从罗马来的据说由美国女士和意大利绅士组成的艺术家团体。他们在村中客栈住了两天，画教堂、牧师住宅和高沼地上面的瀑布——后者是夏洛蒂最喜欢并常去的地方；后来他们又从哈沃斯去了伯斯托尔村，在那儿把与他们崇拜的偶像哪怕只有一点关系的地点都看了个遍。（126）

这本《来客登记簿》还显示"萨克雷、爱默生、霍桑、马蒂诺小姐、盖斯凯尔夫人以及其他一些享有世界名声的男女也在哈沃斯的陡峭而弯曲的街道上流连过"（124）。

不过，这位作者谦逊地认为自己哪怕使出全部才情，也"无法向读者栩栩如生地描绘哈沃斯，使之有如在眼前之感。盖斯凯尔夫人也曾尝试过，但也失败了。夏洛蒂·勃朗特本人以其大师手笔，曾零星描绘过这片景致，但即便是她也无法完整呈现它的忧郁、悲寂与壮丽"（124）。他曾仔细读过盖斯凯尔夫人的《夏洛蒂·勃朗特传》，在流连于哈沃斯村各个角落时一直拿这本传记与实地进行对比，指出其中一些细节错误。但很难说是盖斯凯尔夫人出了错，时间过去了十年，哈沃斯村也发生了变化，这些错误远不足以判定盖斯凯尔夫人的描写"失败了"。他大有可能受了当地向导的影响。向导曾与勃兰威尔有过交往，一个劲地替他辩护："的确，他的结局很悲惨，但盖斯凯尔夫人没弄清个中情形。哈沃斯人一点都不喜欢盖斯凯尔夫人。对她有关勃兰威尔先生的描写，大家感到非常不痛快，她还说什么村里人怂恿勃兰威尔喝酒……"（126）这还不是主要的。虽然盖斯凯尔夫人也像文学朝圣者一样使用"粗野"、"荒凉"、"灰暗"等词语来描写哈沃斯村，但她并未从中发现美，她看到的是赤裸的贫穷、愚昧、过多的死亡和当地居民性格上爱冲动而又自满顽固的弱点——不幸，她还将这些描写从哈沃斯村扩展到了整个约克郡。这就大大冒犯了约克郡人的尊严。约克郡人哈顿（W. H. Hatton）1880 年谈到那本传记时怒气还未消减："在那本书中，我们发现许多对哈沃斯人的总体性格的不当描述，事实上，盖斯凯尔夫人之所以画出这么一大片黯淡的背景，据说只是为了让勃朗特一家从背景突出来，置身耀眼的光线下"（20）。

　　盖斯凯尔夫人是应老勃朗特先生之邀写作《夏洛蒂·勃朗特传》的。在接受这一委托后，她以自己一贯的实地调查的严谨风格，广泛征集夏洛蒂与他人的来往书信，还对她足迹所至的几乎任何地方都进行了走访，甚至漂洋过海到了比利时的布鲁塞尔。传记于 1857 年春出版后，她就远赴意大利旅游去了。尽管一开始老勃朗特及其他一些读了这部传记的人对其感到满意，但很快传记就遭到来自约克郡的激烈批评。等盖斯凯尔夫人返回曼彻斯特家中时，她发现有一大堆律师函等着她。她因写作这本传记而惹上诸多麻烦了。种种指控之下，《夏洛蒂·勃朗特传》的出版商"只好赶紧追回尚未售出的那些书，以致该书第一版成了稀有版本"（Payne：83），而盖斯凯尔夫人也被迫对初版的争议部分进行了修改。

　　在勃朗特三姐妹蜚声文坛并随即先后辞世之后，约克郡人开始将她们一家视为本郡的骄傲和荣誉，因此他们——甚至包括听信了他人的批评的老勃朗特及尼柯尔斯——发现自己不能忍受盖斯凯尔夫人对勃兰威尔的描写。这个曼彻斯特女人似乎受了环境决定论的影响，认为"要正确了解我的朋友夏洛蒂·勃朗特的生平，读者尤须先熟悉一下她早年生活于其中并给她们姐妹留下最初烙印的人群和环境的特征"，遂在该书第二章以 24 页的篇幅就"哈沃斯及其附近地区"的民风和民性说了一些在当地人听来简直就是侮辱的话，诸如"自满而排外"；"属于精明而短视的一类"；"对外人缺乏信任以及行事鲁莽，居然被他们视为美德"；"的确，在这个粗野的人群中，几乎见不到任何礼仪"；"他们的搭讪唐突失礼，说话的口音与语调锐利刺耳"；"他们追逐起金钱来犹如猎狗"；"这些人精明而狡猾，行善时忠笃，作恶时则残暴"；他们"离群索居的生活只会滋养幻想，直到幻想变为疯狂"；"别指望那里的下层阶级的娱乐比有钱的受过教育的阶级的娱乐高尚多少"；"豪饮而不醉，被他们视为男子汉应有美德之一"等等（1900：10~27）。这些性格弱点，经过勃朗特姐妹的描写，就变成了"个性"，而"个性"正是浪漫主义美学的一个关键词。

更令约克郡人恼火的是，盖斯凯尔夫人居然采用"山那边"的兰开夏郡人的视角来描写"约克郡人的特征"，传记开篇便说"即便是邻近的兰开夏郡的居民也会被约克郡人所表现出来的独特的性格力量感到吃惊"（11）。肖特在 1908 年出版的《勃朗特一家：生平与书信》（*The Brontës：Life and Letters*）中以不少篇幅谈到这一争论，说"约克郡人与兰开夏郡人之间向来存在一种相互妒忌的嫌疑"，"约克郡人反感一个好心的兰开夏郡女士带着一种庇护人的怜悯口吻来谈论约克郡。他们申辩说，他们可不是盖斯凯尔夫人在那本书里所描绘的那种不知文明为何物的蛮子。""比起曼彻斯特附近的一些区来，这一带算得上是一个天堂"（Vol. I：11–12）。他们断然否认勃兰威尔与罗宾逊夫人（Mrs. Robinson）有染，说"勃兰威尔只是在鸦片的作用下胡诌了几句与罗宾逊夫人有染的话，这虽与事实不符，但他的姐妹们却当了真，既为女人，自然就把另一个女人看作是毁了她们亲爱的兄弟的祸根，并且使得自己的密友们都信以为真"。而"盖斯凯尔夫人轻率接受了这一不很可信的指证，这只能归因于以下这一看法，即作为小说家，她对运用'坏女人'理论创作浪漫故事有一种小说家的满足"（Shorter, Vol. I：13–14）。

没有比这最后一项指控更与事实不符的了——相反，夏洛蒂倒是经常利用"坏女人"理论来创作浪漫故事，如《简·爱》里的"疯女人"、《维莱特》里的贝克校长——因为作为一个有着明确现实主义创作意识的社会问题小说家，盖斯凯尔夫人向来反对浪漫主义的夸张和想象，她可不像夏洛蒂那样沉迷于司各特的具有哥特风格的浪漫和冒险作品，对废墟、古堡、贫瘠的农田、荒凉的山、贫苦的农民也不会产生多少诗意的联想。在出版《夏洛蒂·勃朗特传》的前一年，她刚出版小说《北方与南方》，将迪斯累利（Benjamin Disraeli）《西比尔，或两个国家》中提出的英国社会已分化为两个彼此隔绝的"国家"的观点进一步引申，并加以地理化。当《西比尔》中的艾格蒙特说"维多利亚女王统治着有史以来最伟大的国家"时，那个"年轻陌生人"讥讽道：

> 您说的是哪一个国家？她可统治着两个国家呢……是的，她统治着两个国家，它们彼此之间没有交流，缺乏同情，对彼此的习惯、思想和情感完全无知，似乎是地球上不同地带的居民，是来自不同星球的居民，有着不同的教养，吃着不同的食物，受不同生活习惯支配，不受同一法律约束。（76）

此即"富人和穷人"这"两个国家"，同于卡莱尔（Thomas Carlyle）1831年在《旧衣新裁》中所说的"两派"（two sects），即"纨绔子和劳作者"（the Dandies and the Drudges），并且，卡莱尔在为1869年版增补的各节前言中担忧地说：这两派的势力一天天扩展，直到它将整个英国一裂为二，发生可怕的冲突。"（303）与盖斯凯尔夫人同在曼彻斯特并且同样致力于考察工人阶级状况的恩格斯在1848年与马克思合著的《共产党宣言》中写道："整个社会日益分裂为两大敌对的阵营，分裂为两大相互直接对立的阶级：资产阶级和无产阶级"（251）。

盖斯凯尔夫人的"两个国家"则地理化为工业化的"北方"与前工业时代的乡村的"南方"。不过，这只是就英国的整体而言，由于盖斯凯尔夫人以"工业"和"乡村"对举，那么"北方"与"南方"的分界线仅是粗略穿过英格兰中部，分开"进步的北方城市与怀旧的南方乡村"，但它还有"微观地理学"层面，在工业化主要见于大中城市的北方，也大量存在工业

的 "化外之地"，例如约克郡山区之于西边的曼彻斯特，乃至哈沃斯村之于
4 英里外的基斯利镇：当盖斯凯尔夫人从基斯利镇下火车，踏上前往哈沃斯
村的乡村公路时，她就在穿越 "北方" 与 "南方" 的分界线。这正是威廉
斯（Raymond Williams）在《乡村与城市》中以 "城市与乡村" 取代 "北
方与南方" 或 "两个国家" 的原因，他说：

> 在 "乡村" 一词上，人们赋予自然的生活方式的观点：宁静、天真、
> 道德质朴。在 "城市" 一词上，人们赋予人为建立的中心的观点：学问、
> 交流、光明。然而一些敌意的联想也渐渐滋生：城市作为一个喧嚣、世
> 俗和野心勃勃之地，乡村则为落后、无知、局限之地。（1975：1）

实际上，"北方" 与 "南方" 从一开始就变成了维多利亚时期用来描述
社会分裂的核心隐喻，其引申意义非常广泛，如霍恩（Donald Horne）在
《上帝是英国人》一书中所搜集的：

> 在 "北方隐喻" 中，英国是讲究实际的、注重经验的、精于计算
> 的、清教的、资产阶级的、有事业心的、有冒险精神的、宗尚科学的、
> 严肃的，相信以斗争手段达到目标……在 "南方隐喻" 中，英国是浪
> 漫的、无逻辑的、混乱的、非凡俗地祥和的、国教的、贵族化的、守
> 旧的、繁文缛节的，相信秩序和传统。（22）

若将 "南方与南方" 隐喻进一步 "语境化"，那么，在 1815 到 1846 年
间，"北方" 与 "南方" 又大致可区分为 "自由贸易"（反谷物法）与 "贸
易保护"（谷物法）、"自由主义"（改革法案）与 "保守主义"（反改革法
案）等。只有在这种既是地理的又是社会的、政治的、经济的、文化的和
审美的意义上，才能理解盖斯凯尔夫人为何使用令约克郡人感到受辱的词
语来描写 "哈沃斯及其附近地区"。对她这个 "北方" 人来说，地处北方的
"哈沃斯村及其附近地区" 也属于 "南方"。盖斯凯尔夫人同情夏洛蒂一家
的不幸，尊敬她的个人奋斗以及对家人的责任（这当然是 "北方" 性格），
并在书中对之浓墨重彩，但对夏洛蒂在其小说中显露出来的乡村浪漫主义

美学趣味则几乎三缄其口，极少给出自己的评价，而是大量引述夏洛蒂与文学批评家和出版商的来往书信、报刊文学评论等等，且赞美和批评联袂而出，让读者自己判断。她在传记中谈及《简·爱》时说：我并不想就本传记读者谁都熟悉的一本书写一篇分析；更不想就这部问世时默默无闻但很快就被舆论大潮从默默无闻中抬起并高高地、稳妥地供于不朽的名誉之山的作品写一篇批评"（257）。传记末尾又说："我没法衡量和判断一个像她这样的人物，没法像绘制地图那样勘察出她的缺点、优点及争议之处"（655）。

尽管盖斯凯尔夫人对夏洛蒂的美学趣味不予评判，但夏洛蒂将北方贫困乡村浪漫化，却是盖斯凯尔夫人所反对的。《简·爱》在约克郡人那里激起了巨大的感激和骄傲，因为夏洛蒂这朵"荒原之花"把一向遭到外郡人尤其是城里人蔑视的约克郡的地理和民风赋予了一种诗意，于是野蛮粗鲁就变成了一种鲜明的文学性格。不仅约克郡人，就是与约克郡西边荒丘连为一体因而属于同一类群的兰开夏郡东边的人，也感到夏洛蒂的小说再现了他们的隐蔽的渴望。几个兰开夏郡乡村贵族不顾上了年纪，翻山越岭来到哈沃斯村朝圣，然后邀夏洛蒂去拜访他们。于是，夏洛蒂就在连绵群山之间跋涉，去看那座"坐落于苍老的山和树木之间的废墟和旧宅"，尽管这艰难的山路让她"头痛欲裂、身体发虚、眼睛流泪"，但"这宅子很投合我的趣味，它有近三百年的历史了，灰暗，壮观，如画"。1850 年 3 月夏洛蒂在致乔治·史密斯的信中谈到她的兰开夏郡东部之行："令我困惑的是，在南方人反对我对北方生活和习俗的描绘时，约克郡人和兰开夏郡人却赞同。他们说正是粗野的自然与高度人工化的文明的对比，构成他们的主要性格特征之一"（Shorter, Vol. Ⅱ：119）。夏洛蒂的"社会地理"拘泥于行政区划，未能在"城与乡"的意义上细分，而实际上，反对她的那些南方人可能是文化上的"北方人"，而赞同她的那些北方人却可能是文化上的"南方人"。

四

勃兰兑斯（Georg Brandes）谈及英国浪漫主义运动时，说其特征是

"以强烈的民族主义情绪代替世界主义"，"曾经在 18 世纪使社会的上层阶级为之倾倒的法国的影响，这时已经被扫到一边。古典派的最后一位诗人——蒲伯，在年轻一代的眼中再不能长期保持大师的地位。他们开始揪这个小老头精致的假发，践踏他花园里整洁的花坛了"（2～3）。英国浪漫主义一开始就与英国源远流长的"自然主义"血脉相连，以致勃兰兑斯说在英国变成一个浪漫主义者"便意味着变成一个自然主义者"："这个时期的几乎全部英国诗人，不是乡下人就是水手。英国的诗之女神从远古以来就是乡间别墅和农庄的常客"（7）。同时，这种文学自然主义又与英国源远流长的封建制度息息相关。贵族大地主们的社会基础主要在乡村，那里有他们的庄园、采邑和农民，他们以乡村来制衡城市权力，不仅培养了一种独立不羁的性格，而且将乡村描写成一个有益于人的身心强健的自然之地。他们——或者说乡村的文学代言人——几乎是以风景画家的眼光来观察和描写乡村的每一细节，使之文学化或浪漫化，仿佛一旦发生政治改革，田园诗般的乡村就会消失。

法国大革命并没有很快触及英国的社会结构，但英国本土发生的工业技术革命却对乡村构成致命威胁。伴随着技术革命及工业革命，在城市崛起了一个日益壮大且危及土地贵族统治地位的中产阶级，这个阶级在"自由贸易"的旗帜下要求拆除一切地方的、封建的藩篱，将乡村作为城市的附庸。1815 年，托利党的贵族地主们还有能力迫使议会通过"谷物法"，以抵御欧洲大陆更加廉价的谷物进口，但到了 1846 年，资产阶级的辉格党人却能迫使议会废除"谷物法"，为自由贸易松绑；不仅如此，他们还发起要求选举权的运动，并通过议会二次《改革法案》获得成功。权力重心渐渐从乡村偏移到城市。

1840 年代的"铁路狂潮"更使"乡村"渐渐退守到偏远之地，铁路沿线随即出现片片浓烟滚滚的工厂区。当农民们纷纷离开乡村，涌向城市的工厂去寻找他们的生计时，浪漫派诗人们却逃遁到了"湖区"，而他们分散的精神同盟则从各处栖身的乡村发出同样的反对工业、现代、资产阶级的声音。马克思和恩格斯 1848 年谈到英国乡村贵族在 1846 年议会改革中"被可恨的爆发户打败"后，"他们还能进行的只是文字斗争"，并突然装出"似乎他们已经不关心自身的利益，似乎只是为了被剥削的工人阶级的利益，才声讨资产阶级"的姿态，"这样就产生了封建的社会主义，其中半是挽歌，半是谤文；半是过去的回声，半是未来的恫吓；它有时也能用辛辣、俏皮而尖刻的评论刺中资产阶级的心，但是它由于完全不能理解现代历史进程而总是令人感到可笑"（马克思、恩格斯：274）。

老勃朗特牧师是一个托利党人，当然反对《谷物法》，尽管廉价的进口谷物可以使饥饿的下层阶级多一点面包。他的妻子（夏洛蒂之母）马丽亚这个来自比较富裕的家庭的女子则写了一篇《贫穷在宗教方面的优势》（"On the Advantages of Poverty in the Religious Concerns"）的论文，登在报刊上。论文开门见山地写道：贫穷如果不是绝对地那也是被普遍地视为一种罪恶，而且不仅它自身是一种罪恶，它还带来一连串数不胜数的其他罪恶。然而，这难道不是一个错误的观念——那些我们在世人那里经常听到的流行的且被认为毋庸置疑的错误观念之一？"马丽亚则反其道而行之，认为富裕才会使人堕落，因为人的欲望没有穷尽，而"贫穷也许是远离焦虑和不满的状态，它摆脱了骄傲和野心，提升了基督教观念和情感以及心灵的全福"，"每个穷人或许都是一个有宗教感的人"（Shorter, Vol. Ⅱ：407 - 409）。不难在《简·爱》中找到这篇论文的文学版，即简·爱对她的主人罗切斯特说的那段著名的"宣言"："你以为，就因为我贫穷，低微，相貌平平，矮小，我就没有灵魂，没有心吗？你想错了！我跟你一样有充实的灵魂，一样有一颗丰满的心！"（97）这份"平等宣言"当然体现了民主精神，但问题是，在简·爱眼中，凡是有钱、身份或美貌的人，除了她自己心仪的罗切斯特以及她自己的朋友们，其他人几乎都被描写成道德有亏的人。我们从《简·爱》中看不到除她自己之外的他人的视角。

尽管简·爱对洛伍德学校总管勃洛克赫斯特（Brockhurst）先生没有好感，但她也是这位总管或她自己的母亲马丽亚的教育理念的温和实践者，认为贫穷才是美德的基础。这种"惩罚肉体以拯救灵魂"的说教会使人变得冷酷，它一方面以此安慰自己的苦难，一方面对他人的苦难无动于衷，甚至认为那是使灵魂得救的不二法门。实际上，浪漫主义在冷酷中发现了一种诗意的性格。这种对贫穷和"自然"的道德奉承，一定会扩大为对贫穷地区的美学奉承。由于这种"封建的社会主义"或者说英国浪漫主义将资产阶级描述为经济上贪婪、文化上平庸之人，它就使得一切与"生产性"

相关的东西在美学上沦为平庸丑陋之物，而把"贫瘠性"抬升到令人晕眩的美学高度。按浪漫主义的理论祖师爷康德的说法，"美是无功利性的观照"，如果面对一处峭壁断崖，你没联想到壮美，却嘀咕着收成，那你就和市侩一样庸俗了。在浪漫主义者那里，硕果累累的果园因令人联想到"贸易"肯定不如一片荒原那么富有诗意，这就像令人联想到"生产性"的健硕丰满的女人不如瘦小的女人（瘦小的简·爱或夏洛蒂总把"丰满、高大"的女人描写成坏女人），山谷里的工厂不如荒原顶上的废墟，伦敦的"水晶宫"（the Crystal Palace）不如苏格兰的古堡——说到作为1851年伦敦万国博览会展馆的"水晶宫"，一座本身就是当时最为现代的设计理念和建筑材料的结合的巨型建筑（主管设计的是喜爱摆弄机器的阿伯特亲王），一个被许多英国人引为骄傲的巨大现代工业象征，夏洛蒂的评价却不高，说"那是令人惊异、激动而迷惑的景象，是魔怪宫殿和大型市场的混合，不太合我的口味"（Shorter, Vol. Ⅱ: 214）。在第二次参观后，她写信给父亲：

> 水晶宫是一个奇妙的地方——轩敞，奇特，崭新，难以描述。它的辉煌不在单独一物，而在全部之物的汇集。你在那里可以发现人类劳动的所有成品，从那些摆放铁路蒸汽机和锅炉的展厅，到摆放正在运转的工厂机器、各种精美马车或各种挽具的展厅，再到摆满金匠和银匠精美作品的玻璃外罩、天鹅绒铺底的搁架以及有警卫严守的摆满价值成千上万英镑的珠宝的箱盒。它或许可以被称作一个巴扎或者市场，但它却是东方魔人创造的一个巴扎或者市场。（Shorter, Vol. Ⅱ: 215 – 216）

她厌烦再去水晶宫，也厌烦朋友来信向她打听水晶宫。她在给伍勒小姐的信中说："只要看一眼就足够让人惊奇和困惑了，我一直难以为它着迷，后来每一次参观都是被朋友硬拉去的，我并不情愿。那是一个格外喧闹的地方，总之，它的那些奇迹刺激我们的眼睛，很少触及心灵或头脑"（Shorter, Vol. Ⅱ: 224）。盖斯凯尔夫人也像夏洛蒂一样不喜欢水晶宫，但理由不同：她在那里只看到科技和商业制造的与普通人没有关系的奢侈。

尽官雷电、暴雨、湿雾、呼啸的长风、泥泞的道路、阴森的古堡以及长满帚石楠的荒原可以成为浪漫派文学艺术家安置他们情感热烈的人物的理想环境，可对一个普通的哈沃斯村民来说，他宁可整个地区一马平川，交通四通八达，而不是横亘着重重"龙盘虎踞似的峭壁断崖"，而且一直风调雨顺，连片庄稼长势喜人，洼地里的工厂区烟囱林立——这幅景象，对关注贫困问题的人来说，可能充满伦理意味和视觉美感，但对浪漫主义者来说却显得过于平庸、乏味、丑陋，因为浪漫主义美学的一个特征是"非生产性"所谓"风景"，就是那种不使人产生赢利性联想而仅仅作为内心力量的象征的地貌；对它来说，土地从来就不意味着收成，而是观赏和沉思的对象；土地越是缺乏生产性，就越是远离世俗的利益。这也是浪漫主义者喜欢徜徉于湖区、荒原、沙漠等尽可能远离生产活动的偏僻之地的原因。出于同一种"贫瘠"的美学原则，浪漫主义者甚至厌恶古希腊的象征着旺盛生殖力的丰满女人雕像，而偏爱中世纪绘画中那种消瘦的人形。脸色红润、身体健壮被认为是乡下姑娘的特征，而苍白和柔弱则被认为是高贵女子的身份证明。在这种极端的情形下，甚至病态乃至某些疾病本身（如肺炎、肺结核）都被赋予了美的色彩。浪漫主义美学通过把一切事物——从地貌，到市貌，一直到人的体貌——按照它自己的美学价值等级进行编码，形成一种具有强烈排斥性的美学意识形态。

尽管夏洛蒂不像浪漫主义文学前辈那么走极端，且投资于铁路股票，但她在文学作品中却以乡村浪漫主义的眼光看待现代工业、科技以及城市。这与秉持文学现实主义并赞同莫里斯和金斯利的基督教社会主义（Christian Socialism）的盖斯凯尔夫人不大一样。勃朗特姐妹把哈沃斯教堂背后的长满帚石楠的高沼地作为徜徉和梦想之地，但面对同一片地理，盖斯凯尔夫人却像一个经济状况调查员那样计算它的每一条溪流、每一道山梁的经济价值。这种计算性的眼光，当然不是一个浪漫主义者的眼光，却也不是一个资本家或者政治经济学家的眼光，而是一个关注贫困问题的基督教社会主义者的眼光。

五

盖斯凯尔夫人最初开始创作小说是为排遣失子之痛。她本想以时髦的浪漫主义风格写一部小说，故事地点设在约克郡的边境乡村。她在 1848 年为再版的《玛丽·巴顿》作序时写道：

> 三年前，我急于（原因我不愿多说）让自己沉浸在一部小说的创作中。我生活在曼彻斯特市，但我对乡村有一种深深的兴趣和由衷的羡慕，我头一个想法，是在某个乡村场景为我的小说找到一个框架。我已写了一些章节，时间设在一个多世纪前，地点则选取约克郡的边境。但我突然想到在我生活的这个城市的忙碌街道上那些每天与我并肩走着的人们的生活里埋藏着多深的罗曼司啊。我本来就对这些破衣烂衫的似乎命该挣扎在工作与匮乏之间的人们怀有深深的同情，比起其他人，他们程度更深地被社会环境抛来甩去……我越是思考被同样利益捆绑在一起的两类人——雇佣者与被雇佣者——之间的不愉快状态，我就越是急切地想替那些充满痛苦的沉默的人们发出声音。（1848：Ⅰ-Ⅱ）

这种对他人的苦难的关注，使她能够客观观察并描写一切。盖斯凯尔夫人的"工业小说"描绘的是工业区的劳资矛盾，而她的观察方式是"档案记录人"的方式，连茶会的各种食物价格也不放过，以致雷蒙·威廉斯说她采用的是"实录方式"（1966：87）。但盖斯凯尔夫人并不认为工人阶级的"捣毁机器"和浪漫主义者的"退回乡村"能解决贫困问题。她不会以浪漫主义的方式来想象乡村，她眼中的乡村和工厂区一样被贫困所缠绕。1855年盖斯凯尔夫人为传记写作搜集材料而去哈沃斯，当马车在约克郡山区颠簸时她却在思考：

> 男耕女织，这种观念看起来挺有诗意，但如果这种生活方式出现在我们的时代，而我们也能从那些活生生的人嘴里听到实情，那就只是严酷的细节——乡人的愚笨与商贩的精明混杂在一起——以及毫无规则、无法无天，它们玷污了天真纯朴的田园幻象。每个时代都会有这种溢美、夸张的特点，即把过去的时代赋予最为生动的回忆，但在我看来，当这种社会形式和生活方式颇为普遍时硬说它们不适合那个时代，是不对的，但它们带来的弊习和世界的逐步进步将使它们永远成为历史。（14）

　　她对浪漫主义美化农村和穷人同时贬低城市、工厂和工厂主不能认可。如果"浪漫"只是一种主观感觉，那么，浪漫主义者认为工厂和资本家是丑陋的、异化的就只是在表达他们自己的偏见。但长久生活在工业城市并且经常在工厂主与穷人之间打交道的盖斯凯尔夫人能够发现"工厂和工厂主的浪漫一面"（Meckier：80），而城乡的贫困问题的解决要依靠"科学与人道的融合"。换言之，盖斯凯尔夫人认同消极论者对工业化和城市化过程中出现的大量社会问题和环境问题的批评，但不认为返回"过去"是解决这些问题的方式，尤其反对通过浪漫主义来美化"过去"。莫基尔（Jerome Meckier）说：

　　　　盖斯凯尔夫人认为，工业技术将给诗和文化带来裨益；它将帮助人类实现最狂放的幻想，要么就终结它。诗人们所梦想的黄金时代是在将来。盖斯凯尔夫人将其笔下的南方某地命名为地狱石（Helstone），竟逼得狄更斯居然用某一丑陋矿区的名字来称呼一个北方城市。她所描绘的具有代表性的北方工业社区取了英国最伟大的史诗诗人的名字，这是她认为未来的事态并非"缺乏诗意"的进一步证据。（79－80）

　　将"激情"和"想象"、"诗意"抬高到评价文学艺术的最高尺度的夏洛蒂着意的是鲜明的未曾被礼仪社会所驯化的"个性"，而盖斯凯尔夫人着意的是现实的贫困问题，这不仅指她在工人区从事慈善活动，更指她试图为"沉默的一群"代言。"政治经济学"一词在夏洛蒂笔下意味着平庸、丑陋和乏味，她的情调是反现代的。盖斯凯尔夫人同样对政治经济学不满，但那是出于对作为政治经济学核心原则的"自由贸易"的失望，因为这只"看不见的手"并没有消除它曾乐观地许诺要予以消除的社会贫困，反倒加剧了社会的贫富分化。她在《玛丽·巴顿》的序言中说："我对政治经济学或贸易理论一无所知。我在写作中追求的仅是真实而已。如果我的报道与某种理论体系相合或相违，那并非有意为之"（Ⅶ）。在1853年2月致密尔斯（R. Monckton Milnes）的信中，她又谈到"浪漫"对"真相"的伪饰：我努力使故事本身和写作过程尽可能平静，以使'民众'不会说他们只看到浪漫的情节或夸张的写作而看不到作者感受到的平凡而严肃的真相"

（Chapple：225）。在她看来，"不应把调节社会关系的机制委诸市场的盲目力量，而应寄托于人性的伦理力量"（Stoneman：45）。她寄希望于基督教社会主义的"互助运动"（he co-o ~ perative movement），而她本人则是一个躬行者，长期在曼彻斯特工厂区从事慈善活动。萨毕斯顿（Elizabeth Jean Sabiston）在一篇论文中写道：

> 没人指责盖斯凯尔夫人对曼彻斯特工人阶级缺乏热情……许多批评家说，维多利亚时期所有小说家中，她生活得与她所描写的那个世界最近，这与狄更斯不同，狄更斯以一种过于感伤的如果不说是滥情的方式对待工人阶级，如在《艰难时世》中。盖斯凯尔夫人生活在由李嘉图、亚当·斯密及曼彻斯特经济学的自由贸易政策所塑造的曼彻斯特市，很早就学会以同情但现实的眼光看待工人和工厂主、纺织女工甚至"堕落女人"的优缺点，正如格林所说："她的作品是为她的良心服务的。"事实上，她对曼彻斯特生活的描绘如此恰如其分，以致卡斯琳·蒂诺托森及其他一些人将它与恩格斯对这个城市的分析等量齐观。（Plasa：97-98）

浪漫主义由于强调"个性"，并将"激情"和"诗意"赋予"个性"，就势必陷在个人的主观性中。这一点，已见于夏洛蒂对奥斯丁的评价。刘易斯之所以推崇奥斯丁，并将她作为与莎士比亚并立的伟大艺术家，是因为她像莎士比亚一样具有"戏剧"天份，让所有人物说话，而不是只有一个视角，即作者自己的主观视角。与夏洛蒂或其他文学浪漫主义者执着于自己的主观性并以之为绝对之不同，盖斯凯尔夫人在观察风景和人的时候时刻警惕自己的主观性被伪装成"客观性"，这使她更能深入体会他人的需要。查德威克（Esther Alice Chadwick）公正地评价说，"作为一个妻子和母亲，盖斯凯尔夫人一直远离夏洛蒂后来情不自禁地陷入的那种自我中心"（176）。这种"非自我中心"使盖斯凯尔夫人能够消解"我"而替"他们"代言，她不可能像夏洛蒂那样在每一页都写上大量的"我"。难怪弗吉尼亚·伍尔夫称夏洛蒂为"一个自我中心的、自我为限的"的作家，说她的作品满篇都是色彩强烈的主观之词——"我爱"、"我恨"、"我受难"

等——时刻指向个人传记意义上的"我"（Michie：28）。

如果盖斯凯尔夫人在前往哈沃斯村的路途上想的是贫困问题，那就不能指望她像"文学朝圣者"那样将"哈沃斯及其附近一带"染上一种忧郁的浪漫情绪。1853 年 9 月，盖斯凯尔夫人从曼彻斯特乘火车到基斯利镇，下车后，租一辆轻便马车，第一次踏上前往哈沃斯的那条乡村公路：

> 基斯利是一个新兴的毛纺城镇，处在群山间的一块盆地上——与其说是真正的盆地，不如说如约克郡人所称呼的是"洼地"。我离开基斯利，乘一辆马车前往哈沃斯，有四英里远——粗糙、崎岖、坑坑洼洼的四英里路。道路在波浪般的群山之间蜿蜒，举目四望，山在地平线上跌宕起伏，曲折蜿蜒，连绵不断，宛如北方传说中的那条缠绕地球的巨蛇的一部分。天色呈铅色；道路沿途有些采石场；一排排灰暗、丑陋的石砌房子属于这些工厂；然后我们下到了贫穷的、贫瘠的田野——到处是石垒的垣墙，四处却不见一棵树。哈沃斯是一个长条形的散乱的村子。（Shorter，Vol. Ⅱ：336 - 337）

这完全是一幅不带主观情绪的素描。在写作《夏洛蒂·勃朗特传》期间，为实地调查，盖斯凯尔夫人又来过哈沃斯村几次，依然在基斯利镇下火车，不指望在这座工业城镇里看到"生动的色彩"，然后雇了辆马车，一路颠簸朝哈沃斯进发，"本能地希望在乡村看到一些鲜艳生动的景象"，但马上就失望了。下面这段文字，是她对数次哈沃斯之行的路途观感的综合：

> 从基斯利到哈沃斯的路上，看见远近所有的东西都带着一种本有的灰色，多少让人感到有些失望。路长约四英里，正如我前面所说，这里分布着别墅、大毛纺厂、一排排工人宿舍，即便东一处西一处还有些老式农舍及其附属建筑，也很难把这四英里路的沿线一带称作"乡下"。前两英里路还算平坦，左边是连绵的远山，右边有条"小溪"穿过草甸，为两岸零星的工厂提供水力。这些居民区和工厂区散发的烟雾使天空暗淡无光。河谷（本地方言叫作"洼地"）的土壤肥沃，但随着道路升高，草木渐渐稀疏，与其说在生长，不如说在勉强生存。

住户四周不见大树，只有一些乔木和灌木。四处都是一些石垣，不见树篱。东一片西一块的可耕地里长着庄稼，是燕麦，长得弱不禁风、缺乏养分，呈灰绿色。离哈沃斯村两英里远，旅行者就可从路上望见它，它升起在正前方，因为它坐落在一个较陡的山坡上，背后是一大片毫无生气的向山顶蔓延而去的紫褐色高沼地，比建在村中那条又长又窄的街道的最高处的哈沃斯教堂的尖顶还高。举目四望，地平线上都是这种蜿蜒的波浪般起伏的山脉勾勒出的相同线条，而从这些山脉的山口望出去，望见的还是山，颜色和形状全都一样，顶部也是蛮野荒凉的高沼——面对这无穷无尽的荒凉，是因它们投合那些有关孤寂和孤独的观念而感到壮丽，还是因它们唤起一种为单调和无边的障碍所困的感觉而觉得压抑，就要看观者处在何种心境中了。(3～4)

盖斯凯尔夫人将荒原的忧郁从荒原自身剥离开去：那只是观看者的观念，而非事物本身。切斯特顿（C. K. Chesterton）在一篇文章中称夏洛蒂为"浪漫主义者"，却也清楚地意识到浪漫只是一种主观情境：

就夏洛蒂而言，其作品所具有的普遍价值之一，是揭示了一种非常时髦且被反复重申的美学谬误：现实主义与浪漫主义绝无通融之处。人们谈起现实主义与浪漫主义来，就好像它们是两种非此即彼的艺术，有时甚至视之为两种完全对立的心理倾向。然而，它们实际上属于两个不同的范畴；而且，正如其他一切类似之物，它们可以共存、分立甚至不同程度地融合。浪漫主义是一种精神气质，现实主义则是一种常规……没人会把罗切斯特的宅子称作单调乏味的地方，但这并不能否认，夏洛蒂·勃朗特让一种与气质相关而与时间或地点无关的心理的浪漫充盈于那些安静的房间和角落。(Wood：51)

盖斯凯尔夫人的目标就是要将这种"与气质相关而与时间或地点无关的心理的浪漫"从荒原表面剥离，从而裸露出其贫瘠以及贫瘠背后的贫困。她无意按照当时流行的浪漫主义的"如画"美学为哈沃斯村绘制一幅"如画"的浪漫图画。这就像后来的伍尔夫一样。伍尔夫在读了勃朗特姐妹的小说以及盖斯凯尔夫人的传记后，于1904年11月去了哈沃斯村，并且得以进入又换了新主人的牧师住宅，但此行让她失望。她随后在《卫报》（*The Quardian*）上发表《哈沃斯，1904年11月》（"Haworth，November，1904"），对参观文学名流故居的时髦进行了批评，说"我不知道去文学名流的圣地朝圣是否应被斥为滥情之旅"，"在你自己书房的椅子上读卡莱尔"比"参观切尔西那个隔音的房间"更有收获，去作家故居参观若能加深对其作品的理解，还说得过去，但"一所维多利亚中期的牧师住宅委实再普通不过"，它"暗淡，平凡"，纪念馆里的收藏品"呆板而又毫无生气"，"一个已故女人的衣服和鞋子"只能让令人想到夏洛蒂"是一个女人，而不是一个伟大作家"。（Hancock：22）

六

不过，盖斯凯尔夫人高估了这种基于"人性本善"的"基督教社会主义"及其"互助运动"对于改善城乡下层阶级贫穷状况的作用。一些"发了善心"的资本家的慈善活动对于社会性的贫困不啻杯水车薪，且久而久之就难以为继。另一方面，她又错估了乡村浪漫主义，认为它反经济，妨碍贫瘠地区的进步。工业资本家是不会去那些受制于经济上不太有利的地理和地质条件的山区投资的，他们考虑的是成本与收益。而且，按照盖斯凯尔夫人赞同的互助理论，城市工厂的工作条件的改善将诱使更多农村劳力源源不断涌向城市，反倒会进一步造成乡村的"空心化"和凋敝。但乡村浪漫主义给贫瘠的乡村涂抹了一层浪漫的光晕，这层光晕很快就吸引了试图将浪漫主义因素引入中产阶级生活的那些城市中产阶级男女前来"朝圣"。史密斯（John Smith）在1868年观察到：

在1850年，文学还没像现在这样变成众人趋之若狂的东西。穆迪在他的城市鲜为人知，更别说他所在的省了。火车站也没有什么"斯密之座"。唯一有些光彩的是如今已停刊的《泰特杂志》，一个读者会追着看他那个时代所有的期刊和文学书籍。在我看来，那时的读者似乎有种不同的精神。英国年轻的读者群以热情和激情对待文学，热切期待着他们心爱的作家的新作出版，为比他人更早获得这些作品而不怕麻烦，弄到手后就狼吞虎咽下去，甚至可以步行数英里去看一眼他们心爱的作者。（Shorter, Vol. Ⅱ: 435）

其实早在 1850 年前，这种对文学和"文学圣地"的狂热就已兴起了。温迪·达比在《风景与认同》中谈到"湖区"一类的"文学圣地"在 19 世纪初突然成为"风景"，在于两种现象的综合演进：

> 英国民族主义的兴起和如画风景美学的普及——它使得本国、本地和凯尔特的价值得以抬升。在这两个领域的持续互动下，"湖区"应势产生，成为话语与隐喻（尽管不完全是隐喻）汇聚的新场所。在此，构成浪漫主义的"情感的、玄奥的、田园的、原始的和主观的因素"扎下根来。（54~55）

"如画"美学强调风景的等级，如"秀美"就不如"崇高"：

> 那些被开垦的、平滑的、安静的、和谐多样的风景是"秀美的"。它们是有边界的，因此也就是可知的风景。那些荒野的、崎岖的、超越人们想象的、广阔无垠的风景是"崇高的"，因为其无限性使人们生发出充满敬畏的情感和永恒的观念。简言之，有规律的自然是秀美的，野性的自然是崇高的。（53）

当夏洛蒂把奥斯丁的小说称为"精致的花园"时，那不是在赞美它。她本人像其他浪漫主义者一样偏爱哥特式的崇高风景——最初原因，恰如达比所说，"知识分子精英之所以看重湖区的美学价值，是因为湖区不同于而且远离于新兴的城市密集化"（达比：149）。随着工业和城市的扩张，这些知识分子势必就会逃往更偏远的地区。不过，这种"远离"其实是为了进入民族主义政治的象征核心，因为这些地带没有受到"现代"影响，几百年来保留着其地理特征，是重建民族认同和国家团结的文化基础。

　　浪漫主义的"风景"与民族国家意识建构之间的联系已非新鲜话题，尽管其"中介"并不十分明晰。但如果法国式普适主义启蒙哲学、科学理性和现代工业要求并导致一种标准化和一致化，那么，它们就会弱化民族的、地方的地理特征，也就弱化了民族的认同。英国浪漫主义或者说自然主义的一个政治情感是"反法"，而被科学理性、工业化和城市化进程抛在边缘的贫穷落后地区被认为是"老英格兰性"的最后保存地，它们"由荒凉的文化空漠转型为人们渴求的富有文化底蕴的地方"（达比：54），"随着趣味的相应转变，过去令人害怕并予以回避的山区风景变成了极具美学价值的胜景"（达比：64）。

　　这一切发生在英国工业革命及海外殖民的关键时刻。工业革命带来政治、文化和经济资源在社会阶层之间的迅速转移，破坏了此前乡村英国的"有机社会"结构，结果就是不同阶级、文化、生活方式的分裂和对峙，"同一个国家"的意识遭到严重削弱。同时，海外殖民将众多英国人分散在遥远的异文化中，会弱化他们对英格兰的身份认同。1848 年，马克思、恩格斯在《共产党宣言》中就资本主义世界市场写道：

> 　　过去那种地方的和民族的自给自足状和闭关自守状态，被各民族的各方面的相互往来和各方面的相互依赖所代替了。物质的生产是如此，精神的生产也是如此。各民族的精神产品成了公共的财产。民族的片面性和局限性日益成为不可能，于是由许多民族的和地方的文学形成了一种世界的文学。（255）

　　但西方资本主义在向其他地区进行文化殖民时，它自身内部却产生一种迷恋"地方"的民族主义。正是在社会离心力急剧强化的 1840 年代，回归到想象中的"未曾分裂的时刻"以及保存这一时刻的"乡村"，被认为是重新建构民族身份并创造民族认同的重要途径。1842 年，托·阿诺德（Thomas Arnold）就任牛津历史教授，他在就职演讲中呼吁道：

> 　　我们，这个伟大的英格兰民族，其种族和语言现在正从地球的一端扩展到另一端。在我们出生前，萨克森人的白马就已建立从忒得河

到塔马河的统治。我们可以在这个范围内追溯我们的血缘、我们的语言、我们国家的名称及其区划以及我们一些体制的起源。在这个范围内描述我们的民族身份。（23～24）

他说这番话时，英国远征军正在中国东南沿海攻城略地。如果英格兰的"种族和语言现在正从地球的一端扩展到另一端"，那么，它同时也将大量英国人抛进了异质文化中，可能会淡化其"英格兰性"。老阿诺德显然意识到了这一点，他呼吁英国人必须从文化上返回"祖宗之地"，以获得一种明确的未被污染的民族身份。武得河和塔马河隔出一个"英格兰区域"，那里才保存着据说不曾被污染的老英格兰传统，作为永远可以返回的地方。"湖区"和哈沃斯村便处在这一区域的核心地带，即后来被称为"峰区"（the Peak District）的自然—历史保护区及其周边。浪漫主义对中世纪、地方色彩、"风景"、民俗的浪漫化，使这些本来在文化上空无所有的贫瘠山地充满了神灵，而作为中产阶级休闲时髦的"文学朝圣"不仅是为了在中产阶级生活中引入浪漫因素，还是一种追寻民族身份和民族认同的民族主义象征政治之旅。在宗教凝聚力日渐衰微的时刻，英国文学制造的"文学圣地"或许能担负起大教堂的作用。连马蒂诺小姐都放下手头的研究，为"湖区"写了一本旅游指南。

盖斯凯尔夫人式的文学现实主义与夏洛蒂式的文学浪漫主义看似对立，其实是维多利亚时期英国现代国家建构的左右两弧，是"北方"与"南方"、"散文"与"诗"的有机结合："南方"或"乡村"通过将自己"浪漫化"或"老英格兰化"，为整个英国提供着民族身份想象，"北方"或"城市"则通过现代化，为整个英国提供着雄厚工业实力。1851年5月维多利亚女王在"万国来贺"的盛大排场中进入"水晶宫"宣布伦敦万国工业博览会开幕，8月前往爱丁堡并在万民夹道欢呼中登上"亚瑟王宝座"，作为英国当年两大文化政治学象征事件，将"新英国"与"老英国"贯通起来。

到此为止，本文还未涉及"乡村浪漫主义"或者说"英国自然主义"的"政治经济学"这一基础问题——实际上，浪漫主义的"隐遁"姿态几乎让人觉察不到其经济方面的动因，另一方面，视"政治经济学论文"为平庸的"散文"的浪漫主义者自己或许也没有意识到浪漫主义还是一种新政治经济学，它通过赋予光秃秃的岩石、荒凉的高沼地等几乎毫无经济价值的贫瘠之物以高昂的美学价值和伦理价值，将其商业化：来自城市的中产阶级急于消费这些"景观"，以充实自己据说平庸的生活，正如他们大量购进画作、摆弄丝弦或者阅读浪漫小说。

英国工业革命在导致英国社会的权力重心由乡村移向城市时，相应地导致英国乡村的凋敝以及乡村人口大量移民城市乃至国外，出现乡村的"空心化"，而同时城市又在过剩的人口、拥挤的住房、河流和空气的严重污染之下"变成我们这个种族的坟墓"。（Howard：11）如何使乡村重新变得对英国人有吸引力，从而使城市的过剩人口——尤其是大量因找不到工作而四处流浪并被认为是影响社会安定的"危险"因素的来自乡村的壮年人口——返回乡村，同时留住那些尚在乡村而随时准备进城的劳力，是当时的社会问题研究者和国家决策者考虑的核心问题之一，此即保守党政治家戈斯特爵士（John Gorst）在1891年所说的"逆转潮流，阻止人们迁入城市，让其返回故土。城市自身的利益与安全有赖于这一问题的解决"（Howard：11）。霍华德（Ebenezer Howard）在《明日的田园城市》中写道：

> 无论过去和现在，使人们向城市集中的原因，一言以蔽之，是"吸引力"。因此，除非为人们——至少是相当一部分人——提供大于城市现有的"吸引力"，显然就没有什么有效的应对之策，因此，旧的"吸引力"必须被新创造的"吸引力"所超越。如果把每个城市当作一块磁铁，每个人当作一枚磁针，那么，除非建构比我们的城市更有吸引力的磁铁，才能有效地驱动人口的自然而健康的重新分布。(14)

可是，要让贫瘠而凋敝的乡村的吸引力"大于城市现有的'吸引力'"，就必须先从美学和道德上抬高乡村，同时贬低城市，并把城市中产阶级描绘成一个"粗俗的""没有文化的""唯利是图的"阶层——这正是自19世纪初以来的"纨绔子"小说家、浪漫主义诗人和小说家及随笔家、风景画家、田园抒情曲作曲家以及反资本主义的伦理家一直前赴后继从事的事业——这样才能大量吸引先是有钱而且"罗曼蒂克"的然后是有钱但不那么"罗曼蒂克"的中产阶级男女成群结队跑到偏远乡村去寻求"浪漫之地"（这种乡村休闲游，从最初偏远的"名胜古迹""浪漫之地""文学圣地"渐渐扩大到城市近郊的乡村），给这些无论从地理还是地质条件来说均为贫瘠之地的乡村地区带来它们自身所匮乏的繁荣商机，而这又诱惑着大量"危险"的游民从城市返回本乡本土，不仅保证了全国人口的"健康分布"以及充分就业，还缓解了当时城市日益严重的社会问题和环境问题。

铁路、公路、自行车道、"步行道"由城市向乡村蜿蜒延伸，所到之处，酒吧、客栈、纪念品商店、纪念馆等如雨后春笋般出现，随之出现的是乡村居民区的扩大。这样的"乡村游"通过旅游者一次次与国土的每道皱折的亲近而强化了爱国之情以及民族认同。夏洛蒂式的乡村浪漫主义证明是比盖斯凯尔夫人式的反浪漫主义更有效地解决偏远乡村的贫困问题的"政治经济学"，一种因卷入"象征资本"而内容被大大扩展的新的"政治经济学"。"乡村浪漫主义"正是那只引导已然以"两个国家"分立的城与乡、"北方与南方"之间相互流动的"看不见的手"。没有乡村浪漫主义及其拉动的乡村休闲消费，英国的贫瘠乡村不可能变成风光迷人的"新乡村"。实际上，在1890年代之后，英国的城市反过来开始模仿"新乡村"，城市决策者和设计者们纷纷追求霍华德所定义的那种城乡一体的"田园城市"。

参考文献

Alcott, Miriam Farris, ed. *The Brontës*：*The Critical Heritage*. London：Routledge, 2001.

Arnold, Thomas. *Introductory Lectures on Modern History*，*with the Inaugural Lecture*. London：Longmans & Green, 1885.

Brontë, Charlotte (Currer Bell). *Jane Eyre*：*An Autobiography*. New York：Harper, 1848.

Buist, James. *National Record of the Visit of the Queen Victoria to Scotland*. Perth：Perth, 1852.

Carlyle, Thomas. *Sartor Resartus*：*The Life and Opinions of Herr Teufelsdrockh*. London：Chapman and Holt, 1869.

Chadwick, Esther Alice. *Mrs. Gaskell: Haunts, Homes, and Stories*. Cambridge: CUP, 1913.

Chambers's Journal of Popular Literature, Science, and Art. January 4, 1868.

Chapple, J. A. V. , and Arthur Pollard, eds. *The Letters of Mrs. Gaskell*. Manchester: Mandolin, 1997.

Dalby, Stuart. *Making Model Building*. Dorset: Blandford, 1980.

Disraeli, Benjamin. *Sybil, or the Two Nations*. London: Longmans, 1871.

Eagleton, Terry. *Heathcliff and the Great Hunger: Studies in Irish Culture*. London: Verso, 1996.

Emerson's Magazine and PuLnam's Monthly. Vol. 5. New York: J. M. Emerson, 1857.

Every Saturday: A Journal of Choice Reading. Vol. Ⅲ. Boston: Ticknor and Fields, 1867.

Gaskell, Mrs. *Mary Barton: A Tale of Manchester Life*. Vol. Ⅰ. London: Chapman and Hall, 1848.

—. *The Life of Charlotte Brontë*. New York: Harper & Brothers, 1900.

Glen, Heather, ed. *The Cambridge Companion to the Brontës*. Cambridge: CUP, 2002.

Hancock, Nuala. *Charleston and Monk's House: The Intimate House Museums of Virginia Woolf*. Edinburgh: Edinburgh UP, 2012.

Harrison, David W. *The Brontës of Haworth: Yorkshire's Literary Giants*. Bloomington: Trafford, 2002.

Hatton, W. H. *The Churchs of Yorkshire*. Cambridge: CUP, 1880.

Hewitt, Peggy. *Brontë Country: Lives & Landscapes*. London: Sutton, 2004.

Hibber, Christopher. *Queen Victoria: A Personal History*. Da Capo, 2001.

Hobsbawm, Eric. *The Age of Revolution*, 1789 – 1848. New York: Vintage, 1996.

Horne, Donald. *God is an Englishman*. Sydney: Angus and Robertson, 1969.

Howard, Ebenezer. *Garden Cities of To-morrow*. London: Swan Sonnenschein, 1902.

KWVR Chronology: http://www. haworth-village. org. uk/steam-strains/kwvr/kwvr-chronology. asp.

McBean, Robert. *History of Holyrood*. Edinburgh: McBean, 1878.

Meckier, Jerome. *Hidden Rivals of Victorian Fiction: Dickens, Realism, and Revaluation*. Lexington: UP of Kentucky, 1987.

Michie, Elsie B. , ed. *Charlotte Brontë's Jane Eyre: A Case Book*. Oxford: OUP, 2006.

Payne, George A. *Mrs. Gaskell and Knutsford*. Manchester: Clarkson & Griffiths, 1900.

Perkin, J. Russell. *Theology and the Victorian Novel*. Montreal: McGill-Queen's UP, 2009.

Plasa, Carl, and Betty J. Ring, eds. *The Discourse of Slavery: From Aphra Behn to Toni Morrison. London：Routledge，2013.

Railway Gazette International. Vol. 88. Reed Business，1948.

Sears，E. H.，and Rufus Ellis，eds. *The Monthly Religious Magazine.* Vol. XXXI. Boston：
　　Leonard C. Bowles，1864.

Shorter，Clement. *The Brontës：Life and Letters.* Vol. 1 – 2. London：Horder and Stoughton，
　　1908.

Stoneman，Pasty. *Elizabeth Gaskell.* Manchester：Manchester UP，2006.

Stuart，J. A. Erskine. *The Brontë Country：Its Topography，Antiquities，and History.* New York：
　　Haskell，1888.

The Literary Gazette：A Weekly Journal of Archeology，Science，and Art. April 11，1857.

The Pall Mall Magazine. Vol. 32. George Routledge & Sons，1904.

Vincent，J. H. *Charlotte Brontë.* New York：Phillips & Hunt，1883.

Wilks，Brian. *The Brontës.* New York：Peter Bedrick，1975.

Williams，Raymond. *Culture & Society，1780 – 1950.* New York：Harper & Row，1966.

—. *The Country and The City.* Oxford：OUP，1975.

Willis，Irene Cooper. *The Brontës.* London：Duckworth，1933.

Wood，Butler，ed. *Charlotte Brontë：A Centenary Memorial，1816 – 1916.* London：T. Fisher
　　Unwin，1918.

勃兰兑斯：《十九世纪文学主流·英国的自然主义》，徐式谷等译，人民文学出版社，
　　1984。

达比：《风景与认同：英国民族与阶级地理》，张箭飞等译，译林出版社，2011。

马克思、恩格斯：《共产党宣言》，载《马克思恩格斯选集》第 1 卷，人民出版社，1972。

本文原刊于《外国文学》2014 年第 4 期

令人纠结的"劝导"

黄　梅[*]

《劝导》（一八一八）是英国女作家奥斯丁（一七七五至一八一七）完成的最后一部小说，叙事围绕自幼丧母的女主人公安妮·埃利奥特一段人生悲欢离合展开。

一

当年，十九岁的安妮堕入情网，与年轻的海军军官弗雷德里克·温特沃斯私订终身。温特沃斯出身寒门，两手空空，安妮的父亲沃尔特爵士自然不赞成这件婚事。不过，真正下力气出面劝阻并最终促使安妮取消婚约的，却是如慈母般关心她的近邻拉塞尔夫人。自那以后，安妮在小小乡村世界里再没有爱上任何人。她拒绝了本地一位地主少爷的求婚，在伤心和隐忍中渐渐香消玉殒。

由于沃爵士一味讲究排场、追求浮华，渐渐入不敷出，七八年后不得不举家迁往巴思城，将乡下祖宅凯林奇大厦出租。安妮听说承租人竟是温特沃斯的姐夫，不禁百感攻心，意识到难免要经受与初恋爱人重逢的冲击

＊　黄梅，中国社会科学院外国文学研究所研究员。

和折磨。对于那桩梗在心头的陈年旧事：

> 她们（安妮和拉塞尔夫人）并不了解彼此的观点，不知对方的想法是一如既往还是早改初衷，因为这个问题从来没有被提起——不过，安妮到了二十七岁，想法已经和十九岁大不一样了——她曾经接受拉塞尔夫人的劝导，为此她既不怪拉塞尔夫人，也不责怪自己；可是她觉得，若是现在有哪位年轻人处境相似，她绝不会给人家出那样的主意，让人遭受无可逃遁的眼前苦痛，却未必能得到缥缈虚无的长远裨益……
>
> 假使让安妮·埃利奥特开口，她该有多少雄辩说辞——至少，她会理由十足地支持少年人的炽热恋情和对未来的乐观信心，反对过度的谨小慎微，因为那简直就是对奋斗的羞辱和对神意的不信任！——她年轻之时被迫采取谨慎小心的态度，随着齿龄增长反倒逐渐习得了浪漫的心性，这是不自然开端的自然后果。（Ⅰ.4）[①]

这是小说首次明确点出"劝导"母题。

有不少西方评论家从此节及类似文字中读出了浪漫取向，认为此时奥斯丁"前所未有地深入了个人情感且饱含同情"，更多地站在了个人、情感和欲望一边，更接近所谓"美国立场"，[②] 表达了对来自他人特别是家长的说服指导的抵制态度。有人甚至揣测作者在借此辩驳认为她反对浪漫情愫的议论。[③] 然而这类判断与该节叙述全貌以及小说中许多相关内容有抵触。这些学者将注意力聚于对拉夫人早年劝导的批评，忽略了其他多元化的信息，并且或多或少把小说人物在具体情境中的感受过度解读为作者的主导

---

① 引文出自 Jane Austen：*Persuasion*，Cambridge UP，2006，ed. Janet Todd & Antje Blank，括号内标出的是引文所属的卷（罗马数字）、章（阿拉伯数字），此后其他引文均照此处理。译文参照奥斯丁《劝导》，孙致礼、唐慧心译，译林出版社，1999。

② Thomas Edwards，"Persuasion and the Life of Feeling"，in Bridget G. Lyons，ed.，*Reading in an Age of Theory*，Rutgers UP，1997，p. 121.

③ 见 A. Walton Litz，"*Persuasion*：forms of estrangement"，in John Halperin，ed.，*Jane Auten*：*Bicentenary Essays*，Cambridge UP，1975，p. 231；另见司各特《一篇未署名的评论〈爱玛〉的文章》，朱虹选编：《奥斯丁研究》，中国文联出版公司，1985，第10～25页。

话语。

引文出现在上卷四章，其中叙述者和女主人公之间若即若离的关系微妙而灵动。前一段文字有综述色彩，远非满负荷地传达安妮的心思，但是叙述与她的心态及表达方式的重合度已明显超过此前三章。后段中"假使让安妮·埃利奥特开口"一句径直切入女主人公的视角和语气，一连串波折号更是传神地呈现了且想且说的沉吟情态，仿佛在同步直播正徐徐生成的思绪。准"剩女"安妮的内心独白不仅毫不含糊地表达了针对拉夫人所认同的世俗主流婚姻观的直接批判，也痛切地揭示出横亘于两代人之间的深刻隔阂。由于往事留下的伤痛，由于难以弥合的观点分歧，也由于绝不愿伤害对方的殷殷顾念，这两个往来密切、情同母女的人竟无法袒露胸襟、彼此沟通。考虑到安妮在虚荣而势利的家人中形单影只的处境以及女主人公与她最亲近友人之间的这种心理距离便更加惊心。如坦纳指出，安妮所置身的社会处于"道德及话语高度分崩离析的状况"，她时时被"飘零无根"之感缠绕，小说中充满"（人与人）彼此隔绝的氛围（atmosphere of disconnectedness）"。[①] 可以说，"劝导"之所以成为必须辨析的问题，与人际关系纽带的瓦解和女主人公作为孤独个体所具有的鲜明"现代性"[②] 处境密切相关。对于安妮们，来自权威长者的劝导不再理所当然。

同样值得注意的是，安妮的思索委婉、迂折而缜密。她的态度包含不能回避的内在矛盾：即虽然认定拉夫人当年的劝阻是错误的，给年轻人带来了莫大伤害，却仍然强调自己不怨、不悔。也就是说，她对那一轮伤筋动骨的"劝导"既反对又有所认可。而且，她思考问题时遣词造句十分考究，整饬的巧智对仗（"年轻之时"对"齿龄增长"、"眼前苦痛"对"长远裨益"等）以及温和的反讽口气都映现出女主人公的修养和气韵。严谨和讲究说明这场绵延的思考在内心酝酿了多年，浓郁的自言自语风格则提示读者，女主人公是如何在有话无处说的漫长孤独时光中把对个人悲欢的反刍部分地转化成对普遍原则的追问，把怨艾升华为修辞的艺术。

男女主人公各自经过千思百虑，似乎都已有裁断，但那段往事仍然盘

---

① Tony Tanner, Jane Austen, Macmillan, 1986, pp. 218, 220-221.

② 见 Litz, p. 222。

结在他们心底。女主人公情不自禁反复思量，理还乱、剪不断，所谓理性反省实际却更是对旧情肝肠寸断的一步一回望。对于大英皇家海军舰长温特沃斯来说，恋人悔婚留下的创伤仍隐隐作痛。他愤恨地认定安妮顺从长者是"优柔寡断"、是顶不住"芥末小事的无聊干扰"，所以，当邻家少女路易莎宣布自己"才不那么好说服呢"（Ⅰ.7），他毫不迟疑地表示赞赏。然而后来的事态却动摇了他的自信。路易莎为了证明自己的勇敢和坚决，不听劝阻从莱姆镇海堤的陡峭石阶上贸然下跳，无端受了重伤，也让众多亲友陷入惊恐忧扰。这一任性表演无意间成为主人公们再次检点往事的契机。全力安排救助伤者的安妮不由自主地分神猜想：这下温特沃斯是否会意识到"坚定的性格也应该有个分寸和限度""容易被说服"并非全然不可取（Ⅰ.12）。如有的学者指出，两人在久别重逢历程中的这些情感发酵、思想调整等"内在动作"构成小说真正的情节主线。[①] 然而在这一阶段他们俩有关"劝导"的言说和思考，虽然无不以对方为"目标"和潜在对话人，却似被无形绝缘体屏蔽，彼此没有直接交流。

直到分手八年的恋人终于重修旧好，他们才得以当面锣对面鼓地认真讨论"劝导"。温特沃斯表白道：莱姆之行使他最终信服安妮的方式更靠谱，承认"有必要区分原则坚定和一意孤行"。安妮则告诉他：

> 我一直在思考过去，想公平地明辨是非……我当初听从朋友的劝告，尽管吃尽了苦头，但还是正确的，完全正确的……对于我来说，她处于母亲的位置。请不要误解，我不是说她的劝告没有错误……我说的是听她劝是正确的……因为（若不那样）我会受良心的责备。

安妮力图冷静地、条分缕析地将劝告内容和劝导行为区别对待。她充分承认"劝告"举动的正当性和合理性——拉夫人虑及少女一生的平安，出于责任感和爱心拦阻一见钟情的冲动订婚无可指责；而尽量听从也是年轻人顺乎责任和良知的选择——"我当年肯听劝，因为我认为那是义务"。

---

① R. S. Crane, "A Serious Comedy" (1957), in B. C. Southam, ed., *Jane Austen NORTHANGER ABBEY AND PERSU ASION: a Casebook*, Macmillan, 1976, pp. 188 – 182.

与此同时，她又认定拉夫人的劝告本身是错误的，那位乡绅遗孀太过庸俗地看重门第、财产和外表风度，依据错误的原则导出了褊狭、势利而又短视的结论。温特沃斯进而坦承这一次自己准备再度求婚之际，其实仍对拉夫人"劝导的威力"心存余悸，安妮便立刻表示"情况大不相同了，我的年龄也不同了"，对方应该明白她如今不会再盲从。经过岁月的磨砺，当年的小姑娘已经有了主心骨。当拉夫人大力举荐安妮远房表亲即她家祖业和名位的继承人埃利奥特先生作首选联姻对象、甚至动情地表示希望安妮能继她母亲成为凯林奇大厦女主人时，她已经不能左右安妮的决定。虽然就地位和财产而言，埃先生肯定会远远超过仅仅在海上冒险生涯中发了些战争财①的温舰长，但安妮已事先断然排除了仅只为社会地位和经济利益而结缡的选项——"假如我嫁给对我无真情厚义的人，就可能招致各种风险，而违背所有的责任"（Ⅱ.11）。

换言之，安妮认为，以她当年的思想水平和具体处境，服从拉夫人理由充分；而如今审慎拒绝同类劝告更义不容辞。必须承认，在这个"由书名宣示出的核心问题"上，女主人公所提供的最后"答案并非没有含糊歧义"，② 相反以深刻的自相矛盾以及繁多的限定条件为最鲜明特征，比如要考虑权衡具体事项、劝说者的用心和被劝者的成熟度等，简直可以说复杂到等于没有确定结论。

在奥斯丁的世界里，对"劝导"感到困惑的不仅是安妮和温特沃斯。《傲慢与偏见》（一八一三）中的达西和伊丽莎白也曾就此"短兵相接"地辩论过。该书一卷十章有这样一个场面：达西在亲友面前挖苦好友宾利做决定草率却又耳根软，听别人劝几句就改弦更张。那时伊丽莎白正在找茬和达西斗嘴，便挺身而出为宾利辩护："难道达西先生认为，若固执己见、一意孤行，就可以把前面的鲁莽粗率一笔勾销了吗？"达西说这是强词夺理地把他没有的想法强加于他，同时强调"没有信服就盲目顺从，对劝导和

---

① 当时英帝国海军状况是近年有关奥斯丁的文化研究的一个重要侧面，参看 Edward Neill, *The Politics of Jane Austen*, Macmillan, 1999, pp. 124, 129–130; Janet Todd & Antje Blank, "Introduction", in Jane Austen: *Persuasion*, Cambridge UP, 2006, pp. xxxiv, xlv–xlviii.

② D. W. Harding, "Introduction", in Jane Austen: *Persuasion*, Penguin Books, 1965, pp. 12, 13–14.

被劝导双方的判断力都不能增光添彩。"不料伊丽莎白却转而抨击达西"好像不赞成友谊和感情可以有影响力"，逼问他为人随和、乐于顺从友人意愿又有什么不好。达西回复道：这要先确认"友谊亲密到什么程度、那意见是否可取"。至此，舌战已经进入抽象思辨的领域，达西明确地主张要针对具体问题做周详的具体分析——而这，可以说是与安妮的思考遥相呼应。

劝，还是不劝；听劝，或者拒绝听劝；显然是没有固定答案的疑题。

二

奥斯丁为什么对"劝导"（包括发生在平凡琐细家庭生活中的七嘴八舌议论）如此重视呢？

对于这个疑问，《劝导》一书提供了很多指向答案的线索。

细究起来，"persuasion"（包括同词根动词和形容词）曾出现多次，除了偶尔取其他义项（比如"信念"等），多数情况下意指人际间用语言进行劝导、说服，其中拉夫人劝安妮退婚是最重要的一例。不过该词也出现在其他不同场合。比如：紧随开篇的上卷二章记述了拉夫人和管家合力说服沃爵士出租凯林奇大厦一事；第六章展示了小妹玛丽和妹夫分别说服安妮的尝试（前者希望二姐相信她饱受疾患折磨，后者则企图证明妻子是无病呻吟）；下卷一章呈现了路易莎摔伤后安妮如何引导大家协力救人善后的过程。此外，下卷五章细细描写了拉夫人如何赞扬埃利奥特先生、力劝安妮把那位远亲列为最优先考虑的夫婿候选人。在上述几例中，玛丽夫妇的行为出于小小私心私见；拉夫人劝婚可说是重蹈覆辙、再次开出错误的人生处方。但是另外两次劝告则或是言之有理，或是极为必要且出于仁爱和公心。也就是说，小说中"劝导"一词的使用是中性的，被用来指称大不相同的行为——有的可赞，有的可笑，有的当疑，有的当斥。

书中另有两场没有直接用"persuasion"标出的劝导重头戏。一是安妮的女友史密斯太太心怀"个人盘算"[①]揭发埃利奥特先生昔日劣行、游说安

---

① 见 Elizabeth Jean Sabiston, *Private Sphere to World Stage: from Austen to Eliot*, Ashgate, 2008, p. 47。

妮帮助她自己。史太太的口头"突袭"强化了安妮对埃利奥特原本持有的某些保留和怀疑，从而成功抵消了拉夫人力挺埃先生的说辞。安妮意识到，若没有女友介入，"她本来是有可能听人劝说嫁给埃利奥特先生的……她完全可能被拉塞尔夫人说服！"（Ⅱ.9）

　　另一场"劝导"对情节推进更为关键。那就是下卷十一章里安妮与另一位海军军官哈维尔在巴思旅店里的精彩对谈。

　　哈维尔谈起一名年轻同僚正在为未婚妻过世而伤心欲绝，却突然爱上了路易莎。安妮说，男人原比女人易变，女人生活平淡，更难舍旧情。对此，哈维尔指出：书上可不是这么说的，所有的历史记载、故事、散文韵文、歌谣谚语，都说女人朝三暮四。一向低调而节制的安妮此刻脱口反驳道："请不要引书里的例子。男人比我们有更多的有利条件，可以讲述他们的故事。他们受过的教育比我们高得多，笔捏在他们手里。我不承认书本能证明什么。"

　　这一章和其后作为全书收尾的十二章是由初稿中一章修改拓展而成，而且初稿和改稿都保留了下来。研究者们注意到，原稿有些匆促地奔向喜结良缘的大团圆结局，而修改稿放慢了节奏。[①] 修改的最重要效果是使安妮得到了长篇发言的机会，突出了她作为意见发布者的身份。她敏锐分辨"他们"和"我们"，一语道破"笔"和"书"的性别属性，确实构成一种思想突破。她言及男人的"持笔"特权时口风犀利，不被儿女私情所拘限，是辩论者立场鲜明的发言和成熟女性的深思熟虑的创见。难怪她的这番议论被二十世纪中后期以来关注女性问题的读者和评者反复引用和论证。谈话不仅体现了安妮作为婚姻伴侣的质量，更投射出一种远远超逾当时淑女规范的新形象。我们有理由认为，她最重要的美德更多体现在思想上和行动上的这种勇敢突围，而并非麦金泰尔所强调的忠贞（constancy）。[②] 安妮其实并不曾主张或赞美对男性的无条件忠诚——更不必说盲目的从一而终。她说女性容易固守旧情不值得羡慕，因为这很大程度源于她们相对狭隘的

---

①　Sabiston，pp. 36 – 37.

②　Alasdair C. MacIntyre, *After Virtue*, Univ, of Notre Dame P. , 1984, Ch. 16, 见《追求美德》，宋继杰译，译林出版社，2003。

生活。她的"忠贞考"与其行动可互为佐证。我们看到，这位沉静的女主人公不但没有不假思索一概拒绝接触其他男性，相反曾努力拓宽交往圈，只不过她一直坚持从容而明慎地考察判断，一直忠于内心与外在的真实。也就是说，选择忠诚于初恋是安妮在思想和生活中谋求突围的结果，而不是将对特定男人的崇拜与忠顺作为先决条件。在这个意义上，安妮作为思想者的分量超过了奥斯丁的其他女主人公。

不过，同样值得强调的，是安妮谈话在叙事中的另一个重要功用，即向温特沃斯传达信息。小说没有提供证据表明她开口前已经决定要暗度陈仓。但是读者明确得知：她当时已欣喜地判明了温特沃斯的心态，而且正在考虑该"如何打消他的嫉妒心……如何让他了解到她的真实情感"（Ⅱ.8），还留意到他怎样借打牌一事申说自己"没怎么改变"（Ⅱ.10）。换句话说，彼时彼刻安妮最最挂念的就是寻找机会向意中人表白心迹。

当时旅店客厅里还有其他一些人——坐在沙发上的两位妇女正大声议论年轻人的婚姻，温特沃斯在书桌旁埋头写信。其中一位太太是温特沃斯的姐姐，她发表意见说，如果年轻恋人不具备成家的经济条件便率然订婚，实为不智，父母理应尽力阻止。安妮听见，"她的眼睛本能地朝远处桌边望去，只见温特沃斯停了笔，抬起头，凝听着，随即，他转过脸，迅疾而忐忑地瞥了安妮一眼"。旁听者的反应揭示出室内诸人的空间距离都很近、两个年轻人之间的心理距离更近，而且他们时时刻刻都被对方的意识"雷达"锁定。

正是在这种状态中，安妮来到窗边开始和哈维尔谈话。讨论热切地进行，一个轻微的声响转移了交谈者的目光。循声望去，他们看见温特沃斯的"笔掉到了地上"，"安妮发现他离得比原来想的还要近，不觉心中一凛。她怀疑那笔之所以会跌落，是因为温特沃斯专注于他们俩，想听清他们的话。可是安妮觉得他其实根本听不清"。这一次作者安排女主人公直接忖度有关距离的问题，读者便不得不意识到，安妮的注意力很大程度上聚焦于那表面上的局外人，而温特沃斯其实是参与谈话的沉默第三者。①

作为十九世纪初年的大家闺秀，安妮不能径直走到温特沃斯身旁打开

---

① 见 Stuart M. Tave, *Some Words of Jane Austen*, The Univ. of Chicago P., 1973, pp. 267 – 268。

窗户说亮话。然而此刻爱人近在咫尺。她即使没有预谋，也不可能对机会毫无感知，更不愿再一次与幸福失之交臂。因而，她后来的言说，包括"笔"握在谁手的议论等，既是与哈维尔说理论争，也是在向温特沃斯倾诉衷肠。联系到她赋予"笔"的象征意义，笔的掉落似乎暗示着恋人之间主导权的瞬间转移。平素寡言的安妮一反常态地侃侃而谈，说到最后心中五味纷陈："女人的全部特权是……爱得长久，即使生命不再，或者希望尽失。"

如有些评论指出，该节对话"从结构上看是戏剧性的而非论说性的"，安妮的发声在更大程度上"不是为女性整体奋争，而是向温特沃斯倾诉衷曲的冒险一搏"[1]；"面向哈维尔的雄辩之论构成了女主人公向旁听者温特沃斯的爱情剖白"[2]。后者听罢便立刻写信再次求婚，证明安妮旁敲侧击的劝导十分成功。当然，坦陈一己心意与为女性整体代言两者并不必然冲突，完全可以一举两得。

奥斯丁曾把"劝导"和"影响"（influence）当作近义词相提并用[3]。归纳小说中形形色色的劝导行为，不难看出在作者心目中"劝导/说服"作为有目的交流，乃是人际关系甚至人类生存的根本形式之一。小说结尾时安妮对"劝导"的多角度论说，虽然是人物之言，却也承载了奥斯丁关于这个问题的忧思。

三

通过对"劝导"的聚焦，奥斯丁揭示了人际间相互依存关系的两面性——它可是束缚、陷阱，但更是个体最根本的生命支持系统之一。

在与《劝导》同时问世的《诺桑觉寺》（一八一八）里，persuasion 或其同根词也频繁出现。其中有两段很耐人寻味。一是上卷十三章里自私的伊莎贝拉·索普用甜言蜜语恭维新结识的少女凯瑟琳，说她"心肠软、脾

[1] Mary Waldron, *Jane Austen and the Fiction of Her Time*, Cambridge UP, 1999, pp. 152, 154.
[2] Todd & Blank："Introduction".
[3] Jane Austen, *Mansfield Park*, Cambridge UP, 2002, Ⅲ. Ch. 5.

性好，最乐意听从亲朋好友之言"，企图借此哄骗后者任自己摆布。另一段出现在下卷四章，讲述的是天真的凯瑟琳要求亨利·蒂尔尼劝阻他哥哥追求伊莎贝拉，被更通晓世事的亨利当场拒绝了。亨利告诉她："说服人可不是想有就能有的事"，而且他压根"不会去尝试说服（他哥）"。两段对话的语气都拿捏得极好，活灵活现体现了人物特征，又从不同角度入木三分地展示了各色人对"劝导"的理解和态度。《曼斯菲尔德庄园》（一八一四）另从其他方面丰富了对"劝导"的探究。那部小说中成功的劝导或是发生在半恩师半兄长的埃德蒙及其小表妹范妮之间，或是发生在事事插手的诺里斯太太和她慵懒退缩的妹妹贝特伦夫人之间。自然，更为一言九鼎的是姨夫托马斯爵士对范妮的种种居高临下的指点——"他用的词是'劝告'然而那却是拥有绝对权力的劝告（advice of absolute power）"（Ⅱ.11）。① 这类事例清楚地告诉读者：劝导方和被劝者之间常常由于地位、财产、年龄、性别甚至个性差异而形成某种"势位"差，私人劝导行为与社会权力结构之间也存在丝丝缕缕的关联。此外，奥斯丁还点出了非语言行为的劝导效应。比如亨利·克劳福德在朴茨茅斯港的表现就比他的表白言辞更具说服力，几乎使范妮"相信"（persuaded）他确实有了改进。

把这些生动片段如拼图部件那样组合起来，便可大致看出作者对"劝导"多方位考察的全貌。在奥斯丁看来，不论行劝还是听劝，都必须持审慎态度，必要时可以批判劝者动机，可以抵制劝言主旨，就像安妮裁定拉夫人的价值观有错误。但是，形形色色的劝说时刻流转于渗透在社会生活中，相互影响是人际纽带的必然后果，本身不应该也不可能被完全去除。确实，即使安妮当年拒绝了拉夫人之劝，也并不意味着她就精神上"独立自主"了，相反只表明她可能是更多听信了温某人。② 安妮最后把拉夫人当作唯一可贵的亲友郑重推荐给温特沃斯的姿态，连同她接续与史密斯太太的旧谊以及结识海军界新朋友的尝试，共同构成了打破小说开篇时的原子化孤立个人生存状态、重建人际关系的自觉努力。

---

① 见 Claudia L. Johnson, *Jane Austen: Women, Politics and the Novel*, The Univ. of Chicago P, 1988, pp. 101 – 102。

② 见 Neill, pp. 121 – 22。

奥斯丁小说书名中不时有抽象名词出现，如"傲慢""偏见""理智""情感"等，但是其中唯有"劝导"与动词关系密切，较多体现了作者所服膺的"伦理生活主要关乎行动"① 的理念。哈·布鲁姆考证说："劝导"是"抽象概念"，"来自于拉丁语的'劝告'或'敦促'……本源可以追溯到'甜蜜'或'愉悦'"。② 对西方思想史略有了解的读者都知道，从亚里士多德起到奥斯丁生活的年代，伦理哲学一直与愉悦或快乐纠缠不休，也常常很不脱离群众地讨论"趣味""友谊"之类与形而下日常生活息息相关的话题。奥斯丁"敏锐检视当世种种现象并权衡其利弊，这绝非局限性的征象，而是表明她与休谟和吉本生活在同一个世界里"，她对"劝导"的深度剖析可说是就谋财逐利商业社会中人际关系的本质和危机进行的饱含痛感的"哲学探究"③。不论"劝导"一词最终出现在书名里是奥斯丁本人的决定还是她去世后由家人做出的选择④，围绕那个关键词进行的反复辨析映证了作者思想的深度和广度。正是由于对社会变化以及传统人际纽带崩解的现实做出了敏锐而及时的回应，奥斯丁小说才能够在两百年后仍然吸引着、慰藉着同时也拷问着全世界的读者。《劝导》浓墨重彩地描绘了安妮对个人情感的忠诚与坚守；同时又强调她"是无私的，有群体关怀的"⑤。然而，小说最见笔力之点，不是对主人公私人美德的赞颂，而是展示、探讨个人主体与他人共在的生存方式本身，是坚持让不可删除的人际关系得以"显影"并得到重视和思考。

本文原刊于《东吴学术》2015 年第 6 期

---

① Terry Eagleton，*The English Novel*：*an Introduction*，Blackwell publishing，1988，p. 106.

② 哈罗德·布鲁姆：《西方正典》，江宁康译，译文出版社，2005，第 196 页。

③ 见 Rebecca West："this comic patronage of Jane Austen"（1928），in B. C. Southam ed.，*Jane Austen*：*the Critical Heritage*，Vol. Ⅱ，Routledge，1979，p. 290。

④ 见 Claire Tomalin，*Jane Austen*，Vintage Books，1999，p. 272。

⑤ Alistair M. Duckworth：*The Improvement of the Estate*：*A Study of Jane Austen's Novels*，The Johns Hopkins UP，1971，pp. 182 – 183.

乡村梦醒，路在何方？

——当代俄罗斯"乡村散文"探析

侯玮红 *

　　"乡村散文"，这个曾几何时在苏联颇负盛名的文学流派，以它对俄罗斯乡村生活的真实刻画，对俄罗斯民族性格的深刻揭示和民族精神的不懈求索，对俄罗斯民族语言的生动再现，不仅打动了众多苏联读者的心灵，也成为世界文学史上引人注目的文学现象。光阴荏苒，世事更迭，苏联不再，国制已改，它所反映的那些农民的苦痛是否依然存在？它所开出的那些济世良方是否依然具有现实意义？它所推崇的"乡村梦"是否能够实现？这依然是当今俄罗斯"乡村散文"尝试解答的问题。

　　书写乡村是俄罗斯文学的传统，而"乡村散文"一词的出现和流行始于20世纪60~70年代。与1950年代暴露农业生产和农村管理中存在问题的随笔、特写不同，60年代的农村小说聚焦于在土地上劳动的人——农民，揭示农民的心理情感及他们所代表的文化传统，其中反映的每个村庄的兴衰与悲欢，都映衬着俄罗斯所有的村庄甚至是整个国家的命运，从而使农村小说的内涵远远超出了农村题材范围，而升华到"全民族题材"的高度；又因为这类作品关注的不只是乡村生活，同时也包括城市生活，所以"乡

---

　　* 侯玮红，中国社会科学院外国文学研究所研究员。

村散文"作为一个流派的名称一直要加引号。

"乡村散文"以农村和农民为载体，反映了20世纪俄罗斯人充满了复杂性和悲剧性的存在，以及国家动荡和剧变中不可避免的冲突，提出了俄罗斯民族发展和历史命运的问题。它深层剖析了农村落后贫穷和农民生活痛苦的成因——集体化改造的伤害、城市化进程的侵害以及连绵战争的创伤等，揭示了科学技术发展的同时对人与自然和谐关系的破坏，人的道德水准的急剧滑坡，塑造了一系列代表民族精神的人物形象——索尔仁尼琴《玛特廖娜的家》中的玛特廖娜、别洛夫《平常的事》中的伊万、舒克申《叶尔马拉伊叔叔》中的叔叔、拉斯普京《最后的期限》中的安娜、《告别马焦拉》中的达丽雅、阿勃拉莫夫《佩拉格娅》中的佩拉格娅，他们的勤俭和勇气、豁达和坚韧，他们身上保存的民间智慧、笃定的宗教信仰和长久相传的极高的道德价值，正是"乡村散文"作家所寻求的俄罗斯民族的根基与希望，而回归乡村，回归自然，回归传统，回归东正教的"乡村之梦"，就是"乡村散文"为民族和国家找到的振兴之路。

苏联解体后，"乡村散文"虽然淡出了昔日在文坛的显著位置，却仍然在国家面临危机、民族发展处于十字路口的关键时刻继续探索，反映愈益衰败的乡村现实和社会环境，情绪或更加激烈，或温婉如旧，追问"乡村之梦"的正确与否，出路何在，有的怀疑否定，有的初心不改。除老一代作家别洛夫、拉斯普京、阿斯塔菲耶夫、叶基莫夫、诺索夫外，还有一批中青年作家加入了"乡村散文"的行列，维·皮耶楚赫、尤里·佩特科维奇、罗曼·先钦、扎哈尔·普利列平、阿列克塞·扎哈罗夫、亚历山大·基洛夫、伊利亚·卢达诺夫等从不同的角度、以不同的形式对乡村问题进行思考，使"乡村散文"散发出新的活力。

一 乡村悲歌——民族梦的渺茫

今日俄罗斯"乡村散文"中的农村，比苏联解体前进一步走向颓败、衰亡的境地，无论是农业生产状况还是农民生存状况都透露着穷途末路的气息。土地荒芜，房屋破败，人烟稀少，似乎是大多数村庄的共同写照。拉斯普京的《我的村庄在哪里》、叶基莫夫的《皮诺切特》、扎哈罗夫的

《天堂钟声》、先钦的《叶尔特舍夫一家》、卢达诺夫的《苍穹之谜（一个村庄的历史）》等作品中都对此有淋漓尽致的描述。比这些目之所及的衰败更加令人惊心动魄的，是乡村信仰的彻底迷失和道德价值体系的完全崩溃，乡村死亡的悲歌萦绕在字里行间，曾经寄托于乡村的民族复兴之梦也显得如此渺茫难寻。

早在解体之初的 1995 年，对乡村饱含深情与期望却又常怀忧思之心的拉斯普京就发表了随笔《我的村庄在哪里》，一方面如实描写实地巡游自己的家乡西伯利亚的村庄中的所见所闻，另一方面全方位总结和思考造成这种现状的根源。作家眼中的乡村一片荒凉破败、了无生气。村庄数量大大减少，现存的村庄也奄奄一息、赤贫如洗。"我照着老地图，从一个村庄驶进另一个村庄，这些村庄在地图上沿勒拿河主流及支流成链状排列，此时映入我眼带的是一望无际的旷野，亦或更糟：荒草中孤零零地竖立着一个带烟筒却无炊烟的俄式炉子，像是为这一片死寂的大地树立的一块墓碑。更多的时候——什么都看不见，只是仿佛听到从远处的人家不时传来忧愁的叹息声。"① "墓碑"和"坟丘"这样的意象在作家的笔下时时闪现，似乎暗示着作家为乡村唱起的挽歌："一条柏油路街道沿着大路向前延伸，放眼望去，只看见稀稀落落的三两栋住房，间或有两三个来别墅的城里人。从洞开的玻璃窗，破漏的房檐和歪歪斜斜的墙壁透出破败不堪的灾难景象；坍塌的粮仓，腐烂掉的畜棚似一座座坟丘散落在路旁。"② 作家根据查阅到的历史资料与数据等分析列举农村所遭受的一次次冲击：集体化、战争、技术文明的扫荡、荒唐严苛、变来变去的政策，"时而实行集体农庄、国营农场联合经营，时而又将其化整为零"③，还有"无前途的农村"社会调查带来的集约化建议，经济封锁——不购买农民的粮食、而是大量进口的政策等，都表现出对农民劳动价值和存在价值的蔑视。正是这些物质上的一味索取和精神上的否定打击，最终剥夺了农民的经济自由与政治地位，把他们推向走投无路的绝境。

---

① 〔俄〕瓦·拉斯普京：《我的村庄在哪里》，李琳译，《俄罗斯文艺》1997 年第 3 期。
② 〔俄〕瓦·拉斯普京：《我的村庄在哪里》，李琳译，《俄罗斯文艺》1997 年第 3 期。
③ 〔俄〕瓦·拉斯普京：《我的村庄在哪里》，李琳译，《俄罗斯文艺》1997 年第 3 期。

　　新锐作家扎哈罗夫对农村景象的描写，对农村老人悲凉境地的刻画，是新一代"乡村散文"最突出的代表。他的短篇小说《天堂钟声》，一开始就向我们呈现出今日乡村的全貌："在上个世纪的最后十年，小村无声无息地衰败了，和留下来的村民们一同老去，面临死亡。一多半房子里住的都是孤寡老人，护窗板紧闭着，永远也不会打开。国家解体后，波里扬诺夫卡村先是茫然无措，停滞不前，接着就开始走向终点。年轻人都去了不同的地方，大多是到邻近城市打工，抛下屋里的家什和因为忧愁、害怕而叫个不停的狗。留在村里的几乎都是无处可去也没必要出去的老人，因为无法抗拒的自然原因他们的数目也在一年年减少。"① 透过这样的叙述我们可以感知村庄衰败的一个重要原因：农村人口、尤其是青壮年人口的大量减少。其实俄罗斯自古以来就是一个农业国家，农民人口占大多数，在 1939 年以前城市居民大约发展到全国人口的三分之一。在大规模工业化的进程中，情况逐渐发生改变，到 20 世纪中期，农民和城市居民已经各占一半。而到 20 世纪末，城市居民居然已高达 90%，农村居民仅占 10% 了。据研究，这种发生在俄罗斯三、四代人之间的变化在欧洲起码要经历三、四百年的时间。正如小说中描写的那样，这极少数留下来的农民中也大多是年老体弱、无法进城谋生或者留恋乡村生活的人。农民数量的锐减直接导致劳动力的缺失和农村经济的几近解体、农村生活的寂寥与无助。

　　《苍穹之谜（一个村庄的历史）》虽然描写的是在幻想中得到拯救的村庄，但它对焕发生机以前的村庄的描写却可以说是现实的真实展现："全国的农村已经变得死气沉沉，破败的村庄依旧是一成不变的灰色……四周一片污秽和荒芜。目之所及，皆是朽烂和污秽之物……在这栋房子里，生活的脚步好像戛然而止，停滞在过去的某个时刻，而周围的一切，随着时间的流逝，都在慢慢地、无声无息地消失。"② 小说借人物之口道出了农村经济萧条和农民陷入赤贫的这样一些原因：多次改革的失败、不断变化的与农村实际不符的政策、官僚对农民的冷漠和不负责任，以及由此而导致的

---

① 〔俄〕阿·扎哈罗夫：《天堂钟声》，侯玮红译，《世界文学》2013 年第 2 期。
② 〔俄〕伊·卢达诺夫：《苍穹之谜（一个村庄的历史）》，万海松译，载《苍穹之谜》，人民文学出版社，2012，第 10 页。

农民的自暴自弃，酗酒偷盗。

叶基莫夫的《皮诺切特》，通过在城市生活多年现在返回故乡的小科雷金的目光，使人看到曾经安详美好的农村所发生的变化："似乎一切都在：牛栏，牲畜……但科雷金看到的是另外一些：摇晃的大门，破洞的窗户，脏污的柱子。牛群也变了模样，从前它们在太阳下闪着光，仿佛画上的一样。毛色斑驳：黑点、白点——都亮亮的，而现在都挂着一条条的秽物。"① 老家的院子里"过去种的是花，现在是落满灰尘的滨藜和大麻"。② 小说通过农村经济由改革前的繁荣兴旺到现在的日渐枯竭的对比，说明了国家的分裂与私有化政策的推行对农村造成的致命打击。

与这些描写现状的小说不同的是，"乡村散文"的元老作家别洛夫在历史中展现农村面貌及其成因。从 20 世纪 70 年代初至 90 年代末，别洛夫陆续创作了反思农业集体化的三部曲：《前夜——20 年代末纪事小说》（1972 ~ 1987）、《大转折的一年》（1989 ~ 1994）、《五点多钟——1932 年纪事》（1997 ~ 1998）。别洛夫的小说如叶赛宁的诗行、夏里亚宾的歌喉那样，将古老而幽远的俄罗斯乡村尽现眼前。森林与沼泽，木屋与教堂，传说与典仪，田间劳作与日常生活，这份《前夜》中的美好与安然如何演变成了沉重而压抑的悲剧？一切都始于《大转折的一年》——1931 年，而其后果在《五点多钟——1932 年纪事》中逐一体现。整个三部曲连起来矛头直指苏联的农业集体化运动。别洛夫的创作与反映当今现实农村的作品遥相呼应，提醒着人们历史上不应被遗忘的教训。

比乡村衰颓惨淡的经济与物质生活更加触目惊心和令人发指的是道德水准的进一步滑坡、理想信念的完全丧失。吸毒酗酒、打架斗殴的浑浑噩噩的生活和冷酷无情、消极漠然的态度是乡村青年的真实面目，而穷苦无依、被抛弃被倾轧的惨状又成为乡村老人无法逃脱的宿命。《叶尔特舍夫一家》整部小说的基调都是灰色无力，沉闷无望的情绪弥漫在作品的角角落落。主人公叶尔特舍夫一家本来在一座小城生活，后来父亲因工作失职而被开除，全家不得已搬到乡下生活，从此这个被赶出城市的家庭一步步经

---

① ЕкимовБ. Пиночет，Новый мир，1999，№4.

② ЕкимовБ. Пиночет，Новый мир，1999，№4.

历了乡村生活的磨蚀而走向自我灭亡的道路。在城里的戒酒所工作时险些闹出人命的叶尔特舍夫在乡村竟然发展成杀人成性的冷血动物，大儿子变得愈发消极无能，死于父亲醉后的推搡，小儿子不明不白被人打死在村里，只剩下妈妈瓦连京娜一身重病、孤苦伶仃地活在世上。这个家庭中从老到少每个人的悲惨结局似乎都预示着危机四伏、行将灭亡的乡村命运，是对拉斯普京这段话的最好注解"更可怕的是俄罗斯陷入了异常的、糟糕的环境中而使人产生的心理上的萎靡，人变得毫无价值并失去意义，到处都是破坏和不可忍受的发臭的空气。俄罗斯正在死去，人们被抛进了异质的、致命的氛围当中，毫无救赎的希望。由此滋生了各种瘟疫：自杀、无家可归、流浪、疾病以及悄无声息的死亡——一无所有，带着心灵的哀号。"①先钦以《叶尔特舍夫一家》这部小说成为"乡村散文"新生力量的重要代表，同时也对"乡村散文"的精神主旨提出了严峻的反诘。而"乡村散文"中的经典意象——"木屋"被贩卖与废置正是象征着传统道德价值体系被抛弃的现状：拉斯普京《木屋》中阿加菲娅老太太精心保护与修缮的老木屋最终被火烧毁，扎哈罗夫《天堂钟声》中的农村老妇被孙女卖掉祖屋送入孤老所。"木屋"如"乡村散文"开山之作索尔仁尼琴的《玛特廖娜的家》里的"院子"一样，成为乡村和整个俄罗斯饱经忧患的命运象征。民族梦在这乡村的悲歌声中被惊醒。

二　乡村挽歌——田园梦的破碎

乡村作为都市的对立面，代表着人类诗意的栖居和精神上的故乡。人们习惯于把自然、清新、淳朴、真实等名词赋予乡村，寄托自己和谐美好、世界大同的浪漫幻想。而今天的很多俄罗斯"乡村散文"却反其道而行之，揭开这层温情脉脉的面纱，以闯入者的视角唱响了一曲乡村挽歌。这些闯入者既包括那些从不曾在乡村生活的原生都市人，也包括那些在乡村度过童年、少年或青年时光、后来在城里定居的新都市人。原生都市人不满城

---

① 〔俄〕瓦·拉斯普京：《拉斯普京访谈录——这灾难绵绵的20年》，王立业、李春雨译，社会科学文献出版社，2013，第41页。

市的喧嚣与功利，来农村寻找他们的理想国；新都市人或在城市找不到自己的位置，或始终无法融入所谓的都市文明，回到乡村寻找心灵的港湾。无论是谁，等待他们的都是一场破碎的田园梦。

瓦尔拉莫夫的《乡间的房子》以散文纪实的笔法，讲述了久居城市的主人公"我"到乡下体验生活的故事。"我"作为一个年轻的小说家，为了积累素材和感受农村、也为了心中的一份向往而在乡下买了一处房子。一番修葺之后"我"开始经常来这里住上一段时间。作为一个外来者，"我"耳闻目睹了20世纪末期真实的俄罗斯乡村生活，了解到农民的生活与思想状况，体会到无可挽回的一种世纪末的悲观情绪。但当"我"受到村民欢迎、渐渐喜欢上这里，并准备作为自家人在此安居的时候，却受到了来自村民的敌意，于是"我"的那份找到故乡的感觉就此消失。小说有一个副标题，叫"心灵的故事"。的确，作品为我们讲述了众多农民的心灵故事以及主人公"我"的心灵故事。农民的心灵故事告诉我们农民贫困生活的缘由和农民强烈的不满情绪"我"的心灵故事则表达了一个外来者寻求心灵家园而不得的尴尬与无奈。

记忆中的乡村总是如梦般美丽。普利列平的短篇小说《罪》回忆了终究逝去的乡村生活：祖父祖母的忙碌身影时时在眼前晃动，乡间的鸟鸣和鸡叫声声入耳，少年情窦初开的激情与羞涩内敛的斗争在心中汹涌。当主人公告别祖父母，竭力避开他们含泪的目光，背上行囊踏上村旁的柏油马路的时候，心里想的是"前面是长长的生活，还会有下一个夏日，还会有这样的温暖与鲜花……"[1] 但是小说最后一句意味深长的话向我们揭开了一个无情的现实："但下一个夏天却再也没有到。"[2]

美好的乡村只适合在记忆中品味，人一旦远离了自己的故乡，就永远也无法达到真正意义上的回归。"向世界出发，流亡，千山万水，天涯海角，一直流亡到祖国、故乡，"陈丹青先生认为老师木心的这段话"是我见过对母国问题的最高见解，非常决绝，非常潇洒。他把母国、故乡、老家、祖宅，统统看成流亡之地，而陪他流亡的，是他的母语。"这话也道出了那

① Прилепин З. Грех, Для тебя, Порог, 2010, 130.
② Прилепин З. Грех, Для тебя, Порог, 2010, 130.

些怀揣故乡梦的人心中的苦涩：离开了故乡的土地实际上就意味着开始了流亡的生活。在农村人所迁居的城市，他们是不被接纳的流亡者，而回到家乡，家乡也不复从前的模样，过去的时光无法重现，他们与乡村之间已无法互相接纳，于是家乡农村同样成为他们的流亡之地。这一无解的矛盾是俄罗斯"乡村散文"一直以来的重要主题。当代文学评论家斯拉夫尼科娃有过这样的表述"当伊万（指别洛夫《平常的事》中的主人公——笔者注）被乡村的规定所践踏，从家乡跑去城里赚钱，他就踏上了被驱逐的道路……奔向拥挤的异乡，属于他的土地正在从脚下溜走。所以远离家乡后他变得荒谬无比，一无所长。[①] 今天的"乡村散文"中也不乏这样无论在城市还是在乡村都找不到归属感的人物。

应当看到的是"乡村散文"描写梦想之破碎的目的，并不是要否定之前的精神主旨，而是通过极致的抒写来发出民族危亡的呐喊，惊醒每一个处于麻木或迷惘状态的俄罗斯人，促使他们思考脚下的道路问题。

三　梦醒之后，继续前行

面对国家转型时期政局的动荡、经济的困顿、信仰的缺失、文化的混乱，面对全球化趋势对民族性的遮蔽"乡村散文"不改初衷，坚持彰显传统在民族精神建构中的作用，探求本民族精神存在的深层支撑，继续踏上寻求民族同一性的长路。

在呼吁传统回归，寻求民族生活的道德密码时，几位老"乡村散文"作家各具特色：拉斯普京充满忧虑和激愤地宣扬继续走本民族发展的道路，叶基莫夫在对乡村满怀希望的同时不断在作品中尝试改革方案，而诺索夫通过描绘民族性格和精神表达自己的信心，他们的情绪与主张都鲜明体现在各自的创作中。

苏联解体后拉斯普京为民族忧虑和痛惜的情绪越来越激烈，他在一系列短篇小说及中篇小说中都直抒胸臆，通过大段的议论直接表明自己的观点。如果说 1970 年代拉斯普京作品中突出反映的是老一代人及其价值观的

---

① Славникова О. Деревенская проза ледникового периода, Новый мир, 1999, №2.

话，那么到了1990年代主要反映的则是这些老一代的子辈和孙辈对于生活的态度。《伊万的女儿，伊万的母亲》中老伊万的女儿开枪杀死强暴女儿的凶手代表着她与恶势力最绝决的斗争，而儿子小伊万最终在乡村、在教堂、在俄罗斯民族语言中找到希望，正是表明了拉斯普京不变的民族复兴之梦的寄托——古老的乡村文化传统、东正教和俄语。

与拉斯普京的激烈情绪不同，叶基莫夫更多的是平静与和谐，既不为逝去的事物而哀伤，也不为新事物欢呼鼓动。他的小说常常类似于随笔速写，描写具有浓郁北方特色的乡村景色与恬淡怡然的乡村生活，借以提出乡村并没有被上帝和大自然遗忘，它只是被政府权力机构遗忘。当代文学评论家涅姆泽尔认为，在赤贫和完全解体的乡村生活的背景下，叶基莫夫依然对乡村未来葆有希望，相信它会重新复兴，因为它没有失去自己的根本：土地和水。叶基莫夫笔下的村庄沐浴在大自然的怀抱中，宁静而美好："边远草原上小小的村庄。不大的房屋，宽敞的院子——这就是生活。漫长的夏季，灼热的阳光。到处是鲜花和绿草，如天堂一般。"① 这样的村庄依然承受着上帝的恩典，它的走向贫穷和末落，是人为的结果，是源于政府高层决策者对它的抛弃。于是作家在《皮诺切特》中尝试塑造了一位乡村变革者。锐意改革、为家乡带来新面貌的小科雷金是俄罗斯民族优秀性格的体现，他感觉到自己是这片土地上的主人，勇于承当责任并坚定付诸行动。然而这样一位刚毅的男子汉却因为铁腕政策而被村民冠之以"皮诺切特"的绰号，他失望痛苦的心情说出了作者面对乡村和祖国现状的一种难言的苦闷：路在哪里？究竟要怎样做？

诺索夫的小说以抒情自白的形式探讨乡村生活的社会道德问题，没有深奥的哲学解释，但是自然而然地告诉读者，科学技术的进步不可避免地伴随着长久形成的生活组织形式的失去和东正教文化让位于无神论的必然。他塑造的人物具有传统的美德，带着几分隐忍和克制、顺从与达观，富有献身精神，这背后当然还是坚定的信念。在短篇小说《铝制的太阳》中，历经打击的科里恰仍然保持活跃的性格，因为他的人生信条是——"不要让心发冷"。所以这位主人公忽然对蚂蚁的生命发生兴趣是不难理解的。他

① Екимов Б. Возвращение, Новый мир, 1998, №10.

拖着被不良少年打伤的身体，做出了常人无法理解的举动：爬向远处被少年扔到草丛中的罐头，取来喂给勤劳工作的蚂蚁，殷殷之情渗透着对弱者的同情和对生命的尊重。

维·皮耶楚赫以一种夹叙夹议的随笔形式描写乡村。他的《乡村日记》按照"秋，冬，春，夏"的顺序尽情抒写乡村一年四季的美景，同时通过自问自答或自己与先贤对话的方式，探讨俄罗斯乡村存在的问题、历史成因及未来发展。例如其中提到"如果要和那些早已去到另一个世界的先人谈谈打猎，我首选赫尔岑。我会问他：您说俄罗斯的农民是未来的人，这句话指的是什么？"接着想象出赫尔岑的回答："我给你解释一下。当西方的社会运动走向自我反动之时，俄罗斯的农民村社却给人带来美好的世界希望。因为我们的村社……是尽可能公正的社会组织形式。"于是村社与共产主义、俄罗斯农民的优点与劣根性等问题一步步铺展开来，由农民问题再到国家问题，景色的变换、有趣的小故事与思考的内容交织在一起，对大地和乡村的热爱伴随着理性客观的分析，开辟了"乡村散文"的一种新形式。结尾是一句打动人心的话语："俄罗斯就是一个多民族大家庭中生病的孩子，也正因为此你爱他，带着一份无人可爱的恐慌与忧伤。"① 这句话同样道出了"乡村散文"浓浓的乡村情怀，难舍的乡村之梦，而通往乡村之梦的路在哪里？今天的"乡村散文"给出的答案是：路就在脚下坚实的大地上……

本文原刊于《俄罗斯文艺》2015 年第 4 期

---

① Пьецух В. Деревенские дневники, Октябрь, 2001, №2.

中国社会科学院文学哲学学部集刊编辑委员会　编

中国社会科学院
文学哲学学部集刊 (2017)

哲学、宗教学与语言学卷

CASS

社会科学文献出版社
SOCIAL SCIENCES ACADEMIC PRESS (CHINA)

前 言

江蓝生

  为了促进学科交叉、更好地整合相关学术力量，推动我国哲学社会科学事业的繁荣与发展，中国社会科学院于2006年8月成立了学部，下设文史哲学部、经济学部、社会政法学部、国际研究学部和马克思主义研究学部等五个学部。文史哲学部涵盖了我院文学、史学、哲学三大学科，其中文学学科包括中国文学、中国少数民族文学、外国文学及汉语语言学等学科；史学学科包括中国古代史、中国近代史、中国边疆历史地理、中国考古、世界历史等学科；哲学学科包括哲学与宗教两大学科。学部成立后积极履行学术指导、学术咨询和学术协调的职能，开展了一系列学术活动，活跃了院内外的学术空气。

  2007年，文史哲学部决定每三年编辑一次本学部的集刊。2008年，文史哲学部编辑出版了《中国社会科学院文史哲学部集刊》，选收我院相关学科学者发表的优秀论文，以集中展现我院文史哲学科最新、最有代表性的学术成果。

  2011年，中国社会科学院对学部进行了机构调整，设立历史学部，原文史哲学部更名为文学哲学学部。机构调整后，文学哲学学部决定继续编辑出版学部集刊，定名为《中国社会科学院文学哲学学部集刊》（以下简称《集刊》）。《集刊》分为2卷，第一卷为文学卷，第二卷为哲学、宗教与语言学卷。

　　《集刊》每三年编辑一次，选收论文发表时间范围为编辑年份以前的三年，本次《中国社会科学院文学哲学学部集刊》选收时限为 2014～2016 年期间发表的论文。为了保证《集刊》的质量，成立了本《集刊》编辑委员会，由文学哲学学部的学部委员和相关研究所所长担任编委；确定了严格的编选程序，由研究所推荐，编委会审定篇目。在初选论文的取舍过程中，编委们根据本《集刊》所收论文应该有创新见解，理论深度，学术新意，最好应具有学术示范意义的标准，发表了自己的意见，他们的工作对保证《集刊》应有的水平起了很重要的作用，谨在此对编辑部诸同志严谨的学术态度和认真负责的精神表示敬佩与感谢。

2017 年 11 月 23 日

目 录

习近平的群众观

习近平始终强调把学习掌握马克思主义理论作为看家本领，注意解决好世界观、人生观、价值观这个"总开关"问题。历史观是世界观的核心，是人生观和价值观的理论基础。群众观点是唯物史观的根本观点，坚持群众观点和群众路线是历史唯物主义的重要内容，是无产阶级政党的立党之本、执政之基、力量之源。

一　坚持人民是历史创造者的根本观点，尊重人民主体地位，发挥人民首创精神

群众立场是决定我们党的性质的根本政治问题。马克思主义的政治观点中，占首位的是群众观点。讲政治，离不开人民群众，实现、维护和发展人民群众的利益，始终是我们党最大最重要的政治。坚持人民主体地位，全心全意为人民服务，是我们党同一切剥削阶级政党的根本区别。在历史发展中，人民群众的生产实践活动构成整个社会生活的基础。人民群众既是社会物质财富的创造者，也是社会精神财富的创造者，无论是在革命的年

---

* 李景源，中国社会科学院文学哲学学部副主任，学部委员，哲学研究所研究员。

代还是在改革的年代，人民群众都是推动社会变革的决定性力量。习近平指出，人民既是历史的创造者，也是历史的见证者；既是历史的"剧中人"，也是历史的"剧作者"。他关于人民在历史上的作用和地位的论述，既与唯心主义的英雄史观划清了界限，也与资产阶级的"人民主权论"划清了界限。在马克思主义中国化的历程中，习近平从人民群众是历史创造者这一根本观点出发，把坚持尊重社会发展规律与尊重人民主体地位统一起来，把为崇高理想奋斗与为最广大人民谋利益统一起来，把完成党的各项工作与实现人民愿望统一起来，在理论和实践的结合上，对马克思主义的群众观点作出了重要的发挥和发展。具体表现在以下四点：

1. 坚持人民主体地位，发挥人民首创精神

党的十八届五中全会首次提出以人民为中心的发展思想，反映了坚持人民主体地位的内在要求，彰显了人民至上的价值取向。习近平指出，着力践行以人民为中心的发展思想，体现了人民是推动发展的根本力量的唯物史观。"人民是创造历史的动力，我们共产党人任何时候都不要忘记这个历史唯物主义最基本的道理。"只有坚持这一基本原理，才能把握历史前进的基本规律和历史发展的总体趋势；只有按照历史规律办事，才能无往而不胜。坚持以人民为中心的发展思想，就要坚持人民主体地位，充分尊重人民所表达的意愿、所创造的经验、所拥有的权利、所发挥的作用。尊重人民首创精神，自觉拜人民为师，向能者请教，向智者问策，从群众中汲取无穷无尽的智慧和力量。紧紧依靠人民，广泛动员和组织人民投身到党领导的中国特色社会主义伟大事业中来。要践行以人民为中心的发展思想，就要把实现人民幸福作为发展的目的和归宿，做到发展为了人民、发展依靠人民、发展成果由人民共享。共同富裕，是马克思主义的一个基本目标，也是自古以来我国人民的一个基本理想。在共产党的领导下，人民群众既是革命、建设和改革的主体，同时也是共享革命、建设和改革成果的主体。习近平指出，共享理念的核心是人民主体论，它包括四层内涵，一是全民共享，共享发展是人人享有，不是少数人享有。二是全面共享，全面保障人民在经济、政治、文化、社会、生态各方面的成果和权益。三是共建共享，共建的过程也是共享的过程。要充分发扬民主，广泛汇聚民智，最大限度激发民力，形成人人参与、人人尽力、人人都有成就感的生动局面。

四是渐进共享，共享发展有一个从低级到高级、从不均衡到均衡的辩证过程。习近平指出，以人民为中心的发展思想，不是一个抽象、玄奥的概念，而要使它体现在经济社会发展的各个环节。要坚持人民主体地位，顺应人民群众对美好生活的向往，不断实现好、维护好、发展好最广大人民根本利益。要坚持深化改革、创新驱动，提高经济发展质量和效益，不断满足人民日益增长的物质文化需要。要坚持社会主义基本经济制度和分配制度，调整再分配调节机制，维护社会公平正义，使发展成果更多更公平惠及全体人民。

2. 做人民群众的全心全意的服务者

习近平指出："我们讲宗旨，讲了很多话，但说到底还是为人民服务这句话。我们党就是为人民服务的。中央的考虑，是要为人民做事。"① 毛泽东在解释共产党的根本宗旨时说："为群众服务，这就是处处要想到群众，为群众打算，把群众的利益放在第一位。这是我们与国民党的根本区别，也是共产党员革命的出发点和归宿。"② 共产党的全心全意为人民服务的宗旨是建立在人民是历史的创造者的基本原理基础上的。习近平指出，马克思主义的群众观点使我们"进一步认识到人民是历史的创造者，我们党来自人民、植根人民，各级干部无论职位高低都是人民公仆，必须全心全意为人民服务"。我们党从最初起，就是为了服务于人民而建立的，我们的一切奋斗、努力和牺牲，都是为了人民群众的利益和解放，这是共产党人最大的光荣和使命。邓小平在《关于修改党的章程的报告》中指出，党的全部任务就是全心全意地为人民群众服务；党对于人民群众的领导作用，就是正确地给人民群众指出斗争的方向，帮助人民群众自己动手，争取和创造自己的幸福生活。共产党之所以能够领导人民群众，仅仅是因为它是人民群众的全心全意的服务者，它反映人民群众的利益和意志，并且努力帮助人民群众组织起来，为自己的利益而斗争。③ 历史归根结底是由人民群众创造的，我们党的执政能力和执政地位从根本上说都是来自人民。人民群

---

① 习近平：《做焦裕禄式的县委书记》，中央文献出版社，2015，第24页。
② 《论党性修养》，中共中央党校出版社，2014，第169页。
③ 《论党性修养》，第177页。

众的拥护和支持，是我们党执政最牢固的政治基础和最深厚的力量源泉。习近平指出：全心全意为人民服务是我们党的根本宗旨，也是我们党区别于其他一切政党的根本标志。在革命战争年代，我们党能够赢得人民群众的衷心拥护，取得新民主主义革命的胜利，根本原因在于党以自己的实际行动证明自己是为人民的利益奋斗的。我们党在全国执政60年来，尽管经历过这样那样的曲折，但全心全意为人民服务的宗旨始终没有变。这使得我们党既赢得了人民群众的衷心拥护，获得了为人民利益不懈奋斗的强大动力，又使我们党从人民群众中汲取了夺取胜利的无穷智慧。

3. 永远保持同人民的血肉联系

习近平在纪念建党95周年的讲话中强调，要永远保持对人民的赤子之心。对人民赤胆忠心是习近平代表全党对人民的郑重承诺。永远信任人民，永远忠于人民，永远保持同人民群众的血肉联系，这是共产党人的根本政治立场。坚持这一根本政治立场，把这个立场一以贯之地落实和体现到党的全部理论和实践中，我们党就无往而不胜。共产党人对人民赤胆忠心的理论基础是唯物史观，唯物史观是中国共产党进行革命、建设和改革的根本指导思想，是治国理政的理论基础。习近平指出，如何认识人民群众在历史上的作用，是社会历史观的重大问题。同历史唯心主义英雄史观相对立，历史唯物主义群众史观第一次彻底解决了这个重大问题，提出人民是历史的创造者。遵循历史唯物主义这一观点，我们党提出了群众路线，并把它作为党的生命线和根本工作路线。事实证明，我们党有许多优势，根本的一条是同人民群众保持血肉联系。政治问题，说到底，是党对人民群众的态度问题以及与人民群众的关系问题。我们党的根基在人民、血脉在人民、力量在人民。离开人民群众的拥护和支持，党的执政能力和地位就会成为无源之水、无本之木。能否始终保持党同人民群众的血肉联系，是对党的执政能力和执政地位最根本的考验。习近平多次强调，一个政党如果不能保持同人民群众的血肉联系，就会使党失去生命力，就会从根本上失去先进性。他在谈到党风廉政建设的重大意义时指出，我们党之所以能够取得新民主主义革命的胜利，带领人民建立了新中国，原因有很多条，其中重要一条是我们党始终保持同人民群众的血肉联系，最终"用延安作风打败西安作风"。作风的实质是党同人民群众的关系问题，作风问题关系人心向背、关系党的执政基础。对"四风"问题，必须下大气力惩治。如果"四风"问题蔓延开来又得不到有效遏制，就会像一座无形的墙把党和人民群众隔开，就会像一把无情的刀割断党同人民群众的血肉联系。60 年的实践证明，执政党的作风，关系党的生命，以密切党同人民群众的血肉联系为重点加强党的作风建设，是长期执政条件下党的建设一项重大而长期的任务。①

4. 把人民满意作为工作的根本标准

马克思主义群众观是一个综合性范畴，它是由若干观点构成的体系。人民群众既是历史的创造者，又是历史的评判者。唯物史观认为，人民是历史前进的推动者。坚持人民主体地位、把实现人民利益作为党的最高价值、全心全意为人民服务、始终以人民作为工作价值的最高裁决者，这几个方面是相互联系、相互补充的。把人民满意作为党的工作的根本标准，是落实人民主体地位、实现人民当家作主的重要的条件。同样地，以人民满意作为判断标准，内在地包含着党的一切工作都要体现人民意愿，都要以人民利益为重、以人民期盼为念。共产党的路线、方针、政策和发展理念为什么要以人民期盼为念？习近平指出，得民心者得天下，"民为邦本，未有本摇而枝叶不动者""天下之治乱，不在一姓之兴亡，而在万民之忧乐"，我们共产党人必须有这样的情怀。② 中国共产党在中国执政就是要为民造福，而只有做到为民造福，我们党的执政基础才能坚如磐石。习近平的话表明，以人民期盼为念，以人民满意为标杆，直接与共产党的政治情怀和历史担当有关。他在谈到中央领导集体的理想信念时说："在我们这个岗位上的人，都应该能够豁得出去。党和人民需要我们献身时，我们都要毫不犹豫挺身而出，把个人生死置之度外。我们都做不到，让谁去做？我们的一切都应该为了人民，没有自我，先公后私，克己奉公。我们最核心的这一层人，应该是具有献身精神的一批人。"③ 正是人民的期盼和标杆作用转化为共产党人奋斗的动力。怎样把人民的期盼化为工作的动力？习近平

---

① 《习近平总书记重要讲话文章选编》，党建读物出版社、中央文献出版社，2016，第 329 页。
② 《习近平总书记重要讲话文章选编》，第 280 页。
③ 《习近平总书记重要讲话文章选编》，第 338 页。

例举了两位伟人的事例来表达了他的志向。新中国成立初期，毛主席给自己定下三条原则：念亲，但不为亲徇私；念旧，但不为旧谋利；济亲，但不以公济私。① 1973 年，周恩来总理陪同外宾到延安参观访问，看到当地群众贫困的生活情况，含着泪说：解放都这么多年了，延安经济还没有发展起来，人民生活还这么艰难，我作为国务院总理，对此负有直接责任，今天要当众做自我批评。② 习近平以伟人为榜样，近年来他先后到十多个省、自治区视察，看望那里的乡亲，所到之处目的只有一个，就是看真贫、知真贫。他在中央扶贫开发工作会议上强调，现在我们国家发展起来了，大多数群众生活条件好了，但不能忘了农村还有不少穷乡亲。从个体角度看，马克思主义中国化，就是一个化理论为担当、化理论为情怀、化理论为方法的过程。

二　以人民为中心，一切为了人民，一切从人民利益出发

人民主体论是共产党人的历史观，也是共产党人的价值观，两者是相互融通、不可分离的。上一节侧重讲习近平的人民主体论的历史观内涵，这一节我们重点分析习近平的以人民为中心的价值理念。

1. "一切为了人民"的价值观源于历史观

以人民为中心，一切为了人民，一切从人民利益出发，这是我们党执政理念的核心思想，这一思想深深地植根于历史唯物主义的群众史观之中。习近平在1990年5月写给宁德地直机关领导干部的临别赠言中说，"人民群众是人类历史发展的动力"，"中国共产党的性质决定了我们党的各级干部都是人民公仆，必须密切联系群众，党的宗旨就是全心全意为人民服务。人民群众是我们党的力量源泉，群众路线是我们党的根本工作路线。"③ 这短短的几句话，深刻地揭示了唯物史观与共产党人价值观的内在联系。

---

① 《习近平总书记重要讲话文章选编》，第355页。
② 《习近平总书记重要讲话文章选编》，第280页。
③ 习近平：《摆脱贫困》，福建人民出版社，1992，第208页。

从群众史观出发，习近平深入地论述了党与人民的血肉联系。他指出，我们党是靠宣传群众、组织群众、依靠群众起家，从胜利走向胜利的。坚持立党为公、执政为民，把实现好、维护好、发展好最广大人民的根本利益作为党的核心价值，始终保持党同人民群众的血肉联系，这是我们党领导改革开放和社会主义现代化建设不断取得胜利的一条根本经验。实践一再证明："我们党的根基在人民、血脉在人民、力量在人民。"① 如何理解后面这句话？首先，老百姓是共产党人的衣食父母，我们要一心一意为百姓做事。他说："对于我们共产党人来说，老百姓是我们的衣食父母。要像爱自己的父母那样爱老百姓，为老百姓谋利益，带老百姓奔好日子。"② 他在讲话中曾多次引用河南内乡县一座古县衙的一副对联："得一官不荣，失一官不辱，勿道一官无用，地方全靠一官；穿百姓之衣，吃百姓之饭，莫以百姓可欺，自己也是百姓。"他认为，共产党人的爱民情怀要高于封建时代的官吏。其次，在谈到权力的来源时，习近平指出："我们共产党人的权力无论大小，都是人民给的，也只能受命于人民，为人民谋利益。人民把权力交给了我们，我们在使用权力的时候就要让人民放心。"③ 他多次强调，人民把权力交给我们，我们就必须以身许党许国、报党报国。他在中央政治局"三严三实"专题民主生活会上发表讲话，语重心长地说："在我们这个岗位上的人，都应该能够豁得出去。党和人民需要我们献身时，我们都要毫不犹豫挺身而出，把个人生死置之度外。我们都做不到，让谁去做？我们的一切都应该为了人民，没有自我，先公后私，克己奉公。我们最核心的这一层人，应该是具有献身精神的一批人。"④ 最后，我们党的执政能力和执政地位从根本上说都来自人民。人民的支持和拥护，是党治国理政最牢固的政治基础和最深厚的力量源泉。离开人民的爱戴和拥护，党的执政能力和执政地位就会成为无源之水、无本之木。为此，习近平强调指出，共产党人要始终与人们心连心、同呼吸、共命运，始终依靠人民推动历史前进。要坚持问政于民、问需于民、问计于民，从人民伟大实践中汲取智

① 《论党性修养》，第421页。
② 习近平：《习近平谈治国理政》，外文出版社，2014，第432页。
③ 习近平：《摆脱贫困》，第29页。
④ 《习近平总书记重要讲话文章选编》，第338页。

慧和力量。人民群众是我们党的力量之源、执政之基，加强和改进党的建设，最重要最根本的就是坚持全心全意为人民服务的根本宗旨，始终把实现好、维护好、发展好最广大人民的根本利益作为党全部工作的出发点和落脚点，做到权为民所用、情为民所系、利为民所谋。

2. 自觉地将群众观点化为宗旨、立场、标准

一切为了人民、全心全意为人民服务是共产党的根本宗旨。邓小平在《关于修改党的章程的报告》中指出，共产党之所以能够领导人民群众，仅仅因为"它是人民群众的全心全意的服务者，它反映人民群众的利益和意志，并且努力帮助人民群众组织起来，为自己的利益和意志而斗争。"① 在《干部的基本功——密切联系群众》一文中，习近平详细地分析了确立宗旨对共产党人的重大意义。他通过美国学者费正清所提的问题，即国民党为什么会失去中国大陆这一问题，揭示了中国革命胜利的根本原因——中国共产党与广大人民群众存在的血肉联系。习近平在引述了黄炎培希望"中共诸君"找出一条新路，跳出历代统治者从艰苦创业到脱离群众的周期律的问题之后指出："毛泽东同志高度概括总结了中国共产党的理论和实践，提出了'全心全意为人民服务'这一庄严而伟大的号召，并把它作为我党的唯一宗旨写进党章之中。"② 这一宗旨解释了共产党的性质和使命，我们党从最初起，就是为了服务于人民而建立的，我们党的一切努力、斗争和牺牲，都是为了人民群众的解放和幸福，这正是共产党人最大的光荣和最值得自豪的地方。

一切为了人民、全心全意为人民服务作为党的宗旨，体现了马克思主义政党最鲜明的政治立场。习近平指出，领导干部如何对待人民群众，是一个根本的立场问题、世界观问题、党性问题。要加强党的性质和宗旨教育，关键是引导党员干部自觉站在人民群众的立场上。所谓群众立场就是想问题办事情都要把实现人民群众的利益作为一切工作的出发点和落脚点。习近平指出："立场，是人们观察、认识和处理问题的立足点。这个立足点，从根本上讲是由人们的经济政治社会利益和地位决定的。"就利益而

---

① 《论党性修养》，第177页。
② 习近平：《摆脱贫困》，第15页。

言，人民的利益就是党的利益，除了人民的利益之外，党再无自己的特殊利益。就地位而言，党的领导地位和执政地位也是由党群关系决定的。群众在我们心中的分量有多重，我们在群众心中的分量就有多重。一个政党、一个政权，其前途和命运最终取决于民心向背。始终站在人民立场上而不是站在少数人或个人的立场上说话办事，始终代表最广大人民群众的利益而不是代表某一部分人的利益，是决定人心向背、事业成败的关键。习近平指出，始终站在人民大众立场上，一切为了人民、一切相信人民、一切依靠人民，诚心诚意为人民谋利益，这是马克思列宁主义的根本出发点和落脚点，也是毛泽东思想、邓小平理论、"三个代表"重要思想以及科学发展观等重大战略思想的根本出发点和落脚点。①

一切为了人民、全心全意为人民服务作为根本宗旨是党的一切理论和实践活动的根本目的，是党必须始终践行的根本政治要求。是否一切为了人民、是否一切从人民利益出发成为检验党的工作的根本标准。共产党人想事情、做工作，想得对不对、做得好不好，要有一个根本的衡量尺度。毛泽东说："共产党人的一切言论行动，必须以合乎最广大人民群众的最大利益，为最广大人民群众所拥护为最高标准。"习近平向全党多次强调邓小平同志关于必须把人民拥护不拥护、赞成不赞成、高兴不高兴、答应不答应作为衡量改革和一切事业根本标准的重要思想。他说："立党为公、执政为民是我们党的执政理念，是领导干部掌权用权的本质要求。领导干部无论官当多大、权有多重，都只有为人民服务的义务。而且官越大、权越重，为人民服务越应该作出成绩，越应该把人民群众利益放在行使权力的最高位置，把人民群众满意作为行使权力的根本标准。"② 他告诫领导干部要心存对群众的敬畏、手握党性的戒尺，"要经常问问自己，我们是不是在忙着与党的根本宗旨毫不相干的事情？有没有一心一意在为老百姓做事情？是不是在围绕党和国家中心任务而工作？古时候讲，食君之禄，忠君之事。现在就是要服务人民。"③ 只有做到心中有民，关注人民群众的所想、所盼、

---

① 习近平：《干在实处　走在前列》，中共中央党校出版社，2006，第118页。
② 《论党性修养》，第426页。
③ 习近平：《做焦裕禄式的县委书记》，第24页。

所急，才能从根本上杜绝蛮干乱干的"政绩"、急功近利的"政绩"、不切实际的"政绩"，把求真务实落到实处。

3. 实现宗旨要干在实处、走在前列

"空谈误国，实干兴邦。"习近平在为《摆脱贫困》一书所写的"跋"中说："我是崇尚行动的。实践高于认识的地方正在于它是行动。"在怎样做到一切从人民的利益出发的问题上，他牢记毛泽东的至理名言，坚持调查开局、调研开路，凡事眼睛向下，先当学生，不耻下问，问计于基层、问计于群众，在实践中探索出一套切实可行的办法，把共产党的核心价值观落到实处。

落实为人民服务的宗旨，要牢固树立群众利益无小事的思想。习近平指出，群众利益无小事，群众的一桩桩"小事"，是构成国家、集体"大事"的"细胞"小的"细胞"健康，大的"机体"才会充满生机与活力。对老百姓来说，他们身边每一件琐碎的小事，都是实实在在的大事，有的甚至还是急事、难事。如果这些"小事"得不到及时有效的解决，就会牵动他们的思想情绪，影响他们的生产生活。广大党员干部必须树立正确的群众观和政绩观，从群众最关心的具体事项入手，为群众诚心诚意办实事，尽力竭力解难事，坚持不懈做好事。实现好人民的利益不是抽象的，而是具体的。为民办实事不能停留在口号和一般要求上，必须具体地落实到关心群众生产生活的实际工作中去，带着深厚的感情帮助群众解决具体问题和实际困难，使广大群众真正成为现代文明成果的创造者和享有者。古往今来，许多有作为的"官"，都以关心百姓的疾苦为己任，党的干部是人民公仆，思想境界应该比封建士大夫高得多，一定要把群众的安危冷暖挂在心上，以"天下大事必作于细"的态度，抓实做细事关群众切身利益的每项工作，努力办实每件事，赢得万人心。[①] 2004 年春节前夕，他写了一副对联，上联是"高度关注民生系真情"；下联是"坚持为民谋利出实招"，横批是"求真务实"。这副对联反映出他对民众疾苦的关心和为民办实事的决心。

实现为人民服务的宗旨，要把有针对性的调查研究放在重要位置。习

---

① 习近平：《干在实处　走在前列》，第 527 页。

近平指出，基层是一切工作的落脚点，抓落实的重心一定要放在基层一线，各级领导干部都要坚持眼睛向下看、身子往下沉，深入群众开展调查研究，及时了解在上面难以听到的新情况新问题，掌握第一手资料以利于不断推进各项工作的落实。① 在宁德时，他提出信访接待下基层、现场办公下基层、调查研究下基层、政策宣传下基层的"四下基层"要求。到福州后，他建立了领导干部下访接待群众制度。后来他又在浙江大力推行这项制度，全省各级普遍建立了领导下访的长效机制。他指出，下访接待群众是考验领导干部能力和水平的大考场，来访群众是考官，信访案件是考题，群众满意是答案。下访制度变群众上访为领导主动下访，是一项一举多得的有益创举，一是从源头上减少了信访问题的产生；二是密切了干群关系，领导干部深入基层，面对面地开展群众工作，实打实地解决信访问题，拉近了干部与群众的距离；三是有效地维护了群众利益。下访是深化调查研究的重要形式，他强调要把领导下访活动作为坚定理想信念、践行党的宗旨的一个有效途径，我们要使群众带着问题而来，怀着满意而归，真正把服务人民群众的目标要求落到实处。②

坚持以人民为中心的发展思想，实施脱贫攻坚工程。习近平说，党员干部心中要始终装着老百姓，千万要记住政府前面的"人民"两字。他在中央扶贫工作会议上强调，现在我们国家发展起来了，大多数群众生活条件好了，但不能忘了农村还有不少穷乡亲。"我说小康不小康，关键看老乡，关键看贫困老乡能不能脱贫"。扶贫开发工作一直让习近平念兹在兹、夙夜牵挂，扶贫事业成为他人生历程中从未忘却的实践，"40多年来，我先后在中国的县、市、省、中央工作，扶贫始终是我工作的一个重要内容，我花的精力最多"。他牢记党的性质和宗旨，一遍遍强调脱贫的意义。他在宁夏考察时表示："全国还有五千多万贫困人口，到2020年一定要实现全部脱贫目标，这是我当前最关心的事情。"他的足迹踏遍了中国绝大部分最贫困的地区，零距离体察民生疾苦。在他看来，扶贫开发不仅是重大的经济问题，而且是重大的政治问题，它直接关系到人民福祉、国家长治久安。

---

① 《论党性修养》，第426页。
② 习近平：《干在实处　走在前列》，第543页。

各级领导干部要从巩固党执政的阶级基础和群众基础、从保持同人民群众的血肉联系的高度做好脱贫攻坚工作。消除贫困、改善民生、逐步实现共同富裕，是社会主义的本质要求，是我们党的重要使命。我们党领导广大农民"脱贫困、奔小康"，就是要让广大农民过上好日子。

总之，在习近平那里，党性和人民性、宗旨和立场、目标和标准在唯物史观和群众史观的基础上达到了和谐的统一。他的重要贡献是把历史唯物主义的群众观点化为党的立场、政治担当和个人的信念和境界。

三　从群众中来，到群众中去

习近平从我们党担负的伟大历史使命着眼，突出强调人民群众是历史创造者的基本原理，并将其运用于党的全部工作，提出了人民主体论和以人民为中心的发展观。在此基础上，习近平深化了党的群众路线的理论与方法，把历史观、价值观和认识论、方法论统一起来。

1. 群众路线的基本问题

习近平指出，学习和掌握马克思主义方法，必须学习和掌握群众路线的工作方法。一切为了群众、一切依靠群众，从群众中来、到群众中去的群众路线，是马克思主义历史唯物主义基本原理在实践工作中的具体体现，也是我们党始终坚持的根本工作路线和根本工作方法。[1]

领导和群众的关系是群众路线的基本问题，处理好这两者的关系是做好一切工作的基本功。早在宁德工作期间，他在谈到贫困地区的发展需要什么样的条件时指出，千条万条，最根本的只有两条：一是党的领导；二是人民群众的力量。党的领导是通过具体的路线、方针、政策来体现的，而我们的干部是党的路线、方针、政策的具体执行者，干部只有到人民群众中去，并且同人民群众保持血肉联系的关系，才能使党的方针、政策得到更好的贯彻。更重要的在于，党的方针和政策是客观规律的认识和反映，而规律性的东西，正是蕴藏在广大群众的实践中。[2] 很显然，领导工作，就

---

① 《论党性修养》，第425页。
② 习近平：《摆脱贫困》，第13~14页。

是领导群众的工作。党是凭借路线、方针和政策来领导的，而所有这一切从根本上说是从群众中来的，而领导的过程是使之再回到群众中去。领导和群众不是简单的主体和客体的关系，而是双主体的关系，它们两者构成一个认识和实践过程的主体系统。领导和群众间的关系构成了群众路线的基本问题。习近平的贡献在于，指出了领导在与群众的矛盾中始终处于主要方面，这是我们党始终告诫党员干部要牢记群众路线的重要原因。他说："在领导和群众的矛盾中，如果领导方面是错误的，群众方面是正确的，毫无疑问，领导是主要矛盾方面；如果群众方面是错误的，领导方面是正确的，矛盾的主要方面也在领导，在于领导对群众的说服教育工作没有到位，在于领导的工作措施不适应于群众"。①

群众观点是贯穿群众路线的核心观点。习近平认为，要密切联系群众，最重要的是要坚持走群众路线。"走群众路线，首先要有一个群众观点。'诚于中者，形于外'有了群众观点，密切联系群众才会成为自觉的行动。"② 他在回答"怎样做焦裕禄式的县委书记？"这个问题时，强调要心中有党、心中有民、心中有责、心中有戒。这四个方面是内在统一的，心中要始终装着老百姓则是贯穿其余三个方面的红线。一方面，做一个县委书记，首先需要心中有党，"对党忠诚，是县委书记的重要标准。衡量一个县委书记当得怎么样，可以讲很多条，但主要看这一条。'善莫大于作忠'"。③另一方面，心中有党是具体的而不是抽象的，心中有党就要自觉地增强党性"共产党的党性集中表现为全心全意为人民服务。马克思说，无产阶级只有解放全人类，才能最后解放自己。共产党是无产阶级的政党，党的性质决定了党的领导干部必须全心全意为人民服务。所以，谈领导者的修养，第一条就是要增强为人民服务的党性观念。这个观念没有树立起来，其他都无从谈起。增强为人民服务的党性观念，最有效的办法就是深入基层，深入群众"。④他在另一处又说："我们强调的党性，包含着人民性的深刻内

①　习近平：《干在实处　走在前列》，第532页。
②　习近平：《摆脱贫困》，第17页。
③　习近平：《做焦裕禄式的县委书记》，第2页。
④　习近平：《摆脱贫困》，第43页。

涵。我们党是代表人民利益的党，她没有独立于人民利益的自身利益。"①
总之，如何对待人民群众，是坚持群众路线的核心。习近平认为，领导干
部能否正确对待人民群众，是一个根本的立场问题、世界观问题、党性问
题，各级领导干部要始终坚持马克思主义的群众观点和党的群众路线，自
觉摆正与人民群众的关系。

2. 群众路线的认识论意义

群众路线既是党的根本的政治路线，也是党的根本的组织路线，既体
现了党的根本宗旨和立场，也体现了党的根本的认识路线和工作方法。马
克思主义的认识论是社会认识论，是以人民群众为实践主体的认识论。毛
泽东指出："任何英雄豪杰，他的思想、意见、计划、办法，只能是客观世
界的反映，其原料和半成品只能来自人民群众的实践中。"所以，他突出地
强调群众路线的认识论意义，认为马克思主义的认识论"简单地说，就是
从群众中来，到群众中去。"②

习近平对群众路线中的群众观点和领导与群众关系的论述，丰富了马
克思主义的认识论。在领导与群众的主体间的相互关系中，强调了领导在
这一关系中的主导性以及人民群众在这一关系中的根本性和基础性，把个
体的或领导者的实践融入人民群众的社会历史实践之中，把领导者和领导
机关的认识和情感与人民群众的认识和情感统一起来。群众路线既体现了
马克思主义的认识论和真理观，又体现了马克思主义的历史观和价值观。
习近平在谈到群众路线和深入群众调查研究时，总是把这两者统一起来。
一方面，他强调做任何事情都要从群众出发而又要以群众为归宿，把人民
根本利益作为党的核心价值和落脚点；另一方面，他又强调到基层第一线
去，向群众的实践请教，向人民寻求真理。在习近平那里，认识来源于群
众与认识来源于实践是统一的，一切从群众出发与一切从实际出发也是统
一的。2004 年初，胡锦涛在中央纪委第三次全会讲话中强调要求真务实，
习近平以"求真务实"为内容写了一副春联，上联是"求客观真理之真"，
下联是"务执政为民之实"，横批是"求真务实"。这副对联生动地体现了

---

① 习近平：《摆脱贫困》，第 83 页。
② 《论党性修养》，第 421 页。

马克思主义真理观和价值观的统一。他在一次讲话中从四个方面阐明了落实"求真务实"的本质内涵，即贯彻立党为公、执政为民的本质要求，摆正同人民群众的关系，是坚持求真务实的根本准则；正确认识国情和省情，按照国情和省情制定政策和开展工作，是坚持求真务实的根本依据；认识规律、把握规律、遵循和运用规律，是坚持求真务实的根本要求；推进制度建设和创新，是坚持求真务实的体制保证。在这四条中，第一条讲的是价值观，第二、三条讲的是真理观，第四条则是把价值观与真理观统一的成果升华为程序、制度和体制，目的是保证党的价值目标和价值追求奠定在真理和规律追求的基础上。

习近平关于实事求是与群众路线本质关系的论述发展了党的思想路线。邓小平在谈到"完整地准确地理解毛泽东思想"时说："我认为，毛泽东同志倡导的作风，群众路线和实事求是这两条是最根本的东西。"群众路线是共产党人的历史观，也是其价值观和认识论。人民群众既是最基本的实践主体，也是最基本的价值主体和认识主体。群众路线集中体现了我们党关于价值观与真理观相统一的原则。毛泽东在谈到群众路线和实事求是的关系时说："归根到底就是群众路线四个字。"主张把群众路线作为本质内容纳入实事求是的思想路线。群众路线既然是唯物史观的根本点，它也必然是实事求是的根本点。无论从理论上还是实践上，实行群众路线都是实事求是的根本保证。习近平全面地论述了实事求是同群众路线的本质联系，他指出："坚持实事求是，必须始终坚持一切为了群众、一切依靠群众，从群众中来、到群众中去的群众路线。群众路线是我们党的根本工作路线，它同党的实事求是的思想路线是相辅相成、在本质要求上完全统一的。正如江泽民同志指出的，真正掌握和实践了群众观点、群众路线，也就能真正掌握和实践历史唯物主义和党的实事求是的思想路线。从马克思主义认识论来看，坚持群众路线是坚持实事求是的认识和实践的基础。一方面，实事求是是在实践基础上认识世界的过程，这一过程要通过'从群众中来'才能实现。人民的伟大实践是认识的真正源泉。只有切实尊重人民首创精神，倾听人民呼声，反映人民意愿，及时发现、总结、概括人民创造的新鲜经验，才能获得正确反映客观规律的真理性认识，才能制定出符合客观规律的科学决策。另一方面，实事求是又是在实践基础上改造世界的过程，这一过程只有通过'到群众中去'才能实现。人民是历史的创造者，是改造世界的主体和力量源泉。党的奋斗目标与人民的根本利益、经济社会发展规律是根本一致的。马克思主义政党只有充分调动和发挥人民的积极性和创造性，才能实现自己的历史使命。这就必须把从群众中集中起来的意见、办法，拿到群众中去实践和验证，使正确的意见和真理性认识为群众所掌握，成为群众实践的思想武器，转化为改造世界的实际行动。所有这些说明，只有坚持群众路线，才能真正做到实事求是。我们要把坚持实事求是的思想路线与坚持从群众中来、到群众中去的根本工作路线紧密结合和统一起来，把对上级负责与对群众负责紧密结合和统一起来，坚持一切从人民根本利益出发，深入基层了解情况，深入群众听取意见，使各项决策和各方面工作符合实际情况、符合客观规律、符合人民意愿。这样，我们的工作，党和人民事业，就会无往而不胜。"① 这些论述是对党的思想路线本质内涵的重要拓展，从方法论的层面把历史观、价值观和认识论统一起来了。

3. 群众路线与调查研究

调查研究是把实事求是与群众路线融合为一的基础和桥梁。实事求是作为党的思想路线，是共产党人手中的最尖锐最有效的武器；群众路线作为党的根本工作路线，是共产党人永远立于不败之地的根本保证。调查研究既是坚持实事求是的基础性环节，也是落实群众路线的基础性环节，因而是把这两者结合起来的枢轴。

习近平指出，落实党的群众路线，"要把调查研究作为基本功，深入基层、深入群众、深入实际，了解情况、问计于民"。② 共产党和老百姓是休戚与共、共存共荣的关系，要精心谋事、潜心干事，必须紧紧抓住调查研究这个环节，打通领导和群众相结合的通道。他说："调查研究是主观和客观结合的纽带，是谋事之基、成事之道、决策之要，历来为人们所称道。'耳闻之不如目见之，目见之不如足践之''纸上得来终觉浅，绝知此事要

---

① 习近平：《坚持实事求是的思想路线》，《学习时报》2012 年 5 月 27 日。
② 习近平：《做焦裕禄式的县委书记》，第 7 页。

躬行’等千古名句，讲的都是这个道理。"① 习近平是如何理解问计于民是谋事之基、成事之道、决策之要的呢？

首先，调查研究是谋事之基。习近平说："群众的实践是最丰富最生动的实践，群众中蕴藏着巨大的智慧和力量。我们一定要认真贯彻党的群众路线，坚持从群众中来到群众中去，一切相信群众，一切依靠群众，一切为了群众。要解决矛盾和问题，就要深入基层、深入群众，拜群众为师，深入调查研究。"② 他认为，调查研究是了解情况的过程，"无论是制定决策、还是实施决策，都离不开调查研究。只有通过调查研究，才能了解实际情况，总结基层经验，为作出正确决策创造条件，为检查决策的偏差和实施过程中的问题提供第一手材料"③。基于此，他多次强调，当县委书记一定要跑遍所有的村，当市委书记一定要跑遍所有的乡镇，当省委书记一定要跑遍所有的县市区。在正定工作时，他跑遍了所有的村；在宁德工作时，他到任 3 个月就走遍了 9 个县，后来又跑遍了绝大部分乡镇；到任浙江后，用一年多时间跑遍了全省 90 个县市区；在上海仅 7 个月，他就跑遍了全市 19 个区县；到中央工作后，他的足迹遍及 31 个省区市。习近平在总结自己从事调查研究的体会时说："学会搞调查研究非常重要。领导干部要身入心入，不要蜻蜓点水，被表面现象所迷惑；要全面分析情况，见一斑而窥全豹，不要盲人摸象；要轻车简从，不要虚张声势，造成扰民现象。调查研究多了，基层跑遍、跑深、跑透了，我们的本领就会大起来，我们的认识就会产生飞跃，我们的工作就会做得更好。"④ 正是调查研究为他指导工作和制定政策奠定了牢固的基础。

其次，调查研究是成事之道。执政党的作风关系党的生命、关系人心向背。习近平指出："调查研究是密切联系群众的重要途径，是加强党的作风建设的切入点和主要环节。" 调查研究对于转变作风的基础性有两层含义。第一，调查研究是发扬党的求真务实的作风的有效载体，干部改进学风、文风、会风、改进工作作风，只有在大兴调查研究之风的基础上才有

① 习近平：《干在实处　走在前列》，第 556 页。
② 习近平：《干在实处　走在前列》，第 530 页。
③ 习近平：《干在实处　走在前列》，第 533 页。
④ 习近平：《干在实处　走在前列》，第 534 页。

可能。第二，调查研究是以人民主体论为核心的三个环节和过程的统一，即它是认识国情的基本途径，是认识和把握事物规律的根本路径，是找到政策与实际结合点的主要方法。习近平在总结在浙江坚持调研开局、调研开路的经验和体会时说："几年下来，我几乎跑遍了浙江的山山水水，也跑深了与浙江广大干部群众的真切感情，并在实践中逐渐跑透了浙江的省情市情县情。"① 跑遍、跑深和跑透是相互联系的，跑遍是基础，跑深跑透是对跑遍的理性升华，是科学理性和价值理性的统一。基于这样的调查研究经历，才能深刻理解和把握党的根基在人民、党的血脉在人民、党的力量在人民、党的成败也在人民的历史结论。

最后，调查研究是决策之要。调查研究的过程是科学决策的过程，习近平突出强调要把调查研究贯穿科学决策全过程。调查研究是实事求是的中心环节，陈云指出："重要的是要把实际看完全，把情况弄清楚，其次是决定政策，解决问题。难者在弄清情况，不在决定政策。只要弄清了情况，不难决定政策。我们应该用百分之九十以上的时间去弄清情况，用不到百分之十的时间来决定政策。这样决定的政策，才有基础。"用毛泽东的话说："调查就像'十月怀胎'，解决问题就像'一朝分娩'，调查就是解决问题。"习近平指出："正确的决策，绝对不是一个人或者一堆人，不作调查研究，坐在房子里苦思冥想就能产生的，它要在人民群众改革发展的实际中才能产生。我们担负领导工作的干部，在对重大问题进行决策之前，一定要有眼睛向下的决心和甘当小学生的精神，迈开步子，走出院子，去车间码头，到田间地头，进行实地调研，同真正明了实情的各方面人士沟通讨论，通过'交换、比较、反复'，取得真实可信、扎实有效的调研成果，从而得到正确的结论。调查研究就像'十月怀胎'，决策就像"一朝分娩'。调查研究的过程就是科学决策的过程，千万省略不得、马虎不得。"② 习近平把调查研究作为群众路线的基础性环节的见解是十分深刻的。

本文原刊于《中共福建省委党校学报》2016 年第 10 期

① 习近平：《干在实处　走在前列》，第 3 页。
② 习近平：《干在实处　走在前列》，第 535 页。

论 毛泽东的历史观

李景源　赵凤岐[*]

历史和对历史的认识既有联系，又有区别。历史的东西，不管我们认识与否，它都会对现实产生影响。毛泽东是一位重要的历史人物，他领导的革命和建设，彻底重塑了中国的政治、经济和社会结构。所以，关于毛泽东的理论贡献和历史地位，仍然需要分析和探索。本文侧重谈谈毛泽东的历史观。

一　毛泽东历史观的转变

明清以降，正统的儒学地位下降，进入"后经学时代"，即由经学向史学的转变。哲学观念的变革，集中地表现为历史观的变革。历史观问题成为讨论的焦点，这是由中国社会的历史变局所决定的。近代以来，中国出现了天崩地裂般的社会变动和亡国灭种的残酷现实，救亡图存和追求现代化的客观需求成为哲学观念变革的深层历史根据。

19世纪末，由严复、梁启超掀起的史学革命是一场历史观的革命，它为唯物史观的传入奠定了思想前提。梁启超指出，史学是学术的大宗，中

* 李景源，中国社会科学院文学哲学学部副主任，学部委员，哲学研究所研究员；赵凤岐，中国社会科学院荣誉学部委员，哲学研究所研究员。

国要新生，必须革传统史学的命，"史界革命不起，则吾国遂不可救。悠悠万事，惟此为大！"① 他在论述史学的性质和宗旨时说，历史者，叙述人群进化之现象，求其公理公例者也。这无疑是说史学是研究人类社会进化规律的学问。值得关注的是，梁启超关于历史本质的理解在抽象的意义上与马克思主义有异曲同工之妙。马克思从科学的实践观出发，把历史定义为人的有目的的活动。而梁启超同样认为史学就是"记述人类社会赓续活动之体相，校其总成绩，求得其因果关系，以为现代一般人活动之资鉴者也"。② 严复是全面翻译介绍西学的第一人，《天演论》一书从1898年问世，到20世纪30年代仍然再版，在近代中国的思想界产生了重大的影响。在文化大革命期间，毛泽东还提议干部读这本书。严复做这部书的目的，就是使生物进化论上升为社会进化论和文化进化论，把它升华为哲学世界观，使"进化"观念成为阐释历史的框架体系。

　　近代中国历史的主题是反帝反封建，如何完成这一历史任务，思想界争论很大。从历史发展的动力上看，一个最根本的问题是思想动机与思想背后的动因，哪个方面更具有历史意义？进一步说，近代中国救亡图存是走"思想改造论"的路子，还是通过革命实践走"社会改造论"的道路？马克思指出，我的历史观"和唯心主义历史观不同，它不是在每个时代中寻找某种范畴，而是始终站在现实历史的基础上，不是从观念出发来解释实践，而是从物质实践出发来解释观念的形成"。③ 恩格斯进一步指出，科学的实践观与唯物主义的历史观是内在统一的，马克思主义正是"在劳动发展史中找到了理解全部社会史的锁钥"，"自从历史也被唯物主义地解释的时候起，一条新的发展道路也在这里开辟出来了"。④ 如上所述，梁启超认识到历史是由人类世代更替的活动构成的，从活动中找到因果关系，把它升华为历史的公理和公例，就可以成为现代人活动的借鉴。问题是，他所理解的活动是抽象的精神性的活动，他把这种活动看作是人们物质性活

---

① 易新鼎编《梁启超选集》上卷，中国文联出版社，2006，第304页。
② 李华兴、吴嘉勋编《梁启超选集》，上海人民出版社，1984，第776页。
③ 《马克思恩格斯选集》第1卷，人民出版社，1995，第92页。
④ 《马克思恩格斯选集》第4卷，人民出版社，1995，第258、224页。

动的本体或本质。他说："凡活动，以能活动者为体，以所活动者为相"，①
人的理智、情感和意志是能活动者，它们是发动活动和规定活动结果的东
西，活动的过程和结果是活动的现象，它们是由活动的本体所决定的，活
动的本体就是精神或人的内心，它们是人类活动和历史发展的原始动力。
梁启超在《惟心》一文中，把"心"作为宇宙的本体，"物"不过是心的
显现。他说："境者心造也。"② "全世界者，全世界人类心理所造成。一社
会者，一社会人之心理所造成。"③ "然则天下岂有物境哉？但有心境而
已。"④ 有了这样的历史观，谭嗣同、梁启超等人提出了"心力说"和佛教
救国论，即只有让国人明白"三界唯心"，视客观世界和我身为虚幻，才能
激发人们"舍身救世"的精神。所以，救亡图存走思想改造的路子的根源
正在于这种心学历史观，这是支配中国几千年的内圣外王传统的变种。这
种观念论的思路虽然包含有合理的成分，但它并没有触及社会问题的根本
所在，因而无法解决中国的问题。李大钊运用唯物史观对观念史观进行了
批评，他说："唯物史观就站起来反抗那些历史家与历史哲学家，把他们多
年所推崇为非常重要的外部的社会构造，都列于第二的次序；而那久经历
史家辈蔑视，认为卑微暧昧的现象的，历史的唯物论者却认为于研究这很
复杂的社会生活全部的构造与进化，有莫大的价值。"⑤

　　历史观问题是世界观的核心，毛泽东世界观的转变实质是历史观的转
变。在毛泽东的青少年时代，占统治地位的历史观是帝王史观和圣贤史观。
中国传统文化精神在一定意义上就是内圣外王之道，过去把"内圣外王"
之道看作是儒家的人格理想，实际上"内圣外王"之道就是传统社会占统
治地位的历史观，它是圣贤史观和帝王史观的核心理念。毛泽东在少年时
期受儒家影响较大，他对斯诺讲，从1902年到1908年他读了6年孔夫子的
书，信奉的就是"修齐治平"，追求的就是圣贤救世的理想。毛泽东在青年
时期又受到梁启超思想的影响，认同他的心力说。毛泽东也曾写过一篇

---

① 李华兴、吴嘉勋编《梁启超选集》，第776页。
② 易新鼎编《梁启超选集》下卷，中国文联出版社，2006，第570页。
③ 梁启超：《饮冰室文集之十七》，《饮冰室合集》第2册，中华书局，1989，第2页。
④ 易新鼎编《梁启超选集》下卷，第570页。
⑤ 《李大钊全集》第3卷，人民出版社，2006，第19~20页。

《心之力》的文章，受到杨昌济先生的赞扬。他以内圣为标准，评价孙中山、康有为和曾国藩，他认为这几个人都是英雄，但他最佩服的还是曾国藩，因为他是程朱理学的继承者，有桐城派后期领袖的声誉。在圣贤与帝王之间，他更看重圣贤。在他看来，"圣贤者百代帝王，帝王者一代圣贤"。1917 年 8 月，他寄给黎锦熙一封长信，认为凡事都要抓住"本源"，决心"将全幅工夫，向大本大源处探讨。探讨既得，自然足以解释一切"。他把"本源"看作是"宇宙之真理"，是本源在支配着社会历史的发展。他说："今吾以大本大源为号召，天下之心其有不动者乎？天下之心皆动，天下之事有不能为者乎？天下之事可为，国家有不富强幸福者乎？"毛泽东把本源落实到人心上面，从中依稀可见"心力说"对他的影响。以心力说为依据，他在信中明确提出，要改造中国与世界，就必须"从哲学、伦理学入手，改造哲学，改造伦理学，根本上变换全国之思想"，追求的仍是当时占主导地位的"思想改造论"的路数。①

列宁曾经说过，马克思和恩格斯"兼有学者和革命家的品质"，② 他们既有参与和领导革命斗争的实践经验，又善于进行经验总结和理论创造，这两者的结合是他们创立新世界观的主观条件。与此相类似，毛泽东对哲学有很高的悟性和强烈的兴趣，在湘学的影响下又表现出强烈的实践理性和务实精神。早在 1913 年的《讲堂录》中，就记载了他对以实事求是为特征的湘学传统的认同。他在笔记中写下了这样的话："实意做事，真心求学"，"古者为学，重在行事"。③ 在 1917 至 1918 年写下的《〈伦理学原理〉批注》中，他进一步指出："学，皆起于实践"，"伦理学之正鹄在实践，非在讲求"，"吾人须以实践至善为义务"。④ 在当时新民学会会员中流传着这样的评语："和森是理论家，润之是实际家。"⑤ 这表明，毛泽东重视实践的品格在青年时期就已显露出来，为人们所注意。1917 年暑假，他邀约同学以"游学"方式游历了长沙等五县农村，了解下层农民的生产和生活。

---

① 《毛泽东早期文稿》，湖南人民出版社，2008，第 73～74 页。

② 《列宁选集》第 1 卷，人民出版社，1995，第 83 页。

③ 《毛泽东早期文稿》，第 525、529 页。

④ 《毛泽东早期文稿》，第 101、114、210 页。

⑤ 李维汉：《新民学会和蔡和森同志》，载《回忆蔡和森》，人民出版社，1980，第 29 页。

1918 年春，又同蔡和森到浏阳等县农村进行实地考察。正是这些实践活动的体验使毛泽东把对"本源"的探求变为对"主义"的寻求和选择。

　　毛泽东世界观转变的时期，正是他对各种"主义"兼收并蓄的时期。五四运动前后，不仅有马克思主义在中国传播，而且杜威的实用主义、基尔特社会主义、克鲁泡特金的无政府主义、罗素的改良主义以及社会民主主义，也像潮水一般涌入中国。在此期间，毛泽东对各种学说都涉猎过，对有些学说不仅从理论上探讨，而且付诸实际去实行。对各种学说的兼收并蓄，使毛泽东的内心充满了矛盾。他在 1920 年 2、3 月间给周世钊、陶毅的信中说到："现在我于种种主义，种种学说，还都没有得到一个比较明了的概念。"① 正是这种认知结构中的内在矛盾推动着毛泽东进行理论和实践的双重探索，兴起于全国各地的工读互助团的破产，由他先后主编的《湘江评论》和《新湖南》周刊被查封，以及后来的"驱张"请愿运动未果和湖南自治运动的失败，使他认识到，所有这些主张都是理论上说得好听，事实上是做不到的。他在 1920 年 11 月给向警予的信中说：我"已看透了。政治界暮气已深，腐败已甚，政治改良一途，可谓绝无希望。吾人惟有不理一切，另辟道路，另造环境一法。"② 所谓另辟道路，就是"从事于根本改造之计划和组织，确立一个改造的基础，如蔡和森所主张的共产党"。③ 1921 年 1 月 21 日，毛泽东给蔡和森复信说："唯物史观是吾党哲学的根据"，"你这一封信见地极当，我没有一个字不赞成"。④ 毛泽东后来回忆说，搞俄国式的革命，组织共产党，这是"山穷水尽诸路皆走不通了的"最后选择。毛泽东历史观的转变是中华民族思想变革的缩影，陈独秀在后来总结自己的思想转变时表示，自己也是从"举人、进士、状元郎"的个人追求转向了"康党、乱党、共产党"的救国道路。

---

① 高凯、于玲主编《毛泽东大观》，中国人民大学出版社，1993，第 766 页。
② 中共中央文献研究室编《毛泽东年谱（1893~1949 年）》上卷，人民出版社、中央文献出版社，1993，第 71 页。
③ 毛泽东 1920 年 11 月对易礼容 1920 年 6 月 30 日致毛泽东、彭璜信的按语，见中国革命博物馆、湖南省博物馆编《新民学会资料》，人民出版社，1980，第 92 页。
④ 《毛泽东书信选集》，人民出版社，1983，第 15 页。

二　把握毛泽东历史观的三个维度

唯物史观在中国的传播，不仅导致了人们的主导观念由"思想改造论"向"社会改造论"的转变，而且导致了诸如民众、阶级、社会结构（经济基础和上层建筑）等观念的流行，揭开了共产党人运用无产阶级宇宙观作为观察国家命运的序幕，这为我们分析毛泽东历史观转变的维度提供了坐标。

（一）毛泽东的群众观

严复和梁启超虽然提出了去君史、写民史、申民权的主张，但他们的心力说必然导致精英史观。梁启超说："世界者何？豪杰而已矣，舍豪杰则无有世界。"① 从精英史观向民众史观的转变，对毛泽东来说是最刻骨铭心的。少年时代的毛泽东最感兴趣的是记述三皇五帝秦皇汉武这类书，他从萧三手中借过一本《世界英杰传》，书中描写的华盛顿、拿破仑、彼得大帝等人的事迹深深触动了他。还书时他表示，中国也要有这样的人物。1911年，他在学校墙上贴了一篇文章，提出一个救国方案，认为中国要有救，要请孙中山当总统，康有为做内阁总理，梁启超做外交部长。由于受到英雄史观的影响，青年毛泽东认为，观察历史关键是看巨夫伟人，他们是时代的代表，其他人都是伟人的附属品。在寻求历史主体的问题上，从崇拜英雄豪杰到坚信人民大众，是革命实践活动和当时社会的政治腐败教育了他。辛亥革命后，袁世凯乘机当了总统，当时，民众把他看作神武人物，认为他就是中国的华、拿（华盛顿、拿破仑），但转瞬间却变成了人人切齿的曹、莽（曹操、王莽），对国人打击极大。毛泽东认识到，把中国的命运捆绑在所谓英雄和大佬的身上，中国是没有希望的。俄国的十月革命，使毛泽东认识到，民众的力量才是决定历史走向的根本动力。他在《民众的大联合》中写道：天下者，我们的天下。国家者，我们的国家。② 号召民众起来掌握国家的命运。

---

① 李华兴、吴嘉勋编《梁启超选集》，第 100 页。
② 《毛泽东早期文稿》，第 356 页。

要改造中国，首先要解决的是历史发展的动力问题。人民群众的历史活动与少数英雄人物的业绩相比较，哪方面更具有历史意义？这是历史观必须解决的重大的问题之一。1925 年 10 月，毛泽东站在湘江橘子洲头向历史发问："问苍茫大地，谁主沉浮？"此后，他用一生完满地交出了自己的答卷："人民，只有人民，才是创造世界历史的动力。"① 毛泽东以民众史观为原点，创造性地提出了新民主主义革命的总路线。他用民众史观来考察政治，明确指出，革命的政治是指阶级的政治、群众的政治，不是所谓少数政治家的政治。政治专门家们只是千千万万的群众政治家的领袖。同样地，人民群众也是革命战争的主体。毛泽东指出，中国革命是什么人去干呢？就是中国的老百姓。革命战争是群众的战争，只有动员群众才能进行战争，只有依靠群众才能进行战争。毛泽东对唯物史观的最大贡献是在群众史观方面，他终其一生都与圣贤史观、英雄史观进行斗争。1944 年 1 月，他在致杨绍萱、齐燕铭的信中说："历史是人民创造的，但在旧戏舞台上（在一切离开人民的旧文学旧艺术上）人民却成了渣滓，由老爷太太少爷小姐们统治着舞台，这种历史的颠倒，现在由你们再颠倒过来，恢复了历史的面目，从此旧剧开了新生面，所以值得庆贺。"② 针对英雄史观，他提出群众是真正的英雄；他给陕西葭县县委的题词是"站在最大多数劳动人民的一面。"③ 共产党的路线就是人民群众的路线。针对圣贤史观，他提出六亿神州尽舜尧。1964 年，他写了一首词《贺新郎·读史》，其中写道："五帝三皇神圣事，骗了无涯过客"，"盗跖庄蹻流誉后，更陈王奋起挥黄钺"。④ 不仅再次批判了英雄史观，而且重申了自己的群众史观。即使在文化大革命中，他也对林彪、陈伯达鼓吹的"天才史观"给予了无情的批判。毛泽东对自己一生中最欣赏的得意之笔就是"群众路线"四个字。

毛泽东说："共产党的路线，就是人民的路线。"⑤ 毛泽东把民众史观转变为共产党人的群众路线，全面地揭示了唯物史观就是马克思主义的认识

①　《毛泽东选集》第 3 卷，人民出版社，1991，第 1031 页。

②　《毛泽东书信选集》，第 222 页。

③　高凯、于玲主编《毛泽东大观》，第 766 页。1964 年 9 月，葭县改称佳县。

④　《毛泽东诗词选》，人民出版社，1986，第 127～128 页。

⑤　《毛泽东文集》第 2 卷，人民出版社，1993，第 409 页。

论。所谓群众路线，概括地说就是：一切为了群众，一切依靠群众，从群众中来，到群众中去。群众路线中蕴涵的领导和群众的关系，是社会历史观中的基本问题之一。把社会主体系统区分出领导和群众两个方面，把处理好两个主体间的关系视为解决主体和客体关系的前提与核心，这是毛泽东对唯物史观和认识论的重大贡献。毛泽东把群众路线视为根本的认识路线其根据在于，社会实践始终是千百万人民群众的实践，认识来源于实践和认识来源于群众是统一的。人民群众作为认识主体是社会主体系统中的基本层次和基础层次。群众及其实践是直接经验的信息源，而领导和领导机关则是对其提供的原材料进行理论加工的"加工厂"。毛泽东指出："任何英雄豪杰，他的思想、意见、计划、办法，只能是客观世界的反映，其原料或半成品只能来自人民群众的实践中。"① 群众和领导在感性认识和理性认识中起着不同的作用，"概念、判断的形成过程，推理的过程，就是'从群众中来'的过程"，领导机关"把自己的观点和思想传达给别人的过程，就是'到群众中去'的过程"，就是将领导机关加工成的产品"交由人民群众去考验"的过程。基于这种分析，毛泽东认为，马克思主义的认识论"简单地说，就是从群众中来，到群众中去"②

人的认识过程除了从实践到认识，又从认识到实践之外，还表现为从个别到一般，又从一般到个别。毛泽东指出："这是两个认识的过程：一个是由特殊到一般，一个是由一般到特殊。"③ 正如实践和认识的结合在群众路线中表现为领导和群众的结合一样，一般和个别的关系在群众路线中具体化为一般号召和个别指导相结合的过程，就是"从许多个别指导中形成一般意见（一般号召），又拿这一般意见到许多个别单位中去考验（不但自己这样做，而且告诉别人也这样做），然后集中新的经验（总结经验），做成新的指示去普遍地指导群众"。④ 一般和个别相结合的认识过程在群众路线中被具体化为"形成正确的领导意见"和"领导意见见之实行"的秩序和过程。总之，在唯物史观的框架内，领导和群众相结合、实践和认识相

---

① 《毛泽东文集》第7卷，人民出版社，1999，第358页。
② 《毛泽东文集》第8卷，人民出版社，1999，第324页。
③ 《毛泽东选集》第1卷，人民出版社，1991，第310页。
④ 《毛泽东选集》第3卷，第900页。

结合、个别和一般相结合，这三者是内在统一的，其实质是把个体的和领导的实践融入人民群众的社会实践之中，把领导者和领导机关的认识和人民群众的认识统一起来。群众路线不仅把唯物史观同认识论统一起来，而且把唯物史观与认识过程的辩证法统一起来。

（二）毛泽东的生产力观

生产力是社会发展的根本动力，这个观点是历史唯物主义的根本原理。其经典表达是马克思在《〈政治经济学批判〉序言》中作出的，具体表述是："无论哪一个社会形态，在它所能容纳的全部生产力发挥出来以前，是决不会灭亡的；而新的更高的生产关系，在它的物质存在条件在旧社会的胎胞里成熟以前，是决不会出现的。"① 这是历史唯物主义的一个核心观点，也是由马克思本人提出的生产力标准。生产力决定生产关系的科学原理是把握人类社会发展的钥匙，对一定历史条件下生产力与生产关系矛盾运动的分析，是马克思主义说明该社会经济、政治制度产生、发展和变革的根本依据。事实证明，马克思主义的唯物史观是无产阶级政党从事革命和建设的根本指导思想。

毛泽东终其一生都十分重视唯物史观及其方法论的研究，他对马克思主义的生产力原理的运用与发挥，主要表现在以下几个方面：

第一，毛泽东依据生产力原理明确指出，革命的目的就是为了解放生产力。1944 年 3 月，他在谈到马克思主义基本原理时说："我们搞政治、军事仅仅是为着解放生产力。学过社会科学的同志都懂得这一条，最根本的问题是生产力向上发展的问题。我们搞了多少年政治和军事就是为了这件事。马克思主义社会科学也主要是讲的这件事，讲生产力在历史上是如何发展起来的。"② 他在党的"七大"所作的《论联合政府》的政治报告中，明确地提出生产力标准："中国一切政党的政策及其实践在中国人民中所表现的作用的好坏、大小，归根到底，看它对于中国人民的生产力的发展是否有帮助及其帮助之大小，看它是束缚生产力的，还是解放生产力的。"③

---

① 《马克思恩格斯选集》第 2 卷，人民出版社，1995，第 33 页。
② 《毛泽东文集》第 3 卷，人民出版社，1996，第 109 页。
③ 《毛泽东选集》第 3 卷，第 1079 页。

从解放前夕到党的"八大"，毛泽东多次号召全党实现工作重心转向经济建设。在党的"八大"期间，毛泽东在同外宾谈话中谈到斯大林肃反的教训时说："客观形势已经发展了，社会已从这一个阶段过渡到另一个阶段，这时阶级斗争已经完结，人民已经用和平的方法来保护生产力，而不是通过阶级斗争来解放生产力的时候，但是在思想上却没有认识到这一点，还继续进行阶级斗争，这就是错误的根源。"① 毛泽东关于唯物史观的这些精辟见解，为他的后继者邓小平等老一代革命家实现工作中心的转移，奠定了思想基础。

第二，毛泽东明确指出，新的生产力是建立和巩固新社会的物质技术基础。1944 年 8 月，毛泽东在给秦邦宪的信中指出："民主革命的中心目的就是从侵略者、地主、买办手下解放农民，建立近代工业社会。""新民主主义社会的基础是机器，不是手工。我们现在还没有获得机器，所以我们还没有胜利。如果我们永远不能获得机器，我们就永远不能胜利，我们就要灭亡。现在的农村是暂时的根据地，不是也不能是整个中国民主社会的主要基础。由农业基础到工业基础，正是我们革命的任务。"② 在这里，毛泽东结合中国的具体国情，清晰地阐明了生产力决定生产关系、经济基础决定上层建筑的基本原理。

第三，毛泽东以生产力发展为根据，全面论证了新民主主义社会要广泛发展资本主义的问题。毛泽东在党的"七大"所作的报告里，几次提到不要怕发展资本主义的问题。他认为，中国共产党所要建立的新民主主义的经济，私人资本主义经济不但在其中占有应有的一席，而且应广泛加以发展。毛泽东明确指出："民族压迫和封建压迫残酷地束缚着中国人民的个性发展，束缚着私人资本主义的发展和破坏着广大人民的财产。我们主张的新民主主义制度的任务，则正是解除这些束缚和停止这种破坏，保障广大人民能够自由发展其在共同生活中的个性，能够自由发展那些不是'操纵国民生计'而是有益于国民生计的私人资本主义经济，保障一切正当的

---

① 中共中央文献研究室综合研究组、《党的文献》编辑组编《三中全会以来的重大决策》，中央文献出版社，1994，第 22 页。

② 《毛泽东书信选集》，第 237、239 页。

私有财产。"毛泽东还解释了"有些人不了解共产党人为什么不但不怕资本主义，反而在一定条件下提倡它的发展"的问题，毛泽东回答说："拿资本主义的某种发展去代替外国帝国主义和本国封建主义的压迫，不但是一个进步，而且是一个不可避免的过程。它不但有利于资产阶级，同时也有利于无产阶级，或者说更有利于无产阶级。现在的中国是多了一个外国的帝国主义和一个本国的封建主义，而不是多了一个本国的资本主义，相反地，我们的资本主义是太少了。"① 毛泽东在"七大"上不止一次地强调要发展资本主义，其依据正是马克思的生产力标准，从生产力发展的角度看，资本主义是一种比封建主义更为优越的生产方式。在当时，明确提出发展资本主义，只有好处，没有坏处。

（三）毛泽东的阶级观

列宁在《卡尔·马克思》一文中说："马克思主义提供了一条指导性的线索，使我们能在这种看来扑朔迷离、一团混乱的状态中发现规律性。这条线索就是阶级斗争的理论。"② 毛泽东自觉地接受了马克思主义的阶级分析方法，他把阶级斗争看作历史前进的动力，把以往几千年的文明史看成是阶级斗争的历史。他指出："阶级斗争，一些阶级胜利了，一些阶级消灭了。这就是历史，这就是几千年的文明史。拿这个观点解释历史的就叫做历史的唯物主义，站在这个观点的反面的是历史的唯心主义。"③ 很显然，马克思主义的阶级观在毛泽东的历史观中占有重要的地位。

毛泽东最初接受马克思主义关于阶级和阶级斗争的理论，大约是在1920年夏季。他后来回忆到："记得我在1920年，第一次看了考茨基著的《阶级斗争》、陈望道翻译的《共产党宣言》，和一个英国人作的《社会主义史》，我才知道人类自有史以来就有阶级斗争，阶级斗争是社会发展的原动力，初步地得到认识问题的方法论。可是这些书上，并没有中国的湖南、湖北，也没有中国的蒋介石和陈独秀。我只取了它四个字：'阶级斗争'，

① 《毛泽东选集》第3卷，第1058、1060页。
② 《列宁选集》第2卷，人民出版社，1995，第426页。
③ 《毛泽东选集》第4卷，人民出版社，1991，第1487页。

老老实实地来开始研究实际的阶级斗争。"① 自从毛泽东接受马克思主义的阶级斗争理论并将其作为"认识问题的方法论"，他就把它作为最基本的思想方法来看待。在其长期的革命生涯中，在其对社会的认识和改造中，他总是把树立阶级和阶级斗争的观点放在十分重要的地位。他在《关于农村调查》一文中说："对立统一，阶级斗争，是我们办事的两个出发点。""我们一定要把握住这方面的观点，这种观点，就是对立统一和阶级斗争。"②在1941年10月30日的思想方法问题的报告中，毛泽东也是把阶级分析方法作为与对立统一规律相提并论的基本的思想方法来看待的，他说：矛盾的统一与阶级斗争，一是辩证唯物论，一是历史唯物论，矛盾的统一就是辩证法，辩证法运用在社会方面就是历史唯物论。全国解放后，在致友人章士钊的一封信中，他说："大问题是唯物史观问题，即主要是阶级斗争问题。"③ 1956年，他在同外国代表团的谈话中说，我们党做农民工作，开头没有成功，因为那时是"从平面看农村，不是立体地看农村，就是说，不懂得用阶级观点看农村。后来掌握了马克思主义，才用阶级观点看农村"。④毛泽东的上述认识是抓住了马克思主义的根本的。在马克思主义中，阶级分析方法确是历史唯物主义的一个基本点，它是同对立统一规律一样重要的方法。

毛泽东的阶级观是以马克思主义的经济分析为基础的，马克思和恩格斯认为，阶级是特定时代经济关系的产物，并由此科学地阐明了阶级和阶级斗争发生、发展和消亡同生产发展的一定历史阶段相联系。列宁根据马克思和恩格斯的一贯思想，给阶级下了一个完整的定义："所谓阶级，就是这样一些大的集团，这些集团在历史上一定的社会生产体系中所处的地位不同，同生产资料的关系（这种关系大部分是在法律上明文规定了的）不同，在社会劳动组织中所起的作用不同，因而取得归自己所支配的那份社会财富的方式和多寡也不同。所谓阶级，就是这样一些集团，由于它们在一定社会经济结构中所处的地位不同，其中一个集团能够占领另一个集团

① 《毛泽东文集》第2卷，第378~379页。
② 《毛泽东文集》第2卷，第380、381页。
③ 《毛泽东书信选集》，第602页。
④ 《毛泽东选集》第5卷，人民出版社，1977，第306页。

的劳动。"① 列宁的这一定义深刻地揭示了阶级的基本特征，阶级其实就是一定生产关系的体现。毛泽东在一系列历史文献中，对发展马克思主义关于阶级和阶级斗争理论问题作出了重要贡献。

第一，他反复强调在划分社会阶级时，要严格区分生活资料和生产资料，他指出："人们为着要生活，就要生产生活资料，例如粮食、衣服、房屋、燃料、器具等。人们为着要生产生活资料，就要有生产资料，例如土地、原料、牲畜、工具、工场等。"② 针对工作人员对生产关系和使用关系不加区分，将其都作为划分阶级的标准等问题，毛泽东致信刘少奇，从生产力和生产关系、生产关系和使用关系等方面，进一步阐述了阶级划分的标准问题。他写道："所谓生产力，是指劳动者和生产资料（亦称生产手段）两部分。""所谓生产关系，是指人们对生产资料的所有关系，即财产的所有权关系。生产资料的使用，例如农民使用（租用）地主的土地，只是地主对于土地的所有关系的结果，这种所有关系表现为佃农对地主的隶属关系（人与人的关系），即是生产关系。过去许多同志在这个问题上犯了二元论（甚至是多元论）的错误，将生产关系和使用关系并列，又将生产资料与生活资料并列，作为划分阶级的标准，把问题弄得很糊涂，划错了许多人的阶级成分。"③

第二，毛泽东指出，调查研究的最基本的方法是阶级分析方法，调查研究的真正目的是深入地把握社会的阶级构成及其相互关系，为革命制定正确的路线和政策。他指出，"用马克思主义的基本观点，即阶级分析的方法，作几次周密的调查，乃是了解情况的最基本的方法。只有这样，才能使我们具有对中国社会问题的最基础的知识。"④ 1925 年底至 1926 年 9 月，毛泽东先后发表了《中国社会各阶级的分析》《中国农民中各阶级的分析及其对于革命的态度》《国民革命与农民运动》等文章，又在农民运动讲习所中主讲"农民问题"，从经济、政治和思想文化等方面理清了中国社会最基本的阶级关系。他指出，在经济方面受剥削最惨的就是农民，农民不仅受

---

① 《列宁全集》第 37 卷，人民出版社，1986，第 13 页。
② 《毛泽东文集》第 5 卷，人民出版社，1996，第 55 页。
③ 《毛泽东文集》第 6 卷，人民出版社，1999，第 63~64 页。
④ 《毛泽东选集》第 3 卷，第 789 页。

地主阶级重租、重息（高利债）的剥削，受土豪劣绅与贪官污吏的重捐、预征钱粮等项的盘剥，而且财政上军阀政府每年几万万元的消耗，90%都是直接、间接从地主阶级驯制下的农民身上刮来的，自帝国主义侵入中国后，敲骨吸髓的各项赔款，最终也主要压在农民身上。帝国主义、买办阶级、军阀和乡村地主阶级组成了一个剥削同盟。地主阶级是这一同盟的社会基础。从政治方面看，"中国的政治，可说是地主阶级的政治"①，各级政府乃至军阀不过是乡村封建阶级的首领和代表。由此，他提出农民问题乃是民主革命的中心问题，中国革命实质上是农民革命，农民问题不解决，其他各阶级的问题也无法解决。毛泽东正是在对农村阶级关系结构乃至整个中国社会的基本阶级结构的分析中，找到了主要的敌人和主要的革命力量，找到了解决中国社会主要矛盾的突破口，看到了无产阶级领导下的农民革命在挖掉封建宗法社会的经济基础、改造中国整个社会的上层建筑结构中的巨大历史意义，抓住了把中国革命引向胜利的关键环节。尽管当时尚处于大革命时期，武装斗争和土地革命还未正式提到全党面前，但毛泽东对中国社会阶级结构的条分缕析，在逻辑上已蕴含着中国革命的重点在农村，走农村包围城市的道路是势所必然。

第三，正确理解中日间民族矛盾和国内阶级间矛盾的关系，坚持统一战线和阶级路线的内在一致性。在抗日战争时期，统一战线教育和阶级教育的关系，始终是中共在制定路线方针政策中反复遇到的一个难点问题。党内的正确倾向与错误倾向的分歧，出现的"左"的和右的错误倾向，都与怎样对待和处理这两者的关系直接相关。皖南事变发生后，党内部分同志把它视为"四一二事变"和"马日事变"的重演，认为整个资产阶级已经或快要叛变了，工农小资产阶级的苏维埃时期又要到来了，提出要停止统一战线的教育和政策，用阶级教育代替之。针对这种倾向，他及时发电报指出，在现时提倡土地革命是非常错误的，这样将使我们党孤立起来。认为在统一战线教育以外另有所谓与统一战线教育相对立的阶级教育，在现时应该强调起来，而不知道统一战线教育即是阶级教育。在抗日战争时期，统一战线政策就是我们党的阶级政策，就是我们党用阶级观点立体地

---

① 《广州农民运动讲习所资料选编》，人民出版社，1987，第194页。

分析中国社会各阶级和阶层而制定的路线和政策，除此以外，并无所谓另外单独的阶级政策。①

三　全面的历史的方法论原则

毛泽东早在 1920 年就意识到唯物史观是认识社会问题的方法论，他在《如何研究中共党史》一文中，进一步明确地提出，马克思主义的根本的方法"就是全面的历史的方法。我们研究中国共产党的历史，当然也要遵照这个方法"。② 坚持真理与价值的统一，是唯物史观的基本方法论原则，是中国革命和建设取得胜利的关键所在。不过，这需要分析和发挥。

在实践活动中，人们不仅要认识真理，而且要创造价值。真理和价值是人类活动的两个基本要素和尺度。马克思指出："动物只是按照它所属的那个种的尺度和需要来建造，而人懂得按照任何一个种的尺度来进行生产，并且懂得处处都把内在的尺度运用于对象；因此，人也按照美的规律来构造。"③ 这就是说，动物的活动只有一个尺度，而人的活动则有两个尺度。一个是外在的尺度，即活动对象的本质和规律，它表现为认识和实践中的真理尺度。另一个是人的需要和目的，即价值尺度。在人的历史活动中，起作用的不仅有真理尺度，而且有价值尺度。真理尺度衡量人对事物的规律的把握程度，价值尺度则权衡事物对人的需要的满足程度。

马克思主义哲学立足于科学的实践观，深刻地阐明了真理与价值在人类历史活动中的统一，并把坚持这种统一作为唯物史观自身固有的本质要求，因而它是把科学性和革命性内在地结合在一起的理论学说。马克思主义哲学公开申明自己始终代表无产阶级和人民群众的根本利益，把实现人类的彻底解放作为根本的价值目标和历史使命。中国共产党作为马克思主义的政党，是以全心全意为中华民族的解放、振兴和发展为根本宗旨的，它内在地要求其理论和实践必须坚持真理和价值的高度统一。毛泽东思想

---

① 《毛泽东选集》第 2 卷，人民出版社，1991，第 784 ~ 785 页。
② 《毛泽东文集》第 2 卷，第 400 页。
③ 《马克思恩格斯选集》第 1 卷，第 47 页。

是马克思主义理论同中国实际相结合的产物，是坚持真理和价值相统一原则的光辉典范，鲜明地体现在其理论结构并贯穿于其基本原理之中。

邓小平指出："毛泽东同志倡导的作风，群众路线和实事求是这两条是最根本的东西。"① 那么，真理与价值相统一的原则是怎样融汇于群众路线和实事求是这两点的呢？众所周知，群众路线的核心是群众观点，群众观点即人民群众是历史的创造者的观点是唯物史观的根本点，群众路线的核心是历史观问题。毛泽东在《论合作社》一文中说："从群众中来，到群众中去，想问题从群众出发而又以群众为归宿，那就什么都能办好。"从群众出发就是从群众的利益和需要出发，就是从群众的愿望和觉悟程度出发。一切从人民的利益出发，一切向人民负责，这是共产党全部活动的根本宗旨，这是讲的价值观。群众路线也是共产党人的真理观，毛泽东说："群众的意见与经验一定要作为我们政策的基础。因为人民能教给我们许许多多的事情。我们的任务就是听从他们，学习并了解他们的经验、愿望、批评，确定他们所需要的东西的总和，再作为政策交还给他们。"站在唯物史观的高度，从价值观与真理观统一的角度来理解群众路线，是毛泽东的根本思路。毛泽东把马克思主义关于人民群众历史作用的原理运用于党的全部工作，从历史观的高度提出了群众主体论，从而找到了把价值观与真理观统一起来的主体承担者。毛泽东总是一方面强调"一切从实际出发"，另一方面强调"一切从人民的利益出发"，并坚持把这两者的一致性作为制定路线和政策的出发点。他还谆谆告诫全党：我们必须随时准备坚持真理，因为任何真理都是符合于人民利益的；我们必须随时准备修正错误，因为任何错误都是不符合于人民利益的。②

实事求是是我们党的思想路线，它不仅是认识论和真理观，而且与历史观与价值观紧密相联。从唯物史观的高度来把握实事求是，"实事"既包括客观存在着的自然事物、地理环境这类的事实，也包括人们的需要、利益、理想的意图这样的事实。对于领导者来说，人民群众的需求和愿望，也是一个不以自身的意志为转移的客观事实，需要领导者去科学地认识和

---

① 《邓小平文选》第 2 卷，人民出版社，1983，第 45 页。
② 《毛泽东选集》第 3 卷，第 1095 页。

正确地对待。只有从上述这两方面的"实事"出发，才能真正把握人类历史发展的规律。在社会历史领域，人们的需要、利益和价值选择本身并不是外在于历史必然性的东西。所以，"求是"既包括自然界固有的客观规律，也包括人类历史发展中的必然性，这种必然性是存在于人们的实践活动中的，包括人们的需要、利益、价值追求等主体要素同样构成历史必然性的重要方面。马克思曾经指出，人们为之奋斗的一切，都同他们的利益有关。① 坚持实事求是原则，实质上是从人的自觉的活动中探求隐藏在目的背后的"物质动因"，从人类世代相续的活动中把握推动历史前进的利益链条和价值选择。它告诉人们，需要及其价值尺度是人类历史发展因果联系中的必要因素。揭示历史必然性（即探求历史事实中的"是"）的过程，本身就包括梳理人在实践活动中是怎样将对象的尺度和人的价值尺度辩证统一的历史过程。所以，价值尺度作为人的活动的内在尺度，不仅包括在"实事"之中，而且包括在历史发展规律之中。实事求是的过程，是科学性和价值性相统一的过程。这个过程从起点到终点都包含了真理尺度和价值尺度的统一。换言之，唯物史观是把真理观和价值观统一起来的枢纽，只有站在唯物史观的高度，才能真正做到在实事求是过程中把两个尺度统一起来。

坚持真理观与价值观的统一是马克思主义哲学的本质特征，将这种统一自觉地运用于中国革命和建设的伟大实践中，是毛泽东运用和发挥唯物史观作出的重要贡献。

第一，坚持价值观与真理观的统一，是实现政治路线和思想路线统一的保证。中国共产党成立后，在制定中国革命的方略问题上，曾先后提出过三种方案，第一种方案是在极"左"思想指导下的"一次革命"论，第二种方案是在右倾思想指导下的"二次革命"论，第三种是以毛泽东为代表提出的新民主主义论，并在革命实践中获得成功。原因是符合历史发展的必然性，体现人民群众的需要，代表了人民群众的意志和愿望，是价值目标与真理目标的统一。

1941 年，毛泽东曾对政治路线和思想路线的内在关系作过透彻的分析，

① 《马克思恩格斯全集》第 1 卷，第 187 页。

指出，马克思说人比蜜蜂不同的地方，是人在活动之前早已有了活动的图样，我们搞中国革命也须先有中国革命的图样，"这些图样不是别的，就是我们在实践中得来的关于客观实际情况的能动的反映"。① 1953 年春，毛泽东在总结中国革命经验时说：1942 年全党整风，才真正找到了一条根本的指导原则，也可以说是中国革命胜利的道路，这就是主观和客观相一致。② 对于这条原则，我们必须从价值观和真理观统一的角度去理解。主观和客观相一致，不仅是对认识的要求，更重要的还在于使价值目标的选择服从客观真理。

　　第二，把价值追求建立在真理追求的基础上，处理好长远目标和现行目标的关系。中国共产党成立后，党内在价值取向上的争论，集中表现在民主革命和社会主义革命的关系方面。由于不能正确处理这两者的关系而造成的价值目标选择的失误，是党内产生"左"的或右的倾向性错误的重要思想根源。毛泽东指出，由于中国革命的两重任务，即民主革命和社会主义革命都担负在中国共产党的肩上，所以"只有认清民主主义革命和社会主义革命的区别，同时又认清二者的联系，才能正确地领导中国革命"。③

　　毛泽东反复告诫全党要正确把握和处理"中国革命的现在阶段和将来阶段的关系"，是由于党在这个问题上付出过惨重的代价。王明路线的实质，是夸大资本主义在中国经济中的比重，夸大中国民主革命中反资产阶级斗争、反富农斗争和所谓"社会主义革命成分"的意义（参见《关于若干历史问题的决议》）。④ 在主观上是急于超越民主革命，结果使革命遭致严重的失败。有鉴于此，毛泽东明确指出，一切共产党人必须认真地为新民主主义革命而奋斗，如果轻视它或不准备为它付出自己的鲜血和生命，而又空谈什么社会主义，那就有意无意地背叛了社会主义。为了克服党内"左"倾空谈家的影响，毛泽东从真理观和价值观的统一上分析了两个革命阶段的关系：民主主义革命是社会主义革命的必要准备，社会主义革命是

① 《毛泽东文集》第 2 卷，第 344 页。
② 薄一波：《尊敬和怀念——献给党诞生六十周年》，《人民日报》1981 年 7 月 3 日。
③ 《毛泽东选集》第 2 卷，第 652 页。
④ 《毛泽东选集》第 3 卷，第 962 页。

民主主义革命的必然趋势。"① 他认为，共产党人的唯一目的，就是为人民大众的根本利益而奋斗。"根本利益"不仅包括人民群众的长远利益，而且包括现实利益。离开了为人民群众的现实利益而奋斗，必然就会在根本利益上损害人民群众。就此而言，为人民群众的现实利益而斗争，本身就是根本利益与现实利益的统一、真理和价值的统一。基于这种认识，毛泽东提出了区分共产党人的最终理想和现行政策的极端重要性。他说，严肃地保持共产党人的纯洁性和保护有益的资本主义成分，是我们在抗日和建设民主共和国时期不可缺一的任务。在这个时期内，一部分共产党员被资产阶级所腐化是可能的，"我们必须和这种党内的腐化思想作斗争；但是不要把反对党内资本主义思想的斗争，错误地移到社会经济方面，去反对资本主义的经济成分"。② 为此，他在《新民主主义论》中提出，应当把共产主义的思想体系和社会制度的宣传，同对于新民主主义的行动纲领的实践区别开来。

第三，从价值观与真理观的统一出发，自觉提出并解决党性和科学性的统一问题。解放后，毛泽东有一次在谈到《毛泽东选集》时说，这是血写的著作，《毛泽东选集》里的这些东西是群众教给我们的，是付出了流血牺牲的代价的。③ 这血的代价，其中也包括由于党性和科学性的背离所付出的部分。

在党的历史上，用所谓党性来取代、践踏科学性而危害革命事业的例子是不少的。王明在"百分之百的布尔什维克化"的口号下，在政治上混淆民主革命和社会主义革命的界限，污蔑坚持正确路线的同志是"右倾机会主义"和"富农路线"；在组织上拉帮结派，对持不同意见的人进行"残酷斗争""无情打击"；在思想上攻击"理论联系实际"的原则是"狭隘经验论"，提出"凡是马恩列斯的话必须遵守，凡是共产国际的指示必须照办"的教条主义的公式，使革命人民付出了血的代价。为此，毛泽东指出，教条主义者"什么都学习俄国，当成教条，结果是大失败"，他们"革命办

① 《毛泽东选集》第2卷，第651页。
② 《毛泽东选集》第3卷，第793页。
③ 董边、镡德山、曾自编《毛泽东和他的秘书田家英》，中央文献出版社，1989，第19页。

法没有搞对，党内关系没有搞对，使革命遭到了很大的损失"。① 此外，毛泽东还对那种空喊革命、把政治和经济对立起来的"左"的空谈家作了深刻的批判。"左"的空谈家们不懂得经济工作是支持长期战争的基本条件，他们轻视经济工作，鄙视经济工作者，"见到谁谈经济建设，就要骂为'右倾'"。② 对此，他深刻地指出："离开经济工作而谈'革命'，不过是革财政厅的命，革自己的命，敌人是丝毫也不会被你伤着的"，认为这些空谈家是"中了董仲舒们所谓'正其谊不谋其利，明其道不计其功'这些唯心的骗人的腐话之毒"的结果。③

党性和科学性虽然是两个不同的范畴，但在本质上它们又是相互联系和统一的，它们同是人民群众根本利益的集中体现。真正的党性原则之所以不同于"左"的或右的立场，就在于它是以承认科学性原则为前提的。如果混淆真理尺度和价值尺度的界限，用价值尺度等同和代替真理尺度，或者把两者对立起来，用价值尺度排斥、抹杀真理尺度，到头来只能是革自己的命。极"左"思潮在一定时期内所以能够践踏科学性，就是因为它带有革命色彩，惯于拿大帽子吓唬人。因此，必须用马克思主义的思想武器剥下它的假革命的面具。毛泽东指出，这种唱革命高调的人，大都是党性不纯或没有党性的人。他们往往是搞宗派活动的人，借革命以营私，破坏党和人民的利益以达到个人目的。表现在政治上的极"左"思潮是小资产阶级思想意识的反映，是小资产阶级所固有的狂热性和片面性的表现。从学风上看，他们多数是教条主义者，对马克思主义"虽然读了，但是消化不了"，只知生吞活剥地谈外国，靠背得烂熟的典章词句来吓人。毛泽东指出，对付这种人的"最尖锐最有效的武器只有一个，那就是严肃的战斗的科学态度。共产党不靠吓人吃饭，而是靠马克思列宁主义的真理吃饭，靠实事求是吃饭，靠科学吃饭"。④ 因此，肃清教条主义地对待马克思主义的恶习，的确是坚持党性和科学性统一的有效途径。而所谓"严肃的战斗的科学态度"说到底就是坚持真理观和价值观的统一，"左"的东西貌似革

---

① 《毛泽东文集》第 7 卷，第 79 页。
② 《毛泽东选集》第 1 卷，第 119 页。
③ 《毛泽东文集》第 2 卷，第 465 页。
④ 《毛泽东选集》第 3 卷，第 797、835～836 页。

命、激进，而实际上，由于割裂了真理尺度与价值尺度的统一，其革命外衣下包藏的却是极不合理、极不革命的价值目标。

　　价值观和真理观的统一不是抽象的，而是在不同历史阶段上的统一。全国解放后，指导思想上的"左"倾和经济建设上的急于求成，都曾经给党和人民的事业造成了损害，这个教训是沉痛的。在历史新时期里，以邓小平为代表的党的领导集体，站在历史唯物主义立场上，冷静地总结了正反两方面的历史经验，全面恢复和发展了党的实事求是的科学思想路线，提出了社会主义处在初级阶段的理论。提出了"一个中心，两个基本点"的基本路线，在新的历史条件下恢复并发展了毛泽东关于价值观和真理观统一的卓越思想。建设有中国特色的社会主义理论既是引导人民团结奋斗的科学指针，也是中华民族在新时期的崭新价值体系。笔者曾在以前发表过的文章中阐述过，在此可以进一步加深理解，在新的历史条件下，坚持真理观与价值观的统一，对于我们坚持实事求是的思想路线，坚守社会主义核心价值体系，实现中华民族伟大复兴的中国梦，都是至关重要的。有鉴于此，全面总结我们党坚持真理观与价值观统一方面的历史经验，在理论上和实践上都具有重大意义。

　　　　　　　　本文原刊于《延边大学学报》2015年第1期

中国奇迹根源于中国特色社会主义

徐崇温[*]

引　言

当前探讨中国经济成功的原因，破解中国奇迹出现之谜，已成为一个热门话题，各种解释和说明纷至沓来、竞相登台。例如，有的学者把中国经济成功、出现中国奇迹的原因，从经济学的角度归结为生产要素投入的增加、技术的进步等，归因于大量廉价劳动力的存在，并把它称为"人口红利"。这种说法的可取之处，在于它确实从经济学的角度揭示了经济增长的原因：生产要素投入的增加和技术的进步促进了经济增长。然而，这种说法的不足之处也在于：它仅仅从经济学原理上来观察经济的增长发展，而忽略现实生活中的经济发展从来都是经济、政治、社会、文化等多种因素系统作用的结果，经济之外的政治、社会、文化等多种因素都在影响经济，或促进或促退乃至阻挠生产要素投入的增加和科学技术的进步。还有的把中国经济成功的原因、出现中国奇迹的源泉，归因于传统上中国的国民性，如勤劳俭朴、高储蓄率和积累率等。这种从历史事实中概括出来的国民性特征，确实从某个方面揭示了中国经济成功的原因、中国奇迹的根

---

*　徐崇温，中国社会科学院荣誉学部委员，哲学研究所研究员。

源，但它却忽略了为什么在党的十一届三中全会以前，这些在传统上始终一贯存在的优秀的国民性，却并没有造成中国经济的成功也没有带来中国的奇迹的史实。这就说明它们作为中国经济成功、中国奇迹出现的促成因素是有条件的，是依附于另一个或另一组更加强有力的因素的。有的把中国经济成功的原因归于我国实行了出口导向发展战略，从而在经济全球化中成为赢家。出口导向战略确实把我国出口产品以谋求发展的需要，同一些国家特别是发达资本主义国家进口产品以消费的需要联结起来从而推动了双方经济的发展。但问题在于出口发展战略所依存的条件有时是经常会发生变化的，如一旦发生了像2008年国际金融危机那样的变故，欧美等发达资本主义国家因自身负债累累而导致进口需求锐减，就会使实行出口导向战略的国家面临产能过剩和经济下行压力，忙于转变经济发展战略，从而不再能成为经济成功的原因和出现经济奇迹的源泉。

所以，在考察中国经济成功的原因、中国奇迹出现的源泉时，需要从经济、政治、社会、文化等多种因素系统作用的高度上，从对各种因素相互作用进行总体把握的高度上，从实现我国社会主义现代化的指导理念和道路途径层面的高度上，去把握关键性的决定因素。本文重点从揭示比较受人关注的我国经济增长、保障和改善民生、科技创新等三个方面出现奇迹的根本原因入手，来展开对这个问题的探讨。

一　把发展社会生产力确定为社会主义的根本任务，坚持发展是第一要务

1978～2011年的33年间，中国经济的年均增长率近10%，中国在世界GDP总量中从占1.8%上升到占12.3%，在经济总量上居世界第二；在对世界经济增长的贡献方面，超过美国，成为最大的引擎；成为全球最大的贸易国、全球第一大外汇储备国……中国经济发展在持续时间之长、速度之高等方面在人类历史上出现前所未有的高速增长的奇迹。其根本原因就在于在党的十一届三中全会确定把工作重心从以阶级斗争为纲转移到以经济建设为中心以后，中国共产党在带领团结人民重新探索什么是社会主义、怎样建设社会主义问题的过程中，把发展生产力确定为社会主义的首要任

务、中心任务、根本任务，坚持发展是硬道理。

邓小平强调指出："社会主义的任务很多，但根本一条就是发展生产力，在发展生产力的基础上体现出优于资本主义，为实现共产主义创造物质基础。"① "搞社会主义，中心任务是发展社会生产力"②；"社会主义的根本任务是发展生产力，逐步摆脱贫穷，使国家富强起来，使人民生活得到改善"③。因此，"坚持社会主义，首先要摆脱贫穷落后状态，大力发展生产力，体现社会主义优于资本主义的特点"④。"社会主义必须大力发展生产力，逐步消灭贫穷，不断提高人民的生活水平。否则，社会主义怎么能战胜资本主义？"⑤ 社会主义优越性最终要体现在生产力能够更好地发展上。邓小平把中国特色社会主义的一个重要特征概括为不断发展生产力。他说："我们搞的是有中国特色的社会主义，是不断发展生产力的社会主义"；"只有不断发展社会生产力，国家才能一步步富强起来，人民生活才能一步步改善"。⑥ 邓小平又把发展生产力列入社会主义的本质之中，他指出："社会主义的本质，是解放生产力，发展生产力，消灭剥削，消除两极分化，最终达到共同富裕"⑦。

我国处于并将长期处于社会主义初级阶段，确立了以经济建设为中心，以坚持四项基本原则、坚持改革开放为两个基本点的基本路线。这条基本路线是建设中国特色社会主义理论和实践的总纲。经济建设与四项基本原则、改革开放，是相互贯通、相互依存、不可分割的统一整体，经济建设以四项基本原则为政治保证，以改革开放为强大动力；改革开放，以进一步解放和发展生产力、巩固和发展社会主义制度为目的；四项基本原则，保证改革开放和经济建设沿着正确的方向前进，同时又从新的实践中不断吸取新的经验来丰富和发展。离开经济建设这个中心任务，社会主义社会

---

① 《邓小平文选》第 3 卷，人民出版社，1993，第 137 页。
② 《邓小平文选》第 3 卷，第 130 页。
③ 《邓小平文选》第 3 卷，第 264～265 页。
④ 《邓小平文选》第 3 卷，第 224 页。
⑤ 《邓小平文选》第 3 卷，第 10 页。
⑥ 《邓小平文选》第 3 卷，第 328 页。
⑦ 《邓小平文选》第 3 卷，第 373 页。

的一切发展和进步就会失去物质基础；离开四项基本原则和改革开放，经济建设就会迷失方向和失去动力。把经济建设这个中心同四项基本原则、改革开放这两个基本点，统一于建设中国特色社会主义的伟大实践，贯穿于现代化建设的整个过程，我们就会不断地从胜利走向新的胜利。

继邓小平强调"发展才是硬道理"，强调发展对于中国特色社会主义具有决定性意义之后，江泽民把发展问题同党的性质、党的执政理念联结起来，明确提出发展是我们党执政兴国的第一要务，必须把坚持党的先进性和发挥社会主义制度的优越性落实到发展先进生产力、发展先进文化、实现最广大人民的根本利益上来，推动社会全面进步，促进人的全面发展。胡锦涛提出了科学发展观，要坚持以人为本、全面协调可持续的发展，提出"五个统筹"，强调要正确认识和妥善处理中国特色社会主义事业中的重大关系，努力实现科学发展、和谐发展、和平发展。

党的十八大以来，习近平立足新的历史条件，围绕科学发展作出一系列重要论述，特别强调：在当代中国，坚持发展是硬道理的本质要求就是坚持科学发展。他深刻指出，发展必须是遵循经济规律的科学发展，必须是遵循自然规律的可持续发展，必须是遵循社会规律的包容性发展。十八届五中全会提出实现"十三五"时期发展目标，破解发展难题，厚植发展优势，必须牢固树立并切实贯彻创新、协调、绿色、开放、共享的发展理念。正是由这些理念指引的中国特色社会主义道路，为中国经济增长奇迹的出现指出了实现途径。正如习近平所指出的："无论搞革命、搞建设、搞改革，道路问题都是最根本的问题。30多年来，我们能够创造出人类历史上前无古人的发展成就，走出了正确道路是根本原因。现在，最关键的是坚定不移走这条道路、与时俱进开拓这条道路，推动中国特色社会主义道路越走越宽广。"[1]

西方国家有些人竭力否定中国特色社会主义道路在中国经济增长方面奇迹出现中的决定性作用，认为这种奇迹的出现，无非是因为在此期间，中国在经济体制方面实现了由中央集权的计划经济到市场经济的转型。然而，苏联东欧国家解体剧变，由社会主义计划经济转型为资本主义市场经

---

[1] 《习近平在中共中央政治局第七次集体学习时强调在对历史的深入思考中更好走向未来交出发展中国特色社会主义合格答卷》，《人民日报》2013年6月27日。

济以后，不仅没有出现经济增长的奇迹，反而出现大幅度滑坡，历史事实有力地驳斥了上述观点。这种状况的出现，还说明情况要比人们通常所说在转型时中国采取了循序渐进、苏联等东欧国家采取了激进的休克疗法更为复杂和深刻。1994 年 9 月 30 日，《新德意志报》发表赫尔穆特·彼得斯的《是借助资本主义达到社会主义吗？》一文指出，中国模式"同东德和俄国的区别不仅仅在于改造的途径'较温和'，而且主要在于中国政策的目的不是复辟资本主义，而是利用资本推动社会继续进步"。因为中国的社会主义市场经济体制改革，与苏东剧变后由社会主义计划经济向资本主义市场经济转型有所不同，中国不是抛弃了社会主义制度去照抄照搬资本主义市场经济，而是由社会主义的国家政权把市场经济当作发展经济的手段，使市场经济体制和社会主义基本制度结合起来，从而既发挥市场经济作为"看不见的手"的作用，又发挥社会主义国家宏观调控作为"看得见的手"的作用。英国《金融时报》1993 年 5 月 24 日发表亚历山大·尼科尔的《中国走向自由市场经济之路举世无双》一文，也分析在中国的做法中"最重要的是，中国没有试图对亏损的国有工业实行私有化，而是扶植了非国有工业"。所以，1994 年 9 月 7 日的《匈牙利新闻报》发表题为《新经济政策》的文章进行评论说："与 5 年前（指 1989 年发生东欧剧变时——引者）相比，现在我国离目标更远了"，其原因在于"轻易地摧毁了旧的机制，此后却没能建立起更好的、更健康的架构来代替它"。文章特别强调"在原社会主义国家中只有中国是成功的，那里没有迅速摧毁需要改造的社会主义结构并立刻实行市场经济，而是在相对保持政治和经济结构的同时逐步确立市场化经济"。这样，在中国"15 年来生产不仅没有下降，甚至以前所未有的幅度增长，生活水平不仅没有下滑，甚至比任何走在资本主义道路上的国家更快地提高"。党的十八届三中全会提出，使市场在资源配置中起决定性作用和更好发挥政府作用。

二　把共同富裕规定为社会主义本质，坚持共享发展

如果说我国在经济增长方面奇迹的出现在人类历史上是前所未有的话，

那么，在保障和改善民生方面奇迹——使6亿多人脱贫和使社会保障体系在短时期内实现全覆盖，也是世界发展史上所罕见的。因为实现共同富裕是中国共产党始终不渝的奋斗目标，共同富裕被视为是社会主义的本质要求。党的十八大强调，共同富裕是中国特色社会主义的根本原则，必须坚持走共同富裕道路，使发展成果更多更公平惠及全体人民，朝着共同富裕的方向稳步前进。

人类社会的发展历程表明，在实行生产资料私有制的社会中，必然会产生贫富悬殊、两极分化问题，而不可能实现共同富裕。只有在社会主义社会，坚持公有制的主体地位，从根本上克服了资本主义生产方式中生产资料私人占有同生产社会化的基本矛盾，才能对整个社会生产进行合理有效的调控，防止两极分化，让人民共享发展成果。然而，即使是在以公有制为基础的社会主义社会，共同富裕也不会自发、自动地实现，必须沿着正确的道路逐步地加以推进。这些年来，一些国家搞私有化，不仅没有富强起来，反而导致经济凋敝、贫富悬殊甚至出现社会动荡的局面。实践证明，离开了以公有制为主体去搞私有化，绝不能实现共同富裕，必然会产生两极分化。而走共同富裕道路，就要坚持以经济建设为中心，大力解放和发展生产力；坚持和完善公有制为主体、多种所有制共同发展的基本经济制度；坚持和完善按劳分配为主体、多种分配方式并存的分配制度，妥善处理效率和公平的关系。

邓小平强调"社会主义原则，第一是发展生产，第二是共同致富"[1]；"社会主义最大的优越性就是共同富裕，这是体现社会主义本质的一个东西"[2]。习近平指出，人民对美好生活的向往，就是我们的奋斗目标，消除贫困、改善民生，实现共同富裕，是社会主义的本质要求，是我们党的重要使命，贫穷不是社会主义，如果贫困地区长期贫困，面貌长期得不到改变，群众生活长期得不到明显提高，那就没有体现我国社会主义制度的优越性，那也不是社会主义。

正是坚持走共同富裕道路，我们党把扶贫开发作为关于党和国家的政

---

① 《邓小平文选》第3卷，第172页。
② 《邓小平文选》第3卷，第364页。

治方向、根本制度、发展道路的大事，作为建设小康社会的重点、难点和实现共同富裕的着力点，摆到现代化建设得越来越突出的位置上。1984年，在农村改革率先取得成功，我国人均粮食产量达到800斤，接近世界平均水平的基础上，党中央和国务院发出《关于帮助贫困地区尽快改变面貌的通知》，正式拉开了我国有组织、有计划、大规模扶贫开发的序幕。20世纪90年代初，在我国农村整体基本解决温饱问题的时候，国务院在1994年颁布实施《国家八七扶贫攻坚计划》，提出在2000年前的7年内基本解决当时8000万农村贫困人口的温饱问题。在2000年我国人均GDP超过800美元，人民生活总体达到小康水平时，国务院在2001年公布实施《中国农村扶贫开发纲要（2001～2010）》，要求尽快解决少数贫困人口的温饱问题，为达到全面小康创造条件。在我国进入全面建设小康社会阶段以后，党中央和国务院又在2011年颁布实施《中国农村扶贫开发纲要（2011～2020）》，宣告扶贫开发从以解决温饱为主到巩固温饱成果，加快脱贫致富，缩小差距的新阶段。

在实施扶贫开发的过程中，党和国家还确定部分地区作为重点扶持范围，如在1985年确定258个县，1993年确定592个县，2011年确定680个县的14个集中连片特殊困难地区，目前则确定832个县，包括14个集中连片区、680个县和片区外152个扶贫工作重点县。党还始终坚持把动员全社会共同参与扶贫开发作为共同富裕的战略部署。在这一过程中，党和国家还根据经济发展情况，再三调整具体的扶贫标准：1986年确定的标准为农民年均纯收入206元，2009年调整为1196元，2011年再调整为2300元。截至2013年底，按此标准，我国的贫困人口还有8249万。在这个过程中，我国贫困人口的发生率不断下降：1990年，我国约有贫困人口6.83亿人，贫困发生率为60%左右；2010年，我国贫困人口1.57亿人，贫困发生率降至11.8%；2014年，贫困发生率进一步降至5%左右。十八届五中全会提出了实施脱贫攻坚工程，实施精准扶贫、精准脱贫，分类扶持贫困家庭，探索对贫困人口实行资产收益扶持制度，到2020年全面建成小康社会时我国现行标准下农村贫困人口实现脱贫，贫困县全部摘帽，解决区域性整体贫困。

我国在社会保障方面出现的奇迹，同样根源于中国特色社会主义共同富裕的基本理念。正如党的十八大报告所指出的："社会保障是保障人民生活、调节社会分配的一项基本制度。要坚持全覆盖、保基本、可持续的方针，以增强公平性、适应流动性、保证可持续性为重点，全面建成覆盖城乡居民的社会保障体系。"2001～2012年中国城乡没有基本医疗保险覆盖人数占总人口的比例，从2001年的占94.3%下降至2012年的占1%；而同期的美国，则从2001年的占13.5%，上升到2010年的占16.3%，在奥巴马医改法案通过后才略有下降，回落到2012年的占15.4%，但仍有4774万人没有医保。十八届五中全会又提出了建立更加公平更可持续的社会保障制度，实施全民参保计划，实现职工基础养老金全国统筹，划转部分国有资本充实社保基金，全面实施城乡居民大病保险制度。推进健康中国建设，深化医药卫生体制改革，理顺药品价格，实行医疗、医保、医药联动，建立覆盖城乡的基本医疗卫生制度和现代医院管理制度，实施食品安全战略。

三　强调科学技术是第一生产力，坚持创新发展

当代世界，科技发展的不平衡性要比经济的不平衡性更加严重。发达资本主义国家控制了绝大多数领域的技术制高点，据世界银行的数据，在全球研究和发展投入中，美欧日等发达国家和地区占86%；在国际技术贸易收支方面，它们获得全球科技转让和许可收入的98%；在生物工程和药物方面，它们拥有95%左右的专利，其他国家仅占4%～5%。世界科技发展大势和日趋激烈的国际竞争告诉我们：只有把科学技术真正置于优先发展的战略地位，真抓实干，奋起直追，我国这样的发展中国家才能把握先机，赢得发展的主动权。例如，在1955～1970年的15年间，日本花费15亿美元，引进半个世纪内几乎全世界的先进技术1.3万项，走完了欧美国家半个世纪乃至一个世纪的发展历程，才使日本经济飞速发展起来。而如果日本要靠其自己的研究去发明这些技术，那么，仅科学试验、设计等所需直接费用就高达1800亿～2000亿美元。至此才引起欧美的警惕，采取日益强烈的技术保护主义政策，迫使日本的科技发展实现由引进到自主研发的重大转变。

　　中华人民共和国成立以来，特别是改革开放 30 多年来，在党和国家的高度重视和广大科技人员的奋斗拼搏下，我国取得了一些重大的科技成就，为推动经济社会发展和改善人民生活提供了有力支撑，增强了我国的综合国力和国际竞争力。然而，我国正处于并将长期处于社会主义初级阶段，我们的发展还是低水平、粗放、不均衡的，我国经济增长主要依赖于资源的高投入和高消耗，付出了极其沉重的代价。与欧美发达资本主义国家相比，我国每创造 1 美元 GDP，能源消耗量是它们的 4～10 倍，33 种主要产品的单位消耗量比国际水平高出 46%；我国科技对外依存度高达 50%，而美日仅为 5%；在世界市场上，我国低技术劳动密集型产品占了 11%，而高技术产品仅占 2%～3%。所以，我们必须提出中国特色的自主创新、重点跨越、支撑发展、引领未来的方针。

　　在中国特色自主创新理念的形成方面，早在党和国家提出实现"四个现代化"的历史任务时，邓小平就强调要充分认识科学技术的重要性。他指出："马克思讲过科学技术是生产力，这是非常正确的，现在看来，这样说可能不够，恐怕是第一生产力。"[1] 他再三强调"科学技术是第一生产力"。为此，他指出要善于学习，更要善于创新。江泽民指出，创新是一个民族进步的灵魂，一个国家兴旺发达的不竭动力，一个政党永葆生机的源泉。他提出科技兴国战略，认为发展经济必须依靠科技进步，走以科技进步为依托的内涵式扩大再生产之路，努力提高科技进步在经济增长中的含量，促进整个经济由粗放型向集约型增长转变，这是向以经济建设为中心的战略转移的深化和发展，是我国发展经济和走向民族振兴的必由之路。胡锦涛提出了建设创新型国家的重大战略思想，要求我国走中国特色自主创新道路，到 2020 年把我国建设成为创新型国家。党的十八大又作出了实施创新驱动发展战略的重大战略部署。习近平指出，实施创新驱动发展战略，决定着中华民族前途命运。他要求全党全社会充分认识科技创新的巨大作用，敏锐把握世界科技创新发展趋势，紧紧抓住和用好新一轮科技革命和产业变革的机遇，把创新驱动发展作为面向未来的一项重大战略实施好。要坚持中国特色自主创新道路，以全球视野谋划和推动创新，提高原

---

[1]　《邓小平文选》第 3 卷，第 275 页。

始创新、集成创新和引进消化吸收再创新能力，更加注重协同创新，敢于走别人没有走过的路。

正是中国特色的自主创新之路，使我国在科技创新方面获得了今非昔比的巨大成就：在2001～2012年，我国的研发投入由占GDP的0.95%增加到占1.98%；据世界知识产权组织的数据，我国的专利申请量在2000～2012年以23.5%的年均增幅增长，占世界总数的比重从占3.77%跃升到占27.8%，到2014年，中国的发明专利申请量达92.8万件，连续4年居世界第一。与此同时，我国在载人航天、高铁、核电等方面取得的成绩令人刮目：在航空航天领域，我国在10年的时间内以"五连跳"的方式完成了从载人航天飞行器的首发到对接的繁复过程，展示了中国日益增强的航天技术，使我国成为世界上第三个独立掌握这种技术的国家；在高铁领域，我国不仅在2004～2014年的短短10年间，铺设了超过全世界总运行里程一半的高铁里程，而且使高铁成为我国的形象代表和外交新名片，向其他国家出口中国高铁的整机整车、系统、部件三级产品；在核电方面，我国向世界推出了我国具有完全自主知识产权，在保证堆芯安全上实现"双保险"达到了国际三代核电技术先进水平的"华龙一号"。

在2014年6月9日中国科学院和中国工程院两院院士大会开幕式上，习近平指出，我国科技发展的方向就是创新、创新、再创新。实施创新驱动发展战略，最根本的是要增强自主创新能力，最要紧的是要破除体制机制障碍，最大限度解放和激发科技作为第一生产力所所蕴藏的巨大潜能。自主创新是我国攀登世界科技高峰的必由之路，而我国要在科技创新方面走在世界前列，必须在创新实践中发现人才，在创新活动中培育人才，在创新事业中凝聚人才，必须大力培养造就规模宏大、结构合理、素质优良的创新型科技人才。

四　中国特色社会主义是适应中国和时代发展进步要求的科学社会主义

我国在经济增长、提高和改善民生、科技创新等方面奇迹出现的根本原因，在于我们党把发展社会生产力确定为社会主义的根本任务，坚持发展是第一要务；把共同富裕规定为社会主义本质的内涵，坚持共享发展；强调科学技术是第一生产力，坚持创新发展。归结起来，它们都源于中国特色社会主义。

那么，什么是中国特色社会主义？它同科学社会主义是什么关系？中国特色社会主义是科学社会主义理论逻辑和中国社会发展历史逻辑的辩证统一。它是科学社会主义同中国实际和时代特征相结合的产物，是根植于中国大地、反映中国人民意愿、适应中国和时代发展进步要求的科学社会主义。所以，中国特色社会主义和科学社会主义是一脉相承而又与时俱进的。

所谓一脉相承，是指中国特色社会主义既坚持了科学社会主义的重要思想，又遵循了科学社会主义的基本原则。这些重要思想和基本原则，主要包括以历史唯物主义为理论基石，以实现共产主义为最高理想，以无产阶级政党为领导核心，以解放和发展生产力为根本任务，坚持代表最广大人民的根本利益，与社会大生产相联系，以公有制和按劳分配为社会主义经济制度的基础，以人民当家作主为社会主义民主政治的本质特征，坚持改革开放和完善社会主义制度和体制机制。中国特色社会主义既破除了对科学社会主义的教条式理解，又抵制了抛弃社会主义制度的错误主张。

马克思恩格斯在《共产党宣言》中指出，对他们理论中一般原理的实际运用，"随时随地都要以当时的历史条件为转移"①。这种历史条件不仅在不同的国家中情况各异，而且总是处在不停的变动之中。因此，科学社会主义必须与时俱进，必须与各国国情相结合，与时代发展同进步，与人民群众共命运，才能焕发出强大的生命力、创造力和感召力。所以，我们坚持马克思主义，坚持科学社会主义，一定要有发展的观点。中国特色社会主义正是在世界格局发生重大变化、和平与发展成为时代主题的背景下，立足于实践，解放思想、实事求是、与时俱进，创造性地提出了一系列新思想、新观点、新论断，赋予科学社会主义以新的时代内涵。

中国特色社会主义提出的独创性理论，主要有关于社会主义初级阶段的理论，关于社会主义改革开放的理论，关于社会主义本质的理论，关于

---

① 《马克思恩格斯文集》第2卷，人民出版社，2009，第5页。

公有制为主体、多种所有制经济共同发展的理论，关于科学技术是第一生产力的理论，关于社会主义科学发展观的理论，关于社会主义和谐社会的理论，关于社会主义民主政治建设的理论，关于社会主义精神文明建设的理论，关于社会主义生态文明建设的理论，关于社会主义和平发展的理论，关于"一国两制"和祖国和平统一的理论，关于国防和军队建设的理论，关于马克思主义执政党建设的理论，等等。

党的十八大报告指出："中国特色社会主义，既坚持了科学社会主义基本原则，又根据时代条件赋予其鲜明的中国特色，以全新的视野深化了对共产党执政规律、社会主义建设规律、人类社会发展规律的认识，从理论和实践的结合上系统回答了中国这样人口多底子薄的东方大国建设什么样的社会主义、怎样建设社会主义这个根本问题，使我们国家发展起来，使我国人民生活水平快速提高起来。实践充分证明，中国特色社会主义是当代中国发展进步的根本方向，只有中国特色社会主义才能发展中国。"中国特色社会主义也是我国全面建成小康社会、加快推进社会主义现代化、实现中华民族伟大复兴中国梦的必由之路。我们一定要以更加坚定的信念、更加顽强的努力，毫不动摇地坚持、与时俱进地发展中国特色社会主义，不断丰富中国特色社会主义的实践特色、理论特色、民族特色、时代特色。

本文原刊于《中国特色社会主义研究》2015年第6期

青年张岱年的哲学睿识[*]

方克立[**]

一

1936 年 4 月，中国哲学会在北京大学召开第二届年会，两天时间里，共有十八位学者宣读论文，其中包括胡适、冯友兰、汤用彤、贺麟、金岳霖、汪奠基、朱光潜、邓以蛰、马叙伦、周叔迦等著名哲学家。时年 27 岁的张岱年先生也出席了这届年会，他提交的论文是《生活理想之四原则》。

聿飞在《第二届中国哲学年会的纪实和批判》一文中说："在现代哲学上的第一大问题，就是'存在与思维'的问题。……如果本此标准而分析大会中各位哲学家的思想和立场，大半是主张唯心论的。在大会的十八篇论文中，以及两天讨论的时间里，我只看见一篇，也就是一位新唯物论的主张者——张季同先生的论文。""张先生是一位少壮哲学家，我认为是中国哲学会中特殊的一位。他的思想之出发点，不同于哲学会中任何一位哲学家。所以在大家讨论他的论文时，很表现出一些质问，可是他和他们的问答，简直像牛头不对马嘴。他很口吃，不能用爽利的言语和人们辩论，

* 本文是作者 2014 年 5 月 25 日在"古典中国哲学的通见、睿智和精义——纪念张岱年先生诞辰 105 周年"学术研讨会上的报告论文。
** 方克立，中国社会科学院学部委员，研究生院教授。

然而他的态度是对的。他的思想是新颖的，时代的，在这次年会中，他很给年会添了些生气。"①

纪实和评论文章作者"聿飞"即张聿飞，山西榆次人，曾在北平中国大学哲学系学习和任教。他比张岱年先生还要年长五岁。

张岱年所讲的生活理想之四原则，具体是指：（一）理生合一，（二）与群合一，（三）义命合一，（四）动的天人合一。在人生哲学上，他吸收了中国传统哲学重视道德理想的思想，同时又克服了传统道德理想主义的弊端，把它上升到唯物辩证法的高度，提出了一个适应新时代需要的人生理想的新纲领。比如理生合一，"理"是指当然的准则或道德的规律，"生"就是人的物质生命、现实生活。历史上许多儒家学者"重理而轻生"，做事只问"理"应该不应该，而不管生活的实际，所谓"正其谊不谋其利，明其道不计其功"，所谓"饿死事小，失节事大"，都是典型的"重理轻生"思想。张先生站在唯物论立场，指出道德观念之"理"是离不开人的物质生命和现实生活的；同时又按照辩证法的精神，指出"生"也必须受"理"制约，好的生活就是合理的生活，正是由于遵循"理"的规范，才能得到生活的充实和圆满。另外三个原则也是一样，都是对传统道德理想主义的超越，都体现了唯物辩证法的精神。张先生认为，以前的哲学家喜欢讲"与天为一"为人生最高境界，其实这种境界对于人群、对于社会并无补益。我们不必讲与天为一，而应该讲与群为一，并且实践与群为一。"与群为一"就是个人与国家、社会为一体。"义命合一"是借用张载的成语，来说明理想的当然（义）与现实的必然（命）的对立统一，人与环境的对立统一。"动的天人合一"是相对于静的天人合一，即"与天为一"的神秘境界而言的，强调要以行动、实践来改造自然，而又不毁伤自然，以达到天人之谐调，戡天与乐天的统一。

在此之前，张先生还写过一篇《辩证唯物论的人生哲学》（1934），主要阐述马克思、恩格斯的人生哲学思想，包括对人的本质、人与环境的相互作用、自由与必然、理想与现实、道德的本质、改善民生与社会革命的

① 聿飞：《第二届中国哲学年会的纪实和批判》，《现代评论》第一卷第十六期、第十八期，1936年5月、6月。

关系等问题的论述。他指出马恩的人生哲学实质上是唯物史观的人生哲学，社会主义的人生哲学，是社会的、革命的、实践的人生哲学，从根本上说是辩证唯物论的人生哲学。张先生提出的生活理想四原则，就是把辩证唯物论的人生哲学与中国的实际结合起来，在国家民族存亡绝续之际，提倡能够鼓舞人的精神、坚定人的意志、使人面对逆境而无所畏惧的伟大人生理想。这种以唯物史观和唯物辩证法为指导的人生哲学思想，在旧哲学阵营中是不受欢迎的，所以在哲学年会上受到许多批评和质疑；但是它却受到广大人民群众和青年的欢迎，张申府积极评价它是新颖的、有生气的，也是符合时代精神的思想，在一定意义上说，就是反映了人民群众和进步青年的看法。从这届哲学年会的讨论中可以看到当时的哲学家们在哲学理论立场上的鲜明分歧和对立。

二

青年张岱年与当时的大多数学院派哲学家为什么理论立场差异那么大呢？这是由于他在国家民族危难之际，已经明确坚定地接受了"当代最伟大的哲学"辩证唯物论，作为自己的世界观、人生观、价值观和方法论的基础，深信它的真理性。张申府先生的影响固然是一个方面，但主要是他通过学习思考后的自主选择。张岱年在北师大上学期间（1928～1933），很少去听课，大部分时间用来自学，那时他就读过恩格斯的《费尔巴哈论》《反杜林论》和列宁的《唯物论与经验批判论》等著作，并且广泛阅读古今中外哲学名著。经过比较，特别是与现代西方哲学中的实用主义、新实在论、新黑格尔主义、生命哲学、突创进化论以及超人哲学等作了比较，他认为辩证唯物论既博大精深又符合实际，是当代最伟大的哲学，最有价值的哲学，最可信持的哲学，真诚地接受了辩证唯物论（包括历史唯物论）的理论立场和基本观点。这种理论立场与他一直倾向于肯定客观世界实在性的观点亦深为契合。他虽然不相信将来的哲学可以定于一尊，但认为将来的哲学必有一个重心或者中心，他确信这个重心或中心就是辩证唯物论。30 年代他写了《关于新唯物论》、《辩证唯物论的知识论》、《辩证唯物论的人生哲学》等文章，系统介绍这种新哲学的基本观点。

　　青年张岱年在哲学年会上与大多数学院派哲学家理论立场不同，评论者张丰飞实际上肯定他在旧哲学阵营中是"一枝独秀"。应该说，张先生的新唯物论思想，在本质上是属于新哲学阵营的。但是当时的新哲学阵营，情况也相当复杂。在一些正统派马克思主义哲学家看来，以张申府、张岱年为代表的"解析的辩证唯物论"哲学，并不是正宗的、纯粹的马克思主义，只不过是一种书斋里的哲学，无益于中国革命的实际进程，看不上这种哲学并且对它采取排斥的态度。在他们看来，二张主张中、西、马"三流合一"，特别是主张吸收罗素一派的逻辑分析方法，不仅有折中主义之嫌，甚至被批评为向唯心主义妥协。比如陈伯达在《致张申府先生的一封公开信》中，就不赞成把辩证唯物论与罗素的实在论、逻辑经验论相提并论，他批评张申府的"三流合一"说是"一种毫无意义的折中主义的企图，而且实际上不过是唯心主义的翻版而已"①。《读书生活》1935年第2卷第2期发表了一篇题为《论现在中国所需要的哲学——答金放然君并求教于张季同先生》的文章，作者署名"艾思奇"，但从张岱年的回应文章《关于文化与哲学》②来看，他是答复柳湜的，这篇文章也收入了柳湜的《如何生活》小册子中，而没有收入人民出版社2006年版的《艾思奇全书》中，可见它的实际作者可能不是艾思奇，而是柳湜。这篇文章批评张岱年（季同）夸大了中国的特殊性而忽视了新唯物论哲学的一般性，他说你讲新哲学是"唯物的、对理的"是对的，"但为什么要加上理想的呢？这不是反把视线扰乱了么？"他批评张岱年"明明是在半空中说话，没有实践的基础"，实际上是把哲学变成了"会客室内的谈玄"。张岱年的回应也不含糊，指出这种批评完全是误解，是"完全不看实际情形只凭主观臆断的错误批评"，只不过是柳君"头脑中的产物"而已。

　　在新哲学阵营中有认识分歧是正常的，我们应该从这些分歧中总结出有益的经验教训。这里面的关键问题，就是对待马克思主义的态度问题。

　　张岱年先生从青年时代起，就对马克思主义哲学采取一种既不"盲信"

---

①　陈伯达：《论"新哲学"问题及其他——致张申府先生的一封公开信》，《中国文化》1940年第1卷第5期。

②　张岱年：《关于文化与哲学》，《北平晨报》1936年10月2日。

也不"盲诽"的科学理性态度。在他看来，"对于任何学说，任何理论，任何见解，都不应盲信，更不应盲诽。要客观地细察其内容到底是些什么，然后再客观地加以估价"①。批评的精神和客观的态度对于学者来说是最重要的，对待马克思主义哲学也应该这样。他说，只要有求真理之诚心，必能看到马克思主义哲学确有胜过其他各派学说的地方；另一方面，现代其他各派哲学也不是一派胡言，皆无所见，就是古代哲学，无论西洋的和中国的，也不能完全排弃。他主张以马克思、恩格斯的新唯物论为基础和主导，同时吸纳、综合中国哲学的理想主义和西方哲学的逻辑分析方法，以建立一种适合现在中国需要的新综合哲学。为什么把新唯物论哲学现成地拿过来还不行呢？因为在他看来，"新唯物论虽颇注重理想，而对于理想之研讨，实不为充分；而其注重（逻辑）分析，不充分乃更甚"②。也就是说，新唯物论哲学也有不足之处，需要补充、发展和完善，中国哲学中的理想主义和西方哲学的逻辑分析方法，正好可以作为其不足或不充分之补充。

在30年代的中国学术思想界，"唯物辩证法风靡了全国"。但在当时能像张岱年先生这样用科学理性的态度来对待它的人还是不多的。张先生曾具体分析说：今人对于新唯物论的态度，可分三种：一是墨守的态度，二是盲目反对的态度，三是修正的态度。他对这三种态度都不赞成，明确提出："我的态度是发挥扩充：对于已有之理论应更加阐发，而以前未及讨论之问题，应补充讨论之。"③ 这就是一种坚持与发展相结合的科学态度。在谈到怎样发展马克思主义哲学时，他特别强调要善于学习、吸收现代各派哲学中有价值的合理内容，反对那种对待马克思主义的教条主义、宗派主义和关门主义的态度。他注意到，当时一些讲马克思主义的人，对马克思主义实际上是采取一种类似宗教信仰的态度，"凡宗师所已言，概不容批评，宗师所未言及者，不可有所创说"④，把马克思主义看成是没有任何不足之处，不需要补充、发展和完善的绝对真理；而对于马克思主义以外的

① 张岱年：《批评的精神与客观的态度》，《张岱年全集》第1卷，河北人民出版社，1996，第149页。
② 张岱年：《哲学上一个可能的综合》，《张岱年全集》第1卷，第263页。
③ 张岱年：《哲学上一个可能的综合》，《张岱年全集》第1卷，第278页。
④ 张岱年：《哲学上一个可能的综合》，《张岱年全集》第1卷，第278页。

学说，不论是中国古代哲学，还是西方近现代哲学，则不问内容，不加分别，一概藐视，一概排斥，这样就堵塞了吸收各派哲学之长来发展马克思主义哲学的道路。当时他还是一个涉世不深的青年人，但对思想舆论环境中的这种不正常现象已深有感触，所以明知人微言轻也要负责任地把自己的看法讲出来。

在旧哲学阵营，张先生的新唯物论哲学不受欢迎；在新哲学阵营，他也受到正统派的误解。另外还受到托派叶青等人的攻击。但是青年张岱年有自己的哲学主见，有充分的理论自信，所以不受这些批评影响，而是坚定不移地走自己的路。也就是说，他不但有追求真理之热诚，而且有坚持真理的勇气。青年张岱年非常难得地表现出了一个战斗的唯物论者的姿态，这可能并非他之所愿，但是为了坚持真理，他不得不回应各种挑战。在马克思主义哲学是不是科学真理，它是否符合实际、最可信取、最有价值的问题上，他同一切有意诽谤和"盲诽"马克思主义的唯心论者、托派和机会主义者进行了坚决的斗争；在新唯物论哲学是否有不足之处，要不要用批评的精神和分析的态度来对待它，要不要用其他各派哲学之优长来补充、发展、完善它，以及在是否承认非马克思主义哲学也不是一无所见，不能完全排斥，而应"且扬举且抛弃，且擢拔且摈除，且吸纳且扫荡"① 的问题上，他同新哲学阵营内部的一些"盲信"和"墨守"马克思主义的人也有明显的认识分歧，不得不同教条主义和宗派主义的倾向作斗争。这说明青年张岱年并不是一个只知闭门读书思辨、不关心现实思想斗争的人。

三

20 个世纪 30 年代，一些前辈哲学家潜心研究和著述，创造了几个中西结合的哲学体系，力图对振奋民族精神、改造国人的思维方式有所帮助。其中最有代表性的就是熊十力的"新唯识论"体系和冯友兰的"新理学"体系。青年张岱年对他们的学识和创造精神十分钦佩，但是不能认同他们的唯心主义哲学观点，比如在《论外界的实在》《谭理》等文章中，就批评

---

① 张岱年：《人与世界》，《张岱年全集》第 1 卷，第 359 页。

了"物缘心而有""存在就是被感知"的主观唯心主义观点，也批评了冯友兰"未有甲物之先已有甲物之理"和理"超时空而有"的客观唯心主义观点。他试图效仿前辈，把自己的哲学观点也系统地表达出来，于是在《哲学上一个可能的综合》一文中大胆提出："今后哲学之一个新路，当是将唯物、理想、解析，综合于一。""此所说综合，实际上乃是以唯物论为基础而吸收理想与解析，以建立一种广大深微的唯物论。"① 这里阐明了这种新哲学的性质和建构原则，所谓"广大深微的唯物论"，就是一种吸收了中国哲学中的人生理想学说之精华和西方哲学中的逻辑分析方法的辩证唯物论哲学。

　　这种新哲学还有一个重要特点，就是它是接着中国传统哲学中的天人之学讲的，"欲穷究天人之故，畅发体用之蕴，以继往哲，以开新风"②，故其名称可以叫做"天人新论"，实即辩证唯物论的天人之学，或辩证唯物论的天人关系论。在张先生看来，"哲学是研究宇宙人生之究竟原理及认识此种原理的方法之学问"③。研究宇宙人生之究竟原理，在中国哲学，就是"究天人之际"的学问，它的任务是要论明"天道""人道"及其相互关系，以及"知天""知人"即认识"天人之道"的方法。张先生为写作"天人新论"制定了大体纲领，其主要内容是宇宙论、人生论、知识论和方法论几部分，力图对天人之学所涉及的基本问题作出辩证唯物论的解决和回答。因为在他看来，"新唯物论才可以说是完全的彻底的唯物论。新唯物论的宇宙论是对理的，注重历程与等级。新唯物论的知识论之基本观点是实践，注重知识之实践的基础，及外界为知识之源泉，更进而阐明知识之社会性历史性，由以解决感觉经验与概念知识之对立，以及真知之相对与绝对。新唯物论的人生论之根本见地在认识人之社会性，又注重人与环境、自由与规律之对理，而最注重者是变革世界的实际道路"④。他的"天人新论"正是顺着新唯物论的基本路向而更有所扩充。所谓"扩充"是指"对于西洋哲学方面说，可以说是新唯物论之更进的引申；对于中国哲学方面

①　张岱年：《哲学上一个可能的综合》，《张岱年全集》第1卷，第262页。
②　张岱年：《天人简论》自序，《张岱年全集》第3卷，河北人民出版社，1996，第215页。
③　张岱年：《中国哲学大纲》序论，《张岱年全集》第2卷，河北人民出版社，1996，第1页。
④　张岱年：《哲学上一个可能的综合》，《张岱年全集》第1卷，第274页。

说，可以说是王船山、颜习斋、戴东原的哲学之再度的发展；在性质上则是唯物论、理想主义、解析哲学之一种综合"①。同年稍后，他又在《人与世界——宇宙观与人生观》的哲学札记中，对这种新哲学的内容作了较为详细的展开，其要点是：在宇宙观，他强调"生生两一，一本多极"；在人生观，他主张"克服矛盾，与群为一"；在知识论，他注重"物为知基，由感而思"。张先生的"天人新论"哲学体系实际上雏形已现。

按照自己的哲学思路，青年张岱年做了两件重要的工作：一是以辩证唯物论的基本观点为指导，运用逻辑分析方法，以问题和范畴为纲，对中国传统天人之学的主要内容、理论系统和发展源流进行了系统的梳理，这就是他写的 50 万字的《中国哲学大纲》一书，该书可以说是"天人新论"的历史考察和理论溯源部分。二是在抗日战争时期极其艰苦的条件下，陆续写出《哲学思维论》《事理论》《知实论》《品德论》等书稿，试图对"天人新论"各部分的内容在理论上充分展开和作精密的哲理论证，合之即可体现这一中国化马克思主义哲学体系之全貌。可惜因"厥后生活日益窘迫，运思维艰，竟尔辍笔"②，未能全部完成。1948 年他在《天人简论》中概述了这一新哲学体系的十个要点，使我们对"天人新论"之全貌仍能有一个基本的了解。

上述两件工作，一史一论，纵横交织，互相贯通，互相发明，史论结合，相得益彰。"史"的研究增加了"论"的历史厚度，"论"的研究增加了"史"的理论深度，它们作为一个整体，充分显示了青年张岱年的哲学睿识，也确立了他在 20 世纪中国哲学史上作为一个有独创性的哲学体系的哲学家的地位。

在辩证唯物论指导下精研中国传统的天人之学，力图创建一个中国化马克思主义的"天人新论"哲学体系，不仅是张岱年在青年时代的哲学追求，而且也是他牵挂终生的事业。解放后他没有条件继续做这一工作，只能将其"存而不论"，但并不等于他已放弃这一事业，或对其方向、意义、

---

① 张岱年：《哲学上一个可能的综合》，《张岱年全集》第 1 卷，第 277～278 页。
② 张岱年：《天人简论》自序，《张岱年全集》第 3 卷，第 215 页。

价值有所动摇和怀疑，他在晚年还有撰写《自然与人》一书的计划，就说明他始终没有忘情于"天人新论"哲学体系的创构。

四

我们先来看《中国哲学大纲》一书。

这本书从 1935 年初开始撰写，到 1936 年 7 月完成初稿，大约用了一年半时间。他在 1936 年 4 月写成、5 月发表的《哲学上一个可能的综合》一文，与该书的写作时间正好重合，可见"将唯物、理想、解析综合于一"的新哲学构想，也是他写作《中国哲学大纲》一书的指导思想；这篇文章中有关中国哲学的论述，实际上正是《大纲》思想的概括和总结。

首先，张先生清楚地意识到，中国的正统思想并不是唯物论，但在中国哲学史上也有一个唯物论的思想传统，从先秦的惠施、荀子和《易传》，到汉代的王充，再到宋元明清时期张载、罗钦顺、王廷相、王船山、颜元、李塨、戴震等人的唯气论。在中国哲学史上，将宋明理学分为理学、心学、气学三系的思想，就是张岱年先生最早提出来的，他认为"气学"或者说"唯气论"就是一种唯物论。他特别强调中国近三百年哲学发展的趋向是以王船山、颜习斋、戴东原的唯物论为主潮，明确提出："现代中国治哲学者，应继续王、颜、戴未竟之绪而更加扩展"①。

其次，他指出，唯物论虽然在中国没有得到充分的发展，但"对理"即辩证法的思想却颇丰富。在宇宙论第二篇"大化论"中，详细阐述了中国哲学关于变与常、反复、两一、神化、始终、有无、坚白、同异的辩证法思想，认为大多数中国哲学家都肯定"变易"是普遍的事实，变易的基本规律是"反复"，变易的根源在于"两一"。他还注意到，在中国哲学中辩证法思想与唯物论传统往往是结合在一起的，"既讲唯物，又讲'对理'的哲学家，在古代是惠施和《易传》，在宋代是张子，在清代是王船山。附会地说，也可以说是中国哲学中对理唯物论的传统"②。

---

① 张岱年：《哲学上一个可能的综合》，《张岱年全集》第 1 卷，第 273 页。
② 张岱年：《哲学上一个可能的综合》，《张岱年全集》第 1 卷，第 272 页。

最后，张先生还注意到，唯物论虽然不是中国的正统思想，但中国哲学中有一些根本倾向，却"颇合唯物义"。比如在宇宙论，中国哲学的基本倾向是不将现象与实在分为二事，肯定现象即实在，实在即现象，在中国哲学中没有现象背后之实在的观念。在知识论，中国哲学除了陆王一派认为存在依附于心外，多数哲学家都肯定外界的实在性，并且承认外界是可知的。中国哲学最注重思想学说与生活实践打成一片，因而在本质上是主张知行合一的。在人生论，中国哲学不喜欢讲出世的理想，而注重不离日常生活的宏大而平实的生活准则，认为最高境界就是在日常生活中表现至理。这些基本倾向都是符合唯物论精神的。

上述符合唯物论和辩证法精神的中国哲学的基本内容和基本倾向，大都是该书"结论"中所肯定的中国哲学中之活的、历久常新的东西，是中国哲学的精华部分，对于建构中国的新哲学来说，它们是不可或缺的宝贵思想资源。

在张岱年看来，解析是治哲学的基本工夫，在各种方法中是最根本、最基础的方法。"解析法之要义在辨意谓，析事实，汰除混淆，削减含忽，而以清楚确定为目的"①。逻辑分析方法在写作《中国哲学大纲》一书中的运用，突出地表现在对中国传统哲学问题之"分析的研究"，以及对中国传统哲学概念范畴之厘清和准确界说上。由于中国哲学有"一天人""合知行""同真善""重了悟而不重论证""向无形式上的条理系统"、"浑融一体，原无区分"的特点，所以学习、借鉴、引进西方哲学的逻辑分析方法就有着特殊重要的意义。首先要从中国哲学的实际出发，把哲学家们关注和讨论的基本问题探寻出来，加以分类和综合，并且通过对各种思想学说发展源流的考察，揭示其固有的条理系统和内在逻辑关系，从而把握中国哲学的整个理论体系。其次要对中国古代哲学概念范畴的确切涵义作精密的解析，分清其本义、引伸义和多种涵义，同时注意对中西哲学范畴进行比较研究。比如该书中分清了中国哲学的"本根""本体"概念，同西方哲学中与现象相对，认为本体实而不现、现象现而不实的"本体"概念之界限，就是一个非常典型的例子。在对中国哲学概念范畴的考察中，还要注

---

① 张岱年：《哲学上一个可能的综合》，《张岱年全集》第 1 卷，第 269 页。

意其发展演变，对立者之互转，概念意谓之变迁与转移，分解与融合，也就是说，要把逻辑分析方法与辩证法结合起来。一个 20 多岁的青年学者，对逻辑分析方法在中国哲学史学科建设中的重要意义有如此深刻的认识，能够把它运用得如此得心应手，开创出"问题解析体"这样一种中国哲学史研究和写作范式，写出如此成功的典范之作，这在 20 世纪中国哲学史上可以说是一个奇迹。

人生哲学在中国哲学中占有重要地位。张先生说，中国哲学家所思所议，三分之二都是关于人生问题的。世界上关于人生哲学的思想，实以中国哲学为最丰富，其所触及的问题既多，其所达到的境界亦深。中国人生哲学的中心部分是人生理想论，追求人生的最高境界、高扬道德理想主义可以说是中国人生哲学的一大特点。张先生关于创建中国新哲学的构想，其中一个重要维度就是要兼取中国哲学中重视人的精神理想的思想，希望用伟大的理想来指导人类生活和社会进步。正如他在《生活理想之四原则》一文中所指出的，为了适应新时代的需要，就必须在辩证唯物论的指导下对中国传统人生哲学有扬有弃，创造新的人生理想原则。《中国哲学大纲》一书对中国人生哲学做了详细的分析论述，篇幅占全书一半以上。在人生理想论部分，就分别论述了仁说、兼爱说、无为说、有为说、诚说、与天为一说、与理为一说、明心说、践形说的主要内容和利弊得失，而高度评价王船山、颜习斋、戴东原的"启导一种活泼充实的生活"的践形说，为中国的新人生哲学建构提供了可资借鉴的丰富资源。

五

在写完《中国哲学大纲》一书后，青年张岱年把主要精力投入了"天人新论"哲学体系的理论建构。从《哲学上一个可能的综合》（1936 年 4 月）到《人与世界》札记（1936 年 9 月），到抗日战争时期陆续写成《哲学思维论》（1942 年）、《事理论》（1942 年）、《知实论》（1943 年）、《品德论》（1944 年）四种书稿，再到解放前夕写的《天人简论》（1948 年），我们可以大致地看到他的思想发展轨迹，以及"天人新论"哲学体系的基本轮廓。

《哲学思维论》可以说是"天人新论"的导论，主要讲哲学观和方法论问题。首先认为哲学是根本问题之学，是研究宇宙的根本原理、人生的根本准则和人类认识的根本规律的学问。在各种类型的哲学中，肯定物本论（唯物论）最为正确。其次认为演绎法、归纳法和辩证法是三种基本的思想方法，它们各有适用范围，互相并不冲突。着重介绍了以对立统一为核心的辩证法的基本原则和规律，及其推衍与运用，同时说明辩证法并非绝对不容形式逻辑，认为"今之喜形式逻辑者则鄙弃辩证法，而好谈辩证法者则非薄形式逻辑，实皆蔽于一曲之见"①。此外对体验（体知）、解析、会通等哲学方法也有所论述。

"天人新论"的"天论"部分，只写出了《事理论》一书。该书讨论了事物与规律、共相以及有关的问题，提出了一个比较系统的宇宙观，对实有、事物与时空、延续与变化、关系与关联、理与性、可能与必然、两一与反复、事理之关联等问题进行了广泛的分析和论述。其基本观点是认为物统事理，事、理、物俱为实有，在事与理孰为根本的问题上，明确表示赞同王船山"道在器中"和李恕谷"理在事中"的观点，反对程朱的"理在事先"和"理在事上"说。

张先生在《天人简论》等论著中，还阐述了"天人本至"论，"一本多极、物源心流"论，"永恒两一"论，"大化三极"论，都应该是属于"天论"部分的内容。古代哲学家讲"天人合一"，往往认为宇宙的本原就是人生的最高道德标准，他则认为是二非一，应该分别"本""至"。他在《论外界的实在》《人与世界》《知实论》中都批评了"物缘心而有"、"离识无境"的主观唯心主义观点，坚持唯物主义的"物源心流""物体心用"论。"永恒两一"论强调了矛盾的普遍性，对中国的辩证法有系统的论述；"大化三极"论则以"兼赅众异而得其平衡""富有日新而一以贯之"的"兼和"为"至极"，为最高的价值准则，提出了"以兼和易中庸"的新命题。

"天人新论"的"人论"部分，只写出了简略的《品德论》一篇四章。该篇专论道德理想问题，试图建立一种兼重"生"与"义"、既强调生命力又肯定道德价值的人生观，提出了"充生以达理""胜乖以达和"等重要命

---

① 张岱年：《哲学思维论》，《张岱年全集》第3卷，第29页。

题。充生以达理的实际内容是"增健而为公"，强调"公"是适应社会人群生活需要的最基本的道德。

人生哲学在中国哲学中占有重要地位，接着中国传统人生哲学讲的"天人新论"中的"人论"部分，内容自然也十分丰富，远不是一篇简略的《品德论》所能涵括和尽其义的。比如《生活理想中之四原则》《哲学上一个可能的综合》《人与世界》都讲到了"理生合一""与群为一""义命合一""动的天人合一"等原则，自然应该是新"人论"的重要内容。又如《天人简论》中讲的"人群三事"，在《左传》以"正德""利用""厚生"为三事的基础上，又补充提出了"御天""革制""化性"三事；在"拟议新德"中提出公忠、任恤、信诚、谦让、廉立、勇毅"六达德"，孝亲、慈幼、勤劳、节俭、爱护公物、知耻"六基德"，都丰富了新"人论"的内容。《中国哲学大纲》的一个明显缺点，是只讲人生观而不讲"通古今之变"的社会历史观，"天人新论"的"人论"部分，在"群己一体""人群三事"和"文化要素"的论述中，实际上已在一定程度上克服这个偏蔽，不只是讲个人的道德修养问题，而是增加了一些社会生产斗争和阶级斗争的内容。

"天人新论"的"知论"部分，原计划写"致知论"和"真知论"，实际上只写出了"致知论"的第一部分论知觉与外界的关系，名之为《知实论》。第二部分论感觉经验与概念思维的关系和"真知论"都没有写出来。《知实论》通过对感觉内容如感相、感相关系、感景、感征、感境等的深入分析，来确定主体（能知、心与感官）与客体（所知、原给、外在世界）的关系，论证客观世界的实在，有力地回应了否定或怀疑外界实在的各种唯心主义观点。有人认为外界实在只能通过实践来证明，张岱年认为也是可以从理论上证明的。关于感觉经验与概念思维的关系，可参见《哲学上一个可能的综合》论"感与思之两一"，《人与世界》论"知之渊源""知之过程"和"概念的知识"。《天人简论》中用"知通内外"命题概括地说明了上述两个部分即"致知论"的内容。"天人新论"中的"真知论"，可参见《哲学上一个可能的综合》论"真知之变与常"，《人与世界》论"真知""实证与实践"，《天人简论》论"真知三表"，涉及什么是真知（真理）、检验真知的标准、相对真理与绝对真理的关系等问题。

产生于国难中的"天人新论"哲学体系虽然未能以一部完整的理论巨著的形式面世，但是其基本观点都已分别亮明，其整个理论规模也已大体呈现出来。如果考虑到它是接着中国传统天人之学讲的这个重要特点，注意到其各个部分的理论溯源都可以在《中国哲学大纲》中找到相应的内容，那么人们对这个创新哲学体系的来龙去脉并不会感到十分陌生，在思想理路上也是不难契入的。

六

1949 年中华人民共和国建立之时，张岱年先生正值不惑之年，此前都是他的青年时代。

在国家民族危亡之际，青年张岱年选择了学术救国的道路。1934 年 1 月，25 岁的张岱年在《中国思想源流》一文中说："中国民族现值生死存亡之机。应付此种危难，必要有一种勇猛安毅能应付危机的哲学。此哲学必不是西洋哲学之追随摹仿，而是中国固有的刚毅宏大的积极思想之复活，然又必不采新孔学或新墨学的形态，而是一种新的创造。"① 强烈的忧患意识激发了他积极奋发、刚毅宏大的创造精神，而要在哲学上有新的创造，就必须掌握科学的世界观和方法论，对人类文明成果包括本民族思想源流和文化精神有深刻的了解，以开阔的心胸将中西哲学精华熔为一炉，走综合创造、创新的道路。

张岱年自幼形成了勤学苦读、好为深沉之思的习惯，从不满足于课堂上所学的知识，而是广泛地阅读了古今中外哲学和文史名著，其知识结构和理论根底远非一般同龄青年可比。他所处的人文环境也得天独厚。在北师大附中读高一时，班主任汪震先生就开过"中国哲学史"课程，引发了他对哲学和中国哲学的兴趣。其长兄、著名哲学家张申府先生是他广泛阅读中、西、马哲学经典名著的直接引路人，在理论方向上对他有重要影响。当时中国一流的哲学家冯友兰、熊十力、金岳霖诸先生都曾给予他指导和

---

① 张岱年：《中国思想源流》，《张岱年全集》第 1 卷，第 199 页。

帮助，他有机会直接与大师交流对话。所有这些主客观条件的因缘际会，促成了青年张岱年思想上的"早熟"，在一般人还刚步入社会、求索人生道路的年龄，他就已经有深厚的哲学造诣，有自己独立的哲学思想，写出了开创性且具有典范性的中国哲学"通论"巨著，有志于创造卓然自成一家之言的、体大思精的"天人新论"哲学体系。这在20世纪中国哲学史上确实可称凤毛麟角。张申府在他24岁时发表的《论外界的实在》一文后面特加赞评，认为此篇"析事论理，精阔绝伦"，"有作出这等文字的青年的民族，并不是容易灭亡的"。孙道昇在1935年发表的《现代中国哲学界之解剖》一文中，就把张岱年视为中国重要的马克思主义哲学家之一，与张申府同为"解析法的新唯物论"一派的主要代表。曹聚仁读了《中国哲学大纲》一书后，在不知作者为何人的情况下评论说："宇同先生的中国哲学研究，其成就不在冯友兰之下。"这些都说明青年张岱年的思想水平已可比肩于当时中国一流的哲学家，并以把握了当代先进文化的前进方向而成为时代精神的领跑者，以至到了21世纪，学界还认为："张岱年先生在半个多世纪以前倡导的以辩证唯物论为基础和主导的中、西、马'三流合一'、综合创新之路，仍然是新世纪中国哲学发展的正确方向和现实道路。"①

在结束本文的时候，我还想讲一个意思，就是一个哲学家在青年时代所形成的真诚的理论信仰非常重要。他不是"盲信"，不是人云亦云随大流，而是怀着一颗求真理的诚心，在广泛阅读古今中外哲学名著和进行比较研究的基础上，经过自由的思考和选择，而确信辩证唯物论是当代最伟大的哲学，是时代的真理和良心。这种自主的哲学选择，内在的哲学信念，就成为了他的"生命的学问"，成为他立身行世、观察处理问题、进行学术研究的基本指导思想，决定了他一生的学术方向，决不会因为某些外在因素的影响而轻易改变。这就是所谓"先立乎其大者，则其小者不能夺也"。青年张岱年正是由于早就形成了自己明确坚定的理论信仰，才能在中国哲学会第二届年会上炯异于其他学院派哲学家而"一枝独秀"，他才有可能写出煌煌巨著《中国哲学大纲》和成为"将唯物、理想、解析综合于一"的"天人新论"哲学体系的开创者，从而确立了他在20世纪中国哲学史上的

---

① 方克立：《张岱年与20世纪中国哲学》，《中国社会科学》2005年第2期。

独特地位。一个有志于学术事业的人，在青年时代找准自己的人生坐标，树立正确的世界观、人生观、价值观非常重要，这样他的实干和创造精神才能发挥出正能量。青年张岱年及其一生的学术道路，给了我们十分深刻的启示。

本文原刊于《中国社会科学院研究生院学报》2014 年第 6 期

扬弃概念与对应原理的联系

梁志学*

20 世纪编写《中国大百科全书》哲学卷的时候，扬弃概念是由哲学家撰写的，对应原理是由物理学家撰写的，这位物理学家害怕流于玄学之谈，所以没有写这条原理的哲学意义，而那位哲学家又缺乏必要的自然科学知识，所以也写不出那个概念在现代物理学中的具体表达。这个问题一直挂在我的心上，现在我把自己的想法写出来，请大家评论。

黑格尔的扬弃概念

扬弃概念是一个既具有否定的意义，也具有肯定的意义，既具有克服的意义，也具有保存的意义的辩证概念，它在德国古典哲学里首先见于康德的著作中，而且在费希特的著作中被应用得更加广泛。但是，它大多是在否定的意义、克服的意义上应用的，而只有在黑格尔的体系里才显示它的全面的、辩证的意义。关于黑格尔应用扬弃概念的情况，我们可以从三个方面来看。

第一个方面是本体论的方面。黑格尔在他的哲学体系里谈到绝对理念

---

* 梁志学，中国社会科学院荣誉学部委员，哲学研究所研究员。

从一个发展阶段进化到另一个发展阶段，从一个总体上升为另一个总体时，经常用扬弃概念表达这种变迁。这个概念的基本含义是：（1）后续的高级阶段取代了先前的低级阶段，后续的内容丰富的总体否定了先前的内容贫乏的总体，经过这样的转化，原先矛盾双方既对立又统一的关系变得更加复杂，发展出了前所未有的规定性；（2）与此同时，先前的阶段、总体和矛盾关系中的合理规定性并未消失，而在后继的阶段、总体和矛盾关系中作为组成部分依然保存下来，发挥着在新的内在条件下所能发挥的作用。这两层含义是扬弃概念进一步延伸的依据。

　　第二个方面是哲学史的方面。黑格尔在考察历史上先后相继出现的各种哲学体系时，认为它们都是各种哲学家对于绝对理念在其发展过程中所经历的各个阶段和总体的认识，因而他把扬弃概念延伸到了哲学史里。在这里，他一方面在这个概念的前一层意义上阐明了一种新的哲学推翻掉一种旧的哲学的巨大进步，揭示了后起的哲学家如何超越了先前的哲学家，把人类对于绝对理念的认识从一个阶段和总体提高到了一个新的阶段和总体；但同时在另一方面他也指明，被推翻的哲学体系的原则并没有被消除，而是被降低为新的哲学体系的观念环节，作为这样的环节从属于新的体系，而这正是扬弃概念的后一层意义。按照各种哲学体系识认绝对理念的进程，黑格尔建立起关于逻辑东西与历史东西的统一性的原理。

　　第三个方面是逻辑学的方面。黑格尔把形式逻辑称为知性逻辑，把辩证逻辑称为理性逻辑或思辨逻辑。在他的哲学体系的范畴里，总是旧的矛盾解决了，又出现了新的矛盾，因为他认为一切事物都在自身包含着矛盾，矛盾是推动一切事物发展的本原。所以，黑格尔主张在进行范畴推演的时候，必须否定、克服那种奉行非此即彼的思维准则的知性逻辑，也就是在扬弃的前一层意义上抛弃知性逻辑，而采用能够把握矛盾双方的辩证关系的理性逻辑。但他认为，这决不意谓着知性逻辑无一是处，因而毫无用途，相反地，知性逻辑在被抛弃的时候也被包含到了理性逻辑里，只要从理性逻辑里排除掉辩证成分，就会得出在形式思维活动中发挥效用的知性逻辑，而这正是扬弃的后一层意义。扬弃概念在思维科学中的这种延伸极其重要，因为它可以与现代物理学中对应原理直接联系起来。

玻尔的对应原理

在 20 世纪初原子物理学发展起来的时候，卢瑟福给原子结构提供了星云式的模型，他根据古典物理学认为，原子有一个密实的带正电的小核心，即原子核，围绕它旋转的是一些小而轻的带负电的组成部分，即电子，它们在一定的距离之外绕核旋转，很像行星绕太阳旋转。然而这个模型是不可能成立的，因为按照古典物理学，绕核旋转的电子必定会辐射出能量，按螺旋线盘旋，落到核内，但在事实上，原子并没有逐渐丧失能量而崩塌。卢瑟福的理论模型就像形式逻辑在处理辩证逻辑问题时遭到了失败。

该怎么办呢？玻尔根据当时的量子理论，建构了随后得到发展的电子云的原子模型，它的要点是：（1）处于一定动力学状态并保持不变的原子不产生辐射；（2）在不同动力学平衡态之间发生跃迁时，原子发出单一频率的辐射，它满足普朗克关系式 hv = E1 – E2（E1 为状态 1 的能量，E2 为状态 2 的能量，h 为普朗克常数，v 为辐射频率）；（3）绕核在轨道上运动的电子的角动量 L 为 h/2 的整倍数。玻尔以他这个验证不爽的模型理论否定了卢瑟福的模型理论，但是同时在谈到古典力学与量子力学的关系时也说明，量子力学的规律在 h→0 时转变古典力学的规律，从而揭示出了前一个模型理论对后一个模型理论的蕴含关系，而这就叫作对应原理。

在随后的时期，当古典物理学的其他部门也向新理论过渡时，对应原理显示出了它的巨大的启发性价值。例如，当波长姿的值趋近于零时，几何光学就变为波动光学的极限，当速度的值趋近于光速时，古典力学就表现为相对论力学的极限，如此等等。不仅如此，人们回首以往的科学发展历程，也看到对应原理同样适用于其他科学部门，例如，当曲率的值趋于零时，欧氏几何表现为非欧几何的极限，当演算借助于虚数时，实数论表现为虚数论的极限，如此等等。于是，对应原理就被更加普遍地表述为这样：一门在特定客体领域有效的理论，在一门取代它的更加普遍的理论诞生时，并没有完全丧失它的有效性，而是在一个表征新理论的参数趋近于一个特定的值时，它表现新理论的规律、数学表达的极限。而且在现时代，这条原理已经成为科学研究中普遍地得到公认的原理。

可以得出的看法

对应原理与直接涉及物质对象的科学原理，如生物学中的物种变异原理和物理学中的能量守恒原理，在语义层上是不相同的，因为它涉及的不是物质的客体、过程、系统等，而是两种科学理论的关系。但是，正如黑格尔在哲学史与逻辑学中讲的扬弃以绝对理念发展过程中的扬弃为前提一样，对应原理中讲的扬弃是以物质发展中的扬弃为前提的，即以相对高级的物质发展形态对相对低级的物质发展形态的扬弃为前提的，如果没有这种前提，对应原理就会成为无源之水、无本之木。

辩证唯物主义批判地继承了黑格尔在哲学史和逻辑学里讲的那种类似于对应原理的理论，阐明了相对真理与绝对真理的辩证关系，从而给对应原理所述的关系作出了正确哲学解读。一种妥帖地反映特定客体领域的规律性，因而表现为相对真理的科学理论，随着科学理论的进一步发展和进入更高层次的本质，并没有作为错误被抛弃，而是在辩证的意义上得到了扬弃，也就是说，在一种更高层次的相对真理中作为极限被保存下来。新的理论虽然否定了旧的理论，但并不是以形而上学的方式否定它，把它作为无效的理论笼统地抛弃掉，而是予以辩证的否定，指出旧理论的局限性，相对于完全正确地反映更高层次的本质的表征参数值，把它作为极限包括到自身之内。

对应原理同样也见于社会科学中新理论对于旧理论的扬弃。例如，在经济学里我们可以从马克思写的《剩余价值理论》看到，重农学派思想家魁奈把剩余价值的起源确定在农业生产领域，认为只有这个领域的劳动才创造剩余价值，古典经济学家斯密则把剩余价值概念推广到社会劳动的一切领域，以他的剩余价值理论取代了魁奈的剩余价值理论；但在另一方面，如果让全部非农业社会劳动创造的剩余价值等于零，斯密的理论就会被还原为魁奈的理论。我们现在的经济学家正在致力于把马克思主义政治经济学从它的古典阶段推进到现代阶段，他们遇到的困难可以说在历史上是空前的。如果说马克思当时面对的是随机性较小的、还可以用初等数学刻画的经济系统，现今遇到的则是随机性极大的、只能用非线性方程表述的经济系统，但有一条原理依然有效，那就是对应原理。另外，这项推进理论发展的工作还与在自然科学领域里不同，总是与人们所处的社会地位、追求的物质利益密切相关，所以需要排除的障碍就更多。但我们相信，真正的马克思主义政治经济学家经过长期艰苦的努力，既会在辩证的扬弃概念的否定意义上超越了这门社会科学的古典阶段，也会在辩证的扬弃概念的肯定意义上维护了这门社会科学的正确传统，建立起能够正确反映现时代的经济运行规律的理论。

2015 年 12 月 31 日《中国社会科学报》发表一篇短文，它的作者看来有志于把马克思主义从它的古典阶段推进到现代阶段，或用他自己的话来说，要创新马克思主义。然而这位作者宣称传统马克思主义是错误的，他要深入批判它的表现、实质和危害。我认为，以这种指导思想引领创新马克思主义的艰巨工作，肯定会误入歧途，因为这种所谓的创新是完全抛弃了马克思的传统思想的。

本文原刊于《中国社会科学报》2016 年 3 月 8 日

农耕文明时代中国的社会经济发展与科技进步

李惠国[*]

历史学家认为新石器时代的主要特征是，开始制造和使用磨制石器，发明了陶器；出现了原始农业、养畜业和手工业。

农业的出现是人类历史上的一次伟大转变，狩猎者和采集者开始变成了饲养者和种植者。原始农业出现后，农耕文明开始萌芽。后来，铜器和铁器出现，人类走出石器时代，进入农耕文明时代。进入农耕文明时期后，人类逐渐学会了驯养野生动物，种植植物，这就大大减少了人类对大自然的直接依赖。原始农业（种植业和畜牧业）的出现，也为发展其他领域的生产创造了条件。在原始农业发展的基础上，原始的手工业及其他一些家庭副业也逐渐发展起来。这样，由于生产的发展，就提出了定居的需要，并且提供了定居的可能，于是人类逐渐变为定居生活。长期定居的结果，便形成了村落，进而发展成城市和集镇。由于定居生活的需要还促进人们发明了陶器。起初，陶器用于盛水、煮食物和存储粮食，后来逐渐成为人们日常生活的必需品。

最早进入农耕文明的是，尼罗河流域、底格里斯河–幼发拉底河流域、

---

* 李惠国，中国社会科学院荣誉学部委员，图书馆研究员。

印度河 - 恒河流域、中国的黄河 - 长江流域。这四大古老农耕文明中，我国是人类历史上农耕文明最发达并且延续时间最长的国家，创造了辉煌灿烂的中华文化，其中科学技术也是相当发达的，对人类社会发展作出了重大贡献。

一　先秦时期

大约在公元前 6000 年至公元前 3000 年，人类逐渐学会了开矿和冶炼制造铜器。青铜发明后，人类历史逐渐进入新的阶段——青铜时代（the Bronze Age）。目前考古所发现的最早铜器出土于西亚地区。1975 年我国甘肃东乡林家马家窑文化遗址（约公元前 3000 前后）出土一件青铜刀，这是目前在中国发现的最早的青铜器。我国的商代（公元前 1600 年至公元前 1046 年）已确切地进入了青铜时代。考古资料证明，商代已广泛使用青铜器。商周时期，我国的青铜冶炼和铸造技术达到了很高水平，出土了很多令人叹为观止的青铜器。农业在商代已占支配地位，实行了井田制，大量使用奴隶从事农业劳动。并且出现了青铜农具。在商代制陶业已经较发达，还出现了纺织业。在河南安阳殷墟出土的商代文字，是迄今发现的我国最古的文字，而且记载了一些当时人们观察到的日食、月食和新星等天文现象，并有十进制记数，一、十、百、千、万等。

西周（公元前 1064～前 771 年）建立了分封制度和宗法制度，并发展了商代的井田制度。农业技术有了进步，井田里开挖了排水引水渠，懂得了人工灌溉，农作物品种大量增加，产量也有提高。王室和各诸侯都拥有许多奴隶作为工匠在手工业作坊劳动，青铜器铸造和陶器制造是主要的手工业。西周历法和天象观测也有进步，开始创立观测天象变化的 28 宿。还有了我国历史上第一次关于日食的记录。

农耕和畜牧是人类生产方式的第一次革命，人类从此不再被动地依赖自然界提供的现成食物和生活资料。原始农业使人类劳动产品由"赐予接受"变成"主动索取"。农耕文明在人类社会的历史长河中又经历了一个漫长的历史发展过程，其中冶铁工程技术的出现和发展，使铁农具在农业上得到广泛应用，是生产力发展的一大飞跃。这一飞跃发生在春秋时期。我国是世界上最早发明生铁（铸铁）冶炼和铸造技术的国家。在公元前6世纪的春秋晚期，已能冶炼生铁和铸造铁器，在公元前5世纪的春秋战国之际，已能锻造铁工具。在公元前4世纪铁器的使用已推广到社会生产和生活的各领域。铁器的广泛大量使用，使大面积开荒和兴修水利成为可能，春秋时期还发明了牛耕方法，这就大大提高了农业生产力。农业的发展，又促进了手工业和其他副业的发展，从而出现了农耕文明的经济繁荣和社会进步，致使春秋时期（公元前770~前476年）成为中国社会制度大变动的时期，奴隶制度向封建制度转变。

战国时期（公元前475~前221年），中国已确立了封建制度。争雄的各国都先后实行了变法改革，使封建土地所有制的社会经济有了相当大的发展。

农业生产发展离不开防洪和灌溉，铁制工具的大量广泛使用，催生了大型水利工程技术的发展。公元前1000年的末期，石头和泥土修建的水坝在地中海地区、中东、中国和中美洲等地都出现了。中国是农耕文明最辉煌的国家，战国时期的水利工程技术有很大发展，各诸侯国都相继兴建了水利工程。如公元前256年修建的都江堰水利工程，以无坝引水为特征，变害为利，使人、地、水三者高度协和统一，是至今仍在使用的一项伟大的"生态工程"。

由于农业生产力的发展，有了较多剩余劳动力，就促进了手工业的发展，制陶和冶炼（铜和铁）技术发达起来了，纺织技术也有很大进步。由于冶炼（铜和铁）工程的需要，出现了采矿工程。由于农业和手工业的发展需要，人类对自然力的利用扩大到畜力、水力、风力等可再生能源。战国时期，手工业和商业都有很大的发展。官营手工业的衰落和私营手工业的发展，及民间商业的活跃和发达，大大提高了劳动生产的积极性，促进了手工业生产规模的扩大和品种门类的增加，导致了技术的进步。春秋战国之交的《考工记》记述了前此手工业技术的发展状况和器物制造的规程，其中也反映了当时人们在力学和声学方面获得的知识。

《韩非子·有度篇》记载，战国时人们已使用"司南"辨别方向，这是世界上最早发明的指南工具。

伴随手工业和商业的发展，作为经济、政治和文化中心的城市形成并逐步扩大，建筑工程技术有了很大发展。城市、封建君主宫殿等建筑工程技术集中反映了当时的经济活动规模、社会等级制度、科学技术水平、文化艺术和思想意识状况，成为了农耕文明的综合性、标志性的"时代"工程。春秋战国时期各诸侯国的都城建筑都具有相当的规模和确定的形式。在中国古代，皇宫及皇城工程建筑，从秦朝开始就具有庞大规模和辉煌宏伟的气势，体现着封建帝王的至高无上的权力和严格的封建等级制度。春秋战国之交，出现了建筑机械方面的能工巧匠的代表人物鲁国人公输般（又称鲁班），人们把当时已有的土木工程器械的发明都归结到他的名下，还传说他发明了攻城器械云梯和水战器械钩具，甚至还有能乘风飞行的木鸟和自动行走的木车马。可见当时土木工程建筑技术发展的状况。几千年来，人们都把他奉为土木工匠的鼻祖。

春秋战国时期，在社会制度的大变革的背景下，各国竞相变法革新，争强称霸，于是就出现争夺出谋划策的人才的竞争，社会上出现了一大批"士"的知识阶层，民间讲学游说之风兴起。诸子百家学派形成的"百家争鸣"局面，大大激励人们对自然界和社会生活的各种现象及其规律性进行探讨和研究的兴趣和热情。《史记·太史公自序》中，司马迁讲他的父亲司马谈在论《六家要旨》中把诸子百家分为六家，即"阴阳""儒""墨""法""名""道德"六家。汉代历史学者班固（公元 32～92 年）在《汉书·艺文志》中讲，在刘歆（约公元前 46～公元 23 年）的《七略》中，把诸学派分为"儒""道""阴阳""法""名""墨""纵横""杂""农""小说"十家。他认为"小说"家不如前九家重要。

墨子（约公元前 468～公元前 376 年）早年是制造器械的工匠，其弟子大多也属社会下层，代表着小生产者和小私有者的利益。在春秋战国时期影响很大，称为"孔墨显学"。他们在各家中是最为重视科学技术研究的学派。《墨子》一书，据《汉书·艺文志》记载原有 71 篇，留下来的只有 53 篇。今本《墨子》为汉代刘向（约公元前 77～公元前 6 年）校定，其中的《经上》《经下》《经说上》《经说下》《大取》《小取》六篇为战国时期的后期墨家的著作，通称《墨经》亦称《墨辩》。《墨经》中探讨了许多科学技术、认识论和逻辑学的问题。《墨经》提出，"久"和"宇"作为时间和空间范畴，"异时"和"异所"构成"宇宙"，宇宙是无限的。它还提出了时间、空间和运动的统一的观点。探讨了力的平衡、杠杆和滑轮的工作原理。它还记载了光学的小孔成像实验，探讨了平面、凸、凹镜成像，及光源与影子的关系等光学问题。

名家奠定了中国古代科学的逻辑基础，本书有专章论述。阴阳家源自商周以来的方术，术数或法术原是迷信，但包含有古代科学的萌芽。阴阳家试图以自然的力量来解释自然界的各种现象。农家注重生产技艺，重视农事。

《周易》是一部重要的哲学著作，可以说它奠定了中国古代科学发展的哲学基础。《周易》由《易经》和《易传》两部分构成。《易经》由六十四卦的卦辞和三百八十四爻的爻辞构成，它形成于殷周之际。它认为自然界也与人和动物一样，是由两性阴和阳产生的。它从各种复杂的自然现象和社会现象中抽象出阴（－－）和阳（－）两个基本范畴，阴代表阴性、柔弱、顺从、忍耐、包容、安静、退守等特性及具有这些特性的事物；阳代表阳性、刚劲、矫捷、运动、进取等特性及具有这些特性的事物，世界就是在这两种对立力量（阴阳）"相感""相推"和"相荡"的作用下生成着、变化着，向前推移。变化发展的观念是贯串《易经》的一个基本思想。《易传》是孔子的后代门徒陆续编撰至战国时期完成的，它对《易经》的解释，形成了自己的哲学理论体系，成为战国时期一大哲学流派。《易传》的作者们虽然属于儒家，但其观点并非只是来源于以孔孟为代表的儒家，其哲学思想反映了战国时代哲学发展的面貌，并非孔孟正统派将《易传》的思想皆归之于孔子，这是汉代尊孔论的偏见。探究和阐释事物的变化发展为《周易》之宗旨，"一阴一阳之谓道，……生生之谓易，……通变之谓事……"（《系辞上传》），"易穷则变，变则通，通则久。"（《系辞下传》）这正是《周易》所揭示的自然现象和社会变化发展的法则。它认为，事物的发展变化不可能总是一帆风顺，也不可能总是障碍重重，往往是顺畅和障碍交替出现；事物的变化发展，达到顶点，就要向相反方向转变，物极则反；事物的发展变化，是一个革故鼎新的过程；"阴"和"阳"的相互作用是事物发展的动因，"阴"和"阳"的相互作用具有复杂性和多样性；这两种力量"相感""相推""相摩""相荡"，不是一方消灭另一方，而是形成一种和谐；以阴阳处于高度和谐的境地为万物存在的根本条件，把和谐视为天地化育万物的宇宙法则，人类社会和自然界发展的基本动力。从《周易》开始，和谐理念、"中和"思想就逐渐成为中国哲学思想一以贯之的基本主题。老子哲学发展了天人合一的思想，主张人与自然和睦相处；在儒家思想里"中""和""中庸""中恕之道"成为了儒家思想的基本理念。《周易》还认为人的思想行为要"顺动""随时"和"与时偕行"。《周易》对中国古代科学和哲学的发展具有深远的影响。由此我们可以看到，战国时期的儒家学说是开放的、具有革新精神的。但是，到了汉代朝廷采纳了董仲舒的"罢黜百家，独尊儒术"以后，儒家学说就变得越来越封闭和保守了。

春秋战国时期，天文历法有很大进步。《春秋》一书记录了 37 次日食的观察，其中 30 次已证明是可靠的，还记载了公元前 613 年出现的哈雷彗星。战国时期的甘德和石申观测了金、木、水、火、土五个行星的运行及其出没的规律。他们观测恒星的记录，是世界最早的恒星表。春秋末和战国时期通行的"四分历"，一年为 365 又四分之一日，早于欧洲几百年。一年划分为 24 个节气，对农业生产有重要的指导作用。

到战国时期，中医学有了重大发展。《黄帝内经》已成书，它由《素问》和《灵枢》两部分构成，共 18 卷，初步建立了中医学的理论体系，并一直指导着中医学的临床实践。

二　秦汉时期

公元前 221 年，秦始皇在兼并六国的战争之后，在全国范围内建立了封建专制主义的中央集权，彻底废除分封制，实行郡县制。在全国设立 36 个郡，后增至 40 余个。为了加强对全国各地的控制，大量修筑道路，即"驰道"。并统一车轨的宽度，车轮宽度不得超过 6 尺，既"车同轨"。由于战国时期，各诸侯国"言语异声，文字异形"不利政令推行，秦始皇统一了文字。还统一了度量衡制度和统一了货币。秦始皇还北击匈奴，迫使匈奴北退 700 余里，修筑长城，有效地保护了中原的农业生产和人民的安定生活。统一开拓了东南沿海、岭南和西南地区，加速了民族融和。这些举措有利于经济的发展，有利于文化和科学技术的发展和交流。

西汉初期，为恢复遭受战争破坏的生产和社会经济，实行了"休养生息"政策，"稀力役而省贡献"（《汉书·陆贾传》）。及至文帝、景帝时期，出现生产和经济发展、社会稳定和富庶的局面，史称"文景之治"。当时，实行了这样一些值得注意的政策：减轻赋税和徭役，促进农业发展。刘邦实行十五税一制，即税额为农民耕作收入的十五分之一。景帝时减为三十税一，后来它就成为汉朝的经常制度。为了鼓励人口繁殖，在人口税上，惠帝实行了鼓励早婚的政策。文景时代，还实行了减轻徭役的制度。文帝"弛山泽之禁"，百姓可利用山林河湖，从事生产活动。为防谷贱伤农，文帝采纳了晁错的"入粟拜爵"之策，即鼓励商人买粟输边，授予爵位。文帝还倡导节俭，以抑制奢糜之风，大大减少了国库开支和人民的负担。这些举措有利地促进了生产的恢复和发展，和经济的繁荣。至西汉末年，国家人口达到5900多万，垦田800余万顷，国库充盈。

汉武帝开拓疆域，北征匈奴，统一西南，出使西域，开辟丝绸之路，沟通和开辟了汉朝与外域文明的经济、文化和科学技术的交流。张骞两次出使西域后，汉武帝每年派往西域的使节团，少则五六个，多至十余个，每团都有百余人至数百人组成。当时的丝绸之路有南北两条，南路可到大月氏（今中亚阿姆河）和安息（今伊朗）；北路可到大宛（今乌兹别克斯坦东部的费尔干纳）、康居（今哈萨克斯坦境内的巴尔喀什湖以西至咸海一带）和奄蔡（今咸海至里海一带）。汉朝的丝织品、先进的生产技术（如冶铁技术、耕作技术、凿井技术等）和文化传入西域和中亚；西域和中亚的技术和文化也传入中国。如苜蓿、葡萄种植技术、葡萄酒酿造技术和西域的一些作物牲畜品种（如胡桃、石榴、西瓜、骆驼、汗血马等）。自汉朝始，中国开始了走向世界的历史进程，不同文明之间的经济、技术和文化交流，加速了华夏文明的进步，为科学技术发展创造了较为有利的社会环境。

汉武帝重视农业生产，农业生产的兴盛，促进了农业科学技术的进步。汉武帝的搜粟都尉赵过发明了"代田法"，大力推广先进的耕作方法和新农具。汉成帝时，泛胜之发明了"区种法"，还编写了一部农书《泛胜之书》。

汉武帝为发展农业生产，大量兴建水利灌溉工程，坎儿井就是这时发明的。

汉武帝时期，实行盐、铁、酒官方专卖制度，冶铁作坊的规模都很大，有利地促进了冶铁生产的发展和冶铁技术的进步。西汉时期已出现了一种炼钢新技术，比欧洲早1900多年。

西汉时期的纺织业非常发达，纺织技术也有很大进步。

汉武帝时期，由于经济的发展和社会的稳定和富庶，形成了科学技术发展的一次大发展。汉武帝之后，官僚、贵胄、地主和富商大量兼并与掠夺农民的土地，政治腐败致使水利工程年久失修，水旱虫灾不断，大量农民破产流亡，社会阶级矛盾加剧，导致农民起义在各地频繁发生。王莽的复古改制，非但未能缓和社会矛盾，反而导致赤眉、绿林的更大规模农民起义，推翻了王莽政权。刘秀打败了赤眉、绿林的农民起义军，先后荡平了地方封建割据势力，于公元40年，建立了统一的东汉政权。

东汉初年，吏治清明，恢复了三十税一等薄赋轻徭制度，精兵简政，节约开支，释放奴婢，发展农业生产，兴修水利，治理黄河，很快使东汉的经济在西汉的基础上又有所发展。由于人口向南方流动，北方的先进生产技术传入南方，江南地区的经济发展起来，中国经济重心从东汉开始逐渐向南方转移。东汉时期，农业生产技术和耕作方法有很大进步。水力鼓风炉的发明，是冶铁技术的一大进步，降低了成本，扩大了产量，使铁农具大大普及，出现了许多新农具，促进了农业生产的发展，进而促进了手工业和商业的发展。水力鼓风炉的发明和使用，比欧洲早1300多年。风车也在农业和手工业中得到运用。机械制造技术有了较全面的发展。自动记载行车里程的里鼓车、指南车、鼓风器械、纺织器械的等发明，都促进了生产力的发展。

东汉大败匈奴，及班超出使西域，重新恢复了与西域的交通，使东汉与西域在经济、技术和文化方面的交流继续发展。

东汉前期，形成了科学技术的又一次大发展。

在天文学和历法方面，秦汉时期有了很大的发展。司马迁（公元前145或前135年～?）的《史记·天官书》，不仅详细完整地记述了此前人们对天象的观测和记录，收录了558颗恒星，而且总结为五宫二十八宿的完整星系体系。汉代出现了大科学家张衡（公元78～139年），在他的《灵宪》这一科学著作中提出了他的宇宙生成和演化理论，并指出，"宇之表无极，宙之端无穷"。在他的《浑天仪图注》中，发展和进一步完善了战国时期提出的"浑天说"并为浑天仪的制作提供了理论依据，他还发明制造了测量天文演示天象的浑天仪和测定地震的地动仪。公元前104年，汉武帝启用了学者们制订的新历法《太初历》，这是天文学发展的一项重要成就，是当时最先进的历法，是当时社会发展和生产力水平提高的一个重要标志。东汉初年又实行了四分历，东汉末年天文学家刘洪又编制了《乾象历》，它代表了秦汉四百余年历法修订的最高水平。

汉代在数学方面也取得重大进展。《周髀算经》，书中第一部分，一般认为是春秋以前的人留下来的，只有265字，其余的主要部分是汉朝人写的，成书的年代约在西汉成帝与东汉桓帝的百余年间。该书不仅是天文学"盖天说"的代表著作，也是重要的数学著作。《九章算术》是秦汉时期数学方面的集大成之著作，标志着中国古代数学体系的形成。其基本内容在西汉后期（公元前1世纪中叶）形成，最后成书于东汉前期（公元1世纪）。

秦汉时期，实现了国家统一，开拓了疆域，域内外的交通方便许多，域内外的经济文化和科技交流频繁起来，为地理学的发展提出了社会需求并提供了条件。秦代相当重视地图的绘制和收集工作，汉代制作有较为精确的地图。汉代地理学有了较大发展。

秦汉时期，医学和药物学有了长足发展，基本形成了古代中医体系。成书于西汉时期的《难经》，概括、总结并进一步丰富了先秦时期流传下来的大量的、内容丰富而零散的医疗经验。它以问答的形式探讨了81个疑难问题，提出了"奇经八脉"和"右肾命门"的中医经络脏腑理论，还提出了"七冲门"和"三焦无形"的人体结构说。东汉早期，中医药专著《神农本草经》问世，它是经过秦汉以来许多医学家的收集、整理，全面系统地总结了战国以来药学知识和用药经验的集大成之作。全书收录365种药物，其中植物药252种，动物药67种，矿物药46种。它将药物分为上、中、下三品，主治病症达170余种。东汉末年，名医张仲景（公元2世纪中叶～3世纪初）的《伤寒杂病论》问世（《金匮要略》是其中的杂病部分）。

秦汉时期，炼丹术有很大发展，秦始皇和汉武帝为了"长生久视"，使炼丹术大行其道。虽然它的目的和理论是荒诞的，但也给人们提供了对自然现象进行观察研究的机会，客观上起到促进化学、冶金学、药物学的发展，产生了一些发明创造。

西汉时期已有了用蚕丝和植物纤维造的纸。东汉前期，公元 105 年，宦官蔡伦，改进了西汉以来的造纸技术，扩大了造纸的原料，把造出的纸献给和帝。从此造纸技术广泛推广产量大增，并逐步传播到世界各国。它对文化和科学技术的发展和传播有着非常大的意义，是中国科技发明对世界的四大贡献之一。

秦汉时期，也发生了一些不利于和阻碍社会发展和科学技术进步的事件，而且其历史影响是深远的，教训是惨痛的。

秦始皇的"焚书坑儒"。公元前 213 年，秦始皇采纳丞相李斯的建议，实行禁绝私学，焚烧书籍。凡私人所藏《诗》、《书》、百家语及其他各国历史记载，皆于三十日内烧之；有敢谈论《诗》《书》者杀头，"以古非今者"灭族；禁绝私学；凡《秦记》、医药、卜筮、种树之书及国家博士官府所藏的《诗》、《书》、百家语，皆不烧。公元前 212 年，由于方士侯生和卢生不满秦始皇派人寻求仙药的行为而发议论，引起秦始皇大怒，在咸阳捕杀了 460 人。这是文化专制的野蛮行径，使中国古代文化典籍遭受巨大毁灭性损失，压制了思想、学术自由，严重阻碍了思想、学术、文化的发展。

秦始皇焚书，禁止民间私藏书籍，诗、书和六国历史记载等几乎全被销毁，嗣后项羽的军队火烧咸阳，秦朝的官藏书籍也被焚毁。致使西汉初年，难觅古本文献，诗、书和历史知识的传授，全凭教师和学者的记忆进行口授，再记录形成文字成书。这样形成的书籍，不可能完全客观真实地恢复过去诗、书、历史记载的原貌，往往带有口授者个人不同理解的主观色彩。依据不同口授者的讲述，记录而成的同样题目的书，内容和观点也就各不相同。

罢黜百家，独尊儒术。公元前 134 年，汉武帝采纳了董仲舒的意见，以儒术治理天下，将原来政府中的非儒家的博士遣散。至此，只有接受儒家思想教育的儒生才能在政府中供职。公元前 124 年，汉武帝从公孙弘、董仲舒之请，在长安设立太学，为太学生传授儒家经典，毕业后可入仕途。自此，中央和各级地方政府的官员多为受过儒学教育的人。从而确立了儒学的官学地位，居统治地位的儒学掌控了教育事业。儒家一家独尊，取得了思想文化正统地位。汉武帝明令要求朝廷议政"具以《春秋》对"，"以经义对"，儒家经典成了国家政治和施政的理论指导。非但如此，董仲舒还积极倡导"《春秋》决狱"，这样儒学经典就具有了法律效力。"经义断狱"，为实施思想文化专制开了先河。罢黜百家，独尊儒术，对中国科学技术的发展产生了非常不利的影响，教育事业以传授儒家经典进入仕途为宗旨，科学技术就不被读书人所重视，科学思想和理论研究不可能取得应有的地位。曾与儒家同为显学的墨家，最为关注科学技术研究，并对科技发展做出过重大贡献，但从秦汉时期起，就被尘封了，直至清代晚期，才又引起学者的注意。

董仲舒的"天人感应"和西汉末年谶纬迷信的流行，也是不利于社会发展和科学技术进步的因素。东汉时期的唯物主义哲学家王冲（公元27～97年）对谶纬迷信和天人感应进行了尖锐的批判，其著作《论衡》对力学和磁学及雷电等自然现象也有涉及。

汉代的教育分官学和私学两类。秦代严禁私学和游宦，汉初，特别是在公元前191年正式废除秦代的"挟书律"后，私学很兴盛。汉武帝罢黜百家，独尊儒术，兴太学，教学内容主要是儒家经典，同时下令各地方设立官办郡国学校。但中央太学和地方官学招纳生员有限，并且官学中缺乏蒙学教育机构，所以大多数青少年，就不得不就读于私学。且由于古文经学不能在官学讲授，这样古文经学的学者，只能从事私人讲学，以抗衡官学。结果私学学校在数量和就读人数上大大超过官学。私学有较大的独立性和自主性，教学内容多种多样，医学及各种方技也多由私学传授，古代的科学技术知识是依靠私家传授才得以延续和发展的。汉代的私学还特别重视气节修养，不慕禄位，不畏强权，敢于批判社会现实。

三　三国、晋、南北朝时期

三国时期（公元220～280年）魏、蜀、吴均注意增强国力，奖励农桑，兴修水利，重视手工业的发展，经济都取得了一定的发展。蜀在西南民族地区推广汉族的先进生产技术，为其经济开发做出贡献。吴国为开发江南和东南沿海地区，及开辟与台湾、海南岛、辽东的海上交通作出贡献。

魏对中原经济发展作出努力并重新把辽东收入版图。

西晋（公元265~316年）短期统一了全国的政权，十分荒淫、腐朽和残暴。以占田制取代了屯田制，加强了对农民的剥削。晋武帝分封王国的制度，又酿成16年的八王之乱（291~306年），给人民带来贫穷、痛苦和灾难，几十万人死亡。西晋后期，匈奴、鲜卑、羯、氐、羌等民族（史称"五胡"）的反抗斗争和八王之乱、连年大旱饥荒所造成的流民起义此起彼伏。

公元316年，西晋灭亡。北方分别被"五胡"等少数民族的贵族统治者占领，形成五胡十六国（公元304~439年）的长达135年的分裂局面。长江以南是东晋的偏安王朝（公元317~420年）。东晋政权内部北方世族地主与原来的江南大族地主之间存在激烈矛盾；同时在扬州的中央政权与在荆州的镇将形成了"荆、扬之争"，这两大矛盾，使东晋政权无心也无力北伐。公元383年的淝水之战，东晋获胜，阻止了北方入侵，使江南的经济文化免遭摧残。但统治者内争不断，盘剥人民，社会矛盾激化，酿成持续十余年的农民起义，终致东晋灭亡。

南北朝（公元420~589年）继续南北分裂的局面。北方先后经历北魏、东魏、西魏、北齐、北周几个朝代，史称北朝。南方先后经历了宋、齐、梁、陈四个朝代，史称南朝。

西晋末，大量北方汉族人不断流入南方，把先进的农业技术和纺织技术传入南方，南方经济逐渐地有了很大发展，到南朝时已出现了一批手工业和商业较为繁荣的城市。

在北魏短暂统一北方期间，孝文帝为缓和阶级、民族和各种社会矛盾，实行了均田制和新的租调制的经济改革，及三长制的社会组织形式户籍制度改革。并迁都洛阳和推行汉化政策。这样，就一定程度上减轻了农民负担，解放了一大批被大族地主压榨的农户，对恢复北方的农业生产发挥了积极作用。并有助于减少民族矛盾，促进民族融合，推动北方少数民族经济文化发展。

政权大分裂的时代，同时也是民族大融合的时代。这几百年来，华夏文化并没有在政权的不断更迭地方的分裂和连年的战乱中被中断，恰恰是华夏文化消解着民族的对立和冲突，促进了民族的大融合。民族的大融合必然促成新的大统一，华夏文化的大繁荣和社会经济的大发展，为隋统一全国和盛唐的到来奠定了基础。

从三国到南北朝这 360 余年间，华夏文化没有中断，科学技术也在艰难中行进。

三国期间，有许多技术发明。诸葛亮设计制造的所谓"木牛""流马"，就是独轮车和四轮小车。独轮车在欧洲千年后才得到应用。诸葛亮还设计了一种新型的一次发射十支箭的连弩。魏国的马钧改进了提水用的翻车，名为龙骨水车，大大提高了灌溉效率。他还改进了纺织机械织绫机，提高了生产效率四五倍。他又设计制造了指南车。其时，水力磨坊已广泛使用。魏、蜀、吴都有不少运河、水库等水利工程建设。

裴秀（公元 224～271 年）可以说是中国古代科学制图学之父，他在《禹贡地域图》中创立"制图六体"，即绘制地图的六项基本原则。他主持完成了见于文字记载的最早的地图集《禹贡地域图》18 篇。

三国时期的魏国和西晋之间的大数学家刘徽为汉代的《九章算术》作注，完成了九卷本的《九章算术注》一书，之后他又写了第十卷单独成书为《海岛算经》。

西晋时期对南方的植物学和矿物学也进行了广泛的研究，有嵇含的《南方草木状》、万震的《南州异物志》和杨孚的《南裔异物志》等著作问世。

三国西晋的名医皇甫谧写了《针灸甲乙经》，西晋的太医令王叔和写了《脉经》。

战乱期间，人们生活艰辛漂泊不定，需要精神和心灵的安慰，于是佛教由印度传入中国，宣扬避世的道教兴盛。道教的养生术和炼丹术流行，客观上促进了化学和医学的发展。东晋的葛洪（公元 283～364 年）是道教学者、炼丹家和医药专家。他的著作有《抱朴子外篇》50 卷、《抱朴子内篇》20 卷、《神仙传》10 卷和医药专著《肘后救卒方》。他的炼丹术对化学也有贡献。南北朝时期的道教学者陶弘景（约在公元 456～536 年）著有《本草经集注》和《肘后百一方》等医药专著。

南朝的科学家祖冲之（公元 429～500 年）在数学、天文学和历法方面都有杰出贡献。郦道元（？～527 年）是杰出的地理学家，其著作《水经注》是中国和世界古代的地理学名著。

北朝的贾思勰（约在公元473~551年）是杰出的农业科学家，其著作《齐民要术》系统地收集、总结和论述了此前黄河中下游地区的农业生产经验和农业科学技术成果。

四 隋唐时期

隋朝（公元581~618年）虽然只有短暂的37年的历史，但它结束了360余年的割据分裂局面，实现了全国统一，有其巨大的历史意义。隋文帝先后实行了一系列改革措施。首先是定都长安，把南方门阀豪族迁到长安，并平定了南方豪族的叛乱，打击和削弱了门阀豪族势力，巩固了中央政权。在经济上实行均田制，对土地兼并加以限制，并减轻租徭役，扩大了自耕农民的数量，提高了农民的生产积极性，促进了农业生产力的发展。在社会上实行三长制，以加强户籍管理，隋朝先后进行了两次人口检查，隋文帝颁布了"输籍之法"，由政府规定各级民户应缴的赋税徭役数额，减少了豪强地主对农民的盘剥，调动了农民向政府纳税的积极性。隋文帝还实行了改革官制，在中央政权设三省六部制，地方官员由中央异地任免，三年一换，加强巩固了皇权。还把东汉末年以来的州、郡、县三级制改为州、县两级制，并县裁冗员，精简了机构，提高了工作效率。隋文帝废除了魏晋以来的九品中正制，隋炀帝设立进士科，实行分科取士的科举制度，改变了"上品无寒门，下品无世族"的局面，扩大了封建政权的阶级基础，巩固了中央政权。唐代进一步发展完善了这一制度。隋文帝还制订了新法律《开皇律》，废除一些酷刑，可逐级上诉至朝廷，死刑须经三次奏请，由中央的大理寺复按。它奠定了以后各朝代的法律基础。

这些改革措施的实行，促进了隋朝的经济社会发展，人民生活较为安定。人口由410万户增加到890万户，耕地面积由1900万顷增至5500万顷。到隋文帝晚年，粮食物资储备，"计天下储积，得供五六十年"（《贞观政要》卷八《论贡赋》）。隋炀帝继位，有了经济基础，就在洛阳建筑东都城；开凿南起余杭北至涿郡全长2000多公里的大运河，促进了南北交通经济社会文化的交流和发展，加强了国家的统一。

　　隋朝存在的时间不长，但科学技术还是取得了一些成就。在天文历法方面，刘焯（公元 544~610 年）制定当时最精密的《皇极历》，由于保守派的反对，未被隋朝采用，但后从唐朝起他的许多创新为后人所采用。耿询制造了用水力转动的浑天仪，和可移动的精巧的记时仪器刻漏。公元 7 世纪初，王孝通著有数学著作《缉古算经》，主要解决土方体积和勾股问题，及一元三次方程的数值解法。隋炀帝期间，巢元方等人奉诏主持编撰《诸病源侯论》（50 卷），是中国现存的第一部不载方药以论述各科病症病因和症候为主的医学著作，书中还记述了肠吻合术、大网膜结扎切除术、血管结扎术等外科手术的方法和步骤。隋晚期，孙思邈（约公元 581~682 年）著有《太清丹经要诀》，这是一部炼丹术的著作，列出 18 种秘方，炼制 14 种不同的丹药。隋朝设立了太医署，不仅是医务行政机构，而且还招收学生，传授医术，兼有医学院的作用。

　　在工程方面，李春设计建造了世界闻名的中国现存的赵州（今河北省赵县）安济桥。在隋朝最终开通了大运河，全长 2500 余公里。

　　由于隋炀帝大兴土木，过度消耗了大量人力、物力和财力，加重了人民负担，他的骄奢淫逸挥霍无度的巡游生活，炫耀武力三次征伐高丽，使得民不聊生，酿成隋末农民大起义。公元 617 年，太原留守李渊起兵反隋，于 618 年称帝，建立唐朝，隋朝灭亡。

　　唐朝（公元 618~907 年）建立后，于公元 624 年最后平定了各地的农民军和地方割据势力，统一了全国。唐朝初期，接受了隋后期的教训，励精图治。公元 627 年至 649 年唐太宗在位期间，基本承续了隋文帝改革举措，并进一步改进，制订推行了一系列政治、经济、军事等制度和法令，使社会经济得到巨大发展，人民生活安定，史称"贞观之治"。

　　经济上，唐王朝继续实行均田制，农民得到"受田"，出现不少自耕农，调动了生产积极性，促进了农业生产的恢复和发展。颁布租庸调法，租庸调按丁征收，规定了徭役的最高役期，使农民有较多时间从事生产活动。轻徭薄赋的政策，使农业获很大发展，农业生产技术有很大进步。贞观时期，全国耕作技术和灌溉技术显著提高，大力兴建引水、排水、蓄水等水利工程。耕地扩大，粮食产量大增，国家粮库充盈，至公元 749 年，国家粮库达 9600 万担。人口增加，"贞观之治"二十余年间，增加一百万户。

政治上，完善了隋朝的官制改革。中央政府仍为三省六部制，中书省掌制令决策，门下省掌封驳审议，并增有讽谏之职，鼓励群臣犯颜直谏。地方政府仍为州（有时为郡）、县两制。同时设立中央对地方的监察制度。唐完善了隋的科举制度，设制举和常举，前者由皇帝亲自主持不定期举行，后者年年由吏部（后改礼部）主持。士人可不拘门第资格。虽然算学也列为一科，但考试科目重点在儒家经典和诗赋。武则天时还增设了"武举"考试。科举比九品中正制是一大进步，但忽视经济和科学技术等实用之学，不利于创新人才的培育。

唐代重视教育，普遍设立官学，有中央官学和府、州、县的地方官学。中央官学最盛时达八千人，不少邻国也派人来唐求学。所授科目均以经学为主，也有算学科目。地方官学也含有医药方技学校。

实行府兵制，设置了一套庞大的、经常的而又能自给的兵力贮备体系，服现役者可免租税劳役，收到寓兵于农之效。兵力的强盛，使唐得以恢复在西域的统治，加强和巩固了西部边防；收复辽东加强了对东北的管辖；加强了唐朝对西藏和云南的权力，促进了汉、藏两个民族的友好团结，开发了云南地区，促进了西南各民族的融合。

农业的大发展，不仅物资丰富起来，而且提供了更多的劳动力，这就促进了手工业发展和技术的进步。唐朝的手工业比以前各朝都要发达。分官营和私营两类。官营的手工业，是为满足皇宫、政府、军队所需和营造，其规模庞大，按部门设立机构由官员掌管。中央政府设有少府监、将作监、军器监等。少府监，职掌纺织、印染、朝廷日用品、工艺品、仪仗、祭祀品等的生产，下设中尚署、左尚署、右尚署、织染署、掌冶署。还职掌训练工匠，根据不同工种的技术复杂和难易程度，培训期分别定为一至四年等，由教者传授家传技艺，并由考官进行季考和年终大考，工匠的制品都署本人的姓名。由此可见唐代手工业分工很细，技术要求很高。将作监职掌土木工程的政务，木工、土工、舟车工、石工、陶工等分别设专署管理。少府监和将作监，从全国的工匠中选拔工匠，是技术水准最高的。军器监职掌军械制造。

唐代私营手工业比以前朝代有显著发展。南北方交流频繁和对外贸易的扩大，是手工业发达的重要原因。纺织业是民间最广泛的手工业。织妇和农夫对盛唐的经济发展，做出同样的贡献。纺织技术有很大进步，民间出现一些具有卓异的特技，缭绫、轻绢、轻纱等。染色业也有了新技术，有柳氏女所创的印花法。

冶铸业也很发达。冶炼技术和铸造技术都有很大提高。

伴随着商业和对外贸易的发展，海运和河运交通促进了造船业的发展和造船技术的进步。唐德宗时，造出人力踏两轮的战舰。还发明了海船的涂漆加固并降低摩擦系数。

陶瓷业发展到新阶段，技术进入了由陶到瓷的完成阶段。社会上已普遍使用瓷器，制瓷窑遍布各地，邢州窑和越州窑是南北诸窑的代表。唐三彩就是唐代的一种名瓷。

磨面、制糖、印刷、造纸业的发展，也带动着技术进步。已出现一轴能转动五具磨的大型水磨。雕版印刷技术已达到较高水平。雕版印刷术，唐初已发明，后期已经大量印刷书籍。

在建筑工程方面，有许多重大成就，城市、宫殿、寺塔等工程都称著于世。

唐朝的水陆交通和海上交通很发达，进一步发展了驿传制度，在水陆交通要道上，每 30 里设一驿站，备有船只或马匹，全国共有 1600 多驿站。伴随着农业和手工业的发展，商业和对外贸易也繁荣兴盛起来。西北的陆路"丝绸之路"和东南海上从广州直到阿拉伯的商船队及山东、江浙往来日本、朝鲜的商船队使海上贸易也兴旺起来。

唐代，伴随社会经济的发展，不仅技术有了显著进步，科学也取得许多成就。

在天文学和历法方面，天文学家僧人一行（张遂，公元 683～727 年）在唐玄宗时，主持大衍历的测算和编撰工作，完成了有关历法方面的巨著 52 卷，大衍历成为直至明朝末历代修历所效仿的格式。他还是世界上发现恒星移动现象的第一人，比哈雷早千年；他也是世界上实际测量子午线长度的第一人。他还与人合作制造了有记时功能的水运浑天铜仪。李淳风（公元 602～670 年）也先后制成《乙巳元历》和《麟德历》，并著有《天文大象赋》和《晋书·天文志》，还制作了黄道浑仪。公元 758 年，改太史监为司天台，有人员 800 余。

唐代较为重视数学。李淳风还奉诏与他人合作注解算经十书（《周髀算经》《九章算术》《孙子算经》……《缉古算经》等），后颁布为国子监算学馆教材。唐高宗于公元655年，在国子监内设算学馆收学生30人专门学习数学，就以十部算经为主要教材。唐代在科举中设明算科，及第者在吏部诠叙，给以从九品下的官阶。

在医学方面，孙思邈（公元581～682年）总结前人著述，结合自己的临床经验，著有《备急千金要方》（30卷），《千金要方》和《千金翼方》（30卷），收集了5300多个药方和800余种药物。高宗时，苏敬（公元599～674年）等23名医官奉命编撰了《新修本草》54卷，收载850种药物，是世界上第一部由国家颁布的药典。公元739年，陈藏器为增补、解纷、考辨《新修本草》撰写了《本草拾遗》10卷。王焘（约公元670～755年）汇集了前此的医学资料编撰了《外台秘要》40卷收录6900余个药方。吐蕃医学家宇陀·元丹贡布（藏族，公元708～833年）结合汉医理论，吸收外来医学成果，编撰了藏医学经典著作《据悉》，即《四部医典》。

公元755年，爆发了安史之乱，唐朝走向衰落。藩镇割据，宦官专权，朋党之争，黄巢起义，公元907年唐朝灭亡。五代十国（公元907～1279年）是唐朝末年藩镇割据的继续和发展。北方黄河流域经历了梁、唐、晋、汉、周五个朝代；十个国，一个在太原，其余九个在长江流域及其以南地区。

五代十国期间，战乱和暴动频仍，社会动荡，人民流离失所，经济衰退。此时，南方比北方相对稳定一些，战祸少一些，北方人民向南方流动，给南方带来生产技术和劳动力，经济重心逐渐南移，从此南方的经济发展超过了北方。只要社会安定，经济就会发展，技术就会进步。此间，南方的农业发展，促进了水利工程建设。著名的钱塘江捍海石塘就是一例。

五 宋（公元960～1279年）元（公元1271～1368年）时期

五代的乱局到后周时有所好转，周世宗柴荣进行了经济、军事、吏治改革，国力充实，力图实现统一。公元960年，后周的禁军统帅赵匡胤发动兵变，建立北宋王朝。

北宋（公元960~1127年）于公元963年开展了军事行动，以结束割据纷争的局面，统一全国。至公元979年，实现了全国大部分地区的统一。但与北宋形成对峙的有北面契丹族的辽政权和西北面党项族的西夏政权。云南的大理和西藏的吐蕃也未在中央政权的管辖范围。同时，北宋兴修水利工程，开垦荒地，广拓田亩，发展生产，整治运河水陆交通，增加财政收入。为防止割据局面再重演，实行了"强干弱枝"政策，竭力加强中央集权，将政权、兵权、财权、司法权均集中于皇帝一人。提倡文人政治，严禁军人干政，守内轻外。这些政策措施对维护国家统一和发展社会经济发挥了作用。但北宋一直长期实行这样的政策，后来就致使兵多将弱，作战能力不强，行政效率低下，地方无所作为。北宋中叶社会矛盾尖锐，公元1069年王安石实行变法。他在财政上推行青苗法、农田水利法、募役法、市易法、方田均税法；军事上实施置将法、保甲法；教育上颁行"三经新义"，改革科举制度，他主张应举的员生要放下经典和诗文，而勤学历史、地理、经济、法律和医学等。他很重视科学技术，在中国历史上是难能可贵的。变法的目的是以期改变"积贫积弱"局面，振兴经济，富国强兵。变法虽然遭受保守派阻挠而失败，但在新法推行的前后十几年间，还是起了些作用。

北宋消除了割据纷乱的局面，实现了全国的统一，前期社会较为安定，社会经济就有了进一步的发展。农业有大的发展，农民开辟了许多新农田，南方以山田、圩田为多，垦田面积大大增加。公元1021年，全国垦田面积达524万余顷。到公元1064~1067年，垦田约为1000余万顷。农业生产工具进一步改进，出现人力推动的踏犁，插秧的秧马。南方已普遍使用龙骨车戽水，和引水上山的筒车。各种农作物品种得到推广，水稻抗旱力强、成熟快，可不择地而生。经济作物的种植如茶、棉、甘蔗等都有发展。农业亩产量也有提高，一般农田一担，稻田在2~3担。

宋朝有发达的手工业，技术进步显著。丝织业很发达，出现一些专业作坊，丝织品品种繁多，蜀锦的技术水准很高。制瓷业发展迅速，官窑和私窑都很发达。

伴随农业、手工业的发展，商业出现前所未有的繁荣，城市经济发达，乡村的集市贸易十分活跃。北宋政府征收的商税比唐朝增加许多，宋太宗时每年为 400 万贯钱，宋仁宗时增加到 2200 万贯钱。铸币量从唐朝较高年份每年 32 万贯铜钱，到宋神宗时达到 600 万贯。对外贸易也比唐朝发达。

北宋期间，在黑龙江和松花江一带的女贞族逐渐强大起来，公元 1115 年，大败辽军，称帝立国，国号为"大金"。金灭辽之后，大举南下，于公元 1127 年，俘虏宋朝的徽、钦二帝，掠走百姓 10 万余人，北宋灭亡。

同年，宋高宗即位，后迁都于临安，这个南方的偏安的政权，史称南宋。

南宋（公元 1127～1279 年）与北方的金形成隔江对峙的局面。北方人民不断大量流入南方，使南方人口大增。公元 1159 年为 1684 万人，到 1179 年已达 2950 万人。在相对稳定中，南宋的经济还是有所发展。农业、手工业、商业均很发达。

整个宋朝的经济发展超过了唐朝，又重文轻武，十分重视教育的发展，还改进了科举制度。宋初，国子监是全国最高学府，到仁宗后成为掌管全国学校的总机构。官学较唐朝更加平民化。宋朝的中央官学中设律学（法律）和医学。王安石变法，大举兴学，提出以学校养士替代科举取士，宋太学生最多达 3800 人。宋神宗时，在州府设立学官管理学校。宋朝确立了书院制度，有公立也有私立，可以自定教材、自由讲述，不受官府条例约束。著名的书院有白鹿洞、岳麓、应天府、石鼓、嵩阳等书院。南宋时书院多达 40 余所。

宋朝科学技术的发展达到中国农耕时代的最高峰。宋朝丝棉纺织业发达，技术有很大进步，已经有了纺车、弹弓、织机。宋代制瓷技术相当高超，景德镇、龙泉等名窑的瓷器堪为精品。制纸技术的提高，不仅拓宽了原料来源，而且能生产出各种品质优良的书写和印刷书画用纸。冶铁技术已广泛采用煤，提高了铁的质量。北宋时造船业已有较大发展，到南宋就更为发达，技术已达到制造大型海船的程度，配有指南针，宋的造船技术和航海技术居世界领先地位。在建筑工程方面，李诚（？～1110 年）在公元 1100 年完成的著作《营造法式》堪称中国古建筑工程的经典之作。

最著名的是印刷术、指南针和火药的三大技术发明。在唐初发明雕版印刷术的基础上，北宋中叶，公元 1041～48 年，毕升又发明了活字印刷术，用胶泥刻成一个个单字烧硬，用它们排版印刷，这一革命性的技术发明，后传入东亚和欧洲，在四百多年后，德国的符腾堡才制成字母活字。

在战国时，已发明"司南"。到北宋时，已广泛使用指南针，沈括还发现了地磁偏角。北宋末年，指南针已应用于航海。到南宋时，发明了罗盘针，即把指南针装置在刻有度数和方位的圆盘上，广泛用于海上航行。后传入阿拉伯和欧洲。

火药最初是道家在炼丹过程中发明的，唐末用火药制造了"飞火"，是用抛石机发射的攻城火器。宋朝改进了火药的配方，大量用于制造火器。公元1044年，曾公亮（公元999～1078年）与丁度（公元990～1053年）编撰的《武经总要》（全书40卷）成书，其中记载了三种主要的火药配方和工艺流程，及各种火器的制造方法。公元1132年，陈规发明了长竹竿火枪。公元1259年，安徽的寿春府又制出了能发射弹丸的突火枪。火药的制作大约在公元13世纪传入阿拉伯，欧洲在14世纪初，才从阿拉伯获得这一技术。

宋朝在科学上也获得了很高的成就。宋朝是中国数学高度发展的时期，其成就远远高于同时代的欧洲。北宋数学家贾宪的《黄帝九章算法细草》创立了"增乘开方法"，可以进行任意高次幂的开方，还制成了一个二项式定理系数表。南宋大数学家秦九韶（约在公元1195～1264年）精通天文历法，于公元1247年完成了《数书九章》，共18卷81题。杨辉在公元1267～1275年这15年间完成了《详解九章算法》、《日用算法》、《乘除通变本末》、《田亩比类乘除解法》、《续古摘奇算法》这五种共21卷数学著作。他还总结自己的多年经验，写成了《习算纲目》这一数学教育著作，具体给出各部分数学知识的学习方法、时间顺序和参考书目。北方金代的数学家李冶（公元1192～1279年）著有数学著作《测圆海镜》对"天元术"（一元高次方程）作了系统论述。中国的代数学在宋朝时期达到最高峰，遥遥领先于世界。

北宋时期，杰出的科学家沈括（公元1031～1095年）的著作《梦溪笔谈》，总结了北宋及其以前的各门科学的成就。著名科学技术史家李约瑟列表分析了该书的内容，论述到的科学技术，有论易经阴阳和五行、数学、天文学和历法、气象学、地质和矿物学、地理和制图、物理学、化学、工程冶金及工艺、灌溉和水利工程、建筑、生物科学及植物学和动物学、农艺、医药和制药。他认识到"这本书作为中国科学史的里程碑的重要性"（见〔英〕李约瑟《中国科学技术史》第一卷第一分册第290～291页，科学出版社，1975）。

宋朝医学也有杰出的成就。沈括和苏东坡合著了《苏沈良方》。北宋王惟一设计铸造了两个针灸铜人，标定穴位和穴名，并写成《铜人腧穴针灸图经》，制成石刻流传。北宋杨子建的《十产论》和南宋陈自明的《妇人大全良方》均为妇产科名著。宋时国家曾命令全国著名医家进献效验秘方，经太医局验试，然后制成药剂出售。宋代经百年几代人的努力，编撰了《太平惠民和剂局方》。北宋民间医生唐慎微编撰了《经史证类备急本草》，收录药物1746种，后屡为政府修订颁行。南宋法医学家宋慈著有《洗冤录》，为世界首部法医学著作。公元1111年前后，12位名医编撰了御医百科全书《圣济总录》。

元朝（公元1271～1368）蒙古族是一个有悠久历史的民族，成吉思汗统一了在蒙古大草原上的各个部落后，于公元1206年，建立了奴隶制的蒙古汗国。先后灭西夏、金、西辽，西征至欧洲的匈牙利、地中海，中东至巴格达、叙利亚、伊朗，南抵印度洋。公元1271年，忽必烈改国号为"大元"，命名新都城为大都（今北京）。多次伐宋，1279年南宋彻底灭亡。人民遭受民族和阶级双重压迫，南北方人民不断进行反抗活动。

元统一全国后，改变了轻视农业的态度和做法，在恢复和发展农业生产上采取了一些措施。政府设立管理农业的机构，规定不得打猎践踏农田，不得占农田为牧场，开垦荒田，兴修水利，推广种植棉花。忽必烈命令组织人编写《农桑辑要》，并颁行全国。元比较重视手工业的发展。总的说来，元的社会经济还是有所发展。元的水陆交通发达，是历史上古代驿站最发达的时期。商业和对外贸易也很兴旺。与亚洲、欧洲、非洲都有经济、文化和科技交流。

元代科学技术的发展也未中断。大科学家郭守敬（公元1231～1316年）在科学技术方面主要有三大贡献，"一曰水利之学，二曰历数之学，三曰仪象制度之学。"他奉命修历，为了实测，制作了一系列观测仪器，又在全国设立了27个测景所，在观测的基础上研究制定了《授时历》，确定

365.2425 日为一年，误差仅为 26 秒。还在北京建了天文台。数学家朱世杰著有《算学启蒙》和《四元玉鉴》。

金元时期有四大医家，金代是刘完素、张从正、李杲，元代是朱震亨（公元 1281～1358 年）。朱震亨的医学著作有《伤寒论辨》《外科精要发挥》《格致余论》《局方发挥》和《本草衍义补遗》等

王祯是元代著名的农学家和农具专家。他于公元 1313 年完成《农书》，这是中国农学史上第一部兼论南北、注重技术方法比较、从全国范围总结农业生产经验的农书。书中的"农器图谱"部分，也是流传至今的中国最早的图文并茂的人畜（水）力农具典籍。还有鲁明善著的《农桑衣食撮要》也是重要的农书。

六　明（公元 1368～1644 年）
清（1644～1911 年）时期

在元末农民大起义中朱元璋取得政权称帝，于公元 1368 年建立明朝。为消除元末战乱造成的社会经济破坏，明初实行了一些恢复发展社会经济的政策措施：放还战乱中的奴隶为民，庶民之家不准养奴婢，解除佃户的贱民身份，改善手工业匠户的地位，以提高劳动生产积极性；奖励垦荒，鼓励种植桑棉；实行军队屯田自养，减少军费开支；兴修水利，减轻商税。这样社会经济得以恢复和发展，出现了繁荣景象。

明中期以来，政治日趋腐败，宦官专权，剧烈的土地兼并、赋役和地租加重，民怨沸腾，农民起义此起彼伏。这样就导致出现了张居正的改革。张居正从 1572 年为内阁首辅起，执政十年，实行种种改革。整顿吏治，整饬边防，兴修水利，清丈土地，推行一条鞭法，减轻了农民负担，摆脱了部分劳役束缚，对封建国家的人身依附关系有所松弛，赋役一概征银，促进了商品经济的发展。这就使得明朝中后期社会经济蓬勃发展。

明前期社会经济的发展主要还是耕织结合的传统经济的发展，而张居正改革后社会经济的发展主要标志则是商品经济的发展。商品经济在农业经济中也逐渐发展起来，农业生产从前期的量的增长和规模扩大，转变为劳动生产率的提高，经济作物的扩大，促进了商业性农业的发展。这样，

手工业生产的规模、能力、工具、工艺、分工、劳动组织、管理经验都比前期大有提高和改进。手工业已从农业的副业转变为独立的手工业，有的手工作坊已转变为手工工场。在农业和手工业新的发展基础上，出现了商业的空前繁荣，商人的群体和集团出现了，各地市场连为一体，商品交换空前活跃，全国性商业市场形成，国外贸易大有发展。城市、市镇、集市的发展和兴起是明代商品货币经济繁荣的综合体现。明代中后期发达的商品流通、雄厚的商人资本和贸易自由程度的增大，促进了社会分工和产品向商品的转化，促进了商品生产者分化为资本所有者和劳动力所有者，对传统的封建经济结构和运行机制产生了较强的分解和冲击作用，为资本主义生产关系萌芽提供了历史前提。

遗憾的是明末的黑暗政治、党争、社会和阶级矛盾加剧酿成农民起义，明朝灭亡，满族入侵，丧失了社会经济向资本主义发展的可能。

明代的科学技术发展出现了一个新情况，西方传教士陆续来到中国，传入了西方的科学技术知识，对中国古代的科学技术开始发生影响。崇祯年间，由徐光启、李天经主持修订历法，就聘请传教士汤若望、罗雅各等参加，著成了《崇祯历书》。书中较系统地介绍了欧洲的天文学著作，吸收了欧洲历法的成果。它比《大统历》准确，和日月星辰的运行及节气的变化都相符合。但明未来得及实行，到清初，由汤若望进呈颁行，改称《时宪历》，一直用到清末。

徐光启（公元 1562~1633 年）不仅主持完成了《崇祯历书》，还和传教士利玛窦合作翻译了《几何原本》，又翻译了《泰西水法》，介绍了欧洲取水、蓄水等的方法和器具。他在农学方面完成了巨著《农政全书》60 卷，70 余万字。他深谙欧洲的先进技术，多次上疏，建议引进欧洲的火炮制造技术。

与徐同时期，利玛窦和李之藻合作翻译了《同文指算》，传入了中国以前所没有的西方笔算法。汤若望还著有《远镜说》，传入了西方光学知识，解释了望远镜原理、制法和用法。《远西奇器图说》（由传教士邓玉函口授，王征笔译）介绍了西方力学原理及其应用器械。西方的地理知识和火炮制造及使用等知识也都传入中国。

李时珍（公元 1518~1593 年）完成的《本草纲目》52 卷，190 余万字，记载了 1892 种药物，有动植物插图 1100 余幅。不仅对药物学和医学做出重大贡献，而且对博物学和植物分类学也做出了贡献。

宋应星（公元 1587～1666 年）的杰出著作《天工开物》共 16 卷，全面真实地记述了中国古代农业和手工业各个部门所取得的技术成就及其生产过程和工艺。他对物理学的一些理论问题也有探讨。

徐霞客（公元 1586～1641 年）不应科举，一生游历考察各地山川，写成《徐霞客游记》20 卷，40 万字。该书不仅是重要的地理学著作，而且对西南地区的石灰岩地貌的记载也是世界上最早的，在科学上有很高的价值。

明朝在工程技术方面取得许多成就。北京的皇城（今故宫）、天坛、明长城堪称建筑工程技术成就的代表作品。明代的冶炼技术有很大提高，已使用焦炭炼铁。造船技术已是世界先进水平，郑和七下西洋的巨大海船及其庞大舰队也创造了当时航海技术的奇迹。

清朝 1644 年，清军击溃李自成的农民起义军，进占北京，多尔衮于 10 月 1 日颁诏称帝建立清朝。清军先后消灭了李自成和张献忠的军队，及明朝的残余势力，镇压了各地人民的反抗斗争。1662 年抗清的郑成功军队击败荷兰军队，收复台湾。1681 年，清朝历经 8 年平定了三藩之乱。1683 年，台湾归顺清朝。历经康熙、雍正、乾隆三代完成了统一大业。

明末清初，长达几十年的战乱，社会经济遭受严重破坏，恢复农业生产是当务之急，为此，康熙、雍正、乾隆采取了一系列的政策措施。为鼓励人民开垦无主荒地，康熙把垦荒免税放宽到 10 年。全国耕地面积不断扩大，1661 年为 540 余万顷，到 1766 年已达 780 余万顷。清政府还治理战乱造成的河患，修筑海塘。施行减免赋税，摊丁入亩，废除子孙世代为匠户的匠籍制度。颁令允许八旗家奴"独立开户"、赎身为民和出旗为民，有利于解放生产力和社会进步。

以上这些政策措施使康熙、雍正、乾隆三朝，社会经济得到恢复和发展。粮食产量明显增长，经济作物种植面积扩大，手工业也迅速发展起来，特别是民营手工业有较大发展。丝织和棉织业、制瓷业都有新的发展，技术和工艺水平也有提高。制盐、糖业、造纸、印刷、造船业、矿冶业等均有发展。

清朝时期，正是西方资本主义发展和工业革命蓬勃展开的时期。1651

年，霍布斯出版《利维坦》，提出"社会契约"论。1690 年洛克出版《政府论》，认为统治者只拥有有限权威，他们的统治必须受到平衡的政治体制和权力分立的制约。18 世纪欧洲思想启蒙运动深入发展，大多数国家的王室统治者遭受到严厉批评和反对，社会上民主情绪高涨。而清朝统治者却在加强封建思想统治，推行文化专制主义，提倡尊孔与推崇理学，大兴文字狱，不许对清朝有任何怨望之言。文网之密远过前代，人民动辄以文字得罪，横遭奇祸，家亡族灭。科举的八股文考试严重束缚人的思想和才智的发展。禁海和闭关锁国政策不仅限制了贸易和经济发展，也限制了科学技术和文化的交流。吏治败坏，统治集团奢侈腐化，社会和阶级矛盾尖锐，各族人民起义此起彼伏。

清朝这一时期，西方的近代科学蓬勃发展，技术革命和产业革命风起云涌，西方从 17 世纪开始进入工业文明时代，但中国的社会经济和科学技术总体上仍在农耕文明时代的水平上。

清代在天文历法和数学方面取得了一些成就。天文学家王锡阐（公元 1628 ~ 1682 年）兼采中西之长，著有《晓庵新法》（6 卷）等书。他提出了日月食初亏和复圆方位角计算的新方法，发明了计算金星、水星凌日的方法，还提出了细致计算月掩行星和五星凌犯的初、终时刻的方法。他特别重视天文观测的实践。

梅文鼎（公元 1633 ~ 1721 年）不肯为官，毕生从事天文和数学研究。他的天文学著作有 40 余种。其主要成就在数学方面，《梅氏丛书辑要》收有他的数学著作 13 种 40 卷，取中西之长，建树颇多。在康熙帝的支持下，于 1690 ~ 1721 年在法国传教士译稿的基础上，由梅文鼎的孙子梅珏成等人编成了《数理精蕴》这部介绍西方数学知识的百科全书。

明安图（公元? ~ 1765 年）蒙古族，著有《割圆密率解法》，证明和扩充了用解析方法求圆周率的公式。他在天文学和大地测量学方面也有贡献。

在医学方面，王清任（公元 1769 ~ 1832 年）所著《医林改错》一书，对脏腑解剖学大胆探索，对活血化瘀理论进一步充实，并广泛应用于临床各科诊治。

清朝在建筑工程技术方面取得很大成就。宫殿、园林、皇陵、庙宇独具风格和特色。古代中国的建筑工程技术发展到清代已日趋程式化,在建筑设计方法上有重大创新,即建筑式样的设计立体模型化、形象化。在这方面作出最大贡献的是宫廷匠师雷氏家族。雷氏家族从事了整个清朝的所有宫廷、皇家陵园建筑,人称"样式雷"。

从明朝万历帝至清康熙百余年间,西方传教士把西方的科学技术知识传入中国。康熙皇帝对自然科学有浓厚兴趣,他向传教士南怀仁学习几何学、天文、物理、测量和医学,还在宫中设立研究化学和药学实验室,请传教士在内廷讲学。康熙皇帝组织领导全国地图的测绘工作,由朝廷派员与西方传教士组成测绘队,从公元1708年开始,到1718年,终于绘制成了《皇舆全图》。这不仅在中国是创举,当时在世界也名列前茅。后来,乾隆皇帝派人测绘新疆各地,完成了《西域图志》。公元1762年,乾隆皇帝又命人在这两个图的基础上,最后绘制成了《皇舆全览图》。这一成就说明了中国古代科学吸收近代西方科学技术,中学与西学结合是一条发展科学技术的正确道路。

可是,1723年雍正皇帝下令把西方传教士赶出中国,从此,西方近代的科学技术知识的传入停顿了百余年。而此时正是西方近代科学技术飞速发展的时期,中国的科学技术被远远地甩在后面。

1840年的鸦片战争中国战败了,后来的第二次鸦片战争也战败了,对中国是个极大的警醒。一些具有进步思想的知识分子提出了改良朝政和向西方学习的主张,如龚自珍(公元1792～1841年)、魏源(公元1794～1857年)、林则徐(公元1785～1850年)等人。

19世纪60～90年代,清朝上层统治集团内部出现了"洋务派",掀起一股兴办洋务的热潮。"洋务运动"的主要代表人物是曾国藩、李鸿章、张之洞和恭亲王奕䜣等人。他们不仅向西方购买近代的武器和战舰,还兴办各种近代的工厂、矿山、铁路、电报和电话等实业。清朝公派留学生去国外学习西方的科学技术,并设立译书馆,翻译出版有关西方进代科学技术书籍。近代科学技术和近代工业在中国逐渐发展起来。中国开始了从农耕文明向工业文明转变的艰难的历史进程。

从工业文明时期近现代世界科学技术发展的历史经验来看,科学技术的发展与社会文化变革具有深刻的关联。近现代科学的出现,源于欧洲文化内部的巨大转折，之后，世界科学技术中心的每一次形成，以及由此而导致的新的经济中心的形成，无不伴随着文化变革。欧洲文化传统之外的其他民族，在接受、发展科学技术的同时，也都伴随重大的有时候甚至是剧烈的文化变革。近代科学主要源于古希腊传统的科学思想，通过欧洲文艺复兴运动和启蒙运动，获得了长足的发展。14～16世纪，始于意大利的欧洲文艺复兴运动，在观念上直接对中世纪以来的思想文化禁锢，具有巨大的突破和解放作用。她在倡导回复历史传统的同时实现了推进人类文明的进步。这是一个发现"人"和"自然"的时期，"人"的发现，人性的高扬是对"神性统治"的反叛，"自然"的发现，对自然规律的探索是对"上帝万能"的否定。前者是在人文领域中发动的思想解放运动；后者是在科学领域中发动的科学革命运动，二者互动交融，相互支持，互相配合，互相激荡，极大地推动了社会历史的进程。直至现今这种多元、互动和开放的整体文化氛围以及人文主义价值观，仍渗透在政治、科技、法制等方面，对世界具有巨大的文化影响。随后，英国、法国、德国科学技术的发展，是与欧洲的启蒙运动相伴随的。科学理性和人文精神在启蒙运动时期得以高扬和广泛传播，使得从文艺复兴开始的反对宗教神学统治的斗争取得了彻底的胜利，为科学的发展营造了良好的思想文化氛围。

清代末期的洋务运动只想在保持清朝的腐败制度的情况下，通过购买西方的科学技术实现工业化，是根本行不通的。农耕文明向工业文明的转变，农耕文明时期的古代科学技术向工业文明时期的近现代科学技术的发展，必然伴随着经济、社会、思想和文化的变革。

戊戌变法就是在这种变革的形势要求下发生的。1895年，康有为和梁启超等联络了在京应试的举人1300余人议论天下大事，草拟了一万数千言的条陈，这就是有名的《奏请拒和迁都练兵变法以保疆土延国命书》（又名《公车上书》）。这篇充满爱国激情的上书，有一个基本观点，就是以"开创之势"而不是以"守成之势"去应对变革的要求。它说："窃以为今之为治，当以开创之势治天下，不当以守成之势治天下；当以列国并立之势治天下，不当以一统垂裳之势治天下。盖开创则百度更新，守成则率由旧章；列国并立则争雄角智，一统垂裳一则拱手无为。"面对列国并立的激烈竞争，必须以开创和竞争的态势去应对挑战，它反映了19世纪末一批知识分子的基本看法。它还讲："凡一统之世，必以农立国，可靖民心；并争之势，必以商立国，可侔敌利，易之则困敝矣。""且夫古之灭国以兵，人皆知之；今之灭国以商，人皆忽之。"它还特别强调教育的重要性，提出教育强国的观点，它讲："才智之民多则国强，才智之士少则国弱。"认为应改革科举制度，遍开书院，分立学堂，大力提倡西方的科学技术知识和经济贸易知识，培养各类实用人才。（《中国历代奏议大典》第 4 卷 786～795 页，丁守和等主编，哈尔滨出版社 1994 年版）这些思想在当时的中国起着振聋发聩的作用。但戊戌变法失败了，中国从农耕文明向工业文明的转变仍在艰难痛苦中缓慢前行。

主要参考书目

〔美〕爱德华·麦克诺尔·伯恩斯、菲利普·李·拉尔夫：《世界文明史》（1～4 卷），商务印书馆，1987。

〔英〕斯蒂芬·F. 梅森：《自然科学史》，上海人民出版社，1977。

〔英〕李约瑟：《中国科学技术史》，科学出版社，1975（1990 年全译本）。

〔美〕罗伊·T. 马修斯和德维特·普拉特：《西方人文读本》，东方出版社，2007。

〔法〕保尔，芒图：《十八世纪产业革命》，商务印书馆，1983。

郑师渠总主编《中国文化通史》，北京师范大学出版社，2009。

范文澜：《中国通史》，人民出版社，1965。

卢嘉锡总主编《中国科学技术史》（年表卷），科学出版社，2006。

吕思勉：《白话本国史》，中国友谊出版公司，2009。

本文原刊于《中国古代科技文化及其现代启示》（中国社会科学出版社，2016）

儒家文化的"常道"与"新命"

李存山[*]

一 "常道"与"新命"解题

孔子"祖述尧舜，宪章文武"，删述六经，创建儒家学派。如民国时期的著名学者柳诒徵所说："自孔子以前数千年之文化，赖孔子而传；自孔子以后数千年之文化，赖孔子而开。"[①] 在这一起承转合中，孔子对华夏文化的相"因"继承和"损益"发展有着自觉的意识。如他在回答子张问"十世可知也"时说："殷因于夏礼，所损益，可知也；周因于殷礼，所损益，可知也。其或继周者，虽百世可知也。"（《论语·为政》）这里的"因"可以说就是文化连续性发展的"常道"，而"损益"就是对原有的文化有所减损和增益，以实现文化创新性发展的"新命"。

孔子说"百世可知也"，据古注，"父子相继为世"，一世三十年，"百世"就是三千年。孔子距离我们已有两千五百多年，而我们现在也仍处在孔子所说的"百世"之内。孔子对文化发展既有相"因"又有"损益"的认识，符合文化发展的辩证法，因此，它也仍适用于现代。

在中国现代哲学史上，张岱年先生最早运用辩证法来揭示"文化之实

---

* 李存山，中国社会科学院哲学研究所研究员。
① 柳诒徵：《中国文化史》，上海古籍出版社，2001，第263页。

相"。如他在 20 世纪 30 年代就曾指出:"惟用'对理法'(按即辩证法),然后才能见到文化之实相。……惟用'对理法',才能既有见于文化之整,亦有见于文化之分;既有见于文化之变,亦有见于文化之常;既有见于文化之异,亦有见于文化之同。"① 这里说的"文化之整"就是文化的系统性;而"文化之分"就是对构成文化系统的不同要素是可以进行"析取"(分析择取)的。所谓"文化之变"就是文化发展的变革、阶段性;而"文化之常",就是文化发展的连续、继承性。所谓"文化之异",就是不同民族文化的特殊性、民族性;而"文化之同",就是蕴含在不同民族文化之中的普遍性、世界性。

在文化之"整与分""变与常""异与同"的三对辩证关系中,"变与常"居于更重要的地位。"常"就对应于孔子所说的"因","变"就对应于孔子所说的"损益"。在中国近现代所处"数千年未有之变局"中,国人更重视的是"变",而五四新文化运动之后更有对唯物史观的简单化、机械化理解。张岱年先生当时接受了唯物史观,但他更重视其中所本有的辩证法。他说:"文化以生产力及社会关系的发展为基础,生产力发展到一新形态,社会关系改变,则文化必然变化。""中国的旧文化既不能保持原样,那么,是否就要整个地将其取消呢?将其扫荡得干干净净呢?不!只有不懂唯物辩证法的人,才会有这种主张。""文化在发展的历程中必然有变革,而且有飞跃的变革。但是文化不仅是屡屡变革的历程,其发展亦有连续性和累积性。在文化变革之时,新的虽然否定了旧的,而新旧之间仍有一定的连续性。"② 此即张先生关于文化发展的"变中有常"的观点。

"常"或"因"是文化发展的连续性,而"变"或"损益"就是要实现文化发展的"新命"。冯友兰先生在 1946 年为西南联大作的纪念碑碑文中写道:"我国家以世界之古国,居东亚之天府,本应绍汉唐之遗烈,作并世之先进。将来建国完成,必于世界历史,居独特之地位。盖并世列强,虽新而不古;希腊、罗马,有古而无今。惟我国家,亘古亘今,亦新亦旧,

---

① 《张岱年全集》第 1 卷,河北人民出版社,1996,第 248~249 页。
② 《张岱年全集》第 1 卷,第 153~155 页。

斯所谓'周虽旧邦，其命维新'者也。"① 这里的"亘古亘今，亦新亦旧"，就是讲中国文化既有"旧邦"的连续性，也有从古代到现代的"新命"。

冯先生于1982年到美国哥伦比亚大学接受名誉文学博士学位时所作的答词中说："我生活在不同的文化矛盾冲突的时代。我所要回答的问题是如何理解这种冲突的性质；如何适当地处理这种冲突，解决这种矛盾；又如何在这种矛盾冲突中使自己与之相适应。""我经常想起儒家经典《诗经》中的两句话：'周虽旧邦，其命维新。'就现在来说，中国就是旧邦而有新命，新命就是现代化。我的努力是保持旧邦的同一性和个性，而又同时促进实现新命。"② 所谓"不同的文化矛盾冲突的时代"，就是中国在近现代所经历的"数千年未有之变局"。在此"变局"中，"保持旧邦的同一性和个性（identity）"，就是要传承和弘扬中国文化的"常道"；而"实现新命"，就是要实现中国特色的现代化。

二　反思儒家文化的"常道"

中国文化以儒家文化为主流或主干，儒家文化的"常道"实也就是中国文化的"常道"。孔子讲了夏、商、周三代之礼（文化）的相"因"和"损益"，但他并没有说出此相"因"的具体内容是什么。后儒对此有解释，我们是否能够接受后儒的解释，我们站在新的历史高度能否对此有新的理解，这是需要我们反思的。

董仲舒在《举贤良对策》中引用了《论语》的"殷因于夏礼"章，他说："此言百王之用，以此三者（忠、敬、文）矣。夏因于虞，而独不言所损益者，其道如一而所上同也。道之大原出于天，天不变，道亦不变，是以禹继舜，舜继尧，三圣相受而守一道，亡救弊之政也，故不言其所损益也。繇是观之，继治世者其道同，继乱世者其道变。今汉继大乱之后，若宜少损周之文致，用夏之忠者。"（《汉书·董仲舒传》）在董仲舒看来，因为孔子讲了夏、商、周三代之间有"损益"，而没有讲尧、舜、禹之间有

---

① 冯友兰：《三松堂自序》，人民出版社，1998，第349页。

② 冯友兰：《三松堂自序》，第354页。

"损益",所以"禹继舜,舜继尧"就是"三圣相受而守一道","道之大原出于天,天不变,道亦不变"(此句并非如后儒所解释是讲"三纲");而夏、商、周三代之间是"继乱世者其道变",也就是有"忠、敬、文"的损益循环,汉代承周乱之后,故应"少损周之文致,(而)用夏之忠者"。董仲舒重在讲夏、商、周三代的损益循环,他也没有讲所"因"的内容是什么。

董仲舒在《举贤良对策》中有"五常"之说,在《春秋繁露》中又有"三纲"之说①。此两说都受到后儒的重视,而把"三纲"与"五常"连言,且把"三纲五常"说成就是夏、商、周三代所"因"者,始于东汉末的经学家马融。曹魏时期何晏的《论语集解》在解释"殷因于夏礼"章时引马融之说:"所'因',谓三纲五常也;所'损益',谓文质三统也。"自此之后,凡是对"殷因于夏礼"章的解释,都众口一辞,采纳了马融之说。如南北朝时期皇侃的《论语义疏》说:"马融云'所因,谓三纲五常'者,此是周所因于殷,殷所因于夏之事也。……虽复时移世易,事历今古,而三纲五常之道不可变革,故世世相因,百代仍袭也。"北宋初年邢昺奉诏作《论语注疏》,亦引马融之说,疏云:"三纲五常不可变革,故因之也。"南宋朱熹的《论语集注》也同样引马融之说,注云:"三纲五常,礼之大体,三代相继,皆因之而不能变。其所损益,不过文章制度,小过不及之间。"

在《论语》注释史上,对"殷因于夏礼"章注释的变化,始于近代康有为的《论语注》,他对此章的注释是:"《春秋》之义,有据乱世、升平世、太平世。……孔子之道有三统三世,此盖借三统以明三世,因推三世而及百世也。……人道进化皆有定位,……由独人而渐立酋长,由酋长而渐正君臣,由君主而渐为立宪,由立宪而渐为共和。……此为孔子微言,可与《春秋》三世、《礼运》大同之微旨合观,而见神圣及运世之远。"显然,康有为是用西方的社会进化论来诠释《春秋》公羊学的三世说,又将此"微言大义"移用到对《论语》的注释中。在这里"三纲五常不可变

---

① 董仲舒在《举贤良对策》中说:"夫仁、谊、礼、知、信五常之道,王者所当修饬也。"在《春秋繁露·基义》中说:"君臣、父子、夫妇之义,皆取诸阴阳之道,……王道之三纲,可求于天。"

革"的思想已经被"君主制—君主立宪制—民主共和制"的进化论所取代了。

然而，在戊戌变法时期张之洞作《劝学篇》，"绝康、梁并以谢天下"①。他在此书的《明纲》中说："'君为臣纲，父为子纲，夫为妻纲'，此《白虎通》引《礼纬》之说也。……圣人所以为圣人，中国所以为中国，实在于此。故知君臣之纲，则民权之说不可行也；知父子之纲，则父子同罪、免丧废祀之说不可行也；知夫妇之纲，则男女平权之说不可行也。"张之洞在"三纲五常"中更加突出了"三纲"，而依此"三纲"之说，则中国近代的政治制度和社会伦理的变革都"不可行也"。

历史的车轮当然不是"三纲"所能阻挡的。虽然戊戌变法失败了，但是此后的辛亥革命以及五四新文化运动等都突破了"三纲"的束缚，而使中国的政治制度和社会伦理发生了很大的变革。若依"圣人所以为圣人，中国所以为中国"就在于有"三纲"的说法，我们是否违反了圣人之教，而中国就已不是中国了呢？其实"圣人所以为圣人，中国所以为中国"并不在于有"三纲"，在中国上古的"二帝"（尧舜）、"三王"（夏商周）时期乃至先秦儒家孔、孟、荀的思想中，虽然重视父子、君臣、夫妇、兄弟和朋友等人伦道德，但是还没有"三纲"的绝对尊卑和绝对主从的思想。"三纲"之说实际上是汉儒为了适应"汉承秦制"而作出的"损益"，如其减损了先秦儒家的"勿欺也，而犯之"（《论语·宪问》）、"惟大人为能格君心之非"（《孟子·离娄上》）、"从道不从君"（《荀子·臣道》）以及"天行有常，不为尧存，不为桀亡"（《荀子·天论》）的思想，而增益了"屈民而伸君"、讲阴阳灾异"谴告"等。质言之"三纲"只是一种"变"，而非儒家文化的"常道"。

那么，何为儒家文化的"常道"呢？我认为，儒家文化真正的"常道"应是先秦儒家与秦后儒家所一以贯之、始终坚持、恒常而不变、具有根本的普遍意义的那些道理、原则、理想或理念。以此为判据，儒家文化的"常道"可以说是：崇尚道德、以民为本、仁爱精神、忠恕之道、和谐

---

① 辜鸿铭在《张文襄幕府纪闻·清流党》中说："文襄（张之洞）之作《劝学篇》，又文襄之不得已也，绝康、梁并以谢天下耳"（见《辜鸿铭文集》上，海南出版社，1996，第419页）。

社会。

在这五条中，崇尚道德、以民为本、和谐社会的价值取向从“祖述尧舜，宪章文武”就已是如此了。如《尚书》所谓：“（帝尧）克明俊德，以亲九族；九族既睦，平章百姓；百姓昭明，协和万邦。黎民于变时雍。”（《尚书正义》：“‘雍’即和也”）“天聪明，自我民聪明；天明畏，自我民明威。”“天视自我民视，天听自我民听。”“民之所欲，天必从之。”“正德、利用、厚生，惟和。”“庶政惟和，万国咸宁。”毫无疑义，先秦儒家与秦后儒家对此都是传承和弘扬的。

孔子创建儒家学派，把“仁”提升到道德的最高范畴，使其成为统率诸德目的“全德之名”。仁之本为“孝悌”，仁之义为“爱人”，此“爱人”是由“亲亲”“敬长”而“达之天下”的人类普遍之爱，进而可以泛爱万物，即孟子所说“亲亲而仁民，仁民而爱物”。此普遍之爱的行仁之方即是忠恕之道，亦即“己欲立而立人，己欲达而达人”，“己所不欲，勿施于人”。毫无疑义，先秦儒家是如此，秦后儒家也同样是如此。

概言之，以上说的“崇尚道德、以民为本、仁爱精神、忠恕之道、和谐社会”是儒家文化乃至中国文化的“常道”。此五条，缺一即非儒家；而中国文化之所以为中国文化，其核心价值也正在这里。①

当然，对儒家文化的“常道”还可以有不同的或更好的表述。如习近平总书记在 2014 年 2 月 24 日政治局集体学习时指出：“培育和弘扬社会主义核心价值观必须立足中华优秀传统文化。牢固的核心价值观，都有其固有的根本。抛弃传统、丢掉根本，就等于割断了自己的精神命脉。”这里说的“固有的根本”“自己的精神命脉”，当就是中国文化的“常道”。习近平特别强调：“深入挖掘和阐发中华优秀传统文化讲仁爱、重民本、守诚信、崇正义、尚和合、求大同的时代价值，使中华优秀传统文化成为涵养社会主义核心价值观的重要渊源”。我认为，这里的“讲仁爱、重民本、守诚信、崇正义、尚和合、求大同”，可以说是对儒家文化乃至中国文化之“常道”的一个精辟概括和表述，这也正是我们要传承和弘扬的中华优秀传

---

① 参见拙文《反思儒家文化的“常道”》，《孔子研究》2011 年第 2 期；《中国文化的“变”与“常”》，《中国高校社会科学》2014 年第 3 期。

统文化。因此，我曾以"新三字经"的形式对这六条作了阐发。①

三 继承"常道" 实现"新命"

儒家文化有其优秀的传统，但是近代以来在"数千年未有之变局"中面临着实现现代化的"新命"。而要实现这一"新命"，就必须有所"损益"。"损"就是要损掉那些"陈旧过时或已成为糟粕性的东西"，而"益"就是要增益那些具有普遍性的现代性的内容，将其与中国文化的"常道"融会贯通，从而实现"传统文化的创造性转化、创新性发展"。

习近平在纪念孔子诞辰 2565 周年大会的讲话中说："传统文化在其形成和发展过程中，不可避免会受到当时人们的认识水平、时代条件、社会制度的局限性的制约和影响，因而也不可避免会存在陈旧过时或已成为糟粕性的东西。这就要求人们在学习、研究、应用传统文化时坚持古为今用、推陈出新，结合新的实践和时代要求进行正确取舍，……坚持有鉴别的对待、有扬弃的继承，……努力实现传统文化的创造性转化、创新性发展，使之与现实文化相融相通，共同服务以文化人的时代任务。"

对传统文化的"常道"要相"因"继承，对传统文化又要有所"损益"，这就是文化发展的"变与常"。传统文化是一个系统，而其中"不可避免会存在陈旧过时或已成为糟粕性的东西"，因此，我们要"结合新的实践和时代要求进行正确取舍，……坚持有鉴别的对待、有扬弃的继承"，这就是文化的"整与分"。我们要"实现传统文化的创造性转化、创新性发展"，就必须"积极吸纳"（增益）那些普遍的"跨越时空、超越国度、富有永恒魅力、具有当代价值"的文化内容，将其与中国文化的特色相结合，这就是文化的"异与同"。

汉代的王充曾经说："知古不知今，谓之陆沉"；"知今不知古，谓之盲瞽"（《论衡·谢短》）。我们既要知古又要知今，也就是要"通古今之变"，而且要知道"变中有常"。那么，中国的古今之间有哪些重要的变化呢？我认为，起码有四个方面的变化是最重要的。首先是在社会经济方面，从以

---

① 参见拙文《新三字经》，《光明日报·国学版》2015 年 1 月 26 日。

农业为主的社会已经转变为以工商为主的市场经济；第二是在政治制度方面，从君主制已经转变为民主共和制；第三是在教育制度方面，从服务于君主制的科举制已经转变为服务于社会多种需要的现代教育制度；第四是在思想观念方面，从经学的"权威真理"的思维方式已经转变为广义的"哲学"或"学术"的思维方式。

这四个方面的变化，虽然还存在着许多问题，但是要想变回去，已经不可能了。这可能就像中国历史上从封建制、井田制转变为秦以后的郡县制、名田制一样，虽然郡县制、名田制不是儒家所理想的，但是要想变回去已经不可能了。秦以后的儒学一方面批判郡县制、名田制的弊病，另一方面实际上也适应了郡县制、名田制。我认为，儒家文化要实现现代化的"新命"，一方面要协调、适应这四个方面的变化，另一方面也要转化或优化这四个方面所出现的问题。

1. 儒家文化与市场经济

儒家文化崇尚道德，并不反对市场经济。如在《周易》中就已肯定了"日中为市，致天下之民，聚天下之货，交易而退，各得其所"（《易传·系辞下》），在孟子的仁政思想中也有"关市讥而不征"（《孟子·梁惠王下》）。由于中国古代以农业为主的经济结构，所以在儒家文化中也不免有重农轻商、农本商末的思想。然而在明清之际，黄宗羲也曾提出了工商与农"皆本"（《明夷待访录·财计三》）的思想。近代以后，中国要学习西方的"富强之术"，同时也就肯定了其工商业繁荣的市场经济。为了限制资本主义所造成的贫富悬殊，孙中山的新三民主义曾提出了"节制资本"的主张。在 1949 年以后，始把社会主义的计划经济与市场经济对立起来，而其造成的后果不是"共同富裕"而是"普遍贫穷"。改革开放以后，允许一部分人"先富起来"，至邓小平的南巡讲话，始打破计划经济与市场经济的藩篱，把建立社会主义的市场经济作为经济体制改革的目标。随着市场经济的兴起，中国焕发了活力，在二十多年间 GDP 高速增长，乃至成为世界第二大经济体。市场经济创造了财富，提高了人民的生活水平和国家的综合实力，这是应该肯定的，中国传统的农业经济和改革开放前普遍贫穷的计划经济也已一去不可复返了。但是市场经济也有其局限，儒家文化一方面要与市场经济相结合，另一方面也要限制市场经济带来的负面因素。

孔子说："君子喻于义，小人喻于利。"（《论语·里仁》）这里的"君子""小人"主要是一种道德的评价，而其主要针对的应是"士"阶层以及"学而优则仕"的那些当官的人。对于庶民中的农、工、商阶层，儒家是不会、也不可能要求他们只是"喻于义"而不"喻于利"的。相反，孔子主张"因民之所利而利之"（《论语·尧曰》），即肯定农、工、商之追求"利"是正当的，而国家的执政者正应当为民谋福利。在现代社会的市场经济中，孔子说的"君子喻于义，小人喻于利"仍有其现实意义，即市场经济的追求利益最大化只适用于经济部门，市场并非官场，市场经济不能扩张为各行各业都追求利益最大化的市场社会。这其中尤以国家的官员或公务员不能把掌握的"公权"作为谋取私利的工具，而要抑制官场腐败，除了倡导"君子喻于义"的道德修身外，还必须有民主制度的有效监督和罢免腐败官员。

孔子主张"先富后教"（《论语·子路》），孟子也主张先"制民之产"，使人民生活无忧，然后"谨庠序之教，申之以孝悌之义"（《孟子·梁惠王上》）。这其中包含着儒家的价值层次思想，"富"虽然在先，但道德则是更高的价值取向。如孟子所说："人之有道也，饱食煖衣，逸居而无教，则近于禽兽。"（《孟子·滕文公上》）市场经济激发了人们的贪欲，而人不仅是"经济人"而且是"社会人"，故而在市场经济中谋取利益的最大化虽然是合理的，但是作为"社会人"还应把道德作为更高的价值取向，起码不应突破道德的底线，不能触犯国家的法律。市场经济是法治的经济，亦应有其道德的维度，"经济人"亦应有其道德的情操。因此，儒家文化在市场经济中应是主张"生财有大道"，"遵义而兴利"。同时，发展市场经济不能以破坏生态环境为代价，在市场经济中应该发扬儒家的"仁民爱物"思想，即不仅要有社会伦理，而且要有生态伦理。

市场经济创造财富，但也会造成财富分配的贫富悬殊，加剧社会矛盾，破坏社会和谐，引发社会动荡。孔子说："有国有家者，不患寡而患不均，不患贫而患不安。盖均无贫，和无寡，安无倾。"（《论语·季氏》）这里把"不均""不安"看得比贫寡更有危害，而其所真正追求的是"均无贫，和无寡，安无倾"，是"老者安之，朋友信之，少者怀之"（《论语·公冶长》）的和谐社会。若要"无贫"，则须有市场经济；若要"均无贫"，使社会和谐安定，亦须有国家的政策调控，须有救弱扶贫、老安少怀、诚信待人的社会道德取向。

2. 儒家文化与民主制度

中国文化虽然在古代创造了辉煌的文明，但是历代王朝都难免走向腐败，形成"其兴也勃焉，其亡也忽焉"的政治"周期律"。每一次王朝更替都给社会造成巨大的灾难，汉魏之际的仲长统、宋元之际的邓牧、明清之际的黄宗羲等，从儒家的民本思想出发，对君主制度的祸害曾有深痛的反思和批判，而黄宗羲主张以学校议政、提高相权来制约君主的权力，可视为中国政治从民本走向民主的开端。①

中国近代的戊戌变法，虽然主张君主立宪，但实亦把君主立宪作为走向民主共和的一个进化阶段。辛亥革命"建立共和"，终结了帝制，以后虽然有复辟与反复辟的斗争，但正如孙中山所预示的，民国之后"敢有帝制自为者，天下共击之"，君主制退出中国历史的舞台已经一去不可复返。因为民国之后的两次短暂复辟与"将孔教立为国教"联系在一起，所以陈独秀曾说："孔教与帝制，有不可离散之因缘"，"盖主张尊孔，势必立君；主张立君，势必复辟"，"吾人果欲于政治上采用共和立宪制，复欲于伦理上保守纲常阶级制，……此绝对不可能之事。"② 这是儒家文化在五四新文化运动时期受到激烈批判的一个重要原因。事实上，如上文所分析，"三纲"只是汉儒为了适应"汉承秦制"的一种"变"，而非儒家文化的"常道"。由于"纲常"并举，所以"五常"之说也与"三纲"并遭其难。在今日，为了与现代性的民主制度相适应、相协调，儒家文化必须抛弃"三纲"，并对"纲常"作出分析，即所谓"三纲不能留，五常不能丢"。③

严复曾经说，西方文化是"以自由为体，以民主为用"。④ 要建立现代性的民主制度，就必须有自由、平等、人权、法治等观念作为价值支撑。因此，儒家文化在减损"三纲"之说的同时，就应增益自由、平等、人权、法治等观念。同时也应看到，西方文化由于过度强调个人的自由，故其民

① 参见拙文《从民本走向民主的开端》，《华东师范大学学报》2006年第6期。
② 《陈独秀著作选》第1卷，上海人民出版社，1984，第217、339、178页。
③ 参见牟钟鉴《新仁学构想》，人民出版社，2013，第109页。
④ 《严复集》第1册，中华书局，1986，第11页。

主制度也有种种弊病。而儒家文化的民本思想重在社会整体利益的协调，中国近现代对民主的追求实亦有传统的民本思想作为重要的契机和动力①，故而中国的民主制度应该是"以民本和自由为体"，即把社会整体利益的协调与个人的自由结合起来，由此建立中国特色的更加优越的民主制度。

3. 儒家文化与现代教育制度

近代以来，中国文化在制度层面的转型，其一是政治制度从君主制走向民主共和制，其二是"废科举，兴学校"，即从科举制走向现代教育制度。这两方面的制度转型，是对"中体西用"模式的突破。这种突破是从淮军将领、曾任两广总督的张树声在中法战争失败后所上的《遗折》开始，他说："西人立国，具有本末，虽礼乐教化远逊中华，然驯致富强，具有体用。育才于学堂，论政于议院，君民一体，上下一心，务实而戒虚，谋定而后动，此其体也；轮船、大炮、洋枪、水雷、铁路、电线，此其用也。中国遗其体而求其用，无论竭蹶步趋，常不相及，就令铁舰成行，铁路四达，果足恃欤！"（《张靖达公奏议》卷八）张树声已认识到西方文化之体在于"育才于学堂，论政于议院"，此即指其教育制度和政治体制，中国不能"遗其体而求其用"，也就是主张要学其体而达其用。此后，郑观应在《盛世危言》的"自序"中引述张树声之说，他也认为西方列强的"治乱之源，富强之本，不尽在船坚炮利，而在议院上下同心，教养得法"。②

甲午战争后，康有为推动戊戌变法，其在制度上主张的改革"一在立科以励智学也"，此即在教育制度上要"变科举，广学校，译西书，以成人材"；"一在设议院以通下情也"，此即在政治制度上要"自兹国事付国会议行"，"采择万国律例，定宪法公私之分"③，以实现"君民共主"的君主立宪制。戊戌变法虽然失败了，但是"废科举，兴学校"已是不可阻挡的历史潮流。实际上，自明代以来对科举制以八股文取士就有愈来愈严厉的批评，如顾炎武所说："八股之害等于焚书，而败坏人材有甚于咸阳之郊所坑者"（《日知录》卷十六）。至近代，郑观应、严复等都认为中国的学制改革

---

① 参见拙文《中国的民本与民主》，《孔子研究》1997年第4期。
② 《郑观应集》上册，上海人民出版社，1982，第233页。
③ 《康有为政论集》上册，中华书局，1981，第150、207页。

最急迫的就是要"废八股",康有为也曾上书《请废八股试帖楷法试士改用策论折》,内云:"臣窃惟今变法之道万千,而莫急于得人才;得才之道多端,而莫先于改科举;今学校未成,科举之法未能骤废,则莫先于废弃八股矣。"①

在中国近代的学制改革中,值得注意的是,宋代胡瑗的"明体达用"教学之法、司马光的"分科取士"之说、朱熹的《学校贡举私议》等曾起了促进的作用。如1896年《礼部议复整顿各省书院折》关于"定课程"有云:"宋胡瑗教授湖州,以经义、治事分为两斋,法最称善。宜仿其意分类为六,……士之肄业者,或专攻一艺,或兼习数艺,各从其便。"②1902年,管学大臣张百熙所上《进呈学堂章程折》有云:"自司马光有分科取士之说,朱子《学校贡举私议》于诸经、子、史及时务皆分科限年,以齐其业;外国学堂有所谓分科、选科者,视之最重,意亦正同。"③分科教学或分科取士本是宋代一部分教育家所实行过或所主张的,但是元代以后的科举只立"德行明经科",又以八股文取士,这是中国逐渐落后于西方的一个重要原因。中国近代的学制改革一方面是学习西方的学制,另一方面实也符合中国文化发展的逻辑。④

中国近代的学制改革是从晚清的"壬寅学制"(1902)和"癸卯学制"(1904)开始,这两次学制改革已基本上采纳了西方近代以来的学科设置,以后延续至今。新的教育体制的一大特点就是文、理、工分科教学,近代以后的中国学人绝大部分都是出自这种教育体制。现在反思起来,它所注重的是工具理性,主要传授的是实用知识,也就是它更重视"达用",而在"明体"方面即在人文素质、道德修身的培养方面有所不足。特别是我国改革开放、进入市场经济以来,教育的功利化、市场化趋势明显,师生的人文素质、道德水平有所降低,对中国文化优秀传统的认识较为疏远。与此形成张力的是,近年来的"国学热""儒学热"和"书院热"也逐渐兴起。

---

① 《康有为政论集》上册,第268页。
② 舒新城编《中国近代教育史资料》上册,人民教育出版社,1981,第71页。
③ 舒新城编《中国近代教育史资料》上册,第193~194页。
④ 参见拙文《朱子〈学校贡举私议〉述评》,《中国社会科学院研究生院学报》2011年第2期。

在此形势下，我认为这种传统文化的"热"可以补充现代教育体制的不足，但不可能恢复旧制而取代现代教育制度。它应该与现代教育制度形成互补，或融为现代教育制度的一部分。当它与现代教育制度融为一体，也就是实现了"新命"的"明体达用之学"。

4. 儒家经学与广义的"哲学"思维方式

自汉武帝"罢黜百家，表章六经"之后，儒家的经学占据中国文化的统率地位。经学的思维方式如《四库全书总目提要·经部总叙》所说："经稟圣裁，垂型万世，删定之旨，如日中天，无所容其赞述，所论次者，诂经之说而已。……盖经者非他，即天下之公理而已。"因为把圣人所裁定的"经"确立为"天下之公理"，所以其他的学说"无论如何新奇，皆须于经学中求有根据，方可为一般人所信爱"，这就是冯友兰先生所谓"经学时代"的特点①。

甲午战争（1895 年）之后"哲学"译名和"哲学"学科被引入中国（中国古代有"子学时代"和"经学时代"的哲学思想，但无"哲学"之名和"哲学"学科）。此种思维方式与经学思维方式的冲撞，从晚清政府的学制改革把经学立为第一大学科而独排斥掉"哲学"，民国教育部在北大首立"哲学门"而又取消了经学科，就可见其一斑。1903 年，王国维针对清政府的《钦定学堂章程》写了《哲学辨惑》一文；1906 年，王国维又发表《奏定经学科大学文学科大学章程书后》，指出《章程》的根本之误在于"缺哲学一科而已"。王国维强调："余谓不研究哲学则已，苟有研究之者，则必博稽众说而唯真理之从。""今日之时代，已入研究自由之时代，而非教权专制之时代。苟儒家之说而有价值也，则因研究诸子之学而益明其无价值也，虽罢斥百家，适足滋世人之疑惑耳。"②"圣贤所以别真伪也，真伪非由圣贤出也；所以明是非也，是非非由圣贤立也。"③ 从王国维对"哲学"的理解已可看出，"哲学"的思维方式不同于"经学"的思维方式，其最大的不同就是以"独立之精神，自由之思想"的学术之求真取代"经学"的

---

① 参见冯友兰《中国哲学史》上册，《三松堂全集》第 2 卷，河南人民出版社，2000，第 609 页。

② 《王国维文集》第 3 卷，中国文史出版社，1979，第 69、71 页。

③ 《王国维文集》第 4 卷，中国文史出版社，1979，第 366 页。

以圣人之是非为是非的"权威真理"。因为有了这种"哲学"的思维方式，也就如梁启超在评价康有为思想所造成的影响时所说，"导之以入思想自由之涂径"，对于儒学以及经学"取其性质而研究之，则不惟反对焉者之识想一变，即赞成焉者之识想亦一变矣。所谓脱羁轭而得自由者，其几即在此而已"①。

严复在讲到西方文化是"以自由为体"时也曾说："其为事也，又一一皆本之学术；其为学术也，又一一求之实事实理"②。这种自由的学术精神亦可说是一种广义的"哲学"思维方式。因为有了这种思维方式，在五四新文化运动时期也才有了"重新估定一切价值"③。虽然"五四"时期的"重新估定一切价值"出现了偏颇，即其在文化上只知"变"而不知"常"，违背了文化发展的辩证法，全盘否定了儒家文化的现代价值，但是要矫正这种偏颇，并不能恢复以往的"权威真理"，而仍要本着自由的学术精神，通过学术论证和实践检验来确定儒家文化的价值。

古人云："经者，常也。"在儒家的经书中包含着中国文化的"常道"，这是我们要传承和弘扬的，但是并非经书中的全部内容都是万古不易的真理。在当今社会有一部分人可以对"儒教"或儒家的经书采取宗教信仰的态度，但是当今之时代毕竟"已入研究自由之时代"，多数人无论"反对焉者"还是"赞成焉者"都要"取其性质而研究之"。如何通过"博稽众说而唯真理之从"的方式来确定儒家文化的价值，这也是儒家文化所要实现的"新命"。

以上四点只是取其大的变化而简要言之，至于其他方面的变化以及儒家文化所要实现的"新命"，本文限于篇幅就略而不谈了。

本文原刊于《孔子研究》2016 年第 1 期

---

① 梁启超：《论中国学术思想变迁之大势》，上海古籍出版社，2001，第 129～130 页。
② 《严复集》第 1 册，第 14 页。
③ 胡适在 1919 年所作《新思潮的意义》一文中说："新思潮的根本意义只是一种新态度。这种新态度可叫做'评判的态度'。""'重新估定一切价值'八个字便是评判的态度的最好解释"（见《胡适文集》第 2 卷，北京大学出版社，1998，第 552 页）。

活力因相说 ⟅

——重思中华美学精神的绵延机能

王柯平[*]

研究中华美学精神，不只是从知识考古学角度去挖掘其生成语境与历史传统，更要从实用活力论角度来透视其绵延流变与因革创化。通常，前一类研究囿于典籍，多成旧忆，具有博物馆式展示价值，其趋于固化的思想资源，很难与现代艺术实践与审美智慧产生有机联通。后一种研究侧重流变，可得新生，具有艺术实践的创化功能和审美智慧的育养机制，体现出绵延不已或持久常新的独特魅力。本文以天人合一观为例，尝试探讨中华美学精神的活力因相或生命力因缘特性，藉此阐明其活力因中本体相（体）、应用相（用）与成果相（果）三者的互动作用。

一 中华美学精神要旨

"中华美学精神"涉及"中华美学"与"精神"两个概念及其复合用意。"中华美学"（中国美学）原本是参照"西方美学"而得名。"西方美学"是突出感性认知的感知科学（science of perception），是关乎艺术本体

---

* 王柯平，中国社会科学院哲学研究所研究员。

论、价值论与创作规律的艺术哲学。在学科建构中，"中华美学"通常模拟"西方美学"的理论范式，但在论述审美体验时，则会凸显"中华美学"注重精神境界、道德修养与人格品藻等特点。所有这些特点，主要表现为由表及里的审美导向，首先是重直观形式美的悦耳悦目体验，其后是重内容理趣美的悦心悦意体验，最后是重人文精神美的悦志悦神体验，这一由形入神的上达理路，实与追求内在超越性的中华文化传统密不可分。因此，在中华审美意识中，美的功能往往超出愉悦或快乐范畴，更强调"以美启真"和"以美储善"两个向度。这里所言的"真"，包括人类之真情、人生之真境、生命之真实、宇宙之真诡，乃至艺术之真理性内容等；这里所言的"善"，包括善心、善性、善德、善思、善行以及善言等。相比之下，"中华美学"的自身特点与审视方式，使其明显有别于"西方美学"，其内在超越性及其道德目的性追求，也明显高于注重形式感和直觉性的"西方美学"。当然，这并非是说"中华美学"在学科建构或科学含量上也高于"西方美学"。实事求是地讲，前者在这方面远不及后者，这也是前者常以后者为范型的要因所在。

至于"精神"意指，主要涵盖三层：一是思想、情感与性格，二是意识、思维活动与心理状态，三是根本属性、典型特质及风采神韵。这三者具有互动性内在联系。但就"中华美学精神"来讲，笔者认为它大体是指中华美学反映在艺术创作、审美价值、鉴赏准则、道德情操以及人文精神等领域里的核心思想、典型特质与根本理据。

从目的论判断上看，"中华美学精神"属于"人文化成"理想追求的重要组成部分。在古代中国，这种理想主要是通过两大路径得以体认与趋近。一是"观乎天文，以察时变"，二是"观乎人文，以化成天下"。前一路径注重观察日月星辰等天体在宇宙间的交互运行现象，将这类现象视为天的文饰，借此识别与明察四季时序的变化；借助这一观察和认识方式，在了解和依据外在变化的同时，设定和调整人类自身的行为与活动；这里面隐含着知天、顺天与用天的天人互动或天人相合等朴素思想。后一路径注重观察人的文饰，即文采、文雅、文操和文明的言行举止、风俗习惯以及伦常秩序等，这些文饰可以照亮人性、培育德性、养成善行，不仅引导和促进人之为人的修为，而且使人止于应有的分际而不横行妄为，由此确保社会人生的和谐有序；这也就是"文明以止"的"人文"功用。古时要实现这一功用，主要诉诸礼乐文化教育，以期达到移风易俗、教化民众、治理天下等目的。在中国人文历史进程中，重视人文化成或人文教化的先秦诸子，均从不同角度标举和谐、自由和仁爱的人文价值，从而为中华审美意识或美学精神奠定了坚实的根基。

从主流传统上看，这一根基在儒家那里主要表现为重德性致中和的尽善尽美意识，在道家那里主要表现为贵真性崇自然的逍遥至乐意识，在释家那里主要表现为尚空性倡般若的超越时空意识。从古代艺术与生活智慧上看，这一根基主要表现为感性活动中的理性精神，美感形式中的生命精神，自然山水中的乐天精神，现实环境中的自由精神。从构成要素上看，这一根基主要隐含在情理并举、形神兼备、虚实相生、刚柔互济以及言意、体性、气韵与意境之辩等基本审美范畴之中，既关乎艺术的创作法则与价值取向，也涉及艺术的风格神韵与鉴赏标准。相比之下，从典型特质与根本理据上看，中华美学精神较为集中地表现在"天人合一"或"天人相合"这一观念之中。"天人合一"通常被视为中华美学的最高境界，是就人作为道德存在和审美主体所追求的内在超越性而设的基准。质而言之，这一超越性在道家主要表现为"以天合天""乘物以游心"或"得至美而游乎至乐"的虚静道心、自由精神与独立人格，目的在于修炼超然物外的"真人"品藻；其在儒家主要表现为"下学上达""赞天地之化育"或"曲尽万物而不遗"的知天、事天和用天之探索精神和实用理性，目的在于成就文质彬彬的"君子"人格；其在释家则主要表现为"真性惟空""水流花开"或"一朝风月，万古长空"所象征的般若智慧与空灵妙悟，目的在于涵泳无限圆融的"觉者"心性。于是，从人类学本体论的立场来看，这一超越性一方面关乎人类在现实世界或俗世生活里的安身立命愿景，另一方面关乎人类在精神世界或精神生活里的形而上追求之道。

二　活力因的三相组合

本文所言的实用活力论（pragmatic vitalism），是因循中国实用理性来揭示中华美学精神绵延流变与因革创化的活力论。此论在强调有用性、伦理性、情理结构、历史意识和与时俱进等要素的同时，也强调实体性根本理据在艺术实践和审美鉴赏领域里的发展机能或活力。要知道，中华美学精神作为一种具有典型特质的理论有机体，其自身活力在根本上决定着自身可否绵延的生命力或持久力。那么，其活力因相何在？其内在关联怎样？

所谓"活力因相"，是指构成活力因（cause of vitality）的体、用、果三相，即由本体相、应用相和成果相组成的内在结构。应当指出，这里所言的"因"，是指"原因"或"因果"之"因"，内含"引发"与"产生"之能；这里所言的"相"，是指"性相"或"相态"之"相"，内含"特性"与"方面"之意。另外，所谓本体相，主要是指中华美学精神的根本理据及其典型特质，有别于牟宗三所讲的"实有体"，后者代表本心、道心、真常心或由此衍生统合的自由无限心，意在取代康德所言的"自由意志"；所谓应用相，主要是指华美学精神的本体相在艺术实践过程中的应用与运作性能，不同于牟宗三所讲的"实有用"，后者是本着"实有体"而起实践用，代表那种凭借实践来证现"实有体"的作用，意在转换康德所言的"理智直觉"及其功能；所谓成果相，主要是指中华美学精的本体相与应用相在艺术创构过程中所成就的最终结果或杰出作品，相异于牟宗三所讲的"实有果"，后者是本着"实有体"而起实践用所成就的结果，意在通过成真人、成圣、成佛以取得实有性或无限性，试图借此扬弃康德所言的"物自体"。总之，笔者是从实用活力论视域出发，借助本体相、应用相与成果相三者来探讨中华美学精神何以绵延创化之活力因，而牟宗三则从"基本存有论"立场出发，以自由意志为"实有体"、以理智直觉为"实有用"、以物自体为"实有果"来论述其三位一体的理论架构。① 可见，各自旨趣与目的不同，所论必然形似而质异。

比较而言，在活力因的三相组合中，本体相实属根基或理据。这里所言的"本体"，主要是指具有化育或生发能量的基本起始之根，而非西方哲学中永恒不变、唯一自在与不可知的"本体"（noumenon）。在中华美学精神的诸要素中，"天人合一"观最具典型特质。它作为一种审美境界，虽有

---

① 牟宗三：《牟宗三先生全集》第21卷，台湾联经出版事业有限公司，2003，第449页；陶悦：《牟宗三"体、用、果"三位一体的理论架构》，《哲学研究》2014年第12期。

朦胧模糊之嫌，但不失为一种可思想的对象，可体悟的过程，可参照的量度。在审美经验中，其本体意义实为具有生发能量的根本性创始意义，主要是通过"天地有大美而不言"中的"大美"引发出来。这"大美"或表示自然规律性的大道之美，或表示万物化育创生的大德之美，或表示宇宙生命精神或太虚之气的流动之美，或表示天地神工鬼斧所造化的景观之美，等等。这"大美"，不仅是人类认识、欣赏和利用的对象，而且是艺术摹仿、灵思和创构的源头。

若从"人文化成"的目的性追求来看，"天人合一"中的"天"，无论其作为规律性或自强不息的"天道"，还是作为自然界或化育万物的"天地"，对人之为人的理想追求而言，均具有认识价值、参照意义或范导作用。"人"在下学而上达，"天"在范导而下贯，在此互动关系中，人为设定出理想的"相合""和合"乃至"合一"境界。这一境界在审美妙悟意义上，使人感知和体验到天地无言的"大美"；在本体或存有意义上，使人从个体的"小我"进入或超越到天地宇宙的"大我"；在道德或精神意义上，则使人升华到悦志悦神或内圣外王的玄秘之境。这三个层面彼此应和，由此趋向人之为人可能取得的最高成就。

在中国思想传统里，"体用"关系是相辅相成的互动关系，因此有"体用不二"之说。这"体"对内作为具有生发能量的根本或根源，犹如一种活性机制，对外可显示其生发能量的"用"，展示出不可或缺的引导或启迪作用。像上面所说的"天人合一"观，就是"体用不二"的范例之一。不过，要说明活力因的三相组合关系，还需参照"三位一体"的原理予以审视。对艺术家来讲，其实践理路通常是基于本体相来启动应用相，讲究的是体悟与灵思，可谓"依体致用"；随之是实施应用相来达到成果相，讲究的是表现与创构，可谓"化用为果"。据此，作为活力因中的本体相（体），是根本或根源，是启动应用相的内在机能或基因密码；作为活力因中的应用相（用），它的实际作用至少体现在两个主要领域：一是对精神境界、道德修养或人格情操的促动与提升，这最充分地反映在道家所倡导的精神自由与独立人格诸多方面；二是对艺术修养与艺术创作的驱动与推进，这最突出地反映在中国画境三分的学说与实践之中。作为活力因中的成果相（果），是依据本体相而施行应用相所成就的最终结果，或者说是艺术家将天人合一理据应用于艺术实践而创构出来的杰出作品。

对于这类作品，观赏者的认知逻辑又是怎样的呢？一般说来，这种逻辑是依靠成果相来觉解应用相，侧重由表及里的感知与直观，可谓"由果识用"；其后是根据应用相来推导本体相，强调追根溯源的分析与体察，可谓"由用知体"。应当看到，这种分层描述，主要是为了说明三者的互动关系。若从"体用不二"的法则来看，我们会在实践与认知过程中遇到"即用即体"的现象。若从"三位一体"的原理来看，我们也会在相关过程中发现"果即体用"的可能。限于篇幅，此处不赘。下面仅以文人山水画的艺术追求与创作经验来佐证上述论说。

三　师天地的画境文心

在道家传统中，有关天人合一观的学说尤为突出。譬如，继老子倡导"从事于天者，同于天；同于天者，天亦乐得之"（《道德经》，第23章）的理念之后，庄子更进一步，直接断言"天地与我并生，万物与我为一"，同时鼓励求道者通过"朝彻""悬解"，以便"与天为徒""与物为春""游心于物之初""独与天地精神相往来"，由此成为"骑日月，乘云气，而游于四海之外"的逍遥"真人"。这一思想深刻影响了中国文人山水画的进路，最终衍生出"外师造化""师法自然""师山川""师天地"之类主导性绘画原理。此类原理经过王维、马远、倪云林与董其昌等唐宋元明丹青大家的实践运作，相继取得突破性艺术成就，最终将业已成熟的山水画推向历史高峰。

众所周知，中国笔墨山水注重画境文心，讲究修为创化。按照画家艺术造诣、人文素养与作品意境，山水画大体分为三级：一为师法古人、训练技法与临摹名作的移画，二为师法山川、培养独创意识与模写山水景象的目画，三为师法天地、修炼传神功夫与表现宇宙生命精神的心画。相比之下，移画为基，目画为塔，心画为顶。三者循序渐进，终以逸品为上乘。在逸品类，文人画作占据首位。

中国历史上的文人山水画家，为了创构闲逸轻灵与物我合一的画境文心，无不推崇与践履"外师造化，中得心源"的艺术法则。他们通常认为造化之功犹如神工鬼斧，能使江山如画，万象奇绝，不少自然美景甚至超过人力所为的"艺术作品"。为此，画家需要在艺术上敏于观察体会，能够发现物象的微妙特征，能够感悟到自然的生命力，能够采用自由精到的水墨笔法，将所见所感生动而形象地呈现出来。然而，仅靠这种临摹写生，尚不足以创构杰作，也不足以成为一流大师。诚如张彦远所言："今之画人，粗善写貌，得其形似，则无其气韵；具其彩色，则失其笔法。岂曰画也！"① 这就是说，仅限于"模写"之类的技法，虽然能够画什么像什么，但却表现不出内在的神韵，充其量是以形写形，而不是以形写神。此等技艺难以达到至高的画境（"艺不至也"）。这就需要修炼"传神"的功夫。为此，艺术家需要不断提高自身的观察力、想象力、鉴赏力与创造力，以便使自己神游四海，精骛八极，领略天地间的无言之美，感受宇宙间的生命律动，最终获得绝妙的灵思，跃入自由的境界，绘出独特的画作。

在这方面，明代画家董其昌上承古法先贤，博采众长，钩深致远，厚积薄发，不仅总结出"师天地"的绘画主张，为后世画坛积累了新的经验，设定了新的法度，同时还创作出最具代表性的山水杰作，在艺术领域树立了新的标杆，产生了悠久的影响。据明末姜绍书《无声诗史》所载：董其昌画仿宋元名家，"精研六法，结岳融川，笔与神合。气韵生动，得于自然。所谓云峰石迹，迥出天机，笔意纵横，参乎造化者也"。② 事实上，董氏本人经过多年创作与思索，深谙画道。在已届天命之年时，他基于实践经验，曾这样总结说：

> 画家以古人为师，已自上乘，进此当以天地为师。每朝起看云气变幻，绝近画中山。山行时见奇树，须四面取之。树有左看不入画，而右看入画者，前后亦尔。看得熟，自然传神。传神者必以形，形与心手相凑而相忘，神之所托也。③

---

① 张彦远：《论画》，载沈子丞编《历代论画名著汇编》，文物出版社，1982，第36页。
② 徐复观：《中国艺术精神》，春风文艺出版社，1987，第357页。
③ 董其昌：《画禅室随笔》，载沈子丞编《历代论画名著汇编》，文物出版社，1982，第255页。

这无疑是个人的创作心得。据史记载，董其昌喜欢宋代大师米芾（元章），欣赏其迷蒙飘渺的云山，其临摹作品有《仿米山水图卷》，探究其若有若无的画境，从中得出"画家之妙，全在烟云变灭中"的秘诀。在"元四家"中，董其昌尊倪瓒（云林）为文人画之圣哲，钟爱其萧疏荒寂的画境，藏有其《秋林图》，临摹其代表作品（传世的有《仿云林山水集》），还在一幅仿作中题诗赞曰："云林倪夫子，作画天下奇。信笔写寒枝，千金难易之。"[1] 另外，董其昌也推举黄公望（大痴道人）的雄浑画风，吸收其有益成分，最终成就了自己的艺术杰作，如《秋兴八景图》《江南山水图》《林泉清幽图》《泉光云影图》《云藏雨散图》与《春山欲雨图》，等等。清人王时敏在评价董的《九峰寒翠图》时指出："董宗伯画苍秀超逸，绝无烟火气，此幅萧疏淡远，全从大痴云林得来，试置身峰泖间，直觉境与笔化矣。"[2] 尽管已达此高度，董其昌并未自满不前，反倒进而提出"以天地为师"的更高要求，并且从凝照云山草木的细节出发，概括出观察的要诀，提炼出传神的法门，建议画家要宁静致远，体察精微，待其情思意趣与自然景色融会无间时，方能迸发创作灵感，进入"自然传神"和"形与心手相凑而相忘"的自由无碍状态。此时此地，画家似有神助，挥毫泼墨，得心应手，"笼天地于形内，挫万物于笔端"，从而创作出气韵生动的"心画"，展现出宇宙中无言的大美或大化流行的精神。此精神实属生命精神，也就是董其昌所谓的"生机"。在董看来，画家唯有体悟到万物的"生机"，才能把握住山水"画之道"，并且在"寄乐于画"的创作中享得"多寿"的益处。[3]

值得重视的是，董其昌举荐"看得熟"，将其视为"自然传神"的不二法门。据笔者理解，"看得熟"不仅是指常看细看以便熟悉自然外物的结构

---

[1] 朱良志：《南画十六观》，北京大学出版社，2013，第339～340页。

[2] 朱良志：《南画十六观》，第346页。

[3] 董其昌原话如是说："画之道，所谓宇宙在乎手者，眼前无非生机，故其人往往多寿。至如刻画细谨，为造物役者，乃能损寿，盖非生机也。黄子久、沈石田、文征明，皆大耋。仇英短命，赵吴兴止六十余。仇与赵，品格虽不同，皆习者之流，非以画为寄以画为乐者也。寄乐于画，自黄公望始开此门庭耳"（董其昌：《画禅室随笔》，载沈子丞编《历代论画名著汇编》，第253页）。

与形态，而且是指画家在天地之间观物赏物的特殊方式。这一方式可分两途：其一是"以我观物"，即以自我的情感经验作为凝神观照外物的基准，借此将自我的情思意趣投射到外物之上，经过创造性想象将所观之物的表象转化为心目中的形象，使其染上个人或主观的色彩，继而在物我合一的感知过程中，以托物抒情的方式构图绘影，用笔墨画出"有我之境"的作品。其二是"以物观物"，其中第一"物"字意指物的实存本性，第二"物"字意指物化的审美对象，以前者为基准来观照后者，当然离不开作为能动主体的"我"，否则就谈不上"观"这一鉴赏活动了；不过，这个"我"不再是为情所困的我，而是致虚守静的我，是超越情识造作或欲求成见的本真之我，是以自由无限的道心来体悟对象之审美形态的本性之我；由此创构出的"无我之境"，是一种"不知何者为我，何者为物"之境①，实质上也是一种物我合一之境，只不过此时物我俱在、浑然无别、超然物表罢了。这令人油然想起"庄周梦蝶"隐喻的象征意味。相比之下，基于"以我观物"而造的"有我之境"，有可能被情感遮蔽而智昏，难以理解宇宙人生的真谛；基于"以物观物"而造的"无我之境"，则会因本性神觉而慧明，可以看透宇宙人生的真谛。笔者以为，推崇逸品至上的董其昌，虽不摒弃前者，但更看重后者。

可贵的是，董其昌对画境文心的追求是无限量的。他进而将画道概括为三条法则：

> 画家以天地为师，其次以山川为师，故有"不读万卷书，不行千里路，不可为画"之语；又云："天闲万马，吾师也"。然非闲静无他蒙好者不足语此。②

对画家而言，"以天地为师"，也就是"师天地"。天地无形，其大德曰生。"师天地"便是师法天地的生生之德，感悟宇宙的创化精神，即从天地

---

① 邵雍：《观物篇》、《观物外篇》，载北京大学哲学系美学研究室编《中国美学史资料选编》下册，中华书局，1981，第 18 页；王国维：《人间词话》，载姚柯夫编《〈人间词话〉及评论汇编》，书目文献出版社，1983，第 1~2 页。
② 张郁乎：《从"师山川"到"师天地"》，《文艺研究》2008 年第 4 期。

宇宙的永恒运转以及生生化化的无限生机中，汲取一种深刻的妙悟与启示。画家在体验这种大化衍流与生命节律的同时，也能付诸笔墨，使自己画出的万物景象，不只是"堆积着的色相（形骸），而皆是生机的流行"。① 这显然是一种表现天地精神的自由创造，应和于"传神"与"心画"创作阶段，要求画家不仅具备"天地之心"，也能"以一管之笔，拟太虚之体"。② 其言"以山川为师"，也就是"师山川"等乎于"师造化"，由此直面外在景物，意在溯本探源，观其自然形态。与无形无限的"天地"相比，"山川"在本质上属于确定而有限的描绘对象或空间形象。在此意义上，"师山川"类似于"写生"与"目画"制作阶段。至于"以古人为师"，也就是"师古人"，要求画家临摹古代先师及其名作，借此训练笔墨技法与构图要诀，大体上等同于"临摹"与"摹本"习作阶段。看得出，董氏所论，自上而下，由高到低，旨在标举"师天地"这一至高法则；然而，实际习画，理当自下而上，由低到高，初师古人，后师山川，再师天地，这样才符合循序渐进的修为逻辑。③ 无疑，这一过程是建立在艺术造诣与人文修为的基础之上，故需读万卷书以明理觉慧、敏悟善断，行千里路以观景察变、开阔眼界，以此养成凝神观照、心闲气静的习惯，练就"胸有成竹"、得心应手、以形写神的功夫。董氏推崇文人画，以神品为宗极，以逸品为至上，强调画家与画境的"士气"，即古雅淡静的文人气质。因此，他十分强调博通厚积与见多识广的人文修养，甚至认为气韵生动的画境虽是天才所为，但也"有学得处"，可通过"读万卷书，行万里路"使"胸中脱去尘浊"或俗念，达到"自然丘壑内营，随手写出，皆为山水传神"的程度。④ 为此，他以宋朝宗室画家赵大年为例，引证读书与远行二者不可偏废，否则，难以写胸中丘壑，无以成丹青高手，更不要侈谈"欲作画祖"了。⑤

事实上，作画如此，观画亦然，皆须臾不离人文修养与审美敏悟。譬如，品鉴董其昌的画境文心，既要了解其"与天为徒"和"真性惟空"的

---

① 张郁乎：《从"师山川"到"师天地"》，《文艺研究》2008 年第 4 期。
② 王微：《叙画》，载沈子丞编《历代论画名著汇编》，文物出版社，1982，第 16 页。
③ 王柯平：《流变与会通》，北京大学出版社，2013，第 115～116 页。
④ 董其昌：《画禅室随笔》，载沈子丞编《历代论画名著汇编》，第 249 页。
⑤ 董其昌：《画禅室随笔》，载沈子丞编《历代论画名著汇编》，第 269 页。

道佛思想渊源（本体相），也要知悉其师法天地、山川与古人的实践活动（应用相），还要分析其作品中尚空性宏阔、重妙合天然、喜凌虚淡远、好古雅幽邃、求境与笔化的艺术品位和韵致（成果相）。否则，我们在其呈现"江流天地外，山色有无中"的画境里，也许仅能看到物象化的江流山色，但却不见大化之运行，宇宙之精神，生命之真境。

四　绵延中的因革创化

如前所述，在文人山水画境三分中，"心画"的地位最高，是师法天地的结果。而师法天地作为绘画创作的最高法则，是从"天人合一"观的根本理据中衍生出来的。基于"师天地"而创构的画境文心，作为"心画"的具象化，既是董其昌的艺术追求，也是他的艺术成就。从活力因相说的立场来看，"师天地"这一绘画法则，在强调天人感应与物我合一的深层理据上隐含着本体相，同时在注重师法自然与实践运作的"依体致用"上意味着应用相，这两者便印证了"体用不二"的内在逻辑关系。至于画境文心，则是实施"体用不二"原则和"以形写神"画道所取得的具体成果，属于"化用为果"意义上所说的成果相。若将此三相放在绘画创作过程中看，显然是互证联动的关系，不仅应和"体用不二"的法则，也符合体用果三位一体的原理。

那么，继董其昌之后，源自"天人合一"观的活力因相说，在中国山水画史中是否持续绵延呢？答案是肯定的。不过，其绵延过程并非是静态的，而是动态的，是伴随着因革与创化的。另外，在历史上，循此画道者甚众，成为大师者有之。比较而言，笔者以为董其昌身后的清代石涛成就最大。石涛本人奉师法天地为创作至理，老来更是如痴如醉，身体力行，遍访名山大川，"搜尽奇峰打草稿"。他曾以充满诗意的语言描述自己的体会："足迹不经十万里，眼中难尽世间奇。笔锋到处无回顾，天地为师老更痴。"[1]

当然，石涛在传承（因）中有创化（革），其因革之道主要表现在个人的用笔与画境的布局等方面。从其传世作品观之，石涛所用笔墨，在随意

---

[1]　石涛：《自书诗卷》，载《石涛书画全集》上册，天津人民美术出版社，2002，第98页。

挥洒之中讲究法度与理趣，在纵横活泼之中富有资致与气韵，在新颖布局之中意欲险中求胜，在平淡天真之中表达诗情画意，在质朴画法中蕴含深刻哲理。譬如，他倡导的"一画"法，并不是极简意义上用一根基本造型之线来完成一笔之画的具体技法，也不是通过一气呵成的勾画来彰显有机贯通的整体性效果法则，而是意指天地万物化育生成的根本之道，此道之中贯穿着宇宙、人生和艺术之间运动的内在规律，当然也包括绘画艺术创作的普遍法则。石涛本人深受道佛等思想的影响，既谙悉老子所言"道生一，一生二，二生三，三生万物""天得一以清；地得一以宁；神得一以灵；谷得一以盈；万物得一以生"的宏道玄理，也洞透华严宗推举"一即万，万即一""缘一法而起万法"的禅语机关。因此，他从宇宙本体论的角度，来思索和提炼山水画创作的至高原理，由此得出如下结论：

> 一画者，众有之本，万象之根。……立一画之法者，盖以无法生有法，以有法贯众法。……此一画收尽鸿濛之外，即亿万万笔墨，未有不始于此而终于此。……一画之法立而万物著矣。①

不难看出，石涛参照道佛的推理逻辑，试用"一画"来凿破宇宙洪荒的混沌，化生天地之间的万物，让"含万物于中"的"一画"艺术得以生成，继而由此窥知其中所能容纳的万物之理与生命精神。当然，此"一画"之法，既是画道要诀，也指本心自性，前者要求一法贯众法或以至法无法来派生出万法，后者则要求清静自在的心体与妙识万相的灵觉。在石涛心目中，"一画"艺术兼有"形天地万物"之大任，所循法度乃"天下变通之大法"。举凡对此法运用自如得当的画家，便可"自一以分万，自万以治一"②，并能"画于山则灵之，画于水则动之，画于林则生之，画于人则逸之"③，最后只需"信手一挥，山川、人物、鸟兽、草木、池榭、楼台，取形用势，写生揣意，运情摹景，显露隐含，人不见其画之成，画不违其心

---

① 《石涛画语录》，"百度"网上版，一画章。
② 《石涛画语录》，"百度"网上版，氤氲章。
③ 《石涛画语录》，"百度"网上版，氤氲章。

之用"①。因此，石涛标榜自己天授其才，用"一画"之法，"能贯山川之形神"，可"代山川而言"。②

时至现代，黄宾虹堪称一代画师，在其《六法感言》与《讲学集录》等论作中，对董其昌的《画旨》要论颇为推崇。黄氏兼法宋元名家（因），屡经创新求变（革），自成一家面目。他本人平生遍游山川，注重写生，积稿盈万，中年画风苍浑清润，晚年尤精墨法水法。在因革古法方面，他与时俱进，强调创新变化。譬如，论及"造化"，他坚信当今学画者理应"师近人兼师古人，而师古人不若师造化"；要想绘出"好画"，务必在掌握画法与养足功夫的基础上，"合其趣与天，又当补造物于偏"，以精诚笔墨与精巧剪裁来营构格局。③ 与此同时，他还将"造化"与其内在"神韵"相联系，给人的印象似乎是"造化"既表"山川"，也指"天地"，实际上是建议画家要直面造化或山川美景，进而妙悟天地创化的神韵或大化衍流的生机，唯有循此路径，方可创作"真画"。如其所言："'造化人画，画夺造化'。'夺'字最难。造化天地自然也，有形影常人可见，取之较易；造化有神有韵，此中内美，常人不可见。画者能夺得其神韵，才是真画；徒取形影，如案头置盆景，非真画也。"④ 显然，黄氏在画境追求上，重神韵而斥形似，堪称上承古贤，"一以贯之"。

到了晚年，黄宾虹总结古今成功经验，倡导"七墨"画法——浓墨法、淡墨法、破墨法、渍墨法、积墨法、焦墨法和宿墨法。其中，对于破墨法的历史渊源和创新运用，他深有心得，所言如下：

> 破墨法，是在纸上以浓墨破淡墨，或以淡墨破浓墨；直笔以横笔渗破之，横笔则以直笔渗破之；均于将干未干时行之，利用其水分的自然渗化，不仅充分取得物象的阴阳向背，轻重厚薄之感；且墨色新鲜灵活，如见雨露滋润，永远不干却于纸上者。⑤

---

① 《石涛画语录》，"百度"网上版，一画章。
② 《石涛画语录》，"百度"网上版，山川章。
③ 黄宾虹：《黄宾虹论艺》，王中秀选编，上海书画出版社，2012，第125~126页。
④ 黄宾虹：《黄宾虹画语录》，载汪流编《艺术特征论》，文化艺术出版社，1984，第21页。
⑤ 《黄宾虹画语录》，"百度"网上版，第三部分。

在因革古法的同时，黄宾虹老骥伏枥，推陈出新，深明"丹青隐墨墨隐水"的画理，继而大胆尝试，率先创立了"铺水法"，用以"接气"，"出韵味"和"统一画面"，力求创构出"妙在自自在在"或"妙在似与不似之间"的画境。① 因此，有人认为黄氏"晚熟"，即在他75岁之后大成。这里所言的"熟"，"不只在技巧上见出他的地道功夫，主要在于他的师法造化。心中有真山真水，体现在他的神奇变法上"。② 的确，黄氏学养深厚，画道老熟，善用独到而多变的墨法与水法作画，有时在浓、焦墨中兼施重彩，以"明一而现千万"为表现手段，由此取得黑白对照的"亮墨"妙用，焕发出"一局画之精神"，描绘出浑厚华滋、意境深邃的山川神貌。此等杰出之作，恰如此言所示："其必古人之所未及就，后世之所不可无而后为之"。总之，就黄氏的艺术成就而论，笔者以为现代画家中鲜有出其右者，唯有自称"黄师门下笨弟子"的李可染，或许在描绘云山雾景方面可与其业师比肩。

从古代到现代，从董其昌到黄宾虹，我们不仅可以窥知活力因相说的理论衍生与因革之道，也可以看到显现画境文心的历代杰作，这些皆表明蕴含在中华美学精神中的持久活力或机能，既具历史意义，也有现实意义，其对艺术实践的指导作用，在历史中绵延，在绵延中创化，在创化中发展。相比于那种思想固化的死东西，这种流变因革的活东西更值得我们重思、传承与弘扬。

本文原刊于《哲学研究》2015 年第 5 期

---

① 王伯敏：《中国绘画通史》下册，三联书店，2000，第 422～423 页。
② 王伯敏：《中国绘画通史》下册，第 418 页。

作为方法论的中国

赵汀阳[*]

　　中国的连续性从无断裂，其关键之存在论理由是，中国是一个以"变在"（becoming）为方法论的文明，而不是一个固守其"存在"（being）本质的文明。本质意味着永远不变的自身同一性（identity，也称身份），即一个将异己性排斥在外的划界概念（delimitation）。执守自身同一性的本质虽可永不失其本色，但也不生长。反之，以"变在"为方法论的存在并不划界以守自身同一性，也就不会拒绝本质变化，故能卷入一切异己而化为一体，所以中国才得以不断扩大。空间性的中国之所以能够长存而不被外力所解构，实得益于时间性的中国方法论，即自古以变而在的生长方式，所以万变反而不离其宗。中国初民选择了以变而在的方法论，就预示了中国之命运：在主动变化的得失与被动改变的磨难中不断生长。于是，中国形成了经史为一的精神世界：以史为经，史不绝则经可续；以经开史，经循道而史作实。因此说，中国存在之本在于其变在之方法论，或可称为作为方法论之中国。

　　如果一个文明能够建构一个不可替代的精神世界，就拥有无法撤销的存在天命。何谓不可替代？不可替代并不等于"不可比较"或"不可通约"

* 赵汀阳，中国社会科学院哲学研究所研究员。

（incommensurable）。不可比较的文化个性具有美学效果，但不是一种文明得以生存的理由，也不能解释一种文明的生命力。没有一种文明能够因其个性而得以长存，也没有一种不可比较的风格是不可替代的，所以，不可比较不等于不可替代。如果不论免于侵略的运气或在文明博物馆里得到庇护的情况，一种文明之所以长存的理由，必定在于它有能力建构一整套普遍叙事而得以解释生活的根本问题（世界、未来、他人、生死、兴衰等），并且有能力为其精神生活开拓无穷生长的余地，因而能够应对一切变化之可能性。简言之，能够长存的文明必定对生活有着长久有效的解释，否则必因其解释能力之不足或脆弱而崩溃。

任何精神世界都设有不予质疑的信念（宗教或形而上学）。不予质疑并非不可质疑，而是说，总有某些信念，对其质疑不可能获得知识结论，因而是无效的。这样的信念就是思想和生活所必需的前提或界限，它意味着自由意志和思想能力的界限，也就是主体性的界限。不可逾越的界限便是信念所立之处。

人不可能想象没有天地的生活，所以天和地就是基本信念（因此乾坤也为易象之本）。天长地久而生长万物，因此天地蕴含一切存在之道，也就是人唯一需要效法之对象，所以圣人"效天""法地"①，试图与自然建立存在论的亲密关系（ontological affinity）而得到天地之庇护，使人道通达天道而分享天地生生之大德②，此乃无穷存在之道。

将自然二分为天地并非神话修辞，而是一种哲学格局，自有其理。假如存在始终如一，那么存在就只是对自身的重言式断定（tautology：being is being），而如果存在只是重言式的自身肯定，没有任何变化，就意味着不是在时间中的存在，而只是一个无实质的概念。无时间的纯粹存在（being）不是实存（existence），既未出发也无后继状态。存在的时间性无法以无穷同一重复为定义，而只能由变化所证明。变化是实在的唯一证据，也是时间的唯一尺度。既然存在（being）必须实现为变在（becoming），或者说，存在即以变而在，就至少需要两种不同的存在以形成互动而生变化，因此，

---

① 朱熹：《周易本义·系辞上》，王玉德、朱志先整理，凤凰出版社，2011。
② 《周易·系辞下》："天地之大德曰生"。

圣人采用最简单的模式将存在之互动标示为天地两端，也即阴阳两面，或乾坤二形。人居于天地之间，上承天道，下接地理，身通阴阳二气，因此人自身蕴含互动能力，也就具有发动变化的能力，所以人可与天地并列，所谓"与天地参"①而成天、地、人三维格局。然而人终究只是通天接地的效法者，只能贯彻自然之道，却不可能成为康德想象的以自身为法则的自然立法者，因此，人之正名是"人"，而不是主体。人所以为万物之灵，不在于勇于僭越，以自身尺度为万物立法，反而在于能够弃我从物，超出自身尺度之局限而以万物为尺度，因此能够分享天地之道。

中国的精神世界大概始于新石器时代，而基本成型于周代。周易既是古史，也是思想方法论。正如孔子所说："夫《易》，开物成务，冒天下之道，如斯而已者也"。②天道乃万物生生不息之道，也就是以变而在（being in becoming）之道。"天下之道"之要在于化天道为人道，使人类生生不息而德配天地。解释"天下之道"的周易成为了中国存在的方法论，如此深入人心甚至于日用而不知。以变而在的方法，即顺势变通之法：于未雨之时见机而行，所谓"为之于未有，治之于未乱"③，在极端变化之前，自身主动先变，以变应变，顺其势而消其力，将"变"限制为"化"，即通过自身的变化而把"负面外部性"转化为可以借力的变量。此种以变通而长久、以转化引导变化之法几乎见于所有行为中，治国、用兵、生产、持家、对人、待物、音律、诗词、笔墨，乃至围棋与武术，所有行为方式都同构地具有"变而化"之法。周易谓之"变通"④；儒家谓之"能化"之"中庸"⑤；道家谓之"无以易之"之"若水"之法⑥，各家说法虽有不同侧重而其义一也，可以说"变而化"的方法，要义在于"化"。假如仅仅是顺应

---

① 《礼记·中庸》，郑玄注，中华书局，2015。
② 朱熹：《周易本义·系辞上》。
③ 王弼：《老子道德经注》，楼宇烈校释，中华书局，2011。
④ 《周易·系辞下》："穷则变，变则通，通则久"。
⑤ 《礼记·中庸》："唯天下至诚为能尽其性。能尽其性，则能尽人之性。能尽人之性，则能尽物之性。能尽物之性，则可以赞天地之化育。可以赞天地之化育，则可以与天地参矣"；"诚则形。形则著。著则明。明则动。动则变。变则化。唯天下至诚为能化"。
⑥ 参见《道德经·第八章》，《道德经·七十八章》，"天下莫柔弱于水，而攻坚强者莫之能胜，以其无以易之"。

变迁，就只是"变"成环境适应者，而没有"化"为"与天地参"① 的历史创作者。

中国顽强之长存能力就在于以变而在的方法论，这意味着，中国精神世界的元规则是作为方法的中国，而不是作为教义的中国。如众所见，历史上各代不同法，地不同俗，历来移风易俗，古今变化更新，而今尽弃西周近悦远来之礼乐，不见先秦舍生忘死之风度，难觅唐宋豪迈诚挚之才情，文教文章几乎无一可取，可谓大悲，唯余顽强之变通古法，仍然蕴含无限革新余地，可见中国存在之本实为方法，而身为变通方法之中国乃不变之中国。

要解释作为方法论之中国，必须发现中国精神世界之发动点，或思想路径的出发点。如前所述，自然之天经地义是一切可能生活的前提条件，因此，天地无争议，唯有居于天地之间的人之所为才生出需要反思的问题。就是说，天地是准则，人是问题的制造者。人之所为称为"事"其中，将天道用于天下生计之事则是"事业"②，为事之大者。"事"正是一切思想问题的出发点：做事而存在。可套用笛卡尔第一哲学的公式"我思故我在"（cogito ergo sum）而称为"我行故我在"（facio ergo sum）。③ 万事以生存为起始问题，生存之所求无非继续存在，乃至永在，即"生生"不息的问题。生生无法独生，因而必需万物互相生生，此乃自然之道。于人事而言，生生必与他人共在，于是超越了单纯的生命问题而展开为生活问题。生命服从必然之理，而生活开启可能之事，因此，由生命而生活意味着问题由必然之理转为可能之事。可能性是存在的爆发点或临界点，一旦存在超越了必然性而进入可能性，存在就有了未来（没有可能性而只有必然性的存在只有持续而无所谓未来），有了未来就有事可做，或者说，有了未来，存在

---

① 《礼记·中庸》。
② 《周易·系辞上》："形而上者谓之道，形而下者谓之器，化而裁之谓之变，推而行之谓之通，举而错之天下之民谓之事业"（朱熹：《周易本义》）。
③ 赵汀阳：《第一哲学的支点》，三联书店，2013，第228页。这里采用的笛卡尔公式的通行译法，其实更准确的译法应该是"思而在"相应地，中国思想公式就应该是"行而在"。拉丁文的 cogito 或 facio 虽然在语法上包含"我"，但却是隐含的，正如古汉语的"思"或"行"也隐含着行为主语。

就变成了"事"。

不妨稍加对照西方哲学，或可更清晰地理解"事"的问题线索。西方思想的出发点是"物"，即自身完整的实在，万物一理而成有序之世界（cosmos），于是，思想的根本问题就是一切存在之本原问题。对本原的反思并不是对世界或万物的起源想象，而是追问万物之所以存在之理由，主要是两个问题：什么是存在？存在者为什么是其所是？其中有个对西方思想有着关键暗示的语言因素，在西方语言里，"存在"与"是"乃一个问题之两面：某物既"在"，而且"是"此物而非它物。在且是，事物的存在就有了本质，即某物确定自身的必然性。本质恒定不变，否则无一物是某物，于是，本质界定了某物的排他封闭性，也就在逻辑上意味着定义某物的概念。如果一个概念足以充分说明某物的完整性、独立性和必然性，那么就是一个理念，而表达本质的理念就是知识之所求，真理之所在。知识或真理的格式就是"什么是什么"。由此可以理解西方思想为什么着力于存在、实体、永恒、本质、完美、逻辑、必然性、确定性等问题。既然西方思想焦点在物，因此必格物以求理，考察万物各有之性（physis，物理）的器物知识属于"物理学"，即科学之古名，而哲学是"元物理学"，解释万物存在之不变通理。

中国思想的出发点是"事"。事不是实体，而是实体之间的动态关系。事发于行，故因行求道。有规可循之道，是礼教法度，大致相当于西方所谓 nomos（规范），而万事动态变化之道，乃是形而上之道。中西两种形而上学皆为深度思想，而其问题各异。在思想主旨上，西方哲学是关于必然性的思想，而中国哲学是关于可能性的思想。在思想结构上，西方哲学是对世界的"字典式"解释，试图建立界定（delimiting）万物的确定理解，简单地说，就是断定"什么是什么"，一切观念皆为"在/是"（being/is）的注脚。中国思想则是对世界的"语法式"解释，力求对万事之间关系（天与人、人与物、人与人）的协调理解，尤其重视关系之相互性（reciprocity）或万事之合宜性（agreeableness），即古人所谓"变通""和"或"中庸"，李泽厚精炼地概括为对"度"的把握。① 不过，古人并非无视

---

① 李泽厚：《实用理性与乐感文化》，三联书店，2005，第27页。李泽厚认为度可以看做是中国思想的"第一范畴"。

"什么是什么"之论断（孔子之名实论也强调界定之重要性），但显然将"什么变成什么"视为根本问题，因为一切问题皆为对"变"（becoming）的回应，或者说"变"生事而事生问题，而不变意味着无事，无事则无问题，因此，在中国思想框架中，存在之不变本质并没有构成问题，而只是一个判断。在这个意义上，所有问题都是"可能性"的展开：变化、生长、未来、不确定性、互动性、合宜度、互补性……

变化乃是天道，天道是前提而不是问题，因此，变化本身也不是问题，而是给定的存在状态，只有对变化的回应才构成问题，也就是说，人做事，就有问题。换句话说，道法自然，因此天道是不可选择的标准，如何在天道的限定条件下形成人道，此乃人之所思所虑。人道问题首先是"生生"，而"生生"的第一步便是生长，这正是中国思想线索的始发点。生长之事，必求生长之物能够"深根固柢"①，就是说，生长首先要扎根。"生长"和"扎根"这两个隐喻标示了中国思想的行径。

"生长"和"扎根"的意象非常可能与早期中国的农耕生活有关。黄河和长江流域的农耕始自万年之前，这意味着，在远古无考之时，中国初民就非常可能已形成了围绕农耕生活的思维模式。农耕之事，生长唯大，在指望谷物生长而得以生存的人们眼里，存在就在于生长，或者说，生长即存在。生长之事敞开了存在的时间问题，事关生长的时间并非匀速流逝的抽象矢量，而是起伏快慢的有形变化、失而不再的时机与得失未定之未来。生长必扎根于不动之地，谷物和农民的生长不在空间中迁徙，而在时间中等待，以保守不变之空间去呼应万变的时间，"变通者，趣时者也"②，于是步步跟随时令而动，按照四季、节气、日出日落、月圆月缺提示的一切时机而定须为之事，与时间变化节奏同步而维持相对不动点，与不确定性的维持确定关系，这种生活方式提示着万变与不变合一之"易"理。既然存在即生长，以生长为主题的思想所反思的问题就是如何保持"日新"的生长之道。生长之道既为存在之本，便进一步延伸为道德、政治、历史、美

---

① 王弼：《老子道德经注》。
② 《周易·系辞下》。

学之道，因此，自古制度虽有一时之定制，却无绝对之定理，唯一不变之道就是变通之艺术。在这个意义上，中国思想的最终目标不是事物的真理，而是生长的艺术。

生长的艺术（Art）是一种存在论，而不是物象的艺术（fine arts），但生存的存在论也同时表达为美学证据，所以孔子说"成于乐"①。这似乎暗示着，生长的形而上之道总能够显形于形而下之器。"乐"并不限于音乐，而是一切美学经验，与天道变化同步便是生长之"乐"。对此，韩林德有一个洞见：中国对万物万事都作美学化理解，而这种美学理解是时间性的，也就是音乐性的，可称为"音乐宇宙化"或"宇宙音乐化"②，即古人所谓"乐者天地之和"或"大乐与天地同和"③。于是，诗词的意象流动是音乐性的，书画的笔墨运行也是音乐性的，一切美学经验皆寻求音乐性的生长节奏。

农耕将生活系于土地而使自然之地成为生长之本地，即乡土，而乡土反过来成为了存在的精神基地——费孝通把中国精神定位为"乡土中国"可谓传神④。既然人对土地的依赖性使土地具有精神性，土地便不再是漫游途经之地，而是大地母亲，"坤，地也，故称乎母"⑤，"坤厚载物"⑥。因此，在生活画面里，自然并非浑然一体的客观对象，而是分为天地两种精神：天是万物存在的普遍依据，地是每个人存在的特殊依据。既然土地是存在之本地，守土就是守本，本土就是一个精神概念，守土就是神圣责任。本土不仅是谷物扎根之土地，也是人扎根之家园。自己建立的家园虽然只是世界的一个小部分，却有一份完整生活，因此，拥有家园就拥有一个完

① 杨伯峻：《论语译注》，中华书局，1980。
② 韩林德《境生象外》，三联书店，1995，第192~248页。韩林德认为，天地万物的分布和运行有其节奏，因此天道本身就是"大乐"。五音十二律正与五行五方、四时十二月暗合，所谓"律历融通"。据《吕氏春秋》卷6《音律》，十二律乃是以十二个月之"风"而定，《淮南子》卷3《天文训》也有相类之见。
③ 《礼记·乐记》。
④ 参见费孝通《乡土中国》，三联书店，1985。
⑤ 《周易·说卦》。
⑥ 《周易·坤·彖》。

整世界，而拥有世界的人无须远游①。立地为主的人仰望天象，俯察地形，环视天下四方，这种上下四方的环视方式产生了定于一点而无限极远的世界图像，或者说是完整世界的视觉想象，进而化为立于地中而尽收天下的政治眼光（中国的"中之国"观念也与此相关），正如《周易》所云："古者包牺氏之王天下也，仰则观象于天，俯则观法于地，观鸟兽之文，与地之宜，近取诸身，远取诸物，于是始作八卦，以通神明之德，以类万物之情"②。

此种上下四方的环视方式同样演化为一种尽收万物的美学尺度，据韩林德的分析，"华夏民族对天地万物的观照，乃是仰观俯察与远望近察融于一体的目光上下流动、视线远近推移的流观方式"③。南宋范睎文最早反思到这种大尺度美学眼光普遍存在于诗画之中④。中国画里的人是一个概念，而不是具体个体。这个代表任何人的"概念人"藏身于天地之间，以流变眼光而遍观万物，尊天地万物为生活之法度，此种自知之明反映为画中山水之间人物尺寸之渺小，而正是小尺寸的概念人才有足够的余地衬托出完整世界的大尺度眼界。

自然变化是单纯时间性的，人事变化则具有为时间标出人文刻度的历史性，所以说"物有本末，事有始终"⑤，即意味着，"物"属于必然性的范畴，本无历史，只有本末，而"事"属于可能性范畴，有始有终，因此形成历史。因此，对于物的世界就只有知识论，而事所定义的世界才蕴含着能够谈论的存在论问题，因为事所产生的存在论问题同时是一个创世论

---

① 切斯特顿在《论鲁德亚德·吉卜林与世界变小》一文中说：一旦扎根于一个地方，地方性就消失了，人就像一棵树那样生长，拥有宇宙的全部力量。四处奔走的人"没有耐心成为任何事情的一部分"，他的世界比农民还要小，因为他总是呼吸某地的空气，而廷布图（非洲马里古城）的人却视廷布图为宇宙，他们呼吸的不是某地的空气，而是"世界之风"（参见切斯特顿《异教徒》，三联书店，2011，第 26 页）。

② 《周易·系辞下》。

③ 韩林德：《境生象外》，三联书店，1995，第 108 页。

④ 韩林德：《境生象外》，第 107～108 页。范睎文举例：苏武诗云："俯视江汉流，仰视浮云翔"；曹丕诗云："俯视清水波，仰看明月光"；谢灵运诗云："俯视乔木杪，仰聆大壑淙。"等等。韩林德又有补充：宋玉之"仰视山巅，俯视崝嵘"；张衡之"仰飞纤缴，俯钓长流"；班固之"仰悟东井之精，俯协河图之灵"，如此等等。

⑤ 《礼记·大学》。

的问题，即对可能生活的创作。① 每时每刻的未来都蕴含多种可能选项，因此，不同的事造成不同的未来。博尔赫斯在"交叉小径的花园"里称之为"时间的分叉"。他想象了一个古代中国的建造师建造了一个迷宫般的路径交错花园，这个交叉小径的花园正是时间分叉的隐喻。那个中国建筑师"不相信单一绝对的时间，而相信存在着无限的时间系列，存在着一张分合平行扩展的时间之网"，因此"时间总是不断地分叉为无数个未来"。② 博尔赫斯对中国思想要点之理解可谓精准。

事的问题围绕着时间分叉所定义的未来性而展开。时间分叉的未来总在唯一的"此时"行事中收敛为唯一性的事实，可是流逝的事实又在各执一词的叙事中分裂为复数的历史（histories）而复归时间分叉状态，就是说，除了唯一的此时，我们身前是分叉的未来，身后是分叉的历史。事的一半是未来性，另一半是历史性，这意味着对于人的生活世界有两件决定性的大事："作"与"述"。这两件事使未来和历史具有了自觉意义。"作"创作的是未来，把将来时的多种可能性约束成唯一的现实性；"述"书写的是历史，把过去时的唯一事实敞开为多种历史。在这个意义上，人是未来和历史的作者。并非所有"事"都能够被称为"作"。事的所指范围大概相当于有意图或有计划的一切所为；作的所指范围则收敛为创作之事，在更严格的意义上，必须是足以将时间变成历史的创作，即对存在方式有所创制立法，给时间留下可追寻的刻度之事，才算是"作"。其中要义在于，"作"使本来只有时间性的存在具有了未来性和历史性。为存在立法之"作"是创世行为，因此具有存在论意义。创造历史之作通常被标记为圣人之功，且以几种典型记述为例：

《周易》有一段关于远古伟大之"作"的综述："古者包牺氏之王天下也，仰则观象于天，俯则观法于地，观鸟兽之文，与地之宜，近取诸身，远取诸物，于是始作八卦，以通神明之德，以类万物之情。作结绳而为罔罟，以佃以渔……包牺氏没，神农氏作，斲木为耜，揉木为耒，耒耨之利，

---

① 赵汀阳：《第一哲学的支点》，三联书店，2013，第219页。
② 参见博尔赫斯《博尔赫斯短篇小说集》，王央乐译，上海译文出版社，1983，第69~83页；《博尔赫斯文集·小说卷》，王永年、陈众议等译，海南国际新闻出版中心，1996，第128~140页。

以教天下……日中为市，致天下之民，聚天下之货，交易而退，各得其所……神农氏没，黄帝、尧、舜氏作，通其变，使民不倦。神而化之，使民宜之。易穷则变，变则通，通则久。是以'自天佑之，吉，无不利'。黄帝、尧、舜垂衣裳而天下治……刳木为舟，剡木为楫，舟楫之利，以济不通，致远以利天下……服牛乘马，引重致远，以利天下……重门击柝，以待暴客……断木为杵，掘地为臼，臼杵之利，万民以济……弦木为弧，剡木为矢，弧矢之利，以威天下……上古穴居而野处，后世圣人易之以宫室，上栋下宇，以待风雨……古之葬者，厚衣之以薪，葬之中野，不封不树，丧期无数。后世圣人易之以棺椁……上古结绳而治，后世圣人易之以书契，百官以治，万民以察……"① 又如《尚书》所记："（尧）克明俊德，以亲九族。九族既睦，平章百姓。百姓昭明，协和万邦。黎民于变时雍。乃命羲和，钦若昊天，历象日月星辰，敬授民时"②。还有《吕氏春秋》所言："奚仲作车，仓颉作书，后稷作稼，皋陶作刑，昆吾作陶，夏鲧作城，此六人者所作当矣。然而非主道者，故曰作者"③。以及《淮南子》所述："昔者仓颉作书，而天雨粟，鬼夜哭"④。诸如此类关于"作"的记述在古籍中甚多。尤为有趣的是《世本》专设有"作篇"，集中记载了传说中古人的各种划时代的技术创作，包括燧人出火、伏羲作琴、芒作网、神农和药济人、蚩尤作兵、黄帝作旃冕、伶伦造律吕、容成造历、仓颉作书、史皇作图、于则作扉履、雍父作春杵臼、胲作服牛、相土作乘马、共鼓货狄作舟、巫彭作医、祝融作市、奚仲作车，如此等等⑤。其中，早期文明生活所需的基本技术大多被归为"黄帝之臣"的创作，虽未必十分准确，但似乎意味着黄帝时期是一个富有创造力的时代。

　　古人对"作"的认定标准以制度创作为头等大作，往往被归为圣王之立法，技术之作也被认为是重要之作，但不及制度，所谓"非主道"，因此只是"作者"，即只在特殊之事上有所发明的人。不过这个政治化的标准似

---

① 《周易·系辞下》。
② 顾颉刚、刘起釪：《尚书校释译论》，中华书局，2005。
③ 许维遹：《吕氏春秋集释》，中华书局，2009。
④ 《淮南子》，顾迁译注，中华书局，2009。
⑤ 《世本》，宋衷注，张澍、粹集补注，中华书局，1985。

有些疑问，制度之作固然居功至伟，但从历史长时段来看，技术创作无论是舟车铸造还是房屋城池，都对文明有着极其深远的影响，其中一些创作之功胜过政治多矣，尤其是农业和文字的发明，决不能归为技术，实乃开道立法之大事，其重要性恐怕难有其匹。事实上，文明各方面的创制皆有开道立法之功，都是对人类存在方式的创作，因此都是化时间为历史之作。

"述"是对"作"的叙述。历史的存储量远远小于事实，因此并非万事皆可记述，何况人也没有能力记述所有事情，所以只有大事大作才可入史，于是，历史即"作"之神迹。古人的创制发明不仅在物质上化为惠及后人的生存条件，而且在精神上化为今人之思想方式。这意味着，古代之"作"通过"述"超越了时间流逝而始终在场，成为后人在世之精神根据。在这个意义上，古人之作（making）乃后人之所是（being）。"是"什么（being as such and such）并非因为事物本身之不变本质而是什么（as it is），而是"作"成什么就是什么（made to be）。就人类之事而论"是"（being）在"作"（making）中成为存在（existence），而"作"在"述"中得以继续存在。一种精神的连续性在于所作化为所述，如章学诚所言，作是立法，述为立教，各有其功，因此"制作之为圣，而立教之为师"。① 立法者莫过于周公，而立教者莫过于孔子，因此，"隋唐以前，学校并祀周、孔，以周公为先圣，孔子为先师"。② 宋明理学兴起之后，偏重"述"的传统，便转而多言孔孟，人们对"述"的关注逐渐超过"作"。有个客观原因，即秦汉之后没有出现"乃至于道"的触动根本之政治革新，只有政策改变，因此少见重大之"作"（仅限于制度立法之事而言，诗文书画仍然多有大作）。章学诚认为，其实自周公创制典章制度之后，可"作"之事便所余无多，虽以孔子之才，也因有德无位，即无创制之权，且一心"从周"，故无可作，只好"述而不作"③ 而以"述"立教。

不过此事也可另有解释。司马迁暗示孔子之功不能仅归为"述"，因为

---

① 章学诚：《文史通义》，上海古籍出版社，2008，第36～37页。
② 章学诚：《文史通义》，第36～37页。
③ 章学诚谓"非夫子推尊先王，意存谦牧而不自作也，夫子本无可作也。有德无位，即无制作之权"（参见章学诚《文史通义》，第37页）。

孔子之述实为精神立法之"作"："论诗书，作春秋，学者至今则之"①。孔子之立教虽非制度立法，却是精神立法，司马迁之见，似乎更为深刻，但其中理由，司马迁未加解释。我愿意将其理解为：孔子"作"春秋，确定了历史意识和历史学在中国精神世界中的至上不移之地位，几将历史化为信仰。由此，中国以历史为精神依据，以历史去解释生活的理由和意义，史书成为中国之圣"经"②，故曰"六经皆史"③。当然，孔子并非历史意识之创始者，而是标准制定者。中国对其精神世界之自述本来就是历史叙事（周易、尚书、诗经等皆为古史），而孔子修订《春秋》为历史叙事建立了普遍标准，即人道必须符合天道。春秋笔法之深意在于以"微言"显示任何可能生活所必须默认的天道，即生活之所以可能的"存在之秩序"（order of being，借用沃格林的词汇），所谓春秋大义，就在于以天道为准去鉴别什么是可变的秩序或什么是不可变之秩序④。显然，并非任何秩序都不得改变（否则"汤武革命"的合法性就无法解释了），而是说，改变秩序也必须符合天道。⑤ 孔子将"配天"的形而上原则贯彻为历史原则，于是，历史与思想为一，所谓"古人未尝离事而言理"⑥，进而，历史性成为思想的核心问题，而历史作为对生长方式之存在论反思就成为一方之圣"经"。

---

①　司马迁：《史记》，中华书局，1985。

②　张文江认为，"六经"有两个层次：《易传》《春秋》是一个层次；《诗》、《书》、《礼》、《乐》是第二个层次（张文江《史记太史公自序讲记》，上海文艺出版社 2015 年版，第 88 页）。如此突出《春秋》的地位，应是看重孔子作《春秋》之功业，我很赞成这个判断，但如果第一个层次包括《易传》《春秋》和《书》三者，可能就更为合理了，理由是《书》代表的是西周制度之"作'，《春秋》代表孔子之"作"，而《易传》在方法论上总结了早期中国至三代之"作"，皆为具有普遍方法论性质之"作"。

③　章学诚：《文史通义》，第 1 页。

④　《礼记·大传》："圣人南面而治天下，必自人道始矣。立权度量，考文章，改正朔，易服色，殊徽号，异器械，别衣服，此其所得与民变革者也。其不可得变革者则有矣：亲亲也，尊尊也，长长也，男女有别，此其不可得与民变革者也"。

⑤　例如，春秋"弑君"之书所蕴含的逻辑意义是：（1）存在着一个如此这般的谋杀君主的事实；并且（2）一种共同默认的秩序被破坏了。既然是共同默认的秩序，为什么还需要再次显现？因为秩序的破坏者并非准备破坏社会秩序，只是试图取而代之，因此，再次显现或提醒共同所默认（包括夺权者在内）的社会秩序就是暴露弑君的非法性。没有一个秩序破坏者愿意他人同样效仿其道，可见，秩序破坏者试图获得法外特权是非法的。

⑥　章学诚：《文史通义》，第 1 页。

历史所述虽是以往之事，但历史的意义却在于未来。如无未来，历史的意义就不再生长，过去就被封存在完成式的往事履历里，而不再生长的历史就变成了与生活相分离的古迹，也就对生活无所说明。何为历史的终结？就是告别了可能性，也因此告别了意义世界——所有意义皆由可能性所定义，而必然性定义的是真理。然而，存在的变化本身无所谓未来性，只有无尽的时间，变化之可能性只在"古—今"的语境中才生成未来性，即与古今形成意义相关的可能性才是未来性，或者说，只有构成命运的可能性才是未来性。

时间意识是以永远流动之此时为定点而产生的对称性的过去和未来意识。与"过去—现在—未来"三分法的"主观时间"不同"古—今"二分概念表达的是"历史时间"，是对"历史性"的划分，却不是对"时间性"的划分——未来尚未到场，因此落在"古今"之外。中国另有表达时间性的概念：昔与来（或曰：往与来）。不过，昔与来也不是意识内在纯粹时间知觉的表达，而是对自然变迁的记忆，尽管不是历史，却也是一种对"自然史"的刻画而近乎历史，或许预示了"古今"的历史意识。究其根源，甲骨文"昔"的字形为𣊫，上部是水波纹，下部为日，或上下结构颠倒，而其暗喻不变。通常的猜测是，昔之图形暗示了对过去大洪水的记忆。[1] 可以想象，对于中原初民，曾经的大洪水是何等深刻的印记，理当可用于标志过去时。另外，"昔"的结构似乎也可以理解为"逝者如斯夫"之时光如水的感觉，同样有理由用于表达过去时；甲骨文"来"的字形为𣏟，学者们有着大致共识，应该是农作物之象形，通常认为是麦子[2]。农作物之说肯定为真，而麦子的认定却非必真，只是非常可能。商代中原已有麦子，但那时麦子仍然不是最主要的农作物，也不是最古老的农作物。但这是无关紧要的细节，重要的是农作物暗喻生长—收获的过程。由谷物的生长而期待的收获只是非常可能的结果，并非必然结果，是否如期收获，还有待天公作美，因此，未来是意味着可能结果而并非必然结果的生长方式。

"过去"是个知识论问题"未来"却是个形而上学问题。未来尚未存

---

[1] 徐中舒：《甲骨文字典》，四川辞书出版社，2014，第725页。

[2] 徐中舒：《甲骨文字典》，第616页。

在，因此未来不是一个知识对象，可是未来又是一个不得不思考的问题，因此是一个形而上学问题。墨子说过一句意味深长的话："谋而不得则以往知来，以见知隐。"① 未来具有不确定的多种可能性，并非人谋所能先定，所谓谋事在人成事在天，但既然人必须谋划未来，就只能借助过去经验，以可见的现实性去理解不可见的可能性。这意味着，作为形而上学问题的未来不可能有一个必然答案，但对未来的问题却可以有一个历史的解决，即化形而上学问题为历史问题。以经验期待未来就像期待麦子的成熟，劳作"理应"有收获，但仍然有待风调雨顺。即使在经验非常稳定因而宝贵如金的古代，以往知来也并不完全可靠，因此，未来从根本上说是一个必须时时与之商量的对象，经验便是与未来商量的本钱，但在形势变化而经验失灵之时，就必须对存在方式有所创作，即所谓"作"，重新定义未来的可能路径，同时就是创造历史，所以说，存在论也是创世论。墨子的"以往知来"只说出了关于未来问题之一半，问题另一半是"以作开来"。

"作"的问题超越了"昔—来"结构而展开了"古—今"维度：未来之"到来"不仅需要根据经验之推去等待，也需要创制之作去开启。"作"使存在（being）成为"变在"（becoming）。"作"既是存在状态的断裂也是对存在的接续，它使均匀时序（chronos）变成起伏时刻（kairos），在此，时间有了节奏而变成历史。因"来"而"作"构成了存在论的核心问题：只有当"来时"并非过去的复制，而是以"作"为变量的继续存在，存在才有了历史。"来"与"作"的关系所定义的存在论是知识论和形而上学的交汇点，也是时间问题和历史问题的转换点。"作"正是导致转换的变量，"作"使时间获得了"古今"的历史刻度，就是说，任何未来都将因为"作"而化为"古今"。自然生活本来只有"昔与来"的时间尺度，而"作"定义了"古与今"的历史尺度，即在"昔—来"的自然结构上建构了"古—今"的历史结构，于是形成了自然时间与历史时间的双重时间意识。

古今概念之深义也已经蕴含于古文字中。甲骨文的"古"字，最早为 ⛰，后来为 ，上部竖形之原义就是十，所以后来转化为十之字形，意思是

---

① 孙诒让：《墨子闲诂》，中华书局，2001。

立中，似乎暗喻正位定时，根据冯时的分析，[1] 乃源于立表测影，是表达中心与四方之图形；古字下部为口，口所能言之事皆为前事，与十字结合，其意便是口言四方之前事，所谓古也[2]；甲骨文"今"字为𝐀；象征木铎，即古时一种木舌铜铃，王者或令官用来发号施令[3]。颁布法令的时刻就是"今"，意指从今往后必当如此这般。可见"今"的意义不仅是此时，更是以作开来的时刻，所以与其说"今"是时间刻度，不如说是历史刻度。能够称为"今"的创制必定意味着一种事情、一种生活或一种制度的开始，因此，"今"是蕴含未来性的历史时态，即作为历史时态的"当代性"（contemporariness），而不是作为时间时态的"现时性"（presentness）。

"古与今"都是根据"作"而定义的历史时态，分别指称过去完成时的历史创制和现在进行时的历史创制，因此与"昔—来"的自然时态之间存在着时间错位。如果一种生活尚未发生社会性或制度性的改变，没有新"作"，那么在历史时态上就仍然属于"古"，尽管在时间时态上是现在时。例如，司马迁所研究的"古今"是周秦之变，这不仅仅是改朝换代，而是制度改变，所以是历史时态的改变。按照汉朝人的理解，自黄帝尧舜至秦始皇之前的政治社会制度一直不变，即天下封建制度，所以一直都属于"古"（秦汉人的这个理解并不准确，但无伤大雅。天下封建制度实为周朝创制，周朝之前只是万国盟约体系[4]）；秦始皇改诸侯封建为郡县一统，这个制度巨变是具有历史性之"作"，力度堪比周公之"作"，因此，相对于"古"的历史时态，秦开创了"今"的历史时态。假如单以制度变迁定古今，那么秦以来至司马迁目睹之时代一直都属于"今"，司马迁之后两千年也仍然属于秦汉制度之"今"。以古今概念去定义历史，则一段自然时间可以很长而其历史很短，或相反，时间很短而历史很长。如果一个制度或一种精神一直不变，也就一直具有作为"今"的当代性。比如说，对于西方而言，圣保罗开创的普遍主义传统就至今具有当代性，阿兰·巴迪乌论证

---

① 冯时：《中国古代的天文与人文》，中国社会科学出版社，2006，第9~13页。

② 另据马如森，谓十口相传之事为前事（马如森：《殷墟甲骨文实用字典》，上海大学出版社，2014，第57页）。

③ 徐中舒：《甲骨文字典》，第574页。

④ 详见赵汀阳《天下的当代性》第一章，中信出版社，2016。

过这件事情。① 现代中国的生活、制度、思想和艺术都不同程度地分享着西方的当代性，大体上从属于西方之"今"的历史时态，大多数中国传统都已经基本上变成"古"，唯有中国之存在方法论，或者作为方法的中国，一直保持属于中国自身之"今"的历史时态，中国也因此仍然是中国。

本文原刊于《陕西师范大学学报》（哲学社会科学版）2016 年第 2 期

---

① 参见 Alain Badiou, *Saint Paul*: *The Foundation of Universalism.* Translated by Ray Brassier, Stanford University Press, 2003。

论利玛窦在儒学与中华传统文化西传中的独特贡献

卓新平*

一　引论：利玛窦的"西儒"之旅

意大利耶稣会传教士利玛窦（1552～1610年）的中国内地之行始于1583年9月10日，他随早其而来的意大利传教士罗明坚（Michaele Ruggieri, 1543－1607）同至广东肇庆，获准驻居。在此之前，耶稣会传教士受其日本传教经验影响，认为中国流行佛教，故以靠近佛教的特色作为其入华传教的文化披戴。1582年底罗明坚初次来肇庆时就已经"改著僧众服装"，在佛教天宁寺住过四月之久；因此他让利玛窦与之同来时遂都穿僧服，剃发薙须，形似"西僧"。但罗明坚1588年离开中国之后，利玛窦不久也于次年离肇庆往韶州开教，随之开始接触儒士、研究儒家经典，与儒学结缘。在这一时期利玛窦认识了苏州常熟人瞿太素（1549～1612年），由此而有了与儒家思想深层次接触的机缘。利玛窦在1589年9月9日寄往澳门的信件中，曾提及有来自南雄府的瞿太素登门拜访，随后两人交往频仍。在《利玛窦中国札记》中有关于瞿太素的如下记载："他是一个被称为尚书

---

* 卓新平，中国社会科学院学部委员，世界宗教研究所所长，研究员。

的第二级高官的儿子，苏州人，是受过良好教育的知识分子。"但"他变成一个公开的败家子。他青年时就摆脱了孝道的约束，父亲死后，他越变越坏，交结败类，沾染种种恶习，其中包括他变成炼金术士时所得的狂热病。""当他听说神父们是在韶州时，他就去拜访他们，……他在神父们寄居的寺内得到一间房屋，以便就近求教。""在结识之初，瞿太素并不泄露他的主要兴趣是搞炼金术。有关神父们是用这种方法变出银子来的谣言和信念仍在流传着，但他们每天交往的结果倒使他放弃了这种邪术，而把他的天才用于严肃的和高尚的科学研究"，并且在后来还"成为一名基督徒。"① 瞿太素在利玛窦那儿学习几何、天算、数学、力学等，同时也教利玛窦研读四书五经，利玛窦因此开始对四书五经作拉丁文的释义和注解，从表层了解进入精读深解之境。

瞿太素在与利玛窦的交往中，对其着僧衣僧冠颇感奇怪，告诉他僧侣的社会地位远远差于儒生，指出中国真正的主流社会、上层阶级乃儒士阶层，所以劝他改着儒装。利玛窦此时既加深了对儒家的了解，也意识到儒家思想才真正深入人心，对中国社会有着更大的感染力和渗透性。于是，利玛窦向负责中国传教事务的意大利耶稣会士范礼安（Alexandre Valignani）报告，建议在华传教士改衣儒服，蓄须留发，改称"西儒"。1594 年，其建议获得批准，范礼安派传教士郭居静（Lazarus Cattanneo）到韶州协助利玛窦，并通知其改穿儒服，利玛窦遂带领在华耶稣会传教士易僧服为儒服，以"西儒"的身份在中国社会亮相。对此，《利玛窦中国札记》记载说，"利玛窦神父穿着知识阶层的衣服，特别是那种被称作儒士的服装。它是一件朴素的道袍，配一顶有点像我们自己的教士所戴的四角帽的帽子。……他对儒教却不加以挑剔，反而赞扬他们，尤其是他们的伟大的哲学家孔夫子，孔夫子对于来生的解释，宁愿保持沉默，也不愿发表错误的见解；为了说明'道'，他提出了一些修身、齐家、治国的格言。""利玛窦神父习惯于穿着他新采用的服装到处走动，这对一个外国人是件不寻常的事，但它得到了士大夫阶级的赞许。在这以前，从西方到中国来的外国人都不赞同

① 利玛窦、金尼阁：《利玛窦中国札记》，何高济等译，中华书局，1983，第 245、246、248 页。

儒家的学说，也不赞成孔夫子本人"。①

利玛窦由此而开了西方人认同儒家的先河，从而也得到中国士大夫阶层的积极回应。作为西儒，利玛窦潜心钻研儒家思想，积极阅读儒家经典，并与中国儒士圈子、上流社会广交朋友，对其"有德行之人""交且敬之"，先后结识李之藻、徐光启等上层儒士，并将天主教的礼拜场所原称"寺"字废掉改称更具中国文化之表述的"堂"，由此形成中国"天主教堂"之称。改为西儒之后，利玛窦广泛接触官绅儒士，与之论经谈道，商量并实践儒学原理及其传统礼仪，真正开始了深入了解中华文化的"西儒"之旅。这一调整和选择，使耶稣会来华传教士以与儒家思想交流、对话为重点，并将之译介到西方社会，从而形成了东学西渐、儒家流欧的时代发展，并由此在西方兴起了"中国学"、形成了"中国热"。

二 利玛窦与《四书》的拉丁文译本

利玛窦在其书信中曾提及他将《四书》意译成拉丁文，并加了注解。这一拉丁文的《四书》译本应该是该中国儒家经典最早的西文译本。在1589年，利玛窦移至韶州传教期间，他开始延师讲授"四书章句"，由此亦有了其翻译《四书》的动因。据利玛窦给耶稣会总会长等所写书信中之言，他为了给刚到中国的耶稣会士石方西（Francesco de Petris，1562－1593）等人教习汉语，于是选定《四书》来翻译，从1591年12月至1593年11月为其主要的翻译时间，这样在1594年时该拉丁文《四书》译本基本上译毕，他还在其译序中赞扬了儒家的伦理观念，认为《四书》可以与罗马哲学家塞涅卡的名著媲美。从"在利玛窦神父的教导下，他们在学习中国哲学方面进步神速"②等记述中，可以看到当时这种翻译及研究的蛛丝马迹。在这些书信中，利玛窦最初用希腊语的"Tetrabiblion"作为《四书》的译名，后来则频繁使用意大利语"Quattro Libri"来作为《四书》的译名。

费赖之（Louis Pfister）在其《在华耶稣会士列传及书目》"利玛窦"条

---

① 利玛窦、金尼阁：《利玛窦中国札记》，何高济等译，第362～363页。
② 利玛窦、金尼阁：《利玛窦中国札记》，何高济等译，第274页。

目中论及利玛窦"一五九三年曾将中国《四书》转为拉丁文，微加注释。……凡传教师之入中国者，皆应取此书译写而研究之。此书是否印行，抑尚存有写本，未详。"① 裴化行（Henri Bernard）在其《利玛窦评传》中亦说，当时"欧洲传教士们循序渐进地研读中文经典。为便于他们学习，利玛窦用拉丁文翻译了（确切些说，是释意）'四书'，还加上许多注释。""于是，1593 年 12 月 10 日，他就可以宣布已经译完'四书'中的三部（第四部是次年译完的），到了 1595 年，他就可以希望把手稿誊清了。其实算不上翻译，而是用拉丁文释意，还加上许多注释。从此，新来的人都拿它派各自的用场，……它的作者写道：'这个工作无疑会对我们在中国和日本的人有用的，我看似乎在欧洲也会受欢迎。在伦理方面，这是又一塞内卡，或者说，是异教徒中间最著名作家之一，这是一本值得一读的书，因为它是由精细卓越的道德格言组成的。'"②

由此可见，利玛窦真正深入接触中国儒家经典乃至中国文化典籍的第一部书就是《四书》。显然，利玛窦在韶州时已经开始阅读和钻研儒家典籍《四书》《五经》。他在自己的回忆录中也明确谈到过他在韶州教来此传教的耶稣会神父读经之事："两年间在韶州相继去世的这两位神父都随利玛窦神父学完了中国儒家的《四书》、《五经》，这一般是在中国儒家的学校里教授的课程。"③ 利玛窦当时虽对《四书》、《五经》都有认真研读，却仅仅意译了《四书》。对此，裴化行评价说，"'四书'（利玛窦有时称之为 Tetrabilion），简言之，只是大学生用的初级课本；更受尊崇得多的还是孔子改编的四部古书，加上按传统说法是他自己的撰写的第五种。这叫做'五经'。应科举者必须选择其一，有现场以它为题做出一篇典雅论文的能力。利玛窦遵照这一习俗，对新来的传教士至少讲解一种'经'，不过，似乎没有译出来。不管怎么说，他自己在一位业务精通的老师帮助下，认真全部加以用心研习。"④

利玛窦在华回忆录的意大利文手稿由其继任者龙华民（Niccolo Longob-

① 费赖之：《在华耶稣会士列传及书目》上，冯承钧译，中华书局，1995，第 46 页。
② 裴化行：《利玛窦评传》上册，商务印书馆，1993，第 161、162 页。
③ 利玛窦：《耶稣会与天主教进入中国史》，文铮译，商务出版社，2014，第 183 页。
④ 裴化行：《利玛窦评传》上册，第 162～163 页。

ardi，1559 – 1654）转交金尼阁（Nicolas Trigault，1577 – 1628）带回欧洲，由金尼阁将之译为拉丁文于 1615 年在德国奥格斯堡出版，其拉丁文书名题为《耶稣会进行基督教在中国的远征/自同会利玛窦神父的五卷本回忆录/致教宗保禄五世/中国的风俗、礼法、制度和新开端/最准确、最忠实地描述传教事业极为艰难的初始阶段》（De Christiana Expeditione apud Sinas suscepta ab Societate Iesu. Ex P. Matthaei Ricij eiusdem Societatis Commentarjis. Libri V. Ad S. D. N. Paulum V. In quibus Sinensis Regni mores leges atque instituta & nova illius. Ecclesiae difficillima primordial accurate et summa fide describuntur.）。“然而，金尼阁在翻译的过程中，并未严格按照手稿的文字内容逐字逐句地移译，而是对其内容进行了部分的修改、增补和编辑。”① 特别值得注意的是，“金尼阁保留了利玛窦为‘四书’作拉丁文翻译和注释的记载（……），略去了利玛窦札记中其他提到‘四书’的地方。”② 此后据这一版本翻译的该回忆录遂标明为利玛窦、金尼阁合著，即中译本《利玛窦中国札记》之来源。1909 年，意大利耶稣会士文图里（Pietro Tacchi Venturi）在耶稣会档案馆里发现了利玛窦回忆录的意大利文手稿，其中包括少量葡萄牙文的资料和拉丁文撰写的利玛窦生病至安葬的情况记载，估计为金尼阁所添加。利玛窦将这一意大利文手稿取名为《耶稣会与天主教进入中国史》（Della entrata della Compagnia di Giesù e Christianità nella Cina）。但文图里将之整理出版时另外定书名为《耶稣会士利玛窦神父历史著作集》（Opere storiche del p. Matteo Ricci S. I.），此后意大利耶稣会士、著名传教士汉学家德礼贤（Pasquale D'Elia）又进一步对此版本加工整理，完成了三册出版，取书名为《利玛窦史料——天主教传入中国史》（Fonti Ricciane-Dell'introduzione del Cristianesimo in Cina）。利玛窦的来华回忆录及其书信的出版在欧洲引起了轰动，使欧洲人得以前所未有地关注中国文化，并且开始较为全面地了解到儒家思想。

　　利玛窦的上述回忆及其书信论及其用拉丁文翻译《四书》之事，但这

---

① 利玛窦：《耶稣会与天主教进入中国史》，文铮译，译者前言第Ⅲ页。
② 孟德卫：《奇异的国度：耶稣会适应政策及汉学的起源》，陈怡译，大象出版社，2010，第 45 页。

部译稿却石沉大海，不见踪迹。而在意大利罗马·伊曼努尔二世国家图书馆今保存有一份 16 世纪拉丁文《四书》手稿（编号 FG［3314］1185），手稿扉页背面注为"由罗明坚神父整理"。据罗莹介绍，该手稿内容共为五部分，包括《第一本书·人的教育》即《大学》，《第二本书·始终持中》即《中庸》，《论省思·第三本书》即《论语》，《俗称〈四书〉之一的孟子》，以及《各家名言汇编》；"整部手稿共有三处日期标注：一处位于《大学》译文的开篇，注有'一五九一年十一月'（mense Novembri anno 1591）的字样；第二处位于《论语》译稿的结尾处，标明完稿之日是'圣劳伦斯日'……第三处日期出现在《各家名言汇编》，这部分译稿的开篇和结尾都标注有时间，其中开篇标注的是'一五九三年十一月二十日'（Die 20 mensis Novembri 1593），而文末则有罗明坚本人独立完成该部分翻译的声明：'本人罗明坚于一五九二年十一月二十日晚完成该册书的翻译并将其献给万福圣母'（Die 20 mensis Novembris 1592 in Vesperis Presentationis Beatisse. ae Virginis traductio huius libelli fuit absoluta per me Michaelem de Ruggeris），其中年份数字有涂改的痕迹，且与开篇的日期标注恰好相差一年，不排除开篇日期乃译者笔误的可能。"① 这部《四书》拉丁文译稿按其记载约译于 1591 年 11 月至 1593 年，是否为罗明坚所译则不确定。最早关注该手稿的德礼贤起初认为是利玛窦所译，由罗明坚抄写后带回意大利，但他此后则认为该手稿乃罗明坚自己所译。当代美国学者孟德卫（D. E. Mungello）也认为，"利玛窦的前任，比他早两年来华的罗明坚可能是尝试将'四书'翻译成欧洲语言的第一人。利玛窦几乎在同时紧随其后进行翻译，有证据表明利玛窦为'四书'所作的拉丁文翻译和注释被用来作为教授刚到中国的耶稣会士中文的材料。"② 而当代意大利学者达雷利（Francesco D'Arelli）则断定此拉丁文《四书》的确乃利玛窦所译。由于已知史料中并无罗明坚翻译《四书》的明确记载，加之其时间亦不吻合，故此该手稿有更多可能为利玛窦所译，但被其抄写者署上罗明坚之名，因为 1591 年之后这段时间正是利玛

① 罗莹：《耶稣会士罗明坚《中庸》拉丁文译本手稿初探》，《基督教文化评论》第四十二期，道风书社，2015，第 123～124 页。
② 孟德卫：《奇异的国度：耶稣会适应政策及汉学的起源》，陈怡译，第 45 页。

窦在韶州研习讲授《四书》、《五经》之际，而罗明坚早已于1588年离开中国，此后亦没再返回，利玛窦乃罗明坚走后才于1589年离开肇庆到韶州的。费赖之记述说，"明坚于一五八八年自澳门登舟，一五八九年安抵里斯本，复由里斯本抵菲利普二世宫廷，以此事告此国王。会罗马四易教宗，……此事因之延搁甚久，明坚见其事无成，且疲劳甚，遂归萨勒诺，于一六〇七年殁于此城。"① 如果此手稿确为罗明坚所译，除非乃如下两种情况：一是罗明坚在1588年之前在肇庆期间所译或与利玛窦合作译就，因为二人此间曾合作编写《葡汉辞典》；编辑出版该辞典的耶稣会士魏若望（John W. Witek）说，罗明坚与利玛窦"编撰的手稿《葡汉辞典》是他们学习汉语具体的一步"，② 但按当时他们的汉语理解能力尚难以将《四书》译为西文。二是罗明坚于1591～1593年在欧洲时所译，但这种可能性不大，因为没有中国学者的帮助，罗明坚很难单独将《四书》译为西文，而离开了中国的罗明坚可能也很难再有兴趣和精力来从事这种翻译工作。由于很少发现利玛窦所留下的拉丁语文献，而其意大利文作品却频频面世，故有学者认为利玛窦的拉丁文水平不足以完成中国经典的翻译，因此断定最早的中国经典之拉丁文翻译乃罗明坚所为。如果这种论断属实，那么整个西方汉学史和中国经典西译史可能都得重写。不过，也有学者坚持利玛窦作为耶稣会士应该精通拉丁文，这是其入会训练的基本功之一，而利玛窦对中国经典的透彻理解也应该强于罗明坚，加之其在华处境的便利和身边中国士大夫的帮助，更有利于他的中国经典西译工作。而上述拉丁文《四书》系罗明坚所译之说也同样存有不少疑问，因为当时罗明坚在华几乎没有时间和精力来用拉丁文翻译《四书》，而其在欧洲单独完成这一高难度的翻译有点匪夷所思，历史上也没有充分的旁证；至于有罗明坚当时在欧洲发表关涉中国经典的拉丁文著作的证明，也需要考证其文本的原始来源及其发表的具体情况。从二人此后的历史处境来看，显然罗明坚在欧洲的影响较大，而利玛窦在中国的影响则明显超过罗明坚，但因其适应中国规矩的做法则

---

① 费赖之：《在华耶稣会士列传及书目》上，冯承钧译，第29页。

② John W. Witek ed.，*Michele Ruggieri*，*Matteo Ricci*：*Portuguese-Chinese Dictionary*，Ricci Institute for Chinese-Western Cultural History，San Francisco，2001，p. 83.

使他在欧洲长期是位有争议的历史人物，故此这位在中国非常出名的人物
却在其意大利家乡甚至都曾鲜为人知。所以，究竟是罗明坚还是利玛窦最
先用拉丁文翻译了《四书》，目前仍然是一件存有疑问、留有争议的学术公
案。如何拨开这一历史迷雾，自然也为其当代研究者带来了魅力和动力。

　　按照当前留存相关历史文献记载中的蛛丝马迹来分析，利玛窦在韶州
的处境则很有可能促使他从事这项翻译工作，利玛窦的相关言论并非空穴
来风，否则也不好解释。而且，根据利玛窦的记载和这份手稿中的说明来
分析比较，二者亦有许多接近、相似之处。从相关人员及利玛窦自己对翻
译《四书》的描述来看，"1593 年是利玛窦来到中国的第十年。这一年的
12 月 10 日，他在一封发自韶州的给阿奎维瓦神父的信中谈到，他计划把四
书译成拉丁语，而且已经于 1591 年着手翻译："那年，到访的范礼安神父
希望我把四书翻译成拉丁语（……）。在主的帮助下，我已经完成了前三部
（《大学》、《中庸》和《论语》）的翻译；而第四部（《孟子》）我正在翻译
之中"。"利玛窦于 1594 年完成了四书的翻译，并于 1595 年把一份译文寄
给阿奎维瓦神父。"① 而罗马所藏 16 世纪《四书》拉丁文手稿则在《大学》
译文开篇处注有 1591 年 11 月的日期，"另由于《大学》、《中庸》、《论语》
这三部分的手稿，在每半页右上角有连续的页码排序，似是作为一个整体
被译介或抄写"，在此之后"间隔多个空白页才又出现重新编页的《各家名
言汇编》，"而此译文开篇处所记日期为 1593 年 11 月 20 日；只是在这部
《各家名言汇编》的末尾有罗明坚独立完成于 1592 年 11 月 20 日晚的说明；
"之后手稿再次出现多个空白页，才又出现重新编页的《孟子》译文，无时
间或译者落款。"② 根据该手稿编排的这种情况，可以断定《大学》、《中
庸》和《论语》乃连续译就，而《孟子》译文则是随后完成的，与前三部
译文的形成显然有着时间差，这与利玛窦书信中的说法及其翻译顺序基本
吻合。而《各家名言汇编》则明显是插入其中的，这部译文可能是罗明坚

---

① John W. Witek ed. , *Michele Ruggieri, Matteo Ricci*：*Portuguese-Chinese Dictionary*，pp. 100 –
101.
② 罗莹：《耶稣会士罗明坚〈中庸〉拉丁文译本手稿初探》，《基督教文化评论》第四十二
期，第 124 页。

在欧洲所译。《各家名言汇编》"实为《明心宝鉴》这一杂糅儒、释、道三教言录蒙书的拉丁文译本（明朝范立本编撰的《明心宝鉴》分上下卷共二十篇，手稿译者只选译其中的十五篇）"①。罗明坚所译《各家名言汇编》的难度显然要小于《四书》的翻译，而且此书与《四书》的直接关联并不大，显然不能与之构成整体。此外，只有《各家名言汇编》译稿后乃明确说明是罗明坚所译，《四书》各篇的译稿却并无此说明，仅在手稿扉页的背面标注着由罗明坚神父搜集整理（A P. Michele Rogeri collecta）的字样，故而只能说明其具有编纂者的身份，并非可以确凿证明其乃整个《四书》的译者。因此，很有可能是罗明坚在欧洲先后得到利玛窦《四书》的译稿后重新将之整理抄写，其间《孟子》译稿未到，他故而添入了自己所译《各家名言汇编》，只是后来才抄入迟来的《孟子》译稿。虽然这部《四书》译稿抄本上没有利玛窦所译的明证，但罗明坚也只是在该译稿并不明显的位置（扉页的背面）标明为其所搜集编纂（collecta），而不像在《各家名言汇编》译稿中那样明确强调是由其翻译完成的。而且，或许这两处签名也并非同一时间、同一人所为，因为罗明坚之签名在手稿扉页背面为 Michele Rogeri，而在《各家名言汇编》译稿后却为 Michaelem de Ruggeris，如若乃同一时期的签名则难以解释为何有其明显区别。

关于利玛窦用拉丁文意译《四书》之说，历史上也有相关记述和学者研究的相应谈论。"类似的线索亦散见于殷铎泽（Prospero Intorcetta, 1626 – 1696）、柏应理（Philippe Couplet, 1623 – 1693）、鲁日满（François de Rougemont, 1624 – 1676）、卫方济（François Noël, 1651 – 1729）等来华传教士的个人书信中。"② 利玛窦的《四书》拉丁文译稿对这些人翻译儒家经典也起了决定性的启迪和引导作用。"该手稿的出现标志着明清'儒学西传'序幕的开启，此后经由郭纳爵（Inácio da Costa, 1603 – 1666）、殷铎泽、柏应理、卫方济等多代来华耶稣会士的努力，《四书》译本的质量亦不

---

① 罗莹：《耶稣会士罗明坚〈中庸〉拉丁文译本手稿初探》，《基督教文化评论》第四十二期，第143页。

② 罗莹：《耶稣会士罗明坚〈中庸〉拉丁文译本手稿初探》，《基督教文化评论》第四十二期，第122页。

断改进。"① 1662 年，郭纳爵用拉丁文翻译了《大学》，起名《中国的智慧》（Sapientia Sinica）；1673 年，殷铎泽用拉丁文翻译了《中庸》，题为《中国的政治道德学说》（Sinarum Scientia Politico-moralis），书后附有拉丁文和法文的孔子传记；柏应理则组织恩理格（Christian Herdtricht，1624 - 1684）、殷铎泽、鲁日满等传教士用拉丁文翻译了《西文四书直解》，拉丁文书名题为《中国哲学家孔子》（Confucius Sinarum Philosophus），包括《大学》《中庸》《论语》，并附有《周易》64 卦及其意解，此书于 1687 年在巴黎出版时引起轰动，被视为在欧洲最早出版的儒家经典西文译本。此后，卫方济于 1711 年在布拉格翻译出版了《中华帝国经典》（Sex librl classici sinensis，亦称《六部中国经典著作》），包括《大学》、《中庸》、《论语》、《孟子》、《孝经》和《三字经》。这些译本在其拉丁文翻译上就参考了利玛窦译本的译词选择，而且他们从对《四书》的翻译也扩大到对其他儒家经典的翻译。孟德卫认为，"利玛窦选择将'四书'（……）作为重心，因为'四书'既是文人士大夫道德的精髓，也是他们通过科举考试提升社会地位的法宝。"所以，《四书》自然也成为后来所译《中国哲学家孔子》的重点，"从结构和内容上来看，《中国哲学家孔子》代表了利玛窦神父适应原则的一个延续。"② 在当时的欧洲，《中国哲学家孔子》以其丰富的内容"正是试图影响世人看法的一个尝试"。③ 如果《四书》最早的西译不是利玛窦所为，那么上述这些影响及记载则都需要重新加以解释、说明其中原因及奥秘之所在了。

三　利玛窦与耶儒对话

利玛窦对儒家经典的钻研，使之逐渐深入到中国思想文化之内，得以窥其堂奥。按照范礼安给耶稣会制定的入乡随俗的来华传教方针，利玛窦提出"以学问定为传教之原则"，这是其研究汉学的动力来源。起初，利玛

---

① 罗莹：《耶稣会士罗明坚〈中庸〉拉丁文译本手稿初探》，《基督教文化评论》第四十二期，第 143 页。
② 孟德卫：《奇异的国度：耶稣会适应政策及汉学的起源》，陈怡译，第 269 页。
③ 孟德卫：《奇异的国度：耶稣会适应政策及汉学的起源》，陈怡译，第 268 页。

窦并不看好儒家思想，"利玛窦对于他认为与孔子有关的学问，即'道德哲学'的态度则根本不是褒扬。利玛窦在这方面的论述流露出了大量欧洲沙文主义和文化近视的色彩。他说，道德哲学是中国人所知的唯一一种较高深的哲理科学。他认为中国人对道德哲学的论述是有缺陷的，主要原因在于他们根本不懂逻辑。利玛窦所说的逻辑显然是与亚里士多德演绎法逻辑有关的形式逻辑的方法论。因此，利玛窦认为中国人的伦理学是混乱的，虽然他承认中国人也得到了理性之光的一定指引。"① 而且，利玛窦一开始也认为儒家是宗教，"孔子尽管品德高尚，却是异教徒。"② 在《利玛窦中国札记》专论"中国人的各种宗教教派"的第十章中，利玛窦曾指出，"儒教是中国所固有的，并且是国内最古老的一种。"③ 他认为儒教的宗教特征包括如下一些方面：首先，儒教有对神明的崇拜；"他们却的确相信有一位神在维护着和管理着世上的一切事物。他们也承认别的鬼神，但这些鬼神的统治权要有限得多，所受到的尊敬也差得多。"其次，儒教有宗教教义及伦理道德体系，"他们的信条包括有一种善有善报、恶有恶报的学说"。④ 再次，儒教有相关的宗教仪式及法律诫命，包括皇帝及其大臣参加的祭天、祭地礼仪，"这类宗教仪式严禁庶民参加"，除此之外，"信奉儒教的人，上至皇帝下至最低阶层，最普遍举行的是……每年祭祀亡灵的仪式"；而"这种法律的诫命是写在四书和五经里面的"。最后，儒教有其礼拜场所，包括皇帝祭天祭地的庙宇和儒士活动的孔庙等，但"孔庙实际是儒教上层文人唯一的庙宇"。⑤ 不过，利玛窦在儒教中也看出其不少与西方宗教相异的因素，这为他后来不承认儒教为宗教埋下了伏笔。在中西对宗教的理解上，一种观点认为西方宗教的建构性明显，而中国宗教的弥散性突出；但这种特点并不能够充分说明中西宗教理解之别，因为在重建构的西方宗教底层发展同样有其弥散性，而看似弥散的中国宗教其建构性存在也是显而易见的，如儒教的建构性就非常典型，仅以弥散性并不足以说明儒教。

---

① 孟德卫：《奇异的国度：耶稣会适应政策及汉学的起源》，陈怡译，第 43 ~ 44 页。
② 孟德卫：《奇异的国度：耶稣会适应政策及汉学的起源》，陈怡译，第 43 页。
③ 利玛窦、金尼阁：《利玛窦中国札记》，何高济等译，第 100 页。
④ 利玛窦、金尼阁：《利玛窦中国札记》，何高济等译，第 101 页。
⑤ 利玛窦、金尼阁：《利玛窦中国札记》，何高济等译，第 102 ~ 103 页。

　　通过潜心研究儒家经典，了解中国思想文化，利玛窦的态度发生了巨大变化，即从看不起儒家转为对之持尊重、学习之态，原来潜意识的贬儒、易儒观念也变为补儒、合儒的思想，从而开创了耶儒对话、双向互动的路径。恰如徐宗泽所言，"利公从士大夫交际之中，深觉欲归化中国民众，先该从中国儒士入手；其与儒士交际当以学问为工具。"① 这样，"利玛窦神父是第一个开始研究中国文学的人，他对他所学的东西十分精通，博得了中国知识阶级的钦佩；因为他们在所读到的东西里从来没有碰到过一个还能从他们那里学到点东西的外国人。"② 而在向西方介绍儒学中，利玛窦至少做了如下三个方面的努力。

　　其一，利玛窦开始客观、积极地评价孔子。这里，利玛窦有着这样的评价："中国哲学家之中最有名的叫作孔子。这位博学的伟大人物诞生于基督纪元前五百五十一年，享年七十余岁，他既以著作和授徒也以自己的身教来激励他的人民追求道德。他的自制力和有节制的生活方式使他的同胞断言，他远比世界各国过去所有被认为是德高望重的人更为神圣。的确，如果我们批判地研究他那些被载入史册中的言行，我们就不得不承认他可以与异教哲学家相媲美，而且还超过他们中的大多数人。"③ 这种赞誉之词在当时来华西人中是极为罕见的，而且此乃利玛窦的真诚之言，尤其显得难能可贵。正是利玛窦对儒家的这种高度评价，影响并感染了西方学界对中国文化的态度，如歌德后来就评价儒家思想充满了"教育、伦理和哲学内容"，而莱布尼茨为此则干脆扬中贬西，表示"鉴于我们道德急剧衰败的现实，我认为，由中国派教士来教我们自然神学的运用与实践，就像我们派教士去教他们由神启示的神学那样，是很有必要的，由此我想到，如果不是因为基督教给我们以上帝的启示，使得我们在超出人的可能性之外的这一方面超过他们的话，假使推举一位智者来裁定哪个民族最杰出，而不是裁定哪个女神最美貌，那么他将会把金苹果交给中国人。"④

　　其二，利玛窦从比较对话的角度提出儒教不是宗教的说法。在看到儒

　　① 　徐宗泽：《中国天主教传教史概论》，上海书店，1990，第 173～174 页。
　　② 　利玛窦、金尼阁：《利玛窦中国札记》，何高济等译，第 483 页。
　　③ 　利玛窦、金尼阁：《利玛窦中国札记》，何高济等译，第 31 页。
　　④ 　引自夏瑞春编《德国思想家论中国》，江苏人民出版社，1989，第 9 页。

教的宗教因素的同时，利玛窦也开始怀疑儒教的宗教性。利玛窦特别注意到儒教的世俗性特征，指出"中国人以儒教治国，……他们勿宁是说在研究学问时吸收它的教义。……孔子是他们的先师，据他们说发现了哲学这门学问的乃是孔子。他们不相信偶像崇拜。事实上，他们并没有偶像。"①至于儒教的祭祖尊孔，利玛窦也认为是现实世俗层面的，而不是宗教神圣层面的。对于中国人的祭祖，利玛窦从中国人的理解方面解释说，"他们认为这种仪式是向已故的祖先表示崇敬，正如在祖先生前要受崇敬一样。他们并不真正相信死者确实需要摆在他们墓前的供品；但是他们说他们之所以遵守这个摆供的习俗，是因为这似乎是对他们已故的亲人表示自己的深情的最好办法。的确，很多人都断言这种礼仪的最初创立与其说是为了死者，倒不如说是为了生者的好处。他们这样做是希望孩子们以及没有读过书的成年人，看到受过教育的名流对于死去的父母都如此崇敬，就能学会也尊敬和供养自己在世的父母。这种在死者墓前上供的作法似乎不能指责为渎神，而且也许并不带有迷信的色彩，因为他们在任何方面都不把自己的祖先当作神，也并不向祖先乞求什么或希望得到什么。"② 而对于中国人的尊孔，利玛窦注意到孔庙中"最突出的地位供着孔子的塑像，如果不是塑像，则供奉一块用巨大的金字书写着孔子名讳的牌位。"而且在特定的时节，"大臣们以及学士一级的人们都到孔庙聚会，向他们的先师致敬。这种情况中的礼节包括焚香烧烛和鞠躬跪拜。"但利玛窦对之解释说，"每年孔子诞辰以及习惯规定的其他日期，都向孔子供献精美的肴馔，表明他们对他著作中所包含的学说的感谢。他们这样做是因为正是靠着这些学说，他们才得到了学位，而国家也才得到了被授与大臣官职的人们的优异的公共行政权威。他们不向孔子祷告，也不请求他降福或希望他帮助。他们崇敬他的那种方式，正如前述的他们尊敬祖先一样。"③ 对祭祖尊孔的认可，这是利玛窦对待中国传统礼仪上的最大突破，这也是后来引起"中国礼仪之争"的重要焦点。孟德卫曾如此评论说，"因此，利玛窦尽管注意到中国

① 利玛窦、金尼阁：《利玛窦中国札记》，何高济等译，第100～101页。
② 利玛窦、金尼阁：《利玛窦中国札记》，何高济等译，第103页。
③ 利玛窦、金尼阁：《利玛窦中国札记》，何高济等译，第103～104页。

的读书人把孔子作为他们共同的大师来尊敬，并对他的话丝毫不敢质疑，他却并没有将孔子当做耶稣的竞争者来对待。利玛窦解释说，这是因为中国过去的哲人和统治者是将孔子作为凡人而不是神来尊敬的。利玛窦在一段话中坚决否认儒士尊孔的仪式是宗教性的，这段话后来在礼仪之争中引起了激烈的争辩。"①

对于儒教的非宗教性，利玛窦还进而讨论说，"虽然这些被称为儒家的人的确承认有一位最高的神祇，他们却并不建造崇奉他的圣殿。没有专门用来崇拜这位神的地方，因此也没有僧侣或祭司来主持祭祀。我们没有发现大家都必须遵守的任何特殊礼仪，或必须遵循的戒律，或任何最高的权威来解释或颁布教规以及惩罚破坏有关至高存在者的教规的人。也没有任何念或唱的公众或私人的祷词或颂歌用来崇拜这位最高的神祇。祭祀这位最高神和奉献牺牲是皇帝陛下的专职。"② 此外，"较晚近的儒家则教导说，人的肉体一死，灵魂也就不复存在"。③ 虽然利玛窦否定了儒教作为宗教的一些基本要素，但很显然其对宗教的标准是按照基督宗教的理解来对待的。基督宗教所信奉的神明是唯一的、超越的、绝对的，而中国文化传统中祖宗、先帝、圣贤、伟人、英雄等皆可为神。由于不把儒教当做宗教来看待，利玛窦向中国士大夫传教就有了很多方便之处，避免了基督宗教神学与儒家思想的教义分歧或信仰礼仪上的纠纷。不过，利玛窦从根本上并没有解决这一问题。从西方传教士方面来看，利玛窦之后的多数人仍把儒教当作宗教来看待，如此才有异常尖锐的中国礼仪之争。而从中国宗教理解来看，则留下了国人之间关于儒教究竟是否是宗教的长期之争。

其三，利玛窦认为融合儒家思想既有必要也有可能。对于利玛窦"融儒"的思想和方法，孟德卫曾评价说，"利玛窦曾在这样一种灵活变化的文化氛围中创造出一种切实可行的儒学与基督教结合的体系；……其次，利玛窦在创造儒学与基督教结合体系的过程中曾花了很大功夫结识汉族的文人士大夫，并向他们学习；"为了推行其适应中国文化的原则，利玛窦"相

---

① 孟德卫：《奇异的国度：耶稣会适应政策及汉学的起源》，陈怡译，第43页。
② 利玛窦、金尼阁：《利玛窦中国札记》，何高济等译，第102页。
③ 利玛窦、金尼阁：《利玛窦中国札记》，何高济等译，第101页。

信中国古代曾崇拜过一个唯一真神，将新儒学看做对中国原有哲学的曲解而加以摒弃，把最终的目标定为使中国的统治阶级都信仰基督教"。① 利玛窦当时所努力的就是走上层路线，在文人士大夫中下气力。这种传统被后来的耶稣会所继承，尤其在《中国哲学家孔子》的西译中得以体现。所以，"在《中国哲学家孔子》中，耶稣会的适应路线利用了中国古人和早期儒家传统在信仰问题上的模糊性对儒家士大夫文化作了一番褒扬的处理。"其中"将儒家学说的某些概念阐释称自然宗教和犹太—基督教传统中唯一真神的倾向也是很明显的。"但是，利玛窦等人的努力不只是起到向中国传播基督宗教的作用，而且也很明确地向西方人介绍了中国儒家思想及其代表的中国传统文化，其适应原则"实际上是从文人士大夫的视角介绍了中国文化"，因此为其儒家经典的西译工作"赋予了更多历史文献方面的价值，而不仅仅是为基督教服务的工具"。②

　　林金水在谈到利玛窦用基督宗教来融合儒家思想时论及利玛窦所采取的三种不同形式："a. '合儒'，联合儒家反对释、道；b. '补儒'，附会先儒（孔学）反对后儒（朱学）；c. '益儒''超儒'，用基督教神学修改儒家理论。"③ 这一思路对于我们理解耶儒对话很有帮助，也使我们同时看到，利玛窦的"融儒"之举客观上也帮助了当时的西方人借助基督宗教来理解并接受儒家思想。很显然，利玛窦对儒家的解读"是以儒教与自然法则的一致性，而不是以中国人对宗教的倾慕为基础的"，④ 他以儒家文献来解说天主教理，无意中却也由此使西方人较为深入、透彻地了解了儒家思想的基本内容及其精髓所在。这种理解最为典型地体现在对神、对人的解读上，亦成为此后耶儒对话关涉"天人"之际、"神人"关系，或"天人合一"与"神人合一"的恒久话题。在对中国之"天"的理解上，利玛窦借助于儒家经典将关于"天"和"上帝"的词语整理出来，认为中国人所理解的"天""上帝"实与天主教所信奉的唯一真神"天主"同一，因此利玛窦承认并强调，

① 孟德卫：《奇异的国度：耶稣会适应政策及汉学的起源》，陈怡译，第269页。
② 孟德卫：《奇异的国度：耶稣会适应政策及汉学的起源》，陈怡译，第270页。
③ 林金水：《利玛窦与中国》，中国社会科学出版社，1996，第224页。
④ 利玛窦、金尼阁：《利玛窦中国札记》，何高济等译，第683页。

"历观古书而知上帝与天主特异以名也"。① 这既有利于中国人接受天主教信仰，同样也帮助了西方人理解或认可中国儒家思想中的神明观念。而在对中国人的"人"论理解上，利玛窦则侧重于对儒家"仁学"的解读，强调对"仁者爱人"的认同，这样既把人对天主之爱表现出来、凸显"仁也者，爱天主"的思想，又可以加深对儒家"忠""孝"等观念的理解，深化对孔子之"道德哲学"的认识。对于西方人来说，这实际上也是"把孔夫子，这位儒教奠基人留下的某些语焉不详的字句，通过阐释为我所用"。②

综上所述，利玛窦对儒家思想的探究既前卫又深入，其对儒家经典尤其是《四书》的西译和解读在中西思想文化交流上有着筚路蓝缕之功，开了使儒学被西方社会所关注和理解之先，也为西方汉学之始，至少也可以说他与罗明坚共创了西方汉学。对于利玛窦的这些独特贡献，目前人们在其细节考据上仍有不少未解之谜，对其通过接受儒家思想来融合中西文化之举也存有疑问和不解，故其重要历史地位和杰出文化贡献，在中西方特别是在其故乡意大利乃至整个西方，尚未得到足够的重视和充分的评价。今天，在中西交往中因为各自仍然强调其异而在引发新的矛盾、隔阂和冲突，而忽略了在异中求同、认同乃是共建人类命运共同体之努力中的一种优选。其实，利玛窦在当时中西交流中已经有着积极而成功的尝试，但后来因否定利玛窦方法而导致的"中国礼仪之争"则造成了这种交流的阻塞和倒退。所以，发现利玛窦的意义和价值，这正是我们当今需要积极推进的。

本文原刊于《国际儒学研究》第 23 辑（华文出版社，2016）

---

① 卓新平：《基督教犹太教志》，上海人民出版社，1998，第 87 页。
② 谢和耐：《中国文化与基督教的冲撞》，辽宁人民出版社，1989，第 16～17 页。

《世界佛教通史》序言

魏道儒[*]

2006 年底，在制定世界宗教研究所佛教研究室科研项目规划的时候，我想到国内外学术界还没有编写出一部佛教的世界通史类著作，就与几位同事商量，确定申报中国社会科学院重大课题——《世界佛教通史》。这个课题于 2007 年 8 月正式立项，2012 年 12 月结项，其后又进入中国社会科学院哲学社会科学创新工程项目进行修改完善。

在申报《世界佛教通史》课题的时候，我们按照要求规划设计了相关研究范围、指导思想、撰写原则、主要问题、研究思路、预期目标等。8 年多来，我们就是按照这些既定方案开展研究工作的。

"佛教"最早被定义为释迦牟尼佛的"说教"，其内容包括被认为是属于释迦牟尼的所有理论和实践。这个古老的、来自佛教信仰群体内部的定义尽管有很大的局限性，由于强调了佛教起源于古代印度的史实，突出了释迦牟尼作为创教者的权威地位，符合了广大信众的崇拜需求，不仅长期获得公认，而且影响到现代人们对佛教的认识和理解。我们认为，"佛教"是起源于古代印度并且在不同国家和地区流行了 2500 多年的一种世界性宗教，包含着不同国家和地区信教群众共同创造的精神产品和物质产品。我

---

* 魏道儒，中国社会科学院学部委员，世界宗教研究所研究员。

们这样理解"佛教"既与古老的定义不矛盾，又更符合这种宗教的历史发展事实，同时，也自然确定了我们这部《世界佛教通史》的研究范围和对象。

《世界佛教通史》是一部佛教的世界通史，主要论述佛教从起源到20世纪在世界范围内的兴衰演变主要过程。我们希望以辩证唯物主义和历史唯物主义为指导，坚持历史与逻辑相统一的原则，以史学和哲学方法为主，并且借鉴考古学、文献学、宗教社会学、宗教人类学、宗教心理学、宗教比较学、文化传播学等相关学科的理论和方法，在收集、整理、辨析第一手资料（个别部分除外）的基础上，全方位、多角度对世界范围内的佛教历史进行深入研究。

在考虑具体撰写原则时，我们倾向于本着"原始查终，见盛观衰"的史学原则，对每一研究对象既进行梳理脉络的纵向贯通，又进行考察制约该对象变化的多种因素的横向贯通。我们在论述不同国家和地区的佛教时，要求始终联系制约佛教兴衰变化的政治、经济、民族、科学技术和思想文化等因素，始终将宏观把握和微观探索结合起来，系统阐述众多的佛教思潮、派系、典籍、人物、事件、制度等，并且兼及礼俗、典故、圣地、建筑、文学、艺术等。我们强调重视学术的继承和规范，并且力争在思想创新、观点创新和内容创新三方面都取得成果。我们希望以"叙述史实，说明原因，解决问题"为研究导向和撰写原则，对纷繁复杂的研究对象进行实事求是、客观公正的阐述和评价。

我们在确定本课题的主要研究问题时已经注意到，在不同国家和地区，在不同的历史阶段，同是佛教，甚至同是佛教中的某一个宗派，往往具有截然不同的内在精神和外在风貌。佛教在不同国家和地区中的政治地位、经济地位、法律地位，在当地思想文化体系中的位置和发挥的作用，在社会民众心目中的形象和价值，都是千差万别的。当我们纵观通览世界范围内的佛教时，看到的不是色调单一而是绚丽多彩，不是停滞僵化而是变动不居。我们在研究不同的国家、地区和民族中的佛教时，一定会遇到特殊的情况、独有的内容和需要侧重解决的问题。对于各卷作者在研究中捕捉到的特殊问题，希望他们独立制定解决方案，提出解决办法。从全书各卷必定要涉及的一些共同研究内容方面考虑，我们当时要求相关各卷侧重研究如下四个方面的问题。

第一，佛教的和平传播问题。

佛教从地方宗教发展成为亚洲宗教，再发展成为世界宗教，始终以和平的方式传播，始终与政治干预、经济掠夺和文化殖民没有直接联系，始终没有因为传教引发战争。我们可以看到，无论在古代还是在近代，无论在中国还是在外国，成功的、有影响的传教者都不是以武力胁迫人们信教，都是以其道德高尚、佛学精湛、善于劝导和感化人而赢得信众。佛教的和平传播在世界宗教史上是独一无二的，可以说，这为当今世界各种文明之间建立联系提供了可资学习、借鉴的样板。关于佛教的和平传播问题，学术界虽然已经涉及了，但是还没有推出结合佛教在不同国家和地区的具体情况进行集中论述的论著。我们希望本部书的相关各卷结合佛教在不同国家和地区的具体情况，比较全面系统地研究佛教和平传播的方式、过程，研究佛教传播与社会、政治、经济、文化等因素以及与自身教义之间的关联，探索佛教和平传播的内在规律。我们当时设想，如果能够对佛教和平传播问题进行更全面、更系统的考察、分析和评论，就会为学术界以后专门探讨佛教在不同文化中传播的方式、途径、过程、特点和规律建立更广泛的参照系统，提供更多的史实依据，确定更多的观察视角，列举更多的分析标本。我们认为，本部书有关各卷加强这方面的研究，对于加深认识今天全球范围内的宗教传播和文化传播具有重要现实意义。毫无疑问，这种研究也将会丰富文化传播学的内容。

第二，佛教的本土化问题。

佛教本土化是指佛教为适应所传地区的社会、民族、政治、经济和文化而发生的一切变化，既包括信仰、教义方面的变化，也包括组织、制度方面的变化。在有佛教流传的国家和地区，佛教本土化过程涉及社会的各个方面，从经济基础到上层建筑都会受到影响。从帝王到庶民的社会各阶层，包括信仰者和非信仰者、支持者和反对者、同情者和厌恶者都会不同程度地参与进来，对佛教本土化进程的深度、广度以及前进方向施加影响、发挥作用。正因为佛教本土化的出现，才使佛教在流传地有可能扎根、生长，才使当今世界各地区的佛教有了鲜明的民族特色。无论在任何国家和地区，佛教本土化的过程都是曲折反复、波谲云诡。如果只有温柔的相拥，没有无情的格斗；只有食洋不化的照搬照抄，没有别开生面的推陈出新，佛教要想在任何社会、民族和文化中扎根、生长都是不可想象的。学术界对佛教本土化问题虽有涉及，但研究还不够全面和深入，并且有许多研究空白。例如，对于 19 世纪到 20 世纪东方佛教的西方转型问题，就基本没有涉及。我们要求相关各卷把研究佛教的本土化问题作为一个重点，不同程度地探索各个国家和地区佛教形成本土特色的原因，描述佛教与当地社会、政治、经济和文化相互冲突、相互协调、相互适应的过程，分析导致佛教在特定区域、特定历史阶段或扎根生长、或蓬勃兴旺、或衰败落寞、或灭绝断根的诸多因素，以便准确描述佛教在世界各地呈现出的多种多样的姿态、色彩。我们相信，本书加强这方面的研究，一定会填补诸多学术空白，加深对各个国家和地区佛教的认识。

第三，佛教教义体系、礼仪制度和文化艺术的关系问题。

在世界各大宗教中，佛教以典籍最丰富、文化色彩最浓重、思想教义最庞杂著称。在以佛教典籍为载体的庞大佛教教义体系中，不胜枚举的各类系统的信仰学说、哲学思想、修行理论等，都是内容极为丰富、特点极为突出、理论极为精致、影响极为深远的。仅就佛教对生命现象的考察之系统全面，对人的精神活动分析之细致周密，为消除人生苦难设计的方案之数量众多，也是其他宗教望尘莫及的。无论在古代还是在近现代，诸如此类的佛教基本理论对不同阶层信仰者有强大吸引力和持久影响力。各国家和地区的历代信仰者往往从佛教的教义体系中寻找到了人生智慧，汲取了精神营养，感受了心灵慰藉。相对说来，佛教的教义体系历来成为学术界关注的重点，研究得比较充分。但是，佛教是以共同信仰为纽带、遵守相同道德规范和生活制度的社会组织，所具有的并不仅仅是教义思想。除了教义体系之外，佛教赖以发挥宗教作用和社会影响的还有礼仪制度和文化艺术。相对说来，对于佛教的教义体系、礼仪制度、文化艺术三者之间的有机联系，各自具有的宗教功能和社会功能，三者在决定佛教兴衰变化中所起的不同作用等问题，学术界就涉及比较少了。我们希望本部书的相关各卷把研究佛教教义体系、礼仪制度和文化艺术三者有机结合起来，不仅重视研究三者各自具有的独特内容，而且重视研究三者之间错综复杂的相互关系，考察三者在决定佛教兴衰变化中所起的不同作用。这样一来，我们就有可能纠正只重视某一个方面而忽略其他方面的偏颇，有可能避免把丰富多彩的通史撰写成色调单一的专门史，从而使本部书对佛教的观察角度更多样，整体考察更全面，基本分析更客观。

第四，中国佛教在世界佛教中的地位问题。

中国人对佛教文化的贡献是长期的、巨大的和不可替代的。归纳起来，主要体现在三个方面。其一，中国人保存了佛教资料。从汉代到北宋末年，中国的佛经翻译事业持续了将近1000年，期间参与人数之多、延续时间之长、译出典籍之丰富、产生影响之巨大，在整个人类文化交流史上是空前的、独一无二的。汉文译籍和中国人写的各类佛教著作保存了大量佛教历史信息。如果没有这些汗牛充栋的汉文资料，从公元前后大乘佛教兴起到公元13世纪古印度佛教湮灭的历史就根本无法复原，就会留下很多空白。其二，中国人弘扬了佛教。佛教起源于古印度，而传遍亚洲，走向世界，其策源地则是中国。中国人弘扬佛教的工作包括求法取经和弘法传经两个方面。所谓"求法取经"，指的是中国人把域外佛教文化传到中国。从三国的朱士行到明朝的官僧，中国人的求法取经历史延续了1000多年。历代西行者出于求取真经、解决佛学疑难问题、促进本国佛教健康发展、瞻仰圣地等不同目的，或者自发结伴，或者受官方派遣，怀着虔诚的宗教感情，勇敢踏上九死一生的险途，把域外佛教传播到中国；所谓"弘法传经"，指的是中国人把具有中国特色的佛教文化传到其他国家。从隋唐到明清的千余年间，中国人持续把佛教从中国传播到了日本、韩国、东南亚等地；近代以来，中国人又把佛教弘扬到亚洲之外的各大洲许多国家。中国人向国外弘法传经延续时间之长、参与人数之多、事迹之感人、成效之巨大，几乎可以与西行求法运动相提并论。中国人的弘法传经与求法取经一样，是整个世界佛教文化交流史上光辉灿烂的阶段，可以作为人类文明交流互鉴取得伟大成就的一个典范。其三，中国人直接参与佛教文化的丰富和发展进程。在2000多年的历史中，中国历代信众直接参与佛教思想文化建设，包括提出新思想、倡导新教义、撰写新典籍、建立新宗派、创造新艺术。可以说，没有中国固有文化对佛教文化的熏陶、滋养和丰富，当今世界佛教就不具备现在这样的风貌和精神。本部书希望加强研究促成中国成为世界佛教中心的历史背景、社会阶层、科技状况、国际局势等方面的问题，加强研究中国在促成佛教成为一种世界宗教过程中的作用和地位，加强研究中国在保存、丰富和发展佛教文化方面不可替代的作用。我们应该用世界的眼光审视中国佛教，从中国的立场上考察世界佛教，对中国佛教在世界佛教中的地位、作用、价值有更全面、更深刻的认识。我们认为，加强这方面的研究，有利于为中国新文化走向世界提供重要的历史借鉴和思路，有利于我们树立对本民族文化的自觉、自信和自尊，有利于深刻认识佛教在当前中国对内构建和谐社会，对外构建和谐世界方面的重要性。

在收集、筛选、整理、辨析和运用史料方面，我们当时希望整部书切实做到把资料的权威性、可靠性和多样性结合起来，统一起来，从而为叙述、说明、分析和评论提供坚实的资料基础；希望整部书的所有叙述、所有议论以及所有观点都建立在经过考证、辨析可靠资料的基础上。对于能够运用什么样的第一手资料，我们根据当时课题组成员的研究方向、专业特长和发展潜力，确定本部书所采用的资料文本主要来自汉文、梵文、巴利文、藏文、西夏文、傣文、日文、英文、法文、越南文等语种，同时，也希望有些分卷在运用田野调查资料、实物资料方面做比较多的工作。

关于《世界佛教通史》的章节卷册结构，开始考虑并不成熟，仓促确定了一些基本原则。随着研究工作的深入，中间经过几次变动，最后确定本部书由14卷15册构成。第1卷和第2卷叙述佛教在印度的起源、发展、兴盛、衰亡乃至在近现代复兴的全过程。第3卷到第8卷是对中国汉传、藏传和南传佛教的全面论述，其中，作为中国佛教主体部分的汉传佛教分为4卷，藏传佛教为1卷2册，南传佛教独立成卷。第9卷到第11卷依次是日本、韩国和越南的佛教通史。第12卷分章阐述斯里兰卡和东南亚佛教的历史。第13卷是对亚洲之外佛教，包括欧洲、北美洲、南美洲、大洋洲、非洲等五大洲主要国家佛教的全景式描述。第14卷是世界佛教大事年表。对于各卷册的字数规模、所能达到的质量标准等，预先并没有具体规定，只是根据学术界的研究状况和我们课题组成员的具体情况确定了大致原则。当时我们清醒认识到：本部书涉及范围广、时间跨度大，一方面，国内外学术界在研究不同时段、不同国家和地区佛教方面投入的力量、所取得的成果有很大差异，极不平衡。在这种情况下，有些部分的撰写者由于凭靠的学术研究基础比较薄弱，他们的最终成果难免受到这样或那样的制约和影响；另一方面，课题组主要成员对所负责部分的研究程度不同，有些成员已经在所负责方面出版多部专著，称得上是行家里手；有些成员则对所负责部分刚刚接触，可以说是初来乍到者。对属于前者的作者，我们当然希望他们致力于捕捉新问题，提出新观点，得出新结论，拿出百尺竿头更进一步的著作；对属于后者的年轻同事，自然希望他们经过刻苦努力，能够在某些方面有闪光突破，获得具有后来居上性质的成果。鉴于我们的研究工作是在继承、吸收、借鉴以往重要的、高质量的、有代表性的成果基础上展开，所以我们既要重视填补学术空白，重视充实薄弱环节，也要强调在重要的内容、问题方面有新发现和新突破。因此，我们要求各卷撰写者在不违背通史体例的情况下，对自己研究深入的内容适当多写一些，对自己研究不够但作为史书又不能空缺的内容适当少写一些。总之，我们根据学术界的研究状况和课题组成员的能力，尽量争取整个《世界佛教通史》的各部分内容比例大体协调、详略基本得当。

当初在考虑《世界佛教通史》的学术价值、理论意义与现实意义方面，我们关注了社会需要、时代需要、理论发展需要、学科发展需要、培养人才需要等方面的问题，并且逐一按要求进行了论证。除此之外，我们也要求各位撰写者叙述尽量客观通俗，注意在可读性方面下些功夫，务使本部书让信教的和不信教的、专业的和非专业的绝大多数读者朋友都能接受、都能获益，都能感到有用处。

8年多来，课题组每一位成员都认真刻苦工作，为达到预期目标而不懈地努力。可以说，每一位撰写者都尽了心、出了力、流了汗、吃了苦。但是，由于我们水平所限，时间所限，《世界佛教通史》不可避免地存在一些缺点、不足和错误，敬请读者朋友批评指正。我们将认真倾听、收集各方面的善意批评和纠错高见，争取未来面世的本部书再版本错谬减少一些，质量提高一些。

本文原刊于《世界宗教研究》2015年第6期

清代康、雍、乾三朝对民间宗教的政策及其后果

马西沙[*]

　　清康熙时代对待民间宗教政策与康熙时代的其他政策基本一致，即全面实施与民休息的政策，无为而治，采取多种措施缓和入关以来多种尖锐复杂的矛盾，造成了一种宽松的历史环境。这种政策的改变，给有清政权奠定了长治久安的基础，造就了历史上有名的"康乾盛世"。当然康熙时代与民休息的政策及无为而治也带来了一些新问题，以至雍正时代再次进行政策的调整，在许多社会问题上采取了宽严的政策，其中包括对待民间宗教的政策也发生了变化。

一　康熙时代与民休息的政策

　　清代顺治康熙两朝朝政迥然有别，导致社会形态也变化巨大。如在顺治时代如火如荼的民间宗教反抗清政权的运动，到了康熙时代基本销声匿迹了。六十年间官书、方志、档案很少见到民间宗教活动的记载，其实民间宗教的发展并没停止。只是各地官员对民间宗教的政策温和了，或是对

　　*　马西沙，中国社会科学院荣誉学部委员，世界宗教研究所研究员。

这类活动采取不加干涉的态度，导致民间宗教与当局的对抗所引发的冲突也随之减少。

康熙和雍正时代，是清朝实行与民休息政策的时代，这一时代日渐复苏与振兴的经济以及平静和比较宽松的历史环境，为民间宗教正常宗教活动的兴起提供了有利的条件。

民间宗教运动出现了与明末清初迥然不同的形态，完全是得之于康熙六十一年间宽容的政策。

康熙皇帝与历代帝王相比，无论从个人品质还是对客观环境的顺应能力上都是罕有其匹的。为了把清帝国从战乱不已、财力枯竭、民族矛盾尖锐、人民强烈不满的状况中挽救过来，他竭尽毕生精力，实行了一系列巩固政权的措施，使清政权免蹈元朝覆辙，免为短祚的帝国，他停止圈地运动、废除逃人法、劝勉农桑、奖励垦荒、蠲免赋脱、大兴赈济、节省开支、兴修水利，甚至抑制豪势，调和租佃关系。在他的晚年，又实行了"盛世滋丁，永不加赋"的政策。其子雍正皇帝继承了他的政策，最终完成了"摊丁入地"的税制改革。凡此种种，都达到了与民休息、巩固政权的目的。

下面以山东省为例说明康熙六十一年德政及其效果。

康熙皇帝对京都所在的华北地区格外关注。他在位六十一年，仅对山东一省之谕旨不下数百道。指令周详大都符合实际。他屡次南巡，四度经过山东，体察民情，罢免不称职的行政长官。康熙二十六年，新上任的山东巡抚钱珏"陛辞，恭请训旨"。他告诫说：

> 为治之道，要以爱养百姓为本，不宜更张生事。尔到地方，务当安静，与民休息。[1]

"与民休息"、"不更张生事"是康熙在位六十一年的最根本思想。他十分清楚"百姓足，则国家充裕"，有此两条则可防内乱于未然，使国家长治久安。

---

[1] （清）《圣祖实录》卷一百二十九。

康熙皇帝对山东的具体情况十分了解。康熙四十二年他曾对臣下说：

> 朕四次经过山东，于民间生计无不深知。东省与他省不同，田间小民俱依有身家者为之耕种。丰年则有身家之人所得者多，而穷民所得之分甚少。一遇凶年，则已身并田亩产业有力者流移四方，无力者即转死于沟壑。此等情状，尔东省大臣庶僚及有身家者亦当深加体念。①

山东土地高度集中，恶性兼并的状况当然是地主阶级贪婪本性造成的，从本质上与其他省份并无不同。不过，山东的情况似乎更加严重。为此，康熙皇帝一方面屡次下令打击东省势豪，一方面又极力缓和"业主"与雇农的关系。康熙二十三年，他命令新上任的巡抚张鹏翮说：

> 今见山东人民逃亡京畿近地及边外各处为匪者甚多，皆由地方势豪侵占良民田亩，无所倚藉，乃至如此。尔　任后，务翦除势豪，招集亡命，俾得其所。②

对山东省赋税不均问题，他亦颇为关注。康熙二十九年山东发巡抚佛伦曾奏称：

> 东省累民之事，第一赋税不均，凡绅衿贡监户下，均免杂差，以至偏累小民。富豪之家，田连阡陌，不应差役，遂有奸滑百姓，将田亩诡寄绅衿贡监户下，希图避役，积习相沿，牢不可破。③

显然，没有功名的地主将"田连阡陌"的土地诡寄于"绅衿贡监"户下，致使赋脱徭役，大都转嫁到少地或无地贫苦农民身上，造成底层群众动辄流离的悲惨状况。佛伦在任内，实行改正厘剔的政策，打击诡寄的"奸滑

---

① 光绪：《山东通志》训典一。
② （清）《圣祖实录》卷一百十六。
③ （清）《圣祖实录》卷一百四十六。

百姓"，康熙皇帝对此大加赞赏，并命令在直隶等省一体实行。这样就使地方豪富势力不得不承担相当分额的赋脱徭役，从而减轻了无地或少地的农民的经济负担。当然，康熙皇帝也十分明白地主富商是清政权的社会基础，是依靠的力量。他说："地方多殷实之家，是最好事。彼家资皆从贸易积聚，并非为官贪婪所致，何必刻剥之，以取悦穷民乎？"① 然而，当豪富势力的发展过于膨胀、危及到地方政权的稳固、导致百姓流离失所时，就不能不抑制一下。但他更多的是注意调解"业主"与雇农二者的关系。据《清实录》记载：

> 山东巡抚佛伦疏言："东省康熙二十九年分地丁钱银，尽行蠲免，百姓无不感戴。惟无地小民，尚未得均沾圣泽。臣……劝谕绅衿富室，将其地租酌量减免一分至五分不等。"应如所请。嗣后直隶各省，遇有恩旨蠲免钱粮之处，七分蠲免业户，以三分蠲免佃种之民，俾得均沾恩泽。从之。②

以七三开，蠲免地主及佃农地丁钱银的作法，不仅在山东得以实施，而且推广向全国，成为一种制度，无疑减缓了穷苦百姓的负担，对复苏生产力起到了积极作用。不仅如此，作为帝王的康熙还亲自劝谕大臣及地方豪富对佃户减租：

> ……尔东省大臣庶僚及有身家者……，似此荒欠之岁，虽不能大为拯济，若能轻减所入田租，以各赡养其佃户，不但深有益于穷民，即尔等田地日后亦不致荒芜。如果民受实惠，岂不胜谢恩千倍耶。③

康熙皇帝对只知道保禄位、养妻子之昏庸抚臣，对不关心民瘼的地方行政长官，屡行罢免。康熙三十七年，"山东巡抚李炜，居官不善，地方饥馑，

---

① （清）《圣祖实录》卷二百六十六。
② （清）《圣祖实录》卷一百四十七。
③ 光绪：《山东通志》训典一。

百姓乏食，竟不奏闻。……著革职。"① 康熙四十三年，山东巡抚王昌国又因"擅收赈养饥民官员银两贮库，以至不得不即行赈养"，被革职查办。②

康熙一朝，自皇帝起便崇尚节俭。康熙多次告诫臣下奢华导致国运衰败的道理。他曾经把明清两朝宫廷费用做过比较："明朝费用甚奢，兴作亦广，其宫中脂粉钱四十万两，供应银数百万两。……宫女九千，内监至十万，饭食恒不能遍及，日有饿死者。今则宫中不过四五百人而已。"③ 节约费用大都充实国币，用于蠲免赋税或赈济灾民及兴修水利。至康熙四十九年止，全国历次蠲免钱粮，已逾一亿两白银。山东地瘠民贫，从康熙三十七年后，连续数载减免赋税，以缓民力。至康熙四十四年，山东经济已见复苏。那年康熙皇帝第四次巡察山东，所到之处百姓处境已有改观：

　　朕不意山东之民，遽能如此。前者南巡，民间阎失所、不堪瞩目。今服饰颜面，大异往昔。闻各官赈养亦善。此承平日久，国币丰饶，故能蠲数年钱粮，遗官赡养赈济耳。④

　　朕因四方无事，车驾南巡，得访民情，深知利弊。回舟山左，见麦秋大熟，民无菜色，朕心甚慰。⑤

经过数十年休养生息，到康熙中末叶，中国的经济不仅摆脱了清初赤地千里无鸡鸣的残败景象得到复苏和发展，而且整个生产力水平已经超过明代。但是封建社会后期的社会矛盾一个也没有解决，在表面繁荣的背后，土地日益兼并，吏治日趋腐败，贫富日渐悬殊，生产工具的落后和闭关锁国的政策，都使生产力的发展水平无法得到根本改善。在康熙四十五年以后，以至雍正时代，在官书中仍有大量山东人民偶遇灾年，便流离失所的记载。所谓康熙盛世，也仅仅为底层劳动群众提供了一个起码的生存和劳动的社会条件。但既便如此，在落后的封建社会已非易事。

---

① （清）《圣祖实录》卷一百八十五。
② （清）《圣祖实录》卷二百十五。
③ 蒋良琪：《东华录》卷二十一。
④ （清）《圣祖实录》卷二百十九。
⑤ （清）《圣祖实录》卷二百二十。

除了经济和政治方面，在法律和道德方面，康熙皇帝也有深刻的认识。

康熙皇帝十分反对严刑酷法，反对滥刑及法律上的种类残民以逞的措施，他特别提倡教化的作用。他对陷罪网罗的无辜之人深为同情，希望以美好的风俗及道德起到良好的维护社会安定的作用。

康熙二十五年丙寅三月康熙下谕旨云：

> 刑曹民命攸关，国兴所系。今见法司谳鞠刑狱，或恐不得其情，专尚苛刻，偏于敢酷者为多。夫人命馨于刑法，心必中正之心，行平恕之道，使法蔽其辜，毋纵毋枉。豪强有力凶顽不逞之徒，必无解胶苟免于刑，贫贱孤飞屏弱无知之辈，必为详慎，务得其真情。如是比户可封，长治久安，懋登上理。盖法令禁于一时，而教化维于可久。若事法令而教化不行，是舍本而逐末也。近见风习日弊，人心不古，嚣陵成习，奢滥多端，狙诈之术日工，狱讼之兴靡已。或豪富陵骊孤寡，或劣绅武断乡曲，或恶衿出入衙署，或蠹棍诈害良善。崔苻刑辟之日繁，良由化导之未善。朕今欲法古帝王尚德缓刑，化民成俗。举凡敦孝弟以重人伦，笃宗族以昭雍睦，和乡党以息争论，重农桑以足衣食，尚节俭以惜财用，隆学校以端士习，黜异端以崇正学，讲法律以儆愚顽，明礼让以厚风俗，务本业以定民志，训子弟以禁非为。息诬告以全善良，诫匿逃以免株连，完钱粮以省催科，联保甲以弥盗贼，解忿以重身命等项。作何训迪劝导，及作何责成内外，文武该管官督率举行尔，部详察典制定议具奏钦此遵旨议定，应将特颁上谕通行，晓谕八旗，包衣左领，并直隶各省督抚转行府州县乡村人等，切实遵行，务使军民咸知尚德缓刑之至意。①

这段上谕是康熙皇帝对刑法及其执行机构中心种种弊端的深刻揭示，对古仁人帝王尚德缓刑、化民成俗的渴望。其中的"圣训"十六条包含了康熙本人一生对民众、社会的最重的要求，也包含了他的社会理想和理念，即用儒家思想的仁、义、礼、智、信来调和人与人的关系，人与社会的关系，法律与道德的关系。在他看来，如果用儒家的治国、理政的理念来调节各

---

① 《会典事例》载康熙二十五年丙寅三月上谕。

类社会关系达到和谐、国家的长治久安就是自然的结果。

作为一代名君，他从内心深处反对法律的严酷，他倡导道德的作用——尚德，确实是希望各级官员"咸知尚德缓刑之至意"。在这种思想的指导下，地方官当然不敢滋意生事。

康熙十一年，康熙与臣下有一段关于佛教及民间教派黄天教、弘阳教的对话：

> 二十一日壬戌。辰时，陈设卤簿，上出正阳门，幸南苑。行经海会寺，召学士传达礼谕曰："闻此寺内有一狂僧，自称得道，甫试往问之。"达礼承旨往问。回奏讫。又奏曰："臣观此僧，语言动静大似狂妄，勿论得道之僧，即使真正活佛，亦兴国家何益。况此辈不耕而食，不织而衣，自谓得道，招摇鼓惑，深为可恶。至于黄天、经弘阳等教，男女集，育经说法，先经禁，至今尚未革除。切思此等之人，自古以来，止足为害，实无裨益，若不预行禁止，恐愚民被其煽惑，深为不便。伏乞皇上斥逐此僧，且敢禁黄天等邪教，以肃清京几内地，则天下幸甚！上曰：出家人止宜住深山躬谷，京师是修行之地。朕亦知此僧狂妄，自古以来，此等之人，往往为害不浅，甫言朕已知之。"①

这些对话中，臣子对佛教的态度是"招摇鼓惑，深为可恶"，而对"黄天、弘阳"等教要加以禁断，并将其禁断"以肃清京畿内地"。而康熙皇帝并未作出禁断的正面回应，只是讲知道此事，不要再讲了。

研究康熙皇帝在位六十一年的历史，关于民间教派教案，较完整的仅有康熙五十六年十月，山东兰阳县李雪臣传播的莲教一案，此案因兰阳县李雪臣聚集党羽多人，齐约十月十八日"聚众杀官"，为当局侦破，康熙命将李雪臣杖毙。杖毙的原因并不在信教，而在于打算聚众杀官。②

由此可知，康熙时代民间宗教几乎没有发生与当局的对抗，而是平静

---

① 康熙十一年壬子，载《康熙起居注》。
② 《朱批奏折》康熙五十六年十月十一日，李树德奏折《朱批奏折》康熙五十六年十月二十一日，李树德奏折。

地在宗教领域内以正常的形态发展，之所以如此，是因为康熙皇帝实行的前所未有的宽宏、温和的政策。这种政策无疑是明智和正确的。

二 雍正时代宽严兼济的政策、措施

康熙是一位宽厚仁慈的君主，具有儒学理念并将这种理念躬行实践的帝王，在中国历史并不多见，康熙执政六十年，由于为政宽厚，也导致一些弊端，例如吏治腐败，诸皇子之间为争夺帝位导致臣下朋党对立。对待民间宗教则基本采取不加过问的态度，也使各地诸种教派复苏和发展。到了雍正初年一份档案反映了这种状况：

> 臣闻直隶南四府接连山东、河南、山西地方，颇有邪教，踪迹诡秘，名号多端。……称为神传、为尽礼、为混元、为八狗（疑为八卦，编者注）等号。其诱人之法，若富者入教，令其输钱；贫者入教，反与之钱。贫民贪利，自然乐从。又恐同居之人泄漏，必令举室之人尽皆愿从，方许入教。多以邪术书、符咒水，巧作幻端，迷人耳目。又访江南、浙江以及湖广、江西，则有无为、大乘、糍团等教。所称无为者，不耕不织，但播谷于田间，听其自生。耕耘灌溉之事，一切尽废，石田丰草，失业良多。大乘、糍团，亦大略相类。甚至一教蔓延数府，每处各聚多人，众者万计，少者亦不下数千。虽南北之教各异其名，大率讲说邪法，多在夜间，男女不分，伤风败化。愚民一受宠络，虽悔无及。此等邪教始不过蛊惑男妇，图利营奸，迨党与日多，则其心叵测。①

这份出现在雍正初年的奏折极为重要。虽然有些内容大而化之，不甚准确，但其形象地描写出清政权入关仅六七十年，民间宗教又在半个中国以不可阻挡之势兴起了。这就不可避免地构成了对统治者的潜在威胁。

面对蓬勃兴起的民间宗教运动，雍正王朝实行了比康熙时代严峻的禁断措施。但总体上说是宽严兼济并有区别对待的政策。

---

① 参见拙著《清代八卦教》，第80页。

下面就二个例子对这种政策加以分析：

第一例：

雍正初年至雍正十一年（1733），江西省发生了一系列罗教教案。在这些案件中较严重的是南昌一带发现了大乘教徒黄森官"纠党倡道，滋害地方"案。此案被当局重判。以儆效尤，以正人心。

江西当局特将禁巫术及"邪教"的法律条文及告示广为粘贴，并将告示贴于高脚木牌，每一里给牌一面，令保甲肩牌沿门传谕，令有收存大成等教经卷者，概行呈缴，取具悔过甘结，悉照自首免罪。于法既为不扰，而教令可以遍及。本署司现在另拟示式，即发各府转饬照刊，务使穷乡僻壤及有棚民处所一体传知。遍传之后，即将示牌竖立保长之家。如有破损，许其禀县另给，俾之触目警心，庶几改行从善，亦教先于刑之意也。

江西地方官还是沿着先帝康熙的法治思想即先劝戒然后实施法律。为了防范"聚众集匪"提出防止传教敛钱，用于建造斋堂。建告斋堂即属违例，其钱财就可以没收入官，经堂即行折毁。

据凌火寿《江西视臬纪事》载：

> 又城郭通衢以及远僻乡壤，或有设立斋堂，聚众集匪，最为滋害。若令召民买顶，则仍为民业，未免址宇犹存，愚顽未化；若招居僧道，更难必其尽属良善。窃以此项创建之费，无非奸民酿敛之资，建设既为违例，以法即应入官。应饬各县，除在通衢大乡，即改作讲约公所外，如孤僻荒村，遇有经堂即行拆毁，木料、砖瓦造册另存，以为公事修建添补之用。仍饬各县，将所属有无经堂责令保甲具报，不得滥差衙役，沿乡滋扰。如保甲有隐匿不报，及以僧道庙宇混称经堂捏害者，按律究处，亦清源遏流之一道也。

江西当局劝戒在先，法律在后的措施以及没收建斋堂的钱财、拆毁斋堂外，第三个措施是加强保甲制度。据《江西视臬纪事》载：

> 至外来异言异服之人，所在多有。设立保甲，本以稽查匪类，相应一并责令保甲严查。凡庵堂、寺院、歇店等处，如有容留来历不明

之人，保甲一并惩处。至星相艺卜，律所不禁，苟非行踪诡秘，不得概事混拿，则奸究可惩，而地方不扰矣。至本地居民作何化导改邪归正之处，查各乡设立约长，值日宣讲圣谕广训，原以化导愚顽无知，各县视等具文，其实心奉行者究为无几。应饬各州县遵照雍正八年奉行条议实力遵行，勤于宣布，庶几渐仁摩义，不难易俗移风矣。

在以上种劝化、加强保甲制、拆毁经堂诸类办法实施后，"限以三月，邪纪务经收缴，纪堂务尽查毁"，并由各地方官与犯事者具结申，报上官。

倘结报之后，仍有私习大成、罗教，及藏匿大乘、罗经并私立斋堂事发者，除本犯及保甲邻佑照律治罪外，即将该地方官照例参处，合并详请核实，以便转饬遵照。①

到雍正十三年（1735），江西罗教信仰者仍然踵行习教，以至当局不得不发布《禁罗教传示》：

为查禁邪匪以正人心，以维风俗事。照得邪教惑人，禁例綦严。江省愚民传习罗经，恣为诞妄，本干禁律，法应从严。今两院仰体圣世宽仁，特设首免之条，以开自新之路。业经本署司等会议，自雍正十三年三月为始，定限三个月内尽行首缴，概免根究。逾限不首，即照邪教定拟，已通行饬遵在案。诚恐无知愚妄积习难移，或僻远村墟申严未偏，致稽遵缴，仍负恩施。今特将禁例胪列于左，传牌遍谕，为此示仰军民人等知悉：尔等凡有罗教经卷及原设斋堂之家，务须依限赴县尽行首缴，改邪归正，尽作良民。所有从前设教鼓众之处，一无所问。如敢故抗不遵，是始犹无知误犯，今则有心顽梗矣。法律具在，定即照后开条例分别治罪，断不为罔不率教之顽民少弛禁令也。保甲邻佑，一体凛遵，毋忽特示。计开：一、定例嗣后如有私习罗教者一经发觉，将为首者照左道异端煽惑人民律拟绞。不行首报之邻佑

① 《清史资料》第三辑，第199页。

总甲人等，均照律杖一百。二、凡将罗教经典隐藏在家不行首出销毁者，枷号两个月，杖一百。①

这份显示是罗教自明成化、正德间创立以来，第一次如此明晰的法律文书。这份法律文书较之后来的乾隆时代仍是十分宽容的，体现了雍正时代办事认真、政策、法律具体可以操作，又仍然沿袭了康熙时代以德化人，劝戒在先的作法。体现了那一时代总体宽严相济的特点。

它首先明示：两院仰体圣世宽仁，特设"首先之条"，限至三月内自首概免追究的政策。而且明确指出凡传教，设斋堂之人，自首概在赦免之列。

而三月之后，再行传习罗教者，则依照条例，分别治罪。

江西省当局惩治罗教的措施得到雍正皇帝的首肯，但雍正七年福建省当局禁止罗教时，巡抚刘世明"习无为罗教者□家吃斋，臣通饬严禁"上奏朝廷时，雍正皇帝即认为"但应禁止邪教惑众，从未有禁人吃斋之理，此奏甚属乖谬纷扰"，将奏折驳回。② 清廷禁断罗教，却又不禁人吃斋，促使江南罗教徒有机可乘，纷纷改换教名，老官斋教之名因之问世。据后来被逮捕的罗教头目姚文谟（姚文宇后裔）供称：

小的祖上原奉罗教，雍正七年奉文查拿，就改为一字教，又名老官斋教。③

第二例：

从雍正五年（1727）至雍正七年（1729）有关罗教的史料分析，漕运水手中的罗教组织已经带有某种行帮会社的性质。组织内部以师徒、师父、师叔、干爹、干儿相称"各帮粮船舵工、水手各立教门，多收门徒，结为死党，一切任其教主指使，绑缚、烧炙、截耳、割筋，毫无忌惮，为害殊甚。"④ 漕运总督鉴于"其擅用非刑割耳，亦因倚恃教门，故敢肆行无忌，"

---

① 《清史资料》第三辑，第211页。
② 蒋良骐：《东华录》卷三十一。
③ 《朱批奏折》，乾隆十三年十一月二十四日江西巡抚开泰奏。
④ 《朱批奏折》，朱录刑部咨文（大约雍正五年十一月）。

认为"若不严绝其根源，诚恐愚昧无知之水手仍有入其邪教，扰害漕帮。"①

无独有偶，苏州巡抚陈时夏在接到刑部咨文，查拿罗教后，于雍正六年正月在苏州等地查出阎庵、俞庵、王庵、西来庵、施茶庵、马姓庵、李庵、半野堂、倪庵、刘庵等十二处庵堂。据陈时夏奏折讲："查以上各庵，房屋不过数间，供三世佛，诵经做会，非僧非道，每与粮船水的和同教往来。粮船来南，多以米粮资其食用，或粮船水手有疾病流落者，各庵之人亦资其盘费。查粮船水手多有不法之徒，恃众打架，生事横行……"② 陈时夏建议严办"所有房屋尽行入官，拆变公用，以杜根株。"③

但浙江巡抚李卫不同意张大有与陈时夏的意见。为了保证漕运的畅通，不赞成对水手信仰罗教进行深究，甚至不赞成拆毁庵堂。此后雍正果然依李卫此折行事，并未拆毁庵堂，仅将其改为公所，则漕运水手住歇往来自由。一年多以后，雍正皇帝发布了对罗教处置的原则："查罗教始于明代，流传已久。其中有聚众生事者，亦有无知附和者。概严不可，概宽亦不可，惟在地方官随事因人分别轻重，首倡生事者不可不惩，无知附和者量加宽宏，未有尽行解送来京之理。惟期化导愚顽，去邪归正，以杜蛊惑人心之渐，岂可株连无辜也。"④

这道谕旨看起来宽严并重，其实与以后诸朝对民间宗教的政策相较，则是十分宽松了。雍正一朝对罗教多次案情处理都是以此精神为依据的。甚至对罗教教主罗明忠也以"奉留养亲"之名，予以开释。这种政策使雍正一朝没有发生过一次以民间宗教为旗帜的造反事件。

三 乾隆时代当局对民间宗教残酷镇压的政策及其 严惩后果总括乾隆一朝统治者与民众的 尖锐矛盾及其原因

像任何封建王朝一样，清政权在走过一段上升发展时期后，逐渐失去

---

① 《朱批奏折》，雍正六年二月二十日漕运总督张大有奏折。
② 《朱批奏折》，雍正六年正月二十九日苏州巡抚陈时夏奏折。
③ 《朱批奏折》，雍正六年正月二十九日苏州巡抚陈时夏奏折。
④ 瞿宣颖：《中国社会史料丛钞》，第461页。

了勃勃生机，机体本身日益腐败，本来掩盖着的内部矛盾，一步步尖锐并暴露出来，终于导致社会危机的到来和大乱不止的局面。然而与许多王朝不大相同的是，清王朝盛极而衰的步履异常迅速。乾隆中叶是清代经济、政治、文化最繁荣的时代。这种繁荣如昙花一现，迅即败落，紧接着便是社会动乱，这种动乱连续着近代历史，一发而不可收拾。

从乾隆十三年（1748）到道光十五年（1835）间八十余年，仅以汉族为主体的较大规模的农民起义爆发了五次，造成农民起义的内在原因是什么呢？

乾隆三十九年，由于年岁欠收"地方官妄行额外加征"，① 山东爆发了王伦领导的清水教起义。从此一叶落而天下秋，此起彼伏的农民革命接踵而至了。

乾隆五十一年，因为"据台湾皆贪官污吏，扰害生灵"，林爽文宣告"以救吾民，特兴义兵"。② 中国东南地区爆发了天地会起义。

事不过十载，嘉庆元年，川、陕、楚等五省爆发了以收元教、混元教徒为骨干的农民起义。它的导因是地方官"以虐民喜事为能"，以至"官逼民反"。③ 这次起义持续近十年。

川陕楚农民起义被平定，又不过十载，华北大平原上突然爆发了林清、李文成领导的的八卦教起义。起义军直捣皇权的象征——紫禁城，并在直鲁豫三省攻城掠地，极大地震惊了清王朝的统治中枢。这次起义的导因是"地方官平时苛虐，无事不与民为仇。"④

中国古代史上最后一次农民暴动，发生在山西省赵城县。道光十五年，先天教徒因"贫困难度"，在曹顺的率领下，揭竿而起。⑤

从短短的六十年间爆发的五次农民起义来看，造成社会危机的是一种综合性的因素：土地开垦已经饱和但兼并却有增无已。人口数倍的增长但物价也在飞腾，开边扩土或平定内乱的战争连续不断。导致政府开支的膨

---

① 《军机处录副奏折》，乾隆三十九年十月十九日大学士舒赫德等奏折。
② 《林爽文起义军告示》，《康雍乾时期城乡人民反抗斗争资料》，第780页。
③ 《清史稿·谷际岐传》。
④ 《军机处录副奏折》，嘉庆十八年十月十二日通政使张鹏展奏折。
⑤ 《军机处录副奏折》，道光十五年闰六月初四日曹顺供词。

胀，又导致赋敛的加重等。但根本是统治阶级对广大农民剥削和压迫日益加深。导因则是整个吏治的腐败。

乾隆一朝，社会危机的突然来临与最高统治者的指导思想和所作所为有着直接的关系。乾隆皇帝本人从整体上看已远不是一个励精图治的、有远见的统治者，而是一个躺在祖、父两代人宵衣旰食、任贤惕厉而成的一份大家业上，享尽荣华的富贵天子。他好大喜功、虚荣矫饰，既缺少祖父康熙皇帝的恢宏气度，又缺乏其父雍正皇帝的认真求实精神。依仗大一统的江山社稷和亿万人民积累起来的庞大财富，从事一系列旨在夸耀千古的战争。他自诩的"十全武功"，固然其中有某些战争对巩固统一的中华民族颇有补益，但无端的讨伐亦不乏其例。所谓"十全武力"耗尽了财力，计一亿两千万两白银。其中两次平定金川之役费用为七千万两白银。而平定回、准之役又耗去三千五百万两白银。仅此二项已逾一亿，数字的庞大是惊人的。"十全武功"似乎显赫一时，但为时不久便引发了川陕楚五省农民大起义，十载之间又耗去了一亿两白银。在衣衫褴褛的农民军面前，赫赫武功，分为灰烬。而流水似的白银，皆为民脂民膏。

乾隆皇帝为了满足一己私欲，其奢侈也为历代帝王所罕见。六次南巡，仅官库耗银即两千万两。他每到一处不是为了体察民寞，而是为了大肆挥霍，以逞帝王之威福。地方官为了献媚取宠，揣摩好恶，不惜峻剥百姓，以供皇帝一时之欢。饰具踵靡，取费较之康熙皇帝南巡，殆十倍之。清跸所至，戏台、采棚、灯舫等物，沿途点缀不断，水行飞舟，络绎不绝。而所到城市，街衢尽行铺设地毯，周围百十里，极尽奢华。

乾隆三十七年，乾隆皇帝已数度南巡，并且进行了几次大规模的战争，但是国库藏银却达到了有清历史的最高水平，岁进七千八百万两白银，比乾隆初年"计倍而赢"。[①] 这一事实表明封建统治者对劳动人民剥削的酷烈。以山东省为例：雍正年间，该省由于频繁的自然灾害，造成"带征未完积欠通计三百余万两"。乾隆皇帝初登基，便下令严加追索，威胁所谓"恣意拖欠"者"当严加重惩，必不姑贷"。[②] 这种作法不仅实施于山东一省，各

---

① 《高宗实录》卷二十七，乾隆三十七年十一月癸卯。
② 光绪：《山东通志》训典二。

省大率类然。这种损下益上、富国穷民的政策，后来被龚自珍形象地喻为"自啖自肉"。

赋税苛刻固然给人民带来了极重的负担，而官吏贪污更形成了一个无法填满的无底洞。乾隆一朝"贪污之风遍天下"，自和珅用事，"上下相蒙，惟事婪赃黜货"。① 和珅贪污数额之巨，在封建社会首屈一指，它发生在乾隆一朝决非偶然，和珅不过是整个官僚机构极端腐败的代表。而这个贪赃枉法、无恶不作的人物又恰恰是乾隆皇帝最宠信的佞臣。和珅本人极为狡猾，善揣人主好恶。他当初仅为一銮仪卫普通校尉，不数载即迁副都统，又迁军机大臣上学习行走，不久由尚书授大学士。乾隆四十三年其子当了驸马，乾隆皇帝依之益专，致使权倾天下，而钻营谋利之徒，奔走效力于门下，朝野上下，贿赂公行，树党植羽，吏治之风，腐败已极。

中枢机构如此，各省大吏亦纷起效尤。如山东省"大吏屡非其人，吏治废驰，贪污遍野"②。仅国泰任职期间，"婪索诸属员，数辄至千万。察诸州仓库，亏二百万有奇"③。亏空数则"巧取于民"，致使"奸民为之动摇"。④

嘉庆一朝，吏治之风又一大变："告奸挟制之风，纷起效尤"，"而萎靡不振，畏难苟安者甚多。……甚或以阘冗者为安详，勤干者为多事，黑白莫分，是非倒置"。⑤

由于乾嘉两朝，最高统治者政命皆出邀誉，导致"媚上骄下之臣当道，忠君爱民之宰退守。于是废公利己，各失政守"病国殃民，贪酷废法"的"不屑之徒"遍布全国。他们"夤缘为奸，颠倒法纪，倒移轻重，渔利害民，……含冤忍死者不知几何。"⑥统治阶级对待人民的逻辑是："无事恣其侵渔，有事止于剿杀。剿杀之后，仍事侵渔。侵渔既久，势必又至剿杀。"⑦统治阶级的贪赃枉法或怠堕因循，玩忽职守，说明国家机器到乾嘉时代已

① 昭梿：《啸亭杂录》卷十。
② 昭梿：《啸亭杂录》卷十。
③ 《清史稿·国泰传》。
④ 昭梿：《啸亭杂录》卷十。
⑤ 《朱批奏折》，嘉庆十八年十月十六日两广总督蒋攸铦奏折。
⑥ 《军机处录副奏折》，原任湖南长江善化县典吏侯选府经历邹润吾上皇帝书（大约嘉庆十八年）
⑦ 《清史稿·孙嘉淦传》。

经失灵。再加上天灾频仍、土地兼并、物价上涨、人口暴涨等因素，就造成了底层社会的动荡不安。

当时华北地区的状况是：

> 流民多：造成流民的因素很多，赋税苛刻和自然灾害是其中主要原因，以至贫农无法承担地主租佃，不愿租种土地。据《山东通志》记载乾隆中叶时情况：
>
> ……往时东省贫农称贷，富户加息四五分尚肯偿还，是以小民挪借有资，不至流离失所。令即取息二、三分，借出不还。……有余之家，恐为所负，不复出借，……。贫户爷叩无门，不得不求食他乡。①

另一方面原因是，华北地区已无荒可垦，而人口的绝对增长数字是史无前例的。就全国来说，乾隆六年已达一亿六千万人，至乾隆五十八年，就达到了三亿一千万。山东省人口，乾隆十八年时为一千二百七十万，六十年后的嘉庆十七年竟达到二千八百九十万，皆计倍而增。同一时期，直隶、河南等省人口亦惊人增长。致使华北人民"艰于口食"不得不觅地求生。乾隆皇帝也很清楚山东省情况："岁偶不登，间阎即无所恃，南走江淮。北出口外，……滋生无策，动辄流移。"②

抗欠者多：由于赋税苛刻，贪官污吏层层盘制，引起广大群众起而抗争。当时山东民间流传着这样的谚语："不欠钱粮，不成好汉。"③ 可见抗欠已经成为一种风气。不仅抗欠国家赋税，佃农还抗欠田租。其中一些人"强霸田亩"、"抗租不纳"、"累年拖欠，相习成风"。甚至"鸣钟聚众，持梃围宅"，威胁地主身家性命。④

流为"匪类"者多：由于农民无法在正常封建秩序下生活，以至扒枪案件大量增加。"无业穷民，群居觅食。昼则随帮受雇，夜则乘机为匪"，⑤

---

① 光绪：《山东通志》训典二。
② 光绪：《山东通志》训典二。
③ 光绪：《山东通志》训典二。
④ 《康雍乾时期城乡人民反抗斗争资料》，第241页。
⑤ 光绪：《山东通志》训典二。

而流民由于无所归依，也导致"艰于口食，共谋抢夺"以至"盗风日炽"。① 山东等地的曳刀会、顺刀会，河南的红胡子会等或聚赌械斗，或"横行乡里"，都成为流民或无业闲散人等"打劫烧抢"的依仗。

参加民间宗教活动者多：乾、嘉时代，华北地区群众信仰民间教派的成员激增。乾隆一朝民间宗教的活动与康雍时代相比较，有三个特点：

第一个特点是，民间宗教活动已遍及全国，许多教派教势连跨数省，入教者成千累万，形成了更加严密的组织体系和领导核心。而当局也加紧了对各类教派的侦破和镇压。民间宗教与清政权的矛盾尖锐地突显出来。即使如此，新的教派依然不断地涌现出来，活动也越加秘密。据统计，乾隆二十年以前史料仅记载了 16 个秘密宗教与结社的活动，而乾隆二十年以后则多达 199 种之多。这个统计表明，乾隆二十年以后，民间宗教和结社组织活动的频繁和新教派、新结社组织不断地涌现，足证在一个动荡的时代，这些组织的空前活跃和人民群众与政府的对抗和离异。下面我简单地举些实例说明当时的状况。

乾隆七年，当局在直隶、山西发现黄天教的活动，乾隆二十八年侦破该教活动中枢，将直隶万全县传教的李氏家族一网打尽，并将创教人李宾的坟墓、塔碑以及传教庙宇碧天寺捣毁。仅乾隆一朝即对黄天教办案 5 次。

乾隆八年，当局在云南、贵州、四川等省侦破张保太大乘教活动，大肆逮捕在教头目、教徒，焚毁经书、平毁经堂。发现该教已传播至七、八个省份。

乾隆十三年，福建建昌、瓯宁两县斋教群众举行暴动，当局出兵镇压，暴动失败。浙江、福建两省当局继而大肆搜捕民间教派成员，仅福建十几个县份即发现无为教、大乘教、龙华教、观音教等数十座经堂，并在浙江庆元、温州等地捕获老官斋教教主姚文宇后代多人，大肆杀戮流徒。

乾隆二十二年，直隶、山西当局侦破收元教重要骨干成员胡二引进、冯世京、周清水多人，收缴经书，杀戮教徒。

乾隆三十二年，清当局在苏州、杭州几次侦破罗教水手活动，平毁教堂三十八座，并在直隶逮捕了罗教创始人后代罗明忠及其家属，平毁了罗

_____
① 光绪：《山东通志》训典二。

祖墓碑。

乾隆四十年，河南当局侦破混元教活动，抓获教首樊明德，处以斩决，并将后来著名的宗教领袖刘松流放至甘肃。刘松的弟子在二十年后川陕楚等 5 省农民大起义之初，成为首倡者或骨干成员。

乾隆四十二年甘肃省圆顿教（又名悄悄会）首领王伏林倡教聚众"谋为不轨"，当局出动马队镇压，致使数百人死于刀箭之下。乾隆五十三年，当局再次于甘陕边境侦破圆顿教活动。

此外活跃在华北地区的著名的红阳教、清茶门教、一炷香教等，也多为当局屡次侦破加以镇压。上述史料足证，那一时代的底层社会已经危机四伏、民不聊生，给民间宗教开辟了极为有利的活动条件。

第二个特点是：民间宗教与民间武术团体的合流。

清代的华北、华东地区除了存在着许多民间教派以外，还存在着大量的民间武术团体，如神拳会、顺刀会、虎尾鞭、曳刀会、义和拳、八卦拳等，名目繁多。它们大都是以传习武术而组织起来的松散团体，这些团体有的有着悠久的历史，有的则出现于清代中叶。它们"治世"而隐，乱世而出，几乎是封建社会政治、经济状况的晴雨表。乾隆中叶以后，它们大量地出现在底层社会，说明了当时社会的混乱与不安。据乾隆四年的一份档案记载：

> 河南一省之民情，尤愚而易诱。每有四方游棍、僧道之徒，假挟治病、符咒邪术，以行医为名，或指烧香礼斗，拜忏念经，求福免灾为词，哄动乡民。遂致愚夫愚妇，一时被其煽惑，归依邪教。自一方面渐流数处，辗转纠集蔓延，人数既多，奸宄百出。……更豫省少壮之民，习于强悍，多学拳棒，如少林寺僧徒，而以教习拳棍为名，聚集无赖，凶狠不法之辈，效尤成风，邪教之人专意诱骗此等人入伙，以张羽翼。①

> 伏查豫省民情愚悍，非学习拳棒，好勇斗狠，即崇信邪教，拜佛

---

① 《朱批奏折》，乾隆四年十月十九日——兵部右侍郎雅尔图奏折。

> 求神。……妖言惑众，愚民受其蛊惑者颇多……①

民间宗教与武术团体合流，还突出表现在山东兖州、东昌一带清水教与义和拳、八卦拳等团体的结合上，我将在王伦清水教起义一节详加探讨。

显而易见，民间宗教有着较为严密的组织体系，有着共同的信仰。而民间武术团体则具备进行武装斗争的高超技艺，乾隆初中叶以后，部分民间宗教与武术团体的合流，反映了华北地区农民运动的特点和历史趋势。

值得提及的是，除了武术团体以外，乾隆初、中叶还大量出现了会党的活动。乾隆七年，福建当局在漳浦、诏安、平和等县首次发现小刀会和子龙会的活动，乾隆八年四川当局首次发现啯噜党的活动，乾隆十三年福建当局又发现铁尺会的活动。而天地会活动的大量出现则在乾隆中叶左右。凡此种种都预示一种社会危机的征兆。

不仅如此，以反满兴汉为号召的反清活动亦在那一时代大量涌现。

乾隆十七年，湖北罗田县人马朝柱等人假借西洋出有幼主，系明代后裔朱洪锦，编造《劝世文》，称"满州兵来历不清"，意图推翻清政权"统掌山河，普安社稷。"②

乾隆十八年，台湾诸罗及福建彰化等地，群众树立红旗，内绣"周裔孙部"四字，希望"以剪贪官，以舒愤懑（懑）事。"③

乾隆三十一年，向习神拳之浙江鄞县吴氏家族，在反清斗争中于毡帽内俱贴一"明"字，以表明反清复明之意。④

乾隆三十三年，湖北荆门何佩玉等聚众起事，红白绫大旗上写着"中华明君见汉不杀"或"见汉不杀"等口号。⑤

上述史料说明，表面上的满汉民族矛盾，已经包涵着深刻的阶级矛盾和对抗，这种矛盾和对抗的进一步激化，必然导致大规模的农民起义的爆发。

---

① 《朱批奏折》，乾隆五年正月十七日——河南巡抚雅尔图奏折。
② 《高宗实录》卷四百一十六。
③ 《朱批奏折》，乾隆十八年四月十三日——福州将军新柱奏折。
④ 《朱批奏折》，乾隆三十一年二月初四日——浙江巡抚熊学鹏奏折。
⑤ 《军机处录副奏折》，乾隆三十三年二十一日湖广总督定长奏折。

第三个特点是：民间宗教教派内流传着不少变革旧秩序和追求光明的宗教口号。

由于大批破产的农民、小手工业者、小市民涌入民间教派，迅速地改变着某些教派的成份。宗教必须满足绝大多数群众的意志和要求才能继续存在和发展。在这种情况下，一些教门的教义、理条、口诀发生了深刻的变化。这些内容预示了一个动乱时代的开始。它们宣称，这将是一个"大劫在迩"的时代"世界当有一变"①。要"换乾坤，换世号"。要经过"反乱年，末劫年"，"末劫年，刀兵现。"② "南方丙丁，木易要先起。又西北乾天，李、刘各引雄兵，直指长安地。"③ 在这种动乱的时代，宗教徒们热切地盼望救世主弥勒佛的降临，他们呼喊着"真空家乡，无生父母，现在如来，弥勒我主。"④ 希望"我祖速至"。他们深信在一场光明和黑暗的决斗之后，"阴阳还理照，天换世界人。"⑤ 而全新的世界就会出现在面前："新天新地新乾坤、新人新书新时辰。"⑥ 不仅天地人变新了，而且日月经天的走向，春夏秋冬的季节，每日每月每年的时辰都变更了、变化了。这样旧的世界秩序就在希望和幻想中遭到了否定。这些内容深刻地反映了那个时代的劳动群众极度憎恨旧秩序和自发地渴望从这些重担下解放出来并找到美好生活的憧憬。

综上所述，我们看到在乾隆中叶以后，清王朝已经面临着一个风雨将至、大乱在即的局面。一个农民革命际会风云的时代已经为期不远了。显然在这样的一个时代，在要求变革现实的苦难的人群面前，一切民间宗教内部的各种政治势力都面临着抉择，然后由人民来决定他们的命运兴衰。

本文原刊于《世界宗教研究》2016年第5期

---

① 《戡靖教匪述编》卷十一。

② 《军机处录副奏折》，乾隆四十年四月二十八日河南巡抚徐绩奏折。

③ 《军机处录副奏折》，乾隆五十三年七月十八日勒保奏折。

④ 《军机处录副奏折》，乾隆五十二年二月二十日山东巡抚明兴奏折。

⑤ 《军机处录副奏折》，乾隆三十八年三月初五日何火胃奏折。

⑥ 《军机处录副奏折》，乾隆二十二年收缘教胡二引进供词。

试析伊斯兰极端主义形成的
社会思想根源

吴云贵[*]

在当今世界，谴责和反对宗教极端主义已经成为某种共识，得到社会舆论广泛的支持。但在实际运作中，仍然面临着诸多困难。最突出的问题是缺乏充分的法律依据。宗教极端主义是个宽泛的概念，人们可以从宗教学、政治学、社会学等领域对其多重含义加以诠释，从而造成某种"不确定性"。多年来，中国政府以及世界许多国家都曾明确表示反对宗教极端主义的原则立场，但许多国家并未就什么是宗教极端主义而通过相关立法作出界定。因此，笔者在撰写本文过程中时而会有点"底气不足"之感，主要是因为我国相关立法未就"宗教极端主义"的含义作出解释。所以这里所谈的只是个人从学理层面对论题的理解。不妥之处，在所难免。

就伊斯兰世界，特别是某些战乱、国际冲突与外部干预热点地区而论，宗教极端主义与暴力恐怖主义相结合，已成为地区动荡不安的重要因素之一。这种现象提示人们，应当从知与行两方面来观察、识别和认定伊斯兰极端主义的本质特征和消极作用。在认知方面，宗教极端主义并不是一个稳定的解释主体，其对伊斯兰教的解释以政治功利主义和实用主义为本质

* 吴云贵，中国社会科学院荣誉学部委员，世界宗教研究所研究员。

特征。与历史上的教派、学派和教法学派不同，伊斯兰极端主义的真正兴趣不在于宗教领域，而仅仅是以宗教的名义来表达政治观念、追求某种政治利益。所以，他们对伊斯兰教乃至伊斯兰文化的解释是随意性的，完全取决于政治需要。在行为方面，伊斯兰极端主义惯用的一种卑劣手段是策划实施针对无辜平民的暴力恐怖袭击事件，借此来宣泄他们对国家、社会、人民乃至对整个国际社会的仇恨和不满。为了一己私利，他们不惜以血与火来制造所谓"轰动效应"。

"宗教极端主义"作为一个复合词语概念，多少有一点费解之处。当今世界各大宗教对教义思想的阐释都强调中庸、中道、中正，而反对偏离"正信"的各种极端、片面、偏执的思想观点和主张。照此而论，宗教不仅与极端主义无涉，而且二者在本质上是互相对立的。就伊斯兰教而论，基本情况也是如此。几年前美国盖洛普民意调查机构用6年的时间对35个国家的居民所做的一项迄今为止规模最大、最全面的调查研究结果表明，只有7%的受访者认为2001年针对美国本土的"9·11"袭击是"完全正当的"，因为美国是一个"令人不快的国家"。① 这项调查还揭示世界大多数穆斯林坚持认为，宗教与暴力恐怖主义之间没有本质联系。若果真如此，何以解释"宗教极端主义"这一广为流行的概念？上述调研报告的主持者、美国学者约翰·埃斯波西托给出的解释是：在当今的阿拉伯和穆斯林世界，宗教是主导性的意识形态，人们企图利用宗教的深广影响为其暴力恐怖行为辩护，寻求法理和道义依据。埃斯波西托教授还提出了一个"劫持"之说，认为伊斯兰教是一个"被极端主义者劫持的和平宗教"。②

"劫持"之说以及与此相类似的种种说法，其出发点无非是为了用"区别对待"的观点来看待宗教与极端主义的关系问题。这无疑是以事实为依据的一种论断。宗教极端主义是对主流的宗教教义所作的一种谬误的解释。这种解释之所以能够得到部分信众的认同和支持，这里面有许多复杂的原因。概而言之，有几种不同的情况。其一，极端宗教思想并不是孤立存在

---

① 约翰·L.埃斯波西托、达丽亚·莫格海德：《谁代表伊斯兰讲话：十几亿穆斯林的真实想法》，晏琼英、王宇洁、李维建译，中国社会科学出版社，2010，第106页。
② 约翰·L.埃斯波西托、达丽亚·莫格海德：《谁代表伊斯兰讲话：十几亿穆斯林的真实想法》，晏琼英、王宇洁、李维建译，第111页。

的。就伊斯兰世界而论，它在很大程度上是与"二战"后勃然兴起的政治伊斯兰主义紧密地交织在一起的，普通民众很难分辨。其二，伊斯兰教是一个较为宽容的宗教，它在思想观念上不存在"异端"的说法，历史上不存在像基督教那样的"异端裁判所"，也几乎没有哪个教派仅仅因为对信仰问题理解不同而受到权威宗教机构的谴责和打压（以唯理派著称的穆尔太奇赖学派很可能是唯一的例外）。这种状况客观上有利于宗教极端思想的生存发展。其三，伊斯兰极端主义所关注的主要是社会问题、政治问题和法制问题，有时也涉及地区政治、世界政治以及伊斯兰世界与西方的关系问题。极端主义将这些问题同伊斯兰教信仰联系起来，仅仅是一种"宗教说辞"，并不意味着"自足"的伊斯兰文化资源确实能够为解决这些问题提供现成的预案。但值得注意的是，宗教极端主义在某些国家和地区也有一定的社会基础；作为一种思潮，它在部分民众中也有不容忽视的影响力。

马克思主义唯物史观的一条基本原理是社会存在决定社会意识。宗教极端主义作为当今世界引人注目的社会现象，有其形成和发展的历史过程。伊斯兰极端主义的成因相当复杂，至少应当包括现实的社会与政治根源、国际政治势力与政治环境的影响、现代化进程中宗教思想的转换与变迁、传统宗教思想和历史文化传统对社会发展进程的反作用力等。本文的基本思路是力图通过对社会思想根源的分析对伊斯兰极端主义的成因作出学理解释。

一　伊斯兰复兴运动对宗教极端主义思想的巨大影响

在阿拉伯和伊斯兰世界，"宗教极端主义"一词大体上是在 20 世纪 90 年代初开始使用的。尽管首先使用这一词语概念的很可能不是阿拉伯学者或穆斯林学者，而是西方学者，但该词语的使用标志着"伊斯兰极端主义"作为一种社会现象，已然引起社会媒体的关注。当时人们所说的极端主义思想倾向，主要是指中东某些阿拉伯国家的宗教政治反对派势力所表现出来的激进主义的言行，特别是暴力和恐怖主义倾向。到 20 世纪 90 年代，始自部分阿拉伯国家的伊斯兰复兴运动，经过近 20 年风风雨雨的历程，已经发展演变为席卷整个伊斯兰世界的一场社会政治和文化运动，几乎在世界各个角落，人们都能够感受到它的存在和影响。在西方和伊斯兰世界的宗教与学术出版物中，伊斯兰复兴成为人们普遍关注的主题。这种现象提示我们，应当在当代伊斯兰复兴运动这一广阔历史背景下来深入思考困扰世界的宗教极端主义问题。

自 20 世纪 70 年代伊斯兰复兴主义思潮在世界各地勃然兴起之后，在伊斯兰复兴运动的中心地带（中东地区）陆续出现了一系列重大的、具有社会轰动效应的标志性事件。这些事件包括：伊朗的"伊斯兰革命"，伊斯兰极端分子武装占领麦加禁寺，沙特东方省什叶派穆斯林举行反政府武装暴动，阿富汗"伊斯兰圣战者联盟"（又名七党联盟）在外力支持下抗击苏联军队入侵，埃及伊斯兰极端组织刺杀时任总统萨达特，叙利亚和伊拉克的宗教反对派势力发动针对复兴党政权的武装暴动，黎巴嫩的真主党等激进组织以自杀方式袭击以色列人、美国人和法国人，阿尔及利亚、突尼斯和摩洛哥等马格里布国家爆发了大规模的反政府游行示威等。上述重大事件性质不同、形态各异，动机与后果也有明显的差异，但它们都是在伊斯兰复兴大潮涌动下的产物，在思想上都不同程度地受到当代伊斯兰复兴主义思潮的冲击和影响。如果说狂热、暴力和恐怖可以视为宗教极端主义行为的重要表征，那么人们完全有理由相信，这些现象不仅在总体上是伊斯兰复兴运动的一部分，而且从一开始它们就同世界各地的伊斯兰运动"结伴而行"。就伊斯兰教而论，宗教信仰的本质是非理性的，信真主靠的是"内心诚信""身体力行"，而不是理性的论证、逻辑的推演。但这种非理性的信仰，在一般情况下不会直接导致极端主义，因为伊斯兰教崇尚"中道"思想，反对"不及"和"过度"是伊斯兰教的基本信念。但如果人们出于各种不同的动机，对伊斯兰教教义或思想观念进行极端或片面的解释仍然是可能的。事实上，就思想渊源而论，伊斯兰极端主义正是人们出于政治功利主义动机随意对伊斯兰教进行歪曲解释的一种必然结果。

与罗马天主教不同，伊斯兰教没有教宗，没有教阶制度，也不存在权威的教义信纲信条的发布机构。这种体制上的"缺失"，可能会不利于教义思想的统一。但宗教信仰是个人精神领域的事情，靠外力强制不符合信仰的本性。近代以来，伊斯兰教信仰的权威解释主体宗教学者阶层（Ulema）因为种种原因在信众中的地位和影响急剧下降，与此同时，出现了一些新的解释主体。这些新的解释主体是在社会现代化进程中涌现的，包括现代主义、民族主义、伊斯兰复兴主义、政治伊斯兰主义等解释主体。他们具有较强的现代社会政治意识，思想十分活跃，其影响力已经远远地超越清真寺之外，而扩及社会各个领域。较之这些新的解释主体，极端主义因其人数较少，其社会组织多半处于非法状态，因此尚未构成一个独立的解释主体。但是我们应当看到极端宗教思想在许多国家和地区并不是孤立存在的，它们经常是同伊斯兰复兴主义和政治伊斯兰主义"连体生存"，只是在行为方式上有所区别。此外，伊斯兰世界还有一个怪异的现象，就是被外界视为最有资格代表伊斯兰讲话的穆斯林大众一直"金口难开"，而始终是"沉默的大多数"。统计资料显示，他们不赞成极端宗教思想，但他们从来没有机会向外界表达自己的真实思想，在这个传媒事业高度发达的世界上，人们几乎从未听到过他们的声音。相反，不甘寂寞的极端主义势力倒是因为不断制造事端而一再引起传媒的关注。这种强烈反差已然造成一些误解，似乎极端主义颇有市场。

当代伊斯兰复兴对伊斯兰极端主义的思想影响是个大题目，三言两语讲不清楚。自20世纪80年代以来，我国学者就这一问题已作过大量研究，发表过许多有价值的成果。概而言之，伊斯兰复兴运动的兴起反映了传统宗教文化对社会现代化进程中出现的各种矛盾、困难、问题和挫折所作的一种回应。在阿拉伯国家和中东地区许多以穆斯林为居民主体的国家，伊斯兰教不只是一种宗教信仰，也是一种居主导地位的意识形态，因此当社会现代化进程遭遇巨大挫折时，伊斯兰教作为一种社会力量就会出现反弹，企图通过政治、思想、伦理道德和社会干预来表明自身的立场和态度。这种带有普遍性的宗教、社会和文化现象也即伊斯兰复兴运动。

当代伊斯兰复兴运动的兴起促使伊斯兰教的形态、趋势和功能发生了许多明显的变化；这些变化反过来又促使人们重新思考和评价宗教对社会发展进程正负两方面的作用和影响。伊斯兰复兴论者提出的基本理论观点可以概括为以下几个要点。第一，重新确认、全面肯定伊斯兰教在现代国家和社会建构中的指导作用。伊斯兰复兴论者宣称，伊斯兰教不仅是穆斯林个体的宗教信仰，而且是一种理想的社会制度和生活方式。因此，对伊斯兰世界而言，国家的现代化也即社会生活的伊斯兰规范化。第二，宣称伊斯兰国家在现代化建设中应当走独立自主的"伊斯兰发展道路"。伊斯兰复兴论者坚称伊斯兰教是"自足"的文明方式，作为一种文化资源，它不需要"借用"非伊斯兰文化来发展自己。这种"自足"和"自信"的态度导致对西方的拒绝和否定。伊斯兰复兴论者认为西方的现代化发展模式完全不适用于伊斯兰世界，伊斯兰国家的现代化要以反对西方化和世俗化为前提。第三，鼓吹宗教思想政治化、宗教组织政党化、国家体制伊斯兰化。伊斯兰复兴论者实质上大多是政治伊斯兰主义者。与世俗民族主义者和伊斯兰现代主义者不同。在对伊斯兰教信仰和教义思想的诠释上，他们力图把传统的内容或精神实质与现代的形式有机地结合在一起。由此人们看到，在当代伊斯兰复兴运动中崭露头角的政治伊斯兰主义，企图使伊斯兰教逐渐发展为一种以宗教传统为依托的政治意识形态，使原来松散的宗教团体成为适应现代政党政治需求的伊斯兰教政党。政治伊斯兰主义除在伊朗得势外，在其他国家和地区均未取得实质性进展。但政治伊斯兰主义的崛起和诉求，在很大程度上改变了伊斯兰世界的政治生态环境。长期以来，政治伊斯兰主义反对西方化、世俗化并大肆鼓吹伊斯兰化的呼声，在伊斯兰世界的部分地区已然造成很大压力，许多以世俗民族主义和封建王权为政治合法性依据的国家，为了改变被动局面，都曾对国家体制和内外政策作了一些相应的调整。

如果我们把政治伊斯兰主义视为复兴运动中的主流思想，那么我们不妨把伊斯兰极端主义视为与主流派同时产生的极端派别或组织的思想观点。实地调查大体上可以证实上述判断的有效性。1985年，一位美国学者在实地考察的基础上发表了一部著作，就阿拉伯世界的伊斯兰原教旨主义倾向问题进行了深入系统的研究和评述。这位作者所说的"原教旨主义"，也即本文中所讲的"政治伊斯兰主义"。作者在书末的附录中列出了埃及、叙利亚、伊拉克、黎巴嫩、苏丹、沙特阿拉伯、约旦、突尼斯、阿尔及利亚、摩洛哥、科威特、也门、巴林等阿拉伯国家91个公开的和秘密的伊斯兰教团体和组织，在正文和附录中还用社会学的统计和分类方法，就这些团体和组织的规模、领导阶层、成立时间、法律地位和是否崇尚暴力等基本信息资料作了说明。① 就本文的目的而言，这位作者在著作中所得出的结论有两点参考价值。其一，大量资料显示阿拉伯世界的伊斯兰教团体和组织可分为两类，其中老的团体和组织一般都规模较大，较为稳定，思想观点较为平和；而新的团体和组织，通常规模很小，多半崇尚暴力，思想观点易走极端，组织系统不稳定，由于不断受到打压，经常自生自灭。其二，新的具有极端主义倾向的派别组织，除少数外，大多受到伊斯兰复兴主义思潮的影响，而且在组织系统上大多是从主流的埃及和其他阿拉伯国家的穆斯林兄弟会组织中分化而出。因此，笔者认为没有当代伊斯兰复兴运动，就没有伊斯兰极端主义。

二 战乱、地缘政治和世界政治对伊斯兰极端主义的刺激作用

"二战"以后，中东地区因丰富的石油资源和战略地位的重要性而成为战乱、地缘政治和世界政治的热点地区，这种状况甚至在另一个超级大国苏联解体后仍然未有立即发生变化。长期以来，即便在前苏联解体之前，以美国为首的西方依然在中东地缘政治和世界政治格局中居主导地位。"9·11"事件爆发后，由于美国和西方大国接连遭到恐怖袭击，西方控制的国际传媒刻意把以美国为首的西方世界描绘为国际恐怖主义的受害者，而对于西方强权政治所引起的包括恐怖袭击在内的恶果却噤若寒蝉、故意回避。实际上有些针对美国和西方的恐怖袭击，正是国际冲突中的弱者为报复强者不得已而诉诸的报复手段。大量不争的事实表明，在当今的世界上，战乱以及地缘政治、世界政治格局的失衡是诱发宗教极端主义和暴力恐怖主义的重要根源。

1979～1989 年的 10 年间，因苏联军队入侵而爆发的阿富汗战争，是冷战时期最后一场大规模的战争。阿富汗战争既是阿富汗人民维护国家主权的战争，也是美苏两强为争夺在中亚的战略利益通过代理人进行的一场战

---

① 参见 R. Hrair Dekmejian, *Islam in Revohution：Fundamentalism in the Arab World*, Syracuse University Press, 1985, pp. 179 – 207。

争。如今这场战事早已成为过往的历史，但它留给人们的深刻记忆仍具有现实意义。今天我们重提往事是想借此说明这场东西方冷战对中亚地缘政治和世界政治的影响，包括对宗教极端思想的刺激作用。关于这一主题，本文作者数年前参与完成的一项重大课题项目已作过系统的论述①，这里在以往研究的基础上略予展开讨论。

第一，在阿富汗战争中，美国为主导战争进程，与巴基斯坦和沙特阿拉伯两个保守的伊斯兰国家结成了反苏反共"神圣三角同盟"。巴基斯坦与阿富汗是邻国，它与美国结盟是为了实现自己在地缘政治中的战略利益。因此，巴基斯坦军方和内务情报局一直力图在阿富汗抗苏武装力量中寻找自己的代理人，以便在战争结束后形成对自己有利的政治格局。沙特阿拉伯是伊斯兰世界的精神盟主，它与美国结盟的重要目的之一是为了"绿化"中亚（即伊斯兰化中亚），以便在伊朗周围构筑起一道逊尼派伊斯兰教的"防护墙"，以抵制伊斯兰革命后什叶派伊斯兰教的扩张。巴基斯坦和沙特两国政府都不会支持激进类型的伊斯兰极端主义，但与他们合作的两国的宗教保守势力则难以控制。事实证明，沙特瓦哈比派和民间"赛来非"派在中亚地区影响力的增强以及巴基斯坦反什叶派极端组织的兴起和政府对阿富汗塔利班政权的大力支持，都同两国宗教势力借战乱之机进行渗透活动直接相关。

第二，美国在阿富汗战争中的实用主义政策在客观上刺激了宗教极端主义思想的传播和发展。在阿富汗战争中，美国采取了全力援助阿伊斯兰"圣战者"组织的倾斜政策，而对阿抗苏武装力量中态度温和的民族集团则较少提供军事物资援助。倾斜政策削弱了抵抗力量中温和的民族集团，而增强了好战的宗教势力的实力。以希克马蒂亚尔为首的阿富汗伊斯兰党在外力援助下迅速发展为最强大的武装力量，而亲沙特的以沙亚夫为首的伊斯兰联盟（深受瓦哈比派影响的一支武装力量）也在外力的扶持下扩充了实力。在阿富汗战争中扶持宗教极端势力固然是战争的需要，但其留下的后遗症也同样无可否认。阿富汗战争结束后，滞留在阿富汗境内的人数不

---

① 详见金宜久主编、吴云贵副主编《当代宗教与极端主义》，中国社会科学出版社，2008，第286～295页。

详的外籍"圣战者"成为一个突出的社会问题。这些来自阿拉伯各国的"阿富汗老兵"据说有上千人。他们当中有些因为负罪在逃无法返回原籍，有些除了靠当兵打仗之外无法维持生计。这些人如今由于失去了正面之敌，而宗教极端主义思想又极度膨胀，于是便像一股浊流祸水一样转移到世界各地去充当雇佣军和炮灰。20 世纪 90 年代初，在世界一些动乱地区（如巴尔干、北高加索、前苏联中亚地区、印占克什米尔等地）都经常可以看到这些"阿富汗老兵"的身影。

第三，阿富汗战争中对伊斯兰"圣战者"武装队伍进行培训，强化了伊斯兰极端主义思想。阿抗苏战争中，为了增强抵抗组织人员的战斗力，从 1983 年到 1987 年，曾经按照计划陆续对大约 8 万名"圣战者"进行培训。培训中除学习军事技能外，还由巴基斯坦伊斯兰教促进会等政治伊斯兰组织对学员进行"圣战"思想教育。在你死我活的战争中学习和宣扬对异教徒和无神论者进行"圣战"的思想观念，极大地刺激和诱发了极端主义宗教思想。狂热的"圣战"观念强化了跨国的泛伊斯兰主义，以武力抗击外国入侵者的"圣战"实践，验证和认定了宗教极端主义的可行性，以践行"主命"的名义，到别国去搞所谓"圣战"，似乎成为某种天经地义的事情。宗教思想培训，在战争年代或许是必要的，但它造成了极大的宗教狂热、是非不分和思想混乱，也是无可否认的。

第四，阿富汗战争为伊斯兰极端势力建立国际网络、采取联合行动提供了便利条件。阿富汗战争爆发后，世界各地的伊斯兰极端势力纷纷转移到阿境内活动，企图乘战乱之机扩大自己的实力。也有一些国家为了减缓伊斯兰复兴运动的压力，故意将国内的宗教反对派势力输导至阿富汗，让他们在战火中耗尽能量、自消自灭。据说当年以各种名义来到阿富汗境内的阿拉伯"自愿圣战者"约有 5000 人。[1] 他们来自不同的阿拉伯国家，分属于埃及的穆斯林兄弟会和沙特阿拉伯民间的赛来非教派组织。而与他们保持密切联系的政治伊斯兰组织，则主要是巴基斯坦的伊斯兰教促进会、阿富汗的伊斯兰党和沙特的伊斯兰联盟武装力量。阿富汗战争把北非以埃

---

① John L. Esposito, *Political Islam: Revolution, Radicalism or Reform*? USA: Lynne Lienner Publishers, Inc., 1997, p, 197.

及穆兄会为中心的、激进的政治伊斯兰势力和西亚以沙特瓦哈比派为中心的、保守的政治伊斯兰势力都吸引到阿富汗境内，并与中亚、南亚的政治伊斯兰势力互相配合、密切合作。这种国际联合与合作虽然未能完全弥合彼此间的隔膜和分歧，但依然引起人们的密切关注。它表明伊斯兰极端主义已成为一种国际现象。

1991年爆发的海湾战争是阿拉伯"兄弟国家"之间因领土和主权纷争所引起。它也是苏联解体后世界唯一的超级大国美国为确立世界霸权首次在中东地区大规模用兵。这次"不对称的战争"以美国的完胜和伊拉克的惨败而载入史册。此后，连许多公正的历史学家也很少质疑美国对伊动武的正义性，人们也很少把宗教极端主义与霸权主义行径联系起来。特别是在"9·11"恐怖袭击事件以后，反对恐怖主义而不问恐怖主义产生的根源一时间成为标准版本的"国际政治话语"。但无数事实表明，中东反美主义思潮的兴起以及针对美国的一系列恐怖袭击的发生，都与那场被美国媒体吹得神乎其神的海湾战争有某种因果关系。宗教极端主义思想的深入发展以及"基地"组织的最终形成都是海湾战争后遗症的突出表现。

海湾战争的爆发不仅引起阿拉伯国家的政治分裂，也导致阿拉伯广大民众与本国政府之间严重的意见分歧和对立。海湾战争不是宗教战争，但伊斯兰教是中东地区主导性的意识形态，从伊斯兰教的立场和观点如何看待这场涉及穆斯林之间以及穆斯林与非穆斯林之间的战争，是一个极其敏感和事关全局的重要问题。围绕着"战争政治"问题，当时在阿拉伯世界形成两种互相对立的观点。一种观点表达了对作为战争一方的伊拉克复兴党政府的全力支持和声援。1990年12月在海湾战争尚未爆发之前，在伊拉克境内举行了一次"国际伊斯兰学者大会"。来自苏丹、也门、约旦、伊朗（设在伊朗的反对沙特政府的宗教组织）、耶路撒冷和英国的一些宗教学者和知名宗教领袖出席了此次会议。他们在会后发表的联合宣言中表达了对伊拉克政府和人民的强烈支持。他们还谴责那些派兵参加多国部队并与美国合作的阿拉伯国家领导人是伊斯兰教的"叛逆""十字军国家"的代理人和工具，号召各国人民用伊斯兰"圣战"和革命来反对他们。与此同时，秉持相反立场的一批伊斯兰宗教学者也在沙特境内聚会，对以沙特为首的保守的阿拉伯国家特别是海湾国家支持对伊拉克动武的立场观点表示声援。

沙特全国总穆夫提伊本·巴兹长老在会上发布"教令"（fatwa），号召穆斯林对伊拉克举行"最高形式的圣战"。叙利亚全国总穆夫提艾哈迈德·卡夫塔洛在其"教令"中宣称，叙利亚对海湾战争的立场和态度是正确的和符合伊斯兰沙里亚（真主之道）的判决的。爱资哈尔大学穆夫提盖德·哈克和埃及共和国总穆夫提赛义德·坦塔维长老也都分别发布"教令"，对穆巴拉克政府站在以美国为首的多国部队一边对伊拉克动武的政策表示理解、支持和肯定。①

综上可以看到，阿拉伯世界针对海湾战争问题所持两种截然相反的立场观点，都力图从传统伊斯兰思想与文化资源，特别是从教法文献中寻求法理与道义支持。由此可见，伊斯兰极端主义的本质特征，除了假借宗教名义肆无忌惮地进行暴力恐怖活动之外，出于政治功利主义目的而故意曲解伊斯兰教也是其显著特征之一。关于这一点，我们将在下文中进一步展开讨论。

海湾战争后遗症最突出的表现，是以本·拉登为首的国际伊斯兰极端势力重返阿富汗并在当年抗苏战争中兴建的训练营地基础上建立"基地"组织，从而使宗教极端主义思想与国际恐怖主义行动密切结合在一起。关于本·拉登和"基地"组织的活动，多年来国际传媒和学术著作中多有披露，这里可以简约思维，粗线条地勾勒几笔。阿富汗战争结束后，本·拉登于1990年返回故乡沙特阿拉伯，一度像载誉归来的英雄一般受到媒体的追捧。1991年海湾战争爆发后，本·拉登曾向沙特王室面授机宜，建议沙特政府不必追随美国，而完全可以靠追随他的"圣战者"武装来保卫国家免受伊拉克的侵犯。他的建议被婉拒后，本·拉登开始疏远沙特王室，转而支持国内的宗教政治反对派势力。1992年本·拉登因从事反政府活动被沙特政府驱逐出境，后转移到苏丹避难，受到苏丹穆斯林兄弟会领导人哈桑·图拉比的保护。1994年本·拉登因与境外的政治反对派组织结盟被沙特政府剥夺了沙特公民资格。1996年苏丹政府迫于美国的压力对本·拉登下达了"逐客令"，本·拉登于走投无路之下，经巴基斯坦的帮助重返阿富汗营地。1998年本·拉登与埃及、巴基斯坦、沙特阿拉伯和孟加拉国的一

---

① 详见吴云贵《当代伊斯兰教法》，中国社会科学出版社，2003，第319~323页。

批宗教极端主义分子联手成立了"伊斯兰反犹太人和十字军国际阵线"，这便是臭名昭著的"基地"恐怖组织。该组织后来在对外发表的《圣战檄文》中宣称，其主旨和奋斗目标是"打倒美国和伊斯兰世界的腐败政权"。由此人们再次看到，宗教极端主义思想的形成与地缘政治、世界政治的热点问题密切相关。当然，并非所有的极端主义都是这样的政治意识所驱使。具体问题应当具体分析，不可一概而论。

三　伊斯兰极端主义的主要表现和思想根源

伊斯兰极端主义是暴力恐怖行为最重要的思想基础。因此，诉诸暴力和恐怖主义的派别、团伙和组织，经常被称为极端组织。伊斯兰极端组织的存在已有 40 余年的历史。除旧有的极端组织外，世界各地还在不断产生新的极端组织。它们所从事的暴力恐怖活动具有极大的破坏力，包括暗杀政要、绑架人质、劫持客机、用爆炸和自杀式爆炸等方式袭击军政部门、公共设施和平民百姓，借以达到破坏社会治安，制造恐怖氛围、扰乱正常的社会生活秩序等罪恶目的。

伊斯兰极端主义的重要表现之一，是用极端片面和武断的思想观点随意解释伊斯兰教义，以三方面最为突出。首先，大肆鼓吹和宣扬"真主主权论"，企图以宗教神权来否定和替代国家主权。"真主主权论"是巴基斯坦著名宗教思想家、大毛拉阿布尔·阿拉·毛杜迪（1903～1979 年）所提出。毛杜迪根据"认主独一"的伊斯兰教基本信条强调，真主既是宇宙万物的创造者、养育者和主宰者，当然也应当是国家真正的主权者。而根据"真主主权"，国家政府没有本源性权力，而只是代行"真主主权"的工具。这在政治实践上意味着国家没有立法权，而只有司法权和行政权；国家所颁布的任何法律、条规和政策，均不得违背神圣的"真主之大法"（沙里亚，即真主之道），否则无效。毛杜迪及其领导的伊斯兰教促进会，虽然坚持"真主主权论"政治理念，但他们态度较为温和，反对用暴力和强制手段来推行"真主主权论"，而主张在议会民主框架下实现"以教治国"的政治目标。而许多伊斯兰极端组织则不同，他们大多是规模很小的暴力恐怖组织。他们完全无视国家法律，也从不与他人交流思想、讨论问题，而仅仅是以"真主主权"的名义去推销私货、压制别人。

　　伊斯兰极端主义的另一突出表现是随意解释和颁行伊斯兰教法。恢复伊斯兰教法、实行伊斯兰法治是当代伊斯兰复兴主义思潮的重要组成部分。各种不同的政治力量都经常拿教法教规说事。例如，阿拉伯国家和伊斯兰国家的一些军政强人，如巴基斯坦的齐亚·哈克和苏丹的尼迈里，他们当年都曾在伊斯兰复兴浪潮的压力下，自上而下地推行所谓"国家体制伊斯兰化"。它的一项重要内容是在反对世俗化名义下适当恢复一度被弃之不用、称之为"胡杜德"（Hudud）的传统伊斯兰教刑法。① 他们对恢复传统宗教法制并无诚意，而只是把伊斯兰教法作为巩固世俗权力的工具。世界各地的伊斯兰极端势力，包括一度掌握国家权力的阿富汗的塔利班也是如此。例如，"基地"组织的头面人物本·拉登并非熟读经书的宗教界人士，也从未在经文学校里受过宗教教育，但他深知宗教传统的巨大影响力。因此，本·拉登早在1994年在苏丹避难时，就同逃亡至那里的沙特宗教政治反对派人士联合成立了"保卫沙里亚协商机构"，企图以广义的伊斯兰教法（沙里亚）的名义向沙特政府施压，并借此争取国内外穆斯林民众的同情和支持。此后，从1996年发表反对美国"占领"伊斯兰教两圣地的《战争檄文》起，本·拉登多次以伊斯兰沙里亚的名义发表声明和宣言，用"真主之大法"的权威来谴责霸权至上的美国，批评"腐败的伊斯兰政权"沙特阿拉伯政府。又如，本·拉登的盟友、阿富汗的塔利班政权的毛拉们原本对宗教知之不多，更缺乏管理现代国家的经验，所以在匆忙上台后他们只能宣布"以教法治国"。而他们所讲的伊斯兰教法，内容极为简单、偏执、保守，不过是地方毛拉们以宗教名义随意规定的一些条条框框而已。

　　值得注意的是，伊斯兰教法的泛化、政治工具化以及随意性的解释和颁行，已然在世界一些国家和地区造成许多混乱。中世纪伊斯兰教历史上，伊斯兰教法的基本含义仅指当时的教法学家和有威望的宗教学者们就穆斯林民众的日常生活（婚姻、家庭、遗产继承等）规定的以伦理道德为基础

① 吴云贵、周燮藩：《近现代伊斯兰教思潮与运动》，社会科学文献出版社，2007，第319～423页、第368～373页。

的行为规范。① 而伊斯兰教公法，包括关于国家政治体制的哈里发学说，则不在伊斯兰教法的范围之内。如今政治伊斯兰主义以及伊斯兰极端主义，都企图通过泛化和政治工具化沙里亚（真主之道）来表达自己的政治诉求，但这些政治诉求与传统伊斯兰教法没有必然的联系，完全没有历史依据。伊斯兰极端主义鼓吹建立或重建以沙里亚为基础的、名副其实的"伊斯兰国家""伊斯兰社会""伊斯兰秩序"，都只是"宗教说辞"。他们的真正目的是企图借此来更迭被其指斥为"世俗化"的国家政权。

伊斯兰极端主义还有一个突出表现，就是鼓吹用伊斯兰"圣战"来达到各种政治图谋。例如，早在20世纪80年代初，埃及伊斯兰"圣战"组织在刺杀时任埃及总统萨达特得手之后，曾经用散发传单的形式向埃及民众宣扬对"异教徒"和无神论者（不信道者）举行"圣战"的极端思想。这份传单宣称"圣战"（杰哈德）本是仅次于伊斯兰教"五功"的第6根"信仰支柱"；为了根治一个腐败的社会，所有真正的穆斯林都必须履行"圣战"的义务，用武装斗争和暴动来改变现实，用完全的"伊斯兰秩序"来代替"非伊斯兰社会制度"。② 按照传单作者的随意解释，所谓伊斯兰"圣战"，也即为"主道"而战，包括用武力去杀害背离"主命"的国家领导人。这份传单还武断地认为"圣战"是一项"被遗忘"的宗教义务，很有必要用"实际行动"加以恢复和弘扬。对"圣战"观念的另一种解释是以巴勒斯坦被占领土上的伊斯兰"圣战"组织为代表，该组织强调伊斯兰"圣战"只限于用暴力结束以色列人对巴勒斯坦领土的非法占领。

伊斯兰"圣战"也是本·拉登与"基地"组织诉诸的重要手段，其"圣战"观念带有明确的政治目的性、狂热性和极端倾向。1996年本·拉登发表了所谓"反对美国占领两圣地土地之圣战宣言"，借此表达他对海湾战争结束后中东时局的看法。这篇宣言把海湾战争中美国空军进驻沙特领土一事看作是"美国十字军"对伊斯兰教两大圣地（指麦加和麦地那）"最严重的侵略和占领事件"。因此，为了捍卫伊斯兰教的尊严，全世界的穆斯林

① 吴云贵：《伊斯兰教法概略》，中国社会科学出版社，1993，第99~180页。
② J. L, 埃斯波西托：《伊斯兰威胁：神话还是现实?》，东方晓译，社会科学文献出版社，1999，第125页。

应当团结起来，用"圣战"来打败侵略者。宣言还严词谴责了"背信弃义""认敌为友"的沙特政府，指责沙特与美国结盟违背了伊斯兰沙里亚的最高原则，损害了世界伊斯兰社团（乌玛 Umma）的尊严，号召人们推翻这一"腐败政权"。宣言在论述世界形势时刻意强调了对异教徒举行"圣战"的传统思想，认为全世界善良无助的穆斯林各族人民，从伊拉克到巴勒斯坦、从车臣到波斯尼亚，正在遭到犹太－十字军的野蛮侵略和粗暴干涉，只有联合起来英勇奋战，才能走出困境并重现昔日伊斯兰的荣耀。1998 年本·拉登再度以"世界伊斯兰阵线"的名义发布所谓"反对犹太人和十字军圣战宣言"。这篇宣言集中矛头攻击美国，历数了美国自海湾战争以来的"三大罪状"。一是美国在阿拉伯半岛上"占领"了大片土地（指美军基地），作为进一步侵略穆斯林国家和人民的前沿阵地。二是美国不顾伊拉克人民的苦难，继续以联合国的名义对伊拉克实行制裁，企图彻底毁灭这个国家和它的人民。三是美国发动海湾战争的重要目的之一，是为了帮助至今仍非法占领和窃取阿拉伯领土的犹太人，分散人们对巴勒斯坦问题的注意力。

　　本·拉登和"基地"组织以"世界伊斯兰阵线"的名义发布宣言，意在把中东和阿拉伯世界的矛盾冲突和旷日持久的战乱归结为"宗教问题"，即以美国为代表的基督教"异教徒"对伊斯兰世界的侵犯。既然伊斯兰教的敌人已经向真主及其正教宣战，世界穆斯林理所当然地要以伊斯兰"圣战"来教训敌人。"当禁月逝去的时候，你们在哪里发现以物配主者，就在那里杀戮他们，俘虏他们，围攻他们，在各个要隘侦候他们。"（《古兰经》9：5）本·拉登引用此节经文，意在证明对"异教徒"开战的正义性。但经文中所言"以物配主者"不是指犹太教徒和基督徒，在《古兰经》中他们被称为"信奉天经的人"或"有经人"；他们不是"圣战"的对象，甚至可以同他们通婚。尽管如此，本·拉登仍然坚持对"异教徒"举行义无返顾的"圣战"的传统观点，并号召全世界的穆斯林随时随地去"刺杀"可恶的美国人，包括"截取"他们的财物以利于"圣战"事业。本·拉登还强烈主张和坚持"以暴制暴""以毒攻毒"的所谓"圣战"原则。本·拉登对此所作的解释是："基地"组织在"圣战"中之所以不区分"穿军装的人"和普通平民，是因为所有的美国纳税人都以自己的行为来支持美国政府对穆斯林的战争政策。① 总之，在本·拉登和"基地"组织的宗教观念中，伊斯兰"圣战"是反美的精神武器，"圣战"也是暴力恐怖主义的代称。

行文至此，有必要转换话题，就伊斯兰"圣战"观念发展演变的历史略予评述，以澄清宗教极端主义对所谓"圣战"的曲解。"圣战"一词源自阿拉伯文"杰哈德"（jihad）一词的意译。在《古兰经》中，"杰哈德"的基本含义是"奋斗"，特指为"主道"即神圣的伊斯兰事业而努力奋斗。但经文启示中所讲的"奋斗"，既包括诉诸武力，即用战斗来反对经中所言的"不信道者"和"以物配主者"，也包括"晓之以理"，即用正确的思想认识去说服他人放弃错误的思想观念或具体主张。经文中未使用英文"圣战"（英文 holy war）一词，但经中"杰哈德"一词确实包括"动武"的含义。经中涉及"圣战"内容的经文主要包括自卫反抗的权利（22：39）、用生命和财产支持对"不信道者"的战斗（3：157，158）、奖赏为主道而战者（3：169～172）、惩罚拒绝主命者（9：81；48：16）。此外，经中其他相关规定还涉及善待战俘、战利品分配、停战协定的签订以及何种情况下可解除"圣战"义务等内容。经文中唯一讲得不够明确之处是举行"圣战"的条件问题，即所谓"圣战"仅限于自卫性战斗，还是也可以先发制人地用武力去攻击"不信道者"。两种主张都有多节经文作为依据，这就为后人的不同解释留有很大的余地，争论也在所难免。② 其后的历史进程中，随着阿拉伯帝国的崛起，伊斯兰"圣战"逐渐从穆斯林个体的宗教义务转变为国家对外扩张的战争行为，"圣训"和教法文献中涉及"圣战"的内容变得异常复杂和丰富，领导对"异教徒"国家进行"圣战"成为国家领导人（称哈里发）的专权和政治合法性的象征。近代以来，伊斯兰圣战观最突出的变化是主流观点只肯定和确认"自卫性战争"。

从以上的论述中不难看到，由于伊斯兰文化传统中对所谓"圣战"有多种不同的解释，极端主义可以不费力气地从宗教传统中为自己的行为找到法理或道义依据。但同时我们也必须指出，伊斯兰教是崇尚和平的宗教，

---

① 转引自 1998 年美国广播公司（ABC）记者约翰·米勒对奥萨玛·本·拉登的采访。

② 详见吴云贵《追踪与溯源：当今世界伊斯兰教热点问题》，中国社会科学出版社，2013，第 194～204 页。

是珍爱生命的价值和意义的宗教，伊斯兰"圣战"观历来反对随意屠杀和残害生命，反对用武力去对付善良无助的普通民众。伊斯兰的战争观与极端主义诉诸的暴力恐怖主义毫无共同之处。

最后，在结束本文时，作者仅就伊斯兰极端主义的思想根源问题略予概括和评述。这个问题太大、太过于复杂，这里只能作这样的技术处理。所谓"思想根源"，这里是指伊斯兰极端主义解释倾向由以形成和发展演变的认识论根源，特别是激进的或保守的宗教思想流派的社会历史影响。至于各个极端派别组织针对不同国家或地域具体的社会政治问题的意见、观点和主张，则没有置放在"思想根源"的范围内予以讨论。

伊斯兰极端主义最重要的思想根源是来自埃及穆斯林兄弟会的思想影响。埃及穆兄会是 20 世纪最有影响的伊斯兰复兴主义派别组织，其主流派态度较为温和，不崇尚暴力革命。但以赛义德·库特布（1906～1966 年）为代表的非主流派，思想激进，成为宗教极端主义的狂热鼓吹者和追随者。赛义德·库特布的《路标》，是他在狱中完成的一部《古兰经》注释的缩编本。这部宣传小册子所宣扬的极端主义思想，对不满现实的阿拉伯穆斯林年轻一代有广泛的影响。其一，《路标》在反对"蒙昧主义"名义下大肆散布怀疑一切、否认一切的虚无主义思想。《古兰经》中所批判的"蒙昧"，是指伊斯兰教兴起前阿拉伯原始部落社会的愚昧落后状态。而《路标》却无视迄今人类文明所取得的巨大发展进步，而把 20 世纪人类社会等同于 1000 多年前的"蒙昧时代"。《路标》鼓吹反对"蒙昧主义"，意在为否定一切"非伊斯兰"的政治现实寻求根据，而实际上伊斯兰教从未就政治体制问题作过明确的规定。其二，《路标》以复兴穆斯林社团（乌玛 Umma）为名，鼓吹通过"行动主义"来达到这一目标，为此必须建立"具有坚强信念的先锋队组织"。[①] 这类以复兴伊斯兰教为主旨的激进组织，有些后来演变为诉诸暴力的极端组织。其三，《路标》的作者赛义德·库特布把"伊斯兰"与"非伊斯兰"绝对对立起来，鼓吹走"真正"的伊斯兰道路。具体就某一国家或某个民族而论，选择何种发展道路问题，当然是可以充分

[①] 转引自金宜久主编、吴云贵副主编《当代宗教与极端主义》，中国社会科学出版社，2008，第 403 页。

展开讨论的大是大非问题。但赛义德·库特布所说的"伊斯兰发展道路"，只有空洞的原则而没有具体、可操作的内容。作为一种以"宗教神学"为基础的社会政治制度，这里所谓"伊斯兰制度"是以批判和拒绝一切"人统治人"的非宗教制度为前提，而一旦离开作为实践主体的人的创造活动，任何政治制度和发展道路还能够存在下去吗？其四，《路标》把"真主主权"与国家主权观念对立起来，鼓吹用神圣的"宗教立法"来代替国家法制。赛义德·库特布武断地宣称，根据"一切判决只归真主"的《古兰经》（12：40）启示，一切否认"真主主权"的国家政权皆为"非法政权"，因而一切非伊斯兰政治制度实际上都"粗暴"地侵害了"真主主权"。其五，《路标》用极端主义观点解释传统观念中的所谓伊斯兰"圣战"，实际上是将"圣战"等同于暴力恐怖主义。尽管《路标》的作者把"圣战"解释为"为主道而奋斗"在字面上符合经文原意，但作者又把"主道"等同于旨在推翻一切"非伊斯兰政权"的"伊斯兰运动"，这种"泛化"解释的险恶用心是企图使一切反政府的暴力恐怖行动合法化。似乎践行"主道"的伊斯兰"圣战"可以不问对象、不分场所、不择手段、不顾后果。这种随意性的解释完全没有历史依据，甚至中世纪为争夺帝国霸权、扩张领土而以宗教名义对外开战，也并非如此没有一点章法。赛义德·库特布泛化"圣战"的另一目的，是企图把"圣战"美化为反对一切形式的"蒙昧主义"。因此，他声称"圣战"不需要理由，因为"伊斯兰教就其本质而言，本身就具有进行圣战的理由"，并且这个理由"始终是成立的"。①

总之，《路标》一书所宣扬的极端思想可以概括为泛化、极端化和政治工具化三个特征。泛化，即用大而化之的观点重新解释伊斯兰教的适用范围，把伊斯兰世界面对的社会、经济、政治、思想文化、伦理道德等一切问题都归结为"宗教问题"，造成极度的思想混乱，似乎所有这些问题都可以在宗教中找到答案。应当承认，伊斯兰教作为世界性宗教，确实具有丰富的内涵和广泛的影响力，但作为宗教，它不仅具有之所以为宗教的质的规定性，而且也不可避免地具有宗教自身的局限性。评价一件事物，完全

---

① 转引自金宜久主编、吴云贵副主编《当代宗教与极端主义》，中国社会科学出版社，2008，第405页。

不顾及合理的限度，在认识上就可能陷入极端主义。极端化是泛化的一种表现和必然结果，极端化的显著特点之一，是用简单的、非此即比的二元对立观点来看待当今愈益复杂多变的人类世界。由此，世界被区分为伊斯兰世界和"蒙昧主义统治的世界"；国家被区分为"真正"的伊斯兰国家和侵害"真主主权"的"非法政权"；而人群则被区分为信仰真主的穆斯林和崇拜异教的非穆斯林。"伊斯兰之外无真理"的宗教偏见，实际上也是与提倡包容的伊斯兰文明的文化精神背道而驰，这在全球经济与文化联系愈益密切的今天，已经为愈来愈多的世界穆斯林所理解和认同。而政治工具化旨在使伊斯兰教成为一种排他性的政治意识形态，并企图借此来反对、排拒和取代一切非伊斯兰的意识形态和社会制度。这个问题很复杂，这里需要做一些说明。如今稍有一点宗教常识的人都经常讲伊斯兰教不同于基督教，是"政教合一"的宗教。既然如此，缘何还要促使宗教思想政治工具化？其实，在中世纪伊斯兰教兴起之后，即使是在"全民信教"的阿拉伯国家，宗教与政治、政权与神权还是有区别的。伊斯兰教传入亚、非许多非阿拉伯国家以后，政教关系变得更为复杂多样。而在近代以后，随着现代民族国家的崛起，宗教在世界的大部分地区早已不再是政治合法性的唯一源泉和依据。所以，鼓吹宗教思想政治工具化，实际上是一种历史倒退，尽管这种"倒退"事出有因。

　　伊斯兰极端主义还有其他一些思想渊源。如：南亚和中亚的一些极端组织受巴基斯坦伊斯兰教促进会等政治伊斯兰组织和阿富汗一度掌握国家政权的塔利班思想影响较大，而前苏联中亚五国、阿富汗和我国新疆地区一些非法的极端组织受沙特阿拉伯民间的瓦哈比主义（包括与之略有区别的"赛来非"派）的影响较大。由于极端宗教思想的长期渗透，这些国家和地区的穆斯林民众在宗教思想、服饰举止和生活习惯上也受到外来瓦哈比教派的一些影响，据说变得更加保守一些。此外，南亚巴基斯坦以反对和压制什叶派为主旨的一些极端组织，受沙特和海湾国家的瓦哈比派影响较大。上述种种情况和问题，由于篇幅限制，这里不再展开讨论。

本文原刊于《世界宗教文化》2015 年第 3 期

"一带一路"战略与宗教风险研究*

——基于可能性和必要性视角

郑筱筠**

宗教本身不是风险，但在一定条件下，有可能出现宗教风险。"一带一路"沿线国家大多都信仰宗教，宗教深深地融入到其政治、经济、社会结构之中。在历史进程中，宗教作为一种变量，极大地影响着这些国家的政治、经济和社会的发展结构。历史经验告诉我们，宗教可以发挥助推力作用，推动世界各国友好往来和文明交流互鉴，但宗教的变量作用可以说是机遇与风险并存。有时在一定条件下，宗教的变量作用也可能产生宗教风险，由此引发"蝴蝶效应"。因此，在我国"一带一路"战略的实施过程中，在引导宗教积极发挥正面作用，逐渐建构文化区位优势①的同时，我们

* 本文为国家社科基金重大项目"'一带一路'战略实施中的宗教风险研究"（项目号为16ZDA168）、国家社科基金重点项目"'一带一路'沿线东南亚国家宗教治理经验及模式研究"（项目号为16AZJ001）、中国社会科学院创新工程"东南亚宗教研究"项目阶段性成果。

** 郑筱筠，中国社会科学院世界宗教研究所副所长，研究员。

① "文化区位优势"概念是笔者近年来提出的观点，详细参考郑筱筠《试论南传佛教的区位优势及其战略支点作用》，《世界宗教文化》2016年第2期；郑筱筠：《当代东南亚宗教的现状、特点及其发展战略》，载郑筱筠主编《东南亚宗教与社会发展》，中国社会科学出版社，2013；郑筱筠：《东南亚宗教情势研究报告》，载郑筱筠主编《东南亚宗教研究报告》，中国社会科学出版社，2014。

也应该前瞻性地充分认识宗教因素的变量作用及其带来的风险。从这个角度而言，对于"一带一路"沿线的宗教风险进行研究是可能的，更是必要的。

一　"一带一路"战略的实施，需要引导并发挥文化的区位优势，又需要面对宗教的复杂多变格局

在我国"一带一路"战略实施中，就宗教与我国周边国家关系而言，如果善加引导，宗教可以发挥其积极作用。首先，宗教是"一带一路"战略中不可忽视的一个重要因素。[①] 自 2013 年习近平主席提出建设"一带一路"倡议之后，现已得到 65 个国家和地区的响应，对未来世界格局的影响正逐渐展现。"丝绸之路经济带"和"21 世纪海上丝绸之路"的范围涵盖了中亚、西亚、东南亚、南亚、北非和东非，辐射东亚及西欧。"一带一路"沿线主要都是新兴经济体和发展中国家，与中国经济发展具有很强的互补性。如果从全球治理的视野来看，全世界有 230 多个国家，只要致力于"一带一路"发展的，我们就应该把它看作是丝路国家，其中也包括美国以及拉美各国等。因此"一带一路"战略的提出是一个大构想，有着广阔的发展前景，对于推动世界各国共赢互利，互联互通、互信互助有着积极的作用。从文明交流发展的角度看"一带一路"建设根本上是多元文化的融通，既代表了人类文明发展到一定阶段，需要深度交流和相互理解的新境界，也是古代丝绸之路的文化精神与丝绸之路经济带在现代社会的重新创建，是当代国际文化秩序格局的创新性交流合作机制的对接。由于从古至今，宗教始终以这"一带一路"为平台进行交流和传播，并与沿线各国、各区域的政治、经济、社会等层面都有不同程度的联系，因此，宗教与"一带一路"战略的实施有着较为密切的关系。

实施"一带一路"战略靠的是什么？是实力，一种与世界对接的能力。但这种能力应该是一个全方位运行的大系统所提供的支撑力，有"硬实力"

① 郑筱筠：《关于"一带一路"战略实施中的宗教因素之思考》，载卓新平、蒋坚永主编《"一带一路"战略与宗教对外交流》，社会科学文献出版社，2016，第 17 页。

和"软实力"，"一带一路"战略的实施需要的是在不同层面共同作用的合力。就软实力而言，除了强大的金融资本之外，在经济贸易方面，需要的是经济贸易能力，在政治方面，需要的是面对国际政治格局的运筹帷幄的政治大智慧；在文化方面更需要面对世界各国文化多样性、差异性和复杂性的应对能力。而就宗教领域而言，则是全球信教人数众多的宗教现象、世界宗教在全球的分布格局及其对世界各国的政治、经济、社会结构的变量作用以及由此而产生的蝴蝶效应问题。[1]

就"一带一路"战略的实施与宗教而言，这既是机遇，又是风险。所谓机遇，是指宗教有可能助力"一带一路"倡议的实施。"一带一路"倡议是一个大构想，有着广阔的发展前景，对于推动世界各国共赢互利，互联互通、互信互助有着积极的作用。"一带一路"倡议是全方位开展的，其根本原则是互利互信、互联互通。其中民心相通是最基本的，这是成功实施"一带一路"倡议的根本保障。

笔者曾经提出一个"文化区位优势"的概念，主张我们在与周边国家交往的过程中，可以努力挖掘和发挥民族、宗教的积极作用，以正确引导，以民族和宗教的文化区位优势与经济区位形成互补机制。如果以中印孟缅经济走廊这一区域为例，中印孟缅经济走廊辐射地带宽广，它不仅连接着世界上印度和中国这两个人口最多的发展中国家和重要新兴经济体，而且还连接着南亚和东南亚，甚至还可以辐射到整个东亚和东北亚等广大亚洲地区。在这一领域中，民族宗教作为一个变量极大地影响着南亚和东南亚各国，乃至世界各国的政治、经济进程，故应该挖掘和发挥民族宗教在这一区域的积极作用和强大的社会资源及其动员能力，努力搭建国际宗教——文化交流平台，以民族与宗教的区位优势来持续打造文化区位优势，补充经济区位动力的不足，与经济区位交流互补，从中国发展战略全局出发，全盘考虑中国发展战略的持续发展问题，共同为"一带一路"各国经济的发展做出贡献。

我们还应该前瞻性地预测到，影响边境一体化效应的因素非常复杂，

① 郑筱筠：《关于"一带一路"战略实施中的宗教因素之思考》，载卓新平、蒋坚永主编《"一带一路"与宗教对外交流》，第15~26页。

区位优势不能单纯依靠经济因素来保持。经济区位的绝对优势不是一成不变的，天然的地缘、族缘和亲缘关系的文化区位优势却是固定不变的。因此，在经济区位优势不是一成不变的或者可能改变的情况下，我们应以文化为平台，持续打造文化区位优势，补充经济区位动力的不足，要未雨绸缪，以宗教文化软实力来考虑和推动中国发展战略的持续发展问题。[1]

二 机遇与风险并存，只有积极应对、顺势而为，才能化解风险，"排雷减损"

与此同时，我们应该前瞻性地看到，宗教在"一带一路"沿线国家有着非常完整的分布格局，宗教本身不是风险，但在一定条件下可能会与政治、经济、社会等因素相互交织，成为各种矛盾冲突的爆发点。这就要求我们在看到宗教具有的内在文化区位优势的同时，也应该前瞻性地充分认识到宗教的变量作用是双刃剑，机遇与风险并存，在发挥其积极作用，努力建构文化区位优势的同时，我们也应该看到宗教作为一种变量，其发挥的作用还会具有不确定性，其宗教风险会产生的"蝴蝶效应"。然而目前关于宗教风险的关注还很不够，相关研究也比较滞后。因此我们有必要加强对宗教风险的研究。

世界宗教渗透进了人类社会生活的各个领域，一定程度上影响着国际政治格局、经济发展进程。例如中东地区，伊斯兰教深刻地影响着中东各国的政治、经济、社会发展进程；在东南亚，宗教更是影响国际政治格局发展的一个变量；在俄罗斯，东正教对政治、经济的影响不可小觑；在乌克兰危机中，天主教、东正教的影响是不容忽视的；在南亚地区，印度的印度教人数正在大幅增加，印度教徒与锡克教徒等的冲突不断；而在美国，基督教的价值观是政治、经济、社会、生活的主导力量，甚至政府将宗教作为国家对外战略的重要组成部分，以维护"宗教自由""宗教人权"为借口干涉他国内政。

研究国际关系的学者早已提出，由于"一带一路"地区上的许多国家

---

[1] 郑筱筠：《试论南传佛教的区位优势及其战略支点作用》，《世界宗教文化》2016年第2期。

对外深陷大国战略博弈的战场，对内面临领导人交接、民主政治转型、民族冲突等多重矛盾，"一带一路"国家的政治风险已经成为中国政策推进与中国企业走出去的最大风险。因此，对于"一带一路"国家的政治风险进行分析与评估已经成为当前中国国际问题研究最为急迫的任务之一。目前，关于"一带一路"的论述较多的是政治风险、经济风险等。但我和我的团队经过分析、比较和研究后，我们认为，对宗教风险的研究是必要的，也是重要的。

宗教在"一带一路"沿线国家有着较为完整的分布格局，"一带一路"倡议前景是美好的，但风险也是切实存在的。宗教本身不是风险，但在一定条件下宗教因素可能成为风险，在政治、经济、社会各种领域以不同形式体现，甚至成为各种矛盾冲突的爆发点，这就是宗教风险的发生机制。

无视宗教风险不等于规避风险，无论个人、团体组织还是国家，其面临的最大风险就是不知道风险在哪里，而这正是宗教风险意识的现状。特别是在实施"一带一路"战略的过程中，宗教风险是"躲不开，藏不住"的问题，如果不尽早开展研究，对其形成原因、发展趋势、影响范围、致损程度等进行专业、深入的分析和评估，很可能会让我们在未来陷入被动的局面，疲于应对各种意料之外的突发情况。

三 宗教风险的"蝴蝶效应"提醒我们要有前瞻性眼光和全局视野

近年来，国际社会发生的一系列事件都在提醒我们，宗教风险的"蝴蝶效应"不容忽视，也不容乐观。我们也必须要考虑宗教风险的存在，考虑宗教风险产生的复杂的内部和外部的动力机制，研究其规律和特点，做到未雨绸缪。

有研究国际战略的学者指出，美国亚洲战略的重点并不是自己赤膊上阵，而是挑动中小国家与东亚、东南亚的唯一大国中国叫阵。但是，美国在亚洲的盟国战略和代理人战略和欧洲比起来有巨大的潜藏危机。日本、俄罗斯、澳大利亚等国家在东南亚的影响也日益强大。近年来政治对宗教的影响，宗教因素对政治的影响也开始在诸如东南亚、中东、非洲等地区日益放大。因为，这是信教群众最多、最为集中的区域。宗教政治化、政治宗教化是这些区域内各国家的特征。宗教在"一带一路"沿线国家总体处于复兴的态势，这种复兴不仅体现在宗教人口的增长上，也体现在宗教运动的活跃和宗教影响力的扩大。就伊斯兰国家来看，世俗势力和伊斯兰宗教复兴势力的矛盾一直存在，土耳其等国高举民族主义大旗，一度选择全盘西化的道路，但 2016 年 7 月 15 日晚间，土耳其武装部队总参谋部部分军官企图发动军事政变，并最终以失败告终；该事件与土耳其国家是否继续坚持世俗化路线有密切关系。阿富汗前塔利班政权为代表的，则是彻底的伊斯兰原教旨主义。目前，伊斯兰复兴运动影响扩大，中亚"三股势力"抬头，2014 年极端组织"伊斯兰国"的出现，不仅威胁世界和平和地区稳定，对伊斯兰世界世俗政权构成严重威胁。其宗教风险所引发的"蝴蝶效应"导致国际社会的不稳定。

例如，2016 年 9 月到 11 月，在印度尼西亚发生的"钟万学事件"正是因宗教风险而引发了"蝴蝶效应"的案例。钟万学是印度尼西亚的华人基督徒，是近年来印度尼西亚政坛上冉冉升起的政治新星。社会大众对其评价较高，有实力可以竞选印度尼西亚的总统。新加坡《联合早报》2014 年7 月曾经报道，"印度尼西亚首都雅加达特区副首长钟万学已经接受委任，出任雅加达代理首长，成为史上首位华人雅加达省长。这标志着印尼政治发展的新里程碑。"但在 2016 年 9 月 20 日的印度尼西亚总统大选中，情况出现变化。身为华裔基督教徒的钟万学由于曾经引述《可兰经》的经文，指责竞争对手企图误导民众不可投选非穆斯林为领导人，结果被指侮辱伊斯兰。以激进的伊斯兰捍卫者阵线（FPI）为首的强硬派穆斯林组织就此事报案，不断施压警方调查钟万学，并在印度尼西亚各地举行了数场示威游行，甚至要求将钟万学送入监牢。由于印尼总统佐科政府的努力，事态没有扩大，在印尼未爆发大规模的冲突事件。但这一事件的还在持续"发酵"。导致这一事件发生的原因是很复杂的，我们不能仅仅把它看做是简单的宗教问题，但生活在以伊斯兰教为国教、80% 以上的公民信仰伊斯兰教的印度尼西亚，言论稍有不慎就会引发争论，其宗教风险引发的的"蝴蝶效应"却是较为严重的。

特别需要注意的是"一带一路"沿线国家宗教极端主义思想影响下的

暴恐活动频发，包括中东"伊斯兰国"势力，东南亚伊斯兰分离主义、印度教民族主义、缅甸佛教极端势力、斯里兰卡佛教民族主义等，都是"一带一路"战略面临的宗教风险，这些现实存在无不提醒我们，应该加强对这些宗教风险的研究。佛教信仰虽然相对温和，但是个别国家也存在尖锐的宗教矛盾。如缅甸佛教徒与穆斯林、基督徒之间的冲突，与缅甸政府长期推行"缅甸族、缅甸语、缅甸佛教"的合一同化政策密切相关，同时，也有缅甸佛教的极端势力还经常对中国在缅甸投资项目进行阻挠和质疑；印度是多元宗教并存的格局，但是印度教教派主义势力的"印度教国家"主张，造成了印度教与印度国内锡克教、伊斯兰教势力的紧张。印度国民大会党倡导的世俗主义力量逐渐丧失主导地位，印度人民党为代表的印度教教派主义势力取而代之，提升教派冲突和地区冲突风险。欧洲的难民危机以及近年来发生的一系列暴力恐怖事件都在提醒我们，要重视宗教风险的研究。极端主义分子实施的恐怖活动在全球范围内的蔓延，将会影响我国"一带一路"战略的顺利进行。据统计，东南亚地区有大约 30 个激进组织宣称与"伊斯兰国"有关联，甚至声称要与"伊斯兰国"武装结盟。为吸引东南亚国家的"圣战者"奔赴叙利亚参战，"伊斯兰国"专门成立了以叙利亚为中心的"马来群岛战斗小组"。这一小组成立于 2014 年 9 月，成员主要来自马来西亚、印尼、菲律宾和新加坡等国，这是因为他们都能熟练地运用马来语进行交流与沟通。此外，东南亚地区的恐怖主义活动也较为频繁。"菲律宾是东南亚受恐怖主义危害最严重的国家，由于历史、宗教和民族等各种原因，菲律宾南部是伊斯兰恐怖主义的主要策源地。恐怖主义袭击事件大多发生在菲律宾南部，制造袭击的几乎都是菲律宾南部的穆斯林分离主义组织。然而，近年来这种情况发生了变化，菲律宾北部的天主教徒地区也出现了伊斯兰恐怖主义组织，首都大马尼拉地区的恐怖主义袭击事件有上升的势头。"[1] 而 2016 年 10 月 14 日缅甸若开邦罗兴亚恐怖主义分子在貌都镇同时攻击了 3 个边防警察警署。近期缅甸政府军进行了对若开邦恐怖主义活动的清剿行动，但国际伊斯兰社会对此却出现了不同的声音。这些现象都值得我们进一步深思其原因，研究宗教风险及其"蝴蝶

---

[1] 辉明：《菲律宾新伊斯兰恐怖主义：苏莱曼酋长运动组织》，《世界宗教文化》2016 年第 1 期。

效应"。

总之，宗教风险引发的"蝴蝶效应"不能被低估，它往往带来地缘政治危机、经济危机、社会动荡、民族矛盾、宗教冲突、文化冲突等连锁反应。无论是从世界宗教分布格局，还是从全球信教人口来看，如果我们在实施"一带一路"战略过程中，在"走出去"的战略实施过程中，如果不考虑宗教因素，就会出现一些"短板"，导致很多政策、项目难以有效实施、可持续地发展。

综上所述，在"一带一路"倡议开展的过程中，在建立各种经济、外交合作机制的同时，在合作次区域或微区域合作的过程中，我们应该前瞻性地看到宗教因素有可能产生双刃剑效应。对此，一方面，我们可以争取发挥民族、宗教的积极作用，努力建构文化区位优势，以文化区位优势与经济区位形成互补机制，推动经济发展。但我们同时还要注意到，近年来随着各种国际势力在世界版图内的活动及其影响，"一带一路"沿线各国的宗教也呈现出复杂的发展格局，宗教的变量作用在一定条件下会产生宗教风险，甚至会引发"蝴蝶效应"，乃至出现宗教极端暴恐事件，对各国政治、经济和社会的稳定造成了一定的影响，也势必会影响我国"一带一路"倡议的实施。从这个角度而言，宗教的影响力是存在一定风险的，因此有必要研究宗教风险，探讨其发展规律及其影响路径，化解或降低宗教风险，这将有助于国际社会的稳定，有助于推动我国"一带一路"倡议的顺利实施。

本文原刊于《世界宗教研究》2016年第6期

略论信仰作为宗教学理论研究的逻辑起点[*]

金　泽[**]

1. 一个学科或一个学说体系自有一个理论原点或核心范畴，诸如物理学之原子，化学之分子，诸如道家之"道"，儒学之"仁"，柏拉图之"理念"。宗教学理论是一门研究"宗教"的学问，是社会科学与人文学科中的一个学科，它也应有自己的理论原点或核心范畴。这个逻辑原点应当是历史的与逻辑的统一。所谓"历史的"指的是客观现实的历史发展过程以及人类认识客观现实的历史（包括科学史、哲学史等）；而"逻辑的"则是指历史发展过程在思维中概括的反映。逻辑的与历史的相统一的思想首先是由黑格尔提出来的，他认为逻辑概念的发展与哲学体系的发展是一致的。但是他将每一种哲学体系的发展都看作"绝对观念"发展的特殊阶段，并且有意地选择历史事件（如他将基督教作为绝对精神在宗教领域发展的顶峰，而对后基督教的各种宗教视而不见）。所以不能绝对地或片面地理解历史的与逻辑的统一，而只能理解为理论的逻辑进程与客观现实的历史发展进程之间应有某种内在的一致性，也就是恩格斯所说的"历史从哪里开始，

　　* 本文为国家社科基金项目"宗教学理论探新"（项目编号为：14AZJ001）的阶段性成果。
　** 金泽，中国社会科学院世界宗教研究所研究员。

思想进程也应当从哪里开始，而思想进程的进一步发展不过是历史过程在抽象的、理论上前后一贯的形式上的反映"。① 就社会科学或人文学科来说，一个学说体系的完整性和系统性，首先要有明确且独特的逻辑起点。这个逻辑起点要具有本体论、认识论和实践论的价值，至少要承载如下使命：它是这个学科体系或学说体系之所以有别于其他学科或学说体系的"核心范畴"，并使这个学科有可能体系化；这个学说体系的逻辑展开与相关历史现象的发展演变有内在的相关性；它具备较强的理论解释力和现象涵盖面。

宗教学理论当以"宗教"为起点？不妥。宗教虽然是宗教学理论的研究对象，却不能当作研究起点。为什么？宗教是信仰、尤其是宗教信仰的社会结果和文化产物。人类不是因为有了宗教才有了信仰，而是因为有了信仰才有宗教。宗教是信仰的对象系统化与行为规范化的产物，也是个人信仰变成信仰共同体的产物。信仰有不同的深度和层面、不同的表达方式和不同的集结样态，因而才有千姿百态的宗教。无论在历史上还是在逻辑上，宗教都是"果"而不是"因"。

宗教学理论或以"神鬼"为起点？也不妥。宗教学理论虽然会论及神鬼，却不能将其作为研究起点。为什么？许多神学家和宗教家都十分肯定神鬼的存在并以之作为其神学体系的起点，但无神论者坚决否认神鬼的存在，实验科学也找不到神鬼存在的证明。况且，一方面有许多宗教形态一再否认自己以神鬼为崇拜对象，另一方面世间有无数宗教定义让人莫衷一是，但各种宗教都以"信仰"为前提这是没有什么争议的。宗教学理论只能以实在的存在或现象为研究对象。

信仰，严格说宗教信仰，乃是宗教学理论研究的逻辑起点。

2. 何谓"信仰"？信仰是对尚未实现的或尚未证实的观念与境界的确信与追求。英文 faith（信仰，拉丁文 fides）意为自愿地将某些一直没有（或不能）得到理性或经验支持的观点作为真理，特别与对宗教信条的信奉有关。康德认为信仰就是接受先验理念、上帝、自由和灵魂不巧。它们超越了经验的王国，不是理论知识的对象，但它们在道德事务中起重要作用。②

---

① 《马克思恩格斯选集》第 2 卷，1976，第 122 页。
② 参见布宁、余纪元编著《西方哲学英汉对照辞典》，人民出版社，2001，第 361 页。

在中国古代汉语中，"信"字有诚实不欺、信从信任之意，"信仰"一语却较少见（《辞源》中举唐译《华严经》十四："人天等类同信仰"为例）。现代汉语中的"信仰"意为"对某种宗教，或对某种主义极度信服和尊重，并以之为行动的准则"。[①] 信仰中有"思想"但不同于思想，关键在于态度：信仰是将某种思想作为信仰者"行动的准则"，这一特性决定了信仰不同于哲学和科学知识。我们学习和掌握哲学与科学知识（如"知道了"逻辑实证主义或水的分子式），但不一定和自己的人生挂钩，也不一定对自己的行为方式有所影响。但信仰不一样，它对信徒有着特殊的魅力或吸引力，一个人有信仰，定会体现为对某种人生观、价值观或世界观的选择与执着。信仰的过程在行为方式和生活方式等方面必然会对信仰者个人、信仰者群体和信仰者所处的社会产生实实在在的影响。

人类的社会活动与精神活动在自身发展中逐渐衍生出不同的层面（或维度），这决定了信仰的对象涉及不同的精神层面和思想体系：有的涉及政治领域，如对共产主义的信仰，对民主主义的信仰；有的涉及道德与生活方式，如对个人主义的信仰，对实用主义的信仰；有的涉及神圣的或超自然的宗教方面，如对上帝、佛或道的信仰。在信仰的不同层面（维度）中，宗教学聚焦于宗教信仰。宗教信仰正如其限定词"宗教"所表明的，有着不同于其他信仰的特质，但是宗教信仰作为信仰与其他层面的信仰有着相似的特质：如相同层面的信仰（至少在某种程度上或某些方面）多具有相互排斥的属性（如共产主义与封建主义，个人主义与集体主义，基督教与佛教等）；而不同层面的信仰虽然相互有别，却不一定是互相排斥的或不一定是完全相互排斥的（如民主主义与利他主义，社群主义与宗教等）；信仰会产生认同（但不是必然），即具有相同信仰的人彼此相契并有可能组成社团（在政治层面、道德层面和宗教领域出现的许多社团，大都是以信仰认同为基础），不同层面的认同有可能相互排斥、也有可能相互增进；信仰的形成既有内因亦有外因，一般认为家庭的影响对个人信仰的形成十分重要，但个人的内在回应，个人的经历对信仰的牢固与改变更为重要；个人信仰不是与生俱来的，它是通过某些途径或某些体验获得的。对绝大多数人而

---

① 《辞海》，上海辞书出版社，1979，第565页。

言，个人信仰是可以被塑造的，也是可以改变或放弃的。

3. 宗教信仰有如阴阳相合的太极图，自身有"虚"亦有"实"：宗教信仰之"虚"的方面在于其对象，即信仰对象具有"尚未证实"或"尚未实现"的属性；宗教信仰之"实"的方面在于其过程，即信仰过程中形成的观念、情感和行为、组织都是社会事实或文化事实。虚实两个方面构成宗教信仰的内在张力或说双重属性。

宗教既是一种历史现象，也是一种社会文化生活形态（常态的或形成某种运动）。一种文化现象或社会现象之所以被看作"宗教的"，其核心所在是对具有不同超越性（或超验性）的神圣存在（或力量、宇宙法则等）或神圣境界的信仰。这句话的关键和容易引起争议的是"超验"这个词。英语 transcendent（超越的或超验的）来源于拉丁语，trans 意为超越，scandere 意为攀登、上升。字义为胜过、超越，或与某种界限分离。欧洲中世纪经院哲学曾使用 transcendent 一词，但现代的使用始于康德。康德首次将"先验的"（transcendental）与"超验的"（transcendent）区分开来。"先验的"在认识论中具有先于经验的意思，他所说"先验的"是指一种特殊的知识，它不涉及对象，而只涉及我们认识对象的形式，如因与果、质与量等。"先验的"不同于"经验的"，当我们面对世界、感受世界时，作为人类的一分子，我们秉承了人类累积的传统，其中十分重要的部分就是以语言和概念凝结而成的认知框架，即康德所说的"先验的"认知范畴。但认知形式的"先验"性是对人类个体而言的，对人类整体而言，"先验的"不是既定的而是历史的，是经验的累积和提升，因而还会再充实和再发展。而"超验的"则是指思维或意识超越经验世界的界限而进入超经验的领域。在康德哲学中，理性与知性不同，它追求绝对的完整性，即无条件者；而经验的东西只具有相对的完整性，是有条件者。理性超越经验界形成的理念（如自由、上帝等）虽具有规范的意义，但不存在于经验界，不是认识的对象。[①]　康德关于"超验的"阐释有助于我们理解宗教信仰对象的属性，

---

　① 康德认为理性的理念有三种："心灵"是主体的绝对统一；世界或宇宙是客体的绝对统一；上帝是主体与客体的统一。康德认为知识是"内在的"，不能超出主体可能的经验，理性的超越作用是必然的，但要予以批判的考察亦即规定它的正当地位。

他将宗教信仰的对象置于人类知性的领域之外，即不属于经验知识的范围，这一点和我们的认识有相合之处，即都看到了宗教信仰之"虚"的方面。

然而这种宗教信仰对象之超验性的理解，乃是经过近现代西方哲学家和基督教神学家的改造和提升。如果我们与非基督教的宗教思想家或宗教家①讨论"超验性"，他们会不以为然。实际上，许多宗教信仰的对象虽可冠以"终极实体"，却不是绝对"超验的"，许多宗教思想家或宗教家觉得"神"或者"道"并不远离自己，自己的信仰或修为都是要成就自己把握某种神秘的力量，或与"神"或"道"融为一体，或者是在自己的内心深处启蒙或觉悟。在历史的不同阶段和世界上的不同地区，宗教信仰者与信仰对象之间的联系途径从来都不是绝对唯一的，而是多样的：既有对神圣存在的个人领悟，也有借助神圣的象征创造共同体；既有生活在同宇宙法则的和谐之中，也有借助精神修炼获得自由；既有通过完善人际关系或通过社会责任心以获得宗教意义，也有通过理性和艺术的力量升华与改变自身。② 许多宗教信仰的对象不可能简单地归为"超验性"，但却可以"超越性"来概括。我们更倾向于 transcendent 的"超越性"意义，因为用它来定义宗教要比"超验性"具有更强的解释力、概括力与涵盖力。"超越性"可有程度上的不同，而"超验性"则是其极致的一端。

宗教信仰的双重属性，除了"虚"的方面之外，还有在我们看来更为重要的"实"的方面，这就是宗教信仰的行为过程方面。在许多人看来，信仰只是一种精神活动。但在我们看来，信仰不同于一般的思维活动，它不仅仅是对尚未实现的或尚未证实的观念与境界的"确信"，而且是对这种观念与境界的"追求"。人们往往关注宗教信仰的精神性而忽略了宗教信仰的实践性，但宗教信仰上的追求，不同于哲学或文学艺术，它是一种全身心的投入，不仅是观念的，而且是充满激情的，不仅是心向往之，而且是付诸行动。不管是"解脱"也好，"成仙"也好，还是"救赎"也好，"成

---

① 在此若称他们为神学家或神职人员，他们会不认同，我们也觉得不贴切。所以我们提出"宗教思想家"和"宗教家"的称谓，前者指各种宗教中专门从事或主要从事宗教教义、教法、学说和思想研究的人士，后者指各种宗教中主要从事修行、仪式操演和传教等实务的人士。

② 参见斯特伦《人与神——宗教生活的理解》，金泽、何其敏译，上海人民出版社，1991。

圣"也好，宗教信仰的历程实际上总是个人或群体的奋斗进程。

4. 宗教信仰的超越性有其演进的过程。宗教学的创始人缪勒（Friedrich Max Muller）和宗教人类学的创始人泰勒（Sir Edward Burnett Tylor）从不同的层面解析了宗教仰的对象从此岸到彼岸的演变过程，在这种具有异化性质的过程中，宗教信仰对象的"超越性"变得越来越强。

泰勒提出"万物有灵论"（Animism），通过追溯灵魂观念及相关习俗的产生与演变，不仅解释了早期人类对死亡和灵魂的理解，而且将宗教定性为对精灵的信仰。泰勒认为万物有灵论产生于早期人类对两类生物学问题的思考：第一，是什么构成生和死的肉体之间的差别，是什么引起清醒、梦、失神、疾病和死亡？第二，出现在梦幻中的人的形象究竟是怎么回事？"看到这两类现象，古代的蒙昧人—哲学家们大概首先就自己做出了显而易见的推论，每个人都有生命，也有幽灵。显然，两者同身体有密切联系：生命给予它以感觉、思想和活动的能力，而幽灵则构成了它的形象，或者第二个'我'。由此看来，两者跟肉体是可经离开的：生命可以离开它出走而使它失去感觉或死亡；幽灵则向人表明远离肉体"。一旦将生命与幽灵结合起来，万物有灵论就迈出了第二步："灵魂是不可捉摸的虚幻的人的影像，按其本质来说虚无得像蒸汽、薄雾或阴影；它是那赋予个体以生气的生命和思想之源；它独立地支配着肉体所有者过去和现在的个人意识和意志；它能够离开肉体并从一个地方迅速地转移到另一个地方；它大部分是摸不着看不到的，它同样也显示物质力量，尤其看起来好象醒着的或者睡着的人，一个离开肉体但跟肉体相似的幽灵；它继续存在和生活在死后的肉体上；它能进入另一个人的肉体中去，能够进入动物体内甚至物体内，支配它们，影响它们。"① 泰勒指出，关于人的灵魂的概念应当是关于灵魂的第一个概念，然后才类推扩展为动物、植物等的灵魂，同样，关于灵魂迁移的最初概念"也包含在下面的直接而合乎逻辑的推论之中：人的灵魂是在新的人体中复活，而这是由于家族中下代与上代的相似而被判明的；后来这种思想就被扩大为灵魂在动物等的形体内复活"。② 在某些地区（特

---

① 泰勒：《原始文化》，连树声译，谢继胜等校，上海文艺出版社，1992，第416页。

② 泰勒：《原始文化》，连树声译，谢继胜等校，第499页。

别是在印度），灵魂的转生还有了道德的意义。① 由此灵魂观念再向外扩展，发展为"较为广泛的关于精灵的学说，从而成为完整的自然宗教的哲学"。在泰勒看来，精灵概念跟关于灵魂的观念相似，而且显然是从灵魂观念引导出来的，其过渡的状态是灵魂分化为善魔与恶魔的等级，崇拜死人的阴魂，形成迁入人体内、动物体内、植物内以及非生物内的精灵的学说，将着魔视为生病和能做预言的原因，由精灵体现在某物之内而形成的拜物教与偶像崇拜等。② "作为自然现象之个体原因的精灵"，导致水崇拜、树木崇拜和图腾崇拜等自然精灵的崇拜。由此再进一步，"善的或恶的精灵"又上升为"神"，出现了天神、雨神、雷神、风神、地神、水神、海神、火神、太阳神、月神等，并由此出现了人们常说的"多神教"。而当人们将诸神中的一位人类始祖或自然神灵抬高到其他神灵的地位之上，当人们"试图在全宇宙中或在宇宙的范围之外寻找一切的第一动因"时，至上神就出现了。③

缪勒与泰勒的英国经验主义思路（从具象出发）不同，他更多地是以语言学分析和文献分析的方法，沿着德国理性主义（形而上学的抽象概念）的思路，提出宗教本质上是对"无限"的体认，这种无限感来自人的感觉，指的是人们在有限事物之外或有限事物之内实实在在感到它的存在，却又看不见，摸不着的东西。"无限者"具有"模糊不定的、不可见的、超感觉的、超自然的、绝对的或神圣的"特征。人们虽不能用感觉把握它，但可利用信仰的潜能相信它的存在，"一切宗教的基本要素之一，就是承认有神灵的存在，那既不是感性所能领悟的，也不是理性所能理解的"。④ 无限观念虽然不等于宗教观念，但无限观念的最初形态，对宗教观念的萌生，有着内在的决定作用。缪勒认为，对无限者的体认，乃是一切宗教赖以建立的基础，对无限者的渴望，乃是宗教的起点和动力。缪勒认为原始人是从三类自然对象中形成神灵和上帝观念的。第一类是他们完全能够把握的物体，如石头、甲壳之类；第二类是能部分把握的物体，如树木、山岭、河

---

① 泰勒：《原始文化》，连树声译，谢继胜等校，第486～496页。
② 泰勒：《原始文化》，连树声译，谢继胜等校，第573～638页。
③ 泰勒：《原始文化》，连树声译，谢继胜等校，第769～791页。
④ 缪勒：《宗教学导论》，陈观胜、李培茱译，上海人民出版社，1989，第18～22页。

流、大海等；第三类则是可见不可及、完全不能触知的物体，如苍天、太阳、星辰等。缪勒说，第一类事物不可能产生宗教观念，这些东西被赋予某种神秘性，成为拜物教的崇拜对象，乃是后来宗教发展的结果。关键在于第二类和第三类物体，因为第二类物体"提供了可称为半神之物的材料"，而在第三类物体中，人们可"找到用神的名字称呼的那种东西的萌芽"。宗教观念的历史起点，是在半触知事物中把握无限，后来又在不可触知的东西中寻找它，最后在不可见的物体中寻找它。人们尽管越来越不可能直接地把握它，却总是真切感到它的存在。人们从越来越普遍地感到有限事物之外或之内存在着一种无限之物，到形成神的观念，有个转变的过程。缪勒认为推动前者转变为后者的因素，或说产生这种历史结果的原因主要有两点：一是人们深切感受到现象背后有某种起支配作用的原因、规律或秩序。二是原始语言在人们命名无限过程中的作用决定了神的观念产生。缪勒认为宗教的产生和发展，经历了三条最基本的路线：原始人从自然现象中形成对上帝的信仰（物质宗教）；原始人从自身中发现了灵魂，并对之进行崇拜（人类宗教）；在生与死、有限与无限、灵魂与上帝中，都能找到结为一体的媒介（心理宗教）。从发展的脉络说，缪勒描述了神灵观念发展的三个重要阶段，即从单一神教到多神教，最后演变为唯一神教。

乍看起来，泰勒的"万物有灵论"是具象的，缪勒的"无限"说是抽象的，似乎南辕北辙；但若换个角度看，又是殊途同归：他们一个侧重于宗教信仰对象之"表"，一个侧重宗教信仰对象之"里"（虽然"无限"是一种抽象，但缪勒实际上也是从现象入手，追溯其如何越来越"抽象"的），其实都把功夫用在揭示宗教信仰的对象如何从无到有，从简单到复杂，通过细致的解析，说明经验的或现象的东西如何一步一步"超越"自身而异化为"超验"的。通过揭示人类思维发展的轨迹，寻找宗教信仰对象由此岸到彼岸的形成根据。

5. 宗教性与宗教形。当一个人或一个群体对具有某种超越性的神圣存在（或力量、或宇宙法则等）或神圣境界形成（有虚亦有实的）信仰关联时，就具备了"宗教性"。说无"宗教性"的信仰不成其为宗教信仰，或者说凡宗教信仰都有"宗教性"似乎是同义反复，但在此有强调之意：一是强调宗教信仰不同于其他信仰，"宗教信仰"只是"信仰"这个概念的一个分支或分层。二是强调古往今来，世界历史上的宗教信仰虽形形色色，"宗教性"却是贯穿其中的本质规定，是"多"中之"一"。然而任何宗教信仰，只要成为一种社会现象或文化事项，必有其"宗教形"。因天时、地利、人和，或说因社会历史条件与文化传统，宗教信仰形态有一神与多神之别，有科层制的金字塔结构与平面结构的区分，诸如此类都涉及"宗教形"。宗教性与宗教形是宗教信仰的二个方面。我们判定一种社会现象或文化事项是不是宗教的，首要的也是根本的是从"宗教性"入手，即看它是否与具有某种超越性的神圣存在（或力量、或宇宙法则等）或神圣境界形成了（有虚亦有实的）信仰关联。但它既然是一种社会现象或文化事项，必定处于特定的时空当中。天地人条件的特定组合决定了这种或那种宗教信仰具有其独特的表现形态。人们对宗教性与宗教形及其相互关联的不同理解，直接影响到人们对宗教做出不同的定义并形成不同的宗教观。

人们不仅纠结于如何定义宗教性（缪勒曾说过有多少人研究宗教就有多少种宗教定义），亦纠结于如何看待奉教形。这些争论往往并不限于学术圈内，还会形成社会运动，有时甚至会让人类不堪回首。如西欧历史上有段时间基督教自视正统，将前基督教的宗教视为异教或巫术，其极致是西班牙的宗教裁判所将成千上万的女巫迫害致死。宗教组织有特殊性（它的"宗教性"使之不同于商业组织、政党或学校等），但它不是超脱于社会组织之外的一种组织。研究"宗教形"的学问可以称作宗教形态学，本质上属于类型学的分析，但也涉及组织社会学，研究宗教组织内部的结构与功能。宗教的组织形态只是形形色色的社会群体中的一个类别。通过不同的视角或尺度将千姿百态的宗教分门别类，能够从中发现某些规律或共性。社会群体不是随随便便的一群人，它"是由那些在对彼此行为有着共同期待的基础上有组织地在一起发生相互作用的人组成的集团"。[①] 如果对照社会学所说的"集合体"（指一些恰巧在同一时间、同一地点聚集在一起的人，如某一公共汽车上的乘客）或"类"（指一些并不相识，却具有共同特征的人，如年龄、性别或种族等类别），我们能够更好地把握宗教信仰群体的特征：因某种宗教信仰而组织起来的群体成员间的相互作用使这个群体

① 伊恩·罗伯逊：《社会学》，黄育馥译，商务印书馆，1991，第207页。

有一种共同的"归属"感，即群体成员对外（如非成员）有所区别，对内有所认同并对彼此之间在行为上有所期待。实际上，社会群体的内部结构①是有严格与松散之别的，而且有不同的类型，如可分为首属群体（由以直接的、情感的和个人的方式发生作用的少数人组成，如家庭、帮派）和次属群体（为某一具体的实用的目的凑在一起的，如商业公司、政府部门、宗教运动）。一个群体若有精心设计的结构，用以协调其成员的活动，以求实现组织的目标，那它就可以看作"正规组织"（首属群体被归入前现代的，属于非正规组织），正规组织可分为志愿性组织（进出自由，如政党、宗教）、强制性组织（如监狱）、功利性组织（如公司企业）。学者们对不同的组织制度做了深入的研究，如韦伯（Max Weber）对官僚制度的研究，米歇尔斯（Robert Michels）对寡头政治的研究，特洛奇（Ernst Troeltsch）曾提出"教会—教派"类型学，英格（J. Milton Yinger）则以成员数量比、社会（价值）相适度和自身制度化程度三个维度宏观把握宗教团体的类型。②

　　学者们的理论化研究虽然增进了人们对宗教组织的认识和理解，但这种理论抽象有时也容易让人们陷入思维定势：一是以为概念（宗教组织类型）间的界线是斩钉截铁的，二是以为除了这些宗教组织类型，其他都在宗教之外。然而正如老生常谈的那句话"理论是灰色的，生活之树常青"。不要说现实生活中"山外有山"，一个宗教或宗派之外是宗教的花海；就是原来自诩最正宗最"有型"的宗教在 20 世纪也变得有些"形散"了。结果有人恍然大悟：在世俗化的潮涌中，宗教不必执著于某一特定形式，"形散而神不散"的是宗教性，宗教不仅可以从体制化宗教演变为"个人宗教"，

---

①　"群体的本质是它的成员彼此间发生相互作用。这一相互作用的结果是使群体形成了一种内部结构。每一群体都有其自己的界限、规范、价值标准和相互关联的地位及角色（如领导者、追随者、爱讲笑话者或替罪羊等）"（伊恩·罗伯逊：《社会学》，商务印书馆，1991，第 208 页）。

②　英格提出的宗教团体的类型学标准：（1）宗教团体的成员数在一个社会总人数中所占的比例。（2）宗教团体接受或拒绝社会世俗价值观和社会结构的程度。（3）宗教团体作为一个组织把众多的单位组成一个结构，培养专职人员，建立官员体制的程度（英格：《宗教的科学研究》，金泽等译，刘澎校，中国社会科学出版社，2009，第 370 页）。

甚至可以有"无形的宗教"。① 其实，任何宗教自有其形，它们"自在"地就在那里，但是否能进入认知的画面，取决于人们的"取景框"。只要我们不是非要偏执地坚持必须是某某"形"才是宗教，神采万千的宗教形态就会映入我们的眼中。

6. 自由与秩序。宗教信仰除了有其内在的或固有的属性之外，还有一些后来的但却日趋普遍和日益重要的属性。例如对生活在现代社会的人们来说，宗教信仰自由是个很重要的话题，许多国家的宪法对此作出专门规定。但是我们要明白，作为政治权利的宗教信仰自由不是自古以来就有的：在原始宗教中虽有违犯宗教禁忌要受到处罚的"不自由"，但这里的"不自由"不是权利而只是义务。讨论宗教信仰自由的前提是存有不同宗教需求的人和存有不同的宗教信仰，即使没有宗教间的地位不平等，也存有宗教间的竞争。在前国家社会形态中，宗教信仰虽早已存在，但在氏族—部落社会中，社会群体与宗教群体是合一的，一个人来到世上，就生活在既定的宗教信仰氛围中，舍此之外没有其他的宗教信仰，无所谓选择，也无从谈起自由不自由的权利。可是一旦出现阶级、国家，有了政治制度和国家宗教，有了不同的宗教信仰且不同的宗教有不同的政治地位，就有了宗教信仰能否自由选择，不同宗教信仰的政治地位是否平等之类的问题。原始宗教中违犯宗教禁忌要受到处罚的"不自由"，在传统社会和现代社会依然存在，只不过在现代社会这属于一个人在加入"自愿性"组织时所承诺必须遵守的内部规约（即使在一个啤酒俱乐部中，也有某些不能违犯的"约定"）。我们讨论的是属于政治权利的宗教信仰自由，这是现代社会公民的应有权利，也是现代国家对公民的一种承诺和保护。闫莉认为："宗教信仰自由是指个体或个体结成的团体在法律规定或认可的情况下，通过各种行为公开或私下表明、显示或传递其有关宗教信仰的思想、意见、观点、情感等的权利。公民的宗教信仰自由包括精神层面的信仰绝对自由和实践层面的宗教活动相对自由。宗教组织的宗教信仰自由仅指宗教活动相对

① 参见卢克曼《无形的宗教——现代社会中的宗教问题》，覃方明译，中国人民大学出版社，2003。卢克曼（Thomas Luckmann）的主要观点是，在现代社会中，宗教已从"有形宗教"即以教会为制度基础的信仰体制转化为以个人虔信为基础的"无形宗教"。

自由"。①

　　与"自由"相伴的是"秩序"。事实上，任何文明社会都不会只有一个人、一种宗教信仰和一个宗教群体。不同的人之间、不同的群体之间如何相处？能否选择属于自由的权利，而如何选择则涉及秩序。秩序指的是有条理地、有组织地安排各构成部分以求达到正常的运转或良好的外观的状态，在这种状态中，"无数且各种各样的要素之间的相互关系是极为密切的，所以我们可以从我们对整体中的某个空间部分或某个时间部分所做的了解中学会对其余部分做出正确的预期，或至少是学会做出颇有希望被证明为正确的预期"。② 当人们说到"秩序"时，首先想到的是规矩、阶级或统治，然而说到底，秩序是一种制约，是一个整体中的各个组成部分的互动规则和相互制约。宗教信仰自由纳入许多现代国家的宪法，意在明确宗教信仰在特定社会秩序中的政治的、社会的和文化的地位。这种规定和约束，不仅是对国家而言，而且也是对宗教团体而言，对公民个人（无论有无宗教信仰）而言的。

　　在现实生活中，无论从消极权利的角度看还是从积极权利的角度看，宗教信仰自由都是一种相对自由，即有限制的自由或说与秩序互动的自由。③ 然而个人或社会团体与国家处于不同的层面，同样的权利和义务，在不同的层面会表现出不同的内容：在个人或社会团体层面上，宗教信仰自由的消极权利意味着不干涉他人宗教信仰自由，消极义务意味着容忍他人宗教信仰自由；而积极权利意味着实践宗教信仰自由（如结社、仪式、宗教教育等），积极义务意味着履行宗教义务、公民基本义务。在国家层面上，宗教信仰自由的消极权利意味着不干涉个人和团体的正常宗教活动，消极义务意味着容忍公民宗教信仰自由；而积极权利意味着制定宗教法律

---

① 闫莉：《宗教信仰：自由与限制》，社会科学文献出版社，2012，第43页。
② 哈耶克：《法律、立法和自由》，中国大百科全书出版社，2000，第54页。
③ "宗教信仰没有西方自由和东方自由的划分，没有资本主义自由和社会主义自由的划分。思想是自由的。没有人能禁止他人头脑中的任何想法。但是这种思想的自由是没有价值的。因为它没有被表达出来。自由具有双重性，一是其包含有限制政府权力、维护个人、团体、少数民族的权利；二是其本身也受到自身限制，自由从来都不是绝对的。宗教信仰自由亦如是"（闫莉：《宗教信仰：自由与限制》，社会科学文献出版社，2012）。

规范和政策、管理宗教事务、司法裁决宗教纠纷、宗教对外交往活动等，积极义务意味着建构宗教信仰自由制度，规范宗教实践活动。[①] 我们在讨论宗教信仰自由时，一是要注意自由与秩序乃是同一硬币的两面，二是不要将个人或社会团体层面的权利与义务和国家层面的权利与义务混为一谈。

将宗教信仰作为宗教学理论研究的起点，可从其原生属性和次生属性中阐发出整个体系，当然也会演生出诸多问题。这些问题会丰富我们既有的宗教学理论认知，也会形成各种各样的挑战。以上探讨只是提出了部分问题，我们还需要花大力气去进一步系统地探讨深层的理论问题。

本文原刊于《世界宗教文化》2014 年第 5 期

---

① 闫莉：《宗教信仰：自由与限制》，第 57 页。

中国本土宗教的虚神信仰

王　卡*

　　首先我们要明确本文中所说的"中国本土宗教"是指儒教、道教以及中国民间的宗教性信仰群体（民间宗教）。广义上也可包括受儒教、道教和民间宗教影响而中国化的佛教宗派（禅宗、净土宗等）。这些宗教都是以中国传统思想文化为基底而形成的"神道设教"社团或祭祀膜拜群体。它们与源于闪族原始信仰的犹太教、基督宗教及伊斯兰教等一神论宗教相比，在神学教义上有很大的不同；与持泛神论或图腾崇拜的萨满教（巫教）也有所不同。这些以中国文化为基底的"宗教"，尤其是儒教和道教所信仰的"天道"是"虚如性"的至上理念和宇宙本源。在"天道"的概念内涵中，普遍性的至上之理与生成万物的先验神灵是浑而不分的辩证关系。"虚神"既是虚无的假名，又是实在的大全；既是无形名无位格无意志的"自然法则"，又是有化身有感应有善念的道德之根。它们是有神论的，又是无神论的①；是宗教性的，又是世俗性的。因此笔者姑且称之为"虚神论"，以区别于来自西方的神学概念。

　　17世纪来华的西方基督教传教士，曾对中国传统宗教和哲学与基督教

---

　　*　王卡，中国社会科学院世界宗教研究所研究员。
　　①　这里所说的"无神论"，是指20世纪从苏联传入中国的排他性的"战斗的科学无神论"。

神学的融通性问题发生过争论。其中一个主要的争议是所谓的"语词之争"，即中国儒教经典中是否有与基督教"上帝"概念相对应的语词。利玛窦等耶稣会士认为，至少儒学古典有着明显的宗教性，因此可以借用其中的语词翻译《圣经》。而龙华民等另一派传教士则认为，以宋明理学为主角的中国传统文化是彻底的无神论。当时有些欧洲神学家参与了关于中国传统文化性质的讨论。莱布尼兹是研究中国传统信仰的著名学者，在其去世前夕所著的《论中国人的自然神学》，认为中国人的信仰与西方基督宗教存在着融通性。在今天看来，虽然莱布尼兹对中国传统文化的阐释有些误解，但他将中国人的宗教信仰界定为"自然神学"，而非纯粹的有神论或无神论，的确是一个真知灼见。

中国本土宗教的虚神信仰，是在中华文明的历史上逐渐形成的。以儒教而论，最迟在商周时期（约公元前 15～公元前 8 世纪）的文献，如甲骨卜辞、钟鼎铭文以及《尚书》《仪礼》等原始儒家经典中，我们就能发现在华夏文明中有崇奉"天帝"或"上帝"为最高神的宗教信念，以及相应的祭祀礼仪、政治体制、道德观念和社会习俗。殷商时期，这一宗教还是比较原始的"祭祀－占卜"型宗教。西周初，儒家先王（文王、周公等）将这个宗教发展成为伦理型宗教，确立了以"尊天、敬德、保民"为纲领的宗法性政治伦理。王室的祖先被尊为天神，其子孙则被奉为"天子"，因获得"天命"而统治天下。因此自西周以来中国历代王朝的统治者登基执政，都必须先行祭天、祭祖之礼，以宣示其政权合法性。操作这个宗教祭祀礼仪及道德教化的人属于儒士阶层。古书云："儒，相礼者也"，又称儒者为"师"，就是说儒士原本是操作祭祀礼仪和道德教化的专家。据《周礼》记载：西周的官僚机构"六官"中，有管理宗教祭祀活动的"春官"。直至明清时代，仍以管理祭祀和佛教、道教的礼部为朝廷六部之首。由此可见，中国不仅自古就有"宗教"，而且是高度政教合一、全民信教的国家。尊奉天帝（神主），效忠天子（国主），祭祖孝亲，是中国传统宗教的根本信条。

关于儒教的名称，古人有称之为"礼教"者，有称为"圣教"或"孔教"者。有意思的是，实际操作这个宗教祭祀活动的儒士阶层，多数人拒绝承认儒教是一种"宗教"①。这种鄙视宗教的"儒教非宗教"观，与儒学对天神信仰的"虚如性"有关。春秋时期的儒家圣人孔子，对殷周宗教尊奉的"天帝"或"上帝"，抱有一种似信非信的实用态度《论语》所谓"夫子不言性与天道"，"子不语怪力乱神"，"敬鬼神而远之"，"祭如在，祭神如神在"云云，就是对天神和上帝的实在性或灵异性既不否认也不言说，而注重以神的名义实施道德教化。《易传》所说"圣人以神道设教"，就是这个意思。这种默认天神"如在"，可敬而不可说的信念，奠定了后世儒教兼具宗教性和世俗性的人文特征。

又据冯友兰先生《中国哲学史》所说，中国哲学有"天人合一"的特征，但儒教经书中"天"的含义是浑沌复合的。它至少有三重意思，即客观实在的自然之天、抽象的法则义理之天（道）、最高的神即上帝或天帝。这个概念与西方文化中上帝与自然、造物主与被造物截然分离的情形，是根本不同的。这也是莱布尼兹称中国的宗教（儒教）信仰特征为"自然神学"的意思。既然"天"的含义浑沌，人们对天的诠释就有了灵活性。例如汉儒董仲舒的天人感应论，强调天的至上神性和灵异性（当然也未完全否认其自然性），汉代儒学因此更近似宗教神学。宋明理学家则更多强调天的义理性和自然性，创造了更近似西方哲学的本体论思想体系。宋儒周敦颐、张载、朱熹等人的新儒学，主张太虚有理有气，理与气一动一静，循环往复，生成此世间一切事物和法则。他们所说的太虚、理、气，都是兼具虚无性与实在性的概念。有意思的是，新儒家虽然吸收了佛、道二教的许多信念和修持功夫，却极度排斥佛、道二教的宗教性信仰，视之为"异端"。因此新儒学被部分耶稣会士指为彻底的无神论。其实无论"自然神学"或"无神论"，都是西方神学家对中国本土宗教神学信念的误解。

除儒教之外，道教也是中国传统文化中重要的宗教。春秋时期，道家先师老子以其深刻的智慧，发现在纷纭复杂、变动不息的事物和现象背后，

---

① 汉语中"宗教"一词，原意是指儒教的宗祠祭祀和道德教化体制。明清时期又用于指称中国汉传佛教两大门派（宗门即禅宗，教门即净土宗）的名词。后来有人借用此词对译西语"religion"（基督宗教及闪族系宗教），并引申为泛指非西方文明的其他宗教。在中国官方文献中，将儒教之外的佛、道、耶、回等教归纳为"宗教"始于清末刘锦藻奉敕主编的《清朝续文献通考》。

存在着一个稳定地支配事物发展变化的自然法则，并倡导人们以这个法则作为观察世界、认识真理和治国修身的指导原则。老子把这个普遍法则命名为"道"。老子所说的"道"既是自然法则和虚无理念，又是能生育长养万物之母，有与始祖神相似的功能。汉代的道家学者，强调道是"万物之母"或无形的"造化者"，用元气的阴阳分合来论述大道从无到有、生成万物的功能和程序。这样虽然有助于人们对道的理解，但也容易混同自然造化与天神上帝创世的区别。早期道教的神学就是传承和改造了道家的宇宙论，将无形的自然法则改作实有的至尊神灵，教诫信徒奉道守戒，修仙得道，从而形成了独特的宗教信仰观念。

道教的形成是从神化老子开始的，哲学家老子被道教尊奉为太上大道君（神格化的道）的降世化身和传教祖师。道教徒为此编造了大道君化身老子、降世传教的系列神话故事。老君化身故事中被渲染最多的是大道君托胎李母而降世，至函谷关讲授《道德经》，然后西出秦川不知所终。大约6~7世纪的道教典籍，讨论了与此相关的神学问题。这个问题起于佛道二教辩论，僧人要求道教徒解释：先天自然存在而且无生无灭的太上大道君，与托胎降世而有生有灭的肉身老子究竟是何关系？这是个道教版的"道成肉身"问题，探讨这个问题旨在说明大道君与其化身老子的异同。这个问题的意义，类似基督教神学中讨论圣父（耶和华）与圣子（耶稣基督）的关系。道教学者吸取佛教的三身说（佛祖有法身、应身、报身）及辩证逻辑，巧妙地回答了这个问题。大意是说，老子既是不生不灭的本体尊神，又是托胎李母而生的肉身圣人。本尊的老子道身自在常存，不生不灭，却能托胎李母而生肉身，西出秦川而灭形迹。但老子的肉身虽有生有灭，其道性或神性却无始无终"生无所起，灭无所谢"。道身老子与肉身老子是不一亦不二的关系。就这样，道教徒用玄之又玄的辩证逻辑，回答了这个难以回答的"道成肉身"问题。这个说法与基督教神学家解释耶稣基督托胎圣母玛利亚而"道成肉身"的三位一体说，有异曲同工之妙。

总起来说，人类历史上的宗教神学是有多种类型的。道教或许与印度宗教信仰类似，是崇奉"多神"的宗教。这类宗教神学的特点，是相信在诸神之上或之前，还有一个自古就有并永久常存的宇宙创造者，或生成天地万物的虚无本源。它不仅是创生宇宙万物实体的本源，也是一切神灵和一切法理的源头。在印度宗教中它被称作"梵"（Brahman），或曰"梵天"。在中国的道教中它是老子所说虚而无形的自然之道，或曰"道炁"。因此道教尊奉和礼拜的神灵，如太上道君，或三清，或玉皇，以及名号无量的天神地祇，与一神论宗教所信奉的至上神（上帝或真主）不是同一层次的概念。道教礼拜的"神"不是初始的创世者，而是道炁演化出来的次生者。它们没有上帝或真主的至上性，因此也没有作为惟一信仰主体的排他性。道炁不仅演化出无量的天神地祇，而且肉身凡人乃至动植物，也能修炼得道而成为长生不死的神仙。

中国本土宗教的虚神或"多神"信仰，近代以来常被误解为缺乏纯粹性和超越性。有些学者认为中国没有原生宗教（儒教不是教），因此只有伦理和美育。也有人说中国本土宗教和民间信仰都是"封建迷信"，甚至说它们是"野蛮宗教"。这种否认和贬低中国本土宗教的论调，至今仍有流传。其实中国虽然少有一神论的宗教（religion），但绝非没有信神的观念和神道设教的社团。

中国宗教的"虚神"信仰并非一无是处，至少有如下的优点：其一，中国宗教信念以人为本，而非以神为本，因此具有天人合一的"人间性"。"天人合一"既可指自然与人的合一，也可指神与人的合一（即天人感应）。总之都是以人为天人关系的主体。儒教所谓的"天心自我民心，天意自我民意"，就是这个意思。道教相信道炁化生的诸神能降世垂化，福佑众生；人也能通过修炼养生和积累功德而飞升成仙。这就开辟了一条"以有契无"，依靠自力自为实现个体生命回归宇宙本源的超越之路，而不必一味依赖上帝的恩宠来获得救赎。

其二，中国宗教的虚神信仰更具有包容性，而较少有闪族系一神论宗教或苏联式战斗无神论的排他性。虚神论既是又不是有神论的，既是又不是无神论的；而是兼容和融通了本无与全有、虚空与实在、真谛（真如）与俗谛（假有）内涵的浑沌复合的概念。中国传统宗教对有神与无神、神的实在性和灵异性问题，秉持辩证的虚如观；对涉及形上学（或曰玄学，即神学/哲学）的"根本问题"，不持定见，不多言说，有无双遣，虚实两忘。如果不得不说到神或道，那么应该说：道之为物，惟恍惟惚，虚中有实，实而若虚；非有非非有，非无非非无，如在如不在，真如本如如。虚神如数学中的虚数、物理学中的量子和引力场，实而若虚，虚而有用。它展示了人类设定未知世界的虚如概念，来解决已知世界实在问题的智慧，扩展了我们表达未知世界与已知世界相互关联的论域。有神或无神只是一个信与不信的问题，不是实证科学所能验证的问题。更何况当代科学早已从经典物理学时代，进入了相对论和量子学时代。因此无论执持肯定神或否定神之说，都是一种独断的"定见"。执持定见不符合中国传统文化的真精神。对这个根本问题沉默是金，淡忘为宝，可以借用中国本土宗教辩证的虚神论来化解争议。虚神论的最大优点在于：它能包容不同的宗教或非宗教信仰。一旦化解了执持有神或无神的定见，就可消除某些外来宗教或非宗教信仰的排他性或战斗性思维，引导人们更多关注宗教的道德教化、慈善救济和培植文化认同感等实际的社会功能，为共建人类命运共同体奠定坚实的文化基础。

历史上，中国的儒教和道教都曾以其包容性的信仰，融合来自域外的宗教，从而形成了中国宗教多元一体、和谐共生的格局。无论来自何方的神灵，中国宗教徒都可以把它们接进自己的庙宇神殿，分享信众供奉的香火。佛教最初传来时，就因有儒教和道教的接引而实现了中国化。当然，佛教的教义教制也被中国宗教吸收融合，对中国人的道德伦理、思维模式和生活习俗有重要影响。尽管历史上曾有过儒教排佛和佛道争论，但儒释道三教之间没有发生过惨烈的宗教战争。宋元明清时期，在民间还出现了许多主张"三教合一"的教派。中国普通民众享有较高的信仰自由度。信教或不信教、信或改信某一种宗教，或同时兼信多种宗教，大体上都是个人可以自主选择之事。这就形成了中国人信仰的融通性和世俗性特征。因此当近代中国从传统社会向现代社会转型时，所谓的"世俗化"问题不构成严重的障碍。当中国人走出国门时，也比较容易融入当地的文化。这些事实都应归功于中国本土宗教信仰和传统文化的包容性和融通性。

当前，中国宗教已进入新的历史阶段，既迎来了有序发展的契机，也面临着需要应对的失序挑战。一方面，要积极应对宗教原教旨主义、极端主义和分裂主义势力，对中华文明复兴和国家统一、民族团结及社会稳定构成的威胁；另一方面，要突破前苏联宗教学理论和政策的羁绊，以马克思主义宗教观的中国化为导向，创建有中国特色的社会主义宗教学理论。

这是新时代交给中国宗教学者的任务。宗教极端主义与苏联式无神论貌似针锋相对，其实有一个相似的特点，就是在信仰上存在着偏执定见的排他性和战斗性思维。要消解这种偏执，有必要回顾中国本土宗教信仰的包容性和融通性特征，并从中得到有益的启示。

本文原刊于《世界宗教研究》2016 年第 5 期

中国宗教治理报告

邱永辉[*]

2014 年版"宗教蓝皮书"的总报告，聚焦中国改革开放以来的宗教改革。报告认为，中国宗教改革是现代中国社会改革的重要组成部分，宗教改革的过程也是政界和教界之间不断磨合、加深理解和共同进步的过程。我们相信，中国宗教改革的持续进行，可使中国的"政教关系"得到切实的协调，逐步建立适应新时代需要的、新型的政教关系，将有助于中国宗教真正得到"治理"。

2015 年版"宗教蓝皮书"总报告，聚焦"宗教治理"的理念和实践。"各大宗教报告"显示，2014～2015 年中国各大宗教的发展呈现出总体上基本平稳、各教各地差异较大的复杂局面。在政治和政策层面上，与时俱进的执政党对宗教的"长期性"、"群众性"、"公共性"的认识，又有了进一步提高[①]，国家宗教事务局王作安局长明确提出了"保护、管理、引导、服务"的宗教工作新理念，并突出强调"宗教工作是争取民心的工作"[②]，可

---

① 参见《习近平在中央统战工作会议上强调巩固发展最广泛的爱国统一战线为实现中国梦提供广泛的力量支持》，《人民日报》2015 年 5 月 21 日。

② 王作安：《倡导"保护、管理、引导、服务"的宗教工作理念》，《求是》2013 年第 1 期；王作安：《积极引导宗教与社会主义社会相适应——国家宗教局局长王作安答本报记者问》，《学习时报》2015 年 5 月 11 日。

见以"依法治教"和"创新宗教管理"为中心的一种新型的宗教治理模式正在酝酿之中。

本报告的主要内容是,从理论上阐释"宗教治理"的含义,厘清"治理"概念的内涵,界定"宗教治理"的三个层面,即宗教组织的自治,政府有关部门的依法管制和多元、民主、协商的社会化治理;聚焦"中国宗教组织的自治",报告中国宗教组织的自治现状,提出在明确中国宗教组织的社会性质的基础上,确立中国宗教团体和宗教活动场所的法人地位,试行"中国宗教组织的法人制度";分析宗教组织自治与政府管理之间的互动问题,提出中国宗教治理的未来,是走向多元、民主、协商的社会化治理。

一 宗教治理——一种社会文化建设的模式

本报告提出的"治理",不是传统的从上到下的政策管控和行政运转,而是一种新型的社会建设模式。治理不是一套规章条例,也不是一个运动,而是一个建设过程;治理的基础不是控制,而是商榷和协调;治理既涉及公共部门,也包括私人部门、社会团体、人民团体和公民个人;治理不是一种正式制度,而是持续的对话和互动。

公共治理理论认为,"治理"(governance)是各种公共的、私人的、个人的和机构的管理其共同事务的诸多方式的总和。就是说,治理是为了实现和增进公共利益,政府部门和非政府部门(私营部门、第三部门或公民个人)彼此合作,在相互依存的环境中分享公共权力,共同管理公共事务的过程。对政府部门而言,治理就是从划桨到掌舵的转变;对非政府部门而言,治理就是从被动服从到主动参与的转变。[①]"治理"观念在实践中进一步发展,将"公共管理"发展为"公共服务",强调政府的角色既不是命令和控制,也不是一种掌舵,而是公共利益的维护者,更多地表现为对于

---

① 聂平平:《公共治理:背景、理念及其理论边界》,《江西行政学院学报》2005 年第 4 期;薛刚凌:《行政体制改革研究》,北京大学出版社,2006;杨舒文:《公共治理理论对我国构建和谐社会的启示》,《公共行政》2009 年第 8 期。

社会事务的协调和服务。①

"治理"不是管制，因此不是传统意义上的从上到下的行政运转；"治理"是一种新型的社会文化建设的模式，因此是一种"软实力"的建设。"治理"追求的目标是"善治"（good governance），即在各种不同的制度关系中运用权力去引导、控制和规范公民及其社会组织的各种活动，其中也包括宗教活动，以最大限度地增进公共利益。为了实现"善治"，就要改变传统的将政府部门及其管理机构看作是公共管理唯一主体的观念，认识到非营利组织、政府间和非政府间的国际组织、各种社会团体（包括宗教组织）、私人部门等非政府组织，在公共事务的管理中也都扮演着重要角色。随着中国社会在多个方面的多元化发展，这些组织已经在市场经济与公共部门间的"社会经济"领域内积极活动，并且正在依靠自身丰富的资源参与管理社会事务，在某些领域甚至比政府拥有更大的优势。②

在中国社会从"治制"走向"法治"的转变过程中，"依法治教"是一个必然的结果。在中国社会调整结构和改革开放进入"深水区"的关键时刻，中国共产党十八届三中全会以"依法治国"为主题，在其决议中进一步明确提出了"创新社会管理"。"创新社会管理"的目标之一，即是"维护最广大人民根本利益，最大限度增加和谐因素，增强社会发展活力，提高社会治理水平，全面推进平安中国建设，维护国家安全，确保人民安居乐业、社会安定有序"。本报告认为，"依法管理宗教事务"是"依法治国"的重要组成部分，"宗教治理"也是"创新社会管理"的逻辑结果及题中应有之义。

在上述背景下，本报告提出"宗教治理"的主要内容，至少包含三个重要的层面：

第一个层面，宗教组织的自治，即宗教社团和宗教活动场所内部的自我治理；

第二个层面，政府的管理，即在执政党的政策思想指引下，政府行政

---

① 顾丽梅：《新公共服务理论及其对我国公共服务改革之启示》，《南京社会科学》2005 年第 1 期；顾丽梅：《美国新公共服务理论之反思》，《中共浙江省委党校学报》2009 年第 5 期。

② 廖申白：《形成中的中国公民社会》，《首都师范大学学报》（社会科学版）2008 年第 4 期。

机构对宗教组织和宗教事务的依法管理与管制;

第三个层面,在宗教组织自治与政府管制的互动中,丰富和扩展全社会的全方位治理渠道,逐步走向多元化的、民主协商式的"社会化治理"。

本报告者认为,中国"宗教治理"的宗旨,是在中国社会文化建设的框架中,实现真正意义上的宗教善治——保障宗教信仰自由,确保宗教在社会稳定、文化繁荣、文明进步等方面发挥积极的建设性作用。

二　中国宗教组织的自治

(一)宗教组织的自治:理念与现状

宗教组织的自治,在党和国家的宗教政策文件中称为"自我管理"。宗教组织的自治在党和国家的政策中有着明确的体现,早在1982年,《关于我国社会主义时期宗教问题的基本观点和基本政策》(即中央19号文件)中就提出:"要发挥爱国宗教团体的积极作用,帮助和指导他们增强自养能力,依法依章搞好自我管理,反映信教群众意愿,切实维护宗教界合法权益","党和政府的干部也应当善于支持和帮助宗教组织自己解决自己的问题,而不要包办代替"。

宗教组织的自治内容,从制度层面上包括内部的财会制度、人事管理制度、宗教教职人员资格认定(及备案)制度、宗教团体间的相互关系、宗教团体兴办社会公益事业、创办宗教院校、国际交往等;从具体表现上包括开办宗教活动场所、传播宗教教义、设立宗教标识、吸纳教徒、开展宗教慈善活动、举行宗教节日聚会。但是,宗教组织的自治权利,并不是绝对不受任何限制的权利,国家享有管理宗教事务的公共权力,有权根据宪法和法律的规定,对宗教组织的世俗活动进行规范管制,必要时也对其自治权予以一定程度的限制。

本报告提出的宗教组织的自治,是在新形势下宗教组织的自我管理机制,它不同于从前宗教组织内部的从上到下的管理,而是向着"善治"方向的转变过程或建设过程。总体来看,宗教组织自治的关键是:第一,宗教组织自治的方向性。宗教组织的自治是向着对宗教的"善治"方向,实现宗教组织内部管理的制度化和民主化。第二，宗教组织实现自我"治理"的持续性。宗教组织的自我管理建设过程，从来不是静态的，而是一种处于不断进行中的横向和纵向的互动过程，是一种全方位的格局建设。第三，宗教组织自治的多样性。由于中国宗教的多元性，不同的宗教组织拥有的历史传统各异、价值取向不同，组织形式和制度千差万别，其内部结构与外部联系的历史、现状和特点，影响甚至决定了在实现"治理"过程中，不同的宗教组织会遇到难度不同的挑战，因而会采取不同的治理制度和模式。

"宗教组织的治理"是一种概念化的论说。由于不同的宗教组织的历史传统各异，在哲学思想、神学、伦理观念、修行方式、组织方式等方面相距甚远，而任何一个宗教组织的发展延续，都伴随着自身的管理系统的历史变化和与时俱进的能力发展。总体而论，宗教组织的"治理"意味着宗教组织内的管理，是朝着民主、科学、协商、团结的路径发展的。

中国宗教组织的治理现状，不是一个笼统化、简单化的评估可以总结的。在中国众多的宗教组织中，既有天主教、东正教等延续上千年的等级森严科层繁复的传统教会，自上而下的决策较多，也有对教主崇拜狂热的通过新媒体新方式传播的新兴宗教团体，根本谈不上有什么管理；在中国历史悠久的佛教道教中，既有保持苦修清修传统的，也有借助经济开放广播福田的；在所谓的"五大宗教"中，在已经认定的宗教活动场所中，不乏管理十分混乱的，而在民间宗教和民间信仰场所中，也有管理井井有条的。

长期以来，学术界缺乏对中国宗教活动场所现状的大规模调研，这一状况在2015年得到改善。中国人民大学哲学院、佛教与宗教学理论研究所、中国调查与数据中心联合完成并发布了《中国宗教调查（CRS）报告》。[①]此次调查，主要针对中国宗教活动场所，这在一定程度上反映了中国宗教组织的治理现状。其中最重要的数据如下：

民主管理制度方面：90%的宗教活动场所建立了以民主管理委员会为核

---

① 魏德东、王卫东：《中国宗教调查（CRS）报告》，中国人民大学哲学院、佛教与宗教学理论研究所、中国调查与数据中心，2015。

心的现代管理制度；伊斯兰教是"五大宗教"中制度建设最为完备的宗教，95%的清真寺建立了各种规章制度。

未来管理层的年龄和教育背景方面：大多数教职人员的年龄在 30~60 岁，11%的教职人员拥有大学及以上文化程度。报告评估这一"崭新的呈现"时指出，"20 世纪 80 年代以来中国宗教教职人员青黄不接的局面已经得到根本性改变，中国的宗教教职人员已经实现了代际转换，这为中国宗教的健康发展奠定了坚实的基础"。

组织管理方面：56%的宗教活动场所具有组织机构代码证。

经济管理方面：47%的宗教活动场所拥有自己的银行账户。

社会服务机构方面：9%的道观在民政部门登记为社会服务机构，在五大宗教中比例最高；40%以上的宗教活动场所积极参与社会公益慈善活动。

社会保险的制度性建设方面：41%的宗教活动场所完全没有为教职人员购买养老保险，26%的宗教活动场所完全没有为教职人员购买医疗保险。

从中国宗教活动场所的各项调查数据来看，以"五大宗教"为代表的当代中国宗教，鲜明地呈现了中国文化自信开放、兼容并包、博采众长的境界，当代中国宗教正从民众的灵性、道德、心理以及社会的政治、经济等各个方面，对中国社会的现代化、全球化做出独特的不可替代的贡献，而中国的宗教也必将在这一过程中赢得长足的发展，成为世界宗教版图中温和、健康的建设性力量。

（二）宗教组织的自治：社会性质和法人地位

1. 宗教组织的社会性质问题

"宗教组织"是常用的但模糊的称呼。按既有的定义，宗教组织是指在国家宪法和法律的保护下，独立地组织宗教活动，或办理教务，或开办宗教院校培养年轻宗教教职人员的机构。因此，中国的宗教组织就当包括：各级宗教协会（团体）、宗教院校和宗教活动场所（即散布在全国各地的佛寺、道观、清真寺、基督教和天主教的教堂，以及各种民间信仰的宫庙）。

中国全国性的宗教团体，有中国佛教协会（1953 年成立）、中国道教协会（1957 年成立）、中国伊斯兰教协会（1953 年成立）、中国天主教爱国会

（1957 年成立）、中国天主教主教团（1980 年成立）、中国基督教三自爱国运动委员会（1954 年成立）、中国基督教协会（1980 年成立）等。在各省区市，各级"宗教团体"呈现数量不断增加的态势。

从现有的情况和规定看，中国各级宗教团体，特别是宗教协会的社会性质是基本明确的。[①] 在许多情况下，政府与宗教教职人员、广大信教群众的互动，是由宗教协会来协调进行的。一方面，宗教团体与宗教教职人员和广大信教群众关系密切，可以及时将他们对政府的要求、意见、建议集中起来传递给政府；另一方面，宗教团体也可以及时把政府的政策意图和对相关问题的处理情况，传达给宗教教职人员和广大信教群众，以此增加他们对政府的理解和支持。因此，中国宗教协会的基本任务就是协助党和政府贯彻执行宗教信仰自由政策，帮助广大信教群众和宗教界人士不断提高爱国主义与社会主义觉悟，代表宗教界合法权益、反映宗教界诉求，组织正常的宗教活动，办理教务，进行自我管理。

宗教活动场所是基层的、基础性的宗教组织。就社会组织的性质来说，宗教团体与宗教活动场所都应当是独立的民事主体，在法律上的地位应该是平等的，它们之间无隶属关系，没有领导和被领导的关系。但由于宗教团体在一定程度上代言宗教活动场所的宗教教职人员和信教群众的合法权益，它对本宗教的教务活动（包括宗教活动场所的教务活动）具有一定的指导、协调责任。因此，2004 年颁布的《宗教事务条例》规定，宗教活动场所的设立必须由宗教团体提出申请，并负责筹建；寺观教堂如需要修建大型露天宗教造像，要由省、自治区、直辖市宗教团体提出申请；宗教教职人员要经宗教团体认定；宗教教职人员担任或离任宗教活动场所主要教职时，要经宗教团体同意等。

在宗教团体和宗教活动场所的社会性质基本明确的情况下，确定其法律地位的要求便自然生成。只有确定宗教团体和宗教活动场所的法律地位，才能让其在具体的法律事务中真正享有相应的权利、承担相应的义务，才能真正明确宗教组织与政府"有关部门"的关系、同一宗教的宗教团体之间的关系、宗教组织与社会其他部门的关系，从而真正走向"依

---

① 冯典江、周风：《宗教团体的社会性质应当明确》，《中国民族报》2014 年 6 月 22 日。

法治理"。

　　2. 宗教组织的法人地位问题

　　"依法治教"是新时期宗教工作的底线，"遵纪守法"是宗教组织的自治底线，这就使"法"本身成为根基和关键。由于我国长期依靠宗教政策管理宗教事务，形成了宗教人士和信教群众将政策与法律混为一谈①的现象，不能分辨宗教事务管理官员的行政过程是否合法。这种现象也使得有关宗教的立法建设成为不能回避的问题。

　　我国有关宗教的法律法规的格局是，上有《中华人民共和国宪法》明确保障公民的宗教信仰自由，下有政府管理宗教事务的一系列政策法规。但是，在宪法和主要由政府行政部门颁布的行政法规和地方相关法规之间，却缺乏基本法、统领法或上位法。无论是确保宪法所保障的公民基本权利的落实，还是对诸多政策法规加以指导和规范，基本法、统领法或上位法都是必备的，但中国的国情——中国政教关系的历史经验、中国宗教的多元复杂性、宗教与政治社会的关系等，又使这一法律很难出台。

　　近年来，以"宗教与法治"为主题的学术讨论，不仅吸引了大批学者，也吸引了政府官员和宗教界人士。其中，有关是否制定"宗教法"的问题讨论尤其激烈，在宗教学界，有学者提出为了保护宗教信仰自由，主张立；有学者提出为了依法管理宗教，需要立；有学者担心宗教信仰自由会被进一步剥夺，主张不立；也有人担心政府宗教管理的权限会被削弱，也主张不立。在法学界，有学者提出提高立法层级，"适时制定宗教基本法"的建议②，而另一些学者则表示反对。但是，无论在宗教学界还是法学界，反对之声很少是基于"立法建设"的必要性，大多数都是基于中国的现状，即执政党、政府宗教管理部门、宗教组织和社会各界在短期内难以达成"共识"，甚至对"宗教"的定义也没有共识，而没有对宗教理解的共识，也就达不成宗教立法的共识。

---

① 冯玉军：《中国宗教管理现状及法治化研究报告》，http://www.360doc.com/content/15/0412/21/15549792_462742146.shtml，2014年9月15日。
② 冯玉军：《我国宗教事务管理立法实施状况调查》，http://www.pacilution.com/ShowArticle.asp?ArticleID=2596，2010年9月6日。

　　改革开放以来，我国的法制建设不断加强，人民群众的法律意识也不断增强，与此同步的是法律法规对宗教事务管理的作用逐渐增大。2004 年《宗教事务条例》的公布，标志着宗教法制建设取得重要进展，《宗教事务条例》对宗教团体、宗教院校、宗教活动场所、宗教教职人员、宗教活动、宗教财产等均有明确规定，但却没有明确规定其法人地位。问题在于，《宗教事务条例》虽为我国目前级别最高的综合性法规，但它是国务院颁布的行政法规，而并非全国人民代表大会或其常委会制定的基本法律。从该法规的实施情况看，存在两方面的问题：一是《宗教事务条例》本身还需要级别更低的行政法规加以配套，二是在有关宗教活动场所的筹建、登记、换证、活动、财务管理等问题中，最关键的是宗教活动场所的法人登记，而《宗教事务条例》并没有明确给予其法人地位。

　　目前我国宗教活动场所大多不具备法人资格[①]，但事实上，已经被认定的中国宗教团体和绝大多数的宗教活动场所，都具有获得法人资格的必备条件。2013 年 3 月全国政协常委、中国佛教协会会长传印长老，在全国政协十二届一次会议上提交《关于解决佛教寺院的法人地位的提案》，呼吁解决佛寺法人地位问题。依法赋予宗教团体和宗教活动场所法人资格，是大势所趋。

　　确立宗教组织的法人地位，让宗教组织获得法律上的尊严，是加强法治建设和使"依法管理宗教"真正落到实处的前提与保障。基于中国社会的世俗政治文化传统，党政上层近期对于宗教的长期性、群众性和公共性的认识及新近提出的"保护、管理、引导、服务"的宗教工作理念，可以看出领导层和社会各界在有关宗教的立法的必要性、立法的目标上，逐渐达成了基本的共识：这就是未来的立法要体现"保持"宗教信仰"自由"的意向，而不是用各种条条框框来"限制"宗教和"打压"宗教。如果宗教组织的存在能在未来中国真正获得"法律上的尊严"，那么中国依法治国和构建和谐社会的目标便可望早日实现。

---

① 参见雷丽华《宗教活动场所法人资格现状及其赋予宗教活动场所法人资格的复杂性、必要性》，载《行动中的中国宗教法治——纪念〈宗教事务条例〉颁布十周年学术研讨会论文集》，中国人民大学法学院，2014。

（三）　试行中国宗教组织的法人制度

鉴于我国有关宗教的上位法缺失的现状，本报告建议，借鉴大中华地区特别是港澳台的成功经验，实行"宗教团体和宗教活动场所的法人制度"。

在中国大陆建立相对完备的"宗教组织法人制度"，第一个步骤就是修订完善《宗教事务条例》，明确赋予被政府登记认可的宗教组织以法人（社团或财团法人）地位，解决其不被他人侵占、"承包""上市"等亟待解决的问题，奠定法人治理基础，完善法人治理结构。

近年来我国宗教团体和宗教活动场所的很多纠纷，大都源于经济纠纷，由于有关"宗教财产"的界定不明，"物在呼唤主人"的问题没有得到解决，有关纠纷延续了下来，并且还有不断产生新的纠纷的趋势。[①] 而据近年来各研究机构进行的调查，在宗教立法中，宗教人士和信教群众最强烈要求的，就是宗教团体的财产保护和宗教活动场所的保护。在修订的《宗教事务条例》中，确立宗教组织的法人地位，即是旨在从体制上、源头上处理好宗教组织的财务问题。

从政府管理部门看，现行的宗教法规和宗教政策所规定的宗教财产制度，已经不能适应当前的宗教事务法治化需求。宗教事务管理部门也已经认识到，"宗教立法工作还存在不适应，相对滞后的问题"[②]。宗教团体的社团法人地位和宗教活动场所的财团法人地位的确立；有利于促进宗教组织管理的现代化；有利于政府有关部门和全社会从各方面进行监督；有利于宗教团体和宗教活动场所维护自身合法权益，排除各种外来势力的侵扰，诉讼维权；有利于规范财务制度，防范寺庙财产被其管理者盗用甚至流失。

第二个步骤就是对大量还未被确定为宗教活动场所的寺庙、宫观、教堂等，进行全方位的考察，对其各项管理和各项活动情况进行评估，允许其合格者进行登记，将其纳入宗教法人制度中，以阳光化、公开化的办法，

---

① 参见冯玉军《中国宗教财产的范围和归属问题研究》，《中国法学》2012 年第 6 期；张建文：《宗教财产的所有权归属与目的性使用问题》，《法学》2012 年第 6 期；高英：《解决教产历史遗留问题根本需出台"宗教法"》，http://www.christiantimes.cn/news/201307/26/11761.html；刘子平：《中国宗教财产权问题探讨》，《民商法论丛》第 35 卷，2006 年 1 号。

② 王作安：《在法治轨道上推进宗教工作》，《人民政协报》2014 年 11 月 7 日。

解决历史遗留的"合法化"问题。

政府出于公共利益而限制宗教组织的某些权利，最通常的措施就是登记注册，而这个让宗教组织获得法律人格的权力，应该掌握在政府手中，即宗教组织应该在政府机构登记注册。为了减少"体制性"宗教组织的政治色彩，公平地对待不同宗教的所有组织，需要让未登记的宗教组织在条件允许的情况下享有自治权。对于目前因为"自愿"选择自己的组织形式而暂时没有能够登记的宗教组织，政府应在尊重宗教组织的自治及传统的基础上，为宗教组织自愿选择和自主决定组织结构及活动方式留下制度空间。

针对未登记的宗教组织以前所犯的错误，政府应当首先发挥宗教信仰本身具有的纠错能力。只有在宗教自我纠错能力无法更正的情况下，才实行在国家法律法规框架下的行政或法律手段，对以宗教为名从事的非法活动进行干预。

第三个步骤就是在上述实际操作过程中，借鉴台湾地区"人民团体法"和澳门特区《结社权规范》等成功经验，拟定一部"中国宗教组织法"，以便最终以立法的形式确立宗教组织的法人地位。

中国大陆在宗教理论和实践上面临着许多问题，而这些问题在港澳台地区也都曾存在过。如今港澳台地区在不需要定义"宗教"也没有制定"宗教法"的情况下，较好地解决了这些问题，完成了旨在规范宗教组织的立法，在国际上树立了正面形象。有关宗教组织的立法，对宗教组织进行"责权利"的法律规定，在本质上是明确宗教组织的自治权与公权力的界线。明确了这个界线，宗教组织的宗旨与活动只要没有违反法律的规定，都是被许可的，也是不被干预的；而一旦宗教组织的宗旨与活动违反了法律规定，则一定要受到法律的制裁。

政府依法管理宗教事务，管理的主体、客体、内容和程序等事项，都应当有明确的法律规定。只有这样才能保护合法的宗教组织和宗教活动，打击非法团体的活动，产生良好的管理效果，维持良好的社会秩序，最终使宗教信仰自由得到充分的保障。

需要注意的是，中国宗教、信仰团体的法律地位的多元化定位。在中国多元宗教中，存在着大量具有"弥散性"的民间信仰团体及其宫庙，无论是学界还是政界，要对其进行"判教"，即认定其是否为"宗教"，都难免会出错。这就要用实事求是的精神，从中国多元宗教的现状出发，对不同宗教的团体和活动场所实行"多元化法人"管理。对于没有设立全国性宗教协会，属于民间宗教、民间信仰的活动场所，进行"属地化管理"势在必行。应视不同情况和条件，让其申请"宗教社团"、"文化团体"、"社会团体"、"人民团体"、"非营利性文化事业单位"等，明确其法人地位，保障其信仰权利。

（四）宗教组织的自治：与政府管制的互动

宗教组织的自我管理与政府的依法管理之间相互联系，存在着一定的张力，因此寻求政府管理与组织自治之间的平衡，至关重要。

1. 基于宗教的公共性调整政教关系

宗教组织是社会组织中的一类，具有民间性和非营利性，也具有特殊性。其特殊性在于，宗教组织所代表的是某个宗教、某个区域的信教公民的合法权益，具有一定程度的垄断性和非竞争性。这使得宗教组织易于产生机关化倾向，脱离信教群众，甚至产生严重腐败，因此除了其自我管理以外，政府部门的依法管理也是必需的。"宗教治理"正是使相互冲突的或不同利益得以调和并且联合采取行动的持续过程。这要求宗教组织的自治与政府的管制之间，有良好的互动关系，既确保人们服从正式的制度和规则，也遵守一些符合公共利益的非正式的制度安排。

根据2015年中国人民大学哲学院、佛教与宗教学理论研究所、中国调查与数据中心联合发布的《中国宗教调查（CRS）报告》，在宗教与国家的关系上，中国宗教形成了自己的特色。调查发现中国宗教组织愿意接受国家的指导，保持与政府、国家之间的和谐关系；60%的宗教活动场所负责人认为国家宗教政策松紧适度；30%的宗教活动场所有教职人员在人大、政协、青联等国家机构参政议政，以宗教人士的身份实践着公民的政治权利；但对于传统的"政教分离"原则，宗教活动场所的负责人保持了审慎的态度。在有关政教关系的多个判断中，只有"政教分离"原则被半数以上的宗教活动场所负责人所否认，而对于用司法途径管理宗教、国家出钱修建宗教活动场所、国家给教职人员发放生活补助、国家出钱办宗教慈善、宗教纳入国民教育、增加宗教人士在人大、政协中的比例等问题，宗教活动场所负责人总体上持支持态度。该报告认为，中国宗教与国家之间更多地呈现出同甘共苦的关系。

总体来看，中国宗教组织的发展基本上是健康有序的。国家宗教事务局公布宗教活动场所基本信息，将有助于打击假冒宗教活动场所和假冒教职人员敛财等乱象。但研究也发现，一些地方政府的宗教管理方式，仍带有强势主导和危机管控的历史惯性，不时地导致管理错位和政策失灵。新形势对我国的宗教管理提出了新的要求。在政策层面上，社会的发展要求适时和有效的宗教政策。例如，采取有效的和开放的宗教政策，才能控制和减少邪教的生存空间；不当的压制和控制反而会导致宗教团体的激进化，从而增加政府和宗教之间的矛盾与冲突；而一些效果存疑的控制手段和回避问题的做法，则不利于宗教管理创新。在工作层面上，随着全社会文明程度的提高和信教群众法治意识的加强，亦要求宗教管理层依法行政、规范公正文明执法，建立监督机制，全面推行政务公开。

近年来，政府宗教管理部门更多地从宗教的公共性来理解宗教，在贯彻宗教信仰自由方针、依法管理宗教事务方面取得了较大的进步。宪法作为根本大法，规定了公民宗教信仰自由的权利，这一自由权利构成宗教公共性的重要内容。宗教组织作为宗教实体，具有依法传播宗教教义、拥有财产权、自由开展宗教活动、进行宗教教育以及开展慈善和社会公益活动等项基本权利。这方面的权利尚需要明确立法予以保障。宗教组织也是社会实体，在参与社会治理、维护社会稳定方面可以发挥积极作用，只有宗教组织以"民间团体"的形式参与社会公共事务，现代意义上的宗教公共性才能得到初步呈现。

在国法与教规的关系方面，社会管理的"顶层设计"与宗教组织自我管理的"基层举措"之间，应当进行有效沟通，才能真正调动各方面的积极因素，使宗教组织从政府政治管理逐渐平稳过渡到社会法治管理。随着中国社会、政治的不断成熟及其政治体制改革的完善，随着宗教组织在中国社会中真正地融入和形成一体，其管理亦有可能由"政治"、"管制"转为"自治"。这也就要求宗教能在各宗教信仰之间、各宗教团体之间、同一宗教内部各派之间的相互促进、和睦共处，其中当然也可能有相互制约或相互监督。同时，各宗教团体亦应与其他各种社会团体和谐共在，适应政体，积极参与社会发展，培育创新型宗教领袖，完善宗教组织自身的治理。只有当宗教组织能够有效地实行自我管理、协调好整个中国的政治生态、社会生态和宗教生态，以往自上而下的政治权力管理才可能逐渐消减，并与自下而上的自我管理形成良性互动。

2. 把宗教工作纳入法制轨道

改革开放以来，我国经历了"以宗教政策为主要手段对宗教事务进行规范"到"建构我国有关宗教事务管理的立法体系"的过渡。从1982年的《关于我国社会主义时期宗教问题的基本观点和基本政策》（即中央19号文件）、1991年的《关于进一步做好宗教工作若干问题的通知》（即中央6号文件）、1994年的《中华人民共和国境内外国人宗教活动管理规定》、《宗教活动场所管理条例》，2004年的第一部综合性行政法规《宗教事务条例》，2007年及以后的《藏传佛教活佛转世管理办法》、《国家宗教事务局主要职责内设机构和人员编制规定》、《关于加强宗教活动场所建设工程安全监管工作的通知》、《宗教活动场所财务监督管理办法（试行）》，以及最近两年出台的关于宗教慈善、宗教活动场所管理等条例规章，体现了我国管理宗教事务从政策主导向依法管理的转变。虽然为依法管理宗教事务提供依据的，全部是行政法规、地方性法规和行政规章，但这些规章涉及的领域多、相关规定翔实，可以说构建起了有中国特色的宗教事务管理的立法体系。

"依法治教"始于改革开放，但没有宗教基本法律、各地宗教立法进度和立法数量差异较大、法律用语多有不一致的情况等，终究使得宗教管理客观上"不好管"，思想上"不敢管"、"不愿管"，局部"失序"甚至"失控"在所难免。针对我国宗教工作实际，习近平总书记指出："处理宗教问题的基本原则，就是保护合法、制止非法、遏制极端、抵御渗透、打击犯罪。"保护合法，就是要尊重公民的宗教信仰自由权利，依法维护宗教界的合法权益。坚持处理宗教问题的基本原则，最根本的一条，就是必须把宗教工作纳入法制轨道。

"把宗教工作纳入法制轨道"的关键，是党政干部"遵法学法守法用法"。国家宗教事务局王作安局长认为，当前需要着重解决两个方面的问题：一是各级党政干部要担负起全面依法治国的重大责任，做"遵法学法守法用法"的模范，严格执行党的宗教工作基本方针，严格依照宪法、法律和法规管理宗教事务，规范行政行为，切忌心血来潮、一时冲动，凭个人意志行事，防止滥用权力和工作方法上的简单粗暴；二是要高举社会主义法治旗帜，增强宗教界人士和信教群众的法律意识，懂得法律是底线，也是高压线，知道什么是合法，什么是违法，什么事能做，什么事不能做。不管信仰何种宗教，都必须遵守法律，没有超越法律的特权，任何诉求和意见都应通过合法渠道表达和解决。[①]

随着宗教组织和信教群众的法律意识的提高，严格规范党政干部公正文明执法，依法处理宗教事务方面的违法行为，成为提高宗教工作的法治化水平的重要内容，并日益凸显其重要性和紧迫性。在一些地方，近年来出现了无视党和国家宗教工作指导方针，对宗教信仰自由政策公然践踏的行为，完全违背了党和国家"依法治国"、"依宪治国"的思想与精神，已使党和政府形象在国内外造成空前的损害与破坏，甚至制造了仇恨，与政治稳定和社会和谐的方向背道而驰。

宗教信仰自由是受宪法保护的基本人权。从执政党的角度看，宗教工作是统一战线的重要组成部分。根据2015年5月召开的新中国首个中央统战工作会议精神，"宗教工作本质上是群众工作"，强调群众路线、强调法治化、强调发挥宗教的积极作用，归根到底就是要"依法治教"，即政府机构和官员做出神圣的承诺，将权力关进"法笼"，让"法"（而不是官员的好恶）来治理宗教组织和宗教事务。

三 走向民主、协商、多元的社会化治理

（一）宗教的多元治理模式

根据宗教治理主体的差异，我们可以归纳出世界上现存的几种宗教治理模式，即神权统治模式、国教模式、以国家为中心的选择性管制模式和以社会为中心的多元治理模式。卓新平研究员认为，就当前中国政教关系

---

① 王作安：《倡导"保护、管理、引导、服务"的宗教工作理念》，《求是》2013年第1期。

的现状而言，对宗教的社会管理既体现出现代"政教分离"的相关管理理念，又在一定程度上延续了中国历史传统中以政统教的"政主教从"模式的管理办法，此外还有"政府派员"进驻宗教团体、以"秘书长"身份来直接管理等现代模式。这三种宗教团体管理模式各有利弊，但整体上仍都不太适应现代社会宗教团体发展，以及政教关系变化的新形势。[①]

卢云峰认为，一个多元社会的宗教治理，应与社会治理相结合，并走向多元的宗教治理模式。[②] 在我国的港澳台地区，均采取"以社会为中心的多元治理模式"。这种模式的治理主体是社会，而国家则不再从法律角度扶持或打压特定宗教，国家机器也不再主动介入宗教事务。社会成为管理宗教的主体，一旦宗教人士出格或产生争议，当事者的家庭、媒体和其他相关的社会团体会首先对其进行监督。如果有人诉诸法律，那么司法机构也会随之跟进，用法律来规范宗教组织的行为。因为家庭、媒体、社会团体、法律界都介入对宗教的治理，所以称其为"以社会为中心的多元治理模式"，简称"社会化治理模式"。

相比之下，作为宗教事务管控主体的政府，其实践主要还是依靠政府的统治权力的政策威力，经常表现为政府宗教事务管理部门凌驾于各级宗教团体和信教群众之上，习惯于从自身主观意愿出发进行管控，自上而下为信教群众做主，想当然地发号施令；习惯于包揽一切宗教事务，从宗教团体内部的人事、财务、仪式到国内国际交流。总之，政府长期作为管控主体，造成宗教主管部门习惯于对宗教事务进行命令和控制，习惯于扮演"全能型选手"。

在社会化治理框架下，政府运用权力的管控依然十分重要甚至十分关键，但除此之外，还形成了市场的、法律的、文化的、习俗的等多种管理方法和技术。社会治理行为者有责任使用这些新的方法和技术，更好地对公共事务进行控制和引导。更重要的是，无论是政府部门，还是社会组织，

---

① 卓新平：《中国宗教团体及其社会管理》，载邱永辉、陈进国编著《澳门宗教报告》，社会科学文献出版社，2015。
② 卢云峰：《走向宗教的多元治理模式》，《文化纵横》2013 年第 3 期。

一切控制、管理、引导都必须依法行使。因此，宗教事务和民间信仰工作要走向法治化、规范化，必须首先实现从"管控"到"治理"的创新变革，由此才能真正地走向"善治"。

通过比较分析可见，以国家为中心的管制模式，看似积极有为，但在实践中或者因社会成本过大而难以实施，或者因其无法达到"全能型选手"的要求而力不从心，导致意外后果，从而使管理目标难以达成。而社会化的多元治理模式，让政府遁形于社会背后，看似消极，但这种"无为而治"反而使得宗教事务处于"全社会"的监督之下，使"治理"能落到实处。在全社会对宗教事务进行"治理"的情况下，政府的职责就是一方面利用宗教对内塑造国民性，凝聚共识，促使宗教在社会文化建设中发挥积极作用；另一方面对外传播中华优秀文化，提升国家的"软实力"。

（二）走向民主协商治理模式

改革开放以来，中国宪法所规定的"宗教信仰自由"逐步得到落实，各大宗教团体逐渐成长壮大，宗教的影响人群向着多元化方向扩展，宗教服务社会的面向也在大大扩展。在未来，基督教会将"从数量转向质量、从自养转向牧养、从教会转向社会"[①]，其他宗教团体也将更多地"转向社会"，成立各种形式的社会服务机构并通过这些机构进行社会建设，这些都已成为中国宗教组织发展的必然趋势。宗教的长期性不仅要求执政党与宗教长期共存，而且要求与时俱进。当前，全面推进依法行政、公正文明执法、制约权力、加强监督、政务公开等，给宗教管理工作者提出了更高的要求。

在改革进入"深水区"的当下，中国社会的各个方面都在发生深刻变化，新老问题叠加，新旧思想碰撞，各类矛盾交织，社会分层，利益分化，人们的价值取向趋于多元，在经济社会发展中形成了深刻的矛盾，更有物质文明与精神文明的不平衡性。中国将在相当长的一段时间内处于"社会转型期"，宽容理解和民主协商日益凸显其重要性，而这在宗教方面尤其如此。

---

① 《深圳市委马兴瑞书记视察基督教深圳堂》，http://www.ccctspm.org/news/lo_ex/2015/720/15720373.html。

　　国家宗教事务局近年来的管理实践证明，仅靠各级政府的宗教事务部门从上至下的纵向管理宗教事务，已经力不从心。一方面，近年来宗教工作最深刻的变化，就是由主要依政策管理向依法管理转变，逐步走向公开透明，开始纳入法治化轨道，这是宗教工作发展的大方向；另一方面，中国社会的变迁又使宗教越来越多和越来越深入地渗入社会生活的各个方面，这已经成为一个重要的社会现象和特征。由于宗教事务管理涉及社会的方方面面，管理难度加大亦成为新特征和新挑战。为此，国家宗教事务局与时俱进，采取了与政府其他部委和有关方面"联合"管理的办法。例如，2012 年国家宗教事务局发布《关于鼓励和规范宗教界从事公益慈善活动的意见》，联合署名发表"意见"的"单位"有中共中央统战部、国家发展和改革委员会、民政部、财政部、国家税务总局，而发文的对象则更多。[1] 近年来，国家宗教事务局的各项规范性文件，无一不是与其他部委"联合"发布的。

　　在处理与宗教相关的问题上，依法行政和文明执法，政策性对话和民主协商都是至关重要的。2015 年 7 月，浙江省天主教爱国会和浙江省基督教协会发表公开信，"强烈要求立即停止拆除天主教堂十字架的恶行""立即叫停有关部门强拆十字架的谬行"。自 20 世纪 50 年代全国性的"五大宗教"团体成立以来，由省一级宗教协会发表公开信，批评当地政府的行政是"恶行"和"谬行"，在新中国半个多世纪的历史上是前所未有的，有学者解读为"宗教界与政府之间关系的公开破裂"。在有关部门依据浙江省建筑规范的相关标准的规定拆除十字架后，宗教管理部门势必评估其负面影响，因为归根结底"宗教工作是争取民心的工作，目标就是团结宗教界人士和广大信教群众，调动他们的积极性，凝聚他们的智慧和力量，为实现中华民族伟大复兴的中国梦做出更大贡献"[2]。

---

[1]　发文对象是"各省、自治区、直辖市党委统战部、政府宗教局、发展改革委、民政厅（局）、财政厅（局）、国家税务局、地方税务局，新疆生产建设兵团党委统战部、民宗局、发展改革委、民政局、财务局"等。

[2]　王作安：《积极引导宗教与社会主义社会相适应——国家宗教局局长王作安答本报记者问》，《学习时报》2015 年 5 月 11 日。

民主协商是社会发展的大势趋，不仅可以有效防止管理错位和政策失灵的问题，而且可以减少社会成本和风险。中国政府在"宗教信仰自由"问题上的政策和实践，常常受到来自多方面的无端指责。一方面，中国对自身的世俗秩序、神圣特质以及国体—政体—党性的表述，迄今尚未被世界所普遍理解，因而也成为中国政府受无端攻击的一个原因；另一方面，宗教管理者对民族、宗教的"认知"，与少数民族本身的"认知"之间，还因为民主的、平等的沟通不够而缺乏共识，因此在实践中的确存在一些问题。2015 年伊斯兰教斋月期间，因极端组织和"东突"势力造谣污蔑"中国政府阻止维吾尔穆斯林封斋"，土耳其民众因误解而愤怒，发生了针对华人的暴力事件。一个民族长久以来所形成的习惯，由于受到宗教信仰的长期影响并随宗教信仰而衍变，使得该民族习惯本身就包含着宗教习惯，即宗教信仰和习惯存在着"民族化"的因素。如果一些管理者只认定不吃猪肉、取经名、土葬、参加节日庆祝等是一些信仰伊斯兰教的少数民族的民族习惯，而把戴头巾、做礼拜、封斋、学习《古兰经》都生硬地划归为宗教活动并加以限制，那么管理宗教的官员就可能坠入一个概念混乱、自相矛盾的误区。诸如此类的问题，需要与少数民族信教群众达成一种"同情地理解"。

从全球政治的角度审视中国的宗教文化战略，有中国特色的宗教功能有待挖掘。资本全球化使资本脱离主权国家的控制，也使各国政治出现"中央化"和"国际化"的趋势，导致国内政治的"地方化"和"碎片化"，从而给各个国家的社会治理带来极大的风险。[①] 这一全球性的社会发展趋势，要求各国政府在基层民众中实行行之有效的"文治"。从这个视角观察，中国民间信仰中成百万上千万的小神，其本身即是"地区性的"，而民间信仰中的关公、妈祖等大神，则是民众喜爱的和参与活动最多的。正如陈进国博士在报告中所指出的，对民间信仰的管理是"一个'文治构建'的过程，即培育社区公民的文化自觉和社会参与意识，推动社区文化发展，提升社区生活品质，从而构建社区文化认同和社区生命共同体"。

---

① 郑永年：《TPP、资本帝国和政治的未来》，http://www.guancha.cn/ZhengYongNian/2015_05_22_320513_s.shtml。

总之，在"依法治国"和"创新社会管理"的大背景下，对宗教事务的管理创新，是处理好我国社会主义现代化进程中的宗教问题的必备条件，而将宗教工作纳入法制轨道，实现依法治教，则是实现国家治理体系和治理能力现代化的重要组成部分。

结　语

2015 年 5 月，习近平总书记在出席中央统战工作会议时提出：宗教工作本质上是群众工作，要全面贯彻党的宗教信仰自由政策，依法管理宗教事务，坚持独立自主自办原则，积极引导宗教与社会主义社会相适应。积极引导宗教与社会主义社会相适应，必须坚持中国化方向，必须提高宗教工作法治化水平，必须辩证看待宗教的社会作用，必须重视发挥宗教界人士作用，引导宗教努力为促进经济发展、社会和谐、文化繁荣、民族团结、祖国统一服务。[①]

宗教组织的自治管理是社会发展的一个趋势。在世界上的大多数国家，绝大多数宗教组织都在"自治"方面取得了较大进步。自治管理是"政教分离"原则的最好体现，有助于法治国家的建设，也可以大大减轻公共管理的负担；与从外部进行管理和控制相比较，自治管理更容易为信教群众所接受，能够充分调动信教群众的积极性，因此也是效果最好的。中国宗教组织在中国社会政治的"大一统"体制中，也应该逐步实现其运作机制的正常化，达到有利于社会的"自立"和"自办"，为促进社会发展、文化繁荣和文明进步做出应有的贡献。

中国文明和各种不同的内生的、外来的宗教互动了两千多年，积累了极其丰富的经验，我们应当有信心和能力达到"宗教治理"的目标。在当代中国社会日趋多元、利益差异、观念迥异、视角不同的情况下，政府需要对正义予以细心地维护，并根据民众的要求适时地调整和改进各种制度，

---

① 《习近平在中央统战工作会议上强调巩固发展最广泛的爱国统一战线为实现中国梦提供广泛的力量支持》，《人民日报》2015 年 5 月 21 日；另见中共中央统一战线工作部网站，http://www.zytzb.gov.cn/tzb2010/tzyw/201505/361b6fa3e00a43dba0fdba2c8ecc5eeb.shtml。

才能维护社会稳定。我们建议，在缺乏"宗教共识"和"立法共识"的现阶段乃至未来很长一段时间里，学术同人应着力进行在中国大陆试行"宗教组织的法人制度"的研究，认真总结港澳台地区的经验教训，为"宗教治理"找寻一种四两拨千斤的操作方式，为中国社会走向"善治"做出应有的学术贡献。

本文原刊于《中国宗教报告（2014）》（社会科学文献出版社，2015）

阿奎那自然法的现代争论

一　阿奎那的“自然法”定义及其内容

阿奎那《神学大全》Ⅰ－Ⅱ q. 90－108 堪称“法论”，尤其 q. 90－97
论及法的定义、永恒法、自然法和人法。就影响力来说，它仅次于证明上帝
的五种方法（神学大全 Ⅰ q. 2）。[①] 关于自然法，除了在 Ⅰ－Ⅱ q. 94 做了集
中讨论，阿奎那还在 Ⅱ－Ⅱ q. 57a. 2 简短地讨论了自然正义和实定正义
（ius naturale et ius positivum），对后世的自然法和自然权利思想影响深远。[②]

《神学大全》Ⅰ－Ⅱ q. 90 按亚里士多德四因说论述了法的几大要素。
他说“法”（lex）由“拘束”（ligare）一词而来，人们受法的拘束而不得不
采取某种行径，背后有理性起作用。[③] 他给出的“法”的定义是：“它不外

---

① Paul E. Sigmund, “Law and Politics”, in: *Thomas Aquinas: Contemporary Philosophical Perspec-
tives*, ed. Brian Davies, Oxford University Press, 2002, p. 329.

② 托马斯尚在别处讨论了自然法，可参: Dan M. Crone, *Is Natural Law Innate? A Textual Study
in the Writings of St. Bonaventure and St. Thomas Aquinas*, Loyola University of Chicago
(Ph. D. Dissertation), Vol. 2, 1995.

③ *Summa Theologica*, Ⅰ－Ⅱ, q. 90, a. 1. 本文所用为 1888 年利奥版（Textum Leoninum Ro-
mae 1888 editum, 可参: http://www.corpusthomisticum.org/repedleo.html）。*Summa Theologi-
ca* 最好的英译本为英国多明我会版本（St. Thomas Aquinas, *Summa Theologica*, Vol. Ⅱ,
translated by Fathers of the English Dominican Province, Christian Classics, Allen Texas, 1948,
下同）。中译可参《阿奎那政治著作选》，马清槐译，商务印书馆，1963，第 104 页。

乎是为了公共的善，由照管共同体的人所立并予以公布的理性的法令。"① 他在这里没有谈对遵守法律与否的赏罚。

从基督教神学出发，阿奎那把"法"分为四种：永恒法、自然法、人法和神法，此外还提到"罪的法律"。"上帝对于创造物的合理领导，就是象宇宙的君王那样具有法律的性质……这种法律我们称之为永恒法。"② 永恒法就是上帝心中关于受造界的观念、理念或蓝图。其他的法都是上帝心中蓝图的实施，是它的衍生物和落实。自然法，是人类理性对永恒法的分有，是永恒法在人类理性上的烙印。人法又称人定法、实定法或实证法。"人类的推理也必须从自然法的箴规出发，仿佛从某些普通的、不言自明的原理出发似的，达到其他比较特殊的安排。这种靠推理的力量得出的特殊的安排就叫做人法"（Ⅰ－Ⅱ，q. 91a. 3）。人法是从自然法来的，违反自然法的人法是不合法的（q. 95a. 2）。人法从其如何来自自然法的方式来看，可以分为万民法（ius gentium）和市民法（ius civile）。万民法是从自然法直接推出来的结论（因此它具有不变性）③，人天生是社会动物，这些结论自然就成了支配买卖和社交等社会活动的标准。市民法则是任何城市根据其特殊需要规定的法律，它们是从自然法产生的作为个别应用的标准（就如建筑师从房屋的一般概念出发设计出一所具体的房屋的特殊图样），具有特殊性。④ 阿奎那强调人法的"公共利益"（福利），它跟他对政治制度的讨论有密切的联系。神法指上帝直接干预和指导人的生活，这是通过《圣经》中所颁布的新旧诫命办到的。为什么在自然法和人为法之外，还要有神法呢？托马斯说出了四个原因。第一，人除了自然的目的外，还注定要追求超自然的福祉，即与神相见，而这超过了人的自然能力，因此需要神

---

① Ⅰ－Ⅱ q. 90 a. 4：quae nihil est aliud quam quaedam rationis ordinatio ad bonum commune，ab eo qui curam communitatis habet，promulgate.

② *Summa Theologica*，Ⅰ－Ⅱ，q. 91，a. 1，《阿奎那政治著作选》，第 106 页。

③ 万民法又可译为万国法（law of nations），它虽然是从自然法出来的，但是不等同于自然法，照马里旦的说法，其主要区别在于，自然法是通过本能被认识到的，而万民法是通过理性的概念性应用被认识的（马里旦：《自然法：理论与实践的反思》，鞠成伟译，中国法制出版社，2009，第 42 页）。

④ J. Budziszewski，*Written on the Heart：the Case for Natural Law*，Inter Varsity Press，Downers Grove，Illinois，1997（下同），p. 83.

法；第二，人类的理性判断常常出错，法律常常互相矛盾，而上帝是不会出错的，神法能使人确知何事应做，何事不应做；第三，人法只能够管到人的外在的行为，而神法却能够管到人内心的意念，成就人的美德；最后，人法要照顾到人性的各种层面，为公共利益而不得不容忍某些小恶，因此无法杜绝一切恶行，而神法却可防止各种各样的罪恶（Ⅰ-Ⅱ，q.91a.4）。在《神学大全》Ⅰ-Ⅱ q.91a.6 阿奎那还提到了"罪的法律"（或"欲火之法律"，lex fomitis）。这个名称来自保罗《罗马书》7：23 所说："但我觉得肢体中另有个律和我心中的律交战，把我掳去叫我附从那肢体中犯罪的律。"阿奎那说，人在未堕落之前能按自然法即按理性行事，但堕落以后，就离理性越来越远，越来越受感官嗜欲冲动支配，它们也就有了法律的意义。①

阿奎那自然法的渊源很多，如柏拉图的正义、亚里士多德的自然正义和自然法、斯多亚派和西塞罗的自然法、《圣经》（尤其保罗《罗马书》2：14～15）。② 比如在 12 世纪编成的《句汇》（Ordinary Gloss）里，就已有人将保罗《罗马书》2：14③ 跟基督教"形象说"结合了起来，认为罪虽然玷污了人身上的"上帝的形象"但并未完全损毁这一形象当初受造时所接受到的印记，因此，当罪被恩典治愈后，人就自然能遵行自然法所要求的事情。④

阿奎那主要在《神学大全》Ⅰ-Ⅱ q.91 和 q.94 论述了自然法，其中 q.91a.2 中的自然法定义在后世引起了很多讨论。托马斯说：

> 既然凡受天主之上智管辖者，皆受永恒法律之规范和度量；显然一切东西都多少分有（participant aliqualiter）永恒之法律，即由于永恒

---

① 此处中译参台湾中华道明会、碧岳学社联合出版《神学大全》，台南，2008（以下简称台湾道明会译本），第六册，第 19 页。

② 刘素民：《托马斯·阿奎那自然法思想研究》，人民出版社，2007，第 40～87 页；科斯塔斯·杜兹纳：《人权的终结》，江苏人民出版社，2002，第二、三章。

③ 和合本为：没有律法的外邦人若顺着本性行律法上的事，他们虽然没有律法，自己就是自己的律法。

④ Jean Porter, *Nature as Reason: A Thomistic Theory of the Natural Law*, William B. Eerdmans Publishing Company, Grand Rapids, Michigan /Cambridge, U. K., 2005, p. 4. 另 12 世纪晚期一位教会法学者 Huguccio 对于自然法已有相当详细清晰的论述，见该书，pp. 14-15.

法律之影响，每个东西各倾向于其专有之行动和目的。在万物中，以有理性的受造物特别受天主的照顾，因为他分有照管能力，能照管自己和别的东西。为此，他也分有永恒之理，因之而对应有之行动和目的具有自然倾向。有理性之受造物所分有之永恒法律，即称为自然法律（Unde et in ipsa participatur ratio aeterna, per quam habet naturalem inclinationem ad debitum actum et finem. Et talis participatio legis aeternae in rationali creatura lex naturalis dicitur）。① 故此，圣咏作者（《圣咏》第五篇6节）说："奉上正义的祭献"，好似对那些质问什么是正义之事的人接着说："有许多人说：谁能为我们显示出善？"遂答复说："上主，你给我们印上了你仪容的光辉！"即是说自然理性之光明，它使我们能知道什么是善，什么是恶；而这属于自然法律。因为自然理性之光明，无非就是天主之光明在我们内的印记（nihil aliud sit quam impressio divini luminis in nobis）。由此可见，自然法律无非就是有理性之受造物所分有之永恒法律。②

现在要问的是，阿奎那在这里所说的"自然倾向"（naturalem inclinationem）是指什么？在《神学大全》Ⅰ-Ⅱ, q. 94a. 3c，阿奎那解释说，在我们的自然倾向中，包括了按照理性（secundum rationem）去行动的倾向，即合乎情理地去行动。这跟《神学大全》Ⅰ-Ⅱ绪论（Prologue）和 q. 1-5 所说人的行为导向相关。在那里阿奎那说，人虽然今生无法见到神之本质，实现不了至福（beatitudo），但他仍旧充满了见神的"自然欲望"。③ 正如一切推理都出自我们自然而然地知道的原则（principiis）一样，我们对具体事物的欲望（它们是具体目的）也都来自对一个终极目的（ultimus finis）的自然欲望。我们的行为首先指向一个目的（或终极目的），这是通过自然法实

---

① 英国多明我会版本译为：Wherefore it has a share of the Eternal Reason, whereby it has a natural inclination to its proper act and end: and this participation of the eternal law in the rational creature is called the natural law.
② 《神学大全》台湾道明会译本，第六册，第11页。
③ Summa Theologica, Ⅰ-Ⅱ, q. 3, q. 5, in: *St. Thomas Aquinas on Politics and Ethics*, trans. & ed. by Paul E. Sigmund, W. W. Norton & Company, Inc., 1988（下同），p. 42.

现的。如当代自然法论者菲尼斯所说："凭借良知、自然科学、哲学和实践合理性的洞识，我们能够照亮（光照）想象的和经验的材料。"①

其实阿奎那的"形象观"可以解释这一点。人作为上帝的"形象"，作为有理智者，就如上帝智慧中有"永恒法"一样，人也能够认识到"永恒法"在他自己心中显现出来的"自然法"。人的抽象认识的能力最终还是来自于上帝的光照。② 与人相比，动植物都不是上帝的"形象"，缺乏理性，因此不分有上帝的理性，当然也无法认识到永恒法，它们只是凭着本能服从永恒法而已。柏拉图、亚里士多德本已有"效仿神"的思想，阿奎那将它与基督教"形象说"结合不是稀奇的事。③ 就如月亮反射了太阳的光一样，人一方面从上帝接受光照，一方面自己又去"照亮"（认识）事物。分辨善恶的"自然理性之光"只是神圣之光在我们心中的印记（impressio），跟保罗《罗马书》2：14～15所说没有任何基督教知识的"外邦人"也能够有善恶的知识相关，同时也跟阿奎那本人强调人的自然本性在堕落后仍旧保持理性的完整有关。④ 在"自然法"上，人的这种认识自然法的能力是上帝给的，人的认识的目的和意志动力（"自然倾向""自然欲望"）是以上帝为最终目的的，在自然法和意志之间、思辨理性和实践理性之间有一个平衡，并无后来唯意志论和唯理性主义那样的倾斜。⑤ 应该从托马斯的神学整体去看他的法律观，尤其自然法观，而不应该抽离出来做现代化的解读。⑥

---

① John Finnis，"Natural Law and Natural Rights"，in：*St. Thomas Aquinas on Politics and Ethics*，pp. 192－193.

② 周伟驰：《阿奎那的自然神学家面孔：评翟志宏〈阿奎那自然神学思想研究〉》，台湾《哲学与文化》2008年第4期。

③ 关于阿奎那的形象说，可参周伟驰：《形象观的传承——阿奎那对奥古斯丁三一类比的继承、转化和问题》，香港《道风基督教文化评论》总第28期，2008年春季号。

④ Jean-Pierre Torrell，*Saint Thomas Aquinas*，vol. II：*Spiritual Master*，The Catholic University of America Press，Washington，D. C.，2003，p. 283. 跟福音的新诫命一样，自然法也是由上帝"注入'（infused）人心的，人的伦理能力也因此是神圣法的反映。

⑤ 关于托马斯之后经院哲学中自然法传统的分裂，可参海因里希·罗门《自然法的观念史和哲学》一书中关于中世纪的章节，姚中秋译，上海三联书店，2007。

⑥ Joseph P. Wawrykow，*The Westminster Handbook to Thomas Aquinas*，the article of "Law"，WJK Westminster John Knox Press，2005，p. 87.

那么，自然法具体有些什么内容呢？在《神学大全》Ⅰ-Ⅱ q. 94 a. 2，阿奎那说到了自然法的具体指令，这让我们可以了解当他说"自然倾向"时大致指的是什么内容。他说：

> 法的第一条指令是"该行善、追求善而避恶"。自然法的其他一切指令，都是以这条指令为根据；因此，凡实践理性自然认为是人之善者，无论是该行者，或该避者，都属于自然法的指令。

> 因为善具有目的的意义，而恶具有相反的意义，所以人自然所倾向者（naturalem inclinationem），理性自然便认为是善，是该追求的；与之相反者是恶，是该避免的。根据各种自然倾向的次序，而有自然法指令的次序。首先，人有与一切实体共有的向善倾向，即每一实体皆求保存合于其天性的现实。按这倾向，凡能用以保存人的生命并能阻止其相反者，都属于自然法。第二，人有指向比较特殊事物的倾向，这是基于人与其他动物共有的天性。在这方面，"大自然教给一切动物者"（《罗马法律类编》卷一第一题），都属于自然法，如：男女的结合、子女的教育等。第三，人里面有基于理性的向善倾向，这是人所专有的，例如：人自然就倾向于认识关于天主的真理，倾向于过社群生活。在这方面，凡是与这种倾向相关的，都属于自然法，例如：避免愚昧，避免冒犯一起相处的人，以及其他与此相关的类似的事物。①

这里有一句话"人自然所倾向者，理性自然便认为是善，是该追求的；与之相反者是恶，是该避免的。"容易引起误解，以为人可以为所欲为，用"这是我的自然倾向，符合自然法"作为放纵的借口。但其实并非一切"倾向"都是"自然"的，应该考察它们原本受造的目的。巴兹泽夫斯基以两性为例来说明阿奎那的"自然倾向"。阿奎那认为，性的欲望是把两性结合到一起，它有两个目的。一是生殖（procreative），一是结合（unitive）。那性快感是不是目的呢？托马斯跟亚里士多德一样认为性快感并非目的，而

---

① 台湾道明会译本，第六册，第 41~42 页，字词略有改动。亦可参《阿奎那政治著作选》，第 112 页。

只是性活动的结果。生殖的目的是把孩子生在安全的家庭里，得到双亲的教养。婚姻关系使人通过失去自我而达到自我，是一种异乎寻常的亲密结合，是自然之善中最深刻的一种。它可以说是预尝了神法所启示的超自然的善——与全然的他者上帝的结合。对性"自然倾向"的目的的这一反思有助于人们区分哪种性倾向是自然的，哪种是不自然的。①

在上面这段引文里，阿奎那说出了自然法的首要指令和次要指令。首要指令就是"行善避恶"。分开来说，人的自然法包括三个内容。第一，万物都有一种天然的保存自我、避免毁灭的倾向，人也不例外；第二，动物要通过性关系来繁衍后代并抚养后代，人也不例外；第三，与其他动物不同，人先天地具有认识上帝的倾向以及过社群生活的倾向。用中国理学术语说，就是人有这么三种"天理"：行善避恶以求存，寻妻教子以繁殖，渴望识神并乐群。在今天，如果我们反思自己的一切劳碌，恐怕会觉得确是如此。小时接受家长教育，学习谋生技能，学习合群的礼节，能够在社会上生存，长大后寻求配偶并教育子女，有时也会产生形而上的冲动，如追求真理（对于阿奎那来说就是上帝），虽然每段时期追求的重点不同，但如将我们所有的行为综合起来，指向的无非就是这么几个目的。行为看似繁多，大目标却寥寥可数。

可是，我们会很快想到，要把自然法当作绝对普遍有效的人类公理，却跟生活中的一些事例不符。比如，有人想自杀，或者做出一些损己利他的行为，他们并没有"行善避恶以求存"的"自然倾向"；有人愿意独身，不愿结婚生子，也违背了繁衍后代的自然本能；有人并不渴望认识上帝，或者干脆不承认上帝存在，有人愿意过离群索居的隐士生活。难道他们不是人吗？对这些"反例"应该怎么解释呢？

阿奎那区分了思辨理性和实践理性，思辨理性认识的是自然法的普遍原理，而实践理性应付的是自然法的具体语境，处理的是个别的、偶然的例子。比如，思辨理性告诉我们"有债必还"这是一个普遍的自然法原则，这是"道不变"。但是，如果偿还的债被用来跟我的祖国作战，那就可以暂时不还。"天理"虽然"昭昭"但实践中可以"通权达变"。那么如何解释

---

① J. Budziszewski, *Written on the Heart*, pp. 71 – 72.

在某一些文化、族群当中，具有完全违反"自然法"的行为呢？

象"借物该还"这样的"普遍指令"之所以有例外，是因为它们在现实情况中遇到了"障碍"。但是，也有没有遇到障碍却仍旧不能遵守的情况，阿奎那提到了三种原因：情欲、邪恶的习俗、邪恶的自然气质（Ⅰ-Ⅱq. 94a. 4）。接下来他又加上了另外两个原因：不正当的成见、不良的风俗习惯（Ⅰ-Ⅱ q. 94a. 6）。

在阿奎那看来"不可偷盗"是显而易见的天理，是"自然法"，但在当时的日耳曼部落那里却并不认为偷盗是罪。日耳曼人怎么认识不到这一显而易见的普遍自然法呢？这是因为他们被"情欲"或其他某种"天生的恶习"所败坏了。在阿奎那看来，这跟某些人认识不到"三角形的三内角等于两直角"这一普遍的几何真理是一样的。

自然法会不会变化呢？阿奎那认为不会变化，但有时会根据时空环境有所损益。比如，神法（如十诫）和人法（如罗马法）"确给自然法增加了很多有利于人类活动的内容"。有些内容有所删改，也是可以理解的，这是因为某些特殊的原因使人们不可能绝对遵守自然法（Ⅰ-Ⅱ q. 94a. 5），比如上面"有债必还"或日耳曼人的例子。阿奎那想要保住的是自然法的普遍性和不变性。

巴兹泽夫斯基指出，阿奎那区分了自然法的三类指令。首要指令（primary precepts）就如人人皆知、不言而喻的公理（axioms），如"行善避恶"。次要指令（secondary precepts）就如同从首要指令中推导出来的更详细的定理（theorems）。次要指令又可分两类，一类是直接指令（immediate precepts），人人一看到都能明白，如"不要谋杀"，有时阿奎那也把它们包括到了首要指令当中。另一类是"普通指令"（common precepts），它们的规定更加详尽，因此不像"不要谋杀"那样显而易见，并非人人皆知，比如"昔东西要还"。首要指令和直接指令都是"普遍指令"（general precepts），即是说它们适用于一切情况，没有例外，不能找任何借口违反它们。而"普通指令"之"普通"，则是说它们适用于大多数情况，但是也有例外。比如"借东西要还"这个自然法指令，阿奎那就举了在战争期间暂时可以不还可能用来侵犯我国的财产。再比如，如果一位朋友的汽车钥匙在你这里，而他喝醉了酒，你这时把钥匙还给他让他酒驾，显然是不可以的。①

在后世的争论中，关于"自然法"到底应该包括哪些内容，出现了"自然法是个筐，什么都可往里装"的情况②，以致到底有没有"自然法"都成了一个问题，要在"自然法"的基础上建立"自然法理论"就更成了问题。

二　马里旦对阿奎那"自然倾向"的理解

在 20 世纪的新托马斯主义者里面，马里旦是杰出的一位。关于自然法，马里旦从阿奎那理论出发，作了新的阐释。马里旦认为，万物的存在都有其目的，比如钢琴的目的就是为了发出乐音，这个目的就是发挥它所独有的作用、常态或正常功能。他对"自然法"的理解是这样的：

> 由于人拥有一种本性，或拥有一种包含着可以理解的必然性的本体结构，他就拥有必然符合其基本构造并且对所有的人都一样的目的——例如所有的钢琴，不管其类型如何和放在什么地方，都以发出一定的合拍的音调作为它们的目的。如果它们发不出这些音调来，我们就一定要加以校准，或者把它们当作没有价值的东西丢掉。但是，既然人赋有智慧并能决定他自己的目的，要使他本人同他的本性所必然要求的目的合拍，就取决于他自己。这就是说，正是靠着人性的力

① J. Budziszewski, *Written on the Heart*, p. 62.

② 关于"自然法"的具体内容到底应该有些什么，各个自然法理论家给出的答案是不一样的。比如 Grisez 给出的是：自我完整、实践的合乎情理、出自真心（真实性）、正义、友谊、宗教、生命和健康、真知、审美、游戏；菲尼斯给出的是：生命、知识、审美、游戏、友谊、实践的合乎情理、宗教，后来他又加上了婚姻之善；Chappell 给出的是：友谊、美学价值、快乐及免于痛苦、身心的健康与和谐、理性、合理性及合乎情理、真理及真知、自然世界、人们、公平、成就；Murphy 给出的是：生命、知识、审美体验、工作和游戏之卓越、做事卓越、内在平安、友谊与交游、宗教、幸福；Gomez-Lobo 给出的是：生命、家庭、友谊、工作与游戏、美的体验、理论知识、完整。哪些该有哪些不该列入是有争议的。参见 The Catalog of Basic Goods, in: The Natural Law Tradition in Ethics, http://plato.stanford.edu/entries/natural-law-ethics。

量，才有这样一种秩序或安排，它们是人的理性所能发现的，并且人的意志为了要使它自己同人类基本的必然的目的合拍，就一定要按照它们而行动。不成文法或自然法不外乎是这样。①

所谓"自然法"（natural law），也就是"本性法"，即一物按照一物的本性（nature），必然会发生作用的常态。钢琴的本性就是为了发出琴声。而一朵正常的花或一匹正常的马会按照其"本性法"自然而然地成长，发挥作用。但若是生了病或不能正常地成长，我们就说它没有像它"应该"的那样成长，违反了它的自然法。但是人跟花或马不同，花或马不是自由的，它们没有意识，只是依据必然性在生长，无从选择，而人则是有理性的，人能够有意识地符合或违背他作为人的"自然法"，人能够作出选择，他是自由的②，这样在人的"自然法"这里，"应该"就不仅有形而上的意义，而且有一种道德的含义。

在马里旦看来，"不可杀人"是一条自然法箴规，"因为人性的首先和最普遍的目的就是保持存在——作为人这一生存者的存在以及一个和他本人有关的宇宙；因为人作为人而言，具有生存的权利。"③ 因此，该隐杀死他的弟弟亚伯就是违反了自然法。但是，人的自然法又有赖于人本身对它的认识，因此，类似于禁止"种族灭绝"这样的认识只是到了20世纪经过屠犹事件后才变得强烈。就此而论，自然法又包含了一种道德"理想"。"自然法是某种既是本体论的又是理想的东西。它之所以是某种理想的东西，因为它是以人的本质及其不变的结构和所含有的可以理解的必然性为依据的。它之所以是本体论的东西，因为人的本质就是一个本体论上的现实，而且它也不是单独地存在的，而是存在于每一个人的身上，由此可见，

---

① 马里旦：《人和国家》，沈宗灵译，中国法制出版社，2012，第74页。原书为：Jacques Maritain, *Man and the State*, University of Chicago Press, 1951。

② 在另一个著名天主教思想家谢奴看来，人虽有道德自由，却仍然要服从自然法。他说"人的自由根源于本性（或自然），自然法（或本性法）是装备有自由意志的绝对命令的。人虽然由于这一自由而有绝对的价值，但仍然不过是一个更大整体中的一部分"（M - D Chenu, *Aquinas and His Role in Theology*, The Liturgical Press, Collegeville, Minnesota, 2002, p. 96）。

③ 马里旦：《人和国家》，沈宗灵译，第75页。

自然法是作为一个理想秩序而处在一切现有的人的生存中的。"①

　　马里旦将自然法的本体论的要素称为"第一基本要素",他指的是以人这一存在的本质为依据的发生作用的常态。他又说,在其本体论方面,自然法是有关人的行动的"理想程序",是合适和不合适行动、正当和不正当行动的一条分水岭。② 自然法的第二要素是"认识论的要素",就是说它是跟人的理性,跟人对它的认识有关的。自然法跟正规法律不同的地方在于,它不是一种成文法,因此可能出现各种认识错误、莫衷一是的现象。那么自然法有没有大家公认的条规,以及如何解释不同文化、不同历史时期所谓"自然法"并不一致的现象呢? 马里旦援引阿奎那来解释自然法的具体内容的含糊性和发展潜力。他说:

　　　　人的理性并不像发现一系列几何定理那样,以抽象的和理论的方式去发现自然法的条例。不仅如此,它并不通过在概念上运用理智或经由理性知识去发现自然法的条例。这里,我认为托马斯·阿奎那的教导应该比以往更加深刻和准确得多的方式来加以理解。当他说人类理性通过人类本性的倾向的指引而发现自然法的条例时,他的意思是说人类理性认识自然法的真正方式或形式并不是理性知识,而是通过倾向得来的知识 (knowledge through inclination)。这一类知识并不是通过概念和概念判断得来的明确的知识;它是由于相同本性或相同气味而产生的模糊不明的、缺乏系统的和必需的知识,在这中间,理智为了要进行判断,就求教并倾听悠久趋向的颤动的弦线在这一问题所发出的内在旋律。当人们已清楚地看到这一基本事实时,而且当人们已了解到圣托马斯关于这一问题的看法,要求对于中世纪没有准备实现的发展的观念从历史上来加以研究和从哲学上加以坚持时,他们最后就能得到一个最广泛的自然法概念。并且人们了解到,人类对自然法的知识是逐步地由那些从最基本的倾向开始的人性的倾向所形成和造成的。不要期望我会提出一幅关于那些倾向的先天的图景来,那些倾向

　　① 马里旦:《人和国家》,沈宗灵译,第77页。
　　② 马里旦:《人和国家》,沈宗灵译,第76页。

生根于真正充满着意识发达之前的精神生活的人的存在，随着人类活动的前进而发展或者被放弃。它们是由人类良知的历史本身来证明的。那些倾向是千真万确的，它们在人类的无限的往昔曾指引理性逐渐认识到人类从远古社会开始就已最肯定地和最普遍地承认的条例。①

马里旦认为，这种自然的倾向使得早期的人类社会逐渐认识并承认一些自然法条例，它们成为人类社会的基本道德原则，并逐渐得到更丰富的发展。如何解释人类学所显示的各个不同社会之间的道德条例的差异呢？一方面要看到它们之间的"同"，看到在其背后的共同的普遍性的认识。与此同时也要看到它们之间的差异性，更要看到在发展过程中必然会产生的错误认识："在这些倾向结构或动态方案里，可以产生出许多不同的、仍然有缺陷的内容，更不必说可能同基本倾向混在一起的、有偏差的或堕落的倾向了。"② ——这是在重复阿奎那的基督教观点，认为与"自然法"相悖其条例的根源在于认识偏差与堕落。

根据一些学者的研究，马里旦受到柏格森和圣托马斯的约翰（John of St. Thomas）的影响，早在20世纪20年代就对"由倾向得知"有所强调，以回答类似于卢梭和麦金泰尔的"普通人从何得知哲学家也难以得知的自然法原则"这个问题。而马里旦在对阿奎那"自然倾向"的阐释上是不准确的，将阿奎那为理性所渗透的"自然倾向"解释成了情感倾向（近于卢梭），而且马里旦的说法有自相矛盾之处，理论说服力尚嫌不够。③

不仅"自然倾向"有晦涩暧昧之处"自然法"本身也有含糊的地方，其内容可以随时间而不断调整，后来发展出的一切进步的东西都可以归并到它里面了。这样讨论下去，是否还有意义呢？有一个分析哲学家就对马

---

① 马里旦：《人和国家》，沈宗灵译，第80页。
② 马里旦：《人和国家》，沈宗灵译，第81页。
③ David J. Klassen, *Thomas Aquinas and Knowledge of the First Principles of the Natural Law* (Ph. D. Dissertation of the Catholic University of America, 2007), chapter 2, esp. pp. 64 – 76. 当然，马里旦也有同调，如霍尔就强调自然倾向的作用，自然法就是一组自然倾向。见威廉·梅：《托马斯主义自然法的当代视角》，载《圣托马斯·阿奎那与自然法传统：当代视角》，第204页。

里旦的观点进行了猛烈的批评。

三　尼尔森对马里旦和新托马斯主义的批判

分析哲学家尼尔森（Kai Nielsen）对以马里旦和哲学史家柯普斯顿（Copleston）为代表的托马斯主义"自然法"观念很是不满。他认为，阿奎那的"自然法"观念是跟他过时的科学观紧密连结在一起的，他质疑怎么才能将"自然的"和"非自然的"倾向区分开来。他反对认为人有一个固定的本性（自然），并引证休谟来证明托马斯主义目的论的本性观混淆了事实陈述和价值陈述。

阿奎那目的论宇宙观①跟中世纪物理学紧密相连，后者早已被现代人所抛弃，说托马斯物理学虽然错了，但其宇宙观仍旧是真实的，这只不过是一种逃避。"宇宙论"（cosmology）是一种"糟糕的初级物理学"，它跟"形而上学"一样含义不明、无法限定，指望用"宇宙论"和"形而上学"作为基础来发现实质性的东西，是不切实际的奢望。②

尼尔森集中批评了上引马里旦所说的"通过倾向得来的知识"（knowledge through inclination）。他说：

> 我们现在就来考察一下马里旦的"通过倾向得来的知识"这个概念当中的困难。首先，像赖尔和维特根斯坦这样的哲学分析学家的著作使得如下情形成为有问题的了，即，一个人说自己有某种"无法用语言和观念表达的"知识，这是否还有意义。说某种东西不能被概念化或某种"知识"不能被表达出来，看来是过早地退却到了一种含混里，这是不可能得到哲学的赞同的。倘若我们怀疑真有这么一种知

---

① 阿奎那的古典宇宙等级观是一种目的论，宇宙中下一级存在的目的是为了达到跟上一级秩序的和谐，成为上级秩序中合格的一部分，人的终极目的在于上帝（Ralph Mclnerny, *Aquinas*, Polity Press, 2004, pp. 109 – 114）。

② Kai Nielsen, "An Examination of the Thomistic Theory of Natural Moral Law", in: *St. Thomas Aquinas on Politics and Ethics*, p. 212. 尼尔森的原文发表于 *Natural Law Forum*, Ⅳ, Ⅰ (1959)。

识，那又如何能理性地解决这一疑问呢？进一步追问，马里旦所说的到底是什么意思呢？哲学赞同必然要处理可表达之物，这是千真万确的。

我对他的"通过倾向得来的知识"教义的第二个批评，跟我的第二个正面观点的后半部分相连。实际上，马里旦在自然道德法的根基处设置了一种自然主义的理论：人所努力追求的是善，人所避免的是恶。但他同时又宣称，唯有一个超自然的仲裁才能实现道德，避免我们时代的混乱。然而，根据他的"通过倾向得来的知识"教义和他的自然道德法理论，处于道德困惑中的人只需要观察一下他的同类的欲望和愿望，看看他们都在追求什么，就会知道什么是善的以及应该做什么。①

这里第一个批评是用分析哲学中对"私人语言"的反对来反对马里旦和阿奎那的那个说得很含糊的、晦涩的"自然倾向"或"通过倾向得来的知识"；第二个批评认为马里旦自相矛盾，将"超自然的"（天主教的）最高级道德指导建立在人的天然本能和好恶上，是危险的。

自然法理论认为"趋善避恶"是第一自然道德法和实践理性的第一原理，其他的自然法都是从它衍生出来的。尼尔森认为，这个基础是很弱的，经不起推敲。因为"善"（好，good）这个词的含义不容易搞明白，当我们使用"好"这一个词时，运用的标准就不能确定"趋善避恶"这一第一原理只是告诉我们，当某个事物是好的时，我们就得追求它。但它并没有告诉我们到底要追求什么东西，哪个东西是"好"。见"好"就"趋"并不意味着有一个客观的理性伦理，能把我们从"主观性的黑夜"里拯救出来。

至于阿奎那和马里旦所举出的从这第一原理衍生出来的其他自然道德法，就更不那么确定了。他们认为这些道德法是我们通过"自然倾向"马上就能非概念地认识到的，它们是人性必然会追求的目的。阿奎那所提到的自然法箴规具体内容有如下几条：

（1）生命应该得到保存。

---

① Kai Nielsen, p. 213.

（2）人应该繁衍其种类。

（3）孩子应该受教育。

（4）人应该认识关于上帝的真理。

（5）人应该过社会生活。

（6）应该避免愚昧。

（7）不应该无故得罪人。（见《神学大全》Ⅰ－Ⅱ，q. 94a. 4）

这都被认为是人的自然（本性）倾向，是建基于人性之上的。但是，根据阿奎那，我们的倾向并非都是自然倾向，因为有一些可以被邪恶的习惯所败坏，那些有邪恶习惯的人，其关于善的自然知识被激情和罪的习惯所败坏了。根据柯普斯顿对阿奎那的解释，人有普遍的、跨文化的人性，人只要反省自己的本性，就能在里面发现他对永恒法的分有，即自然法。而且不只是有"趋善避恶"这一个第一原理，还能认识到上面列举出的这几个具体的自然法箴规。① 但是，自然法的第一原理和衍生出来的第二类箴规不同，后者的运用是有条件的。比如阿奎那提到的"昔债要还"的例子，在某些条件下，如果这些债还了后会被用于攻打还债人的祖国，那么就先不应该还。虽然如此，柯普斯顿认为，就一般形式而言，（借债要还这一）箴规仍是有效的。阿奎那相信有一套不可变的道德箴规。这就是阿奎那所说的自然法的"不变性"。

尼尔森认为，阿奎那的自然法理论经不起细看，里面有一系列的混淆，这些混淆除了来自于他当时的文化语境外，也跟他的思想有关。尼尔森先是指出阿奎那自然法理论要面对的两个老难题，再指出两个更根本的困难。第一个老难题来自于将自然道德法理论跟社会心理学相比较。"人的本性"概念只是一个相当模糊的文化概念而非科学概念，"存在着人性"并不是一个托马斯主义者所理所当然地觉得清晰自明的命题；第二个老难题来自于文化相对性。倘若我们观察实际存在的各种文化，就会发现上面阿奎那所列举出来的所有自然道德法都在某些地方被某些人群违背了。如果自然法

---

① F. C. Copleston, *Aquinas*, Baltimore, Md. : Penguin Books, 1955, pp. 213 - 215. 转自 Nielsen, in : *St. Thomas Aquinas on Politics and Ethics*, p. 214.

理论家回答说，"嗯，可是大多数文化都服从以上箴规"，那就要面对两种可能的质疑。第一个质疑，他的这一回答本身假定了大多数人觉得自然的和更好的东西就是自然的和更好的，但这预设了"人数多的就决定了何为好的"的素朴民主观，成了一种"按人头来算"的游戏，把道德的事情搞成了投票选举。我们为什么一定要把这种"民主的"标准当作最终的标准呢？① 倘若说人们就是要接受它，我们就不仅是在做出一个从人类学上来说是虚假的声明，而且还是一个逻辑循环的声明。我们运用我们的民主标准去建立我们的民主的标准；第二个质疑，对于具体的自然道德法来说，事实上并不存在这种大多数人的一致。至于更一般的自然道德法，则是如此含糊，以致包含了双方都认为很关键的所有差异。人类学家指出，所有文化中都有"谋杀"的概念。但倘若我们试图赋予"谋杀"这概念某些特定的内容，以使其能为所有文化都使用时，就会陷入困难之中。尽管所有文化都同意"谋杀是错误的"，但对何为"谋杀"（murder）却有不同理解。在爱斯基摩人那里，当粮食紧张不足以过冬时，他们就会杀死家庭中的成员；在玻利尼西亚和希腊人那里有杀婴的习俗；在旧斯堪的纳维亚人那里有将老人用棍棒打死以使他们上乐园的习俗，这跟他们有"谋杀是错误的"这一"自然法"完全相容。因为对这些人来说，如此杀人（killmg）并非那隐含着错误的"谋杀"。什么才算得上"谋杀"，这在各个文化中全然不同，差异极大。说一切文化都有同一个"谋杀"概念，是模糊了根本的道德差异。说这些差异只是基本道德法的不确定的表达，是模糊了那使我们的善恶判断变得相对的一个关键的方式。

两个更大的困难中的第一个是，即便有跨文化的、被普遍接受的基本

---

① 应该说，尼尔森的这个批评反映了美国"文化战争"中自由主义对于保守主义的攻击。一些保守主义者（不少人是传统的天主教徒）以"违反自然法"为理由反对堕胎、安乐死、同性恋、离婚等，而当前的趋势是在这些问题上，自由权在不断地扩张（克里斯托弗·沃尔夫：《托马斯主义自然法与美国自然法传统》，载《圣托马斯·阿奎那与自然法传统——当代视角》，第 365～376 页）。由于保守主义者以"自然法"为理由，而"自然法"意味着人的本性如此，代表了大多数人，因此这里尼尔森的意思即指这是用大多数人的自然来压制少数人的自由。

道德信念，也并不一定就能证明托马斯主义自然道德法理论是正确的，因为可能还有其他更具说服力的解释体系。比如按罗素的解释，人们共同的道德理想是他们共有的态度和感情的表达。尼尔森认为这比阿奎那和马里旦"通过倾向得来的知识"更具说服力，因为更简洁。即便真的"所有人都共享关于善的某种含糊的观念，只因为他们都是人，都拥有某种自然的倾向和共同趋势"也并不足以证明这些被共享的伦理理想就是上帝赐予的，而非人为的。比如，精神分析学家弗洛姆（Erich Fromm）就从一种自然主义的和新弗洛伊德主义的观点作了相似的论证。尼尔森指出，托马斯主义者需要一个比人性的统一性更强的基础来建立其自然道德法理论。如果不存在统一性或共同的人性，他们就显然是错误的；但是如果存在着统一性或共同的人性，却并不就能说他们是正确的。

第二个更大的困难是，自然道德法整个理论都建立在"应该是什么"（what ought to be）与"事实是什么"（what is）的混淆上。正如休谟让我们认识到的那样，"人不应该偷窃"这一陈述迥异于"人不偷窃"这一陈述。人在不该偷窃时偷窃了。里面带有"应该"（ought）的句子跟里面带有"是"（is）的句子属于不同的逻辑类型。不能从事实陈述（包括关于人性的事实陈述）那里推出任何"应该"陈述。价值和事实是不同的，而阿奎那及其追随者对此区分并不清楚，这显然是因为他们把自然（本性）视作有目的的，在它自身之中具有某种道德目的。这种带有目的的自然概念不仅是假的，还混淆了事实和价值之间的根本区别，而这一区别对我们理解道德论证和决断是很关键的。[1]

四　波尔克和扎克特对尼尔森的批判

哲学史家波尔克（Vernon J. Bourke）批评了尼尔森。他为目的论作了辩护，亦认为事实和价值之间的鸿沟可以填平——你可以相信上帝是道德

---

[1]　Kai Nielsen, "An Examination of the Thomistic Theory of Natural Moral Law", in: *St. Thomas Aquinas on Politics and Ethics*, pp. 215 – 216.

义务的来源，也可以将道德之善作为个人和社会实现自我所必需的条件。①

波尔克指出，阿奎那形而上学并非象尼尔森所说建立在过时的中世纪物理学之上，如果这样，那它就会毫无吸引力了。阿奎那形而上学的基石是"本性"（natures，自然）的普遍性。何谓本性的普遍性？即是指本性既非单独个别的存在物（existing individual things），亦非人脑的虚构。譬如"水"，其"本性"可以表述为："在一定的压力和纯度条件下，水在摄氏零度结冰"。对"水"这一"本性"的表述适用于不同时空中各种形状的"水"，"水"抓住了它们的共性。"水"既非这些具体时空中的哪一个别的水，亦非头脑的虚构（就是说它不是被任意指认的）。"水"具有真实性或"物性"（thingish），因为它有许多个例。这跟"圆"不一样。"圆"也是理智的普遍对象，但它并不现实地存在，并没有一些圆的个例（象水的个例一样）作为个别事物存在。所以，托马斯主义所说的"本性"是指"水"或"硫酸"这类"存在"的事物的"本性"，跟物理科学相近，而非"圆"这样的数学对象。在生活世界中，人们通过对所接触之物的了解，越来越了解其"本性"、属性和用途及其诸种规律，知道在哪些条件下如何使用它们才是正确的。比如，在什么条件下，水是可以喝的，硫酸是不可以喝的，等等。如果转移到人及其行为上，我们就会随着知识的增长，而发现在什么环境里什么样的行为才是更合适的。人们是从现实经验中而不是从亚里士多德的《物理学》中获得关于各种"本性"的知识的。如果能这样理解"本性"（自然），你就会很容易理解自然法（本性法）理论。

波尔克认为，要区分两类关于自然法的知识。一类是大多数人在日常

---

① 这是对托马斯及自然法理论的一个传统批判。1949年，汉斯·凯尔森指责自然法理论混淆了事实与价值。在这一点上对托马斯的辩护主要分为两种。一种是认为托马斯并非从事实"推"出"价值"，阿奎那本人已清楚这种谬误的后果，因此小心地避免了这种谬误，他认为实践理性源自它自身的首要原则就已经否认了这原则是从思辨理性衍生来的（罗伯特·乔治《凯尔森与阿奎那论自然法》，载《圣托马斯·阿奎那与自然法传统——当代视角》，第403页）；一种是指出这种指责（自然主义谬误）本身就是有问题的。著名托马斯专家麦金纳尼认为，知识引导着意志，善在被当作一种善而被意欲之前，必须首先被理解为一个真理，就人的实践理性而言，虽然自然法的首要原则不可证明，非由人性知识推出，却依赖于思辨真理，后者有助于意志的选择，因此，从事实推出应当并非谬误（威廉·梅《托马斯主义自然法的当代视角》，载《圣托马斯·阿奎那与自然法传统——当代视角》，第228～229页）。

生活中所把握的自然法；一类是道德专家经过反思后，努力为自然法提供一种科学或哲学的解释。波尔克说，马里旦无疑属于后者。马里旦是作为一个道德专家写作的，但他所谈论的是"自然的"（也即非反思性的）道德知识。他说这类知识是"通过倾向得来的知识"，即是说，普通人以一种非反思的方式把握到了某些自然法观念。这种普通的把握混合了级别较低的认知行为和情感行为。有时它接近于动物式的感觉。这样的"自然"认知者跟道德科学家的关系就好比一个原生态歌手跟一个训练有素的歌唱教授的关系。就说"趋善避恶"这一良心原理吧。当马里旦说所有人都知道这个普遍规则时，他并不是说所有人在为自己的道德决断辩护时都能够并且愿意陈述这一规则，而是说（大多数托马斯主义者跟他一样），在实践上，所有人都会显示出某种对"对错"的关切（在感情上和在认知上）。波尔克说"大多数人"会这样，但有些不太小心的托马斯主义者会说"所有人"都会这样。有些人，如霍布斯、洛克和尼尔森会抓住这点，说有些人并不能区别对错。这些人是：很年幼的孩子、傻子以及某些高度复杂化的伦理学家。波尔克认为前两类人很容易排除：孩子会长大；傻子不用负法律和道德责任，因为他们缺乏对错意识。至于伦理学教授，那就不是马里旦所谈及的普通人了。这就牵涉到何为"正常"何为"例外"。而这跟"自然"（本性）的目的或终极相关。

亚里士多德认为，每个存在者及其行为都有某个目的，世界有个终极因。阿奎那对此观点加以改造，认为上帝是万物的创造者，其智慧引导着万物及其行为，以一种井然有序的方式，趋向于其目的，正如射手把箭对准目标。一切有限的本性（natures）都有上帝赐予它们的矢量品质（vector quality），指向一个目的。人的本性也是如此。人能控制自己的行为，但其独特之处是他享有一种自由：其行为可以导向人的目的，也可以不导向人的目的。他是自由的。否则，他就会成为一种物质而不是一个道德担当者。

波尔克接着为阿奎那的目的论作了辩护。他指出，人的行为和其他事物的行为有目的导向，这有大量的证据，通常并无争议。比如，生物学和社会学科大量使用目的分析（purposive analyses）。生理学所说肢体"功能"这一概念就是目的论的。大部分进化论学说也偷偷引入了目的观念，其所谓"自我完善论"（self-perfectionism）不过是一种内在形式的目的论，实即亚里士多德生物学所说的终极因（finality）。即使在尼尔森用来反驳阿奎那的目的论的人类学领域，也涌现了一个很强劲的运动，其带头人（主要有Kluckhohn，马林诺夫斯基、Kroeber，Redfield，Evans-Pritchard，Montague等）把人视为一个很特异的本性（a very distinctive nature）。其基本假设之一是，人是惟一生产文化的动物。①

对于尼尔森的自然法理论混淆了事实与价值的批评，波尔克也作了还击。他指出，尼尔森对"是"（事实）和"应该"（价值）这两个词作了狭隘的、非实在论的理解，从而将二者割裂，导致了所谓的理论困境。波尔克以他深厚的哲学史素养，写道"应当"表达了某种义务或必要性（obligation or necessity），这种必要性在康德以前还是跟一神论中上帝的"绝对"命令相关连的：

> 在康德的时代（那时大多数哲学家是一神论者，很在乎道德责任的份量），一个人还可以用一种不同的方式来谈论一种"绝对的"道德必然性。上帝尚作为一位绝对的立法者存在，其力量和尊荣凌驾于人类之上。按照这样的观点，上帝可以发挥作用如一个绝对君主：他所要求的事情"应该"被执行，否则后果严重。对十八、十九世纪的许多思想家来说，这"否则"隐含着真实的制裁。倘若你不服从上帝的命令，你就会下地狱。这种"应该"跟人的自由是相容的（也因此就不是一种物理的必然性），但它乃是一种加在所有人身上的义务，而不管他们认不认它。（加一句，大家都知道托马斯主义者认为上帝确实命令了人，认为人不可能以不思考道德义务来回避道德义务；但假如上帝不在这幅图景中了，这一必要性的威力也就没有了。）
>
> 康德借此所做的事情在以后的哲学中引起了麻烦。他试图看看，假如你忽视制裁，假如你忽视上帝为绝对立法者，你是否还能保持道德"应当"的这个较强的意义。他问了一个古怪的问题：人能够在其自身中，为这样一个义务，这样一个绝对应该，发现一个充分的根源

---

① Vernon J. Bourke，"Natural Law，Thomism-and Professor Nielsen"，in：*St. Thomas Aquinas on Politics and Ethics*，p. 219. 波尔克原文发表于 *Natural Law Forum*，V（1960）。

吗？康德之后，道德哲学家们就被这么一个问题困扰：假如我们取消了绝对，那怎么去找到一个绝对的应当呢？

　　不过在我看来，倘若一个人的道德视野内并无上帝，道德应当就唯有呈现为一种有条件的必要性。康德看到了这点，把上帝作为圆善（summum bonum）的担保者引入。否则，应当就只是指称一种"如果A则B"序列罢了。有些英国伦理学家嘲笑道德应当的观念就像说木匠应当用某种工具获得想要的效果。不过，一种有条件的必要性在实践秩序中是难以构想的，除非我们引入为达某一目的而必须具备有用工具的观念。这也许是为何大多数英国伦理学家对社会功利主义仍存尊敬。社会总体的善是一个可尊敬的目标，可以用它来决断许多道德问题。然而它无助于解决最困难的私人道德问题。

　　倘若我们将作为道德立法者的上帝的存在搁置起来，我们就必定会将道德应当的意义缩减为功利性的，其存在只是为了达到某个目的。一种做法是，承认没有人是被强迫去为幸福、或好日子、或自我完善而工作的。也许有人会拒绝为一个适于其本性的目的而去工作这样一个概念。他若这么做，就拒绝了在神圣法之外可以给道德应当提供实践意义的唯一基础。对我来说，一种自然主义的道德应当意味着一个人必须做某些行为并避免另一些行为，要不就承担一种未实现且不完善的人生的后果。这就是一个人要尽力做到最好的原因，但它并非一个绝对的原因。①

确实如波尔克所说，近代西方自然道德法的转折，在于上帝作为立法者和执法者观念的消失。其实这个过程早已启动。我们看到，在奥古斯丁《论三位一体》那里，对上帝的"三"和"一"是同等强调的，到了托马斯那里，为了因应穆斯林一神论和世俗理性主义者的挑战，突出的重点逐渐由"三"转移到了"一"②，随着宗教改革运动和宗教战争的开启，寻求互为论

---

① Vernon J. Bourke，"Natural Law，Thomism-and Professor Nielsen"，in：*St. Thomas Aquinas on Politics and Ethics*，pp. 220 – 221.

② David B. Burrell，"Thomas Aquinas and Islam"，in：*Modern Theology*，20：1 January 2004，p. 74.

敌的各宗派最大公约数的自然神论崛起。自然神论虽然削去了上帝的诸多人格化特征，但是仍旧保留了上帝作为宇宙立法者和执行者的遗像。传统教义中末日审判时信者上天堂、不信者下地狱的赏罚神学，在自然神论里仍被强调。比如，自然神论的奠基者赫伯特勋爵（Lord Edward Herbert，1583-1648）于1624年《论真理》一书中，总结出一切宗教的五条"共同观念"（1）存在着一个至高无上的上帝；（2）上帝应当受到崇拜；（3）美德与虔诚的结合是宗教崇拜的主要方面；（4）人总是憎恶自身的罪恶，并且应该悔改罪过；（5）死后将有报偿和惩罚。① 其后继者提罗特森（John Till-otson，1630-1694）则将之简化为自然宗教天然包含的三原则：（1）有一个上帝；（2）上帝要求人过道德的生活；（3）上帝将赏善罚恶。② 康德的假设是：如果没有上帝执行奖惩，人还会追求应当吗？还会有道德吗？康德的实践理性批判还是承认上帝、灵魂不朽和自由，以保证德福一致（圆善，即最终善恶各有其报）。但在康德之后，在上帝消失了的背景下做伦理学（包括自然道德法理论），就一定会面临波尔克指出的道德基础问题。③

波尔克还指出，摩尔使自然论谬误（naturalistic fallacy）闻名于世。他在这么做时，却保持了一个更加危险的道德谬误：就是这么一种观念，如果善不是一种自然属性（natural property），那它就必定是一种非自然的属性。但这两种情况并不是唯一的选项。善、恶、对、错以及其他这类道德词语指称的都是复杂的关系，而不是属性。要把握它们是需要理解力的。

---

① 詹姆斯·C. 利文斯顿：《现代基督教思想》，何光沪译，四川人民出版社，1992，第23页。
② 赵林：《英国自然神论的兴衰》，载巴特勒《自然宗教与启示宗教之类比》，武汉大学出版社，2008，第7、9页。
③ 新古典主义自然法理论受到的一个批评是，其"自然法"既没有"自然"也没有"上帝"，实际上是不符合阿奎那的传统的。在阿奎那那里的自然法是跟神学目的论紧密结合在一起的，而现代的自然法理论由于是无神的，是没有终极目的的，因此，他们无法建立客观的善的价值（而只能是主观建构的非实在论），并且由于没有一个统摄一切的上帝来保证一个秩序井然的价值世界，而只好设立太多的彼此之间并无可共度性的终极目的（如菲尼斯的自然善就有很多），最后只能主观地任意妄为。因此对于一些有神学背景的学者来说，要恢复托马斯自然法的基本预设，即上帝及其价值秩序。可参：Fulvio Di Blasi, *God and the Natural Law*, St. Augustine's Press, South Bend, Indiana, 2006, p.16。施特劳斯认为托马斯自然法在实践上无法同自然神学相分离，而这种自然神学实际上又是同经启示不可分的。参见丹尼尔·唐格维：《列奥·施特劳斯思想传记》，林国荣译，吉林出版社集团有限责任公司，2011年，第155页。

托马斯主义对人类理智的运作有一种冗长的、也许是过分复杂化了的解释。它跟大多数现代知识理论完全不同。其实质在于声称，人在两个层面上认知：他感受个别，但理解普遍。就法哲学而论，理解普遍的关系、意义、含义、倾向、诸善、义务，具有首要的重要性。托马斯主义者就是这么看的。法并非感觉的"事实"；不管是别的什么，法都是某种普遍事物。它适用于诸多不同环境中许多可能的主题。显然，一种将所有的人类经验都缩减（还原）为原子化的、孤立的、不相干的感觉印象的知识理论，是不能对法作出解释的。它也不能对道德或法律义务作出解释。①

托马斯主义者和分析哲学家围绕自然法展开的这场争论，涉及对本性（或自然）的定义和认识途径、本性有无目的及如果有会是什么目的、自然与价值关系②、个别行为选择与全人成德的关系等复杂的问题，这些问题会持续地存在并继续讨论下去。最近扎克特对尼尔森的反驳又增加了新的一例。

在扎克特看来，尼尔森批评阿奎那混淆了事实与价值这一休谟式的区分，其实没有准确地理解休谟和阿奎那。作为道德哲学家的休谟并没有认为，不可能有任何"应该"的知识，他只是认为"是"（事实）和"应该"是两种不同类别的陈述，不能从其中一个推出另一个。一个"应该"的结论必须是从一个"应该"的前提推出来的，而不能是从一个"是"的前提推

---

① Vernon J. Bourke, "Natural Law, Thomism-and Professor Nielsen", in: *St. Thomas Aquinas on Politics and Ethics*, pp. 220 – 221. 在 1958 年安斯孔壁（Elizabeth Anscombe）已批判分析哲学中原子个人主义的行为伦理，参: John Haldane, "Introduction to Analytical Thomism", in: *Analytical Thomism: Tradition in Dialogue*, ed. Craig Paterson & Matthew S. Pugh, xx. 在 1946 年赖尔德（John Laird）撰文指出，伦理学中存在"行为伦理学"（Act-Ethics）和"当事人伦理学"（Agent-Ethics）之异，后者即后来人们所称的美德伦理学。麦金太尔是这一派伦理学的集大成者。当代伦理学界一般将托马斯视为美德伦理学家。但也有人表达了不同的看法，认为他是行为与性格（美德）并重。参见 David A. Horner, "Is Aquinas an Act-Ethicist or an Agent-Ethicist?" in: *The Thomist* 70（2006）: 237 – 265。

② Joseph W. Koterski, S. J., "A Reading Guide for Natural Law Ethics", in: *Ressourcement Thomism: Sacred Doctrine, the sacraments, and the Moral Life: Essays in Honors of Romanus Cessario, O. P.*, pp. 256 – 268. Koterski 对本性的界定和理解跟波尔克基本一致，对割裂事实与价值的批评主要在于强调，关于本性的知识能够有助于我们更好地作出道德判断，二者绝不矛盾。

出来的。休谟的努力之一就是找出"应该"陈述的作用和来源。阿奎那恰好找到了"应该"的第一公理：应该行善避恶。在尼尔森看来这个第一公理是空洞的、含糊的，但是当我们把它跟次要的"定理"（如"有配偶是善"、"教育后代是善"、"愚昧无知是恶"、"孤僻离群是恶"结合起来时，马上就能按照"实践三段论"推理得出具体的行动指令，因此自然法公理（应该行善避恶）是有道德法则的约束力的，并不空洞。"应该行善避恶"这一实践理性的公理，就跟在思辨理性内的公理"矛盾律"一样，是自明的，无法证明也不用证明的，否则就会陷入无限循环。①

在中国哲学传统中，其实也有可跟托马斯自然法理论相互发明的范畴和思想，比如孟子的性善说②，再比如魏晋哲学中名教与自然之辩，也就人的本性提出了许多深刻的思想。甚至可以说，儒道传统本质上也是自然法传统。儒家讲天命之谓性，率性之谓道，修道之谓教，道家讲人法地，地法天，天法道，道法自然，都是要求人认识人的自然本性及其目的，人的"性理"（性善与天真）亦即人的"应当"，保持善良的本性，克服欲望的障碍，通过不断的"学""习"（学而时习之），通过不断的修炼去达到这个应当，扩而充之，发而扬之，使之从"百姓日用而不知"的自发状态，达到良知③时刻呈现的自觉状态，成为德（得）道之人，有道德之人，圣人真人，体贴天道，与之合一。儒道的"自然法"正如波尔克所理解的托马斯

① Michael P. Zuckert, *Launching Liberalism*: *On Lockean Political Philosophy*, University Press of Kansas, 2002, pp. 177 - 181. 扎克特还认为，从在《神学大全》Ⅱ - Ⅱ, q. 57 a. 2 所说的自然正义（jus naturale）中的自然义务，其实很容易转化出现代意义上的"自然权利"。

② 美国汉学家李耶理比较了孟子和托马斯的美德论，其中有一小部分涉及自然法，但理解框架嫌小。Lee H. Yearley, *Mencius and Aquinas*: *Theories of Virtue and Conceptions of Courage*, State University of New York Press, 1990, pp. 44 - 51.

③ *Summa Theologica* Ⅰ, q. 79 a. 11 谈到了作为同一理性能力的思辨理智和实践理智，然后在Ⅰ, q. 79a. 12 谈到了作为"一种特别的习性"（而不是能力）的良知（synderesis），天性（或本性，自然）把诸实践原则（公理和定理）给了了良知，使我们能够进行善恶判断。在接下来的Ⅰ, q. 79a. 13 谈到了另一个范畴 conscientia（此词译为"良心"不确，因为中文"心"有实体之意，似可译为"良知的运用"），它不是能力也不是习性，而只是行为，它指的是将良知所得到的知识运用到具体的做事情当中去，要么是作见证，自己是否做过什么事，要么是判断应不应该做某事，要么是判断某事做得好坏如何，可引起谅解、责备、折磨等心理。英国多明我会版本可参第407～408页，台湾道明会译本可参第三册第107页。

自然法传统一样，注重的是常态常情常理①，是人们在长期的生活经验中领悟到，要生活得幸福美满，就必须具备对于各种本性（包括他自己）法则的认识，履行自己的道德义务，己立立人，己达达人。至于儒道所认识的天道，是否本身已隐含了道德含义，而修道修德之说不过是自我循环论证，则当然仍旧是可以讨论的。但正如老子所说，"天道无亲，常与善人"，我们并不是就不能从概率论的常态分布来论证，一个道德的社会好过一个不道德的社会，一个道德的个人好过一个不道德的个人。就个人的自然道德法来说，中国宗教传统中亦有类似于基督教中的上帝赏善罚恶（末世论）的观念，如墨子的鬼神现世报应观念、道教后世报应的观念和佛教轮回报应的观念，在冥冥中有鬼神或"法"在对人的道德行为作出评断与赏罚，充当自然道德法的立法者和执行者。这都类似于康德"道德自律"观念出现之前的上帝主持终极正义的观念。即使在今天，当我们说人类破坏自然环境，会招来大自然的"报复"的时候，也暗含了一种"绝对公正"的理想，一种"自然法"之作为"法"的观念。当然，在关注、研究自然法的同时，我们也应当注重人的"自由"，尊重并扩大人的"自由"，免得用"自然法"压制人的合理权利，避免"存天理灭人欲"一类"用天理杀人"的事情重演。无论是尊重自然法还是尊重人的自由，都是为了人能更好地生活，达到人生的幸福和圆满，而不是为了相反的结果。

本文原刊于《世界宗教研究》2016 年第 4 期

---

① 分辨自然、偶然、文化，把握人性中的常态，或人的特性与行为的"正态分布"，类似于概率统计，是当代自然法理论的一个趋向。可参本尼迪克特·阿什利《自然法的人类学基础：与现代科学的一种托马斯主义式结合》，载《圣托马斯·阿奎那与自然法传统——当代视角》，第 31～53 页。

超常组合与语义羡余

——汉语语法化诱因新探*

江蓝生**

1. 相关研究简述

1.1　三个相关概念："动因""先决条件"与"诱因"

在展开讨论之前，首先要对与本文论旨相关的"动因""先决条件"和"诱因"这三个概念稍加厘清。国外学者的"动因（motivation）"与"先决条件（precondition）"不同。在谈到动因时，往往着眼于人而不是着眼于语言结构本身，着眼于语言使用者在语言演变中的作用，通常涉及语用推理和认知心理，如估推（或回溯推理），转喻和隐喻。Hopper 和 Traugott（1993）第四章专门讲动因，统称为"语用因素"，包括隐喻和转喻两个认知过程。文章说："与其使用'原因'或'解释'这样的词，我们宁愿较为谨慎地谈论动因或导致发生的因素，可理解为我们正在谈及那些潜在的、

---

*　本文初稿草成后，曾与杨永龙、梁银峰、赵长才、何瑛等同志切磋，蒙他们提供了非常宝贵的建议和修改意见，笔者获益良多，由衷感谢！本文吸收了匿名审稿人在细节上的意见，一并致谢。

**　江蓝生，中国社会科学院文学哲学学部主任，学部委员，语言研究所研究员。

统计上首选的和并非绝对的因素。"（梁银峰，译本 87 页）文章还说："生成语言学最感兴趣的是语言习得，尤其是儿童语言习得的作用。与之相对的是，社会语言学家往往关注社团的作用和社团之间相互接触的不同类型。而语法化研究者特别感兴趣的则是，说话人和听话人在协商交际情境意义过程中所发挥的作用。"（梁银峰，译本 87 页）

　　本文讨论的问题有别于国外学者的"动因"，而近于"先决条件"。至于"诱因"，国内学者往往是就语言结构本身来说的，侧重于"先决条件"和必要条件（necessary conditions），而本文所指的诱因，不仅包括语义和结构上的先决条件、必要条件，更主要指向语法化的充分条件（sufficient conditions），是指引发语法化的深层次的结构和语义上的条件。

　　1.2　近二三十年来，语言学界对于语法意义演变的研究，包括实词虚化研究、结构式和句式的意义演变研究方兴未艾，这些研究多属于功能主义语言学的语法化研究范畴。关于语法化的先决条件，Traugott（1996）提出了三条：语义相宜（semantic suitability），结构紧邻（constructional contiguity），频率（frequency）。石毓智（2006：6）对这三个先决条件具体阐述为：一是语义的适宜性，哪些词汇向哪些语法标记发展有很强的规律性，只有那些语义上适宜的才有这种可能性。二是句法环境，语法的发展跟词义的引申不一样，它必须在一定的句法环境中进行。三是比较高的使用频率。这种归纳无疑是对的，这应是世界各种语言语法化的共性，汉语也不例外。但是，以上三个条件都只是诱发一个词语语法化的必要条件，还不是充分条件。以往的研究不足之处就在于泛泛地谈必要条件，而没有具体地、细致地揭示导致一个词语语法化的充分条件是什么。要回答这个问题，就不能满足于浮泛地引用西方的语法化理论来解释纷繁复杂的汉语现象，而要在一个个语法化案例上下功夫。要善于发现、贴切解释汉语中各种语法形式产生的各自句法环境和语义要求是什么，特别是要发现诱发原因和运作过程中带有汉语个性的特点和规律。只有进行一个个扎实的个案研究，只有将众多个案研究的成果加以归纳综合，才会有所发现。个性化的汉语语法化演变条件、演变过程和演变规律的发现和解释，必定会对现有的语法化理论起到检验和丰富的作用，也会推动语法化理论取得突破性进展。

1.3　说到汉语语法化的诱因和机制的探索，有三篇文章不能不提到：解惠全（1987）、贝罗贝（1991）、刘坚等（1995）。

解文（1987）第二节谈实词虚化的依据和途径，指出："实词的虚化要以意义为依据，以句法地位为途径"。"以意义为依据"就要"弄清某个虚词的来源及其与实词义的联系，有时就需要从本义及引申关系去考察"。"以句法地位为途径"，是指"实词的虚化是以句法地位的固定为途径的"，"状语和补语的位置最容易发生实词虚化，这是因为表示范围、程度、时间以及处所、工具、原因、对象等关系的词语一般都出现在这两个位置上"。"主语、谓语、宾语的位置一般是不能发生虚化的，因为它们是句子表达意思的中心所在，但在特殊条件下也可能发生虚化"。解文上述观点与 Traugott（1996）所说不谋而合，在时间上早于西方学者，可谓先见之明。但是同样不足的是，"以意义为依据，句法地位的固定为途径"，说到底也只是必要条件，还不是引发虚化的充分条件，因为并不是所有有意义依据的实词、所有在某句法位置上的实词都能发生虚化。

贝文（1991）以处置式、比较句、双宾句和完成体助词"了"为例，论证这几个句式和体助词"了"的产生都源于连动式。认为演变的诱因可能是在连动式"$S + V_1 + O_1 + V_2（+ O_2）$"中，"$V_2$ 表达的意义比 V_1 更为重要，从而促使 V_1 的意义发生虚化"。贝文把连动句中两个谓语成分的语义轻重度不平衡看作是 V_1 虚化的诱因，认识更为深入，如果能明确指出造成 V_1、V_2 两个谓语成分的语义轻重度不平衡的原因何在就更切中要害了。

刘坚等（1995）通过几个动态助词（将、取、得）的语法化过程概括出其共同的演化路径：连动式→表示动作结果（补语）→表示动作完成、持续（助词）。文章指出"发生语法化演变的动词大都是由于句法位置和组合关系改变、词义变化（抽象、虚化）以及功能调整逐步实现的"，"许多实词的语法化过程都是句法位置改变和词义变化两方面相互影响、共同作用的结果"，观察更为深入。但该文说"进入特定的语法结构（连动式），是其变化的诱因和基础"，我们认为"进入特定的语法结构（连动式）"只是演变的句法前提，而不是真正的诱因，因为并不是所有进入连动式的 V_1 成分都能发生语法化，能发生语法化的 V_1 一定还有其他因素促动。

上述时贤的研究既有个案的具体分析，又重于理论思考，有些论述十分精彩，笔者很受启发也多有同感。不过如上所说，总觉得对语法化的诱因的分析比较空泛模糊，还不够精准到位，多谈必要条件，较少涉及充分条件，因而尚有可进一步阐发补充的余地。下面，拟在本人及时贤个案研究的基础上，对汉语语法化的诱因加以梳理归纳，提出一些新思考，新观点。总的看法是：语义相宜性和一定的句法结构、句法位置是前提，非典型组合和特殊的语义关系是诱因，重新分析是机制。句法结构的变异和特殊语义关系的产生是纠结在一起的，难解难分，为了叙述的方便，不得不话分两头，分别加以说明。

2. 汉语语法化的诱因

2.1　常规结构式组合成分变异是语法化的诱因之一

所谓常规结构式是指汉语历史上早已形成并固定下来的最典型、最有代表性的若干组合结构式。例如，词法上有主谓结构、动宾结构、动补结构、并列结构、偏正结构（又分定中结构和状中结构）、附加结构（又分前缀和后缀，间或有中缀）等。句法与词法大体相同，单句有主谓（＋宾）结构、连动结构、兼语结构、双宾结构、述补结构等。所谓常规组合，是指在动宾结构中，动词带名词宾语；在定中偏正结构中，结构助词位于偏与正的中间位置；连动句可不带宾语，如果带宾语，则 V_1 带名词宾语 O_1，V_2 带名词宾语 O_2（或 V_2 不带宾语）；在双宾句中，间接宾语和直接宾语都为体词；在兼语句中，使役义动词后的名词既是该使役动词的受事宾语，又是后一动词的施事等。此外如动态助词"了、着、过"都位于动词后宾语前，语气词位于句末等。这些常规结构式的常规搭配及其语义关系是汉语语法的通则和典型特点，是使用该语言的人头脑中的完形。

2.2　常规结构式的超常组合

常规结构式的超常组合包括组合成分的词类变异、义类变异、词义变异以及组合成分的省略、添加、紧缩、叠合等，限于篇幅，本文仅讨论前三类超常组合。

2.2.1　组合成分的词类变异

语法化要依托特定的句法结构，这已形成共识。但是，如果这个结构式是常规结构，那是不会引发语法化的。拿给予义动词"与"为例，在常规双宾句中（直接、间接宾语都是体词），"与"是给予动词，没有发生虚化：

　　　　（1）与之璧，使行。（《左传·僖公七年》）

　　　　　　（重耳）乞食于野人，野人与之块。（《左传·僖公二十三年》）

但是，当直接宾语换为谓词时，"与"就演变为受益介词了：

　　　　（2）陈涉少时，尝与人佣耕。（《史记·陈涉世家》，替人佣耕，据《王力古汉语词典》）

双宾句的直接宾语之所以可以由 NP 换成 VP，是因为无论 NP 还是 VP，都没有改变使对方获益的句义。

解惠全（1987）举"务"的例子说明"务"字在句中充当谓语动词带体词宾语时不会虚化，如：君子务本（《论语·学而》），只有带谓词宾语时才有虚化为副词的可能，如：树德务滋，除恶务本（《尚书·泰誓下》培养美德，务必使它滋长，铲除邪恶，务必使它根除）。

再如，关于否定副词"不成"的来源，杨永龙（2000）认为否定副词"不成"是经历了"不 + 成 + NP"→"不 + 成 + VP"→"不成 + VP"（VP 为复杂形式或小句）的过程发展来的。刘子瑜、黄小玉（2015）对敦煌变文和《祖堂集》的调查结果显示，"不成 NP"11 例，"不成 VP"仅 1 例，说明唐五代时否定副词"不成"还处于形成过程中；在《全唐诗》中"不成 VP"用例稍多，有的 VP 虽然并非复杂形式或小句，但已可以重新分析为否定副词，如"独卧不成寝，苍然想谢公"（丘丹《秋夕宿石门馆》）。他们的研究也说明组合成分由 NP 变 VP 是"不成"词汇化的诱因。

2.2.2　组合成分的义类变异

伴随动词"将"在常规连动句中不存在语法化为伴随介词的诱因，如：

（3）夏，同伐王城。郑伯将王自圉门入。（《左传·庄公二十一年》）

郑伯带着王从圉门进入周王城，"郑伯"是带领者，"王"是跟从者，二人角色地位不同，"将"还保留着"带领、偕同"的实义，没有发生语法化。在此类连动句中，"将"的宾语是指人名词（"王"），V_2 是"行走"类位移动词（"入"），这是常规组合。一旦 V_2 的义类发生变异，变为非位移动词，就会引起伴随义动词 V_1 的变化。例如：

（4）苏秦始将连横说秦惠王。（《战国策·秦策》）

此句中 V_2 "说"是言说动词［-位移］，属于非典型搭配；加之"将"的宾语 O_1 不是具体的人，而是抽象的"连横"计策，与"将"的"携带"义不相协调，属于非常规搭配，这两种因素导致"将连横"被重析为"说秦惠王"的状语（用连横之计说服秦惠王），在这种语境中伴随动词"将"就地虚化为工具介词（相当于"以"）。如果把"苏秦始将连横说秦惠王"改为"苏秦始将连横入秦"，由于 V_2 "入秦"是［+位移］，则"将"仍是"携带"义动词，不具备虚化为工具介词的充分条件。

"将"演变为伴随介词也由组合成分的义类变异引发，在南北朝时期"将"已出现典型的伴随介词用例：

（5）支道林在白马寺中将冯太常共语。（《世说新语·文学》）

此例中 V_2 "语"（说话、聊天）为言说动词［-位移］，跟"将"（带领）在语义上几乎没有什么关联度，远离了典型组合的要求，所以引发了"将"的语法化，由动词演变为伴随介词（相当于"跟"）。也就是说，当连动句中的 V_2 词义为［-位移］时，容易诱发动词"将"发生语法化。

2.2.3　组合成分的词义变异

除了上述词类、义类变异，常规结构式组合关系变异也包括组合成分的词义变异。多位学者都把连动句中两个谓语成分的语义轻重度不平衡看作是 V_1 虚化的诱因，这是非常正确的。问题是连动句的 VP_1、VP_2 的语义为什么会有轻重之别？在常规连动句中，VP_1、VP_2 多是顺承关系，并无语义上的轻重之别。从本文的观点来看，常规连动句中 V_1 词义的变化才是产生轻重之别的原因，下面以"将"演变为工具介词为例。在常规"将"字连动式中，VP_1、VP_2 是顺承关系，语义没有轻重之别，是不会引发语法化的。比如：

（6）于是，即将雌剑往见楚王。（《搜神记》，带着雌剑去见楚王）

在这个连动句中，VP_1"将雌剑"与 VP_2"往见楚王"是先后相承的两个行动，在语义上没有轻重之别，"将"仍是"携带"义的动词。但是当常规连动式中"将"的词义发生变化，不是典型的"携带"义，而是其引申义，"持拿、手握"义时，就改变了 VP_1、VP_2 之间语义上的相承关系。比如"奴以斧斫我背，将帽塞口"（北齐·颜之推《还冤志》），"将"是"持拿"义，相对于常规组合"携带 + NP"来说，"持拿 + NP"是变化了的组合。"将雌剑"，"雌剑"是携带在身的伴随物；"将帽塞口"中的"帽"是拿在手中用来"塞口"的工具，语义关系全然不同。再如"轻将玉杖敲花片"（唐·张祜《公子行》），其中的"将"是"持拿"义，"将玉杖"的"玉杖"不是随身携带之物，而是拿在手中用来"敲花片"的工具。在源自连动句的变异组合结构"将帽塞口""轻将玉杖敲花片"中，VP_1 与 VP_2 已不是顺承的关系，而是发生了前轻后重的变化。"将帽""将玉杖"位于 VP_2 之前，与状语的位置契合；VP_2"塞口""敲花片"位于句尾，为句子语义的重心，这就促使原来的常规连动式演变为前轻后重的状中式，"将"随之演变为工具介词。在演变的过程中既发生了结构的语法化：连动式 > 状中式，也发生了词汇的语法化：动词 > 介词。连动式是二元结构，句子结构较为松散；状中式为一元结构，比连动式紧凑。过去的研究侧重于动词的语法化，其实动词的语法化往往要以结构式的语法化为依托。

上述三类例子都说明，如果一个结构式是典型的常规结构，那是不足以启动语法化的程序的，它必须要借助于超常的组合以及由此引起的语义关系的变化才有可能往语法化的路上走去。因此，我们不宜笼统地说连动句是某些动词语法化的诱因，而要区分常规结构式与非常规结构式，连动句只是某些动词语法化为工具介词、伴随介词、处置介词的前提句法条件，只有常规结构式的典型组合关系发生了变异，打破了原有结构的平衡格局、改变了先前的语义关系才成为语法化的诱因。而且，诱因能否起作用最终导致语法化的实现，还要看能否通过重新分析的环节使变异句的结构和语义达到新的平衡。换句话说，语法化的诱因是原有的结构和语义平衡被打破，语法化的实现是变异句结构和语义的新平衡的建立。新平衡能否达成，关键看能否进行重新分析——变异句跟原句式表层结构相同而深层结构和语义相异，借助于表层结构的掩护，变异结构式得以暗度陈仓。由此看来，重新分析是语法化实现的关键一环，研究语法化为什么会发生或曰实现，实质上就是探寻常规句中哪些因素的变动提供了一个表层结构可以做两种解释的重新分析的变异句式。

2.2.4　组合关系的多次变异

有些实词在特定的句法结构中只经过一次组合的变异就具备了语法化的充足条件，比较直观，不难看出其演变的语境和路径。如上举《史记·陈涉世家》例：陈涉少时，尝与人佣耕（替人佣耕）。只因把常规双宾句中的直接宾语由体词改换为谓词，原结构式就变为状中式，"与"就演变为受益介词了（参看江蓝生，2012）。

假设语气助词"时"依托的句法结构是"VP时"小句，当其语义限制是表示未然的事态时，就会引发语法化的发生：

（7）钱财只恨无，有时实不惜。（王梵志诗）

"时"指未然的事态，不是典型搭配，所以可以两解：既可理解为实词"时候'也可理解为假设助词，这是语法化过程的起点。这种演变诱因，一眼可识，比较容易追溯（参看江蓝生，2002）。

还有些实词的语法化是经过不止一次句法与语义双重变异的互动引发的，这种经过多次句法与语义的互动而发生的语法化，路径隐晦，不能一眼就看出来，是研究的难点所在。比如给予义动词"给"在河南、江苏等地方言中可以充当连 – 介词，相当于介词"跟"和并列连词"和"，如苏晓青、吕永卫（1998：173）"给"：

　　　　（8）a. 伴随介词：我给他拼了｜我给你没完。
　　　　　　　b. 并列连词：今天的活儿就落下你给小王两个没干完了。

从给予动词到连－介词的演变过程是怎么样的，不具有直观性，需要费一番考证的功夫。首先，要确定"给"演变为连－介词的源结构式是什么。诚然，双宾句是"给"出现的典型句式，但是双宾句却不存在"给"演变为连－介词的句法和语义条件，须另想出路。鉴于"给"的义素结构是"A使B获得C"，也就是说"给"含有使役义素，于是，我们再从表示使役的兼语句考察。当"给"出现在兼语句中时，它本身的使役义素被激活，被凸显，给予义反而隐退，从而由给予义演变为使役义。例如：

　　　　（9）邹师父是从来不给人赢的，今日一般也输了。（《儒林外史》53回，不允许他人赢）

在兼语句中，"给"演变为使役义动词"让、允许"。这例属于常规兼语式"A给B　VP"，B是A的受事，又是VP的施事，这种常规兼语式不能使"给"演变为虚词。但是，在下面的例句中，当VP是非典型组合的集体动词时，"给"就有条件演化为伴随介词了，例如：

　　　　（10）师傅请过来，给员外相见。（《济公全传》6回）
　　　　（11）吃过晚饭，仍到账房里，给乙庚谈天。（《二十年目睹之怪现状》17回）
　　　　（12）这天，桂花卖线子回来，夜里给小荣坐在一块纺线。（冯金堂《黄水传》）

例中的VP或是集体动词"相见、谈天"，或有副词"一块"修饰（"一块纺线"），组合成分VP由单个行为动词变为集体行为动词，使得常规兼语式中的VP由B单独实施变异为由A和B共同施行。组合成分VP的义类变异了，原句法结构的语义关系随之发生了变化，语义关系的变化又引起原兼语式结构的变异：由兼语式重析为主谓式：A［［给B］VP］，"给"也随着结构式的重析由使役动词语法化为伴随介词（下文 3.3 所述"给"由"给予"义动词到处所介词的演变也经历了词类和义类两次变异组合才得以实现，可参看）。

以上所举语法化实例的类型有简单复杂之分，但可以看出，其语法化的诱因都是因常规结构式中的组合成分发生了变异，或词性发生改变（由 NP 变 VP），或词义不同于典型搭配，还有的突破了句式限定的动词语义类型（由单个行为动词变为集体动词）等，一句话，常规结构式的超常组合是语法化的诱因。

2.3　超常组合的原因

如上所说，常规结构式的超常组合是语法化的诱因之一，那么，是什么原因导致组合成分可以突破原有的规范而发生变异呢？试从两方面来解释。

其一，一种语言的句型再丰富，跟人类所要表达的客观事物和主观思想感情相比总是有限的，为了利用有限的句型表达无限丰富的语义要求，就需要突破常规句式规范的束缚，在隐喻和转喻思维的作用下，用一些超常的组合来提高结构式的表达功用和效率，即从典型组合扩大到非典型组合。非形态语言的汉语在通过变换同一表层结构式中的语义关系而达到表达尽可能多的语义功能方面显得尤其能为。

其二，有些变异组合可以行得通，从根本上也应归因于汉语的特点。汉语的动词可以直接指称该动作行为而不必有任何形态变化（或曰汉语的动词可以直接当名词用），所以它就可以比较自由地出现在常规句中名词的位置上；但它毕竟不是真正的名词，占据了名词位置的动词毕竟属于异样的搭配，因而这种变异会引起常规结构式的句法结构和语义关系的变化，成为语法化的诱因。

3. 结构式语义羡余是语法化的特殊诱因

3.1　结构式语义羡余

有些结构式中的组合成分具有比较特殊的语义关系，如：语义复指、语义部分重合或语义同指等。所谓语义复指（也叫回指），是指结构式中的某一成分重复指称其前面的人或事物、事件等；所谓语义部分重合，是指结构式中相邻的两个成分语义上有部分相同的义素，如"分给、持将、缠着"等；所谓语义同指，是指结构式中的某一成分与另一成分所指为同一个人或事物等。本文把上述三种现象概括为结构式语义羡余，我们发现，每当遇到这类情况，往往容易诱发成分的语法化。关于语义复指、语义部分重合或语义同指跟语法化的关系以及在语法化过程中的表现，前贤的个案研究中或多或少涉及，但显得有些不太经意，更不曾将其归纳为具有普遍规律性的诱因提出。本文把结构式中这三种特殊的语义关系概括为语义羡余，并明确提出语义羡余是语法化的又一诱因的观点。

3.2　语义复指

因语义复指（或叫回指）而导致语法化的典型实例是王力（1958）在《汉语史稿》中册早已指出的"是"由复指的指示代词演变为系词（判断词）的例子。郭锡良（1990）赞成并重申了王力的观点，石毓智、李讷（2001）用类推说对演变过程进行了细致的描写分析。在"富与贵，是人之所欲也"这一判断句中，"是"复指其前的话题"富与贵"；"千里而见王，是予所欲也"，"是"复指前面的话题"千里而见王"这样的事件。由于两汉之前的汉语判断句"A（者），B也"不用系词连接主语和宾语，所以当前面的话题由名词成分充当时，后面起复指作用的"是"就显得更为多余；因为从语义上看，这种情况下的话题的指称性更突出，其后面如果再加个指称性的"是"就显得多余，指代词"是"最先在名词性话题句中发展为系词的原因正在于此。另一方面，此类表示复指的"是"字处在话题主语和谓语之间，其位置与普通动词所处的句法位置契合，所以就由指代词被重析为动词性的系词。

王力还指出"之"由指代词演变为结构助词："麟之趾"的最初意义是"麟它趾""公侯之事"最初的意思是"公侯他们的事情"，"之"分别复指"麟"和"公侯"。此二例同样可以用结构式语义羡余来解释。当一个指示代词复指前面的名词时，两个成分之间距离越远，越倾向于使用指代词来复指；反之，就越不倾向于用指代词来复指。在"麟之趾"这类结构中，由于"之"与它的先行词紧邻，距离太近了，所以"之"的复指意义必然大大减弱。再加上汉语的名词可以直接修饰另一个名词（NN），所以这个处于修饰语与中心语中间的、语义羡余的"之"被重新分析为修饰语标记——结构助词就是很自然的了。

3.3　语义部分重合

语义部分重合引发语法化的案例，贝罗贝（1991）和刘坚等（1995）都曾谈到。贝文指出，在《史记》双宾句"厚分与其女财'"分予文君僮百人"中，"分"的词义跟"与/予"部分重合，"与/予"不是非要不可的成分。刘坚等的文章谈到在连动句"V＋将＋补"如"曳将去、持将去、挟将飞"中，V 的词义与"将"部分重合，不加"将"也能表达同样的语义（曳去、持去、挟飞、录其将去–录去），导致"将"义弱化、虚化。介词"着"是由"附着"义动词虚化而来，在"V＋着＋处所词"结构中，最初 V 都是一些会产生附着状态的动词，如"缠，藏，载，坐"，其词义与"着"部分重合"缠着金柱"中的"着"表示"缠"的结果是附着在金柱上，可以是长时间或固定的状态，"着"义较实；在"载着车中""坐着膝前"中，"载，坐"的义素中含有附着义，但比"缠"附着义轻，且都是一时性的动作，"着"就显得不很必要，去掉它也无妨句义（载车中，坐膝前），"V＋着＋处所"受常规结构"V＋于＋处所"的类化，致使"着"由动词虚化为处所介词。

以上结构式中组成成分语义的部分重合比较直观，还有一类语义部分重合现象比较隐蔽，不容易一眼看出。江蓝生（2014）论证了"跟"做处所介词的诱因。动词"跟"在顺承复句"A 跟在后面，VP"中虚化为处所介词就是因组合成分"跟在"的语义有部分重合引起的。"跟"的语义结构可分析为：

[甲]　　[在乙后面]　　[紧随着]　　[同向行动]

其中最重要的义素有两个：a）位置：在后面；b）情状：紧随着持续行动。可以看出，动词"跟"的语义结构中先天就蕴含着"在后面"这一方位义素（这应是"跟"能产生出表处所的功能的语义基础），与介词"在"部分语义重合。当"跟在后面"是顺承复句的前一小句时：

（13）小荷跟在后面，一边走一边回身拱手。（老舍《四世同堂》）

（14）老仆人跟在后面，拿着电筒。（曹禺《北京人》第三幕）

"跟在后面"中"跟在"为动补结构，"在"的功能是引进处所；由于"跟"本身就含有处所义素"在后面"，所以动补结构"跟在"的语义有重复羡余之处。重复从本质上是语义表达的强化手段，但是在顺承复句"跟在后面，VP"中，"跟在后面"却处在语义轻化、弱化的位置，这样，强化形式"跟在"就跟语义弱化的"跟在后面"产生了不太相宜的偏离，这种偏离推动了羡余成分的脱落或省略。上面两例如果省略"在"，就成了"跟后面 VP"，由顺承复句紧缩为状中句：

小荷跟在后面⌐一边走一边回身拱手。

老仆人跟在后面⌐拿着电筒。

在状中句"跟后面 VP"中，"跟"被重析为表示处所的介词，相当于"在"。"A 跟在后面，VP"只是"跟"语法化为处所介词的先决句法条件，而并非诱因，真正的诱因是"跟在后面"中"跟在"的组合有部分语义重合。重合就意味着羡余，羡余就有可能在语用环节被省去。（口语中省去"跟后面 VP"的 VP，"跟"就用作存在动词了：你跟哪儿呢？跟家呢。）

江蓝生（2012）分析数量词"两个"是如何语法化为并列连词的。同位短语"X 两个"的义素结构可分解为：X 和 Y 两个人。具体到"我两个"短语来说，其语义就是"我和另一个人"，在"我两个一路去"（"我两个"做主语）"屋里只有我两个"（"我两个"做宾语）这类句子中，短语"我两个"中只有其中之一"我"是显现在句子表层的，另一个人是谁，没有说出，隐含在短语结构中。通常，在口语语境下，另一个人是谁对于交际双方都是不言而喻的，因而无需指出。但是，当对方不明详情或说话人在口头交流过程中临时想要把另一个人是谁明示出来时，就会从"我两个一路去的"生成"我两个大姐一路去的",从"屋里只有我两个"生成"屋里只有我两个婆婆"这种变异句。可见"两个"语法化的初始语境是同位短语"我两个"做句子的主语或宾语,语法化的动因是说话人感到需要明确指出共同行动的另一个主体,从而把短语隐含的另一个主体显性化。一旦隐含的主体显现到句子平面,就引起句子结构的变化。在"我两个大姐一路去的"句中,"我两个"本已指"我"和"大姐",所以主语"我两个大姐"是个语义部分重合的羡余组合,不符合汉语语法的规范;恰好在"我两个大姐"结构中,"两个"位于"我"和"大姐"两项之间,这是并列连词的典型位置,在类推心理作用下,就把原来不合规范的句子类推为并列主语句,把"两个"重析为并列连词,这样,变异的结构式就取得了新的平衡。可见说话人为加强言语表达的明晰性而主观增添隐含的句子成分,造成组合成分部分语义重合是数量词"两个"语法化的诱因。

　　上述显性的和隐性的语法化实例都说明了组合成分部分语义重合确实诱发了语法化的发生。

3.4　语义同指或语义具有同一性

　　结构式中两个句法成分语义同指与结构式中两个句法成分在语义上具有同一性,这两种情况具有某种相似性,所以一并放在本节说明。

　　3.4.1　贝文(1991)指出处置式、伴随动词等的语法化产生于连动式。但我们认为连动式其实只是它们语法化的句法先决条件,不能视为诱因。真正的诱因是贝文所揭示的一个特殊的语义条件:在"$S + V_1 + O_1 + V_2 + O_2$"连动句中 O_1 与 O_2 语义同指。例如杜诗"明年此会知谁健,醉把茱萸仔细看",其中"醉把茱萸仔细看",把的是茱萸,看的也是茱萸,O_1 与 O_2 语义同指,由于二者同指,就容易省略 O_2,生成了宾语同指连动句 "$S + V_1 + O + V_2$"。这种句式的结构较前紧密,语义的重心在 V_2。语义重心的后移使原连动式中的 VP_1 状语化,从而为"把"语法化为处置介词提供了句法和语义双重条件。当与 V_1 搭配的名词宾语超出手握之物时,如:"欲把青天摸"(皮日休)、"莫把杭州刺史欺"(白居易),就最终完成了"把"的语法化。在常规连动句"$S + V_1 + O_1 + V_2 + O_2$"中,$O_1$ 与 O_2 不同指,如"客散酒醒深夜后,更持红烛赏残花"(李商隐),持的是红烛,赏的是残花，不会发生语法化。这说明"把"字连动句中 O_1 与 O_2 语义同指是引发"把"字处置式产生的诱因，而"把NP"非常规组合则是使诱因最终起作用的推力。

"将"字处置式的产生跟"把"字处置式类同。先看下例：

> 《曹瞒传》曰：公遣华歆勒兵入宫收后，后闭户匿壁中。歆坏户发壁，牵后出。帝时与御史大夫郗虑坐，后被发徒跣过，执帝手曰："不能复相活邪？"帝曰："我亦不自知命在何时也。"帝谓虑曰："郗公，天下宁有是邪！"遂将后杀之，完及宗族死者数百人。（《三国志·武帝纪》裴注）

汉皇后伏氏请求曹操不要杀她，曹操不从，伏氏被人带走杀了。其中连动句"遂将后杀之"中 O_1 与 O_2 同指"后"，是句式语法化的诱因，但由于"将"仍是"带领"义，"将后"为常规搭配，故离句式语法化还差一步之遥。当"将"不具有实在的"携带"或"手持"义时，此类 O_1 与 O_2 同指的连动句就得以语法化为处置式。例如：

> 三年春，可将荚、叶卖之。（《齐民要术》）

其中的"之"与"荚、叶"同指，且"将"已不是常规搭配的"携带"或"手持"义，在这种变异句中，语义重心在 VP_2（卖荚、叶），VP_1（"将荚、叶"）的语义弱化，"将"只起表示处置的语法意义。

江蓝生（2004）指出，话题标记"的话"依托的句法结构是"说X的话"，在语义上，当"X"与"话"语义同指时，引发"的话"的虚化。如"且莫说那位姑娘的话"（《儿女英雄传》）就等于"且莫说那位姑娘"，"话"与"姑娘"语义同指，"的话"语义空灵；当"X的话"摆脱"说"类动词的支配，位移至话题主语位置时，引发"的话"语法化为话题标记。

3.4.2　结构式中两个句法成分在语义上具有同一性，也是语法化的特殊诱因。江蓝生（2014）第4.3.2节论述"给"由"给予"义动词到处所介词的演变是在变异双宾句中完成的。演变过程中双宾句经过了两次变异，一次变异是句子成分的词类变异：由"A 给 B　NP"变为"A 给 B　VP"，即直接宾语由体词变为谓词，"给"虚化为受益介词"为/替"（如"我给他做饭"）；二次变异是句子成分的义类变异："A 给 B　VP"，B 由指人名词（实体名词）扩大为方位处所名词（我给家里做饭）。走到这一步，句子产生了一个特殊的语义关系，即：B 与 VP 在处所上具有同一性。这包含两种情况：第一种，B 实际是 VP 发生的场所，如"周末我给家里做饭"，"家里"既是"做饭"这一动作的受益处所，又是"做饭"所在的处所，故也可歧解为"周末我在家里做饭"；"村民们给地里施肥"，"地里"既是"施肥"这一动作的受益处所，又是"施肥"所在的处所，故可歧解为"村民们在地里施肥"。第二种，B 是 VP 中的受事位移的处所，如"给油箱里加油"，"油箱"既是"加油"的受益处所，又是宾语"油"位移的终到处所（目的地），故"给油箱里加油"可歧解为"在油箱里加油"。与上面几例不同，在"给汽车加油""给灾区捐款"这类句子中，"汽车"是实体名词，不符合结构中 B 须是处所词的前提条件；"灾区"虽是处所名词，但捐款的行为不发生在灾区，在处所上不具同一性，所以不具备使"给"演变为处所介词的充分条件。如果换成"志愿者们给灾区修路"，由于"灾区"既是受益处所，又是"修路"所在处所，在处所上具有同一性，就有可能歧解为"志愿者们在灾区修路"。可见，只有机缘巧合，当以上句法、语义条件都具备时，"给"才可能经重新分析而演变为处所介词。

3.5　我们把语义复指、语义部分重合和语义同指概括为语义羡余。语言中的某一成分如果是羡余的，那它的语义就容易空灵化，虚化，如果羡余成分恰好处于汉语句法的某个功能词的位置，它就可能语法化为该相应的虚词。其实，语义羡余从根本上说属于非典型组合，也是一种组合变异，跟上一节所说常规结构式组合关系变异是一个问题的两个方面。而且，上面我们虽然分别从句法结构变异和特殊的语义关系两个层面来谈语法化的诱因，但在实际语法化的过程中有时很难把语法结构的变异跟语义关系的变化划然分开，二者是相互关联，相互推动的关系（这一点，从上面对"给"虚化为处所介词的分析可以看得很清楚）。

4. 结语

4.1 探讨汉语语法化的发生，首先要考察它的语义基础是什么，是在什么样的语境下产生的。本文认为语义相宜性和特定的句法结构、句法位置只是语法化的前提条件，不是语法化的真正诱因。语法化的真正动因在于变异，即常规结构式的组合成分发生了变异，非典型化了。变异打破了常规结构式的句法和语义平衡，语法化的完成则使变异句建立起新的平衡，或者 A）使一种常规结构式演变为另一种常规结构式，或者 B）产生出一种新的结构式。A）类重新分析的实质就是类推，是把变异结构式类推为与之表层结构相同的另一种常规句式，与此同时把变异结构中的某一组成成分重析为一个语法成分（如系词"是"、处所介词"给"、并列连词"两个"等）；B）类重新分析产生了新的句式（如"将"字处置式、"把"字处置式），这种新的结构式日后逐渐稳定为新的常规结构式，所以常规结构式的成员并不是一成不变的。

4.2 本文把组合成分语义复指、语义部分重合和语义同指概括为语义羡余，认为语义羡余也是语法化的诱因之一。不过，许多语义羡余现象是由超常组合形成的，从本质上，语义羡余是超常组合的衍生现象。实词语法化的具体诱因有多种多样，但归根结底是常规结构式组合关系发生了各种变异。本文认为这种解释更切中肯綮，也更具有概括性。

4.3 本文的解释运用了结构主义的语法系统观，即每一步棋的移动都会牵动整局棋。如上所述，伴随介词、工具介词、处置介词都来源于常规连动句"$S + V_1 + O_1 + V_2 + O_2$"（如"郑伯将王自圉门入""即将雌剑往见楚王"），当 V_2 变异为非位移动词、且 O_1 发生由指人名词变为抽象名词的义类变异时，诱发"将"语法化为工具介词"以/用"（如"苏秦始将连横说秦惠王"）；当 V_1 "将"不是典型组合的"携带"义而是"手持"义时，诱发"将"语法化为工具介词（如"将帽塞口"）；当 $O_1 = O_2$ 时，诱发"将、把"语法化为处置介词（如"可将荑、叶卖之"）。

不消说，本文的解释也运用了语用学的观点，即语言是在使用中发展变化的，语法化现象是在口语交际中诱发并完成的，某一个词语在特定场合的使用，可能引起它的语义变化，也有可能促使它向某种语法功能词发展。

马克思在《资本论》中说："研究必须充分地占有材料，分析它的各种发展形式，探索这些形式的内在联系。"也就是说，科学规律的提炼需要依赖大量事实为基础，本文的观点是从自己和同行学者对语言事实的许多个案研究中概括出来的，具有相当数量的经验证据，当然，这还不够，还需要等待更多经验事实的检验。

4.4　矛盾有普遍性，也有特殊性。从语言共性的角度看，西方学者所归纳的语法化的一般规律、原则对于汉语来说基本上是适用的，但在具体演变的条件、诱因和路径上，汉语与英语等有形态标记的语言则很不相同，跟语序为 SOV 类型的语言也不相同，表现出鲜明的汉语特色。我们应在语言类型学的视野下，既要关注世界语言的共性，又要更加关注汉语自己的特性。改革开放以来，我们拜西方语言学理论和方法所赐，对语法化现象的认识大为加深，在许多个案研究上斩获颇多，丰富了一般语言学的理论和知识。但是，一方面，个案研究还不够深入系统，还有很多死角和空白，特别是对方言中的语法化现象还研究得很不够，这与方言语法的丰富多彩很不相称；另一方面，对于汉语语法化现象的理论总结和提升也做得不够，需要进一步加强。

参考文献

贝罗贝：《汉语的语法演变——论语法化》，中研院《历史语言研究所集刊》第五十九本第三分（台北），1991；又载吴福祥主编《汉语语法化研究》，商务印书馆，2005。

曹广顺：《近代汉语助词》，语文出版社，1995。

冯力、杨永龙、赵长才主编《汉语时体的历史研究》，语文出版社，2009。

郭锡良：《关于系词"是"产生的时代和来源论证的几点认识》，《王力先生纪念论文集》，商务印书馆，1990；又载《汉语史论集》，商务印书馆，1997。

洪波：《汉语历史语法研究》，商务印书馆，2010。

江蓝生：《时间词"时"和"后"的语法化》，《中国语文》2002 年第 4 期。

江蓝生：《跨层非短语结构"的话"的词汇化》，《中国语文》2004 年第 5 期。

江蓝生：《汉语连 – 介词的来源及其语法化的路径和类型》，《中国语文》2012 年第 4 期。

江蓝生：《连 – 介词表处所功能的不同来源及其非同质性》，《中国语文》2014 年第 4 期。

梁银峰：《汉语趋向动词的语法化》，学林出版社，2007。

刘丹青：《语法化中的更新、强化与叠加》，《语言研究》2001 年第 2 期。

刘坚、曹广顺、吴福祥：《论诱发汉语词汇语法化的若干因素》，《中国语文》1995 年第 1 期。

刘子瑜、黄小玉：《从否定副词到语气词——语气词"不成"的来源及其语法化补议》，《汉语史学报》第十五辑，上海教育出版社，2015。

沈家煊主编《认知与汉语语法研究》，商务印书馆，2006。

石毓智、李讷：《汉语语法化的历程——形态句法发展的动因和机制》，北京大学出版社，2001。

石毓智：《语法化的动因与机制》，北京大学出版社，2006。

王力：《汉语史稿》中册，科学出版社，1958；中华书局，1980。

王力主编《王力古汉语词典》，中华书局，2000。

吴福祥主编《汉语语法化研究》，商务印书馆，2005。

吴福祥、洪波主编《语法化与语法研究》（一），商务印书馆，2003。

解惠全：《谈实词的虚化》，《语言研究论丛》第 4 辑，南开大学出版社，1987；又载吴福祥、洪波主编《语法化与语法研究》（一），商务印书馆，2003。

杨永龙：《近代汉语反诘副词"不成"的来源及虚化过程》，《语言研究》2000 年第 1 期。

杨永龙：《〈朱子语类〉完成体研究》，河南大学出版社，2001。

苏晓青、吕永卫：《徐州方言词典》，江苏教育出版社，1998。

Heine，Bernd and Tania Kuteva 2002 *World Lexicon of Grammaticaliz ation*. Combridge：Combridge University Press.

Hopper，Paul J. and Elizabeth C. Traugott 1993/2003 *Grammaticaliz ation*. Lodon：Cambridge University Press. 中译本《语法化学说》第二版，梁银峰译，复旦大学出版社，2008。

Traugott，Elizabeth C. 1996 *Grammaticaliz ation and Lexicaliz ation*. In Bromn，Keith and Jim Miller（ed.），*Concise Encyclopedia of Syntactic Theories*. 181 – 187. Oxford：Pergamon.

本文原刊于《中国语文》2016 年第 5 期

词类的类型学和汉语的词类[*]

沈家煊[**]

1 "词法"类型,"词序"类型,
"词类"类型

语言类型研究和语言共性研究可以说是同一件事情的两个方面,可以这样来理解:类型学是通过比较从结构特点上对语言进行分类;世界上的语言看上去结构千变万化,但是"万变不离其宗",结构变异要受一定的限制,有些变异类型不可能出现,这种变异的限制就是语言的共性。因此,语言的类型研究和共性研究只是侧重面不同而已:共性研究主要关心语言类型的变化有哪些限制,而类型学主要关心语言有哪些不同的变化类型。但是,说有易,说无难,一时认为不可能有的语言类型不见得真的不存在,只是存在的时间比较短暂或者较为罕见而已。近年来国际语言学界出现"重视语言结构多样性"的趋向。曾经有一句流传很广的名言:"按照乔姆斯基的说法,火星上来访的科学家一定得出结论,除了词汇互相听不懂,地球人说的是同一种语言"(Pinker 1994:232)。语言学的新动向是,很多

---

[*] 本文是在"中国中文信息学会 2014 年学术年会暨理事会"(北京,中国科技会堂)的特邀报告,原题为"语言类型学:词法,词序,词类"。

[**] 沈家煊,中国社会科学院学部委员,语言研究所研究员。

人开始认识到，要找出语言真正的共性，应该要先充分了解语言结构的多样性，研究的重点应该从一致性转移到多样性上来，这方面可参看 Evans 和 Levinson（2009）发表在《行为和脑科学》杂志上的那篇重要文章。那句名言应该改为："火星上来访的科学家发现，地球上的生物多种多样，人类所操的语言也多种多样。"

19 世纪的语言类型学，重点是研究"词法"类型，从"构词方式"这个变化参项着眼，将语言分为孤立语、粘着语、屈折语，或者分为分析语、综合语、多式综合语等类型。汉语划归孤立语或分析语类型，这是大家都熟知的。

20 世纪的语言类型学不满足于词法的类型，从 Greenberg（1963）开始，研究重点从词法类型转移到"词序"类型，如动词和宾语的顺序分 VO 和 OV 两大类型，形容词和名词的顺序分 AN 和 NA 两大类型。研究者认为，词法类型只是对语言局部结构的分类，只观察一个变化参项，而词序类型着眼于多个变化参项及其之间的联系，是对一种语言整体结构的分类，更能反映不同语言的类型特点（Comrie 1981）。"蕴含共性"（implicational universals）是词序类型学中最重要的概念，它能说明语言类型变异所受的普遍限制，其表述形式为 P→Q。例如，"如果一种语言的名词（N）位于指代词（Dem）之前，那么名词也位于关系小句（Rel）之前"，用逻辑上的蕴含式表示就是 NDem→NRel。这个蕴含式在逻辑上肯定了可能有的四种词序中的三种，即（1）NRel & NDem，（2）NRel & DemN，（3）RelN & DemN，而排除第（4）种 RelN & NDem。这就对可能有的语言类型作出了限制，这种限制被认为是一种语言共性。

近年来类型学的研究又从"词序"类型进入"词类"类型。个中的原因是，讲"词序"其实是在讲概括的"词类顺序"，而随着研究的深入，一个先天不足的问题就逐渐暴露出来，也就是"词类"和"句法成分类"的关系没有厘清。例如常说的 SVO（主动宾）和 SOV（主宾动）其实是词类（动词）和句法成分类（主语宾语）混杂在一起的，这对于英语和其他一些印欧语来说问题不大，因为这些语言的词类和句法成分类是大致对应的。拿英语来讲，名词对应主宾语，动词对应谓语，形容词对应定语，副词对应状语。然而汉语不同，正如朱德熙（1985：4，64）指出的，汉语的词类和句法成分之间缺乏一一对应的关系。"生成语法"刚刚兴起的时候，朱德熙就敏锐地指出，它那条最基本的句子转写规则 S→NP + VP 在汉语里"是行不通的"，汉语的事实是：

S→NP + VP　我不去。| 卖菜的来了。
S→NP + NP　小王上海人。| 这本书他的。
S→VP + VP　光哭没用。| 不撞墙不罢休。
S→VP + NP　逃，偏头。| 不死（今年）一百岁。

这就穷尽了 NP 和 VP 加合成句的所有可能。对汉语进行"形式语法"的研究很有必要，但是在开始这种研究之前，最好对这个问题有个说得过去的交代。另外，从陈承泽到赵元任再到朱德熙，汉语语法学界都已经承认汉语的主谓结构可以做谓语，如"象鼻子长、她肚子大了"，那就还需要有一条 S→NP + S'（NP – VP）规则，而现行的词序类型学框架却容不下这条规则。那么"羊肉我不吃"这一句，词序到底算是 OSV 还是 SSV 呢？

　　跟这个问题相联系，S、O、V、N、A 这些范畴的内涵和外延在语言之间其实有很大的差异，不能一概而论。例如汉语 S 涵盖的范围要比英语的 S 大，今年一百岁"，"今年"是主语，这在英语里就要算作状语了。英语的 V 只能做谓语，做主宾语的时候要"名词化"或变为非限定形式，而汉语的 V 几乎都可以做主宾语，做主宾语的时候还是动词，并没有"名词化"，例如：

打是疼，骂是爱。
吃有吃相，站有站相。
不要理睬她的大哭大闹。
我不怕比，比就比。
广州的吃全国第一，但是他在吃上不讲究。
你快决定吃（进）还是抛（出）。
（出）卖还是（出）租要先想好。
你找老婆是找妈还是找抽？抽你没商量。
她终于离婚了？我想是，是就好。
有总比没有好，大家还是想有。

即便是十分抽象的动词"是"和"有"也是如此。跟这个事实直接相关联的是，汉语的 A（形容词）不仅修饰名词做定语，也修饰动词做状语，例如"快车"和"快跑"的"快"是同一个"快"，不像英语的 A 基本上只修饰名词做定语，如要修饰动词做状语，就要加词缀-ly 变为副词。

再说定语和中心语的语序。在汉语的许多方言里，"公鸡"说成"鸡公"，同类例子很多。"鸡公"到底是定语在后还是定语在前？如果是定语在后就得承认汉语除了 AN 还有 NA 词序，现在多数人认为还是定语在前，那就是形容词 A 可以充当 NP 的中心。另外，按照朱德照（1985：6）的观点，汉语里名词修饰名词是常态，形容词特别是单音形容词做定语反而很受限制，例如说"红脸"不说"凉脸"，说"白的手"不说"白手"。特别是汉语的"的"字结构做定语，如：

我的书　穷的爸爸　他买的衣服

朱德熙极有洞见地指出，做定语的"的"字结构其性质是 NP，整个短语的结构是 NP + NP。这意味着，"我的"不是相当于英语的 my 而是 mine，"穷的"不是相当于英语的 poor 而是 the poor，"他买的"不是相当于英语的 that he bought 而是 what he bought。

N、V、A 三大实词类两两组合成定中结构的名词性短语，一共有九种可能，在汉语里全都成立：

A + N	伟大国家	鲜红玫瑰	高雅艺术	美丽姑娘
N + N	石油国家	血汗工厂	短语结构	人物形象
V + N	出租汽车	养殖对虾	抗日青年	表现方式
N + A	视觉疲劳	海派机敏	生活便利	政治敏感
N + V	汽车出租	房屋补贴	经济支援	细节描述
A + V	严厉批评	野蛮搬家	平等交涉	夸张描写
V + A	审视疲劳	相亲恐惧	赶稿焦虑	面试紧张
A + A	虚假健康	平均富裕	普通肥大	难得糊涂
V + V	租售管理	搬家补助	坠机调查	代理记账

这意味着对汉语来说，有规则等于没有规则。有的计算语言学家想把 A + V 或 V + N 里的 V 标写为 N（黄昌宁等 2009），这样做的用意很容易理解，因为他们还不想放弃规则，相反对存在的问题毫不在乎是不正常的。

还有所谓关系从句和中心名词的语序 NRel 和 RelN，按照现行的类型学理论，凡是 SVO 词序的语言，关系小句一律位于它所修饰的中心名词之后，但汉语是唯一例外（吴福祥 2012），几次大规模的世界语言调查都得出这个结果。汉语跟英语一样是 SVO 语言，例如英语说 He is a man *you can safely depend on*，关系小句后置，而汉语说"他是一个你可以信赖的人"，关系小句前置。这使语言类型学家十分困惑，我们自己也说不出一个所以然来。其实这个问题跟 Rel 这个范畴的认定有关，上面这句话汉语更自然的表达是"他的为人，你可以信赖"，汉语习惯用这样的方式来表达事物之间的联系，例如：

> 那位女同志，昨天来过了，怎么又来了？
>
> 他在找一个人，走路有点儿一拐一拐的，已经找了半天了。
>
> 杜十娘拿出一件件首饰，都是价值连城，统统投入江中。

每例含三个片段，按赵元任的说法都是"零句"（minor sentence），主谓不必齐全，按吕叔湘的说法是"流水句"，似断还连。如果认为当中划线的片段都是补充说明前面 NP 的小句，那么也可以认为汉语后置 Rel 是常态，所谓汉语是例外的问题就根本不是一个真问题。

汉语面临这样一些问题，其他语言也多多少少有同样的问题。公平地说，词序类型研究取得了很大的成绩，揭示了一些重要的词序规律，特别是当调查语言的取样量很大的时候，上面所说的问题不怎么突出。但是研究要深入，这些问题汇聚到一起，不能不使人认为不同语言的"词类系统"有类型上的差别，这就是研究从词序类型进入词类类型的内在逻辑。从事词类类型研究的学者在探讨这样一种可能性：造成语言之间差异的根源之一是词类分合的差异，确定每言类型变异的一个重要参项是词类分合的参项。

2 词类类型研究概况

2.1 跨语言词类比较的"阿姆斯特丹模型"

已经过世的著名功能语言学家 Simon Dik 的门生，集中在荷兰的阿姆斯特丹大学，他们提出一个跨语言词类比较的"阿姆斯特丹模型"（Hengeveld, et al. 2004；Rijkhoff and Lier 2013），这里作简要介绍。

这个模型先确定四个句法槽位：指称短语的核心、述谓短语的核心、指称短语的修饰语、述谓短语的修饰语，然后提出词类"专门化"的概念，即看一种语言中是否有一类词"直接"（不用变形）跟某个句法槽位相捆绑。英语是四个功能槽位都已经专门化了的语言，因此名词、动词、形容词、副词四大词类分立，例如：

$$\text{The tall}_A \text{ girl}_N \text{ sings}_V \text{ beautifully}_{adv}.$$

这种类型的词类系统叫做分化（differentiated）系统，其中的每一类词都专门承担某一种句法功能。但是有大量的和英语不一样的词类系统，大体分为柔性（flexible）和刚性（rigid）两种。在柔性系统中，有的词类功能灵活，可以直接承担多个句法功能，即存在没有专门化的词类。比如土耳其语，有一类词在用作指称短语的核心（见1）、指称短语的修饰语（见2）、述谓短语的修饰语（见3）的时候，并没有形式上的差别。以 güzel 一词为例：

（1）**güzel**-im   （2）**güzel** bir kopek   （3）**Güzel** konuş-tu-Ø.[①]

　　beauty-1. POSS   beauty ART dog   beauty speak-PST-3. SG

　　'my beauty'   'a beautiful dog'   'S/he spoke well. '

[①] 本文例句和行文中出现的语法成分的缩写名词有：ABS = 通格，ALL = 向格，ART = 冠词，BEG = 起始态，CL = 量词，CONN = 系连词，DEF = 定指，EMPH = 强调标记，FUT = 将来时，GEN = 属格，LIM = 限量标记，LNK = 联系词，LOC = 处所格，M. IPFV = 阳性非完整体，NOM = 主格，PAST = 过去时，PL = 复数，POSS = 领有格，PST = 现在时，PRST = 存现助词，SG = 单数，SPEC = 特指，TAM = 时体态。

　　在刚性系统中，每个词类都是专门化的，句法功能固定单一，但并非四个词类俱全，有的功能槽位硬是没有可以直接填入的词类。比如苏丹的 Krongo 语（尼罗 – 撒哈拉语系），有动词和名词，但是没有形容词和方式副词。为了修饰指称短语的名词核心，不得不使用以动词（见4）为基础的关系小句（见5）。

(4)　**Álímì** bìitì.　　　　(5)　bìitì ŋ-**álímì**

　　be. cold. M. IPFV water.　　water CONN-be. cold. M. IPFV

　　'The water is cold.'　　　　'cold water'（lit. 'water that is cold'）

在（5）中，屈折动词形式 álímì（冷）加粘着的系连语素 ŋ-构成关系小句。"阿姆斯特丹模型"分出语言的词类系统有 7 种类型，各不相同，加上中间类型 6 种，共 13 种，具体可参看完权、沈家煊（2010）的介绍。

　　这个模型强调"专一"功能和"直接"形式，标准虽然严格，但是可操作性强。它使人们认识到，像英语那种"名词、动词、形容词、副词"四分的词类格局并不是人类语言普遍的、典型的词类格局，恰恰相反，这种格局是比较罕见的，各种语言的词类系统不仅不完全一致，而且有很大的差异。

　　在笔者看来，这个模型的主要问题，是没有完全摆脱印欧语"动词中心论"的约束，它假设述谓短语比指称短语更为基本。这个假设至少不完全符合语言事实。拿汉语来说，"他拼命跑，拼命跑才能赢"这一句，"拼命跑"既做述谓短语又做指称短语，而"他拼命跑"跟"他黄头发"、"他老实人"在形式上并没有区别，做谓语的"拼命跑"因此可以视为跟"黄头发、老实人"一样的指称语，只不过是指称动作行为而已。其实有不少语言的词类系统是以名词或指称语为主导的（见以下三小节）。另一个不足之处是，在判定具体语言的词类类型时，对自己不熟悉的语言缺乏深入的了解和准确的把握，只是依据一些参考语法书，而这类参考书的书写框架往往受印欧语观念的支配，并不可靠。例如他们在确定汉语词类类型的时候，根本不掌握汉语的动词除了做述谓短语的核心还可以做指称短语的核心这一重要事实。要弥补这个不足，必须对调查的语言有全面深入的了解，真正掌握这种语言的运作机制。

2.2　汤加语的名词和动词

词类类型的研究聚焦在名词和动词的分合上。是否所有的语言都区分名词和动词，这个问题历经一百多年的争论没有停息。近年来人们的认识有一个重要的进展，就是要把"有没有区分"和"怎么个区分法"区别开来，有名动区分也许是语言的共性，但是怎么个区分法可能有个别语言的类型特点。

《语言类型学》杂志创刊号上 Broschart（1997）一文（另见 Broschart and Dawuda 2004），通过对汤加语（中太平洋的一种南岛语）长达五个月的实地调查，令人信服地证明，汤加语属于注重"词型 – 词例"二分的语言类型，而不是像印欧语那样重"名词 – 动词"二分。文章产生很大的影响，成为从事词类类型研究的重要参考文献之一。

汤加语里大多数的词在词库里（作为"词型"，word type）看不出来是指称性的还是述谓性的，而到了语句里（成为"词例"，word token）加上冠词就都能做指称语，加上时体标记就都能做述谓语。例如：

(6)　e　　　　　　tangatá　　　　　　　　e　　　　　　'alú
　　ART. SPEC　人 . DEF　　　　　　ART. SPEC　去
　　那个人　　　　　　　　　　　　　那个去

(7) na'e　kata　(e　　　　tangatá)　'e　　'uha
　　PAST　笑　ART. SPEC　人 . DEF　FUT　雨
　　（那个人）笑了。　　　　　　　要下雨。

词库里的 tangatá（人）和 'alú（去）二词加上冠词 e（e 是专指冠词，还有一个非专指冠词 ha）都成为指称语，kata（笑）和 'uha（雨）二词加上时体标记（na'e 是过去时标记，'e 是将来时标记）都成为述谓语。注意，汤加语词库的词（光杆词）如果不加冠词或时体标记就不能充当指称语或述谓语，加冠词和时体标记是强制性的。Broschart 特别提醒我们，'alú（去）并没有因为前加 e 而转化为名词，汤加语里没有什么"动词的名词化"，因为所谓的"动词"几乎全都可以前加 e 做指称语。

（8）na'e　　'alú　　　　（'）a　　Sione　　ki　　kolo
　　　PAST　去　　　　ABS　　肖纳　　ALL　城
　　　肖纳去城里了。

（9）ko　　e　　'alú　　'a　　　　　　Sione　　ki　　kolo
　　　PRST　ART　去　　GEN. ALL　　Sione　　ALL　城
　　　肖纳现正去城里呢。

（8）是'alú（去）加过去时标记na'e做述谓语，而在（9）里'alú又加冠词 e 做指称语指称"去"这个动作，前面的 ko 是一个表存现的助词，意思相当于"有"，'a 是领属格标记，相当于"的"，句子的字面解读是"（现）有肖纳的去城里"。因为（8）里的（'）a 可以视为'a 的变体，所以（8）也可以定性为由指称"肖纳的去城里"的指称短语加过去时标记组成，句子的字面解读是"曾有肖纳的去城里"。汤加语里一般认为是指称性的短语可以加时体标记做谓语，例如：

（10）'oku　fu'u　fo'i　'ulu　lanu　pulu：'a　e　　kakaʻá
　　　　PST　CL.大　CL.圆　头　颜色　蓝　ABS　ART　鹦鹉 . DEF
　　　　这只鹦鹉又圆又大的蓝脑袋。

Broschart 特别指出，起首的现在时标记'oku 并不是将一般认为是指称短语的 fu'u fo'i 'ulu lanu pulu：（又圆又大的蓝脑袋）转变为"长着又圆又大的蓝脑袋"这样的述谓语，它只是"将'又圆又大的蓝脑袋'跟当前场景中的某个指称对象'这只鹦鹉'在时间上联系起来"。从对应的汉语译句可以看出，（10）跟汉语的名词性成分做谓语的判断句如"小王黄头发"和"小张大学生了"相当，"黄头发"、"大学生"、"又圆又大的蓝脑袋"虽然做谓语（可以加"了"），但是"它本身仍旧是名词性成分"（朱德熙 1985：47）。汤加语和汉语不一样的地方只是，汤加语必须有一个时体标记起联系作用，汉语不一定有这样的标记。

要问汤加语到底有没有名动区分，可以这样回答：词库里的词（词型）名动几乎不分，因为表示动作的词都能跟冠词相容，表示事物的词都能跟时体标记相容。进入句子后的词例是有指称和述谓的区别的，冠词和时体标记不能共现，加了时体标记不能再加冠词，加了冠词不能再加时体标记。不过，带时体标记的述谓短语都具有指称性，可以分析为指称短语，而带冠词的指称短语要用来述谓一件事情，就必须加一个表示"有"的存现助词 ko（见 9）。所以我们说，汤加语的词例是以"指称语包含述谓语"的"指述包含"格局作有限的名动区分，详细可参看沈家煊（2012b）。

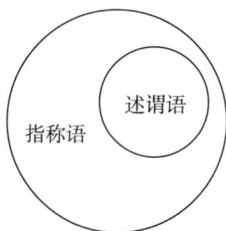

图 1　汤加语型的名词主导格局

Broschart 把这种格局叫做"汤加语型的名词主导格局"（Tongan nominalism）。

2.3　他加禄语的名词和动词

受印欧语"动词中心论"的影响，从事菲律宾他加禄语（属南岛语）语法研究的人曾经认为，这种语言的动词有四种语态词缀（施事语态 AV，受事语态 PV，处所语态 LV，替事语态 CV），分别选择施事、受事、处所、替事四种不同的论元充当小句的主语。然而 kaufman（2009）从生成语言学、历史语言学、语言类型学三个方面论证，这些所谓的动词语态词缀，其实都应该分析为名词性成分的附缀，因为这样的分析能在生成语法的理论框架内对名词短语的提取（extraction）限制做出简单统一的解释，而且跟这些词缀的历史来源相一致。例如，下面四句的英语翻译更接近于他加禄语本来的表达方式（ang 是主格标记，nang 是属格标记）：

（11）a.　k〈um〉áin　　　　　nang＝dagà　　　　ang＝púsa
　　　　〈**AV**：BEG〉吃　　　GEN＝耗子　　　　NOM＝猫
　　　　"The cat was the eater of a rat."

  b. k〈in〉áin-ø   nang = púsa   ang = dagà

    〈BEG〉吃-**PV**   GEN = 猫   NOM = 耗子

    "The rat was the eaten one of the cat. "

  c. k〈in〉áin-an   nang = púsa   nang = dagà   ang = pinggan

    〈BEG〉吃-**LV**   GEN = 猫   GEN = 耗子   NOM = 盘子

    "The plate was the cat's eating place of the rat. "

  d. i-k〈in〉áin   nang = púsa   nang = dagà   ang = áso

    CV-〈BEG〉吃   GEN = 猫   GEN = 耗子   NOM = 狗

    "The dog was the cat's 'eating benefactor' of the rat. "

  Kaufman 强调，这样的句子在他加禄语里是基础句式，不是派生而成的。跟英语比照，AV 缀相当于英语名词的施事缀-er，PV 缀相当于英语名词的受事缀-ee，只是英语名词没有相当于 LV 的处所缀和相当于 CV 的替事缀。这正是他加禄语等南岛语里所谓的语态词缀的实质。

  不难发现这四个英语译句一句比一句不自然，不如翻译成自然的汉语"话题 – 说明"句：

（12）a. 猫，吃耗子的_{AV}。（表达"猫吃耗子"的意思）

   b. 耗子，猫吃的_{PV}。（表达"耗子被猫吃"的意思）

   c. 盘子，猫在那儿吃耗子的_{LV}。（表达"猫在盘子上吃耗子"的意思）

   d. 狗，猫替它吃耗子的_{CV}。（表达"猫替狗吃耗子"的意思）

这四个汉语句子都是以"的"煞尾的名词性短语充当谓语的句子，系词隐而不显，因此都是用一个指称性谓语对话题加以说明。陆丙甫（2014）采用另一种译法，这里按他的意思做点改动，仿照古汉语用句末的"也"代替表示判断的"是"：

（13）a. 涉及耗子的吃_{AV}，猫_{施事}也。

   b. 涉及猫的吃_{PV}，耗子_{受事}也。

   c. 涉及猫在那儿的吃_{LV}耗子，盘子_{处所}也。

d. 涉及猫替它的吃_{CV}耗子，狗_{替事}也。

句子也是 NP + NP 的"话题 – 说明"格式，好处是保持他加禄语原来的语序，也符合信息结构"话题在先、说明在后"的一般规律。有意思的是，汉语一个统一的"的"既相当于他加禄语的属格标记 nang，又作为名词性短语的标记涵盖了他加禄语 AV、PV、LV、CV 四种词缀。这是汉语的简洁之处。

Kaufman 指出，他加禄语做谓语的动词短语其实都应该分析为名词短语，原因是，这种语言的词根都是名词性的，包括那些表示典型动作的词根。例如：

（14）dalawa = ng　　**kuha** = ngà = lang　　nang = i_isang　　ibon

two = LNK　　take = EMPH = only　　GEN = LIM_one　　bird

two takes（photos）of only one bird

（15）saan　　ang = **lákad** = mo　　ngayong　　gabi

where　　NOM = walk = 2S. GEN　　now：LNK　　night

Where is your walk tonight?

（14）表动作的词根 kuha（照（相））受数量词的修饰，nang 是属格标记，好比汉语说"一鸭的两吃"，他加禄语是用"一鸟的两照"来表达"一只鸟照了两次"的意思。（15）表动作的词根 lákad（走）带有通常名词带的数 – 格标记，是用"你今晚哪儿的一走？"来表达"你今晚到哪儿散步？"。这一点还可以从掺杂外语借词的语句和掺杂他加禄语词的洋泾浜英语看出来：

（16）a. mag-*ice-cream*　　b. mag-*basketbol*

AV-ice-cream　　　　 AV-basketball

eat ice cream　　　　 play basketball

（17）a. mag-*trabaho*　　 b. p⟨um⟩*arada*

AV-work　　　　　 ⟨AV⟩stop

to work　　　　　　 to park

（16）是他加禄语借用英语和西班牙语的名词 ice-cream（冰激凌）和 basket-bol（篮球）（没有对应的动词）加上 AV 标记做述谓语，（17）是借用西班牙语的名词 trabaho（工作）和 parada（停靠）（有对应的动词）加 AV 标记做谓语。汉语也有类似的情形，例如：

（18）　你 iphone 了吗？

　　　你 3G 了吗？

　　　我也 blog 了。

（19）　你 parking 好了吗？

　　　你今天 swimming 了吗？

（18）借用英语的名词 iphone、3G、blog 加"了"做述谓语，这与其说是名词临时用作动词的修辞用法，不如说是汉语里由动词充任的述谓语本来就具有名词性，因为这样说的人多半不知道这些英语借词是名词还是动词。（19）在明知英语有动词 park 和 swim 的情形下却还用它们的名词形式，这就更说明问题。

（20）　Let's make *pasok*（'enter'）*na* to our class!

　　　（我们进教室吧！）

　　　Wait *lang*! I'm making *kain*（'eat'）*pa*!

　　　（等一等，我正在吃呢！）

　　　Come on *na*, we can't make *hintay*（'wait'）anymore!

　　　（快点，我们不能再等！）

这是掺杂他加禄语词的洋泾浜英语，情形正好跟上面相反，因为表示"进、吃、等"等动作的词根 pasok，kain，hintay 有名词性，所以插入英语句子的时候要前加一个动词 make。掺杂汉语词的洋泾浜英语也有类似的情况，特别是遇到一些不好翻译的汉语动词的时候：

（21）We can't make *zheteng*（折腾）anymore!（我们不能再折腾了！）

Let's do some *zouxue*（走穴），too!（我们也去走走穴吧！）

He is doing *huyou*（忽悠）againl!（他又在忽悠了！）

经常是先这么权宜地一说，接着尽量对"折腾、走穴、忽悠"这些词作些解释。如果不假设这些词有名词性，就很难说明为什么还要前加 make 或 do。

类似的情形见于进入日语的汉语词，表动作的汉语词不光是双音词，单音词（动词性强）也是加する（ずる，ヒる）才变成"用言"，不加的时候是"体言"，如"检阅する），解放する，爱する，念ずる，任ヒる"。进入韩语的汉语词也一样，如"建设"加-hada（做）才能做谓语。

原来以为是动词性的词根其实是名词性的，原来以为是动词的语态词缀原来是名词的附缀，这是他加禄语的"名词主导"格局，而且这个结论是在"生成语法"的理论框架内得出的（沈家煊 2013a），其重要性不言而喻，《语言学理论》杂志第 35 卷第 1 期出了一个专辑，专门讨论 Kaufman 的这篇论文。

2.4 Larson 的"大名词"观

生成语法学派虽然大多持名词、动词、形容词三者分立的假设，但是 Larson，就是提出以他的名字命名的"拉森壳假说"（Larson's Shell Hypothesis）的那一位，提出汉语很可能跟一些伊朗语言一样，名词是一个包含动词和形容词在内的"大名词类"（super-noun category，Larson 2009）。

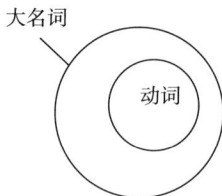

图 2 Larson（2009）的大名词类

这个结论是根据生成语法的"格"（case）理论，拿汉语的"的"和一些伊朗语言的对当助词的比照得出的。在那些伊朗语言里，跟汉语"的"相当的助词叫 ezafe，在定中结构里它附着在中心名词之后，而不是像"的"

附着在定语之后。例如，汉语说"铁石－的｜心肠"，现代波斯语里是"心肠－EZ｜铁石"。这个 EZ 助词起核查"格"的作用，使前后名词性成分的"格"互相协调。已有的研究表明，对伊朗语言的 EZ 作这样的分析和定性在生成语法的理论框架里是合理的、简洁的。汉语里的助词"的"只是跟 EZ 附着方向相反，语法性质和作用是一样的。举例来说：

> 爸爸的书　沉重的书　出版的书　出和不出的书
> 书的封面　书的沉重　书的出版　书的出和不出

按照朱德熙（1961），不管"的"前头的定语成分是名词、形容词还是动词，"的"都是"名词性语法单位的后附成分"（的₃）。Larson 进一步说，不管"的"前头的定语成分还是后头的中心语，也不管它们是名词、形容词还是动词，"的"都是使前后的名词性语法成分"格协调"的助词。在正统的生成语法的理论框架里，要把定语成分都分析为名词性成分，就必须假设"沉重、出版、（不）出"这些谓词性成分经历了"关系小句化"，或者假设它们由限定形式转化为非限定形式；要把中心语都分析为名词性成分，就必须假设"沉重、出版、（不）出"这些谓词性成分都经历了"名词化"，因为名词性短语的中心理应是名词性成分，无需论证，不然就违背"X－语杠"理论（或者说"中心扩展规约"）。这种"化"那种"化"，在汉语里都违背简洁准则，没有必要。有了 Larson 假设的"大名词"，这些"化"都可以取消。现在有人却想把"书的沉重、书的出版、书的出和不出"里的"的"分析为"的₃"以外的另一个"的"（插在主谓结构之间的中心成分），这不仅带来新的难以解决的问题，而且违背简洁原则。Larson 和 Kaufman 的做法都给我们一个重要启示：简洁原则凌驾于不同的学派之上，生成语法虽然假设名动分立，但这只是个工作假设而已，在跟简洁原则发生冲突的时候这个假设可以放弃。

汉语的名词性成分没有显性的格标记，在功能学派看来，"的"统一的功能就是"提高指别度"的（完权 2010），"格协调"也是为了提高名词性成分的指别度。

Larson 在论证汉语"大名词"的时候一再强调，"只从汉语看汉语是看不清汉语的"，这话十分有道理，"不识庐山真面目，只缘身在此山中"。看汉语是这样，看其他语言何尝不是这样呢？沈家煊（2013a）从汉语反过来看英语，对英语谓语做了重新认识。

2.5　汉语"名动包含"说

我们已有一系列文章（沈家煊 2007，2009a，2009b，2012a，2012b），从许多不同的角度论证，汉语里名词和动词的关系不同于印欧语里名词和动词的关系，印欧语是"名动分立"格局，汉语是"名动包含"格局，图示如下：

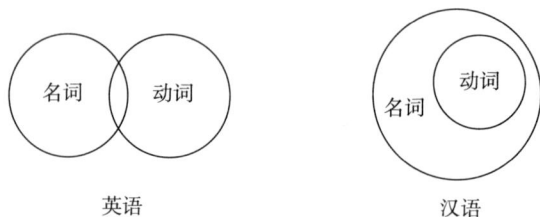

图3　汉、英名动词类的不同格局

汉语的动词全是"动态名词"或"动名词"，整个动词类相当于英语的V-ing 形式，兼具名动二重性，如：

炸　explode/explosion

死　die/death

去　接二连三去茅庐不无道理（动性）/刘玄德的第三次去不无道理（名性）

跳　接二连三跳高楼很严重（动性）/富士康的第十一跳很严重（名性）

英语"名动分立"，名词和动词的关系好比 male 和 female 的关系，是male 就不是 female，是 female 就不是 male，只有小部分交叉，即名动兼类。汉语是"名动包含"，名词和动词的关系好比 man 和 woman 的关系，woman 也是 man，man 不都是 woman。这个包含格局是名词和动词"既分又不分"的格局。不分，因为动词也是名词；分，因为名词不都是动词。要问汉语有没有"动词"这个类，回答是，有也没有。没有是指没有一个独立的动词类，动词属于名词；有是指名词中有一类特别的动态名词，动态名词就是汉语的动词。正因为汉语的动词本来就都是名词，所以汉语的动词做主宾语的时候没有"名词化"的过程和手段。

从标记理论（markedness theory）来看，Jakobson（1984［1932］，1984［1939］）早就发现，"甲乙分立"和"甲乙包含"是两种不同的标记类型，应该加以区分。很多人混淆这两种标记类型，例如，对 male-female 这对范畴，说 male 是无标记范畴，female 是有标记范畴，对 man-woman 这对范畴，也说 man 是无标记范畴，woman 是有标记范畴。采用的特征标记法也一样：无标记范畴标为［-F］，有标记范畴标为［+F］，即 male［-阴性］/female［+阴性］，man［-阴性］/Woman［+阴性］。其实这两种标记类型是有重要差别的，分立格局里无标记范畴 male 的［-阴性］是表示"确定没有［阴性］特征"，而包含格局里的无标记范畴 man 的［-阴性］是表示"未确定有无［阴性］特征"。英语 unmarked 一词无法显示这种区别，在陈述语言事实的时候常常感到很无奈，因为语言事实上有这种区别。汉语有否定词"未"和"无"的区分，理应把包含格局里的"无标记"范畴改称为"未标记"范畴，特征标为［~F］，即 man［~阴性］。

汉语的名词，也就是 Larson 所说的"大名词"，其特征应标为［~述谓性］而不是［-述谓性］，即没有确定（unspecified）是否具有"述谓性"。正因为汉语是这样的"名动包含"格局，所以传统上所说的汉语名词（大名词中除去动词的那部分名词）是从反面定义的，即不具有"述谓性"（朱德熙1985：16）。从逻辑上讲，也只有在"名动包含"的格局里，大名词中除去动词的那部分名词（传统上所说的汉语名词）才是从反面定义的。

汉语的名词入句后（词例）就是指称语，动词入句后（词例）就是述谓语，因此"名动包含"的实质是"指述包含"，指称语包含述谓语，这一点跟汤加语是一致的。跟汤加语的区别是，汤加语用形态手段区分词型和词例，汉语不作这样的区分，详见沈家煊（2012b）。

汉语"名动包含"格局跟汉语以"零句为根本"（赵元任1979：1-51）有密切的联系，前者可以从后者直接推导出来（沈家煊2013a）。

3　词类系统的语法化程度

著名的研究语法化（grammaticalization）的德国学者 Heine，也就是编写《语法化的世界词库》的那位，他也是非洲语言专家，根据大量的语言事实得出结论，名词和动词原先并不在同一个层次上，动词是一部分名词"虚化"的产物，参看 Heine 和 Kuteva（2002）。动词相对名词而言是"虚词"，这个观念中国早就有之，清代的袁仁林在《虚字说》（1989［1746］）中把一般认为是名词的词做谓语这一现象（如"解衣衣我，推食食我"）就称作"实字虚用，死字活用"。Vogel（2000）从语法化的角度来看名词和动词的分合，他在 Broschart（1997）的研究的基础上提出，在名动的分合上德语（比英语更像"名 – 动分立"语言）和汤加语分别属于两种不同的类型，图示如下：

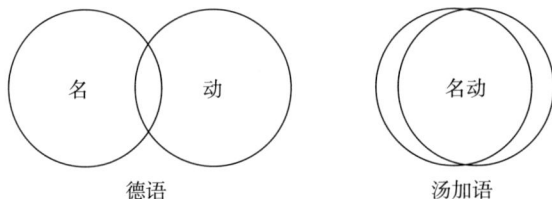

图 4　德语、汤加语名动词类的不同格局

德语里名词和动词是两个分立的类，名词用作指称语，动词用作述谓语，交叉部分（兼类）很小，名词和动词的语法化程度高；汤加语词库里的名词和动词大部分交叠，既可以加冠词做指称语又可以加时体标记做述谓语，可以说是名动基本不分，名词和动词的语法化程度低。

用来衡量词类系统语法化程度高低的标准是看"是否有一种固化的形式给某一部分光杆词标记［+述谓］特征"。如果有了送种固化的标记，那么就有了跟"名词"对立的"动词"类，不同的光杆词就和不同的句法槽位（指称语槽位和述谓语槽位）有了固定的联系，词类系统的语法化程度就高，反之则低。从这个角度着眼可以看出，在名词和动词的语法化程度上，汉语是最低的，德语是最高的，汤加语处在介于二者之间的过渡阶段：

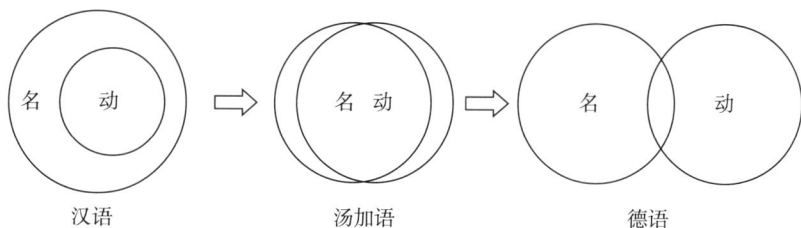

图5　汉语、汤加语、德语名动词类的不同格局

就像细胞分裂一样，印欧语（德语）已经裂变出两个相对独立的类名词和动词，汉语至今还没有出现这样的裂变，动词还包含在名词之中，而汤加语正处于这个裂变的过程之中。这个"裂变"过程也就是词类的语法化的过程，即具体的语用范畴（指称语述谓语）虚化为抽象的句法范畴（名词动词）的过程。这可以从两个角度来理解：

从一个角度看，汉语名词和动词没有互斥的部分，动词还包含在名词里；汤加语名词和动词大部分交叠，小部分互斥；德语名词和动词已经是大部分互斥，只有小部分交叠。从另一个角度看，汉语虽然在词例层面上已经有标记［＋述谓］特征的形式（主要是表示时体的"了、着、过"），但是它们都还不是强制性的标记，更没有成为词形的一部分；汤加语在词例层面上这种标记形式已经成为强制性的，光杆词不加这样的标记就不能做述谓语，但是这种标记还没有成为词形的一部分；德语特别是拉丁语中这种时体标记不仅是强制性的，而且已经固化为词的形态标记，所以是词类语法化程度最高的。

Vogel（2000）还认为，跟德语、拉丁语相比，英语的屈折形态衰减的程度已经很高，因此英语是一种正在"去语法化"（degrammaticalized）的语言，名词和动词兼类的比例也已经相当高。那样的话，我们可以合理地推测语言名动分合的类型演化是循环性的，英语是一种正在向汉语型语言回归的语言（沈家煊2012b）。英语如果继续变下去，词的形态消失殆尽，就会变得跟古代汉语一样。现代汉语已经出现谓语后头的"了、着、过"，虽然是非强制性的，但是可以视为汉语出现向汤加语演变的迹象。而古代汉语很可能也是更原始的汉语"去语法化"的产物，因为有证据表明原始汉藏语动词的形态标记和"名词化"标记在上古汉语里有遗迹。汉语词类的类型学价值在于，它为人类语言词类系统循环演变的假设提供一个不可或缺的支点。

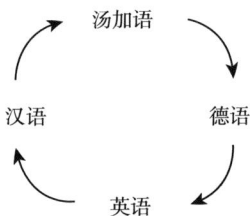

图6　名动分合类型演化的循环

4　违背"中心扩展规约"成为一个假问题

汉语语法理论中"这本书的出版"和"他的去"如何分析定性，这是个老大难问题。按照"简洁原则"，必须坚持"出版"和"去"仍然是动词，没有名词化；按照"中心扩展规约"，由中心语扩展而成的短语，其语法性质应该跟中心语相一致，但是由动词扩展而成的这两个短语却显然是名词性短语。有人反问，违背"中心扩展规约"又怎么样？言下之意是违反也无所谓，汉语不必遵守"中心扩展规约"。但是这样说的人恰恰是很重视形式语法的，而从形式语法的角度，这个规约是语言"递归性"的体现，也是"X-语杠"理论的基础，被视为人类语言区别于动物讯递的特性之一，其实质是"有限手段的无限使用"。他们当中有人试图把"的"分析为短语的中心语，这样做的用意还是不想违背这个规约。但是这样做的缺点是分裂一个统一的"的"，不符合简洁原则。

按照"名动包含"说，汉语的动词本来也是名词，所谓违背中心扩展规约的问题根本就不成为一个问题。这为词性的标注，将"这本书的出版"和"他的去"里的"出版"和"去"标为名词，将"这本书的不出版"和"他的不去"里的"不出版"和"不去"标为名词短语，将名词短语"出租汽车"和"养殖对虾"里的"出租"和"养殖"标为名词，扫清了理论障碍。

5　维护"名动有别"这一语言共性

有人认为，"名动包含"说是抹杀名词和动词的区别，这是误解。恰恰相反，这是在汉语里维护了"名动有别"这一语言共性。

前面说过，从造句规则看，汉语除了 S→NP + VP，还有 S→NP + NP，S→VP + VP，甚至 S→VP + NP，正如赵元任（1979：53 - 7）所说，汉语谓语的类型不受限制，可以是动词形容词，也可以是名词。为了从理论上解释这个事实，有人就说，不仅动词有指称性，名词也有述谓性。这就是说，在汉语里坚持"名动分立"，最后不仅导致"类无定职"，也导致"词无定类"，导致"名动不分"。"名动包含"说并不否定名动有别，动词虽然都是名词，但是名词不都是动词。动词和名词一样具有指称性，可以自由地做主宾语，但是名词不都具有述谓性，传统所说的名词（即"大名词"去除动词后的那部分名词）只有指称性没有述谓性，说汉语谓语的类型不受限制不等于名词做谓语不受限制，传统所说的名词能做谓语不是因为它们有述谓性，而是因为述谓语有指称性。

"名动包含"说没有抹杀名词和动词的区别，而是有限地维护了"名动有别"①。不仅维护了"名动有别"，而且更加符合最简方案的精神，在汉语里可以取消不必要的"名词化"，树形结构和句法操作可以大为简化。

6　计算语言学对词类研究的启示

白硕（2014）从计算语言学的角度，针对的是"这本书的出版"与 X - 语杠理论（即"中心扩展规约"）不相兼容的问题。他首先指出，想要达到两者的兼容并不是崇洋媚外，也不是对乔姆斯基的个人崇拜，因为一个 CFG（上下文自由语法）如果与 X - 语杠兼容，分析器的性能就可以有一个非常好的保证，因此兼容对于计算语言学来说当然是一个重大的好消息。

白硕提出一种可以兼容 X - 语杠理论的"待定说"："出版"本身带有名词和动词二重属性，它的词性标注不应匆匆确定。就像量子力学中电子带有粒子和波动二重属性、处于"叠加态"，受观测的干扰就"坍缩"为粒

---

① 笔者当年曾参加乔姆斯基 Aspects 和 GB 二书的翻译，之所以没有从事生成语法的研究，是因为对如何让基本转写规则 S→NP + VP 和 VP→V + NP 在汉语里行得通没有想通，迟暮之年倒是想通了。

子一样，处于叠加态的"出版"受最大投射"这本书的出版"的结构强制也坍缩为名词。这种"坍缩"，是整体对部分的强制性约束，是观测对叠加态所固有的不确定性的彻底终结。从计算机处理角度看，相应的句法分析过程不再是纯粹"自底向上"的，在中心词词性具有不确定性的时候，要把不确定性保持到最大投射，等确定了再"自顶向下"进行"回代"，回代并不会提高计算复杂性的量级。也许有人要说，回代以后就出现了 N 或 NP 这类名词性成分受"不、迟迟"等修饰的情况，这是不应该出现的。但是这些修饰关系依据涉 V 的构建规则在先，回代为 N 发生在后，发生在后的行为改变了发生在先的行为的结果。

白硕最后说，目前的计算机只能"模拟"并行性不那么强的叠加态演化及其坍缩。如果用量子计算机做分析器，那么这种 N 和 V 混搭的叠加态和坍缩可以很自然地在物理器件上得以实现。好在"这本书的出版"涉及的叠加态演化的并行性并不很强，现在就可以在普通计算机上做出来。

我们想补充的只有一点：汉语具有名动二象性的动词不光是"出版"这类所谓的"名动词"，而是整个汉语动词类（见上 2.4 节）。

7　覆盖而不是推翻

朱德熙（1985：iii）在谈到汉语语法研究要摆脱旧有观念的时候说，"我们现在在这里批评某些传统观念，很可能我们自己也正在不知不觉之中受这些观念的摆布。这当然只能等将来由别人来纠正了……"。吕叔湘（2002）说，"要大破特破。……要把'词'、'动词'、'形容词'、'主语'、'宾语'等暂时抛弃。可能以后还要捡起来，但这一抛一捡之间就有了变化，赋与这些名词术语的意义和价值就有所不同，对于原来不敢触动的一些条条框框就敢于动它一动了。"

两位前辈大师的学术勇气和豁达大度令人钦佩，笔者作为一个后辈，推崇科学发展的继承性。爱因斯坦相对论是覆盖而不是推翻牛顿力学，汉语"名动包含"说也是覆盖而不是推翻朱德熙先生的词类模型：正因为汉语的动词本来也是名词，所以动词做主宾语的时候还是动词，没有"名词化"，谈不上"名词化"。当朱德熙说"汉语的名词是从反面定义的"时候，一只脚跨进了"名动包含"格局，因为上面已经说明，只有在这个格局里，传统所说的名词才是从反面定义的，即不具有述谓性。

8　重视汉语自身重视的区分

沈家煊（2015）讲形式类分与合的原则，指出实现的、直观的、稳定的形态才是区分形式类的依据，调查一种语言的语法，重要的是找出这种语言自身重视的区分，而不是去寻找我们碰巧熟悉的语言所重视的区分。上面所讲的汤加语，它不同于印欧语的地方就在于，从形态上看它重视的是"词型"和"词例"的区分，"名词"和"动词"的区别也有，但是有限，只体现在"词例"上，而且呈"指称语包含述谓语"的格局。我们不能只说汉语缺乏印欧语的那种形态，而应该问一问汉语有哪些自身的、不同于印欧语的形态手段，并加以足够的重视。

根据沈家煊（2011，2013b），陈刚、沈家煊（2012）以及沈家煊、柯航（2014）诸文的论证，一个更加贴近汉语实际的词类系统大致如下所述。限于篇幅，这里只能简要说明。名词和动词虽然也有区别，但是区别有限，汉语所重视的区分依次是：第一刀，用重叠这种形态手段把"大名词"和"摹状词"区分开来；第二刀，在"大名词"内部用"单双区分"这种形态手段把指称性强的双音词和述谓性强的单音词区分开来；第三刀，用"单双组配"手段（"单＋双"和"双＋单"）把形容词和名词动词区分开来。最后，对名词和动词作有限的区别，名词和动词呈"名动包含"格局。

引用文献

Broschart, J. 1997. Why Tongan does it differently: Categorial distinctions in a language without nouns and verbs. *Linguistic Typology* 1: 123 – 65.

Broschart, J. and C. Dawuda. 2004. Beyond nouns and verbs: Typological studies in lexical categorisation. Unpublished manuscript.

Comrie, B. 1981. *Language Universals and Linguistic Typology*. Chicago, IL: The University of

Chicago Press.

Evans，N. and S. C. Levinson. 2009. The myth of language universals：Language diversity and its importance for cognitive science. *Behavioral and Brain Sciences* 32，429 – 92.

Greenberg，J. 1963. Some universal of grammar with particular reference to the order of meaning-ful elements. In J. Greenbeig，ed. ，*Universals of Grammar*. 2nd edition. Cambridge，MA：The MIT Press. Pp. 73 – 113.

Heine，B. and T. Kuteva. 2002. On the evolution of grammatical forms. In A. Wray，ed. ，*The Transition to Language*. Oxford：Oxford University Press. Pp. 376 – 97.

Hengeveld，K. ，J. Rijkhoff，and A. Siewierska. 2004. Parts-of-speech systems and word or-der. *Journal of Linguistics* 40，3：527 – 70.

Jakobson，R. 1984 ［1932］. Structure of the Russian verb. In L. R. Waugh and M. Halle，eds. ，*Russian and Slavic Grammar*：*Studies*，1931 – 1981. The Hague：Mouton. Pp. 1 – 14.

——. 1984 ［1939］. Zero sign. In L. R. Waugh and M. Halle，eds. ，*Russian and Slavic Grammar*：*Studies*，1931 – 1981. The Hague：Mouton. Pp. 151 – 60.

Kaufman，D. 2009. Austronesian Nominalism and its consequences：A Tagalog case study. *Theoretical Linguistics* 35，1：1 – 49.

Larson，R. K. 2009. Chinese as a reverse *ezqfe* language. *Yuyanxue Luncong* 39，30 – 85.

Pinker，S. 1994. *The Language Instinct*. New York，NY：William Morrow.

Rijkhoff，J. and E. van Lier，eds. 2013. *Flexible Word Classes*. Oxford：Oxford University Press.

Vogel，P. M. 2000. Grammaticalisation and part-of-speech systems. InVogel，P. M. and B. Comrie，eds. ，*Approaches to the Typology of Word Classes*. Berlin/New York，NY：Mouton de Gruyter. Pp. 259 – 84.

白硕：《论"这本书的出版"与 X-bar 理论的兼容性》，博客论坛，http：//blog. sina. com. cn/s/blog_729574a00102uzf6. htral（2015 年 3 月 27 日点击）。

陈刚、沈家煊：《从"标记颠倒"看韵律和语法的象似关系》，《外语教学与研究》2012 年第 4 期。

黄昌宁、姜自霞、李玉梅：《形容词直接修饰动词的"a + v"结构歧义》，《中国语文》2009 年第 1 期。

陆丙甫：《沈家煊"名动包含"理论正反说》，载《英汉对比与翻译》第 2 辑，上海外语教育出版社，2014，第 71 ~ 83 页。

吕叔湘：《语法研究中的破与立》，载《吕叔湘全集》第 13 卷，商务印书馆，2002，第 402 ~ 404 页。

沈家煊：《汉语里的名词和动词》，《汉藏语学报》2007 年第 1 期。

沈家煊：《我看汉语的词类》，《语言科学》2009 年（2009a）第 1 期。

沈家煊：《我只是接着向前跨了半步——再谈汉语的名词和动词》，《语言学论丛》第 40
　　辑，2009b，第 3～22 页。

沈家煊：《从韵律结构看形容词》，《汉语学习》2011 年第 3 期。

沈家煊：《名动词的反思：问题和对策》，《世界汉语教学》2012 年（2012a）第 1 期。

沈家煊：《名词和动词：汉语、汤加语、拉丁语》，《现代中国语研究》2012 年（2012b）
　　第 14 期。

沈家煊：《谓语的指称性》，《外文研究》2013 年（2013a）第 1 期。

沈家煊：《"单双区分"在汉语中的地位和作用》，日本中国语研究学会第 63 次年会主题
　　报告，2013b，东京。

沈家煊：《形式类的分与合》，《现代外语》2015 年第 1 期。

沈家煊、柯航：《汉语的节奏是松紧控制轻重》，《语言学论丛》第 50 辑，2014，第 47～
　　72 页。

完权：《"的"的性质与功能》，中国社会科学院研究生院博士学位论文，2010。

完权、沈家煊：《跨语言词类比较的"阿姆斯特丹模型"》，《民族语文》2010 年第 3 期。

吴福祥：《试说汉语几种富有特色的句法模式——兼论汉语语法特点的探求》，《语言研
　　究》2012 年第 1 期。

袁仁林著，解惠全注《虚字说》，中华书局，1989。

赵元任（Y. R. Chao）：《汉语口语语法》，吕叔湘译，商务印书馆，1979。原著：1970
　　[1968]. *A Grammar of Spoken Chinese*. Berkeley/Los Angeles：University of California
　　Press.

朱德熙：《说"的"》，《中国语文》1961 年第 12 期。

朱德熙：《语法答问》，商务印书馆，1985。

本文原刊于《当代语言学》2015 年第 2 期

论语言库藏的物尽其用原则*

刘丹青**

引言　语言库藏类型学的核心要义

  本文以我们倡设的语言库藏类型学（刘丹青，2011、2012）为背景，基于形式库藏—语义范畴相互关系的跨语言差异，特别是表达显赫范畴的语法形式的跨范畴扩张，提出语法库藏使用的一条基本原则——物尽其用原则。我们将该原则视为更加基本的语言经济原则在语法库藏（聚合关系）方面的一项重要体现，与经济原则在组合关系方面的表现一起构成语言经济原则的完整表征。

  这里先简述一下语言库藏类型学的核心要义，包括其核心概念之一——显赫范畴。

  语言库藏类型学注重语义范畴（含语用功能）和语法库藏手段的双向

---

 * 本文为中国社科院创新工程项目"汉语口语的跨方言调查与理论分析"的阶段性成果。初稿曾先后在首届语言类型学国际研讨会（2013.12.2，常熟理工学院）、香港中文大学（2014.3.20）、美国哥伦比亚大学（2014.5.8）、首都师范大学（2014.6.25）宣讲。会上会下蒙金立鑫、Hilary Chappell、李行德、蒋平、邓思颖、刘乐宁、洪波诸教授和唐正大、陈玉洁、高再兰、王芳、夏俐萍、郭中、白鸽、盛益民等博士惠予意见，一并致谢。尚存问题由作者负责。
 ** 刘丹青，中国社会科学院语言研究所所长，研究员。

制约，尤其关注语言库藏在不同语言中的存在与否及库藏属性（显赫度）对语义范畴的影响，以及由此形成的形义关系的语际参差性，避免从语义范畴出发寻找语法对应物的单一视角局限。

库藏类型学尤其重视不同语言中显赫范畴的作用。显赫范畴是语言库藏中语法化程度高和/或语法功能强大的语法手段所表示的范畴。显赫范畴的特点之一是具有范畴扩张的能量，即在特定语言中显赫范畴的表达手段可以扩展到其原型范畴以外的语义域，这是造成形义语际参差性的最重要原因。

本文旨在揭示语言手段的库藏属性所导致的显赫范畴扩张力背后的重要动因——语言库藏的物尽其用原则（The Maximum Utilization Principle of Language Inventory，简称物尽其用原则）。

在语法库藏中，存在着一种马太效应（The Matthew Effect）：越常用，越显赫；越显赫，越常用。具体地说，一种手段越是常用高频，越容易使所表达的范畴取得显赫范畴的地位；一种范畴越是显赫，其表达手段越是会高频出现，以至扩展到其他范畴的语义域。因此，每种语言都会形成一些自己的显赫范畴，显赫范畴的不同是形义关系语际差异的根本原因。这种马太效应在词库中也有表现，即高频词的极端多义性。

当然，显赫范畴也不会无限扩展，因为语言中也存在着制约显赫范畴过度扩展的因素，尤其是语言表达的区别性要求，此点容另文研究，初步讨论可参看刘丹青（2013a）。

本文将从语义范畴到语法库藏、语法库藏到语义范畴两个方向来论证物尽其用原则的作用及其限制。具体涉及时体范畴、趋向范畴、疑问代词、类指等个案的讨论。

下面先从作为本文重要理论基础的语言经济原则谈起。

一 从语言经济原则到物尽其用原则

语言的经济原则是法国语言学家 André Martinet 在前人相关思想的基础上明确提出的一条语言运转的基本原则。他强调经济原则在语言历史演变和语言共时状况中的作用，认为经济原则支配人们言语活动的规律，它不仅是节省力量消耗的同义语，而且是指在保证语言完成交际功能的前提下，人们对言语活动中力量的消耗作出合乎经济要求的安排；从这一点出发，它能对语言结构演变的特点和原因提供合理的解释（参看周绍珩，1980）。

语言经济性是语言使用和演变的根本原则之一，但不是唯一的原则。语言的结构和应用也受其他原则制约，那些原则和经济原则处于时而共谋、时而竞争的关系。如语序象似性原则，它有时能让语序本身表示现实中的时间顺序，省去表示时间的手段，这种安排同时符合语序象似性和经济性，形成共谋合力关系；也有时，象似性和经济性构成竞争。比较：

（1）a. 校长见了一次家长，班主任也见了一次家长。（两个小句，两个事件，符合语言单位象似性，不经济）

b. 校长和班主任分别见了一次家长。（一个小句，两个事件，经济，不符合语言单位象似性）

我们认为，语言经济性在语言中的作用主要表现在组合和聚合两个方面。

组合经济性也可称交际经济性或在线经济性，作用于实际言语中的组合关系。其原则是：表达同样的内容，用尽可能少、短、简的语言单位。其最直接体现"经济性"的另一种说法——"省力"。

聚合经济性也可称认知经济性或恒久经济性，作用于头脑中的聚合关系，涉及语言库藏单位的获得、储存和调用。其原则是：尽量减少学习、记忆和取用的库藏负担。①

以往对语言经济性的关注，较多在组合 - 交际领域，例如同指省略、音素脱落、虚词省略、成分共享等。对聚合 - 认知经济性的关注偏少，只偶有涉及。例如，据 Sgall（1995），布拉格学派的类型学认为，一种语言倾向于采用单一类型的语法手段（例如同为前置或同为后置的语序），就是基

---

① 此外，语言学理论也可以有经济性，其原则是：用尽可能少、简单、直接的规则解释尽可能多的语言事实。这是组合经济性和聚合经济性在理论领域的投射，也体现科学理论的一般追求。

于语言经济性的动因。这种经济性，不是说话时语法单位的简省，而是头脑中需要学习和记忆的语法规则更加单一，因而这是聚合—认知意义上的经济性。

聚合－认知经济性是语言的根本属性之一，作用强大。例如，对于普通论元结构的三大成分 S（不及物主体论元）、P（客体论元）和 A（及物主体论元），理论上至少包含以下三种形态配置模式：S－P－A（三分），SP－A（通格作格二分），SA－P（主格宾格二分）。事实上，有格形态的语言绝大多数采用二分法，即主宾格类型或作通格类型，极少有语言采用三分法（Whaley，1997/2009：158）。这就是聚合经济性的巨大威力。SA 之别和 SP 之别都只有语义学价值而没有句法学价值，因为双方没有同句同现的机会。在同一小句中需要区分的只是 A 和 P，上述两种二分法各自都足以区分 A 和 P，三分法则超出了句法的最小需求，语言经济性将这种看似充分表义的形态配置毫不留情地挡在人类语言的语法库藏外。

语言库藏，是聚合关系的总和。物尽其用原则属于聚合－认知的经济性。格系统容二分拒三分的现象，就是物尽其用原则的体现之一，即充分用好通格（既表不及物主体，又表及物客体）或主格（既表不及物主体，又表及物主体）。该原则的用途主要体现在两个层面：

一般库藏层面：让语言库藏中的语法手段尽可能得到充分利用，淘汰不必要的库藏，就能减少语言库藏的总量。

显赫范畴层面：让容易激活、可及性强的显赫范畴得到充分利用，就能减少调用语言库藏手段的认知负担。①

---

① 本文初稿在会议上报告后，蒙博士生周晨磊告知笔者，读到 Dixon（2010：221）已对类似现象有所注意，他说"看起来语言喜欢最充分地利用它一切可用的手段。比如，一个以某词类为主要功能角色的范畴可能会发展出与另外一个词类有关的第二种功能。再如，格系统总是与名词和代词相关，但是在很多语言中格还被扩展到动词上，用于表示各种从句连接标记，或者把体或情态意义附加到整个小句上。（It often seems that languages like to make the fullest use of whatever is available. A category whose major role is with one word class may develop a secondary function with another class. A case system always relates to nouns（and often also pronouns）but in many languages cases can be extended for use with verbs, where they may mark varieties of clause linkage, or add aspectual or modal meanings to the clause as a whole. Tense and aspect markers are typically attached to a verb but in some languages they may also be used with nouns.）"，这可以看作对相关原则的早期探索，虽然还没有将其理论化。特此录之。

笼统的语言经济原则无法直接而贴切地解释在跨语言比较中显现出来的语言库藏和显赫范畴现象。物尽其用原则能更具体确切地揭示其中的规律。该原则适用范围更明确——语言库藏，属于聚合经济性；涉及面更有针对性——形义结合的模式，尤其是显赫范畴的跨范畴扩张；适用领域更专门——跨语言比较。

二　物尽其用现象例析：从范畴看库藏的视角

言语交际所需谈及的语义范畴是极其繁多的，每个语种只会让其中的一小部分范畴入库，即成为有专门语法手段表达的范畴；入库范畴中也只有一部分会成为显赫范畴。

陆丙甫、郭中（2005）认为，语法系统将人类交际中有战略需求的重要范畴凝固为语法范畴，其余则靠临时性的战术处理来解决。这一想法很有道理。

什么范畴被视为战略需求而得以入库，这在语言之间既有差别，又有共性。大体上，什么范畴入库、用什么手段入库、库藏属性（显赫度）如何，是因语言而别的，由此构成类型差异的重要方面；而什么范畴优先入库，则常常存在统一的优先序列，成为语言共性的重要因素。例如，有些语言名词有单数复数等形态构成的数范畴，有些语言没有名词数形态范畴，而名词与数词之间有个体量词（类别词）作为功能词。而同属量词入库的语言，汉语量词比藏语支的量词要显赫得多，汉语中吴、粤等方言的量词又比普通话及官话方言的量词要显赫得多。这是显著的类型差异。另一方面，看 Greenberg（1966）共性 30 条：如果一种语言里动词有人称－数的范畴或有性的范畴，那么它总有时－式的范畴。这也就是说，动词的时－式是比动词的人称－数更优先入库的范畴，这是跨语言的共性。

人类语言尽管存在语义范畴入库的显著类型差异，但是语言之间又都是可翻译可沟通的。语法库藏各异的语言系统是如何表达同类语义的呢？

一种途径是迂曲说法（periphrastic expressions），即靠实词或其组合。比起语法手段（形态、虚词及不占时段的语序）来，词汇手段往往要牺牲一定的组合经济性，有时也会牺牲聚合经济性，因为可能要在词库中储存更多词项。

　　另一途径便是现成的入库语法范畴、特别是显赫范畴的物尽其用，以这些范畴表达手段的扩展用法来表达非入库的语义范畴，从而在不增加库藏手段的情况下增加语义范畴的表达潜能。我们常常看到甲语言中的 A 范畴语义，在乙语言中是由表示 B 范畴的语法手段表示的。在乙语言中，A 范畴并不是该手段的原型语义，而是 B 范畴作为显赫范畴的扩展语义。如用体范畴的手段来表达时范畴的语义（见下），用话题结构来表示被动语义（参看 Li & Thompson，1976），或用中动句、无定主语句、动词逆向句、逆被动句等来起到与被动句类似的改变主语宾语前景背景地位的作用（Keenan & Dryer，2007）。甚至在任何语言里都不入库的范畴，也可以在不同语法系统中用核心语义范畴各异的语法手段来表示，如类指，各语言都没有专用入库手段，而常用其他显赫范畴来表示，如复数标记或定冠词等（见下，详见白鸽，2013）。

　　如何定义一个范畴的原型性需要专文讨论，这里只做简单说明。原型范畴是该手段最无条件获得的解读，是句子断言（assertion）的语义组成部分，不能被语境取消；而扩展范畴或边缘范畴的出现需要更多句法语义条件，有时只是句子的蕴含义（implicature），可以被语境取消。

　　本节先从由语义范畴看语法库藏的角度来讨论一些物尽其用的例子。

　　说话时间是语言表达中重要的时间参照点，以此为基准划分出的时间段点，成为很多语言动词形态或虚词的核心语义，由此形成时态（tense）范畴。最基本的是现在（说话时所在时点或时段）、过去（说话时间之前）、将来（说话时间之后）的三分法时态，其中过去和现在（或非过去）的区分似乎更加基本。德国 Konstanz 大学的在线语言共性库 746 条指出，如果一个动词系统有时态对立的标注，那么该对立会存在于过去与非过去之间（IF there is an encoding of a tense opposition in a verbal system, THEN this opposition will hold between Past and non-Past）。当然，还存在更复杂的时系统，例如将过去事件分为一天内的、一天到若干天的、一个月以上的，等等（参看罗仁地、潘露丽（2002）对日旺语的描述）。有时态的语言即使句中不用表时间的名词、副词、介词短语等，动词的形态也会展示出所述事件的时间属性。

然而，远不是所有的语言都有时态。例如，根据语言结构世界地图（WALS）第66A图的统计，在所统计的222种语言中，有88种没有动词形态的过去 - 非过去之别。而由上引共性746可以推断，没有过去非过去形态对立的语言也很难有其他的时态。不过，Timberlake（2007）指出美洲的Mapudungun语和Lakhota语都只有将来与非将来的动词形态对立，没有过去和非过去的对立，但前者也被描写为非现实式与现实式的对立（详下）。

那么，没有时态库藏的语言是否就必然无法在语法上表达时范畴，必须靠名词副词等迂说手段来表达时间？并非如此。其体、式、趋向等范畴义都可能行使时范畴含义的功能。

汉语学界倾向于认为，现代汉语没有时范畴，只有用体助词（或称体词缀）"了、着、过"等表示的体范畴。Li & Thompson（1981）第6章明言汉语没有时标记，只有体标记，并将这几个助词都看作体标记。《现代汉语八百词》（1980）称"了₁"主要表示"动作的完成"，"着"是"表示动态的助词"，表示"动作正在进行"、"状态的持续"等。"过"也是"表示动态的助词"，表示"动作完毕"、过去曾经有过这样的事情"。该书所说的"动态"大致就是后来所说的"体"而非"时"，实际上就是为了替换早期的"时态助词"的说法而提出的。不过，关于"过"的经历体用法，该书提到了"过去曾经有过"，而"过去"当属"时"的概念。赵元任（Chao，1968：668）也将这个"过"称为"不定过去时后缀"（indefinite past suffix）。这一点可以一议。

Li & Thompson（1981：226）将"过"称为"经历体"（experiential aspect）。他们虽然也提到"过"表示该事件在过去至少发生一次，但重点不是该行为的发生，而是在"至少发生一次"。也就是说，即使其"过"含有"过去"的成分，该标记本身的语义偏重于事件的数量（至少一次）而不是时间（过去）。其实，"过"只是在语义上与过去时间最匹配，因而最常见于过去事件，但它并不排斥跟泛时或将来时等非过去时事件匹配，如：

（2）我想告诉身边所有的人，瑞士，是你一辈子不得不去的一个地方；只要你去过一次，你就会从此爱上她！（网文《我的瑞士旅行日记（一）——从此爱上你，瑞士》）

（3）明天呀就去我家，都尝尝晗儿的手艺。那可真的没话说的，不是我吹的哦，你明天尝过就知道了，保你吃了还想吃的。（网络小说《邂逅的爱恋·宴席（3）》）

（4）虽然我还没去过香港，但是明年的这个时候，我就已经去过香港了。

"过"在（2）中用于一个条件小句，具有覆盖过去、现在、将来三时的泛时性。而且本句主要面对尚未去过瑞士的人而说，更多指向将来。（3）（4）两句"过"都与表将来的时间词语在小句中同现，是一种将来经历。可见"过"的本质属性是经历，本身并没有时间规定性。

其他与时体有关的虚词还有句末助词"了₂"、"来着"。"了₂"可以用于三时，肯定不是时标记。"来着"与过去特别是近过去时关系密切。但是，陈前瑞（2008：第6章）的统计显示，在早期（清代）文献中的"来着"虽然主要用于过去，包括近过去，但是仍有"过去现在两可"的例子。到现代和当代，非过去的例子更多。陈文所统计的当代105例中，只能理解为现在时的就有20例。可见与时范畴关系最紧的"来着"也不是真正的时标记。

综上所述，汉语没有时标记，只有体标记。

然而，汉语的体标记在中性语境中都有各自默认的时态。具体地说，"了、过"默认过去时"来着"默认近过去时，"着"默认现在时。下面分别举例分析。

（5）常四爷：要抖威风，跟洋人干去，洋人厉害！英法联军烧了圆明园，尊家吃着官饷，可没见您去冲锋打仗！（老舍《茶馆》）

常四爷的整个话轮中没有时间词语或其他迂说的时间线索，其中带"了"和"着"的分句相当于单句中体标记的使用。很显然，在这里"烧了"只能理解为过去已发生的行为事件；"吃着官饷"指拿着朝廷的俸禄，并不是现场进行状态或某种具体状态的持续，而是一种惯常性状态，只能理解为现在时间。反之，假如去掉这两个体标记，就会带来句子内容在时体方面的模糊性，"英法联军烧圆明园"可能是说话前已烧或说话时还在烧，也可能是计划要烧。"尊家吃官饷"，虽然动词的情状类型（Aktionsart）近于"状态"（state）而不同于"烧圆明园"的"活动"（activity），但也存在类似的多种时体的可能解读。由此可见，"了"和"着"在这儿分别在表示完整体和持续体的同时单独传递了过去时和现在时的信息。

再看"过"。它比"了"和"着"更直接地与时范畴关联，如：

（6）乌世保请的寿明，就是替他出主意请病假的那位弦师。此人做过一任小官，但不知从什么时候，为了什么就远离了官场，而且再没有回复的意愿了。（邓友梅《烟壶》）

例（6）中"过"字小句及其前句都没有时间词语，但一用"过"字，即使后面后续小句不出现，也足以明确"做一任小官"是寿明的一段过去的经历。其实后续小句也没有出现表明时间段的词语，"不知从什么时候"并未提供区分三时的信息，只是"远离"后的"了"含有"过去"的信息，而这本身也是体标记附带的默认信息。

只要汉语的这几个体标记不受到其他因素的影响，即处在中性语境中，如我们平时简短交谈中说的"他吃了一碗面条"、"我游览过桂林"、"他惦记着大家"等，它们都自然包含了过去时或现在时的信息，即使句中没有时间词语。从这个意义上说，这些体标记确实具有表时的功能，其实在对外汉语教学和翻译等跨语言应用领域，人们也是常常利用体－时之间这种默认对应关系来实现语际沟通的。

但是，体标记的表体功能和表时功能毕竟有着本质的区别。体是这些标记固有的表达功能，属于动词所在小句的断言部分，是在任何情况下都存在的，只是可能因谓语情状小类而有一些微小的语义变体。时则是这些体标记在默认条件下所匹配的语义域，常常只是句子命题的蕴含而不是断言。

以"了"为例，作为完整体（perfective，也称实现体）标记，其优先解读是行为事件的完成（所以"了"又被称为完成体，虽然不很准确）。而一个完成的事件，如"烧了圆明园"，在没有其他时间限定的情况下只能理解为发生在过去，即完整体蕴含过去时。完成状况和过去时间在意义上密切相关，即使在完成体和过去时并存的语言中，也可能存在两者合并的情况。例：

(7) She must have arrived in New York (yesterday).

(8) You should have done it (three days ago).

英语在助动词后不能用定式动词，无法采用过去时，但是，在认识和道义情态辖域内，语义上允许有过去事件。这时，英语就是用完成体形式来表示过去时的。(7)(8)情态词后的部分字面上可以解读为现在完成体，但这些句子也都能带上表示过去时间的状语，而英语主句中的现在完成体是不能与过去时间状语同现的。这表明它们也可以排除现在时解读、只取过去时解读。此句中这两种解读的真值条件相同，两种范畴义被中和（但并非歧义）。可见，完成体和过去时虽分属不同范畴，但相通的机会很多，这是前者默认蕴含后者的语义基础。

另一方面，毕竟"了"的过去时义只是它的蕴含义而不是断言义，因此，假如出现其他条件，特别是不利于过去时解读的上下文，过去时义是可以被取消的。例如，(5)中带"了"的小句，如果处于(9)的语境，就不再指过去事件，而可以指将来的事件：

(9) 赶快挡住英法联军往圆明园进军。等英法联军烧了圆明园再去救火就来不及了。

这里的"烧了圆明园"可以指设想中的将来行为，尚未成为现实，但"了"的完整体意义仍在。口语中常说的"吃了饭再走""快别闹，碰坏了东西要赔钱的"都含有将来时义。而"了"的体语义是在任何情况下都不可取消的。

综上所述"了"本身是完整体标记，同时在中性语境下被默认理解为过去时。但过去时是句子的蕴含义而非断言义。假如出现阻断过去时解读的因素，过去时就会被取消。另一方面，"了"的过去时解读毕竟占据默认蕴含义的地位，反而是取消过去时解读需要更加特殊的条件，因此，"了"
在很多情况下是起着时态语言中过去时的表义作用。

以上思路也可以用来展示"着"的进行体/持续体和现在时间的类似关
系，即进行体/持续体为断言义和现在时为默认蕴含义。限于篇幅，详述
从免。

汉语"了"蕴含过去时的用途，可能代表了有体无时语言的普遍状况。
这保证了人类语言在多数情况下都可调用能简洁表达行为时间的语法库藏。
通过对体标记的物尽其用来实现表时功能，是物尽其用原则的具体表现。
杨素英、黄月圆（2013）对体标记的语料做过统计分析，该文虽然没有明
说体标记的表时作用，但也隐含此意："时态和体标记是标记时间关系最重
要的语法手段。汉语中没有时态，因此体标记的使用就必不可少"。

体的表时作用，可以从体范畴在实际言语中的使用度充分地看出。根
据《现代汉语频率词典》（北京语言学院语言教学研究所 1986），在"使用
度最高的前 8000 个词词表"中，助词"了"仅次于"的"，位居第二，是
现代汉语的第二高频用词，从而使完整体成为现代汉语中毫无疑义的显赫
范畴。虽然"了"还有句末助词"$了_2$"和"$了_{1+2}$"的用法，但"$了_1$"
的使用度远高于"$了_2$"。我们为此进行了一项统计，以两项京味作品——老
舍的剧本《茶馆》和邓友梅的小说《那五》为语料。统计明确的体标记
"$了_1$"和明确的句末助词"$了_2$"的出现比例，排除正好位于句末的可能的
"$了_1$"或"$了_{1+2}$"的用例。具体方法是，出现在动宾或动补之间的"了"
计为"$了_1$"（如：耽误了事、揽了过来），出现在动宾句末尾或允许插入
"$了_1$"的动补句末尾的"了"计为"$了_2$"（如：耽误事了、揽过来了）。
动词或紧密的不能插入"$了_1$"的动补式本身位于句末时，其后的"了"
（如：他吃了、东西弄好了）可能是"$了_1$""$了_2$"或"$了_{1+2}$"，这类一律
不计。动宾之间和句末都加"了"（如"吃了药了"）的，"$了_1$"和"$了_2$"
各计一次。统计结果如下：

　　（10）《茶馆》"$了_1$"147 次："$了_2$"25 次 =5.88：1

　　（11）《那五》"$了_1$"352 次："$了_2$"63 次 =5.6：1

　　可见，在京味作品的对话语体和叙述语体中"了₁"的出现频率都是"了₂"的近6倍。由此推断，造成"了"的频率第二位的实例显著地以"了₁"为主。汉语的体标记虽然常用，但并不是强制性标记（吴福祥，2005），很多用例中的"了"即使删除也不影响句子的合格性和真值条件。如此高的使用频率，并非都出于完整体的语义需求，有些是为了表达"了"的扩展功能，如表消失性结果（扔了这张纸）、表示过量偏量（大了一号、挖浅了）等；也有很多用例是在表示完整体的同时附带提供过去时的信息。特别是表时需求较强的叙事性语体中，体标记可以完成很大一部分兼表时的作用，就不再需要大量使用时间词语。再来看《现代汉语频率词典》的分语体数据。"了"在该词典所用的报刊政论、科普、生活口语这三种语料中的出现词次分别是4261、2531、3636，总共是10428，而在文学作品这一种语料中就达18253，远超前三种语料的词次总和。文学作品是四类语料中叙事性最强的语体，因而对时间信息和行为事件的过程性的表达需求也最强，而文学作品又缺乏生活口语的现场性，无法通过现场参照来包含时间信息，因此以表示过程性为本职、兼有表时功能的体标记就得到了最大程度的物尽其用。"着"和"过"的数据在语体分布上也表现出完全相同的倾向。杨素英、黄月圆（2013）对体标记的语料库统计也获得类似的结论。在口语、小说、报刊三种字数相当的语体语料中，"了₁"用例分别占总数的30.5%，48.8%和20.8%，即小说中"了₁"的用例约等于口语和报刊两种语料的用例之和。

　　物尽其用原则很容易造成语言之间的超范畴对应（trans-categorical correspondence），这是一种目前的类型学还关注得不够的现象。以体语言和时体兼备语言为例，可以图示如下：

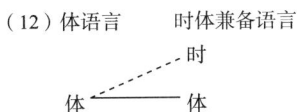

（12）体语言　　时体兼备语言

　　　　　　　　　时
　　　　　　　　／
　　　　　体 ———— 体

其中实线代表不同语言间同一范畴的直接对应；虚线代表语言间超出同一范畴范围的间接对应，线段两端的范畴并不同类，但是一端范畴所附带传递的蕴含信息可能作为扩展功能与另一端的范畴相对应。正因为语言间大量存在这种超范畴对应的现象，所以形义关系的跨语言表现可能比一般设想的要复杂。超范畴对应不是特例，而是常态，单纯从语义范畴出发寻找表达形式的传统调查方式不足以充分反映这种关系。这正是语言库藏类型学的任务所在。

现代汉语代表了体范畴显赫的语言对体标记库藏物尽其用间接表达时态信息的情况。时态的超范畴对应不仅指向体范畴，也可能指向式（mood 语气）范畴或情态范畴，这尤其适合于传达将来 - 非将来的对立。这一交集还引起了学者对语言范畴认定的争议。

据 Palmer（2001：170）引述，Okell 曾认为缅甸语存在将来时标记与非将来时标记的对立。动词带非将来时标记-te 可以表示现在和过去的行为，带将来时标记-me 则表示将来行为，而 Comrie 不同意这一分析，认为这一对立不是时态的对立，而是现实式（realis）和非现实式（irrealis）的对立，因为 Okell 所谓的将来时标记-me 也可以用来表达对现在和过去事态的判断，只是带有非现实的语气，如（按 Okell 的标注）：

（13）hmañ   -leíñ   -me.
　　　是 . 真　 – 无疑　 – 将来
　　　'这可能是真的'

（14）mǎcithì   sà-hpù-me   htiñ-te
　　　罗望子果　 吃 – 过 – 将来　 想 – 非将来
　　　'他一定吃了罗望子果'（过去）

（13）是现在的事态，加了"将来时"后缀-me 也不改变其现在时的属性，只是加上表示测度的语气。（14）有两层小句，从句加了-me 也不改变其过去行为的性质，只是该从句受动词"想"的支配，是非现实语气。Comrie 敏锐地注意到了 Okell 的定性和语料的矛盾，根据语料看出所谓将来时只是该标记的蕴含而不是断言，因为其将来时义是可以被另一些条件取消的。Palmer 进一步引述 Comrie 的观点，认为澳洲 Dyirbal 语的所谓推断性将来时（putative future）实质上也是情态（modal）范畴而不是时范畴，因为它可以表示现在的惯常（而缅甸语的现在惯常行为是用所谓非将来时——即现实式来表示的）。Palmer 指出实际上英法西意诸多印欧语的所谓将来时都是情态而不是真正的时范畴，如英语的 will 等。

上文提到，Timberlake（2007）指出美洲的 Mapudungun 语和 Lakhota 语主要存在将来与非将来的动词形态对立，但将来与否的对立也被 Timberlake 描写为非现实式与现实式的对立。考虑到通常语言的时范畴系统优先区分过去和非过去，再结合 Comrie 对缅甸语、Dyirbal 语等的分析，可以推测 Timberlake 的后一种定性——非现实和现实，可能更为准确。

Comrie 对缅甸语的定性，似得到同属缅语支的景颇语的间接支持。戴庆厦（2012）对景颇语的形态做了详细分析，但是全书没有提到时、体范畴。另一方面，加在动词后的发达的句尾词是一个富有景颇语特色的显赫范畴。戴著将句尾词的功能概括为"指示句法成分"（即与主语宾语等保持一致关系）、"表示'人称'和'数'""表示'式'""表示'方向'"四个方面。在"式（语气）"这一功能中，戴著又分出"叙述式、疑问式、命令式、商量式、测度式、惊讶式"六种，其中命令式和商量式又可再分为一般式和强调式。其余四个式则还可再分为存在式（相当于汉语"（是）……的"）和变化式（相当于"……了"）。而"变化式多数指动作已经完成，或性质状态已经变化，在有的句子中，由于加上貌词，还能表示动作行为或性质状态的变化尚未完成，处于正在开始或正在进行阶段。这也是一种变化。"由此可见，在缺乏时、体范畴、而式范畴发达的景颇语中，式标记部分承担了与体有关的功能，而这些体的功能又间接地与时相关。

上述景颇语的情况和缅甸语的情况并不相同，但似乎体现了缅语支的共性：时、体都不入库而式范畴显赫，于是就尽量对式范畴物尽其用，使之起到一定的表时、体的作用。

正因为时、体、式关系密切，所以在田野调查中，当调查者难以确定特定标记的核心范畴是什么时，往往在语法报告中标为 TAM（Tense, Aspect, Mood）。本文的分析说明，通过仔细的测试，我们还是可能分辨出真正入库的范畴是什么，哪些只是显赫范畴附带传递的蕴含信息。此外，还有一些趋向范畴显赫的语言如普米语等羌语支语言，可以用趋向形态表达体的内容或与体标记合作表达体系统中的小类（见刘丹青 2013b 及所引傅爱兰 1998），其中有些体明显默认时的解读，如完成体、将行体（被另一些学者分析为将来时）。

非入库范畴借助其他显赫入库范畴得以间接表达的另一个典型例子是类指意义的表达。

刘丹青（2011）参考国际上对指称表达手段的一些跨语言概括的成果指出，名词性单位的各种指称义跨语言的入库能力是不相同的，大致呈如下等级序列：

有定 > 无定 > 实指 > 类指

这一序列显示，在人类语言的几种主要的指称义中，越靠左的语义越有专用语法手段（冠词之类）表示，越靠右的语义越缺乏专用手段。尤其是类指，几乎没有语言有专用手段。但没有专用手段不等于无法表示类指（汉语的情况参看刘丹青，2002）。绝大部分情况下，类指是靠其他指称量化手段的物尽其用来实现的，极少采用迂说手段如"人这个类"、"蜜蜂这个类"、"酒作为一个类"来实现类指表达，有极少数词则可以借助类指的专用词项或临时词项（实际多为了凑成双音节名词）的词汇手段来表达，如"人类"，"禽类""酒类""鞋类"等。借用其他指称量化手段表类指，既实现了组合经济性，避免了迂说法的繁复，也实现了聚合经济性，不增加词汇库藏和形态库藏，而是通过对库藏内相关手段的物尽其用来实现类指功能。类指对谓语类型等句法语义条件有较特殊的要求，这为物尽其用原则提供了上佳的用武之地，使其他手段在表达类指时能避免歧义，从而实现经济性和区别度的两全其美。

白鸽（2013）就此主题做了较为深入的跨语言考察，本文就通过简要摘引她的部分研究结论来展示物尽其用原则的作用。

类指的语义属性分别与非指称、复数、有定、无定等指称或数量属性有关。人类语言主要在这些范畴域中选用库藏手段来表达类指。白鸽的考察表明，选用什么手段主要决定于这些范畴中什么范畴在该语言中最显赫。换言之，语言会优先对显赫范畴物尽其用。

在允许光杆名词短语（下称光杆 NP）充当论元的语言中，光杆 NP 是最常见的类指形式，如"熊猫吃竹子""他爱养金鱼"。这些语言往往复数范畴不入库或不显赫，常存在个体量词，如汉语、日语。假如允许光杆 NP 做论元（因而可表类指）的语言中另有某一相关范畴非常显赫，那么该显赫范畴的相应库藏手段也会被用来表类指，甚至可以比光杆 NP 更重要。例如，巴西葡萄牙语在某些句法条件下可以由光杆 NP 表类指，但句法分布更不受限制的类指 NP 是复数 NP。而不允许光杆 NP（特指光杆单数 NP）独立充当论元的语言自然也不允许其表示类指，如英语、法语等。

光杆 NP 虽然是表达类指最自然的单位，但是似乎不好说零标记就是表达类指的专用手段，因为这些语言的光杆 NP 都还见于其他指称义的用例，最普通的是与类指相近而不等同的非指称（non-referential），此外也表示有定、无定（包括实指 specific，非实指 non-specific）等。也没有理由说这些指称义是类指光杆 NP 作为显赫范畴扩张的结果，况且光杆 NP 的语法形式是零标记，因此，以光杆 NP 为类指形式的语言，不属于类指入库的语言。

再看有定标记（主要是定冠词）表示类指的情况。白鸽（2013，第 5 章）考察了有定（定冠词等）表类指的跨语言状况。该考察以多项指标测定并列表比较了亚欧美洲近十种语言有定范畴的显赫度，包括有定标记的有无、使用的可类推性和强制性，适用的定指类型的多寡，有定标记的附带功能和扩展功能的有无及强弱等，然后对这些语言的类指表示方式包括有定标记表类指的能力进行考察。结果清楚地表明，一种语言有定范畴越显赫，其相应的库藏手段表类指的功能就越强大；有定范畴越微弱，其库藏手段越是没有表类指功能，并越可能用光杆或复数的 NP 表类指。例如，法语的有定范畴最显赫，用定冠词表类指的功能最强大、最不受限制，也最具有强制性，同时光杆 NP 和不带定冠词的复数 NP 都不能表类指。而 Hidatsa 语、印尼语的有定范畴最不显赫，有定标记不能表类指，光杆 NP 则可以表类指。

她对复数标记的考察（引自白鸽 2013，第 4 章）得到了类似的结论。复数范畴的显赫度表现在复数标记的有无、复数标记对各类 NP 的覆盖面、复数标记的强制性、复数标记为光杆 NP 赋予论元的功能等。对照各语言的类指表示法，尤其是复数标记的类指功能，结果发现，复数范畴的显赫度也与其库藏手段的类指功能成正比。英语的复数标记最显赫，英语表类指最常用最重要的手段就是复数 NP。普通话复数范畴很弱，复数 NP 也就没有表类指的功能。河北冀州方言复数范畴比普通话略显赫，其复数 NP 略有表类指功能，但很受限。

此外，白鸽（2013）也注意到有定范畴和复数范畴在类指表达方面的"竞争关系"。大体上，在有定和复数都比较显赫的语言中，最终也是范畴的显赫度决定类指功能的表达手段。例如法语有较显赫的复数范畴，但是复数没有单独表类指的功能，必须跟定冠词一起使用才可以被类指，而定冠词不管单复数都可以表类指。这是由于法语有定范畴的显赫度超过复数范畴，因此复数 NP 表类指的功能受到有定范畴的压抑。

以上简要介绍和分析已足以反映，对于语法上普遍不入库而在语言交际中常需传递的信息，人类语言会根据物尽其用原则让语义上邻近的相关入库范畴来兼带表达，以此实现语言库藏的聚合经济性。而邻近范畴的选择主要由入库范畴的显赫度来表示。也就是说，物尽其用原则优先体现在显赫范畴上。

三 疑问代词的物尽其用现象：从库藏 到范畴的视角

特指疑问句是人类语言普遍存在且高频使用的句类，构成该句类首要要素的疑问代词，很容易成为显赫的功能词语。但是，语言不会让如此常用显赫的功能词只参与构成特指疑问句。在物尽其用原则作用下，疑问代词会自然地扩展出多种语义域。汉语疑问代词的多功能表现，很早就引起学者们注意（如吕叔湘，1982：182-186；朱德熙，1982：93-94），而不同语言具体的扩展路径，可以有所不同。下面从现代句法语义学的角度概述一下汉语疑问代词的扩展功能，包括以往著述未曾注意的用法，然后略做语言比较。

1）遍称，即疑问代词在主语、话题等动词前的结构位置表示全称量化，如：

（15）a. 谁都不愿意听他的。

b. 我什么菜都尝过了。

2）任指。疑问代词如果是在否定句、情态动词句等非现实情态的辖域内，全量量化也可以解读为与全量关系密切的自由选择（free choice），即任指。此时遍称和任指的真值条件相同。如（15a）的"谁"，既可以是"所有人"，也可以是"任何人"，而实际所指相同——没人愿意听他的。在条件句等非现实情景中疑问代词只能理解为任指，如：

(16) a. 谁劝他也没有用。

b. 我在哪儿都能找到朋友。

c. 老王怎么拦他也拦不住。

3）相互用法。这是由任指功能引申而来的用法，疑问代词（主要是"谁"在同一否定小句中前后呼应形成表示相互关系的构式，如：

(17) a. 他俩谁也不认识谁。

b. 他们谁也不欠谁的情了。

口语中的"咱俩谁跟谁啊"可能也与此功能有关。

4）虚指，即疑问代词在宾语位置表示存在量的无定成分，一般是非实指无定（non-specific indefinite）的，约相当于"一个/一些"，some，如：

(18) a. 大家都饿了，咱们进饭馆去吃点什么吧。

b. 没事就去哪儿随便走走。

c. 这件事你找谁了解一下吧。

5）主观小量，这是疑问代词在否定性谓语辖域内的一种语义功能，取值为"很少"到"没有"的模糊区间，详参刘丹青（2013b），如：

(19) a. 他中午没吃什么。（完全没有吃或吃得非常少）

b. （我们……）没怎么结过婚（小品台词，可指：没结过婚或结过婚但次数很少）

6）连锁条件关系，即同一疑问代词在前后两个小句中配合使用，表示约束式条件变量关系，其中前一个是相当于自变量的任指性成分，后一个是受自变量约束的回指性因变量，回指任指性成分的取值。如：

  （20）a. 他走到院子里逮谁骂谁。

     b. 什么好吃我就吃什么。

     c. 你走到哪儿我就跟到哪儿。

例（20a）前一个"谁"是任何人，可以取任何值。后一个"谁"回指前一个"谁"的取值。当"逮谁"的"谁"取值为"张三"时，"骂谁"的"谁"就是"张三"，当前一个"谁"取值为"李四"时，后一个"谁"就指李四。

7）汉语疑问代词在疑问动词或其他言语、认知动词的辖域下可以充当间接问句的疑问成分，这可能是各语言的疑问代词普遍具有的功能，也不妨归入疑问代词的原型功能，如：

  （21）谁得冠军谁得亚军，我都知道。

  （22）他问我会议啥时候开？

  （23）我告诉你怎么打开这种罐头。

  （24）他很想知道哪里能找到这本书。

8）疑问代词在口语中还有一些语法化程度较低的扩展用法，有时与指示词配合用，如：

  （25）你去叫那谁，（就是小王，）叫他过来。

  （26）他咋天买了一台，那什么……空气净化器。

  （27）这种做法叫什么……放长线，钓大鱼。

第8）种功能大体是话语中的临时处理，疑问代词反映了说话人临时选词障碍时不自觉发问（及有时自我回答）的情景，但这类用法可能是多种相对固定的扩展用法的最初由来。

　　疑问代词以上这些语法化程度、凝固度不等的扩展功能，都是其作为显赫范畴扩展来的。原型功能和扩展功能在语言系统中的地位不均等，表现在句法和语义两个方面。

　　句法方面，特指疑问用法是最不受限的功能，是无标记的解读；而各种扩展用法，都有非常特定的句法限制，包括句法位置，句类和构式等方面的限制。

　　例如，全量、任指解读都只能出现在谓语动词前的主语/话题句法域，并且要靠"都""也"一类量化副词辅助；其中任指解读只出现在非现实情态的辖域内。主观少量解读只出现在否定谓语之后的位置。连锁条件功能只出现在同一疑问代词前后呼应的构式中。虚指用法主要用在谓语动词后位置。如果用在主语类位置，要靠语气词、语调等配合才能表达无定义，否则会回归特指疑问解读，如"谁去前面看一下吧！"，靠祈使作用的语气词"吧"和祈使句的语调，此句可以表达"让某个人去前面看一下"的祈使义，但假如没有"吧"和祈使句语调，本句仍然只能是特指问句"谁去前面看一下？"。间接疑问用法要靠疑问动词或其他言语、认知动词的管辖。而疑问代词的特指问用法是句法上的无标记功能，能适合各种句法位置、各种句型句类，情态，时体。即使是可解读为扩展功能的用例，也可以在语境帮助下回归特指问用法。如"谁也不相信他的话"，靠了句首主语位置和轻读的副词"也"的帮助可以表达全量主语，但是在一定的对话语境下，如上文说"有人也不相信他的话"，说话人就可以追问"谁也不相信他的话？"（此时"也"不轻读），"谁"又回归特指问用法了。

　　语义上，疑问代词的扩展功能仍然程度不同地有与疑问代词原型功能有联系，反过来，疑问代词的原型功能，即真性特指问用法，却并不带有这些扩展功能的语义特征。

　　例如，全量和任指的用法，来自于"不管/不问/不论什么"这类小句或短语的省缩（详见张定，2010，§2.4.3.1），例如"不论谁，都想去" ＞ "谁都想去"。而在"不论谁"结构中，"谁"是疑问代词的间接问句用法，可以归入疑问代词的原型功能。而未省缩的说法至今仍存在。可见，全量/任指用法与疑问代词的功能有显著联系，并且存在于汉语使用者的语感中。

这一省缩进程，在普通话和北方口语中比较快，但在一些南方方言中远没有完成。例如，上述意思苏州吴语就不能说"啥人俉想去"，而只能说"弗管啥人，俉想去"①。

再如，上文提到的第8）类用法，实际上是疑问代词在语篇中的自问功能，仍未改变其疑问代词的性质。而疑问代词的虚指（无定）用法，与其自问功能有关。当说话想谈及一个所指，而该所指的对象尚属无定非实指时，说话人一时难以用确切的词语来指涉，就会有自问的动因。例如，想说"进去吃点东西"，但又不确定要吃什么，心里自然会产生"吃什么呢？"这样的疑问，这种心理外化投射到言语中，就会说出"进去吃点……什么呢"这样的话，与上述用法8）相同。这种用法经反复使用，省缩凝固，就会产生"进去吃点什么"这种固定的说法，疑问代词从中获得了非实指无定的解读。无定和疑问的联系，在这种用法中并没有完全消泯，因为确实还有"进去吃点……吃点什么呢"这种中间状态的说法。

反之，当疑问代词用于特指疑问句时，它只有疑问代词的含意，不会带上哪些扩展功能的含意。这种不对称，体现了原型功能与扩展功能不对称的范畴地位。

总之，疑问代词的扩展功能都有特定的句法及构式环境。在这些环境下，汉语母语人不需要调用其他专用手段，只用很容易激活的显赫范畴的库藏手段就能分别顺利表达很多种不同的语法范畴义。靠了其显赫性，疑问代词的扩展用法可以比该功能的专用手段还常用。例如，我们在 Google（2013 年 8 月 22 日）上比较了"谁/什么人都喜欢他"一句的疑问代词"谁"及"什么人"与几种专表全量的非疑问量词成分的出现次数，显示结果如下：

（28）谁都喜欢他：99000000 次

什么人都喜欢他：69500000 个

---

① 吕叔湘（1982：182）指出疑问代词作任指词时"上头常常加'无论''任凭''不管'等字样，但也不是非加不可。"而下面的引例，加这些字样的例子，都是近代汉语的实例，而不加的例子，都是作者自拟的例句。这正好反映了疑问代词作为任指词早期曾经要加"无论"类词，后来才可以不加。

　　　　个个都喜欢他：38200000

　　　　所有人都喜欢他：5230000

　　　　每个人都喜欢他：6130000

　　同样表示全量，原型功能为指人特指问的"谁"的出现次数是专表全量的AA式重叠式"个个"的近3倍，是专表全量的"所有人"和"每个人"的近20倍。而音节数与"所有人、每个人"相同的疑问代词短语"什么人"的出现次数也分别是三个专用全量成分的2倍、12倍和11倍。这个例子虽然不一定能代表所有疑问代词的情况，但至少说明有时人们更喜欢对表示邻近的显赫范畴的手段物尽其用，而不是采纳更加专用的库藏手段来表示相关范畴，就因为储存在头脑中显赫位置的范畴，比其他库藏手段更容易激活取用。这是物尽其用原则的重要威力，假如将这一事实放在跨语言比较视角下，就会呈现出疑问代词与其他语言全量词语的超范畴对应比同范畴对应更加强大的情况。换言之，物尽其用原则可以强烈撼动形义关系跨语言对应的整齐性，挑战基于同范畴比较的各种传统理论。

　　更值得重视的是，显赫范畴的有些扩展功能还成为表该范畴义的唯一库藏手段，语言中没有其他手段可以代替其作用。如疑问代词在否定句谓语后表示"少——零"这一主观少量语义，这是其他量化成分所无法表示的意义。例如"没吃什么"可以表示吃得很少或完全没吃，这一区间内的任何量化语义值都符合该句子的真值条件。而"我完全没吃""我一点儿也没吃"只能表示全量否定，"我吃了一点点""我只吃了半碗"等又只能表示数量极少，不能覆盖"没有吃"之义。这种功能的物尽其用，就比有专用手段的库藏成分更加必要，作用也更大。

　　疑问代词的物尽其用显然不是汉语特有的现象，而是具有相当的普遍性，只是具体的扩展路径不尽相同。例如，英语的Wh-words（疑问代词及代词短语）大致没有汉语的上述1）和3）-6）类扩展用法，但是，它们有类似2）表任指的用法，即通过与ever的结合构成whatever, whoever, whenever等任指代词。ever本身有全量义（forever是永远），加ever表任指与汉语疑问代词与"都"配合表任指的理据相近。俄语的疑问代词也可以表示不定指，有的疑问代词如KTO（谁）还能通过叠用（KTO…KTO）表示"有的……有的"的分配式无定（张会森主编，1979：280 - 281）。此外，英语疑问代词有汉语所没有的另几类扩展用法，首先，可以作为关系代词引出动词或介词的论元从句并充当从句中的一个成分，如：

(29) I bought what you like.

（我买了你喜欢的）

(30) He asked me where to find a restaurant.

（他问我哪里能找到餐馆）

这种用法同时兼有几种功能，既是从句关系的联系项，又是从句中的一个论元成分；如果支配它的主句动词是发问、言说、认知类动词，它还帮助表达间接问句，如上面的后一例句。汉语疑问代词不是关系代词，但是也有表达间接问句的功能（第 7 类用法），所以（30）中的 where 也可以用汉语"哪里"来对译，而上一例主句动词 bought 不是支配间接问句的动词，因此其支配的 what 不能用汉语"什么"来对译。英语的上述两例启发我们间接问句标记是疑问代词比较普遍的用法，可以归入疑问代词的原型功能，而论元从句关系代词的用法可能是从间接问句用法泛化而来的（从有限的主句动词小类扩展至各种动词），因此疑问代词在上述两句中的功能在英语中看起来是完全同类的。此外，英语疑问代词加 ever 的任指用法，同时也兼有关系代词的用法（I like whatever you like——我喜欢任何你所喜欢的），这种用法也与汉语疑问代词的连锁条件式用法相类，上句就可以译成"你喜欢什么，我就喜欢什么"。最后，英语的部分疑问代词也可以作为感叹句的标记，如 What a beautiful place!（多么美丽的地方啊!）、How wonderful it is!（这多精彩啊!）。英语疑问代词的这些扩展用法，也基本代表了德语、法语、俄语等印欧语的情况。

由疑问代词的例子可以看出，在语言库藏中据显赫地位、随时可激活的语法成分，自然会被母语人经常"征用"，让其物尽其用，从而形成与原型功能相关的种种扩展功能。假如显赫成分仅限于发挥其原型功能，反而是一种浪费库藏资源的反常现象。

四　小结

经济原则是制约语言系统构成和演化的重要因素。在语言学中，经济原则体现在组合－交际、聚合－认知和语言理论三大方面。本文提出的语言库藏的物尽其用原则，是一条体现聚合－认知经济性的原则。根据该原则，人类语言会让语言库藏手段，特别是表达显赫范畴的手段，得到尽可能充分的利用，以节省获得、储存和调用语言库藏的脑力资源。

基于语言库藏类型学对形式与语义双向互动的关注，本文分别以从语义范畴看语法库藏和从语法库藏看语义范畴两个角度举例分析了物尽其用原则的具体表现。

从语义范畴出发，可以看到，同样的语义内容，在不同的语言中不一定都用同属一个语义范畴的手段来表示，因为表达显赫范畴的库藏手段在物尽其用原则作用下常有强大的扩展功能，兼用来表示不属于自身范畴的语义内容，使语言中未入库的范畴也能够得到某种程度或方式的语法表征。例如，汉语中体范畴显赫而时范畴阙如，但体标记常常具有默认的时态解读，在实际交际中起着传递时态信息的作用。也有些时体范畴不全的语言，如缅语支的缅甸语、景颇语等，则靠显赫的式范畴手段来兼表时态信息。再如指称范畴中的类指，虽然在人类语言中通常不是入库范畴，但是不同的语言会在几个相关指称义——有定、复数、无定等中选用最显赫的范畴来兼表类指，靠物尽其用实现类指的表征。

从语法库藏出发，显赫范畴的语法手段一般不会仅仅用于其原型功能，在物尽其用原则作用下，这种手段往往会扩展出多种语义语用功能。疑问代词作为显赫范畴的多功能表现，就充分显示了这一点。当然显赫范畴的扩展也要受到语言表达区别性的制约。

语法库藏，尤其是显赫范畴，虽然常常有扩展功能，但是其原型功能和扩展功能在语言系统中的地位有着显著的差异。

原型功能总是在句子的断言部分就表达的语义，而扩展功能有时只是作为库藏手段蕴含的默认语义，两者可以在一句中同时存在，但非断言的蕴含义是能够被语境取消的。

有些扩展功能也可以进入断言，此时，断言中的原型功能就被扩展功能所取代，两者不能并存，如定冠词表类指时就不再表有定，疑问代词表无定时就不表疑问。但是，白鸽（2013）的研究显示，不同的表类指的形式分别与类指的不同小类有匹配关系，该库藏的原型意义（有定或复数等）仍然会影响到类指表达的选择。而前文分析显示疑问代词的扩展功能也都与疑问功能有较为显著的语义功能联系。反过来，库藏手段用于其原型功能时，却不会带上其扩展功能义。这就是原型功能对扩展功能的单向制约，双方地位不对称。

在句法上，库藏手段的原型功能和扩展功能也处于不对称关系。原型功能作为无标记功能的句法分布最不受限，而扩展功能则各有特定的出现条件，句法分布很受限制。

正是原型功能和扩展功能在句法、语义上的不对称，保证了原型范畴在具有扩展功能的条件下仍能保持自身的核心地位，这是库藏手段得以物尽其用的关键条件。

由物尽其用原则催生的范畴扩展现象，导致语言之间不但存在同范畴对应，而且大量存在超范畴对应，语言之间的超范畴对应实际上是人类语言的常态而不是特例，而现有的语言学理论，不管是形式还是功能、认知，基本上都植根于同范畴对应观，因此都要面对物尽其用原则和显赫范畴的扩展现象带来的新挑战。

参考文献

白鸽：《类指现象的跨语言研究》，中国社会科学院研究生院博士学位论文，2013。

《现代汉语频率词典》，北京语言学院出版社，1986。

戴庆厦：《景颇语参考语法》，中国社会科学出版社，2012。

傅爱兰：《普米语动词的语法范畴》，中国文史出版社，1998。

刘丹青：《汉语类指成分的语义属性和句法属性》，《中国语文》2002 年第 5 期。

刘丹青：《语言库藏类型学构想》，《当代语言学》2011 年第 4 期。

刘丹青：《汉语的若干显赫范畴：语法库藏类型学视角》，《世界汉语教学》2012 年第

2 期。

刘丹青：《显赫范畴的典型范例：普米语的趋向范畴》，《民族语文》2013a 年第 4 期。

刘丹青《汉语特色的量化词库：多/少二分与全/有/无三分》，《中国语文法论丛：木村英树教授还历记念》，日本，白帝社，2013b。

陆丙甫、郭中：《语言符号理据性面面观》，《外国语》2005 年第 6 期。

罗仁地、潘露莉：《信息传达的性质与语言的本质和语言的发展》，《中国语文》2002 年第 3 期。

吕叔湘主编《现代汉语八百词》，商务印书馆，1980。

吕叔湘：《中国文法要略》商务印书馆，初版中卷、下卷，1944，1982。

吴福祥：《汉语体标记"了、着"为什么不能强制性使用》，《当代语言学》2005 年第 3 期。

杨素英、黄月圆：《体标记在不同语体中的分布情况考察》，《当代语言学》2013 年第 3 期。

张定：《汉语多功能语法形式的语义图视角》，博士学位论文，中国社会科学院研究生院，2010。

张会森主编、黑龙江大学俄语系编《现代俄语语法新编》（上下册），商务印书馆，1979。

赵元任：《汉语口语语法》，吕叔湘译，商务印书馆，1980/1968。

周绍珩：《马丁内的语言功能观和语言经济原则》，《国外语言学》1980 年第 4 期。

朱德熙：《语法讲义》，商务印书馆，1982。

Dixon, Robert M. W., 2010, Basic Linguistic Theory, Vol. 2, Oxford University Press.

Greenberg, Joseph H., 1966/1963, Some universals of grammar with particular reference to the order of meaningful elements. In Greenberg, Joseph H. (ed.) *Universals of Language*. Mass Cambridge：MIT Press.

Keenan, Edward L. and Matthew S. Dryer, 2007, Passive in the world's languages. In Shopen (ed.). Vol. I, *Language Typology and Syntactic Description* 325 – 361.

Li, Charles N. and Sandra Thompson, 1981, *Mandarin Chinese：A Functional Reference Grammar*. University of California Press.

Palmer, Frank R., 2001, *Mood and Modality（Second Edition）*. Cambridge：Cambridge University Press. Sgall, Peter, 1995, Prague School Typology. In Shibatani, Masayoshi & Theodora Bynon (eds.), 1995, *Approaches to Language Typology*. Oxford：Clarendon Press.

Shopen, Timothy（ed.）, 2007, *Language Typology and Syntactic Description*. Cambridge：Cambridge University Press.

Timberlake, Alan, 2007, Tense, aspect and mood. In Timothy Shopen（ed.）*Language Typology and Syntactic Description*. Vol. Ⅲ , 280 – 333. Cambridge：Cambridge University Press.

Whaley, Lindsay, 1997/2009, *Introduction to Typology*：*The Unity and Diversity of Language*. Sage Press. 中国原文引进版，世界图书出版公司，2009。

本文原刊于《中国语文》2014 年第 5 期

言者与听者的错位

张伯江[*]

言语交流以互相理解为目的，但是也常有说话人与听话人理解错位的情况。交流是否成功，根本的决定因素还是在于听话人是否准确理解了说话人的意思。不准确，就形成了错位，就不是一次成功的言语交流。一般说，说话人总是充分考虑听话人能否准确理解自己而选择他的说话方式的（张伯江2012），这是普通的交际原则；与此同时，语言的主观性无处不在，说话人在说出一段话的同时表明自己对这段话的立场、态度和感情，从而在话语中留下自我的印记（沈家煊2001）。说话人这种主观立场、态度和感情又往往不能被听话人及时准确地把握住。本文讨论的是理解错位的一些情况。

一 指称意义的错位

这是一个发生在情人节那天的小笑话：

（1）刚才我去楼下买东西，老板问我："先生买花么？"
"买花干什么啊？"

＊ 张伯江，中国社会科学院语言研究所副所长，研究员。

"买花送女朋友啊！

"哦，买多少花能送个女朋友啊？"

然后老板默默的把花收回去了。

这个故事里售货者与叙述者的理解错位发生在名词短语"女朋友"的"实指"与"虚指"对立上。陈平（1987）在讨论"老杨想娶一位北京姑娘"的时候说："这个句子可以理解为老杨已经有了意中人，此人是一位北京姑娘。也可以理解为老杨正在找对象，条件是女方得是北京人。"他指出前者是名词的实指（specific，所指对象是某个在语境中实际存在的人物）用法，后者是虚指（nonspecifi，所指对象只是一个虚泛的概念，其实体在语境中也许存在，也许并不存在）用法。例（1）叙述者的现状是没有女朋友_{虚指}，而他最大的心事是找个女朋友_{虚指}。此时，实指的"女朋友"在他的世界里并不存在，对他来说，最容易激活的概念不是"对自己的女朋友_{实指}做什么"而是"为自己找一个女朋友_{虚指}"；售货者首要的目的是让他的顾客买花，而在他的理解中，有女朋友_{实指}的定会买花送给女朋友_{实指}。

相声《败家子》里有这样的对话：

（2）甲：我哪能光棍呢？我得娶个媳妇啊。

乙：对对。

甲：你说我娶谁媳妇？

乙：什么叫娶谁媳妇啊？你得找一没结婚的娶啊。

甲说"我得娶个媳妇"的时候，乙的理解是"媳妇_{虚指}"，而甲再一次说出"娶媳妇"时候明确指向了"媳妇_{实指}"，造成了乙和听众意外的逗笑效果。

再看一个例子：

（3）一个小女孩站在铁匠铺旁边，看铁匠打铁。

铁匠有些讨厌她，便拿出烧红的铁，凑到小孩面前吓唬她。

小孩眨了眨眼说："你给我一块钱，我就敢舔一舔它！"

铁匠听后，马上拿出一块钱给了小女孩。

小孩接过钱用舌头舔了一下，放进兜里走了……

这个例子里的理解错位产生在"它"的指示问题：小女孩使用的是"它"的话语回指功能（指向自己前面话语里的"一块钱"），而铁匠的理解用的是"它"的现场指示功能（自己现场所持的那块烧红的铁）。这个错位的根本原因还是在实指和虚指的对立上：小女孩说的"你给我一块钱"其实是没有歧义的，"一块钱"是虚指的。小女孩用"它"回指"一块钱"自然无可厚非，但是铁匠很难做到，因为他会首先寻找语境中实指的事物，于是他的理解指向了实指的铁块。

二　论元关系与话题关系的错位

论元关系与话题关系不一致时常常导致理解的错位，张伯江（2013）举了一些与此有关的例子。汉语的"话题—说明"结构允许多种语义关系，说话人可以用这种结构把句子简单组织起来，但是有些话题—说明结构的句子常常被听话人当作论元结构句来理解，造成错位。我们先看传统相声《扒马褂》里的两个例子。

(4) 我们家那骡子啊，掉茶碗里烫死了！

这是甲、乙、丙三个人对话中乙的一句，丙听了以后觉得很荒唐，便向甲求证，甲解释说，是乙用自己家的骡子换了一只名贵的蝈蝈，那蝈蝈被热茶烫死了，致使乙非常伤心。

丙对这句话的误解使用的是论元结构，认为"掉茶碗里烫死"的角色必然是"我们家那骡子"，但乙说话时使用的是话题—说明结构，"我们家那骡子"只是他谈话的话题，并不用来指称那头骡子本身，而是想讨论它的价值。换句话说，这句话的话题部分（我们家那骡子）与说明部分（掉茶碗里烫死了）都不是客观描述，而是两种主观评价之间的联系：骡子（价值）—烫死（丧失），句意就是"价值的丧失"。

另一个例子：

（5）是啊！您就知道那风多大了，一宿的工夫，把井给刮到墙外边去了。

这也是甲、乙、丙三个人对话中乙的一句，丙听了以后觉得很荒唐，向甲求证，甲解释说："因为他家那篱笆墙年头儿太多了，风吹日晒的，底下糟了，离着这井也就二尺来远。那天忽然来了一阵大风，篱笆底下折了，把墙鼓进一块来，他早起来这么一瞧，困眼蒙眬的："哟！怎么把我这井给刮到墙外边去了？就这样给刮出去的。"

丙对这句话的误解在于把"风"当作了"刮"的直接施事，是一种典型的论元结构思维。看了甲的解释以后我们明白，乙并不是把"风"当作动作的施事来表达的，而是当作"致事（causer）"。致事的话题属性远远强于做句法主语的属性。

论元关系与话题关系的理解错位时有发生，这里再看一个例子。吕叔湘（1984）曾经讨论过这样的一句话：

（6）在家里，我对儿媳像闺女一样，儿媳对我也像亲妈一样。

这是他在《人民日报》上读到的实例。吕先生作为这句话的受话人，尽管理解了说话人的意思，仍然对这句话的自然度提出了少许的质疑，他发现，"把这里边的'闺女'和'亲妈'掉个过儿，意思丝毫不变"：

（7）在家里，我对儿媳像亲妈一样，儿媳对我也像闺女一样。

这个现象可以从不同角度讨论（乐耀 2014）。我们觉得，从论元结构与话题结构的理解错位角度解释，也许更简单些。"我对儿媳像亲妈一样" = "［我］$_{Subj.}$［（对儿媳）像亲妈］$_{Pred.}$"，这是论元结构的理解；而说话人的表达法则不是"我对儿媳像闺女一样" = "［我］$_{Subj.}$［（对儿媳）像闺女］$_{Pred.}$"，即，不是用的论元结构来构句。说话人用的是话题结构：

(8)　[我对儿媳]Topic　[像闺女]Comment

　　这种方式来组织句子无可厚非，听话人一般也能准确理解，但是也无法避免用论元结构思维去测试之。这就是吕先生提出变换可能性的原因。

　　两种说法都可以像（8）这样做结构切分，作为"话题一说明"结构都是成立的，而如果按照论元结构理解，一个相当于"我像闺女"，一个相当于"我像亲妈"，总有一个是不对的。由此可见汉语话题结构可以容许多种说明关系。

三　条件与叙实的错位

　　我们在另一篇文章（张伯江 2013）中曾经讨论了"三天打鱼两天晒网"这个俗语里，"三天打鱼"与"两天晒网"并不是并列关系，而是前者为条件式的话题，后者为说明。把二者误读为并列关系，就是把条件句"三天打鱼"误会为叙实的了。

　　汉语里的假设条件关系句经常是没有显性标志的，"东风不与周郎便，铜雀春深锁二乔"这两句诗，如果不是知道相关的历史故事，就很难读出前一句是假设条件句来。我们也确实看到当代报刊上有单独拿这一句当作现实否定的一句引语了，如："'东风不与周郎便'，虽然东部球队的整体水平不如西部，但有了凯尔特人，有了活塞，西部要想拿到总冠军并不容易。"（《扬州晚报》2008 年 10 月 28 日）而《东莞时报》2011 年 11 月 23日有一则新闻的标题便是："东风不与周郎便，广州车展也带不旺低迷车市"。

　　再如成语"海枯石烂""地老天荒"和"肝脑涂地"在近代汉语里也都是当作假设条件句用的，常伴有"虽、纵使"等连词（如《三国演义》："云奔走四方，择主而事，未有如使君者。今得相随，大称平生。虽肝脑涂地，无恨矣。"）现代汉语里有时被当作现实状态来描绘，如："我相信，到那时，他会早早地回到家里，至亲至爱地温暖着你，端详着你，慰藉着你，守护着你，地老天荒。"（《北京晚报》2001 年 9 月 4 日）再如："法捷耶夫年轻时就'爱上了党'把斯大林视为党的化身，对他赤胆忠心，肝脑

涂地。"（蓝英年《作家村里的枪声——法捷耶夫之死》）

吕叔湘（1985a：218－219）引了《儿女英雄传》里的一个例子。第四回，写安公子落店，两个卖唱的女子不由分说就进屋给他唱起来。公子发急道：我不听这个。"女子说："你不听这个，俺唱个好的。"

吕先生说，安公子的意思是不要听唱，是"直接称代"，卖唱的却说他是不要听这个曲子，要听另外的，"这个"实际上是省略了其后的"曲子"，这叫"转成称代"。

"直接称代"和"转成称代"是两个很有用的概念。不过，这个例子我们也可以用条件与叙实的错位来解释：安公子的"我不听这个"是个明确结了句的句子，属于我们说的叙实的情况，而卖唱的把这句话理解成了条件句：既然不听这个，那么我唱个别的。

再看一个例子：

（9）甲和乙两个小伙子。甲对自己的女朋友说："我想有个女儿。"女朋友回答说："我们结婚吧！"于是，甲求婚成功。

乙也想学着甲的方式求婚。当他对自己女友说"我想有个女儿"的时候，女友马上叫了他一声："爸爸！"

乙女友的回答出乎乙的意外，其实是很直接的思路。甲的做法是以结果求条件，即，先让"我们结婚"这个条件成为现实，才有可能实现"有个女儿"的愿望。但"我想有个女儿"这句话字面上并不直接含有寻求条件的意思，乙女友没有绕弯想到条件，也是很自然的。

四 行域与知域的错位

俗语"大河有水小河满"的理解错位问题我们在另一篇文章（张伯江2013）中讨论过了，这里复述一下，以期说明，问题的实质，在行域与知域的理解错位。

有的工具书对这个俗语的释读是："比喻全局好了，局部也会受益。反面是'大河没水小河干'。"（周一民，2009：49）举例取自刘绍棠的小说

《鱼菱风景》："而且，大河涨水小河满，鱼菱村生产大队这两年的工值，也是直线上升；年关分红，杨家的几个劳力更分到一大笔现款，鼓囊囊的装满了腰包回家来。"

常见有人从常识角度质疑这个俗语所阐释道理的合理性：如果"小河"指的是大河的支流的话，是小河里的水流到大河里，大河才满的，而不是大河水满了分给小河的。这种解读是以"大河有水"为普通条件式话题，"小河满"为相应的结果式说明。事实上这句话还可以有另外的解读方式，即，"大河有水"为现实性条件式话题，"小河满"为推断性结果式说明。说话时的情境是：看见大河里有水，可以推断出上游小河里水是满的；看见大河里没水，可以推断出上游小河里水是干的。这后一种理解是在"知域"里说的，前一种解读是"行域"里的。从话题到说明的顺向语序，都是因果关系，行域的理解是物理世界的前因后果，知域的理解是心理世界的回溯推理，也是基于现实条件得出的推论性结果。两种理解各自遵从不同认知域的因果关系，只不过后一种知域的理解更合乎常识而已。

与此相类似的是另一个俗语"墙倒众人推"的理解。很多人依物理世界的前因后果关系，把这话的意思理解成"落井下石"的意思，"比喻人一旦失势倒霉，大家就都来欺负、攻击他。"（周一民，2009：183）从事理上讲，墙既倒了以后就没法推了。更合理的解释是：看见墙倒掉了的事实，推断一定此前是许多人推墙导致的结果，仍然是一种回溯推理。这句话说全了是"墙倒众人推，鼓破万人捶"，道理很显著：墙倒了就没法再推，鼓破了也不会有人再捶了；一定是面对倒了的墙和破了的鼓，推断这个事实的背后是多人施加影响所致。毕淑敏《冻顶百合》"'墙倒众人推'一直是贬义词，但一堵很厚重的墙要倒下，是一定要借众人之手的。"

五　行域与言域的错位

2013年6月8日新华每日电讯刊登了一篇署名"戴立言"的文章，题为《政党制度与反腐败》。文章刊出以后，其中"多党轮流执政照样腐败"一句话，引起了网上纷纷议论。有一些人把这话解读为承认了一党执政腐败的现实，"照样"照的就是这个"样"。

这显然是个误读。首先误读者有断章取义之嫌，那个句子所在的片段是这样的：

（10）多党轮流执政照样腐败，一党长期执政也可达到清廉，腐败与否并不取决于政党的多少。不管是多党还是一党，对腐败都没有天然的免疫力。一些实行多党制的国家，政党之间对立严重，政党轮流上台、轮流腐败的现象并不少见；而一党长期执政的国家，只要措施得力，照样能保持清廉。

不过，录全了这段话也无法解决"照"的是什么"样"的问题。误读者在行域里理解这段话，那么"样"就是现实的腐败状况和清廉状况，文中的两处"照样"他都可以解读为一党执政的腐败现实和多党轮流执政的清廉现实。这个误读的根源在于把原作者言域里的"照样"错误地解读成行域里的意义了。原作者在文章的开头说的很清楚：

（11）有人在社会上、在互联网上散布一种观点："中国腐败问题的根本原因是共产党一党执政"，"只有实行多党制才可能达到廉洁"。

由此可见，"多党轮流执政照样腐败，一党长期执政的国家照样能保持清廉"这两处"照样"照的都是引语中的话。这两句话的意思其实是：多党轮流执政照样会出现你说的（一党执政国家会出现的）腐败，一党长期执政的国家照样能保持你说的（多党轮流执政的）清廉。

再看一个例子。2014 年 11 月，多家媒体刊登了一篇对篮球运动员巴特尔的专访。在专访中巴特尔说："其实，在新疆的这六年，新疆队对我问心无愧，我对新疆队也问心无愧，只能说，缘分尽了吧。"一般来讲，"问心无愧"这个谓语，要求主语是第一人称的。这个句子里，第一个"问心无愧"的主语是第三人称的"新疆队"，因此我们可以判定，整个一句话完整地说应该是："新疆队说他们对我问心无愧，我对新疆队也问心无愧"。也就是说，原文"新疆队对我问心无愧"这半句其实是言域的。

六 句法与修辞的错位

《父亲的草原母亲的河》是一首歌的名字，最初我只知道其名，没有用心听过歌词，那时我以为，这是一句修辞性的说法：父亲般的草原，母亲般的河。属于吕叔湘（1976/2002：441）说的"同位性偏正短语"：作为父亲的草原，作为母亲的河。

后来仔细听了歌，歌词一开头便是："父亲曾经形容草原的清香，母亲总爱描摹那大河浩荡"于是我知道，以前的理解错了，原来是"父亲说的草原"和"母亲说的河"。

这是个非修辞性说法被错误理解成修辞性表达法的例子。更多的情况是，修辞性的说法被误解为普通说法。反问就是一个典型的修辞性问句，由于其形式大致跟普通是非问句相同，听话人常常听不出其中的修辞性色彩，造成误会。例如，吕叔湘（1985b）举的例子，师父责问徒弟："你怎么吃掉了这么多？""徒弟把两个饼塞到嘴里："这么吃就吃掉了。"吕先生解释说："师父问'怎么'是'为什么（why）'的意思，徒弟故意把'怎么'里解为'怎么样'（how）的意思。""怎么样"是有疑而问，是常规的句法语义，"怎么"的"为什么"义是反问，属于修辞用法。

普通的是非问句也有这两种效果。电影《妈妈咪呀》里，多娜问哈里："Harry，what are you doing here？（哈里，你来这儿干什么？）"哈里手里拿着一张支票回答说："I wanted to give you this.（我要给你这张支票。）"多娜说："I don't mean here here，I mean here on this island.（我不是说这儿，我是说，你到我们岛上干什么来了！）"多娜的解释说明，她的问话不是个一般疑问句，而是个反问。这个现象早已引起了语言学者的注意，构式语法学者甚至认为这个格式已经构式化了，Kay & Fillmore（1999）称之为"WXDY？"构式（其中 W 代表疑问词，D 代表 do 类动词，X 和 Y 是可替换的其他词），如：

(12) Diner：Waiter，what's this fly doing in my soup?

（服务员，这苍蝇在汤里干嘛呢？）

Waiter: Why, Madam, I believe that's the backstroke.

（夫人，我想它是仰泳呢。）

反问句凝固为构式化的表达法在汉语里也很常见，如"干什么？""怎么着？"等等。

七　注意焦点的错位

语言学研究中，不仅要研究说话人表达的焦点，还应研究听说双方注意的焦点（focus of attention）。看这个笑话：

（13）地铁站看到一男孩，拼命吃巧克力。
过了一会儿，我就跟男孩说："小朋友，巧克力吃多对身体可不好。"
男孩轻蔑看我一眼，说："我太爷爷今年103岁了，你知道为什么吗？"
我好奇地问："为什么？因为吃这个？"
男孩回答说："他从不管闲事。"

叙述者注意焦点在男孩，于是以为男孩谈论长寿话题一定是谈论男孩自己，但是男孩却把注意焦点引向了对方。或者说，说话者关注与现场有关的话语命题内容，关注自己的话题和观点：巧克力吃多的后果；而听话者关注言语行为（speech act）本身的性质——管闲事。

另一个例子：

（14）最近加班比较多，没时间陪女友。女友一脸委屈地说："你不爱我了，一点都不关心我，只在乎你的工作。"
我很无奈地说："我怎么就不关心你了，最近是真忙啊！"
她说："我明天不吃饭了，晚上去打你们老板一顿！"
我问："你打我老板干嘛？"
她愤怒地咆哮道："你都不问我为什么不吃饭！你果然不爱我了！"

女子希望男子的注意焦点在她身上以及她不吃饭这样的事情上，而男子的注意焦点却不知不觉跑到了老板以及老板挨打一事上。

两个例子为什么都发生了误会？第一个，成年人是顺着自己的话题连续方向延伸思路，没有想到转移；第二个则不然，男子没有沿着既定话题"感情"延伸，被"打老板"这一不寻常信息转移了思路。

再看一个：

（15）在一棵树上看到有人张贴了一张寻狗启事："这是一张我们走丢了的狗狗的照片，假如您看见它，请给我们来电！"于是我打电话过去说："我看见你们走丢了的狗狗的照片了！"

事实上这可能是路人故意跟狗主人捣乱。但从语言上说，也是注意焦点的不同提供了误读的可能。狗主人认为狗的生命度高于照片，因此优先获得被回指的资格；而那路人不认同这一原则，他认同的是"定中结构的中心语优先被回指"这条句法原则。

八　主观大量和主观小量的错位

语言的主观性表现在量范畴上，常会出现话语参与者超出实际量度的"主观大量"和"主观小量"现象。（李善熙 2003）以下是两者理解错位的现象。

（16）餐厅里，一位单身汉对我说："好羡慕，我什么时候也能有机会吃情侣套餐呢？"

我安慰他说："别灰心，只要有钱，像我这样，一个人也能买情侣套餐。"

"吃情侣套餐"是一种方式，这方式意味着什么？在那个单身汉看来，能吃上情侣套餐的前提是"有情侣"，实现这个条件远比一份套餐本身的价值大；而听者则认为情侣套餐不过是比普通套餐多一点钱而已。单身汉对情侣套餐价值的理解是基于他的主观大量，而听者则是基于主观小量。这种错位可以用副词"才"和"就"的对立显示出来：

有了情侣才能吃上情侣套餐 ‖ 有了钱就能吃上情侣套餐

（17）爸爸刚到家看到儿子的成绩，十分生气，上来就是一个耳光。

儿子自知理亏，不敢说什么，心想，赶紧让爸爸去吃饭吧，就说："爸爸，你没吃饭呢吧？"

爸爸一听更生气了，啪啪又是两个耳光："你小子，嫌我没吃饭打得轻了是吧？！"

"没吃饭"在儿子的理解中是一件大事，儿子企图用他主观认为更大意义的事转移爸爸的注意力，爸爸却错会了儿子的意思，他以为儿子用"没吃饭"指打人的轻重，因没吃饭而打人没力气，这是一种主观小量。

（18）一个小伙子坐公交车，上来个老奶奶，小伙子起身让座。"小伙子，谢谢，今年多大了？""26。""我孙女也是26，人长的可漂亮了！"小伙子心想"莫非老奶奶看我让座想介绍孙女给我？"刚想开口，老奶奶却说："26了还坐公交。我孙女都买车了！"

小伙子主观上觉得"坐公交让座"是个有价值的行为，他对此事可能引发的老奶奶的回应有主观大量的期待，而老人对"坐公交"的主观评价是偏低的，两人期待值形成巨大反差。

九 话题和焦点的错位

话题是谈话的起点，总是已知信息，说明部分往往是新信息，也是焦点所在的地方。但是汉语话题和说明都是体词性的，同样一个体词性片段，在话语中可能是话题，也可能是说明甚至是焦点。（沈家煊 2012）以下是话题和焦点错位的一些例子：

（19）一男子被判刑 12 年，狱中闲来无事训练蚂蚁玩。几年后蚂蚁已可以倒立、翻跟头等。男子出狱后去酒吧炫耀他的蚂蚁。进入酒吧后男人点了一杯啤酒，然后掏出蚂蚁放在桌子上对服务员说：看，这只蚂蚁。服务员转身一掌拍死了蚂蚁，然后道歉说：对不起先生，我马上给您换一杯。

说话人是以"蚂蚁"为话题，试图让听话人注意他要表达的焦点"它将做出惊人之举"，而听话人却不是这样解读，他是以情境（"酒吧—啤酒"）做了话题，他解读的焦点是"（其中）有一只蚂蚁"。

（20）"从前有两个人，一个叫'我爱你'，另一个叫'我不爱你'。突然有一天'我不爱你'死了，那剩下的一个叫什么？"
"幸存者啊，笨蛋！"

说话人是以"甲死了，乙剩下"作为一个"话题—说明"对，把"乙"的名字空出来，等待答话人回答；而答话人则是以"甲死了，乙剩下"这一事实整体作为话题，然后做出说明："这就叫幸存者。"换句话说，发话人期待的答案是个对比焦点，而答话人的回答是个自然焦点。
再看一个稍微复杂些的例子。严格地说，这个故事不像本文其他例子那样完全是误解，但也有一点超出原本预期的解读。

（21）一个女子自述：跟闺蜜聊天，她抱怨我每次逛街都不化妆，我就问她："知道为什么我不爱化妆不？"闺蜜说："不知道。"我就回答说："我不化妆，别人说我丑，我可以说我是没化妆；可万一我化了妆还有人说我丑，我就没有借口了。"

闺蜜拿出"她不化妆"作为话题来讨论，希望女子给予说明。女子给出了说明："（不化妆）是为怕别人说丑找的借口。"这本已是个完满的语法上的回答了。但出乎意料的是，女子进一步拿出了"不化妆"的对比性话题"化了妆"来讨论，并给出了这个对比性新话题的说明"没有借口了"。

我们知道，对比性话题从另一个角度看也可以说是对比性焦点，"不化妆"与"化了妆"同时拿来说明，语义上更完满，语法上，却是超出了问话人的结构预期的。

十　评论和报道的错位

　　语言的基本功能是什么？传统上人们常说语言的主要作用是报道事件，当代功能主义语言学者则更强调语言表情达意的作用。尤其是从大量现实口语材料的调查统计来看，绝大多数的句子是用来描述状态和表达态度的，也就是说，评论性强于报道性（Thompson & Hopper 2001）。无论如何，评论和报道是语言的主要功能，两种功能在常用的词语身上已经留下了各自的痕迹。看一个小笑话：

　　（22）老公又开始埋怨我太胖了，吧啦吧啦没完没了的说我，我一生气打了他一巴掌，他也火了，说我太过分了，我说："谁过分了，是你先说我胖的。"他说："明明是你先胖我才说的！"

　　男子的无理狡辩，利用的是"说"的两个不同的意思：报道义和评论义。后者在《现代汉语词典》里已经确认为一个义项"责备；批评"。女子"你先说我胖"用的是评论义，她认为男人是在讥讽她的胖，男人的话含有态度意义；男子"你先胖我才说"偷换作了报道义，意思是"我看见你胖，我忠实地用语言报道，有什么错？"这显然是狡辩，因为在我们的社会生活中说人胖，多数就是表达态度，几乎不会用报道意义的。

　　下面这个例子是真实发生的。2013 年 11 月底大连广播电视台"城市直通车"记者在街边采访一位老人，当时街上一个大型企业开业正在大放鞭炮，有扰民的嫌疑。以下是记者与老人的对话：

　　（23）记者："今天早晨，开业第一天放那么多鞭炮，这事儿你怎么看呢？"

　　老人："我就是趴窗户看。"

记者说"你怎么看"用的是"看"的"观察并加以判断"义（《现代汉语词典》），即评论义；而老人没有理解出评论义，只是用报道的方式回答了记者的问题，讲述自己"怎么看"的行为事实。

这两个例子，并不仅仅是"说"和"看"各自的不同义项问题，实质是折射出了语言客观报道侧面和主观评论侧面，只不过在这两个动词身上评论义的痕迹已经固定下了。没有固定下来的例子更多，两种功能其实是时时处处存在着的。

十一　结语

以上举例讨论了理解错位的一些因素。有几件事需要说一下：

第一，我们题目说的是"言者与听者"，这里所谓言者和听者，不限于狭义现场对话的听说双方，也包括跨时空的语言编码与语言解码。如书面形式与它的读者，也是语言发出者和接受者的关系。一些流传多年的成语、俗语，最初的说话人有他一时一地的说话意图，后人解读时未必准确还原当初说话人的具体意图，也就造成了理解错位。归根到底都是解码者对编码者或多或少的误读，所以，本文讨论的现象，不管是不是现场对话，在这个意义上说，都是一样的。

第二，许多举例都是笑话，可以代表正常的语言吗？理解错位本来就是交际过程的"故障"，有些错位的理解在交谈现场很快就消除了，谈话双方为了交谈的正常进行会主动忽略掉；有的错位理解显得好笑，就有人留意记录下来，作为笑话流传。其实交谈中的理解错位几乎每天都在发生，只是语言材料很少记录，而各种笑话体裁的文字恰好为我们研究理解错位保留了一份难得的素材。有些笑话（尤其是相声等文艺作品）可能是刻意编的，编造的基础也恰恰是因为存在错位的可能，仍然可以说是一种语言现实。

第三，本文从十个侧面谈导致理解错位的因素，这十个因素既不是同一个平面上的，而且每个例子也不是仅限于惟一角度的解释，每个语言事实都可能涉及不同的因素。如例（1）就可以从多种角度观察。以动词"送"的论元结构说，它应该涉及三个论元，卖花人和叙述人的理解分别是："送女朋友一束花"和"送你一个女朋友"。双及物式里与事总是已知信息，必须是实指；受事往往是新信息，可以是实指的不定指，也可以是虚指。这就把指称性质跟论元结构结合起来解释了。同时这也可以说是关注焦点的不同：卖花人关注在你买不买他的花，所以他首先用的是"买花"做焦点，"送女朋友"只是被追问时的答句；叙述人关注的焦点则在"得到女朋友"。因此同样是"送女朋友"四个字，却代表着不同的关注焦点。再如例（17），也可以看做父子二人推理方式的不同：儿子是以现实情况"没吃饭"作为条件，引导父亲去做"吃饭"这个结果；父亲则以现实情况"打孩子"为条件，回溯推导出"没吃饭"这个原因。

　　第四，理解错位有没有倾向性规律？有，但不是绝对的。吕叔湘先生（1979：103）曾经这样描述语言解码过程："听人说话，听了一个词，根据他的语法和词汇知识预期底下可能是一个（或哪几个里边的一个）什么词，也许猜对了，也许猜错了，一个个词顺次猜下去，猜测的范围逐步缩小，猜对的机会逐步加多，最后全对了，就叫做听懂了。听完了还不完全懂，这种情况也常见，多半由于说话的人说得不周到。"吕先生这段表述仅说到了语法和词汇因素，没有谈及语用因素。不同的语用倾向会导致不同的句法—语义选择，如：选用"话题—说明"结构还是"施事—受事"结构，选用实指指称还是虚指指称，等等。一般来说，发话人对自己想说的内容了然于胸，难免就说话当时的情境发挥主观性，采用更适于表达他主观意义的形式；而听话人一般是以捕捉信息为首要目的，他会优先选用偏于客观表述的事件结构来理解，这就是为什么我们常会看到，说话人采用的是主观性强的"话题—说明"结构来构句，而听话人用的是客观事件结构常用的"施—动—受"结构去理解。再如说话人在知域和言域里推理，而听话人按行域的情况去理解。有的时候谈不上有什么倾向，仅仅是听说双方关注点的差异造成理解错位，这可以说是每个例子里都或多或少存在的。

参考文献

陈平：《释汉语中与名词性成分相关的四组概念》，《中国语文》1987年第2期。
李善熙：《汉语"主观量"的表达研究》，中国社会科学院研究生院博士学位论文，2003。

吕叔湘：《现代汉语语法（提纲）》，载《吕叔湘全集》第十三卷，辽宁教育出版社，2002。

吕叔湘：《汉语语法分析问题》，商务印书馆，1979。

吕叔湘：《掉个过儿还是一样》，载《语文杂记》，上海教育出版社，1984。

吕叔湘：《近代汉语指代词》，学林出版社，1985a。

吕叔湘：《笑话里的语言学》，《读书》1985 年（1985b）第 8 期。

沈家煊：《语言的"主观性"和"主观化"》，《外语教学与研究》2001 年第 4 期。

沈家煊：《"零句"和"流水句"——为赵元任先生诞辰 120 周年而作》，《中国语文》2012 年第 5 期。

乐耀：《论现代汉语的比拟型对待句》，《中国语文》2014 年第 1 期。

张伯江：《以语法解释为目的的语体研究》，《当代修辞学》2012 年第 6 期。

张伯江：《汉语话题结构的根本性》，载《木村英树教授还历记念，中国语文法论丛》，日本白帝社，2013。

周一民：《北京俏皮话词典》（增订本），商务印书馆，2009。

Kay, Paul & Charles J. Fillmore 1999 Grammatical construction and linguistic generalizations: The *What's X doing Y?* construction. *Language* 75（1）：1 – 33.

Thompson, Sandra A. & Paul J. Hopper 2001 Transitivity, clause structure, and argument structure: Evidence from conversation. In Joan L. Bybee and Paul J. Hopper（eds.）*Frequency and the Emergence of Linguistic Structure.* John Benjamins.

本文原刊于《语言教学与研究》2016 年第 1 期

结构重组与构式拷贝

——语法结构复制的两种机制

吴福祥[*]

1　引言

Heine 和 Kuteva（Heine，2007、2008；Heine & Kuteva，2003、2005、2006、2007、2008）的"语法复制"（Grammatical Replication）是近年来历史语言学的一项重要的理论创获。这个理论模型揭示了语法结构和语法意义跨语言迁移的内在过程，尤其比较深入地解释了一种语言如何从另一语言中获得语法意义或语法结构。不过，Heine 和 Kuteva 的语法复制理论虽然对接触引发的语法化进行了系统、深入的阐述，但有关语法结构复制的讨论则尚欠全面和深入，特别是我们在中国境内语言接触引发的语言演变中所观察到的语法复制的一个重要机制，即"构式拷贝"（constructional copying），在他们的"语法复制"理论模型和分析框架中未能涉及。

本文基于中国境内语言（南方民族语言）的材料，讨论语法结构复制的两种机制："结构重组"（restructuring）和"构式拷贝"。"结构重组"主要是指一个语言（复制语）的使用者依照另一个语言（模式语）的语法

＊　吴福祥，中国社会科学院语言研究所研究员。

（句法和形态）模式来重排（rearrange）或择定（narrow）自己语言里意义单位的语序；"构式拷贝"指的是一个语言的使用者仿照另一个语言的模式，用自己语言的材料构建出与模式语对等的（形态/句法）结构式。本文将证明，至少就我们接触到的中国南方民族语言的事实而言，"构式拷贝"无疑是语法结构复制的一个重要机制。

2　Heine 和 Kuteva 的语法复制理论

历史语言学家在研究语言演变时总是难以回避两个非常关键但又十分棘手的问题：（i）语言接触能否引发语法演变，析言之，一种语言能否从另一语言获得语法特征？（ii）语言接触如何引发语法演变，换言之，一种语言如何从另一语言获得语法特征？问题（i）在 20 世纪前半叶曾引起不断争论，极端者当属所谓的"萨丕尔与博厄斯之争"。① 不过，Weinreich（1953）问世之后特别是 Thomason 和 Kaufman（1988）著作出版以来，问题（i）就不再成为历史语言学家关注的焦点，因为很少有人还会对问题（i）做出否定性回答。事实上，半个多世纪以来，历史语言学家关注的焦点是问题（ii），即一种语言是怎样从另一种语言获得语法特征（语法语素、语法意义或语法结构）的，或者说，一种语言的语法特征是如何移入（transfer）别的语言的？对于问题（ii），很长一段时间人们径用"借用"（borrowing）来回答，也就是说，人们通常用"借用"来指称语法特征跨语言的迁移过程（如 Haugen，1950、1992；Harris & Campbell，1995；Campbell，1999；Trask，2000：44；Aikhenvald，2002：3）。Harris 和 Campbell（1995：122）甚至将"借用"作为句法演变的三个基本机制之一："'借用'是指这样的一种演变：一种外来的句法模式（外来模式的复制品或至少是形式上非常相似的结构式）通过所接触语言中'供贷模式'（donor pattern）的影响被并入'借语'之中。"

不过，跟绝大多数文献一样，Harris 和 Campbell（1995）的"借用"失之笼统，这个术语在概念上等于 Weinreich（1953）和托马森（Thomason，

---

① 关于"萨丕尔与博厄斯之争"，可参看 Thomason & Kaufman（1988）。

2001a；Thomason & Kaufman，1988）的"干扰"（interference），以及 Heine 和 Kutava（2005、2006）等众多学者的"迁移"（transfer）。实际上，Harris 和 Campbell（1995）所定义的"借用"几乎等于"接触引发的语法演变"。①

近年来，Heine 和 Kuteva（Heine，2007、2008；Heine & Kuteva，2003、2005、2006、2007、2008）将语法化理论与接触语言学结合起来，构建出"语法复制"的理论框架，从而对问题（ii）做出了异于前人的回答。Heine 和 Kuteva 的上述著述在 Weinreich（1953）的基础上，将接触引发的语法演变分为"语法借用"（grammatical borrowing）和"语法复制"（grammatical replication）：语法借用是指一个语言（源语）的语法语素迁移到另一个语言（受语）之中；语法复制则是指一种语言（复制语）仿照另一种语言（模式语）的某种语法模式，用自身的语言材料在复制语中产生出新的语法结构或语法概念。② 语法复制包括"接触引发的语法化"（contactinduced grammaticalization）和"结构重组"（restructuring）两个方面，前者是指一个语言（复制语）对另一个语言（模式语）的语法概念或语法概念演变过程的复制，后者是一个语言（复制语）对另一个语言（模式语）语法结构的复制。③ Heine 和 Kuteva 的分析框架如图 1（见下页）。

据 Heine 和 Kutava（2005、2006、2008）的观察，这里的"结构重组"（restructuring）除了作为接触引发的语法化的一种副现象或后果外，主要跟两种策略密切相关：一是"重排"（rearrangement），即一种语言（复制语）的使用者仿照另一种语言（模式语）的某种语序模式将自己语言中对应语

---

① 说"几乎等于"是因为，"接触引发的语法演变"不仅包括"特征的增加"，还包括"特征的替代"、"特征的消失"和"特征的保留"（参看 Thomason，2001a；吴福祥，2007）；而这里的"借用"只涉及"特征的增加"，所以概念上跟"接触引发的语法演变"并不完全等同。

② Heine（2008：36）对语法复制的定义是："语法复制是指这样的过程：一个语言（复制语）的使用者，利用自己语言中可以得到的语言材料，仿照另一个语言（模式语）的模式，在自己语言中产生出一个新的语法意义或语法结构。"

③ 在 Heine & Kuteva（2002、2005、2005、2007）看来，"结构重组（restructuring）"主要是指接触引发的语法化的一种后果，用他们的话说，其实是一种"不变之变（word order change without word order change）"。此外，结构重组也包括"重排"（rearrangement）、"择一"（narrowing）和"消失"（loss），不过这三种过程在 Heine & Kuteva 所有文献里均语焉不详。

法结构的语序进行重排，例如在巴尔干地区，土耳其语方言的使用者仿照马其顿语、阿尔巴尼亚语等印欧语领属结构式的语序模式，将自己语言中领属结构式的语序由"G－N"重排为"N－G"，比如"阿里的父亲"，巴尔干地区的土耳其语方言说成 *babasi Alinin*（the father of Ali），而不是标准土耳其语的 *Alinin babasi*。（Heine & Kutava，2005：112、2006：64－65）。另一种策略是"择一"（narrowing），即复制语的使用者从其可选的若干结构选项中选取一种跟模式语相同的结构，从而跟模式语的语序模式建立起对等关系（参看 Heine & Kutava，2005：114，以及本文 3.3.2）。

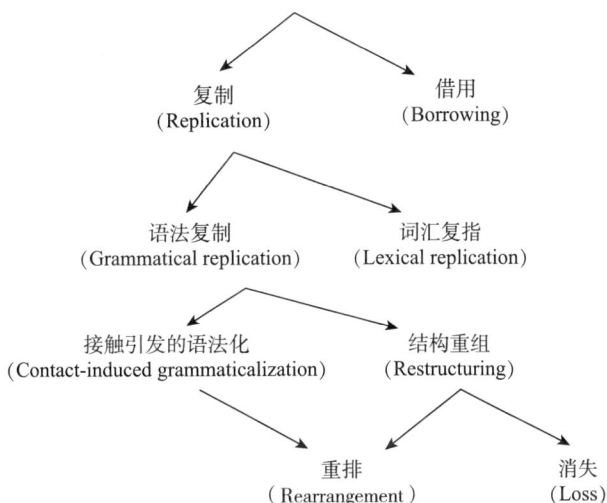

图 1　**Contact-induced Linguistic Transfer**（接解引发的迁移）

（Heine & Kuteva，2008：59；Heine，2008：37）①

除了图 1 所示的模型，Heine 和 Kuteva（Heine & Kuteva，2005、2006、2008；Heine，2007、2008）的语法复制理论还包括以下比较重要的假设和断言：

（ⅰ）语法复制（接触引发的语法化和结构重组）并非离散的顿变过程，相反，它是一种"次要使用模式（minor use pattern）＞主要使用模式（major use pattern）/初始范畴（incipient category）＞成熟范畴（full-fledged category）"的连续、渐变的过程。（Heine & Kuteva，2005）

---

① 语法复制与词汇复制的区别在于，前者复制的是语法意义或语法结构，后者则限于词汇意义的复制。（参看 Heine & Kuteva，2005、2008；Heine，2008） （ii）语法复制最常见的表现是，复制语的使用者激活复制语中现存的某种有标记性结构或使用模式，即将这种结构或使用模式扩展到新的语境并加以高频使用，使之逐步变成主要使用模式或成熟范畴，从而跟模式语的相关结构或模式取得一致或对等。（Heine & Kuteva，2005；Heine，2008）

（iii）语法复制过程并非"无中生有"，相反，它总是以复制语中某种现存的次要使用模式为基础，也就是说，语法复制过程的发生总是需要复制语中存在合适的话语模式。另一方面，语法复制的后果是复制语中产生某种新的结构（Rx），但这种新结构 Rx 在大多数情况下并不完全是新的。相反，这种新结构是以复制语中已有的某种结构 Ry 为基础而构建起来的，因此语法复制实际实现的就是将 Ry 变为 Rx……。（Heine & Kuteva，2005：40 – 41）

（iv）语法结构的复制本质上是一种结构重组，通常体现为一种"不变之变"（change without change）；也就是说，语法结构复制通常是已有结构模式的重组（择一或重排），或者是接触引发的语法化的一种副现象。（Heine，2008）

我们的问题是：是否所有的语法复制均以复制语存在相关的使用模式或语法结构作为前提或基础？换言之，有没有"无中生有"的语法复制？下面我们尝试对这一问题作出回答。

3　结构重组与构式拷贝

我们认为，语法结构复制主要有两种机制：结构重组和构式拷贝。前者是指一个语言（复制语）的使用者依照另一个语言（模式语）的句法和形态模式来重排或选定自己语言里意义单位的语序。构式拷贝则指一个语言仿照另一个语言的模式，用自身的语言材料构建出与模式语对等的（形态/句法/话语）结构式。二者的区别如表1所示：

表 1　结构重组与构式拷贝

结构重组	重组已有的（形态）句法模式 重排：重排已有的（形态）句法模式 择一：选定已有的（形态）句法模式	有所依凭
构式拷贝	构建新的（形态）句法模式	无所依凭（无中生有）

3.1　结构重组

3.1.1　重排

所谓"重排"（rearranging），典型的情形是：模式语 M 中有一种语序为 A－B－C 的结构式；复制语 R 也有对应的结构式，但语序却为 A－C－B（或其他语序模式）。于是，语言 R 的使用者依照模式语 M 的模式将其语言的 A－C－B 语序重排为 A－B－C，以取得与语言 M 模式的一致（即 A－C－B→A－B－C）。考察发现，这种结构重组的方式在国内南方民族语言中比较常见，酌举数例如下。

（Ⅰ）领属结构式语序

领属结构式（Genitive construction）是指由领属语（Genitive）和核心名词（Noun）构成的名词性结构式。在世界语言中，领属结构式语序有"名词＋领属语（NG）"和"领属语＋名词（GN）"两种模式。比如法语里，当名词充当领属语时位置须在核心名词之后，而在汉语里所有领属语均居核心名词之前：

$$(1) 法语：le\quad bras\quad de\quad Jean\qquad [N-G]$$
$$冠词\quad 胳膊\quad 领属标记\quad Jean\quad '让的胳膊'$$
$$汉语：我的房子\qquad [G-N]$$

在中国南方民族语言（侗台、苗瑶、南亚和南岛）中，领属结构式语序有 NG、GN 和 NG/GN 三种类型。吴福祥（2009a）证明，这些民族语言里领属结构式固有的语序模式同于法语（NG）而异于汉语，GN 和 NG/GN 则是受汉语影响而发生演变或变异的结果。例如（2）中，傣语的领属结构式保留了固有的 NG 语序；标话则在汉语影响下重排为 GN；布央语领属结构式 NG/GN 的交替模式和变异类型，显示该语言正处在"N－G＞G－N"演变之中。

$$(2) 傣语（喻翠荣、罗美珍，1980：81）：$$
$$NG：xɔ^1\ to^1xa^3\ 我的锄头\qquad məŋ^2\ tai^2\ 傣族地方$$
$$锄头\ 我\qquad\qquad 地方\ 傣族$$

标话（梁敏、张均如，2002：99）：

GN：a^{1}tsɔ^3 ken^5 løk^{10}　伯父的房子
　　伯父　　间　屋

　　tsi^{3}sy^3 tsu^2 liak^8　支书的儿子
　　支书　个　儿子

布央语（李锦芳，1999：78）：

NG：miə^{11} tsɛ^{54} ma^{0}uːn^{54}　小孩的伯母
　　伯　母　　小孩

GN：ma^{0}uːn^{54} ti^{33} miə^{11} tsɛ^{54}　小孩的伯母
　　小孩　的　伯　母

（Ⅱ）关系小句结构式语序

关系小句和核心名词的语序在人类语言中有"名词 - 关系小句（NRel）"和"关系小句 - 名词（RelN）"两种类型，比如英语采用的是前一种模式，日语和汉语则使用后一种语序：

(3) 英语：the book ［that the student bought］
　　　　　 N　　　　　　　　Rel　　　　　　　　　［学生买的］书

　　日语：［gakusei ga　　katta　］ hon
　　　　　学生　主格买.过去时　书　　　　［学生买的］书

在中国南方的民族语言（侗台、苗瑶、南亚和南岛）中，关系小句和核心名词的语序有 NRel、RelN 以及 NRel/RelN 三种类型。吴福祥（2009b）证明，这些民族语言关系小句和核心名词固有的语序模式同于英语而异于汉语和日语，RelN 和 NRel/RelN 则是受汉语影响而发生演变或变异的结果。例如（4）中，傣语的关系小句结构式保留了固有的 NRel 语序；标话则在汉语影响下重排为 RelN；而毛南语关系小句结构式 NRel/RelN 的交替模式和变异类型，显示该语言正处在"N-Rel > Rel-N"演变之中。

（4）傣语（喻翠荣、罗美珍，1980）：

NRel：kun² au¹ pa¹　捕鱼的人（81）
　　　　人　捕　鱼

　　　kam² an² su¹ tsau³ va⁶　nan⁴　di¹ tɛ⁴　你说的话很好（73）
　　　话　的　你　说（助词）好　很

标话（梁敏、张均如，2002）：

RelN：jɔ² tsuŋ⁵ kɛ⁶ tau⁶　咱们种的豆（114）
　　　咱们　种　的　豆

　　　tsau² maːi⁶ kɛ⁶ lan²　捕鱼的人（117）
　　　捉　鱼　的　人

毛南语（旧称毛难语。梁敏，1980）：

NRel：ai¹ zən¹ kwai¹ ʔja⁵ ka⁵　犁田的那个人（37）
　　　个　人　犁　田　那

RelN：laːk⁸ ce³ na⁴ ti⁰　fiu⁴　孩子吃的粮食（68）
　　　孩子　吃　的　粮食

（Ⅲ）处所介词短语的语序

　　表处所的附置词结构（PP）相对于主要动词（V）的位置，在人类语言里有 V–PP 和 PP–V 两种模式，比如英语里这种处所介词短语总是居于主要动词之后，汉语则位于主要动词之前：

（5）英语：He is reading ［in his home］.
　　　　　　 V　　　　　　　　　PP

　　汉语：他 ［在家里］看书
　　　　　　　 PP　　　 V

　　在中国南方的民族语言（侗台、苗瑶、南亚和南岛）中，处所介词短语和主要动词的语序有 V–PP、PP–V 和 V–PP/PP–V 三种类型。吴福祥（2008a）证明，这些民族语言里固有的语序模式同于英语（即 V–PP）而异于汉语，PP–V 和 V–PP/PP–V 则是受汉语影响而发生演变或变异的结果。例如（6）中，傣语处所介词短语和主要动词的语序保留了其固有的语序模式 V－PP；标话则在汉语影响下重排为 PP－V；而黎语 V－PP/PP－V 的变异模式则显示该语言正处在"V－PP＞PP－V"演变之中。

（6）傣语（德宏）（喻翠荣、罗美珍，1980：70）：

V－PP：kau^6 het^9 la^{3}xɔŋ^1 ti^6 pə^{3}tsin^6.　　我在北京工作。
　　　　我　做　工作　　在　北京

标话（梁敏、张均如，2002：113）：

PP－V：tsia^1 ŋy^4 mui^1 to^3 phiam^3 thu^1.　　我在那个山上砍柴。
　　　　我　在　那　山　砍　柴

黎语（欧阳觉亚、郑贻青，1980：65）：

V－PP：na^1 aːp^7 duɯ^3 ŋaːi^2 nom^3.　　他在河边洗澡。
　　　　他　洗澡　在　边　河

PP－V：na^1 duɯ^3 ŋaːi^2 nom^3 aːp^7.　　他在河边洗澡。
　　　　他　在　边　河　洗澡

（Ⅳ）动词后宾、补共现的语序

当动词后同时出现宾语和结果补语时，汉语的语序是 VCO，而在英语近似结构式里"结果补语"则位于宾语之后：

（7）汉语：他射死了 鸟　　他关紧了 门
　　　　　　VC　　O　　　VC　　O
　　英语：He shot the bird dead.　　He closed the door tight.
　　　　　　V　　O　　C　　　　V　　O　　C

中国南方的民族语言（侗台、苗瑶、南亚和南岛）里，动词后宾语和结果补语共现的语序有 VOC、VCO 和 VOC/VCO 三种类型。吴福祥（2009c）证明，VOC 是这些民族语言固有的语序模式，VCO 和 VOC/VCO 则可视为受汉语影响而发生演变或变异的结果。例如（8）中，傣语里动词后宾语和结果补语共现的语序保留了固有的语序模式 VOC；茶洞语则在汉语影响下重排为 VCO；而拉珈语 VOC/VCO 的变异模式则显示该语言正处在"VOC＞VCO"演变之中。

（8）傣语（喻翠荣、罗美珍，1980：89）：

VOC：xau[1] jɯ[2] sə[1] taːi[1] to[1] mɯŋ[6]. 他打死了一只老虎。
　　　　他　射　老虎　死　只　一

茶洞语（李锦芳，2007：1333）：

VCO：mən[2] wak[7] tai[1] tsi[4] hja[1] kok[8] tak[8] nəm[4].
　　　　他　　打　死　了　两　只　老　虎　。

他打死了两只老虎

拉珈语（毛宗武、蒙朝吉、郑宗泽，1982：165）：

VOC：lak[8] wak[8] naːŋ[4] tiŋ[6] lieːu[3]. 他洗衣服干净了。
　　　　他　洗　衣服　干净　了

VCO：lak[8] wak[8] tiŋ[6] naːŋ[4] lieːu[3]. 他洗干净衣服了。
　　　　他　洗　干净　衣服　了

3.1.2 择一

"择一"（narrowing）作为结构重组的一种方式，主要是指这样的情形：复制语 R 具有两种或两种以上的结构模式（比如 A、B）来表达同一种语法功能，而模式语 M 表达同样语法功能的结构模式只有一种（A 或 B）；于是，复制语的使用者从 A、B 等两种或两种以上的结构模式中选择了语序模式 A 或 B，以与模式语 M 建立起一对一的等同关系。（参看 Heine & Kutava，2005：114）。不过这种结构重组的类型，我们目前在中国境内语言里尚未发现特别典型的实例，但别的语言并不罕见。比如巴西境内一种叫 Kadiwéu 的语言，跟葡萄牙语有密切的接触关系，这种南美洲语言属于无基本语序的语言，小句语序具有 OVS、VOS、SOV、OSV、VSO 和 SVO 六种模式。值得注意的是，Kadiwéu 使用者中"Kadiwéu – 葡萄牙语"双语人群则通常采用 SVO 语序，而这种语序正好跟葡萄牙语的基本语序 SVO 一致。这个事实表明，复制语 Kadiwéu 语的双语人群，从他们可选的六种语序模式中选择了在模式语葡萄牙语中普遍流行的基本语序 SVO，从而与葡萄牙语建立起一对一的等同关系（参看 Thomason，2001b：1642；Heine & Kutava 2005：61）。如图 2 所示：

3.2　构式拷贝

如前所述，构式拷贝跟结构重组最大的差别是，前者没有相关的结构作为基础或依凭，完全是"无中生有"，而后者一定有个相关的结构存在。

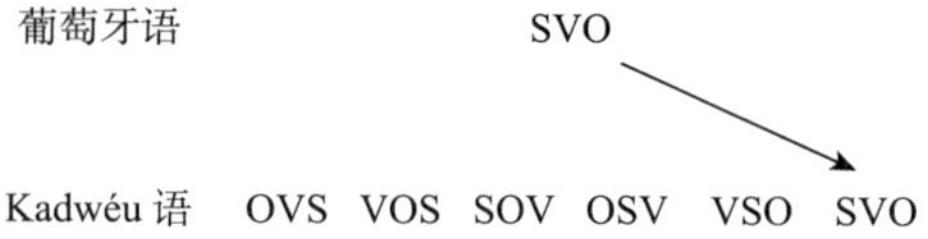

葡萄牙语　　　　　　　　SVO

Kadwéu 语　OVS VOS SOV OSV VSO SVO

图 2　Kadiwéu 语和葡萄牙语接触中的小句语序
（参看 Thomason，2001b：1642）

据我们初步观察，南方民族语言中某些跟汉语一致的结构式，实则源于这些语言对汉语相关结构式的拷贝。

3.2.1　"A-not-A"型极性问句

中国南方很多民族语言（藏缅、侗台、苗瑶、南亚及南岛）跟汉语一样也拥有"A-not-A"型极性问句（如（9））。吴福祥（2008b）证明，这些民族语言的"A-not-A"疑问构式（及其变式）是在汉语影响下产生的，具体说，是对汉语"VP 不 VP"模式的拷贝。例如：

（9）壮语（韦庆稳、覃国生，1980：71）：

sou^1 ɤo^4 bou^3 ɤo^4 （ne^6）？　你们知道不知道（呢）？
你们　知　不　知　呢

毛南语（梁敏，1980：54）：

nam^3 lɔːt^7 kam^3 lɔːt^7？　水热不热？
水　热　不　热

普标语（梁敏、张均如、李云兵，2007：77）：

kɯ^{45} mie^{53} nam^{45} mie^{53}？　他来不来？
他　来　不　来

优诺语（毛宗武、李云兵，2007：81）：

naŋ^{22} nɔ^{13} ne^{22} nɔ^{33} tɔ^{35} mɔ^{31} tɔ^{35} mai^{35}？　他们今天杀不杀猪？
他们　今天　杀　不　杀　猪

勉语（毛宗武、蒙朝吉、郑宗泽，1982：60）：

mwei^2 khoːi^1 maːi^3 khoːi^1 tɕɛːŋ^2？　你开没开门？
你　开　没　开　门

克蔑语（陈国庆，2005：139）：

ɣn^{35} in^{33} ma^{31} in^{33}？　他来不来？
他　来　不　来

傈僳语（徐琳、木玉璋、盖兴之，1986：102）：

e^{33} $d\math3\varepsilon^{44}$ de^{42} ma^{31} de^{42}？　喝不喝水？

水　喝　不　喝

阿昌语（戴庆厦、崔志超，1985：78）：

$nua\eta^{55}$ $l\mathfrak{o}^{35}$ ma^{31} $l\mathfrak{o}^{35}$？　你去不去？

你　去　不　去

回辉话（郑贻青，1997：105）：

nau^{33} $za\mathfrak{i}\mathfrak{i}^{32}$ pu^{33} $za\mathfrak{i}\mathfrak{i}^{32}$？　他来不来？

他　来　不　来

3.2.2　"V 不 C"式能性述补结构

世界上很多语言用情态动词、助动词、小品词或词缀来表达情态范畴（Bybee *et al.*，1994）。汉语则有所不同，除了助动词和小品词外汉语还用能性述补结构"V 得 C/V 不 C"来表达情态范畴：

（10）a. 这东西太沉，小孩拿不动，大人才拿得动。

　　　 b. 外边下雨，咱们出得去出不去？

吴福祥（2012）证明，汉语这种表达情状可能性（situational possibility）的述补结构"V 不 C"罕见于世界语言，极有可能为"华文所独"。[①]

但值得注意的是，国内部分少数民族语言跟汉语一样，也拥有表达情状可能性的述补结构"V 不 C"（如（11））。有证据显示，这些语言中的"V 不 C"极有可能是对汉语能性述补结构复制的结果[②]。

[①] 情状可能性（situational possibility）属于"情状情态"（situational modality），后者与"认识情态"（epistemic modality）相对待。

[②] 一个重要的证据是，具有这种"V 不 C"能性述补结构的南方民族语言，其在国外的亲属语或姐妹语未见这种结构式。此外，既然几乎所有的汉语方言都有"V 不 C"能性述补结构，而只有部分南方民族语言具有这种能性述补结构，因此拷贝的方向应是由汉语到南方民族语言而非相反。感谢《中国语文》审稿专家提醒作者注意到这个问题。

（11）布依语（喻翠容，1980：52）：

ko¹ tam⁵ ni⁴ ma³ mi² saːŋ¹.　　矮的这棵长不高。
棵　矮　这　长　不　高

仫佬语（王均、郑国乔，1980：68）：

fɛ⁴ ŋ⁵ ljeu⁴ 做不完　　　　fɛ⁴ lai³ ljeu⁴ 做得完
做　不　完　　　　　　　做　得　完

布努语（毛宗武、蒙朝吉、郑宗泽，1982：115）：

ȵe³ᐟ tuŋ¹ᐟ hoŋ¹·¹ᐟ nau³·³ᐟ tai⁵nau³ θu⁶ ma² caŋ⁴?
一　点儿　工　这　今天　做　不　完

这点儿活儿今天干不完？

勉语（毛宗武、蒙朝吉、郑宗泽，1982：41）：

nen² nuŋ²nuŋ² -ŋat⁸ ŋat⁸ ȵei¹ koːŋ³ n⁵ tshwat⁷.
他　吞吞　吐吐　地　讲　不　出

他吞吞吐吐地讲不出。

畲语（毛宗武、蒙朝吉，1986：82）：

ka³ khje⁴ kwei⁶ tsha⁴taŋ¹ kwa⁵ ha⁶ ŋŋ⁴.　　路很窄，车子过不去。
路　很　窄　车子　过　不　去

布庚语（李云兵，2005：158）：

ʐin⁴⁴wei²⁴ tɕou⁴⁴ kaŋ³¹ kui⁴⁴, so³¹ʑi³¹ tɕɯ⁴⁴ tsei³¹ mɯ⁴⁴ ʐau³¹.
因为　路　很　窄　所以　车　过　不　去

因为路很窄，所以车过不去。

木佬语（薄文泽，2003：122）：

tau³¹ a⁵⁵ lau⁵³ (to²⁴)　读不起（书）
做　不　起来　书/字

ku²⁴ a⁵⁵ sei²⁴　吃不饱
吃　不　饱

回辉话（郑贻青，1997）：

nau³³ sa³³ sien¹¹ lu³³ hu³³ zao²⁴ pu³³ phi⁵⁵.
他　的　钱　多　得　数　不　完了

他的钱多得数不完。（97）

ʔa¹¹ kai³³ haːi³³ hu³³ pha⁴³ pu³³ phi⁵⁵.　　老人累得走不动。（86）
老　人　累　得　走　不　了

3.2.3　"VV"式动词重叠模式

表示"短时、少量或尝拭"的动词重叠形式"VV（V—V）"罕见于世界语言，但部分南方民族语言却跟汉语一样也具有这种语法模式（如（12））。我们认为，这些语言的"VV（V—V）"重叠形式极有可能是复制汉语动词重叠式的结果。①

（12）壮语（韦庆稳、覃国生，1980：39）：

$o:k^7\ \gamma o:k^8\ pai^1\ pja:i^3\ pja:i^3.$　到外面去走走。

出　外　去　走　走

拉珈语（毛宗武、蒙朝吉、郑宗泽，1982：147）：

$kwa^4\ kwa^4$　摸摸（摸一下）

摸　摸

$tsen^1\ tsen^1$　吃吃（尝一下）

吃　吃

畲语（毛宗武、蒙朝吉，1986：37）：

$mɔ^6\ mɔ^6$　看一看

看　看

$ka^1pji^3\ ka^1pji^3$　走一走

走　　走

勉语（毛宗武、蒙朝吉、郑宗泽，1982：38）：

$ka:t^7\ ka:t^7$　割一割

割　割

$ȵen^6\ ȵen^6$　吃一吃

吃　吃

京语（欧阳觉亚、程方、喻翠容，1984：79）：

$tsuŋ^5tai^1\ di^1ja^1\ tsai^5\ tsai^5.$　咱们出去走走

咱们　出去　跑　跑

---

① 我们的证据是，这些具有动词重叠形式"VV（V—V）"的民族语言，其在国外的亲属语或姐妹语未见这种结构式。另一方面，有些民族语言的语法描写者已明确将相关语言中动词重叠形式"VV（V—V）"的出现归因于汉语语法的影响。例如梁敏（1980：84）就将毛南语中动词重叠形式"VV（V—V）"的使用视为毛南语受汉语影响的一个重要方面。

thaːu³ lən⁶ thaːu³ lən⁶　讨论讨论
　讨论　　　讨论

布庚（李云兵，2005：123）：

ti⁵⁵ o⁴⁴ da³¹ da³¹　给我看看
　给我看看

tu⁴⁴ ʐau⁴⁴ ŋa³¹ ŋa³¹　出去走走
　出去走走

回辉话（郑贻青，1997：72）：

ha³³ sioŋ²¹ sioŋ²¹ khiaŋ³²　你想想看。
　你想想看

4　结语

本文在 Heine 和 Kuteva（2003、2005、2006、2007、2008〉的基础上，讨论接触引发的语法结构演变的机制，对 Heine 和 Kuteva 的语法复制理论做了比较重要的修正和完善。我们的模型如图 3（见下页）所示。

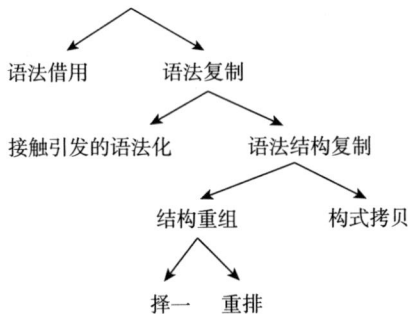

图 3　接触引发的语法演变的机制（比较第 2 节 Heine 和 Kuteva 的模型）

我们的主要结论是：

（i）语法复制并不等于接触引发的语法化，也包括语法结构复制，而后者又含结构重组和构式拷贝两个次类。

（ii）语法复制并不一定以复制语存在相关结构或使用模式作为基础和前提，它也可以无中生有地复制模式语的特定结构。

（ⅲ）至少就我们所接触的中国南方民族语言的事实而言，"构式拷贝"无疑是语法结构复制的一个重要机制。

参考文献

薄文泽：《木佬语研究》，民族出版社，2003。

陈国庆：《克蔑语研究》，民族出版社，2005。

戴庆厦、崔志超：《阿昌语简志》，民族出版社，1985。

李锦芳：《布央语研究》，中央民族大学出版社，1999。

李锦芳：《茶洞语》，载孙宏开、胡增益、黄行主编《中国的语言》，商务印书馆，2007。

李云兵：《布庚语研究》，民族出版社，2005。

梁敏：《毛难语简志》，民族出版社，1980。

梁敏、张均如：《标话研究》，中央民族大学出版社，2002。

梁敏、张均如、李云兵：《普标语研究》，民族出版社，2007。

毛宗武、李云兵：《优诺语研究》，民族出版社，2007。

毛宗武、蒙朝吉：《畬语简志》，民族出版社，1986。

毛宗武、蒙朝吉、郑宗泽编著《瑶族语言简志》，民族出版社，1982。

欧阳觉亚、程方、喻翠容：《京语简志》，民族出版社，1984。

欧阳觉亚、郑贻青：《黎语简志》，民族出版社，1980。

王均、郑国乔：《仫佬语简志》，民族出版社，1980。

韦庆稳、覃国生：《壮语简志》，民族出版社，1980。

吴福祥：《关于接触引发的语言演变》，《民族语文》2007年第2期。

吴福祥：《南方民族语言处所介词短语位置的演变和变异》，《民族语文》2008a年第6期。

吴福祥：《南方语言正反复问句的来源》，《民族语文》2008b年第1期。

吴福祥：《南方民族语言领属结构式语序的演变和变异》，《东方语言学》（第六辑），上海教育出版社，2009a。

吴福祥：《南方民族语言关系小句结构式语序的演变和变异》，《语言研究》2009b年第3期。

吴福祥：《南方民族语言动宾补语序的演变和变异》，《南开语言学》2009c年第2期。

吴福祥：《试说汉语几种富有特色的句法模式——兼论汉语语法特点的探求》，《语言研究》2012 年第 1 期。

徐琳、木玉璋、盖兴之：《傈僳语简志》，民族出版社，1986。

喻翠容：《布依语简志》，民族出版社，1980。

喻翠荣、罗美珍：《傣语简志》，民族出版社，1980。

郑贻青：《回辉语研究》，上海远东出版社，1997。

Aikhenvald, Alexandra Y. , 2002, *Language Contact in Amazonia*. Oxford：Oxford University Press.

Bybee, Joan, Revere Perkins, and William Pagliuca 1994 *The Evolution of Grammar*：*Tense, Aspect and Modality in the Languages of the World*. Chicago：University of Chicago Press.

Campbell, Lyle, 1999, *Historical Linguistics*：*An Introduction*. Cambridge, Massachusetts：The MIT Press. Harris, Alice C. and Lyle Campbell 1995 *Historical Syntax in Cross-linguistic Perspective*. Cambridge：Cambridge University Press.

Haugen, Einar, 1950, The analysis of linguistic borrowing. *Language* 26. 210 – 231.

Haugen, Einar, 1992, Borrowing：an overview. In William Bright（ed.）*International Encyclopedia of Linguistics*. Volume 1. 197 – 200. New York, Oxford；Oxford University Press.

Heine, Bemd, 2007, Typology and language contact：word order. Ms. , Tallinn, 21 – 24.

Heine, Bernd, 2008, Contact-induced word order change without word order change. In Peter Siemund and Noemi Kintana（eds.）*Language Contact and Contact Languages*. 33 – 60. Amsteidam/Philadelphia：John Benjamins Publishing Company.

Heine, Bernd and Tania Kuteva, 2003, On contact-induced grammaticalization. *Studies in Language* 27 ：3, 529 – 572.

Heine, Bernd and Tania Kutava, 2005, *Language Contact and Grammatical Change*. Cambridge：Cambridge University Press.

Heine, Bernd and Tania Kuteva, 2006, *The Changing Languages of Europe*. Oxford ；Oxford University Press.

Heine, Bernd and Tania Kuteva, 2007, Identifying instances of contact-induced grammatical replication, paper presented at the Symposium on Language Contact and the Dynamics of Language：Theory and Implications. 10 – 13. Max Planck Institute for Evolutionary Anthropology, Leipzig.

Heine, Bernd and Tania Kuteva, 2008, Constraints on contact-induced linguistic change. *Journal of Language Contact*-THEMA 2：57 – 90.

Thomason, Sarah Grey, 2001a, *Language Contact*：*An Introduction*. Edinburgh：Edinburgh University Press.

Thomason, Sarah Grey, 2001b, Contact-induced typological change. In Martin Haspelmath, Ekkehard König, Wulf Oesterreicher and Wolfgang Raible (eds.), *Language Typology and Language Universals: An International Handbook.* Volume 2, 1640 – 1648. New York: Walter de Gruyter.

Thomason, Sarah Grey and Terrence Kaufman, 1988, *Langue Contact, Creolization, and Genetic Linguistics.* Berkeley and Los Angeles: University of California Press.

Trask, Robert L. , 2000, *The Dictionary of Historical and Comparative Linguistics.* Edinburgh University Press.

Weinreich, Uriel, 1953, *Languages in Contact: Findings and Problems.* The Hague: Mouton.

本文原刊于《中国语文》2014 年第 2 期

"他的老师当得好"与论元的选择[*]

——语法中的显著性和局部性

胡建华[**]

一 引言

近些年有多篇形式句法的论文讨论"他的老师当得好"这一所谓的伪定语或准领属结构，所关注的重点是这一结构中的句法语义对应（syntax and semantics correspondence）问题。该结构之所以被称作伪定语或准领属结构，就是因为其中的"他"与"老师"的关系不是真正的领属关系，"他"并不是"老师"的领有者。一般情况下，"他的老师当得好"所表达的是"他当老师当得好"的意思。"当"语义上的主语是"他"，而不是"老师"。"老师"虽然在结构上处于动词之前，但在语义上需要理解为"当"

* 本项研究系国家社科基金重点项目"论元选择中的显著性和局部性研究"（项目批准号：14AYY016）的阶段性成果。论文初稿曾在第二届"语言中的显著性和局部性"学术研讨会（2013年12月，北京语言大学）上宣读，其后论文又经多次修改，不同阶段的修改稿曾分别在中日理论语言学国际会议（2015年1月，日本同志社大学）、第二届语言类型学国际学术研讨会（2015年10月，南昌大学）、第五届现代汉语句法语义学术研讨会（2015年12月，北京大学）以及我国香港城市大学、韩国外国语大学和同济大学报告过。论文定稿前，杨萌萌、朱佳蕾又分别提出几处重要的修改意见，一并致谢。

** 胡建华，中国社会科学院语言研究所研究员。

的宾语。简而言之，"他"与"老师"之间虽然在结构上由一个一般情况下表领属关系的虚词"的"关联，似乎形成的是一种领属结构或定语结构，但"他"与"老师"在语义上却体现了一种主宾关系，造成所谓的形义错配（syntax-semantics mismatch）。

这类结构所表现出的句法与语义之间的不对应性，对于一些汉语形式句法学者来说，似乎很是构成一个句法推导（syntactic derivation）难题，因为他们坚信句法与语义是应该一一对应的。他们认为句法与语义的不对应性很可能是一种表面现象或假象，这一表面上的不对应或许仅是一种句法推导的结果。换句话说，他们认为这一结构虽然表面上看来似乎表现出句法语义的不对应性，但在某个层次上或某个句法推导阶段，其句法语义是对应的，最后所表现出来的不对应，是句法推导为了满足其他句法要求的结果。

为了解决这一句法与语义的不对应问题，一些形式句法学者为这类结构假设了各种抽象的结构图以及句法推导方式（邓思颖，2008～2010；黄正德，2008；潘海华、陆烁，2011；杨炎华，2014），但一般讨论都回避了一个重要问题，即：在这一结构中，"老师"为什么不可以做"当得好"的基础生成的（base-generated）主语？

在"他的老师当得好"中，"他的老师"形成了"NP_1 的 NP_2"这样的伪定语结构。在这一结构中，是 NP_1 还是 NP_2 做"当得好"基础生成的主语？换言之，这个句子应该从句法上分析为"他当得好"还是"老师当得好"？这一形式派学者并没有认真讨论。如果实际情况是在初始阶段就是"老师"而不是"他"处于"当得好"的主语位置，那么就不需要把"他的老师当得好"的初始结构分析为"他的当老师当得好"或"他 DO 他的当老师得好"这样的结构形式。如果认为"老师"不能做"当得好"的主语，只能做"当"的宾语，那就等于不承认汉语中有受事主语句。

限于篇幅，本文暂不讨论功能、认知等学派对"他的老师当得好"这一结构的研究，而是先集中精力认真检讨一些形式句法研究对该结构最具代表性的分析，衡量其利弊得失，然后对该结构的性质做出新的分析和论证，并就其名词性成分的解读提出一个非移位分析方案。本文的主要观点是，现代汉语普通话是受事主语句语言，而"他的老师当得好"这类结构

是普通话中真正的受事主语句。受事主语句中伪定语结构的解读，可以用
Hu（2002）及胡建华（2010）所提出的显著性与局部性这两个交互作用的
条件来调节。至于非受事主语句中的伪定语结构，其解读不取决于句法，
而是取决于语境或言谈双方所共享的背景知识。

二　移位分析的一些问题

形式句法讨论"他的老师当得好"时，多认为这一结构不是基础结构，
而是通过相应成分移位转换而来的。黄正德（2008）认为，这类结构的生
成经历了以下几个过程：

> （1）a. 他 DO ［$_{GP}$他的当老师］（得好）。（深层结构）
>
> b. 他当$_i$ ［$_{GP}$他的 t_i 老师］（得好）。（动词核心移位）
>
> c. ［e］当$_i$ ［$_{GP}$他的 t_i 老师］（得好）。（受事主语句步骤一：主语删略）
>
> d. ［他的 t 老师］$_j$ 当 t_j （得好）。（受事主语句步骤二：宾语提前）
>
> e. 他的老师当得好。（表面结构）

按黄正德（2008）的分析，例（1a）是"他的老师当得好"的深层结
构，即多数汉语文献所称的底层结构（deep structure）。在这一底层结构中，
"他的老师"被分析为一个动名词词组 GP（gerundive phrase）。这一动名词
词组由两个结构层次组成：一个是由动词中心语"当"投射而成的 VP 层
次，一个是由功能性中心语 G（在英语中，这一功能性中心语 G 实现为-ing
形式；而在汉语中，这一功能性中心语 G 取的是零形式）投射而成的 GP 层
次，即动名词词组。为了更加直观，我们把具体结构表征如下：

> （2）［$_{GP}$他的［$_{G'}$ - G［$_{VP}$当［$_{NP}$老师］］］］

这一动名词词组在底层结构中充当一个没有语音形式的轻动词 DO 的补

足语（complement），DO 的主语是"他"。DO 的语义大约相当于"做"或者"搞"之类的动词，这一结构所表达的语义大约相当于"他做他的当老师"。

在例（1b）中，动名词词组中的动词中心语"当"进行从中心语到中心语的移位（head-to head movement），先移入功能性中心语 G，如下所示：

（3）[$_{GP}$他的[$_{G'}$当 – G[$_{VP}$当[$_{NP}$老师]]]]

然后再移入句子的主动词 DO，如下所示：

（4）他当 – G – DO[$_{GP}$他的[$_{G'}$当 – G[$_{VP}$当[$_{NP}$老师]]]]（得好）。

例（4）是我们给例（1b）所做的详细表征。形成例（1b）后，再进行例（1c）和例（1d）这样的操作。在例（1c）中，主句主语"他"被删略；在例（1d）中，动词中心语已经移走后的 GP 结构 [$_{GP}$他的 t$_i$老师] 移入主句主语删除后留出的空位。然后，把各种表征符号去掉，就形成例（1e）这样的表面结构，即多数汉语文献所称的表层结构（surface structure）。按照黄正德（2008）的分析，在表层句法处于主语位置的"他的老师"实际上是一个从 DO 的宾语位置移位而来的动名词结构，这一结构相当于"他的（当）老师"，其中动词位置为空。

需要指出的是，黄正德（2008）提出的这些移位步骤源自特定的理论假设，这些移位步骤的发生并不具有现实的可（听）见性，也似乎并没有独立的经验证据证明这些移位的确发生过。不仅如此，如果用生成语法的一般理论来检查这些源自特定理论假设的移位，就会发现其中若干移位步骤并不受生成语法对移位所设的普遍限制的制约，这不禁让人对这些移位的合法性和真实性很是生疑。

第一，在黄正德（2008）所给出的底层结构（1a）中，主句动词 DO 的主语是"他"，"他"先从 DO 那儿拿外部题元（施事），然后在（1c）中再被删略。在（1d）中，[他的 t 老师] 从 DO 的宾语位置移入 DO 的主语位置后，就又从 DO 那儿拿到施事题元角色。同一个题元角色被指派给两个不同的名词性成分，会违反题元准则（theta-criterion）这一普遍限制，这一移位正是生成语法理论所不允许的。

第二，黄正德（2008）没有说明（1b）和（1c）是底层结构还是表层结构。如果是底层结构，DO 的主语"他"为什么可以删略？一般来说，经过删略、添加以及移位等句法操作所转换出来的结构都不再属于底层句法结构，而是表层句法结构。如此，在（1b）中，当动词"当"进行中心语移位后，所生成的结果只能是表层结构。我们知道格指派是一种表层结构操作，那么，（1b）中 DO 的主语"他"就会得到主格，DO 的宾语 [$_{GP}$他的 t_i 老师] 就会得到宾格。这时，如果把 [$_{GP}$他的 t_i 老师] 移入 DO 的主语位置，[$_{GP}$他的 t_i 老师] 就会被再次赋格，从而得到主格。而双重赋格是生成语法理论所不允许的。

第三，如以上讨论所示，要形成（1b）这样的结构，动名词词组 [$_{GP}$他的[$_{G'}$G[$_{VP}$当[$_{NP}$老师]]]] 中的动词"当"要先移到动名词中心语 G 上，然后再移到没有语音形式的轻动词 DO 上。但需要指出的是，动名词结构的中心语 G 是一个词缀性质的东西，虽然它没有语音形式，但其作用与有语音形式的非定式性（nonfinite）词缀是一样的（比如，可以认为它相当于英语的-ing），具有非定式特征，否则假设这一 G 的存在便没有意义。当"当"移到 G 上的时候，"当"就变成"当–G"了，"当–G"便由此获得了非定式特征。这时，它已经变成了一个非定式动词，那么在这种情况下，它就不应该再移到 DO 上变成定式（finite）动词。从特征核查的角度看，一个动词移位到 G 上，已经完成了两个成分之间相互特征核查的任务，那么它就没有动因要再移到 DO 上。另外，这一移位最终所形成的结构成分"当–G–DO"，即一个包含非定式性词缀的定式动词，也是一个奇怪的成分，因为它既具有非定式特征又具有定式特征。当然，我们或许可以认为"当"移入到 G 上以后，继续前移的时候就把 G 脱落（stranding）了，G 留在了原地。但词缀性质的 G 虽然是空的，没有语音形式，却也是词缀，只不过是一种零形词缀而已。词缀是不可以被脱落的。

黄正德（2008：注20）实际上也意识到以上分析潜在的问题。为了避免这些问题，他在一个脚注中提出，这个 G 词缀实际上是 N 词缀，属于实词范畴，因此不是屈折（inflectional）词缀，而是派生（derivational）词缀。

他认为，英语的派生在词汇部门进行，而汉语的派生是在句法部门进行的。

　　黄正德这一补充的说法更有问题。第一，说现代汉语的 G 属于实词范畴，缺乏证据。说 G 属于实词范畴，就等于说这个功能语类不是功能语类。而如果把非功能语类的词缀放在句法部门而非词汇部门处理，整个语法系统都需要做重大的调整。另外，这一处理方法就等于又想让它起功能语类的作用，又不想让它受功能语类的限制；又想让它起 N 的作用，又不想让它受实词语类的限制。这无疑是等于设置了一个总是不受限制的成分。第二，说英语的派生过程在词汇部门进行，汉语的派生过程在句法部门进行，更是缺乏证据。这就等于说现代汉语是不用句法层次和词汇层次来区分屈折和派生的一个特例。第三，说派生在现代汉语中作用的范围大于一个词，似乎只是为了对付伪定语结构，而我们却并不知道大于一个词的派生词具体是什么样子。另外，说汉语的派生词缀是加在比词大的结构上的，解释不了"他的当老师"为什么不能说。当然，我们注意到，黄正德在脚注中说派生的范围要小于"主之谓"，这或许是不能说"他的当老师"的原因。但按他的分析，要生成"他的老师当得好"，却要先生成"他的当老师"，而这个结构里却是有派生词缀 N 的。那么，这个派生词缀的范围就会包括"主之谓"。如果说这个结构里没有派生词缀，那么动词"当"就没有一个 N 词缀可以移到上面；如果说这个派生词缀只对动词中心语起作用，那么派生在现代汉语中运作的范围就不能是大于一个词。第四，这一分析等于说一个动词为了做动词，必须先变成名词，然后才可以再变回来做动词。比如，按黄正德（2008）的分析，"他的老师当得好"中的动词"当"要经过 V-to-N-to-V 的移位，即先变成名词，然后再变成动词；而这些词缀又都没有语音形式，也没有实际语义，很难证明其中的动词的确发生了这样的词类转变。第五，派生词缀往往是有词汇意义的，而黄正德所假设的这个派生词缀没有任何实际词汇意义；为句法部门假设一些没有实际词汇意义的派生词缀，意义不大。另外，在所假设的结构"他的当老师"中，当动词"当"移位拿到 N 词缀后，它就变成了名词，但我们很难设想它是一个什么样的名词。第六，如果说伪定语结构的中心语是 G，那么该结构如黄正德（2008）所言，就是 IP/TP，即句子。如果说中心语 G 实际上是 N，那么该结构就不是 IP/TP，也即不是句子，而是 NP。如果又说伪定语结构的中心语实际上是 N，因此是 NP，那么就等于大费周折转了一圈，还是把伪定语分析为一般的名词词组。说一个句子具有名词性和说它是名词是两回事。胡建华（2013）指出，要区分名词性和名词。名词自然有名词性，但并不是所有具有名词性的结构就是名词。一个句子也可以具有名词性，但有名词性的句子并不是名词。伪定语结构直观上看就是一个名词词组，如果假设它是一个包含动词词组的动名词词组，然后说它可以再经多次转换之后被分析为一个名词词组或者说相当于一个名词词组，那么就不如直接说伪定语结构始终是一个名词词组。

邓思颖（2010）也指出了黄正德（2008）的分析中的一些问题。他认为黄正德的动词中心语移位分析有三个问题不好解决。第一，这一分析无法解释包括香港粤语在内的一些南方方言例句所表现出来的主宾不对称，如以下香港粤语例句所示。

（5）*佢嘅老师做得好。（他的老师当得好。）

（6）你读你嘅书。（你念你的书。）

按黄正德（2008）的分析，在以上例句中，"佢嘅老师"和"你嘅书"都是动名词词组，但该词组处于主语位置不合法，如例（5）所示；处于宾语位置却合法，如例（6）所示。

第二，黄正德（2008）的分析无法解释吕叔湘（1984/2008：175）讨论过的以下例句：

（7）a. 你的象棋能下得过他？

　　b. 她的媒人没做成。

邓思颖（2010）认为例（7）中情态动词和动词一起形成的"能下"以及否定词和动词一起形成的"没做"都不是复合词，无论是从词法来看还是从句法来看，这类复杂谓语都不能算是一个词或中心语，因此不能进行中心语移位。

第三，在有些例句中，动名词词组中主语与宾语的解读根本无法建立在句子主要谓语动词之上。比如，在例（8）中，"他"与"周瑜"之间的主宾关系就不能理解成是"压场"关系；在例（9）中，"他"与"周瑜"之间也不是一种"看好"关系（详见邓思颖，2010）。

　　（8）他的周瑜还是比较压场的。

　　（9）对于周瑜的扮演者梁朝伟，网上对他的周瑜并不怎么看好。

　　需要指出的是，邓思颖（2010）所指出的第二个问题，对黄正德（2008）的分析来说并不是问题。按黄正德（2008）的分析，例（7）中的两个例句并不会牵涉复杂谓语移位的问题。比照例（1）中黄正德（2008）所给出的分析，我们认为，他的动词移位方法可以按以下步骤生成例（7a）：

　　（10）a. 你能 DO[$_{CP}$你的下象棋]（得过他）?（深层结构）

　　　　　b. 你能下$_i$[$_{CP}$你的 t$_i$象棋]（得过他）?（动词核心移位）

　　　　　c. [e] 能下$_i$[$_{GP}$你的 t$_i$象棋]（得过他）?（受事主语句步骤一：主语删略）

　　　　　d. [你的 t 象棋]$_j$能下 t$_j$（得过他）?（受事主语句步骤二：宾语提前）

　　　　　e. 你的象棋能下得过他?（表面结构）

　　在例（10a）中，动名词词组 GP 中 VP 的动词中心语是"下"而不是"能下""能"选择 DO 投射的 vP 做补足语。至于主句主语"你"（"能"左边的主语"你"），可以认为是从 DO 的主语位置移位而来的。至于主句主语"你"的删略，当然需要考虑它是在 DO 的主语位置还是在"能"的主语位置删除的，这涉及理论内部具体分析技术的考量，但到底具体如何处理，无关大局。总之，例（10）中的分析说明，例（7a）对黄正德（2008）的分析来说并不是一个问题。下面再看黄正德（2008）的分析如何处理例（7b）。我们比照黄正德（2008）的分析，可以把例（7b）的生成步骤表征如下：

(11) a. 她没 DO[$_{GP}$她的做媒人]（成）。（深层结构）

    b. 她没做$_i$ [$_{GP}$她的 t$_i$ 媒人]（成）。（动词核心移位）

    c. [e]没做$_i$ [$_{GP}$她的 t$_i$ 媒人]（成）。（受事主语句步骤一：主语删略）

    d. [她的 t 媒人]$_j$ 没做 t$_j$（成）。（受事主语句步骤二：宾语提前）

    e. 她的媒人没做成。（表面结构）

    在例（11a）中，动名词词组 GP 中的动词中心语是"做"而不是"没做"，"没"选择 DO 投射的 vP 做补足语。我们认为"没"并不直接否定 DO，"没"可以分解为"不 + 有"（Wang, 1965），独立主导一个投射层次。从语义上来讲，动名词词组 GP 内 VP 的动词也不可能是"没做"，因为那样的话，"她的媒人没做成"在底层结构的语义就是"她 DO 她的没做媒人（成）了，而这一语义是不可解的。按黄正德（2008）的分析，"她的媒人没做成"的语义应该是"她没 DO 她的做媒人（成）"才对。至于例（11c）中的主语删略，情况与我们上面的讨论基本相同，在此不再赘言。

    虽然邓思颖（2010）所指出的第二个问题对黄正德（2008）的分析并不构成挑战，但他提出的第一和第三个问题对黄正德（2008）来说的确不好回答。尤其是第三个问题，即根本无法从句内找到相应的动词对"NP$_1$ 的 NP$_2$"结构进行解读的问题，使得动词中心语移位之说难免捉襟见肘。

    为了解决动词中心语移位所难以处理的问题，邓思颖（2008～2010）提出了一个空动词假设分析来处理"他的老师"这一伪定语结构。按他所提出的空动词分析，在"他的老师当得好"中，"他的老师"是由动词词组 VP 加名物化词头 Nom（nominalizer）构成的名物化词组 NomP。邓思颖（2008～2010）认为，名物化词组是由动词词组 VP 中的 V 向名物化词头移位形成的，他认为，"只要动词可以移到名物化词头的位置，就能够产生出动名词"（邓思颖，2008），如下所示：

(12) [$_{NomP}$ Nom[$_{VP}$ V···]]

按照这一思路来分析伪定语结构，邓思颖就需要首先确认伪定语结构中的名物化词头和动词中心语 V。但是，显然在"他的老师"中我们是听不见这两个成分的。于是，他就为"他的老师"假设了一个零形式的名物化词头和一个空动词（因为是零形式，依然听不见），认为"他的老师"这一名物化词组是空动词中心语向空名物化词头移位形成的（邓思颖，2008～2010），而伪定语嫁接（adjoin）在名物化词组上起修饰作用，如下所示：

(13)$[_{\text{NomP}}$伪定语$[_{\text{NomP}}$ Nom$[_{\text{VP}}$ e 宾语$]]]$

邓思颖的这一分析涉及两个空中心语，空动词 V 以隐性的形式空移到空名物化词头 Nom 上面，这完全是空对空的空移位。两个成分都是空的，移位也是空的，无法验证的空成分加上无法验证的空移位，使得这一分析的可靠性令人生疑。

我们认为，对空成分的假设，可以从点推到面，但不能从无到无，无无相生，以致从无中生出"有"来（参看胡建华，2007）。形式语言学是一门研究自然语言的经验科学，它秉持科学理念，讲究可证伪性（falsifiability）和一致性（consistency）（参看 Popper，1935/2002：18－20，72－73）。假设各种空成分、空移位的存在，一定要给人留出可以证明其不存在的机会和可能性，即可以对其进行证伪的机会和可能性。可证伪性是定义科学发现、科学规律的基本属性。科学研究如果不讲究可证伪性，各种不受限制的假设就会泛滥，就不会真正地解决什么问题。

在生成语法的传统中，说空成分的存在以及隐性移位的发生，都是要用相应的诊断（diagnostic）手段来证明给人看的，否则，别人为什么要相信？隐性的移位，我们之所以相信它存在，就是因为它会表现出显性移位所具有的移位效应。如果无法证明隐性移位可以表现出相应的显性移位所具有的句法效应，我们就有理由不相信它的存在。

除了过多地依赖空成分和隐性移位，邓思颖（2008～2010）的分析还存在一个句子做动词"当"的主语的问题。按他的分析，"他的老师"在底层结构（以及其他结构层次）是一个做主语的句子。邓思颖（2010）把"他的老师当得好"简略表征为以下结构：

　　（14）［他的 f 老师］当得好。

　　按邓思颖的说法，f 是一个进行了名物化的空动词。名物化结构或者动名词结构实际上就是句子，只不过是非定式句。黄正德（2008：注 9）就明确指出，动名词词组 GP 实际上是主谓结构，是一种 IP/TP。这实际上就是我们所说的句子。潘海华、陆烁（2011）也指出邓思颖的分析虽然设置了空动词，但在表层句法把"他的老师"看作句子。

　　把"他的老师"处理成句子是有问题的，因为"当"的词汇语义决定它并不选择一个句子做主语。把"他的老师"处理成句子，就无法解决"当"的题元角色指派的问题，而这一问题在黄正德（2008）的分析中是不存在的。如果采用邓思颖的分析，把"他的老师"处理成句子，那么我们不禁要问：这个句子是"当"的主语吗？"当"的外部题元角色是指派给这个句子吗？"当"的外部题元角色显然不能由一个句子来承担，句子表命题（proposition），而"当"不选择一个命题来指派外部题元角色，它的外部题元角色必须和实体（entity）关联。黄正德（2008）的分析没有语义选择不匹配的问题，在他所给出的分析步骤中，如例（1）所示，名词与动词之间的语义选择是匹配的。当然，黄正德的分析存在上面指出的另外一些问题。

　　邓思颖（2008～2010）的分析的另外一个问题是杨炎华（2014）指出来的。杨炎华（2014）指出，邓思颖的"名物化"分析无法解释"为什么名物化短语中的动词必须为空，而当动词显现出来的时候句子却根本不合格"，如以下例句的对比所示：

　　（15）他的（f）老师当得好。
　　（16）*他的当老师当得好。

　　按我们的分析，例（16）不合法就是因为"他的当老师"是句子，而"当"不选择句子做主语。

邓思颖（2010）给出以下例子来说明空动词的存在。

(17) 张三吃了三个苹果。［我 e 两个］当然可以。
(18) 张三 e 三个苹果，李四 e 四个橘子。

杨炎华（2014：398）指出，以上例子中的空动词都可以用显性动词填充。

(19) 张三吃了三个苹果。我吃了两个当然可以。
(20) 张三吃了三个苹果，李四吃了四个橘子。

杨炎华（2014）认为一个只有在例（15）这样的结构中才不能显性化的空动词值得怀疑。我们认为例（16）不合法说明例（15）中的"NP₁的NP₂"结构不能分析为句子，只能分析为名词词组。如果这一结构不是句子，其中自然就没有空动词。例（17）（19）与例（16）在动词语义选择上的一个重要区别就是：例（16）中的谓语动词"当"不能选择句子做主语，而例（17）（19）中的谓语"可以"没有这一选择限制。

邓思颖（2009：注4）试图用同音删略的分析来解释为什么汉语名物化词组中的动词必须为空。后来，邓思颖（2010）对这一分析又做了修正。他认为汉语名物化词组中所包含的空动词是在底层结构形成的深层复指（deep anaphora），是一种空指代形式（pro-form），并非通过移位或同音删略形成的。他指出，空动词这一空指代形式的显著特点就是可以通过语用因素复原，通过特定的语用环境来寻找所指（邓思颖，2010）。邓思颖（2010）认为，像"他的周瑜还是比较压场的"这样的例句，"他的"与"周瑜"之间的空动词在句内是找不到的，其所指只能通过语用在语境内寻找、复原。

邓思颖（2010）采用的这一语用、语境说法实际上彻底消解了空动词假设的意义。道理很简单，假设了一个空动词，但这个空动词却解决不了什么具体问题，最后问题的解决还要推给语用、语境。如果是这样，那么假设空动词的意义何在？为什么非要假设一个空动词而不直接用语用、语境来解读伪定语结构？如果伪定语结构中 NP_1 与 NP_2 之间的语义关系是通过语用、语境来确认的，那么，假设一个无法验证的空成分在其中起作用（而实际上又不能真正起到什么实质性的作用），不是以简驭繁，而是无谓地化简为繁。实际上，英语中领属结构的解读也是通过语用、语境来进行的，请看以下例句：

(21) They like Mary's story.

(22) John's picture was on sale.

例（21）中，Mary 可以是讲故事（story）的人，也可以是故事所叙述的对象，即故事中的主人公。在例（22）中，John 可以是照片（picture）的领有者、收藏者、拍摄者，也可以是照片所拍摄的对象。我们总不好也假设以上英语领属结构中各有一个空动词分别代表不同的意思，而其意思的确定又都需要视具体情况（语用、语境）而定。

三　基础生成还是转换生成？

在"他的老师当得好"这一结构中，"当"的主语是"他"还是"老师"？

说"他"是"当"的主语而"老师"是"当"的宾语，或者说"老师"是"当"的主语，都不是一件理所当然的事。如果我们进行话题化测试，就会发现既可以有例（23）这样的结构，又可以有例（24）这样的结构：

(23) a. 他啊，老师当得好。

b. 他啊，就老师当得好（，其他就不怎么样了）。

c. 他就老师当得好。

(24) a. 老师啊，他当得好。

b. 老师啊，就他当得好（，其他人不行）。

c. 老师就他当得好。

　　如果我们把"啊"看作话题标记并区分话题与主语，那么在例（23）中"他"是话题，"老师"是主语；而在例（24）中"老师"是话题，"他"是主语。当然，如果我们凭语义断主语，就会认为在例（23）（24）中都是"他"做"当"的主语，"老师"做"当"的宾语。

　　凭语义断主语与凭句法结构断主语，常常是不对应的。"他的老师当得好"表现出来的就是语义与句法之间的不对应性，这使得句法学家总是不断生出要把语义和句法对应起来的冲动，所以才会假设出各种复杂的推导步骤和过程，目的就是让语义与句法在某一个句法层面上相对应。但实际上，人类语言中句法与语义的经常性不对应，还真可能就反映了人类语言的一种本性（nature）。自然语言中的句法和语义在多数情况下是对应的，这代表着语言的理性要求，体现了语法系统运作讲究简单、有效、经济、可靠、稳定的特性。然而，自然语言的句法语义又经常表现出不对应性，经常性的不对应才会增加语言的灵活性、丰富性、变通性和变异性。对应反映了语言的本性，不对应也反映了语言的本性，总体上的对应与经常性的不对应，二者合在一起才构成人类语言的本性。如果一味追求句法语义对应的绝对性，而不考虑句法语义经常性不对应的现实性，试图把语言中一切不符合理想状态的失序现象通过句法推导的方法解决掉，所得到的并不一定是问题的解决，而很可能是事实的扭曲和一种分析技术的虚妄。我们认为，形式语言学研究，如果忽视人类语言事实的深度复杂性，偏执于理想中的简单一致对应性，所丧失的很可能就是经验科学研究所必须具备的一份闪耀着理性主义光辉的冷静。

　　深入到语言事实之中，我们就会发现，在很多情况下，我们还真不一定能很清楚地知道涉及主宾语认定的句法和语义是如何对应的。比如在以下例句中，我们似乎不太好确定是"他"看得远还是"眼光"看得远。

　　（25）他的眼光看得远。

　　在以上例句中，我们可以把"眼光"看作"看"的外论元（external argument）吗？也就是说，眼光能看吗？如果仅凭语义来判断主语，必然会遇到这类难以回答的问题。对例（25）进行话题测试，我们可以得到下面的两种变式。

（26）他啊，我一直认为眼光看得远。

（27）论眼光，我一直认为他看得远。

从以上两种话题变式来看，"他的眼光"中的两个名词词组，即 NP₁ "他"和 NP₂ "眼光"，似乎都可以做主语。

有的分析认为"他的老师当得好"是从"他当老师当得好"这样的动词拷贝结构（通过动词删略）转换而来，并认为在现代汉语普通话中，所有的这类伪定语结构都能换成动词拷贝式（潘海华、陆烁，2011）。但是，这一说法在处理语言事实上有问题。比如，我们虽然可以有例（28）中的结构，但我们却没有相应的例（29）中的结构：

（28）a. 他看问题看得远。

　　　 b. 他看问题眼光看得远。

（29）a. *他的问题看得远。

　　　 b. *他的问题眼光看得远。

例（28）中的两个动词拷贝结构都合法，而例（29）中的两个结构都不合法。如果说"他的老师当得好"是从"他当老师当得好"转换而来的，那么为什么从"他看问题看得远""他看问题眼光看得远"分别转换而来的"他的问题看得远""他的问题眼光看得远"却不合法？

转换分析一直有一个过度生成的问题，也就是说它不仅能生成合法的结构，也会生成不合法的结构。显然，在这个问题的处理上，动词拷贝分析存在过度生成的问题。

除了以上问题，还有一些句子，在语义上虽然可以把其中的 NP₁ 和 NP₂ 分别理解为主语和宾语，但在句法上却无法把它们分别放入主语和宾语的位置（虽然这两个位置是可以放相关成分的），如下所示：

（30）他的眼光放得远。

　　语义上，"他" 和 "眼光" 分别是 "放" 的主语和宾语，但如果我们把 "眼光" 放到动词 "放" 的宾语位置，句子却不能说，如下所示：

　　　　（31）a. ﹡他放眼光。

　　　　　　　b. ﹡他放眼光放得远。

　　但在例（30）中 "他的眼光" 表达的意思却的确是 "他放眼光" 的意思。

　　把例（28）（29）与例句（30）（31）放到一起综合考虑，就会发现在动词拷贝基础上提出来的动词删略分析或者说重新分析方法（潘海华、陆烁，2011）在处理语言事实上是有问题的。比如，从例（28）动词拷贝结构通过动词删略而来的例（29）就不合法，而例（30）又找不到生成这些结构的源头，即合法的动词拷贝结构。如例（31）所示，能够生成例（30）的合法的动词拷贝结构不存在。但是，如果找不到合法的动词拷贝结构，那么又怎么通过动词删略来生成合法的例（30）呢？或者说，如果根本就没有例（31），那么例（30）是怎么来的呢？

　　把 "NP_1 的 NP_2" 中的 NP_1 看作主语、NP_2 看作宾语，实际上是把 NP_1 与 NP_2 之间的关系看作是一种语义上的施受关系。但实际上，眼光放远一点，就会发现在 "NP_1 的 NP_2" 中，这种施受关系也可以反转。请看以下例句：

　　　　（32）a. 汤唯的替身演得好。

　　　　　　　b. 蒋介石的特型演员演得好。

　　　　　　　c. 汤唯的替身当得好。

　　　　　　　d. 那把小提琴的琴手拉得好。

　　　　　　　e. 那个案子的法官判得好。

　　以上例句会给动词拷贝说、重新分析说以及各种动词移位分析带来不小的麻烦，因为在以上例子中需要解决的问题不再是 NP_1 如何做主语，而是 NP_1 如何做宾语。比如（32a）这一例子所表达的意思不是 "汤唯演替身

演得好"而是"替身演汤唯演得好"，而"那个案子的法官判得好"也不是
"那个案子判法官判得好"而是"法官判那个案子判得好"。

实际上，吕叔湘（1984/2008：176）早就讨论过类似的句子。他举出
的例句是"他的针扎得不疼"，认为这句话中的"他的针"除了可以表示
"针是他的"这一意思之外，还可以表示"他给人扎的针"和"人给他扎的
针"这两种意思。其中，"人给他扎的针"的意思也就是"针扎他"的意
思，伪定语"他"是受事而不是施事。

沿着这一思路来重新看"他的老师当得好"这一特定的例子，就会发
现"他当老师"也不是这个句子中"NP₁ 的 NP₂"的唯一解。比如，当我
们说"一班的老师当得好"或者"一班的老师教得好"时，我们当然也可
以把其中的"老师"理解为"当一班老师的老师"或"教一班的老师"。
如此，"他的老师当得好"当然也可以这样理解，比如，当"他"是指一个
小学生时，"他"就可以理解为受事，而"老师"则理解为施事。

除了以上"NP₁ 的 NP₂"结构施受反转的例子，以下例子似乎也不太好
用轻动词这把"万能钥匙"或重新分析法来处理。

（33）a. 安检人员一件行李一件行李地检查 e。
　　　b. 要想学好英语，就得一个单词一个单词地死记硬背 e。

在以上例子中，宾语这一论元要从状语中找，而且宾语位置还无法把
论元补出来。实际上，如果把做状语的名词放回到宾语位置，句子反而别
扭，如下所示：

（34）a. ＊安检人员检查一件行李一件行李。
　　　b. ＊要想学好英语，就得死记硬背一个单词一个单词。

我们认为，例（33）中的结构和本文讨论的伪定语结构正反映了汉语
的特点。由于汉语没有时态（tense），不区分定式与非定式（finite
vs. nonfinite）（Hu, Pan & Xu, 2001），而且名词词组不需要格（胡建华，
2007），所以汉语中动词的题元特征可以不被激活（胡建华，2010），名词

性成分的允准除了通过句法之外，还可以通过语义来进行（Pan & Hu，2008；Hu & Pan，2009），其解读则由显著性和局部性条件来调节（胡建华，2010）。这一切使得汉语语法系统与英语语法系统有若干本质上的不同。

四　复杂谓语与受事主语句

本文认为在"他的老师当得好"结构中，"当得好"是复杂谓语，而"老师"是受事主语，整个结构是受事做主语的复杂谓语句。汉语中有受事主语句，也有话题句。但文献所讨论的许多受事主语句很难与省略了主语的话题句区分开来。比如"饭吃了"就很难说是受事主语句，因为句子的施事可以补出来，比如我们可以说"饭我吃了"。如果主语能补出来，那很可能就不是受事主语句，而是省略了主语的话题句。本文区分省略了主语的受事话题句与真正的受事主语句，认为"他的老师当得好"这类结构才是现代汉语普通话中真正的受事主语句。

有的分析认为"他的老师"是话题，"当得好"的主语是一种零形成分，即生成语法中所讲的空主语 pro（杨炎华，2014）。但这一分析无法解决的问题是：pro 不能用有形的代词来代替。比如，在以下结构中，把所假设的空主语 pro 补出来，句子就不合法。

(35) a. *他$_i$的老师，他$_i$当得好。

　　　b. *张三$_i$的老师，他$_i$当得好。

　　　c. *张三$_i$的篮球，他$_i$打得好。

这很可能说明"当得好"的主语并不是 pro。请注意：在例（35c）中，"张三"是唯一在有生性（animacy）上符合代词"他"复指要求的 NP，但这两个成分之间仍然不能建立同指关系。如果"NP$_1$ 的 NP$_2$"不是伪定语结构，其谓语也不是复杂谓语，代词和"NP$_1$ 的 NP$_2$"中的 NP$_1$ 就可以建立同指关系。请看以下例句：

（36）a. 他ᵢ的儿子ⱼ，他ᵢ从来（都）不管 eⱼ。

b. 张三ᵢ的那几个儿子ⱼ，他ᵢ从来（都）不管 eⱼ。

需要指出的是，在例（36）中，句首的名词词组不是移位而来的，而是基础生成的话题。如果把例（36b）中句首的名词词组放在动词"管"后面的宾语位置，"他"和"张三"不能共指。

（37）*他ᵢ从来不管张三ᵢ的那几个儿子。

在"他的老师当得好"这一结构中，如果"他"得到的是动词"当"的外部题元角色，那么动词前的名词词组"他的老师"只能做主语，不能做话题。但如果"他"不从动词"当"那儿拿外部题元角色，那么像"他的老师"这样的动词前的名词词组就可以做话题，如下所示：

（38）他ᵢ的老师他ⱼ当得好。

（如：张三的老师，他当得好。意思是：他当张三的老师当得好）

在以下例句中，如果"张学良的故事"中的"张学良"是动词"讲"的施事（亦即讲故事者，而不是故事叙述的对象），动词前不能补出一个与"张学良"共指的代词，如例（39a）所示。当然，不是说受事主语句中的"NP₁的NP₂"只能紧挨着谓语，比如在例（39b）中，就可以通过加上一个名词性成分"这一段"让"NP₁的NP₂"结构离开谓语一点。在例（39b）中，"这一段"与"张学良的故事"构成"部分—整体"关系，这一整个的"部分—整体"结构是受事，这个受事整体仍然是主语，所以这个结构仍然是受事主语句。

（39）a. *张学良ᵢ的故事，他ᵢ讲得好。

b. 张学良的故事，这一段讲得好。

在复杂谓语构成的受事主语句中，主语不是话题。真正的话题虽然也可以是受事，即受事话题，但却不是受事主语。请看以下例句：

（40）张三的那几个儿子应该好好地管一管了。

例（40）中句首的名词词组不是主语，而是话题，所以该句不是受事主语句。这一点可以通过代词复指来验证：

（41）张三ᵢ的那几个儿子ⱼ，他ᵢ应该好好地管一管（他们ⱼ）了。

例（40）与"他的老师当得好"这样的受事主语句的不同之处在于，后者的谓语是可以表被动义的复杂谓语。请注意：这里说的是"可以表被动"，并没有说是"必须或只能表被动"。这种情况和英语例子（42a）相似：

（42）a. John is ready to please.

b. John is easy to please.

例（42a）与例（42b）不同：例（42b）只表被动，而例（42a）既可以表主动义，也可以表被动义。

按这一分析，"他的老师当得好"也是有歧义的，之所以有歧义，就是因为其中的复杂谓语既可以表主动，也可以表被动。下面的例子或许能更清楚地显示这一点：

（43）姚明的赛程安排得好。

在例（43）中，如果"姚明"自己安排自己的赛程，那么句子就是表被动义的受事主语句。但如果是别人安排"姚明"的赛程，那么"姚明的赛程"就是话题，句子不表被动。当然，在例（43）的两种解读中，句首名词词组都是受事。前一种解读是受事主语句，后一种解读是受事话题句。这一点和英语例句（42a）有所不同，例（42a）中的 John 的主语身份不受被动解读或主动解读的影响。

把受事主语与其他结构区分开来，对于处理前面我们讨论的那些棘手的例子有很大的帮助。比如，例（32）中的那些例句，按我们目前的分析，就不是受事主语句。也正因为这些句子不是受事主语句，所以这些句子中的主语位置就都可以放一个复指代词。

（44）a. 汤唯的替身ᵢ，她ᵢ演得好。

　　　b. 蒋介石的特型演员ᵢ，他ᵢ演得好。

　　　c. 汤唯的替身ᵢ，她ᵢ当得好。

　　　d. 那把小提琴的琴手ᵢ，她ᵢ拉得好。

　　　e. 那个案子的法官ᵢ，他ᵢ判得好。

五　南北差异与主宾不对称

邓思颖（2008、2009）注意到"他的老师当得好"这一结构在合法性上表现出南北差异。比如，在香港粤语、邵东湘语、闽南话以及温州吴语中，这一结构就不合法。以下例句引自邓思颖（2009）。

（45）*佢嘅老师做得好。（香港粤语）

（46）*渠个老师当得好。（邵东湘语）

（47）*伊的老师当甲好。（闽南话）

（48）*渠个先生当好险。（温州吴语）

邓思颖（2008、2009）还注意到如果以上例句中的"NP₁的NP₂"结构出现在宾语位置，相关例句就合法。请看以下例句（邓思颖，2009）：

（49）佢读佢嘅书。（香港粤语）

（50）渠读渠个书。（邵东湘语）

（51）伊读伊的册。（闽南话）

（52）渠读渠个书。（温州吴语）

邓思颖（2009）对以上部分南方方言例句所表现出来的主宾不对称做了这样的解释。首先，他解释了北方话（实际上他指的主要是普通话）为什么可以说"他的老师当得好"这样的句式而以上南方方言却不可以。他认为北方话的名物化词头 Nom 有一个能够诱发动词进行移位的特征，这一特征使得动词移到名物化词头上，与名物化词头结合在一起。如果名物化词头缺乏诱发动词移位的特征，动词就不会移位。而如果名物化词头缺乏这样的特征，就成了"真空"的功能词。"真空"的功能词是语法所不允许的。在这种情况下，"名物化词头就不能存在，因而不能产生动名词"（邓思颖，2009）。按邓思颖（2009）的这一分析，北方话由于有一个诱发动词移位的名物化词头，因此可以通过动词到名物化词头的移位，形成"他的老师"这样的动名词结构，所以可以有"他的老师当得好"这样的句式。而以上例句所涉及的南方方言由于名物化词头缺乏诱发动词移位的特征，所以这些名物化词头实际上并不存在，于是自然形成不了类似北方话中"他的老师"这样的动名词结构，所以以上南方方言就不会有类似"他的老师当得好"这样的句式。

然后，邓思颖（2009）又解释了为什么当"NP$_1$ 的 NP$_2$"结构处于动词宾语位置时可以作为动名词结构出现在以上南方方言例句（49）—（52）之中。他认为这是因为这些动名词词组做的是轻动词 DO 的补足语，而轻动词 DO 有一个诱发动词移位的特征。这使得动名词词组中的动词 V 会先移向名物化词头，然后再移向轻动词 DO，如下所示。

（53）主语DO[$_{\text{NomP}}$ 伪定语[$_{\text{NomP}}$ Nom[$_{\text{VP}}$ V 宾语]]]

邓思颖（2009）假设，当"NP$_1$ 的 NP$_2$"结构做宾语时，在底层结构处于名物化词组 NomP 上的动词是有语音形式的实义动词，这一实义动词最终移位到轻动词 DO 上，担当句子的主要谓语动词。按他的分析，粤语的"佢读佢嘅书"（以及他所讨论的其他南方方言中类似的例句）的底层结构应该是例（54）这样，"佢读佢嘅书"是通过实义动词"读"移位到 DO 上形成的。

(54) 佢 DO $[_{\text{NomP}}$ 佢嘅 $[_{\text{NomP}}$ Nom $[_{\text{VP}}$ 读书$]]]$

邓思颖（2009）的以上分析有三个问题：

第一个问题是，当他讨论处于主语位置的"NP_1 的 NP_2"结构时，他为北方话所假设的名物化词头是一个没有语音形式的空词头，他所讲的名物化词头上诱发动词移位的特征也是一个没有语音形式的空特征，而动词移位也是没有语音形式的空动词所进行的隐性移位（空移位）。让空名物化词头的空特征凭空诱发空动词空移到空名物化词头之上，再让空动词与空名物化词头以听不见的空形式结合在一起，我们认为，所解决的终究是一个空问题。因为说北方话有一套空成分、空特征、空移位，但又不给出证据证明这些空灵成分及其运作的确存在，然后又说南方方言不具备这些空成分、空特征、空移位，就等于说北方话可以说"他的老师当得好"而南方方言不可以，也就等于说北方话和南方方言是因为不一样所以不一样。这是用复杂的术语对事实做了复述（restatement of facts），而不是解释。

第二个问题是，邓思颖（2009）没说清楚他所讨论的那些南方方言到底有没有一个空名物化词头。他先是说南方方言的名物化词头没有诱发动词移位的特征，所以无法形成动名词词组（这就等于说南方方言有一个空名物化词头，只是没有相应的特征）。然后又说因为南方方言的名物化词头没有诱发动词移位的特征，因此语法不允许其存在，所以名物化词头在南方方言中不存在。这样来看，南方方言应该是没有一个名物化词头才对。但他在解释为什么南方方言中的"NP_1 的 NP_2"结构可以作为动名词结构处于动词宾语位置时（相关例句为（49）—（52）），他又假设南方方言中的"NP_1 的 NP_2"结构又有了一个名物化词头。这样做的逻辑是：这一结构在宾语位置时合法是因为它被名物化词头变成了动名词词组，而这一结构处于主语位置时不合法是因为它无法变成动名词词组。说"NP_1 的 NP_2"结构处于主语位置时不合法是因为没有名物化词头，而处于宾语位置时就合法是因为又有了名物化词头，这仍然是对事实的复述，等于说这个结构处于主语位置不合法，处于宾语位置合法。另外，如果采用邓思颖（2009）的分析，把动词移到名物化词头 Nom 上，这个动词就变成了非定式动词；它再次前移到轻动词 DO 上，最终就会变成一个含非定式特征的定式动词。这种移位的合法性无疑很令人生疑。

　　邓思颖（2009）以上分析的第三个问题是选择性地使用具有语音形式的实义动词移位策略。如例（53）所示，当"NP$_1$ 的 NP$_2$"处于宾语位置时，邓思颖（2009）并不为这一结构假设一个空动词，而是像黄正德（2008）一样，假设实义动词在底层结构处于"NP$_1$ 的 NP$_2$"结构之内。邓思颖对宾语位置上的"NP$_1$ 的 NP$_2$"结构的处理方法，不仅无法解释他为什么需要拾起来他自己认为有问题的动词移位分析，而且破坏了理论的一致性。这样做就等于针对主语位置和宾语位置选择性地交替使用空动词假设和动词移位假设，不仅丧失理论一致性，还陷入了就事论事的泥沼。以这样的方法来处理主宾不对称，就等于是说主语位置和宾语位置不一样，所以才会有主宾不对称。另外，动词移位说也无法解决在句子内找不到可以移位的动词的情况，这一点是邓思颖（2010）指出来的。比如，在例（55）中，"梁朝伟的周瑜"处于宾语位置，但却没有什么动词可以移位：

　　（55）我喜欢梁朝伟的周瑜。

　　除了以上主宾不对称现象，邓思颖（2009）还注意到，邵东湘语虽然不允许有"他的老师当得好"这样的结构，却允许有"他的篮球打得好"这样的例子。请看邓思颖（2009）举出的以下两组例子。

　　第一组

　　（56）渠个篮球打得蛮好。

　　（57）渠个象棋动得蛮好。

　　（58）渠个车子开得蛮好。

　　（59）渠个字写起蛮好看。

第二组

（60）*渠个老师当得好。

（61）*渠个周瑜演得蛮好。

（62）*渠个教练当唔长。

（63）*渠个媒人莫当成。

邓思颖（2009）采用沈家煊（2007）的转喻说对以上两组例句在合法性上的比对做了解释。他认为，第一组例句可以说，是因为伪定语结构中的 NP_2 可以进行转喻，比如例句中的"篮球、象棋"可以通过转喻来表示"球艺、棋艺"的意思。用转喻来解释上面的例句，例句中的"NP_1 的 NP_2"结构就是常规的名词词组，NP_1 通过"的"字来修饰 NP_2，里面不含动词或空动词，因此不是动名词或名物化词组。

那么，为什么第二组例句不能说呢？邓思颖（2009）认为这是因为第二组例句中的 NP_2 没有转喻的用法。至于为什么第二组例句中的 NP_2 没有转喻的用法，邓思颖（2009）的解释是：转喻具有不可预测性。这就等于说凡是能说的句子就能说，凡是不能说的句子就不能说，因为凡是能说的句子都不可预测地转喻了，凡是不能说的句子都不知为何不能转喻。

转喻一说使得邓思颖（2009）提出的句法分析失去了存在的必要性，因为既然可以用转喻来解释上面第一组例子，那么也可以用转喻来解释普通话中"他的篮球打得好"这样的例子。如果按邓思颖（2009）的分析，上面邵东湘语例句中的"渠个篮球"实际上是指"他打篮球的球艺"，那么，上面普通话例句中的"他的篮球"难道不是也指"他打篮球的球艺"吗？如此一来，在普通话中"他的老师当得好"可以说，在邵东湘语中"渠个老师当得好"（包括其他南方方言中与之相类似的那些不能说的句子）不能说，不就都可以用转喻这一不可预测之法来解释吗？这样一来，事情就变得简单了：凡是能说的，都发生了转喻；凡是不能说的，都还没有发生转喻。在普通话中"他的老师"可以转喻，"老师"指角色，而在那些南方方言中与之相对应的那些结构不能转喻。邓思颖可能没意识到，转喻法以及空动词的语用、语境解读之说（邓思颖，2010），对他的空动词假设以及隐性移位分析无异于釜底抽薪，彻底消解了其存在的必要性。

加上转喻解释，邓思颖（2009）等于给"NP₁ 的 NP₂"结构提供了三种分析：空动词分析、实义动词移位分析、转喻分析。三种分析分别对应于三种不同的情况。这样的处理削弱了他所提出的分析的解释力。

六 论元选择中的显著性和局部性

我们认为以上南方方言例句所表现出来的主宾不对称现象，实际上和这些方言是否允准受事主语句有关。在我们的分析中，"饭吃了"这样的结构不是受事主语句，只有"他的老师当得好"这样的结构才是受事主语句。受事主语句的典型特征是受事主语处于主语位置而不是话题位置，并且这个主语位置还必须是非题元位置。

按我们的分析，当"NP₁ 的 NP₂"结构处于宾语位置时，就是一个常规的宾语，这个宾语处于一个题元位置并在宾语的位置上得到受事题元。此时，两个名词词组的解读不受宾语位置的影响。而当"NP₁ 的 NP₂"结构处于主语位置，就存在一个是常规主语解读还是受事主语解读的问题。所谓的南北差异，关键在于相关语言是否允准受事主语句。在普通话中，"NP₁ 的 NP₂"结构可以做受事主语，而在以上南方方言中，这一结构不能做受事主语。但是，当"NP₁ 的 NP₂"处于宾语位置时，就不存在一个受事主语句问题，所以例（49）—（52）合法。

在南方方言中，相关的结构不成立，是因为这些方言不是受事主语句语言。与普通话相比，局部性在这些南方方言中的地位更加重要。由于局部性的作用，在这些方言例子中，如果把"NP₁ 的 NP₂"放在主语位置，NP₁ 就无法与"做"或"当"的外部题元关联，因为 NP₂ 会优先与之关联，以致 NP₂ 会优先被解读为施事，使得相关结构自动得到主动句解读，而无法得到受事主语句的被动解读。

上一节讨论的例（56）—（59）和例（60）—（63）两组例子，其差别在于 NP₂ 的生命度：第一组例子中的 NP₂ 是无生命的，而第二组例子中的 NP₂ 是有生命的。

把邓思颖（2009）所讨论的普通话、邵东湘语、粤语/闽南话三种方言用受事主语句这一参数划分，就会如例（64）所示，首先分出受事主语句语言和非受事主语句语言这两端，在普通话和粤语/闽南话这两端的中间是高度受限的受事主语句语言，即邵东湘语。

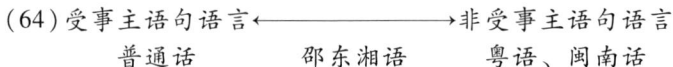

（64）受事主语句语言←──────────→非受事主语句语言
　　　普通话　　　　　邵东湘语　　　粤语、闽南话

说邵东湘语是高度受限的受事主语句语言，是因为在这一方言中仅当 NP$_2$ 是无生命名词时，才可以构成受事主语句。这和粤语有所不同，粤语则根本排斥表被动义的受事主语句。

这里要强调的是，与上面所讨论的南方方言相比，普通话不仅是一种受事主语句语言，也是一种显著性比局部性优先的语言。在现代汉语普通话中，"他的老师当得好"之所以可以解读为"他当老师当得好"，是因为在普通话中，"当得好"前面的主语位置可以是非题元位置。我们前面说过，"他的老师当得好"这样的结构和英语例句（42a）"John is ready to please"相似，是有歧义的。当这一结构表达主动义时，"当得好"前面的主语位置是一个题元位置，占据这一位置的名词词组会被指派"当"的外部题元角色。而当这一结构表达被动义时，"当得好"前面的主语位置是非题元位置。"John is ready to please"的情况也类似，当这个句子表达主动义时，其主语 John 从 ready 那儿拿外部题元角色，这时，ready 就像"John is eager to please"中的 eager 一样，是可以给主语指派外部题元角色的。当这个句子表达被动义时，ready 就像"John is easy to please"中的 easy 一样，不给 John 指派外部题元角色，John 得到复杂谓语的内部题元角色，被解读为受事。

我们区分题元位置与非题元位置，是为了用非移位的方式来处理名词词组的题元解读问题。根据胡建华（2010）提出的题元允准条件，一个做主宾语的句法成分如果占据题元位置，就可以直接接受题元允准。题元允准条件如下：

（65）题元允准条件（胡建华，2010）

a. 一个句法成分可以得到题元允准和解读，当且仅当该成分占据题元位置；

　　b. 一个句法成分占据题元位置，当且仅当其句法位置与题元位置对应且该句法成分与相关题元的语义特征完全相容。

　　题元允准条件是对处于可以指派题元角色的位置的 NP 进行解读的条件。但如果一个 NP 所占据的位置不是题元位置，就无法通过这一允准条件来获得题元角色。现代汉语普通话的特点之一就是名词词组的题元角色经常不根据题元允准条件来获得。当"当得好"这一谓语表达被动义时，它前面的主语位置就是一个非题元位置。这个时候，占据这一位置的名词词组的题元角色就无法通过占据题元位置来获得，而是需要通过题元关联条件来获得。题元关联解读条件可以表述如下（参看胡建华，2010）：

　　（66）题元关联条件
　　一个句法成分 α 与一个题元 β 可以进行关联，如果 α 与 β 之间的关联是最小关联（minimal link）。

最小关联条件表述如下：

　　（67）最小关联条件
　　a. 一个句法成分 α 与一个题元 β 之间的关联是最小关联，当且仅当（i）α 与 β 的语义特征相容，（ii）在 α 与 β 之间没有一个干扰性句法成分 γ。
　　b. γ 是一个干扰性句法成分，当且仅当 γ 的显著性 ≥ α（高于或等于 α）。

　　最小关联条件是用来定义在什么情况下一个不占据相关题元句法位置的 NP 与一个动词所隐含的题元之间的关联才称得上是最小关联。
　　对于名词性成分的显著性，我们需要确立一个显著性等级来计算。我们可以先设立以下显著性等级。需要说明的是，如何确定显著性等级以及等级内的成员是一个经验（empirical）问题。由于这一原因，显著性等级不可能定义为一个封闭类。另外，显著性的计算不仅会涉及某个 NP 在某个显著性等级内的排序，还有可能涉及某个 NP 跨显著性等级的显著性计算（Hu，2002；胡建华，2010）。

> (68) 显著性等级[①]（胡建华，2010）
>
> a 生命显著性等级
>
>   人类 > 非人类（高级生命 > 其他生命）[②] > 无生命 > 抽象体
>
> b. 指称显著性等级
>
>   人称代词 > 专名 > 定指 > 无定特指 > 非特指
>
> c. 人称显著性等级
>
>   1、2 > 3
>
> d. ……

确立了显著性等级之后，我们还需要确定一个计算显著性的算法。假设在 n 个显著性等级中 $\gamma > \alpha$，在 n' 个显著性等级中 $\alpha > \gamma$，那么我们就可以根据以下原则来计算相关成分的显著性。

> (69) 显著性计算（胡建华，2010）
>
> 设：$\gamma > \alpha$ 的等级数量为 N，$\alpha > \gamma$ 的等级数量为 N'，那么：
>
> a. $\gamma > \alpha$，即 γ 比 α 显著，当且仅当：N > N'；
>
> b. $\gamma = \alpha$，即 γ 与 α 的显著性相同，当且仅当：N = N'，或者在每一个显著性等级中 $\gamma = \alpha$，即在每一个等级中 γ 与 α 都处于同一个等级位次。

有了以上显著性等级及显著性计算方法，我们就可以根据名词性成分的显著性来看名词性成分如何与相关题元角色进行关联。总的来说，一个

[①] 关于显著性等级的设定，参看 Silverstein（1976）、Comrie（1981）、Siewierska（1988）、Hu（2002）等。

[②] 非人类生命体的显著性等级应该根据现实世界的弱肉强食法则排列。另外，一些特定动词的词汇语义也会使相关成分的解读超越显著性等级的限制。

显著性高的 NP 可以越过一个显著性低的 NP 与动词的题元角色进行关联，但是，如果两个 NP 经过计算具有同样的显著性，局部性就会起作用，动词的题元角色会优先选择离它近的 NP 关联，而离动词题元角色远的 NP 则不大容易与其关联。

如前所述，当把"当得好"理解为表被动的谓语动词时，其主语位置是非题元位置。在现代汉语普通话中，"他的老师当得好"是表主动还是表被动，不仅取决于可以表被动义的复杂谓语，还取决于处于其主语位置的名词词组的语义特征。如果把"他的老师"中的"老师"理解为有生命的个体（individual），"当得好"就是表主动义的谓语动词。这时，"他的老师"就不是伪定语，而是真定语。然而，当把"老师"理解为"当"的宾语，表示"他当老师"的意思时，"老师"是无指的，不指称有生个体，不具有做施事的条件。这时，做伪定语的"他"由于在显著度上比"老师"高，所以就可以越过"老师"来拿"当"的外部题元角色。无指的"老师"的语义特征与"当"的外部题元角色不相容的，不会被解读为施事，其题元角色可以通过题元关联条件与动词"当"的内部题元角色相容，得到受事解读。

这一分析同样可以用来解释邓思颖（2009）所给出的邵东湘语第一组例句（56）—（59）。在邵东湘语第一组例句中，"NP$_1$ 的 NP$_2$"结构中的 NP$_2$，如"篮球、象棋、车子"等都是无生命的，因此无法通过题元允准条件得到动词的外部题元角色，只能通过题元关联条件来与动词的内部题元角色进行关联解读。由于这些例句中 NP$_1$ 比 NP$_2$ 的显著性要高，动词的外部题元角色可以越过一个成分统制（c-command）成分 NP$_2$ 而与一个子统制（sub-command）成分 NP$_1$ 进行关联解读。

在邓思颖（2009）所讨论的第二组例句（60）—（63）中，NP$_2$ 都具有有生性特征，而邵东湘语又不完全是普通话这样的受事主语句语言，所以 NP$_2$ 会优先使用题元允准条件（局部性条件）进行解读，这样，就无法把 NP$_2$ 理解为受事。像邵东湘语这种高度受限的受事主语句语言，主语位置的题元特征（即动词的外部题元角色）会比较容易激活，其谓语动词不大容易像普通话那样处理成表被动义的复杂谓语，因此把一个具有有生性的名词词组 NP$_2$ 放在其主语位置，动词的外部题元角色便会马上被激活，题元允准条件便开始运作。而如果是把一个无生命的名词词组放在主语位置，动词的外部题元特征就会被压制，NP₂ 就不会通过题元允准条件来解读。当 NP₂ 通过题元关联条件来与动词的内部题元角色关联时，相关结构就会被作为受事主语句来解读。

题元允准解读条件是一个局部性条件。显然邓思颖（2009）所讨论的那些南方方言，要比现代汉语普通话更加注重局部性运算。这样的话，相关动词的题元角色就会优先寻找离自己最近的 NP 进行解读。在以粤语为代表的南方方言中，不管离动词最近的 NP 是不是有生命的，动词的外部题元角色都无法舍近求远，越过一个离自己近的 NP，去与一个离自己远的 NP 进行关联解读。这说明粤语更加注重局部性，不是受事主语句语言，其主语位置的题元特征比较活跃，相关谓语无法处理成一个表被动义的复杂谓语。这种情况和邵东湘语又有所不同。在邵东湘语中，如果离动词最近的 NP 是无生命的，主语位置的外部题元特征就可以不被激活，相关谓语就可以做被动解读。此时，NP₂ 就会与动词的内部题元角色关联，而 NP₁ 则可以越过 NP₂ 与动词的外部题元角色关联。

在普通话例句"他的老师当得好"中，"老师"没有指称，在生命显著性等级和指称显著性等级中都比"他"低，所以"他"可以越过"老师"与动词"当"的外部题元角色进行关联解读。但是，虽然我们可以说"他的老师当得好"，却不大可能用"他的老师骂得好"来表示"他骂老师骂得好"的意思（沈家煊，2007）。这是因为这个句子中的"老师"指的是有生个体，当我们把这个句子理解为"他骂老师"时，"老师"仍然是有指的。动词"骂"的内部题元角色要求一个有生个体或实体来承担。这样的话，在显著性等级上，"他"并不比"老师"高，而且"他"还比"老师"离动词更远，"他"自然不容易越过"老师"来与动词的外部题元角色关联。在这种以"骂"为谓语的句子中，如果把 NP₂ 的显著性降低，NP₁ 就可以越过 NP₂ 与动词的外部题元角色关联，如下所示：

（70）a. 他的猴玩得好。

　　　b. 他的街骂得好。

　　与"他的老师骂得好"不同，例（70a）是有歧义的。一种意思是"猴玩得好"，另一种意思是"他玩猴玩得好"。后一种意思之所以成立，就是因为"猴"的显著性（生命显著性）比"他"低，所以"他"可以越过"猴"与动词"玩"的外部题元角色关联。例（70b）没有歧义，因为"街"与动词"骂"的外部题元角色语义不相容，不能得到外部题元角色解读。由于"街"的显著性比"他"低很多，所以"他"很容易越过"街"得到动词的外部题元角色解读。再看以下例句：

　　　　（71）a. 他的马骑得好。
　　　　　　　　b. 他的教练骑得好。

　　例（71a）是没有歧义的，只能表示"他骑马骑得好"的意思，因为"马"做动词"骑"的受事符合我们对这个世界的理解，"马"做动词"骑"的施事不符合我们对这个世界的理解。例（71b）和"他的老师骂得好"一样，也是没有歧义的，正常情况下只能表示"教练骑"的意思。如果非要表示"他骑教练"的意思，那就需要强有力的语境支援（contextual support），但即便如此，效果也未必好，"他骑教练"的解读仍然很勉强，这说明语境解读的作用是有限的，并不能压倒显著性和局部性交互作用下所定义的解读。在例（71b）中"教练"是有指的有生个体，在显著性上并不比"他"低，而且又离动词最近，自然会阻挡"他"与动词外部题元角色的关联解读。在例（71b）中，NP$_2$通过题元允准条件得到谓语动词的外部题元角色，所以例（71b）不是受事主语句。如果要把例（71b）处理成受事主语句，就得把 NP$_1$ 与外部题元关联，但由于显著性和局部性条件的作用，NP$_1$ 无法越过 NP$_2$ 与外部题元关联，因此例（71b）无法获得受事主语句的解读。

七　结语

　　在"他的老师当得好"这一结构中，"他"与"老师"的关系不是常规的领属关系，而是一种语义上的主谓关系，表示"他当老师"的意思，这便是所谓的伪定语结构。为了解决这类结构的解读问题，汉语形式语法学者们假设出各种复杂的推导过程，但实际上，语言成分的解读并非都要以句法结构与语义解读相对应的形式来实现，也就是说，并不是有什么样的语义解读，就要相应地假设有什么样的句法结构来支撑该解读。Marantz（1997）、Harley & Noyer（2000）、Alexiadou et al.（2009）都曾指出，在领属结构中，领属者可以是施事、致使者、处所、受事等，如何解读取决于百科知识。按照 Chomsky（1970）的分析，像 "John's picture of Mary that the Museum has" 可以变为 "Mary's picture by John that the Museum bas"，或 "the Museum's picture of Mary by John"，或 "the picture of Mary by John of the Museum's"，不同的语义解读并不需要假设不同的句法结构与之对应。

本文的主要观点是，"他的老师当得好" 这一结构是现代汉语普通话中真正的受事主语句，其中 "NP$_1$ 的 NP$_2$" 结构的解读，可以用显著性与局部性这两个交互作用的条件来调节。至于非受事主语句中的 "NP$_1$ 的 NP$_2$" 结构，其解读不取决于句法，而是取决于背景知识。像 "他的周瑜还是比较压场的" 这样的句子，其中 "NP$_1$ 的 NP$_2$" 结构的解读是相应的背景知识决定的，如果不具备相应的背景知识，就不知道这句话中的 "NP$_1$ 的 NP$_2$" 表达的是什么意思。动词移位分析和动名词假设所讨论的仅是一些结构比较简单的例子，如果把例（72）这样的例子放进来考虑，就会发现没有什么行得通的移位方法可以把那些看似琐碎的句法语义关系都通过句法推导出来。

> （72）你去捧你的梁朝伟的周瑜去吧，我还是喜欢我的林青霞的东方不败。

用动词移位以及动名词假设来分析例（72）显然比较麻烦。

在例（72）中，"我" 不是 "林青霞" 或 "东方不败" 的领有者，而是其喜欢者，所以 "我的林青霞的东方不败" 就会被定义为伪定语结构。在这一结构中，"我" 可以同时与 "林青霞" 和 "东方不败" 建立 "喜欢" 关系，而 "林青霞" 与 "东方不败" 之间则是 "表演" 关系。

如果用动名词或名物化分析来看例（72），我们就会发现，"你的梁朝伟的周瑜"和"我的林青霞的东方不败"很可能是一种复杂的双重动名词或名物化结构，这无疑为动词移位分析增加了一定的处理难度。不仅如此，就是想搞清楚"你"与"梁朝伟"和"周瑜"以及"我"与"林青霞"和"东方不败"之间各种可能的关系，恐怕也颇费周折，而如果忽视这些复杂的语言事实，偏执于一种理想化的模式来进行形义相配，这些细微琐碎却又复杂多变的语言事实就会变得越来越难以驾驭，终究会成为句法语义所不能承受的对应之轻。

参考文献

邓思颖：《形义错配与名物化的参数分析》，《汉语学报》2008 年第 4 期。

邓思颖：《"他的老师当得好"及汉语方言的名物化》，《语言科学》2009 年第 3 期。

邓思颖：《"形义错配"与汉英的差异——再谈"他的老师当得好"》，《语言教学与研究》2010 年第 3 期。

胡建华：《题元、论元和语法功能项——格标效应与语言差异》，《外语教学与研究》2007 年第 3 期。

胡建华：《论元的分布与选择——语法中的显著性和局部性》，《中国语文》2010 年第 1 期。

胡建华：《句法对称与名动均衡——从语义密度和传染性看实词》，《当代语言学》2013 年第 1 期。

黄正德：《从"他的老师当得好"谈起》，《语言科学》2008 年第 3 期。

吕叔湘（1984）《"他的老师教得好"和"他的老师当得好"》，吕叔湘著《语文杂记》，生活·读书·新知三联书店，2008。

潘海华、陆烁：《从"他的老师当得好"看句法中重新分析的必要性》，《语言研究》2011 年第 4 期。

沈家煊：《也谈"他的老师当得好"及相关句式》，《现代中国语研究》2007 年第 9 期。

杨炎华：《"他的老师当得好"的重新审视》，《当代语言学》2014 年第 4 期。

Alexiadou, Artemis, Elena Anagnostopoulou & Florian Schäfer（2009）PP licensing in nominalization. In Anisa Schardl, Martin Walkow and Muhammad Abdurrahman（eds.）, *NELS* 38, 39 – 52. Amherst: University of Massachusetts, Graduate Student Association.

Chomsky, Noam （1970） Remarks on nominalization. In Roderick A. Jacobs and Peter S. Rosenbaum （eds.）, *Readings in English transformational grammar*, 184 – 221. Waltham, MA: Ginn.

Comrie, Bernard （1981） *Language universals and linguistic typology*. Chicago: University of Chicago Press.

Harley, Heidi & Rolf Noyer （2000） Formal versus encyclopedic properties of vocabulary: Evidence from nominalization. In Bert Peeters （ed.）, *The lexicon-encyclopedia interface*, 349 – 374. Amsterdam: Elsevier.

Hu, Jianhua （2002） Prominence and locality in grammar: The syntax and semantics of Wh-questions and reflexives. Ph. D. Dissertation, The City University of Hong Kong.

Hu, Jianhua, Haihua Pan & Liejiong Xu （2001） Is there a finite vs. nonfinite distinction in Chinese? *Lin-guistics* 39: 1117 – 1148.

Hu, Jianhua & Haihua Pan （2009） Decomposing the aboutness condition for Chinese topic constructions. *The Linguistic Review* 26: 371—384.

Marantz, Alec （1997） No escape from syntax: Don't try morphological analysis in the privacy of your own lexicon. In Alexis Dimitriads, Laura Siegel, Clarissa Surek-Clark and Alexander Williams （eds.）, *Proceedings of the* 21*th annual Penn linguistic colloquium*, 201 – 225.

Pan, Haihua & Jianhua Hu （2008） A semantic-pragmatic interface account of （dangling） topics in Mandarin Chinese. *Journal of Pragmatics* 40: 1966 – 1981.

Popper, Karl （1935/2002） *The Logic of scientific discovery*. London & New York: Routledge. Siewierska, Anne （1988） *Word order rules*. New York: Groom Helm.

Silverstein, Michael （1976） Hierarchy of features and ergativity. In Robert M. W. Dixon （ed.）, *Grammatical categories in Australian Languages*. Linguistic Series 22, 112 – 171. Canberra: Australian Institute of Aboriginal Studies.

Wang, William S. Y. （1965） Two aspect markers in Mandarin. *Language* 41: 457 – 470.

本文原刊于《世界汉语教学》2016 年第 4 期

北京话儿化词语阴平变调的语法意义

方　梅[*]

1　状态形容词与副词之别

赵元任先生（1968：4.2.4）曾指出，北京话有一种生动重叠。生动重叠与遍称重叠（如：顿顿儿、回回儿、天天儿）的相同之处是可带"儿"尾（也可不带），但是一般带"的"。与遍称重叠的不同在于第二个音节一般变成阴平（如果原来不是阴平）。如：

（1）高高儿的（原阴平）
　　　饱饱儿的（原上声）

这种变调仅限于北方官话。文言遗留下来的重叠形式不变调，也不带儿尾。下面（2）和（3）是赵先生的例子：

（2）早早儿睡，晚晚儿起，又省灯油又省米。

赵先生还指出，边缘性的例子，往往同一语素在日常说话里变调，如

＊　方梅，中国社会科学院语言研究所研究员。

（3a）；在较为正式的风格中不变调，如（3b）。

（3）a. 他渐渐儿懂了。

　　 b. 他渐渐了解了。

金受申（1965）、俞敏（1989/1999）注意到，这类重叠形式"儿"不能省略，变阴平表示强调。这些都提示我们，儿化形式不仅仅是风格特征和传情手段，同时也具有语法上的强制性。

朱德熙（1982）是最早明确指出变调具有语法功能的。在《语法讲义》（2.2.5）里说，单音节形容词不仅有一种重叠式"AA儿的"，第二个音节一般变成阴平，构成**状态形容词**。同时，还有一种重叠式副词——"AA（儿）"，它的基式是单音节形容词，第二个音节变成阴平，例如：好好儿、慢慢儿、远远儿。值得注意的是这类格式只能做状语，是**典型的副词**。可是加上"的"以后，就变成了状态形容词，既能做状语，也能做定语、谓语和补语（1982：2.2.6）。

也就是说，通过重叠和变调改变词性，有两种形式，一是带"的"的，构成状态形容词；另一种情况是不带"的"，是副词。即：

重叠＋儿化＋的［＋阴平］→状态形容词

重叠＋儿化［＋阴平］→副词

从我们对《现代汉语八百词》的用例分析看，变为状态形容词的一类也不一定都变阴平。但是变为副词的一类却是必须变为阴平调。

副词用法的例子，如：

（4）悄悄儿：悄悄儿进去。

　　 好好儿：好好儿站着，别到处瞎转悠。

　　 远远儿：远远儿走来一个人。

　　 细细儿：细细儿看个够。

　　 慢慢儿：慢慢儿吃，别噎着。

我们发现，这种带有阴平变调的"AA儿"规约性很强。表现为，当结构关系与语义指向不对应的时候，以结构关系为准。比如下例（5a），虽然"嫩"意义上是指向"鸡蛋羹"的，但它的句法位置是状语，必须要儿化同时变调说成阴平。而做谓语的时候还是用本调。对比：

（5）a. 嫩嫩儿蒸了碗鸡蛋羹　　　（变调阴平）
　　　b. 小脸儿嫩嫩的　　　　　　（本调去声）
　　　c. *小脸儿嫩嫩儿　　　　　　（变调阴平）

状态形容词"AA儿的"的语法分布不限于状语位置，但"AA儿"重叠式副词只做状语。而且，阴平变调的形式"-儿"是不能省略的。

有的用例貌似"AA儿""唯状分布"的反例，实际不然。例如：

（6）好好儿一个姑娘，怎么就成罪犯了呢？[①]

结构上看，"好好儿"似乎是名词性成分"一个姑娘"的定语，但是细分析起来大有不同。有"好好儿"做修饰语的名词不能像一般名词短语一样用于判断句的"是"之后，无论它位于数量成分"一个"之前，还是位于数量成分与名词之间。例如：

（7）a. *她是好好儿一个姑娘。
　　　b. *她是一个好好儿姑娘。

对比：

　　　c. 她是好姑娘。
　　　d. 她是一个好姑娘。

这说明，"好好儿一个姑娘"不同于"（一个）好姑娘"，它虽为名词短

[①]　感谢洪波教授提出这个问题。"好好儿"只能做状语，做谓语的时候，要说成"好好儿的"。

语，却不用作指称。

另一方面，"好好儿一个姑娘"可以单说，它的后半句可省。例如：

(8) a. 唉，好好儿一个姑娘！（干点什么不好非干这一行！）
　　b. 唉，好好儿一个姑娘！（毁啦！）

这也从另一侧面说明，"好好儿一个姑娘"整体上并不是一个指称性名词短语。也就是说，例（6）里的"好好儿"同样是副词，用以锚定"好好儿一个姑娘"整体上的陈述属性。在现代汉语里，这类名词短语形式却不用作指称的并不是孤例，相似的如"好你个张老三"。

"AA儿"重叠式副词的生成模式也扩散到双音节重叠式。不仅"AA儿"是"唯状分布"，带有阴平变调的"ABB儿"也是"唯状分布"，为能像状态形容词那样做谓语。例如：

(9) a. 孤零零儿站了一个多小时。　　　　　　　　　　　（阴平）
　　b. *站了一个多小时，孤零零儿。　　　　　　　　　　（阴平）
(10) a. 直瞪瞪儿瞅着满屋子的脏水，不知道该怎么办。　　（阴平）
　　b. *眼睛直瞪瞪儿。　　　　　　　　　　　　　　　　（阴平）
(11) a. 直愣愣儿站外头不敢出声。　　　　　　　　　　　（阴平）
　　b. *他站在屋角，直愣愣儿，不敢出声。　　　　　　　（阴平）

与"AA儿"一样，当结构关系与语义指向不对应的时候，是否变调要以结构关系为准。例如：

(12) a. 热腾腾儿吃点儿可口的。　　　　　　　　　　　　（阴平）
　　b. *屋子里热腾腾儿。　　　　　　　　　　　　　　　（阴平）

从语义上看，例（12a）的"热腾腾"指向"吃"的受事（虽然它没有出现），但处于状语位置上，也要儿化同时变为阴平调。

上述例（9）—（12）的 b 组，如果把"ABB 儿"换成"ABB 的"就能说了。作为状态形容词，声调上可以是本调（详下），也有变为阴平的。但重要的是，"ABB 的"不强制性要求变为阴平调。

综上所述，按照朱先生在《语法讲义》中的分析，单音节形容词重叠式有两类，带有"的"的重叠式是状态形容词，不带"的"的重叠式"AA 儿"是副词。这种区分也适用于 ABB 式形容词与副词之别，即不带"的"的重叠式"ABB 儿"式只能做状语，是副词。

2 阴平变调的扩散

早期学者们注意到，阴平变调在重叠式副词"AA 儿"上具有强制性。我们的考察发现，"儿化"加"阴平变调"作为一种生成副词的语法手段，其作用的范围有进一步扩展的倾向。除了上述重叠式副词"ABB 儿"外，还从重叠式扩展到非重叠形容词；从变形容词为副词，类推到其他词类的词语变为副词。具体表现为下面几种情况。

（一）非重叠型双音节形容词也可以经此途径变为副词。表现为，在谓语位置上是本调，在状语位置上未字儿化，同时变为阴平调。例如：

形容词→副词

（13）麻利儿

    a. 本调，máli，意为"利索"。如：

        她特别<u>麻利</u>，这点儿活儿一会儿就完。

    b. 变调，málīr，意为"立刻、马上"。如：

        <u>麻利儿</u>给我找去，找不着别回来！

（二）其他一些类别的词语，如名词，也可经此途径变为副词。

1）名词→副词

（14）斜碴儿

    a. 本调，xiéchár 意为"斜着的碴口"。如：

这块木头边儿是斜碴儿，你小心别刮了手。

b. 变调，xiéchār，做状语，意为"斜侧着（放）"。如：

那有个缝儿，你斜碴儿杵进去。

另外，处所名词做状语也会变调。例如：

（15）背旮旯儿

a. 本调，bèigālār，意为"僻静或偏僻的地方"。如：

他整天躲在背旮旯儿，不知干什么呢？（宋孝才、马欣华《北京话词语例释》）

b. 变调，bèigālār 做状语，意为"在僻静、不显眼的地方"。如：

背旮旯儿站着去，别让人看见。

在类推的过程中，如果原来末字带有儿化韵尾，则直接将末字变阴平，如（14）、（15）。如果末字不带儿化韵尾，就要加上儿化韵尾，同时说成阴平调，如上文例（13）及下面例（16）。

2）动词→副词

（16）敞开儿

a. chǎngkai 意为"大开；打开"。例如：

门敞开着；把门敞开。

b. chǎngkāir①

1）宋孝才、马欣华《北京话词语例释》：

放开；不受拘束：酒，敞开儿喝；菜，敞开儿吃。

2）高艾军、傅民《北京话词语》：

---

① 《现代汉语词典》（第5版）里对"敞开 chǎngkāi"一词没有标儿化韵尾。其中第二个义项标了副词，"放开，不加限制；尽量：你有什么话就敞开说吧"。这是因为《现汉》毕竟不是北京话词典。北京话里"敞开"做状语是要儿化的。而且"敞开儿"作"完全"义是必须要说成带有儿化韵尾的。这后一个意义《现汉》里没有收。

①随便，尽情：不管饭，打滚儿可以敞开儿打。/您就敞开儿骂我吧。

②完全："天真说什么来着？"二妹妹问。"敞开儿是糊涂话，他说，非毕业后不定婚，又是什么要定婚也不必父母分心。"

"敞开"的"开"口语里是说成轻声的。但是，"敞开儿"的"开儿"说成阴平，只能做修饰语用，不能做谓语，"*把大门敞开儿"。从语音结构变化来看，这与（13）"麻利→麻利儿"相同。

变调与词汇化是同时发生的，表现为，一些短语在状语位置末字变阴平的同时，也从短语形式成为一个独立的词。这个变化更为重要，它意味着儿化加上阴平变调作为一种形态音变手段得以巩固。

主要有下面几类。

1）名词短语→副词

（17）好模样儿

a. 好模样儿还得配好打扮。

b. 你好模样儿站着，别动这动那的！

"好模样儿"原本是以"好"修饰"模样儿"的名词短语。其名词用法如 a 例；但是，当它做状语的时候，要变阴平调，意为"规规矩矩"，如 b 例。这个转变不仅仅是末字变了阴平，第二个音节"模"也同时变成了轻声，整个三音节的韵律模式一起发生了变化。即：

名词短语			副　词		
好	模	样儿	好	模	样儿
hǎo	mú	yangr	hǎo	mu	yāngr

名词性成分转作副词是不太常见的，虽然口语里说，但是词典里还没见收入这个用法。"好模样儿"的这个用法或许是受了北京话里另一个词的影响。北京话还有一个当"平白无故"讲的"好模样儿"，是副词，在词典

里与"好模当样儿""好么样样儿"互见，作同义词。特别重要的是，其中的"样儿"或"样样儿"都是阴平的（参看高艾军、傅民 2013；宋孝才、马欣华 1987），而"样"的单字调并无阴平调。

2）动宾短语→副词

正因为有了儿化和阴平变调作为特征区别，有的字面同形的词，会因为儿化与变调而产生不同的意义和功能。以"法儿"为例，"法"的本调是上声，但是在"想法儿"里的"法儿"却有三种声调。如：

(18) 想法儿

　　1）xiángfar 指称，"办法"义。"法儿"为轻声。如：

　　　　我有一个想法儿，你们听听有没有道理。

　　2）xiǎngfár 陈述，"想办法"义。"法儿"为阳平。如：

　　　　想想法儿啊，总不能坐以待毙吧。

　　3）xiǎngfǎr 修饰，"设法、尽力"义。"法儿"为阴平。如：

　　　　想法儿弄点吃的吧。

　　　　*想想法儿 fār 弄点吃的吧。

虽然形容词重叠式带"的"的形式可以做状语也可以做谓语，但是不带"的"的形式是副词，只能做状语。

阴平变调手段用于形容词之外其他词类的时候，规律更为显著，这类阴平儿化词只能做状语。如：

(19) a. *我的想法儿 xiāng fār

　　　b. *这个想法儿 xiāng fār

　　　c. *我有个想法儿 xiāng fār

这种差异在北京话词典里已经有所反映。例如：

(20) 没法儿 meifar 不可能、绝不会：哼，你没法儿不知道。（陈刚、宋孝才、张秀珍《现代北京口语词典》）

值得注意的是，儿化词语的阴平变调作为副词特征类推到其他词类的词语，原有小称意义同时隐退了。

3　阴平变调的动因

阴平变调的动因是什么？我们认为，儿化词语阴平变调是在原有小称后缀上叠加另一种小称手段——高调化。之所以会发生这种叠加手段，其根本原因在于儿化作为小称后缀，已经成为名词的构词和构形手段。①

北京话里，动词或形容词加"﹣儿"尾可以派生各类名词。如：

施事/主事：V﹣儿　　　　　　（如：托儿）

V₁V₂﹣儿　　　　　　（如：倒卧儿）

VV﹣儿　　　　　　（如：混混儿）

A﹣儿　　　　　　（如：淘气儿、可怜儿）

受　　　事：V﹣儿　　　　　　（如：吃儿）

V₁V₂﹣儿　　　　　　（如：吃喝儿）

工　　　具：V﹣儿　　　　　　（如：拍儿、挑儿、塞儿）

结　　　果：V﹣儿　　　　　　（如：捆儿、摊儿、冻儿）

加"﹣儿"韵尾也可作为单纯的形态音变手段用以构成名词。例如：

动词﹣儿→名词：响儿（声音）、转儿（圈）、亮儿（光线）

形容词﹣儿→名词：乐儿（乐趣）、好儿（好处）

因此，无论是派生还是构形，儿化都是名词范畴的形式标记。而修饰语一方面要突显其小称情感特征，又要有别于名词，需要形式上加以区别。之所以选择阴平，因为高调化是汉语小称表达系统中已有的手段。

---

①　虽然北京话里有些儿化词语不是名词，但是这些词的儿韵尾来源各异，不可类推，不同于名词后缀的"﹣儿"（参看方梅 2007）。

朱晓农（2004）在《亲密与高调：对小称调、女国音、美眉等语言现象的生物学解释》一文中对汉语小称变调的分析中说，小称变调涉及多利喉部紧张状态（如：喉塞音、超高调、假声、嘎裂声），高调化是小称的"区别性特征"。在东南方言中小称有两种方法表示：一是变调，高调化变成高平调或高升调。二是儿鼻化，附加某种鼻音形式的"儿"尾，或同时带高调。

高调化的例子如广州话（麦耘1990，1995）

	本调	小称
袋	阳去22（大袋子）	35（小袋子）
包	阴平53（麻包、米包）	55（荷包、红包）

儿鼻化有两种情况：1）词根后带自成音节的"儿"尾。如广西容县话。2）"儿"不自成音节，变成舌根音节的鼻韵尾，同时带高调。如广东宜信粤语，"车"本调为 tsʰe，小称为 thʰen＋高平调（叶国泉、唐志东1982；罗康宁1987）。

我们认为，北京话儿化词语变阴平，实际是小称后缀叠加小称调。由于儿化既是构词手段（派生构词），又是构形手段（转变词类），均为名词性标记。因此，在小称后缀上叠加高调化手段①，显示其语法属性有别于名词。这种形式的小称意义仍有所保留，体现在变阴平的词汇具有一定的词汇选择性（详见第5节）。

4 正在发生的演变

儿化并变阴平构成副词是北京话当下正在发生的演变。有两个特点：

---

① 从现有的报道看，也有一些方言既有小称后缀又有小称变调，情况比较复杂，尤其是不同手段的功能分布和产生双重手段动因是特别值得探究的。比如邵慧君、万小梅（2006）讨论了江西乐安县万崇话小称高平和高升两种变调和小称词尾"嘚"的关系。陈丽冰（2012）福建宁德方言小称后缀和小称变调各有分工。

第一，有的词本调与变调两种形式共存。第二，变调与不变调因年龄、性别不同存在差异性。

某些词汇化程度不高的形式，变调形式不稳定。如"变法儿"。"变法儿"在陈刚编《北京方言词典》里注的是变调："biān fār 用各种办法，千方百计。别变法儿淘气。变着法儿给修好了。"

又如：

（21）变法儿给他买些作些新鲜的东西吃。（《骆驼祥子》）[1]

这里有两点值得注意，一是"法儿"的阴平调。我们知道，"法"单字调是没有阴平读音的。二是离合词的用法，中间可嵌入"着"。又如：

（22）变着法儿挑她的毛病／她变着法儿给踩上泥（《柳家大院》）[2]

"变着法儿"做修饰语的用法，在多部北京话词典里都有解释，意为"想方设法"。不过，"变着法儿"已经不能像一般动宾结构那样做句法变化，如下面（23b）（23c）。

（23）a. 变着法儿做各种你喜欢的菜，就为了讨好新媳妇呗。
　　　b. *变着法儿不变着法儿做各种你喜欢的菜？
　　　c. *变不变着法儿做各种你喜欢的菜？
　　　d. 是不是变着法儿做各种你喜欢的菜？

"变法儿"的"法儿"的注音在不同词典里颇有分歧，陈刚编《北京方言词典》里注的是阴平调，有的词典只标注本调上声（如高艾军、傅民《北京话词语》《北京话词典》），有的标为阳平（如宋孝才、马欣华《北京

---

[1]　引自宋孝才、马欣华《北京话词语例释》的例子。
[2]　引自宋孝才、马欣华《北京话词语例释》的例子。

词语例释》）。虽然"法"单字调没有阴平，但是在一些北京话词典里却释义把"变（着）法儿"和"变（着）方儿"当作异形词处理，这颇耐寻味。例如：

> 贾采珠《北京话儿化词典》里"变方儿"的释义有：想方设法，也叫"变法儿"：他变着方儿挑她的毛病。（老：短，113）①
>
> 高艾军、傅民《北京话词语》里"变着方儿"见"变着法儿"；而"变着法儿"虽然"法儿"标了上声，但在释义里有：又作"变方儿、变法儿、变着方儿"。想方设法，挖空心思。

不难发现，把"变（着）法儿"和"变（着）方儿"当作异形词，这种解读的条件正是它们都做状语。同时，北京话新派读音前鼻韵尾儿化以后常常失去鼻化成分，与开韵尾合流，即"板儿"与"把儿"同韵（参看林焘、王理嘉1985）。后鼻韵尾在儿化后，本应带有鼻化特征。导致"变法儿"与"变方儿"的语音差异被忽略，显然是借了同为高平调又同为状语位置的力。②

有的词，变调与不变调在不同性别的人群里会有差别。以"倍儿"为例。"倍儿"是"极其""特别、非常"的意思。例如：

> （24）倍儿棒　倍儿忙　倍儿帅　倍儿正　倍儿惨　倍儿土　倍儿青（橘子）　倍儿阴（指人）　倍儿干净　倍儿精神　倍儿实在　倍儿体面　倍儿讲义气　倍儿不给面子

"倍儿"在1990年出版的陈刚编《北京方言词典》里注的是去声；而在1990年出版贾采珠编《北京话儿化词典》和1997年出版陈刚、宋孝

---

① 指老舍短篇小说。

② 跨语言看，小称倾向于前高元音（Payne 1997）。北京话小称儿韵尾会将鼻韵尾字的鼻音特征弱化，以致与非鼻韵尾儿化字的语音合流，是符合语言普遍规律的。

才、张秀珍编《现代北京口语词典》里，都标有两个声调：1）去声；2）阴平。

在我们调查的 20 人中，有半数男性"倍儿"只说去声，承认有阴平，但自己不说，并且认为去声"更有胡同味儿"。女性调查对象"倍儿"变阴平调的占优势。而且被调查者认为，阴平是中性语气，是一般性叙述；如果说成本调去声，则是要突出强调"胡同味儿"。我们认为，所谓"胡同味儿"应是代表老派的说法。另一方面，从社会语言学角度看，一般男性群体比女性群体在语言上更为保守。这从另一个侧面说明，变阴平调的应是后起的形式。

5　小称与大称

小称（diminution）与大称（augmentation）本属名词表达范畴，用以表达事物的体量的大小。但是在很多语言里，这一对范畴都有意义的引申和功能的扩散。用在名词以外的词类的时候，小称表达带有"讨人喜欢的"意味，大称表达带有"负面的"或"令人不愉快的"含义（参看 Payne 1997；Bussmann 1996）。

北京话里，重叠式"AA""ABB"和"AABB"都有变读阴平的现象，每一类重叠里也都有不变调的。这个语音分歧现象发生在不同韵类的字，因而不能从古入声字与非入声字的分别找到线索。另一方面，不变调的也不一定是文言遗留下来的重叠形式或者正式语体词汇。

从现象看，首先，有的变调与儿化共现，有的变调排斥儿化。第二，变调、儿化与重叠式词汇意义上是积极意义还是消极意义有密切关联。因此，对变调性质的分析除了语法考量之外，还有必要从表达层面探究。

5.1　单音节形容词重叠式

单音节形容词重叠式的第二个 A 一般读阴平调，儿化。《现代汉语八百词》（增订本）里有一个附表（720～722 页），说明单音节形容词的重叠表现，共列举了 133 个单音节形容词"AA""AA 的"和"第二音节儿化变阴平"的分布情况。从书中的归纳看，"第二音节儿化变阴平"占优势。在这

133 个单音节形容词里，没有发生"第二音节儿化变阴平"的，包括本调为阴平的，只有 18 个。有下面几种情况。

（一）这个形容词根本就没有 AA 式，但有"AA 的"重叠，如：瘪、纯、蠢、低、毒、灰、湿、酥、秃、歪、弯、直、皱、脏。也就是说，只能变为状态形容词。

（二）这个形容词有 AA 式，但没有"AA 的"重叠，如：单。即不能变为状态形容词。

（三）这个形容词有 AA 式，也有"AA 的"重叠，但是没有"第二音节儿化变阴平"。如：苦、死、微、涨、真。

上面三类除去原本就是阴平的 9 个字，只剩下"瘪、蠢、毒、俊、直、皱、苦、死、涨"，而这几个词，在所有 133 个单音节形容词里，只占不足 7%。这几个词以重叠式"AA"或"AA 的"做状语，但是不发生儿化和阴平变调。

从上述分布看，单音节形容词重叠式的第二个 A 是否变调与其词汇意义有关。不变调有两个影响因素：

第一，很难用来修饰行为，如"纯、皱"。

第二，这些词具有"令人不快"的意味，很难表达"小""可爱"或亲昵关系等小称意义，比如"瘪、蠢、毒"。因此，"AA 儿"阴平变调只能用于"表小"，可以说是小称变调。

5.2　双音节形容词重叠式

双音节形容词有"ABB"和"AABB"两种重叠形式。这两类重叠发生儿化和变调的远不及单音节形容词重叠式普遍，其用法分歧也比较大。

李小梅（2000）对《现代汉语词典》（1996，修订本）所收的单音节形容词叠音后缀进行了统计，发现大多数单音节形容词的叠音后缀不发生音变，只有少数可以变为 55 调。[①] 李莺（2001）统计了《现代汉语八百词》和《现代汉语词典》（1996，修订本）的 ABB 式，共 336 个，其中 BB 的单

---

① 牟晓明（2001）关于 ABB 式形容词的读音的调查《现代汉语词典》（1996，修订本）和《普通话水平测试大纲》所收的这类形容词进行了统计，并与旧版《现代汉语词典》及其《补编》对比，发现 ABB 式形容词 BB 有不变调的趋势。

字调本为阴平的就已经超过 60%，而 ABB 式的 BB 变读阴平的只有 46 个①。不过这些统计并没有区分 ABB 使用是否与带"的"或"儿"，因而不便直接与《现代汉语八百词》的数据进行对比。尽管如此，变调的 46 个在非阴平的约 100 个用例里，所占不列一半，远远低于单音节形容词重叠式发生变调的比例。

我们对北京话 ABB 重叠式 BB 是否变阴平的情况进行调查，发现在 85 个 ABB 重叠式中②，BB 可以由非阴平调变成阴平的只有下面 14 个，约占 16%。但是，这些词也可以不儿化，说成本调。如：

孤零零、骨碌碌、黄澄澄、亮堂堂、慢腾腾、噗碌碌、热腾腾、湿淋淋、水淋淋、文绉绉、硬朗朗、直瞪瞪、直愣愣、直挺挺

从词汇意义看，ABB 重叠式主要有三类：

1）描摹事物色彩。如：白皑皑、黑黝黝、红艳艳、金灿灿。

2）描摹事物样态。如：黑洞洞、毛茸茸、松垮垮、雾腾腾、油腻腻、圆滚滚。

3）描述行为样态。如：懒洋洋、气鼓鼓、笑盈盈、直挺挺。

描述行为样态做状语是 ABB 重叠式的基本表达功能，而 ABB 重叠式多为描摹色彩或事物样态。描摹事物样态又可用作状语的，不是常态搭配，往往对动词的选择性强，因而使用的频率就相对较低，如"嫩嫩儿蒸了碗鸡蛋羹"。相对而言，"AA儿"中的形容词（如"好、快、慢"）意义较为抽

---

① 它们是：白蒙蒙、碧油油、汗淋淋、黑糊糊、黑油油、红彤彤、金煌煌、蓝盈盈、蓝莹莹、泪涟涟、亮堂堂、绿茸茸、绿莹莹、绿油油、乱蓬蓬、乱腾腾、慢腾腾、毛茸茸、黏糊糊、清凌凌、热腾腾、软绵绵、湿淋淋、水淋淋、水灵灵、乌油油、雾腾腾、喜盈盈、笑吟吟、血糊糊、血淋淋（本调阳平，31 个），白晃晃、干瘪瘪、黑黝黝、金晃晃、明晃晃、沙朗朗、硬朗朗（本调上声，7 个），沉甸甸、骨碌碌、黑洞洞、火辣辣、亮锃锃、热辣辣、湿漉漉、直瞪瞪（本调去声，8 个）。

② 王洪君教授在审音工作中提供的一个调查问卷《ABB 状态词 BB 声调调查表》，共 85 个词。它们是在《现代汉语词典》（第六版）的 258 个 ABB 式词语的基础上，人工剔除了 32 条"艾窝窝""过家家"等的名词或动词性词语、143 条 BB 字本就是阴平的 ABB 式状态词，并按统一的原则处理了异形词（如"潮乎乎""潮呼呼"）之后得到的结果。具体见下面的附录。

象，可搭配的动词是大量的、可类推的，只要是行为动词都可以被它们修饰，比如"好好儿吃饭、快快儿走、慢慢儿说"。

值得注意的是，具有负面意义的词不能儿化，也不发生变调。例如：

黑洞洞、昏沉沉、急喘喘、懒散散、泪涟涟、乱腾腾、死板板、阴沉沉

从这个角度看，ABB 重叠变阴平应是与小称表达有关①。这些词汇意义带有负面色彩的词难有小称意义，也就不发生阴平变调。这才能解释 ABB 重叠式变阴平调在词汇意义上的选择倾向。

另外，如上所述，上面可以变调的词也并非强制性要求变阴平，但凡是带儿化韵尾的形式"ABB儿"都要变成阴平。而做状态形容词用的时候，无论是否带"的"，都可以不变阴平，如：水淋淋（的）、直愣愣（的）。这些词所描摹的状态难以与"小""可爱"或者积极情感相联系。

下面来看 AABB 式重叠的情况。

《现代汉语八百词》（增订本）对 218 个双音节形容词 AABB 重叠式、BB 读阴平和第二个 B 是否儿化作了列表。其中有些变阴平，但也不是一律变成阴平。《现代汉语八百词》没有说明决定变调与不变调的条件。我们把书中表三所列的有变读阴平的 AABB 归纳如下。

（一）BB 变阴平，且第二个 B 儿化。共 50 个。如：

安静　地道　敦实　伏贴　干净　光溜　厚道　豁亮　机灵　精神　宽敞　凉快

---

① 据李志江（1998）对北京地区的大中小学生的一次语音调查显示，《现代汉语词典》（修订本）中 ABB 式重叠形容词 BB 标注为变调的，大多数被调查者以读本调为主。而且从《现代汉语词典》1978 年版和 1997 年修订本的对照中也可以看出，有不少原先标变调而后来不标变调。如 1978 年版的《现代汉语词典》中，"白茫茫、孤零零、黑沉沉、空落落、喜洋洋、香馥馥"等 BB 均注为阴平，而修订本则改注本调，"赤裸裸、赤条条、恶狠狠、空荡荡、直挺挺"等，1978 年版注为两读，而修订本改注一读，即注本调。这些词改注本调是符合实际语音的，而且也正是我们所说的具有负面意义或令人不快意味的词。

（二）BB 变阴平，但第二个 B 不儿化。共 26 个。如：

糊涂　晃荡　啰唆　毛糙　勉强　磨蹭　犹豫　遮掩　枝节

（三）BB 不变阴平，第二个 B 也不儿化。共 30 个。如：

破烂　凄凉　曲折　散漫　斯文　堂皇　拖沓　完整　稳重　严
密　阴沉　圆满

显然，发生儿化的是具有积极意义的词。而具有负面色彩的词，其重叠式即便变阴平，也不发生儿化，如：糊涂、晃荡、勉强。

综上所述，从形容词的三类重叠式变阴平调的表现，我们可以归纳出下面几点：

第一，凡是发生儿化的都变调。带"－儿"的重叠式有主观小量意义，如（一）类词。

第二，只能重替不能变调的，其重叠式具有"大量"意义，但是不带有负面态度，积极意义和消极意义的词都有。如：破破烂烂、凄凄凉凉、曲曲折折、散散漫漫、斯斯文文、堂堂皇皇。

第三，不与儿化共现的阴平变调带有明显的主观大量意味或者负面态度。如：糊糊涂涂、啰啰唆唆、毛毛糙糙、晃晃荡荡。这是以重叠表现主观大量，同时用高调化来突显"过量""令人不快"，这也是语言象似性的表现。

我们认为，与儿化共现的阴平变调是小称变调，是作为小称后缀的叠加形态手段，是副词性标记。排斥儿化的变调是大称变调，用以强化主观大量或突显词汇的负面意义。前辈学者（金受申 1965；俞敏 1989/1999）认为阴平变调有强调的意思，其实正说明了这个高调形式有突显言者主观态度的作用。

6　结语

北京话里，儿化作为小称手段，意义和功能都已扩展，成为表达主观小量或者言者亲近态度的手段（参看毛修敬 1984；李善熙 2003；方梅

2007）。从形式上看，儿化既是构词手段，派生构成名词；又可以是构形手段，将动词转变为名词类。因此，在一个带有小称意味的词用作修饰行为的时候，需要一个不同于名词特征的标记形式。

高调化是汉语方言里普遍存在的一种变调模式。北京话阴平变调这种高调化起先用于单音节重叠式，构成"AA儿"重叠式副词；并通过状语位置的"ABB儿"得到进一步确立，进而类推到其他词类的词语转类变成副词。这种阴平变调叠加在小称后缀之上，是带有小称意义的副词的形式标志，属于构形音变。

排斥儿化的阴平变调，其重叠形式虽然变调，但是并不构成副词性转类。这类词汇具有负面意义和主观大量表达功能。

小称变调与大称变调都是高平调，但语感上两者在时长上略有差别，这还有待于借助实验手段进行分析。

附　录

白皑皑	白晃晃	白茫茫	白蒙蒙	碧油油	沉甸甸	赤裸裸
赤条条	恶狠狠	孤零零	骨碌碌	光灿灿	光闪闪	汗淋淋
黑沉沉	黑洞洞	黑茫茫	黑蒙蒙	黑油油	黑黝黝	红彤彤
红艳艳	黄灿灿	黄澄澄	灰沉沉	灰蒙蒙	火辣辣	金灿灿
金煌煌	金晃晃	金闪闪	空荡荡	空洞洞	空落落	蓝盈盈
蓝莹莹	懒洋洋	乐陶陶	泪涟涟	亮闪闪	亮堂堂	乱腾腾
乱蓬蓬	绿茸茸	绿莹莹	绿油油	慢腾腾	毛茸茸	闷沉沉
密麻麻	明晃晃	明闪闪	暖融融	暖洋洋	平展展	噗碌碌
气昂昂	气鼓鼓	清泠泠	清凌凌	热辣辣	热腾腾	软绵绵
湿淋淋	湿漉漉	湿渌渌	水淋淋	甜腻腻	文绉绉	雾沉沉
雾茫茫	雾蒙蒙	乌油油	喜洋洋	喜盈盈	香馥馥	笑吟吟
笑盈盈	血淋淋	阴沉沉	圆鼓鼓	圆滚滚	直挺挺	直瞪瞪
直愣愣						

参考文献

曹逢甫：《语法化轮回的研究——以汉语鼻音尾/鼻化小称词为例》，《汉语学报》2006
　　年第 2 期。

曹志耘：《南部吴语的小称》，《语言研究》2001 年第 3 期。

陈刚：《北京方言词典》，商务印书馆，1990。

陈刚、宋孝才、张秀珍：《现代北京口语词典》，语文出版社，1997。

陈丽冰：《福建宁德方言小称后缀和小称变调》，《方言》2012 年第 4 期。

方梅：《北京话儿化的形态句法功能》，《世界汉语教学》2007 年第 2 期。

高艾军、博民：《北京话词语》（增订本），北京大学出版社，2001。

高艾军、博民：《北京话词典》，中华书局，2013。

贾采珠：《北京话儿化词典》，语文出版社，1990。

金受申：《北京话语汇》，商务印书馆，1965。

李善熙：《汉语“主观量”的表达研究》，中国社会科学院研究生院博士学位论文，2003。

李莺：《重叠形容词变调问题的考察》，《韶关学院学报》（社会科学版）2001 年第 11 期。

李小梅：《单音节形容词叠音后缀读 55 调辨》，《中国语文》2000 年第 2 期。

李志江：《ABB 式形容词中 BB 注音的声调问题》，《语文建设》1998 年第 12 期。

梁忠东：《玉林话的小称变音》，《广西师范大学学报》（哲学社会科学版）2002 年第
　　3 期。

林焘、王理嘉：《北京语音实验录》，北京大学出版社，1985。

罗康宁：《信宜方言志》，中山大学出版社，1987。

吕叔湘主编《现代汉语八百词》（增订本），商务印书馆，1999。

麦耘：《广州话的特殊 35 调》，詹伯慧主编《第二届国际粤方言研讨会论文集》，暨南大
　　学出版社，1990。

麦耘：《广州话的语素变调及其来源与嬗变》，《音韵与方言研究》，广东人民出版
　　社，1995。

毛修敬：《北京话儿化的表义功能》，《语言学论丛》第 12 辑，商务印书馆，1984。

牟晓明：《关于 ABB 式形容词的读音》，《语文建设》2001 年第 2 期。

彭宗平：《北京话儿化词研究》，中国传媒大学出版社，2005。

邵慧君、万小梅：《江西乐安县万崇话的小称变调》，《方言》2006 年第 4 期。

宋孝才、马欣华：《北京话词语例释》，铃木出版社，1982。

宋孝才、马欣华：《北京话词语汇释》，北京语言学院出版社，1987。

叶国泉、唐志东：《信宜方言的变音》，《方言》1982 年第 1 期。

俞敏：《语音变化能不能用质变量变规律说明——论北京化语音里儿化的影响》，《俞敏语言学论文集》，黑龙江人民出版社，1989/1999；商务印书馆，1999。

赵日新：《徽语的小称音变和儿化音变》，《方言》1999 年第 2 期。

赵元任：《汉语口语语法》，吕叔湘译，商务印书馆，1968/1979。

朱德熙：《语法讲义》，商务印书馆，1982。

朱晓农：《亲密与高调：对小称渊、女国音、美眉等语言现象的生物学解释》，《当代语言学》2004 年第 3 期。

Bussmann, Hadumod（1996）*Routledge Dictionary of Language and Linguistics*, translated and edited by Gregory P. Trauth and Kerstin Kazzazi, Routledge.

Payne, Thomas E.（1997）*Describing Morphosyntax：A Guide for Field Linguistics.* Cambridge University Press.

本文原刊于《语言学论丛》第 51 辑（商务印书馆，2015）